Herausgegeben
von Arnd Pollmann
und Georg Lohmann

Menschenrechte

Ein interdisziplinäres Handbuch

Verlag J. B. Metzler
Stuttgart · Weimar

Die Herausgeber
Arnd Pollmann (geb. 1970) ist Privatdozent
am Institut für Philosophie der Universität
Magdeburg.

Georg Lohmann (geb. 1948) ist Professor
für Praktische Philosophie an der Universität
Magdeburg.

Beide sind Gründungsmitglieder der dortigen
Arbeitsstelle Menschenrechte.

Bibliografische Information der Deutschen Nationalbibliothek
Die Deutsche Nationalbibliothek verzeichnet diese
Publikation in der Deutschen Nationalbibliografie;
detaillierte bibliografische Daten sind im Internet über
http://dnb.d-nb.de abrufbar.

ISBN 978-3-476-02271-4
ISBN 978-3-476-05324-4 (eBook)
DOI 10.1007/978-3-476-05324-4

© 2012 Springer-Verlag GmbH Deutschland
Ursprünglich erschienen bei
J. B. Metzler'sche Verlagsbuchhandlung
und Carl Ernst Poeschel Verlag GmbH in Stuttgart 2012
www.metzlerverlag.de
info@metzlerverlag.de

Dieses Werk einschließlich aller seiner Teile ist
urheberrechtlich geschützt. Jede Verwertung außerhalb
der engen Grenzen des Urheberrechtsgesetzes ist ohne
Zustimmung des Verlages unzulässig und strafbar.
Das gilt insbesondere für Vervielfältigungen, Überset-
zungen, Mikroverfilmungen und die Einspeicherung
und Verarbeitung in elektronischen Systemen.

Inhaltsverzeichnis

Einleitung IX

I. Geschichte der Menschenrechte

1. **Philosophische Vorgeschichte** 1
1.1 Antike *(Christoph Horn)* 1
1.2 Christentum und Mittelalter
 (Ludger Honnefelder) 6
1.3 Frühe Neuzeit *(Matthias Kaufmann)* ... 13
2. **Klassische Positionen** 21
2.1 Hugo Grotius *(Klaus Roth/
 Tilman Vogt)* 21
2.2 Thomas Hobbes *(Robin Celikates)* 24
2.3 Samuel von Pufendorf *(Eckart Klein)* ... 26
2.4 John Locke *(Sebastian Laukötter/
 Ludwig Siep)* 30
2.5 Jean-Jacques Rousseau
 (Reinhard Brandt) 37
2.6 Thomas Paine *(Timo Pongrac/
 Klaus Roth)* 42
2.7 Immanuel Kant *(Heiner F. Klemme)* 44
2.8 Johann Gottlieb Fichte *(Georg Mohr)* ... 52
2.9 John Stuart Mill *(Robin Celikates)* 54
2.10 Max Weber *(Matthias Koenig)* 57
3. **Klassiker der Kritik** 60
3.1 Edmund Burke *(Dirk Jörke)* 60
3.2 Olympe de Gouges *(Sidonia Blättler)* ... 63
3.3 Jeremy Bentham *(Thomas Hoffmann)* .. 68
3.4 Karl Marx *(Georg Lohmann)* 71
3.5 Carl Schmitt *(Marcus Llanque)* 76
3.6 Hannah Arendt
 (Stefanie Rosenmüller) 79
3.7 Richard Rorty *(Thomas Hoffmann)* 83
4. **Historische Rechtsentwicklung** 87
4.1 Die Europäische Entwicklung
 bis 1776 *(Andreas Haratsch)* 87
4.2 Die Amerikanische Unabhängigkeitserklärung und die Virginia
 Declaration of Rights von 1776
 (Hauke Brunkhorst) 91
4.3 Die Französische Revolution und die
 Erklärung der Rechte des Menschen
 und des Bürgers von 1789
 (Hauke Brunkhorst) 99
4.4 Das ›lange‹ 19. Jahrhundert und
 der Erste Weltkrieg
 (Stefan-Ludwig Hoffmann) 106
4.5 Die totalitäre Katastrophe und das
 Jahr 1945 *(Rolf Zimmermann)* 111
4.6 Die Charta der Vereinten Nationen
 und die Allgemeine Erklärung
 der Menschenrechte
 (Sara Jötten/Christian J. Tams) 116
4.7 Die völkerrechtliche Entwicklung
 nach 1948 *(Eckart Klein)* 123

II. Begriffe, Begründungen, Systematisierungen

1. **Begriffsbestimmungen** 129
1.1 Menschenrechte, Grundrechte,
 Bürgerrechte *(Arnd Pollmann)* 129
1.2 Mensch und Person *(Bernd Ladwig)* 136
1.3 Menschenwürde *(Christoph Menke)* 144
1.4 Rechte und Pflichten *(Peter Koller)* 150
1.5 Universalität und Gleichheit
 (Heiner Bielefeldt) 159
1.6 Fundamentalität, Unveräußerlichkeit,
 Unteilbarkeit *(Jan Sieckmann)* 165
2. **Begründungen** 171
2.1 Theologische und metaphysische
 Menschenrechtsbegründungen
 (Ludger Honnefelder) 171
2.2 Natur- und Vernunftrecht
 (Wolfgang M. Schröder) 179

2.3 Anthropologie und Naturalismus *(Bernd Ladwig)* 186
2.4 Kontraktualismus *(Marcelo de Araujo)* 193
2.5 Universelle Achtungsmoral und diskursethische Menschenrechtsbegründungen *(Rainer Forst)* 198
2.6 Menschenrechtlicher Minimalismus *(Mattias Iser)* 205
2.7 Interkulturalismus und ›cross-culture‹ *(Georg Lohmann)* 210

3. Gängige Systematisierungen 216
3.1 Status negativus, status activus, status positivus *(Dietmar von der Pfordten)* ... 216
3.2 Individuelle Freiheitsrechte, politische Teilnahmerechte, soziale Teilhaberechte *(Georg Lohmann)* 219
3.3 Unterlassungs-, Schutz- und Hilfspflichten *(Corinna Mieth)* 224
3.4 Drei Generationen von Menschenrechten *(Norman Weiß)* 228

III. Menschenrechte im Einzelnen

1. Subsistenzrechte 233
1.1 Leben *(Barbara Schmitz)* 233
1.2 Ernährung *(Barbara Schmitz)* 234
1.3 Wohnen *(Barbara Schmitz)* 236
1.4 Gesundheit *(Barbara Schmitz)* 237
1.5 Wasser *(Barbara Schmitz)* 238
1.6 Angemessener Lebensstandard *(Barbara Schmitz)* 240

2. Freiheitsrechte 242
2.1 Folterverbot *(Markus Kotzur)* 242
2.2 Sklavereiverbot *(Markus Kotzur)* 245
2.3 Freiheit und Sicherheit der Person *(Markus Kotzur)* 246
2.4 Freizügigkeit *(Markus Kotzur)* 248
2.5 Schutz des Privatlebens *(Markus Kotzur)* 249
2.6 Gewissens-, Religions-, Meinungsfreiheit *(Markus Kotzur)* 251

3. Politische Rechte 256
3.1 Zugehörigkeit *(Susanne Baer)* 257
3.2 Politische Mitwirkung *(Susanne Baer)* 259
3.3 Gleichheitsgebot und Diskriminierungsverbot *(Susanne Baer)* 261

4. Justizrechte 265
4.1 Anerkennung als Rechtsperson *(Martin Borowski)* 265
4.2 Das Verbot willkürlicher Verhaftung *(Martin Borowski)* 266
4.3 Rechtsbehelf *(Martin Borowski)* 267
4.4 Faires Verfahren *(Martin Borowski)* 268
4.5 Die Todesstrafe und das Verbot unmenschlicher Behandlung *(Martin Borowski)* 269

5. Wirtschaftliche Rechte 272
5.1 Arbeit und gerechte Arbeitsbedingungen *(Claudia Mahler)* 272
5.2 Gewerkschaftsgründung und Streikrecht *(Claudia Mahler)* 275
5.3 Schutz des materiellen und geistigen Eigentums *(Georg Lohmann/ Claudia Mahler)* 277

6. Soziale Rechte 280
6.1 Soziale Sicherheit *(Judith Wyttenbach)* . 280
6.2 Schutz von Ehe und Familie *(Judith Wyttenbach)* 282

7. Kulturelle Rechte 286
7.1 Minderheitenschutz *(Norman Weiß)*... 286
7.2 Bildung *(Norman Weiß)* 289
7.3 Teilhabe am kulturellen Leben *(Norman Weiß)* 292

8. Menschenrechte der ›dritten Generation‹ 294
8.1 Entwicklung *(Andrea Kämpf)* 294
8.2 Umwelt *(Andrea Kämpf)* 296
8.3 Selbstbestimmung *(Andrea Kämpf)* 299
8.4 Frieden *(Andrea Kämpf)* 302

9. Spezielle UN-Abkommen 305
9.1 Internationales Übereinkommen zur Beseitigung jeder Form von rassistischer Diskriminierung (ICERD) *(Hendrik Cremer)* 305
9.2 Übereinkommen zur Beseitigung jeder Form von Diskriminierung der Frau (CEDAW) *(Antje Gothe)* 307

9.3 Übereinkommen gegen Folter und andere grausame, unmenschliche oder erniedrigende Behandlung oder Strafe (CAT) *(Dominik Steiger)* 312
9.4 Übereinkommen über die Rechte des Kindes (CRC) *(Judith Wyttenbach)* 317
9.5 Internationales Übereinkommen zum Schutz der Rechte aller Wanderarbeitnehmer und ihrer Familienangehörigen (ICRMW) *(Hendrik Cremer)* 319
9.6 Konvention über die Rechte von Menschen mit Behinderungen (CRPD) *(Judith Wyttenbach)* 321
9.7 Internationales Übereinkommen zum Schutz aller Personen vor dem Verschwindenlassen (CPED) *(David Diehl)* 326

IV. Kontroversen

1. **Universalismus, Kulturalismus, Relativismus** 331
1.1 Der menschenrechtliche Universalismus und seine relativistischen Gegner *(Arnd Pollmann)* 331
1.2 Feministische Menschenrechtskritik *(Elisabeth Holzleithner)* 338
1.3 Menschenrechte und Islam *(Anne Duncker)* 343
1.4 Der Diskurs über ›asiatische Werte‹ *(Gregor Paul)* 348
1.5 Menschenrechte und afrikanische Kulturen *(Dorothea E. Schulz)* 353

2. **Konzeptionelle Spannungsverhältnisse** 358
2.1 Drei Dimensionen des Begriffs der Menschenrechte: Recht, Moral und Politik *(Arnd Pollmann)* 358
2.2 Menschenrechte und Demokratie *(Alexander Somek)* 363

2.3 Menschenrechte und Weltstaatlichkeit *(Jean-Christophe Merle)* ... 369
2.4 Menschenrechte und humanitäres Völkerrecht *(Bernhard Schäfer)* 376
2.5 Menschenrechte und globale Gerechtigkeit *(Regina Kreide)* 383

3. **Institutionelle Entwicklungen** 390
3.1 Internationales Menschenrechtsregime *(Stefanie Schmahl)* 390
3.2 Die Rolle von Menschenrechtsorganisationen und NGOs *(Anja Mihr)* 397
3.3 Internationale Gerichtsbarkeit *(Anna Goppel)* 401
3.4 Globale Wirtschaftsordnung *(Christian Neuhäuser)* 407

4. **Aktuelle Fragen und Konfliktfelder** ... 410
4.1 Militärische Interventionen, ›failed states‹, ›Schurkenstaaten‹ *(Cord Schmelzle)* 410
4.2 Folter *(Gerd Hankel)* 418
4.3 Terrorismus und innere Sicherheit *(Wolfgang S. Heinz/Joanna Ruszkowska)* .. 423
4.4 Migration, Flucht und Staatsbürgerschaft *(Jan Brezger/Andreas Cassee)* 427
4.5 Armut *(Arnd Pollmann)* 433
4.6 Umweltzerstörung *(Georg Lohmann)* ... 438
4.7 Menschenrechtsbildung *(K. Peter Fritzsche)* 443
4.8 Bioethik *(Thomas Schramme)* 448
4.9 Menschenrechte und Tierrechte *(Johann S. Ach)* 453

V. Anhang

1. **Abkürzungsverzeichnis** 460
2. **Die Autorinnen und Autoren** 462
3. **Personenregister** 464

Einleitung

Die Menschenrechte – aus interdisziplinärer Perspektive

Die Menschenrechte sind aus politischer Sicht eine zu dringliche und ernste Sache, um sie allein den Wissenschaften – etwa der Philosophie, der Rechtswissenschaft und der Politologie oder auch der Geschichtswissenschaft, der Theologie, der Soziologie und der Pädagogik – zu überlassen. Sie sind erkämpfte Rechte, denen noch die Spuren der Gewalt, der Unterdrückung und der Ungerechtigkeiten anhaften, zu deren Abwehr sie geschaffen worden sind; auch weisen sie auf die Verletzbarkeiten und Abhängigkeiten hin, zu deren Schutz sie erdacht und gefordert wurden, und bringen die Not und Hilfsbedürftigkeit der Menschen zur Sprache, für die sie Unterstützung und Hilfe einklagen. Die Menschenrechte wenden sich so gegen erlittene Unfreiheiten, Grausamkeiten, Missachtungen und Demütigungen, und sie fordern Respekt, Schutz und Unterstützung für ein menschliches Leben in Würde. Diese geschichtliche Wirklichkeit, diese Wertbestimmungen und Zielvorgaben der Menschenrechte dürfen nicht vergessen werden, wenn sich die Wissenschaften – jeweils aus ihrer eigenen Logik und Sichtweise – mit den Menschenrechten beschäftigen. Die wissenschaftliche Thematisierung der Menschenrechte ist daher nicht ›wertneutral‹. Sie sollte von den praktischen Interessen, die die Kämpfe für die Menschenrechte prägen, nicht abstrahieren. Zugleich aber wird die wissenschaftliche Erforschung der Menschenrechte, der Logik der Wissenschaftlichkeit folgend, nicht schon *besser* dadurch, dass sie unmittelbares Engagement zeigt. Das wird sie vielmehr erst dann, wenn sie in einer gewissen Distanz zum unmittelbar praktischen Zweck zentrale Begrifflichkeiten und Unterscheidungen klärt, argumentative und empirische Zusammenhänge überprüft, konzeptionelle und empirische Probleme, Unklarheiten und offene Fragen aufzeigt.

Die nach dem Zweiten Weltkrieg erstmals auch auf internationaler Ebene proklamierte und weltpolitisch folgenreiche Überzeugung, dass alle Menschen Menschenrechte haben, mag dabei aus heutiger Sicht fast selbstverständlich anmuten. Und doch wird anhaltend darüber gestritten, und zwar mehr denn je, was genau mit dieser grundlegenden Überzeugung gemeint ist und welche philosophischen, rechtlichen, politischen, kulturellen, sozialen oder auch wirtschaftlichen Konsequenzen sich daraus ergeben. Betrachten wir zunächst einige definitorische Grundaspekte des *Begriffs* der Menschenrechte; Grundaspekte, die aus Sicht wissenschaftlicher Theorien der Menschenrechte gemeinhin als zentral erachtet werden. So heißt es in den gegenwärtigen Debatten etwa: Menschenrechte seien ›fundamentale‹ und ›subjektive‹ Rechte, die jedem Menschen, und zwar weltweit, allein aufgrund seines Menschseins zukommen und die ihm in politischen Deklarationen, nationalstaatlichen Verfassungen oder auch völkerrechtlichen Verträgen, d. h. über nationale, kulturelle und religiöse Grenzen hinweg, als ›angeboren‹, ›unverlierbar‹ und ›unveräußerlich‹ zugeschrieben werden sollen. Anders als gewöhnliche andere Rechte, wie sie einem zumeist in Form von schriftlichen Verträgen oder Gesetzen begegnen, werden die Menschenrechte als ›vor‹- oder ›überstaatlich‹ verstanden. Das kann bedeuten: Es handelt sich um zunächst bloß *gedachte* Rechte, die als Legitimationsbedingungen für faktische Rechtsetzungs- und Rechtsdurchsetzungsprozesse fungieren und diesen damit immer schon *vorausgehen*, die aber zugleich auch den Anspruch auf ihre positiv-rechtliche Implementierung in sich tragen, damit sie als ›einklagbare‹ Grenzen einer jeden Ausübung staatlicher Herrschaft auch faktisch normative Kraft entfalten können.

Als Menschenrechte unterscheiden sie sich von anderen Rechten zudem dadurch, so heißt es weiter, dass sie mit einem ›universellen‹, ›kategorischen‹, ›egalitären‹ und ›unteilbaren‹ Geltungsanspruch versehen sind: Die Menschenrechte stehen nicht nur allen Menschen zu, und zwar unabhängig von individuellen Leistungen, sozialen Zugehörigkeiten oder persönlichen Eigenschaften, sondern auch allen Menschen bedingungslos, gleichermaßen und umfassend. Die ihnen korrespondierenden *Pflichten* sind dabei zuvorderst an öffentliche, staatliche, aber auch überstaatliche Instanzen adressiert, bisweilen werden die Menschenrechte aber auch so verstanden, dass sie auch nicht-staatliche Akteure und indirekt sogar die Menschheit insgesamt bzw. alle einzelnen Menschen binden. Und fragt man schließlich nach ihrem konkreten Inhalt, so wie dieser z. B. in der *Allgemeinen Erklärung der Menschenrechte* von 1948 festgelegt worden ist, dienen die jeweils einzelnen Menschenrechte insgesamt dem Schutz der ›Menschenwürde‹ und damit der Garantie von elementaren Lebensinteressen, basalen Freiheiten und grundlegenden gesellschaftlichen Partizipationschancen.

Auch wenn man annimmt – was empirisch zweifellos *nicht* schon angenommen werden kann –, in den gegenwärtigen Debatten bestünde bereits Einigkeit darüber, dass die soeben genannten Definitionsmerkmale allesamt *notwendige* Begriffsaspekte der Menschenrechte darstellen, so werfen die obigen Bestimmungen gleichwohl manche ungelösten Probleme auf, die jeweils einer ausführlichen Diskussion und damit einer Vielzahl wissenschaftlicher Forschungsprojekte unterschiedlichster Disziplinen bedürften. Hier nur einige Beispiele:

• Was genau ist mit der Behauptung gemeint, dass die Menschenrechte ›angeboren‹, ›unverlierbar‹ und ›unveräußerlich‹ sind? Sind sie nicht, wie alles ›positive‹ Recht, *gemacht* und damit auch wieder veränderbar oder sogar disponibel? Lehrt uns die weltpolitische Realität nicht geradezu tagtäglich, dass man Menschen sehr wohl ihrer Menschenrechte *berauben* kann?

• Wie genau sind die Geltungsansprüche ›universell‹, ›kategorisch‹, ›egalitär‹ und ›unteilbar‹ zu verstehen? Haben tatsächlich *alle* Menschen, z. B. auch Embryonen, Schwerbehinderte, Komapatienten oder gar Verbrecher und erklärte Menschenrechtsverletzer genau *dieselben* Rechte? Und, wenn ja, was folgt daraus politisch?

• Wie lassen sich die Menschenrechte allgemeinverbindlich *begründen*, wo es doch noch immer zahlreiche Gegner der Menschenrechte gibt, die deren Geltungsansprüche nicht nur theoretisch, sondern auch weltpolitisch wirksam zu relativieren vermögen? Und wie sähe eine Begründung aus, die in allen Gegenden der Welt, in allen Kulturen gleichermaßen akzeptiert werden könnte?

• Wie ist es historisch zur weltweiten Anerkennung und Dringlichkeit dieser geschichtlich revolutionären Rechtsidee gekommen? Welches sind die wichtigsten ideengeschichtlichen Quellen? Und welches die bedeutendsten historischen Rechtsdokumente?

• Was genau meint der zentrale Begriff ›Menschenwürde‹? Lassen sich aus ihm konkrete Einzelrechte ableiten? Und wie muss eine solche inhaltliche Ableitung beschaffen sein, um auch kulturübergreifend akzeptiert werden zu können?

• Welche konkreten Pflichten sind mit den Menschenrechten verbunden? Und lassen sich die Adressaten dieser Pflichten tatsächlich eindeutig bestimmen und entsprechend verantwortlich machen?

• Welche Institutionen werden benötigt, um bei einer Menschenrechtsverletzung nicht bloß moralisch, sondern auch rechtsverbindlich klagen zu können? Und wie lassen sich entsprechende Klageverfahren sowohl national als auch weltweit organisieren?

• Wie ist der aktuelle Stand der nationalstaatlichen und völkerrechtlichen Implementierung und Realisierung der Menschenrechtsidee zu bewerten? Welche weltweiten Durchsetzungsmechanismen und Institutionen gibt es bereits? Welche fehlen oder sollten geschaffen werden?

• Und schließlich: Wo liegen derzeit die wichtigsten Probleme und Herausforderungen einer umfassenden *Theorie* der Menschenrechte?

Man sieht: So selbstverständlich das politische Grundanliegen der Menschenrechte heute auch erscheinen mag, nahezu alles an ihnen kann mit Skepsis betrachtet und wissenschaftlich hinterfragt werden. Und während die Menschenrechte in den wissenschaftlichen Einzeldisziplinen lange Zeit eher ein Schattendasein geführt haben, ist die Prognose kaum mehr als gewagt zu bezeichnen, dass sich die Menschenrechte – angesichts ihrer wachsenden politischen Bedeutung im globalen Kampf gegen Unrecht, Unterdrückung, Unfreiheit, Ausbeutung und Armut – mehr und mehr auch wissenschaftlich zu einer Art ›Megathema‹ entwickeln werden. Daher ist es angezeigt, eine orientierende Bestandsaufnahme der Diskussion vorzunehmen.

Das soll mit diesem *Handbuch Menschenrechte* geschehen, das von einschlägigen Expertinnen und Experten verfasst worden ist, um Anfängern den Einstieg in die Diskussion zu erleichtern, aber auch um fortgeschrittenen Nutzern zu einem tieferen Einblick zu verhelfen, indem es den aktuellen Stand der Forschung nicht nur abbildet, sondern auch problematisiert. Zudem sind die Herausgeber davon überzeugt, dass der historische und politische Kampf im Namen der Menschenrechte mit so vielen Schwierigkeiten, Missverständnissen, Fehleinschätzungen, ideologischen Umdeutungen und auch Rückschlägen behaftet ist, dass der in diesem Handbuch unternommene Versuch einer wissenschaftlichen Orientierung und Hilfestellung nur recht sein kann.

Zwar hat die *Philosophie* besonders in der Vorgeschichte jener Ideen, die dann ab Mitte des 18. Jahrhunderts in Amerika und Frankreich zu den ersten revolutionären Erklärungen der Menschenrechte geführt haben, eine wichtige, taktgebende Rolle gespielt, sie kann aber heute schon längst nicht mehr eine alleinige Zuständigkeit für sich reklamieren. Der thematischen Vielfalt und komplexen Problematik der Menschenrechtsdiskussion kann man vielmehr nur dann gerecht werden, wenn man das Unterfangen ihrer wissenschaftlichen Erforschung von Beginn an *interdisziplinär* anlegt. Mit anderen Worten: Die Menschenrechte ›gehören‹ keiner bestimmten akademischen Disziplin. Ihre Erforschung ist vielmehr auf ein produktives und mitunter auch sehr spannungsreiches Zusammenspiel von teilweise sehr heterogenen und bislang kaum miteinander kommunizierenden Einzeldisziplinen angewiesen, von denen vor allem die folgenden zu nennen wären und auch in diesem Handbuch vertreten sind (ohne damit jedoch den Beitrag wichtiger Forschungen aus weiteren Disziplinen, z. B. auch aus der Theologie, den Kulturwissenschaften oder der Pädagogik, schmälern zu wollen):

• In *geschichtswissenschaftlicher* Perspektive kommt es mit Blick auf die Menschenrechte vor allem auf eine genaue Rekonstruktion jener rechtshistorischen Entwicklungsprozesse und Diskurskonstellationen an, in deren Zuge es – zunächst in Amerika und Europa – zur ›Erfindung‹ der Menschenrechte sowie zu ihrer inhaltlichen Ausdifferenzierung und positiv-rechtlichen Institutionalisierung gekommen ist. Als *erkämpfte* Rechte sind die Menschenrechte in einem eminenten Maße ›geschichtlich‹, denn nicht nur ihre Entstehung ist historisch kontingent, auch ihre Ausformulierungen und Rechtfertigungen unterliegen historischen Bedingungen.

• Im Mittelpunkt *juridischer* Forschungsarbeiten stehen zunächst die menschenrechtlich relevanten Rechtsdokumente als solche: ihre dogmatische, rechtstheoretische, aber auch rechtsphilosophische Interpretation und Bearbeitung. Zugleich geht es jedoch stets auch um empirische Fragen nach der spezifischen Bedeutung der Menschenrechte für institutionelle Gesetzgebungsprozesse, nach konkreten Chancen und Wegen ihrer fortgesetzten Implementierung und Kodifizierung sowie nach der rechtlichen Fassung und Ausgestaltung der Instrumente und Institutionen des Menschenrechtsregimes, und zwar sowohl auf nationaler wie auch auf völkerrechtlicher Ebene.

• *Politikwissenschaftliche* Studien sind in erster Linie mit der Rolle und Funktion der Menschenrechte im Rahmen nationaler Politik und internationaler Beziehungen befasst sowie mit der Erforschung institutioneller Bedingungen und öffentlicher Arrangements, die für eine Implementierung der Menschenrechte notwendig erscheinen. Sie informieren zudem kritisch über die politischen Interessen und Machtverhältnisse des Gebrauchs, aber auch des ›Missbrauchs‹ der Menschenrechte sowie über Veränderungen und Spannungen, denen politische Gemeinschaften bzw. Staaten – demokratische wie nicht-demokratische – durch den zunehmenden Einfluss und die wachsende Bedeutung der Menschenrechte ausgesetzt sind.

• *Soziologische* Analysen sind zuvorderst an der legitimitätssichernden Bedeutung der Menschenrechte im Zuge einer notwendigen Stabilisierung gesellschaftspolitischer Rahmenordnungen interessiert sowie an einer Diagnose der sozialen Ermöglichungsbedingungen, aber auch Hindernisse für entsprechende Rechtsfortschritte. Insbesondere unter den Aspekten der Modernisierung und Globalisierung diskutieren sie die oft tiefgreifenden sozialen Veränderungen, die sich ergeben, wenn politische und kulturelle Gemeinschaften auf die Achtung der Menschenrechte ›umstellen‹ oder mit ihnen konfrontiert werden.

• Der *Philosophie* schließlich kommt in diesem Handbuch die Rolle einer Vermittlerin und Platzhalterin für allgemeine, begriffliche und argumentative Fragen zu. In der philosophischen Menschenrechtsforschung geht es zumeist um sehr grundlegende Probleme plausibler Begriffsbestimmungen und Differenzierungen, um Fragen einer normativen Begründung der mit den Menschenrechten verknüpften Geltungsansprüche und Pflichtrelationen, um eine angemessene Deutung des für die Menschenrechte zentralen Begriffs der Menschenwürde sowie um Probleme konkreter menschenrechtlicher ›Kataloge‹ und Inhaltsbestimmungen, wie sie insgesamt auch für alle anderen Einzeldisziplinen richtungsweisend sind.

Wir wünschen uns, dass die fachliche Vielfalt der Artikel die Leserin und den Leser anregen und überraschen und so die Menschenrechte ihres fachsprengenden und -übergreifenden Charakters entsprechend studiert und diskutiert werden können.

Zum Aufbau dieses Handbuchs

Die im ersten der vier Hauptteile versammelten Handbuchbeiträge sind jeweils mit unterschiedlichen Phasen und den wichtigsten Autoren in der »Geschichte der Menschenrechte« befasst. Bei deren Auswahl sind die Herausgeber der – in der Diskussion keineswegs unumstrittenen – Auffassung gefolgt, dass die Menschenrechte eine spezifisch ›moderne‹ Erfindung sind. Denn es sind die sogenannten Vertragstheoretiker und Naturrechtler des 17. und 18. Jahrhunderts, die erstmals ausdrücklich und systematisch die Frage diskutieren, ob die Legitimität staatlicher und auch überstaatlicher Rechtsordnungen davon abhängig ist, inwieweit diese Rechtsordnungen ›angeborene‹ oder ›natürliche‹ Rechte der Beherrschten, und zwar unmittelbar *gegenüber den Herrschenden* vorsehen. Aus eben dieser ideengeschichtlichen Datierung des Menschenrechtsdiskurses folgt notwendig, dass verwandte Überlegungen, wie es sie punktuell bereits in der Antike, dem Christentum, dem Mittelalter oder auch in der frühen Neuzeit gegeben hat, zunächst der »Philosophischen Vorgeschichte« der Menschenrechte zuzurechnen sind (I.1). Deshalb widmet sich dann erst der zweite Abschnitt des ersten Hauptteils den jeweils einzelnen, aus ideengeschichtlicher Sicht als ›klassisch‹ zu bezeichnenden Autoren von Hugo Grotius bis hin zu Max Weber (I.2). Geradezu von Beginn an ist der moderne Menschenrechtsdiskurs aber auch auf philosophische und rechtstheoretische Ablehnung gestoßen, wobei diese Kritik keineswegs zu einem Bedeutungsverlust der Menschenrechtsdiskussion geführt hat, sondern zu Prozessen einer (selbst-)kritischen Transformation menschenrechtlicher Grundpositionen. Daher werden im dritten Teilabschnitt die wichtigsten »Klassiker der Kritik« von Edmund Burke bis Richard Rorty vorgestellt (I.3). Von diesen – im engeren Sinn – ideengeschichtlichen Etappen müssen die wichtigsten *rechtshistorischen* Entwicklungsstadien unterschieden werden, die von den ersten revolutionären Menschenrechtserklärungen des 18. Jahrhunderts in Amerika und Frankreich bis in unsere völkerrechtliche Gegenwart reichen (I.4).

Die Handbuchbeiträge des zweiten Hauptteils befassen sich mit begrifflich elementaren, systematischen und rechtsphilosophischen Fragen, die für eine jede Theorie der Menschenrechte grundlegend sind. Im ersten Abschnitt werden unter der Überschrift »Begriffsbestimmungen« die wichtigsten Grundkategorien erläutert und problematisiert, auf die man sich bei jeder Diskussion der Menschenrechtsidee fast notwendig beziehen muss: z. B. ›Mensch‹, ›Person‹, ›Rechte‹,

›Pflichten‹, ›Menschenwürde‹, ›Universalität‹, ›Unteilbarkeit‹ (II.1). Anschließend werden die derzeit maßgeblichen normativen ›Begründungen‹ präsentiert – von metaphysisch-theologischen über vernunftrechtliche und kontraktualistische bis hin zu interkulturellen Ansätzen –, mit denen der für die Menschenrechte konstitutive Grundanspruch, elementare Rechte wahrhaft aller Menschen festschreiben zu wollen, gegen jeweils konkurrierende Begründungsansätze, vor allem aber auch gegen Skeptikerinnen und Skeptiker verteidigt wird (II.2). Im dritten Teilabschnitt geht es dann um heute gängige »Systematisierungen«, mit denen man den Inhalt der Menschenrechtsidee, d. h. die jeweils einzelnen Rechte sowie die ihnen korrespondierenden Pflichten, in unterschiedliche Klassen, Gruppen oder auch Generationen einzuteilen versucht (II.3).

Diese systematisierenden Darstellungen leiten unmittelbar zum dritten Hauptteil über, in dem es nunmehr um die konkreten »Menschenrechte im Einzelnen« geht, so wie diese seit dem Zweiten Weltkrieg in völkerrechtlichen Deklarationen und Verträgen festgeschrieben worden sind; und zwar vor allem in der *Allgemeinen Erklärung der Menschenrechte* von 1948 sowie in den beiden 1966 vereinbarten und erstmals rechtlich bindenden *UN-Pakten über bürgerliche und politische Rechte* zum einen sowie *über wirtschaftliche, soziale und kulturelle Rechte* zum anderen. Alle diese Einzelrechte werden gesondert behandelt, um ihre jeweilige Spezifik hervortreten zu lassen, und nur der besseren Übersicht wegen sind sie im Inhaltsverzeichnis zu thematischen Gruppen zusammengefasst: »Subsistenzrechte« (III.1), »Freiheitsrechte« (III.2), »Politische Rechte« (III.3), »Justizrechte« (III.4), »Wirtschaftliche Rechte« (III.5), »Soziale Rechte« (III.6), »Kulturelle Rechte« (III.7) und »Menschenrechte der ›dritten Generation‹« (III.8). Im letzten Abschnitt folgen dann noch kritische Einzeldarstellungen zu den wichtigsten »UN-Sonderabkommen«, die – anders als die *Allgemeine Erklärung* von 1948 oder die beiden UN-Pakte von 1966, die ausdrücklich *alle* Menschen als Rechtsträger betreffen – auf besondere menschenrechtliche Gefährdungen und Diskriminierungen bestimmter *Gruppen* von Menschen zugeschnitten sind, z. B. auf die Lage von Frauen, Kindern oder Behinderten (III.9).

Die Handbuchbeiträge des vierten und letzten Hauptteils dokumentieren und problematisieren den gegenwärtigen Forschungsstand mit Blick auf aktuelle »Kontroversen« in den mit den Menschenrechten befassten wissenschaftlichen Einzeldisziplinen. Zunächst geht es dabei um unterschiedliche Aspekte und Herausforderungen des noch immer anhaltenden Disputs im Themenfeld »Universalismus, Kulturalismus, Relativismus« und dabei vor allem um die Frage, ob und inwiefern die Menschenrechtsidee tatsächlich interkulturelle *Allgemeingültigkeit* beanspruchen darf (IV.1). Im zweiten Abschnitt werden »Konzeptionelle Spannungsverhältnisse« ausgeleuchtet, die sich zwischen Menschenrechtsforderungen einerseits und Fragen der Moral, der Demokratie, der Weltstaatlichkeit, des humanitären Völkerrechts oder auch der globalen Gerechtigkeit andererseits ergeben (IV.2). Anschließend werden die derzeit wichtigsten »Institutionellen Entwicklungen« im Bereich des globalen Menschenrechtsschutzes mit Blick auf weltweit agierende Nichtregierungsorganisationen, Fragen der internationalen Gerichtsbarkeit und der Weltwirtschaftsordnung diagnostiziert (IV.3). Und am Ende dieses Handbuchs geht es – nach Art eines Ausblicks – um »Aktuelle Konfliktfelder«; z. B. um das Problem militärischer Interventionen, die Debatte um eine Enttabuisierung der Folter, um Fragen der Armut und der Migration sowie um mögliche Konsequenzen, die sich aus der Bioethik oder auch der Tierethik für die Theorie der Menschenrechte ergeben (IV.4).

Danksagungen

Die Herausgeber danken den vielen Autorinnen und Autoren für ihre entschlossene, unkomplizierte und zudem uneigennützige Mitarbeit an diesem Großprojekt – nicht zuletzt aber auch für die teilweise immense Geduld, die sie haben aufbringen müssen, bis dieses Buch endlich erscheinen konnte. Trotz der in einem Handbuch unvermeidlichen Vereinheitlichungen, die den insgesamt über 100 Einträgen widerfahren sind, haben wir den jeweils persönlichen Charakter der Artikel zu bewahren versucht. Es ist unserem Endredakteur Norbert Axel Richter zu verdanken, dass die hier vorliegenden Texte nunmehr auch formal ein geschlossenes Bild abgeben. Danken wollen wir auch der Lektorin Ute Hechtfischer und Franziska Remeika, ohne deren beständige Mahnungen wir womöglich immer noch nicht fertig wären.

Berlin, im Februar 2012
Arnd Pollmann/Georg Lohmann

I. Geschichte der Menschenrechte

1. Philosophische Vorgeschichte

1.1 Antike

Ideengeschichtliche Bedeutung

Die Suche nach einem Äquivalent neuzeitlicher Menschenrechte in der griechisch-römischen Antike wirkt zunächst wie ein Anachronismus. Weder existierte im Altertum ein präzises Äquivalent für den Ausdruck ›Menschenrechte‹, noch gibt es einschlägige theoretische Reflexionen bei einem der Philosophen, noch finden wir eine politisch-soziale Bewegung, die sich der Idee der Menschenrechte verschrieben hätte. So wurde etwa ein Abolitionismus, also die Forderung nach grundsätzlicher Abschaffung der Sklaverei, in der Antike weder philosophisch noch politisch je vertreten, nicht einmal von aufständischen Sklaven (Welwei 2005, 81). Menschenrechtskataloge liegen uns aus dem Altertum weder im Sinn von Abwehrrechten gegen den Staat vor noch von politischen Teilnahmerechten noch von Sozialrechten. Immerhin lässt sich eine Belegstelle bei Marcus Tullius Cicero angeben, die unserem Ausdruck ›Menschenrechte‹ bemerkenswert nahe zu kommen scheint. In den *Tusculanae disputationes* schreibt Cicero, die Philosophie erziehe »zum Recht der Menschen, das in einer Gemeinschaft des Menschengeschlechts liege« (*ad ius hominum quod situm est in generis humani societate*, I.26.64). Gemeint ist hier aber wohl die Rechtsgeltung im Allgemeinen, welche eine Leistung der Philosophie darstellen soll, nicht speziell ein subjektives Individualrecht, das jedem Menschen auf unveräußerliche Weise zukommen soll und das er insbesondere gegenüber staatlichen Akteuren geltend machen kann. Zudem fehlen uns Parallelstellen; eine einmalige Wortverwendung scheint nicht hinreichend aussagekräftig. Dennoch ist es denkbar, dass der Menschenrechtsbegriff im Altertum *der Sache nach* präsent ist, und zwar vor allem im Werke von Aristoteles, ohne dass es dafür jedoch ein direktes Äquivalent, einen denselben Gehalt umfassenden *Ausdruck* gäbe.

Stationen und Positionen

1. Auf der Suche nach antiken Entsprechungen: In dem zuletzt angedeuteten *indirekten* Sinn hat z. B. Gregory Vlastos den Versuch unternommen, die Idee der Menschenrechte bei Platon zu identifizieren. Dabei definiert er ›Rechte‹ als den moralischen oder legalen Code, der jeden Akteur B strikt dazu verpflichtet, den Anspruchsberechtigten A beim Tun von X wenigstens gewähren zu lassen, wenn nicht gar zu unterstützen; sei es, dass A selbst beabsichtigt, X zu tun, sei es, dass andere dies in seinem Namen tun wollen (Vlastos 1995, 124). Hierbei soll X jeweils eine relevante Weise bezeichnen, wie A sein Leben führt oder seine Freiheit nutzt. Wenn es bei Platon ein Äquivalent des Menschenrechtsbegriffs oder Aspekte des Rechtsbegriffs geben sollte, so verteilen sich diese Begriffsaspekte nach Vlastos auf die Ausdrücke »das Geschuldete« (*ta opheilomena*), »das Gerechte« (*ta dikaia*) und »das Seine haben« (*ta heautou echein*).

Ähnlich geht Fred D. Miller Jr. für Aristoteles vor. Angelehnt an Wesley N. Hohfelds Unterscheidung zwischen (a) Anspruchsrechten (*claim rights*) und (b) Freiheitsrechten (*liberties*) differenziert Miller zwischen einem Anspruchsrecht auf etwas, bei dem irgendwelche Personen oder Institutionen jemandem den fraglichen Rechtsinhalt gewährleisten müssen, und einem Freiheitsrecht auf etwas, wenn keine Person oder Institution jemandem die Inanspruchnahme oder Ausübung des betreffenden Rechtsinhalts verweigern darf. Miller glaubt nun, dass (a) den *claim rights* bei Aristoteles eine bestimmte (keineswegs selten vorkommende) Verwendung des Begriffs *to dikaion* entspricht, während wir es (b) mit den *liberties* (*privileges*) unter der Bezeichnung *exousia* oder *eleutheria* zu tun haben sollen. Daneben kennt Aristoteles, so Miller, auch noch (c) Autoritätsrechte (*power, authority rights*), die mit den Begriffen *kyrios* sowie *dynamis* zum Ausdruck gebracht würden, sowie (d) Immunitätsrechte (*immunity rights*), für die er sich auf die aristotelischen Begriffe *adeia* sowie *akyros* stützt (Miller 1996, 882).

Eine vergleichbare Strategie, allerdings in generalisierter Form, verfolgt auch Hubert Cancik (1983). Er weist darauf hin, dass die wichtigsten begrifflichen und gedanklichen Grundlagen der Menschenrechtsidee antiken Ursprungs seien; etwa die Begriffe Natur, Naturrecht, Gesellschaftsvertrag, Mensch, menschliches Recht, Vernunft, Person, Freiheit, Glück, Gleichheit, menschliche Würde und andere mehr. Die naheliegende Schlussfolgerung lautet: Selbst wenn man kein konkretes Äquivalent des Menschenrechtsbegriffs und keine überzeugende philosophische oder politische Formulierung finden sollte, so würden doch wenigstens die gedanklichen Voraussetzungen der Menschenrechte auf antikem Denken beruhen.

Zentral für die Frage nach einer möglichen antiken Entsprechung der Menschenrechtsidee ist es, ob es im Altertum den Gedanken einer natürlichen Gleichheit aller Menschen und den einer ursprünglichen Verwandtschaft und Zusammengehörigkeit der Menschen gibt. Zweifellos existieren hierfür zahlreiche Belege. Der eindrucksvollste ist ein Fragment des Sophisten Antiphon aus dem 5. Jahrhundert v. Chr., in welchem die natürliche Gleichheit aller Menschen, nämlich von »Barbaren und Hellenen«, postuliert wird (Diels-Kranz 17B44): »Es läßt sich beobachten, daß die Dinge, die zum von Natur aus Seienden gehören, bei allen Menschen notwendig und bei allen vermöge derselben Fähigkeiten verfügbar sind; und in eben diesen Dingen ist niemand, ob Barbar oder Hellene, von uns verschieden.« Aristoteles stellt am Beginn seiner Abhandlung über Freundschaft heraus, man bemerke besonders auf (Auslands-)Reisen, wie sehr jeder Mensch mit jedem anderen vertraut und freund sei (*Nikomachische Ethik* VIII.1, 1155a21 f.). Ebenfalls im 4. Jahrhundert betont Alkidamas aus Elaia, die Gottheit habe alle Menschen frei ins Leben entsandt, und es gebe keine Sklaven von Natur (*Scholia Arist. Rhet.* 1373b18). Bei dem römischen Rechtstheoretiker Ulpian findet sich schließlich die Bemerkung, nach dem Naturrecht seien alle Menschen gleich (*quod ad ius naturale attinet, omnes homines aequales sunt*, Digesten 50.17.32).

Für die Menschenrechtsidee ist ebenfalls grundlegend, ob in einer Kultur der Gedanke von ›moralischen Rechten‹, eines ›Naturrechts‹ oder eines ›göttlichen Rechts‹ bekannt ist. Die wohl älteste einschlägige Formulierung liegt in Empedokles' Forderung nach einem Verbot des religiösen Tieropfers vor (Diels-Kranz 31B128 und 137). Damit würde sich die älteste potentielle Nennung eines Menschenrechts eigentlich auf ein *Tierrecht* beziehen; es ist aber plausibel anzunehmen, dass Empedokles im Hintergrund an die Reinkarnationstheorie denkt, so dass mit dem Verbot der Tierschlachtung in Wahrheit transmigrierte *menschliche* Seelen geschützt werden sollen. Interessant an Empedokles' Forderung ist besonders, dass er meint, die Tötung von Tieren sei in einem ›natürlichen‹ Sinn unerlaubt, obwohl sie nach der Rechtslage aller antiken Gemeinschaften gestattet war. In einer konzisen Studie zu Empedokles meint Myles Burnyeat dennoch, man könne in diesem Fall – wie in der Antike generell – noch nicht von einem Äquivalent unserer Menschenrechte sprechen. Dazu müsse ein Autor eine Begründung geben, welche auf das anspruchsberechtigte Rechtssubjekt abhebt, was im Altertum durchgehend nicht der Fall sei (1994, 8).

2. *Menschenrechtsaffines Denken bei Aristoteles:* Komplex ist das Naturrechtsproblem bei Aristoteles. Sein Begriff des *physikon dikaion* in Kapitel V.10 der *Nikomachischen Ethik* führt die von den Sophisten angestoßene (und von Platon u. a. im *Gorgias* aufgegriffene) Naturrechtsdebatte fort. Nach aristotelischer Auffassung gibt es eine natürliche Gerechtigkeit, welche sich dadurch auszeichnet, dass sie weder durch die Zustimmung irgendwelcher Personen etabliert noch durch Ablehnung anderer verworfen werden kann. Einer-

seits konzediert Aristoteles, dass es ein Gesetzesrecht (*nomikon dikaion*) gibt, welches durch die bloße Autorität seiner Setzung gültig ist. Andererseits spricht er vom Naturgesetz mitunter auch so, dass er dieses als »gemeinsames Gesetz« (*koinos nomos*) auszeichnet (gemeint ist: das allen Menschen gemeinsame Gesetz) und es dem in bestimmten politischen Gemeinschaften geltenden »eigentümlichen Gesetz« (*idios nomos*) gegenüberstellt. Während das einer politischen Gemeinschaft eigentümliche Gesetz konventionell (*kata synthêkên*) sein soll und sowohl in geschriebener als auch in ungeschriebener Form in Erscheinung tritt, handelt es sich beim universellen Naturgesetz um ein »ungeschriebenes Gesetz« (*agraphos nomos*, *Rhetorik* I.10 und 13). Es könnte sein, dass Aristoteles hier den Ursprungspunkt der dichotomischen Naturrechtsidee markiert.

Trotz zahlreicher Bedenken gegen diese Interpretation bleibt an einer naturrechtlichen Deutung des Aristoteles zweierlei richtig: zum einen, dass er einen Vorrang des gemeinsamen gegenüber dem eigentümlichen Gesetz konstatiert, und zum anderen, dass er dabei eine moralische gegenüber einer juridischen Ebene im Sinn haben dürfte. Nicht zuletzt kommt genau dies ja in der (problematischen) naturrechtlichen Legitimation der Sklaverei in *Politik* I.6 (1255a3–12) zum Ausdruck. Was Aristoteles dennoch schlecht dafür geeignet scheinen lässt, als früher Vertreter der Menschenrechtsidee betrachtet zu werden, sind seine diskriminierenden und ideologieverdächtigen Äußerungen über bestimmte Personengruppen – und zwar über Sklaven, Frauen, geringqualifizierte Arbeiter (*banausoi*) und Nichtgriechen (›Barbaren‹), deren angebliche Inferiorität er sogar essentialistisch zu begründen versucht.

Diesen Bedenken zum Trotz existieren in der aktuellen Aristoteles-Forschung interessante Ansätze dazu, die Frage nach natürlichen subjektiven Rechten bei Aristoteles positiv zu beantworten (neben den im Folgenden erwähnten Autoren s. auch Cooper 1996, Long 1996 und McGrade 1996). Miller Jr. (1995; 1996 und 2001) plädiert für die Ansicht, Aristoteles verfüge sprachlich wie sachlich über ein Konzept individueller Rechte; dabei soll es sich keineswegs nur um konventionelle oder juridische, sondern um *natürliche* Rechte handeln. Nach Miller kann man unter natürlichen Rechten einerseits Ansprüche verstehen, die jemandem gemäß der Vorstellung von einer ›natürlichen Gerechtigkeit‹ zukommen, und andererseits Rechte, die man im ›Naturzustand‹ besitzen würde, d. h. in einem vorpolitischen Zustand nach Thomas Hobbes oder John Locke. Miller beansprucht für Aristoteles lediglich die erste Theorievariante, nicht aber die zweite. Er meint somit, bestimmte Personen besäßen nach Aristoteles das natürliche Recht, von der Polis anspruchsgemäß behandelt zu werden – und dies nötigenfalls auch *gegen* die bestehende positive Gesetzeslage. Was Aristoteles demnach *nicht* im Sinn habe, sei die Vorstellung, dass diese Personen auch dann noch über solche Rechte verfügten, wenn keinerlei politische Gemeinschaft bestehen würde, die sie zu gewährleisten hätte. Die bei Aristoteles auftretenden natürlichen Rechte sind nach Miller weder für alle Personen gleichermaßen vorgesehen noch unter allen Umständen und zu allen Zeiten gefordert.

Die Interpretation von Richard Kraut (1996) fällt teils anspruchsvoller, teils defensiver aus. Kraut vertritt einerseits die These, Aristoteles erkenne bestimmte Rechte tatsächlich allen Menschen oder bestimmten Menschen unter allen Umständen zu, akzeptiere also den Gedanken natürlicher Rechte in der zweiten der soeben unterschiedenen Bedeutungen. Diese starke Behauptung wird von Kraut daran festgemacht, dass es nach Aristoteles dezidiert vorpolitische Gerechtigkeitsphänomene gibt, wie etwa das Verhältnis zwischen Herr und Sklave im Familienkontext und die ›*zôon politikon*‹-Anthropologie. Wenn man bedenke, dass Aristoteles den Kreis der freien und im Vollsinn als Menschen zählenden Individuen wesentlich enger fasse, als wir dies heute tun würden, könne durchaus von vorpolitischen Rechten die Rede sein; etwa von dem Recht eines »von Natur aus Freien«, sich Sklaven anzueignen und nicht umgekehrt zum Sklaven gemacht zu werden. Krauts wichtigstes Beispiel für ein Recht, das Aristoteles allen Menschen bloß aufgrund ihres Menschseins zuerkennt, findet sich in Kapitel VII.2 der *Politik*. Dort verbietet Aristoteles die Jagd auf Menschen zu Zwecken der Ernährung oder der religiös motivierten Tötung (1324b39–

41). Andererseits verweist Kraut darauf, dass die Bedeutung dieses Rechtskonzepts für Aristoteles' Politische Philosophie geringer gewesen sei, als man dies vielleicht erwarten würde. Denn aus heutiger Sicht müsse ein Autor, wenn er überhaupt bereit ist, eine solche Konzeption zu akzeptieren, daraus auch Grundlegendes für sein politisches Denken ableiten. Genau dies ist aber bei Aristoteles nicht der Fall.

Bei Aristoteles ist zudem bemerkenswert, dass er in seine Bestimmung der bestmöglichen Verfassung in *Politik* VII.2 »jeden Beliebigen« (*hostisoun*) als Nutznießer einbeziehen möchte. Besonders Martha C. Nussbaum (1988 u. 1990) sieht hierin einen »Universalismus«, und zwar mit dem Argument, dass die von Aristoteles faktisch vorgenommene Restriktion des Adressatenkreises (mit Blick auf ›inferiore‹ Gruppen, s. o.) kein wirklicher Theoriebestandteil sei. Aristoteles nimmt an, dass jedes Individuum zur Entfaltung seiner kognitiven und moralischen Fähigkeiten, also zum Tugenderwerb, bestimmter äußerer Güter bedarf, die er individuell besitzen muss. Insofern dies nun auf (nahezu) jeden Menschen zutrifft, scheint auch nahezu jeder aus Aristoteles' Perspektive einbezogen werden zu müssen.

Weitere menschenrechtsaffine Feststellungen bei Aristoteles sind folgende: In *Politik* VII.2 (1324b22–36) verwirft er die Vorstellung, Staatskunst sei eine despotische Disziplin, die im Dienst der Machtexpansion einer Polis stehen sollte. Abgelehnt wird damit der Versuch eines Staates, fremde Bürger durch Erweiterung des eigenen Machtbereichs willkürlich unter seine Kontrolle zu bringen. Aristoteles kennzeichnet politische Imperialisten ausdrücklich als ungerecht, indem er feststellt: »Denn sie selbst suchen bei sich nach einer gerechten Regierung, aber mit Blick auf die anderen liegt ihnen nichts an Gerechtigkeitsaspekten« (1324b35 f.). Ebenso wird in VII.14 (1333b26–40) eine Art von Kriegspolitik und Militarismus zurückgewiesen, die nicht auf die Selbstverteidigung eines Staates beschränkt bleibt. Beide Textpassagen setzen voraus, dass auch Fremde einen Anspruch auf Gerechtigkeit haben. Die Tatsache, dass jeder Mensch gegenüber jedem anderen Menschen Gerechtigkeit einfordern kann, wird von Aristoteles ausdrücklich auch auf jenen Zustand ausgedehnt, in dem es keine Polis gäbe (*Eudemische Ethik* 1242a19–28).

Als menschenrechtsaffin kann zudem die Ablehnung der gesetzesbasierten Sklaverei aus *Politik* I.6 gelten. Denn Aristoteles' problematische Theorie ›natürlicher‹ Sklaverei hat die positive Kehrseite, dass jedem, der nicht als Sklave von Natur aus zu betrachten ist, ein Recht auf Nicht-Versklavung zukommt. Aristoteles konstatiert, dass manche Menschen »unter allen Umständen« (*pantachou*) Sklaven seien, andere aber »in keinem Fall« (*oudamou*: 1255a32). Ausgeschlossen wird auf diese Weise, dass ein gerechtfertigter Krieg als Legitimationsbasis für die Versklavung von Personen herangezogen werden kann. Nach Aristoteles liegt der einzige Grund, der Sklaverei rechtfertigt, in der entsprechenden natürlichen Veranlagung einer Person. Als ›naturwidrig‹ erscheint mithin sowohl der Zustand, bei dem ein natürlicher Sklave frei ist, wie auch der, bei dem ein natürlicher Freier versklavt wird. Anders gesagt: Während Personen, die Sklaven von Natur aus sind, mit Recht unfrei sein sollen, wäre es ein erhebliches Unrecht, Nicht-Sklaven ihrer Freiheit zu berauben. Nimmt man dabei Aristoteles' Feststellung ernst, dass der natürliche Sklavenstatus nur auf diejenigen zutreffe, die kognitiv minderveranlagt sind und fremder Leitung bedürfen, dann erscheint seine Gesamtposition in einem anderen Licht. Dann nämlich müsste sich der Kreis der legitimen Sklaven auf jene Personengruppen beschränken, die aufgrund kognitiver Mängel kein autonomes Leben führen könnten. Eine solche Wendung der Theorie mag aus menschenrechtlicher Sicht noch immer als inakzeptabel erscheinen; allerdings werden die so bestimmten Personengruppen auch in der Gegenwart unter Betreuung oder Vormundschaft gestellt (was freilich einen gewissen Fortschritt gegenüber der antiken Sklaverei darstellen dürfte).

Darüber hinaus hat vor allem Nussbaum (1988 u. 1990) die These stark gemacht, Aristoteles verfüge bereits über eine sozioökonomische Distributionstheorie; eine Konzeption, die eng an die aristotelische Funktionsbestimmung des Menschen und somit an den eudämonistischen Perfektionismus anschließt und aus der sich sozioökonomische Anspruchsrechte ableiten lassen sollen.

Das Ziel des Staates werde bei Aristoteles dahingehend bestimmt, die Voraussetzungen für das Wohlergehen seiner Bürger zu schaffen. Die beste *politeia* sei deshalb diejenige Ordnung, der zufolge es jedem bestmöglich gehe und jeder ein glückliches Leben führen könne (vgl. *Politik* VII 2, 1324a23–25).

Ausblick

Was Aristoteles dagegen nicht kennt, ist der Begriff der Menschenwürde. Das bedeutet: Aristoteles verfügt (noch) nicht über die Vorstellung, dass jeder Mensch einen gleich großen, unüberbietbaren, unaufwiegbaren, sowohl unerwerbbaren als auch unverlierbaren, nicht graduierbaren und nicht numerisch angebbaren Wert aufweise. Wenn es folglich richtig ist zu sagen, dass der moderne Menschenrechtsgedanke allererst auf Basis dieser Idee von Menschenwürde formuliert werden kann, dann besitzt Aristoteles auch keine Menschenrechtskonzeption. Man könnte daher mit einiger Berechtigung einwenden, dass ein aristotelisch verstandenes Konzept subjektiver, natürlicher Rechte auch im Sinn eines natürlichen ›Rechts des Stärkeren‹ zu verstehen sein könnte, wie es von Kallikles in Platons *Gorgias* ja ebenfalls als *to tês physeôs dikaion* (*Gorgias* 484b1) bezeichnet wird. Die Idee der Menschenwürde entstammt erst der späten hellenistischen Philosophie, und zwar der mittleren Stoa. Der erste Philosoph, der uns einen solchen Begriff überliefert hat, ist Cicero, in dessen Schrift *De officiis* (I.106) von *hominis praestantia* und von *excellentia et dignitas* die Rede ist. Bei Cicero steht der Begriff im Kontext einer Ethik der Selbstwahl und hat insofern mit der ältesten griechischen Ethik zu tun. Nach dieser Tradition liegt die Menschenwürde in der Fähigkeit begründet, etwas Vernünftiges aus seinem Leben zu machen, die Zeit zu nutzen und sich nicht wie die Tiere auf den Genuss sinnlicher Freuden zu beschränken. Folgt man der antiken Ethik der Selbstwahl, so bildet menschliches Leben für uns deswegen eine so grundlegende ethische Norm, weil wir dem Gedanken, wir könnten unserem Leben eine rationale Form verleihen, also etwa einer Aufgabe, einem Ziel oder einem Ideal widmen, einen sehr hohen Wert beimessen.

Literatur

Burnyeat, Myles: »Did the Ancient Greeks Have the Concept of Human Rights?« In: *Polis* 13. Jg. (1994), 1–11.
Cancik, Hubert: »Gleichheit und Freiheit. Die antiken Grundlagen der Menschenrechte«. In: Günter Kehrer (Hg.): »*Vor Gott sind alle gleich*«: *Soziale Gleichheit, soziale Ungleichheit und die Religionen*. Düsseldorf 1983, 190–211.
Cooper, J. M.: »Justice and Rights in Aristotle's Politics«. In: *The Review of Metaphysics* 49. Jg. (1996), 859–872.
Diels, Hermann/Kranz, Walther (Hg.): *Die Fragmente der Vorsokratiker*. Griechisch und Deutsch von Hermann Diels. Hg. von Walther Kranz. 3 Bde. Zürich ⁶1951/52 [Diels-Kranz].
Kraut, Richard: »Are There Natural Rights in Aristotle?« In: *The Review of Metaphysics* 49. Jg. (1996), 755–774.
–: *Aristotle: Political Philosophy*. Oxford/New York 2002.
Long, Roderick T.: »Aristotle's Conception of Freedom«. In: *The Review of Metaphysics* 49. Jg. (1996), 775–802.
McGrade, Arthur Stephen: »Aristotle's Place in the History of Natural Rights«. In: *The Review of Metaphysics* 49. Jg. (1996), 803–829.
Miller, Fred D. Jr.: *Nature, Justice, and Rights in Aristotle's Politics*. Oxford 1995.
–: »Aristotle and the Origins of Natural Rights«. In: *The Review of Metaphysics* 49. Jg. (1996), 873–907.
–: »Sovereignty and Political Rights«. In: Otfried Höffe (Hg.): *Aristoteles, Politik*. Berlin 2001, 107–119.
Nussbaum, Martha C.: »Nature, Function, and Capability: Aristotle on Political Distribution«. In: *Oxford Studies in Ancient Philosophy* Suppl. Bd. 1988, 145–184.
–: »Aristotelian Social Democracy«. In: R. Bruce Douglass/Gerald M. Mara/Henry S. Richardson (Hg.): *Liberalism and the Good*. New York/London 1990, 203–252.
Vlastos, Gregory: »The Rights of Persons in Plato's Conception of the Foundations of Justice«. In: Ders.: *Studies in Greek Philosophy II*. Princeton, NJ ²1995, 104–125.
Welwei, Karl-Wilhelm: »Ius naturale und ius gentium in der antiken Beurteilung von Sklaverei und Freiheit«. In: Klaus M. Girardet/Ulrich Nortmann (Hg.): *Menschenrechte und europäische Identität. Die antiken Grundlagen*. Stuttgart 2005, 81–93.

Christoph Horn

1.2 Christentum und Mittelalter

Ideengeschichtliche Bedeutung

Zu den weit zurückreichenden Wurzeln, denen sich die Entstehung des Menschenrechtsgedankens verdankt, gehören ohne Zweifel zentrale Motive des jüdischen und christlichen Glaubens sowie die Theoriebildungen, zu denen diese Motive in der Begegnung mit den Ansätzen der antiken Philosophie in der Patristik und im Mittelalter geführt haben. Sie bilden den Hintergrund für die zum Menschenrechtsgedanken führenden Naturrechtstheorien der Neuzeit und für die Integration des Menschenrechtsgedankens in die Verkündigung der christlichen Kirchen, wie sie im 20. Jahrhundert nach einer das 19. Jahrhundert bestimmenden Phase der Ablehnung Platz greift.

Stationen und Positionen

1. Christlicher Glaube und antike Philosophie. Die Entwicklung der Lehre des ›von Natur aus Rechten‹ (Naturrecht) im Mittelalter: Wie die Schriften des Alten Testaments deutlich machen, wird dem Volk Israel in der Geschichte seiner Glaubenserfahrung immer deutlicher bewusst, dass sein Stammesgott als der eine und einzige Gott zu begreifen ist, der das Heil *aller* Menschen will. Deshalb kann sich der Mensch als das von ihm geschaffene »Ebenbild« (Genesis 1,27) verstehen, das von Gott in die *Freiheit* gesetzt ist, ihm entsprechen zu können, und das in dieser Ebenbildlichkeit jeden anderen Menschen *als seinesgleichen* zu betrachten hat (vgl. etwa den Zusammenhang zwischen erster und zweiter Tafel des Dekalogs sowie die in den verschiedenen Kulturen begegnende ›Goldene Regel‹).

Dass das ›Gesetz Jahwes‹ in einer *universal geltenden Gerechtigkeit* besteht, die insbesondere im Blick auf die Machtlosen und Armen gegen alles vom Menschen gesetzte Recht zur Geltung zu bringen ist, wird von den Propheten mahnend in Erinnerung gerufen und dann in Jesu Botschaft von der hereinbrechenden Gottesherrschaft radikalisiert und universalisiert. Als Adressat der verheißenen Gottesherrschaft ist jeder Mensch *gleich* und es ist diese *Brüderlichkeit*, die jeden Menschen mit jedem anderen verbindet. ›Bruder‹ und ›Schwester‹ werden – über alle ›Klassen‹ und ›Rassen‹ hinweg – zu der maßgeblichen Anrede in den christlichen Gemeinden (vgl. etwa Mt 23,8; Röm 8,29; 1 Joh 2,9 ff., 4,20 f.; dazu Schelke 1951).

Auf dem Hintergrund der biblischen Botschaft vermögen die christlichen Theologen der *Patristik* schon früh in den Ansätzen der antiken Philosophie zentrale Inhalte des eigenen Glaubens und des aus ihm folgenden universalen Ethos wiederzuerkennen und das Eigene in der Sprache der philosophischen Theoriebildung auszulegen und weiterzuentwickeln. Dies gilt nicht nur für die schon von Sokrates artikulierte Sicht des Menschen als eines der eigenen Erkenntnis des Guten verpflichteten, verantwortlichen Subjekts, sondern auch im Blick auf die durch die *Stoa* entwickelte Sicht des Menschen als Bürger einer alle umfassenden Welt, dem als Vernunftwesen ein ›natürliches Gesetz‹ eingeschrieben ist, das seine verpflichtende Kraft im Modus des ›Gewissens‹ (*syneidesis*) zur Entfaltung bringt.

Es sind die Theologen des *Mittelalters*, die diese Ansätze aufgreifen und stufenweise zu einer Theorie des Naturrechts und des Gewissens weiterentwickeln. Paradigmatisch begegnet diese Theorie in der Lehre des Thomas von Aquin vom ›natürlichen Gesetz‹ (*lex naturalis*) und vom ›Gewissen‹ (*conscientia*) (Honnefelder 2007, 57–86). Diese Theorie begegnet in der systematischen Reflexion, der Thomas (in *Summa Theologiae* I–II) die (in STH II–II folgende) Tugendethik unterzieht, die sich aus den theologischen Tugenden von Glaube, Hoffnung und Liebe ergibt (vgl. STH I–II qq.90–108). Das aus dem Glauben an Gottes Offenbarung erwachsende Handeln – so zeigt die Analyse der theologischen Perspektive – setzt voraus, dass die menschliche Praxis ein Handeln gemäß der Vernunft ist, worunter Thomas (in Fortführung des aristotelischen Handlungsverständnisses) ein Handeln aus Einsicht in die jeweiligen Gründe, d. h. in das Ziel *als Ziel* und die dazu dienlichen Mittel versteht. Es ist diese »Herrschaft über sein Tun« (*dominium sui actus*) (STH I q.29 a.1), die den Menschen kennzeichnet und seine »Würde« (*dignitas*) (STH I q.29 a.3) ausmacht. Denn von menschlicher Würde ist zu sprechen, »sofern der Mensch von Natur aus frei ist und um seiner selbst willen existiert« (*prout ... homo est liber et propter seipsum existens*) (STH II–II q.64 a.3).

Die zum Handeln führende praktische Überlegung (*prudentia*) ist möglich, weil die praktische Vernunft des Menschen ein oberstes Prinzip mit sich führt, nämlich »dass das (erkannte) Gute zu tun und das Böse zu lassen ist« (*bonum faciendum et malum vitandum est*) (vgl. STH I–II q.94 a.2; vgl. Honnefelder 2007), ähnlich wie die theoretische Vernunft unter einem obersten Prinzip steht, nämlich dem des ausgeschlossenen Widerspruchs. Konkret handlungsleitend wird das in Form eines natürlichen Habitus (*synderesis*) festgehaltene oberste Prinzip, wenn die praktische Vernunft in seinem Licht die den Menschen zum Handeln bewegenden Strebensziele betrachtet und als ordnendes Vermögen (*vis ordinativa*) auf die gegebene Situation bezieht.

Dabei leuchten als unmittelbar normativ gewisse Verbote ein, nämlich diejenigen, die Grundgüter des Menschen (als Beispiele werden Leben, Sozialität, Wahrheits- und Gottesbezug genannt) schützen, ohne die der Mensch nicht handelndes Subjekt sein kann (Honnefelder 2008, 228–250). In dem obersten Prinzip und den im Blick auf die Grundgüter daraus unmittelbar folgenden Forderungen, die Thomas mit der Stoa als »natürliches Gesetz« (*lex naturalis*) bzw. als dessen »erste Gebote« (*prima praecepta legis naturalis*) bezeichnet (und die später unter dem Titel ›Naturrecht‹ behandelt werden), ist der Sache nach präfiguriert, was später unter dem Titel von ›Menschenwürde‹ und ›Menschenrechten‹ als schutzwürdig ausgezeichnet wird. Denn es hält in der Sprache von moralischen Ansprüchen (nicht bereits von wechselseitig anerkannten Rechten) das im Handeln gemäß der Vernunft liegende moralische Sich-selbst-aufgegeben-Sein des Menschen als Grund seiner Würde sowie (in Form der als Beispiele genannten Grundgüter) die Bedingungen der Möglichkeit fest, die unbedingt geschützt werden müssen, wenn die die Würde begründende Qualität als vernünftig handelndes Subjekt gewahrt werden soll.

Wenn es für menschliches Handeln charakteristisch ist, im Blick auf ein Ziel zu handeln, das *als Ziel* erfasst wird und dem *als Ziel* die jeweiligen Mittel zugeordnet werden, und aus dem artspezifischen Handeln auf die Natur des Handelnden geschlossen werden kann, dann muss das Vermögen, aus Gründen, d. h. gemäß der Vernunft zu handeln, einem jeden Menschen *als Menschen* eigen sein. Deshalb kann Thomas die Aussage des Römerbriefs (2,14 f.), dass die »Heiden« (also die, die das von Gott geoffenbarte Gesetz nicht kennen) »sich selbst Gesetz sind« (vgl. Super Epist. ad Rom., c.1,1,3; vgl. auch Honnefelder 2009, 283), in der aristotelischen Einsicht ausgedrückt sehen, dass jeder Mensch gemäß dem ihm eigenen Vermögen der Vernunft zu handeln vermag, und zwar deshalb, weil dieses praktische Vermögen (wie das der theoretischen Vernunft) kraft eines natürlichen Habitus über ein oberstes Prinzip verfügt, nämlich das als gut Erkannte auch als zu tun zu erfassen.

Die Abhebung dieses obersten selbstevidenten Prinzips von seinem konkret handlungsleitenden Vollzug in der praktischen Überlegung (*phronesis; prudentia*) erlaubt es Thomas, dem von der Stoa apostrophierten Phänomen der *syneidesis*, des Mit-Wissens um das eigene Handeln, einen konsistenten Sinn zu geben: ›Gewissen‹ (*conscientia*) ist die voraufgehende oder nachfolgende Prüfung des handlungsleitenden Urteils (*prudentia*) im Licht der obersten Prinzips, das jeder Mensch im natürlichen Habitus des ›Urgewissens‹ (*synderesis*) mit sich führt, sowie der hinzukommenden Prämissen (vgl. Honnefelder 2007).

Während im Urgewissen im Blick auf das oberste Prinzip ein Irrtum nicht möglich ist, kann es im Urteil des Gewissens durchaus zu einem Irrtum kommen, sei es in Bezug auf die hinzukommenden Prämissen, sei es hinsichtlich der schlussfolgernden Überlegung. Doch da es das handelnde Subjekt ist, dem diese Überlegung obliegt, ist nach Thomas auch das irrige Gewissensurteil moralisch bindend (vgl. STH I–II q.19 a.5–6; De veritate q.17 a.3–4; Quodl. III q.12 a.2; vgl. ausführlicher Honnefelder 2007, 74–80). Der Mensch erscheint als das Gewissenswesen, das Gewissensurteil als der Ort, an dem er das ihm unverlierbar eigene vernünftige Selbstverhältnis wahrt. Damit erhält nicht nur die den Menschen auszeichnende *dignitas* ihren genuinen Sinn; die Freiheit, dem eigenen Gewissen zu folgen, wird als ein eigenes Schutzgut sichtbar.

Die Lehre vom ›natürlichen Gesetz‹ und vom ›Gewissen‹ findet sich nicht nur – in einer Breite von verschiedenen Auslegungen – in der auf die Aristoteles-Rezeption und Thomas von Aquin folgenden mittelalterlichen Scholastik, sie stellt auch ein Kernstück jener späten Form der Scholastik dar, die sich in der *frühen Neuzeit* vor allem in Spanien entfaltet und die den Hintergrund der neuzeitlichen Naturrechtstheorien bildet. Dabei spielt neben der auf Thomas von Aquin zurückgehenden Lehre die Deutung des ›natürlichen Gesetzes‹ durch Johannes Duns Scotus eine Rolle, der auf der einen Seite betont, dass das ›natürliche Gesetz‹ seine Verbindlichkeit durch den Willen Gottes erhält, dass aber dieser Wille an die göttliche Erkenntnis gebunden ist, die ihrerseits die Dinge so erkennt, wie sie »formal aus sich« (*formaliter ex se*) sind (Honnefelder 2005, 113–131; Ders. 2008, 188–206; 292–299).

Francisco de Vitoria, der Begründer der spätscholastischen spanischen Schule des Naturrechts, betont daher, dass die Verbindlichkeit von Gesetzen auf ein Dekret der jeweiligen Obrigkeit zurückgehen muss, dass aber das ›natürliche Gesetz‹ seinen Grund in der inneren Natur der Sache hat, die als solche auch dem Willensdekret Gottes voraufgeht (Vitoria 1932 ff., III q.57 a.2,7; Ders. 1995, I,5; Honnefelder 2008, 300 ff.). Zum ›Naturrecht‹ (*ius naturale*) – so Luis de Molina – gehört die Verpflichtung, die »ihren Ursprung in der Natur der Sache hat, weil in sich notwendig ist, dass es geschieht, […] oder weil es in sich unerlaubt oder böse ist« (Molina 1733, I d.4 n.3). Für Gabriel Vásquez ist es die Wesensnatur des Menschen, welche die Grundlage des sittlichen Anspruchs (freilich nicht dessen Quelle) darstellt, so dass er es als Forderung des Naturrechts betrachtet, in Übereinstimmung mit dieser Natur zu handeln (Vásquez 1621, d.97 c.1 nn.2–3; d.150 c.3 nn.22–23,26). Francisco Suárez bezieht das ›natürliche Gesetz‹ auf die ›natürliche Vernunft‹ (*ratio naturalis*), die aus eigener Kraft zu entscheiden vermag, welche Handlung »kraft der Natur ihres Gegenstandes« (*ex vi obiecti*) mit der Natur übereinstimmt und welche nicht, indem sie die »Bedingungen und Umstände« (Suárez 1612/2010, II c.6 nn.1;14;17–19) eruiert, die die Handlung in sich gut oder böse machen.

Welche Bedeutung der mittelalterlichen Lehre vom natürlichen Gesetz für die weitere Entwicklung des Menschenrechtsgedankens zukommt, zeigt der entschiedene Widerstand, den die spanischen Spätscholastiker Vitoria, Suàrez, Soto u. a. in der Frage nach der Rechtsposition der Heiden in den eroberten Ländern der neuen Welt mit Rekurs auf die Lehre vom natürlichen Gesetz gegen die Position von Kaiser und Papst leisten (vgl. Höffner 1972). Auch die Heiden – so die These – haben natürliche Rechte, und durch diese Rechte sind den Oberhoheitsansprüchen von Kaiser und Papst entschiedene Grenzen gesetzt. Gegen das theokratische Einheitsmodell bestehen die Spätscholastiker auf der Trennung zwischen der natürlichen Welt und der Glaubenswelt. Wenn aber Staat und Recht nicht im Willen Gottes gründen, so Vitoria, sondern im Naturrecht, ist auch der heidnische Staat als naturgegeben und in dieser Hinsicht als von Gott gewollt zu betrachten, was die Achtung der Selbstbestimmung der Heiden und, wie der Bischof de Las Casas gegen Sepúlveda, den Hofhistoriographen Kaiser Karls V., einwendet, das Verbot der Versklavung einschließt (Flaig 2009).

Mit dem Rekurs der spanischen Naturrechtstheoretiker auf die *Natur der Sache* tritt der in den mittelalterlichen Theorien herausgearbeitete Charakter des natürlichen Gesetzes, von jedermann mithilfe der natürlichen Vernunft – auch unabhängig von geoffenbarten Weisungen Gottes – in seiner Verbindlichkeit erkennbar zu sein, noch stärker hervor und lässt deutlich werden, dass die von Hugo Grotius betonte Unabhängigkeit des Naturrechts von der Annahme der Existenz Gottes (*etsi deus non daretur*) nicht erst eine neuzeitliche Einsicht ist, sondern dem im Mittelalter entwickelten Naturrechtsgedanken entstammt, wenngleich es die den Spaniern folgenden frühneuzeitlichen Autoren wie Grotius und Pufendorf sind, die der Unterscheidung von Moral und Recht und damit dem genuin rechtlichen Charakter der Menschenrechte Bahn brechen.

2. Die Ablehnung des neuzeitlichen Menschenrechtsgedankens durch die christlichen Kirchen im 19./20. Jahrhundert: Angesichts der in den biblischen Texten enthaltenen Wurzeln, des im heilsgeschichtlichen Kontext enthaltenen Schöpfungsgedankens und der Rezeption und Weiterentwicklung des Naturrechtsgedankens durch die Theologen und Philosophen des Mittelalters und der frühen Neuzeit muss die starke Ablehnung verwundern, auf die der neuzeitliche Menschenrechtsgedanke seitens der christlichen Kirchen im 18. bis 20. Jahrhundert stößt (vgl. dazu Maier 1981; Isensee 1987; Punt 1987; Justitia et Pax 1991; Hilpert 1991, 138–173).

Was die *katholische Kirche* des 18./19. Jahrhunderts und insbesondere die Päpste ablehnen, sind nicht die Menschenrechte als solche, sondern die Ideologie, in deren Kontext sie im Zusammenhang mit der Französischen Revolution entstehen, sowie einzelne Menschenrechte, wie in erster Linie das Recht auf Religionsfreiheit. Insbesondere sind es der aggressive Atheismus, die Kirchenfeindlichkeit sowie der auf die Revolution folgende Terror, der die Kirche (als Teil des *ancien régime*) mit besonderer Härte trifft und sie in den Menschenrechtsforderungen nicht die Folgen genuin christlicher Motive, sondern nur Ausdrucksformen einer illegitimen Ideologie erkennen lässt. Die proklamierte Freiheit wird von der amtlichen Kirche als Willkür, die Forderung nach Religions- und Meinungsfreiheit als Freibrief für die Verfolgung von Religion und Kirche betrachtet.

Der Ideologie, die man im Menschenrechtsgedanken am Werk sieht, stellt man eine Lehre gegenüber, die das tradierte Naturrecht nicht auf eine dem Handeln *aufgegebene*, sondern eine *vorgegebene* Ordnung der Natur bezieht, die in ihrer zeitenthobenen Objektivität und Wahrheit vom Menschen erkannt und von der Kirche ausgelegt wird. Freiheit ist in dieser Sicht Freiheit zur Erfüllung des eigenen Wesensgesetzes, weshalb nur die Wahrheit Anspruch auf Freiheit begründen kann, nicht der Irrtum. Da der Staat dieser Ordnung verpflichtet ist, steht er im Dienst an der Wahrheit. »Seine Schranken [...] liegen nicht in subjektiven Rechten der Individuen, sondern in objektiven Ordnungsgesetzen« (Isensee 1987, 235). Distanziert man sich vom modernen Staat (der eine Bindung in dieser Form nicht kennt), sind auch die Menschenrechte nicht als jene Forderungen zu verstehen, die dem modernen Staat Grenzen auferlegen.

Erst die Papst Leo XIII. bewegende (u. a. von Bischof von Ketteler angeregte) Sorge um die mit der Industrialisierung im späten 19. Jahrhundert wachsenden sozialen Ungerechtigkeiten führt dazu, sich jenseits der Ablehnung der Menschenrechtsidee als einer »zügellosen Freiheitslehre« (Leo XIII., Enzyklika *Immortale Dei* vom 1.11.1885) dem Gedanken zu öffnen, dass es unaufgebbare, vom Gemeinwesen zu respektierende und zur Geltung zu bringende Ansprüche des Menschen gibt. Später sind es die Erfahrungen der faschistischen und kommunistischen Regime, die Papst Pius XII. bewegen, die Parteinahme seiner Vorgänger für den an die (vermeintlich) objektive Ordnung sich bindenden monarchischen Staat und die damit verbundene Akzeptanz einer von Gott gewollten sozialen Ungleichheit der Menschen aufzugeben und sich den Ideen von Demokratie und Rechtsstaat zu öffnen (vgl. etwa die Weihnachtsansprachen von Pius XII. ab 1941).

3. Die katholische Lehre von den Menschenrechten im 20./21. Jahrhundert: Die endgültige Wende in der Einstellung der katholischen Kirche zum Menschenrechtsgedanken vollzieht sich in der auf die Schrecken der Weltkriege folgenden zweiten Hälfte des 20. Jahrhunderts. Sie findet ihren Niederschlag in der Enzyklika *Pacem in terris* von Johannes XXIII. (1963), in den Dokumenten des Zweiten Vatikanischen Konzils (1962–1965) und in der von Johannes Paul II. verfassten Enzyklika *Redemptor hominis* (1979).

In *Pacem in terris*, auch als die kirchliche »Magna Charta« der Menschenrechte bezeichnet (Maier 1981, 511), wird die »Ordnung unter den Menschen« als ein dem Menschen aufgegebenes Werk verstanden, das von dem Gedanken auszugehen hat, dass jeder Mensch seiner Natur nach mit Vernunft und freiem Willen ausgestattet ist und deshalb eine Person mit unveräußerlichen Rechten und Pflichten darstellt. Dieser Begründung der Menschenwürde und der damit verbundenen Rechte gleichsam ›von unten‹ wird eine Begründung ›von oben‹, nämlich aus der Sicht des Offenbarungsglaubens an die Seite gestellt. Im Anschluss an eine Darstellung der aus der Würde des Menschen folgenden Rechte und Pflichten folgt die Feststellung, dass in der *Allgemeinen Er-*

klärung der Menschenrechte der Vereinten Nationen von 1948 (s. Kap. I.4.6) ein »Akt von höchster Bedeutung« zu sehen ist, weil sie »gleichsam als Stufe und als Zugang zu der zu schaffenden rechtlichen und politischen Ordnung aller Völker auf der Welt zu betrachten« ist (Johannes XXIII., Enzyklika *Pacem in terris* vom 11.4.1963, n.143).

Die Konstitution *Gaudium et spes* des Zweiten Vatikanischen Konzils nimmt diese Sicht auf und betont, dass sich Gott in Jesus Christus »mit jedem Menschen vereinigt hat« und auch die Sünde die in der Schöpfung gründende Gottebenbildlichkeit nicht aufgehoben hat. »Der Einsatz für die Menschenrechte ist deshalb nicht nur naturrechtlich begründete Pflicht, sondern gehört konstitutiv zum Zeugnis des Evangeliums« (Vaticanum II, Pastoralkonstitution *Gaudium et spes*, n.22). Die Sicht des Menschen als Person und die Sicht der menschlichen Gesellschaft, die sich daraus ergibt, ist auch Fundament der Beziehung zwischen Kirche und Staat und deshalb die Grundlage des Dialogs und der Weggefährtenschaft, die Kirche und Gesellschaft im Dienst am Menschen verbindet (ebd., n.40). Ist aber das individuelle Gewissen der Ort, an dem der Mensch den Anspruch der Wahrheit erfährt (ebd., n.16), muss die Freiheit, ihm folgen zu dürfen, zu den unveräußerlichen Menschenrechten gehören.

Dass die Freiheit die Voraussetzung des menschlichen Bezugs auf die Wahrheit ist, bildet auch die Grundlage, auf der das Zweite Vatikanische Konzil in seinem wichtigen, gegenüber der Tradition bahnbrechenden Dekret *Dignitatis humanae* Ort und Stellenwert der Religionsfreiheit bestimmt (vgl. Vaticanum II, Erklärung über die Religionsfreiheit *Dignitatis humanae*).

Der skizzierten Entwicklung in der Lehre entspricht eine seit den 1970er Jahren in Gang kommende, an Intensität und Engagement zunehmende aktive Beteiligung der katholischen Kirche an den internationalen Menschenrechtsbewegungen, ablesbar u.a. an der Unterzeichnung der KSZE-Schlussakte (1976) und der Pariser Charta (1990) durch den Heiligen Stuhl. Debattiert wird seitdem auch die sich aufdrängende Frage, wie die Menschenrechte *in der Kirche selbst* zu beachten bzw. zu implementieren sind.

In der *theologischen Ethik und Sozialethik* katholischer Provenienz wird der Menschenrechtsgedanke inzwischen an zentraler Stelle behandelt, wobei naturgemäß die Frage diskutiert wird, wie das wechselvolle Verhältnis der Kirche zur Entwicklung dieses Gedankens zu verstehen ist: als »Wandel in Kontinuität oder als Bruch«. Die relevanten Deutungen sehen in der Entwicklung weniger einen Bruch – sei es »in Form der Untreue gegenüber den eigenen Ursprüngen«, sei es in Gestalt eines rein taktischen Verhaltens –, als einen »Wandel in Kontinuität« (vgl. Hilpert 1991, 156 ff.), wobei unterschiedlich akzentuiert wird: durch Hinweis auf den Ursprung des Menschenrechtsgedankens im christlichen Glauben (Kasper 1981), durch Deutung der neueren Entwicklung als Prozess der Wiedererkennung nach phasenweiser Verschüttung der eigenen Tradition (Justitia et Pax 1976), durch Identifizierung der materialen Identität des Menschenrechtsgedankens mit der eigenen Naturrechtstradition (Furger/Strobel-Nepple 1985) oder als Lerngeschichte (Hilpert 1991).

4. Der Menschenrechtsgedanke in den evangelischen Kirchen: Auch aufseiten der evangelischen Kirchen Kontinentaleuropas führte die Französische Revolution mit ihrer kirchen-, ja, christentumsfeindlichen Haltung zu einer »erheblichen Distanz« (Hollerbach u.a. 1987, 1115) gegenüber dem Gedanken allgemeiner Menschenrechte. Erst auf dem Hintergrund der Erfahrung des staatlichen Machtmissbrauchs im 20. Jahrhundert kommt es zu einer vor allem nach dem Zweiten Weltkrieg einsetzenden »Entschlüsselung« (Lutherischer Weltbund 1976) des im Menschenrechtsgedanken enthaltenen genuin christlichen Potentials und einer davon getragenen aktiven Beteiligung der Kirchen an den internationalen Menschenrechtsbewegungen.

Zu diesen Potentialen gehört (neben den bereits erwähnten biblischen Grundlagen) das christliche Gedankengut, insbesondere der Gedanke der Gewissensfreiheit, der in die *Virginia Bill of Rights* von 1776 (s. Kap. I.4.2) eingegangen ist, aber auch das »reformatorisch geprägte Naturrechtsdenken« (Huber 1995, 591), das die US-amerikanischen Rechteerklärungen geprägt hat. Mit der vom *Ökumenischen Weltrat der Kirchen* initiierten Konsultation von St. Pölten (1974), die einen Konsens der Kirchen bezüglich der den legalen Rechten vorauf- und zugrundeliegenden elementaren menschlichen Rechte zu erarbeiten versuchte, setzte sich die theologische »Entschlüsselung« des Menschenrechtsgedankens fort (vgl. Honecker 1978), wobei im Umkreis des *Lutherischen Weltbundes* und des *Reformierten Weltbundes* unterschiedliche theologische Begründungen begegnen, die bei Luther und Calvin ansetzen.

Im Ausgang von der mittelalterlichen Lehre von den verschiedenen *status* des Menschen sieht Luther den Menschen durch die Rechtfertigung befreit. Freiheit ist daher relational zu verstehen als von Gott gewährte Gnade; sie findet ihr Feld in der – um mit Luthers Zwei-Reiche-Lehre zu sprechen – Ordnung des persönlichen Lebens und äußert sich darin, Gottes Willen in der Welt ohne Zwang zu erfüllen. In der Ordnung der Gesellschaft dagegen ist das mit Zwang verbundene Gesetz notwendig, das alle Menschen als Bürger verpflichtet. Die Menschenrechte sind deshalb als Äußerung des Gesetzes im Sinn des *usus politicus legalis* zu verstehen. »Freiheit und Würde sind [...] dem Individuum verliehen, um dessen Recht zu werden.« Gerade dies erlaubt, »im individuellen Menschen mehr anzuerkennen als seine fragile empirische Existenz«. Der religiöse Bereich ist deshalb als die »religiöse Darstellung letztgültiger Unabhängigkeit« (Rendtorff 1987, 113) von Staat und Gesellschaft zu respektieren.

Im Unterschied zu der in der evangelischen Theologie vertretenen Skepsis gegenüber einer naturrechtlichen Begründung der Menschenrechte – was manche auf eine theologische Begründung ganz verzichten lässt – geht die reformierte an Calvin anschließende Theologie davon aus, dass es ein »Recht Gottes auf den Menschen« (Lochman/Moltmann 1976) gibt, das mit einer Bundestreue Gottes verbunden ist, die *allen* Menschen gilt. Daraus folgt, dass der Mensch eine unveräußerliche Würde besitzt, die von allen anzuerkennen ist und durch welche die wechselseitigen Ansprüche begrenzt werden. Der Glaubende erfährt sich als Stellvertreter Christi in der Welt, dem eine spezifische Verantwortung auferlegt ist, der er im Gehorsam gegenüber Gottes Willen zu genügen hat.

Ausblick

Es sind der Schöpfungsglaube und die prophetische Botschaft des Alten Testament und deren Radikalisierung in der Christologie und Erlösungslehre des Neuen Testaments, die als Motive in die Entstehung des säkularen Gedankens von Menschenwürde und Menschenrechten eingehen und die christlichen Kirchen des 20./21. Jahrhunderts veranlassen, diesen Kern in den modernen Kodifikationen des Menschenrechtsgedankens (wieder-)zuerkennen und sich selbst als Anwalt dieses Gedankens zu begreifen. Wenn der geschundene Mensch sich in der Auferstehung Jesu als der von Gott erwählte Mensch erfahren darf, dann wird in der Glaubensperspektive jene Würde sichtbar, die jedem, auch dem geschundenen Menschen, eigen ist.

Es ist diese Perspektive, welche die *mittelalterlichen Theologen* dazu führt, den antiken Gedanken von einer dem Menschen als Menschen eigenen *dignitas* aufzugreifen und zu Theorien fortzuentwickeln, die den Menschen als das mit Vernunft und Freiheit begabte und deshalb wechselseitige Anerkennung beanspruchende Wesen verstehen und die dann den Hintergrund für die frühneuzeitlichen Naturrechtstheorien und die später folgenden Ansätze einer Menschenrechtskodifikation bilden.

Die Deutungen des Menschenrechtsgedankens, mit denen die *christliche Theologie der Moderne* den Menschenrechtsgedanken entschlüsselt, intendieren nicht nur, die aus dem Christentum stammenden Motive unter den komplexen historischen Beweggründen zu identifizieren, sondern versuchen, den Ort und den Stellenwert des Menschenrechtsgedankens in theologischer Perspektive zu bestimmen. Von Interesse sind dabei die trotz der Verschiedenheit der Ansätze festzustellenden Konvergenzen: Die Spannungen von Vernunft und Glaubenseinsicht, von Minimalkonsens und tieferen Sinnkontexten, von Universalität und Geschichtlichkeit, von Moral und Recht werden aufgenommen durch eine Verbindung der Begründung ›von unten‹ mit einer solchen ›von oben‹ bzw. durch eine Deutung, die Entsprechung mit Differenz verbindet (vgl. Huber 1995, 591 ff.; Kasper 1991). Weder dominiert ein auf die Inkommensurabilität von Glaube und Vernunft sich berufender Verzicht auf Begründung der Menschenrechte noch der Versuch einer offenbarungspositivistisch auf Exklusivität bestehenden theologischen Deduktion. Es ist die Perspektive des Glaubens, so die theologische Deutung, welche die Freiheit und Vernünftigkeit des Menschen als die naturgegebene Voraussetzung der gnadenhaften Zusage Gottes erkennbar macht und wirksam werden lässt (vgl. Böckle/Höver 1985). Angesichts der Bedrohungen von Menschenwürde und Menschenrechten genügt die Verständigung über einen Minimalkonsens nicht. Vielmehr bedarf es, so die Folgerung, nicht nur einer tieferen Begründung, wie sie sich in der christlichen Perspektive ergibt, um die ursprüngliche und unverfügbare, vorrechtliche und vorgesellschaftliche, die empirische Faktizität transzendierende Qualität der dem Menschen eigenen Würde angemessen zur Geltung zu bringen, sondern auch eines entschiedenen Eintretens, wie es in der von den Kirchen verfolgten ›vorrangigen Option für die Armen‹ zum Ausdruck kommt. »So wird am Ende der Neuzeit deutlich, dass die neuzeitliche Idee und Forderung der Menschenrechte von religiösen Voraussetzungen lebt, welche die säkularisierte moderne Zivilisation selbst gar nicht garantieren kann. Die moderne Gesellschaft ist darum um ihrer selbst willen auf von ihr verschiedene Legitimationsinstanzen verwiesen« (Kasper 1991, 58). Denn in theologischer Perspektive gilt, dass »die durch Gott in Jesus Christus geschenkte Freiheit, die in der Annahme aller Menschen durch Gott gegebene Gleichheit und die in der Teilhabe am Geist begründete Befähigung zur aktiven Mitwirkung am gemeinsamen Leben [...] den drei Grundmomenten von Freiheit, Gleichheit und Teilhabe eine Zuspitzung (verleihen), die über das in einer säkularen Rechtsordnung jeweils Realisierte hinausweist« (Huber 1995, 593).

Literatur

Böckle, Franz/Höver, Gerhard: »Menschenrechte/Menschenwürde«. In: Peter Eicher (Hg.): *Neues Handbuch theologischer Grundbegriffe*. Bd. 3. München 1985, 95–104.

Evangelische Kirche in Deutschland (EKD): *Die Menschenrechte im ökumenischen Gespräch: Beiträge der Kammer der Evangelischen Kirche in Deutschland für Öffentliche Verantwortung*. Gütersloh 1979.

Flaig, Egon: *Weltgeschichte der Sklaverei*. München 2009.

Furger, Franz/Strobel-Nepple, Cornelia: *Menschenrechte und katholische Soziallehre*. Fribourg 1985.

Hilpert, Konrad: *Die Menschenrechte: Geschichte – Theologie – Aktualität*. Düsseldorf 1991.

Hollerbach, Alexander/Luf, Gerhard/Frowein, Jochen Abraham/Huber, Wolfgang: »Menschenrechte«. In: Görres-Gesellschaft (Hg.): *Staatslexikon*. Bd. 3. Freiburg/Basel/Wien [7]1987, 1104–1118.

Honecker, Martin: *Das Recht des Menschen. Einführung in die evangelische Sozialethik*. Gütersloh 1978.

Honnefelder, Ludger: *Johannes Duns Scotus*. München 2005.

–: *Was soll ich tun, wer will ich sein? Vernunft und Verantwortung, Gewissen und Schuld*. Berlin 2007.

–: *Woher kommen wir? Ursprünge der Moderne im Denken des Mittelalters*. Berlin 2008.

–: »Menschenwürde und Transzendenzbezug«. In: *Deutsche Zeitschrift für Philosophie* 57. Jg. (2009), 273–287.

Huber, Wolfgang: »Menschenrechte/Menschenwürde«. In: Carl Heinz Ratschow (Hg.): *Theologische Realenzyklopädie*. Bd. 22. Berlin 1995, 577–602.

Isensee, Josef: »Keine Freiheit für den Irrtum. Die Kritik der katholischen Kirche des 19. Jahrhunderts an den Menschenrechten als staatsphilosophisches Paradigma«. In: *Zeitschrift der Savigny-Stiftung für Rechtsgeschichte* 104. Jg. (1987), 196–236.

Justitia et Pax, Päpstlicher Rat (Hg.): *Die Kirche und die Menschenrechte. Ein Arbeitspapier der Päpstlichen Kommission Justia et Pax*. München 1976.

– (Hg.): *Die Kirche und die Menschenrechte. Historische und Theologische Reflexionen*. Bonn 1991.

Kasper, Walter: »Theologische Bestimmung der Menschenrechte im neuzeitlichen Bewusstsein von Freiheit und Geschichte«. In: Johannes Schwartländer: *Modernes Freiheitsethos und christlicher Glaube. Beiträge zur Bestimmung der Menschenrechte*. München 1981, 285–302.

–: »Die theologische Begründung der Menschenrechte«. In: Justitia et Pax 1991, 45–65.

Lochman, Jan Milic/Moltmann, Jürgen (Hg.): *Gottes Recht und Menschenrechte: Studien und Empfehlungen des Reformierten Weltbundes*. Neukirchen-Vluyn 1976.

Lutherischer Weltbund (Hg.): *Theologische Perspektiven der Menschenrechte: Bericht einer LWB-Konsultation über Menschenrechte, Genf, 29. Juni–3. Juli 1976*. Genf 1977.

Maier, Hans: »Die Kirche und die Menschenrechte – eine Leidensgeschichte?« In: *Communio* 10/1 (1981), 501–516.

Molina, Luis de: *Tractatus de iustitia et iure*. 6 Bde. Genf 1733.

Punt, Jozef: *Die Idee der Menschenrechte. Ihre geschichtliche Entwicklung und ihre Rezeption durch die moderne katholische Sozialverkündigung*. Paderborn u. a. 1987.

Rendtorff, Trutz: »Menschenrechte als Bürgerrechte. Protestantische Aspekte ihrer Begründung«. In: Ernst-Wolfgang Böckenförde/Robert Spaemann (Hg.): *Menschenrechte und Menschenwürde. Historische Voraussetzungen – säkulare Gestalt – christliches Verständnis*. Stuttgart 1987, 93–118.

Schelke, Karl Hermann: »Bruder«. In: Theodor Klauser (Hg.): *Reallexikon für Antike und Christentum*. Bd. 2. Stuttgart 1951, 631–640.

Suárez, Francisco: *Tractatus de legibus ac deo legislatore*. Hg. von Carlos Baciero. Madrid 2010.

Thomas von Aquin: *Summa theologiae*. In: *Sancti Thomae Aquinatis Opera omnia* (Ed. Leonina). Bde. 4–12. Rom 1888–1906.

Vásquez, Gabriel: *Commentarii ac disputationes in primam secundae Sancti Thomae*. 2 Bde. Antwerpen 1621.

Vitoria, Francisco de: *Comentarios a la secunda secundae de Santo Tomás*. 6 Bde. Salamanca 1932–1952.

–: »Relectiones de potestate papae et concilii«. In: Ders.: *Vorlesungen: Völkerrecht, Politik, Kirche. Relectiones*. Hg. von Ulrich Horst, Heinz-Gerhard Justenhoven und Joachim Stüben. Bd. 1. Stuttgart u. a. 1995, 352–435.

Ludger Honnefelder

1.3 Frühe Neuzeit

Ideengeschichtliche Bedeutung

Der Menschenrechtsdiskurs der frühen Neuzeit, besser natürlich jener Teil des frühneuzeitlichen Diskurses, den man später mit den Menschenrechten in Verbindung bringen wird und der tatsächlich einige Verbindungen erkennen lässt, sei hier auf zwei Bereiche konzentriert, die sich in interessanter Weise ergänzen. Der erste dieser beiden Bereiche ist das Ringen der Bauern im deutschen Reich um Freiheit, d. h. gegen die Leibeigenschaft. Dessen herausragendes Ereignis sind sicherlich die Bauernkriege während der Reformationszeit, doch stellt nach neuerer Einschätzung die Reformation eher die Begleitung und – teilweise durchaus unfreiwillig – einen Teil der Argumentationsmuster bereit, als dass sie Auslöser oder treibende Kraft gewesen wäre. Im anderen Schwerpunkt, in der Debatte um die Rechtfertigung der Sklaverei und um Rechte, die auch Sklaven unveräußerlich zukommen – eine Debatte, die insbesondere innerhalb der sog. Spanischen Scholastik um die Schule von Salamanca geführt wird –, erkennt man traditionellerweise die natürliche Freiheit der Menschen an, doch spielt die Freiheit in der praktischen Diskussion vor allem insofern eine Rolle, als man darüber streitet, ob ein Mensch das Recht hat, sich selbst zu verkaufen. Beiden Diskursen gemeinsam ist die Verwurzelung in mittelalterlichen Argumentationsstrategien, die jedoch teilweise aus sich heraus, teilweise von außen neue Impulse erfahren und unter den gewandelten sozialen Rahmenbedingungen einen innovativen Charakter annehmen.

Stationen und Positionen

1. Freiheit gegen Leibeigenschaft: In Deutschland findet eine der wesentlichen Bewegungen, die mit drastischen Mitteln Rechte einklagt, die wir heute zu den Menschenrechten zählen, zur Zeit der Reformation statt. Inwieweit die Reformatoren zur Herausbildung der Menschenrechte beigetragen haben, scheint jedoch nach wie vor schwer zu beantworten (vgl. Oestreich 1978, 31 f.). Der Historiker Peter Blickle hat gezeigt, wie sich die Proteste der deutschen Bauern gegen die seit dem 14. Jahrhundert zunehmende Tendenz der Herrschaften, allen voran der Klöster, sie in Leibeigene zu verwandeln und ihnen dabei wesentliche Persönlichkeitsrechte zu nehmen, gerade während der Reformationszeit zur Forderung nach Freiheit radikalisierten, die der Leibeigenschaft gegenübergestellt wurde. Die »Zwölf Artikel der oberschwäbischen Bauern« vom März 1525 begründeten diese Forderung damit, dass Jesus für alle Menschen am Kreuz gestorben sei, dass die Schöpfungsordnung die Menschen unter Gebote, nicht aber menschliche Willkür gesetzt habe, sowie aus dem Gebot der Nächstenliebe. Der dritte Artikel enthält die Forderung »Wir wöllen frei sein«; darunter versteht man »Freizügigkeit, Ehefreiheit und freie Verfügung über den Ertrag der Arbeit« (Blickle 2003, 90 f.). Diese Artikel stellen das einzige gedruckte Manifest der aufständischen Bauern dar und erlebten binnen zwei Monaten 28 Auflagen. Sie beriefen sich, wie die Bauern in anderen Teilen Deutschlands, auf ›göttliches Recht‹, d. h. hier, den Text der Heiligen Schrift (ebd., 247).

Für diese Forderungen bedurfte es, wie Blickle hervorhebt, nicht der Reformatoren (ebd., 74). Ohnehin war deren Reaktion auf die Anliegen der Bauern keineswegs einheitlich. Während es Luther um die ›christliche Freiheit‹ geht, sich dem Gewissenszwang der Papstkirche zu entziehen (Luther, WA 7), sind die oberschwäbischen Reformatoren – und mit ihnen Erasmus von Rotterdam – sehr wohl an politischen Reformen interessiert (Blickle 2003, 253 ff.). Doch lieferten die Reformatoren möglicherweise zusätzliches Vokabular für die Argumentation der Bauern, ferner trugen sie dazu bei, dass aus der Forderung nach Freiheit als Beseitigung der Unterdrückung einer Gruppe ein gesamtgesellschaftlicher Diskurs wurde: »Der Freiheitsdiskurs der Reformationszeit […] zeitigte im Reich eine revolutionäre Spannung, die Kaiser und Fürsten nur mit dem massiven Einsatz aller verfügbaren militärischen Mittel dämpfen konnten. Die Revolution selbst war eine solche des Gemeinen Mannes und kein Bürgerkrieg. Doch am Freiheitsdiskurs waren alle gesellschaftlichen Gruppen beteiligt, vom Kaiser bis zum Bauern, vom Richter in einem dörflichen Gericht bis zu den führenden Theologen der Zeit.

Freiheit war zum allseits verwendeten und verwertbaren Kampfbegriff geworden« (ebd., 102).

Die Freiheit, für welche die Bauern in dieser Auseinandersetzung letztlich vergeblich stritten, bei der es gegen Frondienste, Abgabepflichten, Erbbeteiligung der Herrschaft (›Todfall‹), für die Freiheit der Abwanderung und die freie Heirat ging, hat mit den später unter die Menschenrechte gezählten Schutz- oder Partizipationsrechten vielleicht eher wenig zu tun. Dennoch ist Freiheit damit schon einmal zu einem Politikum gemacht worden. Relevant könnte zudem eine andere Entwicklung des 16. Jahrhunderts sein, nämlich vonseiten der Herrschaft nicht mehr Freie von ›Eigenleuten‹ zu unterscheiden, sondern alle als ›Untertanen‹ zu betrachten, auch wenn dies zunächst die Bürger der freien deutschen Städte ausschloss (ebd., 99; 195 ff.). Die theoretische Formulierung dieser in der Praxis seit der Reformation sich verstärkenden Tendenz findet sich bei Thomas Hobbes, der explizit keinen Unterschied zwischen Sklaven und Bürgern mehr macht. Damit dürfte er wesentlich dazu beigetragen haben, dass in der Gegenbewegung im Verlauf des 18. Jahrhunderts die individuelle Freiheit von einem Gruppenprivileg zu einem unverzichtbaren gleichen Menschenrecht wird, da die Bürger immer weniger bereit sind, sich einen Status auf der Ebene von Sklaven zuweisen zu lassen.

2. Debatten um die Rechtfertigung der Sklaverei: Wenn man in der Spanischen Scholastik, bei Autoren wie Francisco de Vitoria, Domingo de Soto, Bartolomé de Las Casas und Luis de Molina, über die Rechte der südamerikanischen Indianer, aber auch der nach Südamerika verschleppten Afrikaner diskutierte, griff man auf Argumentationsstrukturen zurück, die sich im Mittelalter, etwa im Kontext des Armutsstreites im 13. und 14. Jahrhundert, herausgebildet hatten. Ferner erfüllte man eine seit dem 12. Jahrhundert entwickelte, besonders bei Jean Gerson zu Beginn des 15. Jahrhunderts ausdifferenzierte Bedeutung von *ius* mit neuem Leben, die man heute unter dem Begriff ›subjektives Recht‹ fasst. Freilich passte man diese Strukturen den Rahmenbedingungen der intensiven Diskussion an, die einerseits eine Rechtfertigung des *status quo* – also der Eroberung

Südamerikas und des Sklavenbesitzes – nach universal gültigen Völkerrechtsregeln liefern sollte, andererseits von dem unübersehbaren massenhaften Unrecht beeinflusst wurde, mit dem sich einige der Theoretiker nicht vorbehaltlos abfinden wollten; de Soto etwa durchaus in der Rolle als Beichtvater Karls V.

Als entscheidend wurde in dieser Diskussion einige Zeit lang die Frage angesehen, ob die Indianer die rechtmäßigen Eigentümer ihrer Besitzungen waren, die man ihnen in diesem Fall nicht hätte rauben dürfen. Eine häufig zitierte, auf diese Frage bezogene Auseinandersetzung mit dem Begriff des *dominium* findet sich bei de Soto. Dieser definiert in seiner *Relectio de dominio* unter dem Einfluss von Jean Gerson den Besitz, das *dominium*, als eigene Fähigkeit, die das Recht auf irgendeine Sache zum Ausdruck bringt, die eine Person auf beliebige Weise für sich benutzen kann, die vom Gesetz erlaubt ist. Soto differenziert die privatrechtliche und politische Verwendung von *dominium*, da es im politischen Bereich kein *dominium* im Sinne des Besitzes geben darf; schließlich würde eine Herrschaft im Sinne des Besitzens despotisch zu nennen sein. So ist der Kaiser nicht der Herr der Erde, nicht einmal das Königreich Kastilien ist sein Privatbesitz (Tosi 2002, 72). Der Absolutismus bei Hobbes und Pufendorf, aber auch bereits Hugo Grotius, war nicht bereit, diese begriffliche Trennung zu akzeptieren.

Eine für die folgende Diskussion wichtige Veränderung ist zudem, dass de Soto zwar alle traditionellen Argumente für die Rechtmäßigkeit der Sklaverei akzeptiert, sowohl die Selbstversklavung zur Sicherung des Überlebens als auch die Versklavung der Gefangenen in einem gerechten Krieg und die aristotelische Annahme, es gebe Sklaven von Natur aus. Jedoch werden jene, die aufgrund ihrer geringen geistigen Fähigkeiten versklavt werden, nicht zu bloßen belebten Werkzeugen wie bei Aristoteles. Vielmehr soll eine Herrschaft über sie zu ihrem Wohl, nicht zu dem des Herrn ausgeübt werden, als ob sie freie und unabhängige Menschen wären (Tosi 2002, 69). Gerade den auf der untersten Stufe der sozialen Ordnung Stehenden wird damit so etwas wie ein natürlicher Anspruch gegenüber ihren Herren zugestanden.

Ein Meilenstein bei der Herausbildung der Konzeption eines universellen subjektiven Rechts stellt die 1539, vier Jahre nach de Sotos genanntem Werk, von seinem Lehrer Francisco de Vitoria im Herbst 1539 gehaltene Vorlesung *De indis recenter inventis* dar. Auf sie berufen sich sowohl Verteidiger als auch Kritiker der Unterwerfung Amerikas durch die Spanier. Für unseren Kontext ist sie wichtig, weil Vitoria einerseits den Indianern zugesteht, unabhängig von Verdiensten und Fähigkeiten wahre Besitzer ihrer Güter zu sein (*veri domini*), andererseits eine völkerrechtliche Rechtfertigung des Krieges gegen sie unter Rückgriff auf universal gültige Rechtsansprüche aller Menschen vorträgt, die sie angeblich verletzt hätten.

In der ersten Vorlesung weist Vitoria einige mögliche Gründe dafür zurück, den Indianern das Recht auf Eigentum abzusprechen: Weder die Todsünde noch die Ungläubigkeit noch die fehlenden geistigen Fähigkeiten können es rechtfertigen, ihnen den *status* als *domini* abzusprechen. Der letzte Punkt stellt insofern eine wichtige Innovation Vitorias gegenüber der aristotelischen Tradition dar, als er auch den *amentes* aufgrund ihrer Gottesebenbildlichkeit und unabhängig von der aktualen Fähigkeit, die typisch menschlichen Fähigkeiten auszuüben, eine Rechtsposition zuspricht und damit den Bereich dessen, was rechtlich als *humanum* anerkannt wird, ausweitet (Tosi 2002, 87). Er kommt nach seinen Untersuchungen zu dem Schluss, dass die Indianer »ohne jeden Zweifel öffentlich wie privat echte Herren waren« (Vitoria 1997, 403). Dies könnte den Schluss nahelegen, dass sämtliche während der *conquista* erfolgten Aneignungen, letztlich die *conquista* selbst illegitim gewesen seien. In Spanien war man entsprechend alarmiert, wie das von Karl V. persönlich in einem Brief an den Konventsoberen de Soto über Vitoria verhängte Verbot belegt, sich öffentlich zu äußern.

Nachdem Vitoria allerdings in der zweiten Vorlesung acht illegitime Begründungen eines Krieges gegen die *barbari* zurückgewiesen hat, darunter die Behauptung eines Rechtes, das aus der Entdeckung entspringt oder etwa daraus, dass sie den christlichen Glauben nicht angenommen haben, nennt er in der dritten Vorlesung sieben legitime Gründe. Deren wichtigste basieren auf universellen Rechten, nämlich dem Recht auf

Freizügigkeit, dem Gastrecht, dem Recht auf freien Handel einerseits, dem Recht auf das Predigen des Evangeliums andererseits. Wenn die Indios den Spaniern diese Rechte verweigern, so stellt dies einen legitimen Kriegsgrund dar (Vitoria 1997, 469). Ein weiterer bemerkenswerter Titel entsteht aus dem Schutz der unschuldigen Opfer von Menschenopfern und Kannibalismus (Vitoria 1997, 481). Wir finden bei Vitoria erstmals das Konzept eines universell gültigen Rechts mit völkerrechtlichem *status*, das von einzelnen Individuen ausgeübt wird und das im Extremfall mit Gewalt durchgesetzt werden darf. Obwohl im konkreten Fall das angeblich für alle Menschen gleiche Recht, Handel zu treiben und das Evangelium zu predigen, aufgrund seines offenbar asymmetrischen Charakters sehr fragwürdiger Natur ist, wurde damit eine wirkungsvolle Argumentationsfigur geschaffen.

Eine kompromisslose Haltung gegen die *conquista* und alle auf sie zurückgehenden Rechtsansprüche nimmt Bartolomé de Las Casas ein, der häufig als erster wichtiger Verfechter der Menschenrechte gefeiert wird. Ursprünglich an der *conquista* beteiligt, distanziert er sich nach einer Konversion und wird zu deren schärfstem Kritiker. Die Frage, ob die Indios Sklaven von Natur seien, beantwortet er mit einer Typologie unterschiedlicher *barbari*, von denen die einen überall auf der Welt vorkommen, nicht nur bei den Indianern, sondern auch in Spanien, während aus der Zurückgebliebenheit der anderen keinerlei Recht auf Beherrschung entspringt. Noch stärker als Vitoria hebt er hervor, dass selbst die zurückgebliebensten Barbaren durch ihre Gotteskindschaft und ihre Gottesebenbildlichkeit ihre menschliche Würde nicht verlieren können (Tosi 2002, 174).

In der erst nach seinem Tod in Frankfurt publizierten Schrift *De Regia Potestate* betont Las Casas das natürliche und gleiche Recht aller Menschen auf Freiheit. Von Natur her seien alle Menschen gleichermaßen frei, Gott habe keinen zum Sklaven eines anderen gemacht. Die Sklaverei sei ein akzidentelles Phänomen, das den Menschen durch Zufall und Schicksal auferlegt werde (Las Casas 1994, 197). Während Las Casas überraschenderweise trotz dieser klaren Einschätzung nicht dazu übergeht, die Sklaverei insgesamt als illegitim zu bezeichnen, zieht er durchaus radikale Konsequenzen, wenn er die Rückgabe der von den Indianern geraubten Güter fordert und ihnen sogar ein Widerstandsrecht gegen die tyrannischen Spanier einräumt (Delgado 2007, 182 f.).

3. *Subjektives Recht:* Als markantes Beispiel dafür, wie gerade die nach heutigen Maßstäben moralisch ambivalente, aber stets um präzise naturrechtliche Argumentation bemühte Vorgehensweise in der Spanischen Scholastik die Diskussion um allen Menschen zustehende Rechte weiterführte, kann der Jesuit Luis de Molina dienen. Er ist eher durch seinen gemeinhin unter dem Titel *Concordia* zitierten Versuch bekannt, eine relativ extensive Auslegung der menschlichen Willensfreiheit mit Gottes Allmacht und seiner Allwissenheit, auch über die zukünftigen Dinge, zu vereinbaren, als durch sein nicht minder monumentales rechtstheoretisches Werk *De iustitia et iure* (1592). Auch in diesem Werk wird die Freiheit des Willens gleich zu Beginn hervorgehoben. Ein weiteres Kennzeichen ist die zentrale Rolle des subjektiven Rechtes. Für den Kontext der Menschenrechte in der frühen Neuzeit ist Molina deshalb außerordentlich interessant, weil er sowohl eine prinzipielle Rechtfertigung der Sklaverei gibt als auch eine empirische Untersuchung über die Realität des portugiesischen Sklavenhandels, die in eine sehr kritische Evaluierung dieser Praxis mündet.

Nachdem Molina zu Beginn von *De iustitia et iure* mehrere Bedeutungen und Anwendungsbereiche von *ius* (Molina 1659, I 2.1–4) unterschieden hat, definiert er das subjektive Recht als Schlüsselbegriff seiner Auseinandersetzung mit der kommutativen Gerechtigkeit. Recht (*ius*) in dieser Bedeutung »ist die Fähigkeit, etwas zu tun oder zu erhalten oder darauf zu beharren oder sich auf irgendeine Weise zu verhalten, so dass ihrem Inhaber ein Unrecht geschieht, wenn ihm ohne legitimen Grund entgegengewirkt wird. Was dazu führt, dass das Recht in diesem Sinne gleichsam das Maß des Unrechts wird; so sehr ihm nämlich entgegengewirkt und Abbruch getan wird, so sehr geschieht Unrecht« (Molina 1659, II 1.1).

Es gibt diverse Spekulationen darüber, auf welchen Wegen Molina diesen Begriff eines subjektiven Rechts übernommen hat. Da das Konzept zu seiner Zeit bereits seit längerem in verschiedenen Diskussionszusammenhängen verbreitet ist, wird eine eindeutige kausale Zuordnung problematisch (vgl. Tierney 1997). Beachtlich bleibt jedenfalls die zentrale konstruktive Rolle, die Molina der Rede von *ius* in dieser Bedeutung zuweist. Den Begriff ›subjektives Recht‹ bei ihm anzuwenden scheint mir u. a. deshalb legitim, weil Achenwall, der wohl als Erster den Terminus eines *ius subiective sumtum* einführt, dies gerade im Zusammenhang der Rede von einer *facultas moralis* bei der Differenzierung unterschiedlicher Arten von Recht und Gesetz tut, die parallel zu der von Molina gegebenen verläuft (Achenwall 1767, 37).

Ein solches Recht stellt insofern einen Schutz für seinen Inhaber dar, als es für seine Beschränkung einer ausreichenden Begründung bedarf. Molina nennt als legitime Gründe für den Eingriff in derartige Rechte Notsituationen oder autorisierte Eingriffe der Obrigkeit, etwa die Regulierung der Ess- und Kleidungsgewohnheiten, um die Gesundheit und die Sitten der Untertanen zu schützen (Molina 1659, II 1.2). Zwar stellt nicht jede Ausübung eines solchen Rechtes, z. B. beim Essen und Kleiden, einen Akt der Gerechtigkeit dar, doch ist die illegitime Einschränkung ein Akt der Ungerechtigkeit. Es gibt demnach Dinge, auf deren Erlaubtheit man ein Anrecht hat, selbst wenn die Rede von Erlaubtheit in dieser Passage im zweiten Traktat (Molina 1659, II 1.3) noch nicht auftaucht. Wenn sich Molina allerdings im fünften Traktat mit den Leistungen oder Wirkungen, den *virtutes* des Gesetzes nach der Einteilung des Herennius Modestinus – eben in Vorschreiben, Verbieten, Erlauben und Strafen (*imperare, vetare, permittere, punire*) – befasst, erläutert er, dass die Gesetze manchmal aus guten Gründen Dinge erlauben, die dem Naturrecht zuwiderlaufen. Dazu gehört für ihn die öffentliche Prostitution und die mit ihr verbundene Unzucht, da angesichts der menschlichen Schwäche nicht alle Unzucht zu verhindern ist und so größeres Übel vermieden wird. Somit gibt es auch einen Rechtsanspruch der Prostituierten auf ihren Lohn. Diese und andere Formen der Erlaubnis, etwa der Tötung der untreuen Ehefrau und ihres Liebhabers durch den gehörnten Ehemann, sind durchaus so zu verstehen, dass den öffentlichen Gewalten vorgeschrieben wird, hier nicht strafend oder hindernd einzuschreiten (Molina 1659, V 46.26). Systematisch kann man hier also festhalten, dass wir eine Art Recht in Form der Beschränkung obrigkeitlicher Machtbefugnisse vorfinden. Die Betonung der Willensfreiheit und des subjektiven Rechtes impliziert jedoch keine unbeschränkte Herrschaft des Menschen über sich selbst, über sein Leben und seine Glieder: »Weil nicht der Mensch Herr über sein eigenes Leben ist, sondern Gott, begeht, wer sich selbst tötet, ein Unrecht gegenüber Gott« (Molina 1659, I 11.3, 6) und eine Todsünde gegenüber der Liebe, die er zu sich selbst haben sollte.

Bei dem für den Umgang mit dem Begriff des subjektiven Rechts zentralen Terminus *dominium* greift Molina ähnlich wie de Soto auf die Definition des *dominiums* von Bartolus von Sassoferrato als »Recht, vollständig über einen körperlichen Gegenstand zu verfügen, solange es nicht vom Gesetz verboten ist« (Molina 1659, II 3.1) zurück. Durch diese Gesetzesbindung des *dominium* wird die mit dem *dominium* verbundene Verfügungsgewalt mitsamt dem *ius destruendi* (Molina 1659, III 1.1), dem Recht, das Eigene zu zerstören, von Beginn an begrenzt. Fälle, in denen man vom Gesetz an bestimmten Verfügungen gehindert wird, ergeben sich beispielsweise durch Grenzen der Veräußerbarkeit eines *dominium*, so wenn es sich um ein familiengebundenes Lehen handelt (Molina 1659, II 3.16). Die Einschränkungen gehen jedoch noch deutlich weiter: Da Gott kraft seines Schöpfertums der Herr von allem ist, auch des Lebens der Menschen sowie der Engel, bleibt alle menschliche Herrschaft dieser Herrschaft Gottes stets untergeordnet. Dies hat Folgen für die Rechte der Menschen; zunächst für die Rechte über sich, da sie ihres Lebens und ihrer Glieder Hüter (*custodes*) sind, nicht jedoch deren Herren; insbesondere aber auch für die Rechte über ihre Untergebenen, auch dort, wo diese ihr Eigentum sind. Ein Herr darf daher seinen Sklaven nicht töten oder verstümmeln, noch ihn an der Ehe oder am Vollzug derselben hindern (Molina 1659, II 18.5–7). Auch das Vaterland ist nicht befugt, über das Leben des Bürgers zu verfügen (Molina 1659, I 11.5; III 1.7f.).

Die Menschen sind gemäß dem Naturrecht die Herren von allem unter dem Himmel, inklusive des Lichts. Jedoch genügt es zu dieser Art von *dominium*, dass der Mensch die Dinge nach seinem Willen in der Weise benutzen kann, für welche sie die Natur uns zur Verfügung gestellt hat, und so, dass es dem göttlichen und menschlichen Recht nicht zuwiderläuft. Damit ist nicht nur das Leben der Menschen, die sich unter jemandes Herrschaft befinden, der Zerstörung entzogen, sondern alles, dessen Zerstörung den anderen und dem ganzen Universum Schaden zufügen würde, etwa die Zerstörung natürlicher Arten. Dazu hätte Noah die Möglichkeit gehabt, nicht jedoch das Recht (Molina 1659, II 18. 13). Diese Sicht mag heutzutage geradezu ›ökologisch‹ erscheinen, allemal stellt sie eine deutliche Einschränkung des Verfügungsrechts über Menschen dar. Das Recht des Zerstörens wird von Molina für körperliche Artefakte akzeptiert (Molina 1659, III 1. 1). Wer sein Eigentum an diesen Dingen zerstört, handelt unmoralisch, verstößt jedoch nicht gegen das natürliche Recht. In den angeführten Bereichen unterliegen die Befugnisse des Eigentümers hingegen einer drastischen Einschränkung, teils durch das Naturrecht, teils durch das göttliche positive Recht (Molina 1659, I 2. 1).

Ein weiteres Beispiel für das allgemeine Recht der Menschen auf Unversehrtheit weist Parallelen zu Argumentationsfiguren in der heutigen Bioethik auf: Weil der Mensch als Hüter und Verwalter seines Lebens und seiner Glieder eingesetzt ist, darf man ihm nicht gegen seinen Willen aus medizinischen Gründen Glieder amputieren oder ihn zur Einnahme von Medikamenten zwingen. Anders ist die Situation, wenn den Eltern oder einem Betreuer (*tutor*) die Sorge für ihn obliegt oder wenn er einem Prälaten zu gehorchen hat, da in jenem Fall diese die Entscheidung zu seinem Wohlergehen zu treffen haben (Molina 1659, III 1. 10). Entsprechend ist es unpassend bei Menschen, die sich nicht selbst zu bestimmen vermögen, von ›Sklaven von Natur‹ zu sprechen, wie die aristotelische Tradition bis hin zu Las Casas' Zeitgenossen Sepúlveda dies tat, da es ja nur ein Akt der Billigkeit ist, diese anzuleiten und zu fördern. Von Natur sind zunächst alle Menschen frei.

Falls jedoch bestimmte Umstände eintreten, die eine Versklavung rechtfertigen, ist sie nach dem *ius gentium* völlig legitim. Diese Umstände sind einmal die Versklavung in einem gerechten Krieg, die für den Betroffenen, der ja eigentlich sein Leben verwirkt hätte, die angenehmere Lösung ist als der Tod. Freiheit zählt hier ganz eindeutig zu den *bona fortunae*, den Vermögens- oder Glücksgütern, deren man gegebenenfalls verlustig gehen kann. Auch für bestimmte Verbrechen kann man legitimerweise in die Sklaverei gelangen. Ein weiterer Rechtsgrund für die Versklavung ist der Selbstverkauf oder auch der Verkauf der Kinder in Notsituationen.

Die Möglichkeit und Rechtmäßigkeit des Selbstverkaufs beruht für Molina, der als einer seiner Hauptverfechter gilt, darauf, dass der Mensch, anders als manche Dominikaner denken, der Herr seiner Freiheit ist, die zu seinem *dominium* gehört, und er sie daher wie die äußeren Güter, aber auch wie den guten Ruf und die Ehre veräußern kann (Molina 1659, II 30.14). Molina ›beweist‹ dies anhand biblischer Geschichten, worin Derartiges vorkommt, ist jedoch offenbar seinerseits nicht frei von Zweifeln, weshalb er moralische und rechtliche Schranken einfügt. Der Verkauf der Freiheit darf nicht leichtfertig geschehen, sondern nur aus vernünftigem Grunde, d. h. normalerweise, weil man nicht in der Lage ist, sich zu ernähren; wer sie verschwendet, begeht eine größere Sünde, als wer Besitz oder seine Ehre verschwendet (Molina 1659, II 30.14). Bei Selbstverkäufen im Geltungsbereich des römischen Rechts (*ubi ius Caesareum vim habet*) müssen verschiedene gesetzliche Bestimmungen berücksichtigt werden: Der sich Verkaufende muss mehr als zwanzig Jahre alt sein, muss um seine Freiheit wissen und am Erlös des Verkaufs durch jemanden, der um diese Freiheit weiß, an jemanden, der ihn für einen Sklaven hält, partizipieren. Ohne diese ist der Verkauf ungültig. Außerhalb dieses Geltungsbereichs, etwa in Äthiopien oder Brasilien, gilt hingegen das natürliche Recht, wonach jeder über seine Freiheit verfügen kann (Molina 1659, II 33.15–20).

Molina versucht allerdings, die Rechte der Herren über ihre Sklaven, ihr *ius in re*, deutlich einzugrenzen: Sie haben kein Recht über deren Leben, das Gott sich vorbehalten hat, ebenso wenig über deren Gliedmaßen und ihre Gesundheit, die quasi

Teile dieses Lebens sind, noch weniger über ihr Seelenheil (Molina 1659, II 38.2). Ein Herr, der seine Sklaven hungern lässt und grausam behandelt, wird von Rechts wegen beim Stadtpräfekten angezeigt (Molina 1659, II 38.3), eine Sklavin, die vom Herren zur Unzucht gezwungen wurde, kann vom Bischof in die Freiheit entlassen werden (Molina 1659, II 39).

Ausblick

Offenbar gibt es also für Molina durchaus unverzichtbare Rechte aller Menschen, auch der Sklaven, nämlich auf ihr Leben, ihre Glieder, ihre Gesundheit, sogar auf Schutz vor sexuellem Missbrauch und auf das Eheleben, also auf etwas, wofür die Bauern im Deutschen Reich lange vergeblich stritten. Diese Rechte formuliert er allerdings nicht unmittelbar als Rechtsansprüche der Sklaven, sondern als naturrechtliche Begrenzungen der Rechtsansprüche ihrer Herren aus. Nimmt man seine Charakteristik des subjektiven Rechts als Maß für das Unrecht, welches einem Wesen mit freiem Willen widerfährt, ernst, so wird man aus der Möglichkeit, dass einem Sklaven durch seinen Herrn oder durch andere Unrecht widerfahren kann, auch auf das Vorhandensein natürlicher und unverzichtbarer Rechte des Sklaven schließen können. Das Recht auf Freiheit gehört nicht dazu. Sie ist nur ein besonders wertvolles Gut, das der Mensch nicht leichtfertig aufgeben darf, ohne Sünde auf sich zu laden. Nachdem Molina die von ihm erarbeiteten Rechtstitel möglicher Versklavung mit der Wirklichkeit des Sklavenhandels verglichen hat, bei dem die Rechtstitel zumeist fingiert und vorgetäuscht sind und in dem es zu schlimmen Grausamkeiten kommt, hält er es für wahrscheinlich, dass die Sklavenhändler eine Todsünde begehen und der ewigen Verdammnis sicher sind (Molina 1659, II 35.189).

Der begrenzte Wert der Freiheit ist dann auch nach Molinas Zeit keine ungewöhnliche Position. Noch Christian Thomasius hält die Freiheit für ein eher zweitrangiges Gut (Thomasius 1692/1968, § 125), erst bei John Locke darf sie als Eigentum Gottes nicht mehr verkauft werden (Locke 1690/1977, Chap. IV), und bei Rousseau darf sie auch den Kriegsgefangenen nicht genommen werden (Rousseau 1762/1978, I 4). Molinas Ambivalenz zwischen der prinzipiellen Rechtfertigung der Institution der Sklaverei und der Verdammung ihrer Praxis, die nach dem Urteil einiger Gelehrter lange Zeit später zur Abschaffung der Sklaverei beitrug, ist in verschiedener Weise charakteristisch für die Spanische Scholastik: Mit weit ins Mittelalter reichenden Argumentationsmethoden schuf man angesichts der Herausforderung durch die neue politische Wirklichkeit die Begriffe und Prinzipien, deren sich die Naturrechtler und Philosophen der Aufklärung bedienten, um zur Formulierung der Menschenrechte zu gelangen. Dies geschah nicht zuletzt dadurch, dass man einen auf sehr grundsätzliche Argumente aufgebauten naturrechtlichen Diskurs bewusst über die religiösen und, wie man heute sagen würde, kulturellen Grenzen hinweg ausdehnte. Ferner entwickelte sich eine Differenzierung von Recht und Moral, wenngleich mit unterschiedlicher Terminologie: Während Molina festhält, wer etwa eine Notlage ausnütze, um einen anderen zu versklaven, anstatt einfach Almosen zu geben, begehe unter Umständen eine Todsünde gegen die Nächstenliebe, doch sei der Vertrag naturrechtlich gültig, findet sich bei Suárez so etwas wie eine Moralisierung des Naturrechts gegenüber dem positiven Recht.

Literatur

Achenwall, Gottfried: *Prolegomena Iuris Naturalis*. Halle 1767.
Blickle, Peter: *Von der Leibeigenschaft zu den Menschenrechten*. München 2003.
Delgado, Mariano: »Die Rechte der Völker und der Menschen nach Bartolomé de las Casas«. In: Matthias Kaufmann/Robert Schnepf (Hg.): *Politische Metaphysik. Die Entstehung moderner Rechtskonzeptionen in der Spanischen Scholastik*. Frankfurt a.M. 2007, 177–203.
Kaufmann, Matthias/Schnepf, Robert (Hg.): *Politische Metaphysik. Die Entstehung moderner Rechtskonzeptionen in der Spanischen Scholastik*. Frankfurt a.M. 2007.
Las Casas, Bartolomé de: *De regia potestate* [1571]. In: Mariano Delgado (Hg.): *Bartolome de las Casas. Werkauswahl*. 4 Bde. Paderborn u.a. 1994–1997, Bd. 3/2, 187–248.
Locke, John: *Zwei Abhandlungen über die Regierung*. Frankfurt a.M. 1977 (engl. 1690).

Luther, Martin: *Von der Freiheit eines Christenmenschen.* WA 7, 20–38.

Molina, Luis de: *De iustitia et iure* [1592], zit. n. ed. novissima Mainz 1659.

Oestreich, Gerhard: *Geschichte der Menschenrechte und Grundfreiheiten im Umriß.* Berlin 1978.

Rousseau, Jean-Jacques: *Der Gesellschaftsvertrag.* Leipzig 1978 (frz. 1762).

Scott, J. Brown: *The Spanish Origin of International Law.* Bd. 1: *Francisco de Vitoria and his Law of Nations.* Oxford u. a. 1934.

Thomasius, Christian: *Einleitung zur Sittenlehre* [1692]. ND Hildesheim 1968.

Tierney, Brian: *The Idea of Natural Rights. Studies on Natural Rights, Natural Law and Church Law.* Grand Rapids, Mich./Cambridge 1997.

Tosi, Guiseppe: *La teoria della schiavitù naturale nel dibattito sul Nuovo Mondo (1510–1573). »Veri domini« o »servi a natura«?* Bologna 2002.

Vitoria, Francisco de: Relectio: *De indis* [1539]. In: Ders.: *Vorlesungen II (Relectiones). Völkerrecht, Politik, Kirche.* Hg. von Ulrich Horst, Heinz-Gerhard Jusenhoven und Joachim Stüben. Stuttgart u. a. 1997.

Matthias Kaufmann

2. Klassische Positionen

2.1 Hugo Grotius

Ideengeschichtliche Bedeutung

Hugo Grotius (1583–1645) gilt als einer der Klassiker des Völkerrechtes sowie als bedeutender Vertreter des modernen Naturrechtsgedankens, zu dessen Säkularisierung er beitrug. In seinem Geburtsland Holland machte sich Grotius als humanistischer Universalgelehrter schnell einen Namen, wurde dann aber durch seine liberale Position im holländischen Religionsstreit 1621 ins französische Exil getrieben. Dort verfasste er sein Hauptwerk *De jure belli ac pacis libri tres* (JBP), welches den Anspruch erhob, zum ersten Mal ein umfassendes, für alle Völker verbindliches Rechtswerk zu begründen, das auf einem universell gültigen Naturrecht basieren sollte. Dabei stützte er sich gleichermaßen auf die antike Stoa wie die Spätscholastik, zudem auf die Arbeiten Alberico Gentilis (Welzel 1960, 126 ff.). Bedeutung und Ruhm des Grotius, die in dem Urteil kulminieren, er sei der »Vater des Völkerrechtes« (Nussbaum 1960, 126), beruhen vielleicht weniger auf seiner wirklichen Innovationskraft; so versuchte er sich auf der Schwelle zur Neuzeit eher an der Integration alter sowie sich ankündigender neuer politischer Paradigmen (Wolf 1963, 259). Es mag vielmehr an der außergewöhnlichen Verbreitung seiner Schriften gelegen haben, dass ihre Vision eines allen Menschen eingeborenen Naturrechts sowie ihre Hoffnung auf eine vernünftig durch Recht geordnete Welt jenseits der Willkür des ›Stärkeren‹ die folgenden Entwicklungen hin zum Menschen- und zum Völkerrecht entscheidend beeinflusst haben.

Menschenrechtlich relevante Theoriepositionen

Hugo Grotius' 1625 erschienenes Hauptwerk schöpft seine Intention aus dem Entsetzen über die »entartete Kriegsführung« (JBP, Prolegomena § 28) während des Dreißigjährigen Krieges und dem mit der Religionsspaltung einhergehenden Verlust eines allgemeinen Werthorizontes. Entgegen dem vom ›Recht des Stärkeren‹ ausgehenden Skeptizismus, der die Möglichkeit einer rechtlichen Regelung zwischenstaatlicher Beziehungen prinzipiell in Abrede stellt, postuliert Grotius den unbedingten Glauben an die Ordnungsmacht eines universellen, positiv festgeschriebenen Rechtssystems zur Einhegung kriegerischer Akte. Es ist Grotius jedoch nicht an der Einführung eines »diskriminierenden Kriegsbegriffes«, also an einem modernen Verbot des zwischenstaatlichen Handlungsmediums Krieg gelegen (Grewe 1984, 174), sondern an der Verpflichtung, den Kriegseintritt anhand einer Rechtsverletzung durch den Feind zu begründen. Aus diesem Grund bemüht sich Grotius, noch vor der Erörterung der Kriegsfrage selbst, um eine Fundierung des Naturrechts, das die Grundlage aller zu schützenden Rechte – interpersonaler wie zwischenstaatlicher – bildet (JBP, 1. Buch, 1. Kapitel, XI, 1). Es basiert auf von allen Menschen zu verschiedenen Zeiten geteilten Grundsätzen (*consensus omnium*), die »niemand, ohne sich Gewalt anzutun, [...] verleugnen könnte« (JBP, § 39). In Abgleich mit dem Naturrecht (JBP, § 8) und geleitet durch die von Gott geschenkte Vernunft (JBP, § 9) schaffen sich die Menschen nützliche und ihren natürlichen Trieben entsprechende Institutionen wie Eigentum und Staat. Da sich diese naturgemäß in der Form des Rechts bewegen, wird der juridische Verkehr zwischen den Bürgern (*ius civile*) und zwischen den Staaten (*ius gentium*) parallelisiert. Beide sind jedoch durch den Menschen gewillkürte, freiwillig vereinbarte Rechte, wenn sie dem Naturrecht auch nicht widersprechen sollen.

Das Naturrecht gilt im Friedens- wie im Kriegsfall für alle gesellschaftlichen Gruppen, zwischen den Staaten und insbesondere über alle Religionen hinweg. Diese Loslösung des Naturrechtes von religiösen Partikularismen verdankt sich dem deistischen Weltbild von Grotius, das auf den christlichen Gott als präsente Legitimationsinstanz zwar noch partiell zurückgreift, seiner aber nicht mehr zwingend bedarf, da Gott die Welt und das ihr zugrundeliegende Naturrecht zwar erschaffen hat, diese nach der Schöpfung aber ihrer autonomen Eigenlogik folgen: Mit Grotius' berühmt gewordener Aussage, dass die Bestimmungen des Naturrechts »auch Platz greifen« würden, »wenn man annähme [...], daß es keinen Gott gäbe« (JBP, § 11), ist der Schritt zur endgültigen Säkularisierung des Naturrechts zwar noch nicht vollzogen (Westerman 1998, 142), die verbindenden Scharniere zwischen Religion und Naturrecht haben sich jedoch dadurch so sehr gelockert, dass Samuel von Pufendorf sie eine Generation später mit Leichtigkeit zerschlagen kann. Der Wille, ein konfessionsübergreifendes Rechtssystem zu gestalten, das sich durch die Religionsspaltung nicht unterminieren lässt, wird deutlich, wenn festgestellt wird, dass »die Wahrheit der christlichen Religion [...] durch rein natürliche Gründe nicht bewiesen werden« könne (JBP, 2, 20, XLVIII, 1), weshalb missionarische Kriegsführung untersagt werden müsse. Mit dieser universalistischen Fundierung des Naturrechts liefert Grotius eine entscheidende Grundlage für spätere Bemühungen um weltweit geltende Menschenrechte.

Sein Vertrauen in die Wirkmächtigkeit der Rechtsordnung gewinnt Grotius aus seiner Anthropologie, die im Gegensatz zu dem 1651 erscheinenden *Leviathan* von Thomas Hobbes den Menschen nicht einzig durch den Selbsterhaltungstrieb definiert. Ebenso wirksam sei der menschliche »appetitus societatis«, der »gesellige Trieb zu einer ruhigen und nach dem Maß seiner Einsicht geordneten Gemeinschaft mit seinesgleichen« (JBP, § 6), welcher sich in Verbindung mit der menschlichen Vernunft als Quelle des Rechts erweise. Grotius geht davon aus, dass sich zwischen den autonomen Staaten qua Recht ein geregeltes Miteinander etablieren lässt, ohne dass eine überwölbende politische Macht zur Durchsetzung bereitstehen müsse; das setzt ihn in Differenz zu Denkern wie Immanuel Kant, der (in seiner *Friedensschrift*) in Grotius lediglich einen realitätsfernen »leidigen Tröster« sieht.

Der Verrechtlichungsanspruch erstreckt sich aber nicht nur auf das Verhältnis zwischen Staaten, auch die Beziehungen zwischen Untertanen und Souverän sowie zwischen den Bürgern untereinander werden von Grotius behandelt. So entfaltet er einen weit verzweigten Rechtskatalog, der, vom Individuum ausgehend, Fragen von Eigentum, Besitzaneignung und Vertrag über Bestimmungen von Ehe und Begräbnis bis zur Erörterung des Instituts der Strafe abdeckt. All diesen konkreten Bestimmungen ist gemein, dass sie Rechtssicherheit, Verbindlichkeit und – selbst im Kriegsfall – Vorausschaubarkeit propagieren und die Herrschaft des Rechts begründen sollen. Im Widerspruch zur davor proklamierten Unhintergehbarkeit der Naturrechte kann nun aber fast jeder Inhalt in eine vertraglich gültige Form gegossen werden. Das Naturrecht erscheint bei Grotius eher in der Funktion der universalisierenden Vereinheitlichung der Vertragspartner, an der dann ein utilitaristisch-pragmatischer Kontraktualismus ansetzen kann. Indem Grotius sogar betont, das Naturrecht werde durch das Staatsgesetz aufgehoben (vgl. z. B. JBP, 2, 2, V), kassiert er die konkret-inhaltliche Geltendmachung unverbrüchlicher Rechte der Bürger gleich wieder, womit sich die greifbare Wirkung des Naturrechts auf eine diffuse Temperierung des positiven Rechtes beschränkt. Durch die Dominanz der »Verstaatlichung der Freiheit« (Link 1983, 29) bei Grotius lässt sich demnach dessen Platz in der Entwicklungsgeschichte der Menschenrechtslehren gar nicht eindeutig bestimmen.

Wirkung

Trotz der Grundlegung universell geltender Naturrechte bei Grotius, trotz des Aufbaus einer Rechtsordnung, die in Freiheit und Eigentum des Einzelnen ihren Ursprung hat, und trotz der Apostrophierung allgemeiner Rechtssicherheit kann der vermeintliche Liberalismus des Grotius in Zweifel gezogen werden. So kann seiner Rechtskonzeption zufolge jede Person ihren Rechten *entsagen*; was zur völligen Unterwerfung unter einen König oder auch zum freiwilligen Eintritt in den Sklavenstatus berechtigt. Nach der Aufgabe jener Rechte sind diese nicht mehr einforderbar; ein immerwährendes Recht auf Freiheit besteht nach Grotius' Worten ausdrücklich nicht (JBP, 2, 22, XI). Diese Einschränkung der Naturrechte spiegelt sich auch in Grotius' Behandlung des Widerstandsrechtes bei Rechtsverletzungen durch die Obrigkeit wider, welches hinter dem Primat von

Ruhe und Ordnung zurückzustehen hat (ebd., 1, 4, II). Auch hier dominiert abermals ein pragmatischer Kontraktualismus, der auf den Grundsatz »Widerstand ist verboten, es sei denn, er ist erlaubt« (Grunert 2005, 134) hinausläuft. In der dilemmatischen Entscheidung »Freiheit oder Frieden« plädiert Grotius entschieden für die »öffentliche Ruhe« (JBP, 1, 4, IV, 2), selbst wenn dadurch die Herrschaft eines Tyrannen zu ertragen wäre. Eine ähnliche Prioritätensetzung zugunsten der Sicherheit verfolgt Grotius auch in zwischenstaatlichen Konfliktfällen. Hier stehe »das Leben [...] höher als die Freiheit« (ebd. 2, 24, VI, 2), weshalb es oftmals besser sei, Unrecht zu erleiden, als in einen gerechtfertigten Krieg zu ziehen (ebd. 3, 25, III). Dieser Vorrang herrschaftlicher Stabilität handelte Grotius die Benennung als »Helfershelfer des Despotismus« (Jean-Jacques Rousseau) ein, und auch spätere Deutungen stellten nicht selten eine Nähe zu absolutistischen bzw. illiberalen Rechtskonzeptionen her (Tuck 1979, 79).

Auch die lange Zeit geläufige Bezeichnung »Vater des Völkerrechtes« ist aus vielen Gründen zweifelhaft geworden (Grewe 1984). Unter anderem sind die in Grotius' Konzeption vorgesehene starke Stellung gesellschaftlicher Akteure wie Bürger oder Stände und die damit verbundene Aufweichung staatlicher Souveränität kaum mit den staatszentristischen Subjektvorstellungen des modernen Völkerrechtes vereinbar (Haggenmacher 1985, 122 ff.). Dennoch prägte Grotius' Verrechtlichungsanspruch, sein Beharren auf Universalität und Verlässlichkeit, die »Gußform« (ebd., 126) für das spätere System des modernen Völkerrechtes und der Menschenrechte. Möglicherweise birgt zudem gerade der herausragende Status des *einzelnen* Menschen im grotianischen Rechtssystem zukunftsweisende Züge: Das mit der Westfälischen Ordnung aus heutiger Sicht kollidierende Prinzip der Menschenrechtsintervention wird so von Grotius explizit legitimiert, indem eine kriegerische Intervention nach einer Verletzung der Rechte eines jeden einzelnen Menschen statthaft sei (JBP, 2, 25, VI). Grundlage der Argumentation ist hier einmal mehr ein universalistischer Humanismus, der sich mit der Verteidigung der Rechte des Einzelnen verknüpft und die Basis für eine jede historisch nachfolgende Überlegung über Menschenrechte darstellt. Eine Einrichtung der Welt, deren Fundament nach Grotius durch die »gemeinsame Menschennatur« (JBP, 1, 5, II, 2) bestimmt wäre, wartet noch immer auf ihre umgreifende Realisierung.

Literatur

Grewe, Wilhelm G.: »Grotius – Vater des Völkerrechts?« In: *Der Staat* 23 (1984), 161–178.
Grotius, Hugo: *De jure belli ac pacis libri tres* [JBP]. Tübingen 1950 (lat. 1625).
Grunert, Frank: »Der Vertrag als rechtliches Medium sozialer Gestaltung. Zum Kontraktualismus bei Hugo Grotius«. In: Norbert Konegen/Peter Nitschke (Hg.): *Staat bei Hugo Grotius*. Baden-Baden 2005, 125–137.
Haggenmacher, Peter: »Grotius et le droit international – le texte et la légende«. In: Alfred Dufour (Hg.): *Grotius et l'ordre juridique international*. Lausanne 1985, 115–143.
Link, Christoph: *Hugo Grotius als Staatsdenker*. Tübingen 1983.
Nussbaum, Arthur: *Die Geschichte des Völkerrechts in gedrängter Darstellung*. München/Berlin 1960 (engl. 1954).
Tuck, Richard: *Natural Rights Theories*. Cambridge 1979.
Welzel, Hans: *Naturrecht und materiale Gerechtigkeit* [1951]. Göttingen ³1960.
Westerman, Pauline C.: *The Disintegration of Natural Law Theory*. Leiden u. a. 1998.
Wolf, Erik: *Große Rechtsdenker der deutschen Geistesgeschichte* [1939]. Tübingen ⁴1963.

Klaus Roth/Tilman Vogt

2.2 Thomas Hobbes

Ideengeschichtliche Bedeutung

Thomas Hobbes (1588–1679) gilt – insbesondere mit seinen Werken *De cive* (1642) und *Leviathan* (1651) – als der Begründer der mit dem mittelalterlichen Denken brechenden politischen Theorie des Kontraktualismus, welche die politische Ordnung weder in Gott noch in einer teleologisch gedachten Natur, sondern in den Interessen der Individuen fundiert. Im Unterschied zu anderen Vertragstheoretikern wie John Locke und Immanuel Kant verbindet er eine strikt individualistische Begründung jedoch mit der Legitimation eines absoluten Souveräns. Während die Individuen im Naturzustand Hobbes zufolge Rechte, aber keine Pflichten (im strengen Sinn) haben, bleiben den Untertanen nach Einsetzung des Souveräns Pflichten, aber keine Rechte (im strengen Sinn). In der Geschichte der Menschenrechte nimmt Hobbes damit eine äußerst ambivalente Stellung ein: als Begründer eines radikalen normativen Individualismus einerseits, als Apologet der bedingungslosen Unterwerfung unter einen unumschränkten Souverän andererseits.

Menschenrechtlich relevante Theoriepositionen

Hobbes' Argumentation findet ihren Ausgangspunkt in der Schilderung des Naturzustands – also jenes vorgesellschaftlichen und vorstaatlichen Zustands, in dem es keine allgemein verbindlichen Regeln gibt und der aufgrund von Konkurrenz, Misstrauen und Ruhmsucht einen Kriegszustand darstellt (vgl. Hobbes 1651/1984, XIII). In diesem Zustand hat jeder das »*natürliche Recht* […], seine eigene Macht nach seinem Willen zur Erhaltung seiner eigenen Natur, das heißt seines eigenen Lebens einzusetzen und folglich alles zu tun, was er nach eigenem Urteil und eigener Vernunft als das zu diesem Zweck geeignetste Mittel ansieht« (ebd., XIV, 99; vgl. Hobbes 1642/1994, I.8, 81). Da jeder selbst zu entscheiden befugt ist, was er zu seiner Selbsterhaltung zu tun hat, kommt hier »jedermann ein Recht auf alles« zu (Hobbes 1651/1984, XIV, 99).

Ein natürliches Recht, X zu tun, besteht Hobbes zufolge in der Freiheit, Z zu tun, ohne daran gehindert zu werden. In diesem Sinne ist das natürliche Recht von den »Gesetzen« der Natur zu unterscheiden: Ein Gesetz (*lex*) hat immer eine Verpflichtung – also etwa das Verbot, Z zu tun – zum Inhalt und steht damit gerade der Freiheit, die mit einem Recht (*ius*) einhergeht, entgegen (ebd.). Die natürlichen Gesetze sind Gebote der Vernunft, deren Verpflichtungscharakter allerdings umstritten ist, da sie nur zu dem Wunsch verpflichten, dass sie gelten sollen, das Handeln aber nur insofern binden, als sich auch alle anderen an sie halten. Damit scheinen sie aus dem natürlichen Recht eher abgeleitet zu sein als es zu beschränken, zumal sie Hobbes zufolge »nur Schlüsse oder Lehrsätze [sind], die das betreffen, was zur Erhaltung und Verteidigung der Menschen dient« (ebd., XV, 122).

Im Naturzustand führt das universelle Recht auf alles nun jedoch zu einem »Krieg aller gegen alle«, weil man sich bei der Ausübung dieses Rechts rasch wechselseitig in die Quere kommt, und damit zu einer für die Menschen unerträglichen Situation der permanenten Unsicherheit, die ihnen ein angenehmes Leben verunmöglicht. Aus Klugheitsgründen sehen die Menschen daher ein, dass sie wechselseitig auf ihr natürliches Recht verzichten müssen, wollen sie in Sicherheit und Frieden leben. Um dies zu erreichen, etablieren sie durch Abschluss eines Vertrages untereinander eine künstliche Ordnung und setzen eine Zentralgewalt ein, den Leviathan, der den Frieden herzustellen und dauerhaft zu garantieren vermag. Dabei geben die Vertragsparteien ihre natürlichen Rechte auf und übertragen ihr Recht auf Selbstregierung auf den Souverän, der selbst keine Partei des Vertrages ist, sondern durch diesen erst etabliert wird. Zugleich autorisieren sie den Souverän, in ihrem Namen zu handeln (ebd., XVII, 134). Da die Untertanen somit mittelbar zu Autoren der Handlungen der Staatsgewalt werden, kann ihnen diese laut Hobbes kein Unrecht antun (ebd., XVIII).

Nur die absolute und uneingeschränkte Macht des Souveräns kann – vermittels seiner einheitlichen und letztinstanzlichen Autorität der Setzung, Durchsetzung und Auslegung des Rechts – den

Rückfall in den Naturzustand verhindern. Dieser Leviathan ist durch kein Recht und keine Rechte gebunden: nicht durch vertragliche Verpflichtungen, da er keine Partei des Vertrags ist (ebd., XVIII, 137); nicht durch die bürgerlichen Gesetze, da diese unmittelbarer Ausdruck seines Willens sind (ebd., XXVI); nicht durch das *Common Law*, dem Hobbes den Rechtscharakter abspricht (vgl. Hobbes 1681/1992; 1642/1994, XIV, 15); und nicht durch die natürlichen Gesetze, da diese allein vom Souverän interpretiert und in bürgerliche Gesetze überführt werden können, durch die der Unterschied zwischen Recht und Unrecht allererst begründet wird (Hobbes 1642/1994, XIV, 10; VI, 9; vgl. Bobbio 1993, Kap. II.10.-11.).

Den unumschränkten Rechten des Souveräns, »die das Wesen der Souveränität ausmachen« (Hobbes 1984/1651, XVIII, 142) und deren Missachtung zur Auflösung des Staates führen würde, entspricht die absolute Gehorsamspflicht der Bürger. Deren Freiheit beschränkt sich darauf, das tun zu dürfen, was die Gesetze nicht verbieten (ebd., XXI, 165, 170). Allerdings gibt es ein besonderes natürliches Recht, das die Bürger *nicht* aufgeben und das sich Hobbes zufolge auch nicht aufgeben lässt: das Recht auf Selbsterhaltung (ebd., XIV, 101, 107; vgl. die etwas weiter gehenden Formulierungen ebd., XV, 118; Hobbes 1642/1994, III.14). Dieses Recht haben die Untertanen jedoch nicht im strengen Sinne gegen den Souverän – etwa im Sinne eines in der Verfassung verbrieften Widerstandsrechts –, da dieser keine diesem Recht entsprechende Pflicht hat. Andererseits erlischt die Gehorsamspflicht der Untertanen gegenüber dem Souverän, sobald dieser nicht mehr willens oder dazu in der Lage ist, das Leben der Bürger zu schützen (vgl. Hobbes 1651/1984, XXI, 171).

Aus dem Zweck des Leviathan, den Naturzustand zu beenden, ergibt sich auch die Aufgabe (»office«) des Souveräns (ebd., XXX), nämlich die verantwortliche Nutzung der unumschränkten Macht im Interesse aller, also die »Sorge für die Sicherheit des Volkes«, zu der er »kraft natürlichen Gesetzes verpflichtet« ist und die neben der Sicherung des Friedens auch die »Annehmlichkeiten des Lebens« einschließt (ebd., 255; vgl. Hobbes 1642/1994, XIII). Diese Pflicht hat der Souverän allerdings nicht gegenüber seinen Untertanen (denen deshalb auch nicht entsprechende Rechte zukommen), sondern gegenüber Gott als dem Autor des natürlichen Gesetzes und gegenüber sich selbst und seinem Amt. Inwiefern damit die Absolutheit der Souveränität normativ oder faktisch eingeschränkt wird, ist jedoch umstritten (vgl. Hampton 1988; Curran 2006). Der naturrechtlichen Deutung zufolge geht Hobbes davon aus, dass Versprechen und Verträge genuine moralische Verpflichtungen etablieren und die Unterscheidung ›gerecht vs. ungerecht‹, anders als die Unterscheidung ›rechtmäßig vs. unrechtmäßig‹, nicht vom Willen und von den Handlungen des Souveräns abhängig ist; dagegen steht die gängige Sichtweise, der zufolge Verpflichtungen immer auf individuelle Interessen und die positiven Rechtsakte sowie die Sanktionsgewalt des Souveräns zurückzuführen sind (vgl. die Beiträge von Taylor, Brown und Nagel in: Kersting 2008).

Wirkung

Unabhängig von diesen Interpretationsfragen ist jedoch kaum bestreitbar, dass Menschenrechte im Sinne von universellen und unbedingten Ansprüchen Einzelner an die politische Ordnung in Hobbes' politischer Theorie keinen Ort haben. Aus diesem Grund hat sich für das moderne Menschenrechtsdenken zwar sein vertragstheoretisches Begründungsmodell, nicht aber das Begründungsergebnis – der unumschränkte Leviathan – als anschlussfähig erwiesen. Hobbes' Kontraktualismus ist dabei von zwei Seiten kritisiert und modifiziert worden: Gegen den Absolutismus und Autoritarismus der Hobbesschen Staatskonzeption setzen Vertreter des Liberalismus – etwa in der Nachfolge Lockes und Kants – auf die Beschränkung der staatlichen Macht durch unveräußerliche Rechte der Bürger. Aus ideengeschichtlicher Sicht könnte man sogar behaupten, dass gerade die liberale Kritik an Hobbes' Absolutismus das moderne Menschenrechtsdenken allererst vorangebracht hat. Vertreter des Republikanismus hingegen – etwa in der Nachfolge Rousseaus – betonen das Prinzip der demokratischen Selbstregierung, das allein die Freiheit des Einzelnen im Zusammenleben zu bewahren vermag.

Literatur

Bobbio, Norberto: *Thomas Hobbes and the Natural Law Tradition.* Chicago 1993 (ital. 1989).
Curran, Eleanor: »Can Rights Curb the Hobbesian Sovereign?« In: *Law and Philosophy* 25/2 (2006), 243–265.
Hampton, Jean: *Hobbes and the Social Contract Tradition.* Cambridge 1988.
Hobbes, Thomas: *Leviathan.* Frankfurt a. M. 1984 (engl. 1651).
–: *Vom Menschen. Vom Bürger.* Hamburg 1994 (lat. 1658/1642).
–: *Dialog zwischen einem Philosophen und einem Juristen über das englische Recht.* Weinheim 1992 (engl. 1681).
Kavka, Gregory S.: *Hobbesian Moral and Political Theory.* Princeton 1986.
Kersting, Wolfgang (Hg.): *Thomas Hobbes: Leviathan.* Berlin 2008.
König, Siegfried: *Zur Begründung der Menschenrechte. Hobbes – Locke – Kant.* Freiburg/München 1994.
Skinner, Quentin: *Freiheit und Pflicht. Thomas Hobbes' politische Theorie.* Frankfurt a. M. 2008.
Tuck, Richard: *Thomas Hobbes.* Freiburg 1999 (engl. 1989).

Robin Celikates

2.3 Samuel von Pufendorf

Ideengeschichtliche Bedeutung

Samuel von Pufendorf (1632–1694) gilt als Begründer des *rationalen Naturrechts*; er war Inhaber des ersten Lehrstuhls für Naturrecht (und Völkerrecht) an einer deutschen Universität (Heidelberg). Ungeachtet seiner großen Erfolge, die er aufgrund zahlreicher Publikationen im Bereich der Staatslehre und der Geschichtsschreibung feiern konnte, waren es seine naturrechtlichen Werke, die ihn weit über die Grenzen Europas hinaus berühmt machten. Eine Grundlage seiner Lehre enthält bereits das in Den Haag 1660 erschienene Buch *Elementorum juris prudentiae universalis libri duo*. Das eine umfassende Gesamtdarstellung enthaltende Werk *De jure naturae et gentium libri octo* (zitiert: *De jure*), das Pufendorf in Heidelberg (1661–1668) und danach an der schwedischen Universität Lund (1668–1677) erarbeitet hatte, wurde 1672 veröffentlicht. Eine handlichere Zusammenfassung, der Pufendorf den für seine Konzeption charakteristischen Titel *De officio hominis et civis juxta legem naturalem libri duo* (zitiert: *De officio*) gab, erschien 1673; allein vom letztgenannten Werk sind mehr als 150 Editionen in vielen Sprachen nachweisbar (Döring 1992, 39).

Das Pufendorfs Werk leitende Anliegen ist, das gute Zusammenleben der Menschen zu sichern. Die einzig mögliche Grundlage hierfür sieht er in der Beachtung der natürlichen Gesetze, deren Erkenntnis den Menschen nicht durch göttliche Offenbarung (Heilige Schrift), sondern kraft der ihnen gegebenen Vernunft zukommt. Mit dieser Trennung des (säkularen) Naturrechts von der Moraltheologie steht Pufendorf am Anfang der Entwicklung der deutschen und europäischen Frühaufklärung (Wollgast 1996, 40). Gleichwohl bleibt Gott der Geltungsgrund der naturrechtlichen Ordnung (*De jure* II, 3, 20), womit sich der Ursprung des Rechts angesichts Gottes freien Willens der Erkenntnisfähigkeit des Menschen entzieht. Pufendorf hat, ausgehend von der auf *Sozialität* angelegten Natur des Menschen, Schritt für Schritt (*more geometrico*) die sich hieraus ergebenden Folgerungen deduziert und in ein spätere Rechtskodifikationen ermutigendes System gebracht; auch empirische Erkenntnisse sind einbezogen, die aber keine präjudizielle Bedeutung haben, sondern als Belege menschlicher Vernunftfähigkeit dienen wollen. Mit dieser Methode befreite sich Pufendorf von aristotelischen und scholastischen Bindungen und kann so als Mitbegründer einer freien Wissenschaft gelten.

Das Verständnis Pufendorfs vom Naturrecht als »Moralphilosophie« (Wollgast 1996, 35), als »Wissenschaft vom sozialen Handeln des Menschen« (Denzer 1972, 59) führte ihn dazu, die Stellung des Einzelnen aus der Perspektive des sozialen Verbandes, dem die Menschen angehören – also regelmäßig des Staates –, zu betrachten und die sich hieraus für den Einzelnen ergebenden Pflichten zu analysieren. Dies widerspricht dem heute überwiegend auf die *Berechtigung* des Einzelnen abstellenden Menschenrechtsverständnis. Inwieweit Pufendorfs Lehre die menschenrechtliche Entwicklung beeinflusst hat, ist daher umstritten.

Menschenrechtlich relevante Theoriepositionen

Damit die Menschen erkennen können, was ihrer Natur gemäß ist, bedarf es eines normativen Maßstabs. Diesen Maßstab findet Pufendorf in dem für alle geltenden Naturrecht (*De officio*, Praefatio, 2). Da der Mensch nicht nur *ens physicum* (festgelegte Schöpfung), sondern auch zur Entfaltung eines freien und daher zurechenbaren Willens fähiges *ens morale* ist (*De jure* I, 2, 19; Kobusch 1996, 66 ff.), ist es ihm kraft seiner gottgegebenen Vernunft (»lumen naturae«, *De officio* I, 3, 10) möglich, den Weg zu finden, der seiner Anlage zur Vervollkommnung entspricht (»perfectio vitae humanae«, *De jure* I, 1, 2 f.; Krieger 1965, 92 ff.). Aus dieser sittlich gebundenen, weil auf Vervollkommnung ausgerichteten Freiheit erwächst dem Menschen seine Würde (»dignitas humanae naturae«, *De jure* II, 1 u. 2). Es ist daher – anders als bei Thomas Hobbes und Hugo Grotius – nicht allein die dem Menschen anhaftende Schwäche (»imbecillitas«) und der daraus erwachsende schiere physische Selbsterhaltungstrieb, die ihn zur *socialitas* führen, die Pufendorf als das »fundamentum legis naturalis« (*De jure* I, 3, 15) bezeichnet (Klein 1985, 423). Aus der Sozialität folgen für Pufendorf drei verbindliche Pflichtkategorien, und zwar Pflichten gegen Gott, gegen sich selbst und gegen andere. Vor allem die Pflichten gegen andere interessieren Pufendorf (Randelzhofer 1983, 17); sie allein sind echte Rechtspflichten. Er unterteilt sie in drei Grundpflichten, nämlich das Verbot, einen anderen zu schädigen und zu verletzen, die Pflicht jedes Menschen, die anderen Menschen als ihm natürlich Gleiche zu behandeln, und schließlich die Pflicht, zum Nutzen der anderen so gut wie möglich beizutragen (*De officio* I, 6–8).

Da die Einhaltung der das friedliche Zusammenleben der Menschen konstituierenden natürlichen Gesetze im Naturzustand höchst unsicher bleibt, weil sie nur moralisch erzwingbar ist und der Mensch kraft seines freien Willens seine Pflichten missachten kann, bedarf es einer das natürliche Zusammenleben transzendierenden Sozialität, in der solchen Verletzungen zum Wohle aller effektiv entgegengetreten werden kann. Diese Sozialität ist der *Staat*, der durch die ihm mögliche Gewährleistung (Gesetzgebung und Zwangsgewalt, *De officio* II, 12, 3) das Naturrecht zum vollkommenen, d. h. durchsetzbaren Recht machen und darum als »societas perfectissima« definiert werden kann (*De jure* XII, 1, 1). Er ist Ausdruck der Vervollkommnungsfähigkeit des Menschen. In der Konstruktion des Staates trifft sich Pufendorf mit den Staatsvertragstheoretikern seiner Zeit, insbesondere Hobbes, dessen Vorstellung von einem einzigen Vertrag er jedoch durch ein dreistufiges Gedankengebäude ersetzt, und zwar erstens, durch den Vertrag zur Gründung einer Gemeinschaft (Gesellschaftsvertrag), zweitens, den Beschluss über die Herrschaftsform, aus dem das angestrebte Gemeinwohl (Staatszweck) deduziert werden kann, und, drittens, den Herrschafts- oder Unterwerfungsvertrag, durch den sich, entsprechend der Herrschaftsform, die Regierenden – für Pufendorf spricht vieles für einen Fürsten – verpflichten, die Wohlfahrt und Sicherheit aller zu besorgen, während die anderen sich zum Gehorsam verpflichten: »ex quo demum facto perfecta civitas resultat« (*De jure* XII, 2, 8).

Da alles auf die Erhaltung der Gemeinschaft ankommt, in der allein die Menschen ihrer Vernunft gemäß leben können, akzentuiert Pufendorf die

Pflichten gegenüber der (staatlichen) Gemeinschaft. Gegen den Staat gerichtete individuelle *Rechtspositionen* werden indessen nicht hervorgehoben. Insofern kann man sagen, dass Pufendorf keine Menschenrechte im modernen juristischen Sinn kennt. Allerdings wäre es falsch, seiner Lehre ihre Bedeutung für die Entwicklung der Menschenrechte abzusprechen. Eine unverzichtbare Voraussetzung, um den – übrigens bei Pufendorf von der Person des Fürsten getrennten (*De jure* XII, 2, 14 ff.) – Staat zum Adressaten individueller Rechte zu machen, besteht darin, ihn seinerseits als Träger von – wenn auch zunächst objektiven – Pflichten zu verstehen. In diesem Sinn lässt Pufendorf den Staat in den Dienst des Naturrechts treten. Es ist keineswegs so, dass die natürlichen Gesetze im Staat nicht mehr gelten (anders Klippel 1976). Vielmehr können sie nur im Staat in der bestmöglichen Weise garantiert werden; nur deshalb ist er ja *societas perfecta*. Aus der Vertragskonstruktion ergibt sich die konkrete Gemeinwohlbindung des Staates. Der Staat ist rechtlich gebundene Macht (*De officio* II, 11, 3). Seinen Bürgern gegenüber steht er in einem Rechtsverhältnis, in dem es Recht und Unrecht geben kann (*De jure* XII, 8, 1 f. und 4). Allerdings gibt es bei Pufendorf keine Instanz, an die sich der Einzelne wenden kann, wenn ihm vom Staat Unrecht geschieht. Pufendorf rät wegen der zu erwartenden negativen Auswirkungen auf die Gemeinschaft nicht zum Widerstand, schließt ihn aber auch keineswegs völlig aus (*De jure* XII, 8, 8).

Abgesehen von der Verpflichtetheit des Staates, die später zur Grundlage korrespondierender individueller Rechte werden kann, ergeben sich in der Lehre Pufendorfs noch weitere menschenrechtliche Anschlusspunkte: So wird die »Menschenwürde«, die sich aus der menschlichen Fähigkeit ergibt, das Leben vernunftgemäß zu führen, zur Basis eines die Gleichheit der Mitmenschen achtenden Rechtsgebots, das vom Staat im Verhältnis der Bürger zueinander zu garantieren ist. Obgleich die Sklaverei als Institution nicht ausdrücklich in Frage gestellt wird, ergeben sich aus der natürlichen Gleichheit wichtige Folgerungen im Sinne einer Einforderung von Humanität (*De officio* II, 4, 5). Gleichwohl tritt das Problem der Geschlechtergleichheit zeitgemäß noch nicht in Pufendorfs Blickfeld. Da es nach Pufendorf nicht Aufgabe des allein auf das Diesseits ausgerichteten Staates ist, sich um die Religion der Bürger zu kümmern, hat der Staat allerdings die Religionsfreiheit der Bürger zu achten, soweit dadurch nicht das Gemeinwohl beeinträchtigt wird (*De habitu religionis christianae at vitam civilem*, 1697).

Auch wenn für Pufendorf, der im Dreißigjährigen Krieg aufgewachsen war, die Erhaltung der den Frieden gewährleistenden staatlichen Ordnung im Vordergrund steht, hat seine Konzeption der Säkularisierung des Staates, der beschränkten Herrschaft und der Einbeziehung der menschlichen Würde und Freiheit in das Rechtssystem (Baranowski/Schnabl 1991, 149) – wie sich konkret etwa auch in Pufendorfs Zurechnungslehre (»imputatio«, *De jure* I, 9) zeigt oder in der Bonitätsvermutung (*De jure* XIII, 4, 3), die sich aus der dem Menschen zustehenden Wertschätzung (»existimatio«, *Elementa jurisprudentiae universalis*, 1660, I, 9) ergibt und sich später zur strafrechtlichen Unschuldsvermutung entwickeln wird –, wesentliche und anknüpfungsfähige Grundlagen für die Entstehung der modernen Menschenrechtskonzeption gelegt.

Wirkung

Pufendorfs Gedanken sind in Deutschland unmittelbar vor allem von Christian Thomasius und Christian Wolff, im Ausland von John Locke und Jean-Jacques Rousseau aufgenommen und weiterentwickelt worden: Der Staat wird zum Schutz seiner Bürger in die Pflicht genommen und zugleich gezähmt (u. a. durch das Prinzip der Gewaltenteilung). Auch sind – zumindest indirekte – Einflüsse auf die amerikanische Unabhängigkeitserklärung und die Menschenrechtserklärungen des ausgehenden 18. Jahrhunderts nachweisbar (Welzel 1958). Um die Naturrechtslehre ist es dann erst zu Beginn des 19. Jahrhunderts mit der Festigung der Nationalstaaten und dem Siegeszug der historischen Rechtsschule und des Rechtspositivismus still geworden. Die moderne und kritische Anfrage an das Naturrecht bezieht sich vor allem auf dessen Pluralismusfähigkeit: Wird das Naturrecht aus heutiger Sicht der Vielfalt möglicher rechtsphilosophischer Begründungsansätze noch gerecht? Es ist fraglich, ob eine an Pufendorf anknüpfende Erklärung des Verhältnisses der Menschen untereinander sowie der Menschen zu ihrem Staat ›aus einem Guss‹ heute noch zeitgemäß ist. Gleichwohl hat Pufendorf auch in neuerer Zeit noch Einfluss auf die Rechtsphilosophie. Zu erwähnen ist hier etwa die existentialistische Rechtsphilosophie Werner Maihofers (1954, 30 ff.; Ders. 1996, 239 ff.; vgl. Kobusch 1996, 71 ff.). Noch heute vermag Pufendorfs Werk auf den Wert moralisch gebundener Freiheit und damit auf den für ein friedliches Zusammenleben unverzichtbaren Zusammenhang von Freiheit und Verantwortung hinzuweisen.

Literatur

Baranowski, Günter/Schnabl, Angela: »Naturrecht in der Zeit der Frühaufklärung: Samuel Pufendorf«. In: Gerhard Lingelbach/Heiner Lück (Hg.): *Deutsches Recht zwischen Sachsenspiegel und Aufklärung*. Frankfurt a. M. 1991, 139–149.

Denzer, Horst: *Moralphilosophie und Naturrecht bei Samuel Pufendorf. Eine geistes- und wissenschaftsgeschichtliche Untersuchung zur Geburt des Naturrechts aus der Praktischen Philosophie*. München 1972.

Döring, Detlef: *Pufendorf-Studien. Beiträge zur Biographie Samuel von Pufendorfs und zu seiner Entwicklung als Historiker und theologischer Schriftsteller*. Berlin 1992.

Klein, Eckart: »Samuel Pufendorf und die Anfänge der Naturrechtslehre«. In: Wilhelm Doerr u. a. (Hg.): *Semper Apertus. Sechshundert Jahre Ruprecht-Karls-Universität Heidelberg 1386–1986*. Berlin u. a. 1985, 414–439.

Klippel, Diethelm: *Politische Freiheit und Freiheitsrechte im deutschen Naturrecht des 18. Jahrhunderts*. Paderborn 1976.

Kobusch, Theo: »Pufendorfs Lehre vom moralischen Sein«. In: Palladini/Hartung 1996, 63–73.

Krieger, Leonard: *The Politics of Discretion. Pufendorf and the Acceptance of Natural Law*. Chicago/London 1965.

Maihofer, Werner: *Recht und Sein. Prolegomena zu einer Rechtsontologie*. Frankfurt a. M. 1954.

–: »Was uns Pufendorf noch heute zu sagen hat«. In: Bodo Geyer/Helmut Goerlich (Hg.): *Samuel Pufendorf und seine Wirkungen bis auf die heutige Zeit*. Baden-Baden 1996, 223–282.

Palladini, Fiammetta/Hartung, Gerald (Hg.): *Samuel Pufendorf und die europäische Frühaufklärung. Werk und Einfluß eines deutschen Bürgers der Gelehrtenrepublik nach 300 Jahren (1694–1994)*. Berlin 1996.

Randelzhofer, Albrecht: *Die Pflichtenlehre bei Samuel von Pufendorf*. Berlin/New York 1983.

Welzel, Hans: *Die Naturrechtslehre Samuel Pufendorfs*. Berlin 1958.

Wollgast, Siegfried: »Die deutsche Frühaufklärung und Samuel Pufendorf«. In: Palladini/Hartung 1996, 40–60.

Eckart Klein

2.4 John Locke

Ideengeschichtliche Bedeutung

Der Begriff ›Menschenrechte‹ (*human rights*) kommt bei Locke zwar nicht als Terminus vor, gleichwohl spielt seine politische Philosophie in der Geschichte der Theorie und der Durchsetzung der Menschenrechte eine bedeutende Rolle. ›Lockes‹ weiter Begriff von *property* bezieht sich nämlich auf einen Kernbereich der heutigen Menschenrechte: das Recht auf Leben, Freiheit, körperliche Integrität und auf Erwerb von Eigentum (*life, liberty, integrity, possession*). Auch die Religionsfreiheit gehört zu diesem ursprünglichen Rechtseigentum eines jeden. Nachdem Hobbes den Staat als Garanten des inneren Friedens zum Schutz vor privater Gewalt und Bürgerkrieg nach strenger Methode begründet hat, entfaltet Locke mit seiner Theorie der Menschenrechte (wie wir sie im Folgenden abgekürzt nennen) die Rechte des Einzelnen, an denen sich die Legitimität der staatlichen Ordnung messen lassen muss. Die Menschenrechte bilden nunmehr den Grund und den Maßstab politischer Gewalt. Der Staat wird nicht mehr allein als Sicherer des Friedens, sondern auch als Garant der Menschenrechte seiner Bürger verstanden. Verletzt der Staat seine Schutzpflichten und verletzt er damit die Menschenrechte seiner Bürger, verfügen diese (in letzter Instanz) über das Recht zum Widerstand. Nicht nur in der weiteren Geschichte des politischen Denkens bei Montesquieu, Hume, Voltaire, Rousseau, Kant oder Mill, sondern auch in der politischen Praxis hat Lockes Theorie der Menschenrechte weitreichende Auswirkungen, so z. B. auf die Entwicklung der konstitutionellen Monarchie in England, den englischen Liberalismus sowie die Amerikanische und die Französische Revolution, aber auch später auf die Entwicklung von parlamentarischen und rechtsstaatlichen Demokratien.

Die philosophische Entwicklung von Lockes Theorie der Menschenrechte findet sich in der *Zweiten Abhandlung über die Regierung* (Locke 1690/2007), Lockes Hauptwerk zur politischen Philosophie. Hier entwickelt Locke seine Theorie der Menschenrechte im Rahmen einer Theorie der Grundrechte, der Gewaltenteilung und des Widerstandsrechts. Die Schrift, die 1690, zwei Jahre nach der ›Glorious Revolution‹, anonym veröffentlicht wurde, entstand zu großen Teilen schon zu Beginn des Jahrzehnts im Zusammenhang mit der Rebellion gegen den Versuch, dem katholischen Stuart-Prinzen und späteren König James II. die Thronfolge zu sichern (›Exclusion Crisis‹, vgl. zusammenfassend Siep 2007, 207–209, 390–392). Insofern sind Lockes Theorie der Menschenrechte und seine Kritik am Absolutismus historisch *vor* dem Erfolg der konstitutionellen Monarchie und der Erklärung der Menschenrechte in der *Bill of Rights* (1689) formuliert worden; sie sind nicht apologetisch, sondern ›revolutionär‹. Neben der *Zweiten Abhandlung* sind für die Theorie der Menschenrechte die *Briefe über Toleranz* (1689, 1690, 1692) und Lockes frühe Naturrechtsaufsätze (vermutlich 1661) von Bedeutung (vgl. Locke 1996 und 1954).

Menschenrechtlich relevante Theoriepositionen

1. Naturzustand und natürliche Rechte: In der *Zweiten Abhandlung über die Regierung* entwickelt Locke seine Theorie der Menschenrechte ausgehend vom Modell eines Naturzustandes. Dabei schließt er sowohl an die Lehre des klassischen Naturrechts wie an den Individualismus der neuzeitlichen Vertragstheorie an. Locke wird hierdurch zum ersten Theoretiker individueller Grundrechte als Basis jeder legitimen Staatsordnung. Vorgestellt wird der Naturzustand, ein methodisches Modell mit Entsprechungen auf einer frühen menschlichen Kulturstufe, in dessen Rahmen die ursprünglichen Rechte des Menschen freigelegt werden, als ein Zustand der Freiheit und Gleichheit (§ 4). Die Freiheit jedes Einzelnen im Naturzustand ist dabei aber nicht zügellos (§ 6), sondern durch das Gesetz der Natur begrenzt. Ein Zustand der Gleichheit ist der Naturzustand, weil in ihm »alle Macht und Rechtsprechung wechselseitig sind« (§ 4), also niemand einem anderen unterworfen ist. Der Grund dieser Ausgangsprinzipien liegt in der Natur und im Willen Gottes. Gott ist Schöpfer und Eigentümer der Menschen, die nach seiner Absicht »ohne Unterordnung und Unterwerfung einander gleichgestellt leben sollen« (§ 4).

Die erste Aufzählung der ursprünglichen Rechte des Menschen in der *Zweiten Abhandlung* umfasst die Freiheit, über seine Person und seinen Besitz zu verfügen, sowie das Recht auf Leib und Leben. Dieses Recht beruht auf dem Prinzip der Selbsterhaltung, das aber nicht nur ein Individualrecht ist, sondern auch eine Pflicht gegenüber dem Schöpfer. Der Mensch hat im Naturzustand die »Freiheit, über seine Person und seinen Besitz zu verfügen; er hat dagegen nicht die Freiheit, sich selbst oder irgendein in seinem Besitz befindliches Lebewesen zu vernichten« (§ 6). Zu dem durch natürliche Vernunft einsehbaren Naturgesetz gehört nämlich auch die Gattungserhaltung und das Verbot, andere zu schädigen: »Im *Naturzustand* herrscht ein natürliches Gesetz, das jeden verpflichtet. Und die Vernunft, der dieses Gesetz entspricht, lehrt die Menschheit, wenn sie sie nur befragen will, daß niemand einem anderen, da alle gleich und unabhängig sind, an seinem Leben und Besitz, seiner Gesundheit und Freiheit Schaden zufügen soll. Denn alle Menschen sind das Werk eines unendlich weisen Schöpfers« (§ 6).

Für Locke gibt es also zwei Quellen des Naturrechts: Zum einen entspricht es der Vernunft, zum anderen geht es auf den Willen Gottes zurück. Wenn die Vernünftigkeit des Naturrechts ebenfalls von Gott abhängt, haben wir es hier mit einer Begründung der Menschenrechte zu tun, die sich letztlich auf Lockes Gottesbeweis im *Essay Concerning Human Understanding* zurückführen lässt. Locke hält es für zwingend, dass Menschen, die sich ihrer selbst als endliche Vernunftwesen bewusst sind, von einem unendlichen vernünftigen Wesen hervorgebracht sein müssen. In der natürlich-zweckmäßigen Entwicklung der Menschen und ihrer Fähigkeit selbstbestimmten Handelns im Rahmen der Selbst- und Gattungserhaltung sieht er, mit der naturrechtlichen Tradition, die Absichten des Schöpfers eindeutig vorgezeichnet (Locke 1981, 295–298). Diese Grundlegung der Menschenrechte hat Vor- und Nachteile. Vor allem aus heutiger Sicht ist eine Begründung der Menschenrechte, die auf die Behauptung eines Gottesbeweises angewiesen ist, mit Blick auf die Kritik am kosmologischen und am physikotheologischen Gottesbeweis von Kant bis zur modernen Evolutionstheorie problematisch. Zudem kann eine solche Theorie kaum auf Anerkennung von Menschen hoffen, die keiner religiösen Schöpfungslehre anhängen. Doch zumindest aus der Perspektive der Zeit Lockes bietet die Theorie eine fundamentale Begründung des Prinzips der Gleichheit aller Menschen (vgl. Waldron 2002).

Anders als die mechanistische Philosophie von Hobbes knüpft Locke in seiner politischen Philosophie an die aristotelische Tradition an, in der der Mensch als soziales Wesen verstanden wird, dessen Wohl von der Gemeinschaft und seiner Rolle in ihr abhängig ist. So ist es ein konsequenter Schritt, dass Locke das Prinzip der Selbsterhaltung um ein Prinzip der Gattungserhaltung erweitert. Es gibt eine Pflicht zur Selbsterhaltung, aber zusätzlich ist jeder verpflichtet, »wenn seine eigene Selbsterhaltung nicht dabei auf dem Spiel steht, nach Möglichkeit auch *die übrige Menschheit [zu] erhalten*« (§ 6).

Im Naturzustand hat der Mensch also ein Eigentum an seiner Person, das nur der Absicht Gottes mit der gesamten Menschheit, aber nicht dem Willen irgendeines Mitmenschen unterworfen ist. Zu diesem ›rechtlich Meinen‹ eines jeden gehört auch der Anspruch, so viel an äußeren Dingen anzueignen, wie für seine Selbsterhaltung notwendig und für die der Anderen nicht schädlich ist (*property* im Sinne von *possession, estates* etc.). Um seine ursprünglichen Rechte schützen zu können, kommt dem Einzelnen im Naturzustand ferner das Recht zu, Verletzungen seiner Rechte und der Rechte Dritter zu bestrafen. In dieser Theorie des Strafrechts gelten Abschreckung und Wiedergutmachung als legitime Strafzwecke (vgl. §§ 7–12). Doch hieraus ergibt sich ein Problem, das im Modell den Übergang in den Gesellschaftszustand motiviert. Da im Naturzustand jeder Richter in eigener Sache ist, was zu exzessiven Strafen und endlosem ›Rechtsstreit‹ führen kann, erfordert die Garantie der grundlegenden Rechte jedes Einzelnen eine Vereinigung der Individuen zur politischen Gemeinschaft. Locke sieht darin allerdings keine Vernunftnotwendigkeit im Sinne Kants. Es ist vielmehr die kulturelle Entwicklung mit der Entfesselung von Habsucht und Herrschsucht in einer ›Akkumulationsgesellschaft‹ mit Waren- und Geldverkehr, die die strukturellen Mängel des Naturzustandes unerträglich macht.

2. Natürliche Rechte als Grund und Maßstab der politischen Gewalt: Der Kern der Lockeschen Theorie der Menschenrechte mit Blick auf den Staat ist ihre Funktion als Grund und Maßstab aller politischen Gewalt. Nachdem die Menschenrechte im ersten Teil der *Zweiten Abhandlung* im Rahmen der Naturzustandstheorie als Grundrechte entwickelt wurden, widmet sich Locke im zweiten Teil der Abhandlung der Entstehung und rechtlichen Ordnung der politischen Gewalten bzw. des Staates – hier wird gezeigt, wie ein legitimer Staat organisiert werden muss. Im dritten Teil, der von Umsturz und Auflösung der Staatsgewalt handelt, entfaltet er seine Theorie des Widerstandsrechtes, die als menschenrechtlich begründet gelten kann.

Die Bildung der politischen Gesellschaft lässt sich ausgehend von den natürlichen Rechten jedes Einzelnen erklären und begründen. Voraussetzung dafür ist, dass jeder Einzelne seine natürliche Gewalt (das Recht, zu strafen) aufgibt und diese Gewalt an die Gemeinschaft überträgt. Zentral für diesen Übergang in die politische Gemeinschaft ist das Prinzip der Zustimmung eines jeden zur Übertragung seiner ursprünglichen Gewalt, denn die Legitimität der politischen Gesellschaft beruht zuerst (d. h. hinsichtlich ihrer Entstehung) auf der Freiwilligkeit dieses Gewaltverzichtes. Ausgedrückt wird die Freiwilligkeit im Prinzip der Zustimmung, das aus den im Modell des Naturzustandes begründeten Rechten hergeleitet wird. »Da die Menschen, wie schon gesagt wurde, von Natur aus alle frei, gleich und unabhängig sind, kann niemand ohne seine Einwilligung aus diesem Zustand verstoßen und der politischen Gewalt eines anderen unterworfen werden« (§ 95). Das Prinzip der Zustimmung ist, wie sich hier zeigt, sowohl für die Abtretung von Rechten als auch für die Anerkennung von Herrschaft zentral. Für die Bildung der politischen Gesellschaft ist dabei die Zustimmung eines jeden Mitgliedes erforderlich. Zwar stellt sich Locke historisch diesen Vorgang als eine nachträgliche ›Verrechtlichung‹ bestehender Herrschaft vor, aber volle Staatsbürgerschaft setzt eine ausdrückliche Erklärung voraus (§ 122). Im Gesellschaftszustand selbst wird die Zustimmung der Mitglieder zu einzelnen Gesetzen dann allerdings anhand des Mehrheitsprinzips ermittelt. Nur Mehrheitsentscheidungen sichern die Handlungsfähigkeit des »politischen Körpers«, daher sind sie durch die einstimmige Zustimmung zur Gründung der Gesellschaft legitimiert (vgl. §§ 97 f.). Mit diesem Prozess wird die politische Gewalt ›eingesetzt‹, sie »ist jene Gewalt, die jeder Mensch im Naturzustand hatte und die er in die Hände der Gesellschaft und innerhalb der Gesellschaft an die Regierenden gegeben hat, die die Gesellschaft über sich eingesetzt hat, und zwar mit jenem ausdrücklichen oder stillschweigenden Auftrag, daß sie zu seinem Wohl und zur Erhaltung seines Eigentums angewandt werde« (§ 171). Hier wird deutlich, woran sich die Legitimität der politischen Gesellschaft neben der Zustimmung ihrer Mitglieder bemisst: Ihr Zweck ist das Wohl der Regierten und die Erhaltung des Eigentums. Auch hier ist unter Eigentum (*property*) keineswegs nur Sacheigentum, sondern Rechtseigentum zu verstehen. Es umfasst den Kernbereich der Menschenrechte: Leben, Überzeugungs- und Handlungsfreiheit, körperliche Integrität (gelegentlich bei Locke sogar Gesundheit) und rechtmäßig erworbenes Eigentum. Die Erfüllung dieser Staatszwecke ist der Auftrag (*trust*), den der Staat (*government*) von den Einzelnen im Akt der Staatsgründung erhält. Allein an seiner Erfüllung wird die Legitimität des Staates gemessen, es gibt kein höheres Recht des Staates. Bei Verwirkung des Auftrages entfällt die Gehorsamspflicht (Widerstandsrecht).

Aber wie funktioniert die legitime Ausübung der politischen Gewalt unter diesen Voraussetzungen? Die zentralen Mittel zur legitimen Organisation des Staates sind Recht und Gesetz. Dabei lassen sich bei Locke schon viele Kennzeichen des modernen Rechtsstaates ausmachen. Schon im Kapitel über die väterliche Gewalt, die er noch im Abschnitt über den Naturzustand diskutiert, formuliert Locke die freiheitsermöglichende Funktion der Gesetze. »Auch wenn es noch so oft missverstanden werden mag, es ist nicht das *Ziel des Gesetzes*, die *Freiheit* abzuschaffen oder einzuschränken, sondern *sie zu erhalten und zu erweitern*. Denn bei sämtlichen Geschöpfen, die zu einer Gesetzgebung fähig sind, gilt der Grundsatz: *Wo es kein Gesetz gibt, da gibt es auch keine Freiheit. Freiheit* nämlich heißt frei sein von dem Zwang und der Gewalttätigkeit anderer, was da nicht möglich ist, wo es keine Gesetze gibt« (§ 57). Die Ermöglichung der Freiheit eines »zur Gesetzgebung fähigen« Wesens durch Gesetze gilt auch für die selbstgegebenen Gesetze der Gesellschaft. In ihr kommt die Rolle, Freiheit unter legitimen Gesetzen zu regeln, der gesetzgebenden Gewalt, der Legislative, zu (vgl. § 134). Sie wird von Locke als die höchste Gewalt in jedem Staate bestimmt, sie ist aber keine absolute und keine willkürliche Gewalt über das Leben und das Schicksal eines Volkes (§ 135). Vielmehr dient sie dem Wohl der Gemeinschaft und damit ihrer Mitglieder und hat die Aufgabe, die Erhaltung der Gesellschaft und die Rechte ihrer Mitglieder zu sichern. Dieser Auftrag (*trust*) definiert zugleich die Grenzen der legislativen Gewalt. Zum einen gilt hier das Gemeinwohl als Kriterium: »In ihren äußersten Grenzen ist ihre Gewalt *auf das öffentliche Wohl* der Gesellschaft *beschränkt*« (§ 135). Die Gesetze der Legislative dürfen nicht das Bestehen und Funktionieren der politischen Gemeinschaft, vor allem, wie sich zeigen wird, die Gewaltenteilung gefährden. Zum anderen dienen die Rechte der Einzelnen als Kriterium und Beschränkung: »Es ist eine Gewalt, die einzig die Erhaltung der Untertanen zum Ziel hat« (§ 135). Recht und Erhaltung der Bürger sind der Zweck der legislativen Gewalt, »ist doch die Legislative nur eine Gewalt, die auf Vertrauen [*trust*] beruht und zu bestimmten Zwecken handelt« (§ 149). Zwar hat die Legislative den höchsten Rang unter den Staatsgewalten (§ 150), aber da ihre Gewalt auf dem Auftrag des Volkes beruht, bleibt bei diesem die höchste Gewalt. Es kann die Legislative abberufen oder sogar mit Gewalt entfernen (Widerstand), wenn sie ihrem Auftrag zuwiderhandelt (§ 149). Hier lässt sich erkennen, dass auch das Prinzip der Volkssouveränität bei Locke schon eine zentrale Rolle spielt.

Neben der legislativen Gewalt stehen im Lockeschen Modell die exekutive und die föderative Gewalt des Staates. Diese Trias hat aber nicht, wie später bei Kant oder Hegel, eine systematische Bedeutung (auch die ›Prärogative‹ ist eine Staatsgewalt). Aufgabe der exekutiven Gewalt ist die Vollziehung der Gesetze (§ 144). Die föderative Gewalt richtet sich auf die Beziehungen des Staates nach außen, sie ist »die Gewalt über Krieg und Frieden, über Bündnisse und all die Abmachungen mit allen Personen und Gemeinschaften außerhalb des Staates« (§ 146). Beide Gewalten liegen meist in einer Hand, vor allem in der Verfassung Englands, an der Locke durchgängig orientiert ist (§ 147 f.). Die Erfordernisse des Wohls der Gemeinschaft räumen der Spitze der Exekutive zudem ein Ausnahmerecht ein, dass Locke unter dem Titel Prärogative behandelt (§§ 159 ff.). Dies ist dann der Fall, wenn es zum Wohl des Volkes Probleme zu bewältigen gilt, die in den Gesetzen nicht vorgesehen sind, weil die Gesetzgeber nicht alle möglichen zukünftigen Fälle vorab gesetzlich regeln können. Für Lockes Auseinandersetzung mit dem Absolutismus ist wichtig, dass es sich hier um ein Ausnahmerecht handelt, das von der Gesetzgebung so bald wie möglich ›legalisiert‹ werden muss – nicht um den Ursprung und sozusagen den Normalfall des königlichen Rechtes. Gleichwohl hat die Prärogative auch bei Locke erheblichen Spielraum, der Machtmissbrauch möglich macht: »Ja, die Gesetze sollten vielmehr in manchen Fällen der exekutiven Gewalt beziehungsweise jenem grundlegenden Gesetz der Natur und der Regierung, daß soweit wie eben möglich alle Glieder der Gesellschaft erhalten werden müssen, weichen« (§ 159). Diese weitgehenden Befugnisse sind gegen Willkür aber in doppelter Hinsicht ›abgesichert‹. Überschreitungen der Gesetze bleiben unter den normativen Maßstäben des Naturrechts, und es gilt zudem hinsichtlich des Missbrauchs prärogativer Gewalt das Recht zum Widerstand.

Ein zentrales Grundrecht ist schließlich auch bei Locke die Religionsfreiheit. In der *Zweiten Abhandlung* (§ 209), vor allem aber in den Toleranzschriften hat er sich mit den Freiheiten des Individuums und der Glaubensgemeinschaften von der Staatsgewalt beschäftigt. Dazu gehört die Freiheit des Gewissens, aber auch (anders als bei Hobbes) die des religiösen Kultes (vgl. etwa Locke 1996, 61–79). Allerdings geht es ihm im Wesentlichen um die Freiheiten der reformierten Konfessionen. Atheisten, die nicht vom göttlichen Naturgesetz überzeugt sind und keine Eide schwören können, sind im Staat nicht tolerierbar. Katholiken, die einer überstaatlichen Autorität gehorchen, können zumindest keine Staatsämter ausüben. Wie weit der Staat nicht-christliche Religionen nach Locke tolerieren muss, ist in der Forschung bis heute umstritten (vgl. Waldron 2002, 177–187; Specht 2007, 17; Goldie 1983, 75–84).

3. *Widerstandsrecht:* Der Staat ist bei Locke in zweifacher Hinsicht auf das Konzept der Menschenrechte bezogen: Sie bilden seinen Grund (Übergang vom Naturzustand in den Staatszustand) und ihr Schutz ist sein Zweck (staatliche Institutionen und Gesetze dienen dem Schutz der Menschenrechte). Es zeigt sich im letzten Teil der *Zweiten Abhandlung*, dass auch das Widerstandsrecht einen menschenrechtlichen Status hat. Ein entscheidender Grund zum Verlassen des Naturzustandes – und damit zur Gründung der politischen Gesellschaft – liegt darin, dass ohne einen unparteiischen und zum Rechtsschutz fähigen Richter aus dem natürlichen Recht eines jeden, Rechtsverletzungen zu bestrafen, eine beständige ›Kriegsgefahr‹ resultiert. Den Ausgangspunkt für die Begründung eines Widerstandsrechtes bildet nun ein analoger Gedanke: Wenn die Inhaber der staatlichen Gewalt diese missbrauchen, sie zur Realisierung privater Zwecke einsetzen und die Rechte, deren Schutz ihren Regierungsauftrag begründet, ›grob‹ (massiv und systematisch) verletzen, fehlt erneut die neutrale Berufungsinstanz, an die sich der Einzelne zum Schutz seiner Rechte wenden kann. Dies vor allem, wenn Legislative und Rechtssprechung durch den König (bzw. die Spitze der Exekutive) manipuliert, kontrolliert oder korrumpiert werden. Die Inhaber der staatlichen Gewalt, sei es die Exekutive oder die Legislative, versetzen sich den Einzelnen gegenüber damit zurück in den Naturzustand als Kriegszustand, d. h. in einen Zustand privater Gewalt. Sie, nicht die Widerstandskämpfer, sind daher Rebellen (*rebellantes*) (vgl. §§ 227, 232). Wenn es auf Erden keinen Richter gibt, bleibt den Einzelnen allein die Möglichkeit, den Himmel anzurufen: »Und wo dem gesamten Volk oder einem einzelnen Menschen sein Recht genommen wird oder sie einer unrechtmäßigen Gewaltausübung unterworfen sind und keinerlei Berufungsmöglichkeiten auf Erden haben, steht es ihnen frei, den Himmel anzurufen, wann immer ihnen der Anlaß bedeutend genug erscheint« (§ 168, vgl. §§ 241 f.). Das heißt, jeder ist dann zum Widerstand (wenn nötig, auch gewaltsam) berechtigt.

Begründet ist dieses Recht in den natürlichen Rechten des Einzelnen. Die Übertragung der natürlichen Gewalt an die Regierung beinhaltet, dass das Volk sich das Recht zum Widerstand nach einem Gesetz, das über den positiven Gesetzen steht (d. h. nach dem natürlichen Gesetz), schon immer vorbehalten hat (vgl. § 168). So wie sich der Einzelne nicht willkürlich in die Gewalt eines anderen begeben darf, ist dies auch der Gemeinschaft als ganzer nicht erlaubt. Selbst die private Sklaverei, die Locke in begrenzter Weise für gerechtfertigt hält (vgl. Siep 2007, 227–232), ist kein Vertragsverhältnis. Die menschenrechtliche Stoßrichtung des Widerstandsrechts, nicht nur aus Sicht der Begründung, sondern auch material, ist dabei unübersehbar: »und wenn diese [die Betroffenen, – Anm. der Autoren] deshalb in ihrem Gewissen überzeugt [sind], daß ihre Gesetze und damit auch ihr Vermögen, ihre Freiheit und ihr Leben in Gefahr sind, vielleicht sogar ihre Religion, wie man sie dann daran hindern will, sich der ungesetzlichen und gegen sie gerichteten Gewalt zu widersetzen, vermag ich nicht zu sagen« (§ 209). Das Recht zum Widerstand wird dabei im Extremfall sogar als präventives Recht aufgefasst, das auch die vorbeugende Verhinderung einer absehbaren Tyrannei erlaubt (vgl. §§ 220, 222).

Auch nach der Diskussion klassischer Einwände gegen das Widerstandsrecht (§ 223) bleibt Locke bei der Auffassung, dass Widerstand als letztes Mittel zum Schutz der grundlegenden Rechte, und das heißt der Menschenrechte, legitim ist. Der Grund dafür liegt in diesen Rechten selbst. Strenge Regeln oder festgeschriebene legitime Prozeduren gibt es für diesen Fall einer Ausnahmesituation nicht. Doch es gibt Kriterien, die für die Feststellung des Widerstandsfalles in Anspruch genommen werden können. Die Zahl der Personen, die unter den Rechtsbrüchen seitens der Regierung leiden, muss groß oder der Rechtsbruch muss massiv sein und in seinen Folgen die Allgemeinheit bedrohen. Die Personen, die sich zum Widerstand entschließen, müssen ihr Gewissen prüfen und den Widerstand möglichst gemeinsam ausüben, denn es ist »das Volk«, von dem Locke als Widerstandssubjekt spricht (§§ 209f., §§ 224–243).

Auf die Hobbessche Frage des *quis judicabit*, also danach, wer im Zweifelsfall über das Vorliegen des Widerstandsfalles entscheidet, ist Lockes Antwort klar: das Volk (§ 240) bzw. jeder selbst (§ 241). Wenn das Unrecht massiv ist und sich eine Gruppe von Menschen in der Beurteilung der Situation einig ist, ist Widerstand für sie gerechtfertigt. Rechenschaft schulden die Akteure des Widerstandes ihrem Gewissen und Gott (§§ 20f., 176, 209).

Wirkung

Lockes politische Philosophie enthält (wenn auch implizit) eine gründliche frühe Theorie der Menschenrechte. Sie bestimmt einen Kernbereich von Menschenrechten, in dem ausgehend vom Recht auf Leib und Leben ein Recht auf körperliche Integrität, Besitz und Freiheit der Religion begründet wird. Die Begründung dieser Rechte hängt an Lockes Theorie des Naturrechts und an seinem Gottesbeweis. Wie weit diese Art der Rechtfertigung heute noch überzeugt, ist umstritten (vgl. Siep 2007, 205f.).

Aus der Begründung der Menschenrechte ergeben sich darüber hinaus Verpflichtungen zur Erhaltung der Gattung, an die aus heutiger Sicht bei Fragen globaler Gerechtigkeit angeschlossen werden kann. Überhaupt ist die Perspektive Lockes weit über die Grenzen des einzelnen Staates hinaus gerichtet, zentral ist für ihn ja die Erhaltung der Menschheit als ganzer und das Eigentum der gesamten Menschheit an der Erde (§ 25).

Grenzen seiner Konzeption aus heutiger Sicht liegen besonders darin, dass die Menschenrechte nicht eindeutig als unveräußerlich aufgefasst werden. Das zeigt sich an der Rechtfertigung der Sklaverei, an den Einschränkungen beim Recht auf Auswanderung (§ 121) und bei der Religionsfreiheit, vor allem den bürgerlichen Rechten von nicht-religiösen Personen.

Für die Wirkung der Lockeschen Theorie ist nicht zuletzt die Theorie des Widerstandsrechts, das sich direkt aus der Theorie der Menschenrechte ergibt, zentral. Das Recht zum Widerstand gegen gewaltsame Unterdrückung selbst kann als Menschenrecht verstanden werden. Für gegenwärtige Debatten der politischen Philosophie ergibt sich daraus eine Anschlussmöglichkeit in Gestalt der Frage, ob sich der menschenrechtliche Anspruch des Widerstandsrechts auch auf die Berechtigung oder gar Verpflichtungen von anderen Staaten übertragen lässt, die die Verletzung der Menschenrechte der Bürger eines Staates im Rahmen einer humanitären Intervention verteidigen wollen (vgl. etwa Walzer 2003, 82–97).

Sicherlich lassen sich heute nicht mehr alle Prämissen der Lockeschen Philosophie der Menschenrechte halten. Hier wäre danach zu fragen, wie weit Rückgriffe auf ein Vernunftrecht in Kantischer oder vertragstheoretischer Tradition oder eine Begründung unter Berufung auf einen interkulturellen Konsens über unabweisbare historische Erfahrungen Alternativen darstellen.

Die Wirkung der Lockeschen Theorie der Freiheitsrechte zeigt sich zum einen in der Theoriegeschichte. Von Rousseau über Kant bis Rawls und die moderne Menschenrechtsdiskussion werden die Begründung und die staatstheoretischen Konsequenzen aus der Unverletzlichkeit individueller Freiheitsrechte teils differenziert, teils mit neuen Ansätzen verstärkt. Wirksam bleibt dabei vor allem die Theorie der Gewaltenteilung – wenn auch in der seit Montesquieu klassischen Trias von Legislative, Exekutive und Judikative – die Lehre vom Primat der Legislative und die vom Widerstandsrecht. Seit Rousseau, Hume und Kant wird versucht, diese Konzeptionen unabhängig von der Schöpfungslehre und dem Gottesbeweis zu begründen. An die Stelle der Geschöpflichkeit tritt entweder der vernünftige, autonome Wille (Rousseau, Kant) oder die Erfahrung und die sozialen Emotionen (Hume). Während Hume auch das Widerstandsrecht von theologischen Prämissen löst, geben Rationalisten wie Kant dies bis auf den Rest der moralischen Pflicht zur Verweigerung unsittlicher Befehle auf. Vor allem in der deutschen Philosophie hat das Widerstandsrecht einen schweren Stand. Seit den Tyranneien des 20. Jahrhunderts wird das Widerstandsrecht aber auch hier theoretisch rehabilitiert und der Grundrechtsschutz als primäre Staatsaufgabe gesehen.

Bedeutende Nachwirkungen des Lockeschen

Denkens zeigen sich außer in der Philosophiegeschichte auch in der Verfassungsgeschichte, vor allem der ›westlichen‹ Staaten. Sie reichen von den Menschenrechtserklärungen des 17. Jahrhunderts über die Entwicklung des Rechtsstaates (Rechtsförmigkeit der Verwaltung seit dem 19. Jahrhundert) bis zur Resolution der Generalversammlung der UN über die Verantwortlichkeit der Staaten für den Schutz der Grundrechte ihrer Bürger (*responsibility to protect*) aus dem Jahr 2005 – mit Interventionsrechten bei Missbrauch (A/Res/60/1). Der grundlegende Passus des Menschenrechtskatalogs der amerikanischen Unabhängigkeitserklärung von 1776 ist nahezu ein Locke-Zitat: »We hold these truths to be self-evident, that all men are created equal, that they are endowed by their Creator with certain unalienable Rights, that among these are Life, Liberty and the pursuit of Happiness« (Pole 1970, 30 f.). In Philosophie- und Verfassungsgeschichte stellt Locke den Anfang einer mühsamen und immer wieder durch Rückschläge unterbrochenen Geschichte der Verwirklichung der Menschenrechte dar.

Literatur

Brandt, Reinhard: »Locke und die Auseinandersetzung über sein Denken«. In: Jean-Pierre Schobinger (Hg.): *Die Philosophie des 17. Jahrhunderts*, Bd. 3: *England*. Basel 1988, 607–758.

Goldie, Mark: »John Locke and Anglican Royalism«. In: *Political Studies* 31. Jg. (1983), 61–85.

König, Siegfried: *Zur Begründung der Menschenrechte: Hobbes – Locke – Kant*. Freiburg/München 1994.

Locke, John: *Essays on the Law of Nature*. The latin text with a translation, introduction and notes, together with transcripts of Locke's shorthand in his journal for 1676. Edited, introduced and translated by Wolfgang von Leyden. Oxford 1954.

–: *Versuch über den menschlichen Verstand*. Übers. von C. Winkler, Bd. 2. Hamburg ⁴1981.

–: *Ein Brief über Toleranz (A Letter Concerning Toleration*, engl.-dt.). Übers. und mit einer Einleitung hg. von Julius Ebbinghaus. Nachdruck der Ausg. von 1975. Hamburg 1996.

–: *Zweite Abhandlung über die Regierung*. Aus dem Engl. von Hans Jörn Hoffmann. Durchges. und überarb. von Ludwig Siep. Kommentar von Ludwig Siep. Frankfurt a. M. 2007.

Pole, Jack Richon (Hg.): *The Revolution in America 1754–1788. Documents and Commentaries*. London 1970.

Siep, Ludwig: »Kommentar«. In: John Locke: *Zweite Abhandlung über die Regierung*. Aus dem Engl. von Hans Jörn Hoffmann. Durchges. und überarb. von Ludwig Siep. Frankfurt a. M. 2007.

Smaw, Eric D.: »An Analysis of the Philosophy of Universal Human Rights: Hobbes, Locke, and Ignatieff«. In: *International Philosophical Quarterly* 48/1 (2008), 39–58.

Specht, Rainer: *John Locke*. München ²2007.

Waldron, Jeremy: *God, Locke and Equality. Christian Foundations in Locke's Political Thought*. Cambridge 2002.

Walzer, Michael: *Erklärte Kriege – Kriegserklärungen*. Hamburg 2003.

Sebastian Laukötter/Ludwig Siep

2.5 Jean-Jacques Rousseau

Ideengeschichtliche Bedeutung

In Jean-Jacques Rousseaus (1712–1778) gesellschaftspolitischen Schriften und Äußerungen gibt es den Begriff des Naturrechts (»droit naturel«, III 357, *Du contrat social* I 4), es findet sich jedoch keine Definition und keine Herleitung eines speziellen Menschenrechts. Trotzdem ist Rousseaus Vorstellung eines vorstaatlichen Fundamentalrechts des Menschen eine wichtige Station auf dem Weg der Menschenrechte, der »droits de l'humanité« (III 356), in die Gegenwart. Die wichtigste Quelle für Rousseau ist zwar John Lockes *Second Treatise of Government* (*Zweiter Abhandlung über die Regierung*, 1690; zu Lockes Einfluss vgl. Derathé 1950, 113–120), aber Rousseau bleibt skeptisch im Hinblick auf die Erkennbarkeit und Realisierbarkeit vorstaatlicher Naturrechte und -gesetze (Vargas 2008).

Menschenrechtlich relevante Theoriepositionen

1. Das unveräußerliche Recht auf Freiheit im zweiten Discours: Im zweiten Diskurs, dem *Discours sur l'origine de l'inégalité parmi les hommes* (1755), wird die Genese des Menschen aus der Tierheit und die Entstehung der modernen Gesellschaft rekonstruiert. Wozu, fragt Rousseau, haben sich die Völker Obere gegeben? Zu dem Zweck, sie gegen Unterdrückung zu verteidigen »und ihre Güter, ihre Freiheiten und ihr Leben zu schützen, die sozusagen die konstitutiven Elemente ihres Seins sind« (III 180–181; Meier 229; zu der Dreiheit »life, liberty and estate« vgl. Locke 1690/1970, 296–320; II § 7–51; Brandt 2007) Welchen Verbindlichkeitsstatus hat dieses jeweilige »ihre« (»leurs«)? Auch bei Tieren finden sich die drei Güterklassen, das eigene Nest, die Bewegungsfreiheit, das Leben. Wie wird aus diesem Faktum beim Menschen ein nicht zu verletzendes Recht? Die Rede davon, die drei Elemente seien »constitutifs de leur être«, ist äquivok, denn sowohl Tiere wie Menschen können faktisch durch Gefangenschaft und Sklaverei in den drei Güterbereichen beschränkt oder ihrer beraubt werden. In der Formulierung »constitutifs de leur être« liegt also eine Norm, die nicht ausgewiesen ist, aber wegweisend sein wird für den individuellen Rechtsanspruch gegenüber dem Staat. Unter der Hand wird aus dem Naturbefund bei Rousseau ein Recht und eine Pflicht: »Welches Äquivalent hätte er ihnen für die Abtretung eines so schönen Rechtes (»beau Droit«) anbieten können?« (III 181; Meier 229). Das Grundrecht des Menschen macht seine Würde aus, es hat keinen Preis; mit der Opposition von Würde und Preis greift Rousseau zurück auf eine antike Wertefigur (vgl. auch Kant 1900 ff., IV 434,31–435,4). Während man die äußeren Güter weggeben könne, seien das Leben und die Freiheit Gaben der Natur, durch deren Veräußerung man sein Sein erniedrige oder vernichte und Natur und Vernunft beleidige, »um welchen Preis es auch sei« (»à quelque prix que ce fût«, III 184; Meier 241). Die Formulierung »Naturgaben« impliziert einen deistischen Hintergrund; wir sind der Natur verpflichtet und dürfen entsprechend auf ihre Gabe nicht eigenmächtig verzichten. Aber ist dies mehr als eine Metapher, die dem Wunsch Ausdruck verleiht, das Menschenrecht in einer vorgängigen Pflicht zu begründen? Bei den sich formierenden Gesellschaften, deren »Pacte fondamentale« noch näher zu explizieren sei (er wird unter dem Titel des »Contrat social« 1762 folgen), erörtert Rousseau die Rechte und Pflichten der Herrschenden und Unterworfenen und nennt ein Fundamentalrecht: Der Sozialvertrag könne einseitig für ungültig erklärt werden, weil es keinen neutralen Dritten gebe, der die Vertragstreue erzwingen könne – das Volk müsse »das Recht haben, der Abhängigkeit zu entsagen« (III 185; Meier 247). Damit werden die Untertanen der Despotien für befugt erklärt, sich der Herrschaft zu entledigen – rechtlich sind sie nicht gebunden. Die Herren rufen, und niemand ist verpflichtet, hinzugehen. Rousseau bereitet kein Revolutionsrecht vor, sondern das Menschenrecht des zivilen Ungehorsams.

Hierin liegt der Zündstoff des zweiten *Discours*, der sich schon im Titel ankündigt: Wenn die Menschen ihr unveräußerliches Recht auf Freiheit geltend machen, kann es keine »inégalité parmi les hommes« geben, denn Freiheit eines jeden impliziert die Gleichheit aller. In ungleichen Gesellschaften leben alle in Ketten: »Der Mensch ist frei geboren, und überall liegt er in Fesseln« (»L'homme est né libre, et partout il est dans les fers«, III 351; I 1, 1).

2. Gibt es im »Contrat social« ein vorstaatliches Menschenrecht? Der »Contrat social« entwickelt ein Gesellschaftskonzept, in dem die Rechte der Menschheit (»droits de l'humanité«, III 356) die Grundlage bilden. Wie können sich freie Menschen zu einer mit Zwangsrechten ausgestatteten Gesellschaft vereinigen, ohne ihre unverzichtbare Freiheit aufzugeben? Die Natur, sei es in Form einer natürlichen Familie oder der Unterwerfung unter physische Gewalt, könne keine Rechtsnorm erzeugen, die wir für die zu gründende Gesellschaft benötigen, sondern bleibe dem Animalisch-Faktischen verhaftet. Auch ein Unterwerfungsvertrag sei für die Vereinigung freier Wesen nicht geeignet, denn: »Auf seine Freiheit verzichten heißt, auf seine Eigenschaft, Mensch zu sein, zu verzichten, auf die Rechte der Menschheit, sogar auf seine Pflichten« (III 356; I 4, 6). Oder: »[A]ber da nun die Kraft und die Freiheit eines jeden Menschen die ersten Instrumente seiner Selbsterhaltung sind, wie kann er sie der Gesellschaft überlassen, ohne sich zu schaden und ohne die Pflichten, die er sich selber schuldet, zu vernachlässigen?« (III 360; I 6, 3).

Worin ist die Pflicht, von der hier jeweils gesprochen wird, fundiert? Rousseau ist kein Christian Wolff oder Kant, die die Begründungsrituale der Philosophie und Wissenschaft kennen und genau zeigen oder zu zeigen versuchen, worauf der argumentative (und nicht suggestiv-rhetorische) Zwang der jeweiligen Thesen beruht. John Locke konnte in der *Zweiten Abhandlung über die Regierung* die Pflicht, die eigene Freiheit zu erhalten, noch problemlos unter der Prämisse des Deismus begründen: Wir sind das Werk eines Gottes und sind nicht befugt zu zerstören, was uns nicht gehört, vor allem nicht unsere eigene Person; also sind wir zum Erhalt auch derjenigen Mittel verpflichtet, durch die wir einzig der primären Pflicht der Geschöpfeserhaltung genügen können (Locke 1690/1970, 289; II § 7). Sowohl die bürgerliche wie auch die politische Freiheit sind unverzichtbare Mittel, unserer Selbsterhaltungspflicht zu genügen. Wer in einer Despotie lebt, verletzt also seine Pflicht, weil er seine Freiheit verloren hat.

Rousseaus Begründung (III 360) ist rein vernunftrechtlich, entschieden nicht theologisch. Rousseau steht zwischen Locke und Kant; er verzichtet diskussionslos auf eine deistische Pflichtbegründung, ersetzt sie jedoch nicht durch eine vernunftrechtliche, sondern benutzt das Passepartout- und Kulissenwort »Natur«. Aber wie kann die Natur uns verpflichten? Hobbes hatte im *Leviathan* gelehrt, dass es von Natur überhaupt keine Pflichten gibt, sondern nur je subjektive Rechte, und dass unser Verstand uns allenfalls gewisse kluge Verhaltensregeln nahelegt. Die Verpflichtung hat entweder in der Übergewalt eines Gottes oder in der durch die menschliche Sprache möglichen vertraglichen Deklaration ihren Grund; erst der Leviathan kann die vertragliche Zustimmung zur Rechts- und Freiheitsaufgabe notfalls mit Gewalt in Erinnerung rufen und erzwingen. Rousseau nun zeigt einerseits keine Neigung, dem Hobbesschen Nominalismus zu folgen; mit ihm könnte er auch nicht die Erhaltung der eigenen Freiheit als – gerade anti-hobbessche – Pflicht begründen. Das Faktum freilich, dass ich natürlicherweise am Leben hänge, kann nicht die Grundlage einer Norm sein, dieses Leben und damit die vermeintlich einzigen Mittel seiner Erhaltung zu bewahren. »Ein solcher Verzicht ist unverträglich mit der Natur des Menschen« (III 356; I 4, 6). Nehmen wir Rousseau beim Wort: Wenn sie tatsächlich unverträglich mit der faktischen Natur des Menschen ist, wird sie schlicht dem Menschen nicht möglich sein. Aber es ist möglich und vielfach bezeugt, sich das Leben zu nehmen, sich aufzuopfern oder auch auf seine sittliche Qualität zu verzichten, wenn dies z. B. das einzige Mittel ist, das Leben zu erhalten, wie Rousseau selbst darlegt (III 376; II 5). Warum also *soll* ich nicht, wenn es mir nützlich scheint und ich es tatsächlich kann, auf meine Freiheit verzichten? Rousseaus so eingängige Deklamationen zeigen, dass er sich diese Frage nicht genau gestellt hat und Schutz hinter einem überanstrengten Naturbegriff sucht. Man könnte allenfalls als Antwort aus seinem Text gewinnen: Jede Unterwerfung eines Menschen unter einen anderen impliziert ein nicht nur physisches, sondern auch moralisches Verhältnis beider Seiten. Dies letztere ist jedoch nur möglich, wenn *beiden* freien Vertragspartnern die Freiheit gewahrt bleibt. Aber warum eigentlich, würde Hobbes fragen, soll die moralische Freiheit erhalten bleiben, wenn sich die Bürger zu einem bestimmten Zeitpunkt, in dem sie noch frei sind, verpflichten, den späteren administrativen Anweisungen des Staats bedingungslos bis zum Grenzpunkt der physischen Selbstaufgabe zu folgen? Wer sich seiner freiwilligen, vernunftgemäßen Freiheitsaufgabe als identische Person nicht zu erinnern vermag oder sie für widersprüchlich hält, mag dies immer tun – jeder Zivilgehorsam muss notfalls gegen den Bürger mit Strafandrohung durchgesetzt werden. Das sagt einem die Vernunft.

Rousseau gibt also zwei Begründungen der Freiheitserhaltungspflicht. Einmal soll sie aus der Natur des Menschen folgen, zum andern steckt sie analytisch in der Konstruktion legitimer Herrschaft. Gegen das Erstere kann man leicht Rousseau selbst anführen, der als moderner Autor sagt, dass Fakten, auch Fakten der Natur, kein moralisches Sollen erzeugen. Gegen das Zweite steht die Argumentation von Thomas Hobbes, der die Gewaltherrschaft eines Friedensfürsten, der die Bürger zu schützen vermag, als das hinstellt, was die Bürger beim ideierten Vertragsabschluss in Kauf nahmen.

3. Der Übergang vom Natur- zum Zivilzustand ermöglicht die Menschen- und Bürgerrechte: Die Menschenrechte, besonders das der Freiheit, sollen, wie wir sahen, dem Menschen durch seine Natur zukommen und gegen keinen Preis veräußert werden können. Rousseau kennt jedoch auch einen Fall, in dem der Mensch seine »Qualität« als Person durch eigenes Handeln verliert. Der Verbrecher deklariert durch seine Tat, dass er den Gesellschaftsvertrag aufhebt und folglich kein Mitglied des Staats ist. Er kann exiliert oder aber wie ein Feind getötet werden, denn ein solcher Feind »ist keine moralische Person, sondern ein Mensch, der nach dem Kriegsrecht getötet werden kann« (III 377; II 5). Der Verbrecher vernichtet sein an sich unverzichtbares Menschenrecht einer Person und wird zu einem biologischen Wesen der Spezies Mensch. Damit aber wird er zur Sache, mit der beliebig verfahren werden kann.

Kant wird den Personenstatus für unaufhebbar erklären.

Wie gelangt das verbindliche Recht in die Welt? Das Recht enthält eine korrespondierende Pflicht, die es, so scheint es, in der gesamten Natur nicht gibt. In dem Kapitel »De l'état civil« (III 364–365; I 8; Rehm 2006, 118 ff.) plädiert Rousseau zunächst für diesen Aspekt. Im Naturzustand werde der Mensch vom Instinkt gelenkt, vom physischen Impuls, er sei ein »dummes und borniertes Tier« (III 364). Und dann:

»Der Mensch verliert durch den Sozialvertrag seine natürliche Freiheit (liberté naturelle) und ein unbegrenztes Recht (droit illimité) auf alles, was er begehrt und was er erreichen kann; er gewinnt die bürgerliche Freiheit (liberté civile) und das Eigentum an allem, was er besitzt. Um sich bezüglich dieser Kompensation nicht zu täuschen, muß man genau unterscheiden zwischen der natürlichen Freiheit (liberté naturelle), die ihre Grenzen nur in der Kraft des Individuums findet, und der bürgerlichen Freiheit (liberté civile), die durch den allgemeinen Willen begrenzt ist (qui est limitée par la volonté générale), und zwischen dem Besitz, der nur die Wirkung der Kraft ist, oder dem Recht der ersten Besitznahme, auf der einen Seite und auf der anderen dem Eigentum, das nur in einem positiven Titel fundiert sein kann« (III 364–365; I 8).

Hier gibt es somit wieder ein ursprüngliches Menschenrecht, das an Hobbes anschließt: Im Naturzustand haben wir ein unbegrenztes Recht aller auf alles, jeder ist ein Solitär in einer eigenen Rechtswelt, die den Körper jedes anderen potentiell einschließt. Dem unbegrenzten solitären Phantomrecht entspricht keine Pflicht der anderen und entsprechend kein mögliches Unrecht. Erst der Zivilzustand stiftet eine gemeinsame Welt vieler Menschen durch die Grenzsetzung und damit die Möglichkeit des Unrechts, die es vorher nicht gab. Wenn Rousseau vom »droit illimité« eines jeden auf alles spricht (III 364; I 8), nimmt er in der Sache einmal Hobbes auf, benutzt aber den Begriff der Grenzenlosigkeit und schließt damit an Platon und dessen spekulatives »ahoriston« an, das Grenzenlose, das der Begrenzung durch eine höhere Einheit bedarf (Platon, *Republik* 373d10 u.ö.). Als unbegrenzt ist Rousseaus Naturrecht nur ein subjektiver Traum; es erfährt seine Verwirklichung erst durch die grenzsetzende, Unrecht ermöglichende ›volonté générale‹. Wie aber kommt es in der physischen instinkt- oder gewaltgeleiteten Naturwelt zu diesem unbegrenzten Recht? Die Antwort muss vermutlich lauten: Erst aus der Retrospektive des Zivilzustandes lässt sich die pure Natur mit dem paradoxen unbegrenzten Recht ausstatten, dem kein Unrecht zugeordnet ist; für die Konzeption eines Staats, der das Recht nicht schöpft, sondern nur aus Vorgaben verwirklicht, ist es ein notwendiger Gedanke. »[N]ous ne commençons proprement à devenir hommes qu'après avoir été Citoyens« (»erst wenn wir Bürger geworden sind, beginnen wir eigentlich, Menschen zu werden«), heißt es im Entwurf des *Contrat social* (III 287); die Schwierigkeit wird im »proprement« versteckt. Hier zeigt sich eine der Schwierigkeiten des neueren Menschenrechts. Es soll einerseits dem menschlichen Individuum aufgrund seiner Natur, also vorstaatlich, zukommen, es hat dann aber keine nachvollziehbare Verpflichtungskraft, denn der Satz »omnis obligatio sibi contracta est« (»jede Verpflichtung zieht man sich durch eine vertragliche Einstimmung zu«) lässt alle Rechtspflicht in einem eigenen Akt des Verpflichteten gründen, liege dieser nun im Staatsvertrag oder in einem Privatvertrag – woher sollte ich sonst einer Pflicht unterworfen sein? Es handelt sich wohlgemerkt um eine strikte Pflicht, eine ›obligatio‹, nicht um eine weite Pflicht der Humanität, das ›officium‹. Worin also liegt die verpflichtende Kraft, die dem Menschenrecht als solchem unabhängig von allen Verträgen zukommen soll?

4. *Der »allgemeine Wille« ermöglicht das Menschen- und Bürgerrecht*: Die Metamorphose des Natur- zum Zivilzustand ist erneut Thema des zentralen Kapitels »Vom Gesellschaftsvertrag« (III 360–362; I 6). Wer der neuen Assoziation beitritt, entledigt sich seiner natürlichen Kräfte und Rechte und seiner Freiheit zugunsten des Gemeinwesens, um alles in vergesellschafteter Form und neugeboren zurückzuerhalten. Hier gibt es kein ursprüngliches Menschenrecht, das nicht übergeben würde, sondern die ganze Person stellt sich der Verwandlung. Rousseau betont mit Emphase, dass es keine Reservate gibt, die die Bürger als Rechte aus dem Naturzustand geltend machen können.

»Darüber hinaus geschieht die Übergabe (l'aliénation) ohne Vorbehalt (sans réserve), so dass die Vereinigung so perfekt wie nur möglich ist und der Assoziierte nichts reklamieren kann. Denn wenn den einzelnen Individuen irgendwelche Rechte verblieben, dann würde, da es keinen gemeinsamen Oberherrn zwischen ihnen und der Öffentlichkeit gäbe, jeder sein eigener Richter sein, zuerst in irgendeinem Punkt, und dann vorgeben, es in allen zu sein, der Naturzustand würde fortdauern, und die Vereinigung würde notwendig tyrannisch oder nichtig« (III 361; I 6).

Aber hiermit wird auch das Menschenrecht, auf das sich der Bürger gegen eine fehlgeleitete Staatsgewalt berufen könnte, eliminiert. Es ist zwar greifbar noch für den Theoretiker, der so vermeidet, zum Positivisten zu werden, der Bürger jedoch im Gemeinwesen hat keine Möglichkeit, sich dem faktischen Zustand kritisch gegenüberzustellen. Hierin zeigt sich, dass Rousseau dem Projekt der Aufklärung misstraut und den Menschen in eine Willenskommune bringen möchte, die nur noch sich selbst wahrnimmt. Rousseau knüpft hiermit an einen Gedanken an, den er im Entwurf zum *Contrat social* gegen Diderot entwickelt hatte: Ein Recht im Naturzustand ohne staatlichen Schutz ist eine »Chimäre«, ein vorstaatliches Menschenrecht gibt es nicht (III 284 f.).

Der Zustand des vollendeten Bürgerdaseins ist der des »allgemeinen Willens« (»volonté générale«; vgl. auch III 247 f., »Économie politique«). Vom Willen war vor der Konstruktion der staatlichen Willenseinheit kaum die Rede; in III 356; I 4 wurde formuliert: »seinem Willen alle Freiheit nehmen«, »ôter toute la liberté à sa volonté«, aber der Willensbegriff blieb ohne Resonanz. Im Staat selbst erfährt der Bürger seinen natürlichen Willen als einen partikularen, der staatsförmig werden muss und sich daher einer »volonté générale« einzufügen hat. In dieser Neugeburt sind der partikulare Wille und sein Freiheitsrecht aufgehoben, nämlich verwandelt und verwirklicht.

Wirkung

In der breitgefächerten Rezeptionsgeschichte Rousseaus vor und nach der Französischen Revolution und nach den Erfahrungen der Diktaturen im 20. Jahrhundert lassen sich zwei Tendenzen ausmachen; die eine setzt auf die liberalen Elemente der politischen Philosophie Rousseaus, die andere betont die totalitäre Gegenseite (Goldschmitt 1978). Zieht man die Schiefheiten des Urteils ab, die durch die Überblendung der ursprünglichen Lehre mit neueren Erfahrungen entstehen, so lassen sich im Hinblick auf die Menschenrechte folgende Eckdaten ausmachen: Rousseau bestreitet nie, dass der allgemeine Wille an die Aufgabe der Verwirklichung der partikularen Freiheit gebunden ist, das heißt aber, dass er die Grundrechte des Leibes, der Freiheit und des Eigentums anzuerkennen und zu bestimmen hat, und zwar so, dass ihre Erhaltung die Gesellschaft unter Freiheitsgesetzen ermöglicht. Im Hinblick auf das Eigentum bedeutet dies die Fixierung einer gewissen Gleichheit des Besitzes (Brandt 1973). Rousseau streicht dagegen aus der Liste der liberalen Ansprüche die Einrichtung der Repräsentation und der Parteien; er kennt, orientiert an atavistischen Verhältnissen, keine Publikationsfreiheit, er spricht nicht von der Notwendigkeit einer freien Universitätskultur. So bereitet er selbst den Boden vor für die beiden Rezeptionstendenzen und die wohl hoffnungslosen Versuche, sie miteinander zu harmonisieren (Hampsher-Monk 1995).

Literatur

Brandt, Reinhard: *Rousseaus Philosophie der Gesellschaft*. Stuttgart-Bad Cannstatt 1973.
–: »Jean Jacques Rousseau: Vom Gesellschaftsvertrag«. In: Roland Galle/Helmut Pfeiffer (Hg.): *Aufklärung*. Paderborn 2007, 199–219.
Derathé, Robert: *Jean-Jacques Rousseau et la science politique de son temps*. Paris 1950.
Goldschmitt, Victor: »Rousseau et le droit«. In: *Tijdschrift voor Filosofie* 40. Jg. (1978), 578–608.
Hampsher-Monk, Iain: »Rousseau and Totalitarianism – with Hindsight?« In: Robert Wokler (Hg.): *Rousseau and Liberty*. Manchester/New York 1995, 267–288.
Hobbes, Thomas: *Leviathan*. Hg. von Richard Tuck. Cambridge 2003.
Kant, Immanuel: *Gesammelte Schriften* (Akademie-Ausgabe). Berlin 1900 ff.
Locke, John: *Two Treatises of Government* [1690]. Hg. von Peter Laslett. Cambridge 1970.
Platon: *Opera* IV. Hg. von Ioannes Burnet. Oxford 1900 u.ö.
Rehm, Michaela: *Bürgerliches Glaubensbekenntnis. Moral und Religion in Rousseaus politischer Philosophie*. München 2006.
Rousseau, Jean-Jacques: *Œuvres complètes*. Hg. von Marcel Raymond und Bernard Gagnebin. Paris 1959 ff. (zitiert – teils in eigener Übers. – mit Band- und Seitenangabe sowie Buch- und Kapitelangabe des jeweiligen Werks).
–: *Diskurs über die Ungleichheit/Discours sur l'inégalité*. Hg. von Heinrich Meier. Paderborn u.a 1984 [Meier].
Vargas, Yves: »Rousseau et le droit naturel«. In: *Revista di Filosofia* 31. Jg. (2008), 25–52.

Reinhard Brandt

2.6 Thomas Paine

Ideengeschichtliche Bedeutung

Thomas Paine (1737–1809) ist als einer der bedeutendsten politischen Schriftsteller seiner Zeit zu bewerten. In England geboren, siedelt er 1774 nach Amerika über, wo er sich nicht nur für die Abschaffung der Sklaverei engagiert, sondern mit seinem unvergleichbar wirkmächtigen Pamphlet *Common Sense* (1776) den revolutionären Unabhängigkeitskampf der amerikanischen Kolonien literarisch befeuert. 1787 nach Europa zurückkehrend, setzt er sich in den folgenden Jahren sowohl praktisch als auch theoretisch für die Französische Revolution ein, deren Errungenschaften er in *Die Rechte des Menschen* (1791/92) gegen ihren schärfsten konservativen Kritiker, Edmund Burke, verteidigt. Ursprünglich von liberalen Prämissen ausgehend und auf die Garantie individueller Rechte abhebend, gewinnt sein Denken unter dem Einfluss Rousseaus eine zusehends republikanisch-demokratische Stoßrichtung und inkorporiert darüber hinaus in seinen letzten bedeutenden Veröffentlichungen, insbesondere im zweiten Teil der *Rechte des Menschen* und in der 1796 verfassten Schrift *Agrarian Justice*, sozialrechtliche und wohlfahrtsstaatliche Überlegungen.

Menschenrechtlich relevante Theoriepositionen

Bereits in *Common Sense*, ohne Zweifel der entscheidenden intellektuellen Initialzündung des amerikanischen Unabhängigkeitskampfes (Keane 1998, 54), finden sich grundlegende Argumente des menschenrechtlichen Denkens von Paine, wenn auch in Keimform, versammelt. Paine unterscheidet in dieser Schrift, entschiedener noch als Locke, zwischen der Gesellschaft auf der einen, der Regierung auf der anderen Seite (Paine 1953a, 4). Während Erstere bereits im natürlichen, durch die Ordnung der Schöpfung gegebenen Zustand der ursprünglichen Freiheit und Gleichheit der Menschen (ebd., 5, 10) ein segensreiches Verhältnis der Reziprozität stiftet, ist Letztere nichts als ein bloß akzidenteller Garant dieses Zustandes, und ihre Aufgabe erschöpft sich darin, Freiheit und Sicherheit zu gewährleisten (6). Da Paine davon ausgeht, dass es ein natürliches Recht der Menschen sei, ihre Regierungsgeschäfte selbst zu bestimmen (6, 32), optiert er gegen die erbliche Monarchie und für ein parlamentarisch-repräsentatives Modell, dessen Ausrichtung am gemeinschaftlichen Interesse durch häufige Wahlen sicherzustellen ist (6). Auch der Gedanke einer Konstitution, die Freiheit und Besitz der Menschen sowie die freie und private Ausübung der Religion garantieren und die Verfügungsreichweite der Regierung einschränken soll, ist in *Common Sense* bereits angedeutet (32). Eine Ausdehnung der genannten Rechte auf Frauen und Schwarze wird allerdings an dieser Stelle, wie auch in den späteren Schriften, nicht ausdrücklich thematisiert und eingefordert.

Seine die Konstitution betreffenden Überlegungen treibt Paine, genährt von den teils antidemokratischen Einwänden seiner Kritiker (Kaye 2005, 53), in den nächsten Jahren weiter voran. In den *Four Letters on Interesting Subjects* (1776) erstmals genauer expliziert (Aldridge 1984, 219 ff.), werden diese Überlegungen in *Die Rechte des Menschen* zur zentralen Argumentationsbasis. Dieses zweiteilige Werk, als Antwort auf Edmund Burkes Kritik an der Französischen Revolution entstanden, ist sicherlich die wichtigste wie radikalste Schrift Paines (Fruchtman 1994, 243, 247) und zugleich seine für die Menschenrechtsdiskussion bedeutsamste Veröffentlichung.

Wie in *Common Sense* wird auch hier die natürliche Freiheit und Gleichheit aller, das »erleuchtende und göttliche Prinzip der gleichen Rechte des Menschen« (Paine 1791–92/1962, 157), zum Ausgangspunkt der weiteren Überlegungen. Aufgrund ihrer anthropologischen Verfasstheit zu einem Leben in der Gesellschaft prädestiniert, verbinden sich die Menschen per Vertrag zu einem Gemeinwesen, das einzig den Zweck hat, »diese Rechte besser zu sichern« (ebd., 159). Während auch nach Eintritt in den bürgerlichen Zustand die je individuell wahrnehmbaren Rechte, d. h. Handlungs-, Meinungs- und Glaubensfreiheit (159 f., 180 ff.), im vollen Besitz der Einzelnen verbleiben und zu elementaren Grundsätzen des bürgerlichen Rechts als ausgetauschtem Naturrecht avancieren (160), werden die allgemeinen Gesetzgebungs- und Rechtsprechungsbefugnisse der zentralisierten Macht der Regierung überantwortet (165). Diese ist selbst wiederum nur Produkt des vorherigen Gesellschaftsvertrages, der sich zugleich in Form einer Konstitution objektiviert, in welcher die individuellen Rechte der Menschen schriftlich verbrieft und die Aufbau- und Organisationsprinzipien des Regierungssystems festgelegt werden sollen (163). Dabei ist eine strikte Trennung von Kirche und Staat nötig (181 f., 390).

Im Unterschied zu den individuellen Rechten der Einzelnen und den abgespalteten Kompetenzen der Regierung ist der Akt der Verfassungsgebung als kollektives Recht der Nation zu begreifen (298). Während die Konstitution sowohl die Individuen als auch die Regierung verpflichtend an ihre Grundsätze bindet (ebd.), welche von der Regierung nicht angetastet werden dürfen, sondern bloß zu exekutieren sind, ist der politisch aktiven Bürgerschaft als ganzer die stete Möglichkeit zu gewähren, ihre Verfassungsprinzipien bei Bedarf abzuändern (165, 317), wofür in der Konstitution selbst Vorkehrungen zu treffen sind (165). Hiermit ist ein gewisses Spannungsverhältnis in die Überlegungen Paines eingelassen, da er, in Rousseauscher Manier, das Recht der Nation zur freien Verfassungswahl letztlich über die Unantastbarkeit individueller Rechte stellt. Obgleich er prinzipiell für ein repräsentativ-demokratisches Modell optiert, da er das Wahlrecht als elementarstes Recht einstuft (Paine 1953b, 165), ist die Gefahr autoritärer Herrschaftsformen nicht gebannt.

Im zweiten Teil der *Rechte des Menschen* finden u. a. Paines außerordentlich innovative sozialrechtliche Überlegungen ihren Niederschlag. So entwirft er dort ein wohlfahrtsstaatliches Programm, das die finanzielle Unterstützung von Armen, Alten, Frischvermählten und Müttern sowie die Einrichtung von Armenhäusern und eine allgemeine Schulpflicht vorsieht (Paine 1791–92/1962, 354 ff.). Paine begreift diese Maßnahmen ausdrücklich nicht als eine »Sache von Almosen, sondern von Recht« (358). Als finanzielle Grundlage schlägt er Abrüstungsbemühungen sowie eine progressive Besteuerung vor, von der vor allem die Reichen betroffen wären (365 ff.). Diese Überlegungen werden in Paines Schrift *Agrarian Justice* noch einmal radikalisiert. Hier thematisiert er zugleich das Recht auf Eigentum, welches er als ein kollektives Recht begreift, das allen Menschen zukommt (Paine 1796/1945, 611). Da Paine jedoch davon ausgeht, dass gesellschaftliche Entwicklung notwendig Ungleichheiten produziert und in die Spaltung zwischen Reichen und Besitzlosen einmündet, formuliert er ein Recht auf Entschädigung der Enteigneten, das zusätzlich zu den oben genannten Zuweisungen durch die einmalige Auszahlung eines Startkapitals an alle volljährig Gewordenen realisiert werden soll (612 f.).

Wirkung

Die zeitgenössische Wirkung von Paines Schriften war gewaltig. Sowohl *Common Sense* als auch *Die Rechte des Menschen* sind nicht nur publizistische Erfolge gewesen, die noch heute ihresgleichen suchen, sondern konnten auch politisch einen enormen Einfluss entwickeln. Wenngleich sich nicht mehr feststellen lässt, ob Paine selbst am Entwurf der amerikanischen Unabhängigkeitserklärung vom 4. Juli 1776 beteiligt war, sind die darin niedergelegten Grundsätze unzweifelhaft ein Widerhall der in *Common Sense* formulierten Gedanken (Keane 1998, 80 f.). Und auch seine anderen Schriften fungierten noch lange nach Paines Tod, wenn auch von offizieller Seite vielfach geächtet, als Inspirationsquelle für jene Intellektuellen und sozialen Bewegungen, die sich dem Kampf um soziale und politische Gleichheit verschrieben haben; v. a. in den USA ist Paines Bedeutung für die Arbeiter- und Frauenbewegung, aber auch sein Einfluss auf abolitionistische Kreise nicht zu unterschätzen (Kaye 2005, 118 ff.).

Die maßgebliche Ursache seiner enormen Popularität, nicht nur zu Lebzeiten, sondern darüber hinaus, ist sicherlich in Paines verständlicher und direkter Sprache zu suchen. So kann man seine »glasklare, im Alltagsstil geschriebene Prosa« (Keane 1998, 258) durchaus als eine »demokratische Revolution der Sprache« (ebd.) bezeichnen, appelliert sie doch, im Gegensatz zur verschraubten Architektonik elitärer Gelehrtendiskurse, an den gesunden Menschenverstand der Massen und verdankt ihre überzeugende Kraft dem Grundsatz allgemeiner Verständlichkeit. Paine ist demnach das Verdienst zuzusprechen, wesentlich zur Popularisierung des Menschenrechtsdenkens beigetragen zu haben. Dessen ungeachtet wird Paines Bedeutung und sein innovatives Potential für die theoretische Entwicklung dieses Feldes jedoch vielfach unterbewertet, er selbst eher selten und wenig ausführlich rezipiert – und das, obwohl in seinen Schriften durchaus Zukunftsweisendes untergebracht ist. Insbesondere seine sozialrechtlichen und wohlfahrtsstaatlichen Überlegungen sowie seine dezidierte Akzentuierung der Rolle der aktiven Bürgerschaft im politischen Prozess, welche ihn gleichsam zum Vordenker des modernen Konzepts der Zivilgesellschaft macht (ebd., 58 ff.), sind nach wie vor aktuell.

Literatur

Aldridge, Alfred O.: *Thomas Paine's American Ideology*. Newark 1984.
Fruchtman, Jack: *Thomas Paine. Apostle of Freedom*. New York/London 1994.
Kaye, Harvey J.: *Thomas Paine and the Promise of America*. New York 2005.
Keane, John: *Thomas Paine. Ein Leben für die Menschenrechte*. Hildesheim 1998.
Paine, Thomas: »Agrarian Justice« [1796]. In: Ders.: *Complete Writings*. New York 1945, 605–623.
–: »Common Sense«. In: Ders.: *Common Sense, and Other Political Writings*. New York 1953a, 3–52.
–: »Dissertation on First Principles of Government«. In: Ders.: *Common Sense, and Other Political Writings*. New York 1953b, 155–174.
–: »Four Letters on Interesting Subjects« [1776]. In: Ders.: *Common Sense and Other Writings*. New York 2003, 57–80.
–: *Die Rechte des Menschen* [1791/92]. Berlin 1962.

Timo Pongrac/Klaus Roth

2.7 Immanuel Kant

Ideengeschichtliche Bedeutung

Mit seiner auf dem Begriff der Autonomie des Menschen als Vernunftwesen gründenden praktischen Philosophie hat Kant auch die menschenrechtlichen Debatten bis in die Gegenwart hinein entscheidend geprägt. Eine differenzierte Bezugnahme auf sein Werk, in der Unterschiede und Gemeinsamkeiten seiner Auffassung von Ethik (Tugendpflichten) und Recht (Rechtspflichten) beachtet werden, findet allerdings erst in der jüngeren Fachliteratur statt.

Unser Bild von der Moralphilosophie Kants wird bis heute vor allem durch die Rezeption der *Grundlegung zur Metaphysik der Sitten* (1785) geprägt. In dieser Schrift stellt Kant zum ersten Mal die Details seiner Lehre vom Kategorischen Imperativ vor und bezeichnet die »Autonomie des Willens als das oberste Prinzip der Sittlichkeit« (IV 440). Die Autonomie ist der »Grund der Würde der menschlichen und jeder vernünftigen Natur« (IV 436). Den uneingeschränkten Vorzug der Autonomie vor der naturgesetzlich bestimmten Heteronomie als unserem Prinzip des Wollens erläutert Kant durch den »absoluten Wert« (IV 428) bzw. die »Würde« (IV 434) des Menschen als Person (vgl. Sensen 2009). Aufgrund unserer auf der Autonomie beruhenden Würde sind wir verpflichtet, uns und andere im Gebrauch unserer Freiheit zu erhalten, und zwar unabhängig von den sonstigen Folgen, die unser Wollen und Handeln (insbesondere für unsere Glückseligkeit) haben mag (vgl. IV 439). Ich soll so handeln, dass sich die subjektiven Grundsätze (Maximen) meines Wollens zu einer allgemeinen Gesetzgebung qualifizieren (vgl. VI 417 f.). Handle ich aus Pflicht, hat meine Handlung einen inneren moralischen Wert (Moralität). Ist mein Handeln dagegen primär durch mein Streben nach Glückseligkeit motiviert, handle ich entweder bloß pflichtgemäß (Legalität) oder pflichtwidrig.

Kant bezieht sich auf die vernünftige Natur des Menschen auch mit dem Ausdruck »Menschheit« und behauptet, dass die »Würde der Menschheit« in mir in der »Fähigkeit« zur allgemeinen Gesetzgebung besteht, der ich als Sinnenwesen »zugleich selbst unterworfen« (IV 440) bin. Sie zeigt sich in meinem Vermögen, nach Zwecken handeln und diese auf ihre Moralität hin beurteilen zu können. Wie der »reine Vernunftbegriff« (VI 221) der Freiheit stammt auch der Begriff der Menschheit nicht aus der Erfahrung. Weil er »die oberste einschränkende Bedingung der Freiheit der Handlungen eines jeden Menschen« (IV 430 f.) darstellt, schreibt Kant in der zweiten speziellen Formel des Kategorischen Imperativs: »Handle so, daß du die Menschheit, sowohl in deiner Person als in der eines jeden anderen, jederzeit zugleich als Zweck, niemals bloß als Mittel brauchst« (IV 429).

In der *Grundlegung* und in der *Kritik der praktischen Vernunft* (1787/88) äußert sich Kant nur beiläufig und unspezifisch zum Verhältnis von Würde und Recht (vgl. IV 430). Recht und Politik treten erst in den Schriften der neunziger Jahre des 18. Jahrhunderts in das Zentrum seiner Publikationen. Neben dem Aufsatz *Über den Gemeinspruch: Das mag in der Theorie richtig sein, taugt aber nicht für die Praxis* (1793) und seiner Schrift *Zum ewigen Frieden. Ein philosophischer Entwurf* (1795, ²1796) ist für das Rechtsverständnis Kants vor allem die *Metaphysik der Sitten* (1797) von zentraler Bedeutung. Sie umfasst die *Metaphysischen Anfangsgründe der Rechtslehre* und die *Metaphysischen Anfangsgründe der Tugendlehre*. Während Kant den Würdebegriff der *Grundlegung* in der *Tugendlehre* aufnimmt, treten in der *Rechtslehre* die Begriffe des Rechts der Menschheit und der Menschen in den Mittelpunkt.

Entgegen einer in der Literatur weit verbreiteten Ansicht zeigt ein näherer Blick auf Kants Beiträge zur praktischen Philosophie, dass der Begriff der Würde weder unsere Tugend- noch unsere Rechtspflichten im engeren Sinne des Wortes *begründet*. Mit Blick auf die Tugendpflichten ist festzuhalten, dass die Würde des Menschen auf seiner Autonomie beruht. Und unsere Rechtspflichten beruhen letztlich auf dem Recht der Menschheit in mir (vgl. Klemme 2011, 41–46). Aufgrund einer von Kant letztlich nicht gelösten Spannung zwischen seinen menschenrechtlichen und seinen souveränitätstheoretischen Überzeugungen, kann er (im Gegensatz zu John Locke) nicht als klassischer Vertreter einer menschenrechtlichen Position bezeichnet werden. Aus Gründen des Umfangs und der Übersichtlichkeit wird im Folgenden vor allem Kants Position in der *Metaphysik der Sitten* dargestellt und diskutiert.

Menschenrechtlich relevante Theoriepositionen

1. Sittenlehre – Ethik und Recht: In der »Einleitung zur Tugendlehre« unterscheidet Kant zwischen Ethik (Tugendlehre) und Recht (Rechtslehre) als den beiden Teilen der Sittenlehre (*philosophia moralis*). Alle in ihr erörterten Pflichten beruhen auf dem kategorischen oder »*moralischen Imperativ*« (VI 239). Die (weiten, unvollkommenen) Tugendpflichten beruhen auf dem inneren Gebrauch (der die äußere Freiheit umfasst; vgl. VI 390), die (engen, vollkommenen) Rechtspflichten auf dem bloß äußeren Gebrauch meiner Freiheit. Während die Ethik ›nur‹ eine handlungseffektive Gesinnung fordert, gebietet, verbietet oder erlaubt uns das Recht bestimmte raumzeitlich lokalisierbare Handlungen. Das Recht nimmt das »praktische Verhältnis einer Person gegen eine andere« also nur insofern in den Blick, als »ihre Handlungen als Facta aufeinander (unmittelbar oder mittelbar) Einfluß haben können« (VI 230). Sein Zweck besteht in der Erhaltung und gesetzlichen Bestimmung der gleichen *äußeren* Handlungsfreiheit der Menschen unangesehen der Zwecke, die sich diese setzen. Rechtlich erlaubt sind alle Handlungen, die »nach einem allgemeinen Gesetze der Freiheit« (VI 230) mit der gleichen äußeren Willkürfreiheit aller anderen Personen vereinbar sind. Während die Erfüllung unserer Tugendpflichten auf einem *inneren* Selbstzwang beruht, ist mit dem Recht die dem Staat zustehende Befugnis zum *äußeren* Zwang verbunden. Die freiheitsfunktionale Bedeutung des Zwangs besteht darin, dass der Zwang »ein Hindernis des Hindernisses« (VI 396) des Gebrauchs unserer Willkürfreiheit ist.

Zwischen Ethik und Recht besteht kein Begründungs-, sondern vielmehr ein Inklusionsverhältnis (vgl. XXVII 1327). Ich habe nicht nur die Pflicht, rechtlich zu handeln, ich bin auch tugendethisch verpflichtet, aus »*Achtung* fürs Recht« zu handeln, d. h. ich soll mir »das Recht der Menschheit, oder auch das Recht der Menschen *zum Zweck*« (VI 390) machen. Mit der tugendethisch gebotenen Befolgung unserer Rechtspflichten erweitert sich der Pflichtbegriff von der (rechtlichen) Schuldigkeit (Legalität) zum (ethischen) Verdienst (Moralität) (vgl. VI 220 f., 231). Obwohl ich ethisch verpflichtet bin, meine Rechtspflichten zu erfüllen, stellt das Recht mir das Motiv meines rechtlichen Handelns – und sei es ein böser Wille – frei. Eine ähnliche Position findet sich bereits bei Gottfried Achenwall und Johann Stephan Pütter: »Das Naturrecht verlangt keine Tugend, es schließt sie aber auch nicht aus« (Achenwall/Pütter 1750/1995, § 219).

2. Der Würdebegriff der ›Tugendlehre‹: In der *Tugendlehre* spricht Kant von der »Würde der Menschheit in seiner Person«, von der in seiner »inneren Freiheit« bestehenden »angebornen Würde des Menschen« (VI 420), von der »Würde der Menschheit in seiner eigenen Person« (VI 429), von der »Würde der Menschheit in uns«, von der »Menschenwürde« (VI 426) und von der »Würde der Menschheit in eines Anderen Person« (IV 449). Ferner behauptet er, dass die »Menschheit selbst« eine Würde »ist« (VI 462) und der Mensch als Person »*Würde* (einen absoluten innern Werth)« (VI 435) besitzt. Würde und Menschheit sind austauschbare Begriffe. Wie in der *Grundlegung* besteht die Würde in unserer Fähigkeit zur gesetzlichen Selbstbestimmung (Autonomie). Durch sie qualifiziert sich der Mensch zum Gegenstand der Achtung (vgl. VI 435). Mit dem ethischen Achtungsgebot ist ein hoher Anspruch verbunden, denn ich verstoße gegen es bereits durch ein bloß pflichtgemäßes Handeln. Versage ich anderen Personen meine Achtung, behalte ich, obwohl ich unmoralisch handle, einen »gewißen innern Werth« (XXVII 253). Schwerwiegender sind meine Pflichtverletzungen jedoch, wenn ich mich selbst beispielsweise zum »Menschen Knechte« erniedrige, Schulden ohne Sicherheit anhäufe, mich zum Bettler mache oder mich in der Absicht, »himmlische Gegenstände« (VI 436 f.; vgl. IX 489) zu verehren, auf die Erde werfe. In diesen Fällen habe ich als Mensch »keinen inneren Werth« (XXVII 254) mehr. Seine Würde als Mensch verliert zudem, wer sein Recht »ungeahndet von anderen mit Füßen treten« (VI 436) lässt. Verwerflich ist auch die Lüge, die Kant in der *Tugendlehre* »als Wegwerfung und gleichsam Vernichtung seiner Menschenwürde« (VI 429) beschreibt. Doch weil Hoffnung besteht, dass sich selbst der schlechteste Mensch einmal bessern wird, ist der Würdeverlust auch bei Verstößen gegen selbstbezügliche Pflichten nicht vollständig. Der Vorwurf des Lasters darf »nie zur völligen Verachtung und Absprechung alles moralischen Werths des Lasterhaften ausschlagen [...]: weil er nach dieser Hypothese auch nie gebessert werden könnte; welches mit der Idee eines *Menschen*, der als solcher (als moralisches Wesen) nie alle Anlage zum Guten einbüßen kann, unvereinbar ist« (VI 464; vgl. 463). Allerdings kann der Achtungsverlust sehr weit gehen. Durch »unnatürliche« Verbrechen (Notzucht, Päderastie, Bestialität) »an der Menschheit selbst« erweist sich der Mensch nicht nur der bürgerlichen, sondern sogar der menschlichen Gesellschaft als »unwürdig« (VI 363; vgl. dagegen Mohr 2009, 483, 491). Der Ausschluss aus der bürgerlichen Gesellschaft ist in diesen Fällen trotz des generellen Achtungsgebots für die »Menschheit in der Person des Missetäters« (VI 362 f.) gerechtfertigt, weil seine Taten unstrafbar sind (vgl. VI 329 f.). Rein rechtlich gesehen hat sich der »Missetäter« aus freien Stücken zu einem »Instrument für andere«, zu einer »Sache« (XXVII 604) gemacht.

3. Das Recht der Menschheit und der Menschen: Um Kants Konzeption des Rechts der Menschheit und der Menschen in der *Metaphysik der Sitten* genauer zu verstehen, ist es hilfreich, zwischen (a) dem »Recht der Menschheit in unserer eigenen Person«, (b) den drei dem eigentlichen »strikten« (also erzwingbaren) Recht vorhergehenden sogenannten ulpianischen Rechtspflichten, (c) dem »angebornen Recht« (VI 237) der Freiheit sowie (d) dem »Recht der Menschen« (VI 240) zu unterscheiden.

a) Weil das Recht in den Geltungsbereich der Ethik fällt, kann es nicht überraschen, dass Kant auch in der *Rechtslehre* mit dem Begriff der Menschheit einsetzt. Meine Verbindlichkeit als Mensch gegenüber der Menschheit wird im Recht jedoch nicht durch die Würde, sondern durch das »Recht der Menschheit in unserer eigenen Person« (VI 236; vgl. 240, 270; Klemme 2001; Pfordten

2009, 9–26; Klemme 2011, 44–46) begründet. Die Menschheit selbst hat – wie es in einer Reflexion heißt – mir gegenüber »gewisse rechte [...], die unverletzlich und unveräußerlich« sind »und die unsere freyheit über uns selbst zu disponiren einschränken, imgleichen anderer ihre« (Refl. 7080, XIX 244). Weil diese erste und ursprüngliche Verbindlichkeit eine solche gegenüber dem Recht der Menschheit in mir bezeichnet, die als innere Rechtspflicht äußerlich nicht erzwungen werden kann, hat sie Kant vor 1797 in der *Metaphysik-Vigilantius* als eine ethische Pflicht verstanden (vgl. XXVII 527, 543, 604; Ju 1990, 61–78; Kersting 1993, 213–222).

b) Die auf dem Recht der Menschheit beruhende innere Rechtspflicht beschreibt Kant in der ersten ulpianischen Formel in Anlehnung an die zweite spezielle Formel des Kategorischen Imperativs als das Gebot, ein »*rechtlicher Mensch* (honeste vive)« (VI 230) zu sein. Während jedoch die Formel der *Grundlegung* von mir fordert, mich und andere »jederzeit zugleich als Zweck« (IV 429) zu gebrauchen, soll ich mich nach der ersten ulpianischen Formel nicht nur nicht zum bloßen Mittel der Willkür anderer Personen machen, sondern vielmehr für sie »zugleich Zweck« (VI 236) sein. Erst in der zweiten ulpianischen Formel wird (jetzt als äußere) Rechtspflicht gefordert, dem Anderen kein Unrecht zuzufügen. In der dritten ulpianischen Formel wird schließlich die Pflicht formuliert, uns unter der Bedingung, dass wir unsere Gemeinschaft nicht vermeiden können, in einen Zustand der öffentlichen Gerechtigkeit zu begeben, »›worin Jedermann das Seine gegen jeden Anderen gesichert sein kann‹ (Lex iustitiae)« (VI 237). Wir sollen in den bürgerlichen Zustand treten, weil nur in ihm das Recht der Menschheit in meiner eigenen und in jeder anderen Person durch das zwangsbewehrte Gesetz gesichert und bestimmt werden kann.

c) Meiner Pflicht gegenüber dem Recht der Menschheit korrespondiert mein Recht anderen Menschen gegenüber. Denn wenn ich aufgrund des Rechts der Menschheit in mir die Pflicht habe, für andere immer »zugleich Zweck« (VI 230) zu sein, dann habe ich auch das Recht, entsprechend geachtet und geschützt zu werden. Weil ich dieses Recht nicht erwerbe, nennt Kant es das »innere« oder auch das »angeborne Mein und Dein« (VI 237). »*Freiheit* (Unabhängigkeit von eines Anderen nöthigender Willkür), sofern sie mit jedes Anderen Freiheit nach einem allgemeinen Gesetz zusammen bestehen kann, ist dieses einzige, ursprüngliche, jedem Menschen kraft seiner Menschheit zustehende Recht« (VI 237). Das Freiheitsrecht schließt weitere Befugnisse und Rechte ein, beispielsweise die Rechtsgleichheit, das Recht, sein eigener Herr zu sein, sowie die Befugnis, anderen seine Gedanken mitzuteilen.

d) Mit dem angeborenen Freiheitsrecht betreten wir die Sphäre des eines äußeren Zwanges fähigen und bedürftigen »Rechts der Menschen« (VI 240), das Pflichten gegenüber anderen begründet. Denn wenn ich aufgrund der Menschheit in mir das angeborene Recht habe, meine Freiheit äußerlich im Rahmen des Gesetzes zu gebrauchen, muss es ein Recht geben, das die Wahrnehmung dieses Rechts gegenüber anderen Personen zugleich schützt, bestimmt und erweitert. Kant nennt dieses Recht das »äußere Mein und Dein«. Es steht im Zentrum der beiden Hauptteile der *Rechtslehre* (Privatrecht, Öffentliches Recht). Das äußere Mein und Dein umfasst im Wesentlichen die Rechte, die ich durch meinen äußeren Freiheitsgebrauch gegenüber anderen Personen erwerben kann. Wie das »Recht der Menschheit« muss das »Recht der Menschen« »heilig gehalten werden« (VIII 380; vgl. 307), weil seine Läsion letztlich eine Verletzung des Rechts der Menschheit in mir darstellt.

Im Privatrecht versucht Kant unter anderem nachzuweisen, dass ich das Recht habe, äußere Gegenstände zu erwerben, weil der Gedanke, dass für mich nützliche Gegenstände an sich nicht gebraucht werden dürfen, »ein Widerspruch der äußeren Freiheit mit sich selbst sein würde« (VI 246). Weil das Privatrecht kein Zwangsrecht ist, gilt es jedoch nur provisorisch. Paradoxerweise können wir uns als Menschen im Naturzustand wechselseitig kein Unrecht antun, weil Unrechtsakte die Existenz zwangsbewehrter (positiver) Gesetze voraussetzen. Ohne Zwangsrecht ist das Vernunftrecht »eine bloße Tugendlehre« (Refl. 7084, XIX 245). Allerdings ist der Naturzustand als solcher ein Unrechtszustand (vgl. § 42, VI 307 f.). Die reine praktische Vernunft fordert uns deshalb in Gestalt eines »Postulats« (VI 307) auf, uns in den bürgerlichen Zustand zu begeben (*exeundum e statu naturali*).

4. *Staatsverfassung und Bürgerrechte:* Der *status civilis* ist ein Zustand der »austheilenden Gerechtigkeit« (§ 42, VI 307), in dem jedem das gegeben wird, was ihm nach Maßgabe der positiven Gesetze zusteht. Die Verfassung eines Staates muss, wie Kant in Anlehnung an Rousseaus Konzeption der *volonté générale* ausführt, als die Verrechtlichung eines sie »vereinigenden Willen« (VI 311) begriffen werden. Alle Staatsbürger teilen das (vernunftrechtlich) begründete Interesse, »im rechtlichen Zustande zu sein« (VI 311), weil das Recht der Menschheit und der Menschen nur mit den Mitteln des zwangsbewehrten Rechts geschützt und bestimmt werden kann. Im bürgerlichen Zustand, dessen Gesetze der »Form nach« (VI 312; vgl. § 41, 306) mit denen des Privatrechts übereinstimmen, verliert der Bürger seine »angeborene äußere Freiheit« nicht, sondern überwindet mit und in ihm »die wilde, gesetzlose Freiheit« (VI 316).

Kant denkt den allgemeinen Volkswillen nicht (wie Rousseau) im Sinne einer partizipativen und direkten Demokratie. Der Volkswille muss vielmehr durch den Willen eines Monarchen repräsentiert werden. Dieser ist verpflichtet, Verfassung und Gesetze durch Reformen langfristig dem Vernunftrecht anzugleichen. Der Prozess einer Reform ›von oben‹ stellt die Konstanz des rechtlichen Zustandes sicher (vgl. VI 355). Als Kriterium für vernunftrechtlich mögliche Gesetze schlägt Kant in seiner Schrift *Zum ewigen Frieden* ein transzendentales Prinzip des öffentlichen Rechts vor, an das die Politik aufgrund des Achtungsgebots »fürs Recht der Menschen« (VIII 385) gebunden ist: »Alle Maximen, die der Publizität *bedürfen* (um ihren Zweck nicht zu verfehlen), stimmen mit Recht und Politik vereinigt zusammen« (VIII 386). In seinem Aufsatz *Über den Gemeinspruch* hatte Kant bereits die »Freiheit der Feder« als ein Instrument bezeichnet, mittels dessen der Untertan »befugt ist«, über seine »unverlierbaren Rechte«, die er, auch wenn er es wollte, nicht aufgeben kann, »selbst zu urteilen« (VIII 304). Würde ein Gesetzgeber beschließen, das Staatswesen nicht im Sinne des Vernunftrechts reformieren zu wollen, würde dies der Idee der »Menschheit in seiner eigenen Person, mithin dem höchsten Rechte desselben entgegen sein« (VI 327). Weil jeder öffentliche Rechtszustand besser ist als gar keiner, die Einführung eines Widerstandsrechts aber (wie Kant mit Hobbes argumentiert) formal den *status civilis* aufheben würde, muss das Volk dem Gesetzgeber jedoch selbst dann gehorchen, wenn kein Reformprozess stattfindet und grundlegende Rechte lädiert werden. Die Existenz der Verfassung ist wichtiger als der »Missbrauch der obersten Gewalt« (VI 320).

Die zentrale Stellung des auf rechtliche Positivierung zielenden »Rechts des Menschen« für den Erhalt des »Rechts der Menschheit« (d. h. der Freiheit des Menschen) erklärt, warum nach Kant die formale Hinrichtung eines Herrschers (wie im Falle Ludwig XVI. von Frankreich) die höchste Form des Unrechts ist. Durch diesen Akt wird gewissermaßen das »Menschenrecht« (VI 321 Anm.) exekutiert. Leider versäumt es Kant in der *Rechtslehre*, auf die Grenzen staatlicher Willkürherrschaft hinzuweisen. Denn nach Passagen in seiner *Anthropologie in pragmatischer Hinsicht* (1798) zu urteilen, kann der faktische Gesetzgeber seinen Status, Gesetzgeber zu sein, auch verwirken. Im Falle der Anarchie verfügt er über keine Macht, die Gesetzesbefolgung zu gewährleisten, und im Falle der Barbarei erlässt er Gesetze, die auf die Vernichtung seiner Bürger als Rechtspersonen abzielen (vgl. VII 331; vgl. Kersting 1993, 335–339). Kein Staat hat aber die vernunftrechtliche Befugnis, Menschen willkürlich zu entrechtlichen (vgl. Oberer 2004, 207; Klemme 2011, 52 f.).

Aus dem Recht der Menschen folgen eine Reihe von Verbindlichkeiten für den faktischen Gesetzgeber: Er ist verpflichtet, die Herrschaft des Rechts gegen innere und äußere Feinde zu verteidigen. Er muss allen Menschen ein Gastrecht einräumen, deren Abweisung oder Ausweisung ihren sicheren Tod bedeuten würde. Er ist verpflichtet, dafür Sorge zu tragen, dass prinzipiell jeder Bürger jede soziale Stellung durch eigene Anstrengung erreichen kann (vgl. VI 315, VIII 292). »Staatsbürger« (und nicht bloß »Staatsgenosse«; VI 315) ist nach Kant jedoch nur derjenige, der auch wirtschaftlich sein eigener Herr (also selbständig, vgl. VIII 294–296) ist. Er ist nicht dazu verpflichtet, materielle

Gleichheit zwischen den Bürgern herzustellen (vgl. VIII 291). Die Idee sozialer Ansprüche der Bürger gegenüber dem Staat (und damit gegenüber anderen Bürgern), die über die Sicherung des Existenzminimums hinausgehen, ist Kant fremd (vgl. VI 325 f. sowie Ludwig 1993). Staatszweck ist nicht das Wohl der Bürger, sondern die Realisierung des Rechts, in dessen Grenzen ein jeder sein Glück suchen mag. Allerdings anerkennt Kant auch ethische Grenzen der Ungleichheit. Die Ungleichheit kann ein Ausmaß erreichen, durch das derjenige, der aus ihr einen Vorteil zieht, Schuld in »Ansehung des Menschengeschlechts« (V 154 Anm.) auf sich lädt. Beruht die »Ungleichheit des Wohlstandes« auf der »Ungerechtigkeit der Regierung«, besteht für die zu Unrecht Bevorteilten eine ethische Pflicht zur Begünstigung der Benachteiligten. Sie verdient jedoch kaum »den Namen der Wohltätigkeit« (VI 454), eben weil sie einen moralischen Anspruch bezeichnet. Aus der zivilisatorischen Perspektive betrachtet ist die materielle Ungleichheit ein Produkt der »*bürgerlichen Sicherheit*« (VIII 119). Sie ist der Motor unserer Kultivierung und Zivilisierung, selbst wenn sie uns an sich betrachtet »sehr unangenehm« (XXV 1420) ist.

5. Das Verhältnis von Würde und Recht der Menschheit und der Menschen: Die reine praktische Vernunft fordert von uns »Achtung für die Würde der Menschheit in unserer Person und das Recht der Menschen (welches ganz etwas anderes als ihre Glückseligkeit ist)« (V 273). Dabei erfülle ich meine Pflicht, ein rechtlicher Mensch zu sein, bereits dadurch, dass ich meiner Schuldigkeit gegenüber anderen Personen – aus welchen Motiven auch immer – nachkomme. Entsprechend besteht die Funktion des Staates in der Sicherung unserer Existenz als Rechtspersonen durch das Medium des zwangsbewehrten Rechts. Als Personen, die bloß rechtlich handeln, verfehlen wir zwar die Würde der *Menschheit* in uns, weil diese uns zumutet, »pflichtmäßig aus Pflicht« (VI 391) zu handeln. Aber wir lädieren mit einem bloß pflichtmäßigen Handeln nicht das »Recht der Menschen«. Das »Recht der Menschheit« wird demnach nicht durch die »Würde der Menschheit« begründet, sondern ist die in der Sprache und für die Zwecke des Rechts ausgedrückte Fähigkeit des Menschen, seine Freiheit gesetzlich zu bestimmen (vgl. mit anderer Akzentuierung Mohr 2009, 477–481). Während die Würde der Menschheit unsere Fähigkeit zur gesetzlichen (autonomen) Bestimmung der ganzen, den inneren und damit auch den äußeren Gebrauch unserer Freiheit umfassenden Sphäre bezeichnet, zielt das Recht auf den äußeren Freiheitsgebrauch. Dass unsere Fähigkeit zur Autonomie nicht verletzt bzw. verwirkt werden soll, ist eine Forderung, die, wenn auch in unterschiedlichen Hinsichten, zugleich aus der Würde und dem Recht der Menschheit folgt.

Wirkung

Die Wirkungsgeschichte von Kants Konzeption der Menschenwürde und des Menschenrechts kann hier nicht nachgezeichnet werden. Grundsätzlich kann auf der einen Seite zwischen einer eher am Begriff der Würde orientierten Bezugnahme unterschieden werden, die in der Regel anhand der *Grundlegung* und der *Kritik der praktischen Vernunft* erfolgt (die *Tugendlehre* ist rezeptionsgeschichtlich betrachtet bisher kaum relevant) (vgl. zu Kants Zeitgenossen Kersting 1993, 151–174). Auf der anderen Seite findet sich eine zeitlich betrachtet jüngere Bezugnahme auf Kants praktische Philosophie, in der die Eigenheiten seiner Lehre von Ethik und Recht herausgearbeitet werden. In diesem Kontext vertreten einige Autoren die These, dass Kant das Recht völlig unabhängig von der Ethik und vom Transzendentalen Idealismus begründet (so u. a. Jaeschke 2001 und Geismann 2006; kritisch u. a. Kersting 1993, 136–142, Klemme 2012). Im Sinne Kants wird die spezifische Funktion von Ethik und Recht, Menschenwürde und Menschenrecht jedoch verfehlt, wenn beispielsweise versucht wird, die Menschenrechte durch die Begriffe der Würde und der Achtung zu *begründen*. So ist die These, dass die Würde des Menschen »moralische Rechte« (Tugendhat 1993, 345 f., 362 f.; vgl. Gosepath 2004, 158 ff.) begründet, die *andere* Personen mir gegenüber haben, nicht mit der ersten ulpianischen Formel vereinbar. Zugleich folgen meine Grund- und Menschenrechte auch nicht aus der in meiner Subjektivität bestehenden Würde (wie Menke

2006, 18 f., meint), weil die ursprüngliche Verpflichtung, der ich als Rechtsperson unterliege, durch das Recht der Menschheit *in mir* begründet wird.

Relevant ist Kants Menschenrechts- und Menschenwürdebegriff heute vor allem im Bereich der angewandten Ethik (Würde des ungeborenen Lebens), der Diskussionen um die verfassungsrechtliche Stellung des Würdebegriffs (Art. 1, Abs. 1 GG) und der politischen Philosophie. Mit Blick auf die Einteilung der Menschenrechte in liberale Freiheitsrechte, politische Teilnahmerechte und soziale Leistungsrechte wird Kant (wie Locke) in der Regel zu den Vertretern der ersten Klasse von Menschenrechten gezählt. Übersehen wird hierbei *erstens*, dass das angeborene Freiheitsrecht rechtlich nur dann bindend ist, wenn seine Befolgung faktisch erzwungen werden kann. Kant konzipiert die rechtliche Notwendigkeit des bürgerlichen Zustandes nicht in Analogie zur Lockeschen Idee von vereinzelt existierenden Individuen, die in den bürgerlichen Zustand treten, um ihre bereits im Naturzustand wirksamen angeborenen Rechte auf Leben, Eigentum und Besitz zu sichern. Entreiße ich im Naturzustand meinem Nachbarn den Apfel, tue ich *ihm* nach Kant (anders als nach Locke) kein Unrecht an. Meine Verfehlung besteht vielmehr darin, mich überhaupt im Naturzustand zu befinden, den ich allerdings nur gemeinsam mit allen anderen Personen verlassen kann. Dass die Menschen ihre äußere Freiheitssphäre durch das Recht bestimmen *sollen*, ist eine Forderung der reinen praktischen Vernunft, faktisch wirksam wird dieses Recht aber erst als äußeres Zwangsrecht. *Zweitens* gibt es bei Kant durchaus minimale soziale Rechtsansprüche des Bürgers gegenüber dem Staat, die durch die zwischen den Bürgern bestehenden ethischen Verbindlichkeiten ergänzt werden. Und *drittens* stellt Kant eine Verbindung zwischen der inhaltlichen Bestimmung des Rechts im *status civilis* und dem transzendentalen (politischen) Prinzip der Öffentlichkeit her. Der geltungslogische Vorgriff des Privatrechts auf das öffentliche Recht erfolgt nicht zufällig im Modus der *volonté générale*. Denn was inhaltlich als positives Recht gesetzlich bestimmt wird, muss mit meiner Zustimmung als Rechtssubjekt rechnen können. Würde das Recht meine Freiheit und Autonomie vernichten, bedeutete dies die Negation des Rechts, selbst wenn es seitens staatlicher Autoritäten als Recht ausgegeben würde. So wie Kant im Bereich der Ethik Angriffe auf die Menschheit in der Person eines Menschen für möglich hält, durch die der Täter seine Mitgliedschaft in der menschlichen Gemeinschaft verwirkt, bietet die *Rechtslehre* – ohne dass dies Kant explizit sagen würde – durchaus Raum für den Begriff eines »gesetzlichen Unrechts« (Radbruch 1999, 211; vgl. Klemme 2011, 52 f.).

Kants mehrdimensionale Konzeption von Würde, Recht und Pflicht ist auf heute vertretene menschenrechtliche Positionen kaum abbildbar. Ein menschenrechtlicher Anspruch auf Rechtfertigung ergibt nach Kants Sittenlehre so wenig Sinn wie die Forderung nach einem rechtlichen Schutz unserer Würde. Das angeborene Menschenrecht stellt eher ein Recht auf (positives) Recht denn auf Rechtfertigung dar, und rechtlich schutzbedürftig und schutzfähig ist einzig und allein das Recht der Menschen, das auf dem Recht der Menschheit beruht. Gäbe es kein positives Recht, können wir nach Kant zwar nicht erwarten, dass Menschen ihre Tugendpflichten erfüllen, aber das Recht kann deren Erfüllung nicht erzwingen.

Der Abstand zwischen Kant und modernen Positionen wird nicht nur durch den Begriff des angeborenen Freiheitsrechts deutlich, das nur deshalb ein subjektives Recht gegenüber anderen Personen bezeichnen kann, weil wir durch das Recht der Menschheit *in uns* verpflichtet sind, unsere Willkür innerhalb der Grenzen des Freiheitsgesetzes zu gebrauchen; dieser Abstand ergibt sich nicht zuletzt durch Kants Konzeption des Erlaubnisgesetzes. Sie besagt, dass ein »mit Ungerechtigkeit behaftetes öffentliches Recht« (VIII 373 Anm.) so lange bestehen bleiben kann, bis es von selbst oder durch Reformen dem Vernunftrecht angeglichen worden ist. Mit dieser die Geltung des positiven Rechts durch den Verweis auf seine zukünftige Verbesserung rechtfertigenden Konzeption steht Kant in Opposition zu allen gängigen Menschenrechtstheorien, die die Legitimität des positiven Rechts daran messen, ob es schon heute die überpositiven Rechtsansprüche einzulösen vermag. Kant ist (im Gegensatz zu Locke) kein klassischer Menschenrechtstheoretiker. Zweifellos gibt es auch bei ihm eine objektive Grenze zwischen legitimer Gewaltanwendung und der Barbarei, die über das gewöhnliche Unrecht hinausgeht, das ein Staat seinen Bürgern zufügen kann, ohne seine Legitimität zu verlieren. Wo diese Grenze jedoch konkret verläuft, darüber äußert sich Kant aus souveränitätstheoretischen Gründen nicht.

Literatur

Achenwall, Gottfried/Pütter, Johann Stephan: *Anfangsgründe des Naturrechts* (= *Elementa iuris naturae*, 1750). Übers. und hg. vvon Jan Schröder. Frankfurt a. M. 1995.

Geismann, Georg: »Recht und Moral in der Philosophie Kants«. In: *Jahrbuch für Recht und Ethik/Annual Review of Law and Ethics* 14. Jg. (2006), 3–124.

Gosepath, Stefan: *Gleiche Gerechtigkeit. Grundlagen eines liberalen Egalitarismus*. Frankfurt a. M. 2004.

Jaeschke, Walter: »Zur Begründung der Menschenrechte in der frühen Neuzeit«. In: Konrad Wegmann (Hg.): *Menschenrechte. Rechte und Pflichten in Ost und West*. Münster u. a. 2001, 184–212.

Ju, Gau-Jeng: *Kants Lehre vom Menschenrecht und von den staatsbürgerlichen Grundrechten*. Würzburg 1990.

Kant, Immanuel: *Gesammelte Schriften*. Hg. von der Preußischen Akademie der Wissenschaften. Berlin 1900 ff. [AA].

–: *Anthropologie in pragmatischer Hinsicht*. Hg. von Reinhard Brandt. Hamburg 2000 (auch in: AA VII).

–: *Grundlegung zur Metaphysik der Sitten*. In: AA IV.

–: *Kritik der praktischen Vernunft*. In: AA V.

–: *Kritik der Urteilskraft*. In: AA V.

–: *Metaphysik der Sitten*. In: AA VI.

–: *Vorlesungen über Anthropologie*. In: AA XXV.

Kersting, Wolfgang: *Wohlgeordnete Freiheit. Immanuel Kants Rechts- und Staatsphilosophie*. Frankfurt a. M. 1993 ([1]1984).

Klemme, Heiner F.: »Das ›angeborne Recht der Freiheit‹. Zum inneren Mein und Dein in Kants Rechtslehre«. In: Volker Gerhardt u. a. (Hg.): *Kant und die Berliner Aufklärung. Akten des IX. Internationalen Kant-Kongresses*. Bd. 4. Berlin/New York 2001, 180–188.

–: »Das rechtsstaatliche Folterverbot aus der Perspektive der Philosophie Kants«. In: Karsten Altenhain/Nicola Willenberg (Hg.): *Die Geschichte der Folter seit ihrer Abschaffung*. Göttingen 2011, 39–53.

–: »Der Transzendentale Idealismus und die *Rechtslehre*. Überlegungen zum Zusammenhang von Pflicht, Recht und Ethik bei Kant«. In: Werner Euler/Burkhard Tuschling (Hg.): *Kants Rechtslehre*. Berlin 2012.

Ludwig, Bernd: »Kants Verabschiedung der Vertragstheorie – Konsequenzen für eine Theorie sozialer Gerechtigkeit«. In: *Jahrbuch für Recht und Ethik/Annual Review of Law and Ethics* 1. Jg. (1993), 221–254.

Menke, Christoph: »Von der Würde des Menschen zur Menschenwürde: Das Subjekt der Menschenrechte«. In: *WestEnd. Neue Zeitschrift für Sozialforschung* 3. Jg., 2 (2006), 3–21.

Mohr, Georg: »›nur weil es verbrochen hat‹ – Menschenwürde und Vergeltung in Kants Strafrechtsphilosophie«. In: Heiner F. Klemme (Hg.): *Kant und die Zukunft der europäischen Aufklärung*. Berlin 2009, 469–499.

Oberer, Hariolf: »Honeste vive. Zu Immanuel Kant, Die Metaphysik der Sitten, AA 06, 236, 20–33«. In: Sabine Doyé/Marion Heinz/Udo Rameil (Hg.): *Metaphysik und Kritik. Festschrift für Manfred Baum zum 65. Geburtstag*. Berlin 2004, 203–213.

Pfordten, Dietmar von der: *Menschenwürde und Staat bei Kant*. Paderborn 2009.

Radbruch, Gustav: *Rechtsphilosophie*. Studienausgabe. Hg. von Ralf Dreier und Stanley L. Paulson. Heidelberg 1999.

Sensen, Oliver: »Kant's Conception of Human Dignity«. In: *Kant-Studien* 100. Jg. (2009), 309–331.

Tugendhat, Ernst: *Vorlesungen über Ethik*. Frankfurt a. M. 1993.

Heiner F. Klemme

2.8 Johann Gottlieb Fichte

Ideengeschichtliche Bedeutung

Johann Gottlieb Fichte (1762–1814) ist zu Beginn seiner schriftstellerischen Tätigkeit von der kritischen Transzendentalphilosophie Immanuel Kants und von der Französischen Revolution maßgeblich beeinflusst. Seine 1792 anonym erschienene (erste veröffentlichte) Schrift *Versuch einer Critik aller Offenbarung* wurde zunächst für eine Schrift Kants gehalten. In seinem *Beitrag zur Berichtigung der Urtheile des Publikums über die französische Revolution* (1793) verteidigt Fichte gegen Edmund Burke (und gegen Kant) ein Recht des Volkes auf Revolution. Mit seinem ›ursprünglichen System‹ (Baumanns 1972), das er in der *Grundlage der gesammten Wissenschaftslehre als Handschrift für seine Zuhörer* (1794/95), in der *Grundlage des Naturrechts nach Principien der Wissenschaftslehre* (1796/97) und in *Das System der Sittenlehre nach den Principien der Wissenschaftslehre* (1798) entwickelt, beansprucht Fichte, eine Fortführung und Vollendung der Transzendentalphilosophie Kants zu leisten.

Von zentraler Bedeutung für Fichtes Philosophie im Allgemeinen und seine Rechtslehre im Besonderen ist Kants These vom Primat der praktischen Vernunft in der *Kritik der praktischen Vernunft* (1788). Vernunft (Subjektivität) rekonstruiert Fichte aus einem Begriff von ›Thathandlung‹. Das Ich wird bei Fichte konsequent von allen substanzontologischen Restkonnotationen, die ihm selbst noch bei Kant anzuhaften schienen, gelöst und als der Inbegriff seiner Handlungen (›Setzen‹) verstanden: als reine Selbsttätigkeit. Fichtes Verfahren der ›Deduktion‹ besteht in einer Analyse der Bedingungen des Gedankens des Ich von sich als denkendes-handelndes Ich (Selbstbewusstsein). Systematisch grundlegend für Fichtes System der 1790er Jahre ist die in der *Grundlage der gesammten Wissenschaftslehre* eingeführte Dialektik sich wechselseitig bestimmender Selbstsetzung und Begrenzung des Ich.

Menschenrechtlich relevante Theoriepositionen

Fichtes Rechtslehre nimmt ihren Ausgang bei der Frage, welches die Bedingungen sind, unter denen ein endliches Vernunftwesen (Person, Mensch) sich seiner selbst als tätiges und freies Vernunftwesen bewusst sein kann. In der Deduktion des Rechtsbegriffs gibt Fichte eine formale Minimalbeschreibung dessen, was es für eine menschliche Person heißt, sich als ein der Vernunft und der Freiheit (Selbsttätigkeit) fähiges Wesen zu verstehen. Der Rechtsbegriff wird entwickelt als Inbegriff der Bedingungen der Selbstzuschreibung von Handlungs-Autorschaft. Der zentrale Gedanke Fichtes ist, dass die Selbstzuschreibung eigener Freiheit die Fremdzuschreibung der Freiheit anderer Personen voraussetzt. Das Selbstbewusstsein einer Person von sich als frei setzt voraus, dass sie andere Personen als freie anerkennt. Einer allein kann sich nicht als frei erfahren (vgl. Rohs 1991, 81). Interpersonalität ist die Bedingung für die Erfahrung der eigenen Freiheit. »Der Mensch (so alle endlichen Wesen überhaupt) wird nur unter Menschen ein Mensch; [...] *sollen überhaupt Menschen sein, so müssen mehrere sein*« (Fichte, *Naturrecht*, § 3, 39). Interpersonalität impliziert wiederum, dass die Personen sich einen Leib zuschreiben und die Erfahrung machen, unter der möglichen Einwirkung anderer Personen zu stehen.

Der einzige Modus, in dem Personen sich wechselseitig als freie endliche Vernunftwesen anerkennen können, ist nach Fichte das Rechtsverhältnis, verstanden als interpersonal-reziproke Selbstbeschränkung von Freiheitssphären. Personen schreiben sich selbst eine Freiheitssphäre zu, von der sie die anderen ausschließen, und schreiben anderen Freiheitssphären zu, von der sie sich selbst ausschließen – unter der Bedingung, dass die anderen ebenso verfahren. Der Rechtsbegriff ist somit als Ergebnis einer Analyse der Bedingungen des Selbstbewusstseins endlicher vernünftiger Wesen aus dem »bloßen Begriffe der Person, als einer solchen« deduziert. Recht ist der Inbegriff dessen, was dazugehört, »daß jemand überhaupt frei, oder Person sei« (§ 8, 94). Der Rechtsbegriff wird also an den Grundgedanken geknüpft: »Jeder soll überhaupt nur auch frei, eine Person sein können«

(§ 8, 93). Er ist die Antwort auf die Frage: »*[W]ie ist eine Gemeinschaft freier Wesen, als solcher, möglich?*« (§ 7, 85).

Ein Recht, das unmittelbar Bedingung der Möglichkeit des Personseins ist, nennt Fichte ein »Urrecht«. Es ist das »absolute Recht der Person, in der Sinnenwelt *nur Ursache* zu sein. (Schlechthin nie Bewirktes)« (§ 10, 113). Die Persönlichkeit ist insofern der »Inbegriff aller Rechte«; es ist die »erste und höchste Pflicht des Staats, diese an seinen Bürgern zu schützen« (Anhang I, § 10, 318). Zwei fundamentale, aus dem Urrecht unmittelbar resultierende Rechte leibhafter Personen sind das Recht auf Unantastbarkeit des menschlichen Körpers und das Recht auf Selbsterhaltung durch eigene Tätigkeit. Sie sind »Bedingung alles unseren Handelns, und aller Äußerung der Freiheit« (§ 11, 118). Personen haben daher an den Staat auch einen Rechtsanspruch auf Arbeit und gesichertes Existenzminimum. »Es ist Grundsatz jeder vernünftigen Staatsverfassung: Jedermann soll von seiner Arbeit leben können«; für den Fall, dass dies nicht mehr gewährleistet ist, »müssen Alle von Rechtswegen [...] abgeben von dem Ihrigen, bis er leben kann« (§ 18, 212 f.).

Das Recht auf Arbeit und das Recht auf die Sicherung der Bedingungen einer selbstbestimmten Existenz als Staatsbürger aus eigener Tätigkeit (Arbeit) haben bei Fichte den Rang von Menschenrechten, denn er leitet sie direkt aus dem Prinzip reziproker Anerkennung und dem Begriff des Urrechts ab. Aus dem Zusammenhang einer Theorie vom Menschen hinsichtlich seiner elementarsten Beziehungen als Mensch zu Menschen begründet Fichte den Rechtsbegriff. Recht ist Bedingung der Möglichkeit des Selbstbewusstseins von Personen als Handelnden. Aus dieser Begründung Fichtes wird deutlich: Das fundamentale Menschenrecht ist das Recht des Menschen, Rechte zu haben (diese heute Hannah Arendt zugeschriebene These stammt von Fichte; s. auch Kap. I.3.6). Urrecht ist dasjenige Recht, ohne welches kein Recht und kein Mensch ist. Menschen begegnen sich nur als Menschen, wenn sie sich als Rechtssubjekte anerkennen. Fichte entwickelt also aus elementarsten Voraussetzungen eine Explikation dessen, was es heißt, dass Menschen überhaupt Rechte haben.

Während Fichte im Grundlegungsteil des *Naturrechts* den Terminus ›Menschenrecht‹ nicht wörtlich verwendet, greift er ihn am Schluss des »angewandten Naturrechts« im Abschnitt über das Weltbürgerrecht explizit auf. Wer einen Staat besucht, dessen Staatsbürger er nicht ist, hat nach Fichte das

»ursprüngliche Menschenrecht, das allen Rechtsverträgen vorausgeht, und allein sie möglich macht: *das Recht auf die Voraussetzung aller Menschen, daß sie mit ihm durch Verträge in ein rechtliches Verhältniss kommen können*. Dies allein ist das eigentliche Menschenrecht, das dem Menschen, als Menschen, zukommt: die Möglichkeit, sich Rechte zu erwerben. Diese, aber auch nur sie, muß jedem zugestanden werden, der sie nicht ausdrücklich durch seine Handlungen verwirkt hat« (§ 22, 384; vgl. auch *Rechtslehre*, 649 ff. sowie 621 f.).

In den Revolutionsschriften von 1793 hatte Fichte den Terminus ›Menschenrecht‹ undefiniert in einem offenbar eher moralischen Sinn verwendet.

Wirkung

Im Hinblick auf die in der aktuellen philosophischen Debatte grundlegende Frage nach der kategorialen Qualifizierung von Menschenrechten als moralischen oder juridischen Rechten (vgl. Lohmann 1998) ist von Interesse, dass Fichte die Rechtsbegründung ganz von der Moral abkoppelt und das Recht nicht als Kodifizierung moralischer Gebote, sondern als (moralisch indifferenten) Inbegriff der Bedingungen des Selbstverständnisses von Menschen als freien vernünftigen selbstbestimmten Personen beschreibt. Recht ist der Inbegriff der Artikulationsbedingungen von Personalität, und das heißt nach Fichte: von interpersonal-reziproker Anerkennung, nicht die Kodifizierung einer bestimmten Moral. Fichtes Begriff des Urrechts präjudiziert keine essentialistische Wertzuschreibung und bezeichnet auch kein Set von naturrechtlichen, vorstaatlichen Normen. ›Wesentlich‹ für den Menschen ist nicht etwas dem Recht normativ Vorgelagertes, sondern das durch das Recht selbst ermöglichte Selbstbewusstsein von sich als Person, und damit die Möglichkeit, Rechtssubjekt zu sein. Nicht diese oder jene Moral, sondern die Idee des Rechts als wechselseitige Anerkennung von Personalität und damit von Sphären der Manifestation von selbstbestimmter

Freiheit ist ein geeigneter Ausgangspunkt für die Begründung von Menschenrechten. Ausgehend von Fichtes Theorie des Urrechts lassen sich Menschenrechte verstehen als grundlegendste Rechte derart, dass nur unter ihrer Voraussetzung überhaupt Menschen als Rechtssubjekte und damit als Menschen betrachtet werden (vgl. Mohr 2010). Eine einseitige Rezeption der planwirtschaftlichen und totalitären Züge von Fichtes *Geschlossenem Handelsstaat* von 1800 (»als Anhang zur Rechtslehre und Probe einer künftig zu liefernden Politik«) mag dazu geführt haben, dass die menschenrechtsphilosophischen Vorzüge seiner Rechtsbegründung im *Naturrecht* bis heute übersehen wurden. Eine angemessene Aufarbeitung von Fichtes Beitrag zur philosophischen Begründung von Menschenrechten steht noch aus.

Literatur

Baumanns, Peter: *Fichtes ursprüngliches System. Sein Standort zwischen Kant und Hegel*. Stuttgart-Bad Cannstatt 1972.

Fichte, Johann Gottlieb: *Grundlage des Naturrechts nach Prinzipien der Wissenschaftslehre* (1796/97). Fichtes Werke. Hg. von Immanuel Hermann Fichte (Berlin 1845/46). Bd. 3. Nachdruck Berlin 1971.

–: *Der geschlossene Handelsstaat. Ein philosophischer Entwurf als Anhang zur Rechtslehre und Probe einer künftig zu liefernden Politik* (1800). Fichtes Werke. Hg. von Immanuel Hermann Fichte (Bonn 1834/35). Bd. 3. Nachdruck Berlin 1971.

–: *Das System der Rechtslehre* (1812). Fichtes Werke. Hg. von Immanuel Hermann Fichte (Bonn 1834/35). Bd. 10. Nachdruck Berlin 1971.

Lohmann, Georg: »Menschenrechte zwischen Recht und Moral«. In: Stefan Gosepath/Ders. (Hg.): *Philosophie der Menschenrechte*. Frankfurt a. M. 1998, 62–95.

Mohr, Georg: »Der Begriff der Person bei Kant, Fichte und Hegel«. In: Dieter Sturma (Hg.), *Person. Philosophiegeschichte – Theoretische Philosophie – Praktische Philosophie*. Paderborn 2001, 103–141.

–: »Recht und Staat bei Fichte«. In: *Handbuch Deutscher Idealismus*. Hg. von Hans Jörg Sandkühler. Stuttgart/Weimar 2005, 187–194.

–: »Moralische Rechte gibt es nicht«. In: Hans Jörg Sandkühler (Hg.): *Recht und Moral*. Hamburg 2010, 63–80.

Rohs, Peter: *Johann Gottlieb Fichte*. München 1991.

Georg Mohr

2.9 John Stuart Mill

Ideengeschichtliche Bedeutung

Einer weit verbreiteten Überzeugung zufolge kann der Utilitarismus unveräußerliche Menschenrechte weder anerkennen noch begründen: Wenn die moralische Richtigkeit oder Falschheit einer Handlung, Regel oder Institution allein von ihren – abwägbaren – Folgen für das Wohlergehen aller bzw. von ihrem Nutzen abhängt, scheint es für absolute Rechte oder abwägungsresistente Forderungen der Gerechtigkeit keinen Raum zu geben. Die von John Stuart Mill (1806–1873) vertretene Variante des Utilitarismus beansprucht jedoch, Rechte nicht nur als faktisch existierende soziale Normen anerkennen, sondern auch als normativ bindend begründen zu können. Einflussreich geworden ist Mill insbesondere für die liberale Menschenrechtstradition und ihre Fokussierung auf negative Abwehrrechte sowie als einer der prononciertesten Verfechter der Meinungsfreiheit. Dennoch scheint es zwischen Mills beiden Hauptwerken *Über die Freiheit* (1859) und *Der Utilitarismus* (1861), und zwar zwischen der liberalen Wertschätzung individueller Freiheit und Selbstverwirklichung auf der einen und der utilitaristischen Ausrichtung am »größten Glück der größten Zahl« auf der anderen Seite, eine Spannung zu geben. Ob Mills utilitaristische Rechtfertigung einer liberalen Konzeption der Freiheit und der Rechte diese Spannung aufzulösen vermag, ist bis heute umstritten.

Menschenrechtlich relevante Theoriepositionen

Den Vorwurf, das utilitaristische Nützlichkeitsprinzip sei unvereinbar mit den Forderungen der Gerechtigkeit und der Idee basaler Rechte, greift Mill im fünften Kapitel von *Der Utilitarismus* unter dem Titel »Über den Zusammenhang von Gerechtigkeit und Nützlichkeit« auf. Zunächst fragt er nach jenem Spezifikum von Forderungen der Gerechtigkeit, das diese von anderen moralischen Forderungen unterscheidet. Dabei weist Mill darauf hin, dass wir nicht nur die Missachtung der *gesetzlich verbürgten* Rechte einer Person ›ungerecht‹ nennen, sondern manchmal auch die Gesetze selbst – und zwar dann, wenn sie die *moralischen* Rechte einer Person verletzen (vgl. Mill 1861/1976, 75–77). Den Begriff des Rechts wiederum, der diesen moralischen Rechten zugrunde liegt, erläutert Mill mit Bezug auf die Unterscheidung von ›vollkommenen‹ und ›unvollkommenen‹ Pflichten: Eine vollkommene Pflicht ist eine Pflicht, die etwas Bestimmtes zu tun oder zu unterlassen gebietet und »durch die eine oder mehrere andere Personen ein entsprechendes *Recht* erwerben« (ebd., 86; vgl. »Use and Abuse of Political Terms« (1832), in: Mill 1965ff., XVIII, 8). Als Forderungen der Gerechtigkeit beziehen sich Pflichten auf das, »was jemand uns gegenüber als sein moralisches Recht geltend machen kann« (Mill 1861/1976, 87). Aus einem Recht ergeben sich Mill zufolge begründete Ansprüche an die Gesellschaft: »Ein Recht zu haben bedeutet demnach, etwas zu haben, das mir die Gesellschaft schützen sollte, während ich es besitze« (ebd., 93). Für die auf diese Weise verstandenen Rechte gibt Mill keine naturrechtliche, sondern eine utilitaristische Rechtfertigung: »Wenn nun jemand fragt, warum [die Gesellschaft diese Rechte schützen] sollte, kann ich ihm keinen andern Grund nennen als die allgemeine Nützlichkeit« (92f.).

Auch wenn diesen Rechten damit nur ein instrumenteller, kein intrinsischer Wert zukommt, sind sie Mill zufolge doch als *grundlegend* zu erachten: Da sie dem Schutz basaler Interessen dienen, sind sie »für das menschliche Wohlergehen unmittelbarer bestimmend und deshalb unbedingter verpflichtend« (ebd., 103; vgl. Mill 1859/1974, 103) – und insofern die durch sie geschützten Interessen von allen Menschen geteilt werden, könnte man hier sogar von universellen Menschenrechten sprechen (Lyons 1977). An anderer Stelle betont Mill, dass Rechte und Pflichten eine Kalkulation und Abwägung der Folgen in jedem konkreten Einzelfall gerade verhindern sollen, da dies nicht nur zu großer Unsicherheit, sondern auch zu ewigen Streitereien führen würde (vgl. »Letter to George Grote«, in: Mill 1965ff., XV, 762). Insofern sollen Rechte zumindest relativ – und damit in freilich näher zu bestimmendem Maße – abwägungsresistent sein (vgl. Donner 1998, 282ff.).

Im Anschluss an Mill ist deshalb die Unterscheidung dreier Ebenen moralischen Urteilens vorgeschlagen worden (vgl. Lyons 1994, Kap. 6): Während sich die Bewertung einzelner *Handlungen* auf moralische *Prinzipien* (Rechte und Pflichten) bezieht und eine einzelne Handlung nur dann als moralisch richtig gelten kann, wenn dadurch keine Pflicht verletzt wird, beziehen sich moralische Prinzipien auf *Werte*, die sie befördern sollen. Und für den Utilitarismus ist Glück bzw. Wohlergehen der oberste Wert. Es ist allerdings unklar, ob sich Nützlichkeitserwägungen in der Beurteilung einzelner Handlungen wirklich auf diese Weise ausschließen lassen und ob moralischen Rechten dementsprechend von utilitaristischer Seite der Unbedingtheitsanspruch zugestanden werden kann, der ihnen z.B. von deontologischen Theorien zugeschrieben wird.

In *Über die Freiheit* weist Mill Rechten noch eine weitere Funktion zu: Sie sollen Individuen und Minderheiten vor den Gefahren einer Tyrannei der Mehrheit und des sozialen Konformitätsdrucks ebenso schützen wie vor den Übergriffen einer tyrannischen oder paternalistischen Regierung. Damit nimmt Mill, zumindest dem Sinn nach, die heute prominente Konzeption der Menschenrechte als ›subjektive‹ Rechte gegenüber dem Staat bzw. der Gemeinschaft vorweg. Jegliche Einschränkung der Freiheit unterwirft Mill seinem berühmtem Schadensprinzip (*harm principle*), dem zufolge »der einzige Zweck, um dessentwillen man Zwang gegen den Willen eines Mitglieds einer zivilisierten Gemeinschaft rechtmäßig ausüben darf, der ist: die Schädigung anderer zu verhüten. Das eigene Wohl, sei es das physische oder das moralische, ist keine genügende Rechtfertigung« (Mill 1974/1859, 16). Allerdings macht er auch hier deutlich, dass er »auf die Idee eines abstrakten, vom Nützlichkeitsprinzip unabhängigen Rechts« verzichtet; vielmehr sei Nützlichkeit die »letzte Berufungsinstanz in allen ethischen Fragen, aber es muß Nützlichkeit im weitesten Sinne sein, begründet in den ewigen Interessen der Menschheit als eines sich entwickelnden Wesens« (ebd., 18).

Warum aber sollte die Regierung – oder eine andere Instanz – dann nicht paternalistisch in die Freiheit der Bürger eingreifen dürfen, wenn dies eine Steigerung des Gesamtnutzens zur Folge hätte? Wird diese Möglichkeit eröffnet, ist der menschenrechtliche Sinn unverlierbarer Rechte umgehend konterkariert. Mill hat hier keine prinzipiellen, sondern allein pragmatische Argumente zur Hand: nämlich dass jeder selbst der beste Richter über das eigene Wohlergehen ist bzw. sein sollte und dass es langfristig dem allgemeinen Wohlergehen am besten dient, wenn rechtliche und andere Freiheitsbeschränkungen auf die Vermeidung von Schaden eingegrenzt werden. Allerdings verweist etwa Mills Rechtfertigung einer Einschränkung des Rechts auf Eheschließung und Familiengründung zur Verhinderung sozial nachteiliger Konsequenzen – etwa in Form missratenen Nachwuchses – auf die Grenzen dieser Begründung von Rechten (ebd., 148 f.; vgl. auch Mills Rechtfertigung der Todesstrafe in »Capital Punishment« (1868), in: Mill 1965 ff., XXVIII, 266 ff.). Zudem ist das Schadensprinzip auslegungsbedürftig (vgl. Brink 2007, 3.5–3.11), zumal es eine notwendige, nicht aber eine hinreichende Bedingung für die Regulierung und Sanktionierung von Verhalten spezifiziert. Wird auch Verhalten sanktioniert, das zwar nicht direkt schädlich ist, aber die Wahrscheinlichkeit eines Schadens erhöht? Wenn ja, wo wird dann die Grenze gezogen: Sind nur Handlungen oder auch Meinungsäußerungen, entsprechende Gedanken und Planungen zu sanktionieren? Lässt sich die Grenze zwischen Schädigung und öffentlichem Ärgernis eindeutig ziehen? Die präventive Ausrichtung des Schadensprinzips sowie die von Mill (1859/1974, 134 f.), z. B. im Fall des Trinkens in der Öffentlichkeit, zugestandene Ausweitung über physische Schädigung hinaus eröffnen hier durchaus relativ umfassende (auch sozialstaatliche und pädagogische) Eingriffsmöglichkeiten.

Schließlich hat die für Mill charakteristische Verbindung von Liberalismus und Utilitarismus ihn zum Verfechter progressiver politischer Forderungen gemacht. In *The Subjection of Women* (1869) wendet er sich gegen die gesellschaftliche und rechtliche Diskriminierung der Frauen, indem er argumentiert, dass die Unterwerfung eines Geschlechts unter das andere »wrong in itself, and now one of the chief hindrances to human improvement« (Mill 1965 ff., XXI, 261) sei. Und in den *Considerations on Representative Government* (1861/1976) tritt er zwar für ein Pluralstimmrecht, also die stärkere Gewichtung der Stimmen der ›Gebildeten‹ ein, fordert zugleich aber politische Teilnahmerechte für alle Bürger, da dies eine erzieherische Wirkung habe und das Individuum jeweils »the only safe guardian of his own rights and interests« sei (Mill 1965 ff., XIX, 404).

Wirkung

Obwohl Mill in verschiedenen Kontexten immer wieder auf prinzipienbasierte Argumente zurückgreift, stehen im Hintergrund doch stets Überlegungen über die Sicherung und Steigerung des individuellen und kollektiven Wohlergehens. Mills Projekt einer utilitaristischen Begründung von Rechten läuft daher auf eine Fundierung von Rechten in Wohlergehen hinaus. Das ermöglicht es ihm zwar, Rechten auch im Rahmen des Utilitarismus eine relativ starke Rolle einzuräumen, die verhindert, dass schon geringe Nutzensteigerungen ihre Einschränkung rechtfertigen könnten. Doch Rechte sind keine ›Trümpfe‹, die utilitaristische Kalkulationen in jedem Fall ›ausstechen‹ würden. Die Frage, ob es Rechte gibt, die unter keinen Umständen – wie gravierend die Konsequenzen auch immer sein mögen – eingeschränkt werden dürfen, muss der Utilitarismus – und damit auch Mill – verneinen. Utilitaristen sehen darin allerdings eine Stärke, da nicht nur der Tatsache Rechnung getragen wird, dass es Situationen gibt, in denen zwischen konfligierenden Rechten bzw. den durch sie geschützten basalen Interessen abgewogen werden muss, sondern auch ein Entscheidungsverfahren zum Umgang mit Rechtskollisionen bereitgestellt wird. Die Intuition, dass wir Rechte aber nicht deshalb respektieren sollten, weil dies begrüßenswerte Folgen hat, sondern weil wir das ihren Trägern – ganz unabhängig von den Folgen – schulden, hat bis heute Zweifel an Mills Anspruch wachgehalten, eine liberale Theorie der Rechte auf der Grundlage des Utilitarismus ausgearbeitet zu haben.

Literatur

Berger, Fred: *Happiness, Justice, and Freedom*. Berkeley 1985.
Brink, David: »Mill's Moral and Political Philosophy«. In: Edward N. Zalta (Hg.): *The Stanford Encyclopedia of Philosophy*, http://plato.stanford.edu/entries/mill-moral-political/ (2007; zuletzt aufgerufen: 1.4.2011).
Donner, Wendy: »Mill's Utilitarianism«. In: John Skorupski (Hg.): *The Cambridge Companion to Mill*. Cambridge 1998, 255–292.
Lyons, David: »Human Rights and the General Welfare«. In: *Philosophy and Public Affairs* 6/2 (1977), 113–129.
–: *Rights, Welfare, and Mill's Moral Theory*. Oxford 1994.
Mill, John Stuart: *Collected Works*. 33 Bde. Toronto 1965 ff.
–: *Über die Freiheit*. Stuttgart 1974 (engl. 1859).
–: *Der Utilitarismus*. Stuttgart 1976 (engl. 1861).
Rinderle, Peter: *John Stuart Mill*. München 2000.

Robin Celikates

2.10 Max Weber

Ideengeschichtliche Bedeutung

Als eigentlichen Klassiker der Menschenrechte kann man den deutschen Juristen, Nationalökonomen und Soziologen Max Weber (1864–1920) nur schwerlich bezeichnen. Jeglichen philosophischen Versuchen ihrer Begründung stand er skeptisch gegenüber, in seiner soziologischen Analyse der okzidentalen Rationalisierung des Rechts blieb die Idee unveräußerlicher Menschenrechte eine Marginalie, und sie erschien auch seinem politischen Urteil ambivalent. Dennoch kann eine Ideengeschichte der Menschenrechte an Max Weber nicht vorbeigehen. Auch wenn Weber den globalen Aufstieg der Menschenrechte im 20. Jahrhundert nicht voraussah, haben seine Schriften ein großes Anregungspotential für eine zeitgemäße Soziologie der Menschenrechte.

Menschenrechtlich relevante Theoriepositionen

Webers Skepsis gegenüber den Versuchen, die Geltung von Menschenrechten zu begründen, ist seinem vom südwestdeutschen Neukantianismus geprägten Verständnis der Kulturwissenschaften geschuldet. Alle Wissenschaften fänden ihre logisch-begriffliche Einheit in der ›denkenden Ordnung‹ der Wirklichkeit. Auch die Kulturwissenschaften, die nicht die Erkenntnis allgemeiner Naturgesetze, sondern historisch singulären menschlichen Handelns zum Ziel hätten, seien insofern ›Wirklichkeitswissenschaften‹. Da aber ›empirische Feststellung‹ und ›praktische Wertung‹ historischer Wirklichkeit kategorial zu unterscheiden seien, müsse kulturwissenschaftliche Erkenntnis ›werturteilsfrei‹ sein. Heftig kritisierte Weber in seinen methodologischen Schriften daher die Restbestände normativen und vor allem naturrechtlichen Denkens in den Kulturwissenschaften. Gerade die kulturwissenschaftliche Analyse von Rechtssätzen müsse sich auf die Chance ihrer ›empirischen Geltung‹ beschränken und könne sich zu ihrem ›normativen Sinn‹ nicht äußern (Weber 1920/1980, 181). Auch die Menschenrechte sind damit einer wissenschaftlichen

Begründung schlechthin unzugänglich und bleiben Gegenstand der wertenden Stellungnahme des Einzelnen.

Max Webers wissenschaftstheoretische Position schlägt sich unmittelbar in seiner soziologischen Analyse der okzidentalen Rationalisierung des Rechts nieder. Als deren Kern bestimmt er die Herausbildung eines generalisierten und systematisierten Rechts, das sich gegenüber ständischen Rechtsbeziehungen durch Vertragsfreiheit und Rechtsgleichheit auszeichne und mit kapitalistischen Märkten und bürokratischen Staaten wahlverwandt sei. Die Menschenrechte sind in diesem Prozess für Weber in dreierlei Hinsicht von Interesse. Erstens sind sie mit anderen naturrechtlichen Maximen die typische Legitimationsform der zumeist revolutionär geschaffenen modernen Rechtsordnung, die sich weder auf Offenbarung noch auf Tradition mehr stützen kann. Dem ›formalen‹ Naturrecht der Vertragstheorien misst Weber dabei eine größere Bedeutung zu als dem ›materialen‹ Naturrecht der Vernunfttheorien, er privilegiert also in gewisser Weise die liberalen Abwehrrechte gegenüber politischen Teilhabe- und sozialen Anspruchsrechten. Die Menschenrechte sind für Weber zweitens von Interesse, weil sie die Schnittstelle zwischen Naturrecht und positiver Rechtsordnung darstellen. Die historischen Ursprünge der Positivierung der Menschenrechte verortet er dabei ähnlich wie sein Heidelberger Weggefährte Georg Jellinek. Dieser hatte in *Die Erklärung der Menschen- und Bürgerrechte* (1895) argumentiert, dass individuelle Freiheitsrechte, verstanden als Grund und Grenze der Staatsgewalt, nicht erstmals in der *Déclaration des Droits de l'Homme et du Citoyen* von 1789, sondern in der *Virginia Bill of Rights* von 1776 und anderen Rechtskatalogen der amerikanischen Kolonien kodifiziert worden seien, die sich primär dem Kampf unabhängiger puritanischer Sekten um die positive wie negative Religionsfreiheit verdankten. Daher sei »die Idee, unveräußerliche, angeborene, geheiligte Rechte des Individuums gesetzlich festzustellen, nicht politischen, sondern religiösen Ursprungs« (Jellinek 1895/1974, 53). Auch Weber, den der ›asketische Protestantismus‹ vorwiegend wegen seiner Bedeutung für den modernen Kapitalismus interessierte, sah im religiösen Individualismus und der antiautoritären Gemeinschaftsbildung protestantischer Sekten (neben der Aufklärung) ein wesentliches Motiv für die verfassungsrechtliche Verankerung des Rechts eines jeden Beherrschten gegenüber politischer Herrschaft.

»Einerlei ob – wie Jellinek überzeugend wahrscheinlich gemacht hat – das älteste, so ist jedenfalls die ›Gewissensfreiheit‹ in diesem Sinn das prinzipiell erste, weil weitestgehende, die Gesamtheit des ethisch bedingten Handelns umfassende, eine Freiheit von der Gewalt, insbesondere der Staatsgewalt, verbürgende ›Menschenrecht‹ [...]. Ihm gliedern sich die sonstigen ›Menschen‹-, ›Bürger‹- oder ›Grundrechte‹ an: vor allem das Recht auf freie Wahrnehmung der eigenen ökonomischen Interessen [...], dessen wichtigste Unterbestandteile die Unantastbarkeit des individuellen Eigentums, die Vertragsfreiheit und die Freiheit der Berufswahl sind« (Weber 1920/1980, 726).

Für Weber nimmt das Schicksal der Menschenrechte in der Rationalisierung des Rechts allerdings, drittens, eine tragische Wendung. Durch den Aufstieg des Rechtspositivismus im 19. Jahrhundert sei die Legitimität aller ›metajuristischen Axiome‹, ob religiöser oder naturrechtlicher Art, verschwunden. Getragen von einer zunehmend autonomen juristischen Profession habe sich eine *formale* Rationalität des Rechts durchgesetzt, die mit der *materialen* Rationalität ethischer Prinzipien – Gerechtigkeit, Menschenwürde usw. – zunehmend in Spannung stehe. Und nicht nur das. Insoweit die Positivierung subjektiver öffentlicher Rechte, so das an Karl Marx erinnernde Argument, eine höhere Berechenbarkeit individueller Handlungschancen gestatte, seien Menschen- und Grundrechte ›Vorbedingung für das freie Schalten des Verwertungsstrebens des Kapitals mit Sachgütern und Menschen‹, dessen Eigenlogik bei Verlust des radikalprotestantischen Ethos die Freiheitssphäre des Einzelnen bedrohe.

Nicht von ungefähr ist Webers politische Haltung gegenüber den Menschenrechten daher ambivalent. Soweit sie als ›extrem rationalistische Fanatismen‹ oder sozialistische Rechtsforderungen auftreten, kann er in ihnen einerseits eine Bedrohung der formal-rationalen Eigengesetzlichkeit des modernen Rechts sehen. Dass er andererseits die Menschenrechte als unhintergehbare Errungenschaft und Grundlage einer freiheitlichen Wirtschafts- und Rechtsordnung einschätzt, zeigt seine Kommentierung der russischen Revolution sowie der parlamentarischen Neuordnung Deutschlands nach 1918. Hier ermahnte er das liberale Bürgertum stets zur Verteidigung der individuellen Freiheitssphäre gegenüber dem mit Bürokratie und Kapitalismus einhergehenden ›Gehäuse der Hörigkeit‹.

Wirkung

Die Weber-Rezeption war, was die Menschenrechte betrifft, lange von eher kritischen Stimmen geprägt. In der Nachkriegszeit konnten Autoren wie Leo Strauss seine Wissenschaftstheorie für den Niedergang des Naturrechts und den Aufstieg eines ›Nihilismus‹ mitverantwortlich machen. Auch im Gefolge der Kant-Renaissance in der politischen und Rechtsphilosophie am Ende des 20. Jahrhunderts monierte man, Webers Rechtssoziologie könne den ›universalen normativen Geltungsanspruch‹ der Menschenrechte nicht mehr adäquat thematisieren (so Brugger 1980, 173 f.). Für diese Sichtweise spricht, dass die an Weber orientierten Sozialwissenschaften erst mit großer Verspätung überhaupt auf den globalen Aufschwung der Menschenrechte aufmerksam wurden. Neuerdings finden sich demgegenüber auch andere Einschätzungen, die das unabgegoltene Potential von Webers impliziter Soziologie der Menschenrechte hervorheben. Dieses sieht man zum einen in der Rekonstruktion religiöser Genealogien der Menschenrechte (Joas 2011, 54 f.). Vor dem Hintergrund der hochgradig konservativ dominierten Staatsrechtslehre des Wilhelminischen Kaiserreichs versuchte Weber wie Jellinek, die Menschenrechte ihrer Bindung an die Französische Revolution zu entledigen und damit zu rehabilitieren. Dass die sogenannte ›Jellinek-These‹ zur herrschenden Meinung der deutschen Rechtswissenschaft wurde und später in soziologische Theorien politischer Modernisierung einging, ist nicht zuletzt Weber zu verdanken. Anregend bleibt zum anderen aber auch Webers Analyse des Zusammenhangs der Positivierung subjektiver öffentlicher Rechte mit dem Aufstieg von Kapitalismus und Bürokratie. Sie vermag gerade in Zeiten der Hochkonjunktur von Menschenrechten für deren innere Spannungen und paradoxe Folgen zu sensibilisieren.

Literatur

Brugger, Winfried: *Menschenrechtsethos und Verantwortungspolitik. Max Webers Beitrag zur Analyse und Begründung der Menschenrechte*. Freiburg/München 1980.

Jellinek, Georg: »Die Erklärung der Menschen- und Bürgerrechte [1895]«. In: Roman Schnur (Hg.): *Zur Geschichte der Erklärung der Menschenrechte*. Darmstadt 1974, 1–77.

Joas, Hans: *Die Sakralität der Person. Eine neue Genealogie der Menschenrechte*. Frankfurt a. M. 2011.

Koenig, Matthias: *Menschenrechte bei Durkheim und Weber*. Frankfurt a. M./New York 2002.

Weber, Max: *Wirtschaft und Gesellschaft* [1920–21]. Tübingen 1980.

Matthias Koenig

3. Klassiker der Kritik

3.1 Edmund Burke

Ideengeschichtliche Bedeutung

Edmund Burke (1729–1797) war kein systematischer Denker. Der größte Teil seiner Schriften sind Produkte seiner politischen Aktivität als Mitglied der Rockingham-Whigs. Es handelt sich dabei zumeist um Reden, die er im englischen Unterhaus oder zu Wahlkampfzwecken gehalten hat. Dabei stellen Burkes berühmte Stellungnahmen zum amerikanischen Unabhängigkeitskrieg (*On American Taxation*, 1774; *On Conciliation with the Colonies*, 1775, W II), seine Wahlkampfreden in Bristol (W III) und nicht zuletzt seine Anklagerede im Verfahren gegen den Gouverneur der East India Company in Bengalen (Warren Hastings Impeachment) nur den Gipfel einer kaum zu überblickenden Menge an Reden dar, die sich mitunter über mehrere Tage erstreckt haben. Daraus eine konsistente, in sich geschlossene politische Theorie abzuleiten, ist weder einfach zu bewerkstelligen, noch lässt sich auf diese Weise dem Werk Burkes gerecht werden.

Dies gilt auch für seine berühmte Streitschrift *Reflections on the Revolution in France* (1790), die ihn zu einem der geistigen Väter des Konservativismus gemacht hat. Zwar findet sich in diesem Werk in der Tat eine Vielzahl von Passagen, deren konservativer, bisweilen gar reaktionärer Gehalt mehr als offensichtlich ist, doch daraus den Charakter von Burkes politischem Denken insgesamt ableiten zu wollen, der Schrift gar einen systematischen Gehalt zu unterstellen, führt in die Irre. Auch wenn es nicht falsch ist, ihn als einen konservativen Autor zu bezeichnen, so gibt es doch auch viele Reden und Abhandlungen, denen nach damaligen Maßstäben durchaus ein liberaler Geist innewohnt. Gerade weil Burke keine systematische politische Theorie entwickelt hat, stehen diese zum Teil widersprüchlichen Elemente oftmals unvermittelt nebeneinander, lassen sich nicht einem in sich geschlossenen Interpretationsschema unterordnen. Dieses »Burke-Problem« (Macpherson 1980) zeigt sich nun auch mit Blick auf seine Haltung zur Geltung der Menschenrechte. So formuliert er zwar in den *Reflections* eine fundamentale Kritik der französischen *Erklärung der Menschen- und Bürgerrechte*. Burke wendet sich hier gegen den abstrakten, weil metaphysischen Charakter der Menschenrechte und stellt ihnen *kulturell situierte* Rechte entgegen. Zugleich hat er sich in seinem Einsatz für die indische Bevölkerung und die irischen Katholiken durchaus auf ›natürliche‹ Rechte berufen.

Menschenrechtskritische Theoriepositionen

Burkes Kritik der Menschenrechte in den *Reflections* ist mit rhetorischer Verve vorgetragen; es handelt sich um eine Streitschrift, die die Verbreitung der »metaphysics rights« (Burke 1982, 152) der Französischen Revolution zu verhindern versucht. In einem schlechten Sinne metaphysisch sind die Menschenrechte laut Burke, weil sie die historisch gewachsene gesellschaftliche Ordnung (»prescription«) zersetzen und zu Chaos und Gewalt führen. Er kritisiert das Menschenbild der Aufklärungsphilosophie, das den Menschen zu einem Vernunftwesen adelt, und die damit korrespondierende Vorstellung von Gesellschaft als einer rational planbaren Ordnung; einer Gesellschaft, die nicht länger auf Privilegien und Religiosität beruht, sondern einzig und allein vernunftbestimmt ist. Für Burke ist der Mensch demgegenüber ein primär durch Leidenschaften bestimmtes Wesen; er wird von irrationalen Antrieben in seinem Verhalten geleitet. Und damit diese Leidenschaften nicht – wie in Frankreich – ihr zerstörerisches Werk verrichten können, bedarf es Burke zufolge nicht etwa *mehr*, sondern *weniger* Aufklärung. Der Mensch braucht eine übergreifende, historisch gewachsene sittliche Ordnung, in der er seinen Platz findet. Diese Ordnung wird durch die Institutionen der Monarchie und der Kirche, die den Menschen Respekt einflößen, ihnen aber auch Geborgenheit bieten, garantiert. Die in der französischen *Erklärung der Menschen- und Bürgerrechte* vom 26. August 1789 postulierten Freiheiten und Rechte überfordern dagegen den Einzelnen und führen zu

Gewalt und Anarchie, gerade weil sie sich auch gegen die Ordnung garantierenden Institutionen richten. Burke wendet sich namentlich gegen die Ideen der ›Volkssouveränität‹ und der ›Gleichheit‹ der sozialen Rechte. Beides sind für ihn Forderungen, die den meisten Menschen nicht gerecht werden. Für ihn steht außer Frage, dass die Menschen *nicht* gleich sind; dass zwischen ihnen politisch grundlegende und legitime Unterschiede bestehen und dass diese zu bewahren sind.

Den vermeintlich universellen Menschenrechten stellt Burke die konkreten, gewachsenen Rechte, namentlich die »rights of Englishmen« (Burke 1982, 118) entgegen. Es handelt sich um Rechte, die sich für ein bestimmtes Land, mit einer spezifischen Geschichte und einer daraus resultierenden spezifischen politischen Kultur, als angemessen und daher bewahrenswert erwiesen haben. Burke bestreitet nicht die Möglichkeit einer schrittweisen Reform oder Erweiterung dieser Rechte, jedoch müsste dabei kontextsensibel und gerade nicht abstrakt-universalistisch verfahren werden.

Die liberale und den Inhalt – wenn auch nicht die Idee – universeller Menschenrechte durchaus begünstigende Dimension seines Denkens zeigt sich dagegen in seinen Schriften zur irischen Frage einerseits und in seinem Kampf gegen Warren Hastings, den damaligen Gouverneur der East India Company, andererseits. So hat Burke hinsichtlich der Irlandfrage, für die er sich schon aufgrund seiner eigenen Herkunft in besonderer Weise engagiert hat, für eine Übertragung der liberalen Freiheitsrechte, wie sie in der englischen *Bill of Rights* von 1689 für die Bevölkerung in England Gestalt angenommen haben, ausgesprochen. Er prangerte immer wieder die englische Politik an, die einen Großteil der irischen Bevölkerung nahezu wie Sklaven behandle, und forderte die gleichen Rechte für die katholische Mehrheit der Iren. Burke kritisierte ausdrücklich die irischen ›penal laws‹, die sich einseitig gegen die katholische Bevölkerung richteten und diese zum Übertritt zum Protestantismus bewegen sollten. Diese ›penal laws‹ bezogen sich nicht nur auf die Religionsausübung, sondern verweigerten den irischen Katholiken auch grundlegende wirtschaftliche und politische Rechte (Burke 1978).

Noch deutlicher tritt Burkes Einsatz für die Rechte unterdrückter Bevölkerungen in seiner leidenschaftlichen Auseinandersetzung mit der englischen Kolonialpolitik in Indien im Allgemeinen und mit Hastings im Besonderen zutage. Burke betreibt ein Amtsenthebungsverfahren (*impeachment*) gegen Hastings, das sich über fast zehn Jahre erstreckt. Im Zuge dieses Verfahrens verweist Burke immer wieder auf fundamentale Menschenrechtsverletzungen in Indien und erspart seinen Zuhörern auch nicht die grausamen Details einer Politik, die die Kolonien und deren Bevölkerung nur als Mittel zur Steigerung des Profits begreift. Er kritisiert dabei sowohl die Zerschlagung der traditionellen Gesellschaftsstruktur als auch die zum Teil brutalen Methoden der Plünderung, bei denen auch vor Folterungen nicht zurückgeschreckt wurde. In seiner berühmten *Speech in Opening the Impeachment of Warren Hastings* (1788), in der Burke seine Anklagepunkte zusammenfasst, beruft er sich dabei auch auf ein *göttliches Naturrecht*, gegen das Hastings und damit auch die englische Regierung verstoßen habe:

»We are all born in subjection, all born equally, high and low, governors and governed, in subjection to one great, immutable, pre-existing law, prior to all our devices, and prior to all our contrivances [...]. This great law does not aries from our conventions or compacts. On the contrary, it gives to our conventions and compacts all the force and sanction they can have« (W VI, 350).

Diese Textstelle ist als Beleg dafür angeführt worden, dass Burke ein thomistisches Naturrecht und damit auch einen zumindest basalen Menschenrechtskatalog vertritt (Stalins 1958).

Wirkung

Burkes Kritik der Französischen Revolution und besonders seine Kritik der Menschenrechte hat schon zu Lebzeiten nicht nur begeisterte Zustimmung aufseiten konservativer Autoren hervorgerufen, sondern auch zu zahlreichen Gegenreaktionen geführt. Ideengeschichtlich bedeutsam sind vor allem Thomas Paines Werk *Rights of Man* (1791), in dem in direkter Auseinandersetzung mit Burke insbesondere das Recht auf demokratische Selbstregierung aller Völker verteidigt wird, und Mary Wollstonecrafts *A Vindication of the Rights of Men* (1790). Wollstonecraft plädiert in diesem Buch für die Ausweitung der Menschenrechte auf Frauen, wobei sie Burke aus einer vernunftrechtlichen Position heraus kritisiert und damit den geläufigen Gegensatz zwischen männlicher Rationalität und weiblicher Emotionalität unterläuft. Doch konnten diese Interventionen, gemessen an den Prinzipien der politischen Moderne, nicht verhindern, dass Burkes Kritik der abstrakten Rechte der Französischen Revolution und ihrer rationalistischen Philosophie eine wichtige Inspirationsquelle konservativen Denkens geworden ist (Hirschman 1995). In der Mitte des 20. Jahrhunderts ist dann auch der bereits erwähnte Versuch unternommen worden, Burke als konservativ gesinnten Naturrechtsdenker zu deuten.

Aus heutiger Sicht bleibt eine Spannung in Burkes Ausführungen zur Idee der Menschenrechte: auf der einen Seite seine fundamentale Kritik an der französischen *Erklärung der Menschen- und Bürgerrechte*, auf der anderen Seite sein engagierter Einsatz für die Rechte der irischen Katholiken und der indischen Bevölkerung. Diese Spannung lässt sich zum einen durch den Verweis auf den rhetorischen Charakter seiner Reden und Schriften auflösen (White 1994; Waldron 1987). Gerade weil es Burke nicht um den Entwurf einer geschlossenen politischen Philosophie ging, sondern er sich als ein »philosopher in action« (W II, 317f.) verstand, konnte er scheinbar Gegensätzliches in unterschiedlichen Kontexten behaupten. Zum anderen zeigt sich bei Burke aber auch eine Differenz zwischen der Akzeptanz basaler Menschenrechte, die für ihn göttlichen Ursprungs sind und die Integrität von Menschen, aber auch von kulturellen Gemeinschaften schützen sollen, und der grundsätzlichen Ablehnung jener modernen revolutionären Forderungen, die die Statusunterschiede zwischen den Menschen einzuebnen trachten. Vor diesem Hintergrund lässt sich Burke auch als früher Kritiker eines falsch verstandenen westlichen Universalismus interpretieren (Frohnen 2005); eines Universalismus, der lokale Traditionen mit seiner Forderung nach radikaler Gleichheit und kollektiver Selbstbestimmung in der Praxis oftmals überfordert hat.

Literatur

Burke, Edmund: *The Writings and Speeches of Edmund Burke*. 12 Bde. Oxford 1981 ff. [W].

–: *Reflections on the Revolution in France and on the Proceedings in Certain Societies in London Relative to that Event*. Harmondsworth 1982.

–: *Letters, Speeches and Tracts on Irish Affairs*. New York 1978.

Frohnen, Bruce: »Burke and the Conundrum of International Human Rights«. In: Ian Crowe (Hg.): *An Imaginative Whig. Reassessing the Life and Thought of Edmund Burke*. Columbia/London 2005, 175–202.

Hirschman, Albert O.: *Denken gegen die Zukunft. Die Rhetorik der Reaktion*. Frankfurt a. M. 1995.

Macpherson, Crawford B.: *Burke*. Oxford/Toronto/Melbourne 1980.

Paine, Thomas: *Die Rechte des Menschen*. Frankfurt a. M. 1973 (engl. *Rights of Man*, 1791).

Stalins, Peter J.: *Edmund Burke and the Natural Law*. Ann Arbor 1958.

Waldron, Jeremy: *Nonsense upon Stilts: Bentham, Burke and Marx on the Rights of Man*. London/New York 1987.

White, Stephen K.: *Edmund Burke: Modernity, Politics, and Aesthetics*. Thousand Oaks/London/New Delhi 1994.

Wollstonecraft, Mary: *Verteidigung der Menschenrechte*. Freiburg/Berlin 1996 (engl. *A Vindication of the Rights of Men, in a Letter to the Right Honourable Edmund Burke; Occasioned by His Reflections on the Revolution in France*, 1790).

Dirk Jörke

3.2 Olympe de Gouges

Ideengeschichtliche Bedeutung

Wirkungsgeschichtlich war Olympe de Gouges' (1748–93) Schrift *Les droits de la femme* (1791) nahezu zweihundert Jahre lang gänzlich irrelevant, ideengeschichtlich hingegen kommt ihr im Rückblick epochale Bedeutung zu. Ihr Kernstück, die *Déclaration des droits de la femme et de la citoyenne*, war als Gesetzesantrag an die französische Nationalversammlung verfasst. Dieser Antrag sollte im Zuge der Verhandlungen über die neue Verfassung zur Diskussion und zur Annahme durch den Gesetzgeber gestellt werden. Als die Schrift am 14. Oktober 1791 in nur wenigen Exemplaren erschien, war es dafür jedoch zu spät (vgl. Burmeister 1999, 39 f., 75). Inzwischen hatte auch der König den Eid auf die von der Nationalversammlung bereits am 3. September verabschiedete Verfassung geleistet, der als Einleitung die *Déclaration des droits de l'homme et du citoyen* vom 26. August 1789 unverändert vorangestellt wurde und auf die sich die französischen Institutionen auch später immer wieder beziehen sollten.

Es sind vier Aspekte, die Olympe de Gouges' *Les droits de la femme* im Kontext der verschiedenen Stadien feministischer Theoriebildung sowie des Menschenrechtsdiskurses seit dem letzten Drittel des 20. Jahrhunderts bedeutsam erscheinen lassen: Durch die Forderung nach Einbeziehung der Frauen in die Menschen- und Bürgerrechte betont die Schrift den allgemeinen und universalen Geltungssinn der Menschenrechte sowie den Gedanken der Gleichheit der Geschlechter als Rechtssubjekte. Indem de Gouges zugleich geschlechtsspezifische Differenzierungen einführt, gibt sie zu verstehen, dass Rechte die Wirklichkeit verfehlen, wenn sie auf ein – vermeintlich – abstraktes, kontextloses Individuum bezogen werden und unterschiedliche Lebensrealitäten sowie damit verbundene Erfahrungen von Privilegierung und Diskriminierung außer Acht lassen. Eng damit verbunden ist ein Bewusstsein dafür, dass die Grenzziehung zwischen öffentlicher und privater Sphäre problematisch ist, wenn sie dazu führt, die Bedeutung privater Verhältnisse als Voraussetzung für die Verwirklichung gleicher Freiheitsrechte zu vernachlässigen, bzw. dazu dient, Ungerechtigkeit und Gewalt gegen Frauen mit dem Argument der Privatheit direkt oder indirekt zu rechtfertigen. Schließlich ist in de Gouges' Aufforderung an die Frauen, für ihre Rechte zu kämpfen, das Wissen darum enthalten, dass Menschenrechte keine wie immer gegebenen oder einseitig verliehenen, sondern stets erkämpfte Rechte sind, deren Inhalt und Geltung von den Menschen abhängt, die sich zur Idee der Menschenrechte bekennen, in die Auseinandersetzungen um ihre Ausformulierung eintreten und sich für ihre Durchsetzung erfolgreich einsetzen.

Menschenrechtskritische Theoriepositionen

Mit ihrer Kritik an der männlichen Verengung des Gleichheitsbegriffs einerseits und den sozialen, ökonomischen und zivilrechtlichen Benachteiligungen von Frauen als Grundlage für eine sexistische Abschottung der Politik andererseits steht de Gouges in ihrer Zeit nicht allein da. Durch die Teilnahme von Frauen am öffentlichen Leben in den Jahren der Revolution wurde die Diskussion der traditionellen Frauenbilder und der Rolle der Frauen nicht nur im häuslichen Bereich, sondern auch im politischen Gemeinwesen neu belebt. Frauen haben die Volksaufstände aktiv mitgetragen; Eingaben von Frauen an lokale Institutionen und den Nationalkonvent waren ebenso an der Tagesordnung wie ihre Redebeiträge auf Sektions- und Massenversammlungen (nicht jedoch in der Nationalversammlung, wo ihnen das Recht zu reden verwehrt blieb); in ganz Frankreich wurden mindestens 30 politische Frauenclubs gegründet; neben einer Vielzahl von Schriften, Broschüren und Pamphleten erschienen die ersten Zeitschriften, die man als ›feministische‹ bezeichnen kann (dazu exemplarisch Godineau 1994; Sledziewski 1994). Unter den Schriften, die – gemäßigter oder militanter – eine zivilrechtliche Besserstellung, den Zugang zu Bildungsmöglichkeiten und adäquaten Berufen sowie die Zulassung der Frauen zu den politischen Rechten forderten, waren es neben de Gouges' *Déclaration des droits de la femme et de la citoyenne* insbesondere Jean Antoine de Condorcets Broschüre *Sur l'admission des femmes au droit de cité* von 1789 sowie Mary Wollstonecrafts 1792 erschienener und sogleich ins Französische übersetzter Traktat *A Vindication of the Rights of Woman*, die in den 1970er Jahren wiederentdeckt und zu ›Gründungstexten‹ des Feminismus wurden. Während Condorcet, ausgehend vom Gleichheitsprinzip der Menschenrechte und einer allen Menschen gemeinsamen Vernunft, eine abstrakte Argumentationslinie zur Begründung der gleichen Rechte von Frauen und Männern vorzeichnete, die auf die Überzeugungsmacht des aufgeklärten Intellekts vertraute und der sexuellen Differenz wenig Bedeutung beimaß, Wollstonecraft dagegen vor allem die kulturelle und soziale Tiefendimension des ungleichen Geschlechterverhältnisses zu erschließen suchte und dementsprechend Ziele einer langfristigen moralischen und gesellschaftlichen Transformation formulierte, war de Gouges' Forderung nach Menschen- und Bürgerrechten für Frauen eine unmittelbare politische Kampfansage gegen männlichen Despotismus. In einer Zeit, die gegen das Prinzip der persönlichen Über- und Unterordnung den Grundsatz der gleichen Freiheiten proklamierte, war die männliche Herrschaft über Frauen ein durch nichts mehr zu rechtfertigendes Unrecht – nicht anders als die Sklaverei in den Kolonien, die de Gouges in ihrem Theaterstück *Zamore et Mirza ou l'heureux naufrage* (vor der Uraufführung 1789 in der Comédie-Française umbenannt in *L'esclavage des nègres*) sowie ihren *Réflexions sur les hommes nègres* (1788) behandelt hatte (vgl. dazu Blanc 1989, 68–84; Noack 1992, 51–72). Einerseits getragen von der zeittypischen Idee, mit Bezug auf das überpositive Naturrecht ohne Rücksicht auf das Überkommene eine völlig neue Rechtsordnung schaffen zu können, wusste de Gouges andererseits aus eigener biographischer Erfahrung, dass sich soziale, ökonomische und kulturelle Gewalt- und Machtverhältnisse durch Argumente allein nicht erschüttern lassen.

Formal wie inhaltlich folgt die *Erklärung der Rechte der Frau und Bürgerin* der *Erklärung der Menschen- und Bürgerrechte* von 1789. Dieser darstellungsdramaturgisch raffinierte Einfall erzwingt eine Gegenüberstellung der beiden Dokumente, die sowohl die umfassenden Implikationen des revolutionären Gleichheitsgedankens als auch die Notwendigkeit, Rechte mit Bezug auf besondere Situationen und Verhältnisse zu spezifizieren, unmittelbar einsichtig zu machen vermag. Der eigentlichen Erklärung, bestehend aus der Präambel und den 17 Artikeln, ist eine Widmung an die Königin sowie eine an ›den‹ Mann gerichtete Vorrede vorangestellt. Ferner enthält die Broschüre ein Nachwort, dem sich das »Muster eines Gesellschaftsvertrages zwischen Mann und Frau« anschließt. Anders als ihr Vorbild nennt die Präambel der *Erklärung der Rechte der Frau und Bürgerin* als Ursache des öffentlichen Elends und der Korruptheit der Regierungen nicht die Missachtung der »Rechte der Menschen«, sondern »die Unkenntnis, das Vergessen oder die Verachtung der Rechte der Frau« (hier und im Folgenden mit geringfügigen Abweichungen zit. nach der zweisprachigen Version in Burmeister 1999, 139–175). Deshalb verlangen »die Mütter, die Töchter und die Schwestern« ihre Konstituierung als Nationalversammlung, um über die folgenden Rechte beschließen zu können. Auffallend ist, dass die Frauen als Repräsentantinnen der »Nation« (*nation*) und nicht des »Volkes« (*peuple*) bezeichnet werden. De Gouges übernimmt damit das Losungswort des Dritten Standes, der beanspruchte, den Gesamtwillen des Volkes auszudrücken. Während das Wort ›Volk‹ in der Sprache des Feudalismus einen familienähnlichen, d. h. durch ›natürliche‹ Ungleichheiten bestimmten Untertanenverband meint und in der republikanischen Tradition stets durch Ausschluss großer Bevölkerungsteile geprägt war, verbindet sich das Wort ›Nation‹ seit Emmanuel Joseph Sieyès' berühmter Schrift *Qu'est-ce que le tiers état?* von 1789 mit der gegen Ständeordnung und Ständevertretung gerichteten Konzeption einer egalitären, sich selbst konstituierenden staatsbürgerlichen Gesellschaft. Es vereinigt in sich sowohl das Postulat der Selbstbestimmung als auch das der Gleichheit (vgl. Fehrenbach 1986, 75 f. u. 91–99). Darauf, dass de Gouges diese Ersetzung gezielt vorzunehmen scheint, deuten die Modifikationen gegenüber dem Vorbild in den Artikeln 3 und 16 hin. In Artikel 3 wird die Nation, die die legitime Basis aller staatlichen Macht darstellt, als eine »Vereinigung von Frau und Mann« bestimmt, Artikel 16 hält ergänzend zum Wortlaut der Erklärung von 1789 fest, dass die »Verfassung null und nichtig« sei, »wenn die Mehrheit der Individuen, die die Nation darstellen, an ihrem Zustandekommen nicht mitgewirkt hat«.

Die zentrale Strategie der Reformulierung der 17 Artikel besteht nun nicht darin, wie der Titel der Schrift und ihre Präambel vermuten lassen könnten, das Wort ›Mensch‹, das im Kontext der Nationalversammlung einseitig auf die Männer bezogen war, einfach durch ›Frau‹ zu ersetzen, vielmehr spricht der Text von »Mann und Frau« bzw. »Bürger und Bürgerin«. Er reagiert damit auf die notorische Ambivalenz im Begriff ›Mensch‹ (*l'homme*), die bereits für den Geschlechterdiskurs der zweiten Hälfte des 18., vor allem aber dann des 19. und frühen 20. Jahrhunderts prägend war. Insbesondere die eng mit dem Namen Jean-Jacques Rousseaus und der breitenwirksamen Rezeption seiner Schriften verbundene Begründung einer weiblichen Sonderanthropologie und eines komplementären Geschlechterverhältnisses (vgl. z. B. Honegger 1991; Steinbrügge 1992) ließ konzeptuell offen, in welchen Hinsichten die Frauen als Menschen gelten konnten und in welchen nicht. Ihr Einschluss war daher stets von partiellen Ausschlüssen und einer generellen Verunsicherung über den Status der Frauen begleitet. Die durch die gleichgewichtige Nennung von »Mann« und »Frau« erreichte Klarstellung erfährt in Artikel 1 ihre Begründung durch den Rekurs auf das höherrangige Naturrecht: »Die Frau wird frei geboren und bleibt dem Mann an Rechten gleich.« Als Menschenrecht und also allem positiven Recht vorgeordnetes Recht darf der gleiche Freiheitsanspruch auch auf dem Vertragswege nicht aufgehoben werden. Die Menschenrechte auch der Frauen sind unveräußerliche Rechte. Das schließt, wie es im nachfolgenden Satz heißt, soziale Ungleichheiten, wenn sie denn im »allgemeinen Nutzen« begründet sind, nicht aus. Doch da die Frauen nun als Teil der Allgemeinheit verstanden werden, ist ausgeschlossen, dass in der Perspektive dieses »allgemeinen Nutzens« die Bedürfnisse und Ansprüche von Frauen einseitig ignoriert werden. Ausgeschlossen ist auch, dass die Schutzwürdigkeit gesellschaftlicher Einrichtungen – beispielsweise der Ehe – höher bewertet wird als die Schutzwürdigkeit der grundlegenden Rechte der Frauen. Dies verdeutlicht Artikel 5, der allen Zwang verbietet, der nicht durch die »Gesetze der Natur und Vernunft« gerechtfertigt ist. Das der *Erklärung* angehängte »Muster eines Gesellschaftsvertrages zwischen Mann und Frau« zieht daraus Konsequenzen für das eheliche und außereheliche Zusammenleben von Männern und Frauen.

Indem de Gouges in Artikel 1 vom ursprünglichen Wortlaut – »Die Menschen werden frei und gleich an Rechten geboren und bleiben es« – abweicht und statt der ansonsten gleichberechtigten Nennung von Mann und Frau die naturrechtliche Freiheit der Frau explizit in ein Verhältnis zu derjenigen des Mannes setzt, lenkt sie den Blick zudem auf die gesellschaftliche Realität und das Problem der Geschlechterungleichheit. Noch deutlicher geschieht dies durch die Modifikation von Artikel 4. Während die Vorlage die gleichmäßige Begrenzung der individuellen Freiheitsrechte durch das Gesetz behandelt, heißt es hier: »Freiheit und Gerechtigkeit bestehen darin, alles zurückzugeben, was einem anderen gehört. So hat die Ausübung der natürlichen Rechte der Frau keine Grenzen außer denen, die die ständige Tyrannei des Mannes ihr entgegensetzt. Diese Grenzen müssen durch die Gesetze der Natur und der Vernunft reformiert werden.« De Gouges fügt damit in die Menschenrechtserklärung eine sowohl historische wie politische Dimension ein. Der Gedanke der Menschenrechte eröffnet ein Spannungsfeld von überpositivem Naturrecht (oder in der Sprache des heutigen philosophischen Menschenrechtsdiskurses: moralischem Recht), positiviertem Recht und realen Lebensbedingungen. Menschenrechte werden deutbar als ein Ideal, das die fortschreitende Umgestaltung der rechtlichen und sozialen Verhältnisse nach Maßgabe der Gleichheit der Geschlechter verlangt. Zu einer solchen Lesart passen die Abweichungen in Artikel 6, der die Legitimitätsbedingungen des gesatzten Rechts benennt und den gleichen Zugang zu den öffentlichen Ämtern festlegt. De Gouges reformuliert die indikativischen Aussagesätze der Vorlage als Soll-Sätze und markiert so den Abstand zur bestehenden Ordnung.

Zwei weitere Modifikationen sind besonders erwähnenswert; die eine vor allem aus historischen, die andere aus systematischen Gründen. In Artikel 7 und 9, die dem Strafrecht gelten und den Grundsatz *nulla poena sine lege* sowie die Prinzipien der

Unschuldsvermutung und der Angemessenheit der Strafe zum Inhalt haben, fordert de Gouges explizit, dass es für Frauen keine Sonderrechte geben dürfe und auf für schuldig befundene Frauen die »ganze Strenge des Gesetzes« anzuwenden sei. Da der besondere Schutz der Frauen im Strafrecht mit ihrer *imbecillitas sexus*, ihrer geschlechtsspezifischen Schwäche und Haltlosigkeit, begründet werden konnte, lag ihm ein diskriminierendes Motiv zugrunde, das, wie die Geschichte lehrt, in allen Bereichen des sozialen und politischen Lebens nach Belieben aktiviert und zur Anwendung gebracht werden konnte. Das Gegenstück hierzu formuliert die berühmteste Sentenz der *Erklärung der Rechte der Frau und Bürgerin* aus Artikel 10: »Die Frau hat das Recht, das Schafott zu besteigen; sie muss gleichermaßen das Recht haben, die Tribüne zu besteigen.«

Die irritierendste Reformulierung enthält wohl Artikel 11. Die »freie Gedanken- und Meinungsäußerung« sei »eines der kostbarsten Rechte der Frau«, weil es »jeder Bürgerin« das Recht der öffentlichen Vaterschaftsfeststellung zuspreche und ihr die Möglichkeit einräume, den bis dahin von aller Verantwortung freien Vater ihrer unehelichen Kinder zu nennen, die Legitimität der Kinder zu sichern und die väterliche Unterhaltspflicht einzufordern (de Gouges geht im Nachwort und im »Muster eines Gesellschaftsvertrages zwischen Mann und Frau« ausführlicher auf das Thema ein). Diese ›partikularistische‹ Wendung, die die Systematik einer Menschenrechtserklärung ohne Frage sprengt, klagt nicht nur die unwürdige Existenz alleinstehender Mütter, geschiedener Frauen und unehelicher Kinder an, sondern erhellt schlagartig, dass weibliche Unrechtserfahrungen in ökonomischen, sozialen und rechtlichen Lebensumständen gründen, die geschlechtsspezifisch sind und ihren Ort primär in der Sphäre privater Willkür und Gewalt haben. Deshalb kann sich eine Erweiterung des menschenrechtlichen Adressatenkreises im Interesse der Gerechtigkeit, so de Gouges' frühe Einsicht, nicht mit der nachträglichen Klarstellung begnügen, die Frauen seien stets ›mitgemeint‹, wenn vom ›Menschen‹ die Rede sei.

Wirkung

Die *Erklärung der Rechte der Frau* ist gerahmt von einer Vorrede und einem Nachwort. In aggressivem Ton wendet sich die Vorrede an den Mann, den die Autorin mit einem grundlegenden Recht auf Rechtfertigung konfrontiert: »MANN, bist Du fähig, gerecht zu sein? Es ist eine Frau, die dir diese Frage stellt; du wirst ihr wenigstens dieses Recht nicht absprechen wollen. Sage mir: Wer hat dir die unumschränkte Macht gegeben, mein Geschlecht zu unterdrücken?« Das Nachwort ruft im Gegenzug die Frauen auf, sich »unter der Flagge der Philosophie« zusammenzuschließen, ihre Rechte zu erkennen und den aufgeklärten Gedanken der naturrechtlichen Gleichheit der Geschlechter zu ihrer Sache zu machen, um Vorurteil und Fanatismus zu bekämpfen und die Prinzipien der Revolution gegen ihre inkonsequente Verwirklichung und Pervertierung zu verteidigen. Die Revolution werde »erst dann stattfinden«, wie es in der Widmung an die Königin heißt, »wenn alle Frauen von ihrem beklagenswerten Los und vom Bewusstsein des Verlusts ihrer Rechte in der Gesellschaft durchdrungen sind«.

Doch die Schrift blieb lange Zeit ohne jede Resonanz. Als Schriftstellerin wurde de Gouges nach ihrer Hinrichtung am 3. November 1793 schnell vergessen. Was erst einmal überdauerte, waren ein verzeichnetes Bild ihrer Person – am berühmtesten das ungereimte Porträt, das ihr Jules Michelet in *Die Frauen der Revolution* von 1854 widmete – sowie die Drohung, die sich mit ihrem Schicksal verband. So wandte sich beispielsweise wenige Tage nach ihrem Tod die Zeitschrift *Feuille du Salut Public* warnend an die »Frauen der Republik«:

»Olympe de Gouges, die mit einer exaltierten Fantasie geboren worden war, hielt ihr Delirium für eine Eingebung der Natur. Anfangs redete sie nur Unsinn, doch schließlich beteiligte sie sich an dem hinterlistigen Projekt, das Frankreich spalten wollte: Sie wollte Staatsmann sein, und es scheint, als hätte das Gesetz diese Konspirateurin dafür bestraft, daß sie die Tugenden, die ihrem Geschlecht entsprechen, vergessen hat« (zit. nach Blanc 1989, 202).

Seit den 1970er Jahren jedoch revidiert und erweitert die historische Frauenforschung das Wissen über die Rolle und das Selbstverständis der revolutionären Frauen (vgl. z.B. die Beiträge in Schmidt-Linsenhoff 1989). Im Zusammenhang dieser Forschungen wurden auch Leben und Werk von Olympe de Gouges neu entdeckt. Sie wurde zu einer Identifikationsfigur des Feminismus, ihr Werk zunehmend bekannter und die *Erklärung der Rechte der Frau und Bürgerin* (in dt. Übersetzung erstmals 1977 von Hannelore Schröder veröffentlicht) zu einem viel interpretierten Text der feministischen politischen Theorie und Philosophie. Die Schrift kann rekonstruktiv als ein Vorläufer des *Übereinkommens über die politischen Rechte der Frau* von 1953 und vor allem des 1979 verabschiedeten *Übereinkommens zur Beseitigung jeder Form von Diskriminierung der Frau* (CEDAW; s. Kap. III.9.2) gelesen werden. In ihr hat de Gouges eine Überzeugung artikuliert, die heute – auch nach dem realpolitischen Zustandekommen der genannten Abkommen – kontroverser denn je diskutiert wird. Sowohl mit Bezug auf die Frauen als auch mit Bezug auf andere bislang marginalisierte Gruppen (z.B. Kinder oder Behinderte) geht es um die Frage, ob die ›universellen‹ Menschenrechtserklärungen im Interesse ihrer Vervollständigung einer Ergänzung durch spezifische Rechte für besonders gefährdete Gruppen bedürfen oder ob nicht umgekehrt die Einführung von Sonderrechten zu einer Schwächung des Menschenrechtsgedankens führt, weil damit zu überwindende Differenzen erneut verfestigt und möglicherweise sogar essentialisiert werden. Die Formulierung von Frauenrechten könnte sich insofern als kontraproduktiv erweisen, als sie die überkommene symbolische Ordnung, in der das ›Männliche‹ stets als das Universale und das ›Weibliche‹ als das Partikulare beschrieben wurde, ein weiteres Mal zu bestätigen scheint. Gerade das Beispiel von CEDAW zeigt, wie die formale Anerkennung der Rechte von Frauen mit einer Praxis der unverhohlenen Marginalisierung, Beschränkung und Gleichgültigkeit einhergehen kann. Die Betonung der Differenz birgt zudem die Gefahr, den universellen Geltungssinn der Menschenrechte zu unterlaufen – und damit einen kritischen Bezugsbegriff, anhand dessen auch Frauen ihre antidiskriminierenden und emanzipatorischen Forderungen erheben können, und zwar im nationalen wie im internationalen Maßstab.

Literatur

Blanc, Olivier: *Olympe de Gouges* [1981]. Wien 1989.
Burmeister, Karl Heinz: *Olympe de Gouges. Die Rechte der Frau 1791*. Bern/Wien 1999.
de Gouges, Olympe: *Schriften*. Hg. von Monika Dillier, Vera Mostowlansky und Regula Wyss. Basel/Frankfurt a. M. 1980.
Fehrenbach, Elisabeth: »Nation«. In: Rolf Reichardt/Eberhard Schmitt (Hg.): *Handbuch politisch-sozialer Grundbegriffe in Frankreich 1680–1820*. Heft 7. München 1986, 75–107.
Gerhard, Ute: »Menschenrechte auch für Frauen – Der Gegenentwurf der Olympe de Gouges«. In: Dies.: *Gleichheit ohne Angleichung. Frauen im Recht*. München 1990, 49–72.
Godineau, Dominique: »Töchter der Freiheit und revolutionäre Bürgerinnen«. In: Georges Duby/Michelle Perrot (Hg.): *Geschichte der Frauen*. Bd. 4: *19. Jahrhundert*. Frankfurt a. M./New York/Paris 1994, 25–43.
Honegger, Claudia: *Die Ordnung der Geschlechter. Die Wissenschaften vom Menschen und das Weib*. Frankfurt a. M./New York 1991.
Noack, Paul: *Olympe de Gouges. 1748–1793. Kurtisane und Kämpferin für die Rechte der Frau*. München 1992.
Schmidt-Linsenhoff, Viktoria (Hg.): *Sklavin oder Bürgerin? Französische Revolution und neue Weiblichkeit 1760–1830*. Marburg 1989.
Schröder, Hannelore: »Zur politischen Theorie des Feminismus: Die Deklaration der Rechte der Frau und Bürgerin (1791) von Olympe de Gouges«. In: *Aus Politik und Zeitgeschichte* 48 (1977), 29–48.
Scott, Joan Wallach: »The Uses of Imagination. Olympe de Gouges in the French Revolution«. In: Dies.: *Only Paradoxes to Offer. French Feminists and the Rights of Man*. Cambridge, Mass./London 1996, 19–56.
Sledziewski, Elisabeth G.: »Die französische Revolution als Wendepunkt«. In: Georges Duby/Michelle Perrot (Hg.): *Geschichte der Frauen*. Bd. 4: *19. Jahrhundert*. Frankfurt a. M./New York/Paris 1994, 45–61.
Steinbrügge, Lieselotte: *Das moralische Geschlecht. Theorien und literarische Entwürfe über die Natur der Frau in der französischen Aufklärung*. Stuttgart 1992.

Sidonia Blättler

3.3 Jeremy Bentham

Ideengeschichtliche Bedeutung

Der englische Philosoph und Sozialreformer Jeremy Bentham (1748–1832), der als Begründer des klassischen Utilitarismus gilt, war einer der ersten Kritiker der Idee allgemeiner Menschenrechte, die im Zuge der Französischen Revolution zunehmende Beachtung in Europa fand. Benthams Kritik, die er ausführlich in seiner zwischen 1791 und 1795 verfassten Abhandlung *Anarchical Fallacies* formulierte, richtet sich dabei vor allem gegen den Inhalt der Französischen Erklärung der Menschen- und Bürgerrechte (*Déclaration des droits de l'homme et du citoyen*), die am 26. August 1789 von der konstituierenden Nationalversammlung verabschiedet worden war und als Präambel der 1791 angenommenen ersten Verfassung der Französischen Republik diente (s. Kap. I.4.3). In *Anarchical Fallacies* kommentiert Bentham mitunter recht polemisch jeden einzelnen der insgesamt siebzehn Artikel der Erklärung von 1789 und fügt auch einen kritischen Kommentar der überarbeiteten Erklärung der Menschen- und Bürgerrechte von 1795 an. Die Hauptangriffspunkte der Kritik Benthams sind dabei vor allem zwei miteinander zusammenhängende Vorstellungen über die begründende Fundierung allgemeiner und unveräußerlicher Menschenrechte: Zum einen weist er entschieden die Vorstellung zurück, dass die Geltung gesatzter Menschenrechte auf den gleichsam universellen ›natürlichen‹ Rechten eines jeden Menschen beruhen könnte. Zum anderen betont er nachdrücklich, dass Verträge nur innerhalb einer geltenden Rechtsordnung abgeschlossen werden können und dass die Existenz eines Souveräns hierfür eine notwendige Voraussetzung darstellt, weshalb die Vorstellung eines vorstaatlichen Gesellschaftsvertrags unsinnig sei. Beide Vorstellungen sind laut Bentham »Unsinn auf Stelzen« (»nonsense upon stilts«) und beruhen auf Trugschlüssen, die geradezu anarchistische Konsequenzen zur Folge haben.

Menschenrechtskritische Theoriepositionen

Benthams scharfe und mitunter auch polemische Kritik der Französischen Erklärung der Menschen- und Bürgerrechte hängt wesentlich mit seinen allgemeineren rechtsphilosophischen Auffassungen zusammen, die er bereits in seiner 1776 erschienenen Abhandlung *A Fragment on Government* darlegte (welche einen Auszug aus einem umfassenderen Text darstellt, der erst 1928 unter dem Titel *Comment on Blackstone's Commentaries* veröffentlicht wurde; Bentham 1995a, 221–295). Bentham weist hier nicht nur die von dem englischen Juristen William Blackstone behauptete Begründungsfunktion von Traditionen im Recht zurück und betont im Gegenzug die Wichtigkeit der rationalen Revision von Rechtssystemen. Ebenso nachdrücklich wendet er sich gegen Begründungsideen, die sich in der politischen Philosophie seiner Zeit großer Popularität erfreuten und von so unterschiedlichen Philosophen wie John Locke und Jean-Jacques Rousseau vertreten wurden. Insbesondere die Ideen eines ursprünglichen Naturzustands, eines ›natürlichen‹ Rechts und eines vorstaatlichen Gesellschaftsvertrags sowie die damit einhergehenden Auffassungen der Begriffe ›Freiheit‹, ›Gesetz‹, ›Recht‹ und ›Pflicht‹ stoßen bei Bentham auf Ablehnung. Diese kritischen rechtsphilosophischen Überlegungen bilden zusammen mit Benthams moralphilosophischer Position des Utilitarismus, die er in seiner 1789 erschienenen Abhandlung *An Introduction to the Principles of Morals and Legislation* (Bentham 1995b, 1–154) darlegte, den Hintergrund seiner Kritik der Französischen Erklärung der Menschen- und Bürgerrechte (vgl. dazu insgesamt Twining 1975; Waldron 1987; Schofield 2003 und 2009). Sie sind in *Anarchical Fallacies* insbesondere dann deutlich erkennbar, wenn Bentham die naturrechtlichen Behauptungen kritisiert, dass alle Menschen ›frei und gleich‹ an Rechten geboren werden (Bentham 1995c, 498 ff.) und dass der Zweck jeder politischen Vereinigung die Erhaltung der natürlichen und unantastbaren Menschenrechte ist (ebd., 500 ff.).

Freiheit ist laut Bentham nichts anderes als *negative* Freiheit, d. h. lediglich die Abwesenheit von äußerem Zwang. Wenn eine Person von anderen

Personen nicht daran gehindert wird, das zu tun, was sie tun möchte, so ist sie in ihrem Tun frei. Damit ist bereits angedeutet, dass Freiheit eine wesentlich intersubjektive oder soziale Eigenschaft des Einzelnen ist. Folglich bestreitet Bentham ausdrücklich, dass es eine natürliche Freiheit des einzelnen Menschen geben kann, sofern sie im Sinne eines dem sozialen Miteinander vorgängigen Zustands verstanden wird, in dem der Einzelne unabhängig von seinen Mitmenschen ist. Menschen haben, so Bentham, schon immer in sozialen Verbänden gelebt, weshalb die Vorstellung eines Urzustandes der natürlichen Freiheit ebenso unsinnig ist wie die Vorstellung eines nachfolgenden Gesellschaftsvertrages, der die natürliche Freiheit des Einzelnen einschränkt. Wenn es jedoch eine solche natürliche Freiheit des Einzelnen nicht gibt, dann kann sie dem Staat bei der Behandlung des Einzelnen auch keine Grenzen auferlegen.

Die Vorstellung eines vorstaatlichen Gesellschaftsvertrags ist laut Bentham allein schon deshalb unsinnig, weil das Zustandekommen eines bindenden Vertrags die Möglichkeit der einklagbaren Sanktion bei Vertragsbruch voraussetzt, welche nur vor dem Hintergrund eines bereits bestehenden staatlichen Rechts- und Regierungssystems gegeben ist. Ebenso wie jeglicher Vertrag nur innerhalb eines bereits bestehenden staatlichen Rechts- und Regierungssystems zustande kommen kann, muss laut Bentham auch die Freiheit des Einzelnen als Zustand desjenigen begriffen werden, der immer schon staatlichen Gesetzen unterworfen ist und dessen individuelles Handeln demnach gesetzlichen Einschränkungen unterliegt, die das Wohl der Allgemeinheit befördern sollen. Anstatt von einem ursprünglichen, vorstaatlichen Naturzustand individueller Freiheit auszugehen, muss individuelle Freiheit demnach immer schon als etwas betrachtet werden, was sich nur *innerhalb* eines staatlichen Rechtssystems einstellen kann. Sie ergibt sich, laut Bentham, entweder aufgrund des Umstands, dass staatliche Gesetze nicht alle Bereiche des Lebens reglementieren, oder aufgrund von Rechten, die vom Souverän mittels bestimmter Gesetze explizit gewährt werden (ebd., 505 ff.).

Benthams Auffassung von Rechten hängt stark von seiner Auffassung der Funktion staatlicher Gesetze ab. Rechte korrespondieren mit Pflichten und werden im Rahmen staatlicher Gesetzgebung auf Geheiß des Souveräns zugesprochen. Das Bestehen von Rechten setzt also bereits ein funktionierendes staatliches Rechts- und Regierungssystem voraus. Wenn nun aber das Bestehen individueller Rechte derart abhängig ist von staatlichen Gesetzen und von einem bestehenden staatlichen Rechts- und Regierungssystem, dann muss sich die Idee der gleichsam ›natürlichen‹ Rechte eines jeden Menschen zwangsläufig als »Unsinn auf Stelzen« erweisen (ebd., 501; der von Bentham ursprünglich vorgesehene Titel von *Anarchical Fallacies* lautete dann auch »*Nonsense upon Stilts*« – unter diesem Titel wurde die Schrift wiederveröffentlicht in Bentham 2002). Denn die Vorstellung, dass die Geltung allgemeiner und unveräußerlicher Menschenrechte durch Bezugnahme auf die bloßen Naturanlagen des Gattungswesens Mensch begründet werden könnte, verrät aus Benthams Sicht eine vollkommen irregeleitete Auffassung dessen, was sinnvollerweise unter ›Rechten‹ verstanden werden kann (Bentham 1995c, 500 f.). Rechte kann ein Einzelner nur aufgrund geltender *juridischer* Gesetze haben. Juridische Gesetze sind jedoch keine Naturgesetze. Sie existieren nicht einfachhin und gehen auch nicht der Konstitution eines Staates voraus. Gesetze und die mit ihnen einhergehenden Rechte (und Pflichten) können vielmehr nur das Resultat von Staatsgründungen und Verfassungsgebungsprozessen sein. Daher können sie aber sinnvollerweise auch nur für einzelne Bürger als Angehörige eines jeweils bestimmten staatlichen Rechts- und Regierungssystems gelten, nicht jedoch für jeden Menschen als solchen, gleich ob er nun Bürger des betreffenden Staates ist oder nicht.

Darüber hinaus sei das in der französischen Erklärung der Menschen- und Bürgerrechte enthaltene Postulat der natürlichen Rechte aller Menschen in seiner Allgemeinheit inhaltlich vollkommen leer, so Bentham. Denn die dort behaupteten Rechte hätten keinen spezifischen Gegenstand, so dass jeder in sie hineinlesen könne, was auch immer er wolle. Dies jedoch führe zwangsläufig zu anarchischen Zuständen: Die Folge des Postulats derart universeller ›natürlicher‹ Rechte besteht laut Bentham auch darin, dass mit ihnen letztlich alle Rechte *beseitigt* werden. Denn die Rechte von jedermann sind die Rechte von niemandem, so Bentham (ebd., 501, 523).

Wirkung

Obwohl Benthams Kritik bereits mehr als 200 Jahre alt ist, werden ähnlich lautende Einwände nach wie vor gegen ›naturalistische‹ Begründungsversuche der Menschenrechte angeführt (vgl. Geuss 2001). Und in der Tat scheint es so, als ob allzu einfache Begründungen, in denen die Menschenrechte schlicht als natürlich gegebene Rechte eines jeden Menschen qua Gattungszugehörigkeit dargestellt werden, zum Scheitern verurteilt sind. Dieser Befund wird nicht zuletzt durch die Erfahrung der in Deutschland während der NS-Diktatur begangenen Verbrechen gegen die Menschlichkeit empirisch untermauert. Denn in der Rechtspraxis des nationalsozialistischen Deutschlands wurden vielen Personen grundlegende Rechte verweigert, die zu den Menschenrechten zählen – obgleich diese Personen zweifelsohne Menschen waren. Die Möglichkeit, dass sich verbrecherische Regime in ihrem Handeln durch den Verweis auf das Menschsein einer Person de facto nicht beeindrucken lassen, schließt allerdings nicht notwendig aus, dass naturalistische Begründungen der Menschenrechte plausibel sein könnten. Denn gute Gründe werden nicht schon dadurch schlecht, dass bestimmte Personengruppen sie nicht akzeptieren. Um Menschenrechte naturalistisch begründen zu können, muss man zudem auch nicht, so wie Benthams damalige Opponenten, notwendig annehmen, Menschenrechte seien selbst schon natürliche und vorstaatliche Rechte eines jeden Menschen. Naheliegender wäre es, man würde zugestehen, dass diese Rechte tatsächlich nur in einem entsprechenden institutionellen Rahmen als *verbindliche* Rechte fungieren können, die Begründung ihres Inhalts – und damit ihrer Geltung – jedoch durch Verweis auf das erfolgen muss, was unter dem Begriff ›Mensch‹ verstanden wird. Derartige Begründungen wären allerdings insofern keine metaphysischen ›Letztbegründungen‹, als sie nicht auf eine Natur des Menschen rekurrieren, welche unabhängig ist von den in unserer Sprachpraxis als wahr akzeptierten generischen Aussagen über die speziestypischen Eigenschaften des Menschen (Hoffmann 2010).

Unabhängig von der Frage der Begründung jedoch bleibt Benthams wichtige Kritik bestehen, dass individuelle Rechte ebenso wie Pflichten nur im Rahmen eines geltenden Rechts- und Regierungssystems strikte juridische Verbindlichkeit erlangen können (vgl. Waldron 1987). Denn nur in einem solchen Rahmen sind sie auch einklagbar und durchsetzbar. Abgesehen davon, dass man Bentham dahingehend kritisieren kann, dass er den performativen Status der *Déclaration des droits de l'homme et du citoyen* missversteht, wenn er sie nicht als Proklamation, sondern als anarchistische Ansammlung argumentativer Fehlschlüsse (›fallacies‹) zurückweist (vgl. Bedau 2000), ist jedoch auch sein zutreffender Verweis auf die Notwendigkeit eines geltenden Rechts- und Regierungssystems nicht schon ein grundsätzlicher Einwand gegen die Möglichkeit der juridischen Verbindlichkeit von Menschenrechten. Denn Benthams Zurückweisung der Menschenrechte behält nur solange ihre Gültigkeit, wie man davon ausgeht, dass ausschließlich Einzelstaaten funktionierende Rechts- und Regierungssysteme darstellen können. In dem Maße jedoch, in dem die Menschenrechte zu gesatztem und einklagbarem internationalem Völkerrecht werden, verliert die Benthamsche Kritik ihre Schlagkraft. Die Geschichte der Menschenrechte seit 1945 kann daher als eine zwar langsame, aber nichtsdestotrotz erfolgreiche Geschichte der stetigen Etablierung von transnationalem Recht – samt der dazugehörigen Institutionen zur Durchsetzung – begriffen werden, die Benthams Kritik an der Idee der Menschenrechte als historisch widerlegt erscheinen lässt.

Literatur

Bedau, Hugo Adam: »›Anarchical Fallacies‹: Bentham's Attack on Human Rights«. In: *Human Rights Quarterly* 22/1 (2000), 261–279.
Bentham, Jeremy: »A Comment on the Commentaries and a Fragment on Government«. In: *The Works of Jeremy Bentham* [1843]. Bd. 1. Bristol 1995a, 221–295.
–: »An Introduction to the Principles of Morals and Legislation«. In: *The Works of Jeremy Bentham* [1843]. Bd. 1. Bristol 1995b, 1–154.

−: »Anarchical Fallacies; Being an Examination of the Declarations of Rights Issued During the French Revolution«. In: *The Works of Jeremy Bentham* [1843]. Bd. 2. Bristol 1995c, 489–534.

−: »Nonsense upon Stilts, or Pandora's Box Opened, or the French Declaration of Rights prefixed to the Constitution of 1791 laid open and exposed«. In: *The Collected Works of Jeremy Bentham: Rights, Representation, and Reform – Nonsense upon Stilts and Other Writings on the French Revolution*. Hg. von Philip Schofield, Catherine Pease-Watkin und Cyprian Blamires. Oxford 2002, 317–434.

Geuss, Raymond: *History and Illusion in Politics*. Cambridge 2001.

Hoffmann, Thomas: »Erste Natur, Zweite Natur und das Gute für den Menschen«. In: Ders./Michael Reuter (Hg.): *Natürlich gut. Aufsätze zur Philosophie von Philippa Foot*. Heusenstamm b. Frankfurt 2010, 75–104.

Schofield, Philip: »Jeremy Bentham's ›Nonsense upon Stilts‹«. In: *Utilitas* 15. Jg. (2003), 1–26.

−: *Utility and Democracy: The Political Thought of Jeremy Bentham*. Oxford 2009.

Twining, Wiliam: »The Contemporary Significance of Bentham's Anarchical Fallacies«. In: *Archiv für Rechts- und Sozialphilosophie* 61. Jg. (1975), 325–56.

Waldron, Jeremy: *›Nonsense Upon Stilts‹: Bentham, Burke and Marx on the Rights of Man*. London/ New York 1987.

Thomas Hoffmann

3.4 Karl Marx

Ideengeschichtliche Bedeutung

Karl Marx (1818–1883) ist einer der wenigen Denker, die sich im 19. Jahrhundert mit den Menschenrechten explizit beschäftigt haben. Wie seine Einschätzung von Moral und Recht ist auch sein Verhältnis zu den Menschenrechten höchst ambivalent. Auf der einen Seite kritisiert er die »sogenannten« Menschenrechte »unter ihrer authentischen Gestalt, [...] welche sie bei ihren *Entdeckern*, den Nordamerikanern und Franzosen besitzen« (MEW 1, 362) als bloßen Widerschein und als Ideologie der egoistischen, kapitalistischen Verhältnisse. Auf der anderen Seite hat seine Kritik auch zur sozialen *Erweiterung* der vormals liberalistisch verstandenen Menschenrechte geführt, und auch der Maßstab seiner Kritik kapitalistischer Verhältnisse lässt sich – nun freilich gegen Marx' eigenes Selbstverständnis – als Forderung nach einem menschenwürdigen Leben und als Realisierung der Menschenrechte rekonstruieren. Ambivalent sind dann auch die politischen Wirkungen von Marxens Menschenrechtskritik: Haben die kommunistischen Staaten seine Kritik der Menschenrechte ›benutzt‹, um deren Fehlen in ihren eigenen mangelhaften Rechtsregimen zu rechtfertigen, so ist es doch ihrem einseitigen Verständnis der Menschenrechte mit zu verdanken, dass die *Allgemeine Erklärung der Menschenrechte* auch die sozialen Menschenrechte enthält. Und in der Gegenwart kann man sich auf Marx berufen, um den Anspruch der sozialen Teilhabe- und Subsistenzrechte gegen anhaltende Kritik zu stärken.

Menschenrechtskritische Theoriepositionen

1. Philosophische Voraussetzungen von Marx' Kritik der Menschenrechte: Marxens Kritik der Menschenrechte ist vor dem Hintergrund seiner (durch Georg Wilhelm Friedrich Hegels Kritik an Immanuel Kant beeinflussten) kritischen Einstellung zur Moral der »Autonomie« sowie zu einer moralisch begründeten Kritik gesellschaftlicher Verhältnisse (Peffer 1990) und zudem im Lichte seiner anthropologischen Annahmen über das »Gattungswesen« des Menschen zu sehen. Die für die Moral Kants charakteristische Annahme moralischer Autonomie erscheint ihm als eine (zu) *abstrakte* Voraussetzung, die gemessen an den ›wirklichen‹ Abhängigkeiten des Menschen von seinen geschichtlichen und materialen Verhältnissen illusorisch ist. Zudem erscheint sie ihm als eine apologetische Moral, da sie lediglich den Egoismus und Atomismus der bürgerlichen Gesellschaft widerspiegele und rechtfertige. Freilich muss man gegen Marx' Selbstverständnis festhalten, dass seine ablehnende Haltung gegenüber der Moral, die er fast immer nur als *bürgerliche* Moral missversteht, ihm eine angemessene und überzeugende Darlegung des Maßstabes seiner Kapitalismus-Kritik verunmöglicht (Lohmann 1991, 39 ff.; Wildt 1997).

Unmittelbar bestimmend für Marx' Auseinandersetzung mit den Menschenrechten ist dann vor allem seine – durch Aristoteles, Friedrich Wilhelm Schelling und Ludwig Feuerbach bestimmte – anthropologische Sicht des Menschen als ›Gattungswesen‹. Ausgangspunkt ist der bedürftige Mensch, der sein Leben durch Ausübung seiner produktiven Fähigkeiten und in der freien und universellen Selbstverwirklichung aller seiner Anlagen gestaltet. Danach ist die *menschliche* Emanzipation erst vollendet, wenn der Mensch in *allen seinen Beziehungen ganz sich eigen* ist, wenn seine individuelle Natur zugleich gesellschaftlich geworden ist. Erst dann habe der Mensch sein ›Gattungswesen‹ verwirklicht. Marx beschreibt diesen Zustand auch mit Jean-Jacques Rousseaus Begriff der ›Assoziation‹. Beide aber scheitern mit der unterlegten Einheitsvorstellung am Problem der Vermittlung von ›Einzelheit‹ und ›Allgemeinheit‹. Ist schon Rousseau zu kritisieren, weil er die nicht zu überspringende *politische* Vermittlung zwischen den ›Willen der Vielen‹ und dem ›Allgemeinen Willen‹ nicht angemessen lösen kann, so führt Marx' utopisches Ideal eines *unvermittelt* individuellen und *zugleich* gesellschaftlichen Gattungswesens vollends in die Irre. Denn da alles Trennende, Vermittelte und Andere letztlich negativ als ›entfremdende‹ Trennung gewertet wird, ist in Marx' Idealvorstellung für gelingende intersubjektive Verhältnisse – und nicht erst für Rechtsverhältnisse – kein Platz (Theunissen 1978, 486).

2. *Marx' ambivalente Bewertung der Staatsbürgerrechte:* Im Lichte der soeben kritisierten ›überanstrengten‹ normativen Vereinigungskonzeption kritisiert Marx dann in seiner Schrift *Zur Judenfrage* (MEW 1) die französische Erklärung der Menschenrechte (dazu Lohmann 1999). Er unterteilt sie in zwei Gruppen von Rechten: Zunächst beurteilt er die politischen Staatsbürgerrechte (›droits du citoyen‹), dann die davon unterschiedenen Rechte des Menschen (›droits de l'homme‹). Dabei bewertet Marx die *Staatsbürgerrechte* zunächst durchaus positiv. Die politischen Rechte ermöglichen die Beteiligung der Staatsbürger an den allgemeinen Entscheidungsprozessen, und Marx beurteilt sie positiv, weil sie mit seinem anthropologischen Ideal menschlicher Emanzipation strukturgleich sind: »Die öffentliche Angelegenheit als solche ward [...] zur allgemeinen Angelegenheit jedes Individuum und die politische Funktion zu seiner allgemeinen Funktion« (369). Diese positiv gewertete Identität von individuellem und allgemeinem Interesse befriedigt Marx aber nicht, da aus ihr noch immer eine Trennung von Staat und bürgerlicher Gesellschaft resultiere. Gemessen am anthropologischen Einheitsideal sind die Staatsbürgerrechte für Marx daher gleichwohl defizient.

Aber nicht nur diese anthropologische Kritik ist zurückzuweisen, auch Marx' positive Einschätzung der Staatsbürgerrechte ist falsch begründet und daher abzulehnen. Die politischen Rechte sind nämlich die subjektiven Rechte einer *Vielzahl* von einzelnen Bürgern, die regeln, wie diese unter bestimmten, für alle gleichen *rechtlichen* Bedingungen einen allgemeinen Willen überhaupt erst hervorbringen können. Sie sind nicht *das* Recht eines Kollektivsingulars – *des* Menschen oder *des* Volkes – und auch nicht die Rechte von vorab ›gleichgeschalteten‹ Individuen. Es sind zwar »Rechte, die nur in der Gemeinschaft mit anderen ausgeübt werden« (362) können, aber diese anderen bleiben stets *andere* füreinander; auch dann, wenn sie sich zu einer Republik zusammenschließen (Fetscher 1981, 118 ff.). Marx verfehlt daher den Sinn der Staatsbürgerrechte: Sie sind, obwohl nur gemeinschaftlich auszuübende Rechte, stets auch Schutzrechte des Einzelnen *gegen* die Gemeinschaft. Dies ergibt sich schon daraus, dass sie subjektive *Freiheitsrechte* jedes Einzelnen sind, und keine *Pflichten* der »Teilnahme am Gemeinwesen« (362). Marx' positive Bewertung verkennt folglich die innere Struktur der Staatsbürgerrechte und deutet sie unter der Hand in Staatsbürger*pflichten* um.

3. *Kritik am Egoismus der Menschenrechte:* Schätzt Marx die politischen Staatsbürgerrechte (›droits du citoyen‹) noch im Ansatz positiv ein, so fällt sein Urteil über die Rechte des Menschen (›droits de l'homme‹) von vornherein negativ aus. Marx urteilt zwar nicht über den heutigen, weit umfänglicheren Katalog der Menschenrechte (Arndt 2001), sondern über die französische Erklärung der Menschenrechte von 1789 und die entsprechenden Artikel der französischen Verfassung von 1793, die Marx wie folgt zusammenfasst: »Die Rechte (die natürlichen und unabdingbaren Rechte) sind: Gleichheit, Freiheit, Sicherheit, Eigentum« (364). Auch hier ist aber festzuhalten, dass seine im Ansatz richtige Kritik an der Einseitigkeit und Selektivität dieser Rechte am Ende in eine ungerechtfertigte umfassende Ablehnung umschlägt. Marx verfolgt dabei zwei Thesen: In den *droits de l'homme* sieht er, erstens, »nichts anderes als« Rechte des *bourgeois*, »d. h. des egoistischen Menschen, des vom Menschen und vom Gemeinwesen getrennten Menschen« (364). Und, zweitens, verkehre sich dadurch das Verhältnis von Staat und bürgerlicher Gesellschaft, indem Ersterer zu einem bloßen Mittel für Letztere werde.

Marx' Kritik am egoistischen Charakter der Menschenrechte lässt sich zunächst als eine berechtigte Kritik an einer einseitigen Auffassung der Menschenrechte verstehen, da der Mensch hier nur als »Mitglied der bürgerlichen Gesellschaft« (369 f.) gesehen wird (Habermas 1971, 115 f.). Weil diese Konzeption der Menschenrechte nur einen *negativen* Freiheitsbegriff mit korrespondierenden negativen Pflichten schützt, nur eine abstrakte Rechtsgleichheit und eine maximal unbeschränkte Verfügung über das Privateigentum fordert, rechtfertigt diese Konzeption den Egoismus und auch Atomismus der bürgerlichen Gesellschaft und ist gegenüber gravierenden Ungerechtigkeiten gleichgültig (Lohmann 1991, 281 ff.). Auf der Basis einer *ausschließlichen* Orientierung an negativen Pflichten können bestehende Ungerechtigkeiten nicht korrigiert und neu entstehende Ungleichheiten, die aus den Prozessen des Marktsystems resultieren, nicht kritisiert werden. Eine solche Kritik müsste vielmehr selbst eine besser begründete, normative Gerechtigkeitskonzeption einführen (Kymlicka 1990, 95 ff.).

Entgegen der Kritik von Marx bleibt aber der rechtliche Schutz der negativen Freiheit des Individuums die notwendige Bedingung dafür, überhaupt als ein gleichberechtigter Rechtsträger fungieren zu können. Marx hingegen *ersetzt* den egoistischen Menschen, und zwar im Anschluss an Rousseau, durch die Idee eines in seiner individuellen Natur vollends verwandelten Menschen, dem ein gemeinschaftsbezogener Altruismus zur individuellen Bedürfnisnatur geworden wäre. Streng genommen bräuchte eine solche Gesellschaft keine Rechtsordnung mehr und die Einzelnen dann auch keine Menschen*rechte*. Marx verspielt daher die Chance, seine im Ansatz plausible Kritik an einer liberalistisch verkürzten Konzeption der Menschenrechte auch angemessen durchzuführen. Und zugleich ist damit erklärt, warum die Menschenrechte dann auch in der Folge keine positive Konzeption mehr sein können.

Auch unter dem zweiten Aspekt formuliert Marx im Ansatz eine plausible Kritik, denn die Instrumentalisierung des politischen Gemeinwesens allein zur Durchsetzung und Verfolgung egoistischer Interessen – Hegels ›Not- und Verstandesstaat‹ – ist in der Tat höchst problematisch. Allerdings nicht deshalb, weil darin, wie Hegel gemeint hat, eine Herabwürdigung der substantiellen ›Sittlichkeit‹ des Staates zu sehen ist, sondern weil dadurch eine defiziente, nämlich gegenüber vielen Ungerechtigkeiten blinde liberalistische Gerechtigkeitskonzeption realisiert wird. Marx' Aufhebung der kritisierten Instrumentalisierung besteht nun in einer *erneuten Umkehrung der Verkehrung von Zweck und Mittel*: Die »menschliche Emanzipation«, so Marx, bewirke, dass das Gemeinwesen als Zweck Vorrang vor den Einzelnen als seinen Mitteln habe. Oder, wie Marx es in den Worten von Rousseaus *Gesellschaftsvertrag* ausdrückt: Der Einzelne ist als »moralische Teilexistenz zu setzen« und »in den Teil eines größeren Ganzen umzuwandeln« (370).

Marx optiert damit für eine republikanische Lesart der Menschenrechte. Allerdings verändern seine anthropologischen Einheitsvorstellungen den republikanischen Ansatz Rousseaus so sehr, dass hierbei die liberalen Freiheitsrechte als relative und somit bloß *bedingt* gewährte Rechte wertlos werden. Nur unter der Bedingung nämlich, dass die Wahrnehmung der individuellen Freiheitsrechte auch mit den übergeordneten Interessen des Gemeinwesens übereinstimmen (oder ihnen zumindest nicht widersprechen), werden den ›moralischen Teilexistenzen‹, d. h. den Individuen, *Menschenrechte* zugesprochen. Das Problem liegt hier insbesondere in der Frage, wer über die Allgemeininteressen entscheidet bzw. wie über sie entschieden wird. Im gemeinsam mit Friedrich Engels verfassten *Manifest der Kommunistischen Partei* (MEW 4) wird dieses Problem durch die Diktatur der jeweils herrschenden Klasse behoben. Da Marx aber, systematisch gesehen, gar keine Begrifflichkeit zur Verfügung hat, um das Problem einer gemeinschaftlichen politischen Willensbildung unterschiedlicher Einzelner positiv zu thematisieren, verwandelt es sich für ihn in eine technische, organisatorische Frage der Umsetzung des Parteiwillens in öffentliche Erziehung. An die Stelle der individuellen Menschenrechte für alle tritt der »gleiche Arbeitszwang für alle« (ebd, 481). Marx' anthropologische Vorstellungen von einer – romantisch und rousseauistisch – verstandenen Einheit sind hier bloß noch ideologischer Hintergrund für eine angezielte Usurpation der politischen Macht durch die Kommunisten, deren ›interesselose Interessen‹ ein unmittelbarer Ausdruck der Allgemeininteressen sein sollen.

Es verwundert daher nicht, dass Marx die Menschenrechte dann auch später nur noch als »veraltete(n) [...] Phrasenkram« betitelt (MEW 19, 22; dazu Lukes 1982). Im Werk *Das Kapital* (MEW 23–25) schlägt Marx sie umstandslos der ›Zirkulationssphäre‹ zu, d. h. dem Bereich der Austauschbeziehungen, die das Bindeglied zwischen Produktion und Verbraucher darstellen und deren Bestimmungen laut Marx unselbständig und mit falschem Schein behaftet sind. Von den Menschenrechten spricht er bloß noch mit bitterer Ironie, wenn es z. B. heißt, dass der Arbeitsmarkt »ein wahres Eden der angeborenen Menschenrechte« sei: »Was allein hier herrscht, ist Freiheit, Gleichheit, Eigentum und Bentham« (MEW 23, 189 f.). Und was Marx dann als Erläuterung zu dem hier zitierten Jeremy Bentham und dessen Nützlichkeitstheorie anfügt, bringt noch einmal die gesamte Stoßrichtung von Marx' Aversion gegen die Menschenrechte auf den Punkt: »Jedem [...] ist es nur um sich zu tun« (ebd.).

4. Die sozialen Menschenrechte – ein Marxsches Erbe: Trotz der eben skizzierten Bedenken gegen Marx' Kritik der Menschenrechte muss festgestellt werden, dass seine damit unmittelbar verknüpfte Kritik an Verhältnissen, in denen »der Mensch ein erniedrigtes, ein geknechtetes, ein verlassenes, ein verächtliches Wesen« (MEW 1, 385) ist, richtig verstanden, mit der Forderung nach Achtung der Menschenwürde und damit einer Verwirklichung *aller* Menschenrechte, die ein Leben in freier Selbstbestimmung, gleicher Selbstachtung und menschenwürdiger Existenz sichern sollen, einhergeht (Lohmann 2010). Und obwohl ein wenig Skepsis gegenüber einem wohlfeilen Idealismus der Menschenrechte durchaus berechtigt ist: Die bleibende Bedeutung von Marx liegt folglich nicht so sehr in seiner skeptischen und überschießenden Kritik der Menschenrechte begründet als vielmehr in der darin implizierten Forderung, das menschliche Leben in einem *umfassenden* Sinn zu schützen und deshalb den liberalistischen Katalog der Menschenrechte auch um soziale Rechte zu erweitern. Marx steht damit in der Tradition der Frühsozialisten. Diese hatten in einer kritischen Diskussion der radikalen Menschenrechtserklärungen der Französischen Revolution die liberalen Freiheitsrechte als unzulänglich oder zu abstrakt zurückgewiesen und gefordert, dass sie zum einen durch allgemeine politische Rechte (z. B. allgemeines passives und aktives Wahlrecht) zur Realisierung der Gleichheit und zum anderen durch soziale Rechte (z. B. auf soziale Freiheit) zur Überwindung des Elends ergänzt werden müssten (dazu Bloch 1961, 234). Vor dem Hintergrund seines anthropologischen Grundansatzes nimmt Marx diese Forderungen auf: Rechts- und Moralverhältnisse werden kritisiert, wenn und weil sie sich, wie bei Kant, allein auf die »Abstraktion des ›freien Willens‹«, die nur »eine der vielen Eigenschaften« des Menschen ist, beziehen, statt auf den ganzen »Menschen selbst« zu setzen, »mit seinen wirklichen Beweggründen, mit den zahlreichen, ihn bedrängenden sozialen Verhältnissen« (MEW 8, 508). Dem folgen dann historisch Forderungen der Arbeiterbewegung nach einem »menschenwürdigen Dasein« der arbeitenden Klassen (Lassalle 1919, 173), das nicht zuletzt durch ein ›Recht auf Arbeit‹ abgesichert werden soll (dazu Gardner 2002).

Wirkung

Trotz der für die historische Entwicklung der Menschenrechte geradezu fatalen Kritik durch Marx ist es im weiteren Verlauf der Geschichte von Marxismus und Kommunismus, in den sozialistischen bzw. kommunistischen Bewegungen und dann auch Staaten zu Forderungen nach einer neuen Art von Rechten gekommen – und zwar den sozialen Versorgungsrechten oder *sozialen Teilhaberechten*, die seit 1948 nun als eine dritte inhaltliche Klasse neben die individuellen *Freiheits- und Abwehrrechte* sowie die *politischen und rechtlichen Teilnahmerechte* treten. In der AEMR von 1948 sind sie zwar zunächst als ein nicht wirklich ernst gemeintes Zugeständnis vonseiten der Westmächte an die kommunistischen Staaten zu erklären gewesen, die in ihren bis dato wenig entwickelten Menschenrechtskonzepten den Vorrang sozialer Rechte mit einer auf Marx zurückgehenden Depotenzierung von Freiheitsrechten und politischen Teilnahmerechten verbanden (Amos 2010). Auch hier hatte die ideologische Weichenstellung seitens Marx' und seiner Kritik sehr negative Folgen. Die sozialen Menschenrechte wurden in vielen kommunistischen Staaten nicht etwa als eine Verbesserung und notwendige Ergänzung der beiden historisch älteren Menschenrechtsklassen angesehen, sondern als soziale Forderungen verstanden, die dem Einzelnen um den Preis seiner individuellen und politischen Unabhängigkeit mit individuellen Rechten gegen das Gemeinwesen ausstatten. Was aber deren rechtliche Wirklichkeit angeht, so waren es *bedingte* Ansprüche auf soziale Leistungen, Bildung, Unterhalt, Wohnung oder Arbeit. Sie konnten nicht, wie das z. B. für subjektive Freiheitsrechte typisch ist, eingeklagt werden, sondern sie wurden von den Staaten bloß unter jeweils bestimmten Bedingungen gewährt, ähnlich wie im mittelalterlichen Ständestaat Rechte als Privilegien aufgrund von Wohlverhalten verliehen wurden. Zudem wurden diese sozialen Rechte häufig nur zugleich mit entsprechenden Pflichten gewährt; z. B. war das ›Recht auf Arbeit‹ stets mit der ›Pflicht zur Arbeit‹ verbunden (mit Blick auf die DDR: Klenner 1982). Doch ungeachtet der auf Marx zurückgehenden historischen und politischen Kontingenzen hat sich inzwischen längst gezeigt, dass auch die sozialen Menschenrechte moralisch hinreichend begründet sind und sie daher gleichermaßen, wie die anderen beiden Rechtsklassen auch, juristische und politische Institutionalisierung verdienen (s. Kap. III.5 ff.). Darüber hinaus ist anzunehmen, dass ihre Bedeutung und ihre Notwendigkeit angesichts der globalen Armut und Ungerechtigkeit eher wachsen werden.

Literatur

Amos, Jennifer: »Unterstützen und Unterlaufen. Die Sowjetunion und die Allgemeine Erklärung der Menschenrechte, 1948–1958«. In: Stefan-Ludwig Hoffmann (Hg.): *Moralpolitik. Geschichte der Menschenrechte im 20. Jahrhundert*. Göttingen 2010, 142–168.

Arndt, Andreas: »Zum Problem der Menschenrechte bei Hegel und Marx«. In: Konrad Wegmann u. a. (Hg.): *Menschenrechte: Rechte und Pflichten in Ost und West*. Münster 2001, 213–236.

Bloch, Ernst: *Naturrecht und menschliche Würde*. Frankfurt a. M. 1961.

Fetscher, Iring: »Volkssouveränität und Menschenrechte«. In: Johannes Schwartländer (Hg.): *Menschenrechte und Demokratie*. Kehl am Rhein/Straßburg 1981, 113–133.

Gardner, Margarete: »Das Recht auf Arbeit«. In: Dies. u. a. (Hg.): *Grund- und Menschenrechte. Historische Perspektiven – Aktuelle Perspektiven*. Wien 2002, 257–291.

Habermas, Jürgen: »Naturrecht und Revolution«. In: Ders.: *Theorie und Praxis*. Frankfurt a. M. [4]1971, 89–127.

Klenner, Hermann: *Marxismus und Menschenrechte*. Berlin 1982.

Kymlicka, Will: *Contemporary Political Philosophy: An Introduction*. Oxford 1990.

Lassalle, Ferdinand: »Arbeiter Programm«. In: Ders.: *Gesammelte Reden und Schriften*. Hg. von E. Bernstein. 2. Bd. Berlin 1919, 173.

Lohmann, Georg: *Indifferenz und Gesellschaft*. Frankfurt a. M. 1991.

–: »Karl Marx' fatale Kritik der Menschenrechte«. In: Karl Graf Ballestrem u. a. (Hg.): *Politisches Denken. Jahrbuch 1999*. Stuttgart/Weimar 1999, 91–104.

–: »Die rechtsverbürgende Kraft der Menschenwürde. Zum menschenrechtlichen Würdeverständnis nach 1945«. In: *zeitschrift für menschenrechte* 4. Jg., 1 (2010), 46–63.

Lukes, Steven: »Can a Marxist Belive in Human Rights?« In: *Praxis International* 1. Jg. (1982), 334–345.

Marx, Karl/Engels, Friedrich: *Werke*. Berlin 1959 ff. [MEW].

Peffer, Rodney G.: *Marxism, Morality, and Social Justice*. Princeton, NJ 1990.

Theunissen, Michael: *Sein und Schein*. Frankfurt a. M. 1978.

Wildt, Andreas: »Paradoxien in der Marxschen Moralkritik und ihre Auflösung«. In: *Logos*, N. F. 4. Jg., 3 (1997), 210–242.

Georg Lohmann

3.5 Carl Schmitt

Ideengeschichtliche Bedeutung

Carl Schmitts (1888–1985) Menschenrechtskritik steht im Kontext seiner Theorie des Politischen. Die berühmte ›Freund-Feind-Unterscheidung‹ dient als Kriterium des Politischen dazu, unterscheiden zu können, ob ein Volk »politisch existiert« oder nicht; d. h. ob es autonom ist oder fremdbestimmt. Ein politisch existierendes Volk, so Schmitt, das für sich die Freund-Feind-Unterscheidung vornimmt, setzt die Existenz anderer solcher Einheiten voraus. Politik bestehe daher in einem »Pluriversum« der Staatenwelt. Jede universalistische Ideologie jedoch bedrohe diese plurale politische Existenz. Daher wird sie von Schmitt des Imperialismus bezichtigt. Zunächst hatte Schmitt in diesem Zusammenhang die Ökonomie, dann die Technik und schließlich die Menschenrechtsidee samt Humanitätsgedanke unter den Verdacht eines derart politikaufhebenden Universalismus gestellt. Hinter all diesen Universalien vermutet Schmitt nicht etwa anonym waltende Kräfte, sondern sieht konkrete politische Akteure am Werk, die sich mittels universalistischer Ideologien eine legitimatorische Machtstellung anzueignen versuchen. Diese Verdachtslogik hat mit der Empfindlichkeit eines Nationalisten zu tun, der Deutschland nach dem Ersten Weltkrieg unter das ›Diktat von Versailles‹ gestellt sah. Wenn Schmitt folglich seine Ideologiekritik an den Menschenrechten in der – an Pierre-Joseph Proudhon angelehnten – Sentenz ausdrückt: »Wer Mensch sagt, will betrügen« (Schmitt 1932/1963, 55), wird erkennbar, dass er nur in zweiter Linie den Inhalt der Menschenrechtsidee kritisiert und in erster Linie ihren politischen Gebrauch bzw. Missbrauch. Genau in dieser Hinsicht ist seine Menschenrechtskritik auch konstruktiv rezipiert worden, ohne dass deswegen auch seine politischen Grundannahmen und Positionen übernommen werden müssten (vgl. Habermas 1996; Koskenniemi 2001).

Menschenrechtskritische Theoriepositionen

Im spezifischen Universalismus der Menschenrechtsidee sieht Schmitt eine besondere Gefahr: Werden alle politischen Akteure entlang der Linie *Menschheit versus Menschheitsfeinde* sortiert, kann daraus die völlige Entrechtung und Dehumanisierung des Gegners folgen, wenn es erst gelingt, ihn als Feind der Menschheit zu denunzieren. Mit den Menschenrechten droht daher die endgültige Aufhebung der Westfälischen Staatenordnung, von Schmitt das »Jus publicum Europaeum« (Schmitt 1950) genannt, und damit auch das Ende ihrer wesentlichsten Errungenschaft: der völkerrechtlichen Gleichrangigkeit aller Staaten, die ungeachtet der Frage besteht, welches normative Ziel sie im Einzelnen verfolgen. Nur ein Pluriversum der Staatenwelt erlaubt eine solche Gleichrangigkeit. Und nur in einem politisch-pluralistischen Weltbild ist es möglich, die Kriegführung auf Staaten und ihre Akteure (Kombattanten) zu beschränken. Jede universalistische Ideologie führe dagegen zu einem totalen Vernichtungskrieg, denn wer mit dem Universalismus in Konflikt gerät, könne als ungerecht diffamiert und sein Tun von den Universalisten als »Widerstand von Schädlingen, Unruhestiftern, Piraten und Gangstern« denunziert werden (Schmitt 1938/1988, 43, Anm. 45). Das bedeutet für Schmitt einen Rückschritt gegenüber dem im »Jus publicum Europaeum« angelegten humanitären Völkerrecht und seiner Moderierung und Hegung des Krieges. Daher beseitige der Universalismus nicht nur die alte Staatlichkeit, sondern auch die unter der Ägide gleichrangiger politischer Einheiten mögliche Hegung der Politik.

In seinem Werk *Nomos der Erde* von 1950 spricht Schmitt von der »humanitären Ideologie«, die eine »diskriminierende Aufspaltungskraft« habe (Schmitt 1950, 72). Diese Ideologie stellt er in Zusammenhang mit älteren Varianten, die Menschheit aufzuspalten; beispielsweise in ›Untermenschen‹ (Sklaven und Eingeborene) und ›Übermenschen‹. Den gegenwärtigen oder zukünftigen *Nomos der Erde* in den 1948 proklamierten universalen Menschenrechten zu suchen, kommt Schmitt nicht in den Sinn, da er das, was er den »Nomos« nennt, in einen engen Zusammenhang mit politischen »Räumen« stellt: Nur der Bezug auf eine konkrete politische Ordnung verleiht dem Recht seine Normativität; Menschenrechte ohne eine korrespondierende politische Ordnung sind leer. Daher bewertet er auch später die neu geschaffene UNO nicht nach Maßgabe ihrer normativen Gründungsidee, sondern insoweit sie in die Auseinandersetzung um die Schaffung neuer politischer Räume gestellt ist (Schmitt 1962/1995, 595). Der Ost-West-Konflikt und der Antikolonialismus sind für Schmitt zwei dieser neuen geopolitischen Raumordnungsversuche.

Am Ende von Schmitts Leben jedoch lässt sich die politische Relevanz der UNO und mit ihr die der Menschenrechtsidee nicht länger leugnen. In einer seiner letzten Publikationen versucht Schmitt daher, die Idee der Menschenrechte in eine formale Tradition zu stellen, die er »Superlegalität« nennt und als deren Vorbild er zunächst die demokratischen Revolutionen der verfassungsgebenden Selbstermächtigung von »Nationen« betrachtet. Die »Übertragung einer verfassungsgebenden Gewalt von der Nation auf die Menschheit« schätzt Schmitt – praktisch gesehen – als »kaum vorstellbar« ein (Schmitt 1978, 338). Er räumt zwar durchaus ein, dass eine universale Einheit der Menschheit wenigstens *möglich* sei. Da auf dieser Ebene jedoch die für alle Politik konstitutive Freund-Feind-Unterscheidung wegfällt, wäre diese Art von Universalismus ein Zustand vollkommener Entpolitisierung; ein Zustand also, in dem es weder Politik noch Staaten geben könnte. Diesen Zustand zu erreichen, so Schmitt, sei das Ziel der »naturrechtlichen« (gemeint ist hier das systematische Naturrecht des 17. und 18. Jahrhunderts und hier vor allem das Werk von Samuel von Pufendorf) sowie der »liberal-individualistischen« Denkweise gewesen, die beide auf eine »alle Menschen der Erde umfassende soziale Idealkonstruktion« abzielen. Doch deren politische Voraussetzung wäre laut Schmitt eine gewaltige Machtkonzentration bei einem Weltstaat – eine Vorstellung, die er schlicht »furchtbar« nennt (Schmitt 1932/1963, 58).

Wirkung

Die Rezeption von Schmitts Menschenrechtskritik ist eher marginal im Vergleich zu den zahlreichen Interpretationen anderer Aspekte seines politischen Denkens. Im Bereich der Menschenrechtstheorie dient Schmitt auch eher als Mahnung, die Menschenrechtsidee nicht grundlegend misszudeuten. So geht z. B. Jürgen Habermas (1996) begründungstheoretisch von einer »Gleichursprünglichkeit« der Geltungsansprüche von Menschenrechten und Demokratie aus, doch nimmt er dabei Schmitts Warnung vor einem normativen Kulturimperialismus ernst, indem er dessen Vorwurf, die normative Fixierung auf die Menschenrechte könne eine unpolitische Exklusion von Menschen bewirken, aufgreift. Daher betont Habermas den *Rechtscharakter* der Menschenrechte sowie die Überzeugung, dass auch der Verletzer der Menschenrechte – selbst der Völkermörder – seine Menschenrechte nicht verlieren kann und folglich ›inkludiert‹ bleibt. In ähnlicher Weise hat Michael Ignatieff (2002, bes. 74) vor der Erhebung der Menschenrechte zu einer Art säkularer Religion gewarnt. Die Menschenrechte, so Ignatieff, der den strategischen und oftmals bloß rhetorischen Gebrauch der Menschenrechtsidee betont, sind kein Gegenstand des Glaubens oder des Heils, sondern zunächst nur das gemeinsame Vokabular, das weltweit als Ausgangsbasis für den politischen Austausch von Argumenten dient. Entsprechend wird Schmitt heute dann auch vonseiten des politikwissenschaftlichen Realismus als früher Interpret einer letztlich macht- und interessengeleiteten Außenpolitik im Dienste der Menschenrechte betrachtet (Koskenniemi 2001, 432–436).

Eine ganz andere Frage ist es, ob das von Schmitt so apodiktisch konstatierte politische Pluriversum nicht auch menschenrechtlich von Belang werden kann, wenn man in Rechnung stellt, dass der *Allgemeinen Erklärung der Menschenrechte* von 1948 (s. Kap. I.4.6) inzwischen zahlreiche *regionale* Menschenrechtsabkommen gefolgt sind, die keineswegs alle derart eindeutig wie etwa die Europäische Menschenrechtskonvention (EMRK) von 1950 auf das Prinzip des anspruchsberechtigten ›Individuums‹ setzen, das aus Sicht vieler Kritiker bereits für die Erklärung von 1948 maßgeblich gewesen ist. Die arabische wie auch die afrikanische Menschenrechtserklärung weichen bewusst von diesem Prinzip ab. Das ist aber bislang mangels einer organisatorischen Institutionalisierung der Menschenrechte (Gerichtshöfe) in diesen Regionen vorerst nicht spürbar geworden (Llanque 2008). Darüber hinaus muss festgestellt werden, dass Schmitts kritische Begriffe mitunter an dem polemischen Erkenntnisinteresse ihres Autors und dessen oben bereits erwähnter ›Verdachtslogik‹ kranken, was ihre analytische Tragkraft erheblich schmälert. Mit Schmitt kann daher gefragt werden, ob die heutige Menschenrechtspolitik tatsächlich bloß seinem Verdikt gehorcht, Vehikel realpolitisch motivierter Interventionen zu sein, und ob sich eine auf der Menschenrechtsidee basierende ›Kosmopolis‹ nicht an der Logik des von ihm unterstellten Pluriversums bricht. Schmitts Begriffe allein erlauben jedoch keine angemessene Beantwortung dieser berechtigten Fragen.

Literatur

Habermas, Jürgen: »Kants Idee des ewigen Friedens. Aus dem historischen Abstand von 200 Jahren«. In: Ders.: *Die Einbeziehung des Anderen*. Frankfurt a. M. 1996, 192–236.

Hofmann, Hasso: *Legitimität gegen Legalität. Der Weg der politischen Philosophie Carl Schmitts*. Berlin ³1995.

Ignatieff, Michael: *Die Politik der Menschenrechte*. Hamburg 2002.

Koskenniemi, Martti: *The Gentle Civilizer of Nations. The Rise and Fall of International Law 1870–1960*. Cambridge 2001.

Llanque, Marcus, »Das genealogische Verhältnis der konstitutionellen Demokratie zur kosmopolitischen Menschenrechtsidee«. In: Andre Brodocz/Ders./Gary Schaal (Hg.): *Bedrohungen der Demokratie*. Wiesbaden 2008, 311–333.

Mehring, Reinhard (Hg.): *Carl Schmitt: Der Begriff des Politischen. Ein kooperativer Kommentar*. Berlin 2003.

Menke, Christoph/Arnd Pollmann: *Philosophie der Menschenrechte zur Einführung*. Hamburg 2007.

Müller, Jan-Werner: *A Dangerous Mind. Carl Schmitt in Post-war European Thought*. New Haven/London 2003.

Schmitt, Carl: *Der Nomos der Erde im Völkerrecht des Jus Publicum Europaeum*. Berlin 1950.

–: *Der Begriff des Politischen*. Text von 1932 mit einem Vorwort und drei Corollarien. Berlin 1963.

–: »Die legale Weltrevolution. Politischer Mehrwert als

Prämie auf juristische Legalität und Superlegalität«. In: *Der Staat* 17. Jg. (1978), 321–339.

–: *Die Wendung zum diskriminierenden Kriegsbegriff* [1938]. Berlin 1988.

–: »Die Ordnung der Welt nach dem 2. Weltkrieg« [1962]. In: Ders.: *Staat, Großraum, Nomos. Arbeiten aus den Jahren 1916–1969*. Hg. von Günter Maschke. Berlin 1995, 592–608.

Marcus Llanque

3.6 Hannah Arendt

Ideengeschichtliche Bedeutung

Hannah Arendt (1906–1975) ist als radikale Kritikerin klassischer Menschenrechtskonzeptionen zunehmend bedeutender geworden. Der Erfahrung von Staatenlosigkeit und Flucht im 20. Jahrhundert war sie als Jüdin, die 1933 zunächst nach Frankreich und später in die USA emigrierte, selbst ausgesetzt. Im Rahmen ihrer Totalitarismusanalysen hat sie nach dem Zweiten Weltkrieg mit provozierenden und bitter ironischen Beobachtungen die Wirkungslosigkeit und die überkommenen Geltungsgrundlagen der Menschenrechte, die den maßlosen Unrechtserfahrungen im Zentrum Europas durch totale Herrschaft und Holocaust nichts hatten entgegensetzen können, aufgezeigt (Arendt 1949 und 1955/2001a; s. auch Kap. I.4.5). Zugleich hat Arendt den inzwischen berühmten und für die zeitgenössische Menschenrechtsdiskussion programmatischen Begriff des ›Rechts auf Rechte‹ geprägt. Dieses »einzige« Menschenrecht, wie Arendt sagt, besteht in einem fundamentalen, weil für den Besitz weiterer Rechte konstitutiven Recht auf Teilnahme an einer politischen Gemeinschaft. Angesichts globaler Umwälzungen, Migrationsströme und resultierender Flüchtlingsproblematiken, aber auch neuer Völkerrechts- und Menschenrechtsverletzungen gewinnen Arendts Überlegungen zu einem dezidiert *politischen* Verständnis von Menschenrechten, die den Mängeln von moralischen und rein juristischen Konzeptionen nachgehen, neue Aktualität, sie wurden zunehmend theoretisch rezipiert und inzwischen weit über akademische Grenzen hinaus wahrgenommen.

Menschenrechtskritische Theoriepositionen

Unmittelbar nach der Verabschiedung der AEMR durch die Vereinten Nationen im Dezember 1948 (s. Kap. I.4.6) schrieb Arendt einen kritischen Essay mit dem Titel »Es gibt nur ein einziges Menschenrecht« (1949). Die dort formulierte Kritik nahm sie in modifizierter Form in die spätere Schrift *Elemente und Ursprünge totaler Herrschaft* (Arendt 1955/2001a) unter dem Titel »Die Aporien der Menschenrechte« wieder auf. Was mit den »Aporien« konkret gemeint ist, demonstriert Arendt am Beispiel der Flüchtlinge und Staatenlosen, die, weil sie außerhalb des staatlichen Rechtsschutzes stehen, gerade auf die Menschenrechte angewiesen und somit ihr eigentlicher Adressat sind. Die Menschenrechte versagen aber laut Arendt genau in dem Moment, in dem sie ihre Funktion, Schutz zu gewähren auch dort, wo *keine* entsprechenden positiven Rechte vorhanden sind, erfüllen sollen. Arendt weist entsprechend den Verlust des »einzigen« Menschenrechtes, »Rechte zu haben«, *ex negativo* am stufenweisen Rechtsverlust der Staatenlosen nach (ebd., 607 ff.). Diesen Verlust beschreibt Arendt erstens als den Verlust der Heimat, den sie mit dem »Verlust des Raums und des Standes« und mit dem Verlust eines »Platzes in der Welt« gleichsetzt, und zweitens als den aus der Staatenlosigkeit resultierenden Verlust des Rechtsschutzes durch den Staat. Im Status der »absoluten Rechtlosigkeit« und der »absoluten Unschuld« kulminiert die Lage der Staatenlosen, die nicht einmal mehr, wie der Verbrecher, Adressaten des Strafrechts sind. Arendt demonstriert dies an drei Stufen der Entrechtlichung der Juden im Nationalsozialismus. Nach deren Abstufung zu Staatsbürgern zweiter Klasse als dem ersten und dem Entzug der Staatsbürgerschaft bei der Deportation als zweitem Schritt erfolgte zunächst kein Protest aus dem Ausland. Mit diesem ›Beweis‹ der »Überflüssigkeit« wurde der Ausschluss der Juden und ihre »Weltlosigkeit« über die Grenzen Deutschlands hinaus manifest und somit – nach Art einer »Einladung zum Mord« – noch vor der tatsächlichen Ausrottung gezielt der Ausschluss aus der Welt der Lebenden eingeleitet (ebd., 612 u. 624).

Arendt sieht darum in der Entrechtlichung der Juden nicht nur ein Minus an Schutz, sondern auch eine Vorwegnahme des Völkermordes (ebd., 922–935). Der fundamentale Menschenrechtsverlust liegt nicht im Verlust *partikularer* Rechte, derer sich die Rechtlosen, wie Arendt ironisch pointiert, oft noch »erfreuen« konnten (ebd., 611). Er resultiert aus dem Verlust des »Standortes in der Welt«, durch den der Mensch »überhaupt Rechte haben kann und der die Bedingung dafür bildet, dass seine Meinungen Gewicht haben und seine Handlungen von Belang sind«. Das Recht, Rechte zu haben, bedeutet folglich, »in einem Bezugssystem zu leben« (ebd., 613 f.). Durch den grundlegenden Entzug dieses Rechts wird die Idee traditioneller Menschenrechte insgesamt sinnentleert; zur sinnlosen Gleichheit vor dem Gesetz; zur »Vogel-« und »Hasenfreiheit« für einen, »für den es kein Gesetz gibt«.

Vor dem Hintergrund einer modernekritischen Gefahrendiagnose Tocquevillescher Prägung ist die Einschätzung einer nationalsozialistischen »Entrechtlichung durch Recht« (Uwe Wesel) historisch plausibel. Doch Arendt verschränkt ihre historische Analyse mit einer *begrifflichen* Argumentation und Kritik. So sei die überzeitliche Geltung der Menschenrechte »unabhängig von der Geschichte« mit der historischen Tatsache des Ausschlusses »fragwürdig« geworden (Arendt 1949, 164). Durch den Zusammenfall von Rechtsentzug durch Recht und faktischem Ausschluss wird für Arendt die juristische Unterscheidung von *de facto* und *de jure* »lächerlich« (Arendt 1955/2001a, 583). Die aporetische Erfahrung der Flüchtlinge offenbart nach Arendt die Paradoxie des Nationalstaats, der universelle Rechte zu garantieren beansprucht und dabei doch nur partikulare Rechte garantieren kann. Mit der »Gleichsetzung von nationaler Souveränität und Genuss der Menschenrechte« (ebd., 570), und zwar in der durch die Französische Revolution begründeten Tradition des Nationalstaates, werden nationale Zugehörigkeit und Staatsbürgerschaft unmittelbar gekoppelt und der Gesetzesschutz bloß für die nationale Abstammung garantiert. Andere Gruppen können allenfalls durch »Ausnahmerecht« geschützt werden. An diesem Umstand müssen die Menschenrechte scheitern (ebd., 575).

Für Arendt ist durch den Totalitarismus nicht nur das praktische Feld der Politik verwüstet, sondern ebenso sind tradierte Denkkategorien ruiniert. So können die Menschenrechte nicht länger in angeborenen »Naturrechten« fundiert oder in der »Vernunft« begründet werden. Denn die Kategorie des »abstrakten Menschenwesens« impliziere das Absehen von seiner Teilhabe an politischen und sozialen Bezügen (vgl. ebd., 604 u. 623). Und auch die Begründung der Menschenrechte in der individuellen »Menschenwürde« unterliege einer reduzierenden Logik, die den Menschen als singuläres Wesen missverstehe (ebd., 616). Mit der neuzeitlichen Einführung eines universellen Naturrechts sei der pluralen politischen Welt zudem ein deplatzierter Universalitätsanspruch aufoktroyiert worden (ebd., 71). »Gleichheit« und ebenso »Freiheit wie Unfreiheit« sind nach Arendt indessen »ein Produkt menschlichen Handelns« – und dies habe »mit der Natur gar nichts zu tun« (ebd., 615 u. 622). Vielmehr könne »nichts, was bloß gegeben ist, als Maßstab dienen« (Arendt 1998, 28). Rechte und mithin Menschenrechte betrachtet Arendt folglich nicht als ›Eigenschaften‹ von sozial unabhängigen Individuen und auch nicht als rechtfertigungsfähige Sanktionen, sondern eher als ›geltende Spielregeln‹ (Arendt 1970/2000b, 96, Anm. 8) des politischen Miteinanders.

Die Begründung, nach der die »Rechte aus der menschlichen Pluralität entspringen« (Arendt 1998, 28) ist auch maßgeblich für Arendts Analyse jenes spezifisch totalitären Verbrechens, das sie als Beobachterin im Eichmann-Prozess als »neues Verbrechen an der Menschheit im eigentlichen Sinne« (Arendt 1964/2001b, 391) charakterisiert hat, weil es sich gegen die Menschheit als ganze und in spezifischer Weise richtet. Als »oberste[s] und einzig dastehende[s] Verbrechen« zerstört es die Pluralität und die menschliche Mannigfaltigkeit als solche und kann deshalb nicht einfach mit einer langen Reihe anderer Verbrechen in tyrannischen und totalitären Regimen gleichgesetzt werden. Zum einen, weil es sich für den Angegriffenen um einen totalen Ausschluss handelt, »der nicht stattfindet, wenn er ins Gefängnis kommt, aber wenn er ins Konzentrationslager eingewiesen wird« (Arendt 1998, 27). Zum anderen, weil mit jedem Ausschluss die Verminderung der pluralen menschlichen Vielfalt intendiert werde, die ein eigenes Rechtsgut darstelle. In dieser Vorstellung, dass mit dem Straftatbestand des »Verbrechens gegen die Menschheit« die Menschheit als ganze geschützt wird, lässt Arendt – plural gewendet – Immanuel Kants »Recht der Menschheit in der eigenen Person« anklingen, das aus dem moralischen Anspruch resultiert, den Menschen stets auch als »Zweck an sich selbst« zu betrachten (vgl. Benhabib 2008, 64). Allerdings opponiert Arendt, anders als Habermas, gegen eine kantische Verankerung der Freiheit im freien Willen des Subjekts und gegen die Grundlage der Menschenrechte in der Willensbildung des souveränen Volkes (Birmingham 2011). Mit dem »einzigen« Menschenrecht »radikalisiert« Arendt stattdessen Kants »Besuchsrecht« aus dessen Schrift *Zum ewigen Frieden* zu einem grundlegenden Recht auf politische Zugehörigkeit (Waltraud Meints). Die sachlich bei Kant bereits implizierte berühmte Formulierung vom »Recht auf Rechte«, die auf Johann Gottlieb Fichtes Schrift *Grundriss des Völker- und Weltbürgerrechts* (§ 22) zurückgeht (s. Kap. I.2.8), erinnert zudem an eine Formulierung aus Georg Wilhelm Friedrich Hegels *Rechtsphilosophie*, in der es heißt: »Das absolute Recht ist, Rechte zu haben« (Hegel 1983, 127). In Arendts Rede vom »abstrakten Menschenwesen« klingt zugleich Hegels Kritik der »irrigen Meinung, als ob die natürlichen Rechte in einem Naturzustand geltend wären« (ebd., 67) an. Arendt selbst verweist auf Edmund Burkes Kritik an der französischen *Erklärung der Menschen- und Bürgerrechte* von 1789 und schließt mit ihrem Vorwurf der »Mängel an Wirklichkeitssinn« (Arendt 1949, 769) direkt an dessen Formulierung der »abstract rule« an (dazu Menke 2008, 133).

Wirkung

Die Komplexität, aber auch essayistische Vorläufigkeit von Arendts Überlegungen eröffnen gerade in jüngerer Zeit Resonanzräume, und so unterschiedliche Denker wie Jürgen Habermas, Claude Lefort, Giorgio Agamben, Seyla Benhabib und Michael Ignatieff haben Arendt breit und kontrovers rezipiert (dazu Birmingham 2011); so haben sich verschiedene – konstruktive, aber auch kritische – Lesarten des »Rechts auf Rechte« ergeben.

Giorgio Agamben radikalisiert Arendts Kritik an den Menschenrechten und akzentuiert so Arendts Auflösung der rechtstheoretischen Unterscheidung von *de facto*- und *de jure*-Geltung. Christoph Menke (2008) hingegen liest das »einzige« Menschenrecht von vornherein in *völkerrechtlicher* Perspektive, und zwar als ein neuartiges Grundrecht von Weltbürgerinnen und Weltbürgern, das die als politische Einheit konstituierte ›Menschheit‹ durch verbindlich geltendes Völkerrecht allererst *hervorbringt*. Für Seyla Benhabib hingegen (2008, 63 und 71) evoziert die Formulierung des Rechts auf Rechte eher einen grundlegenden *moralischen* Imperativ. Doch schon Frank Michelman (1996) hat mit Hinweis auf einige Inkohärenzen bei Arendt die Auffassung vertreten, dass das Recht auf Rechte weder (völker-)rechtlichen noch bloß moralischen Status haben kann und daher »bodenlos«, kontingent und selbstreferenziell sei. Neuerdings wird jedoch gerade dies auch positiv aufgegriffen. Peg Birmingham sieht Arendts Menschenrecht in einem doppelten Prinzip von »Natalität« gegründet, das neben dem Anfangscharakter auch »a principle of *givenness*« (Birmingham 2006, 33) enthalte. Nach Étienne Balibar (2007, 263) enthält das Recht bei Arendt, dialektisch gelesen, ein »antinomisches« Moment. Balibar deutet die Zirkularität jenes ›bodenlosen‹ Rechts auf Rechte als eine gezielte Umkehrung der normativen Begründung und folgert daraus ein »Arendt-Theorem«: Nicht Bürgerrechte leiten sich aus Menschenrechten her, sondern Menschenrechte sind in Bürgerrechten verankert. Durch »extensive Universalisierung« werde der Adressatenkreis des Rechts sukzessive ausgeweitet. Mit diesem dynamisch extensiven Zug bei Arendt können die globalen Menschenrechte in ihrer Funktion als Platzhalter demokratischer Legitimation und aufgrund ihres moralisch-rechtlichen Doppelcharakters auch als konstituierend für eine starke »Öffentlichkeit-im-Werden« (Hauke Brunkhorst) verstanden werden.

Anders als klassische politische Theorien, wie etwa die von Thomas Hobbes und John Locke, rekonstruiert Arendt keine fiktive historische Stufenfolge von der Natur zur Zivilisation. Vielmehr erscheint der politische »Jemand«, so Arendt, überhaupt erst mit dem Eintritt auf die Bühne der politischen Welt (Arendt 1960/1989, 169); so wie er – umgekehrt – durch totalitäre Dehumanisierung in der Rechtlosigkeit zum ›bloßen‹ Menschen wird. Einen Begriff der ›Natur‹ des Menschen, der sich nicht auf den Menschen in einem wie immer gearteten Naturzustand bezieht, sondern auf die sprachlich-politische Existenz des Menschen gemünzt ist, sieht Christoph Menke deshalb in Arendts Begriff der »Menschenwürde« angelegt (Menke 2008, 144). Dies trifft sich mit unterschiedlichen Lesarten, wie man sie bei Rahel Jaeggi, Waltraud Meints und Peg Birmingham findet, die im Anschluss an Arendt gegen entsprechende ›Naturalisierungen‹ des Politischen argumentieren. In dieser Perspektive ist Arendt heute zunehmend auch für die Postcolonial Studies, die mit Fragen der Zugehörigkeit und des nicht-nationalen Handelns befasst sind, von Interesse; man denke etwa an Judith Butler und Gayatri Chakravorty Spivak.

Seit der Nachwendezeit sind auch in Osteuropa und besonders auf dem Balkan angesichts von Bürgerkrieg und ethnisch motivierten Rechtsverletzungen neue Auseinandersetzungen mit Arendts Menschenrechtsüberlegungen zu verzeichnen (Jalušič 2008). In Lateinamerika wird auf Arendt schon länger für die Beschreibung von Rechtsmängeln in autoritären Regimen und Militärdiktaturen zurückgegriffen. In Japan wurde nach der politischen Wende 1989 direkt im Anschluss an Arendt das Verbrechen der Zwangsprostitution an den ›comfort women‹ als spezifisch totalitäres Verbrechen debattiert und mit einer Infragestellung der nationalen Identität verknüpft. In die deutsche verfassungsrechtliche Diskussion fließt Arendts Kritik im Zuge der Problematisierung einer Kluft zwischen ›Jedermannsrechten‹ und ›Deutschenrechten‹ im Katalog der Grundrechte des *Grundgesetzes* ein (Siehr 2001). Damit ist Arendt für die Beschreibung von Rechtsentzug – bis über die akademischen Grenzen hinaus – zu einer wichtigen Adresse geworden.

Literatur

Arendt, Hannah: »Es gibt nur ein einziges Menschenrecht«. In: *Die Wandlung* 4. Jg. (1949), 754–770.
–: *Vita activa oder Vom tätigen Leben* [1960]. München [6]1989.
–: »Die menschliche Natur steht auf dem Spiel: Hannah Arendts ›Vorwort‹ und ›Abschließende Bemerkungen‹ zur ersten Auflage von *The Origins of Totalitarianism* (1951)«. In: Hannah-Arendt-Institut (Hg.): *Über den Totalitarismus. Texte Hannah Arendts aus den Jahren 1951 und 1953*. Dresden 1998, 11–31 [14–31].
–: »Natur und Geschichte«. In: Dies.: *Zwischen Vergangenheit und Zukunft. Übungen im politischen Denken I*. München [2]2000a, 54–79.
–: *Macht und Gewalt* [1970]. München [14]2000b.

–: *Elemente und Ursprünge totaler Herrschaft* [1955]. München [8]2001a.
–: *Eichmann in Jerusalem. Ein Bericht von der Banalität des Bösen* [1964]. München [11]2001b.
Balibar, Étienne: »(De)constructing the Human as Human Institution: A Reflection on the Coherence of Hannah Arendt's Practical Philosophy«. In: Heinrich-Böll-Stiftung (Hg.): *Hannah Arendt: Verborgene Tradition – Unzeitgemäße Aktualität?* Berlin 2007, 261–268.
Benhabib, Seyla: *Die Rechte der Anderen. Ausländer, Migranten, Bürger.* Frankfurt a. M. 2008.
Birmingham, Peg: *Hannah Arendt and Human Rights. The Predicament of Common Responsibility.* Indianapolis 2006.
–: »Menschenrechte«. In: Heuer/Heiter/Rosenmüller 2011, 374–377.
Hegel, Georg Friedrich Wilhelm: *Philosophie des Rechts. Die Vorlesung 1819/20 in einer Nachschrift.* Hg. von Dieter Henrich. Frankfurt a. M. 1983.
Heuer, Wolfgang/Heiter, Bernd/Rosenmüller, Stefanie (Hg.): *Arendt-Handbuch. Leben – Werk – Wirkung.* Stuttgart/Weimar 2011.
Jalušič, Vlasta: »Les éléments de la tradition en question: Hannah Arendt en ex-Yugoslavie et dans les États successeurs«. In: *Tumultes* 30 (2008), 81–106.
Menke, Christoph: »Die ›Aporien der Menschenrechte‹ und das ›einzige Menschenrecht‹. Zur Einheit von Hannah Arendts Argumentation«. In: Eva Geulen/Kai Kauffmann/Georg Mein (Hg.): *Hannah Arendt und Giorgio Agamben. Parallelen, Perspektiven, Kontroversen.* Paderborn/München 2008, 131–147.
Michelman, Frank I.: »Parsing ›A Right to Have Rights‹«. In: *Constellations* 3/2 (1996), 200–208.
Siehr, Angelika: *Die Deutschenrechte des Grundgesetzes. Bürgerrechte im Spannungsfeld von Menschenrechtsidee und Staatsmitgliedschaft.* Berlin 2001.

Stefanie Rosenmüller

3.7 Richard Rorty

Ideengeschichtliche Bedeutung

Der US-amerikanische Philosoph Richard Rorty (1931–2007) hat nachdrücklich dafür geworben, Abstand davon zu nehmen, die Menschenrechte universell ›begründen‹ zu wollen. Die Vertreter einer demokratischen Menschenrechtskultur sollten ihre Versuche aufgeben, die unbedingte Geltung der Menschenrechte durch Verweis auf eine allgemeine sittliche Erkenntnis oder auf die kulturübergreifenden Gebote der Vernunft oder auf das Wesen und die Natur des Menschen zu rechtfertigen.

Denn die zur Durchsetzung der Idee allgemeiner Menschenrechte einstmals nützlichen Ansätze der philosophischen Rechtfertigung, die auf zeit- und kontexttranszendierende Prinzipien oder Entitäten verweisen, seien inzwischen ein historisch überkommenes und kausal kaum mehr wirksames Instrument. Effizienter sei es, die Ausbreitung einer demokratischen Menschenrechtskultur dadurch zu befördern, dass auf die Erziehung und Kultivierung des Gefühls der Sympathie hingewirkt wird. Dabei müsse allerdings zugleich weltweit ein Maß an materiellem Wohlstand und Sicherheit angestrebt werden, das es allen Menschen gestattet, ihre Handlungen von Sympathie und Mitgefühl leiten zu lassen, denn es sei unwahrscheinlich, dass Menschen, deren Lebensbedingungen bedrohlich sind, sich die Frage stellen, wie es anderen Menschen ergeht, mit denen sie sich nicht unmittelbar identifizieren. Damit gilt Rorty heute als einer der einflussreichsten Kritiker philosophischer ›Letztbegründungen‹ der Menschenrechte.

Menschenrechtskritische Theoriepositionen

Rortys kritische Position zum Verhältnis von Menschenrechten und ihrer philosophischen Begründung hängt wesentlich von seiner ›neo-pragmatistischen‹ Position ab, die er zunächst hinsichtlich grundlegender Fragen der Theoretischen Philosophie eingenommen hat. Insbesondere seine Auffassung der Begriffe ›Wahrheit‹, ›Rechtfertigung‹ und ›Universalität‹, die er in Auseinandersetzung mit den Ansätzen von Donald Davidson, Hilary Putnam, Jürgen Habermas u. a. entwickelte, bilden hier das Fundament seines Denkens. Mit Davidson einig in der entschiedenen Ablehnung des klassischen ›Repräsentationalismus‹ und der ›Korrespondenztheorie der Wahrheit‹, vertritt Rorty – anders als Davidson – die These, dass die Wahrheit von Aussagen zurückgeführt werden kann auf die *Praxis der Rechtfertigung* dieser Aussagen (z. B. Rorty 1990). Unter »Rechtfertigung«, so Rorty, darf man jedoch nicht – wie etwa Habermas oder Putnam – das Gerechtfertigtsein einer Aussage unter »idealen« diskursiven oder epistemischen Bedingungen verstehen. Vielmehr bezeichnet das Gerechtfertigtsein einer Aussage schlicht den Umstand, dass eine bestimmte Aussage von einer kontingenten, historisch und kulturell gebundenen Zuhörerschaft für wahr *gehalten* wird (vgl. Rorty 2000a). Dass man eine bestimmte Aussage gerechtfertigt hat, bedeutet demnach nichts anderes und nicht mehr, als dass man mit den geeigneten rhetorischen Mitteln seine jeweils aktuelle Zuhörerschaft erfolgreich überredet hat, dem Inhalt der Aussage zuzustimmen. Trifft dies allerdings zu, so können weder Wahrheitsansprüche noch Ansprüche des Gerechtfertigtseins sinnvoll als Ansprüche auf die *universelle* Geltung einer Aussage angesehen werden, die Raum, Zeit und Kontext transzendieren würde. Was übrig bleibt, ist vielmehr die durch Überredung herbeigeführte Übereinkunft innerhalb eines je bestimmten sozialen Kontextes.

Ausgehend von diesem historistischen und kulturalistischen Kontextualismus in Wahrheits- und Rechtfertigungsfragen, den Rorty auch auf die Begriffe des Wissens und der Rationalität überträgt, formuliert er seine Kritik an den von ihm als ›begründungsorientiert‹ bezeichneten Ansätzen der Menschenrechte. Anders als begründungsorientierte Philosophen glauben, sollte die Ausweitung der demokratischen »Menschenrechtskultur« – ein Begriff, den Rorty von dem argentinischen Rechtswissenschaftler und Philosophen Eduardo Rabossi übernimmt und der eine primär ›gefühlsgeleitete‹ soziale Praxis gemäß den Menschenrechten meint – nicht dadurch vorangetrieben werden, dass man versucht, eine universelle Begründung der Menschenrechte zu liefern, indem man auf ein wie auch immer geartetes ahistorisches und kulturunabhängiges Faktum verweist. Denn weder der Verweis auf eine allgemeine sittliche Erkenntnis noch der Verweis auf die kulturübergreifenden Gebote der Vernunft und auch nicht der Verweis auf natürliche, nicht-historische Eigenschaften des Menschen werden Menschenrechtsskeptiker letztlich überzeugen können (vgl. Rorty 1996, 151). Die kausale Wirkung eines Überredungsversuchs, der sich derartiger Verweise bedient, wird zumeist sehr enttäuschend ausfallen; zumindest für denjenigen, der sich eine Ausweitung der demokratischen Menschenrechtskultur zum Ziel gesetzt hat. Derartige Verweise werden nur auf diejenigen Eindruck machen, die ohnehin schon die Idee der Menschenrechte teilen. Denn Vertreter einer demokratischen Menschenrechtskultur, so Rorty, bringen mit ihren Verweisen auf Vernunft, menschliche Natur oder sittliche Erkenntnis im Grunde nicht sehr viel mehr zum Ausdruck, als dass sie eben die Idee der Menschenrechte befürworten.

Daher sollte man zwar die bisherigen philosophischen Begründungsversuche der Menschenrechte als wichtige geschichtliche Schritte hin zur Utopie einer globalen demokratischen Menschenrechtskultur betrachten, jedoch zugleich einsehen, dass diese Versuche heutzutage »veraltet« sind (Rorty 1996, 148). Tatsächlich brauche gegenwärtig die Frage, »ob Menschen wirklich die in der Helsinki-Akte angeführten Rechte besitzen, überhaupt nicht gestellt zu werden« (ebd.). Aus Rortys neo-pragmatistischer Sicht des – wie er selbst sagt – »liberalen Ironikers« geht es nicht länger darum, durch philosophische Begründungen die eigene Kultur als sittlich und rational überlegen auszuweisen, sondern schlicht darum, die eigene kontingente Kultur zu stärken, weil sie den eigenen Intuitionen hinsichtlich des rechten Handelns entspricht (ebd., 148 f.). Anstatt sich also weiter bei philosophischen Fragen der Begründung aufzuhalten, sei es heutzutage erheblich zweckdienlicher, ganz pragmatisch zu fragen, was die effizientesten Methoden wären, die demokratische Menschenrechtskultur zu stärken und möglichst viele Menschen weltweit dazu zu bringen, die Idee der Menschenrechte zu befürworten. Erfolgversprechender als jeder Versuch, kulturübergreifende und ahistorische Begründungen zu formulieren, wäre die Aufgabe, so Rorty, die Ausbreitung der demokratischen Menschenrechtskultur dadurch zu befördern, dass auf die Erziehung und Kultivierung des Gefühls der »Sympathie« hingewirkt wird (ebd., 155). Gefördert werden muss folglich die Fähigkeit der Menschen, sich selbst in die Situation der jeweils Benachteiligten und Unterdrückten hineinzuversetzen und die eigene Identität in weitgehend nicht-exklusiven Kategorien zu definieren. Dabei wird die Erziehung und Kultivierung des Gefühls der Sympathie in den meisten Fällen sehr viel besser gelingen, wenn man – anstatt auf philosophische Abhandlungen – auf Werke der Filmkunst und der Literatur zurückgreift (z. B. auf Harriet Beecher Stowes *Onkel Toms Hütte*), die die Perspektive der Benachteiligten und Unterdrückten sehr viel eindrücklicher vermitteln (ebd., 160 f.). Gelänge ein solcher »Fortschritt der Gefühle«, wie Rorty in Anlehnung an Annette Baier sagt, so könnte die Gemeinschaft derjenigen, die sich wechselseitig als »Leute unserer Art« oder »Menschen wie wir« (ebd., 155) begreifen und sich mit Sympathie und Mitgefühl begegnen, Stück für Stück erweitert werden. Dies könnte unter günstigen politischen Umständen dazu führen, dass die zunächst nur für Mitglieder einer jeweils begrenzten Gruppe typische Haltung gegenseitiger »Loyalität« sich so stark erweitern lässt, dass es eines Tages Loyalität und ein Gefühl der Zusammengehörigkeit zwischen *allen Menschen weltweit* geben könnte (vgl. Rorty 2000b, 93 ff.).

Damit eine solche Utopie der globalen Gerechtigkeit und der weltweiten demokratischen Menschenrechtskultur, die nicht auf Erkenntnis, sondern auf Sympathie und Mitgefühl beruht, zumindest ansatzweise Realität werden kann, bedarf es allerdings auch der entsprechenden materiellen Voraussetzungen, die Rorty unter dem Stichwort »Sicherheit« zusammenfasst (vgl. Rorty 1996, 160 f.). Ohne Sicherheit könne es keine Kultur wechselseitiger Sympathie geben. Denn je schlechter die Lebensbedingungen sind, desto größer sind die Gefahren für das jeweils eigene Leben und dementsprechend auch die Sorgen um das eigene Wohlergehen. Ist man jedoch aufgrund unzureichender Sicherheit dem ständigen Kampf um das eigene Überleben ausgesetzt, so ist es unwahrscheinlich, dass man Zeit und Mühe darauf verwenden wird, über die Frage nachzudenken, wie es anderen Menschen ergehen mag, mit denen man sich nicht unmittelbar identifiziert. Unter derart unsicheren Lebensbedingungen kann man es sich gleichsam gar nicht ›leisten‹, seinem Gegenüber mit Sympathie zu begegnen und die Haltung der Loyalität einzunehmen. Daher muss langfristig ein Maß an weltweiter materieller Sicherheit angestrebt werden, das es allen Menschen allererst gestattet, ihre Handlungen von Sympathie und Mitgefühl leiten zu lassen.

Wirkung

Rortys neo-pragmatistische Kritik an dem traditionell begründungsorientierten Menschenrechtsdiskurs der Philosophie ist sicherlich insofern bedeutsam, als sie einzelne Philosophen vor der Hybris warnt, eine kontexttranszendierende ›Letztbegründung‹ der Menschenrechte formulieren zu wollen, die alle vernünftigen Wesen teilen müssen, und zwar unabhängig von divergierenden kulturellen Sichtweisen und möglichen zukünftigen Einwänden. Darüber hinaus bewahrt Rortys Kritik die Philosophie womöglich auch davor, einem übersteigerten Rationalismus anheimzufallen und zu glauben, die Aufgabe der erfolgreichen Etablierung einer demokratischen Menschenrechtskultur lasse sich allein durch die Formulierung philosophisch überzeugender Gründe bewerkstelligen. Die Kultivierung von Sympathie und die Herstellung von Sicherheit im Sinne Rortys dürften oftmals sehr viel entscheidendere kausale Faktoren bei der Ausweitung einer demokratischen Menschenrechtskultur sein. Dies muss aber nicht schon zwangsläufig heißen, dass das Projekt der Begründung der Menschenrechte tatsächlich historisch überkommen und daher, wie Rorty nahelegt, in der Gegenwart müßig ist (vgl. Kettner 2001). Denn zum einen stellt es eine starke neo-pragmatistische Verkürzung dar, die Funktion und Qualität möglicher Rechtfertigungsgründe lediglich danach zu beurteilen, ob sie kausal effizient sind, wenn es darum geht, anfängliche Menschenrechtsskeptiker zur Übernahme einer demokratischen Menschenrechtskultur zu überreden. Und zum anderen ist es auch nicht plausibel, der Diskussion um mögliche philosophische Begründungsversuche der Menschenrechte von vornherein jede kausale Effizienz bei der Ausweitung der demokratischen Menschenrechtskultur abzusprechen; deren Effizienz dürfte mitunter sogar erheblich sein.

Rorty hat zwar recht, wenn er behauptet, dass philosophische Begründungsversuche der Menschenrechte zumeist nur auf diejenigen Personen Eindruck machen werden, die ohnehin schon Verfechter einer demokratischen Menschenrechtskultur sind. Denn die möglichen Begründungen sind keine ›Letztbegründungen‹, die außerhalb des Menschenrechtsparadigmas liegen und die Geltung der Menschenrechte gleichsam *extern* begründen könnten (vgl. Menke/Pollmann 2007, 65). Aber durch die starke Konzentration auf die Frage nach der möglichst effizientesten Strategie der Überredung von Menschenrechtsskeptikern unterschlägt Rorty die gewichtige Rolle, die die Diskussion um mögliche Begründungsversuche der Menschenrechte spielt, wenn es *innerhalb* der demokratischen Menschenrechtskultur um die kritische Reflexion und etwaige Revision bisheriger Verständnisse der Menschenrechte geht. Zudem mag es zwar stimmen, dass philosophische Begründungsversuche der Menschenrechte empirisch wenig Eindruck auf Menschenrechtsskeptiker machen, aber die Ausweitung einer demokratischen Menschenrechtskultur besteht nicht allein darin, jene Menschenrechtsskeptiker zu überreden. Mindestens ebenso wichtig für die globale Ausweitung einer demokratischen Menschenrechtskultur ist es, dass sich die unterschiedlichen Positionen derjenigen annähern, die zwar die Geltung der Menschenrechte als solche anerkennen, aber aufgrund verschiedener kultureller Hintergründe *inhaltlich* divergierende Interpretationen der Menschenrechte vertreten (ebd., 65 f.). Auch hier kann die Diskussion um mögliche Begründungsversuche der Menschenrechte positive Folgen zeitigen und zur globalen Ausweitung einer demokratischen Menschenrechtskultur beitragen.

Literatur

Kettner, Matthias: »Rortys Restbegründung der Menschenrechte. Eine Kritik«. In: Thomas Schäfer/Udo Tietz/Rüdiger Zill (Hg.): *Hinter den Spiegeln. Beiträge zur Philosophie Richard Rortys mit Erwiderungen von Richard Rorty*. Frankfurt a. M. 2001, 201–228.

Menke, Christoph/Pollmann, Arnd: *Philosophie der Menschenrechte zur Einführung*. Hamburg 2007.

Rorty, Richard: »Pragmatismus, Davidson und der Wahrheitsbegriff« [1986]. In: Eva Picardi/Joachim Schulte (Hg.): *Die Wahrheit der Interpretation. Beiträge zur Philosophie Donald Davidsons*. Frankfurt a. M. 1990, 55–96.

–: »Menschenrechte, Rationalität und Gefühl« [1993]. In: Stephen Shute/Susan Hurley (Hg.): *Die Idee der Menschenrechte*. Frankfurt a. M. 1996, 144–170 [wiederabgedruckt unter dem Titel »Menschenrechte, Rationalität und Empfindsamkeit«. In: Richard Rorty: *Wahrheit und Fortschritt*. Frankfurt a. M. 2000, 241–268).

–: »Universality and Truth«. In: Robert B. Brandom (Hg.): *Rorty and his Critics*. Oxford/Malden 2000a, 1–30.

–: »Gerechtigkeit als erweiterte Loyalität« [1997]. In: Ders.: *Philosophie & die Zukunft*. Frankfurt a. M. 2000b, 79–100.

Thomas Hoffmann

4. Historische Rechtsentwicklung

4.1 Die Europäische Entwicklung bis 1776

Rechtshistorische Bedeutung

Kann man bereits in der antiken Philosophie erste Wurzeln der modernen Menschenrechte entdecken, setzt die rechtliche Entwicklung, die zum neuzeitlichen Durchbruch der Menschenrechtsidee geführt hat, deutlich später ein. Erste Ansätze finden sich im Hoch- und Spätmittelalter. Der mittelalterliche Staat war als Ständestaat strukturiert. Die Zugehörigkeit zu einem der Stände (Adel, Klerus, Bürger, Bauern) bestimmte die Rechtsstellung einer Person. Die Stände versuchten, ihre Rechte gegenüber den jeweiligen Landesherren durchzusetzen und im günstigsten Fall auch verbriefen zu lassen. Die daraus resultierenden Herrschaftsverträge, Freiheitsbriefe und Wahlkapitulationen bedeuteten – insoweit vergleichbar mit den Menschenrechten – eine praktisch-politische, aber auch eine rechtliche Bindung und Beschränkung der Ausübung von Hoheitsgewalt (Kühnhardt 1991, 49). Zwar gelten die ständischen Freiheitsrechte als Vorläufer neuzeitlicher Menschenrechte. Im Unterschied zu den Menschenrechten trat aber nicht der Einzelne der Herrschaftsgewalt entgegen, sondern der jeweilige Stand (Sutter 1982, 113). Ausgangspunkt vieler der mittelalterlichen Freiheitsbriefe war eine innere oder äußere Bedrohung der Machtposition des jeweiligen Landesherrn, die ihn dazu zwang, sich der Unterstützung durch den Adelsstand zu vergewissern. Gerade der Adel, der durch seine Nähe zum jeweiligen Herrn dessen (willkürlicher) Machtausübung unmittelbar ausgesetzt war, nahm krisenhafte Situationen immer wieder zum Anlass, sich fundamentale Rechte, die vielfach dem Schutz der Persönlichkeit dienten, zusichern oder bestätigen zu lassen (Sutter 1987, 21). Solche Herrschaftsverträge oder Freiheitsbriefe wurden beispielsweise in England, Spanien, Deutschland, Ungarn, Polen, Schweden und Portugal erzwungen. In ihnen wurden freilich nicht abstrakt abgeleitete Rechte verbrieft; vielmehr handelte es sich um gegenseitige Bestätigungen von Herrschafts- und Freiheitsrechten zwischen dem jeweiligen Herrscher und den Ständen (Bracher 1981, 34), die jeweils einen Machtausgleich bewirkten.

Stationen und Positionen

1. Englische, spanische und ungarische Freiheitsbriefe: Aus der langen Reihe der mittelalterlichen Freiheitsbriefe können im Folgenden nur exemplarisch einige der bedeutenderen herausgehoben werden. Als wichtigstes Dokument aus dieser Zeit wird heute vielfach die englische *Magna Carta Libertatum* aus dem Jahr 1215 angesehen. Die englischen Barone erhoben sich gegen den englischen König Johann Ohneland, der von ihnen mehr Abgaben forderte, und zwangen ihn, ihre Lehnsrechte und Privilegien anzuerkennen. Die *Magna Carta Libertatum*, die der König am 15. Juni 1215 zu Runnymede unterzeichnete, ist Ausdruck des Bemühens des Königs, sich die Loyalität der führenden Kreise des Landes zu sichern. Nach dem berühmten Art. 39 der *Magna Carta Libertatum* durfte kein »freier Mann« ohne gesetzlichen Urteilsspruch verhaftet, gefangen gehalten, geächtet oder verbannt werden. Der Begriff des ›freien Mannes‹ war dabei zunächst nur auf den Adel bezogen; erst sehr viel später wurde er in einem erweiterten Sinne interpretiert. Die *Magna Carta Libertatum*, bei der es sich demzufolge um eine »Satzung des geltenden Lehnsrechts« handelte (Mitteis 1986, 320) und der es an einem Mechanismus fehlte, die Einhaltung der verbürgten Rechte zu erzwingen, war zunächst in ihrer Geltungsdauer begrenzt und musste immer wieder aufs Neue bekräftigt werden – so in den Jahren 1216, 1217, 1225 und letztmalig wohl im Jahr 1297 durch König Edward I. Eklatante Verletzungen der in der *Magna Carta Libertatum* niedergelegten Rechte, die Bestandteile des *common law* geworden waren, führten 1628 zur *Petition of Rights* des *House of Commons*. König Karl I. hatte 1626 neue Abgaben in Form von Zwangsanleihen verkündet und begonnen, diese einzutreiben. Zahlungsverweigerer ließ er inhaftieren, oder er quartierte zwangsweise Soldaten in den Häusern der Bürger ein. Das *House of Commons* reagierte mit einer Petition an den König, in der es verlangte, dass niemand ohne Parlamentsbeschluss gezwungen werden dürfe, Abgaben oder Steuern zu leisten. Auch dürfe kein ›freier Mann‹ willkürlich gefangengenommen oder inhaftiert werden. Ebenso wandte sich das Parlament gegen die Verhängung des Kriegsrechts durch den König sowie gegen willkürliche Hinrichtungen. Die Anerkennung der Rechte durch den englischen König im Jahr 1628 war jedoch nicht von Dauer; der Konflikt schwelte weiter und mündete schließlich 1642 in den englischen Bürgerkrieg, der seinerseits in der Hinrichtung Karls I. im Jahr 1649 gipfelte. Nach der Herrschaft und dem Sturz des Lordprotektors Oliver Cromwell griff auch König Karl II. auf das Mittel willkürlicher Verhaftungen zurück, wobei er Gegner auch außerhalb Englands verbringen ließ. Die bedeutende *Habeas-Corpus-Akte*, die im Jahr 1679 dem König vom Parlament abgerungen wurde, stellte die persönlichen Freiheitsrechte wieder her. Willkürliche Verhaftungen wurden untersagt; Inhaftierte mussten innerhalb von drei Tagen, bei größerer räumlicher Entfernung innerhalb von zwanzig Tagen einem Richter vorgeführt werden und hatten ein Petitionsrecht an den König. Eine erneute Bestätigung dieser Rechte und vor allem auch eine Sicherung der Rechte des Parlaments erfolgte nach der Vertreibung der Stuarts in der *Glorious Revolution* mit der *Bill of Rights* von 1689 nach der Thronbesteigung von Wilhelm III. von Oranien und Maria II. Alle Untertanen besaßen nach der *Bill of Rights* unter anderem Straffreiheit bei der Eingabe von Petitionen an den König. Ferner wurden grausame Bestrafungen untersagt.

Auch im übrigen Europa konnte man ähnliche Ansätze beobachten. In der sogenannten *Magna Carta Leonesa* von 1188 ließen sich die Cortes von León, die Ständeversammlung dieses spanischen Königreichs, von König Alfons IX. von León das Recht auf Wahrung des anerkannten Gewohnheitsrechts, das Recht der Angeklagten auf ein ordnungsgemäßes Verfahren, die Unverletzlichkeit von Leben und Ehre sowie das Recht auf Haus und Eigentum ebenso wie das Recht der Stände auf Beratung und Mitsprache in allen staatspolitisch wichtigen Fragen wie Vertragsschlüssen und Kriegserklärungen. In den *Siete Partidas*, der siebenteiligen Gesetzessammlung König Alfons X., genannt ›der Weise‹, aus den Jahren 1256 bis 1265 für León und Kastilien lautet die erste Rechtsregel, die Richter müssten die Freiheit unterstützen. Ähnliche Zusicherungen von Ständerechten enthielten auch die *Confirmatio Fororum et Libertatum Aragonie* von 1283, in der sich die Stände von Aragon ihre Rechte von dem durch Krieg und Fehden in Not geratenen König Peter III. von Aragon bestätigen ließen, sowie der aragonische *Privilegio de la Unión* aus dem Jahr 1287 von König Alfons III. von Aragon.

Im Jahr 1222 sicherte der ungarische König Andreas II. seine Machtposition in der Auseinandersetzung mit dem Adel durch die *Goldene Bulle von Ungarn*, in der er unter anderem faire Gerichtsverfahren versprach sowie Garantien für das Eigentum abgab. Auch die in der ungarischen *Goldenen Bulle* zugesicherten Rechte sind später mehrfach, etwa in den Jahren 1351, 1384 und 1464, bestätigt und teilweise ergänzt worden.

2. Entwicklung in den deutschen Territorien: In zahlreichen deutschen Territorien wurden in vergleichbarer Weise ständische Rechte entweder vertraglich vereinbart oder einseitig zugesichert. Um sich der finanziellen Unterstützung durch die Landstände zu vergewissern, musste der in pekuniäre Not geratene Albrecht III. Achilles, Kurfürst von Brandenburg, im *Vergleich mit den brandenburgischen Landständen* von 1472 diesen ihre Rechte bestätigen. Hervorzuheben ist vor allem auch der *Tübinger Vertrag* von 1514 zwischen den württembergischen Landständen und Herzog Ulrich von Württemberg. Die außerordentlichen Steuern, die Herzog Ulrich von Württemberg aufgrund kostspieliger Kriegszüge und eines aufwendigen höfischen Lebensstils erhoben hatte, hatten zu Protesten geführt und waren letztlich in einen Bauernaufstand gemündet, den Aufstand des ›Armen Konrad‹. Unter dieser Bezeichnung firmierten die aufständischen geheimen Bauernbünde. Mit dem *Tübinger Vertrag* sicherte sich Ulrich von Württemberg die Unterstützung der sogenannten ›Ehrbarkeit‹, d. h. der patrizischen Oberschicht, bei der Niederschlagung des Aufstands. Bemerkenswert ist dabei, dass die garantierten Rechte, darunter Rechte auf ordnungsgemäße Strafverfahren und auf Auswanderung, nicht nur der ›Ehrbarkeit‹, sondern allen Bewohnern Württembergs zustehen sollten, das Wegzugsrecht allerdings nur den Untertanen der weltlichen Ämter.

Ebenfalls einer Erhebung von Bauern sind die oberschwäbischen *Zwölf Artikel* aus dem Jahr 1525 zu verdanken. Es handelte sich dabei allerdings nicht um eine vertragliche Zusicherung ständischer Privilegien, sondern lediglich um eine Zusammenstellung der vom Bauernstand eingeforderten Rechte. Diese Beschwerdeschrift trug zugleich die Züge eines politischen Manifests (Blickle 2004, 24). In den *Zwölf Artikeln* forderten drei oberschwäbische ›Bauernhaufen‹ im Zuge des Deutschen Bauernkrieges der Jahre 1524 bis 1526 eine Verbürgung ihrer Rechte gegenüber dem Schwäbischen Bund. Verlangt wurden beispielsweise die Abschaffung der Leibeigenschaft, die Abschaffung des ›kleinen Zehnten‹, die Reduzierung der Frondienste sowie ein Verbot willkürlicher Bestrafung. Auch wenn die Bauernaufstände letztlich niedergeschlagen wurden, fand der in Memmingen verabschiedete Text der *Zwölf Artikel* eine für damalige Verhältnisse große Verbreitung, da er – in unterschiedlichen Ausgaben – in immerhin schätzungsweise 25.000 Exemplaren gedruckt und verteilt wurde (Blickle 2004, 24). Nach der Niederwerfung des Aufstandes wurden die in den *Zwölf Artikeln* niedergelegten Beschwerden auf dem Reichstag zu Speyer im Jahr 1526 beraten. Der mit der Beratung befasste Große Ausschuss konnte jedoch nur Empfehlungen beschließen, deren Umsetzung dann den Reichsständen überlassen blieb.

3. *Wahlkapitulationen:* Eine besondere Form von Freiheitsbriefen stellen die sogenannten Wahlkapitulationen dar. In ihnen zwangen die Stände Fürsten und Könige dazu, vor ihrer Krönung oder vor der Huldigung durch die Stände bestimmte hergebrachte Freiheitsrechte zu bestätigen. So verlangten die Stände von Brabant und Limburg in der *Brabanter Joyeuse Entrée* von 1356 vor der Huldigung des Landes von Herzog Wenzel I. von Luxemburg (der durch Heirat mit Johanna, der Erbin von Brabant und Limburg, auch Herzog dieser Ländereien geworden war) eine Bestätigung ihrer bestehenden Privilegien sowie umfangreiche Garantien für geordnete Gerichtsverfahren. Auch die *Goldene Bulle* Kaiser Karls VI. aus dem Jahr 1356 sah vor, dass der Kaiser verpflichtet war, den Kurfürsten alsbald nach der Wahl alle Privilegien, Briefe, Rechte, Freiheiten und Vergünstigungen, die sie bisher im Heiligen Römischen Reich hatten, feierlich zu bestätigen. Die Wahlkapitulationen, derer sich die Stände erstmals bei der Wahl Karls V. im Jahr 1519 bedient hatten, waren – zuvor ausgehandelte – einseitige Zusagen des gewählten Kaisers, die dieser vor seinem Regierungsantritt förmlich zu beschwören hatte. Um in dem Ringen um den Ausgleich zwischen der kaiserlichen Gewalt und den ständischen Machtinteressen den Kurfürsten die Möglichkeit zu nehmen, den Inhalt der Wahlkapitulationen einseitig zu bestimmen, schrieb der Westfälische Friede von 1648 vor, dass auf dem nächsten Reichstag eine *Ständige Wahlkapitulation* beraten werden sollte. Ein entsprechender Entwurf entstand jedoch erst 1711. Er wurde zwar nicht zum Reichsgesetz erhoben, diente jedoch in der darauffolgenden Zeit als Richtschnur bei der Abfassung der Wahlkapitulationen.

4. *Weg in den Absolutismus:* Der Westfälische Friede von 1648, der dem Dreißigjährigen Krieg ein Ende setzte, bewirkte in Kontinentaleuropa eine Stärkung der Rechte der Landesherren, die mit einer Schwächung des Reiches und einer Zurückdrängung des Einflusses und der Rechte der Stände einherging. Der Westfälische Friede brachte damit eine Entwicklung zum Abschluss, die schon im Hochmittelalter begonnen hatte, nämlich das Bestreben der Landesherren, von Kaiser und Reich unabhängig zu werden. Die im Westfälischen Frieden den Territorien eingeräumte und kaum noch eingeschränkte Souveränität, also das Recht, Bündnisse einzugehen, die nicht gegen Kaiser und Reich gerichtet waren, sowie das den Territorien zustehende Recht zum Kriege (*ius ad bellum*) führten im anschließenden Zeitalter der ›Kabinettskriege‹ zu einer innerstaatlichen Bündelung der Macht unter Einschränkung persönlicher und ständischer Freiheiten. Diese Machtballung im Sinne einer absoluten Monarchie wurde

dabei weniger aus einer geistvollen Theorie geboren, auch wenn etwa Jean Bodin, Thomas Hobbes und Samuel Pufendorf die theoretische Grundierung lieferten, sondern war vielmehr in Krisenzeiten aus der Not geboren (Hattenhauer 2004, 1260). Der dualistische Ständestaat wurde überwunden. Der mittelalterliche Personenverband entwickelte sich zum Territorialstaat, einem institutionalisierten Gebilde, das die fortdauernden persönlichen Rechtsbeziehungen zwischen Landesherren und Untertanen überlagerte. Kennzeichen waren ein stehendes Heer und eine straffe Zentralverwaltung mit einem allein vom Herrscher abhängigen Beamtenapparat. Der souveräne Herrscher vereinigte in seiner Person das Recht der Gesetzgebung, die Polizeigewalt, die Gerichtshoheit sowie das Recht der Landesverteidigung. Diese absolutistische Regierungsform mit einem über den Gesetzen stehenden und von ihnen losgelösten Monarchen an der Spitze (*de legibus solutus*) nach dem Vorbild der französischen Könige setzte sich im 17. und 18. Jahrhundert, wenn auch in unterschiedlichen Schattierungen, nahezu flächendeckend in Kontinentaleuropa durch. Die ständischen Lehnsrechte und Privilegien, um die die Stände und Magistrate unter Berufung auf das göttliche Recht und das Naturrecht kämpften, verkümmerten im Zuge der Herrschaftszentrierung und der Inanspruchnahme des Gewaltmonopols durch den Fürsten zu einem Recht auf Widerstand (*ius resistendi*) (Freist 2008, 15 f.). Der absolute Herrschaftsanspruch des Fürsten manifestierte sich im Bau prunkvoller Schlösser, in einer streng zeremoniellen Hofhaltung sowie in einer Förderung von Kultur und Wissenschaft im Dienste des Fürsten. In einer gewaltigen Gegenbewegung zur Machtkonzentration im absolutistischen Staat führte im ausgehenden 18. Jahrhundert die Französische Revolution zu den ersten, von der amerikanischen *Virginia Bill of Rights* aus dem Jahr 1776 inspirierten Menschenrechtsproklamationen in Europa (Pieroth 1984, 571).

Ausblick

Es handelte sich bei den mittelalterlichen und frühneuzeitlichen Herrschaftsverträgen, Freiheitsbriefen und Wahlkapitulationen keineswegs schon um die ersten positiven Menschenrechtsgarantien. Sie sicherten regelmäßig die Mitwirkung der Stände bei der Herrschaft sowie lehnsrechtliche Privilegien. Allen diesen Dokumenten war jedoch gemeinsam, dass sie eine Mäßigung der Hoheitsgewalt bewirkten und einen Machtausgleich anstrebten. Ihr Anspruch war es gleichwohl nicht, die natürlichen Grundlagen eines Gemeinwesens zu formulieren. Sie wollten lediglich ererbte Rechte und Freiheiten festschreiben (Hofmann 1988, 844 f.). Die mittelalterlichen und frühneuzeitlichen Freiheitsbriefe bedeuteten dennoch eine gleichsam verfassungsrechtliche Zurückweisung von Souveränitätsansprüchen. Mittelalter und Frühneuzeit lieferten mit diesem Konzept der politisch-rechtlichen Begrenzung von Macht ein Element, das sich in der heutigen Menschenrechtsidee wiederfindet (Haratsch 2010, 27). Hinzutreten musste freilich noch der Übergang von korporativen Rechten der Stände hin zu individuellen Freiheitsgarantien der Person. Es bedurfte der naturrechtlichen Ausweitung der ständischen Rechte durch das Gleichheitsprinzip, und zwar zunächst zu Rechten aller freien Bürger, später zu Rechten aller Staatsangehörigen und schließlich zu allgemeinen Menschenrechten. Der entscheidende Schritt in diese Richtung gelang zuerst in den Siedlerkolonien Nordamerikas, die kaum ständisch geprägt waren. Die nordamerikanischen Kolonisten trachteten danach, die ererbten und nicht mehr allein dem Adel zuerkannten Geburtsrechte der Engländer zu behalten, die in Dokumenten wie der *Magna Carta Libertatum*, der *Petition of Rights*, der *Habeas-Corpus-Akte* und der *Bill of Rights* niedergelegt waren. Sie mussten in ihrem politischen Unabhängigkeitsstreben vom englischen Mutterland dabei jedoch auf Rechte zurückgreifen, die den Menschen ›von Natur aus‹, ohne staatliche Verleihung zustehen (Haratsch 2010, 44). Die Vorleistung der ständischen Freiheitsrechte für die Entwicklung moderner Menschenrechte bestand aber nicht allein in der Idee der rechtlichen Einhegung von Herrschaftsgewalt. Denn mit der schriftlichen Fixierung der Rechte und Privilegien ebneten sie den Weg zu den *geschriebenen* Verfassungsurkunden der Neuzeit mit ihren Menschenrechtskatalogen. Die mittelalterlichen und frühneuzeitlichen Herrschaftsverträge und Freiheitsbriefe lieferten auf diese Weise wichtige Bausteine in der Entwicklungsgeschichte der Menschenrechte.

Literatur

Blickle, Peter: *Die Revolution von 1525*. München/Wien ⁴2004.
Bracher, Karl Dietrich: »Menschenrechte und politische Verfassung«. In: Ders.: *Geschichte und Gewalt. Zur Politik im 20. Jahrhundert*. Berlin 1981, 28–50.
Freist, Dagmar: *Absolutismus*. Darmstadt 2008.
Haratsch, Andreas: *Die Geschichte der Menschenrechte*. Potsdam ⁴2010.
Hattenhauer, Hans: *Europäische Rechtsgeschichte*. Heidelberg ⁴2004.
Hofmann, Hasso: »Zur Herkunft der Menschenrechtserklärungen«. In: *Juristische Schulung* 28. Jg. (1988), 841–848.
Kühnhardt, Ludger: *Die Universalität der Menschenrechte*. Bonn ²1991.
Mitteis, Heinrich: *Der Staat des hohen Mittelalters*. Weimar ¹¹1986.
Pieroth, Bodo: »Geschichte der Grundrechte«. In: *Jura* 3. Jg. (1984), 568–578.
Sutter, Berthold: *Die Entwicklung der Grundrechte*. Wien/Köln/Graz 1982.
–: »Der Schutz der Persönlichkeit in mittelalterlichen Rechten. Zur historischen Genese der modernen Grund- und Freiheitsrechte«. In: Günter Birtsch (Hg.): *Grund- und Freiheitsrechte von der ständischen zur spätbürgerlichen Gesellschaft*. Göttingen 1987, 17–41.

Andreas Haratsch

4.2 Die Amerikanische Unabhängigkeitserklärung und die Virginia Declaration of Rights von 1776

Rechtshistorische Bedeutung

Der Revolutionskrieg der amerikanischen Kolonien mit dem englischen König tobte Anfang Juli 1776 schon seit mehr als einem Jahr, als die Unabhängigkeitserklärung (*Declaration of Independence*) vom Continental Congress in Philadelphia verabschiedet wurde. Sie ist zusammen mit der fast zeitgleichen *Virginia Declaration of Rights* der amerikanische Vorläufer der Französischen Menschenrechtserklärung von 1789 (s. Kap. I.4.3). Die genannten Erklärungen beziehen sich noch nicht auf das Volk oder die Nation unterschiedslos *aller* Menschen bzw. *aller* Bürger der Vereinigten Staaten. Während die Formulierung »We the People of the United States« in der Präambel der US-Verfassung von 1787 ›gute‹ und ›schlechte‹ Bürger gleichermaßen einschließen wird, beziehen sich die beiden Erklärungen von 1776 lediglich auf die »good People of Virginia« bzw. die »good People of these Colonies«. Erst in der Präambel des späteren Verfassungstextes wird demnach der Begriff des Volkes von der alteuropäischen Leitdifferenz zwischen tugendhaften und untugendhaften, perfekten und korrupten Bürgern abgelöst. Und erst im Fortgang der Revolution und den nachfolgenden Prozessen der Konstitutionalisierung entwickelt sich so das moderne, *inklusive* Verständnis einer Bürgerschaft, die auf *universellen* Rechten basiert und deshalb – anders als in den klassischen Stadtrepubliken bis an die Schwelle des 18. Jahrhunderts – den Ausschluss schlechter Bürger aus der Bürgerschaft nicht mehr zulassen kann (Arendt 1964, 216).

Während sich jedoch die *Virginia Declaration of Rights* und die *Declaration of Independence* von vornherein zur Gültigkeit der ›Menschenrechte‹ bekennen, enthält die 1788 ratifizierte Amerikanische Verfassung lediglich ›Bürgerrechte‹ nach dem Vorbild der englischen *Bill of Rights* von 1689. Sie geht dabei allerdings viel weiter als diese, setzt das Prinzip der Volkssouveränität voraus und orientiert sich in ihrem Gehalt an universellen Rechten. Während die englische *Bill of Rights* lediglich das

Vorrecht der wählenden Klasse im Auge hatte, die regelmäßige Einberufung des Parlaments durch den König vorsah, die Immunität der Abgeordneten und deren privilegierte Redefreiheit gewährleistete, die Erhebung von Steuern und Abgaben, die Friedensstärke der Armee und die düsteren Praktiken der königlichen Folterknechte an den Parlamentsvorbehalt band und dadurch die Macht des Königs konstitutionell einschränkte, *erzeugen* die sieben kurzen Artikel der Amerikanischen Unionsverfassung *alle* Macht durch das Volk und binden in den gleich danach verabschiedeten, verfassungsändernden Amendments (»Zusatzartikel«) den Kongress an bestimmte Grundrechte, deren unmittelbare Änderung dem Parlament entzogen und dem verfassungsgebenden Willen des Volkes vorbehalten bleibt.

Anders jedoch als die US-Verfassung, die einen schrittweisen Prozess der Konstitutionalisierung der Gesellschaft in Gang setzte, schlug die Unabhängigkeitserklärung, kaum war sie verabschiedet, zunächst wie eine ›Bombe‹ ein. Mit ihr werden die Revolution und die kriegerische Ablösung von England irreversibel. Kaum aber war die letzte Schlacht der Revolution geschlagen, geriet der Text und insbesondere sein *menschenrechtlicher* Gehalt, der umgehend eine scharfe Debatte über die Sklaverei ausgelöst hatte, schon wieder in Vergessenheit oder wurde im Interesse der Sklavenhalter und des *appeasement* verdrängt. Und dennoch: Die nunmehr in einem bedeutenden Rechtstext formulierten Menschenrechte gehören zu der Sorte geschichtlicher Artikulation, die »sich nicht mehr vergißt« (Immanuel Kant). Oder wie Friedrich Müller (1997, 56) schreibt: »Norm- und besonders Verfassungstexte setzt man, mit unaufrichtigem Vorverständnis konzipiert, letztlich nicht ungestraft. Sie können zurückschlagen.« Und sie haben zurückgeschlagen.

Stationen und Positionen

1. Revolutionärer Neuanfang: Wenn von der Amerikanischen, aber auch der Französischen Revolution sowie von ihren Verfassungstexten und Menschenrechtserklärungen die Rede ist, so muss man, erstens, im Auge behalten, wie eng diese beiden Revolutionen in ihrem *Ergebnis* miteinander verbunden sind. Diese Verbundenheit besteht in der Erfindung einer Verfassung, in der das Volk sich selbst bestimmt (*pouvoir constituant*) und Herrschaft als Selbstherrschaft neu begründet. In diesem radikal neuen Verständnis von Recht und Verfassung als Vollzug ›gleicher Freiheit‹ unterscheiden sich die beiden Verfassungsrevolutionen des 18. Jahrhunderts fundamental z. B. von der deutschen oder englischen Verfassungsgeschichte, die zunächst nur den Konstitutionalismus hervorgebracht, die Gesellschaft selbst aber nicht neu ›konstituiert‹ hat. Der englisch-deutsche Konstitutionalismus besteht vielmehr in einer bloßen Selbst-Begrenzung bereits *bestehender* Herrschaft und unaufgehobener Fremdbestimmung (Möllers 2004).

Die Französische und die Amerikanische Revolution bilden aber, zweitens, auch deshalb eine Einheit, weil sie sich spätestens ab Mitte des 18. Jahrhunderts wechselseitig durchdringen und überlappen, und zwar bis hin zum Austausch eines Teils ihres ›Führungspersonals‹. Man kann folglich sagen: Das Zentrum der Verfassungsrevolution des 18. Jahrhunderts war weder Paris noch Philadelphia, sondern der *Atlantik*, der beide verbindet. Zudem gab es zur selben Zeit, und zwar auf einer der atlantischen Inseln, noch eine dritte republikanische Revolution, die gerne vergessen wird, aber eine Serie von Nachfolgerevolutionen bis weit in das 20. Jahrhundert auslösen sollte. Diese dritte Revolution war die erste erfolgreiche Revolution schwarzer Sklaven in Haiti. Objektiv betrachtet gab es im Grunde nicht zwei oder auch drei, sondern nur *eine atlantische Verfassungsrevolution*, der die revolutionären Befreiungskriege Lateinamerikas (1809–1824) auf dem Fuße gefolgt sind (Osterhammel 2009).

Der Geist der amerikanischen Unabhängigkeitserklärung ist wie derjenige der Französischen Menschenrechtserklärung unzweideutig *deistisch* (Berman 1992). Die »Männer der Revolution« (Hannah Arendt) waren in der Mehrzahl Anhänger einer aufgeklärten ›Vernunftreligion‹, und Thomas Jefferson, der Hauptautor der Unabhängigkeitserklärung von 1776, galt gar als philosophischer Materialist. Der im ersten, aus einem einzigen Satz nach Art einer Präambel geformten Abschnitt erwähnte »Gott« ist daher nicht der christliche, sondern der Gott der Aufklärung: »Nature's God«. Zwar wird er in dem berühmten zweiten Satz, der die Menschenrechte zu selbstevidenten Wahrheiten erklärt, zum »creator«, aber auch das ist ein Deismus, bei dem sich der gemeinte Schöpfergott nach getaner Arbeit gleich wieder aus dem Geschehen zurückzieht. Er ähnelt darin dem griechischen ›unbewegten Beweger‹; nur mit dem wichtigen Unterschied, dass jener Gott – wie auch der monotheistische – eine *geschichtliche Welt* hervorbringt, die sich, in einer reflexiven Bewegung, diese Welt dann aus eigenem Antrieb aneignet, sie verändert und schließlich selbst erzeugt. Dasselbe gilt für den abschließenden Appell an den »Supreme Judge of the world«, der wiederum an den christlichen Gott der Juristen, den das 12. Jahrhundert erfunden hat, anschließt.

2. *Universelles Völkerrecht:* Bescheiden waren die Protagonisten der Revolution nicht. Die Revolution versteht sich selbst nicht nur als Begründung eines erstmals *internationalen* Rechts, das die selbstbestimmte Nation ins Zentrum des zwischenstaatlichen Verkehrs rückt, sondern auch als Schöpferin eines neuen *universellen* Rechts. Und während das universelle Recht des Verfassungsstaats an die Stelle des alten kanonischen Rechts und des immer noch christlich gefärbten Naturrechts souveräner Fürsten tritt, verdrängt das internationale Recht selbstbestimmter Bürgerschaften das post-westfälische *ius gentium* und beendet so das Westfälische Zeitalter des Völkerrechts (Schmitt 1950/1988). Die Verfassung der Volkssouveränität ist folglich nicht nur für Amerika oder Frankreich erfunden worden. Wie alle großen Rechtsrevolutionen enthält sie nicht weniger als ein politisches und juristisches Programm zur Erlösung der *Welt* (Berman 1991, 262, 286). Das erkennt man vor allem daran, dass die revolutionären Verfassungen fortan keine anderen Verfassungen mehr neben sich dulden. Nicht nur in Art. 16 der Französischen Menschenrechtserklärung (s. Kap. 1.4.3), auch schon im amerikanischen Gründungsdiskurs wiederholt sich die starke Behauptung: »All countries have some form of government, but few, or perhaps none, have truly a constitution« (Pennsylvania Anonymous 1776; dazu Möllers 2010, 186).

Gleich im ersten Satz begründet die Unabhängigkeitserklärung den Sezessionsanspruch der Kolonien mit dem Selbstbestimmungsrecht der Völker: Jedes Volk (»one people«) ist durch »the Laws of Nature and of Nature's God« gleich doppelt zu *gleicher Unabhängigkeit* (»separate and equal station«) berechtigt. Von Anfang an entfaltete dieser Teil der Erklärung eine wachsende völkerrechtliche Wirksamkeit, die neben der sogenannten Monroe-Doktrin und dem amerikanischen Bürgerkrieg zahllose weitere (und keineswegs nur progressive) Unabhängigkeitserklärungen zur Folge hatte; z. B. in Flandern (1790), Venezuela (1811), Griechenland (1822), Liberia (1847), Vietnam (1945), Österreich (1945), Israel (1948), Rhodesien (1965), Kosovo (2008).

Der berühmte zweite Satz der Amerikanischen Unabhängigkeitserklärung leitet das Sezessionsrecht dann aus dem Recht auf eine »Regierung« (*government*) ab, die von den »Regierten« (*the governed*) in Ausübung ihrer subjektiven »unveräußerlichen Rechte« (*unalienable rights*) selbst bestimmt wird (*consent of the governed*) und die keinen andern Zweck hat als den, diese Rechte zu gewährleisten und einfachrechtlich auszugestalten (*to secure these rights*). Die wichtigste völkerrechtliche Quelle dieser beiden ersten Sätze war weniger, wie das zumeist behauptet wird, John Lockes *Second Treatise of Civil Government* (1690), als Emer de Vattels im Jahre 1758 in Leiden vielmehr erschienenes Werk *Droit des gens* (»Recht der Völker«, i. S. des *ius gentium*). Es war in der Bibliothek der *Carpenter Hall*, wo der *Continental Congress* tagte, mehrfach vorhanden und eines der Bücher, das viele Delegierte kannten und auf das sie bei ihren Beratungen am häufigsten zurückgegriffen haben. Das Recht jedes Volkes, sich selbst unter eigener Regierung und nach eigenen Gesetzen zu regieren, das Vattel dem Völkerrecht und der staatlichen Souveränität und der von ihm scharf akzentuierten Unabhängigkeit zugrunde legt (ohne es freilich schon demokratisch oder republikanisch zu verstehen), haben die Verfasser der Unabhängigkeitserklärung dann mit dem Gedanken der *Volkssouveränität* und ihrer subjektivrechtlichen Umsetzung verbunden. Auch in der Parallelisierung der gleichberechtigten Unabhängigkeit individueller Menschen im Naturzustand einerseits und der höherstufigen Freiheit und Unabhängigkeit gleichberechtigter Völker und Staaten andererseits folgt die Erklärung dem Werk Vattels und nicht Locke (Armitage 2008, 38 ff.). Die Ausübung des Selbstbestimmungsrechts »for one People« bzw. der »good People of these Colonies« in Form der *Sezession* bindet die Unabhängigkeitserklärung freilich an bestimmte Bedingungen, die sich formal stark an der ›Königsanklage‹ der englischen *Bill of Rights* orientieren, der Sache nach aber wiederum Überlegungen von Vattel radikalisieren.

Die massive Verletzung der subjektiven Rechte und des Rechts auf Selbstregierung durch den König begründet ein *Recht auf Revolution*, das sich durch seine *menschenrechtliche Grundlegung* von allen klassischen Formen des Widerstandsrechts unterscheidet und diese ein für alle Mal verabschiedet.

3. *Das Menschenrecht auf Revolution*: Das Recht auf Revolution, das im zweiten Teilsatz des berühmten zweiten Satzes der Unabhängigkeitserklärung zum Ausdruck kommt, ist durch den ersten Teilsatz der Erklärung mit dem Menschenrecht auf gleiche Freiheit – laut Kant dem »einzigen« Menschenrecht – zur Einheit *einer Sache* verbunden:

> »We hold these truths to be self-evident, that all men are created equal, that they are endowed by their Creator with certain unalienable Rights; that among these are Life, Liberty and the pursuit of Happiness – That to secure these rights, Governments are instituted among Men, deriving their just powers from the consent of the governed; That whenever any Form of Government becomes destructive of these ends, it is the Right of the People to alter or to abolish it, and to institute new Government, laying its foundation on such principles and organizing its powers in such form, as to them shall seem most likely to effect their Safety and Happiness.«

Durch die logische und sachliche Einheit der Teilsätze wird aus dem zuvor als *ius gentium* verstandenen Recht auf Revolution nunmehr selbst ein *universelles Menschenrecht*. Als Menschenrecht aber schießt es nicht nur weit über ein Recht auf »résistance à l'oppression« hinaus, wie es noch einmal in Art. 2 der Französischen Menschenrechtserklärung proklamiert werden wird, da dieses Recht im Grunde nur eine Reminiszenz an das klassische, der Monarchie verbundene Widerstandsrecht ist. Wäre es lediglich um politischen ›Widerstand‹ gegen einen König gegangen, der sich der »absolute Tyranny« im Umgang mit den amerikanischen Kolonien schuldig gemacht hatte, wäre nicht schon ein Recht auf Revolution, d. h. ein Recht auf die Begründung einer *neuen* Herrschaftsformation erforderlich gewesen. Dieses Recht transzendiert zugleich auch noch das der *pouvoir constituant* und dem Demokratieprinzip der Französischen Erklärung (vgl. Präambel, Art. 3 u. 6) ohnehin implizite Recht auf Revolution. Denn nur die Amerikanische Erklärung macht das Recht auf Revolution *explizit* und universalisiert es somit zu einem Recht jedes Volkes, in Ausübung seiner subjektiven Menschenrechte diese Rechte in die eigene Hand zu nehmen und notfalls gewaltsam gegen »any form of government« (demokratisch gewählte Regierungen eingeschlossen) durchzusetzen, das diese Rechte mit Füßen tritt. Erst aus der Perspektive dieses Rechts auf Revolution erschließt sich übrigens auch der ursprüngliche Sinn des umstrittenen 2. Amendments der US-Verfassung und dem darin verbrieften »right of the people to keep and bear Arms«. Es war 1788 gleichermaßen gegen die konterrevolutionäre Gefahr von außen wie gegen jede zukünftige Regierung gerichtet, die dazu überginge, Menschenrechte und Demokratie außer Kraft zu setzen.

Die revolutionäre Unabhängigkeitserklärung wollte an die Stelle der Monarchie eine Verfassung setzen, die die Welt noch nicht gesehen hatte und die dem einzigen Zweck der Veränderung, Verbesserung und Vervollkommnung nicht nur Amerikas, sondern der Menschheit insgesamt verpflichtet war. Deshalb brauchte die Erklärung auch einen neuen, universellen und progressiven Begriff der Revolution, der den politischen Umsturz – in Abraham Lincolns späterer Formulierung – durch das naturrechtlich begründete Programm rechtfertigen sollte, »*all* people of *all* colors *everywhere*« von jeder Form der Knechtschaft zu befreien, die der menschenrechtlichen Gleichheit entgegenstand (Lincoln 1989, 398, zit. nach Wills 1992, 105, vgl. auch 103). Das aber lief, ähnlich wie in Art. 16 der Französischen Menschenrechtserklärung, darauf hinaus, alle bisherigen Verfassungen und Regierungsformen für ›null und nichtig‹ zu erklären, weil sie der Einheit der universellen Menschenrechte mit dem Prinzip der Volkssouveränität widersprachen. *Alle* (und nicht nur die amerikanische) öffentliche Gewalt musste auf das Programm der progressiven Verwirklichung von »unalienable Rights« eines jeden Menschen festlegt werden. Die zu Beginn des zweiten Satzes der Unabhängigkeitserklärung behauptete selbst-evidente Wahrheit, dass alle Menschen »gleich an Rechten auf Leben, Freiheit und die Vervollkommnung ihres Glücks« geschaffen seien, ist nicht weniger als das Programm einer Weltrevolution, das von *allen* Regierungen umgesetzt werden muss.

Doch schon die Verfassung der Vereinigten Staaten von 1787 wird die rechtliche Gleichheit aller Menschen nicht länger thematisieren und eher verschämt, ohne sie allerdings direkt zu bezeichnen, die Sklavenwirtschaft des Südens erlauben (vgl. Art. I Abschnitt 2 u. 9; Art. IV Abschnitt 2). Danach gerät der Text der Unabhängigkeitserklärung für mehr als ein halbes Jahrhundert in Vergessenheit. Erst in den 1820er Jahren beginnt eine zunächst mühsame Anamnese. Und um die Mitte des Jahrhunderts können die Kontroversen über Sinn und rechtliche Bedeutung der Unabhängigkeitserklärung dann nicht mehr aus dem Zentrum der öffentlichen Debatte ausgegrenzt werden. Ihr Text wird zum Rahmen aller folgenden großen Verfassungskonflikte. Während die evangelikalen Kritiker der Sklaverei die Bibel, das Christentum und den Deismus mit der Unabhängigkeitserklärung zusammenführen, appellieren radikale Abolutionisten an das Recht auf Revolution. Während die Verteidiger der Sklaverei die verfassungsrechtliche Relevanz der *Declaration* bestreiten oder – wie etwa John C. Calhoun, der bedeutendste Verfassungstheoretiker der Südstaaten – den Gleichheitssatz für falsch erklären bzw. mit einem weißen ›Hautfarbenindex‹ versehen, betonen die Abolutionisten die verfassungsrechtliche Relevanz des Gründungsdokuments und interpretieren insbesondere den zweiten Satz als ein Verfassungsprinzip, in dessen Licht die US-Verfassung, die in ihr spezifizierten Rechte sowie die Amendments gelesen, verstanden und geändert werden müssten.

Vor allem Lincoln wird sich für diese Interpretation stark machen. Er betont den verfassungsrechtlichen Charakter der Erklärung als *Gründungsdokument* der Vereinigten Staaten, auf dessen Basis das Gebäude der mehr als zehn Jahre danach verabschiedeten Verfassung errichtet worden sei. Für ihn stellt der Satz über die Gleichheit das politische und juristische Programm zur Erlösung der Welt dar. Die Überzeugung, dass alle Menschen in Bezug auf einige unveräußerlichen Rechte »are created equal« ist für Lincoln – von seiner ausführlichen Kritik an dem berüchtigten Urteil des *Supreme Court* im Fall Dred Scott (eines Schwarzen, der sich in den Nordstaaten die Freiheit erklagt hatte) bis hin zu seiner *Gettysburg Address* – das grundlegende Verfassungsprinzip der Vereinigten Staaten (Lincoln 1857). Für Lincoln verhält sich die Unabhängigkeitserklärung zur späteren Verfassung wie das Ideal zur begrenzten Realität; wie das Programm zu seiner ersten, noch unvollkommenen Ausführung. Ab Mitte des 19. Jahrhunderts rückt dann zudem eine evolutionistische Fortschrittsidee in den Mittelpunkt der Deutung. Die Unabhängigkeitserklärung wird nun als historische Errungenschaft interpretiert, die die begrenzten gesellschaftlichen Verhältnisse von 1776 von innen ›transzendiert‹. Sie wird damit zum Programm einer permanenten – legalen oder gegebenenfalls auch außerlegalen – Revolution in der Immanenz des alltäglichen Kampfes um die Interpretation und Veränderung der Verfassung (Wills 1992, 108 ff.). Lincoln selbst wird diese Verknüpfung von demokratischer Revolution mit dem menschenrechtlichen Egalitarismus in seiner *Gettysburg Address* auf die berühmte Formel bringen: »that this government of the people, by the people, for the people, shall not perish from the earth« (Lincoln 1863; dazu Wills 1992, 105 ff.) Auf einer Linie mit dem jakobinischen Verfassungsverständnis Thomas Jeffersons versteht Lincoln den menschenrechtlichen Gehalt der Unabhängigkeitserklärung als ein *politisch umzusetzendes Programm* und folgt damit einem spätestens seit Mitte des 18. Jahrhunderts an Fahrt gewinnenden Strom sozialer Bewegungen, die sich für die Rechte der Frauen, der Sklaven und der im Norden wachsenden Industriearbeiterschaft stark machen.

4. *Die Verknüpfung von Menschenrechten und verfassungsrechtlichen Organisationsprinzipien:* Noch im 18. Jahrhundert hat kaum jemand einen Gegensatz zwischen Volkssouveränität und subjektiven Rechten gesehen. War seinerzeit von subjektiven Rechten die Rede, dann auch von Volkssouveränität und umgekehrt: Wer von der verfassungsgebenden Gewalt des Volkes sprach, sprach auch von universellen subjektiven Rechten. Dementsprechend durchdringen sich im Staatsorganisationsrecht der Amerikanischen Verfassung Rechte und Organisationsnormen (*checks and balances*). Was die Unabhängigkeitserklärung im zweiten Satzes zusammenzieht – die Gleichheit der Menschenrechte und die Sicherung dieser Rechte allein durch eine unter Revolutionsvorbehalt stehende Regierung, die den »Consent of the Governed« darstellt –, wird in der US-Verfassung im Einzelnen ausbuchstabiert. Die Unionsverfassung selbst ist nichts anderes als ein System von Normen, die den Prozess der *checks and balances* zwischen den öffentlichen Gewalten regulieren. Das System der *checks and balances* wiederum ist »eine Technik«, die den alleinigen Zweck hat, die »rechtsetzende *volonté générale* im Gesetz zu ungetrübter Herrschaft zu bringen« (Heller 1928/1971, 39f.).

Für Amerika mit seiner Bindung an das *common law* muss man das ursprünglich auf die Weimarer Verfassung mit ihrer strikten Gesetzesbindung gemünzte Zitat Hermann Hellers allerdings durch den Hinweis ergänzen, dass die rechtsetzende *volonté générale* ebenso unmittelbar wie in der Legislative (Art. I) auch in der ausführenden (Art. II) und in der rechtsprechenden Gewalt (Art. III) sowie im dualen System einer zwischen Unionsbürgerschaft und Staatsbürgerschaften geteilten Volkssouveränität (Art. IV-VII) zur Herrschaft kommen muss (z.B. in der Direktwahl des Präsidenten *und* der Gouverneure, in der Wahl der Richter, in dezentrierten Volksabstimmungen usw.). Die verschiedenen Gewalten werden im Organisationsteil der Verfassung zudem durch subjektive Rechte in ihren Kompetenzen normiert. Wenn man – wie etwa Lincoln – die subjektiven Rechte der US-Verfassung im Lichte des zweiten Satzes der Unabhängigkeitserklärung interpretiert, erscheinen sie somit – wie auch die Rechte der Französischen Erklärung – gleichzeitig als universelle Menschen- *und* als spezielle Bürgerrechte bzw. als Spezifikationen der Ersteren.

Ausblick

Nicht anders als in Frankreich erzeugt die amerikanische Verfassung durch die Ermöglichung von Selbstgesetzgebung ein zwingendes Recht, das Freiheit ist. Darin liegt eine Paradoxie, die produktiv zugunsten *erweiterter* Freiheit und somit gegen naturwüchsig verfestigte Herrschaft, aber auch destruktiv aufgelöst werden kann. Denn sie kann im Zuge ›blinder‹ Evolution und sozialer Kämpfe um politische Hegemonie einer längst überwunden geglaubten Zwangsgewalt der rechtlich stabilisierten Klassenherrschaft erneut zum Durchbruch verhelfen und somit die Freiheit zur Ideologie verkommen lassen. Nachdem die amerikanische Verfassung im Zuge eines ›faulen‹ Verfassungskompromisses am Ende selbst die Vereinbarkeit von Menschenrechten und Sklaverei *rechtlich* ermöglicht hatte (s.o.), wurde Letztere in der nachfolgenden einfachen Gesetzgebung, Verwaltungspraxis und Rechtsprechung verstetigt, und die Menschenrechte gerieten so zum *Garanten* des Sklavenhalterkapitalismus der Südstaaten. Gleichzeitig wurde überall durch Gesetzgebung und Rechtsprechung die progressive Freiheit des Eigentums an Kapital, Arbeit und Grundbesitz in die Herrschaft der Eigentümer und Kapitalisten über die Arbeit verwandelt, höchstrichterlich abgesegnet und die Verfassung für etwa 130 Jahre auf den aggressiven Schutz der bestehenden Besitzverhältnisse und den Vorrang der Privatautonomie eingeschworen.

Und dennoch hat John Rawls (1993, XXIX) recht: Es war *dieselbe* Gleichheit der Unabhängigkeitserklärung, auf die Lincoln sich in seiner *Gettysburg Address* bezog und an die gut hundert Jahre später auch die Frauenbewegung appellieren konnte. Auch im Fall der sogenannten *Commercial Clause* in den 1930er Jahren, dem seit dem Bürgerkrieg wohl heftigsten Verfassungskonflikt der Vereinigten Staaten, ging es um die grund- und menschenrechtliche Interpretation der Verfassung. Diese *Commercial Clause* billigte dem Kongress die Macht zu: »To regulate Commerce with foreign Nations, and among the several

States, and with the Indian Tribes« (Art. I Sec. 8 Cl. 3). Bis 1937 wurde diese Klausel als Verbot einer gesamtamerikanischen Arbeitsgesetzgebung und zentralen wirtschaftlichen Interventionspolitik verstanden. Folgen waren u. a. eine klare Privilegierung des Kapitals gegenüber der Arbeit, die Sicherung hoher Ausbeutungsraten, ein völlig unzureichender Arbeits- und Kündigungsschutz, gesetzlich unbegrenzte Arbeitszeiten, miserable soziale Sicherungssysteme und eine schwache Gewerkschaftsmacht. Im Jahre 1937 fiel das Verbot nach langen und harten Klassen- und Verfassungskämpfen, und die *Commercial Clause* wurde zum Medium der Implementation sozialer Grundrechte und der Bildung eines rasch wachsenden Sozial- und Wohlfahrtsstaats.

Auf dem Höhepunkt dieser Entwicklung des *New Deal* wurde die US-Verfassung nicht mehr, wie es der Wortlaut der Verfassungsänderung von 1868 laut 14. Amendment will, im Sinne Lockes als Menschenrechtstrias aus »life, liberty and property« verstanden, sondern im Sinne der eher auf Vattel denn auf Locke zurückgehenden Menschenrechtstrias aus der Unabhängigkeitserklärung, die »Life, Liberty and the Pursuit of Happiness« kombiniert. Dabei muss der Ausdruck ›happiness‹ gerade nicht im Sinne des atomistischen Glücksbegriffs des Utilitarismus verstanden werden, sondern er geht vielmehr, und zwar über Vattel, auf den perfektibilistischen Glücksbegriff von Gottfried Wilhelm Leibniz zurück – auch das ein gängiges Missverständnis, das die amerikanische Unabhängigkeitserklärung allzu voreilig dem Geist des Kapitalismus assimiliert. Am 11. Januar 1944 hat US-Präsident Franklin D. Roosevelt zudem eine *Second Bill of Rights* als Botschaft an den Kongress formuliert, in der er sich auf die »inalienable political rights« der Unabhängigkeitserklärung und der Verfassung bezieht und diese im Stil der Unabhängigkeitserklärung auflistet: »among them the right of free speech, free press, free worship, trial by jury, freedom from unreasonable searches and seizures«. Diese Rechte, so fährt Roosevelt in Anspielung auf die Trias der Unabhängigkeitserklärung *und* des 14. Amendments fort, seien bislang »our rights to life and liberty« gewesen. Aber es fehlt hier zunächst das dritte Glied der Kette, das Roosevelt dann aber im nächsten Satz als das uneingelöste Versprechen der *Unabhängigkeitserklärung* ins Spiel bringt, mit dem von ihm hinzugefügten Wort »equality« radikalisiert und zum Programm einer besseren Zukunft erklärt: »these political rights proved inadequate to assure us equality in the pursuit of happiness«; und dann folgt eine knappe, aber umfassende Liste dezidiert sozialer Grundrechte (Roosevelt 1944).

Neben der zuletzt skizzierten Dialektik der Freiheit weist die Unabhängigkeitserklärung jedoch auch eine Dialektik des *Fortschritts* auf. Wirft sie dem englischen König zunächst eine Verletzung des Völkerrechts der »civilized nations« vor, weil dieser fremde Truppen angeheuert habe, um die nicht minder internationale amerikanische Guerilla zu bekämpfen, so konfrontiert sie im übernächsten Anklagepunkt die Moral jener »civilized nations« den »merciless Indian Savages«, mit denen ein Bündnis einzugehen der englische Tyrann sich nicht scheue. Sind aber die Menschenrechte erst einmal auf die konkrete Sittlichkeit der »civilized nations« eingeschworen, so können aus »Türöffnern geschlossener Gesellschaften« (Lutz Wingert) rasch Türöffner des Vernichtungskriegs werden. Freilich sind es dieselben Menschenrechte, die es den wenigen überlebenden Nachfahren der Opfer heute ermöglichen, auf Entschädigung zu klagen und die Erinnerung an die ihrem Volk zugefügten Verbrechen gegen die Menschlichkeit wachzuhalten. Dennoch geht Rawls' Einsicht, dass es dieselbe Gleichheit der Unabhängigkeitserklärung ist, die den ideologischen Missbrauch und die Aufhebung des Missbrauchs der Menschenrechte ermöglicht, nicht ganz auf. Sie geht vielmehr nur dann auf, wenn man den *internen Zusammenhang* des Gleichheitssatzes mit dem Recht auf Revolution weder vergisst noch verdrängt – ein Vergessen, das es der hegemonialen Kultur erlaubt, die rechtlich beseitigte Sklaverei mental zu verewigen, indem sie die ›guten‹, reformistischen Schwarzen, z. B. Martin Luther King, von den ›bösen‹ Revolutionären, von den »merciless Savages«, von den Aufständischen von Louisiana des Jahres 1811, von Robert F. Williams, dem militanten ›Zwilling‹ Kings in dessen National Association for the Advancement of Colored People (NAACP), oder von Malcolm X, dem Führer der Black Muslims, zu trennen versucht, indem sie die Ersteren im Tempel nationaler Feiertage beerdigt, die Asche der anderen in alle Winde zerstreut und damit beide zum Schweigen bringt (Rasmussen 2011, 199 ff. u. 211 ff.; Hoffmeister 2011).

Wills, Garry: *Lincoln at Gettysburg. The Words that Remade America.* New York 1992.

Hauke Brunkhorst

Literatur

Arendt, Hannah: *Über die Revolution.* München 1964.

Armitage, David: *The Declaration of Independence. A Global History.* Cambridge, Mass. 2008.

Berman, Harold: *Recht und Revolution. Die Bildung der westlichen Rechtstradition.* Frankfurt a. M. 1991.

–: »The Impact of the Enlightenment on American Constitutional Law«. In: *Yale Journal of Law &the Humanities* 4. Jg, 2 (1992), 311–334.

Heller, Hermann: *Souveränität* [1928]. In: *Gesammelte Schriften.* Bd. 2. Leiden 1971.

Hoffmeister, Jan: »Schwarzer Nationalismus und liberaler Imperialismus: Der junge Du Bois« (Vortragsmanuskript).

Lincoln, Abraham: *Gettysburg Adress* (19.11.1863) (verfügbar z. B. unter: http://de.wikisource.org/wiki/Gettysburg_Address).

–: *Speech on the Dred Scott Decision* (26.6.1857) (verfügbar z. B. unter: http://www.freemaninstitute.com/lincoln.htm).

Möllers, Christoph: »Pouvoir Constituant – Constitution – Constitutionalization«. In: Armin v. Bogdandy/ Jürgen Bast (Hg.): *Principles of European Constitutional Law.* London ²2010, 169–205.

Müller, Friedrich: *Wer ist das Volk? Eine Grundfrage der Demokratie. Elemente einer Verfassungstheorie VI.* Berlin 1997.

Osterhammel, Jürgen: *Die Verwandlung der Welt. Eine Geschichte des 19. Jahrhunderts.* München ⁴2009.

Pennsylvania Anonymous: *Four Letters on Interesting Subjects* [Philadelphia 1776]. In: Hyneman, Charles S. (Hg.): *American Political Writing During the Founding Era: 1760–1805.* Bd. 1. Indianapolis 1983 (zit. nach Online Library of Liberty: http://oll.libertyfund.org/simple.php?id=2066).

Rasmussen, Daniel: *American Uprising. The Untold Story of America's Largest Slave Revolt.* New York 2011.

Rawls, John: *Political Liberalism.* New York 1993.

Roosevelt, Franklin D.: *Second Bill of Rights* [1944] (verfügbar z. B. unter: http://en.wikipedia.org/wiki/Second_Bill_of_Rights#.E2.80.9CThe_Economic_Bill_of_Rights.E2.80.9D).

Schmitt, Carl: *Der Nomos der Erde im Völkerrecht des Jus Publicum Europaeum* [1950]. Berlin 1988.

Vovelle, Michel: *Die Französische Revolution.* Frankfurt a. M. 1987.

4.3 Die Französische Revolution und die Erklärung der Rechte des Menschen und des Bürgers von 1789

Rechtshistorische Bedeutung

Alle großen Revolutionen sind Rechtsrevolutionen (Berman 1991). Die Sache der Revolution, die Amerikanische gleich eingeschlossen, ist nirgends knapper und klarer auf ihren juristischen, politischen und philosophischen Begriff gebracht worden als in der *Französischen Erklärung der Rechte des Menschen und des Bürgers,* der *Déclaration des Droits de l'Homme et du Citoyen* vom 26. August 1789. Nach der Revolution sind die Weichen der sozialen Evolution neu gestellt: *Alle* Gesellschaften des globalen Gesellschafssystems müssen sich nun *im neuen Rahmen* mit den stets unübersichtlichen Verhältnissen arrangieren. Der Bruch mit der alteuropäischen Vergangenheit ist fast total. Die Revolution hat nicht nur das Recht, sondern die Totalität der Gesellschaft umgewälzt. Und die Erklärung der Rechte macht die Umwälzung der politischen, wirtschaftlichen, normativen und kulturellen Verhältnisse der entstehenden Weltgesellschaft zum politischen und juristischen Programm.

Schon in der Präambel der Erklärung wird der alte Begriff des Gemeinwohls (*boneur de tous*) auf das einzig verbliebene, schlanke und egalitäre Maß der »Verfassung« (*Constitution*) der »Gewaltenteilung« (*pouvoir législatif* vs. *pouvoir exécutif*) und der »Menschenrechte« (*les droits naturels, inaliénables et sacrés de l'homme*) zurechtgestutzt. Diese neue Gesellschaft wurde in den französischen Freimaurerlogen des 18. Jahrhunderts exemplarisch vorweggenommen und systematisch eingeübt (Eder 1991, 155 ff.). Die Erklärung der Rechte, die 15 Jahre nach der Konstitutionalisierung der proto-jakobinischen Freimaurerloge verabschiedet wurde, besteht aus 17 kurzen Artikeln. Die meisten (zehn von ihnen) enthalten nur einen knapp gefassten Satz, sechs bestehen aus zwei Sätzen und einer, der Artikel 6, aus vier Sätzen. Vor allem in der völkerrechtlichen Universalität der Verfassung und der Extensionsgleichheit von Mensch und Bürger zeigt sich der theoretisch-doktrinäre, steil von oben aus der Lehre vom Gesellschaftsvertrag deduzierte Charakter, der nur der *französischen* Rechteerklärung eigentümlich ist und sie deutlich von ihren (obgleich französisch mit beeinflussten) nordamerikanischen Vorläufern unterscheidet (Hofmann 1988, 846 ff.). Nie zuvor ist der Universalismus natürlicher und vernünftiger Rechte in dieser Schärfe und Unbedingtheit zum Ausdruck gebracht und mit der Idee prozeduraler Volkswillensbildung (durch freie öffentliche Diskussion, allgemeine und gleiche Wahlen, funktionale Differenzierung der öffentlichen Gewalten) verschränkt worden. In der Französischen Erklärung ist das Recht, ganz so wie Jean-Jacques Rousseau es gelehrt hatte, *als* Freiheit bestimmt. Ein ungeheurer Fortschritt – aber kein Fortschritt ohne Dialektik (s. u. »Ausblick«).

Stationen und Positionen

1. Nationale Revolution und universelles Völkerrecht: In der Französischen Menschenrechtserklärung von 1789 durchdringen sich, wie es sich für eine ›Weltrevolution‹ gehört, nationales *und* internationales Recht. In den Gründungsdiskursen beider Revolutionen, der Amerikanischen und der Französischen Revolution, wird das westfälische Modell des Völkerrechts gründlich revolutioniert. Die Amerikanische und kurz darauf die Französische Revolution erklären die »Form des Verfassungsstaats selbst« für »universell« (Ley 2009, 91 u. 106). Am markantesten wird dies in Art. 16 der Französischen Menschenrechtserklärung zum Ausdruck gebracht, der alle anderen Staatsverfassungen *mit Ausnahme der US-amerikanischen* für null und nichtig erklärt und den Gehalt der gesamten Erklärung in einen einzigen, kurzen Satz komprimiert: »Eine Gesellschaft, in der die Gewährleistung der Rechte nicht gesichert und die Gewaltenteilung nicht festgelegt ist, hat keine Verfassung« (vgl. Hofmann 1988). Die Verfassung egalitärer Freiheit ist folglich nicht nur Ausdruck des unabhängigen und souveränen Willens *einer* Nation, sondern für *alle* Nationen verbindliches, *universelles Völkerrecht*. Sie ist letztlich im Naturrecht der Nation, sich selbst zu bestimmen, begründet (Art. 3 in Verbindung mit Art. 6 Satz 1, s. u.).

Die egalitär (Art. 1 u. 6) verstandene *Bürgergesellschaft* – der »corps social« (vgl. Präambel), die

»association politique« (Art. 2 Satz 1), die »nation« (Art. 3), die »societé« (Art. 4, 5, 15 u. 16) – tritt an Stelle der Monarchie, von deren Staat in der Doppelbedeutung von ›état‹ (›Stand‹ und ›Staat‹) nicht länger die Rede ist. Während die Ständeversammlung in der (seit Juni 1789) gesellschaftlich bestimmten Nationalversammlung (vgl. Präambel) verschwindet, soll die bürokratische und despotische Staatsapparatur laut Art. 12 u. 13 durch eine einfache ›Maschine‹, die »öffentliche Gewalt« (*force publique*), substituiert werden, die fortan dem gesetzgebenden Bürgerwillen unterworfen ist (Art. 3, 4 u. 15).

Der Bürgerwille, der 1789 aufgebrochen war, sich diese Maschine gefügig zu machen, hat nach Auskunft der Erklärung seinen eigentlichen Sitz in der Legislative (Art. 6), und das wird fortan die Norm bleiben, denn bis heute hat die Legislative die Aufgabe, der evolutionären Eigenlogik komplexer Maschinen, die sich nicht so souverän beherrschen lassen wie ein Hammer oder ein Flugzeug, gesetzliche Grenzen zu ziehen und eine grobe Richtung vorzugeben. Die öffentliche Gewalt der Exekutive und der Gerichte jedoch soll nach dem Willen und der Einsicht der Autoren der Erklärung an das parlamentarische Gesetz oder das legislative Referendum nach Art. 6 Satz 2 (»Alle Bürger haben das Recht, persönlich oder durch ihre Vertreter an seiner Gestaltung mitzuwirken«) gebunden werden (Art. 4, 5, 7–11 u. 17).

Durch die Grundrechte, die »Menschenrechte« (vgl. Präambel, Art. 2, 4, 11, 12 u. 17) ebenso wie die »Bürgerrechte« (vgl. Präambel, Art. 6–14, 16 u. 17), ist die Legislativgewalt auf die gesetzliche Umsetzung, Ausgestaltung und Konkretisierung der Menschen- und Bürgerrechte durch das selbstgegebene Gesetz nach Art. 6 Satz 1 (»Das Gesetz ist der Ausdruck des allgemeinen Willens«) programmiert. Kurz: Der zum Gesetz verallgemeinerte Bürgerwille soll die staatliche Gewaltmaschine so steuern, dass sie die Verwirklichung der Menschenrechte sicherstellt – oder sie zumindest nicht behindert oder gar unmöglich macht. Das ist der einzige *praktisch-vernünftige* Zweck der Einrichtung öffentlicher Gewalt.

Der Artikel 16 universalisiert dann diese normativen Bestimmungen zum Recht *aller* Nationen, und das ist genau das, was seit der römischen Antike ›Völkerrecht‹ (*ius gentium*) heißt. Es ist das Recht, das bei allen Völkern dasselbe, also Völkergewohnheitsrecht ist. Das *ius gentium* hatte in Rom allerdings, außer für das Handelsrecht bzw. Fremdenrecht (*praetor peregrinus*), kaum präskriptive Wirkung. Präskriptive Bedeutung für das zwischenstaatliche Recht gewinnt das *ius gentium* überhaupt erst seit den Augsburger und Münsteraner Friedensverträgen von 1555 und 1648, und erst Hugo Grotius hat daraus eine leitende juristische Doktrin des reformierten Völkerrechts gemacht. Nun aber, im Jahre 1789, wird das *ius gentium* mit einer historischen Langzeitwirkung, die bis zur UN-Charta von 1945 reicht, von der Französischen Revolution *als* universell präskriptives Recht, das auf alle äußeren *und* inneren Verhältnisse der Staatenwelt zugreift, statuiert. Es wird zwar von der Präambel als Entdeckung bzw. anamnetische Wiedererinnerung des Vergessenen und Unterdrückten (*l'ignorance, l'oubli ou le mépris des droits de l'homme*) ausgegeben, *zugleich* aber durch einen gesetzgebenden Akt der verfassungsgebenden Gewalt (*pouvoir constituant*) überhaupt erst hervorgebracht. Das natürliche und gewohnheitsmäßige Recht aller Völker wird damit um eine nicht nur vertragliche, sondern auch statuarische bzw. *gesetzgebende* Bindungskraft, die altes Recht und alte Gewohnheit bricht, erweitert und (zumindest prinzipiell) für gesetzliche Rechtsfortbildung geöffnet.

2. Menschenrechte als Bürgerrechte: Was an der Erklärung von 1789 sofort auffällt, ist, dass sie *nicht* zwischen der Menge der Menschen und der Menge der Bürger unterscheidet. *Mensch* und *Bürger* bezeichnen ein und dieselbe Population aller Menschen, die sich das eine Mal im Naturzustand, das andere Mal im Gesellschaftszustand wiederfindet. Menschen sind *Bürger im Naturzustand* und umgekehrt: Bürger sind *Menschen im Gesellschaftszustand*. Durchgängig verschränkt also die Erklärung ›Menschen-‹ und ›Bürgerrechte‹. Die Präambel schreibt den Bürgerrechten die Funktion zu, die Verwirklichung der Menschenrechte sicherzustellen. Und sie führt das Unglück und Verderben aller bisherigen Regierungen auf die Missachtung jener Menschenrechte zurück. Die Menschenrechte sind »einfache und unbestreitbare Grundsätze«, die alle »Ansprüche der Bürger« an der »Erhaltung der Verfassung« ausrichten; Rechte des Menschen also, die in Zukunft »allen Mitgliedern« (*tous les membres*), »der Gesellschaft« (*du corps social*), ihren Organgewalten und damit den »Handlungen der gesetzgebenden wie der ausübenden Gewalt« jederzeit als Anspruch und Verpflichtung gegenwärtig sein sollen.

Während Art. 1 in den Sätzen 1 und 2 einen Bogen von den *natürlichen Rechten des Menschen* (»Die Menschen werden frei und gleich an Rechten geboren und bleiben es«) zum *Recht der Gesellschaft* (»Gesellschaftliche Unterschiede dürfen nur im allgemeinen Nutzen begründet sein«) schlägt, spricht Art. 6 in Satz 2, in dem es um die Ausführung der Legislativgewalt geht, zum ersten Mal von »Bürgern«, deren Rechte dann im Einzelnen spezifiziert werden. Das sind diejenigen Rechte, die sich auf die Ausübung der öffentlichen Gewalt beziehen und damit insofern über den Inhalt der natürlichen Menschenrechte laut Art. 2 Satz 2 (»das Recht auf Freiheit, das Recht auf Eigentum, das Recht auf Sicherheit und das Recht auf Widerstand gegen Unterdrückung«) hinausgehen, als sie diesen Inhalt nach Art. 2 Satz 1 für eine beliebige »politische Vereinigung« (*association politique*) konkretisieren. Einziges Ziel dieser *association politique* ist ganz im Sinne der Präambel die Erhaltung der »unveräußerlichen Menschenrechte« (Art. 2 Satz 1).

Auch wo es um die einzelnen Bürgerrechte geht, bleibt der innere Bezug auf die Rechte des Menschen gewahrt. Art. 7 postuliert im ersten Satz ein *Jedermannsrecht* gegen willkürliche Verhaftung, justizfreie Hoheitsakte ohne gesetzliche Grundlage und ähnliche Zudringlichkeiten der Staatsgewalt. »Niemandem« dürfe so etwas angetan werden. Der Menschenrechtsbezug im französischen Original ist sogar noch expliziter: *Nul homme* (wörtlich »kein Mensch«) dürfe ohne gesetzliche Grundlage »angeklagt, verhaftet oder gefangengehalten werden« (Art. 7 Satz 1). Satz 2 bezieht sich dann zwar auf das Komplementärverhältnis von Beamten einerseits (Willkürverbot durch Gesetzesbindung) und Bürgern andererseits (Gehorsam gegen das selbstgegebene Gesetz), gilt aber aufgrund von Satz 1 gleichermaßen für jeden Menschen. Die Wörter »Mensch« und »Bürger« sind in Art. 7 austauschbar, werden also bedeutungsidentisch verwendet.

Die Verpflichtung der öffentlichen Gewalten zur Unschuldsvermutung (Art. 9) und zur Meinungs- und Religionsfreiheit (Art. 10) werden als (gesellschaftlich-juristische) Spezifizierung der natürlichen Rechte auf Freiheit und Sicherheit (Art. 2 Satz 2) jedem bzw. jedermann und jeder Frau *negativ* zugeschrieben; »niemand« dürfe an der Ausübung seiner Redefreiheit gehindert werden. Im geschlechtsneutralen *nul* (Art. 10) kommt der Universalismus der Erklärung noch einmal deutlicher zum Ausdruck als im maskulin schillernden *tout homme*.

Art. 11 modifiziert den vorherigen Artikel zur Meinungsfreiheit dann zwar dahingehend, dass jetzt »jedem Bürger« (*tout citoyen*) die Rede- und Pressefreiheit garantiert wird, aber im ersten Teilsatz des Artikels wird die Mitteilungsfreiheit (*la libre communication*) ausdrücklich als »eines der kostbarsten Menschenrechte« (*un des droits les plus précieux de l'homme*) bezeichnet. Dass die Menschen im zweiten Teilsatz »Bürger« heißen, ist konsequent, geht es hier doch um den Eingriffsvorbehalt des Gesetzes, den die Bürger durch Ausübung ihrer politischen Freiheit zur Gesetzgebung selbst (oder durch ihre gewählten Vertreter) vornehmen müssen (vgl. Art. 6).

Als wäre es die selbstverständlichste Sache der Welt, verbinden die Autoren der *Déclaration* die Garantie der Menschenrechte durch die *force publique* dann mit dem »Vorteil aller« (*l'avantage de tous*), dem bürgerlichen Gemeinwohl (Art. 12). Es scheint, als käme ihnen gar nicht erst der Gedanke, dass es sich bei Bürgern und Menschen um *verschiedene* Grundgesamtheiten handeln könnte. Der extensional gleiche Bedeutungsumfang verbindet sich jedoch mit klar getrennten, intensional differenzierten Sinngehalten. In den folgenden Art. 13, 14 und 15 (hier implizit) ist nur noch von Bürgern die Rede, geht es darin doch ausschließlich um Staatsangelegenheiten im engeren, *bürgerschaftlichen* Sinn: um die Erhebung von Steuern (Art. 13 u. 14) sowie die öffentliche Kontrolle der Beamtenschaft und der Verwaltung (Art. 15). Umgekehrt ist der Zusatzartikel 17, der das Eigentum des hier ungenannten *bourgeois* heiligspricht, wiederum ein unpolitisches Jedermannsrecht, d. h.

mit menschenrechtlichem Geltungsanspruch versehen.

Für die Autoren der Französischen Menschenrechtserklärung sind Bürgerrechte nicht nur politisierte Menschenrechte und Menschenrechte unpolitische Bürgerrechte. Die Menschenrechte haben bereits als solche einen *politischen* Gehalt – sieht man einmal von Art. 17 ab, der eher einen sozialen Klassengehalt hat und die Privilegien der herrschenden Klasse des kommenden Jahrhunderts sakralisiert (vgl. Hofmann 1988). Dies ändert nichts daran, dass gleich der erste Artikel der Erklärung das angeborene Recht gleicher Freiheit mit der strikten Bindung »gesellschaftlicher Unterschiede« (*distinctions sociales*) an den »allgemeinen Nutzen« (*l'utilité commune*) zusammenführt, den Art. 6 dann auf den politischen Begriff des selbstbestimmten Gesetzes bringt. Auf diese Weise verklammert Art. 6 die Menschenrechte mit der *Demokratie*. Wenn überhaupt irgendwo, dann wird also die moderne Demokratie im *dialektischen Widerspruch* zwischen dem Kosmopolitismus der Menschenrechte einerseits und dem wie immer konkreten Staatsleben andererseits ihr Lebenselixier finden und »konkret« (G. W. F. Hegel) werden. Dieser Widerspruch ist in das System der demokratischen Gewaltengliederung und öffentlichen Willensbildung integriert und wird die neue *association politique* beständig über sich hinaustreiben. Ganz in diesem Sinne verknüpft das zentrale Staatsorganisationsprinzip die Gewaltenteilung (Art. 16) mit den Menschenrechten zu einer *einzigen* Sache: »Rechte [...] und [...] Gewaltenteilung«. Die gesamte Erklärung läuft folglich auf die *Einheit* von Demokratie und Menschenrechten zu.

Der Verschränkung von natürlichen Menschen- und gesellschaftlichen Bürgerrechten korrespondiert eine zweite Verschränkung von natürlichem und gesellschaftlichem Recht: Die natürlichen Souveränitätsrechte der Nation (*pouvoir constituant*) verschränken sich mit der öffentlich rechtlichen Legislativgewalt des Parlaments (*pouvoir constitué*). In Art. 3 Satz 1 wird der »Ursprung jeder Souveränität« (*le principe de toute souveraineté*) seinem »Wesen nach« (*essentiellement*) ins »Volk« (*nation*) verlegt. Die Volkssouveränität gehört ihrem Wesen nach also zum Naturrecht, und zwar als verfassungsgebende Gewalt (*pouvoir constiuant*); genau so, wie auch Emmanuel Joseph Sieyès (1789/1981) das in seiner berühmten Flugschrift über den »Dritten Stand« vom Januar 1789 bestimmt hatte. In Art. 6 Satz 1 taucht die Volkssouveränität dann im Gesellschaftszustand bürgerlicher Rechte als umfassende, verfassungsgebende, verfasste Gewalt und übergreifende Legislative wieder auf: als *volonté générale*.

So wie der Mensch der Bürger im Naturzustand ist, so ist auch die Nation der allgemeine Wille des Gesetzgebers im Naturzustand. So wie der Bürger als Mensch Träger seiner natürlichen Rechte bleibt, so bleibt die Legislativgewalt als Nation, wie Sieyès sagt, »immer im Naturzustand« (zum Einfluss Sieyès': Thiele 2003). In Art. 3 Satz 1 wird die Volkssouveränität als Naturrecht des Volkes – nicht als Menschenrecht, sondern als ein auch völkerrechtlich relevantes *Selbstbestimmungsrecht der Nation* – in »Erinnerung« (vgl. Präambel) gebracht und in Satz 2 dann auf alle gesellschaftlichen Körperschaften bezogen, deren Gewalt vom Volk »ausgehen« (*émane*) müsse. Mit denselben Worten wird z. B. auch das deutsche Grundgesetz das Volk in Art. 20 Abs. 2 Satz 1 als Souverän bestimmen. Mit dieser Operation hat die Französische Menschenrechtserklärung die ›Leiter‹ des Gesellschaftsvertrags endgültig zurückgestoßen und sich ganz auf das neue Verfassungsrecht verlegt. Das hat eine wichtige Konsequenz für die Rolle subjektiver Rechte im Prozess demokratischer Selbstbestimmung: Als Gesetzgeber mit umfassenden, die verfassungsgebende und verfasste Gewalt übergreifenden Befugnissen kann die Nation *nur* durch die formal prozeduralisierte Ausübung subjektiver Rechte handeln. Denn nur so hat sie wirkliche Macht. Die in den 17 Artikeln der Erklärung vollzogene Verschränkung von Rechten und Organisationsnormen hat deshalb nicht nur den Zweck, erstens, die Konkretisierung dieser Rechte zu einer wirksamen Waffe in den Händen der Bürger zu machen, sondern auch, zweitens, durch *Ausübung* dieser Rechte demokratische Selbstbestimmung zu ermöglichen. Mit anderen Worten: Um die im Kanon der Rechte verankerte Volkssouveränität zur konkreten Freiheit zu machen, bedarf es des Schritts von einer Rechteerklärung zu einer Organisationsverfassung.

3. Die demokratische Verschränkung subjektiver Rechte mit prozeduralen Organisationsnormen: Am 3. September 1791 verabschiedete die revolutionäre Nationalversammlung in Paris eine Verfassung, der die *Erklärung der Rechte des Menschen und des Bürgers* vom August 1789 vorangestellt war. Erst im Kontext des gesamten Verfassungstextes gewinnt die betreffende Rechteerklärung eine *juristische* Bedeutung. Eine moderne Verfassung besteht immer aus zwei wesentlichen Teilen: einer *Liste von subjektiven Rechten* (individuelle Menschen- und Bürgerrechte) und einem *Organisationsteil.* Der Organisationsteil der Verfassung ist – das wird oft übersehen – der bei weitem wichtigere. Denn indem er die Beziehungen, Abgrenzungen und Kompetenzen der öffentlichen Gewalten normativ ordnet, *ermöglicht* er sowohl die Ausübung der Gesetzgebung nach Art. 4 Satz 3, Art. 5, Art. 6 Satz 1, Art. 7 Satz 2, Art. 8–11, 13, 14, 16 und 17 der Französischen Menschenrechtserklärung, und zwar durch Beteiligung aller Bürger (Art. 6 Satz 2), wie auch die Verwirklichung und »Konkretisierung« (Hans Kelsen) der Menschen- und Bürgerrechte im Zuge der legislativen Ausgestaltung, Änderung und Uminterpretation (Art. 6) durch den *Stufenbau der Rechtsordnung* (Müller 1990).

Genau an dieser Stelle verbinden sich die Menschenrechte und das Prinzip demokratischer Selbstbestimmung. Ohne die im Organisationsteil festgelegte Normierung der öffentlichen Gewalten durch öffentliche, demokratische Willensbildung wusste man gar nicht, was man sich für die Grundrechte ›kaufen‹ kann: Sie wären praktisch bedeutungslos. Ein Richter, der die subjektiven Rechte ohne die Stütze eines dichten Netzwerks aus bindenden Verfahrensnormen, Gesetzen, Verordnungen usw. direkt anwenden würde, könnte gar nicht anders als der moralischen (oder unmoralischen) Willkür freien Lauf lassen. Fehlte andererseits die *demokratische* Selbstbestimmung des je konkreten Bedeutungsgehalts der Rechte, könnte dieser keinen Anspruch auf allgemeine Geltung erheben. Deshalb bezieht sich die Französische Menschenrechtserklärung fast durchgängig auf den inneren Zusammenhang der Rechte mit dem Organisationsteil der Verfassung. Schon in der Präambel geht es nicht zufällig um die Tätigkeit einer zentralen Organgewalt; der *Nationalversammlung.* Diese macht sich in einem selbstreflexiven Akt zum Autor und Subjekt der Erklärung. Die Nationalversammlung handelt somit als *verfassungsgebende Gewalt.* Außerdem werden Legislative und Exekutive als besondere Organgewalten einfacher Gesetzgebung erwähnt. Art. 2 postuliert dann zudem ein Widerstandrecht gegen Unterdrückung, das gegen den Verfassungsbruch durch die öffentlichen Gewalten und ihre Körperschaften (*corps*) gerichtet ist. Art. 3 erklärt das Volk zum *Souverän* (Art. 3 Satz 1) und bindet in Art. 3 Satz 2 alle öffentlichen Gewalten (*corps*) an dessen Willen. Art. 6 schreibt vor, dass der Inhalt dieses Willens (*volonté générale*) das Gesetz (*la loi*) sein soll. Art. 4, 5, 7–11 regeln dann die *Gesetzesbindung* der öffentlichen Gewalten vor allem im Blick auf die einzelnen Bürgerrechte.

Durch Gesetz und Gesetzgebung bindet und beherrscht das Volk alle öffentlichen Organe und Körperschaften. Darin zeigte sich ein Glaube an die Kraft des Gesetzes, der durch die damals noch weitgehend unterschätzte Komplexität der Organgewalten eines modernen politischen Systems mittlerweile erheblich schwächer geworden ist, aber seinen *normativen* Sinngehalt für das Verfahren demokratischer Legitimation keineswegs verloren hat.

An der zentralen Rolle der Gesetzesbindung wird deutlich, dass man auch schon im 18. Jahrhundert zumindest die Eigenmacht der Staatsmaschine nicht unterschätzt hat. Um die Gefahr zu bannen, die von der schnell mobilisierbaren Gewalt – vor allem der Exekutive – und den dadurch ermöglichten despotischen Übergriffen ausgeht, legt Art. 12 die Befugnisse der Ausübung öffentlicher Gewalt noch einmal ausdrücklich auf die Gewährleistung (*la garantie*) der Rechte fest. Art. 14 (in Verbindung mit Art. 13) berechtigt *nur* die Bürger oder ihre Vertreter, Steuern zu erheben. Art. 15 verpflichtet die gesamte Beamtenschaft auf ihre gesellschaftliche Verantwortlichkeit und Rechenschaftspflicht (*La société a le droit de demander compte à tout agent public de son administration*). Und Art. 16 schließlich klammert das alles zusammen (s. o.). Immer geht es dabei um die demokratisch selbstbestimmte Verschränkung subjektiver Rechte mit prozeduralen Organisations-

und Kompetenznormen. Auch die Schlussbestimmung der Erklärung (Art. 17), die das Privateigentum heiligspricht und damit fast schon aus der Herrschaft des Volkes entlässt, begrenzt und spezifiziert *kompetenzrechtlich* die Befugnisse der öffentlichen Gewalt, Eigentum zu vergesellschaften, bezieht also wiederum ein einzelnes Recht auf Verfassungsorganisationsnormen. Die Letzteren aber fehlten im Jahre 1789 noch. Sie sind erst das Werk der Verfassung von 1791.

Ausblick

Erst mit der Verfassung von 1791 wurde die Französische Menschenrechtserklärung juristisch gültig und praktisch brauchbar. Zunächst lag aber ihre normative Bedeutung – ähnlich wie in den Vereinigten Staaten – nicht in der unmittelbaren Gesetzeskraft der betreffenden Rechte. Der Katalog der Rechte wurde zunächst nicht als direkt einklagbares Recht, sondern als *Programmierung des Gesetzgebers* verstanden. Eine unmittelbare Wirksamkeit wuchs diesen Rechten erst im Verlauf des 20. Jahrhunderts zu (in den USA bereits etwas früher). Sie wurde durch die – keineswegs unproblematische und bisweilen offen antidemokratische – Entwicklung der Verfassungsgerichtsbarkeit bzw. durch die Praxis der Grundrechtsjudikatur einfacher Gerichte implementiert. Und sie fand dann auch in die meisten neuen Verfassungstexte aus der zweiten Hälfte des 20. Jahrhunderts Eingang.

In der dialektischen Vermittlung der Gegensätze zwischen dem grenzüberschreitenden Kosmopolitismus der Menschenrechte und dem konkreten politischen Leben der jeweiligen Rechtsgenossenschaft folgt noch die moderne Demokratie den Kontinuitäten, die durch die großen europäischen Rechtsrevolutionen immer wieder umgewandelt und erneuert worden sind. Das Recht ist, wie Immanuel Kant (1797/1977) es in der *Metaphysik der Sitten* dialektisch zugespitzt hat, gleichzeitig »unwiderstehlicher« Zwang und »unverminderte« Freiheit: Die im Rechtszustand verschwundene, allem Recht *voraus*liegende Freiheit des Naturzustands soll sogleich und ohne Freiheitsverlust *im* Recht wiederauferstehen. Um sie aber »unvermindert« auferstehen zu lassen, muss die angeborene oder natürliche Freiheit »gänzlich« geopfert werden (ebd., § 47). Die Französische Menschenrechtserklärung von 1789 ist bemüht, genau diesen Übergang in ihren 17 Artikeln darzustellen.

Eben das macht aber eine *Aufhebung* der natürlichen Freiheit in demokratische Gesetzgebung zwingend erforderlich. Die republikanisch organisierte Volkssouveränität ist eine dialektische Versöhnung der Gegensätze, die diese *im* Recht als Gegensätze bestehen lässt (Maus 1994). Der ›natürliche‹ Freiheitsgebrauch erzeugt in einer Art Autokatalyse das Recht, das dann als unwiderstehlicher Zwang in einen absoluten Gegensatz zur Freiheit tritt und ihr Opfer erzwingt. Aber der unversöhnlich scheinende, revolutionär hervorbrechende Gegensatz von Freiheit und Recht tritt mit der konstitutionellen Organisation demokratischer Selbstgesetzgebung ins Recht selbst wieder ein: *re-entry* oder »Wiederauferstehung« (Kant) der Freiheit auf einem höheren Entwicklungsniveau. Wenn aber die praktisch »sich verwirklichende Freiheit« (Hegel 1971, 52) nunmehr das organisierende Prinzip der westlichen Rechtstradition ist, dann kann sich das Recht nicht in der Funktion eines Immunsystems der Gesellschaft erschöpfen. Es ist dann nicht nur (evolutionäres) Medium der *Stabilisierung von Erwartungen*, sondern gleichzeitig auch (revolutionäres) Medium einer *weltverändernden Praxis*. Zwar muss auch das westliche Recht die Funktion der stabilisierenden Repression und Koordination von Erwartungen und Interessen erfüllen, aber es kann *nach* der Revolution, die es hervorgebracht hat, diese Funktion nur noch durch ein Recht erfüllen, das auf emanzipatorische Praxis, auf individuelle und öffentliche Selbstbestimmung sowie auf Freiheit von Herrschaft und Unterdrückung programmiert ist.

Das ist jedoch nur die eine Seite der Geschichte. ›Selbsttranszendenz‹ kann in die andere Richtung ›zurückschlagen‹ und bestehende partikulare Herrschaftsverhältnisse *stabilisieren* und gerade *infolge* von Volkslegitimation, Gewaltenteilung und Rule of Law deren Eigenmacht steigern. Ohne konkretisierende, einfachrechtliche Ausgestaltung sind die im Verfassungstext niedergelegten Grund- und Menschenrechte viel zu unbestimmt, um irgendeine juristische Bedeutung zu haben. Doch bei der konkretisierenden Umsetzung in den *cash-value* einfachen Rechts – in Gesetze, Verordnungen, Urteile, Vollzugsbefehle, Verträge, Gewohnheiten – kommen die gesellschaftlichen Herrschafts- und Klassenverhältnisse oft so zum Zuge, dass mit der Konkretisierung der Rechte der *einen* nur die Rechtlosigkeit der *anderen* konkretisiert wird; z. B. der Sklaven und Industriearbeiter, der Farbigen und Fremden, der Frauen und Kinder, der Gefängnisinsassen und Verbannten.

Eine besitzindividualistische Rückverwandlung von Rechten in Privilegien kündigte sich schon in der Erklärung von 1789 an. Das Privateigentum wird dort gleich zweimal für unverletzlich (*inviolable*) erklärt (Art. 2 u. 17). Die zweite Erwähnung wiederholt aber nicht nur, dass das Privateigentum ein unveräußerliches und unverletzliches Recht ist, sondern legt überdies fest, dass es als einziges Recht des Menschen »geheiligt« (*sacré*) sei. So wurde die Sklaverei in Haiti und anderswo im ersten Hochgefühl der Menschheitsrevolution von der verfassten Nationalversammlung zunächst abgeschafft, doch als es die Zuckernachfrage in Europa verlangte, wurde sie umgehend wieder eingeführt. Später haben die napoleonischen Truppen auf die – im kolonialen Gelände lange zuvor eingeübte – Praxis des genozidalen Vernichtungskriegs zurückgegriffen, um den Kreis ›aller‹ Menschen (ähnlich wie in der US-amerikanischen Schwesterrevolution) durch juristische Privilegierung heller Haut von vornherein auf eine Minorität der von Gott vermeintlich gleich geschaffenen Menschen einzugrenzen – von der Diskriminierung der Frauen im Hohngelächter der chauvinistischen Tabakkollegien und der Vernichtung ihrer Anwältinnen auf der Guillotine ganz zu schweigen (s. Kap. I.3.2).

Schon am Tag seiner Geburt bringt folglich der *pouvoir constituant* der größten aller Verfassungsrevolutionen den demokratischen Universalismus *zusammen* mit dem Imperialismus höchst partikularer Bürgerinteressen hervor. In Frankreich besetzen die Jakobiner sofort und flächendeckend alle wichtigen Staatsämter mit Angehörigen ihrer eigenen sozialen Klasse: mit Rechtsanwälten, Beamten, Händlern, Notaren, Unternehmern, Ärzten, Akademikern (Tilly 1995, 167 ff.). Der erfolgreichen jakobinischen Abwehrschlacht der Revolution gegen ganz Europa, das sich gegen sie verschworen hat, folgt dann Napoleon, um mit der *Grande Armée* den verfassungslosen ›rough states‹, wie es heute heißen würde, eine Verfassung und seinen Familienangehörigen ein Königreich zu schenken. Das aber ändert nichts daran, dass es doch ein unverzichtbar gewordener Fortschritt im Bewusstsein der Freiheit war, der sich im August 1789 ereignet hat.

Literatur

Berman, Harold: *Recht und Revolution. Die Bildung der westlichen Rechtstradition*. Frankfurt a. M. 1991.

Eder, Klaus: *Geschichte als Lernprozeß*. Frankfurt a. M. 1991.

Hegel, Georg Wilhelm Friedrich: *Grundlinie der Philosophie des Rechts* [1821]. Frankfurt a. M. 1971.

Hofmann, Hasso: »Zur Herkunft der Menschenrechtserklärungen«. In: *Juristische Schulung (JuS)* 28. Jg., 11 (1988), 840–848.

Kant, Immanuel: *Metaphysik der Sitten* [1797]. Werkausgabe Bd. VIII. Frankfurt a. M. 1977.

Ley, Isabelle: »Verfassung ohne Grenzen? – Die Bedeutung der Grenzen im postnationalen Konstitutionalismus«. In: Ingolf Pernice u. a. (Hg.): *Europa jenseits seiner Grenzen*. Baden-Baden 2009, 91–126.

Maus, Ingeborg: *Zur Aufklärung der Demokratietheorie. Rechts- und demokratietheoretische Überlegungen im Anschluß an Kant*. Frankfurt a. M. 1994.

Müller, Friedrich: *Juristische Methodik*. Berlin ⁴1990.

Sieyès, Emmanuel Joseph: »Was ist der dritte Stand?« [1789]. In: Ders.: *Politische Schriften*. München/Wien 1981, 164–175.

Thiele, Ulrich: *Advokative Volkssouveränität. Carl Schmitts Konstruktion einer »demokratischen« Diktaturtheorie im Kontext der Interpretation politischer Theorien der Aufklärung*. Berlin 2003.

Tilly, Charles: *European Revolutions – 1492–1992*. Oxford 1995.

Hauke Brunkhorst

4.4 Das ›lange‹ 19. Jahrhundert und der Erste Weltkrieg

Rechtshistorische Bedeutung

Von den Menschenrechten war in der Epoche zwischen den Erklärungen von 1776/1789 und den beiden Weltkriegen des 20. Jahrhunderts selten die Rede. ›Rasse‹, ›Nation‹, ›Klasse‹ oder ›Zivilisation‹ waren die Leitbegriffe der europäisch beherrschten Welt seit 1800. Das liberale Völkerrecht wusste ebenso wenig von Rechten, die für alle Menschen gelten sollten, wie die Verfassungsgebung der Zeit. Alexis de Tocqueville, Karl Marx oder Max Weber – sie alle sprachen, wenn überhaupt, von »Menschenrechten« nur in Anführungszeichen. Wer in den geläufigen Handbüchern und Gesamtdarstellungen zur Geschichte des ›langen‹ 19. Jahrhunderts nachschlägt, wird kein Kapitel zu den Menschenrechten finden. Zwischen 1793 und 1948 zeugt ihre Geschichte folglich nicht etwa von einer universalen oder gar kontinuierlichen Entfaltung der Idee natürlicher Rechte, sondern von gewaltsamen Brüchen und Verwerfungen, von denen die vier wichtigsten im Folgenden rekonstruiert werden sollen.

Erst *nach* den Erklärungen des späten 18. Jahrhunderts begann der expansive Kolonialismus gerade jener Länder mit einer liberalen bzw. republikanischen Rechtstradition wie Großbritannien und Frankreich. Selbst die Abschaffung der Sklaverei im Laufe des 19. Jahrhunderts stand im inneren Zusammenhang mit der kolonialen ›Zivilisierungsmission‹. In den inneren Konflikten Frankreichs oder der deutschen Staaten ging es seit den 1830er Jahren um die Durchsetzung der politischen Teilhabe von Kollektiven, vor allem der Arbeiter, nicht aber um individuelle Rechte. Das neubegründete Völkerrecht zielte seit den 1860er Jahren zwar auf eine Hegung und ›Humanisierung‹ der Kriege zwischen den Staaten, schloss aber die außereuropäische Welt davon aus. Der homogene Nationalstaat war die regulative Idee für die Bemühungen um den Schutz von Minderheiten vor und nach dem Ersten Weltkrieg. Genozid und Vertreibung wurden dadurch aber nicht verhindert, sondern erst zu Instrumenten einer Bevölkerungspolitik gemacht, die auf eine ›ethnische Säuberung‹ des ›Volkskörpers‹ zielte. Erst mit der katastrophischen Gewalterfahrung des Zweiten Weltkriegs und dem Zusammenbruch der europäischen Kolonialreiche gewann dann die Idee einer Einheit der Welt und der Gleichheit von Rechten an Geltung.

Stationen und Positionen

1. Sklaverei, Humanitarismus und koloniale Expansion: Die Bewegung zur Abschaffung der Sklaverei nahm ihren Ausgang 1787 in England mit der von Quäkern gegründeten *Society for the Abolition of Slave Trade*. Zwanzig Jahre später verabschiedete das Parlament ein entsprechendes Gesetz. 1833 wurden dann alle Sklaven in den Kolonien des Empire freigelassen (1.309.913 Unterschriften hatten die Abolitionisten für eine entsprechende Petition an das Parlament gesammelt). Frankreich folgte diesem Beispiel im Zuge der Revolution von 1848, nachdem Napoleon die Sklaverei 1804 wieder eingeführt hatte. Die Plantagenbesitzer der Südstaaten wurden dazu erst nach dem Ende des amerikanischen Bürgerkriegs 1865 gezwungen. 1861 wurde bereits die bäuerliche Leibeigenschaft in Russland aufgehoben. Bis zum Ende des Jahrhunderts war die Sklaverei auch in Mittel- und Lateinamerika ganz abgeschafft.

Es waren aber, wie schon Tocqueville 1843 bemerkte, nicht die französischen Menschenrechte, die die Moralkampagne gegen die Sklaverei motiviert hatten. Die britischen Abolitionisten wollten die Sklaven in ihrer ›Menschlichkeit‹ heben und sie dadurch erst zu Christen machen. Dass die Bewegung so erfolgreich war, hatte weniger mit einer neuen humanitären Sensibilität für die Rechte aller Menschen zu tun als mit der politischen Krise des Britischen Weltreichs nach den verlorenen Kriegen in Übersee und dem Verlust der amerikanischen Kolonien, anerkannt im Frieden von Paris im Jahr 1783 (Brown 2006). Auf der Suche nach einer moralischen Legitimation für das Empire wurden Sklaverei und Sklavenhandel zu Symbolen eines veralteten Kolonialsystems erklärt. Die Neuerfindung einer spezifisch britischen, protestantisch gefärbten Idee der Freiheit bot die Legitimationsgrundlage für eine imperiale ›Zivilisierungsmission‹, die nicht nur die befreiten Sklaven und die Untertanen in den eigenen Kolonien betraf, sondern auch eine moralische Vorrangstellung gegenüber den anderen europäischen Mächten begründen sollte. Die Verurteilung der Sklaverei war auch später, in der Zeit der imperialistischen Landnahme, Motiv und Vorwand für ›humanitäre‹ Interventionen durch die europäischen Kolonialmächte (Osterhammel 2005, 407). So sah der französische Republikanismus in der Idee einer eigenen, universellen *mission civilisatrice* die Legitimation für die ›Befreiung‹ der Afrikaner von ›feudalen‹ Zuständen unter den einheimischen Herrschern. Auf die Abschaffung der Sklaverei folgte mithin ein neuer, humanitär begründeter europäischer Kolonialismus und Rassismus, parallel zur Demokratisierung der Gesellschaften Europas im Innern. Die imperiale Expansion bildete, wie Max Weber 1906 bemerkte, die historische Voraussetzung für die Entstehung demokratischer Freiheitsrechte in Europa.

2. Verfassungsgebung und Demokratisierung: Die Verfassungen der europäischen Staaten des 19. Jahrhunderts vermieden einen Bezug auf ›natürliche Rechte‹ oder Menschenrechte; gleichviel ob es sich um Republiken oder konstitutionelle Monarchien handelte. Schon in der französischen Verfassung von 1799 tauchen sie nicht mehr auf. Der Verfassungsentwurf der Paulskirche von 1848 sah zwar noch einen Katalog an ›Grundrechten‹ vor, wie die Menschenrechte nun genannt wurden, um sich von der französischen Tradition zu distanzieren. Wie in anderen Verfassungen der Zeit handelte es sich aber um Bürgerrechte, gebunden an die nationale Zugehörigkeit (›Grundrechte des deutschen Volkes‹) und nicht um Rechte aller Menschen. Dass die liberalen Professoren der Frankfurter Nationalversammlung über ihren Debatten die Revolution aus dem Blick verloren, gehörte zu den prägenden politischen Erfahrungen von 1848/49. Seither trat der Staat als Garant von Rechten auf, die durch Gesetze geregelt wurden. Nicht das Naturrecht, sondern der Rechtspositivismus wurde zur herrschenden Lehre der Begründung von Rechten, und zwar nicht nur in den deutschen Staaten. In den Verfassungskonflikten der 1860er Jahre spielte die Frage der Menschenrechte ebenfalls keine Rolle; sie fehlen in der Verfassung des Deutschen Reichs von 1871 – nicht, weil das Kaiserreich im Vergleich besonders autoritär gewesen wäre, sondern weil keine der Parteien einer Grundrechteerklärung Bedeutung zumaß (Remmele 1982, 201).

Die politischen Konfliktlinien verliefen stattdessen entlang der Forderung nach sozialen bzw. politischen Rechten. Zwar berief sich der frühe Sozialismus dabei auf die Erklärungen von 1789 bzw. 1793. Betont wurden aber in den Revolutionen und Bürgerkriegen in Frankreich von 1830, 1848 und 1871 ausschließlich *kollektive* Rechte oder die *droits des citoyens*. Erst die Verfassung der Vierten Republik von 1946 enthielt wieder einen Bezug auf die *droits de l'homme* (Judt 1993, 69). So wurde etwa das Recht auf Arbeit gegen das ›bürgerliche‹ Recht auf Eigentum in Anschlag gebracht. Erst die Überwindung der bürgerlichen Gesellschaft und ihrer Rechtsordnung, so die sozialistische Utopie, werde zu einer gerechten Gesellschaft führen. Die europäische Arbeiterbewegung betonte nicht Freiheit *vom* Staat, sondern Freiheit *im* und *durch* den Staat und suchte hierfür diesen Staat in die Gewalt zu bekommen. Das setzte geradezu voraus, dass Rechte nur den Staatsbürgern zukamen, nicht allen Menschen überhaupt, etwa den Untertanen in den Kolonien. Gleiches galt für die Frauenbewegung, die sich international organisierte, aber vor allem politische und soziale Rechte im Nationalstaat, etwa das Wahlrecht für Frauen, zum Ziel hatte (Rupp 1997). Erst mit der Dreyfus-Affäre um 1900 und der Gründung der *Ligue pour la défense des droits de l'homme et du citoyen* entdeckten Sozialisten und Republikaner den Wert ›individueller‹ Rechte. Der Offizier Alfred Dreyfus war in einer antisemitischen Kampagne des militärischen Geheimnisverrats beschuldigt und in die lebenslange Verbannung auf eine Insel in den französischen Kolonien geschickt worden. Weil es in der darauf einsetzenden politischen Auseinandersetzung um die Freiheitsrechte eines Einzelnen ging, gewann auch der Begriff der Menschenrechte (kurzzeitig) wieder an Bedeutung.

3. Krieg, Imperialismus und liberales Völkerrecht: Die Welt des 19. Jahrhunderts teilte sich aus europäischer Perspektive in ›zivilisierte‹ (christliche) Staaten, in denen harte Konflikte um politische

Partizipation ausgefochten wurden, deren rechtsstaatliche Prinzipien (Recht auf Eigentum, Sicherheit, Religionsfreiheit) aber durch Verfassungen und Gesetze zunehmend geregelt waren, und die übrigen Territorien und ›unzivilisierten‹ (nichtchristlichen) Völker außerhalb Europas, deren rechtlicher Status schwach bestimmt blieb. Die wichtigste Funktion des sich seit den 1860er Jahren herausbildenden liberalen Völkerrechts lag darin, Konflikte zwischen den europäischen Mächten ohne einen Weltsouverän zu regeln (Mazower 2010). Erst wenn sich die Völker so weit ›zivilisierten‹, dass sie zu einer eigenen Staatlichkeit fanden, kamen ihnen auch Rechte zu. »Barbarians«, wie John Stuart Mill 1859 meinte, »have no rights as a nation, except a right to such treatment as may, at the earliest possible period, fit them for becoming one« (Mill 1859/1984). Der zwischenstaatliche Standard der ›Zivilisation‹ folgte also einer Logik des Ein- und Ausschlusses:

»exclusion in terms of a cultural argument about the otherness of the non-European that made it impossible to extend European rights to the native, inclusion in terms of the native's similariay with the European, the native's otherness having been erased by a universal humanitarianism under which international lawyers sought to replace native institutions by European sovereignty« (Koskenniemi 2002, 130).

Anders als in der Verfassungsgebung jener Zeit spielten also naturrechtliche Argumente im Völkerrecht – ›zivilisatorisch‹ gewendet – noch eine Rolle; nur dienten sie letztlich dem europäischen Imperialismus, indem Souveränität an einen (europäischen) Standard der Zivilisation gebunden wurde. Alle *nicht* den souveränen Staaten unterstehenden Territorien der Welt galten völkerrechtlich im 19. Jahrhundert weiter als ›herrenlos‹ und frei okkupierbar (Fisch 1984, 490).

Auch die Versuche einer ›Humanisierung‹ der Kriegsführung bezogen sich auf die Konflikte zwischen oder innerhalb von ›zivilisierten‹ Staaten, nicht aber etwa auf die blutige Niederschlagung von Aufständen in den Kolonien. Die Kriege der 1860er Jahre in Europa und der Amerikanische Bürgerkrieg waren durch die Mechanisierung und ›Demokratisierung‹ des Tötens grausamer geworden. Die allgemeine Wehrpflicht verwandelte die Fürstenkriege der Frühen Neuzeit in Kriege zwischen bewaffneten Nationen; sie ermöglichte zudem den verschwenderischen Umgang mit dem Leben der Soldaten. Zugleich rückte das Töten durch die Berichterstattung einer in dieser Zeit expandierenden Medienöffentlichkeit moralisch näher (Ignatieff 2001, 13). Die Versorgung der Soldaten, die sich für die Nation opfern sollten, gewann dadurch an Bedeutung. Im Amerikanischen Bürgerkrieg erhielt der preußische Emigrant und politische Philosoph Franz (Francis) Lieber den Auftrag, Richtlinien für den Umgang mit den Rebellen zu entwerfen. Der *Lieber-Code*, 1863 von Abraham Lincoln für die Nordstaaten erlassen, regelte erstmals in der Geschichte des modernen Krieges die Behandlung von Deserteuren und Gefangenen, regulären Truppen und Partisanen. Der Bericht des Schweizer Geschäftsmannes Henri Dunant über die blutige Schlacht von Solferino im Juni 1859 zwischen den Armeen Österreichs auf der einen, den Truppen Piemont-Sardiniens und Frankreichs auf der anderen Seite führte 1863 zur Gründung des *Roten Kreuzes* und ein Jahr später zu den Genfer Konventionen, die bis zum Ende des Jahrhunderts von der Mehrzahl der europäischen Staaten und den USA unterzeichnet wurden. Ihre Bestimmungen wurden auf den Haager Friedenskonferenzen von 1899 und 1907 präzisiert und erweitert, etwa um den Schutz der Zivilbevölkerung unter fremder Besatzung. In den beiden Weltkriegen des 20. Jahrhunderts wurde dieses neue humanitäre Völkerrecht dann aber weitgehend ignoriert.

4. Nationalstaaten, Minderheitenrechte, Genozid: Die Krise der multiethnischen Imperien der Osmanen, der Habsburger und der Romanovs seit dem Ende des 19. Jahrhunderts ließ den Nationalismus als einzigen möglichen Weg zu politischen Rechten und staatlicher Souveränität erscheinen. Im europäischen Teil des Osmanischen Reiches entstanden durch Aufstände und das militärische Eingreifen der Großmächte, insbesondere Russlands, eine Reihe neuer Nationalstaaten. Umgekehrt verwandelte die Bewegung der Jungtürken seit 1908 Teile des Reichs in einen ethnisch homogenen und zentralisierten Nationalstaat. In der Folge der Balkankriege begann ein Austausch von Bevölkerungsgruppen, der nach dem Ersten Weltkrieg im großen Maßstab fortgeführt wurde. Die christlichen Minderheiten wurden nach Bulgarien oder Griechenland transferiert; Muslime umgekehrt in die Türkei abgeschoben – mit katastrophalen Folgen für Hunderttausende davon betroffener Flüchtlinge. Von den bis zu zwei Millionen Armeniern, die sich um 1900 im Osmanischen Reich befanden, überlebte nur ein Drittel die Massaker und die Vertreibung während des Weltkriegs.

Die Etablierung von souveränen Nationalstaaten in Mittel- und Osteuropa (auch als Bollwerk gegen ein Wiedererstarken Deutschlands) und der Schutz von Minderheiten gehörte zu den wichtigsten Anliegen der Versailler Friedensordnung von 1918/19. Die Ursache des Weltkriegs sahen die westlichen Siegermächte in der aggressiven Dekadenz der alten Reiche und Dynastien. Dass mit dem Zarenreich auch ein autokratischer Bündnispartner am Ende des Weltkriegs durch eine Revolution zusammenbrach, bestärkte die liberalen Demokratien des Westens noch in dieser Überzeugung. In einer Welt von demokratisch verfassten Nationalstaaten würde es dagegen keine Kriege mehr geben. Das vom amerikanischen Präsidenten Woodrow Wilson propagierte Selbstbestimmungsrecht der Völker löste alte und schuf neue Konflikte: »Versailles hatte sechzig Millionen Menschen eigene Staaten gegeben, dafür aber weitere fünfundzwanzig Millionen zu Minderheiten gemacht. Darunter befanden sich nicht nur Juden, Zigeuner, Ukrainer und Makedonier, sondern auch ehemals herrschende Volksgruppen wie etwa Deutsche, Ungarn und Muslime« (Mazower 2002, 70).

Zudem entstand nach dem Ersten Weltkrieg mit den *Staatenlosen* eine völlig neue Gruppe von Flüchtlingen, die von dem einen Staat als vermeintliche Volksfremde oder Klassenfeinde ihre Staatsbürgerschaft aberkannt bekamen und auswandern mussten, aber im aufnehmenden Staat nicht offiziell einwandern und politisches Asyl beantragen konnten. Das betraf zunächst vor allem die Armenier und die Millionen politischer Flüchtlinge aus dem russischen Bürgerkrieg von 1917 bis 1920, ab 1933 dann vor allem die deutschen Juden. Der von Nazideutschland ausgeübte Vertreibungsdruck auf die ihrer staatsbürgerlichen Rechte beraubten Juden führte »in einer Welt egoistischer Nationalstaaten zur Ausformung jener ›Option‹, die in die industrielle Massenvernichtung mündete« (Diner 1991, 160).

Ausblick

Der 1920 geschaffene Völkerbund sollte die Einhaltung der Rechte von Minderheiten in den neuen Staaten Mittel- und Osteuropas kontrollieren; die Demokratien des Westens (einschließlich des besiegten Deutschlands) wurden davon ausgenommen, da sie ›zivilisiert‹ genug seien, diese Rechte souverän zu gewähren. Der exklusive Standard der ›Zivilisation‹ war also völkerrechtlich im Weltkrieg nicht zerbrochen, sondern wurde nun als Messlatte für Souveränität auch an die ›unreifen‹ Staaten Mittel- und Osteuropas angelegt. Ein Antrag Japans, in die Satzung des Völkerbunds die Idee der Gleichheit aller Rassen aufzunehmen, wurde von den liberalen Siegermächten ebenso zurückgewiesen wie alle Versuche, dem Selbstbestimmungsrecht der Völker auch in den Kolonien Geltung zu verschaffen. So wurden selbst die ehemaligen deutschen Kolonien in Afrika und die osmanischen Territorien im Nahen Osten – als Mandatsgebiete (ähnlich den kolonialen Protektoraten) – nicht etwa unabhängig, sondern nun direkt von den Siegermächten verwaltet. Die Eliten der kolonialen Welt wandten sich nach 1918/19 von der Idee einer liberalen Reform der britischen und französischen Imperien ab und anderen Ideologien zu, etwa dem Kommunismus, wie in China. In diesem Sinne ging der antikoloniale Nationalismus der ›Dritten Welt‹ am Ende des Ersten Weltkriegs aus den enttäuschten Erwartungen an eine neue und gerechte Staatenordnung hervor.

Hitlers rassische Neuordnung Europas seit 1939 sollte dann über eine bloße Revision des Versailler Vertrags hinausgehen. Der Nationalsozialismus ›drehte‹ den Imperialismus des 19. Jahrhunderts ›um‹ und behandelte, wie der in der französischen Kolonie Martinique geborene Schriftsteller Aimé Césaire nach dem Krieg schreiben sollte, Europäer wie Afrikaner. Die 1918/19 geschaffenen Nationalstaaten Mittel- und Osteuropas wurden von Nazideutschland entweder vollständig annektiert oder zu kolonialen Protektoraten gemacht. Auch für die besetzten Territorien und Völker der Sowjetunion sah der ›Generalplan Ost‹ keine eigene staatliche Ordnung und entsprechende Rechte vor. Anders als im 19. Jahrhundert legitimierte sich diese neue imperiale Ordnung nicht mit einer vermeintlichen ›Zivilisierung‹ der Kolonisierten. Ausbeutung und Vernichtung waren nicht mehr grausame Folgen, sondern das erklärte Ziel der Unterwerfung. Es gehörte zu den paradoxen Resultaten der beiden Weltkriege, dass nicht nur das rassische Imperium, das Nazideutschland in Europa errichtet hatte, 1945 zu einem Ende kam. Auch die kolonialen Imperien, insbesondere der Siegermächte Großbritannien und Frankreich, begannen sich aufzulösen. Erst mit der *Allgemeinen Erklärung der Menschenrechte* von 1948 und der schrittweisen Dekolonisierung der Welt wurden auch die Menschenrechte in dem Sinne universell, dass sie nicht mehr nur für Europäer gelten sollten.

Literatur

Anghie, Antony: *Imperialism, Sovereignty and the Making of International Law.* Cambridge 2005.

Brown, Christopher Leslie: *Moral Capital: Foundations of British Abolitionism.* Chapel Hill 2006.

Diner, Dan: »Die Katastrophe vor der Katastrophe. Auswanderung ohne Einwanderung«. In: Dirk Blasius u. a. (Hg.): *Zerbrochene Geschichte.* Frankfurt a. M. 1991, 138–160.

Fisch, Jörg: *Die europäische Expansion und das Völkerrecht.* Stuttgart 1984.

Ignatieff, Michael: »Die Ehre des Kriegers«. In: Hans Magnus Enzensberger (Hg.): *Das Internationale Komitee vom Roten Kreuz.* Frankfurt a. M. 2001, 9–26, 303–344.

Judt, Tony R.: »Rights in France. Reflections on the Etiolation of a Political Language«. In: *The Tocqueville Review* Jg. 14 (1993), 67–108.

Kleinheyer, Gerd: »Grundrechte, Menschen- und Bürgerrechte, Volksrechte«. In: Otto Brunner/Werner Conze/Reinhart Koselleck (Hg.): *Geschichtliche Grundbegriffe.* Bd. 2. Stuttgart 1975, 1047–1082.

Koskenniemi, Martti: *The Gentle Civilizer of Nations. The Rise and Fall of International Law, 1870–1960.* Cambridge 2002.

Lauren, Paul: *The Evolution of the International Human Rights. Visions Seen.* Philadelphia 1998.

Mazower, Mark: *Der dunkle Kontinent. Europa im 20. Jahrhundert.* Frankfurt a. M. 2002.

–: »Ende der Zivilisation und Aufstieg der Menschenrechte: Die konzeptionelle Trennung Mitte des 20. Jahrhunderts«. In: Stefan-Ludwig Hoffmann (Hg.): *Moralpolitik. Geschichte der Menschenrechte im 20. Jahrhundert.* Göttingen 2010, 41–62.

Mill, John Stuart, »A Few Words on Non-Intervention« [1859]. In: John M. Robson (Hg.): *The Collected Works of John Stuart Mill.* Bd. 21. Toronto 1984.

Moyn, Samuel: *The Last Utopia. Human Rights in History.* Cambridge, Mass. 2010.

Osterhammel, Jürgen: »›The Great Work of Uplifting Mankind‹. Zivilisierungsmission und Moderne«. In: Ders./Boris Barth (Hg.): *Zivilisierungsmissionen. Imperiale Weltverbesserung seit dem 18. Jahrhundert.* Konstanz 2005, 363–425.

Remmele, Konrad: »Bürgerliche Freiheit ohne verfassungsrechtliche Freiheitsverbürgung? Zur Diskussion um das Fehlen der Grundrechte in der Verfassung des Deutschen Reiches von 1871«. In: Gerhard Dilcher u. a. (Hg.): *Grundrechte im 19. Jahrhundert.* Frankfurt a. M. 1982, 189–213.

Rupp, Leila J.: *Worlds of Women. The Making of an International Women's Movement.* Princeton 1997.

Stefan-Ludwig Hoffmann

4.5 Die totalitäre Katastrophe und das Jahr 1945

Rechtshistorische Bedeutung

Auf den 27. Januar 1945 datiert die Befreiung des Vernichtungslagers Auschwitz, das zur Chiffre für den Holocaust geworden ist. Die Kapitulation des Deutschen Reichs am 8. Mai 1945 beendete die zwölfjährige Herrschaft des Nationalsozialismus (NS) in Deutschland sowie seine imperialen Ansprüche über weite Teile der Welt. Wenn die *Allgemeine Erklärung der Menschenrechte* (AEMR) von 1948 beklagt, dass die Missachtung der Menschenrechte zu »Akten der Barbarei« führte, die das »Gewissen der Menschheit mit Empörung erfüllen«, so geschieht dies im Bewusstsein der Verbrechen des NS, unter denen der Holocaust von herausragender Bedeutung ist. ›Holocaust‹ ist die international gebräuchlichste Bezeichnung für das Geschehen der Vernichtung der europäischen Juden; ›Shoah‹ steht für einen aus dem Hebräischen gebildeten äquivalenten Begriff. Die totalitäre Katastrophe, die der NS herbeiführte, lässt sich neben dem Holocaust an der Zerstörung des Rechtsstaats festmachen. Zur Zäsur des Jahres 1945 gehört der moralisch-rechtliche Neubeginn, der sich im deutschen *Grundgesetz* widerspiegelt. Eine wichtige Erweiterung zum anti-totalitären Verständnis der Menschenrechte stellt der Ausblick auf die totalitäre Katastrophe des Stalinismus dar. Die totalitären Katastrophen des 20. Jahrhunderts haben die Entwicklung des Menschenrechtsdiskurses seit der AEMR stark beeinflusst. Paradigmatisch verweisen sie auf die offene Problematik, wie extreme moralische Entgrenzungen, die unter der Verantwortung souveräner Staaten geschehen, nach völkerrechtlichen Maßstäben eingedämmt werden können.

Stationen und Positionen

1. Moralischer Gattungsbruch: Die historische Forschung hat den geschichtlichen Ablauf des Holocaust weitgehend aufgearbeitet. Er reicht insgesamt von Phasen der Ausgrenzung und Verfolgung der Juden ab 1933 über gezielten Terror ab 1939 und Massenmorde an Juden im Kontext der Ostfeldzüge bis zur ›Endlösung‹ in den Gaskammern von Auschwitz und anderen Vernichtungsstätten ab 1942. Für seine Entstehung und Einordnung als Massenverbrechen und Völkermord bedarf es der Analyse aus Motiven der nazistischen ›Weltanschauung‹. Der Begriff des »Erlösungsantisemitismus« (Friedländer 1998, 87 ff.) umschreibt die radikale Variante des Antisemitismus, die Hitler und die treibenden Kräfte seiner ›Bewegung‹ bestimmten. Die Juden wurden als der ›aktive Hauptfeind‹ nicht nur der arisch-deutschen Rasse, sondern der gesamten Menschheit angesehen. *Die Protokolle der Weisen von Zion* galten als Dokument der vermeintlich ›jüdischen Weltverschwörung‹. Obgleich sie eine Fälschung darstellen (Sammons 1998), wurden die *Protokolle* zur Grundlage einer Doktrin, die dazu führte, dass die ›Erlösung‹ vom Judentum als Befreiung der Menschheit propagiert werden konnte. Man kann hier auch von einem ›gattungsverneinenden Antisemitismus‹ sprechen. In Kontrast zu dem übrigen Nazi-Rassismus, der nicht die Juden, sondern die Schwarzen (›Neger‹) an die unterste Stelle setzt, lässt sich die spezifische Eigenart des nazistischen Anti-Judaismus als Kampf gegen eine ›geistige Rasse‹ bestimmen, die als Träger von Ideen ausgegrenzt werden soll. Der NS schreibt den Juden die Idee der *einen* Menschheit zu sowie den Universalismus der Französischen Revolution und denunziert sie als das nicht kämpfende Volk, das die gesamte Menschheit mit den aus der Thora bekannten Geboten des Lebensschutzes, der Nächstenliebe und Gerechtigkeit verführen will.

Das Judentum ist für Hitler und seine Anhänger der als homogen gedachten existenzielle Widersacher, der für Wesenseigenschaften steht, die dem Geschichtsprinzip des Rassenkampfs diametral entgegenstehen und im Namen der weltgeschichtlichen Mission des arisch-deutschen ›Menschentums‹ überwunden werden muss. Dem entspricht das Verständnis von ›Menschenrecht‹ als einem über dem Staatsrecht stehenden Prinzip zur Bewahrung der Eigenart eines Volkes bei Hitler (1937, 105). In Verbindung mit der nazistischen Überzeugung, dass Rassenkampf nur mit Mitteln der Gewalt entschieden werden kann, realisiert der gattungsverneinende Antisemitismus seine Option zur physischen Vernichtung der Juden schließlich im Kontext des Krieges als ›Endlösung‹ in Auschwitz. Der NS hat eine eigene Werteordnung hervorgebracht, als deren Zentrum ein moralischer Gattungsbruch festzustellen ist (Zimmermann 2008, 18 ff.). Zugleich wird einer Transformation des Menschenbildes das Wort geredet, wodurch neben der Vernichtung der Juden auch die teilweise oder völlige Ausrottung anderer Völker oder ihre Versklavung akzeptabel wird. So brachte der NS eine spezifische »Tötungsmoral« hervor, die sich bis in die Sozialpsychologie einzelner Tätergruppen verfolgen lässt (Welzer 2005, 18 ff.). Darüber hinaus kommt die wertsetzende Kraft des NS darin zum Ausdruck, dass seine Akzeptanz durch eine Mehrheit von Deutschen und seine weit über Deutschland hinausreichende Anziehungskraft zeigen, wie angreifbar herkömmliche Moralvorstellungen sind. In dem Maße, in dem die moralischen Schranken gegen die Diskriminierung, Verfolgung und Vernichtung von Juden und anderen Menschen fielen, korrespondiert dem nazistischen Gattungsbruch ein Gattungsversagen, das in einer kollektiven moralischen Katastrophe besteht. Eine solche moralische Interpretation des NS reicht tiefer als der oft vieldeutig verwendete Begriff des »Zivilisationsbruchs« (Diner 1987, 72). Dieser Begriff zielte ursprünglich auf das »Gegenrationale«, das darin besteht, dass der NS die kognitive Orientierung an Zweckrationalität und Selbsterhaltung hinter sich lässt, indem er gegen alle ökonomische und kriegstechnische Rationalität die Judenvernichtung betreibt. Demgegenüber verdeutlicht der Zusammenhang von Gattungsbruch und Gattungsversagen, dass dieses Verhalten auf einem ›Gegenmoralischen‹ beruht, das als ein moralisches Anderssein von epochaler Bedeutung zu verstehen ist. Für die Interpretation der Menschenrechte folgt daraus die Einsicht in ein von historischen Brüchen bedrohtes Projekt, das keine »homogenisierende Menschheitserzählung« zulässt und traditionelle naturrechtliche Begründungen fragwürdig macht (Menke/Pollmann 2007, 11 ff.). Die radikalen Gefährdungen, denen die Idee der Menschenrechte ausgesetzt ist, verweisen auf ihre Geschichtlichkeit und Kontingenz, und auf ihre innovatorische Kraft zur Gestaltung menschlicher Beziehungen und rechtlich-politischer Institutionalisierungen.

2. *Zerstörung des Rechtsstaats:* Die vom NS betriebene Zerstörung des Rechtsstaats wird nicht nur an der Missachtung der persönlichen Grundrechte der Weimarer Verfassung deutlich, sondern auch an dem scheinbar paradoxen Tatbestand, dass diese Verfassung unter dem NS nie aufgehoben wurde. Die alte Verfassung bestand auf dem Papier fort, doch wurde sie sukzessive mit neuen gesetzlichen Regelungen ›überschrieben‹, die sie faktisch bedeutungslos werden ließen. Mit dem Ermächtigungsgesetz vom März 1933, das in einem von Terror beeinflussten Reichstag zustande kam, wurde der Regierung unbeschränkte Gesetzgebungsgewalt erteilt; faktisch eine Abkehr vom Grundsatz der Gewaltenteilung, die für Hitlers Innenminister Wilhelm Frick die »vorläufige Verfassung des Reiches« bedeutete (Neumann 1984, 79 ff.). Nach dem Tod des Reichspräsidenten Paul v. Hindenburg im August 1934 wurde dessen Amt mit dem des Reichskanzlers zusammengelegt; eine weitere Aushöhlung der Verfassung, die sich in der Aufhebung der Eigenständigkeit der Länder und ihrer »Gleichschaltung mit dem Reich« fortsetzte (*Reichsstatthaltergesetz* 1935). Hinter der Zerstörung des Rechtsstaats auf Verfassungsebene stand die Instrumentalisierung des Staates im Sinne der »Totalität der nationalsozialistischen Bewegung« (Alfred Rosenberg) und deren Leitprinzip der Bewahrung der Eigenart des Volkes. Aus der neuen Werteordnung des NS resultierten das *Gesetz zur Verhütung erbkranken Nachwuchses* (Juli 1933) und die Phasen der antijüdischen Gesetzgebung, die vom *Gesetz zur Wiederherstellung des Berufsbeamtentums* (April 1933), den ›Nürnberger Gesetzen‹ (*Gesetz zum Schutz des deutschen Blutes und der deutschen Ehre*; *Reichsbürgergesetz*, beide 1935), der *Verordnung zur Ausschaltung der Juden aus dem deutschen Wirtschaftsleben* (1938) bis zu der Verordnung reichten, den ›Judenstern‹ zu tragen (ab September 1939 in Polen, ab September 1941 im Deutschen Reich).

Die ›Nürnberger Gesetze‹ brachten mit den gegen Juden gerichteten Verboten der Eheschließung und des sexuellen Verkehrs mit Staatsangehörigen »deutschen oder artverwandten Blutes« nicht nur eine massive Entwürdigung und gesellschaftliche Diskriminierung mit sich, sondern beschränkten politische Rechte auf »Reichsbürger«, die als Staatsangehörige deutschen oder artverwandten Blutes definiert wurden, die treu zu Volk und Reich stehen. Die Begriffe ›Treue‹, ›Gehorsam‹ und ›Ehre‹ spielen eine wesentliche Rolle in den persönlich auf den ›Führer‹ bezogenen Eidesformeln von Kabinettsmitgliedern, Beamten, Angehörigen der Reichswehr und der SS, deren Männer Hitler »Treue bis in den Tod« gelobten. Darin kommt einerseits die personale Fixierung auf eine charismatische Führerfigur und andererseits die Loslösung der Inhaber politischer Spitzenfunktionen von allgemeinen Gesetzen und rechtsförmiger Amtsführung zum Ausdruck. Mit Carl Schmitts Diktum »Der Führer schützt das Recht« (Schmitt 1934) wurde Hitler zur unmittelbaren Rechtsquelle erklärt und damit die Geltung des Rechts auf Führerbefehle reduziert. Dem entsprachen in mancherlei Hinsicht die Funktionalisierung des Rechts zur Durchsetzung politischer Ziele und die Verbreitung von Willkürentscheidungen bis hin zu Verhaftungen und Exekutionen ohne Gerichtsurteil. Die Zerstörung des Rechtsstaats ging weit über die anti-jüdische Ausgrenzungs- und Verfolgungsstrategie hinaus und führte zu einer Rechtsunsicherheit und Gesetzlosigkeit, die jeden Bürger zum potentiellen Opfer von Terror und Repression machen konnte. Die beiden Standardwerke von Franz Neumann (1944/1984) und Hannah Arendt (1951/1996) tragen der Problematik in unterschiedlicher Weise Rechnung. Pauschalinterpretationen des NS im Sinn einer »Dialektik der Aufklärung« (Adorno/Horkheimer), die eine ›totale‹ Rationalitätskritik der ›Moderne‹ zu entfalten suchen, verwenden demgegenüber ein zu grobes Raster (Schäfer 1999). Die Abkehr vom Völkerrecht wurde seit dem Austritt des Deutschen Reiches aus dem Völkerbund im Oktober 1933, der durch eine Volksabstimmung bekräftigt wurde, immer weiter vorangetrieben. Im Zuge der nazistischen Expansions- und Kriegspolitik wurden Neukonstruktionen zum Völkerrecht entworfen, die an Stelle von souveränen Einzelstaaten als Subjekten des Völkerrechts ›Großraumordnungen‹ (Schmitt 1939/1991) setzten, die teils noch mit einem völkerrechtlichen Vokabular operierten, teils aber mit einem ›völkischen Rechtsbegriff‹ eine völkerrechtliche Beziehung von Staaten untereinander verneinten. Das traditionelle Völkerrecht wurde als Schöpfung der Juden und Deckmantel des britischen Imperialismus denunziert.

3. Neubeginn und Deutsches Grundgesetz: Der Ausdruck ›Stunde Null‹ benennt treffend die Nachkriegssituation, die Deutschland vor die Aufgabe eines Neubeginns stellte. Bereits 1945 forderte einer der führenden Köpfe des Widerstands, Helmuth James Graf von Moltke, in seinen Briefen aus dem Gefängnis Tegel, das Bild des Menschen wieder aufzurichten. Und so bemühten sich die verbliebenen anti-nazistischen kulturellen und politischen Kräfte und Eliten um eine geistig-moralische Neubesinnung und rechtlich-politische Neustrukturierung von Gesellschaft und Staat. Beispielhaft sind hier Karl Jaspers' *Schuldfrage* (1946) und Eugen Kogons *SS-Staat* (1946) zu nennen; beides Autoren, die nicht nur mit ihren Schriften breite Wirkung erzielten, sondern als Personen moralische Integrität verkörperten, für die auf der politischen Seite Konrad Adenauer oder Kurt Schumacher exemplarisch standen. Wenn auch einige Jahre später verabschiedet, so lässt sich das *Grundgesetz* (GG) der Bundesrepublik Deutschland als Resultat des Umbruchs des Jahres 1945 lesen, in dem ein Bekenntnis zur universalistischen Moral (»Die Würde des Menschen ist unantastbar«) und zu den Menschenrechten (»Das Deutsche Volk bekennt sich darum zu unverletzlichen und unveräußerlichen Menschenrechten«) abgelegt wird, das dem demokratischen Verfassungsstaat die Grundorientierung vorgibt. Die Erfahrung des NS schlägt sich insbesondere in der verfassungsrechtlichen Innovation des GG nieder, die in einer ›Ewigkeitsklausel‹ besteht (Art. 79 Abs. 3), mit der die Grundsätze der universalistisch verstandenen Grundrechte, der Gewaltenteilung sowie die föderale Gliederung des Bundes für unabänderlich erklärt werden. Damit wurde ein spezieller Verfassungstypus – gelegentlich ›Grundrechtsdemokratie‹ oder ›Grundrechtsstaat‹ genannt – geschaffen, der in der Familie der westlichen Verfassungsstaaten eine Besonderheit darstellt und ihn zugleich gegen den Totalitarismus bolschewistisch-stalinistischer Provenienz abgrenzt, dessen Fortleben in der DDR erst mit der erfolgreichen Revolution von 1989 beendet wurde. Mit dem GG ist eine Parallele zur UN-Charta von 1945 und der AEMR von 1948 gegeben, in denen die Würde des Menschen und seine Grundrechte ebenfalls an zentraler Stelle stehen (s. Kap. I.4.6). Somit spricht vieles für die These, dass erst mit den Erfahrungen des NS-Totalitarismus und des Zweiten Weltkriegs in einem philosophisch wie rechtlich stark veränderten Rahmen die politische Gegenwart der Menschenrechte beginnt (Menke/Pollmann 2007, 11 f.).

4. *Stalinismus:* Der historische Kontext des NS und die Zäsur von 1945 waren für die Konstitution einer neuen Ära der Menschenrechte von maßgeblicher Bedeutung. Eine angemessene Einordnung der totalitären Gegner der Menschenrechte bedarf aber auch eines Ausblicks auf den Stalinismus. Der Bolschewismus Stalins ist verantwortlich für die Hungerkatastrophe der Jahre 1932/33, bei der in der Ukraine, im Nordkaukasus und in Kasachstan ca. 6 Millionen Menschen umkamen. Die Direktive zur *Liquidation der Kulaken als Klasse* führte zu menschenverachtenden Maßnahmen der Zwangskollektivierung der Landwirtschaft. Für die Katastrophe in der Ukraine, die manche Historiker als ›Hungergenozid‹ ansehen und als ›Stalins Holocaust‹ bezeichnen (Conquest 1988), ist inzwischen ›Holodomor‹ (von ukrain. *holod*, »Hunger«, und *mor*, »Seuche«) zum festen Begriff geworden. Die Zeit der großen Hungersnot war auch die Geburtsstunde des Gulag-Systems der Deportationen und Arbeitslager, das dem Sicherheitsapparat erlaubte, Menschen nach Bedarf zu stigmatisieren, zu verhaften und als Arbeitssklaven zu verschicken. Diese Willkürherrschaft setzte sich in der Zeit des ›Großen Terrors‹ (1936–1938) mit den Moskauer Schauprozessen fort, denen auch Alt-Bolschewiki, z. B. Nikolai Bucharin und Alexei Rykow, zum Opfer fielen. So sehr die moralisch-rechtlichen Katastrophen des Stalinismus der marxistisch inspirierten Utopie einer befreiten Menschheit Hohn sprechen, so sehr muss man sie in den Kontext bolschewistischer Utopie-Produktionen seit der russischen Revolution stellen. Bereits Lenin war der Auffassung, dass der Mensch so gemacht werden könne, »wie wir ihn haben wollen«. Und Stalin sprach von »Ingenieuren der Seele«, denen die Arbeit an einem »neuen Menschen« zufiel, der als Endprodukt der Liquidierung aller »Klassengegensätze« gesehen wurde. Der Stalinismus ist demnach als »Symbiose von Kulturrevolution und Gewalt« zu definieren (Baberowski 2004, 112 f.). Vor dem Hintergrund der marxistischen Quellen des Bolschewismus/Stalinismus vollzieht sich die Reduzierung universalistischer Ideale (»Die Internationale erkämpft das Menschenrecht«) auf den Partikularismus einer sozio-kulturellen Lebensform mit terroristischer Prägung. Die Aufarbeitung der ideologischen Quellen des Bolschewismus und seiner Wirkungsgeschichte rückt ihn in die Nähe von religiösen Überzeugungen (Ryklin 2008).

Ausblick

Die massive Verletzung von Menschenrechten in den totalitären Staatsgebilden des 20. Jahrhunderts unterstreicht den Status von Menschenrechten als *moralischen* Rechten, die jedem Menschen bereits aufgrund seines oder ihres Menschseins zugeschrieben werden müssen. Unabhängig von divergierenden philosophischen Begründungskonzeptionen (apriorische, vernunftrechtliche, sprachtranszendentale, diskursethische, anthropologische, historische etc.) ist an dem normativen ›Universalismus‹ festzuhalten, der den elementaren Kern der Menschenrechte (auf Leben, Freiheit, Sicherheit etc.) zu einem egalitären Weltmaßstab für menschliches Zusammenleben – auf vielerlei Ebenen – gemacht hat und auf eine unabgeschlossene Dynamik moralischer Kommunikation, rechtlicher Kodifizierung und politischer Institutionalisierung verweist. Konflikte, die mit dieser Dynamik einhergehen, betreffen die weltweite Ächtung von Verletzungen der Menschenrechte, und zwar insbesondere bei genozidalen Entwicklungen, die einerseits von global orientierten Menschenrechtsorganisationen (NGOs) in den Fokus gestellt werden, andererseits aber auf ungelöste Probleme bei der Implementierung eines tragfähigen internationalen Menschenrechtsschutzes verweisen. Probleme im Einzelnen betreffen, erstens, die Infragestellung staatlicher Souveränität, wenn der jeweilige Staat oder seine Regierung nicht willens oder in der Lage ist, Verpflichtungen zum Schutz elementarer Menschenrechte zu übernehmen oder zu erfüllen. Vor einigen Jahren hat sich eine internationale Kommission, und zwar die 2001 von der kanadischen Regierung eingesetzte International Commission on Intervention and State Sovereignty (ICISS), dieser Thematik angenommen und damit, zweitens, das weitere Problem der ›humanitären Intervention‹ als völkerrechtlich umstrittene und institutionell ungelöste Frage deutlich gemacht. Die rechtlichen und politischen Schwierigkeiten, die durch diese komplexe Thematik hervorgerufen werden, können gleichwohl als Konsequenzen aus der nach 1945 erfolgten Verabschiedung von UN-Charta und AEMR gesehen werden. Aus moralphilosophischer Sicht lassen die Erfahrungen mit den totalitären Katastrophen des 20. Jahrhunderts kaum eine *prinzipielle* Ablehnung humanitärer Interventionen zur Abwehr gravierender Menschenrechtsverletzungen zu. Es mag bitter sein, sich historischen Einsichten zu stellen, doch es kann unausweichlich werden, das Motto »Nie wieder Auschwitz!« mit militärischer Gewalt umzusetzen.

Literatur

Arendt, Hannah: *Elemente und Ursprünge totaler Herrschaft*. München ⁵1996 (engl. 1951).
Baberowski, Jörg: *Der Rote Terror. Die Geschichte des Stalinismus*. Berlin ²2004.
Conquest, Robert: *Ernte des Todes. Stalins Holocaust in der Ukraine 1929–1933*. München 1988 (engl. 1986).
Diner, Dan (Hg.): *Ist der Nationalsozialismus Geschichte?* Frankfurt a. M. 1987.
Friedländer, Saul: *Das Dritte Reich und die Juden*. Bd. 1. München 1998; Bd. 2. München 2006.
Hitler, Adolf: *Mein Kampf*. 248.-251. Aufl. Berlin 1937.
Menke, Christoph/Pollmann, Arnd: *Philosophie der Menschenrechte zur Einführung*. Hamburg 2007.
Neumann, Franz: *Behemoth. Struktur und Praxis des Nationalsozialismus 1933–1944* [1944]. Frankfurt a. M. 1984.
Ryklin, Michail: *Kommunismus als Religion*. Frankfurt a. M. 2008.
Sammons, Jeffrey L. (Hg.): *Die Protokolle der Weisen von Zion. Die Grundlage des modernen Antisemitismus – eine Fälschung. Text und Kommentar*. Göttingen 1998.
Schäfer, Michael: »Der philosophische und soziologische Diskurs der Moderne und der Nationalsozialismus«. In: Gerhart von Graevenitz (Hg.): *Konzepte der Moderne*. Stuttgart/Weimar 1999, 565–592.
Schmitt, Carl: »Der Führer schützt das Recht«. In: *Deutsche Juristen-Zeitung* 39. Jg., 15 (1934), 945–950.
–: *Völkerrechtliche Großraumordnung mit Interventionsverbot für raumfremde Mächte. Ein Beitrag zum Reichsbegriff im Völkerrecht* [1939]. Berlin 1991.
Welzer, Harald: *Täter. Wie aus ganz normalen Menschen Massenmörder werden*. Frankfurt a. M. 2005.
Zimmermann, Rolf: *Moral als Macht. Eine Philosophie der historischen Erfahrung*. Reinbek bei Hamburg 2008.

Rolf Zimmermann

4.6 Die Charta der Vereinten Nationen und die Allgemeine Erklärung der Menschenrechte

Rechtshistorische Bedeutung

Die *Charta der Vereinten Nationen* wurde am 26. Juni 1945 von 50 Staaten unterzeichnet; dreieinhalb Jahre später, am 10. Dezember 1948, verabschiedete die Generalversammlung der Vereinten Nationen die *Allgemeine Erklärung der Menschenrechte*. Die durch diese beiden Dokumente sowie die *Konvention über die Verhütung und Bestrafung des Völkermordes* von 1948 und die *Genfer Konventionen* von 1949 markierte Epoche wird heute gemeinhin als Durchbruch der Menschenrechtsidee angesehen. In ihren Bewertungen scheuen Kommentatoren dabei das Pathos nicht: Christian Tomuschat (2008, 22) bezeichnet das Jahr 1945 als das des »großen Sprung[s] nach vorn«, Walter Kälin (1998, 5) sieht in der *Allgemeinen Erklärung* die »kopernikanisch[e] Wende im Völkerrecht«. Tatsächlich ist der moderne Menschenrechtsschutz nur auf der Grundlage von UN-Charta und Allgemeiner Menschenrechtserklärung zu verstehen. Jedoch ist die Erkenntnis wichtig, dass die ›Wende‹ (und sei sie auch ›kopernikanisch‹) nur den Beginn eines langwierigen Prozesses markiert, der zur Normierung und Ausdifferenzierung eines Systems international verbindlicher Menschenrechte geführt hat. Beide Dokumente sind somit Ausdruck, vor allem aber Wegbereiter des Siegeszuges der Menschenrechtsidee in den vergangenen 60 Jahren. Ihrer Bedeutung tut es keinen Abbruch, wenn man rückblickend daran erinnert, dass sie unter Menschenrechtsaktivisten der damaligen Zeit keinesfalls einhellige Zustimmung fanden: Die allgemein gehaltenen Bekundungen der UN-Charta zur Bedeutung der Menschenrechte schienen Kritikern nicht spezifisch genug; die unverbindliche Menschenrechtserklärung enttäuschte all jene, die rechtlich einklagbare Rechtsverbürgungen und Mechanismen zu ihrer Durchsetzung erhofft hatten. Die Bedeutung beider Dokumente beruht daher nicht zuletzt auf ihrer Wirkungsgeschichte: Die Mitgliedsstaaten und Organe der Vereinten Nationen haben die menschenrechtsbezogenen Bestimmungen der Charta in den folgenden Jahrzehnten mit Leben gefüllt. Und auch zur unverbindlichen Menschenrechtserklärung haben sie sich in unzähligen Erklärungen und Stellungnahmen neuerlich bekannt. Eine solche Wirkung konnten beide Dokumente nur entfalten, weil sie auch nachfolgenden Generationen modern und ausbaufähig erschienen.

Stationen und Positionen

1. Charta der Vereinten Nationen: Die UN-Charta enthält keinen Katalog der Menschenrechte, jedoch sieben Normen mit explizitem Bezug zu den Menschenrechten. Diese ausdrückliche Aufnahme der Menschenrechte ist für sich bereits als Erfolg zu werten – die Satzung des Vorgängers der Vereinten Nationen, des Völkerbundes, aus dem Jahre 1919 enthielt noch keine solchen Bezüge. Allerdings war die Aufnahme menschenrechtlicher Vorschriften in die UN-Charta bis zuletzt zwischen den Gründungsmitgliedern der Vereinten Nationen umstritten. So hatten zwar die Alliierten, allen voran die USA, die Bedeutung der Menschenrechte in ihrem Kampf gegen die Achsenmächte wiederholt betont. Dennoch fand sich in den Vorschlägen von Dumbarton Oaks, die den nachfolgenden Verhandlungen in San Francisco als Grundlage dienten und von den USA, dem Vereinigten Königreich, der Sowjetunion und China ausgehandelt wurden, nur *eine* Vorschrift, die sich mit dem Schutz der Menschenrechte beschäftigte. Diese war in einem der hinteren Kapitel des Entwurfs platziert, das sich mit der wirtschaftlichen und sozialen Zusammenarbeit beschäftigte, und ließ damit nicht den Schluss zu, dass der Schutz der Menschenrechte als einer der Pfeiler der neu zu gründenden Organisation zu verstehen sei. Vielmehr standen hinter der Gründung der Vereinten Nationen in erster Linie Sicherheitsinteressen: Der Weltfrieden sollte bewahrt werden; dabei sollte die Souveränität der Mitgliedsstaaten erhalten und die Vormachtstellung der alliierten Großmächte gewahrt bleiben.

Auf Druck einiger Staaten – insbesondere Lateinamerikas – sowie von Nichtregierungsorganisationen, aber auch auf der Grundlage US-amerikanischer Vorschläge finden die Menschenrechte in der Endfassung der UN-Charta, auf die sich die Gründungsmitglieder schließlich in San Francisco einigen konnten, nun aber doch bereits in der Präambel Erwähnung. Die Völker der Vereinten Nationen bekräftigen an dieser Stelle ihren »Glauben an die Grundrechte des Menschen, an Würde und Wert der menschlichen Persönlichkeit, an die Gleichberechtigung von Mann und Frau sowie von allen Nationen, ob groß oder klein«. Zwar ist auch die Präambel der UN-Charta ein integraler Bestandteil des völkerrechtlichen Vertrages, die Verankerung der Menschenrechte an dieser Stelle erwies sich jedoch in der nachfolgenden Vertragspraxis als von geringer praktischer Bedeutung (Wolfrum, in: Simma 2002, 35 u. 37). Auch zeigt sich bereits an der Formulierung der Präambel eine Unzulänglichkeit des Menschenrechtsschutzes in der UN-Charta, die sich durch das gesamte Dokument zieht. So bleibt die UN-Charta eine Definition der Grundrechte, auf die sie Bezug nimmt, schuldig (Ghandhi 1998, 228; Salcedo 1995, 922). Zwar forderten die Vertreter Chiles, Kubas und Panamas die Garantie einzelner Menschenrechte; Panama setzte sich sogar für die Aufnahme eines eigenen Menschenrechtsteils ein. Diese Vorschläge fanden jedoch keine Mehrheit. Vielmehr einigten sich die Staatenvertreter darauf, die Definition der Menschenrechte einem Sonderkomitee unter dem Dach der zu gründenden Vereinten Nationen zu überlassen (Salcedo 1995, 922 f.). Und dieser Aufgabe kam die Menschenrechtskommission dann durch die Ausarbeitung der *Allgemeinen Erklärung der Menschenrechte* nach.

Art. 1 Nr. 3 der UN-Charta bezeichnet es als eines der Ziele der Vereinten Nationen, »eine internationale Zusammenarbeit herbeizuführen, um [...] die Achtung vor den Menschenrechten und Grundfreiheiten für alle ohne Unterschied der Rasse, des Geschlechts, der Sprache oder der Religion zu fördern und zu festigen«. Die Aufnahme der Menschenrechte an dieser prominenten Stelle darf jedoch in ihrer Bedeutung nicht überschätzt werden. Bereits der Wortlaut der Vorschrift, »eine internationale Zusammenarbeit herbeizuführen, um [...] die Achtung [...] zu fördern und zu festigen«, vermeidet eine Formulierung, die deutlich zum Ausdruck bringt, dass die neu zu gründende Organisation sich – gleichsam aktiv – um den Schutz (*protection*) der Menschenrechte bemühen werde und deren Achtung nicht lediglich fördere und festige (Ramcharan 2007, 442). Die einflussreichen Alliierten, insbesondere die USA, das Vereinigte Königreich, die Sowjetunion, aber auch Frankreich zögerten, die zu gründende Organisation mit derart weitreichenden Kompetenzen auszustatten, welche es ihr ermöglichen würden, deren eigene Politik zu kritisieren. Denn trotz der Bekenntnisse der Alliierten während des Zweiten Weltkrieges zu den Menschenrechten verletzten diese Staaten selbst die Menschenrechte: So herrschte die Rassentrennung in den amerikanischen Südstaaten, es existierten Gulags in der Sowjetunion, und Frankreich und das Vereinigte Königreich betrieben mit Härte ihre Kolonialpolitik (Ramcharan 2007, 441; Riedel, in: Simma 2002, 920).

Die Bedeutung, die die Aufnahme der Menschenrechte als eines der Ziele der Vereinten Nationen hatte, hing entscheidend davon ab, welche Handlungsmechanismen den UN-Organen in den relevanten Kapiteln der UN-Charta (Kap. IX u. X) an die Hand gegeben wurden, um diese Ziele zu verfolgen. Außerhalb dieser Kapitel werden die Menschenrechte lediglich in Art. 76 der UN-Charta im Rahmen der Regelungen, die das internationale Treuhandsystem betreffen, und in Art. 13 Abs. 1 lit. b) der UN-Charta erwähnt. Letztere Norm verleiht der Generalversammlung die Kompetenz, Untersuchungen zu veranlassen und Empfehlungen abzugeben, um zur Verwirklichung der Menschenrechte und Grundfreiheiten beizutragen. Allerdings diente nicht diese Vorschrift, sondern die relevanten Normen der Kapitel IX und X als Kompetenzgrundlage für die wachsende Tätigkeit der Generalversammlung sowie des Wirtschafts- und Sozialrats (ECOSOC) im Bereich der Menschenrechte (Fleischhauer, in: Simma 2002, 317). Diese Normen sehen zunächst in Art. 55 lit. c) vor, dass die Vereinten Nationen »die allgemeine Achtung und Verwirklichung der Menschenrechte und Grundfreiheiten« fördern. Die Generalversammlung ist nach Art. 60 der UN-Charta für die Wahrnehmung dieser Aufgabe verantwortlich. Die Tätigkeit des Wirtschafts- und Sozialrats findet in Art. 62 Abs. 2 der UN-Charta seine Rechtsgrundlage. Danach kann der Rat Empfehlungen abgeben, um die Achtung und Verwirklichung der

Menschenrechte und Grundfreiheiten für alle zu fördern. Nach den Absätzen 3 und 4 kann er zu diesem Zweck außerdem Übereinkünfte entwerfen und internationale Konferenzen einberufen.

Von besonderer Bedeutung ist überdies Art. 68 der UN-Charta, dem zufolge der Wirtschafts- und Sozialrat eine Kommission für die Förderung der Menschenrechte einsetzt. Diese Kommission ist als einzige Kommission explizit in der UN-Charta genannt (Partsch 1995, 606). Die Art. 13 Abs. 1 lit. b), 55 lit. c), 62 Abs. 2–4 und 68 der UN-Charta, die die Zuständigkeiten und Handlungsmechanismen der UN-Organe aufzeigen, mit denen diese zur Verwirklichung des in Art. 1 Nr. 3 vorgegebenen Ziels ausgestattet wurden, machen eine weitere Besonderheit des Menschenrechtsschutzes im UN-System offenkundig, die einerseits als Unzulänglichkeit beschrieben werden kann, andererseits aber auch Entwicklungspotential birgt: Die zuständigen Organe, die Generalversammlung sowie der Wirtschafts- und Sozialrat können im Bereich der Menschenrechte insbesondere durch Erörterungen und Empfehlungen tätig werden; diese Maßnahmen dienen dabei der Förderung der »Achtung« und »Verwirklichung« der Menschenrechte. Damit sind sowohl die – rechtlich unverbindlichen – Handlungsmechanismen als auch die Aufgabenbeschreibung programmatisch ausgestaltet. Das UN-System stellt sich als Rahmen zur Verfügung, innerhalb dessen der Menschenrechtsschutz aufgebaut bzw. vertieft werden kann; dieser ist damit in erster Linie als zukunftsorientierter Handlungsauftrag zu verstehen (Partsch 1995, 606).

Dieser Aufgabe kamen die UN-Organe in den Folgejahren nach. Dabei übernahm die Generalversammlung von Anfang an die Führungsrolle; sie verabschiedete die *Allgemeine Erklärung der Menschenrechte* sowie Resolutionen zu den zwei Menschenrechtspakten von 1966 (s. Kap. I.4.7) sowie zu einer Vielzahl weiterer Menschenrechtsinstrumente, welche heute als ›Völkervertragsrecht‹ den universellen Menschenrechtsschutz ausmachen (s. Kap. IV. 3.1). Das Bestreben der Generalversammlung, auch ein System der völkerrechtlichen Implementierung menschenrechtlicher *Verpflichtungen* aufzubauen, gipfelte 1993 in der Berufung eines Hohen Kommissars für Menschenrechte (GA Res. 48/141 vom 20.12.1993). Die Menschenrechtskommission, aber auch eine Vielzahl weiterer Unterorgane des Wirtschafts- und Sozialrats arbeiteten menschenrechtliche Standards aus und machten sich, nach anfänglicher Zurückhaltung, durch die Überwachung der Einhaltung dieser Standards verdient, einschließlich der Bearbeitung konkreter Beschwerden (Riedel, in: Simma 2002, 1045 ff.). Auch die Tätigkeit des Sicherheitsrates, der mit der Einhaltung des Weltfriedens betraut ist und gerade keine ausdrücklichen Befugnisse im Bereich der Menschenrechte hat, weist menschenrechtliche Bezüge auf. So nahm der Sicherheitsrat wiederholt bei der Feststellung einer Friedensbedrohung nach Art. 39 der UN-Charta auf Menschenrechtsverletzungen Bezug (Frowein/Krisch, in: Simma 2002, 724 f.) und rief in seinen Resolutionen die Mitgliedsstaaten zur Wahrung der Menschenrechte auf.

Jede Tätigkeit der Vereinten Nationen – auch im Bereich der Menschenrechte, solange sie nicht in Form einer Zwangsmaßnahme nach Kapitel VII der UN-Charta vorgenommen wird – steht in einem potentiellen Konflikt zu Art. 2 Nr. 7 der UN-Charta und dem darin enthaltenen Verbot, in die inneren Zuständigkeiten eines Staates einzugreifen. Art. 2 Nr. 7 könnte daher als Einschränkung der Befugnisse der Vereinten Nationen, insbesondere aus Art. 55 lit. c) in Verbindung mit Art. 60 sowie aus Art. 62 Abs. 2–4 der UN-Charta, angesehen werden (Cassese 1992, 27 ff.; Normand/Zaidi 2008, 135 f.). Wenn diese Ansicht auch in der Vergangenheit durchaus Zuspruch erfahren hat, so kann aus heutiger Sicht der Schutz der Menschenrechte grundsätzlich nicht mehr als Bestandteil dessen angesehen werden, was zur *inneren* Zuständigkeit eines Staates zu zählen ist. Er ist nunmehr durch gewohnheitsrechtliche und vertragliche Entwicklungen auf die völkerrechtliche Ebene gehoben worden, so dass das Einmischungsverbot des Art. 2 Nr. 7 nicht greift (Nolte, in: Simma 2002, 160 ff.; Riedel, in: Simma 2002, 922 f.). Dieses Ergebnis lässt sich bereits aus der Sicht des Jahres 1945 durch Heranziehung von Art. 56 der UN-Charta begründen. In dieser Vorschrift verpflichten sich alle Mitgliedsstaaten gemeinsam und jeder für sich, mit der Organisation zusammenzuarbeiten, um die Förderung der Achtung und Verwirklichung der Menschenrechte zu erreichen. Durch Art. 56 in Verbindung mit Art. 55 lit. c) der UN-Charta verpflichten sie sich somit in rechtlich verbindlicher Weise zur Förderung der Menschenrechte – mag diese Verpflichtung auch unbestimmt sein (Ghandhi 1998, 229–234). Damit galt das Einmischungsverbot aus Art. 2 Nr. 7 von Anfang an nicht für die Befugnisse der Vereinten Nationen im Bereich der Menschenrechte.

Die UN-Charta ist als Kind ihrer Zeit vor allem ein Instrument zur Wahrung des Weltfriedens und der Vormachtstellung der alliierten Siegermächte. Gerade vor diesem Hintergrund kann es als großer Erfolg gewertet werden, dass die – damals revolutionär anmutende – Idee der Menschenrechte die UN-Charta wie ein roter Faden durchzieht (Riedel, in: Simma 2002, 919). Zwar blieben die Vorschriften in der UN-Charta allgemein und programmatisch, eröffneten aber gerade dadurch die Möglichkeit, ein umfassendes Menschenrechtsschutzsystem unter dem Dach der Vereinten Nationen zu entwickeln.

2. *Allgemeine Erklärung der Menschenrechte:* Diese ist bereits ein Produkt des neu installierten UN-Systems und markiert den Beginn des *systematischen* Menschenrechtsschutzes unter dem Dach der Vereinten Nationen. Ihr Entstehungsprozess ist ein frühes Beispiel des oft langwierigen *standard setting* der Weltorganisation. Drei Phasen können unterschieden werden: (a) Im Frühjahr 1947 erarbeitete der Kanadier John Humphrey im Auftrag des Wirtschafts- und Sozialrates für das Generalsekretariat einen ersten Entwurf sowie umfangreiche Hintergrunddossiers. Seine Entwürfe wurden in der UN-Menschenrechtskommission, dem 1946 begründeten Unterorgan des Wirtschafts- und Sozialrates, unter Vorsitz von Eleanor Roosevelt erörtert. Die eigentliche Revision begann im Juni 1947 in einem Redaktionsausschuss und einer Arbeitsgruppe der Menschenrechtskommission, die ihrerseits den Franzosen René Cassin mit der Überarbeitung des Humphrey-Textes betraute. (b) Bis zur dritten Sitzung der Menschenrechtskommission im Juni 1948 wurde der Humphrey-Cassin-Text diskutiert und gestrafft. Im Lichte aufbrechender ideologischer Kontroversen verzichtete die Menschenrechtskommission auf die Ausarbeitung eines rechtsverbindlichen Textes und verabschiedete stattdessen den Entwurf einer »Erklärung«. (c) Zwischen September und Dezember 1948 wurde dieser Entwurf im dritten Ausschuss der Generalversammlung im Klima einer immer deutlicher werdenden Blockkonfrontation in insgesamt 81 Beratungsrunden erörtert und am 6. Dezember 1948 an das Plenum weitergeleitet. Am 10. Dezember 1948 verabschiedete die Generalversammlung den Text als Resolution 217 (III) A, und zwar mit 48 zu 0 Stimmen bei acht Enthaltungen sozialistischer Staaten (Sowjetunion, Ukraine, Weißrussland, Polen, Jugoslawien, Tschechoslowakei), Südafrikas sowie Saudi-Arabiens.

Die Erklärung besteht aus einer Präambel und dreißig Artikeln. Vereinfachend kann man vier Kategorien von Regelungen unterscheiden: (a) *Prämissen:* Die Resolution betont die Bedeutung der Menschenrechte als »Grundlage der Freiheit, der Gerechtigkeit und des Friedens in der Welt« (Präambel). Sie leitet die einzelnen Rechtspositionen aus der »Menschenwürde« ab und erkennt das Recht jedes Einzelnen auf diskriminierungsfreie Ausübung seiner Rechte an (Art. 1 und 2). Nur vereinzelt nimmt sie Modalitäten der Rechtsgewährleistung in den Blick, insbesondere durch Anerkennung eines Anspruchs »auf eine soziale und internationale Ordnung, in welcher die in der [...] Erklärung angeführten Rechte und Freiheiten voll verwirklicht werden können« (Art. 28). (b) *Bürgerliche und politische Rechte:* Die Art. 3–21 der Erklärung schreiben viele der klassischen bürgerlichen und politischen Rechte fest. Weiter unterschieden werden kann dabei zwischen *Garantien zum Schutz der menschlichen Person* (Recht auf Leben, Verbot der Sklaverei, der Folter sowie willkürlicher Festnahme und Haft etc.), *Justiz- und Verfahrensgrundrechten* (Ansprüchen auf Anerkennung als Rechtsperson und auf Staatsangehörigkeit, auf wirksamen Rechtsschutz und auf rechtliches Gehör, auf Schutz vor willkürlicher Verhaftung und Ausweisung, auf Unschuldsvermutung etc.), *Freiheitsrechten im engeren Sinn* (Meinungs- und Informationsfreiheit, Versammlungs- und Vereinigungsfreiheit, Religionsfreiheit, Freizügigkeit und Asylrecht, aber auch dem Recht auf Eigentum) sowie *politischen Betätigungsrech-*

ten (Wahlrecht und Zugang zu öffentlichen Ämtern). (c) *Wirtschaftliche und soziale Rechte:* Die Art. 22–27 benennen wirtschaftliche und soziale Rechte. Zu diesen zählen etwa Rechte auf soziale Sicherheit, auf Arbeit und gleichen Lohn, auf einen angemessenen Lebensstandard, auf Bildung und auf Teilhabe am kulturellen Leben. Ebenfalls in diesem Zusammenhang zu erwähnen ist die – zumeist als bürgerliches Recht eingestufte – Eigentumsfreiheit. (d) *Schrankenregelungen:* Die einzelnen Rechte der Erklärung enthalten typischerweise keine Beschränkungsklauseln oder Vorbehalte (vgl. aber Art. 14 Abs. 2 zur Einschränkbarkeit des Asylrechts). Allgemeine Aussagen zu Beschränkungsmöglichkeiten und ihren Grenzen sind Art. 29 und 30 zu entnehmen. Diese betonen den Gedanken der individuellen Pflichten gegenüber der Gemeinschaft und stellen zudem klar, dass die Menschenrechte keinesfalls im Widerspruch zu den Zielen und Grundsätzen der Vereinten Nationen ausgeübt werden dürfen. Dass die Verbürgungen der Menschenrechtserklärung eingeschränkt werden können, setzen die Art. 29–30 schlicht voraus, regeln aber zugleich allgemeine Vorgaben für etwaige Einschränkungen (›Schranken-Schranken‹): So müssen Eingriffe auf Gesetzen beruhen, den Schutz der Rechte Dritter zum Ziel haben und »den gerechten Anforderungen der Moral, der öffentlichen Ordnung und der allgemeinen Wohlfahrt in einer demokratischen Gesellschaft [...] genügen«. Darüber hinaus rechtfertigt keine der Bestimmungen ein Verhalten, das auf »die Beseitigung der in dieser Erklärung verkündeten Rechte und Freiheiten« abzielt.

Bereits diese Zusammenfassung macht deutlich, dass sich die *Allgemeine Erklärung* (anders als die UN-Charta) nicht auf ein allgemein gehaltenes Bekenntnis beschränkt, sondern einen detaillierten Katalog von Menschenrechtsverbürgungen festschreibt. Vor allem hierin liegt ihre bis heute bleibende Bedeutung; hierdurch hat sie die nachfolgende Ausarbeitung vertraglicher Menschenrechtsgewährleistungen vorbereitet und zum Teil erheblich beeinflusst. Da aber die Erklärung als Resolution der Generalversammlung und damit nicht als rechtlich verbindlicher Vertrag verabschiedet wurde, hielt man es 1947/48 für unnötig, Regelungen über die Um- bzw. Durchsetzung der menschenrechtlichen Verbürgungen aufzunehmen. Diese wurden erst in späteren Dokumenten ausgearbeitet.

Anders als die beiden Menschenrechtspakte von 1966 vereinigt die Allgemeine Erklärung bürgerlich-politische sowie wirtschaftlich-soziale und kulturelle Rechtsverbürgungen in einem einzigen Dokument. Die spätere Unterscheidung zwischen ›Kategorien‹ bzw. ›Generationen‹ von Menschenrechten klingt in ihr nur an, schlägt sich jedoch nicht nieder. Der *Allgemeinen Erklärung* liegt vielmehr ein *einheitliches* Verständnis von Menschenrechten zugrunde. Dieses einheitliche Verständnis wurde in den nachfolgenden Jahren zunächst nicht weiter verfolgt, sondern vielmehr ausdifferenziert, und zwar insbesondere durch die getrennte Verabschiedung zweier Menschenrechtspakte. Es erscheint aber im Lichte der Bekenntnisse – etwa der Wiener Menschenrechtskonferenz von 1993 – zum ›unteilbaren‹ Konzept der Menschenrechte aus heutiger Sicht durchaus wieder zeitgemäß.

Im Bereich der bürgerlich-politischen Individualrechte nimmt die *Allgemeine Erklärung* die späteren Kataloge internationaler Menschenrechte zum großen Teil vorweg. Im Vergleich zum ›Zivilpakt‹ von 1966 fehlen zwar etwa Regelungen zum Schutz der Familie oder von Kindern; insgesamt aber erscheint die Erklärung im Rückblick relativ umfassend. Im Bereich der wirtschaftlich-sozialen bzw. kulturellen Rechte ist die nachfolgende Entwicklung dagegen über die Erklärung von 1948 hinausgegangen: Keine Erwähnung etwa fanden seinerzeit die dem späteren ›Wirtschaftspakt‹ zu entnehmenden Rechte auf Ernährung, Wasser oder medizinische Versorgung sowie die Freiheit von Wissenschaft und Forschung. Die auffälligste Auslassung der Allgemeinen Erklärung jedoch betrifft die in späteren Dokumenten hervorgehobenen ›Gruppenrechte‹ und Rechte Gruppenangehöriger: Keine Aufnahme fanden insbesondere das Selbstbestimmungsrecht der Völker und Rechte von Minderheiten respektive ihrer Angehörigen; ebenso wenig nimmt die *Allgemeine Erklärung* die erst später entwickelten Konzepte von Drittgenerationsrechten vorweg (s. Kap. III.8). Insoweit ist sie von dem Paradigma des Individualrechtsschutzes geprägt und teilt die

Skepsis der Nachkriegszeit gegenüber der Idee ›kollektiver Rechte‹. Aus heutiger Sicht mag es demgegenüber überraschen, dass die *Allgemeine Erklärung* das Menschenrecht auf Eigentum anerkennt. Insoweit geht sie rückblickend über die Verbürgungen des Zivilpakts wie auch der ursprünglichen Europäischen Menschenrechtskonvention hinaus.

In der Forschung immer wieder erörtert wird die Frage des *Rechtscharakters* der *Allgemeinen Erklärung der Menschenrechte*. Gerade die populäre Zuordnung der Erklärung zur sog. *International Bill of Rights* – bestehend aus *Allgemeiner Erklärung* sowie den beiden Menschenrechtspakten von 1966 – provoziert dabei vielfach Missverständnisse. Aus juristischer Sicht ist die betreffende Frage jedenfalls aus Sicht des Jahres 1948 klar zu beantworten: Anders als bei den beiden späteren Pakten handelt es sich bei der *Allgemeinen Erklärung* nicht um einen völkerrechtlichen Vertrag, sondern um eine Absichtserklärung. Als Resolution der UN-Generalversammlung ist sie rechtlich nicht verbindlich. Ebenso wenig überzeugt es, die *Allgemeine Erklärung* als authentische Auslegung der Menschenrechtsbestimmungen der UN-Charta zu begreifen und ihr somit dann doch zur Rechtsverbindlichkeit zu verhelfen. Denn zum einen traf die Menschenrechtskommission im Verlaufe der Vorarbeiten eine bewusste Entscheidung, von der Ausarbeitung verbindlicher Standards abzusehen. Zum anderen ist die Generalversammlung nicht befugt, die UN-Charta mit verbindlicher Wirkung auszulegen. Auch als rechtlich unverbindliches Dokument bleibt die Bedeutung der *Allgemeinen Erklärung* jedoch immens. Von der rechtlichen Beurteilung nicht berührt wird zum einen die Frage nach ihrer politisch-moralischen Bedeutung – Einfluss, Prägungskraft und Wirkmacht hängen nur zum Teil von juristischer Verbindlichkeit ab. Zum anderen kann die *Allgemeine Erklärung* auch als rechtsunverbindliches Dokument *mittelbar* die Rechtsentwicklung beeinflussen. So können Resolutionen der Generalversammlung, auch wenn sie für sich genommen unverbindlich sind, zu (rechtlich verbindlichen) Regeln des sogenannten Völkergewohnheitsrechts erstarken, wenn sie Ausdruck einer einheitlichen Staatenpraxis sind. Dieser Prozess kann sich nicht zuletzt in immer wiederkehrenden Bekräftigungen von Resolutionen vollziehen. Im Jahr ihrer Verabschiedung war die Allgemeine Erklärung jedoch zu neuartig, als dass man sie bereits damals als Ausdruck von Staatenpraxis und Rechtsüberzeugung hätte auffassen können. Jedoch haben sich die Staaten wie auch die Organe der Vereinten Nationen in der Zeit seit 1948 immer wieder zu ihr bekannt und damit deutlich gemacht, dass sie jedenfalls die wesentlichen materiellen Schutzbestimmungen als rechtlich verbindlich ansehen. Unter diesen Bekenntnissen ragen heraus: die Ratifikation jener menschenrechtlichen Verträge, die auf die Menschenrechtserklärung zurückgehen (insbesondere die beiden Pakte von 1966); die (teils wortwörtliche) Übernahme der Menschenrechtserklärung in die nationalen Rechtsordnungen einer großen Anzahl von Staaten; die vielfachen Verweise auf die *Allgemeine Erklärung* in einer Fülle nationaler und internationaler Gerichtsentscheidungen; die ausdrückliche Bezugnahme auf die *Allgemeine Erklärung* in einer Reihe grundlegender internationaler Dokumente wie der *KSZE-Schlussakte* von 1975 und der *Charta von Paris für ein neues Europa* von 1990, der *Wiener Menschenrechtserklärung* von 1993 sowie der 2005 verabschiedeten *Erklärung des UN-Weltgipfels* anlässlich des 60. Jahrestages der Gründung der Vereinten Nationen. Diese Stellungnahmen und Erklärungen machen die *Allgemeine Erklärung* als solche zwar nicht zu einem rechtsverbindlichen Text, belegen aber, dass die in ihr enthaltenen materiellen Schutzstandards mittlerweile dem Völkergewohnheitsrecht zugerechnet werden können.

Ausblick

Die Präambeln der UN-Charta und der *Allgemeinen Erklärung der Menschenrechte* sehen die Menschenrechte als Ziel bzw. als »das von allen Völkern und Nationen zu erreichende gemeinsame Ideal«. ›Ideal‹ sind die durch beide Dokumente propagierten Menschenrechte bis heute, und zwar in der doppelten Bedeutung des Wortes. Zum einen – das ist offenkundig – weil sie nicht die Realität widerspiegeln. Auch nach sechs Jahrzehnten ist die Weltgemeinschaft von der umfassenden Einhaltung der Menschenrechte weit entfernt.

Dies liegt in erster Linie an fehlenden Durchsetzungsmechanismen – es mangelt an der Umsetzung der existierenden Vielzahl menschenrechtlicher Standards. Die in der *Allgemeinen Erklärung* angemahnten »fortschreitende[n] nationale[n] und internationale[n] Maßnahmen«, durch die die »allgemeine und tatsächliche Anerkennung und Einhaltung« der Rechte erreicht werden sollte, stehen vielfach noch aus. Die durch die UN-Charta angestrebte »internationale Zusammenarbeit [mit dem Ziel der] Achtung vor den Menschenrechten und Grundfreiheiten« bleibt häufig Wunschtraum. ›Ideale‹ sind aber die UN-Charta und die *Allgemeine Erklärung* auch deshalb, weil sie nach sechs Jahrzehnten immer noch Leitbilder der Entwicklung sind. Bis heute prägen beide Dokumente den Menschenrechtsschutz, bis heute sind die in ihnen formulierten Bekenntnisse aktuell und modern. Dies mag auch deshalb überraschen, weil UN-Charta und *Allgemeine Erklärung* keinesfalls von der Staatengemeinschaft in ihrer (heutigen) Gesamtheit erarbeitet wurden. Vielmehr spiegeln sie den Konsens jener 50 respektive 58 Staaten wider, die zum damaligen Zeitpunkt den Vereinten Nationen zugehörten. Allen Debatten über Relativismus und Regionalismus des Menschenrechtsschutzes zum Trotz haben sich die von diesem begrenzten Konsens getragenen Dokumente zu Grundsteinen der modernen Menschenrechtsordnung entwickelt. Auf diesen beiden Grundsteinen aufbauend, haben spätere Dokumente den internationalen Menschenrechtsschutz fortentwickeln und Defiziten der unmittelbaren Nachkriegszeit abhelfen können: durch Verabschiedung vertraglich verbindlicher Normen, sei es in den Menschenrechtspakten von 1966 oder in ausdifferenzierten Regelungen der speziellen Menschenrechtsverträge (Frauenrechte, Kinderrechte, Schutz vor Folter etc.; s. Kap. III.9), vor allem aber durch Ausarbeitung von Rechtsdurchsetzungsmechanismen (Beschwerdeverfahren, Berichtsverfahren, strafrechtlichen Sanktionen etc.), die den Menschenrechten zur tatsächlichen Geltung verhelfen sollen. Die spätere völkerrechtliche Entwicklung ist daher in vieler Hinsicht über die UN-Charta und die *Allgemeine Erklärung der Menschenrechte* hinausgegangen. Und doch bleiben beide Dokumente unabdingbare Zwischenschritte auf dem Weg von einer zwischenstaatlichen Ordnung zur Verfassungsordnung der Weltgemeinschaft.

Literatur

Alfredsson, Gudmundur/Eide, Asbjörn (Hg.): *The Universal Declaration of Human Rights. A Common Standard of Achievement*. Den Haag/Boston/London 1999.

Cassese, Antonio: »The General Assembly: Historical Perspective 1945–1989«. In: Philip Alston (Hg.): *The United Nations and Human Rights – A Critical Appraisal*. Oxford 1992, 25–54.

Ermacora, Felix: *Menschenrechte in der sich wandelnden Welt. Bd. I: Historische Entwicklung der Menschenrechte und Grundfreiheiten*. Wien 1974.

Ghandhi, P. R.: »The Universal Declaration of Human Rights at Fifty Years: Its Origins, Significance and Impact«. In: *German Yearbook of International Law* 41 (1998), 206–251.

Humphrey, John P.: »The Universal Declaration of Human Rights: its History, Impact and Juridical Character«. In: B. G. Ramcharan (Hg.): *Human Rights: 30 Years After the Universal Declaration*. Den Haag 1979, 21–37.

Johnson, Glen M./Symonides, Janusz (Hg.): *The Universal Declaration of Human Rights. A History of its Creation and Implementation 1948–1998*. Paris 1998.

Kälin, Walter: »Die Allgemeine Erklärung der Menschenrechte: Eine Kopernikanische Wende im Völkerrecht?«. In: Amnesty International (Hg.): *Menschenrechte im Umbruch. 50 Jahre Allgemeine Erklärung der Menschenrechte*. Neuwied/Kriftel 1998, 5–17.

Morsink, Johannes: *The Universal Declaration of Human Rights. Origins, Drafting and Intent*. Philadelphia 1999.

Normand, Roger/Zaidi, Sarah: *Human Rights at the UN*. Bloomington 2008.

Partsch, Karl Josef: »Human Rights in General«. In: Rüdiger Wolfrum/Christiane Philipp (Hg.): *United Nations: Law, Polities and Practice*, Bd. 1. München 1995, 603–611.

Ramcharan, Bertrand G.: »Norms and Machinery«. In: Thomas Weiss/Sam Daws (Hg.): *The Oxford Handbook on the United Nations*. Oxford 2007, 439–462.

Salcedo, Juan Carrillo: »Human Rights, Universal Declaration (1948)«. In: Rudolf Bernhardt (Hg.): *Encyclopedia of Public International Law*, Bd. 2. Amsterdam 1995, 922–926.

Simma, Bruno (Hg.): *The Charter of the United Nations – A Commentary*, 2 Bde. Oxford ^{2}2002.

Tomuschat, Christian: *Human Rights: Between Idealism and Realism*. Oxford ^{2}2008.

Sara Jötten/Christian J. Tams

4.7 Die völkerrechtliche Entwicklung nach 1948

Rechtshistorische Bedeutung

Ausgehend von der *Allgemeine Erklärung der Menschenrechte* (AEMR) von 1948 ist ein aus damaliger Sicht kaum vorstellbarer Normativierungsprozess in Gang gesetzt worden, der nicht nur die allgemeine Menschenrechtsidee juristisch entfaltet und in immer differenziertere Formulierungen gegossen hat, sondern durch den auch das Individuum aus seiner vom Staat bislang vollständig mediatisierten Stellung herausgenommen und als eigener Rechtsträger auf der internationalen Ebene anerkannt wurde. Diese Entwicklung hat das staatenzentrierte Völkerrecht revolutioniert, indem sie den Blick für die Bedürfnisse des Menschen öffnete, dem letztlich jedes Recht, auch das Völkerrecht, zu dienen hat (Klein 1997, 23 f.). Damit hat der für das Völkerrecht immer noch zentrale Begriff der *Souveränität* (Art. 1 Ziff. 1 UN-Charta) einen entscheidenden Bedeutungswandel erfahren: Die Art und Weise, wie ein Staat Individuen, und zwar gerade auch seine eigenen Staatsangehörigen, behandelt, ist im Rahmen seiner bestehenden völkerrechtlichen Verpflichtungen zu einer internationalen Angelegenheit (*international concern*) geworden, aus der andere Staaten oder die Staatengemeinschaft als solche nicht mehr grundsätzlich unter Berufung auf andere Staaten exkludierende eigene Hoheitsgewalt (*domestic jurisdiction*) herausgehalten werden können. Nachdrücklich gefördert wurde diese Entwicklung durch eine ständig zunehmende Institutionalisierung des internationalen Menschenrechtsschutzes, mit der zahlreiche, zum Teil sehr unterschiedliche Überwachungsinstanzen und Verfahren etabliert wurden. Ungeachtet dieser unbestreitbaren rechtlichen Fortschritte leidet der Menschenrechtsschutz an erheblichen Implementierungsdefiziten. Sie ergeben sich aus der fehlenden, im geltenden Völkerrecht kaum zu kompensierenden Bereitschaft der für die Menschenrechtsgewährleistung nach wie vor unverzichtbaren Staaten, ihre völkerrechtlichen Verpflichtungen zu erfüllen. Die Gründe hierfür reichen vom schlichten Desinteresse der Regierenden bis zur gezielten Abwehr der das eigene Regime bedrohenden menschenrechtlichen Argumentation; häufig unterlegt durch den Hinweis auf vorgeblich entgegenstehende, in der Kultur und Tradition eines Staates, einer Staatengruppe oder Region verankerte Werte, mit dem ein zentraler Angriff auf den *Universalitätsanspruch* der modernen Menschenrechtsidee geführt wird (Menke/Pollmann 2007, 74 f.).

Stationen und Positionen

1. Menschenrechtskonventionen im Anschluss an die AEMR: Schon vor Annahme der AEMR (10.12.1948) hatte die UN-Generalversammlung die *Konvention über die Verhütung und Bestrafung des Völkermords* (9.12.1948) angenommen und den Staaten zur Ratifizierung empfohlen. Noch deutlicher als der Wortlaut der Präambel der AEMR macht diese Konvention darauf aufmerksam, dass die Entwicklung des völkerrechtlichen Menschenrechtsschutzes, trotz seiner in die internationale Bekämpfung der Sklaverei im 19. Jh. und das Minderheitenschutzsystem des Völkerbundes zurückreichenden Wurzeln, erst eigentlich mit dem zu Recht als »Gattungsbruch« (Zimmermann 2005, 25 f.) bezeichneten organisierten Massenmord an den europäischen Juden (Holocaust) durch das nationalsozialistische Deutschland angestoßen wurde (s. Kap. I.4.5). Denn erst dieser Massenmord hatte deutlich gemacht, dass die bis dahin allein vom einzelnen Staat nach Maßgabe seiner Rechtsordnung wahrgenommene Garantie individueller Grundrechte nicht genügt, um tatsächlich ausreichenden Schutz zu bieten.

Während der moralische Gattungsbruch das Motiv für die internationalen Bemühungen um die Etablierung eines den staatlichen Schutz flankierenden Menschenrechtsschutzes auf der völkerrechtlichen Ebene bezeichnet, ist tragender Rechtsgrund der Normierung die Anerkennung von »Würde und Wert der menschlichen Person«, wie es in der Präambel der AEMR heißt, geworden. Ob die Menschenwürde auf der völkerrechtlichen Ebene ebenso wie nach herrschender Lehre im deutschen Recht (vgl. Art. 1 Abs. 1 GG) zugleich eine unmittelbare Anspruchsgrundlage des Individuums auf Respektierung und Schutz bietet, ist angesichts fehlender konkreter Ausformulierung der *Menschenwürde* als Individualrecht in den internationalen Menschenrechtskatalogen eher zweifelhaft. In jedem Fall schließt die völkerrechtliche Anerkennung der Menschenwürde eine Leugnung der Möglichkeit, an das Menschsein Rechtsträgerschaft zu knüpfen, aus. Die Anerkennung der Menschenwürde macht die Formulierung der Menschenrechte auch im Völkerrecht als subjektive Rechte Einzelner möglich (Klein 2009, 212 f.).

Die AEMR, eine als solche rechtlich unverbindliche Entschließung der UN-Generalversammlung, bezweckte, den Bemühungen um die Schaffung eines verpflichtenden *internationalen Menschenrechtskatalogs* die Richtung vorzugeben. Doch traten in der mit der Ausarbeitung betrauten UN-Menschenrechtskommission sehr bald unüberbrückbare Unterschiede in der Einschätzung der politischen Freiheitsrechte einerseits, der wirtschaftlichen, sozialen und kulturellen Rechte andererseits zutage (Riedel 1986, 25 f.). Der ›Kalte Krieg‹ zwischen den Westmächten und dem Sowjetblock, ideologisch geführt gerade auch am Beispiel der beiden Rechtskategorien, lähmte den Verhandlungsprozess über Jahre hinweg, bis man sich dazu entschloss, von einer umfassenden Normativierung beider Kategorien in einem einzigen Vertragswerk abzusehen. So wurden zwei verschiedene Konventionen erarbeitet, der Pakt über bürgerliche und politische Rechte (ICCPR) und der Pakt über wirtschaftliche, soziale und kulturelle Rechte (ICESCR), die beide 1966 von der Generalversammlung angenommen wurden und 10 Jahre später, nachdem eine ausreichende Zahl von 35 Staaten ratifiziert hatte, in Kraft traten; heute sind 167 bzw. 160 Staaten als Vertragsparteien rechtlich gebunden. Zusammen mit der AEMR bilden die beiden Pakte die ›International Bill of Rights‹, also das Kernstück des universellen Menschenrechtsschutzes (Tomuschat 2008, 29 f.).

Das Anliegen, die Respektierung der Menschenrechte zu festigen, hatte sich damit aber nicht erschöpft, vielmehr wurde und wird weiter versucht, die in den beiden Pakten und der AEMR angesprochenen generellen Gewährleistungen genauer zu definieren und auszugestalten. So wurde das allgemeine *Verbot der Diskriminierung* aus Gründen der Rasse und des Geschlechts durch spezielle Konventionen aufgegriffen und detailliert geregelt (ICERD 1965/1969; CEDAW 1979/1981; s. Kap. III.9.1 und III.9.2). Die Rechte des Kindes wurden in einer eigenen Konvention behandelt (CRC 1989/1990; s. Kap. III.9.4), und auch dem immer wieder missachteten Folterverbot ist ein eigenes Übereinkommen gewidmet worden (CAT 1984/1987; s. Kap. III.9.3). Die sich bis in unsere Tage fortsetzende Differenzierung und Spezifizierung bei der menschenrechtlichen Normativierung wird belegt durch neue Konventionen zum Schutz von Wanderarbeitnehmern und ihrer Familienangehörigen (ICRMW 1990/2003; s. Kap. III.9.5), von Personen mit Behinderungen (CRPD 2006/2008; s. Kap. III.9.6) und zum Schutz von Personen gegen erzwungenes Verschwinden (CPED 2006; s. Kap. III.9.7). Manche der genannten Abkommen sind durch nachfolgende Übereinkünfte (Protokolle) ergänzt worden, so z. B. der ICCPR im Hinblick auf das Verbot der Todesstrafe oder die CRC im Hinblick auf das Verbot von Kinderpornographie und der Verwendung von Kindern als Soldaten. Solche Zusatzverträge bedürfen aber stets eigener Ratifikation, um für die Parteien der Hauptverträge wirksam zu werden.

Neben den auf der universellen Ebene geltenden Konventionen gibt es eine Fülle von *Regionalabkommen*, die übrigens meist unter ausdrücklicher Berufung auf die AEMR auf geographisch begrenztem und politisch oft stärker homogenem Raum den Menschenrechtsschutz etabliert haben. Am intensivsten ist dies in Europa gelungen (Fritzsche 2004, 75 f.). Die *Europäische Menschenrechtskonvention* (EMRK) (1950/1953), die *Europäische Sozialcharta* (ESC) (1961/1965) und die *Europäische Antifolterkonvention* (1987/1989) mit ihren Ergänzungen sind hier vor allem zu nennen, aber auch das *Rahmenübereinkommen zum Schutz nationaler Minderheiten* (1995/1998) und die *Charta der Regional- oder Minderheitensprachen* (1992/1998). Die Akzeptierung der EMRK ist nicht nur Voraussetzung für den Erwerb der Mitgliedschaft im Europarat (derzeit 47 Mitglieder), sondern auch der Europäischen Union (27 Mitglieder). Diese hat zusätzlich im Jahr 2000 die *Charta der Grundrechte* proklamiert, die sich eng an die EMRK anlehnt. Für Amerika ist neben der *Amerikanischen Erklärung der Rechte und Pflichten des Menschen* (1948) auf die *Amerikanische Konvention über Menschenrechte* (1969/1978) zu verweisen, die sich zunächst auf die Gewährleistung klassischer Freiheitsrechte beschränkte, dann aber durch das Protokoll von San Salvador um wirtschaftliche, soziale und kulturelle Rechte ergänzt wurde (1988/1999). Normativer Kern des Afrikanischen Menschenrechtsschutzes ist die *Banjul-Charta der Menschenrechte und Rechte der Völker* (1981/1986). Sie nimmt insofern eine Sonderstellung ein, als sie auch *kollektive* Rechte normiert und *Pflichten* des Einzelnen gegenüber seiner Familie, der Gesellschaft und dem Staat definiert. Der Versuch, auch auf der universellen Ebene eine Erklärung der Pflichten des Menschen zu etablieren und der AEMR zur Seite zu stellen (Schmidt 1998), ist gescheitert; die Befürchtung ist nicht unbegründet, dass viele Staaten die Respektierung der Rechte von der Erfüllung der Pflichten abhängig machen würden.

2. Adressaten und Reichweite der menschenrechtlichen Verpflichtungen: Die Menschenrechtsgewährleistungen verpflichten die Vertragsparteien (Staaten) und unmittelbar nur sie. Ihnen obliegt die Pflicht zur Beachtung der Menschenrechte (*duty to respect*). Sie sind aber zugleich dazu verpflichtet, in ihrem jeweiligen Jurisdiktionsbereich dafür zu sorgen, dass die in den Menschenrechtsnormen garantierten Rechtsgüter auch von anderer Seite, also vor allem durch andere Individuen oder Organisationen, nicht beeinträchtigt werden (*duty to protect/ensure*) und – dies ist vor allem bei wirtschaftlichen, sozialen und kulturellen Rechten wichtig – die faktischen und rechtlichen Voraussetzungen (*duty to fulfill*) für den Genuss solcher Rechte zu schaffen (Nowak 2002, 62 f.). Aus diesen Verpflichtungen kann und wird sich sehr oft gerade auch die Pflicht zu gesetzgeberischem Tätigwerden ergeben; z. B. zum Erlass strafrechtlicher Normen, die individuelles Verhalten Einzelner mit Strafe bedrohen, zum Aufbau einer zum Schutz fähigen Polizeiorganisationen (präventive Gefahrenabwehr) und zu einer funktionierenden Gerichtsbarkeit. Effektiver Menschenrechtsschutz setzt somit effektive Staatsgewalt voraus. Damit ist zugleich das Dilemma der Staaten angesprochen, die – aus historischer Perspektive gesehen – als die größten Gefährder der Menschenrechte einzuschätzen sind, gleichzeitig aber die Aufgabe übernommen haben, diese zu garantieren.

Menschenrechtsverträge verpflichten zwar die Vertragsparteien gegenseitig, so dass jede Vertragspartei Vertragserfüllung von jeder anderen Vertragspartei verlangen kann. Die eigentlich Begünstigten und Berechtigten sind aber regelmäßig die einzelnen Menschen. Damit versagt jedoch das im allgemeinen Völkerrecht für die Rechtsdurchsetzung unverzichtbare Gegenseitigkeitsprinzip, da es einen menschenrechtsverletzenden Staat nicht beeindrucken wird, wenn als Reaktion hierauf eine andere Vertragspartei ihre eigenen menschenrechtlichen Verpflichtungen nicht einhält. Dies hat Konsequenzen. So werden Menschenrechtsverträge zunehmend als *objektive Ordnungen* angesehen, von denen sich die Staaten nur bei ausdrücklicher Kündigungsklausel wieder lösen können, die auf Nachfolgestaaten automatisch übergehen und die Beurteilung der Frage, ob ein zulässiger Vorbehalt bei Vertragsbeitritt formuliert wurde, ebenso wie die Forderung nach evolutiv-dynamischer Interpretation der Menschenrechtsnormen (*living instruments*) beeinflussen (Nowak 2002, 79 f.). Hier ist zwar vieles umstritten, aber zweifellos besteht die Tendenz, der Besonderheit menschenrechtlicher Verträge immer stärker Rechnung zu tragen.

So sehr gerade die vertragsbasierten Gewährleistungen zur Entwicklung des internationalen Menschenrechtsschutzes beigetragen haben, darf dabei doch die Bedeutung der gewohnheitsrechtlichen Verbürgungen nicht übersehen werden. Während Vertragsbestimmungen nur für die Vertragsparteien gelten und durch Vorbehalte ausgedünnt werden können, verpflichtet *Gewohnheitsrecht* prinzipiell jeden Staat, soweit er sich dieser Rechtsentstehung nicht ständig widersetzt hat (*persistent objector*). Da Gewohnheitsrecht allerdings auf dauerhafter Übung und Rechtsüberzeugung gründet, ist die Zahl der gewohnheitsrechtlich fundierten Menschenrechte nicht allzu groß. Hierzu werden vor allem die Verbote des Genozids, der Folter, der willkürlichen Tötung und der Rassendiskriminierung gerechnet, aber auch das Recht auf Rechtsschutz (Verbot des *déni de justice*) und bestimmte Anforderungen an das Verfahren (*due process*) werden angeführt. Insoweit handelt es sich um den sog. *menschenrechtlichen Mindeststandard*. Diesen kleinen Kreis gewohnheitsrechtlich begründeter Menschenrechte wird man auch den Normen zwingenden Rechts (*ius cogens*) zuordnen können, von denen weder ein vertragliches noch einseitiges Abweichen rechtlich möglich ist. *Ius-cogens*-Normen sind zugleich Normen *erga omnes*, deren Verletzung alle Staaten beeinträchtigt und diese nach den Regeln der Staatenverantwortlichkeit berechtigt, vom Verletzerstaat die Einhaltung seiner Verpflichtungen zu verlangen und gegebenenfalls Gegenmaßnahmen zu verhängen, die allerdings nicht die eigenen menschenrechtlichen Pflichten beeinträchtigen dürfen.

Die AEMR hat sicher die Gewohnheitsrechtsbildung beeinflusst, doch kann sie nicht generell als Ausdruck heute geltenden menschenrechtlichen Gewohnheitsrechts angesehen werden. Denkbar ist, dass aus Verträgen Gewohnheitsrecht erwächst, doch kann aus der Einhaltung der Vertragspflichten nicht ohne Weiteres auf die vom Gewohnheitsrecht geforderte Praxis und Rechtsüberzeugung geschlossen werden; dies setzte voraus, dass die beteiligten Staaten bereit sind, die übernommene Verpflichtung auch ohne Vertrag zu akzeptieren. Vertragliche und gewohnheitsrechtliche Verpflichtungen können nebeneinander existieren.

3. *Praktische Rechtsdurchsetzung:* Auch wenn die normative Situation, die Setzung der rechtlichen Standards (Riedel 1986, 56f.), als weit fortgeschritten bezeichnet werden kann, hat sich die praktische *Rechtsdurchsetzung* weniger gut entwickelt, obgleich auch hier, jedenfalls im Verhältnis zur Ausgangssituation von 1945, erhebliche Fortschritte zu verzeichnen sind. Nahezu sämtliche Menschenrechtskonventionen auf universeller und regionaler Ebene sehen einen eigenen Überwachungsmechanismus vor (*monitoring*), der einer unabhängigen Instanz anvertraut ist. Teilweise handelt es sich hierbei um lediglich quasi-judizielle Ausschüsse, die vor allem auf der universellen Ebene existieren. Zum anderen Teil geht es aber auf der regionalen Ebene auch um echte Gerichtshöfe, die gegenüber einer Vertragspartei die Verletzung einer Vertragsvorschrift verbindlich feststellen und zur Beendigung der Verletzung und in bestimmten Fällen auch zur Wiedergutmachung verpflichten können. Hierbei sind der Europäische, der Amerikanische und der Afrikanische Menschenrechtsgerichtshof zu nennen, wobei der erstgenannte Gerichtshof das deutlichste Profil entwickelt hat. Das afrikanische Gericht steht noch ganz am Anfang seiner Tätigkeit.

Im Wesentlichen stehen auf der universellen Ebene drei Verfahren zur Verfügung (s. Kap. IV.3.1. Generell und für alle Vertragsparteien verpflichtend ist das *Berichtsverfahren*; die Staaten müssen in bestimmten Abständen darüber berichten, ob und wie die ihrer Hoheitsgewalt unterworfenen Menschen der jeweiligen Vertragsgarantien teilhaftig werden (Tomuschat 2008, 167f.). Die Berichte werden in den Ausschüssen zusammen mit der Staatenvertretung diskutiert; hieran wird eine kritische Bewertung geknüpft und dem Staat werden Verbesserungsempfehlungen mitgegeben. Nicht durchgesetzt hat sich in der Praxis das *Staatenbeschwerdeverfahren*, das einer Vertragspartei erlaubt, das Verhalten einer anderen vom Ausschuss überprüfen zu lassen. Der größte verfahrensmäßige Fortschritt ist mit der Etablierung eines *Individualbeschwerde-* oder *Mitteilungsverfahrens* erzielt worden, das es dem sich verletzt fühlenden Individuum selbst überlässt, eine Verletzung feststellen zu lassen; wozu neben anderen Voraussetzungen die vorherige Erschöpfung des innerstaatlichen Rechtswegs erforderlich ist (Fritzsche 2004, 30f.). Inzwischen haben zahlreiche universelle Verträge diese Möglichkeit eröffnet (z.B. ICCPR, ICERD, CAT, CEDAW und seit neuestem auch IESCR), die jedoch nur gegenüber den Staaten besteht, die dieses Verfahren ausdrücklich akzeptiert haben.

Am weitesten entwickelt sind grundsätzlich die regionalen Überwachungsverfahren, weil hier echte Gerichte als Kontrollinstanzen zur Verfügung stehen. Allerdings wird auch hier von der Staatenbeschwerde eher selten Gebrauch gemacht. Jedenfalls in Europa ist die Individualbeschwerde, die von allen EMRK-Staaten anzuerkennen ist, zum zentralen Menschenrechtsschutzinstrument geworden. Nach der amerikanischen und afrikanischen Rechtslage ist hingegen der unmittelbare Zugang des Individuums zum Gerichtshof nicht grundsätzlich eröffnet; hier bestehen allerdings regionale Menschenrechtskommissionen, die den Gerichtshof mit der Frage einer Rechtsverletzung befassen können. Im Übrigen kennt auch der regionale Menschenrechtsschutz besondere Ausschüsse, denen die Kontrolle der Staatenverpflichtungen anvertraut ist (z. B. im Bereich der sozialen Rechte und des Minderheitenschutzes).

Auch jenseits der vertragsbasierten Kontrollgremien (*treaty bodies*) gibt es Instanzen, deren Aufgabe es ist, sich mit der Sicherung und Durchsetzung der Menschenrechte zu befassen. Von besonderer Bedeutung sind zunächst auf der universellen Ebene die *UN-Gremien*, die spezielle Aufgaben im Menschenrechtsschutz haben (*charter-based bodies*). Dazu gehört zunächst das Büro des UN-Hochkommissars für Menschenrechte in Genf (OHCHR), das gleichsam die Nahtstelle zwischen vertraglichem und sonstigem Menschenrechtsschutz bildet. Anstelle der früher sehr aktiven, später aber zunehmend politisierten UN-Menschenrechtskommission, die ein Unterorgan des Wirtschafts- und Sozialrates war, ist 2006 der *UN-Menschenrechtsrat* als Unterorgan der Generalversammlung errichtet worden. Er befasst sich mit systematischen und schweren Völkerrechtsverletzungen und ist u. a. damit beauftragt, alle UN-Mitgliedstaaten einer periodischen Überprüfung zu unterziehen (Universal Periodic Review); als Maßstab dient v. a. die AEMR, die dadurch eine zusätzliche politische, aber auch rechtliche Aufwertung erfährt. Auch wenn der Erfolg dieser Überprüfung noch nicht endgültig beurteilt werden kann, ist sie jedenfalls ein weiterer Beleg dafür, dass die Respektierung von Menschenrechten nicht mehr zur ›eigenen Angelegenheit‹ erklärt werden kann.

Auch die UN-Generalversammlung und der Sicherheitsrat sind in den Menschenrechtsschutz involviert (Tomuschat 2008, 154 f.). Vor allem der Sicherheitsrat ist insoweit wichtig geworden, als er seit vielen Jahren dazu übergegangen ist, schwere und systematische Menschenrechtsverletzungen eines Staates (z. B. Genozid) als *Friedensgefährdung* zu bezeichnen, und damit den Weg zu einer Reaktion der Staatengemeinschaft als solcher eröffnet hat (Art. 39 ff. der UN-Charta). Dies war auch die Grundlage dafür, dass der Sicherheitsrat die Straftribunale für das ehemalige Jugoslawien in Den Haag (1993) und für Ruanda in Arusha (1994) errichten konnte. Diese Gerichte zusammen mit dem nunmehr auf einen Vertrag (Statut von Rom 1998/2002) gestützten ICC (International Criminal Court; s. auch Kap. IV.3.3) greifen durch den Schutzschild der staatlichen Souveränität unmittelbar auf die staatlichen Organträger zu, denen schwere Völkerrechtsverbrechen vorgeworfen werden, und illustrieren so den Bedeutungswandel der Souveränität im gegenwärtigen Völkerrecht. Der ICJ (International Court of Justice), obgleich nicht primär mit dem Menschenrechtsschutz befasst, kann als Gutachterinstanz oder als von Staaten (nicht von Individuen) wegen einer zwischenstaatlichen Streitigkeit angerufenes Gericht insoweit verbindlich auch über eine relevante menschenrechtliche Frage entscheiden. Allerdings besteht die Jurisdiktion des ICJ oder auch eines Schiedsgerichts nur, wenn sich die Streitbeteiligten ihr unterworfen haben (Tomuschat 2008, 231 f.).

Auch auf der regionalen Ebene bestehen zahlreiche politische Instanzen, die in den Menschenrechtsschutz eingebunden sind. Zu erwähnen sind hier v. a. die Organe des Europarats, die Parlamentarische Versammlung und das Ministerkomitee, die immer wieder Menschenrechtsfragen aufgreifen und entsprechende Beschlüsse fassen. Die Institution des Hochkommissars für Menschenrechte hat der Europarat 1999 geschaffen.

Eine zunehmend wichtige Funktion insbesondere bei der Überwachung der Einhaltung der Menschenrechte und der Umsetzung von Empfehlungen und Entscheidungen der Überwachungsinstanzen kommt der Zivilgesellschaft zu (Laub 2007, 80 f.). Mithilfe der Medien und durch Aktivitäten von Nichtregierungsorganisationen (NGOs) oder unabhängigen nationalen Menschenrechtsinstituten kann die öffentliche Aufmerksamkeit auf Defizite gelenkt werden, zu deren Beseitigung die staatlichen Instanzen entweder nicht fähig oder nicht willens sind.

Ausblick

Die insgesamt feststellbare stürmische Entwicklung des internationalen Menschenrechtsschutzes nach 1945 weist gleichwohl gravierende *Defizite* auf (Opitz 2002, 226 f.). Das größte Problem ist nach wie vor die fehlende Bereitschaft vieler Staaten, ihre völkerrechtlichen Pflichten zu Respektierung und Schutz zu erfüllen. Die immer wieder, nicht zuletzt von Deutschland, vorgeschlagene Errichtung eines Internationalen Menschenrechtsgerichtshofes hat derzeit keine Realisierungschance. Die generelle Inkorporation der menschenrechtlichen Verpflichtungen in das innerstaatliche Recht wäre ein wichtiger Fortschritt, da diese damit dem nationalen Rechtsanwender deutlicher vor Augen träten. Doch fehlt es häufig sowohl bei den staatlichen Behörden und Gerichten als auch bei den betroffenen Individuen an der erforderlichen Kenntnis der Rechte (zur Menschenrechtsbildung s. Kap. IV.4.7). Zum Teil sind die Staaten aber auch durch die Normenflut und die sie begleitenden und sich oft überlappenden Überwachungsverfahren überfordert. Nicht immer wird hierauf bei der Schaffung neuer, immer differenzierter ausfallender Rechtsvorschriften geachtet; auch die internationale Anschlussfähigkeit der geschaffenen Normen, die für die universelle Beachtung grundlegend ist, erscheint bei einem stürmischen Perfektionierungsdrang nicht immer gesichert. Überforderung stellt sich verschiedentlich auch bei funktionierenden Verfahren ein, etwa dem Europäischen Gerichtshof für Menschenrechte, der unter der großen Zahl von Fällen zu kollabieren droht. Das Beispiel der Konferenz für Sicherheit und Zusammenarbeit in Europa (KSZE, 1975) zeigt überdies, dass manchmal sogar die Schaffung nur politischer, nicht-rechtlicher Verpflichtungen zu besseren Ergebnissen führen kann; jedenfalls wenn die notwendige Publizität gesichert ist, wie sie die KSZE-Folgekonferenzen aufwiesen.

Mit den seit 1945 als vorrangig anerkannten Zielen der Friedenserhaltung und des Schutzes der Menschenrechte hat sich das Völkerrecht von der Wertneutralität des klassischen Völkerrechts verabschiedet, zugleich aber das Problem der *Wertekollision* generiert. Ein solches ergibt sich einerseits bei Kollisionen zwischen einzelnen Menschenrechten selbst, etwa wenn im Kampf gegen den internationalen Terrorismus das Recht auf Sicherheit mit dem Recht auf Freiheit (vgl. Art. 9 Abs. 1 ICCPR) kollidiert. Schwierige Abwägungsfragen können nur vermieden werden, wenn eine menschenrechtliche Wertehierarchie auszumachen ist; was nur selten, aber z. B. beim Folterverbot, möglich sein wird, im Übrigen jedoch nicht zu empfehlen ist, da sonst die Möglichkeit zur Abwägung im konkreten Fall verlorengeht. Andererseits kann es zu Widersprüchen zwischen Friedenserhaltung und Menschenrechtsschutz kommen, wenn wegen schwerer Menschenrechtsverletzungen (z. B. Genozid) militärisches Eingreifen, mit oder ohne UN-Mandat, zur Debatte steht (humanitäre Intervention). In welchem Umfang der UN-Sicherheitsrat selbst, etwa beim Kampf gegen den internationalen Terrorismus, an menschenrechtliche Garantien über die Normen zwingenden Rechts hinaus gebunden ist, gehört zu den heute am meisten diskutierten Fragen (Wet 2004, 187 f.).

Literatur

Fritzsche, Karl Peter: *Menschenrechte*. Paderborn 2004.
Klein, Eckart: *Menschenrechte. Stille Revolution des Völkerrechts und Auswirkungen auf die innerstaatliche Rechtsanwendung*. Baden-Baden 1997.
–: »Menschenrechte zwischen Universalität und Universalisierung«. In: Christoph Böttigheimer/Norbert Fischer/Manfred Gerwing (Hg.): *Sein und Sollen des Menschen. Zum göttlich-freien Konzept vom Menschen*. Münster 2009.
Laub, Fabian: *Zivilgesellschaftliche Partizipation im globalisierten Menschenrechtsschutz*. Frankfurt a. M. 2007.
Menke, Christoph/Pollmann, Arnd: *Philosophie der Menschenrechte zur Einführung*. Hamburg 2007.
Nowak, Manfred: *Einführung in das internationale Menschenrechtssystem*. Wien/Graz 2002.
Opitz, Peter J.: *Menschenrechte und internationaler Menschenrechtsschutz im 20. Jahrhundert: Geschichte und Dokumente*. München 2002.
Riedel, Eibe H.: *Theorie der Menschenrechtsstandards*. Berlin 1986.
Schmidt, Helmut: *Allgemeine Erklärung der Menschenpflichten. Ein Vorschlag*. München 1998.
Tomuschat, Christian: *Human Rights. Between Idealism and Realism*. Oxford 2008.
Wet, Erika de: *The Chapter VII: Powers of the United Nations Security Council*. Oxford u. a. 2004.
Zimmermann, Rolf: *Philosophie und Auschwitz. Eine Neubestimmung von Moral in Politik und Gesellschaft*. Reinbek 2005.

Eckart Klein

II. Begriffe, Begründungen, Systematisierungen

1. Begriffsbestimmungen

1.1 Menschenrechte, Grundrechte, Bürgerrechte

Zentrale Ausgangsfragen

Menschenrechte, Grundrechte und Bürgerrechte werden häufig in einem Atemzug genannt, daher sollte man, auch wenn es hier um deren begriffliche Unterschiede gehen muss, mit deren zentralen Gemeinsamkeiten beginnen. Diese betreffen zuvorderst die formale Grundstruktur aller drei Rechtstypen: *A hat gegenüber B einen gerechtfertigten Anspruch auf X*. Und diese Rechtsform ist äquivalent mit: *B hat gegenüber A die begründete Pflicht zu X* (vgl. Alexy 1999). Mit A sind einzelne Rechtssubjekte, mit B die für die Gewährleistung der entsprechenden Rechtsansprüche verantwortlichen Akteure und mit X die von diesen zu gewährleistenden Rechtsgüter gemeint (z. B. Leben, Freiheit, Sicherheit, Gleichheit). Dass es sich um ›gerechtfertigte‹ Ansprüche handeln muss, bedeutet, dass alle von den konkreten Rechtsrelationen Betroffenen (sämtliche As und Bs) diese Ansprüche wechselseitig mit rationalen Gründen akzeptieren können müssen (z. B. weil entsprechende Vereinbarungen bestehen oder allgemein anerkannte Gesetze gelten).

Während grundsätzlich *jede* Art von Recht diese formale Grundstruktur besitzt, weist die inhaltliche Konkretisierung im Fall der Trias Menschenrechte, Grundrechte und Bürgerrechte charakteristische Besonderheiten auf. Für alle diese Rechte gilt: Mit A sind nicht etwa partikulare Rechtssubjekte (wie z. B. Vertragspartner, Erben, Teilnehmer am Straßenverkehr, diskriminierte Gruppen) gemeint, sondern – in einem noch näher zu spezifizierenden Sinn – ›alle‹. Dagegen sind die mit B bezeichneten Pflichtadressaten ausdrücklich *nicht* alle einzelnen Individuen, wie sehr häufig angenommen wird (exemplarisch: Tugendhat 1993, Kap. 17), sondern zuvorderst die für die öffentliche Ordnung verantwortlichen Akteure und Repräsentanten, d. h. politische und staatliche Funktionsträger (vgl. Menke/Pollmann 2007, Kap. 1). Mit Blick auf die konkreten Rechtsgüter X gilt schließlich, dass Menschenrechte, Grundrechte und Bürgerrechte ›subjektive öffentliche‹ und zudem ›fundamentale‹ Rechtsansprüche benennen. Die Rede von *subjektiven öffentlichen* Rechten besagt, erstens, dass die Rechtssubjekte als individuelle Einzelne darauf pochen dürfen, und, zweitens, dass man diese Rechte selbst noch gegenüber jenem öffentlichen Rechtssystem hat, das einem diese und alle sonstigen Rechte zuallererst garantiert (Jellinek 1892/2006). Die Rede von *fundamentalen* Rechten meint ebenfalls zweierlei: Zum einen sind diese Rechte inhaltlich so beschaffen, dass sie ›Mindeststandards‹ formulieren, die garantiert sein müssen, damit die betreffenden Rechtsträger auch etwaige weiter reichende Rechte in Anspruch nehmen können (s. Kap. II.1.6). Zum anderen bilden diese Rechte, sobald sie in einem ausdifferenzierten Rechtssystem kodifiziert sind, dessen Wertefundament; d. h. sie sind als rechtliche Grundentscheidungen zu verstehen, mit denen die öffentliche Ordnung die eigene normative Basisstruktur ausrichtet (Alexy 1994, Kap. 10).

Die begrifflichen Unterschiede zwischen Menschenrechten, Grundrechten und Bürgerrechten zeigen sich erst dann, wenn man jeweils deren Geltungsbereich absteckt. Genau dann bekommt die Behauptung, Träger dieser Rechte seien ›alle‹, eine jeweils unterschiedliche Bedeutung: Menschenrechte kommen definitionsgemäß allen Menschen weltweit zu. Die Geltung von Grundrechten hingegen ist auf den Hoheitsbereich desjenigen Verfassungsstaates beschränkt, der einem diese Rechte ausdrücklich per Verfassung und möglichst auch mit Zwangscharakter garantiert. Bürgerrechte wiederum nennt man eine bestimmte Teilmenge jener Grundrechte, und zwar jene, die ausdrücklich und ausschließlich den Staatsbürgerinnen und Staatsbürgern des betreffenden Landes vorbehalten sind und damit nicht auch schon, wie die anderen Grundrechte, z. B. für Einwanderer, Asylsuchende oder Touristen gelten. Damit ist zugleich auch ein begriffliches Problem angezeigt: Es gehört zur Idee ›vorstaatlicher‹ Menschenrechte, dass die mit diesen verknüpften, zunächst bloß ›gedachten‹ Ansprüche stets schon mit der Forderung ihrer Realisierung durch gesatztes Recht einhergehen. Die Menschenrechte implizieren also das Ansinnen ihrer juridischen Kodifizierung in Form von einklagbaren Grundrechten. Genau in diesem Moment aber verwandeln sie sich. Denn als Grundrechte sind kodifizierte Menschenrechte nunmehr noch für diejenigen Menschen gültig, die im Geltungsbereich der gemeinsamen Verfassung leben. Und dies sind vornehmlich – wenn auch nicht ausschließlich – die Bürgerinnen und Bürger des betreffenden Staates. Diese bekommen sogar manche dieser Grundrechte, z. B. das Wahlrecht, exklusiv zuerkannt, und eben dann spricht man von einem Bürgerrecht. Damit wandert eine Differenz von ›allen Menschen weltweit‹, ›allen Menschen hierzulande‹ und ›allen Bürgerinnen und Bürgern‹ in die Verfassung ein, wodurch aus menschenrechtlicher Sicht ein Widerspruch entsteht: Die Transformation der Menschenrechte in kodifizierte Grundrechte verwirklicht zwar deren inhärenten Anspruch auf Positivierung, doch dabei büßen die Menschenrechte – und zwar besonders dann, wenn daraus Bürgerrechte werden – ihre Universalität auch schon wieder ein (vgl. Bobbio 1998, Kap. 1).

Probleme und Positionen

Eine Klärung des internen Zusammenhangs von Menschenrechten, Grundrechten und Bürgerrechten kann aus sehr unterschiedlicher Fachperspektive erfolgen: *Historische* Betrachtungen zielen auf eine Rekonstruktion rechtlicher Entwicklungsprozesse und ideengeschichtlicher Diskursentwicklungen, in deren Zuge es zur Ausdifferenzierung und Institutionalisierung dieser drei Rechtstypen gekommen ist (z. B. Oestreich 1968). Im Mittelpunkt *juridischer* Analysen stehen konzeptionelle, aber auch empirische Fragen einer Klärung der spezifischen Rolle dieser Rechte im institutionellen Rahmen gegebener Rechtssysteme (z. B. Alexy 1994). *Soziologische* Interpretationen sind primär an der legitimatorischen Funktion der drei Rechtstypen bei der Stabilisierung des gesellschaftspolitischen Ordnungsrahmens interessiert (z. B. Luhmann 1965/1999). Im Folgenden soll es jedoch primär um *philosophische* Probleme einer genaueren Begriffsklärung gehen, die sich freilich an historischen, juridischen und auch soziologischen Untersuchungen ausrichten kann.

1. Historische und terminologische Verwirrungen: In der rechtsgeschichtlichen Rückschau wird deutlich, dass die einschlägigen historischen Rechtsdokumente, in denen es zur Verkündung oder gar zur Positivierung von Menschenrechten, Grundrechten und/oder Bürgerrechten gekommen ist, lange Zeit keine klaren Unterschiede zwischen ihnen gemacht haben; zumindest auf den ersten Blick (vgl. Hartung/Commichau/Murphy 1998). So deklariert z. B. die französische Menschenrechtserklärung von 1789 scheinbar unterschiedslos »Rechte des Menschen und Bürgers«. Die Verfassung des Deutschen Reiches von 1849 vermengt Grundrechte und Bürgerrechte, indem sie Erstere zwar ausdrücklich nennt, diese dann aber wie selbstverständlich ausschließlich deutschen Reichsbürgern zuerkennt. Das Grundgesetz von 1949 wiederum scheint Menschenrechte und Grundrechte zu konfundieren, indem es in Art. 1 Abs. 2 erklärt, das deutsche Volk bekenne sich zu »unverletzlichen und unveräußerlichen Menschenrechten«, während Abs. 3 sogleich hinzufügt, dass daher »nachfolgende Grundrechte« den deutschen Staat und seine Organe verfassungsrechtlich binden sollen.

Doch gerade die Struktur von Art. 1 des *Grundgesetzes* ist besonders aufschlussreich, weil darin ein historisch bedeutsamer Schritt von Menschenrechten *zu* Grundrechten abgebildet wird – und somit beide Rechtstypen letztlich dann doch angemessen auseinandergehalten werden. So ist der zitierte Übergang von Abs. 2 zu Abs. 3 von Art. 1 als eine dezidierte »Begründung« zu verstehen (Brugger 1997): Eben *weil* sich das deutsche Volk zu Rechten aller Menschen bekennt, bindet es sich und seine Staatsgewalt – in positiv gesatzter Form – an subjektive öffentliche und fundamentale Rechte, die eben dadurch zu »nachfolgenden Grundrechten« werden und fortan »als unmittelbar geltendes Recht« zu verstehen sind. Anders gesagt: Menschenrechte *werden* zu Grundrechten, indem sie in Form verfassungsrechtlich verbürgter und einklagbarer Ansprüche eine positiv-rechtliche Verankerung erfahren.

Sieht man nun noch etwas genauer hin, so wird im nachfolgenden Grundrechtekatalog des *Grundgesetzes* zudem auch noch der wichtige Unterschied von Menschenrechten bzw. Grundrechten einerseits und Bürgerrechten andererseits erkennbar. Denn es wird dort ausdrücklich zwischen Rechten, die für alle »Menschen«, und solchen, die allein für »Deutsche« gelten, unterschieden: z. B. in Art. 8 (Versammlungsfreiheit), Art. 9 Abs. 1 (Vereinigungsfreiheit), Art. 10 (Freizügigkeit), Art. 11 (Berufsfreiheit), Art. 33 (Zugang zu öffentlichen Ämtern) und Art. 38 (Wahlrecht). Als »Deutsche« gelten aber nur diejenigen, die auch tatsächlich im Besitz der deutschen Staatsbürgerschaft sind, die also bereits als ›vollwertige‹ und mit gleichen Rechten ausgestattete Mitglieder der politischen Gemeinschaft anerkannt sind. Alle anderen Menschen, die sich gegebenenfalls auch in Deutschland aufhalten, sind lediglich ›Einwohner‹, ›Inländer‹ oder auch nur ›Besucher‹; z. B. Angehörige anderer Nationen oder Flüchtlinge und Asylsuchende. Und daraus folgt mit Blick auf die Unterscheidung von Menschenrechten, Grundrechten und Bürgerrechten: Ähnlich wie die Verfassungen vieler anderer Rechtsstaaten macht auch das deutsche *Grundgesetz* einen folgenreichen Unterschied zwischen Grundrechten, die tatsächlich allen Menschen, die in Deutschland sind, zukommen und daher als *positivierte Menschenrechte* zu verstehen sind, und solchen, die lediglich *Bürgerrechte* sind und damit eben doch nur manchen Inländern zukommen. Diese Rechte können daher auch als »mittelbare« Menschenrechte bezeichnet werden (Bielefeldt 2007) oder – kritisch – als ›vorenthaltene‹ Menschenrechte.

Demnach nehmen sich moderne demokratische Rechtsgemeinschaften ihrerseits das Recht heraus, ganz bestimmte subjektive und fundamentale Rechtsansprüche – und zwar überwiegend die sogenannten politischen Teilnahmerechte (s. Kap. III.3) – allein denjenigen zuzuerkennen, die tatsächlich Staatsbürgerinnen und -bürger des betreffenden Landes sind; und zwar ohne dass der Verfassungsstaat dadurch den prinzipiellen Geltungsstatus der übrigen Menschenrechte gefährdet sähe. Selbst mancher völkerrechtlich verbindliche UN-Menschenrechtsvertrag, allen voran der *Pakt über bürgerliche und politische Rechte* von 1966, kennt den einschränkenden Zuschnitt politischer Partizipationsrechte auf den Adressatenkreis der Staatsbürgerschaft (Art. 25). Während wir auf das damit verknüpfte Problem einer möglicherweise unzulässigen Beschränkung politischer Teilhabe erst später eingehen werden (s. u. ›Kritischer Ausblick‹), ergibt sich aus der bisherigen begrifflichen Verhältnisbestimmung zunächst die folgende Spannung: Die positivierten Kataloge der Grundrechte können offenbar *mehr* Rechte als bloß kodifizierte Menschenrechte enthalten – und zwar Bürgerrechte. Gleichwohl gilt umgekehrt, dass ein Katalog von Grundrechten so lange als unvollständig zu betrachten ist, wie er nicht *alle* Menschenrechte enthält (Alexy 1999). Kurz: Nicht alle Grundrechte müssen Menschenrechte sein, aber alle Menschenrechte wollen zu Grundrechten werden.

Robert Alexy (1999) hat diesen Zusammenhang klärend spezifiziert: Würde man den Begriff der Grundrechte *strikt* an den der Menschenrechte binden, so hätte zunächst ein politischer Konsens darüber vorzuliegen, was genau der Inhalt der Menschenrechte ist – denn erst dann könnte man diesen Inhalt gesetzlich zu positivieren versuchen. Da aber ein solcher Konsens gerade nicht vorausgesetzt werden kann – im deutschen *Grundgesetz* z. B. fehlen fast alle der sogenannten WSK-Rechte (s. Kap. III.5–7) –, müssen die Grundrechte laut Alexy so verstanden werden, dass sie mit dem prinzipiellen *Anspruch* einhergehen, die Menschenrechte in ihrer gesamten Breite zu kodifizieren. Demnach muss jeder empirische Verfassungsgebungsprozess als ein konkreter *Versuch* der Positivierung verstanden werden; als ein Versuch, der prinzipiell fallibel ist und das eine Mal besser, das andere Mal schlechter gelingt. Dabei wird das konkrete Resultat dieser Verfassungsgebungsprozesse stets von jenen inhaltlich besonderen Menschenrechtsauffassungen abhängig sein, die sich in den betreffenden Rechtsetzungsprozessen politisch haben durchsetzen können. Daher ist es eine unabgeschlossene Aufgabe politischer und öffentlicher Auseinandersetzungen, die bereits vorhandenen Kataloge der Menschenrechte, Grundrechte und Bürgerrechte, und zwar sowohl auf nationaler wie auch auf internationaler Ebene, einer beständigen, selbstkritischen Überprüfung zu unterziehen (Menke/Pollmann 2007, Kap. 3).

2. *Juridische und politische Paradoxien:* Mit dem zuletzt skizzierten Vorbehalt der Fallibilität juridisch bereits kodifizierter Rechtskataloge schlägt der Streit um die Menschenrechte eine andere Richtung ein: weg von Fragen der philosophischen Begriffsklärung und hin zu einer genaueren, letztlich *politischen* Inhaltsbestimmung (Pollmann 2008). Antworten auf die Frage, welche Menschenrechte im Einzelnen in Form von Grundrechten realisiert werden sollen, sind stets abhängig von den politischen Entscheidungen und Kräfteverhältnissen ›vor Ort‹. Wenn aber, wie oben bereits erwähnt, die Menschenrechte in Form von Grundrechten ihren universellen Charakter einzubüßen drohen, weil sie in historisch und kulturell jeweils besonderen Kontexten kodifiziert werden, steht damit zweifellos der universelle *Gehalt* der Menschenrechte in Frage: Wie können die Menschenrechte universelle Geltung beanspruchen, wenn man sie doch stets nur in Form von Grundrechten staatlich garantiert bekommt und der genaue Inhalt bzw. Umfang dieser staatlichen Garantien von politischen und damit partikularen Kräfteverhältnissen abhängt? Das Paradox der menschenrechtlichen Inhaltsbestimmung scheint daher zu lauten: Man ›hat‹ universelle Menschenrechte – als gesatzte Rechte – immer nur in einer *partikularen* Version. Doch dieser Widerspruch lässt sich auflösen, wenn man bedenkt, dass die universelle Formulierung einzelner Menschenrechte – z. B. das Recht auf Religionsfreiheit oder auf kulturelle Teilhabe – auch dann noch Gültigkeit besitzt, *wenn* man eingesteht, dass die Beantwortung der Frage, was es konkret heißt, diese spezifischen Menschenrechte zu realisieren, von Kontext zu Kontext variieren wird. So haben z. B. alle Menschen das gleiche Recht auf einen »angemessenen Lebensstandard« (Art. 11 ICESCR), auch wenn dieser Lebensstandard, um kulturell und sozial angemessen zu sein, nicht in jedem kulturellen und sozialen Kontext exakt der *gleiche* sein kann.

Dass aber die Menschenrechte in Form von Grundrechten ihren universellen Charakter zu verlieren drohen, kann noch auf andere Weise verstanden werden. Dann zielt die Kritik nicht etwa auf mögliche Beschränkungen ihres universellen Inhalts, sondern auf Begrenzungen des menschenrechtlichen *Adressatenkreises* (s. Kap. II.1.2). Es gilt gemeinhin als unumstritten, dass Träger der Menschenrechte ›alle Menschen‹ sind. Doch die Frage, wer tatsächlich dazugehört, ist Gegenstand hitziger Debatten. Nicht nur ist diese Frage zu unterschiedlichen historischen Zeitpunkten recht unterschiedlich beantwortet worden. So ist z. B. in den revolutionären Verfassungsentwürfen des 18. Jahrhunderts zwar ausdrücklich von »Rechten des Menschen« die Rede. Dass damit aber wirklich *alle* Menschen gemeint gewesen sind, darf wohl bestritten werden. Die gemeinten Verfassungsentwürfe waren auf die nationalstaatlichen Grenzen derjenigen Völker zugeschnitten, deren Verfassung sie darstellen sollten, und die darin verbrieften Rechte galten zuallererst für jene, die auch tatsächlich vollwertige Bürger waren. Ausländer und Einwanderer waren ebenso wenig gemeint wie Sklaven, Arbeiter, Frauen oder Kinder. Und auch heute noch wird heftig darüber gestritten, wie groß der Trägerkreis der Menschenrechte wirklich ist. Sollen z. B. auch schon in vitro gezeugte Embryonen menschenrechtlichen Schutz genießen? Das sich mit Blick auf Adressierungsfragen ergebende zweite Paradox lautet daher: Menschenrechte sind Rechte des Menschen im Singular, doch in Form positivierter Grundrechte gelten sie dann oft eben doch nicht für alle Menschen.

Ähnlich schwer wiegt ein dritter Einspruch: Einerseits müssen die Grundrechte, wie oben erläutert, fallibilistisch so verstanden werden, dass sie fehlbare Versuche einer politischen Positivierung der Menschenrechte sind. Andererseits ist man jedoch geneigt, die verfassungsrechtliche Bedeutung der Grundrechte als derart fundamental einzustufen, dass diese Rechte der politischen Willkür und selbst noch demokratischen Mehrheitsentscheidungen entzogen bleiben müssen. Erinnert sei in diesem Zusammenhang an Art. 19 Abs. 2 des *Grundgesetzes*, der dem Gesetzgeber verbietet, den »Wesensgehalt« der Grundrechte anzutasten. Das den politischen Prozess der Positivierung betreffende dritte Paradox lässt sich wie folgt fassen: Diejenigen politischen Entscheidungsprozesse, in deren Verlauf Menschenrechte als Grundrechte festgeschrieben werden, führen zu Ergebnissen, die fortan den politischen Entscheidungsprozessen enthoben sind (vgl. Alexy 1999). Anders als bei den ersten beiden Paradoxien wird sich dieser Widerspruch kaum beheben, sondern allenfalls mildern lassen: Zum einen lassen sich aus diesem Widerspruch Forderungen nach einer demokratisch legitimierten Überwachung grundrechtlich relevanter Entscheidungsprozesse ableiten; und zwar durch eine unabhängige Verfassungsgerichtsbarkeit. Zum anderen tritt dabei unmittelbar auch der legitimatorische Zusammenhang von Demokratie und Menschenrechten zutage (s. Kap. IV.2.2): Da aus Sicht der Menschenrechte prinzipiell jedem Staat die ambivalente Doppelrolle zukommt, zugleich Rechtsgarant und Rechtsverletzer zu sein, müssen Staaten möglichst demokratisch organisiert sein, damit politische Entscheidungen vermieden werden, die nicht im Sinne aller Betroffenen sind. Nur dann nämlich können sich die »Adressaten« menschenrechtlich relevanter Entscheidungen zugleich auch als deren »Autoren« verstehen (Habermas 1999).

3. Soziologische und funktionale Erfordernisse: Wie Niklas Luhmann (1965/1999) gezeigt hat, verdankt sich die begriffliche Differenzierung von Menschenrechten und Grundrechten – aus soziologischer Perspektive – einem spezifisch modernen Entwicklungsstand der Gesellschaft, der das Ergebnis einer »funktionalen Differenzierung« und Herausbildung eines auf Fragen der Staatsbürokratie spezialisierten politischen Teilsystems ist.

Auf systemstabilisierende Weise, so Luhmann, befördern die Grundrechte die moderne »Trennung von Staat und Gesellschaft«, indem sie rechtlich garantierte Freiräume für gesellschaftliche Kommunikationsvorgänge schaffen, die von staatsbürokratischen Aufgaben entlastet und zugleich vor staatlicher Willkür geschützt ist. Damit »blockiert« die Institution der Grundrechte etwaige Rückfalltendenzen in eine »vormoderne« Entdifferenzierung, in deren Verlauf die bereits gewonnenen Freiheiten erneut, und zwar auf destabilisierende Weise, einer staatlichen Zentralisierung der Macht zum Opfer fallen würden. Indem also in der spezifischen Situation der Moderne aus vermeintlich »ewigen« Menschenrechten konkrete Grundrechte werden, offenbart sich deren aufschlussreiche Doppelfunktion (vgl. Luhmann 1965/1999, 23): Einerseits haben die Grundrechte die Aufgabe, die Mitglieder politisch und rechtlich verfasster Gemeinschaften vor staatlicher Willkür zu schützen. Denn als ›subjektive‹ Rechte, deren ›objektiver‹ Geltungssinn – ideengeschichtlich – vor allem gegen Thomas Hobbes' Bild des Staates als *Leviathan* (s. Kap. I.2.2) gerichtet ist, formulieren die Menschenrechte in Gestalt von Grundrechten eine verfassungsrechtlich zu institutionalisierende »Schranke«, die dem Absolutheitsanspruch staatlicher Souveränität Grenzen setzt. Andererseits wird der politische und rechtliche Ordnungsrahmen, und zwar durch die grundrechtliche Garantie von Freiheitsräumen, auf systemstabilisierende Weise mit Legitimationsressourcen versorgt: »Denn uneingeschränkte, ›absolute‹ Macht ist keineswegs mächtiger als eingeschränkte Macht« (Luhmann 1965/1999, 43). Die Bürgerinnen und Bürger moderner Rechtsstaaten unterwerfen sich dieser Macht freiwillig nur, *wenn* der Staat ihnen zugleich Grundrechte gewährt; d.h. *weil* er ihnen gegenüber entsprechende Unterlassungs-, Schutz- und Hilfspflichten übernimmt (vgl. Shue 1996). Erst diese Doppelfunktion der Grundrechte macht deutlich, warum die Menschenrechte ein »gemeinsamer Erfolg von Staat und Bürgern« (Luhmann 1965/1999, 43) haben werden können.

Dabei kann der gemeinte verfassungsrechtliche Funktionszusammenhang noch einmal in wichtige Teilfunktionen zerlegt werden: Neben der – im engeren Sinn – ›schützenden‹ Rolle der Grundrechte bewirkt die Transformation der Menschenrechte in gesatztes Recht allererst deren ›Institutionalisierung‹. Man ›hat‹ die Menschenrechte im Grunde erst dann – so lautete bereits die kritische Einsicht Hannah Arendts (1951/2005, Kap. 9; s. Kap. I.3.6) –, wenn man Mitglied einer Rechtsgemeinschaft ist, die einem diese Rechte in Form von Grundrechten auch tatsächlich gewährt. Und neben der von Luhmann hervorgehobenen »legitimatorischen« Funktion der Grundrechte hat deren Positivierung vor allem auch einen ›organisatorischen‹ Effekt. Denn während mit Blick auf ›vorstaatliche‹ Menschenrechte auf den ersten Blick nicht immer klar ist, *wer* genau hier *wem* gegenüber zu *was* verpflichtet sein soll, legen Verfassungen und Verfassungsinterpretationen klare Verantwortlichkeiten fest. Darüber hinaus ist der Prozess der politischen und rechtlichen Realisierung aber immer auch ein Vorgang der ›Konkretisierung‹: Dass die Menschenrechte in Form von Grundrechten realisiert werden müssen, heißt immer auch, dass man sie politisch erst noch ausbuchstabieren muss. Wer die zunächst nur ›gedachten‹ Menschenrechte kodifizieren will, muss zugleich auch angeben können, was genau diese Rechte ›hier und jetzt‹, d. h. im konkreten politischen und rechtlichen Kontext zu bedeuten haben – denn ansonsten blieben diese Rechte völlig abstrakt und wohl auch folgenlos.

Kritischer Ausblick

Mit Blick auf die drei im letzten Abschnitt skizzierten Problemkomplexe ist in der gegenwärtigen Diskussion jeweils eine spezifische Frage von besonderer Dringlichkeit:

Gibt es eine unaufhebbare Spannung zwischen Menschenrechten und Bürgerrechten? Die historischen Verwirrungen bei dem Versuch, Menschenrechte, Grundrechte und Bürgerrechte begrifflich auseinanderzuhalten, betreffen vor allem jene Teilmenge der Grundrechte, die zwar Bürgerrechte, aber nicht schon Menschenrechte sind. Aus verfassungsrechtlicher Sicht scheint es – jedenfalls mit Blick auf die politischen Mitwirkungsrechte –, als gäbe es ein moralisch oder auch rechtlich prioritäres Recht der jeweiligen Rechtsgemeinschaften, die eigene Zugehörigkeit zu reglementieren, ohne dass jedoch sogleich ersichtlich wäre, worauf ein solches Recht, das den Trägerkreis partizipatorischer Grundrechte ausdrücklich einschränkt, seinerseits beruhen soll. An diesem Punkt sind grundsätzlich zwei Positionierungen möglich (Menke/Pollmann 2007, 68 ff.): Entweder man vertritt die *demokratietheoretische* Auffassung, dass die Geltung der Menschenrechte aus politischen Akten kollektiver Selbstbestimmung allererst hervorgeht, so dass nur diejenigen Personen vollwertige Adressaten entsprechender Grundrechte sein *können*, die sich zugleich auch als deren Autoren verstehen dürfen. Dann aber existierten Menschenrechte, die tatsächlich bloß ›mittelbar‹ wären oder eben ›vorenthalten‹ werden würden; die man eben erst dann für sich beanspruchen dürfte, wenn man den dafür notwendigen Staatsbürgerstatus innehätte. Oder aber man argumentiert *moralphilosophisch* und konstatiert genau an diesem Punkt einen unaufgelösten Wertungswiderspruch unseres modernen Verfassungsdenkens: Einerseits propagieren moderne demokratische Rechtsstaaten die Idee universeller Menschenrechte, andererseits jedoch wird an der nationalstaatlich imprägnierten Überzeugung festgehalten, dass politische Gemeinschaften am Ende selbst darüber entscheiden dürfen, wen sie als vollwertige Mitglieder aufnehmen. Dies wiederum würde bedeuten, ein moralisch vorgängiges »Recht, Rechte zu haben« (Arendt 1951/2005, 614) vorauszusetzen, von dem seinerseits strittig ist, ob und wie es sich universell begründen lässt.

Sind Weltbürgerrechte ohne Verluste denkbar? Die oben skizzierten juridisch-politischen Paradoxien umkreisen sämtlich das Problem, dass im Zuge der grundrechtlichen Positivierung der Menschenrechte stets auch etwas verlorenzugehen droht: ihr identischer Bedeutungsgehalt, ihr universeller Adressatenkreis oder ihre demokratische Kontrollierbarkeit. Diese Schwierigkeiten werden sich allenfalls dann lösen lassen, wenn der juridische und politische Blick auf die menschenrechtliche Grundrechtsproblematik *kosmopolitisch*, d. h. völkerrechtlich und weltpolitisch, ausgeweitet wird. Auch hier bieten sich zwei grundsätzliche Denkalternativen an (Menke/Pollmann 2007, Kap. 7 u. 8): Die erste dieser Alternativen ist die, auf eine Kosmopolitisierung der Demokratie zu setzen, d. h. auf die Forderung, weltweit alle Menschen in die für sie grundrechtlich relevanten Entscheidungen einzubeziehen. Dies hätte die überaus weitreichende Konsequenz, dass weltweit jeder Mensch das Recht zuerkannt bekäme, aktiver Autor einer sich demokratisch selbstregierenden Rechtsgemeinschaft zu sein. Zudem ergäbe sich daraus die Forderung, dass aus jenen Staaten, die bislang noch keine Demokratien sind, Demokratien erst noch werden müssen. Die zweite Alternative besteht in dem Glauben, solche innerstaatlichen Demokratisierungsprozesse supranational ›umgehen‹ zu können, und zwar durch die schrittweise Einrichtung einer wie auch immer gearteten ›Weltrepublik‹ (s. Kap. IV.2.3). Doch so unterschiedlich beide Alternativen auch sind: Ihnen gemein ist die Annahme, dass in Form kosmopolitischer »Weltbürgerrechte« im Sinne von Immanuel Kant die vormals nur gedachten Menschenrechte – auf dem historischen ›Umweg‹ über nationale Bürgerrechte und Grundrechte – erstmals die Gestalt ›echter‹, d. h. auch völkerrechtlich garantierter Menschenrechte annehmen. Und tatsächlich weisen heute bereits zahlreiche Aspekte der transnationalen Rechtsentwicklung auf eine derartige »Konstitutionalisierung der Weltgemeinschaft« (Brunkhorst 2002) hin.

Globale Überforderungen? Mit dem Plädoyer für eine kosmopolitische Öffnung des gegenwärtigen Grundrechtsdenkens verschiebt sich nicht zuletzt auch der soziologische Blick auf (zukünftige) Funktionen positivierter Menschenrechte. Während deren schützende und zugleich legitimierende Rolle in fest umrissenen Nationalstaaten annähernd überschaubar und auch zu bewältigen war, wird dies im globalen Maßstab, d. h. in Form von Weltbürgerrechten, geradezu utopisch. Nicht zuletzt läge es ja in der Konsequenz derartiger Weltbürgerrechte, dass etwaige Verstöße gegen sie, und zwar weltweit, von entsprechenden Menschenrechtsinstanzen – auch gerichtlich – geahndet werden müssten (s. dazu Kap. IV.3.3). Darüber hinaus kämen ganz *neue* Funktionen hinzu: Zukünftig sollen Weltbürgerrechte nicht nur einzelne verfassungsrechtliche Ordnungen, sondern das globale Recht insgesamt und damit perspektivisch *alle* verfassungsrechtlichen Ordnungen dieser Welt an menschenrechtliche Mindeststandards binden. Das birgt Risiken, aber auch Chancen: Mit wachsender globaler Regelungsdichte verliert die Souveränität von Einzelstaaten und damit auch deren Stabilität und Legitimität an Boden, denn je mehr ›anderswo‹ geregelt wird, desto weniger werden diese Entscheidungen ›daheim‹ noch als demokratisch legitim erfahren (vgl. Brunkhorst 2002, 191–202). Ein wichtiger Vorzug aber wäre: Die Menschenrechte und mithin der öffentliche *Diskurs* über sie formieren und integrieren eine zunehmend für Verletzungen der Menschenrechte sensible Weltöffentlichkeit. Damit bildet sich mehr und mehr eine transnationale Menschenrechtskultur heraus, deren moralischer Kern eine Einstellung gleicher Achtung aller Menschen ist. Diese Einstellung erlernt der Mensch nicht schon bei der Lektüre historischer Rechtsdokumente oder philosophischer Abhandlungen. Sie wird erst in Prozessen einer zunehmend global empfundenen Empörung über menschenrechtlich unhaltbare Zustände weltweite Verbreitung finden.

Literatur

Alexy, Robert: *Theorie der Grundrechte* [1985]. Frankfurt a. M. 1994.
–: »Grundrechte«. In: Hans Jörg Sandkühler (Hg.): *Enzyklopädie Philosophie*, Bd. 1. Hamburg 1999, 525–529.
Arendt, Hannah: *Elemente und Ursprünge totaler Herrschaft* [1951]. München [10]2005.
Bielefeldt, Heiner: *Menschenrechte in der Einwanderungsgesellschaft*. Bielefeld 2007.
Bobbio, Norberto: *Das Zeitalter der Menschenrechte*. Berlin 1998.
Brugger, Winfried: *Menschenwürde, Menschenrechte, Grundrechte*. Baden-Baden 1997.
Brunkhorst, Hauke: *Solidarität*. Frankfurt a. M. 2002.
Habermas, Jürgen: »Zur Legitimation durch Menschenrechte«. In: Hauke Brunkhorst/Peter Niesen (Hg.): *Das Recht der Republik*. Frankfurt a. M. 1999, 386–403.
Hartung, Fritz/Commichau, Gerhard/Murphy, Ralf (Hg.): *Die Entwicklung der Menschen- und Bürgerrechte von 1776 bis zur Gegenwart* [1972]. Göttingen [6]1998.
Jellinek, Georg: *System der subjektiven öffentlichen Rechte* [1892]. New York 2006.
Luhmann, Niklas: *Grundrechte als Institution* [1965]. Berlin 1999.

Menke, Christoph/Pollmann, Arnd: *Philosophie der Menschenrechte zur Einführung*. Hamburg 2007.

Oestreich, Gerhard: *Geschichte der Menschenrechte und Grundfreiheiten im Umriß*. Berlin 1968.

Pollmann, Arnd: »Von der philosophischen Begründung zur demokratischen Konkretisierung: Wie lassen sich Inhalt und Umfang der Menschenrechte bestimmen?« In: *Zeitschrift für Menschenrechte* Jg. 2/1 (2008), 9–25.

Shue, Henry: *Basic Rights*. Princeton ²1996.

Tugendhat, Ernst: *Vorlesungen über Ethik*. Frankfurt a. M. 1993.

Arnd Pollmann

1.2 Mensch und Person

Zentrale Ausgangsfragen

Menschenrechte sind gültige Ansprüche, die ein Mensch einfach deshalb hat, weil er ein Mensch ist. Keine andere Eigenschaft und keine besondere Leistung sind dafür verlangt. Das bloße Menschsein genügt, um Menschenrechte zu haben. Das heißt zugleich, wer Menschenrechte besitzt, besitzt sie unverlierbar. Weder muss er sie erwerben noch kann er sie verwirken. Im Lichte dieser Begriffsbestimmung irritiert, dass nicht wenige Philosophen die Menschenrechte argumentativ als *Personenrechte* einführen. Sie halten das biologische Menschsein für unzulänglich, manche sogar für unerheblich, um Menschenrechte zu begründen. Dabei ist allerdings zu bedenken, dass der Zusammenhang zwischen dem biologischen Begriff menschlichen Lebens und dem menschenrechtlichen Begriff vom Menschen selbst umstritten ist. Wir gebrauchen den Begriff ›Mensch‹ in mehr als einer Weise. Biologisch gesehen ist ein Mensch ein Individuum mit einem von menschlichen Eltern stammenden zweifachen Chromosomensatz. Lebensweltlich ist hingegen die Einstellung verbreitet, dass ein Mensch ein Organismus von menschlicher Gestalt und ›mit menschlichem Antlitz‹ ist, was auf eine befruchtete Eizelle und selbst auf einen Embryo nach Einnistung in die Gebärmutter nicht zutrifft. Noch deutlicher wertend wird der Begriff gebraucht, wenn man von einem ›wahren Menschen‹ oder einem ›wahrhaft menschlichen Leben‹ spricht. Für Aristoteles etwa waren manche Angehörigen unserer biologischen Art geborene Sklaven und darum keine vollwertigen Menschen.

Heute allerdings zeichnet sich als völkerrechtlich verbindlicher Minimalkonsens ab, dass jeder geborene und nicht (ganz) hirntote individuelle Angehörige unserer biologischen Art als Mensch gleiche Rechte besitzt. Ungeborenen wird hingegen in vielen Ländern ein allenfalls abgestufter Rechtsstatus zuerkannt. Und der unwiderrufliche Funktionsausfall des gesamten Gehirns gilt in vielen Ländern als Tod des ganzen Menschen, mit dessen Eintritt ›postmortale‹ Organentnahmen möglich werden (dazu kritisch Stoecker 1999; De-

Grazia 2005). Daraus lässt sich schließen, dass biologische Erkenntnisse allein den Streit um Reichweite und Grenzen menschenrechtlicher Einbeziehung nicht schlichten können. Zwar ist jeder Träger von Menschenrechten ein Mensch im biologischen Sinne. Aber nicht jeder Mensch im biologischen Sinne muss darum schon Träger von Menschenrechten sein.

Der Personenbegriff wird nun manchmal gebraucht, um die Mehrdeutigkeiten im Begriff des Menschen aufzulösen (so etwa Singer 1994). Er steht dann zusammenfassend für Eigenschaften und Fähigkeiten, die wir als eigentümlich menschlich auffassen und in unserem gegenseitigen Umgang ›normalerweise‹ voraussetzen. Personen haben ein Bewusstsein ihrer selbst; sie wissen, dass sie intentionale und selbstbewusste Subjekte unter anderen intentionalen und selbstbewussten Subjekten sind, und sie können ihr Meinen und Wollen an rechtfertigenden Gründen ausrichten. Personen sind damit normativ zurechnungsfähige Subjekte von Meinungen und Handlungen (vgl. etwa Dennett 1981; für einen Überblick Brasser 1999). Evident ist, dass nicht alle Menschen auch Personen in diesem Sinne sind. Wie aber können die Menschenrechte dann nur als Personenrechte begründet sein? Muss eine solche Begründung nicht all die menschlichen Wesen verfehlen, die weder aktuell noch auch nur potentiell Personen sind? Was motiviert Philosophen zu einer manche Menschen ausschließenden Herleitung von Rechten, die doch alle Menschen einschließen sollen?

Probleme und Positionen

Das zuletzt genannte Problem wird manchmal übersehen, weil auch der Gebrauch des Personenbegriffs nicht einheitlich ist. Manche verwenden ›Person‹ gleichbedeutend mit ›menschliches Wesen‹, ohne jede weitere inhaltliche Qualifizierung. Damit verschwindet zwar das Ausschlussproblem, der Personenbegriff verliert so aber jeden inhaltlichen Mehrwert zu Zwecken der Menschenrechtsbegründung. Die Mehrdeutigkeit des Personenbegriffs beginnt vor allem aber damit, dass primär theoretische Verwendungen neben primär praktischen stehen. Sie setzt sich innerhalb des Feldes der praktischen Verwendungsweisen fort als Unterscheidung zwischen einem Fähigkeiten- und einem Statusaspekt von ›Person‹. Der Fähigkeitenaspekt kann zwar, wie im Kantianismus und im moralischen Individualismus, zur Begründung einer moralischen Sonderstellung des Menschen dienen; eine solche Begründung wird aber der sozialen Reichweite der Menschenrechte nicht gerecht. Besonders deutlich sind die menschenrechtlichen Grenzen des Personenbegriffs im Zuge der Debatte um die Position Peter Singers zutage getreten, so dass am Ende eine differenzierte Betrachtung und Kritik von Singers Argumenten stehen soll.

1. Theoretische und praktische Personenbegriffe: Primär theoretisch ist der Begriffsgebrauch von Philosophen, die nach Kriterien ›personaler Identität‹ fragen. Gemeint sind Bedingungen für die Einheit von Individuen, die jedenfalls zeitweilig sowohl körperliche Merkmale als auch mentale Zustände wie Empfindungen oder Überzeugungen aufweisen. Dabei setzen Identitätstheoretiker nicht schon begrifflich voraus, dass nur Menschen Personen sein können. Zu manchen Leistungen mögen allerdings faktisch nur Wesen ›wie wir‹ imstande sein. Zum Beispiel dürften nur Menschen die Fähigkeit besitzen, über eine Verkettung von Erinnerungen sich als dieselben Wesen zu begreifen, die sie in früher Kindheit waren; die Fähigkeit also, heute zu wissen, was sie gestern gewusst haben, als sie wiederum wussten, was sie vorgestern gewusst hatten und so weiter.

Dieses Personenkriterium psychischer Kontinuität geht zurück auf John Locke (1690/2000). Dieser verstand unter einer Person ein »denkendes, verständiges Wesen, das Vernunft und Überlegung besitzt und sich selbst als sich selbst betrachten kann. Das heißt, es erfaßt sich als dasselbe Ding, das zu verschiedenen Zeiten und an verschiedenen Orten denkt« (ebd., 419). So anregend diese Definition auf die theoretische Philosophie gewirkt hat und weiterhin wirkt (etwa Shoemaker 1963): Lockes eigenes Interesse war ein primär praktisches. Er wollte wissen, wer wofür verantwortlich ist. Angenommen, ich wäre eine Reinkarnation Julius Cäsars: Wäre ich dann für Cäsars Feldzüge verantwortlich? Nein, meint Locke, da zwischen Cäsar und mir keinerlei psychische Verbindung besteht. Ich kann mich beim besten Willen nicht daran erinnern, was ich als Julius Cäsar getan habe. Folglich sind Cäsar und ich, wiewohl ›substantiell‹ derselbe, zwei verschiedene Personen. Nicht anders wäre es, wenn ich jetzt in Ohnmacht fiele und irreversibel alle meine bisherigen Erinnerungen verlöre. Mein späteres bewusstes Leben wäre dann das einer anderen Person, die für meine früheren Fehler und Versäumnisse nicht aufzukommen bräuchte. Locke wollte im Grunde wissen, wofür wir Menschen am Tage des Jüngsten Gerichts verantwortlich einstehen müssen. Der Begriff der Person interessierte ihn unter dem Gesichtspunkt der Zurechenbarkeit von Handlungen. Wem ein Verhalten als ein willentliches Handeln zurechenbar ist, der trägt für die Folgen dieses Handelns eine normative Verantwortung. Da alles Handeln ein absichtliches Tun oder Unterlassen ist, beruht normative Verantwortung auf dem Vermögen, durch Überlegung den eigenen Willen zu lenken.

2. Fähigkeiten- und Statusaspekt: Heutige Philosophen interessieren sich daher für die eigentümliche Struktur des Wollens, die Personen vor anderen Wesen auszeichnet (etwa Frankfurt 1971; Taylor 1992). Personen sind Stellung nehmende Tiere. Sie können wünschend, wollend und wertend auf ihr Wünschen, Wollen und Werten Bezug nehmen. Außerdem wissen sie, dass andere ebenso Personen sind wie sie selbst. Und schließlich sind sie dazu imstande, verständig auf Vorhaltungen einzugehen, Gründe argumentativ zu entkräften oder ihnen beizupflichten. Selbst in den negativen Reaktionen auf das Handeln einer Person steckt darum ein Moment von Anerkennung. Wer einen anderen kritisiert, hält ihn für grundsätzlich rational. Er rechnet mit dem Vermögen des Angesprochenen, das eigene Meinen und Wollen aus eigenen rechtfertigenden Gründen zu verantworten. Darin besteht der *Fähigkeitenaspekt* in der praktischen Verwendung des Personenbegriffs.

Dieser Aspekt trägt auch die Zuschreibung spezifisch moralischer Verantwortlichkeit. Als *moralischer Akteur* kommt in Betracht, wer andere aus rechtfertigenden Gründen berücksichtigen kann, die beliebige andere moralische Akteure ebenfalls einsehen sollten. Moralische Akteure sind rationale Akteure, die das Wohl und Wehe anderer unparteiisch beachten können. Wenn auch nicht alle rationalen Personen bereits *moralische* Personen sind – auch hochintelligente Psychopathen z. B. sind Personen –, so sind doch umgekehrt alle moralischen Akteure zugleich Personen. Der moralische Gebrauch des Personenbegriffs zielt aber nicht unbedingt auf die Identifizierung möglicher *Träger* moralischer Pflichten. Er kann auch deren *Adressaten* meinen. Eine Person ist nicht nur ein Objekt der Behandlung, sondern auch ein Gegenüber für den moralisch Handelnden. Sie ist nicht »etwas«, sondern »jemand« (so Spaemann 1996): Jeder muss um ihretwillen Rücksicht üben. Und wer um seiner selbst willen Rücksicht verdient, ist Subjekt moralischer Rechte. Darin besteht der *Statusaspekt* in der praktischen Verwendung des Personenbegriffs. Der Statusaspekt kann nun mit dem Fähigkeitenaspekt zusammenfallen, aber das muss nicht so sein.

3. Kantianische und individualistische Ansätze: Manche Moralphilosophen sind der Ansicht, allein Adressaten normativer oder gar moralischer Erwartungen könnten auch genuine Adressaten moralischer Rücksicht sein. So sah es Immanuel Kant: Nur wer sich selbst das moralische Gesetz, den »kategorischen Imperativ«, geben könne, habe eine »Würde«; alle anderen, ungeachtet ihrer Leidensfähigkeit und selbst ihrer Intelligenz, besäßen nur einen Tauschwert: Ihnen komme jedenfalls keine Achtung um ihrer selbst willen zu (Kant 1797/1993, A 93). Wie schon Kant selbst, so berufen sich auch heutige Kantianer zum Zweck der Menschenrechtsbegründung auf die besonderen Fähigkeiten zurechnungsfähiger Personen. Aber die meisten möchten dazu ohne Kants spezielles, moralisch aufgeladenes Vernunftverständnis auskommen. Alan Gewirth (1978) etwa will zeigen, dass ein beliebiger rationaler Akteur nach menschenrechtlichen Garantien für die Voraussetzungen seiner Handlungsfähigkeit verlangen muss. Diskurstheoretiker der Moral und des Rechts verankern Ansprüche auf Rücksicht hingegen in Normen, denen ein beliebiger Teilnehmer an rationalen Diskursen zugestimmt haben könnte. Aber ob monologisch oder dialogisch gedeutet, eine kantianische Begründung für Menschenrechte beruft sich jedenfalls auf besondere Vermögen zurechnungsfähiger Personen. Nur diesen kann der Logik der Argumentation zufolge ein direkter menschenrechtlicher Status zukommen.

Eine weitere Denkrichtung der Moralphilosophie, die den moralischen Status an personale Fähigkeiten knüpft, ist der moralische Individualismus (etwa Gauthier 1986). Eine intersubjektiv geltende Norm ist individualistisch begründet, wenn jeder Adressat mit ihr besser dasteht als ohne sie. Anders als die Kantianer muten uns moralische Individualisten dabei aber kein unparteiisches Urteilen zu. Jeder darf egozentrisch kalkulieren, was alles in allem für ihn das Beste wäre. Nur sofern eine Regel der Rücksichtnahme im Interesse jedes Einzelnen liegt, kann ihre Anerkennung auch für jeden ein Gebot der Rationalität sein. Ist ein anderer zu schwach, um mir zu schaden, so bin ich jedenfalls nicht rational dazu genötigt, ihn in meine Rücksicht einzubeziehen. Vor allem aber liegt auf der Hand, dass überhaupt nur rationale Personen mögliche Vertragsparteien sein können. Wer nicht einmal kognitiv begreifen kann, was Verträge sind, für den sieht der moralische Individualismus auch keinen genuinen Rechtsstatus vor. Seine einzige Chance auf geregelte Rücksicht besteht dann darin, Fürsprecher unter vertragsfähigen und verhandlungsmächtigen Personen zu finden, die etwa ein sentimentales Interesse an ihm nehmen.

Weil sowohl kantianische als auch individualistische Moralbegründungen unsere Ansprüche auf Rücksicht in besonderen personalen Fähigkeiten verankern, stehen beide in Spannung zu den Menschenrechten. Diese nämlich kommen zumindest allen geborenen und nicht hirntoten Menschen zu. Dazu zählen auch kleine Kinder, geistig Behinderte und Altersdemente – Menschen, die nach Maßgabe des Fähigkeitenaspekts keine Personen sind. Unproblematisch ist die Gleichsetzung von Menschenrechten mit Personenrechten nur, wo ›Personen‹ im Sinne des Statusaspekts gemeint sind. Leider macht aber die Gleichsetzung von ›Person‹ mit ›Träger von Menschenrechten‹ den Personenbegriff entbehrlich. Der Statusaspekt des Personenbegriffs vermag zur *Begründung* unseres menschenrechtlichen Status deshalb nichts beizutragen. Personen sind dann ja einfach als diejenigen *definiert*, denen Menschenrechte zukommen. Der Fähigkeitenaspekt hingegen könnte hier zwar eine begründende Rolle spielen: Wir haben Menschenrechte, weil wir Fähigkeiten mitbringen, die uns aus dem Tierreich herausheben. Aber eine solche Begründung würde nicht einmal alle geborenen und nicht hirntoten Menschen einschließen. Dieses Ergebnis spricht dafür, auf den Personenbegriff eher wenig menschenrechtliches Gewicht zu legen.

4. Der Personenbegriff Peter Singers: Besonders deutlich wurden die menschenrechtlichen Grenzen des Personenbegriffs im Zuge der sogenannten Singer-Debatte um das (Menschen-)Recht auf Leben. Peter Singer erkennt Personen, aber auch nur Personen ein Recht auf Leben zu. Unter einer Person versteht er dabei ein selbstbewusstes Wesen, das sich auf die Zeitlichkeit der je eigenen Existenz beziehen kann (Singer 1994, 123). Singer vertritt eine Interessenkonzeption von Rechten: Diese sind für ihn eine Funktion von Präferenzen. Und eine Präferenz für das eigene Weiterleben könne nur haben, wer sich seiner selbst als Individuum mit einer Vergangenheit, Gegenwart und Zukunft bewusst sei. Personen haben normalerweise eine Präferenz für das eigene Weiterleben. Also sollten wir ihr Leben rechtlich schützen.

Der Personenbegriff erfüllt bei Singer zwei Funktionen: Er soll, erstens, verständlich machen, warum das Dasein der allermeisten Menschen moralisch besonders wertvoll ist – wertvoller als das Dasein lediglich empfindungsfähiger Tiere. Die bloße Zugehörigkeit zur Spezies *Homo sapiens* kann dies Singer zufolge aber nicht rechtfertigen. Die Bevorzugung eines Wesens schon aufgrund seiner Specieszugehörigkeit hält Singer für ebenso willkürlich wie die Bevorzugung eines Menschen aufgrund seiner Hautfarbe oder seines Geschlechts. Weil aber die allermeisten Menschen *selbstbewusste* Wesen, also Personen sind, haben sie tatsächlich besondere moralisch erhebliche Merkmale: Vor den meisten sonstigen Tieren zeichnet sie aus, dass sie das eigene Weiterleben ausdrücklich bevorzugen können. Damit aber wird, zweitens, auch deutlich, dass wir nichtmenschlichen Tieren, die ebenfalls Personen sind, das Lebensrecht nicht vorenthalten dürfen. Menschenaffen, Delfine und sogar Schweine dürften Personen im Sinne Singers sein. Insofern bildet sein Personenbegriff eine moralische Brücke zwischen Menschen und manchen nicht-menschlichen Tieren. Allerdings gilt dann auch umgekehrt: Nicht alle Menschen sind Personen. Embryonen, Säuglinge und geistig schwer behinderte Menschen sind keine selbstbewussten Subjekte ihres eigenen Lebens (Singer 1994, z. B. 196 f.).

5. *Kritik an Singer:* Singer weist die Idee einer ›Heiligkeit des menschlichen Lebens‹ zurück und mit ihr die Überzeugung, dass *jeder* geborene und nicht hirntote Mensch ein Recht auf Leben habe. Die meisten Kritiker Singers haben sich auf die potentiell fatalen Folgen für menschliche Neugeborene mit Behinderungen konzentriert. Das ist aber nur ein Sonderfall des allgemeinen Problems, dass Säuglinge generell, folgt man Singer, kein genuines Lebensrecht haben. Singers Ansichten ›provozierend‹ zu nennen, wäre daher eine Untertreibung; sie verletzen zentrale menschenrechtliche Intuitionen im Kern. Das hat teils damit zu tun, dass Singer ein (Präferenz-)Utilitarist ist und der Utilitarismus als solcher zu einer Moral mit (Menschen-)Rechten in Spannung steht. Aber das Provokationspotential von Singers Überlegungen geht über deren utilitaristische Grundlage hinaus.

Spezifisch utilitaristisch ist der Gedanke der ›Ersetzbarkeit‹: Individuen werden nur als ›Behälter‹ für intrinsisch wertvolle Zustände wie Lust oder Wunscherfüllung betrachtet. Man darf daher, um im Bild zu bleiben, einen Behälter grundsätzlich zerstören, wenn man dafür nur ein neues Gefäß für wenigstens ebenso viele wertvolle Zustände an seine Stelle setzt. Das gilt Singer zufolge allerdings nur, solange ein Individuum sich seiner selbst, mit einer eigenen Vergangenheit, Gegenwart und Zukunft, nicht bewusst ist. Wesen ohne Selbstbewusstsein, wie es menschliche Säuglinge seien, gingen gleichsam im jeweiligen Augenblick auf und seien darum ersetzbar; selbstbewusste Personen nicht (Singer 1994, v. a. 219–224). Gleichwohl macht die Idee der Ersetzbarkeit den Unterschied zwischen Singers Position und einem Rechte-Ansatz (dazu Regan 2004, Kap. 8) deutlich. Anders als die Utilitaristen betonen die Anhänger eines Rechte-Ansatzes die *Unvertretbarkeit* jedes Individuums, das zumindest einige seiner eigenen Lebensvollzüge bewusst erlebt: Jedes empfindende, wahrnehmende und wollende Individuum lebt sein Leben, dessen Beendigung daher das definitive Ende eines unvertretbar einzelnen Wesens wäre. Rechte bewahren unvertretbar einzelne Wesen davor, behandelt zu werden, als wären sie ersetzbar.

Von dieser Besonderheit – oder Absonderlichkeit – des Utilitarismus logisch unabhängig ist jedoch Singers Annahme, dass das Leben mancher schwer geschädigter Neugeborener für diese selbst so qualvoll ist, dass wir es besser beenden sollten (vgl. die Fallbeschreibungen in Merkel 2001). Auch darin liegt eine ungeheure Provokation für jemanden, der alles menschliche Leben für ›heilig‹ hält. Nicht wenige Kritiker Singers sehen bereits in der Bewertung der Lebensqualität eines anderen Menschen eine menschenrechtswidrige Verirrung. Dagegen lässt sich allerdings einwenden, dass gerade selbstbewusste Personen das eigene Leben ausdrücklich oder unausdrücklich als besser oder schlechter bewerten. Es erscheint daher nur schlüssig, einige wertende Urteile, etwa über anhaltende schwere Schmerzen, mit der gebotenen größten Vorsicht auch auf unmündige Wesen zu übertragen. Auch schützt das Recht auf Leben ein Gut und kein Übel. Wo das Leben definitiv aufgehört hat, ein Gut zu sein, oder seinem Subjekt keinerlei Aussicht bietet, eines zu werden, kann demnach das Lebensrecht nicht gegen die Tötung sprechen. Wer von der Heiligkeit des menschlichen Lebens ausgeht, muss folglich klären, ob er nicht eher eine Lebens*pflicht* als ein Lebens*recht* verficht. Dabei gebührt der Autonomie des anderen gewiss die größte Beachtung. In Ansehung drastischer Fälle des Leidens Unmündiger aber bleibt uns gar nichts anderes übrig, als wertende Urteile zu treffen, die nach allem menschlichen Ermessen die Bestätigung der direkt Betroffenen finden würden, wenn diese nur selbst urteilen könnten. ›Unschuldige‹ Lösungen gibt es hier nicht: Auch wer für das Weiterlebenlassen eines ganz offenbar schwer Leidenden votiert, trifft eine fehlbare und folgenreiche Entscheidung für einen anderen Menschen (so etwa Merkel 2001).

Anstößig mag man außerdem finden, dass Singer der Speziesgrenze kein moralisches Gewicht gibt. Auch das passt nicht zur Idee der Heiligkeit gerade des *menschlichen* Lebens. Aber Singer argumentiert, die moralische Irrelevanz der Speziesgrenze trete zutage, sobald man sich konsequent von einer religiösen Moralauffassung verabschiedet habe. Das muss man menschenrechtlich nicht gefährlich finden. Die Einbeziehung nichtmenschlicher Tiere als solche macht die Moral schließlich nicht exklusiver, sondern inklusiver. Die Aufwertung des moralischen Status von Tieren zwingt uns nicht zur Abwertung des moralischen Status von Menschen. Wir können daran festhalten, dass das Menschsein *hinreicht*, um moralisch begründete Rechte zu haben. Aber es muss dafür nicht auch *notwendig* sein. Menschenrechte könnten eine bloße Teilmenge moralisch begründeter Rechte sein, ohne darum zwangsläufig an moralischer Kraft einzubüßen.

Ein weiteres Problem betrifft Singers Verständnis von ›Interessen‹. Singer führt rechtlich erhebliche Interessen auf Präferenzen zurück. So gelangt er zu dem Schluss, dass menschliche Neugeborene jedenfalls kein genuines Recht auf Leben hätten, da sie das eigene Weiterleben nicht präferieren könnten. Doch weder dieser Schluss noch das wunschbasierte Interessenverständnis als solches sind zwingend. Ein möglicher Einwand lautet, dass das Weiterleben eine faktische Voraussetzung für die Erfüllung einer großen Zahl von Präferenzen ist, darunter solcher, die nicht nur selbstbewusste Wesen haben. Das Leben ist eine Bedingung der Möglichkeit beliebiger Erlebnisse, und viele Verhaltensweisen von Lebewesen sind der Sache nach auf deren eigenes zukünftiges Erleben bezogen. Man könnte daher auch solchen Subjekten des Strebens und Erlebens ein objektives Interesse an der eigenen Zukunft zuschreiben, die selbst keinen Begriff von ihrer Endlichkeit haben. Noch weiter geht allerdings die Frage, ob wir Interessen überhaupt in Präferenzen verankern sollten. Warum eigentlich halten die allermeisten Personen das Getötetwerden für ein Übel, vor dem sie sich wie vor nichts anderem fürchten? Bezieht sich die Furcht nicht vor allem auf den drohenden definitiven Verlust der Möglichkeit, noch manches Erfreuliche zu erleben und zu tun? Das objektive Interesse an künftigen erfreulichen Erlebnissen ist aber wiederum eines, das Personen mit anderen erlebensfähigen Individuen *gemeinsam* haben (dazu Ladwig 2007, 32 f.).

Aber ist damit nicht zu viel gezeigt? Sollen wir denn wirklich jedes irgendwie erlebte Leben *prima facie* gleichermaßen schützen – von der Mücke über den Elefanten bis zur menschlichen Person? Die letzte Provokation, die Singer für das herkömmliche Menschenrechtsverständnis bereithält, richtet sich gegen den Glauben an die Nichtabstufbarkeit der Menschenrechte. Außerhalb der menschenrechtlichen Gemeinschaft stehe es uns frei, die moralische Schutzwürdigkeit von Lebewesen nach Maßgabe von Kriterien wie Tiefe, Reichweite, Reflektiertheit und Komplexität des Erlebens zu graduieren. Unter uns Menschen aber dürfe dies alles moralisch keine Rolle spielen. Doch ist das normativ wie tatsächlich überhaupt richtig? Singer weist auf die vergleichsweise freizügigen Abtreibungsregelungen in so gut wie allen liberaldemokratischen Gesellschaften hin. Welche moralisch erhebliche Eigenschaft hat aber der bereits geborene Säugling, die dem noch nicht geborenen, aber ebenfalls erlebensfähigen Fetus fehlt? Die meisten Menschen halten die Tötung einer selbstbewussten Person für in sich verwerflicher als die Tötung einer erlebensfähigen Leibesfrucht. Müssten sie aber dann nicht auch, mit Singer, einräumen, dass das Leben einer Person per se mehr moralisches Gewicht hat als das eines Neugeborenen mit noch kaum konturiertem Bewusstsein? Die Frage bleibt selbst dann brisant, wenn man das Lebensrecht vom Selbstbewusstsein trennt. In ihr scheint das schwierigste Begründungsproblem zu liegen, das Singer den philosophischen Verteidigern von Menschenrechten aufgegeben hat.

Kritischer Ausblick

Man kann das zuletzt skizzierte Problem – über den Fall der Abtreibung hinaus – verallgemeinern. Das führt uns zu der irritierenden Frage, ob wirklich jedes individuelle menschliche Wesen auch ein gleiches Recht auf Menschenrechte hat. Ein Problem ist das z. B. für moralische Individualisten und für Kantianer, die ein Recht auf Menschenrechte an Rationalität oder gar Moralfähigkeit knüpfen. Vertreter beider Richtungen müssen sich mit Zusatzannahmen behelfen, um wenigstens alle geborenen und nicht hirntoten Menschen erfassen zu können: Vertragsfähige Dritte könnten am Gedeihen unmündiger Menschen Gefallen finden; unter diesen hätten viele das Potential, rationale und moralfähige Personen zu werden; außerdem seien Rationalität und Moralität typische Merkmale der menschlichen Gattung als ganzer etc. (zum letzten Argument: Hursthouse 1987).

Will man solche fragwürdigen Manöver nachträglicher Eingemeindung vermeiden, scheint sich die Bezugnahme auf menschenrechtlich fundamentale Interessen anzubieten. Eine Interessenkonzeption ist inklusiver als ein Ansatz, der nach personalen Fähigkeiten verlangt. Die Interessen, die moralfähige Personen untereinander als menschenrechtlich erheblich behandeln, haben auch mit kreatürlichen Merkmalen wie Sterblichkeit und leibgebundener Leidensfähigkeit zu tun, die Personen mit unmündigen Menschen verbinden. Zwar können nur Personen Rechte *begründen* und selbstbewusst gebrauchen. Aber sehr viel mehr Wesen könnten vom *Schutz* rechtlich erheblicher Interessen profitieren (dazu Feinberg 1980). Die Menge der »moral patients« schließt die Menge der »moral agents« ein, geht jedoch über sie hinaus. Die Singer-Kontroverse hat indes gezeigt, dass auch von Interessen kein direkter Weg zur Inklusivität und Egalität der menschenrechtlichen Gemeinschaft führt. *Erstens* kann eine Interessenkonzeption direkt nur solche Menschen erfassen, die aktuell, zukünftig oder jedenfalls potentiell Subjekte des Erlebens sind. Säuglinge, die z. B. ohne Großhirn und geschlossene Schädeldecke geboren werden, sowie irreversibel Komatöse sind demnach keine genuinen Rechtssubjekte im Sinne einer Interessenkonzeption. Erst recht gilt das für Hirntote, obwohl gute Gründe dafür sprechen, den Ganzhirntod nicht mit dem Tod des Menschen gleichzusetzen, sondern in ihm nur einen – allerdings wesentlichen und irreversiblen – Einschnitt im Sterbeprozess zu sehen (dazu ausführlich Stoecker 1999; ebenso DeGrazia 2005, 142–147).

Ob erlebensunfähige Embryonen und Feten im ersten und wohl auch zweiten Schwangerschaftsdrittel (dazu Boonin 2003) genuine Rechtssubjekte sind, hängt davon ab, wie viel Gewicht wir auf die *Potentialität* künftigen Erlebens legen sollten. Die Abtreibungsregelungen in den allermeisten liberaldemokratischen Staaten verraten jedenfalls eine andere Überzeugung: Sie erlauben Abwägungen zulasten menschlichen Lebens im Mutterleib – zumal in den früheren Stadien der Schwangerschaft –, die in Ansehung geborener Kinder kategorisch ausgeschlossen wären. *Zweitens* spricht eine Interessenkonzeption für und nicht gegen eine vergleichende Bewertung der Lebensqualität und der Aussichten erlebensfähiger Menschen. Für Situationen katastrophaler Knappheit etwa lebensrettender Medikamente ist das auch in menschenrechtlichen Demokratien grundsätzlich anerkannt oder jedenfalls gängige Praxis: Extreme Notlagen bringen Gesichtspunkte der Lebensqualität und -dauer zur Geltung, die ansonsten unzulässig diskriminierend wären. Sind solche Abwägungen aber in Extremsituationen erlaubt oder sogar geboten, warum müssen wir sie dann in allen anderen Fällen unbedingt unterlassen?

Der Ausschluss vieler erlebensunfähiger Menschen wie auch Abstufungen unter den Erlebensfähigen widersprechen jedoch dem globalen menschenrechtlichen Minimalkonsens der Rechtsgleichheit aller geborenen und nicht hirntoten Angehörigen unserer Spezies. Will man diese augenfälligen Spannungen auf der Grundlage einer Interessenkonzeption auflösen, so ist wohl nur der Rückgriff auf Gründe möglich, die eher moralisch-pragmatischer als moralisch-prinzipieller Natur sind. Zu diesen Gründen zählen faktische Gefahren des Missbrauchs und des ›Dammbruchs‹ sowie kriteriale Probleme der Grenzziehung. Auch dürfte eine elementare Ehrfurcht vor allen Formen menschlichen Lebens eine für die menschenrechtliche Gemeinschaft äußerst vorteilhafte Grundhaltung sein. Darum haben etwa irreversibel Komatöse ein *zugeschriebenes* Recht auf Leben im Sinne des Verbots aktiver intentionaler Tötung – deutlich umstrittener ist indes, wie weit hier die Behandlungspflichten reichen. So ist es rechtlich akzeptierte Praxis auch in Deutschland, Säuglingen ohne Großhirn eine lebensverlängernde medizinische Intensivbehandlung zu verweigern und sie somit sterben zu lassen (dazu Merkel 2001, 70 f.).

Auch die menschenrechtliche Gleichheit aller *genuinen* Rechtssubjekte ist auf säkularer Grundlage wohl nur begründbar, wenn man moralpragmatische Gesichtspunkte einbezieht. Unterscheidungen mit womöglich tödlicher Folge unter *erlebensfähigen* Menschen bergen ein hohes Diskriminierungspotential. Das ist weniger eine innerphilosophische Einsicht als eine Konsequenz aus den Erfahrungen mit politischen Systemen, die wertende Unterscheidungen unter Menschen zur Grundlage ihrer Politik gemacht haben – bis hin zu den nationalsozialistischen Massenmorden. Wir sollten solche Unterscheidungen daher auf Grenzsituationen wie Notfälle oder gerechtfertigte Kriege zu beschränken suchen und sie ansonsten bewusst latent halten. Dieses Gebot, von grundsätzlich möglichen wertenden Unterscheidungen weitgehend abzusehen, trägt die menschenrechtliche Gleichheit. Sie verlangt von uns, dass wir uns möglichst auf das konzentrieren, was uns gemeinsam ist: dass jeder sein Leben lebt und nur dieses eine hat, das darum den stärksten Schutz verdient, den wir einander als Gleiche schulden. Auf der Adressatenseite dieses ›Wir‹ stehen nicht allein selbstbewusste und rationale Personen. Daraus folgt aber nicht, dass die soziale Reichweitenbestimmung der Menschenrechte eine Sache der Biologie wäre: Auch wer als zureichend individuiertes Wesen zur Spezies *Homo sapiens* gehört, muss darum doch kein Mensch im menschenrechtlichen Sinne sein. Der globale Minimalkonsens beginnt mit den geborenen Menschen und macht vor den hirntoten halt. Wer das verkehrt findet, sollte sich nicht auf den biologischen Gehalt des Begriffs ›Mensch‹ berufen, sondern substantielle moralische Argumente dafür vorbringen, die menschenrechtliche Gemeinschaft zu erweitern.

Literatur

Boonin, David: *A Defense of Abortion.* Cambridge 2003.
Brasser, Martin (Hg.): *Person. Philosophische Texte von der Antike bis zur Gegenwart.* Stuttgart 1999.
DeGrazia, David: *Human Identity and Bioethics.* Cambridge 2005.
Dennett, Daniel: »Bedingungen der Personalität«. In: Peter Bieri (Hg.): *Analytische Philosophie des Geistes.* Königstein 1981, 303–324.
Feinberg, Joel: »The Rights of Animals and Unborn Generations«. In: Ders.: *Rights, Justice, and the Bounds of Liberty.* Princeton, NJ 1980, 159–184.
Frankfurt, Harry G.: »Freedom of the Will and the Concept of a Person«. In: *Journal of Philosophy* 68/1 (1971), 5–20.
Gauthier, David: *Morals by Agreement.* Oxford 1986.
Gewirth, Alan: *Reason and Morality.* Chicago 1978.
Hursthouse, Rosalind: *Beginning Lives.* Oxford 1987.
Kant, Immanuel: *Die Metaphysik der Sitten. Metaphysische Anfangsgründe der Tugendlehre* [1797]. In: *Werkausgabe.* Hg. von Wilhelm Weischedel. Bd. VIII. Frankfurt a. M. [10]1993.
Ladwig, Bernd: »Das Recht auf Leben – nicht nur für Personen«. In: *Deutsche Zeitschrift für Philosophie* 55. Jg. (2007), 17–39.
Locke, John: *Versuch über den menschlichen Verstand. In vier Büchern* [1690]. Hamburg 2000.
Merkel, Reinhard: *Früheuthanasie. Rechtsethische und strafrechtliche Grundlagen ärztlicher Entscheidungen über Leben und Tod in der Neonatalmedizin.* Baden-Baden 2001.
Regan, Tom: *The Case for Animal Rights.* Berkeley/Los Angeles [2]2004.
Shoemaker, Sidney: *Self-knowledge and Self-identity.* Ithaca 1963.
Singer, Peter: *Praktische Ethik.* Neuausgabe. Stuttgart 1994.
Spaemann, Robert: *Personen. Versuche über den Unterschied zwischen »etwas« und »jemand«.* Stuttgart 1996.
Stoecker, Ralf: *Der Hirntod. Ein medizinethisches Problem und seine moralphilosophische Transformation.* Freiburg/München 1999.
Taylor, Charles (1992): »Was ist menschliches Handeln?« In: Ders.: *Negative Freiheit? Zur Kritik des neuzeitlichen Individualismus.* Frankfurt a.M. 1992, 9–51.

Bernd Ladwig

1.3 Menschenwürde

Zentrale Ausgangsfragen

In Theorie und Praxis der Menschenrechte spielt der Begriff der Menschenwürde erst seit dem radikalen Neueinsatz eine grundlegende Rolle, der in Reaktion auf den »Gattungsbruch« (Zimmermann 2005) der nationalsozialistischen Politik zum ersten Mal zu einer *allgemeinen* »Erklärung der Menschenrechte« geführt hat (vgl. Wetz 2005; zur These des Neueinsatzes: Menke/Pollmann 2007). In den klassischen – den französischen und amerikanischen – Menschenrechtserklärungen des 18. Jahrhunderts findet sich der Begriff der Menschenwürde nicht. Zwar wird er zu dieser Zeit bereits in Rechts- (Samuel Pufendorf) und Moraltheorien (Immanuel Kant) aus der antiken Tradition aufgegriffen und neu formuliert. Diese Ansätze finden jedoch zunächst keine unmittelbare politik- oder rechtstheoretische Fortsetzung. Wenn im 19. Jahrhundert von ›menschenwürdig‹ die Rede ist, so zumeist im Zusammenhang mit Forderungen nach einer grundlegenden Veränderung der Lebensverhältnisse des Proletariats. Eine allgemeine Bedeutung für das Verständnis der Menschenrechte ist damit jedoch nicht verbunden.

Das ändert sich erst nach dem Zweiten Weltkrieg: Die Menschenwürde tritt nun zunehmend als die Idee hervor, auf die man sich angesichts der totalitären »Akte der Barbarei« als gemeinsame Grundlage verständigen kann. So spricht die *Allgemeine Erklärung der Menschenrechte* von 1948 (s. Kap. I.4.6) gleich im ersten Satz ihrer Präambel von der »Anerkennung der angeborenen Würde und der gleichen und unveräußerlichen Rechte aller Mitglieder der Gemeinschaft der Menschen«. Und Art. 1 erklärt: »Alle Menschen sind frei und gleich an Würde und Rechten geboren.« Deutlicher noch stellt das deutsche *Grundgesetz* von 1949 ebenfalls in seinem ersten Artikel die Würde des Menschen als »unantastbare« Grundlage heraus: »Die Würde des Menschen ist unantastbar. Sie zu achten und zu schützen ist Verpflichtung aller staatlichen Gewalt« (Art. 1 Abs. 1 GG). Diese Verknüpfung von Menschenrechten und menschlicher Würde ist in den Jahrzehnten seither wie selbstverständlich zur Grundlage des weltweiten Menschenrechtsregimes geworden.

Die folgende Darstellung gilt *nicht* dem Begriff der Menschenwürde in der Breite seiner historisch und kontextuell unterschiedlichen Verwendungen (vgl. Kondylis/Pöschl 1992; Menke/Pollmann 2007, Kap. 5), sondern richtet sich auf diesen spezifischen Komplex. Die Frage lautet: Wie ist der Zusammenhang von Menschenrechten und Menschenwürde zu verstehen? Diese Frage hat zwei Aspekte. Der erste Aspekt betrifft die *Form* des Zusammenhangs von Menschenwürde und Menschenrechten: Was heißt es, von der Menschenwürde als *Grund* der Menschenrechte zu sprechen, und wie lässt sich verstehen, dass der Begriff der Menschenwürde in diese Rolle erst durch die Erfahrung der totalitären Politik des 20. Jahrhunderts gelangt ist? Der zweite Aspekt betrifft den *Gehalt* des menschenrechtlichen Würdebegriffs: Weshalb kann der traditionelle Würdebegriff nicht als Grund der Menschenrechte in Anspruch genommen werden, und wie lässt sich der Zusammenhang von menschenrechtlichem Würdebegriff und moderner Subjektivität verstehen?

Probleme und Positionen

1. Würde als Grund: Während die *Allgemeine Erklärung der Menschenrechte* das Verhältnis zwischen der Würde und den Rechten des Menschen additiv fasst und damit unbestimmt lässt, erklärt das deutsche *Grundgesetz*, erstens, die Würde des Menschen für unantastbar und behauptet, zweitens, dass das deutsche Volk sich »*darum* zu unverletzlichen und unveräußerlichen Menschenrechten als Grundlage« (Art. 1 Abs. 2 GG) bekennt. Die Anerkennung der Menschenwürde und das Bekenntnis zu den Menschenrechten werden damit in einen direkten Zusammenhang gebracht. Wenn man überdies die Menschenrechte so verstehen kann, dass sie diejenigen normativen Ansprüche bezeichnen, die in jeder politischen Ordnung grundrechtlich abgesichert werden sollen (Menschenrechte sind Ansprüche auf rechtlich garantierte Ansprüche; vgl. Menke/Pollmann 2007, Kap. 1), dann versteht das Grundgesetz in seinem ersten Artikel die Menschenwürde so, dass mit ihrer Anerkennung unmittelbar die Idee der Rechtssubjektivität verbunden ist: Menschenwürde zu haben, heißt, berechtigt beanspruchen zu können, eine Person mit Grundrechten zu sein, die von der gegebenen politischen Ordnung unbedingt zu achten und gegenüber Dritten zu schützen sind.

Dieser Zusammenhang ist (in Diskussionen über das *Grundgesetz*) häufig so verstanden worden, dass die Menschenwürde das den Menschenrechten zugrundeliegende »Fundament« sei (Dürig 1956). Wenn jedoch Theodor Heuss' Charakterisierung des Menschenwürdesatzes als einer »nicht interpretierten These« zutrifft und dem Begriff der Menschenwürde mithin ein konstitutives Moment von Unbestimmtheit eignet, dann kann die Menschenwürde das Fundament der Menschenrechte nicht in dem Sinne sein, dass diese, die Menschenrechte, in ihren einzelnen Gehalten und Formulierungen aus jener, der Menschenwürde, abzuleiten sind: Der Zusammenhang zwischen Menschenwürde und Menschenrechten ist kein »deduktiver Zusammenhang« (Herdegen 2003).

Der Grund dafür ist, dass im Begriff der Deduktion der Zusammenhang zwischen der Menschenwürde und den Menschenrechten zugleich inhaltlich zu eng und strukturell zu lose verstanden wird. *Inhaltlich* wird ihr Zusammenhang als ›deduktiver‹ zu eng gefasst, weil er voraussetzt, dass in der Idee der Menschenwürde bereits all das enthalten sei, was die Liste der Menschenrechte dann nur noch in ihren einzelnen Bestimmungen und Aspekten festhält. Die Menschenwürde bezeichnet aber nur den allgemeinen normativen Gesichtspunkt, nicht den Ableitungsgrund menschenrechtlicher Regelungen. Umgekehrt wird der Zusammenhang von Menschenwürde und Menschenrechten als ›deduktiver‹ *strukturell* zu lose gefasst, weil er voraussetzt, dass die Idee der Menschenwürde den Menschenrechten vorgängig sei und damit unabhängig von ihnen erschlossen werden könne. Die Anerkennung der Menschenwürde besteht aber in nichts anderem als in dem Bekenntnis zur Idee der Menschenrechte. Der normative Gehalt der ›Menschenwürde‹ besteht in der Forderung, *dass* jeder Mensch überhaupt Mitglied einer politischen Ordnung und als solcher von dieser Ordnung als Träger grundlegender Ansprüche zu achten ist. Im Begriff der Menschenrechte wird sodann entfaltet, *welche* Ansprüche dies im Einzelnen sind. Die ›Abfolge‹ zwischen Menschenwürde und Menschenrechten, wie sie das deutsche *Grundgesetz* zum Ausdruck bringt, darf daher nicht so verstanden werden, dass die Menschenwürde den (Ableitungs-)Grund der Menschenrechte bezeichnet. Der Begriff der Menschenwürde erinnert vielmehr an die (Sinn-)Voraussetzung, ohne die von Menschenrechten gar nicht die Rede sein könnte: Wenn man Menschen Menschenrechte zuspricht, dann setzt man damit, vor jeder weiteren Bestimmung, bereits voraus, dass sie in einer politischen Ordnung zu achten und zu berücksichtigen sind. Der Hinweis auf die Würde, die jedem Menschen unverlierbar zukommt, kann so verstanden werden, dass er diese unausgesprochene Voraussetzung der Idee der Menschenrechte ausdrücklich macht.

2. Das Recht auf Rechte: Dass der Begriff der Menschenwürde dazu da ist, die Voraussetzung zu bezeichnen, ohne die Menschenrechte nicht gedacht werden können, vermag auch zu erklären, weshalb der Begriff der Menschenwürde erst in Reaktion auf den ›Gattungsbruch‹ der totalitären Politik zum ausdrücklich proklamierten Ausgangspunkt menschenrechtlicher Deklarationen geworden ist. Das radikal Neue der totalitären Politik hat Hannah Arendt bereits früh darin gesehen, dass hier zum ersten Mal ganzen Bevölkerungsgruppen, ohne das Vorliegen irgendeiner rechtlich dingfest zu machenden Schuld, der Status des Mitglieds in der politischen Ordnung als solcher entzogen bzw. vorenthalten wurde (Arendt 1949). Auf diese radikal neue Situation können nach Arendts Kritik die klassischen Menschenrechtserklärungen keine Antwort geben (s. Kap. I.3.6). Denn all die darin deklarierten Rechte – eine Vielzahl von Rechtsansprüchen »höchst heterogener Art und Herkunft« (Arendt 1949, 769) –, sind, recht besehen, bereits Rechte von Mitgliedern politischer Einheiten: »Formeln [...], die entworfen wurden, um Probleme *innerhalb* gegebener Gemeinschaften zu lösen« (ebd., 759). Eine jede Erklärung der Menschenrechte setzt mithin unausgesprochen voraus, dass die Menschen schon Mitglieder irgendeines politischen Gemeinwesens sind. Dass sie dies sein können *sollen* und wie dieses Sollen überhaupt zu verstehen und zu begründen ist, bleibt in den klassischen Erklärungen der Menschenrechte jedoch ungedacht.

Aus der Vermeidung dieser Frage erklärt sich nach Arendt auch der Grundfehler der klassischen Theorien der Menschenrechte, die sich genau an dieser Stelle auf die menschliche Natur beziehen und die Menschenrechte als diejenigen Rechte definieren, »die der menschlichen Natur, im Unterschied zu dem jeweiligen politischen Status der Individuen, inhärent sein sollen« (Arendt 1974, 138). In diesem Versuch, »das Politische auf die Natur zu reduzieren« (ebd.), wird jedoch gerade die Gleichheit, die behauptet werden soll, verspielt; denn als »Gleiche sind wir nicht geboren, Gleiche werden wir als Mitglieder einer Gruppe erst kraft unserer Entscheidung, uns gegenseitig gleiche Rechte zu garantieren« (Arendt 1949, 764). Durch den Rückgang auf die Natur kann also die aufgebrochene Kluft nicht geschlossen werden: Rechte können nur Mitglieder politischer Gemeinwesen haben, denn nur diese sind in einem rechtlich relevanten Sinne gleich. Die Herausforderung der totalitären Politik besteht daher darin, ohne trügerische Berufung auf die Natur ein Recht zu denken, das weder in den klassischen Theorien noch in den traditionellen Erklärungen der Menschenrechte zu finden ist: das »*Recht, Rechte zu haben*« (ebd., 760); »das Recht jedes Menschen auf Mitgliedschaft in einem politischen Gemeinwesen« (ebd., 766).

Genau dieses Recht – das Rechte auf Rechte – zu fassen, ist nach Arendt der Sinn des Begriffs der Menschenwürde, und das erklärt, weshalb dieser Begriff seit der Erfahrung des totalitären Gattungsbruchs zum grundlegenden Bezugspunkt menschenrechtlichen Denkens geworden ist. So schreibt Arendt in ihrem Aufsatz, der gleichzeitig mit der Arbeit an der *Allgemeinen Erklärung der Menschenrechte* (und dem deutschen *Grundgesetz*) entstanden ist: »Es stellte sich heraus, daß der Mensch alle sogenannten Menschenrechte einbüßen kann, ohne seine wesentliche menschliche Qualität, seine Menschenwürde zu verlieren. Einzig der Verlust der politischen Gemeinschaft ist es, der den Menschen aus der Menschheit herausschleudern kann« (Arendt 1949, 761). Und umgekehrt bedeutet, den Menschen *als* Menschen anzuerkennen, ihm die Würde zuzusprechen, Mitglied eines politischen Gemeinwesens zu sein. Genau darin besteht für Arendt der *genuin rechtlich-politische* Begriff der Menschenwürde. Der Begriff der Würde, der nach Arendts Argument in dem der Menschenrechte zwingend vorausgesetzt ist, enthält die normative Bestimmung des Menschen, Mitglied eines politischen Gemeinwesens zu sein und als ein solches Mitglied gleich zu sein und Rechte zu haben. Diese normative Bestimmung, die die Würde des Menschen ausmacht, schreibt weder im Einzelnen vor, worin die Achtung vor dem Menschen als gleichem Mitglied eines politischen Gemeinwesens besteht – aus der Idee der Menschenwürde sind keine Kriterien für die politische Gestaltung zu gewinnen (so auch Spaemann 1987 gegen Maihofer 1968) –, noch bedarf die normative Bestimmung des Menschen als Mitglied eines politischen Gemeinwesens einer vor- oder überpolitischen Begründung aus natürlichen Tatsachen oder moralischen Prinzipien. Dafür reicht nach Arendt die Erfahrung dessen, was es heißt und wozu es führt, wenn die Würde des Menschen missachtet wird.

3. Der halbierte Universalismus des traditionellen Würdekonzepts: Der Begriff der menschlichen Würde hat eine Geschichte und Verbreitung, die sehr viel weiter reichen als die der modernen Idee der Menschenrechte. Die Idee, wenn auch nicht immer den Begriff oder gar den Ausdruck ›menschliche Würde‹ findet sich – in der westlichen Tradition – ebenso in den monotheistischen Religionen wie in der Philosophie, vor allem der Stoa; Ähnliches gilt für andere, etwa asiatische Kulturen. Jedoch steht in keinem dieser Kontexte der Würdebegriff in einem internen Zusammenhang mit der Idee gleicher Rechte, gar universaler, egalitärer Menschenrechte. Andeutungen in diese Richtung, die jedoch zunächst ohne Fortsetzung bleiben, finden sich überhaupt erst bei neuzeitlichen Autoren. Ebenso wenig kann die Geschichte des Begriffs der Menschenwürde retrospektiv auf seine Verbindung mit dem der Menschenrechte als ihr spät eingelöstes, aber bereits anfänglich gegebenes Ziel hin konstruiert werden. Die wichtigsten westlichen Traditionen, die zu den Quellen des modernen Würdebegriffs geworden sind, wie Juden- und Christentum sowie Stoa, verstehen die menschliche Würde vielmehr so, dass sie mit dem Gedanken der Menschenrechte unvereinbar ist; denn sie ziehen aus der Würde des Menschen keine politischen Konsequenzen für die Pflichten und Rechte, die seine soziale Position definieren. Umgekehrt bedeutet dies, dass der Begriff der Menschenwürde, *wenn* er als untrennbar mit dem der Menschenrechte verstanden wird, einen spezifisch modernen Sinn annimmt, der mit den traditionellen Würdeverständnissen bricht. Das zeigt sich exemplarisch am stoischen Würdebegriff, durch dessen Aufnahme und grundlegende Umdeutung der moderne Würdebegriff im 18. Jahrhundert entstanden ist (Cancik 2002; vgl. Menke 2006).

Bereits für den stoischen Würdebegriff ist eine Unterscheidung wesentlich, die Peter Berger (1983) als eine »moderne« beschrieben hat: die Unterscheidung von ›Würde‹ und ›Ehre‹. Ehre kommt nach der stoischen Philosophie dem Menschen in der »Rolle« (*persona*) zu, »die jedem einzelnen persönlich zugewiesen ist« (Cicero 1991, I 107); Ehre hat daher jeder Mensch auf unterschiedliche Weise und in unterschiedlichem Maß. Die Würde dagegen betrifft die Rolle, die »allen Mensch gemeinsam« ist (ebd.). Alle Menschen haben, bloß als Menschen, Würde; das ist die Grundbestimmung, mit der die traditionelle Konzeption einsetzt und die sie in drei Schritten entfaltet: (a) Sie begründet die Würde des Menschen aus seiner Sonderstellung in der natürlichen Ordnung, durch seine Herausgehobenheit oder Erhabenheit gegenüber allen anderen Lebewesen; das fasst die jüdische Bibel als Gottesebenbildlichkeit des Menschen (Genesis 1, 26–27) und das beschreibt die stoische Philosophie als seine Vernunft. (b) Aus dieser Begründung durch die Sonderstellung des Menschen zieht die traditionelle Konzeption den ethischen Schluss, dass nur eine tugendhafte Lebensführung, die besonnen, maßvoll und beherrscht ist, mit der menschlichen Würde vereinbar ist (Cicero 1991, I 106). (c) Zu den ethischen Verpflichtungen, die aus der Einsicht in die menschliche Würde folgen, gehört an zentraler Stelle die Pflicht zur »Rücksichtnahme auf die Menschen«: Weil allen Menschen Würde zukommt, »muß man den Menschen auch eine gewisse Achtung (*reverentia*) erweisen, und zwar sowohl gerade bei den Vornehmen als auch bei den übrigen« (Cicero 1991, I 99). Mit dem Gedanken der Würde geht mithin in der stoischen Philosophie (ebenso wie in den monotheistischen Religionen) der Bezug auf *jeden* Menschen einher: Der Begriff der menschlichen Würde ist von Anfang an ein universalistischer Begriff.

Zugleich aber bleibt der Universalismus des traditionellen Würdebegriffs in entscheidender Hinsicht beschränkt: Es ist ein Universalismus, der sich zwar auf alle, auch auf alle gleichermaßen, dabei aber auf jeden nur in begrenztem Umfang bezieht. So ist es kein Widerspruch, dass weder in jüdischer noch in christlicher Deutung der Gedanke der Gottesebenbildlichkeit die Sklaverei zwingend ausschließt, ebenso wenig wie in stoischer Deutung der Gedanke der Würde, die dem Menschen aufgrund seiner Vernunft zukommt, politische Unterdrückung und soziale Ausbeutung zwingend ausschließt. Die universalistisch verstandene »menschliche Gemeinsamkeit« (*humani generis societas*), für die Paulus steht und von der Cicero spricht (Cicero 1991, III 21; vgl. 28), ist allumfassend nur in dem Sinne, dass sie alle Menschen umfasst; sie ist zugleich begrenzt und beschränkt darin, dass sie den Menschen in verschiedene »Rollen« (Ciceros *personae*) aufteilt und seine Achtung in der einen »Rolle« – der gemeinsamen Rolle des Menschen – mit seiner Beherrschung und Unterdrückung in den anderen – seinen politischen, sozialen, ökonomischen, familialen usw. Positionen – für vereinbar gehalten wird. Die universale Achtung ist im traditionellen Würdebegriff departmentalisiert. Deshalb ist dieser Würdebegriff mit dem der gleichen Rechte jedes Menschen unvereinbar. Denn die gleichen Rechte des Menschen bringen eine Achtung zum Ausdruck, die nicht nur universal, sondern ubiquitär ist: eine Achtung, die in allen Lebensbereichen gilt.

4. Die Würde des Subjekts: Aus dieser Begrenztheit folgt, dass der Begriff der Würde zu einem menschenrechtlichen Grundbegriff nur werden kann, wenn mit einer entscheidenden Voraussetzung des traditionellen Würdebegriffs gebrochen wird: wenn die Teilung des Menschen in unterschiedliche *personae* aufgegeben wird. Das geschieht durch die Neubestimmung des Menschen als Person, oder besser: als Subjekt. Diesen neuen Begriff des Menschen hat Hegel in seiner Rechtsphilosophie-Vorlesung von 1818/19 so formuliert: »Es ist als etwas Großes zu achten, daß der Mensch jetzt, weil er Mensch ist, als Rechte haben zu müssen angesehen wird, sodaß also sein Menschsein höher ist, als sein Status« (zit. n. Riedel 1973, 114). Es sind zwei Gedanken, die Hegel hier als direkt miteinander verbunden präsentiert: erstens, dass der Mensch Rechte hat, und zweitens, dass sein Menschsein, seine Würde, über seinem Status steht. Der zweite Gedanke begründet den ersten, denn dieser Gedanke besagt hier nicht mehr (wie bei Cicero), dass der Mensch *neben* seinen vielen verschiedenen sozialen Positionen auch noch die zwar begrenzte, aber gleiche Rolle des ›Menschen‹ spielt. Der zweite Gedanke besagt vielmehr, dass gerade deshalb, weil die Würde des Menschen unabhängig von seinem Status ist, weil der Mensch also *über* seinem Status steht, er *in* seinem Status als gleicher zu achten ist. Genau dafür braucht er Rechte: Rechte stellen sicher, dass der Mensch, gerade weil er nicht länger durch seinen sozialen Status definiert wird, in jeder seiner sozialen Positionen und Rollen als gleicher geachtet wird.

Zugleich macht Hegel klar, dass dieses neue Verständnis des Menschen einen genauen sozialen Ort hat. Dieser Ort ist die »bürgerliche Gesellschaft« der Moderne, deren Mitglieder nicht mehr an einen bestimmten sozialen Status gebunden sind. Moderne Gesellschaften sind in soziale Sphären oder Systeme mit jeweils eigenen gesellschaftlichen Reproduktionsaufgaben geteilt, zwischen denen sich die einzelnen Menschen hin und her bewegen. Dieser neuen Form sozialer Organisation entspricht eine ›Individualisierung‹ oder ›Subjektivierung‹ der Menschen: Sie müssen sich unter diesen sozialen Bedingungen so verstehen, dass sie in Verknüpfung ihrer verschiedenen sozialen Rollen (von denen keine sie in Gänze bestimmt) selbst, also selbstbestimmt und frei, ihr eigenes Leben führen. Ein Subjekt sein kann man nach dieser Vorstellung nur, wenn man sich zu seinen sozialen Rollen frei verhalten kann: wenn man frei entscheiden kann, der Anforderung *welcher* Rolle man sich aussetzen will, ja auch, *wie* man diese Rolle ausfüllen und spielen will.

Genau diese neue Idee sozial freigesetzter Subjektivität ist es, die den Kern des modernen Begriffs der Menschenwürde ausmacht. Zugleich ist es diese Idee freier Subjektivität, die verständlich zu machen vermag, weshalb die Achtung der Menschenwürde die Form von Menschenrechten annehmen muss: Besteht die Menschenwürde darin, dass jeder Mensch verdient, gleichermaßen als ein frei sein eigenes Leben führendes Subjekt geachtet zu werden, dann verlangt diese gleiche Achtung als frei sein eigenes Leben führendes Subjekt, der jeder Mensch würdig ist, zugleich die Form grundlegender Menschenrechte. Denn Menschenrechte sollen gewährleisten, dass der Mensch in allen seinen verschiedenen Rollen so behandelt wird, dass er sie als Teil seiner freien Lebensführung zu spielen vermag. Die Menschenrechte sind die grundlegenden Rechte, die sicherstellen sollen, dass alle Felder der gesellschaftlichen Praxis diejenigen minimalen Anforderungen erfüllen, die es jedem Menschen möglich machen, so an ihnen teilzunehmen, dass er darin seine Bestimmung, ein freies Subjekt zu sein, verwirklichen kann.

Kritischer Ausblick

Dass die Würde des Menschen darin besteht, frei sein eigenes Leben zu führen, haben zum ersten Mal und auf emphatische Weise die Würdetraktate der Renaissancehumanisten gesagt. Damit markieren sie eine entscheidende Wende in der Geschichte des Würdebegriffs. Denn damit lösen sie die menschliche Würde von den ontologischen Grundlagen und ethischen Festlegungen der stoischen Philosophie und definieren sie durch eine radikal verstandene Freiheit: die Freiheit des Menschen, »zu haben, was er wünscht« und »zu sein, was er will« (Pico della Mirandola 1486/1990, 7–9). »Denn wir können es, wenn wir wollen«, ist die zentrale Formel dieses neuen Subjektbegriffs (vgl. Bayertz 1995). Mit dieser radikalen Freiheitsidee durchschlägt della Mirandola zwar die Halbierungen des traditionellen Würdeverständnisses, zugleich aber führt auch von dieser Freiheitsidee kein Weg zu dem Begriff gleicher Rechte: Die souveräne Freiheit, die della Mirandola dem Menschen zuspricht und durch die er ihn den Engeln, ja den Göttern gleichgestellt sieht, bedarf der Sicherung und Ermöglichung durch gleiche Rechte nicht. Gleiche Rechte sichern und ermöglichen die Freiheit zu und in der Teilnahme an sozialen Praktiken. Der Begriff freier Subjektivität, der dem menschenrechtlichen Würdekonzept eingeschrieben ist, ist daher nicht mit dem renaissantistischen Bild menschlicher Erhabenheit zu verwechseln. Das Subjekt der Menschenrechte gleicht vielmehr jenem anderen Bild des Menschen, das die politische Philosophie der Neuzeit seit Thomas Hobbes gezeichnet hat: Es ist ein bedürftiges, verletzliches und abhängiges Subjekt, ein Subjekt, das auf seine Achtung in der Form von Rechten angewiesen ist. Die Freiheit, die dieses Subjekt sich zutraut und die es für sich beansprucht, ist nicht die Freiheit »arbiträrer« Selbsterschaffung, sondern die Freiheit »humaner Selbstbehauptung« (Hans Blumenberg): die Freiheit, in sozialen Verhältnissen ein eigenes Leben zu führen.

Die Berufung auf die Menschenwürde, die die Theorie und Politik der Menschenrechte seit 1945 bestimmt, ist gelegentlich so gedeutet worden, dass hier eine durch die Erfahrung des Totalitarismus über sich selbst verzweifelte Moderne Anschluss an substantielle normative Gehalte der traditionellen Naturrechtslehren gesucht habe (vgl. Böckenförde/Spaemann 1987). Recht besehen, ist aber das Gegenteil der Fall, denn diese traditionellen Lehren kannten die Idee der Menschenrechte nicht. Ihr Würdebegriff kann es daher nicht sein, der gemeint ist, wenn sich die Theorie und Politik der Menschenrechte auf die menschliche Würde beruft. Es handelt sich hier vielmehr um einen Begriff der Würde, der das Recht jedes Menschen erklärt, in seinem Gemeinwesen durch Rechte in der Freiheit, sein eigenes Leben zu führen, geschützt zu werden. Die gegenwärtige Diskussion dreht sich wesentlich um die Frage, ob dieser freiheitstheoretische Würdebegriff durch materiale, inhaltliche Bestimmungen eines guten Lebens angereichert werden kann, ohne dadurch in die Denkform der traditionellen ethischen Lehren zurückzukehren. Aus der Sicht des freiheitstheoretischen Würdebegriffs geht damit die Gefahr einher, die Ordnung der Rechte auf eine substantielle Werteordnung zurückzuführen, die ebenso die Freiheit der Individuen wie des demokratischen Souveräns etwa durch die Ermächtigung von Gerichten als »Hütern der Verfassung« zu begrenzen droht.

Literatur

Arendt, Hannah: »Es gibt nur ein einziges Menschenrecht«. In: *Die Wandlung* 4. Jg. (1949), 754–770.

–: *Über die Revolution*. München/Zürich 1974 (engl. 1963).

Bayertz, Kurt: »Die Idee der Menschenwürde: Probleme und Paradoxien«. In: *Archiv für Rechts- und Sozialphilosophie* 81. Jg. (1995), 465–481.

Berger, Peter L.: »On the Obsolescence of the Concept of Honor«. In: Stanley Hauerwas/Alasdair MacIntyre (Hg.): *Revisions. Changing Perspectives in Moral Philosophy*. Notre Dame/London 1983, 172–181.

Böckenförde, Ernst-Wolfgang/Spaemann, Robert (Hg.): *Menschenrechte und Menschenwürde. Historische Voraussetzungen – säkulare Gestalt – christliches Verständnis*. Stuttgart 1987.

Cancik, Hubert: »›Dignity of Man‹ and ›Persona‹ in Stoic Anthropology: Some Remarks on Cicero, De officiis I 105–107«. In: David Kretzmer/Eckart Klein (Hg.): *The Concept of Human Dignity in Human Rights Discourse*. The Hague/London/New York 2002, 19–40.

Cicero, Marcus Tullius: *Von den Pflichten*. Übers. von Harald Merklin. Frankfurt a. M./Leipzig 1991.

Dürig, Günter: »Der Grundrechtssatz von der Menschenwürde«. In: *Archiv des öffentlichen Rechts* 2 (1956), 117–157.

Herdegen, Matthias: »Art. 1 I, Rn. 1–114«, in: Theodor Maunz/Günter Dürig u. a. (Hg.): *Grundgesetz. Kommentar*. München 2003, 1–71.

Kondylis, Panajotis/Pöschl, Victor: »Würde«. In: Otto Brunner/Werner Conze/Reinhart Koselleck (Hg.): *Geschichtliche Grundbegriffe*, Bd. 7. Stuttgart 1992, 637–677.

Maihofer, Werner: *Rechtsstaat und menschliche Würde*. Frankfurt a. M. 1968.

Menke, Christoph: »Von der Würde des Menschen zur Menschenwürde: das Subjekt des Rechts«. In: *WestEnd. Neue Zeitschrift für Sozialforschung* 2 (2006), 3–21.

– /Pollmann, Arnd: *Philosophie der Menschenrechte zur Einführung*. Hamburg 2007.

Pico della Mirandola, Giovanni: *Über die Würde des Menschen* [1486]. Hamburg 1990.

Riedel, Manfred: *System und Geschichte*. Frankfurt a. M. 1973.

Spaemann, Robert: »Über den Begriff der Menschenwürde«. In: Ders.: *Das Natürliche und das Vernünftige*. München 1987, 77–106.

Wetz, Franz Josef: *Illusion Menschenwürde. Aufstieg und Fall eines Grundwerts.* Stuttgart 2005, 14–124.

Zimmermann, Rolf: *Philosophie nach Auschwitz. Eine Neubestimmung von Moral in Politik und Gesellschaft.* Reinbek 2005.

Christoph Menke

1.4 Rechte und Pflichten

Zentrale Ausgangsfragen

Rechte sind, ebenso wie Pflichten, grundlegende Bausteine moderner Rechtsordnungen, und die Rede von Rechten gehört heute auch zum geläufigen Vokabular der moralischen Sprache. Doch anders als Pflichten sind Rechte offenbar keine notwendigen Elemente juridischer und moralischer Normensysteme. Jedenfalls kommen sie in den normativen Ordnungen früher, archaischer Gesellschaften nicht explizit vor, und Rechte spielen selbst im Römischen Recht, das immerhin schon einen Namen für sie hat (*ius*) und Klagen zur Durchsetzung rechtlicher Ansprüche (*actiones*) kennt, keine bedeutende Rolle. Die Praxis, Einzelpersonen und Körperschaften Rechte zuzuschreiben, findet im juristischen Denken und im positiven Recht erst ab dem Mittelalter wachsende Verbreitung, um in der Neuzeit zunehmend auch in die Sprache der Moral und der Politik Eingang zu finden (vgl. Coing 2007; Edmundson 2004, 3 ff.).

Die Rechte, die moderne Rechtssysteme enthalten, verschaffen deren Inhabern eine besondere Rechtsstellung gegenüber anderen (natürlichen oder juristischen) Personen, denen sie in der Regel entsprechende Pflichten auferlegen, die ihrerseits in verbindlichen, meist sanktionsbewehrten rechtlichen Geboten Ausdruck finden. So ist das Eigentumsrecht einer Person an einer Sache mit der Pflicht aller Anderen verbunden, diese Sache nicht ohne Einwilligung jener Person zu nutzen; und das Grundrecht auf Versammlungsfreiheit inkludiert u. a. die Pflicht des Staates, öffentliche Versammlungen seiner Einwohner, außer in bestimmten Ausnahmefällen, nicht zu behindern, ja sogar gegen gewaltsame Behinderungen seitens Anderer zu schützen. Umgekehrt gehen aber nicht alle Pflichten, die eine Rechtsordnung den Einzelnen auferlegt, mit entsprechenden Rechten derer einher, die aus diesen Pflichten Nutzen ziehen. So folgt z. B. aus dem Umstand, dass die Straßenverkehrsordnung die Verkehrsteilnehmer zur Einhaltung vielfältiger Regeln verpflichtet, keineswegs, dass man auch ein Recht auf die Einhaltung dieser Regeln durch Andere besitzt.

Im Kontext moralischer Diskurse, in denen Rechte ebenfalls eine wichtige Rolle spielen, ist deren Verhältnis zu Pflichten weniger klar. Doch auch hier ist es offenbar üblich, nur einem Teil der als gültig betrachteten moralischen Pflichten entsprechende moralische Rechte der Personen zuzuordnen, die von den Pflichten profitieren. Dazu gehören vor allem jene als wohlbegründet und strikt verbindlich betrachteten moralischen Pflichten, die gegenüber einzelnen Personen bestehen; Pflichten also, die in der philosophischen Ethik gewöhnlich als ›vollkommene Pflichten‹ bezeichnet werden. Demgegenüber scheint es zumindest zweifelhaft, ob solche Rechte auch mit sogenannten ›unvollkommenen Pflichten‹ einhergehen, die nicht bestimmten einzelnen Menschen, sondern einer Personenallgemeinheit oder einem Gemeinwesen im Ganzen geschuldet werden; wie z. B. die Pflicht, nach Kräften zur Unterstützung hilfsbedürftiger Menschen beizutragen, oder die Pflicht, die Regeln einer einigermaßen akzeptablen sozialen Ordnung zu befolgen. Andererseits ist es im Moraldiskurs, anders als in der Rechtspraxis, keineswegs unsinnig, bestimmte moralische Rechte von Menschen auch dann zu postulieren, wenn noch unklar ist, welche Pflichten bestimmten Einzelpersonen oder sozialen Körperschaften auferlegt werden sollten, um diesen Rechten Wirksamkeit zu verschaffen. Die Postulierung solcher Rechte läuft dann auf die Forderung hinaus, ein Arrangement von näher bestimmten Pflichten bestimmter (natürlicher oder juristischer) Personen zu institutionalisieren, das die Erfüllung der postulierten Rechte sicherstellt. Diese Situation tritt gerade im Diskurs über Menschenrechte nicht selten auf, wenn einerseits gute Gründe für die Annahme eines solchen Rechts sprechen, wie z. B. dafür, dass jeder Mensch ein Recht auf ausreichende Nahrung hat, andererseits aber die bestehende gesellschaftliche und/oder globale Ordnung keine geeigneten Instrumente bereitstellt, welche die Gewährleistung dieses Rechts ermöglichen würden.

In diesem Zusammenhang ist eine grundsätzliche Bemerkung zum normativen Status von Menschenrechten am Platz (dazu Nickel 1987, 27 ff.; Pogge 2002, 52 ff.). Diese Rechte haben ein Janusgesicht, weil sie sowohl moralische Rechte sind, insoweit sie aus moralischer Sicht universelle Verbindlichkeit beanspruchen, als auch juridische Rechte, insoweit sie durch positives Recht verbürgt werden. Insoweit Menschenrechte als politische Forderungen mit dem Anspruch auf universelle Verbindlichkeit Anerkennung finden, sind sie *moralische* Rechte, die jedem Menschen gegenüber der eigenen Gesellschaft wie auch gegenüber der Staatengemeinschaft samt ihren Institutionen einen Anspruch darauf verleihen, eine rechtliche Ordnung bereitzustellen, die diese Rechte wirksam schützt und gewährleistet, unabhängig davon, ob eine solche Ordnung tatsächlich besteht oder nicht. Als *moralische* Rechte haben Menschenrechte demnach den Charakter politischer Forderungen, deren Adressaten – die Mitglieder und Institutionen der eigenen Gesellschaft und der Staatengemeinschaft – freilich, ebenso wie auch die Pflichten, die sich für sie aus diesen Forderungen ergeben, relativ unbestimmt bleiben. Insoweit Menschenrechte aber durch positives Recht, sei es durch nationale Rechtsordnungen oder durch das Völkerrecht, verbürgt werden, sind sie *juridische* Rechte, die, je nach der Art und der Stärke ihrer rechtlichen Verankerung, den Menschen in erster Linie gegenüber den Staaten, in denen sie sich aufhalten, in gewissem Maße aber auch gegenüber der Staatengemeinschaft einen mehr oder minder verlässlichen Rechtsanspruch auf Schutz gewähren; auch wenn dieser Anspruch in vielen Weltregionen nicht oder nur unzureichend erfüllt wird. Als juridische Rechte erlegen die Menschenrechte den Staaten zwar grundsätzlich relativ klar bestimmte Pflichten auf, bleiben aber vielerorts dennoch weitgehend unwirksam, da sie in vielen Ländern nicht effektiv durchgesetzt oder von deren Machthabern sogar massiv verletzt werden und auch das bestehende System des internationalen Menschenrechtsschutzes dagegen keine wirksame Abhilfe bietet.

Probleme und Positionen

Auch wenn in vielen Kontexten von Rechten und Pflichten in einem Atemzug gesprochen wird, besteht keine Einigkeit, wie sie zusammenhängen. Zur Debatte steht dabei meist das richtige Verständnis von Rechten, während der Pflichtbegriff einfach als selbstverständlich vorausgesetzt wird. Da gibt es z. B. auf der einen Seite die These, jedes Recht irgendeiner Person korreliere mit entsprechenden Pflichten bestimmter anderer Personen, die Korrelativitätsthese (Stepanians 2005, 34 ff.), welcher von anderer Seite entgegengehalten wird, es könne auch ohne die Annahme solcher Pflichten sinnvoll sein, Personen Rechte zuzuschreiben und von dort aus nach geeigneten Wegen zu suchen, wie man ihnen Geltung verschaffen könnte (Raz 1992). Ein weiterer Streitpunkt ist, ob, falls Rechte und Pflichten korrelieren, ein Primat, also eine Priorität der einen oder anderen besteht, sei es in logischer oder epistemischer Hinsicht. So geht eine Ansicht dahin, jedes Recht lasse sich auf die ihm korrelierenden Pflichten reduzieren oder sogar vollständig durch sie ersetzen; eine Ansicht, die heute allerdings auf überwiegende Ablehnung stößt (Stepanians 2005, 49 ff.). Umstritten ist auch, ob Rechte schon ihrem Begriff nach stets auch die Befugnis ihrer Inhaber einschließen, die Erfüllung der mit ihren Rechten korrelierenden Pflichten durch die jeweils verpflichteten Personen einzuklagen und eventuell mithilfe geeigneter Zwangsmaßnahmen durchzusetzen, oder ob diese Befugnis bloß ein erwünschtes, aber kontingentes Supplement von Rechten darstellt (vgl. Stepanians 2005, 137 ff.). Und *last but not least* gibt es eine andauernde Kontroverse über den Begriff von Rechten, bei der es vor allem darum geht, ob dieser Begriff eher auf die Interessen, zu deren Schutz Rechte dienen, oder aber auf die Handlungsmöglichkeiten, die sie ihren Inhabern eröffnen, abstellen sollte. Obwohl die Fruchtbarkeit dieser Kontroverse bezweifelt werden kann, seien hier zunächst die zwei Hauptpositionen, die sogenannte ›Interessentheorie‹ einerseits und die ›Willenstheorie‹ andererseits, kurz resümiert (vgl. Edmundson 2004, 119 ff.).

1. Theorien der Rechte: Die *Interessentheorie* (im Englischen *interest* oder *beneficiary theory*), als deren klassische Exponenten Jeremy Bentham (1843) und Rudolf von Jhering (1954) gelten und die heute vor allem von Neil MacCormick (2007) verteidigt wird, besagt, auf eine Kurzformel gebracht, Rechte seien nichts weiter als jene Interessen oder Vorteile einzelner Personen, welchen die Rechtsordnung (oder eventuell auch die geltende Sozialmoral) besonderen Schutz gewährt, indem sie Anderen entsprechende Pflichten auferlegt, für deren Durchsetzung die Rechtsordnung geeignete Zwangsmittel bereitstellt. So meinte Jhering (1954, 339), jedes Recht enthalte zwei Momente, »ein *substantielles*, in dem der praktische Zweck desselben liegt, nämlich der Nutzen, Vorteil, Gewinn, der durch das Recht gewährleistet werden soll, und ein *formales*, welches sich zu jenem Zweck bloß als Mittel verhält, nämlich der Rechts*schutz*, die *Klage*. Ersteres ist der Kern, letzteres die schützende Schale des Rechts. [...] Rechte sind *rechtlich geschützte Interessen*.« Diese Auffassung mag für viele Rechte, nämlich die meisten individuellen Anspruchsrechte, zutreffen, verfehlt aber diverse andere Arten von Rechten, wie etwa die Kompetenzrechte öffentlicher Amtsträger (beispielsweise der Richter). Außerdem fasst sie den Begriff der Rechte wohl zu weit, wenn sie ihn auf sämtliche individuellen Interessen ausdehnt, welche die Rechtsordnung durch entsprechende Pflichten Anderer schützt, und nicht nur auf solche Interessen, zu deren Schutz die Rechtsordnung den Einzelnen entsprechende Mittel zur Durchsetzung der betreffenden Pflichten Anderer zur Verfügung stellt (Kelsen 1960, 137 ff.; Hart 2007).

In Anbetracht dieser und anderer Einwände gegen die Interessentheorie sind die Vertreter der *Willenstheorie* (engl. *will*, *choice* oder auch *control theory*), zu denen nicht zuletzt H. L. A. Hart gehört, der Meinung, ein angemessener Begriff der Rechte müsse insbesondere deren Besonderheit unterstreichen, dass sie ihren Inhabern gegenüber den jeweils verpflichteten Personen eine gewisse Freiheit der willentlichen Bestimmung ihres Handelns, eine Art von Rechtsmacht oder Kontrolle, verschaffen. Ein Recht zu haben, so Hart, bedeute nicht bloß, Nutznießer der Pflicht einer anderen Person zu sein, sondern »die ausschließliche, mehr oder weniger extensive, Kontrolle über die Pflicht einer anderen Person« zu haben; eine Kontrolle, die es dem Rechtsinhaber ermögliche, die Erfüllung dieser Pflicht einzufordern (oder nicht) sowie im Fall ihrer Verletzung Klage zu erheben (oder nicht). Ein (juridisches) Recht sei daher am ehesten im Sinne »einer rechtlich respektierten

Entscheidung« zu verstehen (Hart 2007, 154, 158). Obwohl auch diese Ansicht einen wahren Kern enthält, bietet sie ebenfalls keine Grundlage für einen allgemeingültigen Begriff von Rechten. Erstens ist es oft zweckmäßig oder sogar geboten, Rechte auch solchen Menschen zuzuschreiben, die, wie kleine Kinder oder geistig Behinderte, nicht über die erforderlichen Kapazitäten freier Willensbetätigung verfügen. Zweitens gibt es zahlreiche Rechte, die ihren Inhabern aus guten Gründen nicht die Freiheit gewähren, sie nach Belieben aufzugeben oder zu transferieren, wie etwa die Menschenrechte, die als unverfügbar gelten. Und drittens trifft es auch nicht zu, dass es den Inhabern von Rechten stets freigestellt bleibt, auf deren Durchsetzung zu verzichten, da nicht wenige Rechte mit der Pflicht ihrer Inhaber einhergehen, für ihre Beachtung Sorge zu tragen; das gilt etwa für die Kompetenzrechte vieler öffentlicher Amtsträger (vgl. MacCormick 2007; Stepanians 2005, 156 ff.).

2. Zur formalen Struktur von Rechten: Beide Theorien – die Interessentheorie und auch die Willenstheorie – helfen bei der Suche nach einem angemessenen Begriff der Rechte nicht viel weiter. Sie teilen den Mangel, dass sie allzu sehr auf die soziale Funktion von Rechten statt auf deren formale Struktur fokussieren. Für eine allgemeine Definition von Rechten ist es daher zweckmäßig, Rechte möglichst formal in Bezug auf ihre strukturellen Merkmale zu charakterisieren. Dabei kann als selbstverständlich vorausgesetzt werden, dass Rechte, erstens, *normative Konstrukte* sind, die auf rechtlichen, moralischen oder sonstigen sozialen Normen beruhen, und dass sie, zweitens, *relationalen Charakter* haben, d.h. Beziehungen zwischen verschiedenen Personen regeln, nämlich zwischen den Personen, die ein Recht haben (seinen *Inhabern* oder *Trägern*), und jenen, gegenüber denen das Recht besteht (dessen *Adressaten*); wobei als mögliche Inhaber und Adressaten sowohl Einzelmenschen (natürliche Personen) als auch Körperschaften, d. h. organisierte soziale Verbände (korporative Personen) in Betracht kommen. Da Rechte den Personen, die sie besitzen, eine privilegierte Stellung im Verhältnis zu Anderen verschaffen, liegt es nahe, sie als *normative Positionen* zu charakterisieren, die, erstens, ihren Inhabern bestimmte Handlungsmöglichkeiten eröffnen, die sie sonst nicht hätten und die häufig in ihrem Interesse liegen; die, zweitens, die Handlungsoptionen der Adressaten beschränken, und zwar meist dadurch, dass sie ihnen gewisse Pflichten auferlegen; und die, drittens, im Rahmen der sozialen Ordnung, in der sie verankert sind, ein so großes Gewicht haben, dass ihnen unter normalen Umständen Vorrang vor Erwägungen der kollektiven Nützlichkeit zukommt (vgl. Dworkin 1984; Koller 2007, 86).

Diese Definition ist weit genug, um mit den meisten substantiellen Konzeptionen von Rechten vereinbar zu sein, und sie stellt einen Rahmen für eine nähere Untersuchung der Struktur von Rechten bereit, die sowohl deren Gemeinsamkeit aufzeigt als auch ihrer Artenvielfalt Rechnung trägt. Obwohl Rechte – gleichgültig, ob juridische oder moralische Rechte – in vielfältigen Gestalten auftreten können, gibt es guten Grund anzunehmen, dass sie, was ihre logische Form betrifft, eine bestimmte Struktur gemeinsam haben. Diese Annahme liegt schon deshalb nahe, weil mit Bezug auf jedes Recht die Frage gestellt werden kann »*Wer* hat gegenüber *wem* ein Recht *worauf*?«; eine Frage, die Auskunft über dreierlei verlangt: den oder die *Inhaber,* die *Adressaten* und den *Gegenstand* des Rechts (vgl. Alexy 1985, 171 ff.). Die Grundstruktur jedes Rechts, wenn es vollständig rekonstruiert wird, hat daher die Form eines *dreistelligen Relationsprädikats* der folgenden Gestalt (wobei A bzw. B Variablen für die jeweiligen Inhaber bzw. Adressaten sind und X den jeweiligen Gegenstand des Rechts bezeichnet): *A hat gegenüber B ein Recht auf X.*

Davon ausgehend, ist es möglich, die Struktur von Rechten systematisch zu rekonstruieren, indem man ihre drei Strukturelemente, die alle in mehrere Richtungen hin variabel sind, auf eine Weise spezifiziert, die eine sinnvolle Klassifikation diverser Arten von Rechten ergibt. Eine solche Klassifikation sollte nicht zuletzt auch die Beziehungen zwischen Rechten und Pflichten näher beleuchten.

3. Rechtsinhaber: Was die Rechtsinhaber angeht, so kann grob unterschieden werden zwischen

Rechten, die *allen* Menschen, und solchen, die nur bestimmten *einzelnen* Personen zukommen. Rechte der ersten Art seien *universelle*, die der zweiten Art *partikulare* Rechte genannt. Als universelle Rechte gelten insbesondere die heute weithin akzeptierten und vielfach rechtlich statuierten, wenn auch allzu oft missachteten Menschenrechte, von denen angenommen wird, dass sie jedem Menschen unabhängig von kontingenten Umständen ›von Natur aus‹ zukommen. Dagegen haben die meisten anderen Rechte, denen wir in rechtlichen Ordnungen oder moralischen Diskursen begegnen, den Charakter partikularer Rechte, wie beispielsweise Eigentumsrechte am eigenen Hab und Gut, auf Verträgen beruhende Rechte sowie alle Rechte, die einer bestimmten Person von Gesetzes wegen zustehen. Die Unterscheidung zwischen universellen und partikularen Rechten ist allerdings weder exklusiv noch vollständig. Sie ist nicht exklusiv, weil beide Sorten logisch in der Weise zusammenhängen, dass aus jedem universellen Recht ein entsprechendes partikulares Recht jeder Einzelperson folgt. Und sie ist unvollständig, da sie all jene Rechte unbeachtet lässt, die nur den Angehörigen einer bestimmten (lokal oder sachlich begrenzten) Personengruppe zustehen, wie etwa das Recht der Staatsbürger eines Landes auf irgendwelche besonderen Vorteile, die Nichtstaatsbürgern nicht gewährt werden. Da es für Rechte dieser Art keinen geläufigen Namen gibt, seien sie *lokale* Rechte genannt.

4. *Rechtsadressaten:* Im Hinblick auf die Rechtsadressaten, nämlich jene Personen, gegenüber denen ein Recht besteht, liegt es nahe, an eine in der Jurisprudenz übliche Einteilung anzuknüpfen: Man unterscheidet zwischen Rechten, die gegenüber *jeder anderen Person* (also gewissermaßen gegenüber der ganzen Welt) gelten, und solchen, die nur gegenüber *bestimmten Personen* bestehen. Abweichend von dem etwas irreführenden juristischen Sprachgebrauch seien die ersteren als *generelle*, die letzteren als *spezielle* Rechte bezeichnet (Nelson 1973/74). Das Musterbeispiel genereller Rechte sind Eigentumsrechte, da sie jedermann zur Respektierung fremden Eigentums verpflichten und damit den Eigentümern ein umfassendes Recht an den ihnen jeweils gehörenden Dingen einräumen (weshalb sie in der Rechtssprache auch »dingliche Rechte« genannt werden). Dazu gehören aber auch jene Menschenrechte, die jeder Person gewisse Pflichten auferlegen, wie z. B. das Recht auf Leben, das, was immer es sonst noch verlangen mag, jedenfalls die Pflicht aller Menschen inkludiert, Anderen nicht ohne triftigen Rechtfertigungsgrund nach dem Leben zu trachten. Demgegenüber ist jedes Recht, das jemand aufgrund vertraglicher Vereinbarung oder von Gesetzes wegen gegenüber einer bestimmten anderen Person hat, ein spezielles Recht, da es jeweils nur diese Person verpflichtet.

Auch diese Distinktion ist lückenhaft, weil sie diejenigen Rechte außer Acht lässt, die weder gegenüber jedermann noch gegenüber bestimmten Einzelpersonen, sondern gegenüber einem *Kollektiv* bestehen, wie die Rechte der Mitglieder einer Gemeinschaft gegenüber allen anderen Mitgliedern bzw. der Gemeinschaft im Ganzen. Solche Rechte gibt es zuhauf, darunter die universellen Bürgerrechte, die, wie beispielsweise das Wahlrecht, zwar jeder (mündigen) Person zustehen, aber nicht in jedem politischen Gemeinwesen, sondern nur jeweils in jenem, dem sie als Mitglied angehört. Dazu gehören aber auch alle allgemeinen Rechte, die ein Staat seinen Bürgern neben den universellen Bürgerrechten gewähren mag, wie z. B. das Recht auf kostenloses Universitätsstudium. Alle diese Rechte stellen weder generelle noch spezielle Rechte dar, weil sie weder gegenüber jedermann noch gegenüber lauter Einzelpersonen, sondern vielmehr gegenüber einer ganzen Gemeinschaft gelten. Aus diesem Grunde ist es erforderlich, die Differenzierung zwischen generellen und speziellen Rechten durch eine weitere, gewissermaßen ›dazwischen‹ liegende Art zu ergänzen, die man als *gemeinschaftsbezogene* oder *kommunale* Rechte bezeichnen kann.

Da die bisher betrachteten Untergliederungen der Rechte nach deren Inhabern einerseits und ihren Adressaten andererseits nicht nur voneinander unabhängig sind, sondern sich überdies überkreuzen, liegt es nahe, beide Untergliederungen zu kombinieren. Daraus ergeben sich insgesamt neun mögliche Strukturtypen, von denen wenigstens sieben im Recht und im moralischen Diskurs auch tatsächlich vorkommen. Diese

Strukturtypen seien der Einfachheit halber durch das unten stehende Schema zusammengefasst (mit »alle«, »einige« und »eine« sind Personen gemeint, »NN« steht für eine bestimmte Einzelperson und das Kürzel »MR-Pflichten« für spezifisch menschenrechtliche oder aus Menschenrechten resultierende Pflichten).

5. *Rechtsgegenstand:* Um das Verhältnis von Rechten und Pflichten im Einzelnen zu bestimmen, ist es notwendig, ihr drittes Element, nämlich ihren Gegenstand, näher zu betrachten. In Frage stehen hier auf der einen Seite die Handlungsmöglichkeiten, die ein Recht seinem Inhaber eröffnet, und auf der anderen die Handlungsbeschränkungen, die es den Adressaten auferlegt. Auf den ersten Blick scheint es naheliegend zu sagen, dass immer dann, wenn jemand gegenüber Anderen ein Recht auf etwas hat, diese die Pflicht haben, das zu realisieren, worauf das Recht besteht – kurz: dass jedem Recht, das jemand hat, eine korrelative Pflicht Anderer entspricht. Nun ist das zwar oft der Fall, aber ganz so einfach ist die Sache nicht (Lyons 1992). Für ein genaues Verständnis der Zusammenhänge zwischen Rechten und Pflichten empfiehlt es sich, an die diesbezügliche Analyse von Wesley N. Hohfeld anzuknüpfen, der gezeigt hat, dass (juridische) Rechte in vier möglichen Konfigurationen auftreten können: als »claims«, »privileges«, »powers« und »immunities« (für das Folgende: Hohfeld 2007, 60 ff.; vgl. auch Alexy 1985, 187 ff.; Wellman 1985, 7 ff.; Stepanians 2005, 101 ff.). Diese Konfigurationen, hier als ›Ansprüche‹, ›Freiheiten‹, ›Kompetenzen‹ und ›Immunitäten‹ bezeichnet, seien kurz betrachtet.

a) Ansprüche: Ein Recht verleiht seinem Inhaber gegenüber Anderen einen Anspruch auf ein bestimmtes Verhalten oder Handlungsergebnis, wenn es diese, die Adressaten, zu jenem Verhalten oder zur Herbeiführung jenes Ergebnisses verpflichtet. Demnach gilt (wobei X irgendein Verhalten oder Handlungsergebnis meint): *A hat gegen B einen* Anspruch *auf X = B hat gegen A die Pflicht zu X.*

Jemandes Rechte, die Ansprüche zum Gegenstand haben, gehen also stets mit korrelativen Pflichten Anderer Hand in Hand. So verbürgt das Menschenrecht auf Leben den Anspruch jedes Menschen auf physische Integrität, dem die Pflicht jeder Einzelperson und jeder staatlichen Gewalt entspricht, keinen Menschen ohne triftigen Rechtfertigungsgrund zu verletzen oder zu töten. Auch wenn die Mehrzahl der juridischen wie auch der moralischen Rechte Ansprüche zum Gegenstand haben dürfte, sollte nicht übersehen werden, dass es daneben diverse andere Konfigurationen von Rechten gibt, denen Pflichten nicht so eng und direkt korrelieren.

b) Freiheiten: Eine Person hat Anderen gegenüber die Freiheit zu einem bestimmten Verhalten (also dazu, gewisse Dinge zu tun oder zu unterlassen), wenn sie ihnen gegenüber nicht die Pflicht hat, sich nicht in der betreffenden Weise zu verhalten (jene Dinge nicht zu tun oder zu unterlassen). Auf eine kurze Formel gebracht (wobei X irgendein Verhalten bezeichnet): *A hat gegen B die* Freiheit *zu X = A hat gegen B keine Pflicht zu nicht-X.*

So haben die Besucher öffentlicher Parks, in denen sich Sitzbänke befinden, gewöhnlich die Freiheit, unbesetzte Sitzplätze in Beschlag zu nehmen,

	generell	**kommunal**	**speziell**
universell	**Alle gegenüber allen** manche Menschenrechte (z. B. Recht auf Leben)	**Alle gegenüber einigen** universelle Bürgerrechte (z. B. Wahlrecht)	**Alle gegenüber einer** Menschenrechte gegenüber NN (z. B. NNs MR-Pflichten)
lokal	**Einige gegenüber allen** ? ?	**Einige gegenüber einigen** nicht-univ. Bürgerrechte (z. B. kostenloses Studium)	**Einige gegenüber einer** ? ?
partikular	**Eine gegenüber allen** NNs dingliche Rechte (z. B. Eigentumsrechte)	**Eine gegenüber einigen** NNs Bürgerrechte (z. B. NNs Wahlrecht)	**Eine gegenüber einer** NNs vertragliche Rechte (z. B. Vertragserfüllung)

ohne auf Andere, die eventuell auch darauf aus sind, Rücksicht nehmen zu müssen. Eine solche Freiheit bietet freilich nur ein sehr schwaches Recht, da sie nichts weiter als die bloße Erlaubnis zu einem Verhalten bedeutet, ohne dadurch Andere zu dessen Duldung oder Nichtbehinderung zu verpflichten. Daher muss ein Recht, das eine *gesicherte* Freiheit bieten soll, seinen Inhabern neben der bloßen Freiheit zu einem Verhalten überdies den Anspruch gegenüber Anderen gewähren, dieses Verhalten zu dulden bzw. nicht zu behindern. Das gilt im Besonderen für all jene grundlegenden Freiheitsrechte, die als Menschenrechte gelten und in rechtsstaatlichen Ordnungen als Grundfreiheiten besonderen Schutz genießen.

c) Kompetenzen: Unter einer Kompetenz wird im juristischen Sprachgebrauch die Befugnis zur willentlichen Setzung gültiger Normen durch bestimmte Rechtsakte (Gesetze, Verordnungen, Einzelfallentscheidungen) verstanden und mithin die Befugnis, die Rechtsposition Anderer durch solche Akte zu verändern, d.h. ihnen Pflichten aufzuerlegen, Ansprüche einzuräumen oder Freiheiten zu gewähren. Wie Kompetenzen präzise verstanden werden sollen, ist eine offene Frage, die hier nicht erörtert werden kann. In diesem Kontext genügt es, ihre Struktur auf die folgende Formel zu bringen (wobei X einen normsetzenden Akt bezeichnet): *A hat gegen B die* Kompetenz *zu X = falls A durch X zum Ausdruck bringt, dass B bestimmte Pflichten, Freiheiten oder Ansprüche hat, dann hat B die durch X dekretierten Pflichten, Freiheiten oder Ansprüche.*

Kompetenzen spielen in jeder Rechtsordnung eine wesentliche Rolle, da sie nicht nur die Grundlage für die Tätigkeit rechtlicher Amtsträger bilden, sondern auch die Verbindlichkeit privater Transaktionen sichern; sie werden aber auch im Kontext einer Moral benötigt, wenn sie die Übertragung gewisser Rechte und Pflichten durch Vereinbarung ermöglichen soll. So impliziert schon die Vertragsfreiheit die Kompetenz mündiger Personen, durch vertragliche Übereinkünfte wechselseitige Ansprüche und Pflichten entstehen zu lassen.

d) Immunitäten: Immunität (im hier gemeinten Sinn) genießt eine Person gegenüber Anderen dann, wenn diese nicht über die Kompetenz verfügen, die normative Position jener Person – ihre Pflichten, Freiheiten und Ansprüche – zu verändern. So verstanden, geht Immunität stets mit einer entsprechenden Nicht-Kompetenz Anderer Hand in Hand. Sie hat daher die folgende Struktur (wobei X wieder für einen normativen Akt steht): *A hat gegen B Immunität gegen X = B hat gegen A keine Kompetenz zu X.*

Es dürfte einleuchten, dass im Kontext einer jeden normativen Ordnung, die Kompetenzen kennt, auch Immunitäten unverzichtbar sind, um jenen Kompetenzen Grenzen zu setzen. So gewähren die grundrechtlich verbürgten Freiheitsrechte, die zu den Menschenrechten gehören, wie z. B. das Recht auf freie Meinungsäußerung, stets auch eine Immunität gegenüber der staatlichen Gewalt, weil sie deren Befugnis, unliebsame Meinungsäußerungen durch gesetzliche Vorschriften zu zensieren oder gar mit Strafe zu bedrohen, stark begrenzen.

Kritischer Ausblick

Die bisherigen Ausführungen haben, um mit Jhering zu sprechen, nur auf den substantiellen Kern von Rechten fokussiert, ohne deren schützende Schale, die Mittel ihrer Durchsetzung, zu beachten. Das führt zu der Frage, ob die bisher vorgenommene Analyse schon vollständig ist, also die Struktur von Rechten hinreichend beschreibt, oder ob sie durch eine entsprechende Bezugnahme auf die Mittel ihrer Durchsetzung ergänzt werden muss. Das hängt offenbar davon ab, ob man die Einklagbarkeit und Durchsetzbarkeit von Rechten als ein von diesen getrenntes, wenn auch erwünschtes und gewöhnlich mit ihnen verbundenes Zusatzelement oder aber als einen konstitutiven Bestandteil jedes Rechts betrachtet. Aber darüber gehen die Auffassungen auseinander. Manche Autoren sind, wie offenbar schon Hohfeld, der Meinung, ein Recht enthalte nichts weiter als die von ihm jeweils eingeräumten Ansprüche, Freiheiten, Kompetenzen oder Immunitäten, regele aber nicht deren Durchsetzung, die jedoch durch andere Rechte gesichert werden könne und in der Regel auch ermöglicht werde; etwa durch Kompetenzrechte der Rechtsinhaber, die es diesen gestatten, die Beachtung ihrer Rechte zu erzwingen oder bei deren Verletzung Entschädigung zu erlangen (Stepanians 2005, 137 ff.). Diese Meinung kommt dem üblichen Verständnis von Menschenrechten insofern entgegen, als sie es zulässt, die Existenz solcher Rechte auch dann zu behaupten, wenn es um die Möglichkeiten ihrer tatsächlichen Durchsetzung schlecht bestellt ist. Demgegenüber vertreten andere, darunter Hans Kelsen (1960, 139 ff.) und H. L. A. Hart (2007), die Ansicht, die Macht der Inhaber von Rechten, diesen nach Belieben Geltung zu verschaffen, sei ein wesentlicher Bestandteil der Rechte selbst, da deren Sinn gerade darin liege, die Inhaber zur Durchsetzung ihrer Ansprüche zu befähigen. Diese Ansicht scheint es nahezulegen, Menschenrechte nur dann als wirkliche Rechte zu betrachten, wenn sie den Menschen zugleich hinreichende Möglichkeiten der Rechtsdurchsetzung bieten.

Ob diese Streitfrage überhaupt einer eindeutigen Entscheidung zugeführt werden kann, ist allerdings zweifelhaft, da offenbar weder die Gepflogenheiten des Sprachgebrauchs noch theoretische Erwägungen schlagende Gründe für die eine oder andere Auffassung liefern. Doch welche der beiden Auffassungen man auch immer vorziehen mag, so scheint doch so viel klar, dass voll ausgebildete Rechte – gleichgültig, ob sie juridische oder moralische Rechte sind – mit der Berechtigung ihrer Inhaber einhergehen sollten, sie nötigenfalls mit Unterstützung der sozialen Umwelt gegen die jeweiligen Adressaten geltend zu machen, sei es durch geeignete rechtliche Schritte oder moralische Appelle. Es bietet sich an, Rechte, die diesem Erfordernis genügen, *perfekte* Rechte zu nennen, um sie von solchen zu unterscheiden, die zwar grundsätzlich (rechtliche oder moralische) Geltung besitzen, aber mangels tauglicher Durchsetzungsmittel weitgehend unwirksam bleiben und insofern als *imperfekt* erscheinen. Ob Menschenrechte entsprechend dieser Differenzierung perfekte oder imperfekte Rechte verkörpern, hängt dann von ihrer faktischen Wirksamkeit ab: Sie sind perfekte Rechte, wo sie effektiven Schutz genießen, während sie überall dort, wo sie mehr oder minder missachtet und verletzt werden, mehr oder minder imperfekt sind. Dass Menschenrechte, was ihren Status als juridische Rechte betrifft, vielerorts imperfekt bleiben, bedeutet freilich nicht, dass sie als moralische Rechte weniger Gewicht haben. Ganz im Gegenteil: Eben in dem Maße, in dem Menschenrechte missachtet und verletzt werden, gewinnen sie umso größere Bedeutung im Sinne von moralisch-politischen Forderungen, insofern nämlich ihre Achtung und Gewährleistung eingefordert werden kann. Diese Forderungen müssen letztlich darauf abzielen, die Menschenrechte nach Möglichkeit als perfekte Rechte zu etablieren. Aus diesem Grunde wird man auch im Fall der Menschenrechte nicht darauf verzichten können, den Mitteln der Durchsetzung von Rechten im Allgemeinen und der Menschenrechte im Besonderen Beachtung zu schenken.

Die allgemeinen Kennzeichen dieser Mittel sind nicht leicht zu fassen, da sie unterschiedlichen Anforderungen genügen sollten, die sich schwer auf einen Nenner bringen lassen. Denn sie sollten einerseits *spezifisch* genug sein, um die Durchsetzung von Rechten von der Erzwingung solcher Pflichten abzugrenzen, denen keine Rechte korrespondieren; und sie sollten andererseits doch so *abstrakt* sein, dass sie nicht nur die diversen Möglichkeiten der Durchsetzung juridischer Rechte, sondern auch die davon recht verschiedenen Mechanismen der Einforderung moralischer Rechte abdecken. Um der ersten Anforderung Rechnung zu tragen, liegt es nahe, ein wesentliches Kennzeichen der Durchsetzung von Rechten in der *Befugnis ihrer Inhaber* (bzw. der Vertreter derselben) zu sehen, die Achtung ihrer Rechte einzufordern und gegen die Pflichtadressaten nötigenfalls entsprechende Maßnahmen zu ergreifen, um sie zur Erfüllung der ihnen aus jenen Rechten erwachsenden Pflichten zu nötigen. Die zweite Anforderung macht es aber notwendig, die Art dieser Maßnahmen nicht näher zu bestimmen, als dass sie *angemessen* sein müssen, d. h. mit dem Gewicht der zur Debatte stehenden Rechte und dem Grad ihrer Nichterfüllung in einem ausgewogenen Verhältnis stehen. Dabei ist zu beachten, dass die Verfahren zur Durchsetzung juridischer Rechte, die in einer Rechtsordnung zur Verfügung stehen, von den Möglichkeiten und Verfahren der Einforderung moralischer Rechte im Kontext einer Sozialmoral erheblich differieren und die Vorstellungen über die Angemessenheit solcher Maßnahmen mit den jeweils bestehenden gesellschaftlichen Lebensverhältnissen variieren.

Zur Vermeidung möglicher Missverständnisse ist jedoch eine Bemerkung zur Befugnis der Rechtsinhaber vonnöten: Die Akzentuierung dieser Befugnis, die wohl als eine *Kompetenz* zu verstehen ist, hat nur den Sinn, die distributive Funktion subjektiver Rechte als normativer Positionen einzelner Personen zu unterstreichen, um sie von anderen, auf das kollektive Wohl zielenden Verhaltensnormen abzugrenzen. Damit ist nicht gesagt, dass diese Befugnis alleine schon genügt, um Rechten Geltung zu verschaffen. Denn abgesehen davon, dass die Befugnis selbst ein Recht darstellt, das in einer funktionsfähigen normativen Ordnung verankert sein muss und hinreichender sozialer Akzeptanz bedarf, braucht ihre wirksame Inanspruchnahme die Billigung, ja, die aktive Unterstützung der gesellschaftlichen Umwelt in Gestalt rechtlichen Zwangs oder sozialen Drucks. Damit kann die Struktur perfekter Rechte einschließlich der für ihre Durchsetzung nötigen Mittel auf die folgende allgemeine Form gebracht werden: *A hat gegenüber B ein* perfektes *Recht auf X (sei es in Form eines Anspruchs, einer Freiheit, einer Kompetenz oder einer Immunität), wenn A die Kompetenz besitzt, bestimmte (angemessene) Maßnahmen zu ergreifen, um B zur Erfüllung der aus jenem Recht erwachsenden Pflichten anzuhalten und im Fall ihrer Nichterfüllung gegen B entsprechende Zwangsmaßnahmen in Gang zu setzen.*

Mithilfe der früher vorgenommenen analytischen Differenzierungen bezüglich der verschiedenen Konfigurationen von Rechten und mithilfe der vorgeschlagenen Rekonstruktion der Struktur perfekter Rechte sollte es möglich sein, die Erscheinungsformen und Funktionsweisen der im Recht und in der Moral vorkommenden Rechte, einschließlich der Menschenrechte, samt den mit ihnen einhergehenden Pflichten zu erfassen. Bei näherer Betrachtung solcher Rechte zeigt sich allerdings, dass die meisten von ihnen viel komplexer sind als die bisher betrachteten Konfigurationen. Fast alle Rechte, die in den Normensystemen realer sozialer Ordnungen, vor allem in Rechtssystemen, vorkommen, bestehen aus einem ganzen *Bündel* solcher Konfigurationen (Wellman 1985). Die in rechtsstaatlich verfassten Gesellschaften rechtlich verbürgten Menschen- und Bürgerrechte, die *Grundrechte*, liefern dafür ein gutes Beispiel (s. Kap. II.1.1). So inkludiert das Recht auf Meinungsfreiheit unter anderem die folgenden Elementarrechte jeder Person: die Freiheit gegenüber jedermann, ihre Meinungen, soweit sie nicht jemandes Rechte oder fundamentale öffentliche Interessen verletzen, öffentlich zu äußern, auch wenn sie Anderen nicht passen mögen; den Anspruch gegenüber der Staatsgewalt, die Äußerung solcher Meinungen nicht nur zu dulden, sondern auch deren gewaltsame Behinderung seitens Dritter zu unterbinden; die Immunität gegenüber staatlichen Machtinstanzen, die es diesen verwehrt, die öffentliche Meinungsäußerung anders als durch generelle Regelungen zu beschränken, die dem Schutz der Rechte einzelner Personen oder fundamentaler öffentlicher Interessen dienen; und schließlich die Kompetenz, staatliche oder internationale Gerichte in Anspruch zu nehmen, um Verletzungen bzw. unverhältnismäßige Einschränkungen der Redefreiheit abzuwehren. Ähnliches gilt für andere Grundrechte wie überhaupt für alle maßgeblichen Rechte, die im Rahmen moderner Rechtsordnungen Geltung besitzen.

Literatur

Alexy, Robert: *Theorie der Grundrechte*. Baden-Baden 1985.

Bentham, Jeremy: »A General View of a Complete Code of Laws«. In: *The Works of Jeremy Bentham*. Bd. 3. Hg. von John Bowring. Edinburgh 1843, 155–210.

Coing, Helmut: »Zur Geschichte des Begriffs ›subjektives Recht‹«. In: Ders. u. a. (Hg.): *Das subjektive Recht und der Rechtsschutz der Persönlichkeit*. Frankfurt a. M. 1959, 7–23 (Wiederabdruck in: Stepanians 2007, 33–50).

Dworkin, Ronald: »Rights as Trumps«. In: Jeremy Waldron (Hg.): *Theories of Rights*. Oxford 1984, 153–167.

Edmundson, William A.: *An Introduction to Rights*. Cambridge 2004.

Hart, H. L. A.: »Legal Rights«. In: Ders.: *Essays on Bentham*. Oxford 1982, 162–193 (dt: »Juridische Rechte«. In: Stepanians 2007, 135–163).

Hohfeld, Wesley Newcomb: *Fundamental Legal Conceptions* [1919]. Hg. von Walter W. Cook. New Haven/London 1966 (dt. Teilübersetzung: »Einige Grundbegriffe des Rechts, wie sie in rechtlichen Überlegungen Anwendung finden«. In: Stepanians 2007, 51–85).

Jhering, Rudolf von: *Geist des römischen Rechts auf den verschiedenen Stufen seiner Entwicklung. Dritter Teil* (⁴1888). Nachdruck der 8. Aufl. Basel 1954.

Kelsen, Hans: *Reine Rechtslehre*. 2., vollst. bearb. und erw. Aufl. Wien 1960.

Koller, Peter: »Die Struktur von Rechten«. In: Georg Meggle (Hg.): *Analyomen 2*. Bd. 3. Berlin/New York 1997, 251–262 (Wiederabdruck in: Stepanians 2007, 86–95).

Lyons, David: »The Correlativity of Rights and Duties«. In: *Noûs* Jg. 4 (1970), 45–55 (Wiederabdruck in: Carlos Nino (Hg.): *Rights*. Aldershot 1992, 49–59).

MacCormick, D. Neil: »Rights in Legislation«. In: Peter M. S. Hacker/Joseph Raz (Hg.): *Law, Morality and Society*. Oxford 1977, 189–209 (dt.: »Rechte in der Gesetzgebung«. In: Stepanians 2007, 164–183).

Nelson, William: »Special Rights, General Rights and Social Justice«. In: *Philosophy and Public Affairs* Jg. 3 (1973/74), 410–430.

Nickel, James W.: *Making Sense of Human Rights*. Berkeley 1987.

Pogge, Thomas W.: *World Poverty and Human Rights*. Cambridge 2002.

Raz, Joseph: »Legal Rights«. In: *Oxford Journal of Legal Studies* Jg. 4 (1984), 1–21 (Wiederabdruck in: Carlos Nino (Hg.): *Rights*. Aldershot 1992, 87–107).

Stepanians, Markus S.: *Rights as Relational Properties. In Defense of Right/Duty-Correlativity*. Saarbrücken 2005.

– (Hg.): *Individuelle Rechte*. Paderborn 2007.

Wellman, Carl: *A Theory of Rights*. Totowa, NJ 1985.

Peter Koller

1.5 Universalität und Gleichheit

Zentrale Ausgangsfragen

›Universalität‹ und ›Gleichheit‹ sind Zentralbegriffe im Menschenrechtsdiskurs. Der Anspruch auf universale Geltung ist, wie im Folgenden gezeigt wird, der Idee der Menschenrechte inhärent. Die Universalität der Menschenrechte zu bestreiten, hieße deshalb zu leugnen, dass es Menschenrechte überhaupt gibt. Als universale Rechte sind Menschenrechte außerdem wesentlich Gleichheitsrechte. Dass zwischen Universalität und Egalität ein enger normativer Zusammenhang besteht, kommt paradigmatisch in der Präambel der *Allgemeinen Erklärung der Menschenrechte* (AEMR) von 1948 (s. Kap. I.4.6) zum Ausdruck. Sie beginnt mit der Feststellung, »dass die Anerkennung der inhärenten Würde und der gleichen und unveräußerlichen Rechte aller Mitglieder der menschlichen Familie die Grundlage der Freiheit, der Gerechtigkeit und des Friedens in der Welt« darstellt. Dieser Schlüsselsatz, mit dem das Mutterdokument des internationalen Menschenrechtsschutzes beginnt, ist mit einigen Varianten in fast alle Menschenrechtskonventionen der UN übernommen worden. Er hat auch die Verfasserinnen und Verfasser des *Grundgesetzes* der Bundesrepublik Deutschland inspiriert (vgl. Art. 1 Abs. 2 GG).

Trotz – oder auch wegen – der zentralen Bedeutung, die dem Universalitätsanspruch für das Verständnis der Menschenrechte zukommt, gibt es zahlreiche wissenschaftliche und politische Auseinandersetzungen um diesen Anspruch. Aus kulturrelativistischer Perspektive wird auch heute noch der Verdacht geäußert, hinter dem Projekt universaler Rechte stehe letztlich ein kulturimperialistisches Konzept des Westens (vgl. kritisch dazu Afshari 1994; s. a. Kap. IV.1.1). Insbesondere in Verbindung mit dem sie kennzeichnenden Gleichheitsanspruch wurde und wird den Menschenrechten gelegentlich der Vorwurf gemacht, sie seien ein Projekt kultureller Nivellierung und im Grunde antipluralistisch (so schon Lévi-Strauss 1951). Zudem ist auch die inhaltliche Reichweite der menschenrechtlichen Gleichheit umstritten: Zielt sie primär auf formale Chancengleichheit oder darüber hinaus auch auf materiale Ergebnisgleichheit?

Probleme und Positionen

1. *Universalismus:* Mit dem Begriff der Universalität und seinen Derivaten (›Universalismus‹, ›universale Ebene‹ usw.) können unterschiedliche Aspekte des Menschenrechtsdenkens gemeint sein, die oft ineinandergeschoben werden. Es bietet sich an, mindestens zwischen drei Ebenen zu unterscheiden:

a) Die Idee des menschenrechtlichen Universalismus: Demnach steht der Begriff der Menschenrechte für eine bestimmte Kategorie von Rechten, nämlich für jene grundlegenden Rechte, die dem Menschen allein schon aufgrund seines Menschseins zustehen. Der Gegenbegriff zur Universalität wäre in diesem Sinne ›Partikularität‹. Das heißt: Die Menschenrechte unterscheiden sich als Rechte, die schon mit dem Menschsein des Menschen gegeben sind, von solchen Rechtspositionen, die an partikulare Merkmale, z. B. erworbene Statuspositionen, gesellschaftliche Rollen und Funktionen, Mitgliedschaften in Verbänden, eine bestimmte Staatsangehörigkeit usw. anknüpfen.

b) Das Projekt der globalen Normierung und Implementierung grundlegender Rechte: Dieser Sprachgebrauch dominiert in der völkerrechtlichen Literatur, in der die ›universale‹ Ebene typischerweise im Kontrast zur ›regionalen‹ Ebene gesehen wird. Mit den ›universalen‹ Menschenrechten ist dabei jenes weltweite Schutzsystem gemeint, das im Rahmen der UN (im Unterschied insbesondere zu den regionalen Menschenrechtsschutzsystemen des Europarats, der Organisation der Amerikanischen Staaten und der Afrikanischen Union) entstanden ist (vgl. Kälin/Künzli 2005). Der Gegenbegriff zur Universalität wäre hier also nicht Partikularität, sondern ›Regionalität‹.

c) Der faktische Stand der Ratifizierung: Gelegentlich wird die Universalität der Menschenrechte auch am faktischen Ratifikationsverhalten der Staaten bemessen. Von einem solchen ausschließlich *positivistischen* Verständnis menschenrechtlicher Universalität her müsste man dann zum Ergebnis kommen, dass derzeit streng genommen keine einzige Menschenrechtskonvention wirklich universal gilt. Die UN-Kinderrechtskonvention von 1989 (s. Kap. III.9.4) käme dem so verstandenen Universalismus immerhin am nächsten, weil es nur zwei Staaten in der Welt gibt (Somalia und die USA), die sie noch nicht ratifiziert haben.

Die drei genannten Aspekte stehen nicht beziehungslos nebeneinander: Geht man davon aus, dass bestimmte grundlegende Rechte mit dem Menschsein des Menschen gegeben (und insofern universal im Gegensatz zu partikular) sind, dann liegt es nahe, diese Rechte nicht nur in nationalen Verfassungen und regionalen Abkommen, sondern – ergänzend dazu und diese übergreifend – auch in globalen Konventionen der UN festzuschreiben. Die AEMR (die im Englischen und in den Romanischen Sprachen treffender »*Universale* Erklärung« heißt) verbindet zunächst die ersten beiden Verständnisse von Universalität, indem sie den Anspruch auf grundlegende Rechte aller Menschen als ein globales Projekt begreift und damit den Prozess der Schaffung rechtsverbindlicher Menschenrechtskonventionen auf der Ebene der UN einleitet (vgl. dazu die Beiträge in Hutter/Kimmle 2008). Dabei besteht das Ziel, drittens, möglichst alle Staaten zur Ratifikation der UN-Menschenrechtskonventionen zu bewegen; und für dieses Anliegen hat sich der Begriff der »universalen Ratifizierung« durchgesetzt.

Obwohl die drei genannten Aspekte im Verständnis von Universalität also durchaus zusammenhängen, ist es sinnvoll, sie in analytischer Absicht klar zu unterscheiden; andernfalls droht die Debatte um die Universalität der Menschenrechte in heillose Verwirrung zu geraten. Die explizite oder implizite Assoziierung des menschenrechtlichen Universalismus mit den globalen Institutionen des Menschenrechtsschutzes (also mit den Instrumenten, die im Rahmen der UN entstanden sind) birgt außerdem die Gefahr einer kategorialen Verkürzung des Menschenrechtsanspruchs. Eine einseitige Fokussierung auf die Ebene der UN könnte einem Missverständnis Nahrung geben, dem beispielsweise schon Hannah Arendt erlegen war, dass nämlich die Menschenrechte gleichsam die äußerste, »abstrakteste« Sphäre menschheitsweiter rechtlicher Verbindlichkeiten repräsentieren – scheinbar weit entfernt von den handfesteren Gerechtigkeitsfragen, die sich in der konkreten Politik »vor Ort« stellen (vgl. Arendt 1949). Um diesem häufig anzutreffenden Missverständnis entgegenzuwirken, ist es unumgänglich, zwischen der *Idee des menschenrechtlichen Universalismus* einerseits und dem *Projekt globaler Institutionalisierung von Menschenrechtsstandards* (auf der Ebene der UN) andererseits zu differenzieren. Ohne eine solche Differenzierung müsste man zu der wohl kaum sinnvollen Feststellung kommen, dass regionale Rechtsinstrumente wie die 1950 vom Europarat verabschiedete *Europäische Menschenrechtskonvention* (EMRK) »weniger universalistisch« seien als das global ausgerichtete menschenrechtliche Schutzsystem der UN. Richtig ist zwar, dass die EMRK nicht dieselbe umfassende territoriale Reichweite hat wie das Menschenrechtsschutzsystem der UN; sie enthält offenkundig keinen *globalen* Geltungsanspruch. Aber auch sie knüpft bei der Gewährleistung der grundlegenden Rechte schlicht an das *Menschsein des Menschen* an und ist insofern der Idee des menschenrechtlichen Universalismus verpflichtet. Dasselbe gilt für einzelstaatliche Menschenrechtsverbürgungen, wie sie etwa im Grundrechtsabschnitt des deutschen *Grundgesetzes* enthalten sind; auch sie gelten im Jurisdiktionsbereich des Grundgesetzes für *jeden* Menschen gleichermaßen und sind insofern Ausdruck des normativen Universalismus der Menschenrechte. Schließlich ist es auch nicht sinnvoll, die Idee des menschenrechtlichen Universalismus mit dem *faktischen Ratifikationsverhalten der Staaten* zu verquicken. Andernfalls geriete der menschenrechtliche Universalismus – als ein Geltungsanspruch, der die positivrechtliche Ebene überschreitet – in Abhängigkeit davon, ob auch die letzte Diktatur und das letzte reaktionäre Fürstentum es gerade einmal für opportun halten, einschlägige völkerrechtliche Dokumente des Menschenrechtsschutzes zu ratifizieren.

2. *Menschenwürde als Grund*: Artikel 1 Satz 1 der AEMR lautet: »Alle Menschen sind frei und gleich an Würde und Rechten geboren.« Systematisch gründet die menschenrechtliche Universalität demnach im gebotenen Respekt vor der *Würde jedes Menschen* (s. Kap. II.1.3; vgl. Menke/Pollmann 2007, 153); einer Idee, für die sich in unterschiedlichen kulturellen Traditionen Rückbindungen ausmachen lassen (vgl. Hogan/D'Arcy May 2003). Der Achtungsanspruch der Menschenwürde bildet die zumindest implizite Voraussetzung aller normativen Verbindlichkeiten. Dass Menschen Abkommen miteinander eingehen können, die für alle verlässlich gelten sollen; dass sie einander wechselseitige Versprechungen machen können; dass sie für sich selbst und gemeinsam mit anderen normative Orientierung suchen und normative Eckpunkte in einer Verfassungsordnung festschreiben können – all dies hängt daran, dass der Mensch sich selbst und jeden anderen Menschen als *Subjekt möglicher Verantwortung* achtet. Und der Begriff der Menschenwürde steht für diese Grundeinsicht. Dies macht seinen axiomatischen Stellenwert für alle Bereiche des Normativen aus – von der persönlichen Moral über die ethischen Traditionen einer Gemeinschaft bis hin zur demokratischen Verfassungsordnung und zum internationalen Recht. Die Achtung der Menschenwürde ist deshalb nicht ein moralischer Wert wie andere Werte, sie ist auch keine Rechtsnorm neben anderen Normen, kein Rechtsgut in Konkurrenz zu anderen Rechtsgütern und auch nicht ein Grundrecht neben anderen Grundrechten. Sie hat vielmehr einen prinzipiell anderen Status als sonstige Werte, Normen, Rechtsgüter und Rechtsansprüche, da sie deren *unhintergehbare Prämisse* darstellt. Sie ist als die Voraussetzung normativer Verbindlichkeiten zugleich letzter Referenzpunkt moralischen und rechtlichen Argumentierens.

Der Respekt vor der Menschenwürde, der das gesamte Feld normativer Verbindlichkeiten konstituiert, findet seine ausdrückliche moralische und rechtliche *Anerkennung* in jenen fundamentalen Rechten, die jedem Menschen gleichermaßen zukommen und die deshalb Menschenrechte genannt werden. Darin besteht die spezifische Beziehung zwischen Menschenwürde und Menschenrechten (vgl. Bielefeldt 1998). Der Anspruch, dass der Mensch aufgrund seiner Würde niemals zum bloßen Mittel verdinglicht, sondern immer zugleich als *Selbstzweck* geachtet werden soll, gewinnt wirksame Rückendeckung durch die grundlegenden Rechte aller Menschen auf *freie Selbstbestimmung*. Alle Menschenrechte haben als

Ausdruck des Respekts vor der Würde des Menschen als Verantwortungssubjekt eine freiheitliche Orientierung. Zwar wird vielfach die Position vertreten, dass nur ein Teilbereich aus dem Gesamtkorpus der Menschenrechte als ›Freiheitsrechte‹ bezeichnet werden können. Es gibt aber gute Gründe dafür, zu sagen, dass letztlich *alle Menschenrechte* Freiheitsrechte sind, also nicht nur die sogenannten liberalen und politischen Rechte, die oft die freiheitliche Komponente schon im Titel tragen (›Gewissensfreiheit‹, ›Religionsfreiheit‹, ›freie Meinungsäußerung‹, ›Versammlungsfreiheit‹, ›Vereinigungsfreiheit‹ usw.). Denn auch die wirtschaftlichen und sozialen Rechte, die den Menschen vor einseitigen Abhängigkeiten – also konkreter Unfreiheit – insbesondere im Wirtschafts- und Sozialleben bewahren sollen, sind wesentlich an der Freiheit des Menschen orientiert.

3. *Gleichheit:* Wie alle Menschenrechte der Ermöglichung von Freiheit – von freier Selbstbestimmung und freier Mitbestimmung – dienen, so gilt ebenfalls, dass alle Menschenrechte *Gleichheitsrechte* sind. Auch der Gleichheitsanspruch findet seine Grundlage in der Idee der Menschenwürde, die alle Menschen ohne Unterschied einschließt (vgl. die Beiträge in Böckenförde/Spaemann 1987). Es ist deshalb kein Zufall, dass der Begriff der Würde in den einschlägigen menschenrechtlichen Dokumenten stets im Singular vorkommt. Diese Feststellung ist keineswegs trivial, wenn man bedenkt, dass sich die Semantik der Würde im vormodernen Sprachgebrauch vor allem auf die gestuften ›dignitates‹ (im Plural) innerhalb einer hierarchischen Ämter- oder Ständeordnung bezog. Der axiomatische Stellenwert der Menschenwürde als einer unhintergehbaren Prämisse normativer Verbindlichkeiten überhaupt schließt es hingegen aus, die Würde eines Menschen nach externen Kriterien hierarchisch abzustufen. Mit anderen Worten: Die Achtung der Würde kann nicht von äußeren Kriterien – geistigen Fähigkeiten, Lebensleistung, gesellschaftlicher Funktionalität, persönlicher Integrität usw. – abhängig gemacht werden, sondern gilt dem Menschen als Menschen, d. h. jedem Menschen *in gleichem Maße*. Deshalb sind auch die Menschenrechte, in denen der Achtungsanspruch der Menschenwürde gleichsam seine rechtsinstitutionelle Deckung findet, notwendig Gleichheitsrechte.

Der Gleichheitsanspruch meint im Kontext der Menschenrechte indes keine abstrakte Gleichförmigkeit, wie dies konservative Kritiker immer wieder behauptet haben. Es geht keineswegs um die »Verkleinerung des Menschen zum vollkommenen Herdentiere« und »zum Zwergtiere der gleichen Rechte und Ansprüche«, wie etwa Friedrich Nietzsche (1976, 11) gemeint hat. Vielmehr erschließt sich die menschenrechtlich gedachte Gleichheit *nur in der Zusammensicht mit dem Freiheitsanspruch*. Sie zielt nicht auf Nivellierung und Homogenisierung, sondern im Gegenteil darauf, dass alle Menschen gleichermaßen die Möglichkeit haben sollen, ihre je ›besonderen‹, eigenen Lebensentwürfe – für sich und in Gemeinschaft mit anderen – in Freiheit zu finden und zu verwirklichen. Die Menschenrechte zielen letztlich auf die Freisetzung der Vielfalt der Überzeugungen, Lebenspläne und Lebensweisen der Menschen, d. h. sie weisen eine innere Affinität zu Pluralisierungsprozessen auf. Entscheidend ist, dass die Möglichkeit, den je eigenen Lebensweg zu finden, kein Privileg einiger weniger sein darf, sondern durch die Gewährleistung universaler Gleichheitsrechte *allen* Menschen gleichermaßen offenstehen soll. Der so verstandene Gleichheitsbegriff geht über eine bloß ›formale‹ Chancengleichheit hinaus, insofern er dem Staat in seiner Garantenfunktion für die Menschenrechte Maßnahmen abverlangt, durch die Menschen *auch faktisch* befähigt werden, von ihren Rechten wirksam Gebrauch zu machen. Dies schließt ein aktives staatliches Vorgehen gegen Diskriminierungen – auch gegen indirekte und strukturelle Formen von Diskriminierung – genauso ein wie die Bereitschaft, »zeitweilige Spezialmaßnahmen« zu ergreifen, die Angehörigen von traditionell diskriminierten Minderheiten überhaupt erst die Möglichkeit gleichberechtigter Teilhabe an der Gesellschaft eröffnen (vgl. Schöpp-Schilling 2007).

4. *Diskriminierungsverbot:* Seine historisch-konkrete Gestalt erfährt der menschenrechtliche Gleichheitsgrundsatz insbesondere im Diskriminierungsverbot. Dieses Verbot bildet ein Struktur-

merkmal der Menschenrechte und gehört folglich zum Kernbestand internationaler Menschenrechtsdokumente und nationaler Grundrechtsverbürgungen: »Jeder hat Anspruch auf die in dieser Erklärung verkündeten Rechte und Freiheiten ohne irgendeinen Unterschied, etwa nach Rasse, Hautfarbe, Geschlecht, Sprache, Religion, politischer oder sonstiger Überzeugung, nationaler oder sozialer Herkunft, Vermögen, Geburt oder sonstigem Stand«, heißt es beispielsweise in Art. 2 Satz 1 der AEMR. Die Aufzählung der besonderen Diskriminierungsmerkmale, durch die der Gleichheitsanspruch konkret konturiert wird, bildet keine abschließende Liste, sondern ist *nur exemplarisch* zu verstehen. Sie bleibt (dies zeigt sich schon in der Formulierung) ausdrücklich offen für gesellschaftliche Lern- und Sensibilisierungsprozesse. Tatsächlich ist die Liste der ausdrücklich verbotenen Diskriminierungsmerkmale mittlerweile um weitere, wie beispielsweise Behinderung oder sexuelle Orientierung, ergänzt worden. Die Grundrechtscharta der Europäischen Union enthält darüber hinaus auch das Verbot von Diskriminierung aufgrund genetischer Ausstattung.

Kritischer Ausblick

In der – ausdrücklich unabgeschlossenen – Liste konkreter Diskriminierungsmerkmale manifestiert sich der historische Protest sozialer Bewegungen, die in ihrem Kampf um Gleichberechtigung zugleich zur Weiterentwicklung des menschenrechtlichen Universalismus beigetragen haben. Der für die Menschenrechtsidee schlechthin konstitutive Universalitätsanspruch ist nämlich nicht nur in der gesellschaftlichen und politischen Wirklichkeit, sondern auch schon in den historisch maßgeblichen Formulierungen der Menschenrechte immer wieder faktisch unterboten worden. So wurde das abstrakte Subjekt der Menschenrechte in den ersten Erklärungen aus dem späten 18. Jahrhundert weitgehend fraglos als männlich imaginiert – was sich schon darin zeigt, dass sich die ›rights of man‹ bzw. ›droits de l'homme‹ sowohl als ›Menschenrechte‹ wie auch als ›Männerrechte‹ übersetzen lassen (vgl. Gerhard 1990). Abgesehen von seinen geschlechtsspezifischen Zügen war das gedachte Subjekt der Menschenrechte historisch aber zunächst wohl auch mit anderen partikularen Eigenschaften – Bildungsstand, Herkunft, Hautfarbe – imprägniert. Die Geschichte der Menschenrechte ist von Anfang an durch diesen fundamentalen Widerspruch zwischen Universalitätsanspruch und partikularistischer Überformung gekennzeichnet; einen Widerspruch, dessen Aufdeckung immer wieder zum Anlass für eine kritische Klärung und Fortentwicklung des Universalitätsanspruchs wurde.

Paradigmatisch dafür steht die *Erklärung der Rechte der Frau und Bürgerin* von 1791, in der Olympe de Gouges gleiche Rechte für Frauen und Männer forderte (s. Kap. I.3.2). Auch der krasse Widerspruch, der darin bestand, dass mehrere ›founding fathers‹ der maßgebenden amerikanischen Menschenrechtsdokumente selbst Sklaven besaßen, wurde schon im ausgehenden 18. Jahrhundert kritisch thematisiert – und zum Teil auch vor Gericht verhandelt. Seit Mitte des 19. Jahrhunderts gewann dann die Forderung sozialer Rechte durch die gewerkschaftliche Arbeiterbewegung immer mehr an Bedeutung. Die dadurch vorangetriebene Ergänzung der Menschenrechte um soziale Rechte (Gewerkschaftsfreiheit, Rechte auf Arbeit usw.) überwand die implizite Orientierung des bürgerlich-liberalen Menschenrechtsdiskurses an den partikularen Interessen des Bildungs- und Besitzbürgertums. Neuere Beispiele für den Beitrag sozialer Bewegungen zur Weiterentwicklung des menschenrechtlichen Universalismus sind die Lesben- und Schwulenorganisationen, die u. a. zu einer Öffnung des Verständnisses von Ehe und Familie (über die heterosexuelle Ehe und die von dorther definierte Familie hinaus) geführt haben, oder die Behindertenverbände, die den Anspruch auf Diskriminierungsfreiheit in Richtung einer gesellschaftlichen ›Barrierefreiheit‹ konkret weiter ausdifferenzieren. Der menschenrechtliche Gleichheitsgrundsatz geht gleichwohl nicht schon in der Liste der exemplarischen Diskriminierungsmerkmale auf, sondern bleibt ihr voraus und wird damit zum Movens für mögliche Weiterentwicklungen. Es ist durchaus erwartbar, dass in Zukunft aufgrund neuer Gefährdungen der Gleichberechtigung, etwa durch technologische

Entwicklungen im Bereich der Genetik, sowie aufgrund von gesellschaftlichen Lern- und Sensibilisierungsprozessen neue Veränderungen und Ausweitungen im Verständnis von Diskriminierung folgen werden.

ment. Twenty-Five Years of the UN Committee on the Elimination of Discrimination Against Women. New York 2007, 10–29.

Schwartländer, Johannes (Hg.): *Menschenrechte. Aspekte ihrer Begründung und Verwirklichung.* Tübingen 1978.

Heiner Bielefeldt

Literatur

Afshari, Reza: »An Essay on Islamic Cultural Relativism in the Discourse of Human Rights«. In: *Human Rights Quarterly* 16. Jg. (1994), 235–276.

Arendt, Hannah: »Es gibt nur ein einziges Menschenrecht«. In: *Die Wandlung* 4. Jg. (1949), 754–770.

Bielefeldt, Heiner: *Philosophie der Menschenrechte. Grundlagen eines weltweiten Freiheitsethos.* Darmstadt 1998.

Böckenförde, Ernst-Wolfgang/Spaemann, Robert (Hg.): *Menschenrechte und Menschenwürde. Historische Voraussetzungen – säkulare Gestalt – christliches Verständnis.* Stuttgart 1987.

Gerhard, Ute: *Gleichheit ohne Angleichung. Frauen im Recht.* München 1990.

Hogan, Linda/D'Arcy May, John: »Konstruktionen des Menschlichen. Würde im interreligiösen Dialog«. In: *Concilium* 39. Jg. (2003), 201–212.

Hutter, Franz Josef/Kimmle, Carsten: *Das uneingelöste Versprechen. 60 Jahre Allgemeine Erklärung der Menschenrechte.* Karlsruhe 2008.

Kälin, Walter/Künzli, Jörg: *Universeller Menschenrechtsschutz.* Basel/Baden-Baden 2005.

Koenig, Matthias: *Menschenrechte.* Frankfurt a. M./New York 2005.

Lévi-Strauss, Claude: »Rasse und Geschichte« [1951]. In: Ralf Konersmann (Hg.): *Kulturphilosophie.* Leipzig 1996, 168–221.

Lohmann, Georg/Gosepath, Stefan (Hg.): *Philosophie der Menschenrechte.* Frankfurt a. M. 1998.

Menke, Christoph/Pollmann, Arnd: *Philosophie der Menschenrechte zur Einführung.* Hamburg 2007.

Morsink, Johannes: *The Universal Declaration of Human Rights. Origins, Drafting and Intent.* Philadelphia 1999.

Nietzsche, Friedrich: *Jenseits von Gut und Böse.* Stuttgart 1976.

Reuter, Ernst-Richard (Hg.): *Ethik der Menschenrechte. Zum Streit um die Universalität einer Idee I.* Tübingen 1999.

Riedel, Eibe: *Die Universalität der Menschenrechte. Philosophische Grundlagen – Nationale Gewährleistungen – Internationale Garantien.* Berlin 2003.

Schnur, Roman (Hg.): *Zur Geschichte der Erklärung der Menschenrechte.* Darmstadt ²1974.

Schöpp-Schilling, Hanna Beate: »The Nature of the Convention«. In: Dies. (Hg.): *The Circle of Empower-*

1.6 Fundamentalität, Unveräußerlichkeit, Unteilbarkeit

Zentrale Ausgangsfragen

Mit der Bezeichnung als fundamental wird den Menschenrechten eine besondere Geltungsweise oder ein besonderer begründungstheoretischer Status zugeschrieben – im Sinne ihrer Unverfügbarkeit und Unveräußerlichkeit für das Recht und die politische Ordnung ebenso wie für den Rechtsträger selbst. Begründung dafür ist meist ihre Wichtigkeit oder die Notwendigkeit ihrer Geltung, was in sehr verschiedenen Formulierungen zum Ausdruck gebracht wird: Sie werden als angeboren, vorstaatlich, nicht positiviert, zwingend, unverfügbar, absolut oder a priori gültig, als vorrangig, grundlegend, notwendig, unabhängig von allen sozioökonomischen oder kulturellen Umständen, als moralische Grundlage des Rechts, als notwendige Voraussetzung für die Legitimität politischer Systeme, als höchste Ideale, neutral gegenüber verschiedenen moralischen oder religiösen Begründungsansätzen, nicht weiter begründbar, unhintergehbar, elementar oder besonders wichtig bezeichnet (vgl. Menke/Pollmann 2007).

Bei der Verwendung des Begriffs der Fundamentalität sind zwei – sich auf den ersten Blick widersprechende – Richtungen zu unterscheiden: die Verwendung als *allgemeines*, begrifflich notwendiges Merkmal von Menschenrechten und die *Unterscheidung* fundamentaler von nicht-fundamentalen Menschenrechten. Im Zusammenhang damit steht die Frage, ob alle Menschenrechte staatlicher Gestaltung entzogen sind oder ob es möglich ist, Menschenrechte gegen andere Rechte, Prinzipien oder Belange abzuwägen und Einschränkungen zu unterwerfen. Besondere Aspekte der Fundamentalität von Menschenrechten sind deren *Unveräußerlichkeit* in dem Sinne, dass sie nicht nur nicht entzogen, sondern auch vom Träger des Menschenrechts nicht selbst aufgegeben werden können, sowie deren *Unteilbarkeit*. Letztere bedeutet, dass die Menschenrechte eine Einheit bilden und nicht selektiv, sondern nur für alle Rechtskulturen in gleicher Weise gelten können.

Probleme und Positionen

›Fundamentalität‹ ist eine relationale Eigenschaft: was fundamental ist, ist Grundlage für etwas anderes. Eine systematische Analyse kann daher an den Begründungsrelationen zwischen Menschenrechten und anderen Rechten oder Normen ansetzen. Es lassen sich vier Begründungsstrukturen unterscheiden: Als *fundamental* kann etwas (eine Norm, ein Recht) bezeichnet werden, weil es (a) originäre, nicht abgeleitete Geltung besitzt; (b) voraussetzungslose und damit notwendige Geltung besitzt; (c) die Geltung anderer Normen begründet; (d) notwendige Voraussetzung für etwas ist (insbesondere für die Geltung anderer Normen). Diese Begründungsstrukturen sind für sich zwar nicht ausreichend, etwas als fundamental zu bezeichnen. Sie erlauben es jedoch, spezifische Interpretationen der Fundamentalität von Menschenrechten zu entwickeln. Dies erfordert allerdings eine Präzisierung, worin genau die *Begründung* von Menschenrechten besteht.

Im Folgenden werden drei Arten von Rechten unterschieden (Sieckmann 2009, 241 ff.): (a) ›Autonomierechte‹ im Sinne von Rechten autonomer Subjekte, ihre Interessen, normativen Forderungen und Überzeugungen geltend zu machen und damit andere zu verpflichten, diese Belange in ihren autonomen Urteilen zu berücksichtigen und, wenn erforderlich, gegen andere Belange abzuwägen; (b) ›prinzipielle‹ Menschenrechte, die sich aufgrund spezifischer Forderungen autonomer Individuen ergeben, wie z. B. Forderungen nach religiöser oder sexueller Selbstbestimmung. Da solche Forderungen mit anderen Belangen kollidieren können, gelten sie nicht strikt, sondern sind abwägungsfähig. Es kann nur – im Sinne von Optimierungsgeboten (Alexy 1985, 75) – ihre möglichst weitgehende Erfüllung verlangt werden; (c) ›definitive‹ Menschenrechte, die sich aus der Abwägung prinzipieller Menschenrechte mit kollidierenden Belangen ergeben und angeben, wie weit menschenrechtlich begründete Forderungen tatsächlich zu beachten sind. Im Rahmen dieses Begründungsmodells lassen sich folgende Arten der Fundamentalität unterscheiden:

1. Originäre Begründung: Menschenrechte werden nicht aus anderen Normen abgeleitet, sondern allein aus der Eigenschaft des Menschseins. Menschenrechte sind insofern höchste Prinzipien und elementar im System moralisch begründeter Normen. Die Berufung auf die empirische Eigenschaft des Menschseins ist allerdings nicht ausreichend. Die Begründung von Menschenrechten ergibt sich vielmehr aus der Idee der Autonomie: Autonome Subjekte können Interessen und Forderungen in Form von Menschenrechten geltend machen, ohne Letztere aus anderen Normen abzuleiten. Menschenrechte stehen damit am Anfang der materiellen Begründung von Normen und sind insofern fundamental. Fundamental in diesem Sinne sind allerdings nur Autonomierechte. Prinzipielle Menschenrechte erfordern die Geltendmachung durch autonome Subjekte, definitive Menschenrechte die Anerkennung aufgrund einer Abwägung mit anderen Belangen.

2. Notwendige Geltung: Die Geltung von Menschenrechten ist notwendig, weil ihre Anerkennung Bedingung der Möglichkeit von Normbegründung überhaupt ist. Jeder muss vernünftigerweise Menschenrechte anerkennen, unabhängig von ideologischen oder religiösen Einstellungen oder sonstigen Voraussetzungen. Die Abhängigkeit der Normgeltung von der Zustimmung autonomer Subjekte erfordert es, ›Autonomierechte‹ (s. o.) anzuerkennen. Dies kann im Sinne eines »Rechts auf Rechtfertigung« (Forst 2007) gedeutet werden. Fundamental im Sinne einer Bedingung der Möglichkeit von Normbegründungen ist ferner die Anerkennung der auf der Grundlage von Autonomierechten begründeten prinzipiellen Menschenrechte, nicht hingegen die der erst aufgrund von Abwägungen begründeten definitiven Rechte, da diese erst Ergebnis, nicht Voraussetzung von Normbegründungen sind. Zu beachten ist ferner, dass sich mit dem Autonomie-Ansatz nur eine begründungsinterne Notwendigkeit zeigen lässt, d. h. eine Notwendigkeit innerhalb der Überzeugungssysteme derjenigen, die an normativen Diskursen teilnehmen und normative Urteile treffen und begründen, nicht hingegen eine begründungsexterne Notwendigkeit in dem Sinne, dass jeder vernünftigerweise an normativen Diskursen teilnehmen muss (vgl. Alexy 1995, 132 ff.).

3. Grundlage für das positive Recht: Menschenrechte, so heißt es, sind moralisch, d. h. aufgrund ihrer normativen Richtigkeit, begründete Rechte, die in positives Recht umzusetzen sind (Tugendhat 1993, 350; Alexy 1998, 244 ff.). Sie enthalten damit Vorgaben für die Gestaltung des Rechts und liegen dem positiven Recht voraus. Diese Relation kann in verschiedener Weise interpretiert werden: (a) als unmittelbare rechtliche Geltung von Menschenrechten *oder* als moralische Forderung an das positive Recht; (b) als Vorgabe definitiver Menschenrechte, die keine Abweichungen von ihrem Inhalt zulassen und insofern Vorrang vor Normen des positiven Rechts beanspruchen, *oder* als prinzipielle Rechte im Sinne normativer Forderungen, die im positiven Recht so weit wie möglich, unter Abwägung mit kollidierenden Rechten und Prinzipien, zu realisieren sind. Moralische Forderungen und prinzipielle Rechte lassen dem positiven Recht Spielräume bei der Festsetzung definitiver Menschenrechte. Menschenrechte als unmittelbar rechtlich geltende definitive Rechte hingegen lassen, soweit sie inhaltlich reichen, keine Spielräume für die Gestaltung von Rechtsordnungen. Die Annahme der Fundamentalität von Menschenrechten als Grundlage des Rechts wirft jedoch zwei Fragen auf: Ist eine vorrechtliche, d. h. rein moralische Begründung von Menschenrechten überhaupt möglich? Wird durch moralisch vorab begründete Rechte die Verwirklichung von politischer Autonomie eingeschränkt, so dass Menschenrechte in einem Konflikt zur Demokratie stehen? Beiden Problemen lässt sich mit der Unterscheidung prinzipieller und definitiver Menschenrechte begegnen: Prinzipielle Menschenrechte haben ihre Grundlage in normativen Forderungen autonomer Subjekte, die politischen Entscheidungen vorausliegen. Sie lassen andererseits Spielräume für demokratische Entscheidungen hinsichtlich der Bestimmung definitiv gültiger Menschenrechte.

4. Voraussetzung für die Legitimität des Rechts oder des politischen Systems: Ohne Menschenrechte ist Normbegründung, Begründung des Rechts oder die Legitimation politischer Herrschaft nicht möglich. Dies gilt bereits nach naturrechtlichen Konzeptionen, wie jener von John Locke, von denen die Menschenrechte als dem positiven Recht vorgegeben und deren Schutz als primäres Staatsziel angesehen werden. Eine moderne Variante dieser These wendet sich jedoch gerade gegen die Möglichkeit *vorpolitischer* Begründung von Menschenrechten und sieht diese als erst innerhalb politischer Systeme begründet, aber gleichwohl deren Anerkennung als notwendige Bedingung politischer Legitimität an. Demokratie und Menschenrechte werden insofern als »gleichursprünglich« verstanden (Habermas 1994, 151 ff.).

Neben den dargelegten strukturtheoretischen Ansätzen steht die Interpretation von Fundamentalität als besondere *Wichtigkeit* von Rechten. Demnach schützen Menschenrechte fundamentale Interessen von Individuen, etwa das Leben, die Freiheit von schwerem Leiden sowie einen Kernbereich der Autonomie (Alexy 1998, 251), oder Interessen, die so wichtig sind, dass sie politischer Mehrheitsentscheidung entzogen sind (Wildt 1998, 142). Sie können auch als wichtig für die Gesellschaft, das Rechtssystem oder das politische System insgesamt bezeichnet werden. Ein Problem dieses Ansatzes ist allerdings seine Unbestimmtheit. Diese lässt sich reduzieren, wenn das Kriterium der Wichtigkeit wiederum auf strukturelle Merkmale bezogen wird und Rechte erfasst, die so wichtig sind, dass sie bei der Gestaltung des Rechts stets berücksichtigt werden müssen, oder deren Anerkennung eine Voraussetzung der Legitimität politischer Systeme darstellt. Kurz: Als ›fundamental‹ können im Bereich moralischer Rechte Menschenrechte (einzeln oder in ihrer Gesamtheit) bezeichnet werden, sofern sie eines oder mehrere der aufgeführten Merkmale (originäre Begründung, notwendige Geltung, Grundlage des Rechts, Legitimitätsvoraussetzung des politischen Systems) aufweisen *oder* in einem näher zu bestimmenden Sinn besonders wichtig sind.

Die ›Unveräußerlichkeit‹ von Menschenrechten bedeutet darüber hinaus, dass sie dem Träger des Menschenrechts nicht entzogen, aber von ihm auch nicht selbst aufgegeben werden können. Die Immunität gegenüber staatlichem Entzug ist Folge ihrer Fundamentalität, soweit diese als notwendige Geltung, definitive Vorgabe für das positive Recht oder als Legitimitätsvoraussetzung verstanden wird. Nicht jede Form von Fundamentalität schließt jedoch staatliche Gestaltungs- und Eingriffsmöglichkeiten aus. So können fundamental auch Menschenrechte mit prinzipiellem Charakter sein, die Abwägungen mit kollidierenden Belangen zulassen und insofern einschränkbar sind. Eine weitere Frage ist, wie sich die Unveräußerlichkeit von Menschenrechten, die oftmals mit deren Bezug zur ›Menschenwürde‹ begründet wird, zur Befugnis, *autonome* Entscheidungen über das eigene Leben treffen zu dürfen, verhält. Das Recht zu autonomer Entscheidung müsste z. B. das Recht einschließen, sein Leben selbstbestimmt zu beenden. Dies jedoch wird häufig direkt unter Berufung auf die Unantastbarkeit der Menschenwürde eingeschränkt.

›Unteilbarkeit‹ schließlich bedeutet, dass die Menschenrechte eine Einheit bilden und nicht selektiv gelten können (dazu die Diskussion in: Lohmann u. a. 2005). Erstens hängen verschiedene *Inhalte* von Menschenrechten miteinander in der Weise zusammen, dass sie sich nur in wechselseitiger Beziehung aufeinander begründen lassen (Interdependenz). Die Gewährleistung von Freiheitsrechten erfordert Abwehr-, Schutz- und Förderungsrechte. Soziale Rechte dienen der Sicherung der Voraussetzungen individueller Freiheit. Politische Rechte folgen aus Autonomierechten und dienen im Übrigen der Sicherung anderer Menschenrechte. Es bestehen also Begründungszusammenhänge zwischen verschiedenen Typen von Rechten. Zweitens erscheint eine selektive *Trägerschaft* von Menschenrechten begrifflich ausgeschlossen. Werden Menschenrechte allein aufgrund der Eigenschaft des Menschseins begründet, haben alle Menschen Menschenrechte, und zwar alle die *gleichen* Rechte. Letzteres scheint allerdings in Widerspruch dazu zu stehen, dass es manche fundamentale Rechte gibt, die nur bestimmten Klassen von Individuen zustehen, wie z. B. Behinderten, Kindern, Frauen. Insofern wäre zwischen Menschenrechten im engen Sinn und spezifischen menschenrechtlich begründeten Rechten (Menschenrechten im weiten Sinn) zu unterscheiden: Erstere stehen tatsächlich allen

Menschen zu, Letztere nur denjenigen, die bestimmte weitere Bedingungen erfüllen. So hat z. B. jeder Mensch, sofern er behindert ist, das Recht, nicht wegen dieser Behinderung diskriminiert zu werden. Konkret haben jedoch nur Behinderte dieses Recht. Begrifflich handelt es sich bei diesem konkreten, abgeleiteten Recht nicht schon um ein Menschenrecht, das allein aufgrund der Eigenschaft des Menschseins begründet wäre, sondern um ein zwar menschenrechtlich begründetes, aber spezifisches Recht. Es wäre durchaus möglich, auch dies als Menschenrecht zu bezeichnen. Dann müsste allerdings die Annahme aufgegeben werden, alle Menschen hätten die *gleichen* Menschenrechte. Dennoch kann die Verletzung menschenrechtlich begründeter Rechte stets als eine Menschenrechtsverletzung betrachtet werden, wenn ein Menschenrecht im engen Sinn nicht erfüllt wird. Insofern bestünde wiederum eine Einheit der Menschenrechte. Drittens schließt Unteilbarkeit eine selektive *politische Anerkennung* von Menschenrechten aus. Als Folge der Unverfügbarkeit und Unveräußerlichkeit von Menschenrechten können Staaten nicht willkürlich entscheiden, welche dieser Rechte sie anerkennen und welche nicht. Uneingeschränkt gilt dies allerdings nur für die Gruppe der Autonomierechte, bei der Anerkennung von prinzipiellen Menschenrechten sowie für einen Kern rein materiell begründbarer definitiver Menschenrechte. Bei manchen Menschenrechten mit dem Charakter abwägungsfähiger Prinzipien und den auf ihrer Grundlage im positiven Recht begründeten definitiven Rechten sind hingegen politische Gestaltungsspielräume eröffnet.

Kritischer Ausblick

Von der Bestimmung des Begriffs der Fundamentalität ist die Frage zu unterscheiden, welche einzelnen der in verschiedenen Kontexten als ›Menschenrechte‹ bezeichneten Rechte als derart fundamental anzusehen sind. Nicht alle diese Rechte sind in jeder der oben dargelegten Hinsichten fundamental. Dies führt zu gegenwärtigen Diskussionen um die Abgrenzung *fundamentaler und nichtfundamentaler Menschenrechte*. Hier wird die Annahme, alle Menschenrechte seien *gleich* funda-

mental und unverfügbar, in Frage gestellt, oder es wird zwischen Menschenrechten und fundamentalen Rechten unterschieden (Palombella 2007). Im Kern geht es dabei um die Abwägungsfähigkeit und Verhandelbarkeit von Menschenrechten. Im Hinblick auf ihre *Begründung* können Menschenrechte in Konflikt geraten und dabei mehr oder weniger Gewicht besitzen. So kollidiert z. B. die Meinungsfreiheit im Fall herabsetzender Äußerungen mit dem Recht auf Persönlichkeitsschutz. In diesem Konfliktfall ist dann ein Vorrang zwischen ihnen zu bestimmen. Dieser hängt wiederum von ihrem Gewicht nach den Umständen des konkreten Falls ab. Auch im Hinblick auf ihre *Positivierung* ist die Anerkennung von Menschenrechten Gegenstand politischer Entscheidungen, also nicht unverfügbar. So werden etwa in Menschenrechtsverträgen abdingbare, disponible (*derogable*) und nicht abdingbare, zwingende (*non-derogable*) Rechte unterschieden (siehe Art. 4 ICCPR) und Möglichkeiten der Einschränkung von Menschenrechten vorgesehen.

Infolgedessen wird diskutiert, welche Menschenrechte in einem *strengen* Sinne als fundamental gelten können. So werden z. B. Rechte auf Sicherheit, Freiheit und Subsistenz als fundamental bezeichnet, weil sie Voraussetzung für die Inanspruchnahme aller anderen Rechte seien (Shue 1980, 19). Andernorts wird ein »Recht auf Rechte« im Sinne eines Rechts auf Staatsangehörigkeit als Voraussetzung der Innehabung von Rechten (Arendt 1986, 614; Köhler 1999, 112) oder auch ein »Recht auf Rechtfertigung« (Forst 2007, 293, 300) als das elementarste Menschenrecht angesehen. Ferner werden verschiedene Anspruchsniveaus (Leben, menschenwürdiges Leben, gutes Leben) unterschieden (Pollmann in: Lohmann u. a. 2005, 33 f.). Entsprechende Diskussionen im Verfassungsrecht zeigen allerdings, dass ein adäquater Schutz von Grundrechten nicht über eine Hierarchisierung oder die Annahme eines unantastbaren Wesensgehalts zu erreichen ist, sondern die Rechtfertigung von Beeinträchtigungen nach Maßgabe des Gebots der Verhältnismäßigkeit erfordert (Alexy 1985, 267 ff.). Jede Beeinträchtigung eines Grundrechts muss demnach im Hinblick auf einen legitimen Zweck geeignet und erforderlich sein, und der Grad der Beeinträchtigung muss in einem angemessenen Verhältnis zur Wichtigkeit der Eingriffsgründe stehen.

Ein besonderes Problem der *Unveräußerlichkeit* ist, ob und inwiefern menschenrechtlicher Schutz vom Verhalten des Rechtsträgers abhängen oder sogar – etwa in Folge von terroristischen Aktivitäten – verloren gehen kann. Eine einfache Antwort darauf wird sich nicht finden lassen. Einerseits muss menschenrechtlicher Schutz für jeden Menschen gelten, andererseits wird jeder Mensch gerechtfertigte Konsequenzen des eigenen Verhaltens hinnehmen müssen. Die Frage bleibt damit, welche dieser möglichen Konsequenzen *menschenrechtlich* gerechtfertigt werden können. Diskutiert wird ferner die These der *Unteilbarkeit* von Menschenrechten. So war z. B. historisch im Hinblick auf die Trennbarkeit liberal-bürgerlicher von sozialen, wirtschaftlichen und kulturellen Menschenrechten lange Zeit umstritten, ob kapitalistische und sozialistische Staaten jeweils die ihnen passenden Menschenrechte auswählen dürfen. Und auch gegenwärtig stellt sich die generelle Frage, ob ideologische oder kulturelle Differenzen eine bloß selektive oder abgestufte Anerkennung von Menschenrechten rechtfertigen können (dazu die Beiträge in: Lohmann u. a. 2005). Nicht schon alle menschenrechtlich begründbaren Rechte sind derart fundamental, dass ihre Anerkennung nicht politischer Entscheidung unterliegen dürfte. Werden prinzipielle Menschenrechte allein damit begründet, dass autonome Subjekte ihre Anerkennung fordern, sind solche Rechte nicht notwendig in allen Rechtskulturen von großem oder gar gleichem Gewicht. So können etwa im Hinblick auf den menschenrechtlich begründeten Schutz persönlicher Ehre, der Privatsphäre oder persönlicher Daten kulturell unterschiedliche Einstellungen bestehen. Ihr Schutz muss nicht in allen Gesellschaften der gleiche sein. Unterschiede finden sich bereits zwischen westlichen Verfassungsstaaten, aber auch gegenüber Menschenrechtskonzeptionen in afrikanischen, islamischen oder asiatischen Rechtskulturen. Gibt es verschiedene mögliche Konzeptionen von Menschenrechten, die von ideologischen Voraussetzungen, Rechtskulturen oder Traditionen abhängen, lässt sich nicht ausschließen, dass Differenzierungen in der Anerkennung von spezifischen Menschenrechten legitim sind. Man wird deshalb Autonomierechte, die sich allein aus der Forderung der Zustimmungsfähigkeit von Normen begründen lassen, sowie einen Kern notwendig anzuerkennender spezifischer Menschenrechte von *weiteren* Menschenrechten zu unterscheiden haben, für die kulturspezifische Differenzierungen durchaus möglich sind.

In direktem Zusammenhang mit der Diskussion um Unveräußerlichkeit und Unteilbarkeit steht zudem die Kontroverse um *Menschenrechtsminimalismus contra Menschenrechtsmaximalismus* (dazu Menke/Pollmann 2007, 37, 125 ff.). Ersterer vertritt eine Beschränkung der Menschenrechte auf solche, für die eine globale Anerkennung empirisch möglich erscheint. Letzterer zielt auf einen möglichst weitgehenden Schutz fundamentaler menschlicher Interessen. Die Schwäche des Menschenrechtsminimalismus ist, dass er in dem Bemühen, die universale Anerkennung von Menschenrechten zu erreichen, wesentliche Gehalte des Menschenrechtsschutzes aufgibt, die aufgrund der Anerkennung von Menschenrechten mit prinzipiellem Charakter und deren Abwägung durchaus begründet werden könnten; und sei es auch nur innerhalb bestimmter Rechtskulturen. Adäquat erscheint deshalb nur eine Konzeption, die auf einen möglichst umfassenden Menschenrechtsschutz zielt, der aber andererseits begründete Differenzierungen zulässt.

Literatur

Alexy, Robert: *Theorie der Grundrechte*. Baden-Baden 1985.
–: »Diskurstheorie und Menschenrechte«. In: Ders.: *Recht, Vernunft, Diskurs*. Frankfurt a. M. 1995, 127–164.
–: »Die Institutionalisierung der Menschenrechte im demokratischen Verfassungsstaat«. In: Stephan Gosepath/Georg Lohmann (Hg.): *Philosophie der Menschenrechte*. Frankfurt a. M. 1998, 244–264.
Arendt, Hannah: *Elemente und Ursprünge totalitärer Herrschaft. Antisemitismus, Imperialismus, totale Herrschaft*. München 1986 (engl. 1951).
Forst, Rainer: *Das Recht auf Rechtfertigung. Elemente einer konstruktivistischen Theorie der Gerechtigkeit*. Frankfurt a. M. 2007.
Griffin, James: *On Human Rights*. Oxford 2008.
Habermas, Jürgen: *Faktizität und Geltung* [1992]. Frankfurt a. M. ³1994.

Köhler, Wolfgang R.: »Das Recht auf Menschenrechte«. In: Hauke Brunkhorst/Ders./Matthias Lutz-Bachmann (Hg.): *Recht auf Menschenrechte. Menschenrechte, Demokratie und internationale Politik.* Frankfurt a. M. 1999, 106–124.

Menke, Christoph/Pollmann, Arnd: *Philosophie der Menschenrechte zur Einführung.* Hamburg 2007.

Lohmann, Georg/Gosepath, Stephan/Pollmann, Arnd/Mahler, Claudia/Weiß, Norman: *Menschenrechte: unteilbar und gleichgewichtig?* Potsdam 2005.

Palombella, Gianluigi: »From Human Rights to Fundamental Rights«. In: *Archiv für Rechts- und Sozialphilosophie* 93. Jg. (2007), 396–426.

Shue, Henry: *Basic Rights. Subsistence, Affluence and U. S. Foreign Policy.* Princeton 1980.

Sieckmann, Jan: *Recht als normatives System. Die Prinzipientheorie des Rechts.* Baden-Baden 2009.

Tugendhat, Ernst: *Vorlesungen über Ethik.* Frankfurt a. M. 1993.

Wildt, Andreas: »Menschenrechte und moralische Rechte«. In: Stephan Gosepath/Georg Lohmann (Hg.): *Philosophie der Menschenrechte.* Frankfurt a. M. 1998, 124–145.

Jan Sieckmann

2. Begründungen

2.1 Theologische und metaphysische Menschenrechtsbegründungen

Begründungstheoretische Idee

Bei der Eruierung der Gründe, denen der Gedanke der Menschenwürde und der Menschenrechte seine universale Geltung verdankt, spielt die Frage seiner Abhängigkeit von starken metaphysischen und/oder religiösen bzw. theologischen Annahmen eine besondere und recht unterschiedlich gefasste Rolle (vgl. Honnefelder 2009). Ansätze, die die Geltung der Menschenrechte von metaphysischen Prämissen wie der einer teleologischen Deutung der Wirklichkeit oder von theologischen Überzeugungen wie der Deutung des Menschen als Ebenbild Gottes ableiten, sind – so die Auffassung der Kritiker (vgl. Lohmann 1998, 77) – zur Begründung der Menschenrechte untauglich, weil sie nicht nur ein Sollen vom Sein ableiten; sie können zudem weder die Universalität noch den spezifischen Rechtscharakter der Menschenrechte begründen. Dagegen wenden die Verteidiger ein, dass es gerade die Gründung auf einer absoluten Seins- und Werteordnung bzw. auf einer Beziehung zu Gott ist, die dem Menschenrechtsgedanken nicht nur seine maßgebliche Geltung verleiht, sondern auch seinen substantiellen Gehalt.

Die Zusammenhänge sind zweifellos komplexer, als es diese Annahmen erscheinen lassen: Der unmittelbare Rekurs auf eine als solche erkennbare Seins- oder Werteordnung ist in der Tat problematisch, wirft er doch nicht nur die Frage auf, wie sich ein Zugang zu dieser Ordnung unter den Bedingungen des menschlichen Erkennens epistemologisch ausweisen lässt. Er stößt auch auf das Problem, wie unter dieser Voraussetzung ein naturalistischer Fehlschluss vermieden werden kann. Denn ohne eine praktische, d. h. handlungsleitende Prämisse lässt sich aus deskriptiven, d. h. rein feststellenden Sätzen kein praktisches Prinzip wie das der Unverletzlichkeit der Menschenwürde oder das der Wahrung der Menschenrechte ableiten. Umgekehrt folgt aus dem Einwand gegen eine metaphysische Begründung der Menschenrechte keineswegs, dass der Gedanke der Menschenwürde und der Menschenrechte nicht bestimmte metaphysische Implikationen besitzt und theologische Überzeugungen nicht nur für die Genese, sondern auch für die Wirkkraft der Menschenrechte von Bedeutung sind. Dabei ist der Beziehung zwischen den Menschenrechten und der Menschenwürde besondere Beachtung zu schenken.

Probleme und Positionen

1. Die anthropologische Grunderfahrung: Dass metaphysische Annahmen und religiöse Prämissen im Zusammenhang der *Entdeckung* des Gedankens von Menschenwürde und Menschenrechten eine Rolle spielen, ist unbestreitbar. Doch zeigt eine nähere Analyse der historischen Zusammenhänge wie auch die Tatsache der weltweiten Geltung, die der Gedanke im 18./19. Jahrhundert jenseits seiner konkreten Entstehungskontexte in antiker Philosophie, jüdischem und christlichem Glauben, Humanismus und Aufklärung erlangt hat, dass die Geltung des Gedankens ihren Grund nicht primär in Metaphysik und Theologie hat, ja, überhaupt nicht in einer *Theorie*, sondern in grundlegenden *Erfahrungen* wurzelt.

Als Ausgangspunkt können Erfahrungen von Verletzung und Leid betrachtet werden, die – wo immer und wie immer sie geschehen – einen Aufschrei nach sich ziehen, der seinen Grund nicht in den (durchaus unterschiedlichen) Vorstellungen von gelungenem Leben hat, sondern in der Tatsache, dass hier Bedingungen verletzt oder gar zerstört werden, die als fundamental empfunden werden, weil ohne sie der Mensch nicht als Mensch zu existieren vermag. Was sich in der Wahrnehmung von solchen »exemplarischen Unrechtserfahrungen« (Brugger 1992, 21 ff.) *ex negativo* zur Geltung bringt, ist die *anthropologische Grunderfahrung*, die der Mensch als das in der 1. Person Singular handelnde und erleidende Ich macht (vgl. dazu Runggaldier 2003). Denn handelnd und erleidend erfährt er sich als das Lebewesen, das nicht einfach lebt wie alle anderen Lebewesen, sondern das nur lebt, indem es *sein Le-*

ben führt. Sich zu sich zu verhalten, weder naturnotwendig noch beliebig zu handeln, sondern sich an Gründen zu orientieren und frei gewählte Zwecke zu verfolgen, macht die Lebensform aus, die ihn mit allen Menschen *als seinesgleichen* verbindet. Sie macht ihn zugleich verletzbar, ist doch das zu seiner Lebensform gehörende Selbstverhältnis auf fundamentale Realisierungsbedingungen angewiesen. Vom ›Überleben‹ über ›Gesundheit‹ und ›Wohlergehen‹ bis hin zum ›sozialen Miteinander‹ erfährt der Mensch sein Leben als von Grundbedingungen abhängig (vgl. etwa Höffe 1991; Nussbaum 1993), die sich nicht von selbst einstellen, sondern des Schutzes bedürfen.

Wie diese kurze Explikation zeigt, ist die anthropologische Grunderfahrung eine *praktische* Erfahrung, die unlösbar mit der Wahrnehmung eines fundamentalen *moralischen* Anspruchs verbunden ist. Das Sich-zu-sich-Verhalten wird als eine Selbstaufgegebenheit (im Sinn eines Sichselbst-aufgegeben-Seins) wahrgenommen, die Bedingung der Möglichkeit gelingenden menschlichen Lebens ist; und zwar wird sie vom Menschen als eine solche erfahren, die *allen seinesgleichen* zukommt und die des besonderen Schutzes bedarf. Es ist offensichtlich diese Grunderfahrung, die zu dem »overlapping consensus« (John Rawls) in der Anerkennung fundamentaler Ansprüche und daraus resultierender Verpflichtungen geführt und ihm seine spätere weltweite Geltung als *Menschenrechte* verschafft hat. Bezeichnenderweise ist auch nicht die elementare Plausibilität dieses Kernkonsenses umstritten, sondern dessen konkrete Auslegung und die daraus zu ziehenden normativen Konsequenzen.

2. *Die konstitutiven Momente der Grunderfahrung:* Im Blick auf diese Kontroversen sind zunächst die konstitutiven Momente dieser Grunderfahrung festzuhalten: Dazu gehört die Existenzform des Sich-zu-sich-Verhaltens, die der Mensch als ein in der 1. Person Singular handelndes und leidendes Wesen erfährt. Sie unterscheidet ihn von allen anderen Lebewesen, verbindet ihn aber zugleich mit allen anderen Menschen als *seinesgleichen* und ist als solche der Verletzbarkeit ausgesetzt. Dieses Selbstverhältnis und die darin liegende freie Selbstbestimmung werden als etwas erfahren, das dem Menschen verpflichtend aufgegeben und als wechselseitig zu achtende bzw. zu respektierende Größe zu betrachten ist, was den Schutz ihrer fundamentalen Realisierungsbedingungen einschließt.

Bezeichnenderweise bezieht sich diese Grunderfahrung auf den Menschen *als* Menschen, nicht sofern er als ›Person‹ oder als ›Bürger‹ verstanden wird. Denn es kennzeichnet den *Menschen*, als Lebewesen einerseits von physischen Bedingungen abhängig zu sein und sich andererseits zu ihnen verhalten zu können, d. h. Lebewesen und Subjekt zugleich zu sein. Deshalb bezieht sich der in der praktischen Grunderfahrung enthaltene normative Anspruch auf Achtung gleichermaßen auf alle, die Menschen sind (insofern eben zum Menschsein die Fähigkeit zum Subjektsein gehört) und umfasst die elementaren Bedingungen, ohne die der Mensch nicht das sein kann, als was er sich offensichtlich erfährt; und zwar als ein sich zu sich selbst verhaltendes, sein Leben handelnd und leidend führendes Ich, das in anderen Menschen seinesgleichen hat, die mit ihm die gleiche Verletzbarkeit und Schutzbedürftigkeit teilen. Und es ist die Fundamentalität dieses Anspruchs auf gleiche Achtung, die eine Zuschreibung unter einem weniger allgemeinen Kriterium als dem des Menschseins verbietet.

Wie diese wenigen Hinweise zu verdeutlichen vermögen, ist die anthropologische Grunderfahrung eine praktische Erfahrung, die untrennbar mit der Wahrnehmung eines normativen Anspruchs verbunden ist. Das als Selbstaufgegebenheit erfahrene Selbstsein wird als ein Gut erfahren, aus dem ein normativer Anspruch in Form der Verpflichtung zu Achtung und Respektierung erwächst. Zum expliziten Thema wird dieser Anspruch lange vor dem Auftreten des Rechtsinstituts der Menschenrechte, und zwar mit der Entstehung der *Ethik* als einer philosophischen Disziplin. Konfrontiert mit der Pluralität und dem Wandel, dem die verschiedenen Gestalten des guten Lebens ausgesetzt sind, wird die Frage nach der praktischen Grunderfahrung diesseits der Moralen akut, und der in der Grunderfahrung enthaltene normative Anspruch wird zum Gegenstand der Auslegung und Begründung (Honnefelder 2007, 111–139).

3. Klassische ethische Interpretationen der Grunderfahrung: Es ist bezeichnend, dass die bis heute maßgeblichen Entwürfe der philosophischen Ethik jeweils für sich beanspruchen, die oben skizzierte sittliche und in verschiedenen Kontexten eingebettete Grunderfahrung *auszulegen* – und nicht schon zu ersetzen. Dies geschieht in einer Mehrheit von Ansätzen, die hinsichtlich ihres Inhalts einen *overlapping consensus* in Form der Anerkennung einer Moral wechselseitiger Verpflichtungen aufweisen. Und es ist dieser Zusammenhang, in dem das sittliche Subjektsein des Menschen – ideengeschichtlich zum ersten Mal – mit dem aus anderen sozialen Zusammenhängen stammenden Titel der ›Würde‹ verbunden wird (s. Kap. II.1.3); wobei auf eine ganz bestimmte Bedeutung unter den verschiedenen Konnotationen des Würdebegriffs abgehoben wird, und zwar auf die in der praktischen Grunderfahrung wahrgenommene Eigenschaft des Menschen, die Fähigkeit eines sittlichen Subjekts zu haben. Diese ethische Auslegung der praktischen Grunderfahrung lässt sich am platonischen Sokrates und vor allem auch an Aristoteles belegen, wenn dieser das Handeln aus Einsicht in die Gründe (*agere secundum rationem*) als Proprium des menschlichen Handelns herausarbeitet. Es ist dann Cicero, der auf diesem Hintergrund von einer »dignitas« spricht, die dem Menschen *kraft des bloßen Menschseins* zukomme und die Cicero in *De officiis* (I, 105 f.) als »in natura dignitas et excellentia« bezeichnet. Ähnliche Überlegungen finden sich bei Seneca, wenn er in den *Epistulae morales ad Lucilium* (95,33) im praktischen Selbstverhältnis des Menschen den Grund dafür sieht, dass »der Mensch dem Menschen eine heilige Sache sein muss« (*homo homini res sacra esse debet*). Nicht minder kann auf Thomas von Aquin verwiesen werden, der weitgehend Aristoteles folgt, oder insbesondere auch auf Immanuel Kants *Grundlegung zur Metaphysik der Sitten* (AA, Bd. 4, 68), wenn dieser in der Erfahrung des Handelnden, sich mit einem moralischen Sollensanspruch konfrontiert zu sehen, ein ursprüngliches »Faktum der Vernunft« sieht und die Selbstbindung an das erkannte Gute, d.h. die »Autonomie«, als »Zweck an sich selbst« versteht, der dem sittlichen Subjekt »nicht bloß einen relativen Wert, d.i. einen Preis, sondern einen inneren Wert, d.i. Würde« verleiht.

Ohne Zweifel stellen diese klassischen Interpretationen der praktischen Grunderfahrung eine Auslegung aus der Teilnehmerperspektive, d.h. aus der Perspektive des in der 1. Person Singular handelnden Subjekts und des in dieser Perspektive wahrgenommenen Subjektseins dar. Sie beziehen sich nicht auf eine deskriptiv beschreibbare *metaphysische* Eigenschaft, sondern auf das in der Grunderfahrung jeweils selbst wahrgenommene praktische Selbstverhältnis und den darin gründenden normativen Anspruch auf Achtung, ohne die das moralisch handelnde Subjekt sich nicht verstehen und orientieren kann und deshalb weder zu handeln noch zu leiden fähig ist. Weder für Aristoteles noch für Kant ist somit die praktische Philosophie aus der Metaphysik ableitbar, noch stellt die Metaphysik ein Wesenswissen bereit, das Struktur wie Anspruch der Wirklichkeit so vorzeichnet, dass aus ihnen eine Art von ›Blaupause‹ des Handelns gewonnen werden könnte; verfügt der Mensch doch seinen natürlichen Fähigkeiten nach gerade nicht über den ›god's eye view‹, der ihm unmittelbare Einsicht in eine allem zugrundeliegende *Taxis* von Ideen gewährte. An den Ausgangspunkt der Sinneserfahrung gebunden, vermag das menschliche Erkenntnisvermögen nur resolutiv zu metaphysischen Einsichten zu gelangen. So lässt sich beispielsweise nach Aristoteles allein von den erfahrbaren Akten des handelnden Menschen auf entsprechende Vermögen und von diesen Vermögen auf eine ihnen zugrundeliegende (Art-)Natur schließen.

4. Metaphysische Deutung der Grunderfahrung: Wie die Deutung der Grunderfahrung durch die Ethik deutlich gemacht hat, besitzt der normative Anspruch, der aus der mit der Selbstaufgegebenheit des Menschen verbundenen vernünftigen Selbstbestimmung des Willens erwächst, seine Geltung aus sich selbst heraus. Aus nichts ›Früherem‹ ableitbar, kann er vom handelnden Subjekt nicht geleugnet werden, ohne dass sich das Subjekt selbst aufhöbe; also nur um den Preis eines performativen Selbstwiderspruchs. ›Würde‹ erscheint damit als eine praktische Selbst- und Fremdzuschreibung, die sich einem letzten praktischen *Urteil* verdankt, und zwar dem im praktischen Selbstverhältnis des Handelnden enthaltenen Urteil, das dem vernünftigen Selbstsein bzw. jedem Lebewesen, das sich durch die Fähigkeit zu diesem vernünftigen Selbstsein auszeichnet, unbedingten Wert zuspricht.

Freilich schließt dies keineswegs die Frage aus, was der praktischen Grunderfahrung und ihrer ethischen Hermeneutik für eine *metaphysische Deutung des Menschen* zu entnehmen ist. Sie ergibt sich nicht aus der Frage, wie wir handeln sollen, sondern aus der Frage, *wer der Mensch ist*. Diese Frage aber stellt sich nicht zuletzt dann, wenn wir nach dem ›Sinn‹ fragen, welcher der aus sich selbst einsichtigen Erfahrung des praktischen Selbstseins zukommt. Will man die eingangs genannte Kritik an der Abhängigkeit der Menschenwürde von metaphysischen Annahmen vermeiden, ist die hier sich zeigende Differenz der Ebenen sorgsam zu beachten. Es ist die Erfahrung des im praktischen Selbstverhältnis gelegenen normativen Anspruchs, der zum Ausgangspunkt metaphysischer Deutung wird – und nicht umgekehrt. So ist es für Aristoteles die im eigenen Handeln erfahrene Handlungsteleologie, die ihn z. B. in *Über die Teile der Lebewesen* (I 1 641b10–642a1) dazu führt, der gesamten Wirklichkeit eine teleologische Struktur zuzuschreiben. Auch für die Stoa ist es die im Handeln erfahrene Natur des Vernünftigen, die veranlasst, eine von göttlicher Vernunft durchwaltete Allnatur anzunehmen. Nicht minder ist es für Kant in dessen *Kritik der praktischen Vernunft* (AA, Bd. 5, 434 f.) die praktische Grunderfahrung, die ihn darauf schließen lässt, dass der Mensch nicht nur als *homo phainomenon*, sondern auch als *homo noumenon* gedeutet werden muss, der kraft seines Zugangs zur Sphäre des Intelligiblen als Mitglied einer intelligiblen Welt zu denken ist.

Wie diese kurzen Verweise zu zeigen vermögen, ist es nicht die Frage, wie wir handeln sollen, sondern wer wir sind und was es mit dem Ganzen der Wirklichkeit auf sich hat, welche die erst daran anschließende Frage nach dem ontologischen Status des Menschen und seinem Ort im Ganzen der Wirklichkeit entstehen lässt. Die praktische Erfahrung, in der wir uns unserer selbst als eines frei handelnden Subjekts bewusst werden, das nicht in der Summe seiner physischen Antriebe aufgeht, ist der maßgebliche Ausgangspunkt der ontologischen Deutung, nicht deren Resultat. Denn es ist die Selbsttranszendenz des frei handelnden Subjekts, die die Frage nach der besonderen ›Natur‹ bzw. nach dem ontologischen Status dieses Subjekts aufwirft bzw. einer Antwort zuführt. Freilich ist diese metaphysische Deutung nicht ohne gewichtige Bedeutung für die praktische Grunderfahrung selbst. Sie erst beantwortet die Frage, wie der – in dieser Erfahrung geltungslogisch als unabweisbar wahrgenommene – Anspruch der Selbstzweckhaftigkeit bzw. der Freiheit ontologisch als *möglich* und *sinnvoll* gedacht werden kann. Denn als solcher kann er nur dann ausgewiesen werden, wenn sein Ort innerhalb des Ganzen der Wirklichkeitserfahrung aufgezeigt wird; was wiederum nicht möglich ist, ohne die Frage nach deren Konstitution und deren erstem (transzendentem) Grund zu stellen. Die metaphysische Deutung ›erklärt‹ das Ethische und ordnet es in einen umfassenderen Sinnzusammenhang ein, begründet aber nicht allererst dessen autochthonen Anspruch, sondern setzt ihn vielmehr als ein unabweisbares Phänomen voraus.

5. Der Zusammenhang von Menschenrechten und Menschenwürde: Auf dem Hintergrund des Gesagten lässt sich dann auch der Zusammenhang zwischen Menschenrechten und Menschenwürde genauer bestimmen (vgl. Müller 2008). Der Ausgangspunkt für die Achtung der Würde des Menschen ist, wie die bisherige Analyse deutlich machen sollte, nicht die Wahrnehmung einer deskriptiv beschreibbaren metaphysischen Qualität, aus der sich dann die Menschenrechte als präskriptive Folgerungen ergeben würden. Vielmehr werden im Ausgang von den apostrophierten exemplarischen Erfahrungen, wie denen von Verletzung und Leid, Schutzansprüche in Bezug auf jene fundamentalen Bedingungen wahrgenommen, ohne die der Mensch gar nicht als Mensch zu existieren vermag. Begreift man die betreffenden Verpflichtungen, die sich daraus ergeben, als wechselseitig erhobene, gleichsam einklagbare und mit bestimmten Sanktionen verbundene Ansprüche, ergibt sich das, was wir ›Menschenrechte‹ nennen; wobei diese Rechte zunächst im *morali-*

schen Sinn zu verstehen sind, setzt doch die (vom moralischen Grundanspruch geforderte) Deklaration *legaler* Menschenrechte die erfolgte Begründung und Etablierung einer entsprechender Legalität bereits voraus.

Was nun den in den Menschenrechten artikulierten moralischen bzw. rechtlichen Anspruch betrifft, so bringt er sich im Rahmen der skizzierten praktischen Erfahrung *auf eigene Weise*, unabhängig von einer expliziten Wahrnehmung der Würde des Menschen zur Geltung. Nur so ist erklärlich, warum der Gedanke der Menschenrechte in einzelnen Rechtskulturen begegnet, auch ohne dass dabei auf die Wahrnehmung der Menschenwürde Bezug genommen würde. Geht man jedoch der Frage nach dem rechtfertigenden *Grund* des moralischen und rechtlichen Anspruchs der Menschenrechte näher nach, zeigt sich, dass diese Rechte deshalb einen Anspruch auf Schutz erheben, weil sie Bedingungen bzw. Teilmomente jenes praktischen Selbstverhältnisses sind, das den Menschen als solchen auszeichnet. Denn in der Achtung der Menschenrechte artikuliert sich die Achtung vor diesem praktischen Selbstverhältnis, und zwar als Achtung vor etwas, das – um mit Kant zu sprechen – nicht nur Wert, sondern eben Würde besitzt. Das aber erlaubt, die Würde des Menschen im Kontext der Rechtfertigung als den tieferen Grund der Schutzwürdigkeit der (auf die Bedingungen des praktischen Selbstverhältnisses bezogenen) Menschenrechte zu verstehen. In diesem Sinn ist die Menschenwürde kein kategorialer, sondern ein »transzendentaler Begriff« (Spaemann 1987). So verstanden können dann – wie etwa in Art. 1 Abs. 2 des deutschen Grundgesetzes sowie in vielen internationalen Menschenrechtsdokumenten – die Menschenrechte als Entfaltungen des Prinzips der ›Unverletzlichkeit‹ der Menschenwürde gedeutet werden.

Der Rückgang auf das fundierende Prinzip der Menschenwürde bedeutet keine ›Ableitung‹ aus einer metaphysischen oder religiös verstandenen Eigenschaft, benennt das Prädikat der Würde doch nichts anderes als die in der praktischen Grunderfahrung wahrgenommene Fähigkeit des sittlichen Subjektseins; was freilich nicht ausschließt, die darin liegende Würde noch einmal einer metaphysischen, theologischen oder quasireligiösen, säkularen Deutung zu unterziehen und ihr dadurch eine zusätzliche Tiefe zu geben (vgl. Spaemann 1987; neuerlich Joas 2011). Als Titel für das dem Menschen eigene sittliche Subjektsein verwendet, vermag das Prädikat der Menschenwürde nicht nur die Unabdingbarkeit zu erklären, mit der sich die Menschenrechte zur Geltung bringen, sondern auch den Träger der Rechte näher zu identifizieren; und zwar als das individuelle Lebewesen, das die Fähigkeit zur moralischen Autonomie hat, dem deshalb die im Prädikat der Würde zum Ausdruck kommende Selbstzweckhaftigkeit zukommt und das als eben dieses Individuum Träger und Adressat von Rechten ist. Durch die Beziehung des Würdeprädikats auf den Menschen wird deutlich, dass diese Würde nicht nur axiologisch unbedingt und unverrechenbar ist, sondern dem Menschen dauerhaft und unverlierbar inhärent ist; dass sie jedem Mitglied der Spezies gleichermaßen zuzuschreiben ist, und zwar nicht aufgrund seiner partikularen Eigenschaften, sondern aufgrund des zum Menschsein gehörigen praktischen Selbstverhältnisses, das ihn zu einem moralfähigen Subjekt macht. Das Menschsein als solches erscheint als der *Zuschreibungsgrund*, das zum Menschsein gehörige moralische Subjektsein hingegen als *Geltungsgrund*. Und die Achtung vor der Würde ist Anerkenntnis, nicht Zuerkenntnis.

6. Menschenwürde und religiöse Erfahrung: Wie aber ist die Beziehung des Gedankens der Menschenwürde und der Menschenrechte zu der *religiösen* Erfahrung zu bestimmen, wie sie uns etwa in der im Buch *Genesis* (1,27) anzutreffenden Deutung des Menschen als »Gottes Ebenbild« begegnet? Folgt man dem Selbstverständnis des jüdischen und christlichen Glaubens, ist diese Beziehung durch eine Verbindung von ›Differenz und Entsprechung‹ gekennzeichnet und nur im Kontext des Verhältnisses von Glaube und Vernunft, Natur und Gnade, Schöpfungstheologie und Heilsgeschichte zu verstehen; eines Verhältnisses, das seinerseits in sehr unterschiedlicher theologischer Deutung gefasst wird (vgl. Huber/ Tödt 1977; Honecker 1981; Kasper 1981; Böckle/ Höver 1985; Hilpert 1991).

Wie sich dieses Verständnis von Differenz und Entsprechung genauer darstellt, kann exemplarisch an Thomas von Aquin verdeutlicht werden. An prominenter Stelle, und zwar im Prolog zum zweiten Teil der *Summa Theologiae,* stellt Thomas fest, dass »als Ebenbild (Gottes) das vernünftige freie, durch sich die Herrschaft ausübende Vermögen bezeichnet wird«. Der Mensch, so heißt es weiter, ist als Ebenbild zu bezeichnen, »insofern er der Ursprung seiner Handlungen ist, besitzt er doch Willensfreiheit und Herrschaft über seine Handlungen«. Parallel dazu heißt es in *Super Epistulam ad Romanos* (c.1 l.3), dies sei »der höchste Grad der Würde in den Menschen, dass sie nämlich nicht von anderen, sondern aus sich selbst zum Guten geführt werden«. Und an anderer Stelle der *Summa Theologiae* (I 29,3) sagt Thomas: »Weil es von großer Würde ist, in Form einer vernünftigen Natur zu existieren, kann auch jedes Individuum von vernünftiger Natur Person genannt werden.« Die Gottesebenbildlichkeit, so wird deutlich, ist die theologische Entsprechung der Würde; beide Prädikate können vom Menschen – im einen Fall aus theologischer, im anderen Fall aus philosophischer Perspektive – ausgesagt werden, insofern es das praktische Selbstverhältnis ist, das den Menschen auszeichnet.

Folgt man dem, was Thomas in der *Summa Theologiae* vorzeichnet und in der Theologie der Neuzeit und Moderne entfaltet wird, dann ist die im Offenbarungsglauben sichtbar werdende Geschichte Gottes mit den Menschen als ein Prozess der Freisetzung in das Eigene des Geschöpflichen bzw. als Erlösung aus der selbstverschuldeten Verfehlung dieser Freiheit zu verstehen. Diesem aus dem Offenbarungsglauben stammenden Selbstverständnis kommt für das Verständnis der Menschenwürde und dem von ihr bezeichneten Selbstverhältnis des Menschen zwar keine konstitutive, wohl aber eine genuin kritische, eine spezifisch motivationale und eine sinndeutende Funktion zu:

a) Wer sich im Glauben als das Geschöpf Gottes, ja, als sein Ebenbild und als Adressat von Gottes Heilshandeln erfährt, der ist überzeugt, dass sich seine im Vernunft- und Freiheitsbesitz bestehende Würde *letztlich* nichts anderem als der Anerkennung durch Gott verdankt. So heißt es etwa bei Eberhard Jüngel (1962, 552): »Gott spricht – der Mensch entspricht. So ist er imago dei.« Geschöpf Gottes zu sein, impliziert eine Anerkennung, die den Menschen in seine Eigenständigkeit und Freiheit entlässt; sie stellt eine Beziehung der Abhängigkeit dar, die ihn zugleich unabhängig von allem anderen sein lässt (vgl. Habermas 2001; Honnefelder 2008). Die Würde wird erfahren als geschenkter, aber ursprünglicher Besitz, und zwar unabhängig von der Anerkennung durch andere; unabhängig auch von besonderer Leistung oder sozialer Stellung.

b) Wer die Transzendenz der Freiheit im Glauben als eine Selbsttranszendenz erfährt, die durch kein endliches Gut zu erfüllen ist, nimmt den Menschen als ein Wesen wahr, das über sich hinaus verweist und sich einer letzten Definition und Festlegung entzieht. Angesichts der Erfahrung solcher Selbsttranszendenz erweist sich der Totalitätsanspruch aller weltimmanenten Erfüllungsversprechen als Usurpation. Die Transzendenz Gottes erscheint als die Sicherung der Transzendenz des Menschen (in Bezug auf die Enzyklika *Redemptor hominis*: Kasper 1981, 297).

c) Wer den Menschen im christlichen Glauben als Terminus göttlicher Anerkennung und damit als jemanden erfährt, der – so Hegel in § 482 der *Enzyklopädie der philosophischen Wissenschaften* (GW 20) – »*als solcher* unendlichen Wert hat«, für den steht – wie es in den *Vorlesungen über die Geschichte der Philosophie* (GW 18, 56 f.) heißt – die Freiheit und Gleichheit aller Menschen außer Frage: »In der christlichen Religion kam die Lehre auf, daß vor *Gott* alle Menschen frei [sind], daß Christus die Menschen befreit hat, sie vor Gott gleich, zur christlichen Freiheit befreit sind. Diese Bestimmungen machen die Freiheit unabhängig von Geburt, Stand, Bildung usf.«

d) Von Gott zur Transzendenz seiner selbst berufen zu sein, setzt das Selbstverhältnis des Menschen in sein ihm eigenes Recht, stellt es aber zugleich unter das Prinzip der Verantwortung. Als Subjekt dieser Verantwortung ist der Mensch der Schuld fähig, die er im Gewissen erfährt; er erfährt diese Schuld als Tat vor Gott, d. h. als Sünde. Da der Glaube jedoch zugleich auch einen Horizont der Hoffnung auf Vergebung eröffnet, welche die vom Menschen erreichbare Versöhnung übersteigt, kann der Mensch am Geltungsanspruch der Moral selbst angesichts irreversibler

Schuld festhalten (vgl. Honnefelder 2007, 89–110).

e) Die Erfahrung der Geschöpflichkeit umfasst den *ganzen* Menschen und damit die *Einheit* von Leiblichkeit und Selbsttranszendenz, als die er sich erfährt. Rückgebunden an die Leiblichkeit, können die Selbsttranszendenz und die damit verbundene Selbstgestaltung aber nicht grenzenlos sein. Ihr Maß und ihre Grenze werden zum Gegenstand der Verantwortung des Menschen. Die Wahrung der Integrität des Menschen als eines leiblich verfassten, sozialen Wesens sowie der Schutz des Lebensraums, dessen Teil er ist, gewinnen in Bezug auf die Begründung der Menschenrechte ein besonderes Gewicht (Honnefelder 2008).

f) Ihren Fokus hat die christliche Sicht des Menschen in Jesus Christus als dem eigentlichen »Bild Gottes« (2 Kor 4,4; Kol 1,14), da in ihm der von Gott verheißene »neue Mensch« sichtbar wird. Sein Ethos geht über die im Dekalog und in der Predigt der Propheten geforderte *Gerechtigkeit* (in der maßgebliche Grundansprüche formuliert werden, die später als Menschenrechte erscheinen) hinaus. Als Antwort auf Gottes Zusage umfasst es »mehr als Gerechtigkeit« (Mt 5,20). Damit wird deutlich, dass es die umfassenden Gestalten des Guten sind, als deren universalistischer Kern sich das (ein Minimum des Schutzes umfassende) Ethos der Menschenrechte herausstellt, und dass es diese Gestalten sind, aus denen dieser universalistische Kern – ungeachtet seiner eigenen Plausibilität – seine starke *motivationale* Kraft gewinnt.

g) Schließlich gehört zu der Botschaft Jesu auch die Proklamation jener neuen »Brüderlichkeit«, an die die Neuzeit mit der Forderung nach einer (sich später in den *sozialen* Menschenrechten niederschlagenden) Forderung nach einer umfassenden, die Einheit der Menschheit unterstellenden Solidarität antwortet.

Kritischer Ausblick

Der Begriff der Menschenwürde steht für ein Gut, das sich – auch völlig unabhängig von diesem Begriff – in einer praktischen Grunderfahrung zeigt, die von allen Menschen geteilt wird. Als Schutzgut, um dessen willen die Bedingungen des Menschseins durch Menschenrechte geschützt werden und das selbst als unbedingt schutzwürdig gilt, erscheint folglich der *Mensch* als das durch das Vermögen des vernünftigen Selbstseins ausgezeichnete Lebewesen. Nicht ohne Grund bindet der Menschenrechtsgedanke deshalb die Schutzwürdigkeit ausdrücklich an den Begriff des Menschen, also an das Sortalprädikat, mit dem sämtliche Individuen der natürlichen Art »Mensch« und nicht nur bestimmte Eigenschaften oder Leistungen bezeichnet werden (Honnefelder 2002). Das in der praktischen Grunderfahrung wahrgenommene und von der Ethik in seinem normativen Anspruch reflektierte praktische Selbstverhältnis kann dabei zum Gegenstand einer metaphysischen Reflexion werden, die nach dem ontologischen Status des Lebewesens fragt, dem das in der praktischen Grunderfahrung wahrgenommene Selbstverhältnis zukommt und dessen Ort im Gesamtzusammenhang des Wirklichen zu bestimmen ist. Zu diesen ontologischen Grundbedingungen gehört auch die nicht-rückführbare Dualität der Perspektiven, in der der Mensch wahrgenommen wird. Gemeint sind die Perspektive der Kausalität des in der 1. Person Singular handelnden Subjekts sowie die Perspektive des Beobachters, in der allein die Kausalität von Ereignissen und ihre gesetzmäßigen Zusammenhänge sichtbar werden. Die Versuche, das Prädikat der Menschenwürde naturalistisch zu bestreiten oder mentalistisch zu verkürzen, erweisen sich in diesem Licht als durchaus *metaphysische* Deutungen; und zwar als solche, die sich dann ergeben, wenn die Deutung des Menschen auf die eine oder die andere der genannten beiden Perspektiven (Handlungskausalität oder Ereigniskausalität) reduziert wird.

Aus der Perspektive des christlichen Glaubens stehen die Menschenwürde und die Menschenrechte in Entsprechung zu schöpfungs- und heilstheologischen Annahmen. Der Sinnüberschuss des christlichen Glaubens lässt den in der praktischen Grunderfahrung enthaltenen Anspruch in einem Zusammenhang erkennen, der die ethische und metaphysische Deutung übersteigt und ein nicht nur heuristisches, sondern auf die Sache selbst bezogenes kritisches wie sinndeutendes und motivationales Potential eigener Art freisetzt. Wer freilich eine Begründung der Menschenrechte *als Rechte* exklusiv von der wechselseitigen Anerkennung rechtsfähiger Subjekte abhängig machen will, wird – um auf die zu Anfang erwähnte Kontroverse zurückzukommen – die skizzierte moralische Grundlegung in der praktischen Grunderfahrung des Menschen und deren metaphysische und/oder theologische Deutung als untauglich oder unerheblich betrachten. Allerdings nimmt man mit dieser Ablehnung auch die Schwierigkeit in Kauf, den universalen, vorrechtlichen und unverlierbaren Charakter der Menschenrechte angemessen zur Geltung zu bringen. Wer hingegen – umgekehrt – angesichts der Fragilität des säkularen Konsenses in der Frage der Menschenrechte deren Geltung *allein* durch theologische und/oder metaphysische Annahmen gesichert sieht, kann damit zwar auf einen starken und gehaltvollen Begründungskontext Bezug nehmen, wird aber den für die rechtliche Verbindlichkeit in der säkularen Staatengemeinschaft wichtigen Minimalkonsens nicht in der erforderlichen Weise sichern können. Und was die Menschenwürde betrifft, so macht die Analyse ihrer Zuordnung zu den Menschenrechten deutlich, dass die Menschenrechte auch ohne den Rekurs auf die Menschenwürde Geltung beanspruchen können, dass sie aber durch diesen Rekurs eine tiefergehende Grundlegung und eine umfassendere Auslegung erfahren.

Literatur

Böckle, Franz/Höver, Gerhard: »Menschenrechte/Menschenwürde«. In: Peter Eicher (Hg.): *Neues Handbuch theologischer Grundbegriffe*, Bd. 3. München 1985, 95–104.

Brugger, Winfried: »Stufen der Begründung von Menschenrechten«. In: *Der Staat* 31/1 (1992), 19–38.

Habermas, Jürgen: *Glauben und Wissen*. Frankfurt a. M. 2001.

Hilpert, Konrad: *Die Menschenrechte. Geschichte, Theologie, Aktualität*. Düsseldorf 1991.

Höffe, Otfried: »Transzendentale Interessen: Zur Anthropologie der Menschenrechte«. In: Walter Kerber (Hg.): *Menschenrechte und kulturelle Identität*. München 1991, 15–36.

Honecker, Martin: »Das reformatorische Freiheitsverständnis und das neuzeitliche Verständnis der ›Würde des Menschen‹«. In: Johannes Schwartländer (Hg.): *Modernes Freiheitsethos und christlicher Glaube. Beiträge zur Bestimmung der Menschenrechte*. München 1981, 266–284.

Honnefelder, Ludger: »Die Frage nach dem moralischen Status des menschlichen Embryos«. In: Otfried Höffe/Ders./Josef Isensee/Paul Kirchhof (Hg.): *Gentechnik und Menschenwürde*. Köln 2002, 79–110.

–: *Was soll ich tun, wer will ich sein? Vernunft und Verantwortung, Gewissen und Schuld*. Berlin 2007.

–: »Glaube – Vernunft – Öffentlichkeit. Über die Relevanz des Glaubens für das Verhandeln öffentlicher Dinge«. In: Franz-Josef Bormann/Bernd Irlenborn (Hg.): *Religiöse Überzeugungen und öffentliche Vernunft. Zur Rolle des Christentums in der pluralistischen Gesellschaft*. Freiburg 2008, 346–360.

–: »Menschenwürde und Transzendenzbezug«. In: *Deutsche Zeitschrift für Philosophie* 57/2 (2009), 273–287.

Huber, Wolfgang/Tödt, Heinz Eduard: *Menschenrechte. Perspektiven einer menschlichen Welt*. Stuttgart/Berlin 1977.

Joas, Hans: *Die Sakralität der Person*. Frankfurt a. M. 2011.

Jüngel, Eberhard: »Die Möglichkeit theologischer Anthropologie auf dem Grunde der Analogie«. In: *Evangelische Theologie* 22. Jg. (1962), 535–557.

Kasper, Walter: »Theologische Bestimmung der Menschenrechte im neuzeitlichen Bewusstsein von Freiheit und Geschichte«. In: Johannes Schwartländer (Hg.): *Modernes Freiheitsethos und christlicher Glaube. Beiträge zur Bestimmung der Menschenrechte*. München 1981, 285–302.

Lohmann, Georg: »Menschenrechte zwischen Moral und Recht«. In: Stefan Gosepath/Ders. (Hg.): *Philosophie der Menschenrechte*. Frankfurt a. M. 1998, 62–95.

Müller, Jörn: »Ein Phantombild der Menschenwürde. Begründungstheoretische Überlegungen zum Zusammenhang von Menschenrechten und Menschenwürde«. In: Gerd Brudermöller/Kurt Seelmann (Hg.): *Menschenwürde. Begründung, Konturen, Geschichte*. Würzburg 2008, 157–187.

Nussbaum, Martha: »Menschliches Tun und soziale Gerechtigkeit: Zur Verteidigung des aristotelischen Essentialismus«. In: Micha Brumlik/Hauke Brunkhorst (Hg.): *Gemeinschaft und Gerechtigkeit*. Frankfurt a. M. 1993, 324–363.

Runggaldier, Edmund: »Deutung menschlicher Grunderfahrungen im Hinblick auf unser Selbst«. In: Günter Rager/Josef Quitterer/Ders. (Hg.): *Unser Selbst – Identität im Wandel neuronaler Prozesse*. Paderborn ²2003, 143–221.

Spaemann, Robert: »Über den Begriff der Menschenwürde«. In: Ernst-Wolfgang Böckenförde/Ders. (Hg.): *Menschenrechte und Menschenwürde. Historische Voraussetzungen – säkulare Gestalt – christliches Verständnis*. Stuttgart 1987, 295–313.

Ludger Honnefelder

2.2 Natur- und Vernunftrecht

Begründungstheoretische Idee

Natur- und Vernunftrechtslehren sind Sozialtheorien vorpolitischer Rechtsentstehung und von deren normativen Folgen. Sie deuten Konzepte ordnungsstiftender ›Natur‹ (*kósmos*) oder ›Vernunft‹ (*lógos*) als Ur-Rechtsquellen bzw. Universalmaßstäbe dessen, was schon vor und noch neben gesetztem (positivem) Recht (*law*) in sich recht (*right*) – weil gerecht (*just*) – zu heißen verdient (überpositives Recht). So wollen sie ›Recht‹ nicht nur von ›Nicht-Recht‹, sondern auch von ›Unrecht‹ unterscheidbar machen. Kritisch zielen sie auf die Erkenntnis ›richtigen‹ (weil gerechten) Rechts, innovativ auf Reformen der Rechtswelt, auch im globalen Maßstab, nach Grundsätzen ›richtigen‹ Rechts. Historisch wie systematisch bilden sie den Kern klassischer Rechts- und Staatsphilosophie sowie die Basis vieler Menschenrechtsbegründungen.

Die Idee, dass legitime Ordnungen sozialer Welten ›Natur‹- oder ›Vernunftvorgaben‹ sind oder ihnen doch solche Vorgaben zugrunde liegen, entwickelt sich formenreich von der griechisch-römischen Antike bis zur jüngsten Rechtsutopiedebatte (Welzel 1990; Tierney 1997; Hartung 1999; Moyn 2010; Menke/Raimondi 2011). Stehen am Anfang ›teleologische‹ (an Naturzwecken und -ordnungen ausgerichtete) oder ›theonome‹ (an göttliche Vernunft und Setzung gebundene) Naturrechtsmodelle, die Individuen als Teile von Ganzheiten einordnen, so geht modernes Naturrecht von autonom denkenden Einzelnen aus. Ideengeschichtlich treten Naturrechtslehren hinter Vernunftrechtstheorien zurück, seit die Naturwissenschaften Rechtsmomente aus Naturkonzepten tilgen. Die neuere Natur- und Vernunftrechtsdebatte verfährt meist ohne diesen weiten Titel direkt als Diskurs über Prinzipien politischer Gerechtigkeit.

Probleme und Positionen

Dass ›Natur‹ und ›Vernunft‹ als Menschenrechtsquellen thematisch werden, setzt eine bestimmte Entwicklungs-, Anreicherungs- und Umbruchsgeschichte des Denkens über ›Natur‹- und ›Vernunftordnungen‹ voraus (Hildebrandt 2004; Haratsch 2010). Grundweichenstellend hierfür sind die Vorsokratik, die Sophistik, Aristoteles und die griechisch-römische Stoa.

1. Vorgeschichte: Die Vorsokratik entmythologisiert schrittweise Olymp-Gottheiten wie Themis (*Sitte*) und Dike (*Recht*) zu abstrakt-begrifflichen Seinsordnungsprinzipien (Kirk/Raven/Schofield 1983). Die Sophistik knüpft hieran an, spitzt aber die Debatte anthropologisch zu. Sie lehrt, der Mensch sei Maßstab aller Dinge (Homo-mensura-Satz des Protagoras), und sie prüft insoweit, welche Mächte und Gewalten unter Menschen vor und neben setzungsweise (*thései*) aufgestellten Regeln (*nómoi*) naturgemäß (*phýsei*) gelten (Buchheim 1986). Aristoteles klärt verfassungsvergleichend, dass gesetztes Recht zwar oft orts- und zeitgebunden scheint, jedoch auch natürliches Recht (*phýsei díkaion*) heißen kann, sofern es überall in gleicher Geltung steht (Aristoteles: *Nik. Eth.* V 10). Die Stoa schließlich bringt den grundlegenden Welt- und Sozialordnungsmaßstab auf den Begriff der rechten göttlich-menschlichen Vernunft (*orthos logos, recta ratio*) (Cicero: *De re publ.* III 22).

Emphatisches Naturrecht kann alle Lebewesen als Rechtsteilnehmer ansehen (Ulpian: *Digesten* 1,1,1), emphatisches Vernunftrecht indes privilegiert tendenziell das Vernunftwesen Mensch (*animal rationale*). Das Römische Recht setzt ein Recht aller Menschheitsvölker untereinander (*ius gentium*) vom alles Lebendige erfassenden Naturrecht ab (Ulpian: ebd.). Noch schärfer trennt die antikgriechische Polis intern die Gleichheitsordnung (*isonomía*) und gleiche Redefreiheit (*isegoría*) unter Vollbürgern von den minderen Rechten der Frauen, Sklaven und Beisassen (Mau/Schmidt 1964). Die christliche Naturrechtstradition ergänzt Gleichheits-, Freiheits- und Vernunftvorstellungen der griechisch-römischen Antike durch die biblische Idee der Gotteskindschaft und Gottesebenbildlichkeit aller Menschen (Gen. 1,26), die sich neuzeitlich zunehmend zum Begriff der menschlichen Würde (*dignatio* oder *dignitas hominis*) säkularisiert. Dessen politische Ausgestaltung ist aspektreich, rezipiert aber vor allem die

Schutz- und positiven Partizipationsrechte des vor- und frühneuzeitlichen Städte- und Ständerechts sowie das Prinzip der Religionsfreiheit staatlicher Toleranzedikte (Hildebrandt 2004).

›Menschenrechte‹ kennt und lehrt entsprechend erst das neuzeitliche Natur- und Vernunftrecht ab dem 16. Jahrhundert. Ab jetzt nämlich verbinden kritische Rechtstheorien die Idee einer urwüchsig-natürlichen Rechtsträgerschaft aller Menschen systematisch mit konkreten Schutz- und Freiheitsansprüchen, die jeder Mensch in seinen elementaren Lebensvollzügen anmelden darf. Historisch gliedert sich die Theoriebildung hierüber grob in vier Epochen: in eine frühneuzeitlich-barocke, eine aufklärerische, eine revolutionäre und eine postrevolutionär-moderne. Ein chronologischer Überblick zeigt die Entwicklungslinien.

2. *Die frühneuzeitlich-barocke Epoche:* Spanien erobert weite Teile Lateinamerikas, den Indios drohen Versklavung und Zwangsmission. Kritisch hiergegen führt die spanische Barockscholastik eine Debatte über »Regeln der Menschenrechte« (Bartolomé de Las Casas). Angelehnt an Thomas von Aquins Schöpfungs-, Seelen- und Rechtslehre in der *Summa Theologiae* verteidigen der Gründer der Schule von Salamanca, Francisco de Vitoria (*De Indis* 1538/39, Cap. 50), und später Francisco Suárez (*Def. fid. cath.*, 24, III,2) die aus der grundsätzlich freien Geburt herrührende natürliche Freiheit jedes Menschen – wider die aristotelische These, es könne »Sklaven von Natur aus« geben (vgl. die verschiedenen Variationen dieses Arguments bei Aristoteles: *Pol.* 1252 b 5 ff.; 1254 b 20ff; 1327 b 20 ff.). Der Vitoria-Schüler Fernando Vásquez lehrt zudem eine Verbindung des Glücksstrebens mit »gleichsam unwandelbaren natürlichen Rechten«, die dem Individuum zukommen (*Controversiarum illustrium aliarumque usu frequentium*, 1564, bes. I, 10).

›Natürliche Freiheit‹ ist auch das Stichwort der Theorien natürlicher menschlicher Rechte des 17. Jahrhunderts. Hugo Grotius entwirft seine Völkerrechtslehre im Ausgang von natürlichen subjektiven Rechten der Einzelnen auf Selbstverteidigung (*De iure belli ac pacis libri tres,* 1625, I,2,3,1) und Eigentum (ebd., II, 2, 2, 1). Neben der völkerrechtlichen Gleichberechtigung der Staaten fordert Grotius eine solidarische Einheit der Menschheit im Recht, die ein Besuchs- und Handelsrecht aller Völker mit einschließt – ein Gedanke, der an das allgemeine Verkehrsrecht (*ius communicationis*) in Vitorias *De Indis* anknüpft und vorausweist auf das Kantische Weltbürgerrechtskonzept (*ius cosmopoliticum*) (s. u.).

Klarer als Grotius lehrt Johannes Althusius (*Politica methodice digesta*, 1603) die Freiheit und Gleichheit aller Menschen und schließt daraus, dass legitime Herrschaftsgewalt von Menschen über Menschen nur aus dem freiwilligen Konsens derer herzuleiten sei, die solcher Herrschaft sich ergeben. Entsprechend ist der Fürst bei Althusius höchster Mandatsträger (*Summus Magistratus*), aber so, dass er von volksgewählten ›Ephoren‹ bestimmt, überwacht und, falls er sich zum Tyrannen entwickelt, auch abgesetzt werden kann (ebd., XXXVIII, §§ 3; 6; 7; 11; 34; 106). Hierin liegt eine Wurzel der Begründung des Menschenrechts auf Widerstand gegen staatlichen Gewaltmissbrauch.

Noch grundlegender für das moderne Menschenrechtsverständnis ist der Begriff der Menschenwürde (s. Kap. II.1.3). Nach einer antiken Vorgeschichte in der Stoa, im Christentum und Judentum, ferner in der Hermetik (Cancik 1987, bes. 78–86) betont ihn zunächst der Renaissancephilosoph Pico della Mirandola (*De hominis dignitate,* 1557). Systematischer erörtert wird er erstmals bei Samuel von Pufendorf (*De iure naturae et gentium,* 1672). Für ihn sind die menschliche Natur, ja, schon das Wort ›Mensch‹, etwas Würdestiftendes, das eine wehrhafte natürliche Gleichheit unter Menschen begründet (ebd., III,2,1). Darüber hinaus sieht Pufendorf Menschen in ihrer natürlichen Freiheit grundsätzlich in einem sozialen Verweisungszusammenhang (*socialitas*), kraft dessen die Rechte des Einzelnen aus Pflichten entspringen, durch deren Erfüllung sich der Einzelne den anderen nützlich macht (ebd., II,5–6). Die natürliche Pflicht zur Selbsterhaltung begründet ein natürliches Menschenrecht zur Selbstverteidigung. Menschenpflichten gegenüber anderen bedeuten, analog, Menschenrechte der anderen (vgl. ebd., II,3–5; III,1–3).

3. Die aufklärerische Phase: Teilt Pufendorfs *socialitas* noch die antike Sicht des Einzelnen als verpflichteten Teils eines Ganzen, setzt die Rechtstheorie Thomas Hobbes' radikal beim Einzelnen an (legitimationstheoretischer Individualismus). Hier beginnt die Naturrechtslehre der Moderne. Hobbes markiert die natürlichen Rechte der Einzelnen durch Abgrenzung der Naturgesetze überhaupt (*lex naturalis*) von natürlichen subjektiven Rechtsbefugnissen speziell (*ius naturale*) (*Leviathan*, 1651). Dabei setzt er einen vorstaatlichen Naturzustand der Menschheit an, in dem ein »Recht aller auf alles« gilt und ein »Krieg aller gegen alle« droht (ebd., Kap. 14). Rationalerweise ist ein Ausgang aus dieser Lage gefordert, nach der Idee eines allgemeinen Gesellschafts- und Herrschaftsvertrags zur Begründung einer effizienten Schutzgemeinschaft aller unter der Staatsgewalt eines einzigen Souveräns (ebd., Kap. 17 u. 18). Dieser reduziert und orientiert die vielen Willen auf einen einzigen letztentscheidenden, der ermächtigt ist, im Interesse der existenziellen Sicherheit aller konsequent zu handeln (ebd., Kap. 17). Wer dieser Staatsmachtkonstruktion zugestimmt hat, ist ihr konsequent untertan, erfährt von ihr im Prinzip auch kein Unrecht. Nach solchen Prämissen ist naturzuständliche Freiheit weder unveräußerlich noch unentziehbar, wohl aber der Souverän allmächtig. Gleichwohl endet für Hobbes die Akzeptanzpflicht gegenüber der Staatsgewalt dann doch, wenn diesen ihre Untertanen nicht mehr effektiv schützen kann (ebd., Kap. 21).

John Locke (*Two Treatises of Government*, 1690) folgt Hobbes' Idee der ›Subjektivierung‹ natürlichen Rechts zu individuellen, persönlichen Rechten. Nach Locke wird jeder Mensch geboren mit einem Rechtsanspruch auf vollkommene Freiheit und uneingeschränkten Genuss aller Rechte und Privilegien des natürlichen Gesetzes in Gleichheit mit jedem anderen Menschen; insofern ist jeder von Natur aus ermächtigt, sein Leben, sein Eigentum, seine Freiheit und seinen Besitz gegen Beschädigungen und Angriffe anderer Menschen zu schützen (ebd., II § 87). Liberaler als Hobbes indes konzipiert Locke die legitime Staatsgewalt. Bilden die Einzelnen nach der Idee ›gesellschaftsvertraglicher‹ Einigung ein Gemeinwesen, so bewahren sie hierin ihre natürlichen Eigentumsrechte an Leben, Freiheit und Gütern (IX § 123). Zudem soll die Gesetzgebung durch Volksvertreter stattfinden (ebd., § 157), die nicht in einem Vertrags-, sondern Treuhandverhältnis (*trust*) zum Volk stehen; ähnlich wird die Regierungsgewalt in ein Treuhandverhältnis zur Gesetzgebungsgewalt gesetzt (ebd., §§ 134, 136, 149, 156). So bleibt Freiraum für die Kontrolle des Staatsapparats durch die Herrschaftsbetroffenen (Hartmann 1981).

Ähnlich wie Locke betont Christian Thomasius (*Fundamenta iuris naturae et gentium*, 1705) Abwehrrechte gegen staatlichen Machtmissbrauch. Seiner Grundregel des Naturrechts nach ist zu tun, was den Lebenserhalt und das Glück der Menschen fördert, und zu meiden, was Unglück unter Menschen stiftet und deren Tod beschleunigt (ebd., I,6, § 21). Ferner fordert er einen wechselseitig humanen Umgang der Menschen im Sinne der dem Menschen naturgemäß gegebenen Anlage zur Anständigkeit (*decorum naturale*) gegenüber seinesgleichen (*Ausübung der Vernunfft-Lehre*, 1691). Christian Wolff dagegen (*Jus naturae*, 1740–48) lehrt die Pflicht des Einzelnen wie der Gesellschaft zur Selbstvervollkommnung (Perfektibilität). Dieser Verbindlichkeit entsprechen im Umkehrschluss Rechte, deren der Mensch zur Erfüllung seiner Pflicht grundsätzlich bedarf. Insofern kommen sie ihm wesensmäßig und also vorstaatlich zu. Diese Rechte des Menschen sind weder entzieh- noch aufgebbar, wenn denn nicht überhaupt die Grundlage menschlicher Verbindlichkeiten entfallen soll.

Als Hauptinspirator moderner Freiheitstheorie gilt oft Jean-Jacques Rousseau. Für ihn sind alle Menschen »frei geboren«, und liegen doch »überall in Ketten« (*Du Contrat Social*, 1762, I,1). Ihre Fesseln sind ihre Leidenschaften sowie fremdbestimmte politische Verhältnisse. Abhilfe verspricht eine freie Vergemeinschaftung (*association*) der Einzelnen zur Republik mit Volkssouveränität nach der Idee eines Gesellschaftsvertrags (*pacte social*). In dem so gestifteten »moralischen und kollektiven Körper« (*corps moral et collectif*) soll jede Person samt ihren Gütern verteidigt und geschützt werden können kraft einer gemeinsam gestifteten Gewalt (*force commune*), deren Geltung jeder will und durch deren Anerkennung jeder sich selbst gehorcht, substanziell also keine

Freiheit einbüßt und so sich selbst nicht entfremdet ist (ebd., I,6). Gesetzgebend und herrschend wäre hier kein schlicht additiv-allgemeiner Wille (*volonté de tous*), sondern ein substantiell-allgemeiner Wille (*volonté générale*) (ebd., II,3). Problematisch ist der Preis für den Eintritt in diesen Zustand: Der Einzelne geht mit allen seinen Rechten in der republikanischen Gesamtheit auf, ohne jeden Vorbehalt und ohne dass er etwas Weiteres beanspruchen könnte (ebd., I,6). Ferner machen für Rousseau Gefühle wie Mitleid und Sympathie mit anderen Menschen ›Menschenrechte‹ begründbar (*Émile ou de l'éducation*, 1762).

4. *Die revolutionäre Phase:* Insgesamt bringen das 17. und 18. Jahrhundert den entscheidenden politischen Durchbruch der Menschenrechtsidee. Als neuzeitlich erste politische Deklaration und Einforderung der öffentlichen Anerkennung natürlicher Freiheits- und Gleichheitsrechte gilt das *Agreement of the People* (1649) der britischen Leveller-Bewegung. Kernpunkte sind hier die grundgesetzliche Sicherung der Religions- und Gewissensfreiheit, die Gleichheit aller vor dem Gesetz, ferner Rechtssicherheit sowie allgemeines und gleiches Stimmrecht (Ottmann 2006, 324 ff.).

Die Proklamation vorrangig und universell geltender vorpositiver Menschenrechte in der Amerikanischen und Französischen Revolution stößt eine Entwicklung an, die den Menschenrechtsgedanken zum normativen Kern moderner Rechts- und Staatslegitimation macht. In Anknüpfung an die *Virginia Bill of Rights* (1776) erhebt die *Amerikanische Unabhängigkeitserklärung* (1776) vorstaatliche unverlierbare Menschenrechte zum politisch-rechtlichen Grundaxiom (s. Kap. I.4.2). Nach Kernsätzen der Lockeschen Rechts- und Regierungstheorie schlussfolgern die Autoren der Unabhängigkeitserklärung aus einer langen Liste von Verstößen des englischen Königs gegen Gesetz und Recht: Das Volk in den Vereinigten Kolonien ist von allen Untertanenpflichten gegen die britische Krone entbunden, so dass diese Kolonien freie und unabhängige Staaten sind und sein sollen (Ottmann 2008, 10–14).

Einige Jahre später geht auch aus der Französischen Revolution eine *Allgemeine Erklärung der Menschen- und Bürgerrechte* (1789) hervor (s. Kap. I.4.3). Mit Reverenz an ein »höchstes Wesen« werden als natürliche Rechte aller Menschen anerkannt: Freiheit, Eigentum, Sicherheit und Widerstand gegen Unterdrückung. Die Bewahrung dieser Rechte gilt als Ziel jedes politischen Zusammenschlusses. Legitime gesellschaftliche Unterschiede zwischen Menschen kann es angesichts ihrer natürlichen Gleichheit und Freiheit nur geben, wenn und insofern dies das Gemeininteresse fordert. Als ein für alle Zeiten festzuhaltendes Rechtsgut ist die zitierte Erklärung auch den revolutionären Verfassungen von 1791, 1793 und 1795 vorangestellt. So wird betont, dass kodifizierte Menschenrechte kein staatlich disponibles Recht sind und schon gar nicht den Staat zum Subjekt überpositiven Rechts gegenüber den Individuen machen (Maus 1994, 10 ff.).

Den deklaratorischen Menschenrechtsthesen beider großen Revolutionen schickt der Naturrechtsdiskurs ›absolute‹ und ›relative‹ Herleitungen der Menschenrechte nach. Die ›absoluten‹ Ansätze nehmen den Grund urwüchsiger menschlicher Rechte allein in den berechtigten Subjekten selbst an. Dagegen sehen ›relative‹ Ansätze zunächst vom einzelnen berechtigten Subjekt ab und wollen dessen Recht durch die Verpflichtungen anderer ihm gegenüber begründen. Vertreter der ›absoluten Deduktion‹ sind etwa Thomas Paine und Friedrich Wilhelm Joseph Schelling, Vertreter der ›relativen Deduktion‹ dagegen Johann Gottlieb Fichte und Johann Gottfried Herder.

Nach Paine (*The Rights of Man*, 1791/92) kommt der Mensch naturrechtstheoretisch nicht als Nachkomme von Vorfahren zur Welt, sondern stets als neuer Anfang aus dem Nichts (analog zur Schöpfungstheorie der *creatio ex nihilo*), so dass auch seine grundlegenden Rechte gleichursprünglich mit ihm selbst entstehen – ohne Rückbindung an Vorgängiges. Damit wird scharf pointiert, der Mensch sei grundsätzlich ›eigenen Rechts‹. Schelling (*Neue Deduktion des Naturrechts*, 1796/97) begründet den naturrechtlichen Freiheitsanspruch des Menschen aus einem existentiellen Imperativ der Freiheit. Dieser macht Selbstsein als Selbstwerdung und insofern praktisches Freisein für das menschliche Ich verbindlich. Verwirklicht wird diese Forderung durch Sicherung der selbstbestimmten menschlichen Subjektivität gegen jedes grundsätzliche Umschlagen in fremdbestimmtes Objektsein. Die staatstheoretischen Folgen hiervon lässt Schelling offen.

Fichte dagegen vertritt eine Komplementarität von Pflicht und Recht, die aus dem ursprünglich gleichen gegenseitigen Anspruch der Menschen auf Freiheit und Anerkennung entsteht (*Zurückforderung der Denkfreiheit von den Fürsten Europens*, 1793). Dem Sittengesetz, das auf Gewissensebene erkannt wird, entspringen unbedingte Pflichten, zu deren Erfüllung der Mensch die dazu nötigen Rechte beanspruchen darf. Dabei gibt es »ein rein menschliches Recht außer dem Bürgerrechte. Alles, was Mensch ist, ist möglicher Weise ein Werkzeug des Sittengesetzes: dazu eben ist die formale Freiheit. [...] Also sein Menschenrecht, das ihm zwar nicht durch sein Recht, wohl aber durch die Pflicht aller Andren zu Teil wird, ist zu schonen« (*Das System der Rechtslehre*, 1812, III,1,10). Herder (*Briefe zur Beförderung der Humanität*, 1793–97) spricht allgemeiner von ›Humanität‹ als dem Begriff für das naturgemäße Zusammengehören menschlicher Rechte und Pflichten. Da uns solche Humanität als Charakter des Menschengeschlechts aber nur in Anlagen angeboren ist, muss sie durch Bildung befördert werden.

Andere, rezeptionsgeschichtlich noch wichtigere Linien des Naturrechtsdiskurses sperren sich gegen schroffe Trennungen in ›absolute‹ und ›relative‹ Ansätze und erscheinen eher als Mischformen eigener Art. Allen voran Immanuel Kants rechtlich-politische Prinzipienlehre (*Metaphysische Anfangsgründe der Rechtslehre*, 1797). Kant behauptet ein übersinnliches Freiheitsvermögen der von physischen Bestimmungen unabhängigen Persönlichkeit (*homo noumenon*). Dieses fasst er als »Recht der Menschheit in unserer eigenen Person« (ebd., »Einteilung der Rechtslehre«, Kap. A.), das Pflichten gegen uns selbst begründet und wechselseitige Achtung der Menschen untereinander fordert. Was das Recht des physischen Menschen (*homo phaenomenon*) angeht, so existiert ein einziges »ursprüngliches« Recht, das jedem Menschen kraft seiner Menschheit zusteht und insofern angeboren ist: Freiheit, sofern sie mit der Freiheit jedes anderen nach einem allgemeinen Gesetz zusammen bestehen kann (ebd., Kap. A.). Auf der Grundlage des angeborenen Rechts wird der Erwerb weiterer Rechte möglich. Nicht zuletzt betont Kant die Würde, die dem Menschen durch seine Vernunftbegabung und vernünftige Selbstgesetzgebungsfähigkeit zukommt: Sie erhebt den Menschen zum »Zweck an sich selbst«, der einen Gebrauch des Menschen »bloß als Mittel« verbietet (*Grundlegung zur Metaphysik der Sitten*, 1785).

Für Georg Wilhelm Friedrich Hegel (*Grundlinien der Philosophie des Rechts*, 1820) schließt das Personsein die Rechtsfähigkeit ein, welche den Begriff und die Grundlage des abstrakten und formellen Rechtes ausmacht. Daher lautet das Rechtsgebot: Sei eine Person und respektiere die anderen als Personen. Die subjektiven Rechte der Einzelnen sind einschränkbar nicht durch das gleiche subjektive Recht der anderen Personen, sondern durch das höhere Recht des Staates (ebd., § 33). Demnach bleiben Menschenrechte als natürliche Rechte abstrakt, werden sie nicht in Gesetzesform integrales Moment staatlicher Rechtsordnung (Lohmann 2002).

5. Die postrevolutionär-moderne Epoche: Variationsreich setzt sich der liberal-aufklärerische Ansatz der Menschenrechtsbegründung fort in der postrevolutionären Moderne. Leitfrage ist hier, welche Grundansprüche Menschen kulturunabhängig besitzen, aber erst durch gegenseitige Anerkennung gesichert durchsetzen können.

John Rawls (*A Theory of Justice*, 1971) z. B. begründet universelle Rechte im Rahmen eines Szenarios, in dem rationale Personen unter dem »Schleier der Unwissenheit« in einer Urwahlsituation sich über Grundprinzipien ihres fairen Zusammenlebens verständigen. Rational erscheint in dieser Ausgangssituation, ein System größtmöglicher, aber auch solidarisch gleicher (d. h. mit der gleichen Freiheit anderer kompatibler) Freiheitsrechte für jede Person zu wählen. So wären für alle Betroffenen gleiche rechtliche Ausgangschancen gesichert. Für Alan Gewirth (*Reason and Morality*, 1982) sind Menschenrechte gleichsam Implikate des Begriffs bewussten und absichtsvollen Handelns. Begründet werden sie als diejenigen basalen

Rechtspositionen, die die allgemeinen Bedingungen der Handlungsfähigkeit und ihre konkrete Ausübung schützen.

Ronald Dworkin (*Taking Rights Seriously*, 1984) legitimiert Menschenrechte als Strategien der Humanität und Individualität, die sich jeder Mensch als Trümpfe gegenüber staatlicher Macht und kollektivem Druck rationalerweise wünschen dürfte. Begründet werden Menschenrechte hier demnach als autonomiebetonende und heteronomiekritische Rechte *par excellence*. Martha Nussbaum (*Frontiers of Justice. Disability, Nationality, Species Membership*, 2006) gibt statt einer abstrakten Menschenrechtsbegründung einen Katalog von normativen menschlichen Grundbefähigungen an, ohne deren Gewährleistung erfahrungsgemäß die Grundvoraussetzungen humaner Existenz zu fehlen scheinen. Für Otfried Höffe (*Kategorische Rechtsprinzipien*, 1991) hingegen sind Menschenrechte »transzendentale Interessen«, im Sinne von Bedingungen dafür, dass man gewöhnliche Interessen überhaupt haben und verfolgen kann. Sind diese Interessen unaufgebbar und an Wechselseitigkeit gebunden, müssen Menschen nach dem Prinzip ›Tauschgerechtigkeit‹ einander die Wahrung der gekennzeichneten transzendentalen Interessen zugestehen.

Auch Ernst Tugendhats Menschenrechtsbegründung (*Vorlesungen über Ethik*, 1993) betont ein Symmetriemoment. Als Reflex auf ein mit dem Menschsein selbst gesetztes Recht des Einzelnen auf Achtung und Anerkennung als Subjekt gleicher personaler Selbstbestimmung besteht eine mit dem Menschsein selbst gesetzte Pflicht des Einzelnen zur Anerkennung jedes anderen als Subjekt von gleichen personalen Rechten. Für Jürgen Habermas (*Faktizität und Geltung*, 1994) konstituieren Menschenrechte und Volkssouveränität politisch einander. Die Anerkennung von Menschenrechten als Grundrechten der Bürger ist die Grundlage für die demokratische Regelung menschlichen Zusammenlebens und umgekehrt. Die Universalität der Menschenrechte wird diskursethisch aus einer universell offenen und herrschaftsfreien Verständigung darüber begründet, welche Rechtstypen allen Bürgern in gleicher Weise zuerkannt werden sollen, wenn demokratische Selbstbestimmung der Bürger angestrebt ist.

Kritischer Ausblick

Rückblickend lassen sich drei idealtypische Grundmuster erkennen, denen natur- bzw. vernunftrechtliche Menschenrechtsbegründungen folgen. Diese entfalten entweder (a) eine Evidenzthese, (b) eine Inhärenzthese oder (c) eine Adäquanzthese; oft auch in Kombination. Die Evidenzthese (z. B. *Virginia Bill of Rights, Declaration of Independence*) versucht eine rein axiomatische Menschenrechtsbegründung. Sie unterstellt, die Menschenrechtsidee, rein vernünftig betrachtet, sei in ihrer inneren Berechtigung kaum übersehbar oder doch unproblematisch rational zu rekonstruieren. Die Inhärenzthese dagegen (z. B. Vitoria, Kant, m.E. auch Tugendhat) ist der Kern jeder emphatisch ›naturrechtlichen‹ Menschenrechtsbegründung. Sie sieht Menschenrechte als eine moralisch-juridische Naturmitgift und Grundimplikation des Menschseins an: Sie folgen entweder ontologisch aus der ›Natur‹ des Kosmos, anthropologisch aus der ›Natur‹ des Menschen oder logisch aus der ›Natur‹ der Sache eines anspruchsvollen Begriffs von Menschsein. Die Adäquanzthese (z. B. Höffe, Nussbaum, Dworkin), schließlich liegt emphatisch ›vernunftrechtlichen‹ Menschenrechtstheorien zugrunde. Sie setzt auf rationale ethische Argumentation für Basisrechte, die aus Vernunftsicht dem Menschen von Grund auf gemäß sind, insofern sie als Grundbedingungen der Existenz und Entfaltung des Menschen als Natur- und Kulturwesen auf der Hand liegen. Die Anerkennung und Achtung dieser Bedingungen als individuelle Menschen- und Grundrechtsansprüche erscheint adäquat, wenn man sich und andere als Menschen ernst nimmt.

Gilt die Evidenzthese heute weithin als erkenntnistheoretisch naiv, so wird die Inhärenzthese als naturalistischer Fehlschluss verdächtigt. Dagegen bleibt die Adäquanzthese im aktuellen Menschenrechtsdiskurs formenreich präsent und inspirierend.

Kritisiert werden natur- bzw. vernunftrechtliche Menschenrechtstheorien vor allem nach drei Grundmustern. Einerseits und grundsätzlich werden Menschenrechte als bloße Rhetorik ohne verlässliche politisch-rechtliche Durchschlagskraft abgetan. Schon Max Weber spricht in diesem Sinn von Menschenrechten als »rationalistischen Fanatismen« (*Wirtschaft und Gesellschaft*, 1920). Hannah Arendt (s. Kap. I.3.6) zählt Aporien auf, an denen Menschenrechte als »weltloses« moralisches Recht ohne starke Verankerung in nationalen Rechts- und Politikkulturen bei Berührung mit rauen Wirklichkeiten zerplatzen (*The Origins of Totalitarianism*, 1951). Anderseits und spezifischer wird ein Ideologieverdacht gegen Menschenrechte geäußert. Die Marxsche Version hiervon (s. Kap. I.3.4) unterstellt, Menschenrechte seien nichts als bloß Rechte des Mitglieds der bürgerlichen Gesellschaft, also des »egoistischen, des vom Menschen und vom Gemeinwesen getrennten Menschen« (MEW 1, 364). Modifiziert wird dieser Vorwurf in neuerer Zeit zur These vom westlich-kolonialistischen Grundcharakter gängiger Menschenrechtsvorstellungen (vgl. Schröder 2007). Rainer Forst stellt klar, dass nur moralisch aufgeladene Vernunftbegriffe zu vernunfttheoretischen Begründungen der Menschenrechte taugen, nicht aber schon ›Vernunft an sich‹ (Forst 1994). Christoph Menke und Arnd Pollmann pointieren ähnlich, nicht die Vernunft sei das Fundament der Menschenrechtsbegründung (Menke/Pollmann 2007, 59), sondern die Anerkennung jedes Menschen als moralische Person.

Literatur

Buchheim, Francis: *Die Sophistik als Avantgarde normalen Lebens*. Hamburg 1986.

Forst, Rainer: *Kontexte der Gerechtigkeit. Politische Philosophie jenseits von Liberalismus und Kommunitarismus*. Frankfurt a. M. 1994.

Haratsch, Andreas: *Die Geschichte der Menschenrechte*, Potsdam ⁴2010.

Hartmann, Klaus: *Politische Philosophie*. Freiburg i. Br. 1981.

Hartung, Gerald: *Die Naturrechtsdebatte*. Freiburg ²1999.

Hildebrandt, Matthias: »Menschenrechte und ihre Entwicklung in der Ideengeschichte«. In: Petra Bendel/Thomas Fischer (Hg.): *Menschen- und Bürgerrechte. Ideengeschichte und Internationale Beziehungen*. Erlangen 2004, 23–46.

Kirk, Gilbert S./Raven, John E./Schofield, Malcolm: *The Presocratic Philosophers. A Critical History with a Selection of Texts*. Oxford 1983.

Lohmann, Georg: »Hegels Theorie der Menschenrechte?« In: Andreas Arndt/Karol Bal/Henning Ottmann (Hg.): *Hegel-Jahrbuch 2002*. Berlin 2002, 137–142.

Mau, Jürgen/Schmidt, Ernst Günther (Hg.): *Isonomia. Studien zur Gleichheitsvorstellung im griechischen Denken*. Berlin 1964.

Maus, Ingeborg: »Naturrecht, Menschenrecht und politische Gerechtigkeit«. In: *Dialektik* 1 (1994), 9–18.

Menke, Christoph/Raimondi, Francesca: *Die Revolution der Menschenrechte. Grundlegende Texte zu einem neuen Begriff des Politischen*. Frankfurt a. M. 2011.

Menke, Christoph/Pollmann, Arnd: *Philosophie der Menschenrechte zur Einführung*. Hamburg 2007.

Moyn, Samuel: *Last Utopia. Human Rights in History*. Cambridge, Mass. 2010.

Ottmann, Henning: *Geschichte des politischen Denkens*. Bd. 3/1: *Die Neuzeit. Von Machiavelli bis zu den großen Revolutionen*. Stuttgart/Weimar 2006.

–: *Geschichte des politischen Denkens*. Bd. 3/2: *Die Neuzeit. Das Zeitalter der Revolutionen*. Stuttgart/Weimar 2008.

Schröder, Wolfgang M.: »Was sind ›westliche Werte‹ heute? Ansichten eines Diskurses«. In: *Philosophische Rundschau* 54/2 (2007), 97–122.

Tierney, Brian: *The Idea of Natural Rights*. Atlanta 1997.

Welzel, Hans: *Naturrecht und Materiale Gerechtigkeit. Prolegomena zu einer Rechtsphilosophie*. Göttingen ⁴1990.

Wolfgang M. Schröder

2.3 Anthropologie und Naturalismus

Begründungstheoretische Idee

Die Grundidee anthropologischer Beiträge zur Menschenrechtsbegründung ist einfach: Menschenrechte sind gültige Ansprüche, die alle Menschen einfach *als solche* haben. Auch sind nur Menschen dazu imstande, Menschenrechte zu begründen und zu beachten. Der Mensch, einfach als solcher, ist Gegenstand der Anthropologie. Also muss, wer Menschenrechte begründen will, Aussagen von anthropologischer Allgemeinheit treffen. Vertreter anthropologischer Beiträge zur Menschenrechtsbegründung halten sich zugute, etwas Substantielles über unsere Menschenrechtsbedürftigkeit und Menschenrechtsfähigkeit sagen zu können, ohne starke metaphysische Voraussetzungen wie eine ›angeborene Menschenwürde‹ bemühen zu müssen. Diesem Vorzug stehen allerdings auch Probleme gegenüber. Da ist zunächst der fragwürdige erkenntnistheoretische Status substantieller anthropologischer Aussagen. Erstens sind Menschen kreative Wesen mit einer ausgeprägten Fähigkeit zur einsamen und gemeinsamen Selbstgestaltung. Zweitens fällt es schwer, Aussagen über die Natur des Menschen frei zu halten von Vorurteilen des jeweiligen Betrachters. Die allgemeinen Merkmale des Menschseins sind für uns von einem recht ›persönlichen‹ und auch politisch folgenreichen Interesse. Deshalb neigen wir dazu, Besonderheiten unserer eigenen geschichtlichen, kulturellen und gesellschaftlichen Lage mit Eigenschaften oder Bestimmungen der Gattung als ganzer zu verwechseln. Auch drohen bei einer anthropologischen Herangehensweise an Menschenrechte einige Fehlschlüsse. Am bekanntesten ist der ›Sein-Sollen-Fehlschluss‹. Er liegt vor, wo von deskriptiven Aussagen unmittelbar, ohne weitere Prämissen, auf Normen geschlossen wird. Möglicherweise noch wichtiger ist aber die Neigung, Normen als Ergebnisse anthropologischer Forschung auszugeben, die in Wahrheit in ihr bereits vorausgesetzt sind. Dieser Fehlschluss hat die Gestalt eines Zirkels. Und selbst der Schluss von moralisch zweifelsfrei erheblichen Einsichten auf Menschenrechte könnte vorschnell sein: Eine Moral mit Menschenrechten besitzt einige Besonderheiten, die sich mit Anthropologie allein nicht begründen lassen; das beginnt bereits mit der moralischen Gleichwertigkeit aller Menschen.

Probleme und Positionen

Weil das Thema vieldeutig ist, seien zunächst einige Unterscheidungen und Grenzziehungen vorgeschlagen.

1. Stark und schwach anthropologische Begründungen: Eingangs war vage von »anthropologischen Beiträgen zur Menschenrechtsbegründung« die Rede. Solche Beiträge können unterschiedlich anspruchsvoll sein. Besonders hoch ist der Anspruch, wo eine menschenrechtliche Moral direkt, ohne nicht-anthropologische Prämissen, aus anthropologischen Aussagen folgen soll. Das wäre eine anthropologische Menschenrechtsbegründung im strikten Sinne. Von ihr sollten Versuche abgesetzt werden, lediglich einen Teilaspekt der Menschenrechte, etwa einige menschenrechtliche Schutzgüter, auf anthropologischem Weg zu gewinnen. Solche Versuche seien ›Menschenrechtsbegründungen mit anthropologischen Anteilen‹ genannt. Die Anthropologie befasst sich mit der Natur des Menschen. Vier Abgrenzungen sind hier nötig:

Erstens sollen uns an dieser Stelle nur substantielle Aussagen über die menschliche Natur beschäftigen. In einem rein formalen Sinne ist schließlich keine politische Philosophie frei von anthropologischen Anteilen. Noch wer betont, dass der Mensch »unfestgestellter als irgendein Thier sonst« sei (Nietzsche 1887, 367), sagt etwas über den Menschen als solchen. Was er aber konkret über ihn sagt, ist, dass jeder Versuch einer inhaltlichen Bestimmung seines Wesens vergeblich sei.

Zweitens ist mit »Natur« etwas für Menschen Typisches oder Wesentliches gemeint. Kandidaten für menschliche Wesensmerkmale müssen zwei Bedingungen erfüllen. Sie müssen im menschlichen Normalfall vorliegen, und sie müssen von einiger Wichtigkeit für uns sein (vgl. Birnbacher 2009, 190). Merkmale wie Sprachlichkeit, Reflexivität, Moralität, Werkzeuggebrauch, Schönheitssinn und Musik erfüllen wohl beide Bedingungen.

Zwar haben oder nehmen nicht schlechthin alle menschlichen Individuen an ihnen teil. Wohl aber spielen sie in schlechthin allen menschlichen Gemeinschaften für die allermeisten ihrer Mitglieder eine mehr als randständige Rolle (vgl. umfassend Brown 1991).

Drittens müssen Aussagen über die menschliche Natur empirisch kontrollierbar sein. Sie dürfen erstens nicht schon *a priori*, also auf Grund ihrer bloßen Bedeutung, wahr sein. Sie dürfen zudem keine Wesenheiten oder Instanzen wie die unsterbliche Seele oder den Willen Gottes in Anspruch nehmen, die sich jeder methodischen Überprüfung entziehen.

Viertens schließlich ist mit ›Natur‹ jedenfalls nicht allein eine durch Bildung erworbene, kulturell gerahmte, normativ strukturierte, institutionell verkörperte und habituell verinnerlichte ›zweite Natur‹ gemeint (vgl. McDowell 2002). Der Mensch hat eine erste Natur, die ein Resultat der biologischen Evolution ist. Ihr verdanken wir Veranlagungen, die eine beliebige zweite Natur erst möglich machen: etwa zur gegenseitigen Perspektivenübernahme und zum Gebrauch einer propositionalen, begrifflich strukturierten Sprache (vgl. Tomasello 2006). Kulturelle Phänomene sind nur insofern Gegenstand der Anthropologie, als ihr Verhältnis zur ersten Natur in Betracht kommt.

Andererseits lässt die Tatsache, dass wir in einem normativen Raum rechtfertigender Gründe zu unserer ersten Natur Stellung nehmen, deren Status als möglichen Normlieferanten nicht unberührt. So ist es zweierlei, ob wir eine Fremdeinwirkung als unangenehm erleben oder ob wir sie als ungerechtfertigten Übergriff deuten. Der Deutung wohnen Überzeugungen über Normen und Werte inne. Sie mögen von Merkmalen unserer ersten Natur beeinflusst sein, ohne darum aber direkt aus ihnen zu folgen. Das zeigt sich auch daran, dass wir grundsätzlich zu vielen Dingen normativ »nein« sagen können, die zu wollen unsere erste Natur uns nahelegt – selbst zum eigenen Weiterleben und zur Verbreitung des eigenen Erbguts. Nimmt man die Möglichkeit normativer Stellungnahmen ernst, so steht man vor der anthropologischen Grundaufgabe, die erste Natur des Menschen mit seiner zweiten Natur zu vermitteln.

Naturalistische Anthropologen meinen hingegen, unsere zweite Natur auf unsere erste reduzieren zu können: Alles, was wissenschaftlich über den Menschen gesagt werden könne, sei prinzipiell im Vokabular der Naturwissenschaften zu sagen. Naturalisten wählen daher eine Herangehensweise an das menschliche Wesen, die das Selbstverständnis der Teilnehmer an menschlichen Lebensformen überspringt. Wir können eine solche Herangehensweise ›externalistisch‹ nennen: Die naturalistische Ambition besteht darin, lebensweltliche (Schein-)Gewissheiten durch naturwissenschaftliche Objektivierungen zu ersetzen. Aber längst nicht jeder, der anthropologisch argumentiert und dabei unsere erste Natur ernst nimmt, ist Naturalist. Wenigstens unter Moral- und Sozialphilosophen sind vielmehr ›internalistische‹ Herangehensweisen an unser Gattungswesen üblich (zu dieser Unterscheidung vgl. Jörke 2005, 59 f.): Anthropologische Internalisten nehmen die Perspektive eines beliebigen Teilnehmers ein, um typisch menschliche Probleme, Bedürfnisse, Fähigkeiten oder Erfahrungen in den Blick zu bekommen. Kombiniert man das bislang über Begründungsansprüche Gesagte mit der zuletzt getroffenen Unterscheidung, so ergibt sich folgendes Bild (die eingefügten Autoren stehen beispielhaft für menschenrechtlich relevante Ansätze):

	Externalisten	Internalisten
Anthropologische Menschenrechtsbegründungen	Roger D. Masters	Philippa Foot
Menschenrechtsbegründungen mit anthropologischen Anteilen	Francis Fukuyama	Otfried Höffe/ Martha C. Nussbaum

2. Externalistische Begründungen: Externalisten nehmen an, dass naturwissenschaftliche Erkenntnisse für die Begründung von Menschenrechten prinzipiell erheblich sind. Eine rein naturwissenschaftliche Begründung müsste sogar ohne alle normativen Prämissen auskommen. Dass dies möglich ist, möchte Roger D. Masters zeigen. Sein Begründungsziel ist eine »naturalistic foundation of our political principles« (Masters 1989, 181). Zu den naturalistisch fundierbaren Grundsätzen sollen die Demokratie und der Minderheitenschutz gehören. Für beide soll der evolutionäre

Vorteil sprechen, den ein möglichst breiter Genpool bietet: Wer kann schließlich jetzt schon sagen, welche genetische Mutation sich einmal als wertvolle Anpassung des menschlichen Erbguts an eine veränderte Umwelt erweisen wird? Leider macht Masters aber nicht klar, warum wir das menschliche Erbgut überhaupt bewahren sollten. Selbst wenn sich dieser Zweck, was unerfindlich ist, aus evolutionären Mechanismen herleiten ließe, müssten wir ihn doch nicht zu *unserem* Zweck machen. Und wer behauptet, wir *sollten* eben unsere Art erhalten, fügt – gegen Masters' Anspruch – dem Argument eine normative Prämisse hinzu.

Ein Externalist kann normative Prämissen aber auch in seine Begründung aufnehmen. Sein Ziel ist dann nicht das reduktionistische einer restlosen Zurückführung von Moral auf Biologie, sondern das bescheidenere einer normativen Menschenrechtsbegründung mit naturwissenschaftlichen Anteilen. Darum geht es etwa Francis Fukuyama (2002): Um sagen zu können, wo wir die Zwecke her haben, zu deren Schutz und Förderung wir Menschenrechte brauchen, müssten wir die biologischen Lebenswissenschaften konsultieren. Schließlich würden wir mit einer anderen genetischen Grundausstattung auch andere Dinge begehren und als gut erleben. Anders als Masters glaubt Fukuyama allerdings nicht, dass ein direkter Weg von der biologischen Evolution zu den Menschenrechten führt. Die Menschenrechte im Ganzen zu begründen, bleibe Aufgabe der Philosophen. Fukuyama stellt sich dazu vor, wir müssten einen spezifisch humanen »Faktor X« aufspüren, der unsere Menschenwürde ausmacht. Die Herausforderung sei sodann, Faktor X im Angesicht der neuen biotechnologischen Aussichten vor einer Entwertung zu bewahren, die unsere moralisch geregelte Lebensform zerstören würde; Fukuyama argumentiert hier erstaunlich ähnlich wie der naturalismuskritische Jürgen Habermas (2001). Was Fukuyama jedoch inhaltlich mit Faktor X verbindet, entspricht so sehr dem Mainstream der modernen Moralphilosophie, dass unklar wird, worin der menschenrechtliche Mehrwert einer biologischen Aufklärung noch bestehen soll: Zu Faktor X gehörten Merkmale wie Moralität, Vernunft, Sprache, Gemeinschaftlichkeit, Gefühle, Bewusstsein – oder was auch immer Philosophen als Begründungen für eine spezifisch menschliche Würde in den Sinn gekommen sei (ebd., 171). Damit sind wir unversehens von externalistischen zu internalistischen Standpunkten hinübergeglitten: Wir bewegen uns jetzt ganz und gar auf dem vertrauten Terrain normativer Argumente.

3. Internalistische Begründungen: Anders als Externalisten sprechen Internalisten selten die Sprache der biologischen Evolutionstheorie. Unsere erste Natur, so meint etwa Philippa Foot (2001), stehe dem Gebiet der Normen und Werte nicht wesenhaft fremd gegenüber. Foots Internalismus besteht darin, dass sie die Natur, deren biologische Anteile inbegriffen, nicht naturwissenschaftlich betrachtet, sondern als normativ gehaltvoll auffasst. Foots Argumentation ist nicht direkt auf Menschenrechte gemünzt. Sie will vor allem zeigen, dass *Tugenden* ein unabtrennbarer Teil des für den Menschen Guten seien. Aber wenn ihr Argument funktionierte, so hätte es Folgen auch für unser Menschenrechtsverständnis. Wir könnten dann direkt von einer internalistischen Betrachtung unserer Natur zu menschenrechtlich erheblichen Werten und Normen gelangen. Foot wendet sich gegen einen Subjektivismus in Fragen des guten Lebens. Das für ein individuelles Lebewesen Gute könne nicht unabhängig von der Spezies bestimmt werden, der das Individuum angehört. Zu jeder Spezies gehören bestimmte Formeigenschaften, die ein Muster »natürlicher Normativität« ergeben. Tiger z. B. bilden eine Spezies von einzelgängerisch jagenden Großkatzen. Ein einzelner Tiger ist ein gutes Exemplar seiner Spezies, wenn er so ist, wie ein einzelgängerischer Jäger ›sein sollte‹: schnell, sprungkräftig, gut getarnt, mit scharfen Zähnen bewehrt und so weiter. Und gut für einen einzelnen Tiger ist, was ihm erlaubt, als gutes Exemplar seiner Art zu leben.

Nun bestimmen wir die natürliche Qualität von Tieren und auch Pflanzen anhand recht einfacher Funktionen wie Selbsterhaltung, Fortpflanzung und Weitergabe des Erbguts. Das ist beim Menschen augenfällig anders, denn für seine Lebensform ist der Gebrauch der praktischen Vernunft kennzeichnend. Ändert sich dadurch aber etwas am Grundmuster natürlicher Normativität? Nein, glaubt Foot. Wie beim einzelnen Tiger, so sagen wir auch beim einzelnen Menschen, er sei so, wie ein Wesen seiner Art sein sollte, wenn er die Eigenschaften aufweist, die zur natürlichen Normativität seiner Lebensform passen. Die für die Qualität eines einzelnen Menschen ausschlaggebende Eigenschaft ist die Qualität seines Willens. Ein Mensch braucht, um ein gutes Exemplar seiner Art zu sein, die Tugenden, so wie ein Tiger gute Reißzähne braucht. Auch wenn Foot selbst dies nicht sagt, so liegt doch der Schluss nahe, eben dafür seien die Menschenrechte da: Sie sollten jedem Menschen ermöglichen, ein tugendhaftes Leben zu führen. Wenigstens über einige menschenrechtliche Grundgüter müssten wir uns demnach unschwer einigen können. Der Subjektivismus in Fragen des Guten wäre als Gefahr für den Allgemeinheitsanspruch der Menschenrechte gebannt. Das für den Menschen Zuträgliche wäre grundsätzlich objektiv bestimmbar, so wie wir ja auch objektiv sagen können, was ein Tiger braucht, um ein guter Jäger sein zu können.

Aber ändert sich tatsächlich nichts am Grundmuster normativen Argumentierens, wenn man die Veranlagung des Menschen zur praktischen Vernunft ernst nimmt? Können wir unsere Vernunft nicht auch gebrauchen, um gegen einige augenscheinlich natürliche Normen selbstbestimmt Stellung zu nehmen? Was erscheint natürlicher als die Norm, ein guter Mann sollte eine möglichst breite Streuung seines Erbguts anstreben? Und doch müssen Männer der Neigung z. B. zur Vergewaltigung, die ganz im Dienst dieser Norm stehen könnte, widerstehen. Das Gute und das Natürliche laufen nicht immer auf das gleiche hinaus. Im Zweifelsfall gibt das Gute den Ausschlag, nicht das Natürliche. Das macht die Idee natürlicher Normativität aber nicht unbedingt wertlos. Sie mag immer noch substantiell begrenzen, was wir in menschenrechtlichen Diskursen sinnvoll behaupten können. Ein zur praktischen Vernunft veranlagtes geselliges und sprachfähiges Lebewesen hat besondere Bedürfnisse und Neigungen, die wir menschenrechtlich berücksichtigen müssen. Wir sind damit im rechten unteren Feld unseres Schemas angekommen: Wie könnte eine internalistische Menschenrechtsbegründung mit anthropologischen Anteilen aussehen? Zwei wichtige Varianten seien unterschieden.

Philosophen wie Alan Gewirth (1978) und Otfried Höffe (2009) bewegen sich in den Spuren Immanuel Kants, sind aber offener als dieser für empirische Anwendungsbedingungen der menschenrechtlichen Moral. Beide wollen zeigen, dass alle Menschen wenigstens *ein* Interesse als schlechthin unabdingbar behandeln müssen: das Interesse an ihrer Handlungsfähigkeit. Diese sei nicht nur konstitutiv für die Moral, sondern für bewusste Zweckverfolgung überhaupt. Um ihretwillen benötigten wir Menschenrechte. Aus Platzgründen sei nur das Argument von Höffe betrachtet:

Höffe hält den anthropologischen Anteil an seiner Menschenrechtsbegründung für anspruchsarm; er spricht von einer bloßen »Partialanthropologie«. Ihr geht es nicht um das gute Leben, sondern einzig darum, was den Menschen als Menschen möglich macht. Für Höffe sind das die notwendigen Voraussetzungen der Handlungsfähigkeit. Die Interessen an ihnen nennt Höffe im Anschluss an Kant »transzendental« (ebd., 237), weil sie die »Bedingungen der Möglichkeit« markieren, ein spezifisch menschliches Leben zu führen. Gleichfalls anthropologisch ist die Annahme, dass Menschen einander verletzen und versehren können. Im Hinblick auf die Voraussetzungen unserer Handlungsfähigkeit, so Höffe, sind wir immer potentielle Täter wie potentielle Opfer von Übergriffen. Die Voraussetzungen unserer Handlungsfähigkeit müssen wir aber unbedingt gesichert sehen. Daher tauschen wir die Möglichkeit, andere um Voraussetzungen ihrer Handlungsfähigkeit zu bringen, für die Garantie ein, nicht um die Voraussetzungen der eigenen Handlungsfähigkeit gebracht zu werden. Der Tausch als einziges Mittel, unabdingbare Interessen zu schützen, ist selbst unabdingbar. Höffes Begründung hat folglich die Struktur: Anthropologie plus Ethik. Die Anthropologie liefert den menschenrechtlichen Inhalt in Gestalt transzendentaler Interessen. Außerdem trägt sie die Anwendungsbedingung unserer möglichen Doppelrolle als Täter und als Opfer bei. Die Ethik kommt mit der Wechselseitigkeit des Tauschverhältnisses ins Spiel: Sie soll begründen, warum Menschenrechte keine Geschenke sind, sondern Gaben, die wir einander *schulden*.

Zweifelhaft ist allerdings, ob die Menschenrechte wirklich nur das schützen, was den Menschen als Menschen möglich macht. Schützen sie nicht auch die persönliche und politische Selbstbestimmung der Person, und wären fremdbestimmte Menschen keine Menschen mehr? Zweifelhaft ist zweitens, ob die spezifisch menschenrechtliche Wechselseitigkeit als Tauschverhältnis angemessen bestimmt ist. Warum sollte aus einem Tausch zum gegenseitigen Vorteil die menschenrechtliche Gleichheit aller folgen? Ganz offenbar ist doch das Bedrohungspotential unter den Menschen ungleich verteilt. Auch kann der Tausch nicht das Grundverhältnis der Gerechtigkeit sein: Er setzt schon voraus, dass jedem das zusteht, was er anderen anbieten könnte. Er setzt eine gerechte *Verteilung* der Ausstattungen voraus, mit denen die Parteien in den Tausch eintreten (Koller 1997). Höffe selbst nimmt in neueren Schriften an, dass dem »transzendentalen Tausch« eine Einstellung allseitiger Selbst- und Fremdanerkennung als Rechtsperson zugrunde liegt. Das ist eine neue Formulierung für den Kantischen Imperativ, jedes Vernunftwesen jederzeit als Zweck und niemals nur als Mittel zu behandeln. Diese Einstellung – von Höffe »Proto-Gerechtigkeit« genannt – ist keine Folge, sondern eine Voraussetzung des Tausches (Höffe 2002, 80–88). Dann aber ist die für Menschenrechte konstitutive Wechselseitigkeit im Grunde gar kein Tauschverhältnis mehr, sondern ein moralisch gehaltvolles Anerkennungsverhältnis.

Während Höffe in menschenrechtlicher Absicht unsere Konfliktfähigkeit hervorhebt, betont Martha Nussbaum zum gleichen Zweck unsere Geselligkeit. Sie soll den Menschenrechten eine Grundlage geben, die nicht im gegenseitigen Vorteil besteht (Nussbaum 2006). Schließlich sind nicht alle Menschen dazu in der Lage, andere zu bedrohen oder mit ihnen zu kooperieren. Gleichwohl haben alle Menschen Anspruch auf humanspezifische Grundfähigkeiten (*capabilities*). Nussbaum fasst die wichtigsten dieser Fähigkeiten seit vielen Jahren in geringfügig variierten Listen zusammen. Sie sollen auf eine »dichte, aber vage« Weise darüber Auskunft geben, was jeder Mensch von seinem Staat und auch von der »internationalen Gemeinschaft« erwarten darf (ebd., 76 ff.). Die Liste umfasst elementare Punkte wie Leben, Gesundheit und den Gebrauch der Sinnesorgane, aber auch Spiel und Erholung sowie den Kontakt zu Tieren und Pflanzen. Von besonderem, ›architektonischem‹ Rang seien aber zwei menschliche Vermögen: in Gemeinschaft zu leben und die praktische Vernunft zu gebrauchen. Mit dem letzten Aspekt kommt Nussbaum liberalen Denkern entgegen, von denen sie sich sonst gern distanziert. Nussbaum teilt die liberale Wertschätzung einer selbstbestimmten und für Reflexion offenen Lebensführung. Aber sie möchte zu gehaltvolleren Aussagen über das Gute gelangen, als die meisten liberalen Theoretiker sich zutrauen.

Der Wertschätzung unserer Autonomie entspricht, dass Nussbaums Liste »Fähigkeiten« und nicht »Zustände« oder »Handlungsweisen« – kurz: »Funktionen« (*functionings*) – als solche vorsieht. Ihre Liste ist auf effektive Freiheiten hin angelegt. Damit nimmt sie einer wiederholten Kritik an ihrem Ansatz den Wind aus den Segeln. Die Kritik besagt, ihr Vorschlag sei paternalistisch, weil er substantiell vorgebe, was für Menschen gut sei. Der Vorwurf geht in seiner Pauschalität aber daran vorbei, dass Menschen ihre Fähigkeiten auch ungenutzt lassen könnten, während umgekehrt Optionen von Fähigkeiten abhängen. Allerdings ist Nussbaums Liste recht heterogen. Und was genau ein Staat zu tun hat, um etwa jedem Menschen den Kontakt zu Tieren und Pflanzen zu ermöglichen, ist ebenso unklar wie die menschenrechtliche Relevanz, die eine solche Bemühung hätte. Nussbaum versteht ihren Ansatz mittlerweile ausdrücklich als eine Spielart menschenrechtlicher Theorien. Dann aber müsste sie mehr darüber sagen, wie wir uns den Brückenschlag von den Fähigkeiten zu politischem Handeln vorzustellen haben. Auch sollte ihre Liste Hinweise darauf enthalten, welche Fähigkeiten in Konfliktfällen vor welchen anderen den Vorzug verdienen.

Kritischer Ausblick

Wir haben bereits einige Probleme gestreift, die anthropologische Beiträge zur Menschenrechtsbegründung aufwerfen. Manche Probleme dürften allerdings von den Vorzügen solcher Beiträge schwer zu trennen sein. Wer Elemente von Menschenbildern in Kontexte der Menschenrechtsbegründung einbringen will, kann sich auf eine Reihe von plausiblen Ausgangsannahmen berufen. Da ist, erstens, die Annahme, Menschenrechte und ihre Institutionalisierung müssten mit Blick darauf bestimmt werden, was Menschen im Allgemeinen guttut und was ihnen im Allgemeinen zugemutet werden kann. Für beides brauchen wir inhaltliche Argumente, wie anthropologische Ansätze sie uns liefern. Plausibel ist, zweitens, die Annahme, das für Menschen Zuträgliche und Zumutbare habe auch mit Merkmalen ihrer ersten Natur zu tun. Menschen sind in beliebigen Lebensformen vor Probleme gestellt, die der Naturgeschichte unserer Spezies entstammen: Sie haben sexuelle Bedürfnisse, aber auch Schamgefühle, durchlaufen vor allem als Kinder lange Lebensphasen einseitiger Abhängigkeit, neigen zur Gewalt und zum Gebrauch von Drogen. Auch begrenzen die Ergebnisse der biologischen Evolution den Raum der brauchbaren Antworten. Wir erkennen menschliche Lebensformen nicht nur an ihrer Sprachlichkeit und Normativität. Wir erkennen sie immer auch daran, dass sie im normativen Raum rechtfertigender Gründe mit Herausforderungen wie Sterblichkeit, Schmerzempfindlichkeit, Hilfs- und Liebesbedürftigkeit umgehen müssen. Und wir sollten die Menschenrechte selbst als eine universal zustimmungswürdige Antwort auf Problematiken verstehen, mit denen wir als besondere Tierart zu tun haben (Ladwig 2009).

Damit hängt, drittens, zusammen, dass anthropologische Argumente dazu beitragen können, die Menschenrechte mit einem wohlverstandenen Darwinismus zu versöhnen. Ein wohlverstandener Darwinismus verhält sich nicht reduktionistisch zu unserem normativ gehaltvollen Selbstverständnis. Vielmehr trägt er zu einem differenzierteren Bild des Menschen als eines auch biologischen Wesens bei (dazu umfassend Illies 2006). Damit bildet der wohlverstandene Darwinismus zugleich eine Brücke zu anderen Tierarten, die einige Grundprobleme, auf die wir menschenrechtliche Antworten suchen, so oder ähnlich auch haben, weil sie derselben Naturgeschichte entstammen wie wir. Nimmt man solche Gemeinsamkeiten normativ ernst, so fällt es schwer, grundlegende moralisch begründete Rechte weiterhin allein den Menschen vorzubehalten. Die Forderung nach Tierrechten gewinnt eine grundlegende Plausibilität, weil sie keine Abkehr von Menschenrechten bedeutet, sondern in konzeptioneller Kontinuität zu ihnen steht (s. Kap. IV.4.9).

Was aber ist im Lichte dieser Vorzüge von den Problemen zu halten, die anthropologische Ansätze aufwerfen? Da ist zunächst das Problem ihres epistemologischen Status: Jeder Blick auf den Menschen erfolgt aus einer besonderen Perspektive. Das ist allerdings in dieser Allgemeinheit noch nicht beunruhigend; es gilt ja für schlechterdings alle Beschreibungen, Erklärungen und Begründungen. Beunruhigend wird es erst mit Blick auf das besonders intensive Interesse, das wir Menschen am eigenen Gattungswesen nehmen. Dieses Interesse macht anthropologische Aussagen, wie die Anthropologiekritik im 19. und 20. Jahrhundert hervorgehoben hat (vgl. Jörke 2005, Kap. 3), anfällig für Ideologie. Dieser Ideologieanfälligkeit entgehen wir sicher nicht, indem wir die Teilnehmerperspektive externalistisch verabschieden. Gerade der neue Naturalismus neigt zu Kurzschlüssen zwischen dem genetisch Günstigen und dem Guten oder zwischen dem statistisch als ›normal‹ Erkennbaren und den Normen, die wir uns geben *sollten* (vgl. Illies 2006). Internalistische Ansätze sind grundsätzlich besser gegen die Gefahr solcher Kurzschlüsse gewappnet. Allerdings müssen sie plausibel machen, warum sie welche Merkmale als wesentlich behandeln. Sie müssen die Wertungen ausweisen, die ihrer Auswahl zugrunde liegen, und deren interkulturelle Zustimmungsfähigkeit einsichtig machen. Auch müssen die jeweils ausgezeichneten Grundmerkmale tatsächlich zu unserem ›Gattungswesen‹ gehören. Sie dürfen nicht lediglich unter historischen oder kulturellen Randbedingungen auftreten, die wir überwinden sollten, wie das etwa für Ethnozentrismus oder männliche Dominanz gelten dürfte (vgl. Ladwig 2009, 256).

Was ist schließlich von den drei eingangs genannten Fehlschlüssen zu halten? Der Sein-Sollen-Fehlschluss ist vor allem ein Problem für

Naturalisten, die direkt von empirischen Aussagen, etwa über Bedingungen der Verbreitung eines Genpools, zu normativen Schlüssen, etwa über Menschenrechte, gelangen wollen. Alle anderen Ansätze können einen solchen Fehlschluss leicht vermeiden. Sie müssen dazu nur eine normativ gehaltvolle Prämisse, etwa über den menschenrechtlichen Rang anthropologischer Grundgüter, in ihr Argument einfügen. Gravierender scheint die Gefahr zu sein, in einen schlechten Begründungszirkel zu geraten. Ein Naturalist wie Masters, der etwa begründen will, warum wir Minderheiten schützen sollten, wird die Gründe dafür, anders als er glaubt, nicht in der Natur vorfinden. Er wird sie vielmehr aus seinem normativen Überzeugungshorizont heraus in die Natur *hineinlesen*. Aber auch eine Internalistin wie Nussbaum muss sich fragen lassen, warum sie als Gattungsnormen nur solche Eigenschaften gelten lässt, die ihr ganz offenbar erfreulich vorkommen (vgl. Birnbacher 2009, 188 f.). Hier hat der Ansatz von Höffe, der neben unserer Gemeinschaftlichkeit auch unsere Konfliktnatur betont, den augenscheinlichen Vorzug, offener zu sein für die Ambivalenz unseres Wesens. Indes liegt ein Fehlschluss allenfalls vor, wo wir nicht explizit machen können, nach welchen Kriterien wir welche Merkmale als menschenrechtlich erheblich behandeln.

Nun könnte ein Merkmal moralisch bedeutsam sein, ohne darum schon etwas zur Begründung der Besonderheiten einer *menschenrechtlichen* Moral beizutragen. Und die Besonderheiten werden über das hinausgehen, was sich von anthropologischer Warte über Moral sagen lässt. Ein Fehlschluss läge etwa vor, folgerten wir aus der allgemeinen Moralbedürftigkeit der Menschen, dass diese deshalb ohne *menschenrechtliche* Rücksicht nicht leben könnten. Höffe unterläuft dieser Fehler, wenn er behauptet, zu den Menschenrechten gehöre alles und nur das, was den Menschen als Menschen überhaupt möglich mache. Menschen sind auch ohne Menschenrechte als Menschen erkennbar. Sie haben Jahrzehntausende lang in Gemeinschaften gelebt, die keine Menschenrechte gelten ließen; und manche Menschen müssen dies noch immer. Zu einer spezifisch menschenrechtlichen Moral gehört, dass jeder einzelne Mensch als ein Gleicher um seiner selbst willen Ansprüche auf Rücksicht besitzt. Universalität, Gleichheit und individuelle Rechtssubjektivität sind aber normative Errungenschaften, die die Begründungsmöglichkeiten der Anthropologie übersteigen. Auch die Selbstbestimmung der Person, als Mensch und als Bürger, ist keine anthropologische Universalie; wohl aber ist sie zentral für ein menschenrechtliches Güterverständnis.

Würde man andererseits die Menschenrechte auf jene Inhalte beschränken, die in beliebigen menschlichen Lebensformen grundsätzlich anerkannt sind, so würde man sie um all das verkürzen, was sie der Tradition der Aufklärung verdanken. Menschen mussten lernen, dass viele Unterschiede unter ihnen nicht das moralische Gewicht haben, das ihnen Jahrtausende lang zugeschrieben wurde. Sie mussten lernen, die eigenen Überzeugungen als fehlbar zu erkennen und das unabhängige Denkvermögen auch Andersdenkender und Andersgläubiger zu respektieren. Wir sollten darum mit anthropologischen Beiträgen zur Menschenrechtsbegründung keine überzogenen Ansprüche verbinden. Am besten verstehen wir sie als empirisch informierte Vorschläge, wie wir dem Wortbestandteil ›Mensch‹ in ›Menschenrecht‹ einen hinreichend differenzierten und normativ aufschlussreichen Gehalt geben können. Zu diesem Gehalt gehören Gemeinsamkeiten, die wir der Naturgeschichte verdanken, aus der wir als ›Stellung nehmende Tiere‹ hervorgegangen sind.

Literatur

Birnbacher, Dieter: »Was kann die Anthropologie zur Politik und ihrer theoretischen Fundierung beitragen?« In: Jörke/Ladwig 2009, 179–194.

Brown, Donald: *Human Universals*. Boston 1991.

Foot, Philippa: *Natural Goodness*. Oxford 2001.

Fukuyama, Francis: *Our Posthuman Future. Consequences of the Biotechnology Revolution*. New York 2002.

Gewirth, Alan: *Reason and Morality*. Chicago 1978.

Habermas, Jürgen: *Die Zukunft der menschlichen Natur. Auf dem Weg zu einer liberalen Eugenik?* Frankfurt a. M. 2001.

Höffe, Otfried: *Demokratie im Zeitalter der Globalisierung*. München 2002.

–: »Anthropologie und Menschenrechte. Zum politischen Projekt der Moderne«. In: Jörke/Ladwig 2009, 231–244.

Illies, Christian: *Philosophische Anthropologie im biologi-*

schen Zeitalter. Zur Konvergenz von Moral und Natur. Frankfurt a. M. 2006.

Jörke, Dirk: *Politische Anthropologie. Eine Einführung.* Wiesbaden 2005.

– /Ladwig, Bernd (Hg.): *Politische Anthropologie. Geschichte – Gegenwart – Möglichkeiten.* Baden-Baden 2009.

Koller, Peter: »Otfried Höffes Begründung der Menschenrechte und des Staates«. In: Wolfgang Kersting (Hg.): *Gerechtigkeit als Tausch? Auseinandersetzungen mit der politischen Philosophie Otfried Höffes.* Frankfurt a. M. 1997, 284–305.

Ladwig, Bernd: »Anthropologische Argumente in der menschenrechtlichen Moral«. In: Jörke/Ladwig 2009, 245–269.

Masters, Roger D.: *The Nature of Politics.* New Haven 1989.

McDowell, John. »Zwei Arten des Naturalismus«. In: Ders.: *Wert und Wirklichkeit. Aufsätze zur Moralphilosophie.* Frankfurt a. M. 2002, 30–73.

Nietzsche, Friedrich: »Zur Genealogie der Moral. Eine Streitschrift« [1887]. In: Ders.: *Werke. Kritische Studienausgabe,* Bd. 5. Berlin 1988, 246–412.

Nussbaum, Martha C.: *Frontiers of Justice. Disability. Nationality. Species Membership.* Cambridge, Mass. 2006.

Tomasello, Michael: *Die kulturelle Entwicklung des menschlichen Denkens. Zur Evolution der Kognition.* Frankfurt a. M. 2006.

Bernd Ladwig

2.4 Kontraktualismus

Begründungstheoretische Idee

Klassische Theorien des Gesellschaftsvertrages, wie sie z. B. von Hugo Grotius oder John Locke vertreten wurden, gehen von der Annahme aus, dass Menschen Träger von angeborenen Rechten sind (s. Kap. I.2.1, I.2.4). Diese Theorien versuchen, aus der Idee eines Gesellschaftsvertrages jeweils bestimmte politische Prinzipien für die Begründung einer staatlichen Gemeinschaft herzuleiten, durch die diejenigen moralischen Rechte, mit denen die Natur die Menschen ausgestattet habe, institutionell geschützt werden sollen. Die moralischen Rechte, die hier gemeint sind, sind hauptsächlich: die ›Naturrechte‹ auf Eigentum, auf Leben und auf Freiheit, die jeder Mensch unabhängig von seiner Konfession, seiner politischen Gesinnung, seinem Geschlecht etc. berechtigt sei, dem Staat gegenüber einzuklagen. Seit Mitte des 18. Jahrhunderts bezieht man sich auf solche Rechte auch als Typen von ›Menschenrechten‹. In den klassischen Theorien des Gesellschaftsvertrages werden moralische Rechte bzw. Menschenrechte also nicht *begründet,* sondern eher *vorausgesetzt.* Deshalb waren die Theorien des Gesellschaftsvertrages bis in die zweite Hälfte der 20. Jahrhunderts hinein keine Moraltheorien, sondern in erster Linie politische Theorien der Legitimation staatlicher Herrschaft.

Seit Mitte der 1980er Jahre jedoch versuchen einige Autoren, die Moral als solche aus einer kontraktualistischen Perspektive zu begründen. Der moralische Kontraktualismus zielt darauf ab, das Phänomen der Moral in Anlehnung an die klassischen Gesellschaftsvertragstheorien als ein System wechselseitiger Beschränkungen zu verstehen, dem alle Individuen aus ihren eigenen Interessen zustimmen würden. Wichtige Vertreter des moralischen Kontraktualismus sind z. B. John Leslie Mackie, David Gauthier und – in der deutschsprachigen Philosophie – Peter Stemmer und Norbert Hoerster. Ihr Anliegen besteht darin, anhand von kontraktualistischen Ansätzen zu zeigen, dass die Moral ohne Rekurs auf metaphysische bzw. naturrechtliche Annahmen begründet werden kann. Diese Autoren versuchen aber nicht in erster Linie,

Menschenrechte zu begründen. Denn nicht jede Form moralischer Rechte gilt zugleich als eine Form von Menschenrechten. Z. B. verletzt ein Vater, der das Versprechen nicht einhält, mit seinem Sohn ins Kino zu gehen, keine Menschenrechte – auch wenn die Institution des Versprechens durch den moralischen Kontraktualismus begründet werden kann. Menschenrechte sind Rechte, die Individuen dem Staat bzw. dessen Repräsentanten gegenüber einklagen können (Menke/Pollmann 2007, 31). Eine kontraktualistische Begründung der *Menschenrechte* besteht also darin, anhand von moralkontraktualistischen Argumenten die These geltend zu machen, dass jeder Mensch berechtigt ist, bestimmte Ansprüche an den Staat, in dem er lebt bzw. dessen Macht er unterworfen ist, zu richten. Damit versorgen die modernen kontraktualistischen Moraltheorien des 20. Jahrhunderts die älteren Staatsvertragstheorien – gewissermaßen nachträglich – mit einer dort noch fehlenden moralphilosophischen Begründung.

Probleme und Positionen

1. Moralischer Kontraktualismus: Obwohl Jeremy Bentham (s. Kap. I.3.3) kein Vertreter des moralischen Kontraktualismus war, wies er zutreffend darauf hin, dass die klassischen Theorien des Gesellschaftsvertrages zwei sehr verschiedene Dinge verwechselt haben: den *Wunsch* (»wish«), Rechte zu haben, und diese Rechte selbst. Vor der Entstehung einer politischen Gemeinschaft gibt es, so Bentham, noch keine Rechte, sondern nur den Wunsch, Rechte zu haben (Bentham 1987, 53). Der bloße Wunsch, z. B. nicht getötet oder nicht gefoltert zu werden, ist noch kein Recht, sondern eben nur ein Wunsch, der jedem Menschen ungefragt zugeschrieben werden kann. Die Erfüllung von Wünschen (oder Interessen) wie diesen ist aber so grundlegend für das Gelingen jeglicher Konzeption des guten Lebens, dass sich die Menschen – aus eigenem Interesse – ein System wechselseitiger Restriktionen ausdenken können, in dessen Rahmen die tatsächliche Berücksichtigung dieser Wünsche so weit wie möglich garantiert wäre. Der moralische Kontraktualismus unternimmt den Versuch, das Phänomen der Moral als ein System dieser Art zu erörtern.

Der moralische Kontraktualismus stellt sich in Bezug auf das Phänomen der Moral die gleiche Frage, die sich die klassischen Vertreter der Theorien des Gesellschaftsvertrages in Bezug auf die Existenz des Staates gestellt haben. Er fragt nämlich nach den Gründen, die wir anführen können, um diejenigen Restriktionen zu akzeptieren, die die Moral uns auferlegt. Selbstverständlich ist die Moral so wenig wie der Staat durch einen wirklichen Vertrag in die Welt gekommen. Die Moral mag in vielen menschlichen Gemeinschaften z. B. aufgrund von religiösen bzw. metaphysischen Vorstellungen entstanden sein, und sie wurde herkömmlicherweise im Rückgriff auf diese Vorstellungen unterstützt. Aber die Gründe, die bei der Entstehung einer Praxis mitwirken, müssen nicht unbedingt die gleichen Gründe sein wie die, aufgrund derer wir das Weiterbestehen dieser Praxis für vernünftig halten. Ziel und Zweck einer kontraktualistischen Moraltheorie ist es also, wie Gauthier sagt, eine »rationale Rekonstruktion der Moral« und nicht eine Theorie über den faktischen Ursprung der Moral vorzulegen (Gauthier 1986, 339). Unabhängig davon, wie die Moral empirisch in die Welt kam, haben wir Gründe, ein System wechselseitiger Restriktionen zu kreieren und zu unterstützen, um so die Individuen davon abzuhalten, ihre Interessen ohne Rücksicht auf die Interessen anderer zu verfolgen (Stemmer 2002, 14).

Die Gründe dafür, dieses System zu schaffen, sind aber selbst keine moralischen Gründe, sondern die selbstbezogene Einsicht, dass ein rücksichtsloses Verhalten anderen gegenüber der Erfüllung der eigenen Interessen abträglich wäre. Denn die grundlegenden menschlichen Interessen – wie das Interesse, nicht getötet oder gefoltert zu werden oder im Notfall Hilfe zu bekommen – können nur auf dem Wege der Kooperation mit anderen Individuen verwirklicht werden. Und man kann nicht erwarten, dass diese Interessen berücksichtigt werden, wenn man selbst nicht bereit ist, anderen Menschen die Verwirklichung der gleichen Interessen zu ermöglichen. Die Moral hat also, wie Stemmer (2002, 20) sagt, eine *Do-ut-des*-Struktur (lat. »Ich gebe, damit Du gibst«). Man verzichtet darauf, eine Bedrohung für andere Individuen darzustellen, vorausgesetzt, dass die anderen umgekehrt dasselbe tun. Die Vertragsidee spielt in diesem Zusammenhang eine bloß heuristische Rolle: Die Praxis der Moral ist insofern begründet, als wir, rational überlegend, anerkennen, dass wir sie aus eigenem Interesse durch einen Vertrag kreieren würden, wenn es sie noch nicht gäbe. Dieser Vertrag ist also bloß hypothetisch. Man kann den moralischen Kontraktualismus deshalb nicht mit dem Hinweis kritisieren, der Vertragsschluss habe nie stattgefunden.

Wenn ein von allen akzeptiertes Normensystem eingeführt wäre, stellte sich dennoch die Frage, warum die Individuen diesen Normen auch in solchen Situationen nachkommen sollen, in denen sie besser ›abschneiden‹ würden, wenn sie sich über diese Normen hinwegsetzten. Welche Gründe haben sie, die durch den Vertrag kreierten Normen zu befolgen, z. B. wenn sie nicht beobachtet werden? Durch den Vertrag entstehen nicht nur Normen, sondern auch Sanktionen, die gegen diejenigen verhängt werden, die sich normwidrig verhalten. Das schließt allerdings die Möglichkeit nicht aus, dass sich jemand im Verborgenen normwidrig verhält (Stemmer 2000, 162–191). Gauthier antwortet auf diese Schwierigkeit, indem er sagt, die Moral richte sich nicht auf einzelne Handlungen, sondern auf *Dispositionen*, d. h. auf eine Art und Weise, Entscheidungen zu treffen (Gauthier 1986, 182–183). Um der eigenen Interessen willen ist es nämlich rational, eine Disposition auszubilden, die einen davon abhält, die eigenen Interessen ohne Rücksicht auf andere zu verfolgen. Ein Individuum, das dazu disponiert ist, seine Interessen ohne Einschränkung zu verfolgen, kann von anderen nicht erwarten, in ein System der Kooperation zum Zwecke wechselseitiger Vorteile aufgenommen zu werden. Denn es stellt für das Gelingen dieses Systems eine Bedrohung dar. Jeder hat aber im Blick auf seine besonderen Interessen ein starkes grundlegendes Interesse daran, an diesem System zu partizipieren. Jeder muss deshalb eine Disposition ausbilden, die ihn dazu motiviert, seine Interessen auf eine beschränkte Art und Weise zu verfolgen. Gauthier nennt diese Disposition den »Gerechtigkeitssinn« (*sense of justice*), und Stemmer bezeichnet diejenige Person, die diese Disposition besitzt, als eine »tugendhafte Person« (Gauthier 1993, 195–96; Stemmer 2000, 177; vgl. Mackie 1977, 114). Es wäre somit irrational für die anderen Individuen, mit jemandem zu kooperieren, dem dieser Gerechtigkeitssinn fehlt.

Eine Person, die die durch einen hypothetischen Vertrag generierten Normen internalisiert und dadurch einen Gerechtigkeitssinn erwirbt, wird also normkonform handeln, weil sie gerecht ist, und nicht, weil sie die institutionalisierten Sanktionen fürchtet. Und eine Gemeinschaft, in der die Individuen moralische Normen und moralische Rechte kennen und weitgehend dazu disponiert sind, sich normkonform zu verhalten, ist eine *moralische* Gemeinschaft. Diese Gemeinschaft kennt aber noch keine *Menschenrechte*. Wenn jemand die moralischen Rechte anderer verletzt, wird er entweder mit negativen Konsequenzen, z. B. in Form von sozialer Ausgrenzung oder physischer Gewalt, sanktioniert, oder er erlebt das unangenehme Gefühl, das ihn überkommt, wenn er gegen sein eigenes Gewissen handelt, sofern er in ausreichendem Maße einen Gerechtigkeitssinn hat. Dies sind Typen von ›externen‹ bzw. ›internen‹ Sanktionsmechanismen, die die Individuen ganz unabhängig von der Existenz *staatlicher* Instanzen zwingen, sich normkonform zu verhalten. Warum aber muss der Staat ins Leben gerufen werden, nachdem bereits die Moral kontraktualistisch geschaffen wurde?

2. Von der kontraktualistischen Moral zu den Menschenrechten: Da nicht immer klar ist, inwiefern Personen tatsächlich von ihrem Gerechtigkeitssinn motiviert sind, muss eine politische Instanz geschaffen werden, um die Wahrscheinlichkeit zu erhöhen, dass alle normkonform handeln. Die Moral kann also als ›vorstaatlich‹ betrachtet werden, ohne deshalb aber etwas ›Naturrechtliches‹ zu sein. Um moralische Rechte zu haben, braucht man keinen Staat, sondern eine moralische Gemeinschaft. Mit dem Staat entsteht dann eine neue Macht mit neuen, und zwar *formellen* Sanktionsmechanismen. Damit entsteht jedoch auch die Gefahr, dass der Staat aufgrund seines Machtmonopols zu einer Bedrohung für seine Bürger wird. Menschenrechte sind Rechte, die man in Anspruch nimmt, um eben dieser Gefahr zu begegnen. Aber Menschenrechte – im strikten Sinn –

kann man nur haben, wenn es de facto eine Instanz gibt, die dafür sorgt, dass das fragliche Recht auch eingehalten wird. Diese Instanz darf, muss aber keine *überstaatliche* sein. Der Staat selbst kann Institutionen enthalten, die garantieren, dass er keine Gefahr für seine Bürger darstellt. In den modernen politischen Gesellschaften stellen die Verfassung und die damit zusammenhängenden Institutionen jene Instanz dar, durch die die Menschenrechte allererst in die Welt kommen. Ohne diese Institutionen ›hat‹ man noch keine Menschenrechte, sondern nur einen an der Idee eines hypothetischen Vertrages gemessenen moralischen Anspruch darauf, auch vom Staat auf eine bestimmte Art und Weise behandelt zu werden. Es wäre aber eine Illusion zu glauben, man habe deswegen auch schon *Menschenrechte*, nur weil man vorstaatliche, moralische Rechte besitzt. Menschenrechte sind einklagbare moralische Rechte, die man dem Staat gegenüber hat.

Den Menschenrechten liegen allerdings die gleichen grundlegenden Interessen bzw. Wünsche zugrunde, um derentwegen die Moral anhand eines hypothetischen Vertrages geschaffen wurde. Die Wünsche oder Interessen, aus denen sich die Inhalte der Menschenrechte ableiten, können im Prinzip jedem Menschen ungefragt zugeschrieben werden, und ihre Erfüllung ist eine Bedingung für die Erfüllung weiterer Interessen – welche auch immer das sein mögen. Aus diesem Grund nennt Otfried Höffe solche Interessen »transzendental« (Höffe 1998, 34). Ein Staat, der diesen transzendentalen Interessen seiner Bürger nicht entspricht, kann nicht für legitim gehalten werden. Denn für die Menschen, die seiner Macht unterworfen sind, wäre es nicht rational, diesen Staat zu gründen, falls es ihn noch nicht gäbe. Das heißt aber nicht, dass die Bürger eines illegitimen Staates ihm gegenüber stets auch schon *wirkliche* Rechte haben, d. h. Rechte im strikten Sinn, anhand derer seine Bürger ihn als illegitim betrachten können. Sie können zwar dem Staat gegenüber die gleichen *moralischen* Ansprüche zu erheben versuchen, die sie bei den Mitgliedern der moralischen Gemeinschaft erheben. Aber in Ermangelung von Durchsetzungsmechanismen, wie z. B. einer Verfassung, sind diese vorstaatlichen Ansprüche noch keine Menschenrechte, sondern der Ausdruck des Wunsches, *auch* dem Staat gegenüber Rechte zu haben. Der kontraktualistischen Begründung der Menschenrechte zufolge können also Menschenrechte nur im Zusammenhang staatlicher Herrschaft existieren. Und auch die internationale Ordnung, in der inzwischen auch etliche ›überstaatliche‹ menschenrechtliche Institutionen existieren, ist im Grunde eine aus einzelnen Staaten bestehende Ordnung.

Manch einer könnte dieses Ergebnis für unbefriedigend halten, denn der Anspruch auf Allgemeingültigkeit, den der Menschenrechtsbegriff erhebt, scheint dabei verloren zu gehen (Menke/Pollmann 2007, 52–55). Diesem Ergebnis nach kann ein Individuum nämlich nur dann Menschenrechte haben, wenn es das Glück hat, in einem Staat zu leben, in welchem die Erfüllung seiner ›transzendentalen Interessen‹ verfassungsrechtlich verbrieft ist. Andere können hingegen nur *wünschen*, auch Menschenrechte zu bekommen, indem sie einem Staat beitreten, in dem es Menschenrechte gibt – und sie müssten dann entsprechend auch das Glück haben, dort aufgenommen zu werden. Oder aber sie versuchen, die politische Ordnung ihres eigenen Staats zu ändern – eine Option, die unter Umständen eine Bedrohung für ihr eigenes Leben darstellt. Eine kontraktualistische Begründung der Menschenrechte muss also erklären können, in welchem Sinne Menschenrechte ›universell‹ sind.

Kritischer Ausblick

Wenn ein Mensch in einer politischen Gemeinschaft lebt, in der seine ›transzendentalen Interessen‹ vollkommen erfüllt sind, und wir aus diesem Grund sagen können, dass er dort nicht nur *beansprucht*, Menschenrechte zu haben, sondern sie auch tatsächlich *hat*, warum sollte er dann noch dafür plädieren, dass nicht nur er, sondern *alle* Menschen die gleichen Rechte haben sollen? Ist der Anspruch auf Allgemeingültigkeit, der im Menschenrechtsbegriff impliziert ist, mit dem moralischen Kontraktualismus, der primär auf rationale Eigeninteressen setzt, überhaupt kompatibel? Ja, wenn wir an dieser Stelle erneut Gauthiers Dispositionsbegriff in Betracht ziehen. Denn sofern eine Person einen Gerechtigkeitssinn ausgebildet hat, wird sie z. B. das willkürliche Töten oder Quälen von anderen Menschen als verwerflich empfinden, auch wenn diese anderen Menschen keine Mitglieder der eigenen politischen Gemeinschaft sind. Eine Person kann folglich durch den eigenen Gerechtigkeitssinn dazu motiviert sein, auch andere als Träger von Menschenrechten anzuerkennen, selbst wenn diese anderen de facto keinen entsprechenden Rechtsanspruch erheben können, sondern nur den *Wunsch* zur Sprache bringen, auch Menschenrechte zu haben. Aber der Gerechtigkeitssinn, der dazu motiviert, sich anderen Menschen gegenüber so zu verhalten, *als ob* sie Menschenrechte hätten, bewirkt von selbst nicht, dass sie diese Menschenrechte auch de facto haben. Denn die Existenz eines Rechtes hängt, wie im letzten Abschnitt gezeigt, von der Existenz einer Instanz ab, die die Macht hat, das fragliche Recht durchzusetzen. Dennoch kann der Gerechtigkeitssinn dazu motivieren, für eine Änderung der politischen Ordnung einzutreten und z. B. die eigene Regierung dazu aufzufordern, internationalen Menschenrechtsabkommen beizutreten; man kann auch gegen Menschenrechtsverletzungen in anderen Ländern protestieren, Verstöße gegen internationale Menschenrechtsabkommen anprangern, öffentlich eine militärische Intervention zur Durchsetzung humanitärer Hilfe befürworten etc. (Risse/Sikkink 1999; Hasenclever 2000).

Handlungen wie diese stellen eine Erweiterung jener politischen Praxis der Menschenrechte dar, die ursprünglich nur innerhalb staatlicher Grenzen verfolgt wurde. Bezüglich dieser Praxis behauptet Richard Rorty in Anlehnung an einen Aufsatz des argentinischen Philosophen Eduardo Rabossi zutreffend, dass wir in einer international sich mehr und mehr ausbreitenden »Kultur der Menschenrechte« leben (Rorty 1993, 117). Auf ähnliche Art und Weise vertritt Anne-Marie Slaughter die These, man könne gegenwärtig angesichts der Anzahl internationaler menschenrechtlicher Institutionen bereits von einer »globalen Gemeinschaft menschenrechtlicher Gesetze« reden (Slaughter 2004, 79). Und im Hinblick auf die »zusammenwachsende Weltgesellschaft« stellt Norbert Hoerster fest: »Für jeden Einzelnen von uns dürfte es unter diesen Bedingungen durchaus begründet sein, eine uneingeschränkte Geltung der Menschenrechte ausdrücklich zu wünschen und sich in der Praxis für sie einzusetzen« (Hoerster 2003, 183 u. 210). Nur im Zusammenhang dieser internationalen ›Kultur der Menschenrechte‹ oder ›globalen Gemeinschaft‹ oder ›Weltgesellschaft‹ kann – der kontraktualistischen Begründung der Menschenrechte zufolge – der Anspruch auf Allgemeingültigkeit, den der Menschenrechtsbegriff erhebt, verständlich gemacht werden. Der moralische Kontraktualismus gibt uns Gründe, die internationale Kultur bzw. die internationale Praxis der Menschenrechte – unabhängig von naturrechtlichen oder sonstigen metaphysischen Prämissen – zu unterstützen. Außerhalb dieser Praxis ist die Existenz von »universellen« Menschenrechten, wie Hoerster an gleicher Stelle sagt, bloß eine »Illusion« (vgl. auch Stemmer 2000, 77).

An dieser Stelle könnte man jedoch gegen den kontraktualistischen Ansatz den Einwand erheben, der moralische Kontraktualismus habe die Menschenrechte nicht etwa begründet, sondern den Begriff ›Menschenrechte‹ lediglich durch einen anderen Begriff, und zwar durch den der ›moralischen Ansprüche‹, ersetzt. Dieser Einwand ist aber nur dann berechtigt, wenn man die Menschenrechte als ›angeborene‹ Rechte versteht. Rechte, die angeboren sind bzw. von der Natur selbst oder von Gott verliehen worden sein sollen, gibt es nach dem moralischen Kontraktualismus jedoch nicht. Es gibt aber trotzdem eine internationale, weitverbreitete *Praxis* der Menschenrechte. Und anders als viele andere philosophische Ansätze versucht der moralische Kontraktualismus diese Praxis ganz ohne Rückgriff auf religiöse oder metaphysische Annahmen zu begründen.

Literatur

Bentham, Jeremy: »Anarchical Fallacies«. In: Jeremy Waldron (Hg.): *Nonsense upon Stilts: Bentham, Burke and Marx on the Rights of the Man.* London 1987, 46–76.

Gauthier, David: *Morals by Agreement.* Oxford 1986.

–: »Value, reasons, and the sense of justice«. In: Raymond Gillespie Frey/Christopher W. Morris (Hg.): *Value, Welfare, and Morality.* Cambridge 1993, 180–208.

Hasenclever, Andreas: *Die Macht der Moral in der inter-*

nationalen Politik: Militärische Interventionen westlicher Staaten in Somalia, Ruanda und Bosnien-Herzegowina. Frankfurt a. M. 2000.
Hoerster, Norbert: *Ethik und Interesse.* Stuttgart 2003.
Höffe, Otfried: »Transzendentaler Tausch – eine Legitimation für Menschenrechte?« In: Stefan Gosepath/ Georg Lohmann (Hg.): *Philosophie der Menschenrechte.* Frankfurt a. M. 1998, 28–47.
Mackie, John Leslie: *Ethics: Inventing Right and Wrong.* London 1977.
Menke, Christoph/Pollmann, Arnd: *Philosophie der Menschenrechte zur Einführung.* Hamburg 2007.
Risse, Thomas/Sikkink, Kathryn: »The Socialization of International Human Rights Norms into Domestic Practices: Introduction«. In: Thomas Risse/Stephen Ropp/Kathryn Sikkink (Hg.): *The Power of Human Rights: International Norms and Domestic Change.* Cambridge 1999, 1–38.
Rorty, Richard: »Human Rights, Rationality, and Sentimentality«. In: Stephen Schute/Susan Hurley (Hg.): *On Human Rights: The Oxford Amnesty Rights.* New York 1993, 111–134.
Slaughter, Anne-Marie: *A New World Order.* Princeton 2004.
Stemmer, Peter: *Handeln zugunsten anderer: Eine moralphilosophische Untersuchung.* Berlin 2000.
–: »Moralischer Kontraktualismus«. In: *Zeitschrift für philosophische Forschung* 56. Jg. (2002), 1–22.

Marcelo de Araujo

2.5 Universelle Achtungsmoral und diskursethische Menschenrechtsbegründungen

Begründungstheoretische Idee

Es mutet paradox an, dass der politische Streit über die Geltung der Menschenrechte kleiner zu sein scheint als der um ihre philosophische Begründung. Dabei darf man sich freilich nicht darüber täuschen, dass der bisweilen optimistisch angenommene globale Konsens über die Rechte der Menschen nicht wirklich besteht, wenn man auf die politische Realität blickt. Was den Dissens über die Begründung der Menschenrechte anlangt, so hat er nicht nur mit der kulturellen Pluralität weltweit zu tun, sondern reflektiert die Problematik, dass eine jede Begründung ganz unterschiedliche Aspekte der Menschenrechte in Einklang bringen muss. Diese Rechte haben eine *moralische* Seite, da sie fundamentale menschliche Ansprüche darstellen, die an keinem Ort der Welt verletzt oder ignoriert werden dürfen; sie haben eine *rechtliche* Seite, insofern sie Bestandteil staatlicher Verfassungen sind, wo sie Grundrechte markieren, und daneben sind sie in internationalen Erklärungen, Abkommen und Verträgen festgeschrieben. Schließlich haben sie eine *politische* Seite und werden als grundlegende Standards politischer Legitimität angesehen. So sind sie ständiger Gegenstand politischer Kontroversen, national und international, insbesondere in Bezug auf die Frage, ob sie verletzt wurden oder nicht – und wie ihre Verletzung vermieden oder sanktioniert werden könnte. Daneben haben die Menschenrechte eine wichtige *historische* Dimension, obwohl es umstritten ist, wann ihre Idee zum ersten Mal aufgetaucht ist und was dies für ihr Verständnis bedeutet.

Für eine umfassende philosophische Theorie der Menschenrechte sind alle diese Aspekte wesentlich und müssen auf die richtige Weise integriert werden. Doch dabei darf der zentrale *gesellschaftliche* Aspekt der Menschenrechte nicht übersehen werden – nämlich dass sie, wann und wo sie auch beansprucht wurden oder werden, auf eine Situation der Unterdrückung bzw. Ausbeutung von Individuen oder Gruppen bezogen waren oder sind, die ihre Würde als Menschen verletzt sahen und dagegen aufbegehrten. Diese Würdeverletzung wird als Angelegenheit aller Menschen angesehen, da es um Handlungen oder Institutionen geht, die den Grundrespekt in Frage stellen, den Menschen einander schlechterdings schulden. Dies ist der Einsatzpunkt einer Moral der gegenseitigen Achtung, die nicht nur eine – von Kant maßgeblich inspirierte, aber auf das neuzeitliche Naturrecht zurückgehende – abstrakte philosophische Idee ist, sondern vorausgesetzt ist, um den sozialen Sinn der Menschenrechte zu erfassen und sie als Sprache des Protests und des Widerstands zu verstehen (vgl. Bloch 1977). Diese Rechte fordern ein Maß der wechselseitigen Behandlung ein, das kein Mensch gerechtfertigterweise einem anderen vorenthalten darf und das somit in einer jeden legitimen gesellschaftlichen Ordnung gewährleistet sein sollte. Menschenrechte drücken die rechtlich zu sichernde, politisch zu definierende und moralisch geforderte Achtung zwischen Menschen aus, wer immer sie auch konkret sein mögen. So gibt es diesem Begründungsansatz zufolge einen *Grundanspruch*, der allen Menschenrechten voraus- und zugrunde liegt, nämlich den Anspruch, in dem Sinne als autonomes Wesen respektiert zu werden, dass man nicht bestimmten Handlungen oder Institutionen unterworfen werden darf, die einem gegenüber nicht angemessen gerechtfertigt werden können. Diese reflexive Argumentation findet sich in der Diskursethik, wenn auch in unterschiedlichen Varianten. Sie stimmen freilich darin überein, dass die Menschenrechte die Autonomie von Personen nicht nur passiv schützen, sondern auch aktiv ausdrücken.

Probleme und Positionen

Die Besonderheit eines Menschenrechtsansatzes der gleichen Achtung zeigt sich im Vergleich zu konkurrierenden Begründungen, die jeweils einen der zuvor genannten Aspekte verabsolutieren (ausführlicher Forst 2011).

1. Konkurrierende Ansätze: Eine vorwiegend *ethische* Rechtfertigung der Menschenrechte bezieht sich auf die Bedeutung der menschlichen Interessen, die sie schützen sollen (etwa Griffin 2008).

Solche Begründungen stellen substantielle Verständnisse des Wohlergehens oder des *guten Lebens* in den Vordergrund und sind so mit zwei Problemen konfrontiert: Sind solche Vorstellungen des Guten hinreichend verallgemeinerbar, und wie können verbindliche Rechteansprüche aus menschlichen Interessen abgeleitet werden, denkt man etwa an basale Interessen wie das, geliebt zu werden?

Eine andere Perspektive nehmen diejenigen ein, die eine bestimmte *politisch-rechtliche* Funktion von Menschenrechten betonen. Demnach liegt die wesentliche Aufgabe der Menschenrechte im Bereich des internationalen Rechts darin,»die Grenzen der internen Autonomie eines Regimes zu bestimmen« (Rawls 2002, 97). Da Menschenrechte Souveränitätsansprüche in Frage stellen und gegebenenfalls Interventionen rechtfertigen, resultiert daraus bei John Rawls und anderen eine reduzierte Liste von Menschenrechten. Charles Beitz (2009) vertritt eine *praktische* Konzeption, die auf eine umfassende moralische Begründung verzichtet und ebenfalls von der Funktion der Interventionsrechtfertigung her denkt. Das entscheidende Problem solcher Konzeptionen ist allerdings, dass die Begründung der Menschenrechte als eigenständige Aufgabe von der Frage der Interventionslegitimation zu trennen ist; erst wenn eine angemessene Menschenrechtsbegründung vorliegt, kann über Prinzipien und Institutionen legitimer Sanktionsmechanismen auf internationaler Ebene nachgedacht werden.

Andere Theorien suchen nach *politisch-moralischen* Rechtfertigungen, die im Zentrum eines globalen *überlappenden Konsenses* stehen könnten. Michael Ignatieff betont Rechte auf körperliche Unversehrtheit und persönliche Freiheiten als Kern der Menschenrechte und gründet diese auf eine minimalistische Anthropologie (Ignatieff 2001). Joshua Cohen (2004) schlägt einen Rechtfertigungsminimalismus vor, der im Rahmen einer globalen öffentlichen Vernunft akzeptabel wäre. Das Problem solch *ökumenischer* Begründungen liegt freilich darin, dass nicht ersichtlich ist, wie solch ein globaler Konsens festgestellt werden könnte – und wer dort mitzureden hätte, denkt man daran, dass es bei Menschenrechten nicht selten um die Rechte von Dissidenten geht.

2. Der moralphilosophische Theoriekern der Diskursethik: Die Probleme der genannten Ansätze legen die Suche nach einer Alternative nahe. Dazu ist auf eine Moral der gegenseitigen Achtung zurückzugreifen, die starke Annahmen über das gute Leben vermeidet, dabei aber dennoch eine moralische Begründung liefert, die nicht dem Verdacht des Ethnozentrismus ausgesetzt ist und das Verhältnis von Recht und Moral zutreffend bestimmt. In der Frankfurter Tradition der Diskursethik ist dies unternommen worden, wobei sich aber unterschiedliche Wege differenzieren lassen. Zunächst zum Theoriekern der Diskursethik. Der Begriff steht für die von Jürgen Habermas gemeinsam mit Karl-Otto Apel (Apel 1973, 1988) entwickelte Konzeption einer Theorie der Moral in der kantischen Tradition. Ihr wichtigstes Merkmal ist die Ersetzung der reflexiven Prüfung moralischer Maximen nach der Vorgabe des Kategorischen Imperativs durch eine argumentative Einlösung der Geltungsansprüche moralischer Normen in einem praktischen Diskurs (Habermas 1983, 1991). Die Theorie folgt einem engen Moralbegriff, der sich auf universale Normen des richtigen bzw. gerechten Handelns beschränkt und sich nicht gleichermaßen auf ethische Fragen des guten Lebens bezieht. Der Universalisierungsgrundsatz *U* stellt eine Argumentationsregel für die Begründung moralischer Geltungsansprüche dar und nennt als Bedingung für gültige Normen, dass »die Folgen und Nebenwirkungen, die sich jeweils aus ihrer *allgemeinen* Befolgung für die Befriedigung der Interessen eines *jeden* Einzelnen (voraussichtlich) ergeben, von *allen* Betroffenen akzeptiert (und den Auswirkungen der bekannten alternativen Regelungsmöglichkeiten vorgezogen) werden können« (Habermas 1983, 75 f.).

Die Diskursethik zeichnet somit ein Verfahren der moralischen Argumentation aus, das das Diskursprinzip *D* enthält, wonach »nur diejenigen Normen Geltung beanspruchen dürfen, die die Zustimmung aller Betroffenen als Teilnehmer eines praktischen Diskurses finden könnten« (Habermas 1991, 12). Im Unterschied zu Kants Auffassung des Sittengesetzes und auch zu Apels transzendentalpragmatischem Ansatz schreibt Habermas diesem Prinzip selbst keine moralische Geltungskraft zu. Der diskursethische Ansatz hält freilich daran fest, dass der Geltungsanspruch moralischer Normen universalistischer Natur ist und sich entsprechend einlösen lassen muss. Das bedeutet auf der Ebene der Rekonstruktion des Diskursprinzips, dass diese einen kulturübergreifenden Status beansprucht.

3. Die Menschenrechte aus Sicht der Diskursethik: Vor diesem Hintergrund haben sich verschiedene diskursethische Ansätze zur Begründung von Menschenrechten entwickelt. Habermas legt in *Faktizität und Geltung* dazu eine systematische Theorie vor, die aus Grundsätzen des demokratischen Rechtsstaats heraus entwickelt wird. Sie zielt im Kern darauf, die *Gleichursprünglichkeit* von Menschenrechten und Volkssouveränität zu begründen, ohne dabei eine moralische Argumentation zu verwenden. Die Grundfrage, die Habermas stellt, lautet: »Welche Rechte müssen sich Bürger gegenseitig zuerkennen, wenn sie sich entschließen, sich als eine freiwillige Assoziation von Rechtsgenossen zu konstituieren und ihr Zusammenleben mit Mitteln des positiven Rechts legitim zu regeln?« (Habermas 1994, 668). Die entscheidende Vorgabe ist die des (oben genannten) Diskursprinzips selbst, das in der Moderne, in der traditionale oder metaphysische Normativitätsbegründungen nicht mehr allgemein geteilt werden, allein noch normative Geltung begründen kann. Es soll hinsichtlich der Frage, ob Normen moralischer oder rechtlicher Art sind, neutral bleiben. Normen der ersten Art werden mithilfe eines diskursiven *Moralprinzips* begründet, das zu Kategorischen Imperativen führt, während Rechtsnormen mithilfe eines *Demokratieprinzips* begründet werden, das sich nicht direkt aus dem Diskursprinzip ergibt. Rechtsnormen haben eine eigene Form: Sie sind nicht wie Moralnormen universal gültig, sie entstammen diskursiven Prozessen, in die auch, aber nicht nur moralische Gründe eingehen, sie beziehen sich auf das äußere Verhältnis von Personen zueinander und sehen daher von der Motivation ab, aus der heraus sie befolgt werden. Das Demokratieprinzip, das für die Beantwortung obiger Ausgangsfrage entscheidend ist, ergibt sich aus einer Kombination von Diskursprinzip und Rechtsform. Letztere wird nicht weiter begründet, sondern als unhintergehbares Ergebnis sozialer

Evolution ›vorgefunden‹ (vgl. Habermas 1992, 142 f.).

Durch diese Kombination ergibt sich die vollständige Argumentation für das *System der Rechte*. Denn die Einsicht, dass die diskursive Praxis politischer Selbstbestimmung *rechtlich* institutionalisiert werden muss, setzt nicht nur den rechtlichen Status von Aktivbürgern als *Autoren* des Rechts voraus, sondern auch den von Rechtspersonen als *Adressaten* des Rechts. So werden durch diese Argumentation *öffentliche* und *private* Autonomie *gleichursprünglich* begründet, ohne den Vorrang einer Seite. Dieser Zusammenhang wird in einer logischen Genese von fünf Grundkategorien von Rechten deutlich gemacht. Bürger, die ihr Zusammenleben mit Mitteln des positiven Rechts legitim regeln wollen, müssen zunächst drei Arten von Grundrechten berücksichtigen, die den Status von Rechtspersonen konstituieren: Rechte auf das größtmögliche Maß subjektiver Handlungsfreiheiten, Rechte der Festlegung der Mitgliedschaft in einer Rechtsgemeinschaft und Rechte auf die Einklagbarkeit von Rechten. Die Form des Rechts reicht zu der Begründung dieser Rechte freilich nicht hin, denn nur durch das Diskursprinzip lässt sich normativ begründen, weshalb ›jedermann‹ ein Recht auf ›gleiche‹ und ›größtmögliche‹ Freiheiten hat (vgl. Habermas 1992, 157); die Explikation ist somit eine normative, nicht rein begriffliche. Damit diese Grundrechte auf legitime Weise politisch ausgestaltet und realisiert werden können, ist eine vierte Art von Grundrechten nötig; solche nämlich, die die chancengleiche Teilnahme an Prozessen der Meinungs- und Willensbildung sichern. Diese vier Grundrechtsarten sind nach Habermas ›absolut‹ zu begründen, während eine fünfte nur relativ begründet ist, nämlich soziale Rechte, die die Möglichkeit der Nutzung der ersten vier material sichern.

Der wichtigste Gedanke dieses Ansatzes liegt darin, die Doppelrolle von Bürger/innen als Autoren und als Adressaten des Rechts aus einer horizontalen Perspektive der wechselseitigen Anerkennung als *Beteiligte* an einer Praxis politischer Selbstbestimmung umfassend zu interpretieren, nicht nur normativ, sondern auch rechts- und institutionentheoretisch. Habermas kommt es dabei besonders auf den Unterschied von Recht und Moral an, und er betont, dass er keine moralische Begründung der Menschenrechte vorsieht, wie sie sich in der Tradition des Naturrechts ergäbe. Ihr zufolge blieben die Menschenrechte der Demokratie äußerlich und in ihrem juristischen Charakter unterbestimmt. Gleichwohl bilden sie interkulturell gültige, universalistische Standards, die einen »moralischen Inhalt« (Habermas 1998, 177) haben. In späteren Arbeiten hebt Habermas die Menschenwürde – verstanden nach einer Moral der gegenseitigen Achtung – als ›moralische Quelle‹ (vgl. Habermas 2010) der Menschenrechte hervor; sie hat allerdings primär eine ›Entdeckungsfunktion‹ in Bezug auf Würdeverletzungen.

Habermas' Ansatz betont neben der moralischen die rechtliche und politische Seite der Menschenrechte und überwindet eine abstrakte Gegenüberstellung von Menschenrechten und demokratischer Selbstbestimmung; fraglich aber bleibt, ob die Begründung der fünf Rechtekategorien selbst ohne implizite moralische Argumente auskommt und ob eine solche primär funktionale Begründung den moralischen Gehalt dieser Rechte vollständig ausschöpft – besonders im Lichte einer Moral der gleichen Achtung betrachtet.

4. *Diskursethische Alternativen:* Andere diskurstheoretische Erklärungen setzen an dieser Stelle an und betonen entweder stärker den rechtlichen oder den moralischen Aspekt der Menschenrechte. Klaus Günther führt die politische Genese der Menschenrechte auf ein vertikales Verhältnis von Bürger und Staat zurück, sieht aber nicht nur in der Praxis eine horizontale Ausdehnung von Rechten und Pflichten zwischen Bürgern, sondern plädiert für eine horizontale Begründung nach Maßgabe einer Moral der wechselseitigen Achtung (Günther 2009). Ohne staatliche Instanzen der Rechtsetzung, Rechtsprechung und Rechtsdurchsetzung ist eine Konzeption der Menschenrechte nicht denkbar, doch die Spannung zwischen horizontaler Begründung und vertikaler Verwirklichung ist nicht aufzuheben, allenfalls demokratisch zu vermitteln.

Auch Seyla Benhabib betont das Spannungsverhältnis zwischen moralischen und positivierten Rechten in ihrer Konzeption der Menschenrechte. Hannah Arendts Idee eines ›Rechts, Rechte zu haben‹ (Arendt 1949; s. Kap. I.3.6), wird von ihr so interpretiert, dass Menschenrechte basale kosmopolitische Normen ausdrücken, die in jeder legitimen politischen Gemeinschaft respektiert werden sollten – auf der Grundlage der wechselseitigen Achtung der *kommunikativen Freiheit* des oder der Anderen. Dies heißt, dass Rechte auf politische Mitgliedschaft wie auch auf demokratische Mitbestimmung impliziert sind, denn nur durch *demokratische Iterationen* innerhalb politischer Gemeinschaften können Menschen- in Grundrechte transformiert werden (Benhabib 2008 a u. b). Auf diese Weise versucht Benhabib, Habermas' Gedanken der Gleichursprünglichkeit von liberalen Rechten und politischer Selbstregierung gerecht zu werden.

5. *Das Recht auf Rechtfertigung und die Menschenrechte:* Die Gleichursprünglichkeitsthese ist allerdings auf zwei Weisen zu verstehen. Einer ersten Lesart zufolge entspringen Menschenrechte und demokratische Selbstbestimmung zwei verschiedenen Quellen (Rechtsform und Diskursprinzip kombiniert, wie bei Habermas) und kommen zusammen, um die Grundsätze eines demokratischen Rechtsstaats funktional zu konstituieren; einer anderen Lesart zufolge entspringen sie einer einzigen Quelle, die zugleich den moralischen Gehalt der Forderung der Menschenrechte und auch nach demokratischer Selbstbestimmung erklären kann, ohne Recht auf Moral zu reduzieren. Dazu ist es nötig, das Diskursprinzip nicht nur formalpragmatisch zu verstehen, sondern als moralischen Imperativ, dem zufolge keine Person gezwungen werden darf, Normen zu befolgen bzw. unter Institutionen zu leben, die dieser Person gegenüber nicht angemessen gerechtfertigt werden können. Dieses *Rechtfertigungsprinzip* bedeutet in moralischen Kontexten, dass eine jede Person die Pflicht hat, ihre andere Personen moralisch betreffenden Handlungen mit Gründen zu rechtfertigen, die reziprok und allgemein akzeptabel bzw. nicht zurückweisbar sind; und in politischen Kontexten bedeutet dies, dass Bürgerinnen und Bürger die Pflicht haben, die grundlegenden Normen des politischen und sozialen Zusammenlebens wechselseitig und allgemein zu legitimieren. In beiden Kontexten ist somit die Achtung des Anderen als Person mit einem *Recht auf Rechtfertigung* (Forst 2007, 2011) grundlegend, und dieses Recht ist diesem Ansatz zufolge als moralische Grundlage der Menschenrechte anzusehen.

Diese Begründung ist reflexiver Natur, da die Idee der Rechtfertigung selbst in Bezug auf ihre normativen und praktischen Implikationen Grundlage ist. Weil eine jede moralische Rechtfertigung der Rechte der Menschen ihren Anspruch auf allgemeine und wechselseitige Geltung diskursiv einlösen können muss, setzt sie immer schon das vorrangige Recht auf Rechtfertigung seitens derer voraus, deren Rechte gemeint sind und die diese Rechtfertigung akzeptieren sollen. Sie haben ein qualifiziertes Vetorecht gegen eine jede Rechtfertigung, die den Kriterien von Reziprozität und Allgemeinheit nicht entspricht und die daher gegebenenfalls als einseitig, eng oder paternalistisch kritisiert werden kann. Reziprozität heißt dabei, dass niemand einen Anspruch (auf bestimmte Rechte in diesem Fall) erheben darf, den er oder sie anderen verweigert (Reziprozität der Inhalte), und dass niemand die eigenen Perspektiven, Wertungen, Interessen oder Bedürfnisse anderen einfachhin unterstellen darf, so dass er oder sie beansprucht, in deren *wahrem* Interesse zu sprechen oder mit Bezug auf eine Wahrheit, die jenseits der Rechtfertigung über teilbare Gründe steht (Reziprozität der Gründe). ›Allgemeinheit‹ bedeutet hier, dass die Gründe, die die normative Geltung für Normen wie die der Menschenrechte tragen sollen, unter allen Betroffenen teilbar sein müssen, in Ansehung ihrer (wechselseitig) legitimen Interessen und Ansprüche.

Der Begriff der *Würde*, der im Zentrum der Idee der Menschenrechte steht, ist demzufolge kein metaphysisch oder ethisch begründeter, der mit einer Konzeption des guten Lebens verbunden wäre. Die Würde einer Person zu achten, heißt vielmehr, sie als jemanden anzuerkennen, dem oder der für Handlungen oder Normen, die ihn oder sie auf relevante Weise betreffen, angemessene Gründe geschuldet werden. Solch ein Begriff der Würde ist relationaler Natur; seine konkreten Implikationen können nur auf dem Weg diskursiver Rechtfertigung bestimmt werden.

In Bezug auf die Menschenrechte ist es dieser Konzeption zufolge nötig, zwischen *moralischem* und *politischem Konstruktivismus* zu unterscheiden. Ein jeder Gehalt der Menschenrechte muss diskursiv bestimmt werden, doch muss der zweifachen Natur der Menschenrechte als allgemeine *moralische* Rechte und als konkrete *positive* Rechte Rechnung getragen werden. Auf der moralischen Ebene führt die Konstruktion zu einer Liste der grundlegenden Rechte, die Personen, die einander als Gleiche in Bezug auf ihre Rechte auf Rechtfertigung respektieren, nicht mit guten Gründen verweigern können. Diese Liste von Rechten ist zu einem gewissen Grade allgemein und harrt weiterer Bestimmung, sie formuliert jedoch Grundstandards des Respekts, die in der Form von Grundrechten gesichert werden müssen. Es ist wichtig zu betonen, dass das Grund-Recht auf Rechtfertigung nicht nur zu Rechten führt, die die politische Stellung von Personen als Bürger in einem engeren Sinne sichern; es ist auch der Grund für Rechte auf körperliche Unversehrtheit, persönliche Freiheiten und einen gesicherten, gleichen sozialen Status. Das Recht auf Rechtfertigung ist ein Recht darauf, als unabhängige, sozial handlungsfähige Person zu gelten, die zugleich die gesellschaftliche Struktur, der sie angehört, mitbestimmt.

Menschenrechte haben in diesem Sinne selbst eine reflexive Natur: Sie sind basale Rechte darauf, an den Verfahren teilzunehmen, in denen die Grundrechte von Bürgern und Bürgerinnen konkrete und rechtlich bindende Form annehmen. So gesehen sind sie Rechte einer höheren Ordnung, nämlich Rechte darauf, nicht gesellschaftlichen Institutionen oder rechtlichen Normen unterworfen zu werden, die den Betroffenen gegenüber nicht angemessen gerechtfertigt werden können – und damit Rechte auf die gleichberechtigte Teilnahme an entsprechenden Rechtfertigungsverfahren. Der politische Konstruktivismus der praktischen Bestimmung dieser Rechte enthält somit den moralischen Konstruktivismus als Kern, da es keine legitime Interpretation und Institutionalisierung der Menschenrechte geben kann, die deren moralischen Kerngehalt verletzen würde; er ist aber zugleich eine autonome diskursive Praxis der Bürgerinnen und Bürger, die eine legitime gesellschaftliche und politische Ordnung errichten bzw. ausbauen.

Die zentrale Pointe der Menschenrechte liegt folglich darin, dass Personen das basale Recht haben, in einer Gesellschaft zu leben, in der sie selbst die sozialen und politischen Akteure sind, die bestimmen, welche Rechte sie beanspruchen können und zu gewähren haben. Dies ist die autonome Handlungsfähigkeit, auf die Menschenrechte abzielen und die sie ausdrücken, heute wie auch in früheren Zeiten. Um den doppelten, reflexiven Charakter der Menschenrechte noch einmal anders auszudrücken: Sie sind Rechte, die vor einer Reihe von sozialen Beschädigungen schützen, deren Zufügung niemand anderen gegenüber, die moralisch und gesellschaftlich Gleiche sind, rechtfertigen kann, und damit setzen sie das Recht auf Rechtfertigung voraus – darüber hinaus aber schützen sie besonders vor dem gesellschaftlichen Übel, an der politischen Bestimmung dessen, was als Beschädigung gilt, nicht beteiligt zu sein.

Kritischer Ausblick

Eine diskurstheoretische Begründung der eben skizzierten Art kann nicht nur die eingangs erwähnten Aspekte der Menschenrechte bestmöglich vereinen; sie ist auch geeignet, die Kritik zurückzuweisen, Menschenrechte seien das Produkt einer bestimmten *westlichen* Kultur und nicht verallgemeinerbar. Das Recht auf Rechtfertigung ist zwar ein individuelles Recht und steht somit Ansprüchen des Vorrangs von Gemeinschaften gegenüber Einzelpersonen kritisch gegenüber, aber es beruht nicht auf bestimmten individualistischen Vorstellungen des guten Lebens oder der gesellschaftlichen Ordnung. Was es verlangt, ist, dass gesellschaftliche Strukturen rechtfertigbar sein müssen; das Ergebnis dieser Rechtfertigungsprozesse ist dabei nicht vorbestimmt, die Form dieser Verfahren nur zum Teil, nämlich in Bezug auf Grundsätze gleicher und fairer Beteiligung. Das Verlangen nach Rechtfertigbarkeit ist es zugleich aber auch, das vielen Kritiken an Menschenrechten als Normen, die anderen Kulturen oder Gesellschaften übergestülpt werden und damit deren Selbstbestimmung gefährden, selbst zugrunde liegt. Eingefordert wird das Recht auf *intergesellschaftliche* Rechtfertigung normativer Ansprüche oder Institutionen. Dann aber erscheint es widersprüchlich, zugleich *innergesellschaftliche* faire Rechtfertigung, wie sie die Menschenrechte einfordern, zu verneinen. Individuen als Rechtfertigungssubjekte zu etablieren und zu stärken, war und ist die Aufgabe der Menschenrechte – in welcher Kultur und Gesellschaft auch immer man sich auf sie berief oder beruft. Sie drücken die Forderung nach individueller und zugleich politischer Selbstbestimmung aus, die einer Moral der gleichen Achtung entspringt.

Waren in der Vergangenheit christlich geprägte feudale Ordnungen oder Strukturen des Absolutismus der Gegenstand der Kritik, so sind es heute ein exploitatives Wirtschaftssystem, politische Anmaßungen, über eine ›neue Weltordnung‹ einseitig zu befinden, oder oppressive Einparteiensysteme, auf die sich die emanzipatorische Kritik richtet – aber bei alldem ist zu sehen, dass die Sprache der Menschenrechte nicht einer Kultur allein gehört, sondern denen, die sie sich aneignen, um sich gegen Verhältnisse zur Wehr zu setzen, die nicht hinnehm- und rechtfertigbar sind.

Literatur

Apel, Karl-Otto: *Transformation der Philosophie. Bd. 2: Das Apriori der Kommunikationsgemeinschaft.* Frankfurt a. M. 1973.
–: *Diskurs und Verantwortung. Das Problem des Übergangs zur postkonventionellen Moral.* Frankfurt a. M. 1988.
Arendt, Hannah: »Es gibt nur ein einziges Menschenrecht«. In: *Die Wandlung* 4. Jg. (1949), 754–770.
Beitz, Charles R.: *The Idea of Human Rights.* Oxford 2009.
Benhabib, Seyla: *Die Rechte der Anderen: Ausländer, Migranten, Bürger.* Frankfurt a. M. 2008a (engl. 2004).
–: *Kosmopolitismus und Demokratie: eine Debatte.* Frankfurt a. M. 2008b (engl. 2006).
Bloch, Ernst: *Naturrecht und menschliche Würde* [1961]. Frankfurt a. M. 1977.
Cohen, Joshua: »Minimalism about Human Rights«. In: *The Journal of Political Philosophy* 12/2 (2004), 190–213.
Forst, Rainer: *Das Recht auf Rechtfertigung. Elemente einer konstruktivistischen Theorie der Gerechtigkeit.* Frankfurt a. M. 2007.
–: »Die Rechtfertigung der Menschenrechte und das grundlegende Recht auf Rechtfertigung. Eine reflexive Argumentation«. In: Ders.: *Kritik der Rechtfertigungsverhältnisse. Perspektiven einer kritischen Theorie der Politik.* Berlin 2011, 53–93.
Griffin, James: *On Human Rights.* Oxford 2008.
Günther, Klaus: »Menschenrechte zwischen Staaten und Dritten: Vom vertikalen zum horizontalen Verständnis der Menschenrechte?« In: Nicole Deitelhoff/Jens Steffek (Hg.): *Was bleibt vom Staat? Demokratie, Recht und Verfassung im globalen Zeitalter.* Frankfurt a. M. 2009.
Habermas, Jürgen: »Diskursethik – Notizen zu einem Begründungsprogramm«. In: Ders.: *Moralbewußtsein und kommunikatives Handeln.* Frankfurt a. M. 1983, 53–126.
–: *Erläuterungen zur Diskursethik.* Frankfurt a. M. 1991.
–: *Faktizität und Geltung. Beiträge zur Diskurstheorie des Rechts und des demokratischen Rechtsstaats.* Frankfurt a. M. 1992.
–: »Nachwort«. In: Ders.: *Faktizität und Geltung. Beiträge zur Diskurstheorie des Rechts und des demokratischen Rechtsstaats.* Frankfurt a. M. [4]1994, 661–680.
–: *Die postnationale Konstellation: Politische Essays.* Frankfurt a. M. 1998.
–: »Das Konzept der Menschenwürde und die realistische Utopie der Menschenrechte«. In: *Deutsche Zeitschrift für Philosophie* 58/3 (2010), 343–357.
Ignatieff, Michael: *Human Rights as Politics and Idolatry.* Princeton 2001.
Rawls, John: *Das Recht der Völker.* Berlin 2002.

Rainer Forst

2.6 Menschenrechtlicher Minimalismus

Begründungstheoretische Idee

Wenn wir Menschenrechte einfordern, erheben wir den Anspruch, dass sie uns *als Menschen* und unbedingt zukommen. Zugleich verlangen wir nach ihrer Positivierung – entweder in einzelstaatlichen Institutionen oder innerhalb einer übergreifenden globalen politischen und rechtlichen Ordnung. Aber wie umfangreich kann eine Liste an Menschenrechten ausfallen, die für alle Kulturen gültig ist, also sämtliche Individuen zu überzeugen vermag? Die interkulturelle Begründung und Durchsetzung eines geteilten Menschenrechtsverständnisses ist angesichts des weltanschaulichen Pluralismus auf unserem Globus mit erheblichen Problemen konfrontiert. Diejenige Liste, die 1948 in der *Allgemeinen Erklärung der Menschenrechte* etabliert wurde und seitdem in mehreren Pakten und Konventionen erhebliche Weiterungen erfahren hat (s. Kap. I.4.6, I.4.7), ist stets umstritten geblieben. Nicht nur wird darum gekämpft, ob eher den bürgerlichen Freiheits- oder eher den sozialen Teilhaberechten der Vorrang gebührt; vielmehr wird bei einigen der aufgeführten Rechte – z. B. den gleichen Rechten von Frauen – auch bestritten, dass sie überhaupt Menschenrechte sind.

Dies hat in der neueren Diskussion zu einer Konjunktur ›minimalistischer‹ Herangehensweisen geführt. Minimalistisch können Menschenrechtskonzeptionen in zweifacher Hinsicht sein: Zum einen können sie *inhaltlich* eine minimale oder besonders kurze Liste fundamentaler Menschenrechte vorsehen. Zum anderen können sie die *Begründung* der vorgeschlagenen Menschenrechte möglichst anspruchslos anlegen. Sie rekurrieren dann auf eine minimale Menge von Prämissen, die für alle zustimmungsfähig sein sollen. Joshua Cohen etwa unterscheidet derart zwischen »substantive« und »justificatory minimalism« (Cohen 2004, 192). Die beiden Minimalismen können, müssen aber nicht zusammen auftreten. Aus einer minimalen Prämissenmenge auf der Begründungsebene können weitreichende inhaltliche Schlussfolgerungen gezogen werden, und ein inhaltlicher Minimalismus kann sich aus nicht allgemein akzeptablen, z. B. libertären Prämissen ergeben. Gleichwohl liegt die Kombination beider Ebenen nahe, wenn man sich die Pointe eines minimalistischen Vorgehens vor Augen führt – nämlich die Erzielung eines faktischen Konsenses in Bezug auf den Inhalt der Menschenrechte *sowie* deren Begründung. Aber auch dann stellt sich die Frage, ob man den Begriff der Menschenrechte für wenige basale Ansprüche reservieren sollte oder eine Grenze zwischen fundamentaleren und weniger fundamentalen Menschenrechten einführen muss, die innerhalb der Menschenrechtsidee selbst verläuft.

Probleme und Positionen

1. Minimalistische Inhaltsbestimmungen: Inhaltlich minimalistische Ansätze beschränken sich auf die Verletzung der angeblich fundamentalsten Interessen. ›Menschenrechte‹ werden demzufolge lediglich als eine Teilmenge aller moralischen oder gar Gerechtigkeitspflichten angesehen. Als prominentester Vorschlag dieser Art gilt derzeit der von John Rawls, der Menschenrechte als »Klasse besonders dringlicher Rechte« (Rawls 2002, 96) innerhalb des Völkerrechts versteht. Dabei schließt er an John Lockes Trias von ›Leben‹, ›Freiheit‹ und ›Besitz‹ an und erweitert sie um das vierte Element einer minimal verstandenen ›Gleichheit‹. Als Menschenrechte gelten demnach »das Recht auf Leben (auf das für die eigene Subsistenz und Sicherheit Nötige), auf Freiheit (die Freiheit von Sklaverei, Leibeigenschaft und Zwangsarbeit und ein hinreichendes Maß an Gewissensfreiheit, um die Religions- und Gedankenfreiheit zu garantieren), auf Eigentum (persönliches Eigentum)« und zudem noch »auf formale Gleichheit [...] (das heißt, das gleiche Fälle gleich behandelt werden)« (ebd., 80).

Allerdings ist Rawls' Liste selbst unter ›Minimalisten‹ umstritten (für einen guten Überblick vgl. Donnelly 1989, 39). Tatsächlich gibt es den *einen* Minimalismus nicht, sondern dieser Terminus bleibt notwendigerweise vage. Einerseits nennen minimalistische Ansätze unterschiedliche Schutzgüter. Andererseits interpretieren sie deren Gehalt mal mehr, mal weniger eng. Zumindest aber lassen sich verschiedene Ebenen benennen, von einer sehr fundamentalen zu weniger grundlegenden: So fungiert als notwendiger Bestandteil eines jeden Minimalismus die fundamentale Ebene der Sicherung menschlichen Lebens vor willkürlichen Angriffen. Ausgehend vom Begriff der körperlichen Unversehrtheit wird zudem oftmals noch der Schutz gegen willkürliche Verletzungen oder gegen Folter genannt. Ob diese in Rawls' ›Recht auf Leben‹ impliziert sind, bleibt jedoch unklar. Das eng verwandte Recht auf ›Subsistenz‹ wiederum wird nicht nur auf Rawls' Liste prominent aufgeführt, sondern erscheint häufig auf dieser ersten Ebene als ein basales soziales Recht, das der positiven Sicherung des Lebens dient (prominent Shue 1980, 22 ff.). Das zeigt bereits, dass die beliebte These äußerst fragwürdig ist, dass sich nur die ›liberalen Abwehrrechte‹ als Inhalt eines minimalistischen Menschenrechtsverständnisses anbieten (so Ignatieff 2002, 78). Aber diese problematische These macht doch zugleich deutlich: Nicht jeder Minimalismus versteht Subsistenz als Menschenrecht, weil ein solches Recht positive Pflichten implizieren würde.

Weniger minimal sind dann schon jene basalen persönlichen Freiheitsrechte, die auch Rawls als zweites Element berücksichtigt. Allerdings fehlen auf seiner Liste nicht nur das Verbot schwerwiegender Formen der Diskriminierung aufgrund von Ethnizität, Hautfarbe oder Geschlecht (zu Letzterem vgl. Buchanan 2004, 129), sondern auch das *gleiche* Recht auf Gewissensfreiheit oder gar das Recht der freien Meinungsäußerung. Diese inhaltliche Umkämpftheit innerhalb des Minimalismus gilt erst recht für die letzten beiden Kategorien von Rawls' Liste, und zwar für das Recht auf Eigentum und die formale Gleichheit, die in vielen minimalistischen Alternativen keine Berücksichtigung findet.

Welche Gründe sprechen angesichts dieser Gemengelage dann überhaupt für ein (wie auch immer definiertes) ›dünnes‹ Verständnis der Menschenrechte? Der inhaltliche Minimalismus wird vor allem mit vier Gründen gerechtfertigt: Erstens soll eine Inflationierung des Menschenrechtsbegriffs verhindert werden. Ansonsten, so das wohl überzeugendste Argument der Minimalisten, würde die Rede von den Menschenrechten ihre ursprüngliche Durchschlagskraft als Ausdruck moralischer Empörung über die Würdeverletzung des Individuums verlieren. Wer demnach bei allen bloß erdenklichen Schädigungen sogleich von ›Menschenrechtsverletzungen‹ spricht, entwertet diese Kategorie (Kersting 2000, 210 f.). Rhetorisch beliebt ist hier der Bezug auf das Menschenrecht auf »regelmäßigen bezahlten Urlaub«, das in Art. 24 der *Allgemeinen Erklärung* niedergelegt ist. Menschenrechte sollen also klar unterscheidbar bleiben von ›normalen‹ moralischen Rechten. Sie schützen lediglich den innersten Kern der individuellen Integrität. Zweitens seien ›maximalistische‹ Listen politisch unrealistisch, weil viele angebliche Menschenrechte faktisch nur von sehr wenigen Staaten anerkannt würden und selbst für die politisch Willigen immer schwieriger umzusetzen seien. Drittens soll die Unterscheidung von Menschenrechten und weniger fundamentalen Ansprüchen auch jenen Gesellschaften eine Einstellung der Toleranz signalisieren, die nicht liberal-demokratisch verfasst sind. Denn von Beginn an wurde gegenüber der Menschenrechtsidee der Vorwurf erhoben, hier werde eine spezifisch westliche Idee anderen Kulturen lediglich aufgezwungen (s. Kap. IV.1.1). Eine angemessene Antwort besteht dem Minimalismus zufolge daher in einer selbstkritischen Beschränkung ihres Gehalts, weil es zwischen Völkern diesbezüglich vernünftige Meinungsverschiedenheiten gebe, die akzeptiert werden müssten (kritisch hierzu Buchanan 2004, 168 ff.). Dies gilt vor allem dann, so manche Minimalisten, wenn man sich viertens die politische Funktion der Menschenrechte vergegenwärtigt. Diese bestehe innerhalb des Völkerrechts darin, eine Grenze jener Immunität zu markieren, die souveränen (National-)Staaten zukommt (so Rawls 2002, 30). Wenn die Menschenrechte in systematischer Weise missachtet werden, besteht folglich ein legitimer Grund für – wenn auch nicht notwendigerweise militärische – Interventionen. Aus dieser politischen Funktionsbestimmung folgt jedoch, dass nur eine ganz kleine, besonders fundamentale Menge von Rechten abgedeckt werden sollte. Ansonsten würde die – nicht zuletzt friedenssichernde – Idee völkerrechtlicher Souveränität allzu leicht geopfert.

Gegen diese inhaltliche Beschränkung der Menschenrechte durch minimalistische Ansätze sind jedoch ebenso schwerwiegende Gegeneinwände vorgebracht worden. Zwar wird eingeräumt, dass nicht alle Menschenrechtsverletzungen die gleiche Empörung auslösen. Es sei aber durchaus angemessen, ja, notwendig, sich moralisch auch über solche Zustände zu empören, die nicht auf den minimalen Listen berücksichtigt werden. Hierzu zählen sicherlich die Diskriminierung aufgrund von Geschlecht oder Hautfarbe, die Unterdrückung abweichender Meinungen und selbst Lebensumstände, die Subjekten keine längeren Erholungsphasen von der Arbeit erlauben. Gegen das zweite Argument der mangelnden Umsetzbarkeit wird eingewandt, dass hiermit repressive Systeme in perverser Weise belohnt würden, weil ihr faktischer Unwillen, die Menschenrechte zu achten, zur Reduzierung der normativ geforderten Inhalte führt. Ähnlich lautet das Argument gegen den dritten Punkt: Eine vernünftige Toleranz oder gar Anerkennung anderer Kulturen dürfe sich nicht darin ausdrücken, selbst gut begründbare Menschenrechte voreilig aufzugeben. Dementsprechend ist gegen das vierte Argument eingewandt worden, dass sich die Funktion der Menschenrechte keineswegs darin erschöpft, Interventionen in souveräne Staaten zu legitimieren, sondern auch oder gar primär jenen Personen oder Gruppen als Kriterium zu dienen, die ihre Gesellschaften von *innen* heraus kritisieren und verändern wollen (Beitz 2001, 273; Forst 2007, 298 ff.). Durch einen inhaltlichen Minimalismus würde lediglich der Status quo festgeschrieben und das progressive Potential der Idee allgemeiner und gleicher Menschenrechte verschenkt.

Die Frage, ob der Minimalismus zu minimal oder der Maximalismus zu maximal ansetzt, lässt sich angemessen erst dann beantworten, wenn man geklärt hat, wie viele Menschenrechte man in einer universell zustimmungsfähigen Weise *begründen* kann. Nun liegt es auch auf der Begründungsebene nahe, von einer möglichst minimalen Prämissenmenge auszugehen. Aber auch auf dieser Ebene wetteifern verschiedene Ansätze miteinander.

2. *Minimalistische Begründungen:* Innerhalb des begründungstheoretischen Minimalismus lassen sich grob drei Positionen unterscheiden: Erstens kann man von einem ›anthropologischen‹ Minimum ausgehen, das für ein menschenwürdiges Leben notwendig ist und dessen rechtlicher Schutz allgemein zustimmungsfähig sein soll, wenn man die Würde eines jeden Menschen anerkennt. Zweitens kann man sich damit begnügen, begründungstheoretisch agnostisch zu bleiben und lediglich auf einen »überlappenden Konsens« (John Rawls) zu hoffen, der kulturübergreifend entweder bereits vorliegt oder sich durch interkulturelle Diskurse erst noch einstellen soll. Drittens schließlich kann man diese Hoffnung auf einen Konsens zwar teilen, aber doch eingestehen, dass Menschenrechtskonzeptionen überhaupt gar keiner Begründung fähig sind, sondern stattdessen einer ›Entscheidung‹ oder der ›Eingewöhnung‹ in eine faktisch vorhandene Praxis bedürfen. Gehen wir diese drei Ansätze der Reihe nach durch.

Von einem *anthropologischen* Minimum an fundamentalen Interessen gehen heute viele Begründungsansätze aus (s. Kap. II.2.3). Sie unterscheiden sich aber darin, welchen Aspekt der *conditio humana* sie als so fundamental ansehen, dass er innerhalb eines interkulturellen Dialogs als Grundlage von Menschenrechten zu fungieren vermag. Wenn alle Subjekte diese Interessen haben, ist es nur vernünftig, sich wechselseitig Rechte zuzusprechen, die diese Interessen schützen. Minimalistisch ist die anthropologische Prämissenmenge, wenn von ›transzendentalen‹ Menschenrechten in dem Sinne gesprochen wird, dass sie die Bedingung der Möglichkeit davon darstellen, friedlich und gewaltfrei zu leben (Kersting 2000, 218), handlungsfähig zu sein (Höffe 1998, 32 ff.), überhaupt sozial zu kooperieren (Rawls 2002, 80), etwaige andere Rechte in Anspruch zu nehmen (Shue 1980, 19) oder aber als autonome Person zu leben (Griffin 2008, 149 ff.). Diese lediglich exemplarische Reihung zeigt, dass die Wahl eines derartigen Referenzpunktes bis zu einem gewissen Grade bereits präjudiziert, wie minimal der *Inhalt* beschaffen sein wird. So fällt Kerstings Liste transzendentaler Menschenrechte mit dem »Recht auf Leben, auf körperliche Unversehrtheit und auf basale Sicherheit, d. h. auf gewaltfreie Lebensumstände und eine verlässliche, berechenbare Ordnung« (Kersting 2000, 187) sehr minimal aus. Hingegen mag manch einer Griffin gar nicht mehr zu den inhaltlichen Minimalisten zählen, weil sein Verweis auf den Wert autonomer Personalität interkulturell sehr viel umstrittener sein dürfte als Kerstings Bezug auf das bloße Überleben. In gewisser Weise gilt dies aber bereits für die Ausgangsidee all dieser Theorien: Sie setzen in durchaus kontroverser Weise ein egalitäres Moralverständnis voraus und unterscheiden sich ›nur‹ darin, wie sie diese Gleichheit verstehen, d. h. welche Gründe ihrer Meinung nach für alle Individuen gleichermaßen akzeptabel sind.

Diesen begründungstheoretischen Individualismus will die zweite Gruppe von Theorien vermeiden. Sie ist sogar insofern noch radikaler, als sie die Frage nach dem ›richtigen‹ Ausgangspunkt einer menschenrechtlichen Position insgesamt umgehen will. Vielmehr nimmt sie Rawls' Idee eines überlappenden Konsenses auf. Während Rawls noch davon ausging, die Begründung seiner politischen Konzeption sei freistehend, also unabhängig von spezifischen umfassenden Lehren, und müsse nur aus Gründen der Stabilität auf einen faktischen Konsens hoffen können, verzichten viele neuere Ansätze gleich ganz auf jegliche philosophische Begründung. Vielmehr soll es genügen, wenn sich alle Beteiligten – aus welchen Gründen auch immer – auf bestimmte normative Inhalte einigen können. Allerdings ist immer wieder eingewandt worden, dass es bereits innerhalb, erst recht aber zwischen Gesellschaften verschiedene Interpretationen ein und desselben Menschenrechts gibt und die Begründungsdifferenzen bei der konkreten Anwendung der abstrakten Rechte unweigerlich zu inhaltlichen Differenzen führen werden. Aus genau diesem Grunde endet dieser Pfad oft in einem inhaltlichen Minimalismus. Denn je fundamentaler und vor allem anspruchsloser die Rechte beschaffen sind, umso eher kann man darauf hoffen, dass inhaltliche Differenzen gar nicht erst auftreten.

Eine dritte Position radikalisiert die Ausblendung von Fragen der Begründung noch einmal. So verwirft Richard Rorty diese aus einer pragmatistischen Perspektive als insgesamt irrelevant (s. Kap. I.3.7). Zum einen meint Rorty, dass man für Menschenrechtskonzeptionen zwar argumentieren könne, aber nicht in einer fundierenden Weise, weil alle vorgebrachten Gründe davon abhängig blieben, wen man überhaupt als Menschen ansieht. Da zum anderen die Inklusion bislang ausgeschlossener Gruppen eher von der Erweiterung unseres Mitgefühls im Angesicht konkreter Leidenserfahrungen abhinge als von angeblich rationalen Gründen über das ›wahre‹ Wesen des Menschen, komme es eher auf »traurig[e] und aufwühlend[e]« Geschichten denn auf philosophische Beweisführungen an (Rorty 1996, 151). Die Weiterverbreitung solcher Narrative soll schließlich zu einer Menschenrechtskultur führen, in der Menschen in eine anerkennende Haltung gegenüber anderen einsozialisiert werden (Menke/Pollmann 2007, 63 f.). Alles jedoch, was wir über diese Praxis positiv sagen können, ist, dass wir sie attraktiver finden als alternative Szenarien – aus Gründen, die uns nur einleuchten, weil wir bereits Teilnehmer dieser Praxis sind. Allerdings folgt aus dieser Art der ›praxeologischen‹ Begründungsabstinenz keineswegs ein inhaltlicher Minimalismus. Gerade weil es diesem Ansatz nicht – anders als den ersten beiden Theoriegruppen – um die Frage nach einer universell zustimmungsfähigen Begründung geht, ist die Ausweitung einer sehr kurzen Liste auf alle Menschen nur ein erster Schritt. Als überzeugter Liberaler zielt Rorty durchaus darauf ab, einer universalistischen und egalitären Moralauffassung durch anrührende Geschichten globale Akzeptanz zu verschaffen.

Kritischer Ausblick

Für alle minimalistischen Ansätze stellt sich die Frage, warum die gewählte Liste – und welche inhaltliche Interpretation derselben – die angemessene Grenze für die Unterscheidung von fundamentalen und weniger fundamentalen Rechten darstellen soll (hierzu Raz 2009). Diese Differenzierung kann auf drei verschiedene Weisen verstanden werden: Die erste Position geht davon aus, dass man nur eine minimale Liste von Rechten universell und unbedingt *begründen* kann und deshalb nur diese als Menschenrechte verstanden werden sollten. Jenseits dessen handelt es sich dann um (lediglich ›ethisch-politische‹) Grundrechte, die sich Bürgerinnen und Bürgern vor dem Hintergrund bestimmter kultureller und damit partikularer Annahmen wechselseitig zusprechen.

Demgegenüber gehen die zweite und die dritte Position davon aus, dass es mehr Rechte gibt, die Menschen als Menschen zukommen, als auf solch minimalen Listen verzeichnet sind. Die zweite, politische Konzeption will aber zwischen basalen Menschenrechten und moralischen Rechten unterscheiden, und zwar aufgrund der oben (im Abschnitt 1) aufgeführten vier Argumente. Die dritte Position will hingegen die Einheit der Menschenrechtsidee nicht voreilig aufs Spiel setzen. Sie unterscheidet daher zwischen ›basic (human) rights‹ und weiteren ›human rights‹. Auch sie hält diese normative Unterscheidung für relevant, um auf Menschenrechtsverletzungen kontextsensibel und angemessen politisch reagieren zu können, z. B. im Fall der humanitären Intervention. Aber sie weist darauf hin, dass ja auch innerhalb jener Menge an Rechtsverletzungen, die der politischen Konzeption zufolge die Immunität staatlicher Souveränität aufheben (und in diesem Sinne Menschenrechtsverletzungen darstellen), weitere Binnendifferenzierungen nach Schweregraden nötig sind. Dies führe ja ebenfalls nicht dazu, den weniger schwerwiegenden Vergehen sogleich den Charakter einer Menschenrechtsverletzung abzusprechen.

Diese Diskussion ist letztlich auf einer pragmatischen Ebene anzusiedeln: Welche Unterscheidung wird den Menschenrechten politisch am meisten nützen? Auf jeden Fall aber verweist diese Kontroverse auf die Notwendigkeit sowie Schwierigkeit, innerhalb der Menge moralischer Rechte interne Differenzierungen von Schweregraden vorzunehmen. Sicherlich mag ein inhaltlich minimalistisches Menschenrechtsverständnis aus pragmatischen Gründen in einer Zeit angebracht sein, in der bereits das nackte Leben der Menschen an vielen Orten der Erde mit Füßen getreten wird. Diesen elementaren Übeln gebührt im Sinne einer »negativen Politik« (Allen 2001) sicherlich unsere besondere Empörung. Sie sollten prioritär behandelt werden. Allerdings dürfen uns solche Erwägungen nicht gegenüber jenen weiteren Ansprüchen blind machen, die Menschen gegeneinander *als Menschen* begründet erheben können – und innerhalb einzelstaatlicher Ordnungen auch regelmäßig erheben. Zudem mag etwa jenes Menschenrecht auf körperliche Unversehrtheit, das selbst von den radikalsten Minimalisten berücksichtigt wird, nur dann effektiv zu gewährleisten sein, wenn weitere Menschenrechte – wie etwa die Gleichheit vor dem Gesetz oder gar demokratische Mitbestimmung – gesichert sind. Auch lässt sich in Bezug auf die begründungstheoretischen Fragen bezweifeln, ob Rortys Rekurs auf geteilte Hoffnungen, Ängste oder Erfahrungen erfolgreich sein kann, ohne sich doch zumindest implizit auf bestimmte, allgemeinmenschliche Bedürfnisse zu beziehen. Damit nähert sich Rortys Minimalismus aber doch wieder einer Position an, die durch den Bezug auf anthropologisch tiefsitzende Interessen einen überlappenden Konsens nicht bloß als Faktum, sondern als einen wechselseitig begründeten zu erreichen hofft. Wie minimal dieser Konsens dann inhaltlich beschaffen sein wird, bleibt abzuwarten.

Literatur

Allen, Jonathan: »The Place of Negative Morality in Political Theory«. In: *Political Theory* 29/3 (2001), 337–363.
Beitz, Charles R.: »Human Rights as a Common Concern«. In: *American Political Science Review* 95/2 (2001), 269–282.
Buchanan, Allen: *Justice, Legitimacy, and Self-Determination. Moral Foundations for International Law.* Oxford 2004.
Cohen, Joshua: »Minimalism About Human Rights: The Most We Can Hope For?« In: *The Journal of Political Philosophy* 12/2 (2004), 190–213.
Donnelly, Jack: *Universal Human Rights in Theory & Practice.* Ithaca 1989.
Forst, Rainer: *Das Recht auf Rechtfertigung. Elemente einer konstruktivistischen Theorie der Gerechtigkeit.* Frankfurt a. M. 2007.
Griffin, James: *On Human Rights.* Oxford 2008.
Höffe, Otfried: »Transzendentaler Tausch. Eine Legitimationsfigur für Menschenrechte?« In: Stefan Gosepath/Georg Lohmann (Hg.): *Philosophie der Menschenrechte.* Frankfurt a. M. 1998, 29–47.
Ignatieff, Michael: *Die Politik der Menschenrechte.* Hamburg 2002 (am. 2001).
Kersting, Wolfgang: »Bewaffnete Intervention als Menschenrechtsschutz?« In: Reinhard Merkel (Hg.): *Der Krieg und das Völkerrecht.* Frankfurt a. M. 2000, 187–231.
Menke, Christoph/Pollmann, Arnd: *Philosophie der Menschenrechte zur Einführung.* Hamburg 2007.

Rawls, John: *Das Recht der Völker.* Berlin 2002 (am. 1999).
Raz, Joseph: »Human Rights without Foundations«. In: Samantha Besson/John Tasioulas (Hg.): *The Philosophy of International Law.* Oxford 2009.
Rorty, Richard: »Menschenrechte, Rationalität und Gefühl«. In: Stephen Shute/Susan Hurley (Hg.): *Die Idee der Menschenrechte.* Frankfurt a.M. 1996, 144–170.
Shue, Henry: *Basic Rights: Subsistence, Affluence, and U.S. Foreign Policy.* Princeton 1980.

Mattias Iser

2.7 Interkulturalismus und ›cross-culture‹

Begründungstheoretische Idee

Die Menschenrechte erheben den Anspruch, universell und ubiquitär zu gelten, und stehen daher seit ihren ersten Deklarationen in Spannung zu den jeweiligen unterschiedlichen Kulturen und Gesellschaften der Welt. Kulturen sind komplexe Praxen gemeinschaftlich geteilter Wertüberzeugungen, die weder in sich monolithisch, nichtwandelbar und konfliktfrei noch jeweils distinkt abgegrenzt nebeneinander bestehen. Aber in der Art und Weise, wie kulturelle Wertüberzeugungen das Selbstverständnis (die qualitative Identität) einer kulturellen Gemeinschaft prägen, sind doch charakteristische Unterschiede festzustellen, so dass wir von einem Pluralismus der Kulturen in der Welt sprechen. Die Menschenrechte selbst sind nicht nur in bestimmten, europäisch geprägten Kulturräumen historisch entstanden, sie setzen auch bestimmte kulturelle Werthaltungen voraus und fördern ihrerseits bestimmte Wertüberzeugungen, die nicht in allen Kulturen der Welt in der gleichen Weise geschätzt und praktiziert werden. So gibt es etwa erhebliche kulturelle Unterschiede bezüglich der Auffassung, was Recht (*law*) und was Rechte (*rights*) sind, bezüglich der Wertschätzungen individueller Selbstbestimmung, der Idee körperlicher Unversehrtheit, der Vorrangverhältnisse zwischen Individuum und Gemeinschaft (z.B. Familie, Clan, Nation) sowie bezüglich der Ideen der Gleichheit von Männer und Frauen, der religiösen Toleranz oder bezüglich der Einschätzung demokratischer Mitbestimmung.

Alle diese Punkte waren auch in der Geschichte des Abendlandes umstritten und haben sich erst nach und nach – mit Widersprüchen und andauernden Streitigkeiten – zu den kulturellen Gestaltungen entwickelt, die wir heute bei den Begründungsversuchen des Menschenrechtsuniversalismus als mehr oder weniger fraglos voraussetzen.

Schon in der Entstehungsphase der *Allgemeinen Erklärung der Menschenrechte* (AEMR) war den Mitgliedern der entsprechenden UN-Kommissionen bewusst, dass eine große Spannung besteht zwischen den universellen Ansprüchen der Menschenrechte und dem Pluralismus unterschiedlicher Kulturen (Morsink 1999; s. Kap. I.4.6). Zwar wurden die Gründungsvertreter der UN durch die Erinnerung an die Barbareien, die im Zuge des Kolonialismus, der totalitären Diktaturen und im Gefolge von zwei Weltkriegen geschehen waren, dazu motiviert, ihren kulturübergreifenden »*Glauben* an die Grundrechte des Menschen, an Würde und Wert der menschlichen Persönlichkeit [...] zu bekräftigen« (UN-Charta 1945, Herv. v. Verf.). Doch war ihnen auch klar, dass der *qualitative* Universalismus (Universalität, Individualität, Egalität, Kategorizität; vgl. Lohmann 2008, 51 ff.) der dann 1948 verkündeten Menschenrechte nicht schon durch *eine* philosophische Doktrin begründet werden konnte, sondern die AEMR gewissermaßen einen kulturübergreifenden Kompromiss darstellte, der ein rechtliches Ideal aufgrund einer politischen Entscheidung in der UN-Vollversammlung verkündet (Maritain 1949, 9 ff.). Seitdem steht eine in allen Kulturen akzeptierte, philosophische Begründung der normativen Ansprüche der Menschenrechte aus (vgl. den Einwand der American Anthropological Association von 1947), weshalb unterschiedliche Ansätze versuchen, diese Begründungsansprüche der Menschenrechte auf trans- oder interkulturelle Weise oder durch einen ›cross-culture‹-Vergleich zu diskutieren und einzulösen.

Probleme und Positionen

Wenn man einmal für eine erste Überlegung die Positionen ausklammert, die generell einen Begründungsanspruch der Menschenrechte für nicht nötig oder für überflüssig halten und die Geltung der Menschenrechte allein auf politische Entscheidungen zurückführen wollen, so lassen sich mehrere methodische Ansätze zur Einlösung der Begründungsansprüche der Menschenrechte angesichts des Pluralismus der Kulturen unterscheiden: Ein erster hebt auf *in* allen Kulturen auffindbare Gemeinsamkeiten ab und begründet von dieser gemeinsamen *neutralen* Basis aus die Menschenrechte. Ein zweiter will ausgehend von den unterschiedlichen Eigenheiten der verschiedenen Kulturen etwas Gemeinsames *zwischen* den Kulturen konstruieren, löst seinen Begründungsanspruch erst durch Dialog, Vergleich oder wechselseitige Vereinbarung ein und verfährt in diesem Sinne *interkulturell*. Ein dritter will die Unterschiedlichkeit der Kulturen hinsichtlich der Begründung belassen und erreicht so plurale Begründungen des universellen Anspruchs der Menschenrechte; dieses eigentlich *kulturrelative* Begründungsverfahren wird manchmal auch, etwas missverständlich, ›cross-culture‹ genannt (Lindholm 2008). Alle drei Ansätze suchen auf unterschiedliche Weise einen ›überlappenden Konsens‹ (*overlapping consensus* im Sinne von John Rawls), auf den sie den qualitativen Universalismus der Menschenrechte begründen wollen. Im Gegensatz zu diesen Ansätzen versuchen viertens kulturrelativistische und *reduktionistische* Positionen, die Menschenrechte jeweils passend auf das (angeblich) jeweils kulturell (und religiös) Eigentümliche einer Kultur oder Religion einzuschränken, um eine eigene, kulturrelative Menschenrechtskonzeption zu begründen.

Die Bezeichnungen dieser methodischen Begründungsmöglichkeiten sind in der Literatur uneinheitlich, und es kommen Mischformen vor. Im Folgenden werden nur allgemeine oder exemplarische Positionen behandelt, die sich aus Platzgründen auf Beispiele in Bezug auf islamische Kulturen beschränken (für die je unterschiedlichen Auseinandersetzungen mit asiatischen, islamischen oder afrikanischen Kulturen s. auch Kap. IV.1).

1. ›Kulturengemeinsame‹, neutrale Begründungsansätze: Viele Kulturen scheinen gewisse Gemeinsamkeiten (im Bereich logischen Denkens, in Bezug auf moralische Grundnormen, z. B. die Goldene Regel, in Bezug auf zweckrationale Argumentationen oder allgemeine Bedingungen der Handlungsfähigkeit) zu teilen. Eine lockere Sammlung solcher gemeinsamen, auf die Menschenrechte bezogenen Ideen veröffentlichte 1968 die damalige Direktorin der Abteilung Philosophie der UNESCO, Jeanne Hersch (Hersch 1990). Einen vergleichbaren Ansatz verfolgt Hans Küngs Projekt *Weltethos* (vgl. Hasselmann 2002). In Frage steht aber, ob diese *deskriptiven* Gemeinsamkeiten für eine Begründung des anspruchsvollen Universalismus der Menschenrechte schon ausreichen. Sucht man nach dem »kleinsten gemeinsamen Nenner« kultureller Gemeinsamkeiten in unterschiedlichen Kulturen (Vincent 1986, 48 f.), so ergibt sich oft ein nur minimalistisches Verständnis der Menschenrechte (s. Kap. II.2.6), dem der kritische Impuls der Menschenrechte auch gegen die eigene Gesellschaft fehlt oder das den Kanon der Menschenrechte selbst zu stark beschränkt (so bei Renteln 1990; Walzer 1994). Andere Ansätze sehen in diesen Gemeinsamkeiten kulturneutrale und anthropologisch allgemeine Voraussetzungen (s. Kap. II.2.3). Bei Otfried Höffe z. B. liegen sie als »transzendentale Interessen« allen konkreteren kulturellen Ausgestaltungen voraus und sollen vertragstheoretisch in der Form eines »transzendentalen Tausches« die universalen Menschenrechte begründen können (Höffe 1994). Auch James Griffin (2001; 2008) geht von allgemeinen, kulturinvarianten Interessen aus, die die Bedingungen für menschliche Handlungsfähigkeit (*human agents in society*) umreißen und durch Menschenrechte geschützt werden sollen. Daraus resultiert ein stark einschränkender Minimalismus der Menschenrechte, zumal bei beiden Autoren die Probleme des Kulturenpluralismus geradezu unterlaufen werden (Tasioulas 2002). Auch aus diesen Gründen setzen die meisten Autor/innen *inter*kulturell an.

2. *Interkulturelle Ansätze:* Interkulturelle Ansätze wollen den Eigenwert und die Eigenart unterschiedlicher Kulturen weitgehend bewahren. Sie suchen daher, ausgehend von jeweils unterschiedlichen kulturellen Prämissen, nach einem *normativ* zu verstehenden *overlapping consensus* zwischen den Kulturen. Dafür wird *gegen* eine westliche, kulturimperialistische Vereinnahmung und Bevormundung ebenso gekämpft wie *für* einen gleichberechtigten Dialog der unterschiedlichen Kulturen (zur *interkulturellen Philosophie* statt vieler anderer: Wimmer 2004; Paul 2008). Erst im offenen Gespräch zwischen den unterschiedlichen (kulturellen oder religiösen) Überzeugungen werden die Übereinstimmungen mit, aber auch Abweichungen von den Menschenrechtsideen deutlich und diskutierbar. Auf diesem Wege lässt sich auch sichtbar abwägen, was nicht mit den Menschenrechten vereinbar wäre, wie eine Aufgabe oder ein Verlust bestimmter Werteinstellungen zu gewichten wäre und wo mögliche Kompromisse liegen könnten. Interkulturelle Ansätze bereiten daher oftmals den Argumentationsrahmen vor, in dem dann über die Begründbarkeit und Geltung der universellen Menschenrechte argumentativ gestritten und entschieden werden kann.

Zumeist sind diese Ansätze auf der Suche nach interkulturell gemeinsamen, *moralischen* Werten, einige beziehen auch *rechtliche* Strukturen mit ein. Aus westlicher Perspektive heißt das oft, dass man sich der Begründung der universellen Gehalte der eigenen Wertprämissen relativ sicher ist und nun ein sensibles, Bevormundungen vermeidendes Gespräch mit anderen Kulturen sucht. Exemplarisch für diese Position ist Heiner Bielefeldt, der – ausgehend von einem bei Kant abgesicherten »politisch-rechtlichen Freiheitsethos« der westlichen Moderne – die Menschenrechte nun »als Kern eines interkulturellen ›overlapping consensus‹« (ebd., 115 ff.) mit anderen Kulturen nachzuweisen versucht. Bielefeldt macht auch klar, dass es bei diesem auf die Menschenrechte *beschränkten* Diskurs nicht um die interkulturelle Gewinnung einer gemeinsamen und umfassenden Heilslehre geht, sondern um die Begründbarkeit einer eigenständigen, säkularen Rechtskonzeption (ebd., 185 ff.). Paradigmatisch zeigt er das in Bezug auf den islamischen Kulturbereich und knüpft dabei insbesondere an kritische Stimmen innerhalb der islamischen Theologie und Philosophie an (Bielefeldt 1998, 131 ff.). Für die praktische Umsetzung eines solchen, die eigenen Traditionen (islamische wie christliche!) hinterfragenden interkulturellen Diskurses steht dann der Nachweis einer darauf aufbauenden, liberalen Toleranz- und Integrationspolitik (Bielefeldt 2003).

Diesem wechselseitigen Ansatz folgen auch Positionen, die zum einen in kritischer Absetzung von Michael Walzers (1994) minimalistischer Menschenrechtsauffassung versuchen, den übergreifenden Konsens inhaltlich durch einen interkulturellen Dialog zu erweitern, zum anderen aber die kritische Funktion der Menschenrechtsidee auch gegen gemeinschaftliche, kulturelle Wertüberzeugungen und Praktiken geltend machen (Kao 2011). Die universellen Menschenrechte sind von daher nicht kulturneutral, sondern parteilich (Beitz 2001). Dabei schützen sie die Verletzbarkeit jedes einzelnen Menschen, weshalb der Bezugspunkt für ihre Begründung die jeweils einzelnen »reasonable persons, not peoples« (ebd., 277) oder religiöse Gemeinschaften sind. Der interkulturelle Menschenrechtsdiskurs wird so zu einer argumentativen Absicherung eines *overlapping consensus*, der die *normativen* Standards vorgibt, an denen sich nun einerseits die kritische Auseinandersetzung mit dem kulturell geprägten Selbstverständnis einer Gemeinschaft und andererseits die Begründung der universellen Menschenrechte orientieren. Insofern diese normativen Ansprüche beachtet und eingehalten werden, kann auch eine umfassende Kritik an dieser Form der Begründbarkeit von universellen Menschenrechten über einen interkulturell gewonnenen *overlapping consensus* nur ansatzweise zutreffend sein (Zurbuchen 2011).

3. *›Cross-culture‹ und transkulturelle Ansätze*: Interkulturelle Ansätze wandeln sich auch mit unterschiedlichem Gewicht zu Unternehmungen, die gleichzeitig die jeweils eigene Kultur kritisch reflektieren. Einen solchen komplexen Ansatz vertritt exemplarisch Abdullahi A. An-Na'im (1992; Hinweise auf weitere »liberale Kritiker der Scharia« bei Bielefeldt 1998, 140 ff.). Sein ›cross-cultural approach‹ entwickelt in kritischer Auseinandersetzung sowohl mit dogmatischen Auslegungen der eigenen islamischen Rechtsauffassung wie im kritischen Diskurs mit der westlichen Rechtskultur ein neues islamisches Rechtsverständnis, das sich seines Erachtens weitgehend mit dem universellen Menschenrechtsregime deckt. Ein solcher ›cross-culture‹-Ansatz unterscheidet sich von dem oben dargestellten interkulturellen Versuchen dadurch, dass er jeweils aus der eigenen Kultur die universellen Menschenrechte begründen will. Er rechnet deshalb über die Anerkennung des Kulturenpluralismus auch mit pluralen Begründungen. Die Möglichkeiten und Schwierigkeiten pluraler Begründungen hat Tore Lindholm ausführlich diskutiert (Lindholm 2008). Lindholm geht dabei von dem normativen Kern der AEMR von 1948 aus: »Inherent freedom and equal dignity of every human being«, die er als »publicly shared moral grounds« zur Begründung der Menschenrechte versteht. Dieser normative Kern soll aus unterschiedlichen kulturellen Ansätzen heraus explizierbar und begründbar sein, weil ein »reasonable disagreement about the grounds of human rights« angesichts des Pluralismus der Kulturen nicht geleugnet werden kann und der Versuch, nur *eine* Begründung der universellen Menschenrechte zuzulassen, eine unzulässige Monopolisierung der jeweils eigenen Kultur wäre.

Unter dem Titel »Transkulturalität der Menschenrechte« diskutiert Sarhan Dhouib (2011) vergleichbare Versuche von ›cross-culture‹-Ansätzen. Anders als die häufig von einer westlichen Perspektive ausgehenden ›interkulturellen‹ Ansätze beginnt er mit genuinen Positionen der ›arabisch-islamischen Philosophie‹ (Abed al-Jabri und Fathi Triki). Diese setzen in einem ersten Schritt auf die Anerkennung plurikultureller Positionen und damit auf »die Koexistenz von zwei oder mehreren Kulturen« (Dhouib 2011, 290). Im zweiten Schritt wird die eigene kulturelle oder religionsbestimmte Position durch *interkulturelle Vermittlung* zwar gegen einen hegemonialen Anspruch der westlichen Kultur verteidigt, zugleich aber auch geöffnet für einen dritten, *transkulturelle* Schritt, indem in »einer transversalen […] Weise zu bestimmen (ist), was universal sein könnte« (Triki, zit. n. Dhouib 2011, 292). Ziel des ›transkulturellen‹ Ansatzes ist es somit, aus der kritischen Vergewisserung der eigenen kulturell verankerten philosophischen Tradition durch interkulturelle Vermittlung den Universalismus der Menschenrechte zu begründen und zu überprüfen. Ein solcher Ansatz durchläuft in gewisser Weise einen ähnlichen Prozess, wie er sich auch bei der kulturkritischen Herausbildung der Menschenrechte in den europäischen Kulturen vollzogen hat, jedoch von vornherein unter Anerkennung anderer kultureller Traditionen. So ergibt sich eine offene interkulturelle Diskussionssituation, in der nun unterschiedliche Positionen um eine angemessene Begründung der qualitativen Universalität der Menschenrechte ringen.

Kritischer Ausblick

Für die Zukunft scheinen sich daher zwei einander entgegengesetzte Bestrebungen aus den Spannungen zwischen den Menschenrechten und dem Pluralismus der Kulturen zu ergeben. Einmal versuchen mächtige politische Parteien den Universalismus der Menschenrechte durch kultur- und religionsspezifische regionale Menschenrechtsregime zu ersetzen oder zumindest einzuschränken. Zum anderen verteidigen unterschiedliche interkulturelle Ansätze den Universalismus der Menschenrechte und versuchen ihn in kritischer Auseinandersetzung mit der jeweils eigenen Kultur und über eine *intra*kulturelle Revision in dieser Kultur zu beheimaten. Beide Bestrebungen stehen in einem Gegensatz zueinander, der aber bedeutungslos wäre, wenn bei den Verbesserungen des Menschenrechtsschutzes, die immerhin von allen Staaten zumindest rhetorisch angestrebt werden, der Anspruch einer komplexen Begründung des menschenrechtlichen Universalismus aufgegeben würde. Ohne diesen Anspruch, den qualitativen Universalismus der Menschenrechte auch begründen zu können, wäre die eine Position genauso kontingent wie die andere und es würde über ihre Durchsetzung und Geltung allein die jeweilige politische Machtkonstellation entscheiden.

Hinsichtlich der globalen, regionalen und nationalen Konkretisierung der universellen Menschenrechte sind zugegebenermaßen Unterschiede zu machen. Einschränkungen in Bezug auf die Umsetzung aller in der AEMR aufgeführten Rechte findet man schon bei den Internationalen Menschenrechtspakten von 1966 (s. Kap. I.4.7), insbesondere aber bei den völkerrechtlich verbindlichen Dokumenten des Menschenrechtsschutzes in Europa und in der Amerikanischen Konvention von 1969 (vgl. die Sammlung in: Bundeszentrale für politische Bildung 1999, 337 ff. u. 564 ff.). Ersetzungen und gravierende Umdeutungen kennzeichnen aber die völkerrechtlich nicht verbindlichen regionalen Erklärungen, z. B. für Afrika: *Banjul-Charta der Menschenrechte* (1981), für den islamischen Raum: *Allgemeine Erklärung der Menschenrechte im Islam* (1981) und *Kairoer Erklärung der Menschenrechte im Islam* (1990) u. a.m. (ebd., 563 ff.; vgl. insgesamt Toivanen/Mahler 2006). Hier wurde versucht, die universellen Menschenrechte auf ein angeblich durch die regionale Kultur oder Religion gegebenes Wertschema einzuschränken oder zu gründen. In der *Kairoer Erklärung* heißt es z. B. in Art. 25: »Die islamische Scharia ist der einzige Bezugspunkt für die Erklärung oder Erläuterung eines jeden Artikels in dieser Erklärung« (Bundeszentrale für politische Bildung 1999, 645).

Gegen diese ›reduktionistischen‹ Verzerrungen und Vereinnahmungen der Idee der Menschenrechte erhebt sich Kritik aus den eigenen Reihen, die den oftmals autoritären Anspruch dogmatischer Religionsauslegung oder kultureller Wertinterpretationen zurückweisen und sich dabei, wie oben gesehen, auf interkulturelle oder ›crossculture‹-Ansätze stützen. Diese stehen für alternative Bestrebungen, so etwas wie eine »mögliche interkulturelle/interreligiöse Beheimatung der Menschenrechte« (Bielefeldt 2008, 103) zu versuchen und daher die Prozesse *inter*kultureller Auseinandersetzung auf *intra*kulturelle Kritiken und Revisionen zu fokussieren. Dabei zeigt sich, dass die Menschenrechte zwar nicht mit allen kulturellen Wertüberzeugungen und Praktiken vereinbar sind, dass sie aber durchaus, auf ihrer Basis, eine Vielfalt der Kulturen nicht bloß erlauben, sondern auch fördern. Das wird noch unterstützt durch den Umstand, dass die Menschenrechte ja ein Rechtsregime sind und keine unmittelbar verpflichtende ›dichte Moral‹. Auf diese Weise sind divergierende innere Einstellungen und kulturelle Wertüberzeugungen durchaus mit der menschen*rechtlich* geforderten Konformität äußeren Verhaltens und der Beachtung von Rechtspflichten vonseiten des jeweiligen Staates vereinbar, wodurch eine größere Variabilität kultureller Praxen und Vergemeinschaftungen ermöglicht wird (Bielefeldt 1998, 165 ff.; Lohmann 2011).

Literatur

American Anthropological Association: »Statement on Human Rights«. In: *American Anthropologist* 49. Jg., 4 (1947), 539–543.

An-Na'im, Abdullahi A. (Hg.): *Human Rights in Cross-Cultural Perspectives. A Quest for Consensus*. Philadelphia 1992.

Beitz, Charles R.: »Human Rights as a Common Concern«. In: *American Political Science Review* 95. Jg., 2 (2001), 269–282.

Bielefeldt, Heiner: *Philosophie der Menschenrechte.* Darmstadt 1998.

–: *Muslime im säkularen Rechtsstaat.* Bielefeld 2003.

Bundeszentrale für politische Bildung (Hg.): *Menschenrechte. Dokumente und Deklarationen.* Bonn 1999.

Dhouib, Sarhan: »Zur Transkulturalität der Menschenrechte«. In: Ders./Andreas Jürgens (Hg.): *Wege in der Philosophie. Geschichte – Wissen – Recht – Transkulturalität.* Weilerswist 2011, 278–296.

Griffin, James: »First Steps in an Account of Human Rights«. In: *European Journal of Philosophy* 9. Jg., 3 (2001), 306–327.

–: *On Human Rights.* Oxford 2008.

Hasselmann, Christel: *Die Weltreligionen entdecken ihr gemeinsames Ethos.* Mainz 2002.

Hersch, Jeanne: *Das Recht ein Mensch zu sein. Leseproben aus aller Welt zum Thema Freiheit und Menschenrechte.* Basel 1990.

Höffe, Otfried: »Die Menschenrechte im interkulturellen Diskurs«. In: Walter Odersky (Hg.): *Die Menschenrechte. Herkunft – Geltung – Gefährdung.* Düsseldorf 1994, 119–137.

Kao, Grace Y.: *Grounding Human Rights in a Pluralist World.* Washington DC 2011.

Lindholm, Tore: »The Cross-Cultural Legitimacy of Universal Human Rights: Plural Justification Across Normative Divides«. In: Francesco Francioni/Martin Scheinin (Hg.): *Cultural Human Rights.* Leiden 2008, 17–39.

Lohmann, Georg: »Zur Verständigung über die Universalität der Menschenrechte. Eine Einführung«. In: Günter Nooke/Georg Lohmann/Gerhard Wahlers (Hg.): *Gelten die Menschenrechte universal?* Freiburg/Basel/Wien 2008, 47–62.

–: »Unterschiedliche Kulturen – warum universelle Menschenrechte?« In: Adrian Holderegger/Siegfried Weichlein/Simone Zurbuchen (Hg.): *Humanismus. Sein kritisches Potential für Gegenwart und Zukunft.* Fribourg/Basel 2011, 217–232.

Maritain, Jacques (Hg.): *Human Rights: Comments and Interpretations.* London 1949 (auch unter http://www.unesco.org/new/en/unesco/resources/publications/unesdoc-database/).

Morsink, Johannes: *The Universal Declaration of Human Rights. Origins, Drafting, and Intent.* Philadephia 1999.

Paul, Gregor: *Einführung in die Interkulturelle Philosophie.* Darmstadt 2008.

Renteln, Alison Dundes: *International Human Rights. Universalism versus Relativism.* Newbury Park u. a. 1990.

Tasioulas, John: »Human Rights, Universality and the Values of Personhood: Retracing Griffin's Steps«. In: *European Journal of Philosophy* 10. Jg., 1 (2002), 79–100.

Toivanen, Reetta/Mahler, Claudia: *Menschenrechte im Vergleich der Kulturen.* Nordhausen 2006.

Vincent, Raymond John: *Human Rights and International Relations.* Cambridge 1986.

Walzer, Michael: *Thick and Thin. Moral Arguments at Home and Abroad.* Notre Dame 1994.

Wimmer, Franz Martin: *Interkulturelle Philosophie.* Wien 2004.

Zurbuchen, Simone: »Lässt sich die universale Geltung der Menschenrechte im Rekurs auf die Idee eines übergreifenden Konsenses verteidigen?« In: Adrian Holderegger/Siegfried Weichlein/Simone Zurbuchen (Hg.): *Humanismus. Sein kritisches Potential für Gegenwart und Zukunft.* Fribourg/Basel 2011, 251–272.

Georg Lohmann

3. Gängige Systematisierungen

3.1 Status negativus, status activus, status positivus

Grundidee

In den ersten schriftlichen Deklarationen und Verfassungen werden die Menschenrechte nicht systematisiert, sondern lediglich aufgelistet. Weder in der englischen *Bill of Rights* von 1689 noch in der *Unabhängigkeitserklärung* der Vereinigten Staaten von 1776 (s. Kap. I.4.2) oder der *Französischen Erklärung der Menschen- und Bürgerrechte* von 1789 (s. Kap. I.4.3) sowie der deutschen Paulskirchen-Verfassung von 1849 sind sie gegliedert. Angesichts der überschaubaren Zahl von Rechten und ihres einheitlichen Ziels bestand dafür offenbar auch kein praktischer Bedarf. Daran hat sich zunächst bis weit ins 20. Jahrhundert nichts geändert. Auch die *Allgemeine Erklärung der Menschenrechte* von 1948 (s. Kap. I.4.6), das deutsche *Grundgesetz* von 1949 und die *Europäische Menschenrechtskonvention* von 1950 enthalten keine Systematisierungen der Menschenrechte. Erst die Spaltung der internationalen Menschenrechtsübereinkommen von 1966 in einen *Pakt über bürgerliche und politische Rechte* zum einen und einen *Pakt über wirtschaftliche, soziale und kulturelle Rechte* zum anderen lässt sich als eine erste ausdrückliche Gliederung auf Rechtsebene ansehen, auch wenn diese vor allem der Notwendigkeit des Kompromisses im ›Kalten Krieg‹ geschuldet war.

Etwaige Systematisierungen der Menschenrechte sind also bis in die zweite Hälfte des 20. Jahrhunderts im Wesentlichen Erkenntnisse bzw. Vorschläge der Wissenschaft geblieben. Auch wurden die Menschenrechte anfangs eher als naturrechtliche Verbürgungen und politische Programmsätze aufgefasst. Erst am Ende des 19. Jahrhunderts begann sich ihre Anerkennung als positive, d. h. staatlich gesetzte, juridische, subjektive öffentliche Rechte, die dem Bürger individuelle Rechtsansprüche gegen den Staat eröffnen, durchzusetzen. Ein wichtiger Schritt in dieser Entwicklung war das Buch *System der subjektiven öffentlichen Rechte* des Heidelberger Staatsrechtslehrers Georg Jellinek (1892/1905; vgl. dazu Paulson/Schulte 2000; Pauly 2000; Denninger 1967). In ihm werden subjektive öffentliche Rechte als positive juridische Rechte einzelner Menschen gegen den Staat untersucht und verteidigt. Zur Konkretisierung hat Jellinek dann die erste – allgemein akzeptierte – wissenschaftliche Systematisierung derartiger subjektiver öffentlicher Rechte vorgeschlagen, die schließlich, gleichsam *en passant*, auch für die Menschenrechte als Teilmenge der allgemeinen subjektiven Rechte prägend geworden ist. Jellinek unterscheidet vier grundlegende Verhältnisse der Menschen zum Staat: einen passiven Zustand der Herrschaftsunterworfenheit (»status passivus«), einen negativen Zustand der Abwehr von Eingriffen in die individuelle Sphäre der Freiheit (»status negativus«), einen positiven Zustand des Anspruchs auf Leistung und Anerkennung (»status positivus«) und einen aktiven Zustand der Fähigkeit, für den Staat tätig zu werden, d. h. der Fähigkeit zur organschaftlichen Vertretung des Staates (»status activus«) (Jellinek 1892/1905, 86 ff.).

Differenzierungen

Während der erste Zustand der passiven Herrschaftsunterworfenheit (*status passivus*) ausdrücklich nicht zu subjektiven Rechten führt, sollen die anderen drei Zustände als *status negativus, positivus* und *activus* laut Jellinek subjektive Rechte erzeugen. Dabei wird der Übergang von den drei Relationen bzw. Zuständen zu den subjektiven Rechten durch Jellinek nicht weiter thematisiert oder hergeleitet, sondern einfach angenommen. Jellinek schreibt etwa: »Die möglichen Relationen, in denen er [der Mensch] zum Staate stehen kann, versetzen ihn in eine Reihe rechtlich relevanter Zustände. Die Ansprüche, die sich aus diesen Zuständen ergeben, sind das, was man als subjektive öffentliche Rechte bezeichnet. Sie bestehen demnach [...] ausschließlich aus Ansprüchen, die sich unmittelbar auf rechtliche Zustände gründen« (Jellinek 1892/1905, 86).

Der negative Zustand der Abwehr gegen Freiheitseingriffe des Staates (*status negativus*) erwächst aus der außerstaatlichen Lebenssphäre des Einzelnen, also aus der Sphäre der rechtlich irrelevanten Handlungen des Menschen (94 ff.). Er führt zu subjektiven Menschenrechten, die dem Schutz der Freiheitssphäre des Einzelnen dienen, etwa dem Recht auf Leben und körperliche Unversehrtheit. Allerdings sollen diese Freiheitsrechte nach Jellinek nur innerhalb der gesetzlichen Schranken anerkannt sein (103). Das hat zur Folge, dass der Gesetzgeber die Menschenrechte mit einfacher Mehrheit begrenzen kann. Sie bleiben ihm gegenüber also praktisch ohne Wirkung. Die entscheidende Formel Jellineks lautet: Das Individuum soll vom Staate zu keiner gesetzwidrigen Leistung herangezogen werden und hat demnach einen auf Anerkennung seiner Freiheit beruhenden Anspruch auf Unterlassung und Aufhebung der diese Norm überschreitenden obrigkeitlichen Befehle (103). Akzeptierte man diese positivistische Auffassung, so wären die Menschenrechte nicht zur Beschränkung des einfachen Gesetzgebers in der Lage.

Der positive Zustand des Anspruchs auf Leistung und Anerkennung (*status positivus*) erwächst aus der Mitgliedschaft des Individuums in der staatlichen Gemeinschaft (114 ff.). Diese Mitgliedschaft erkennt Jellinek nicht nur dem Staatsbürger im engeren, formellen Sinn zu, sondern jedem, dem der Staat kraft seiner Gebietshoheit verpflichtet ist (116 ff.). Das Individuum hat einen grundsätzlichen Anspruch auf Versorgung und Förderung aller mithilfe staatlichen Handelns erfüllbaren Interessen, soweit das Gemeininteresse dies gestattet. Der positive Zustand setzt demnach voraus, dass Gemein- und Individualinteresse zusammenfallen und diese Koinzidenz vom Staat anerkannt wird. Dann gewährt der Staat dem einzelnen Bürger einen Anspruch auf seine Tätigkeit und stellt ihm entsprechend Rechtsmittel zur Verfügung. Dieser Anspruch konkretisiert sich für Jellinek zunächst dreifach: im Anspruch auf Rechtsschutz (124 ff.), im Anspruch auf die Befriedigung rechtlicher Interessen durch staatliche Verwaltungstätigkeit (128 ff.) und im Anspruch auf die Berücksichtigung aller faktischen Interessen durch staatliches Handeln, welcher in den prozeduralen Anspruch der Bürger auf die Entgegennahme und Erledigung individueller Bitten und Beschwerden mündet (130 ff.). Außer diesen formell absolut gleichen und notwendigen Ansprüchen des positiven Status bestehen je nach der konkreten Ausgestaltung durch den jeweiligen Staat auch variable Ansprüche; etwa der Anspruch, nach Bestehen des Abiturs ein Studium aufzunehmen, sofern das Abitur zur Studienvoraussetzung erklärt wird. Obwohl naheliegend, finden sich bei Jellinek jedoch an dieser Stelle keine Aussagen zu sozialen Menschenrechten, wie etwa dem Recht auf Existenzsicherung, Arbeitslosenunterstützung oder einen Arbeitsplatz. Eine solche Erweiterung lag damals offenbar noch nicht im Horizont eines liberalen Staatsrechtslehrers. Sie wurde erst später formuliert (vgl. Häberle 1972).

Der aktive Zustand des Bürgers (*status activus*) erwächst aus der Notwendigkeit der staatlichen Willensformulierung durch die Individuen (Jellink 1892/1905, 136 ff.). Der Bürger wird in verschiedener Weise als staatliches Organ oder Teil eines staatlichen Organs tätig, sofern der Staat ihm eine entsprechende Fähigkeit zuerkennt, also etwa als Regierender, Beamter, Abgeordneter oder Wähler (136 ff.). Der Bürger soll etwa nach Jellinek im Augenblick der Wahl staatlicher Funktionär sein, um sofort nach Ausübung dieser Funktion in den Stand des Privaten zurückzukehren. Aus dem aktiven Zustand ergeben sich Rechte in Ausübung der jeweiligen Organstellung gegenüber dem Staat, etwa ein Recht des Wählers, in die Wahlliste eingetragen zu werden, ein Recht des Abgeordneten auf Immunität oder ein Recht des Beamten auf Alimentation.

Probleme

Jellineks Systematisierung subjektiver öffentlicher Rechtsverhältnisse ist vom juristischen Positivismus, vom Etatismus des späten Kaiserreichs sowie vom Liberalismus geprägt. Der *juristische Positivismus* sowie der *Etatismus* manifestieren sich bei Jellinek in der grundsätzlichen Beschränkung auf positive, d. h. staatlich gesetzte, und öffentlich-rechtliche subjektive Rechte sowie der Betonung der Notwendigkeit einer gesetzlichen Statuierung dieser Rechte. Um Jellineks Systematisierung auf die Menschenrechte generell anwenden zu können, muss man sie in dreifacher Weise ausweiten bzw. einschränken: Man muss, erstens, die Beschränkung auf das positive Recht fallenlassen, weil die Menschenrechte einen überpositiven, ethischen Kern haben, der gerade jede Form staatlicher Positivierung des Rechts begründet und begrenzt. Man muss, zweitens, die Beschränkung auf faktisch durchsetzbare, mit Pflichten verbundene Rechte aufheben, weil die Menschenrechte auch eine idealische, nicht mit unmittelbaren Pflichten verbundene Dimension aufweisen. Man muss, drittens, die Fokussierung der Jellinekschen Statuslehre auf die Ebene des einfachen öffentlichen Rechts zurücknehmen bzw. verschieben, da die Menschenrechte auf der überpositiven, ethischen Begründungsebene *und* der positiven Verfassungsebene anzusiedeln sind. Diese dreifache Ausweitung bzw. Einschränkung gelingt für den *status negativus* recht gut, für den *status positivus* nur bedingt und für den *status activus* eher schlecht. Sie gelingt für den *status negativus* deshalb gut, weil dieser Status im Wesentlichen von der überpositiven, nichtstaatlichen Freiheitssphäre des einzelnen Menschen abhängt. Sie gelingt für den *status positivus* aber nur bedingt, weil soziale Rechte auf Leistung und Anerkennung auch unabhängig von der rechtlichen Akzeptanz als Mitglied des Staates bestehen. Sie gelingt hingegen für den *status activus* schlecht, weil bei Jellinek die staatliche Befähigung bzw. Übertragung und die Funktion der staatlichen Organbildung im Vordergrund stehen, so dass die ethische und demokratische Dimension der *Begründung* staatlicher Gewalt nicht wirksam werden kann. Nicht die Bürger legitimieren bei Jellinek durch ihre vorstaatlichen politischen Rechte in demokratischer Form den Staat, sondern der Staat befähigt die Bürger, ihn organschaftlich zu vertreten. Damit wird der Staat als unabhängige Entität hypostasiert und seine Konstitution als politische Gemeinschaft durch die Individuen übergangen.

Die Prägung durch den *Liberalismus* in der Tradition von John Locke bis zu Immanuel Kant und Wilhelm von Humboldt führt bei Jellinek zur Annahme einer staatsunabhängigen Sphäre bürgerlicher Freiheit. Wer hingegen einer weniger liberal-individualistischen, stärker kommunitär-kollektivistischen Auffassung vom mehr oder weniger umfassend vergesellschafteten Individuum in der Tradition von Jean-Jacques Rousseau bis zu Georg Wilhelm Friedrich Hegel, John Rawls, Jürgen Habermas und Niklas Luhmann folgt, wird eine solche ›vorpolitische‹ Sphäre individueller Freiheit nicht akzeptieren können und die Mitgliedschaft in der politischen Gemeinschaft und die politischen Aktivrechte für primär halten; mit der Folge, dass die Freiheitsrechte nicht als vorstaatlich anerkannt, sondern als staatlich verteilt bzw. gewährt verstanden werden. Wer schließlich einer materialistisch-sozialistischen Auffassung in der Tradition von Karl Marx anhängt, wird die materiellen Bedürfnisse der Bürger und ihre Befriedigung durch den Staat in den Vordergrund stellen; mit der Konsequenz, dass im staatlichen Kollektiv die liberalen und politischen Rechte gegenüber den sozialen Ansprüchen zu sekundären Mitteln herabsinken.

Jellinek hat mit seiner Statuslehre die drei – nicht bloß in rechtlicher Hinsicht – grundlegenden Relationen des Individuums zur Gemeinschaft formuliert: nicht-teilnehmendes, teilnehmendes und vertretendes Handeln. Diese Relationen spielen bei jeder Gemeinschaftsbildung eine Rolle. Und sie prägen, wie sich in der Übernahme der Jellinekschen Unterscheidung durch die heutige Systematisierung der Menschenrechte zeigt, bis zu einem gewissen Grade *auch* die Menschenrechte als subjektive Ansprüche. Die diese Relationen bestimmende, *ethische* Fundierung der Menschenrechte bleibt aber bei Jellinek noch unbeachtet. Sie legt auf einer grundlegenderen Ebene eher eine Systematisierung nach den fundamentalen menschlichen Belangen im ethischen Grundverhältnis und nach den möglichen Objekten bzw. Zielen dieser Belange nahe: Unterlassungen, Hilfeleistungen sowie Bildung und Förderung der Gemeinschaft.

Literatur

Denninger, Erhard: *Rechtsperson und Solidarität.* Frankfurt a. M./Berlin 1967.

Häberle, Peter: »Grundrechte im Leistungsstaat«. In: *Veröffentlichungen der Vereinigung der Deutschen Staatsrechtslehrer* 30. Jg. (1972), 39–131.

Jellinek, Georg: *System der subjektiven öffentlichen Rechte* [1892]. Tübingen ²1905.
Paulson, Stanley L./Schulte, Martin: *Georg Jellinek: Beiträge zu Leben und Werk*. Tübingen 2000.
Pauly, Walter: »Georg Jellineks ›System der subjektiven öffentlichen Rechte‹«. In: Stanley L. Paulson/Martin Schulte (Hg.): *Georg Jellinek: Beiträge zu Leben und Werk*. Tübingen 2000, 227–244.

Dietmar von der Pfordten

3.2 Individuelle Freiheitsrechte, politische Teilnahmerechte, soziale Teilhaberechte

Grundidee

Der Katalog der Menschenrechte der *Allgemeinen Erklärung der Menschenrechte* (AEMR) kann nach unterschiedlichen Hinsichten unterteilt werden. Hier geht es um eine Unterscheidung nach dem *Inhalt* der einzelnen Menschenrechte, die nach einer geläufigen Dreiteilung in individuelle Freiheitsrechte, politische Teilnahmerechte und soziale Teilhaberechte zu drei inhaltlichen Gruppen grob zusammengefasst werden, die eine gewisse systematische Behandlung und Interpretation der Menschenrechte erlauben. Diese Einteilung schließt an Thomas H. Marshall (1992, 40 ff.) an, der nach dem Zweiten Weltkrieg die historische Entwicklung des Staatsbürgerstatus in diese »Bestandteile« zerlegt hat, um deren Auswirkung auf die »Ungleichheit sozialer Klassen« zu untersuchen. Wie alle Unterteilungen ist auch diese in gewissen Hinsichten zweckmäßig, in anderen aber auch irreführend oder nicht aussagekräftig.

Differenzierungen

Formal sind Menschenrechte ›individuelle‹, ›egalitäre‹, ›universelle‹ und ›kategorische‹ Rechte. *Inhaltlich* aber erscheinen die einzelnen Menschenrechte auf den ersten Blick schwer systematisierbar zu sein (zum Folgenden: Lohmann 2000a). War das klassische Naturrecht noch inhaltlich auf die Tugenden eines umfassenden ›guten Lebens‹ bezogen, so schafft und schützt das formale Recht des neuzeitlichen Naturrechts Freiräume privater Lebensgestaltung. Freiheit der Person, freie Verfügung über das private Eigentum und Schutz des Lebens kennzeichnen daher den Inhalt der naturrechtlich begründeten, vorstaatlichen Menschenrechte (Habermas 1971, 90 f.). Nach liberaler Auffassung sind dann alle Menschenrechte *Freiheitsrechte*, und sofern und weil Menschenrechte ›subjektive Rechte‹ sind, ist jedes Menschenrecht ein Freiheitsrecht. Gleichwohl lässt sich die Vielzahl individueller Freiheiten, die Schutzgegenstand der gegenwärtigen Menschenrechte sind, nur noch schwer unter einen inhaltlichen Begriff bringen: Weder »Freiheit«, noch »Leben«, noch »Eigenräume des Sichentfaltens und Gedeihens« (Tugendhat 1998, 58) scheinen der Vielfalt und historischen Offenheit des Katalogs der AEMR angemessen. Deshalb der Vorschlag, sie in drei inhaltliche Gruppen zu gliedern: individuelle Freiheitsrechte, politische (und rechtliche) Teilnahmerechte und soziale (und wirtschaftliche sowie kulturelle) Teilhaberechte.

1. Individuelle Freiheitsrechte: In diese Gruppe der AEMR gehören die Artikel 1–5, 12–14 und 16–19. Es sind Rechte, die vor möglichen Verletzungen schützen, die sich auf den Körper auswirken und die man daher Rechte auf »körperliche Freiheiten« nennen könnte, sowie Rechte, die auf den Schutz »geistiger Freiheiten« (Sieghart 1988, 123 ff. u. 157 ff.) bezogen sind. Sie richten sich gegen Gefährdungen der physischen und psychischen Integrität und schützen die körperlichen und geistigen Aspekte personaler Selbstbestimmung (s. Kap. III.1 und III.2). Einige dieser Rechte, z. B. das Recht auf Meinungsfreiheit, könnten mit alternativen Begründungen auch den anderen beiden Gruppen zugeordnet werden, so dass diese Klassenbildung keine exklusive ist, aber gewisse Gemeinsamkeiten deutlicher herauszuarbeiten gestattet.

Der Freiheitsbegriff ist nicht, wie nach lange vorherrschender liberaler Auffassung, nur als ›negativer‹ Freiheitsbegriff zu verstehen, so dass den – dann als reine Abwehrrechte gegenüber staatlicher Willkür verstandenen – Rechten nur negative Unterlassungspflichten entsprechen würden. Sie sind vielmehr umfassend auch im Sinne eines ›positiven‹ Freiheitsbegriffes zu verstehen, der die aktive Befähigung und auch die Schaffung von Gelegenheiten, das zu tun, was man tun will, umfasst (Tugendhat 1998, 54 ff.). Dementsprechend korrelieren mit ihnen auch positive Hilfs- und Schutzpflichten (Shue 1980; vgl. Kap. II.3.3).

2. Politische und rechtliche Teilnahmerechte: Wiederum sind, in einem gewissen Sinne, *alle* Menschenrechte politische und juridische Rechte, da sie als rechtlich positivierte Rechte eine Rechtsform aufweisen und durch einen legitimierten Gesetzgeber gesetzt sind. Aber auch hier macht es Sinn, je zwei inhaltliche (Teil-)Klassen zu unterscheiden, die speziell die Teilnahme des Einzelnen am Rechtssystem und an der politischen Meinungs- und Willensbildung ermöglichen und schützen.

Zu den im engeren Sinn *juridischen* Rechten gehören die Artikel 6–11 sowie 29 und 30 der AEMR. Sie fordern für jede Person die Anerkennung eines jeden als Rechtsperson und gerechte juristische Verfahren (s. Kap. III.4). Sie schützen den Einzelnen vor staatlicher Willkür, können aber auch als Rechte verstanden werden, die die Rechtswegegarantien des Rechtssystems absichern; wobei das Rechtssystem dann seinerseits das Medium ist, in dem die Bürger ihre politische Meinungs- und Entscheidungsbildung organisieren, d. h. mit dessen Hilfe sie sich selbst regieren. Zu den im engeren Sinn *politischen* Teilnahmerechten wiederum gehören Rechte, die festlegen, wie der Einzelne an der politischen Meinungs- und Willensbildung teilnehmen kann und soll. In der AEMR sind dies insbesondere Art. 15, 18, 19, 21 sowie Art. 28 (s. Kap. III.3). Aber diese Rechte »auf die Teilnahme am Gebrauch politischer Macht« (Marshall 1992, 40) haben sich erst politisch durchsetzen können, nachdem die individuellen Freiheitsrechte »genügend Substanz gewonnen hatten« (ebd., 46), und sie haben sich erst zu Anfang des 20. Jahrhunderts in einigen Staaten als allgemeine und (für Besitzende und Arme, für Männer und Frauen) *gleiche* Bürgerrechte durchsetzen können, nachdem die früheren Privilegien und Ungleichbehandlungen ihre gesellschaftliche Legitimität eingebüßt hatten.

3. Soziale, wirtschaftliche und kulturelle Teilhaberechte: Es war Marshalls entscheidende Einsicht, dass die Entwicklung im Verständnis der Staatsbürgerrechte von gleichen Freiheitsrechten zu gleichen politischen Rechten einen »Drang zu einem volleren Maß an Gleichheit« (Marshall 1992, 53) initiierte, dem durch die »formale Anerkennung einer gleichen Rechtsfähigkeit nicht genügt« werden konnte, der vielmehr zunehmend die Vorstellung eines »gleichen sozialen Wertes« (ebd., 61; vgl. Rawls 1971, 204 f.) dieser Rechte nahelegte. Einen solchen gleichen Wert erhalten die Staatsbürgerrechte (und allgemeiner die Menschenrechte) erst dann, wenn sie auch bestehende soziale Ungleichheiten auszugleichen imstande sind, je mehr also die moralischen Forderungen nach sozialer Gerechtigkeit und ›menschenwürdigem Leben‹ nicht mehr über freiwillige Armenfürsorge oder über privat oder staatlich organisierte Versicherungsverträge geregelt werden, sondern als soziale Rechtsansprüche an den Staatsbürgerstatus oder den Rechtsstatus jedes Menschen gebunden werden.

Zu dieser Klasse von Rechten, die die Teilhabe jedes Einzelnen am sozialen, kulturellen und wirtschaftlichen Leben ermöglichen, sichern und schützen, zählen die Artikel 22–27 der AEMR (s. Kap. III.4; III.5; III.6). Dabei handelt es sich im Einzelnen um sehr unterschiedliche Rechte; die moralische Begründung der korrespondierenden Pflichten hat sich als weit schwieriger herausgestellt als die der Rechte der anderen beiden Klassen. Aber trotz ihrer bislang ebenfalls schwächeren internationalen (im Rahmen des Sozialpakts ICESCR) und nationalen rechtlichen Institutionalisierung (Lohmann 2000b) werden sie zunehmend als gleichgewichtige Rechtsgruppe gesehen und werden weiterhin an Bedeutung gewinnen.

4. Drei Positionen des Zusammenhangs der drei Menschenrechtsgruppen: Historisch und auch systematisch lassen sich analog zu diesen drei Inhaltsgruppen idealtypisch drei unterschiedliche Menschenrechtsauffassungen charakterisieren, die je eine der inhaltlich klassifizierten Menschenrechtsgruppen gegenüber den anderen hervorheben.

Die *klassisch-liberale* Auffassung der Menschenrechte, durch die Naturrechtsauffassung John Lockes und die Vernunftrechtsauffassung Immanuel Kants bestimmt, versteht die Menschenrechte vornehmlich als gleiche, negative Freiheitsrechte aller, die als vorstaatliche Rechte moralisch begründet sind. Sie ermöglichen und sichern allererst die politischen Teilnahme- und sozialen Teilhaberechte, für deren Beachtung allein negative Pflichten aufseiten des Staates und aller Einzelnen hinreichen sollen. Innerhalb dieser lange Zeit dominierenden Menschenrechtsposition streiten heute *liberalistische* Auffassungen, die nur negative Freiheiten durch Menschenrechte geschützt sehen wollen, mit *liberalen* Positionen, die zunehmend auch positive Freiheiten als Schutzgegenstand und entsprechende positive Pflichten anerkennen (Kymlicka 1997, 54–133). Beiden Seiten gemeinsam aber ist der Ansatz, Menschenrechte zuvorderst als vorstaatliche, moralisch zu begründende Freiheitsrechte zu konzipieren, um dann Recht und Politik nur als Medium und Mittel ihrer Verwirklichung zu verstehen.

Eine *republikanische* Auffassung der Menschenrechte, beeinflusst durch Jean-Jacques Rousseau, sieht deren Zentrum in den politischen Teilnahmerechten, die in einer Konzeption des gemeinsamen Guten begründet sind, so dass erst die positive Verpflichtung aller an der Mitwirkung der allgemeinen Willensbildung auch die gleichen, negativen Freiheitsrechte und sozialen Teilhaberechte für alle sicherstellt. In dieser Tradition stehen heute all jene Positionen, die, wie z. B. Jürgen Habermas oder Charles R. Beitz, die Menschenrechte zuvorderst als politisches Projekt verstehen. Auch hier streiten intern unterschiedliche Auffassungen um die richtige Gewichtung zwischen Politik (Demokratie) und Menschenrechten (s. Kap. IV.2.2). Die Betonung politischer Entscheidungen bei der Institutionalisierung der Menschenrechte lässt aber insbesondere Fragen nach der Begründung ihrer unbedingten und universellen Geltung aufkommen.

Schließlich betont in der Tradition von Karl Marx eine *sozialistische* Auffassung der Menschenrechte, dass die gleichen sozialen Teilhaberechte aller den entscheidenden Gehalt der Menschenrechte darstellen und die negativen Freiheitsrechte sowie politischen Mitwirkungsrechte erst bei ihrer Beachtung eine bedingte Berücksichtigung verdienen sollten. Diese Auffassung war lange Zeit vorherrschend in den staatssozialistischen Ländern und wird heute noch, beispielsweise in China, zur Rechtfertigung eines nur bedingten und selektiven Menschenrechtsregimes angeführt, das die Menschenrechte nur dann gewähren will, wenn Pflichten gegenüber dem Gemeinwohl erfüllt sind. In Wahrheit dient dies aber zur Legitimation einer paternalistischen und letztlich diktatorischen politischen Herrschaft. Gleichwohl lässt sich, abweichend von dieser einseitigen Auffassung, eine sozial- und gerechtigkeitsorientierte

Menschenrechtsauffassung vertreten, die den sozialen Teilhaberechten ein größeres Gewicht im internationalen Menschenrechtsregime zusprechen will.

Probleme

Es ist relativ unstrittig, dass die zuletzt unterschiedenen idealtypischen Positionen – Liberalismus, Republikanismus, Sozialismus – jeweils einseitig bzw. unausgewogen sind und je auf ihre Weise, wie angedeutet, zu kritisieren sind. Die politischen Kräfte, die hinter ihnen standen und stehen, sind aber weiterhin an ihrer je *einseitigen* Gesamtkonzeption der Menschenrechte interessiert, und sie konkurrieren heute mit weiteren, sich auf religiöse oder kulturelle Anschauungen stützenden *regionalen* Menschenrechtskonzeptionen (s. Kap. 4.1). Die politischen Folgen einer ungleichen und selektiven Beachtung der Menschenrechte sind aber offensichtlich. Auch deshalb ist bereits auf der Internationalen Menschenrechtskonferenz in Wien (1993) die Zusammengehörigkeit, die Unteilbarkeit und Gleichgewichtigkeit aller Menschenrechte noch einmal behauptet und bekräftigt worden, auch wenn dafür eine philosophisch befriedigende Begründung wohl noch aussteht (vgl. Lohmann u. a. 2005).

Wie der inhaltliche systematische Zusammenhang gesehen wird, scheint wesentlich eine Frage des philosophischen Begründungsansatzes zu sein (s. Kap. II.2). Die zunehmende Beachtung der historisch ja kontingenten Rechtsentwicklung (Hoffmann 2010) lässt aber nur ein schrittweise vereinheitlichendes, nicht mehr monolithisches Menschenrechtsverständnis zu. Ein wichtiger Schritt in diese Richtung ist die sich zunehmend durchsetzende Auffassung, dass mit *allen* Menschenrechten negative *und* positive Pflichten korrespondieren, d. h. Pflichten des Respekts, des Schutzes und der Gewährleistung oder Hilfe (vgl. Shue 1980). Zudem wird man unterscheiden müssen zwischen der Begründung der formalen und allgemeinen Kennzeichen von Menschenrechten überhaupt (ihres individuellen, egalitären, universellen und kategorischen Anspruchs) und den jeweils besonderen Begründungen der einzelnen Schutzinhalte einzelner Menschenrechte. Unter diesen Voraussetzungen lässt sich nun die inhaltliche Zusammengehörigkeit der unterschiedlichen Menschenrechte, orientiert an den hier erläuterten inhaltlichen Gruppen, besser verständlich machen. Alle drei Gruppen erscheinen aufeinander bezogen, und für eine ungeschmälerte Geltung und Beachtung setzen sie sich wechselseitig voraus: Der Schutz von Freiheitsrechten bleibt leer und abstrakt, wenn diese nicht durch die Gewährung von sozialen, wirtschaftlichen und kulturellen Teil*habe*rechten ermöglicht werden, und er wird paternalistisch, wenn Freiheitsrechte nicht durch die Wahrnehmung von Teil*nahme*rechten bestimmt und gesichert werden können. Umgekehrt verlangen Teilnahme- und Teilhaberechte die Sicherung vielfältiger Freiheiten, wenn sie angemessen – d. h. nicht willkürlich, eingeschränkt oder selektiv – zugeteilt und institutionalisiert werden sollen.

Seit einiger Zeit wird zudem versucht, die inhaltliche Zusammengehörigkeit der drei Menschenrechtsgruppen als Explikation der normativen Gehalte des seit 1945 neu deklarierten Menschen*würde*begriffs zu verstehen. Der in der Präambel der UN-Charta und in der AEMR zum ersten Mal formulierte und dann zunehmend die Formulierungen der weiteren internationalen Menschenrechtspakte leitende Menschenwürdebegriff lässt sich als »Basis« oder als »moralische Quelle« (Habermas 2010) der juridischen Menschenrechte verstehen und begründet so den inhaltlichen Zusammenhang des historisch ja offenen Menschenrechtskatalogs. Trotz der Unabgeschlossenheit dieser Diskussion lassen sich folgende Vermutungen skizzieren: Die Anerkennung der Menschenwürde steht zum einen für eine gleiche Achtung der Freiheiten jedes Menschen, und gravierende Verletzungen der Freiheitsrechte sind daher eindeutig eine Verletzung der Menschenwürde. Zum anderen aber sind auch Missachtungen des grundlegenden Rechtsstatus jedes Menschen sowie die Vorenthaltung rechtlicher Gleichbehandlung, d. h. Verletzungen der juridischen Teilnahmerechte, Verletzungen der mit der Menschenwürde gegebenen und begründbaren Achtung. Ferner laufen auch schwerwiegende Einschränkungen und Verwehrungen politischer Teilnahmerechte dem Antipaternalismus der

Menschenwürde zuwider und verletzen zugleich den mit der Menschenwürde begründbaren politischen Grundanspruch, nicht nur Adressat und Nutznießer, sondern auch *Autor* jener Gesetze und Rechte zu sein, denen man als einzelne Rechtsperson unterliegt oder als deren Träger man anerkannt ist. Schließlich können aber auch die sozialen Teilhaberechte durch die jeweils unterschiedlichen Anforderungen, die mit einem inhaltlich gehaltvollen Konzept ›menschenwürdigen Lebens‹ verbunden werden, begründet werden, und auch hier sind schwerwiegende Verletzungen als Verletzungen der Menschenwürde zu verstehen. Die Bezugnahme auf die Menschenwürde macht dabei zugleich deutlich, dass es sich bei Menschenrechtsverletzungen um besonders gravierende Verletzungen handeln muss, auch wenn damit noch offen ist, ob tatsächlich *jede* Menschenrechtsverletzung auch schon eine Menschenwürdeverletzung sein muss.

Literatur

Habermas, Jürgen: »Naturrecht und Revolution«. In: Ders.: *Theorie und Praxis*. Frankfurt a. M. ⁴1971, 89–127.

–: »Das Konzept der Menschenwürde und die realistische Utopie der Menschenrechte«. In: *Deutsche Zeitschrift für Philosophie* 58. Jg., 3 (2010), 343–357.

Hoffmann, Stefan-Ludwig: »Einführung. Zur Genealogie der Menschenrechte«. In: Ders. (Hg.): *Zur Moralpolitik. Geschichte der Menschenrechte im 20. Jahrhundert*. Göttingen 2010, 7–37.

Kymlicka, Will: *Politische Philosophie heute. Eine Einführung*. Frankfurt a. M./New York 1997.

Lohmann, Georg: »Die unterschiedlichen Menschenrechte«. In: K. Peter Fritzsche/Georg Lohmann (Hg.): *Menschenrechte zwischen Anspruch und Wirklichkeit*. Würzburg 2000a, 9–23.

–: »Soziale Menschenrechte und die Grenzen des Sozialstaats«. In: Wolfgang Kersting (Hg.): *Politische Philosophie des Sozialstaats*. Weilerswist 2000b, 351–371.

– u. a.: *Die Menschenrechte: unteilbar und gleichgewichtig?* (Studien zu Grund- und Menschenrechten 11). Hg. vom Menschenrechtszentrum der Universität Potsdam. Potsdam 2005.

Marshall, Thomas H.: *Bürgerrechte und soziale Klassen*. Frankfurt a. M. 1992.

Rawls, John: *A Theory of Justice*. Oxford 1971.

Shue, Henry: *Basic Rights. Subsistence, Affluence, and U. S. Foreign Policy*. Princeton, NJ 1980.

Sieghart, Paul: *Die geltenden Menschenrechte*. Kehl am Rhein 1988.

Tugendhat, Ernst: »Die Kontroverse um die Menschenrechte«. In: Stefan Gosepath/Georg Lohmann (Hg.): *Philosophie der Menschenrechte*. Frankfurt a. M. 1998, 48–61.

Georg Lohmann

3.3 Unterlassungs-, Schutz- und Hilfspflichten

Grundidee

Die Diskussion um Menschenrechte war lange Zeit auf die Frage, welche Rechte zu den Menschenrechten zu zählen sind, fokussiert. Man ging zunächst nur von negativen Freiheitsrechten, dann auch von politischen Teilhaberechten aus, später wurden positive Sozialrechte und schließlich wirtschaftliche und kulturelle Rechte hinzugenommen (s. Kap. II.3.1, II.3.2). Die *Allgemeine Erklärung der Menschenrechte* (AEMR) (s. Kap. I.4.6) enthält sowohl die klassischen bürgerlichen und politischen Rechte als auch, in den Art. 22 bis 27, wirtschaftliche, soziale und kulturelle Rechte: ein Recht auf soziale Sicherheit (Art. 22), ein Recht auf Arbeit (Art. 23), ein Recht auf Erholung und Freizeit (Art. 24), ein Recht auf Kleidung, Nahrung, Wohnung und Kinderschutz (Art. 25), das Recht auf Bildung (Art. 26) und das Recht auf Kultur (Art. 27). Diese Rechte und die mit ihnen verbundene Frage nach deren ›Gleichrangigkeit‹ sind allerdings nach wie vor sowohl philosophisch als auch juridisch umstritten, da nicht zuletzt unklar ist, wer hier wem gegenüber welche entsprechenden Pflichten zu erfüllen hat: Sind es Staaten gegenüber ihren Bürgern? Sind es Staaten gegenüber ihren Bürgern und gegenüber Fremden? Oder haben diese menschenrechtlichen Pflichten *alle* Individuen gegenüber allen anderen Individuen? Zur Klärung dieser Fragen ist in der philosophischen und zunehmend auch in der juridischen Menschenrechtsdebatte ein systematischer Vorschlag von Henry Shue (1980) maßgeblich geworden, der zwischen »Unterlassungs«-, »Schutz«- und »Hilfspflichten« unterscheidet und zeigen will, dass diese drei Pflichtdimensionen in Fragen grundlegender Rechte notwendig zusammengehören.

Differenzierungen

1. Von der Perspektive der Rechte zur Perspektive der Pflichten: Kantisch inspirierte Theoretiker und Theoretikerinnen wie Onora O'Neill (1996) gehen davon aus, dass die Frage nach dem Status von Rechten primär darauf zurückzuführen sei, welche korrespondierenden Pflichten von wem zu erfüllen sind. Denn ohne Benennung der entsprechenden Pflichtenträger und dessen, was diese zu tun oder zu unterlassen haben, blieben Menschenrechte bloße »Manifestrechte«, wie O'Neill befürchtet. Nun geht man im Allgemeinen davon aus, dass negativen Freiheitsrechten, wie der klassischen Lockeschen Trias der Rechte auf »Leben«, »Freiheit« und »Eigentum«, konkrete Unterlassungspflichten vonseiten aller anderen Individuen und vonseiten aller Institutionen korrespondieren. O'Neill spricht hier auch von einem universellen Schädigungsverbot, das in einer entsprechenden universellen Unterlassungspflicht bestehe (ebd., z. B. 178). Diese Unterlassungspflichten scheinen auf den ersten Blick leicht zu erfüllen, da man nichts »leisten«, sondern einfach nur untätig bleiben muss, um ihnen nachzukommen. Sie werden vielmehr nur durch ein Tun, etwa die Ermordung oder Folterung eines anderen Menschen, verletzt. Demgegenüber scheinen bei positiven Menschenrechten die Kosten für entsprechende Pflichtenträger weitaus höher, denn sie verlangen aktive Leistungen. O'Neill spricht hier von »speziellen« Pflichten. Denn Leistungspflichten haben nicht alle Individuen gegenüber allen anderen, sondern nur jene, die in speziellen Beziehungen zu Leistungsempfängern stehen, wie etwa bei Fürsorgepflichten von Eltern gegenüber ihren Kindern. Von diesen natürlichen Pflichten zu unterscheiden sind institutionalisierungsabhängige Leistungspflichten, deren Zuweisung und Erfüllung nur durch staatliche Allokation und Institutionalisierung gewährleistet werden kann (Mieth 2008). Man kann hier an diejenigen Pflichten denken, aus deren Allokation innerhalb eines Staates eine soziale Absicherung der Bürgerinnen und Bürger entsteht. Die Frage, die Elizabeth Ashford (2006) hier zu Recht stellt, ist allerdings, ob dies bedeutet, dass soziale Rechte gleichsam dann nicht existieren, wenn eine entsprechende Pflichtenallokation noch nicht stattgefunden hat, oder ob umgekehrt davon auszugehen ist, dass im Hinblick auf soziale Rechte eine Institutionalisierungs*pflicht* besteht, solange diese institutionell noch nicht effektiv abgesichert sind.

2. Drei Dimensionen rechtekorrespondierender Pflichten: Henry Shue (1980) hat einen Differenzierungsvorschlag gemacht, der die Debatte um Menschenrechte und korrespondierende Pflichten nachhaltig beeinflusst hat. Er spricht zwar von »Grundrechten« (»basic rights«) und nicht von Menschenrechten auf Sicherheit, Subsistenz und Freiheit, diese Grundrechte erfassen aber menschenrechtlich relevante Güter, so dass seine Konzeption standardmäßig auf den Menschenrechtsdiskurs übertragen wird (z. B. Menke/Pollmann 2007, Kap. 4). Seinem Vorschlag zufolge sind es nicht primär Rechte, die positiv und negativ sind, sondern die entsprechenden Pflichten. Wenn es bei Menschenrechten allerdings darum geht, ein bestimmtes Gut zu schützen, dann reicht es schon bei negativen Pflichten nicht aus, nur von entsprechenden *Unterlassungspflichten* auszugehen. Denn man braucht zum einen eine Instanz, den Staat, der andere Individuen durch die Androhung von Strafe davon abschrecken kann, negative Rechte zu verletzen. Diese *Schutzpflicht* des Staates ist allerdings nicht negativ; sie erschöpft sich nicht darin, dass der Staat selbst es unterlassen soll, die entsprechenden Rechte nicht zu verletzen, sondern sie ist in dem Sinn positiv, dass sie verlangt, Steuern zu erheben, von denen dann etwa Polizisten, Richter, Gefängnisse etc. finanziert werden. Zum anderen entstehen schließlich auch *Hilfspflichten* gegenüber denen, die Opfer von Gewaltverbrechen oder auch Naturkatastrophen geworden sind; nur so kann das Rechtsgut Leben möglichst effektiv geschützt werden. Shues erstes Ergebnis ist folglich, dass negative Rechte nicht nur negative Pflichten implizieren. Vielmehr korrespondieren ihnen grundsätzlich drei Arten von Pflichten: (a) negative Vermeidungspflichten (»duties to avoid«) vonseiten aller anderen Individuen und vonseiten des Staates; (b) positive Schutzpflichten (»duties to protect«) vonseiten des Staates und vonseiten anderer Individuen; (c) positive Hilfspflichten, wenn jemand in Not ist oder verletzt wurde und nun versorgt werden muss (»duties to aid«).

Shues zweites Ergebnis ist, dass auch positiven Rechten, ebenso wie den negativen, drei Arten von Pflichten korrespondieren. Er spricht hier von einem »Subsistenzrecht«, das beinhaltet, sich ohne Abhängigkeit von anderen selbst versorgen zu können. Dieses Recht darf nun, so Shues Idee, weder von anderen Individuen noch von wirtschaftlichen Arrangements bestimmter Institutionen verletzt werden. Shue geht z. B. davon aus, dass Handelsverträge verboten werden sollten, die dazu führen, dass Menschen in bestimmten territorialen Gebieten ihre Lebens- und Erwerbsgrundlage verlieren. Hier hat der Staat eine entsprechende Schutzpflicht, die darin besteht, entweder entsprechende Entwicklungen zu verhindern oder den entsprechenden Individuen kompensatorisch zu helfen. Auch hier korrespondieren in Shues Modell dem positiven Subsistenzrecht zugleich Unterlassungs-, Schutz- und Hilfspflichten. Fraglich bleibt allerdings auch hier, ob die Analogisierung von Sicherheit und Subsistenzrechten hinsichtlich korrespondierender Pflichten überzeugen kann, weil sich diese Pflichten in systematischer und moralisch relevanter Hinsicht unterscheiden (Mieth 2008). Denn positive Rechte erfordern nicht nur primär den Schutz bereits bestehender Subsistenzbedingungen, sondern allzu oft erfordern sie primär die Bereitstellung von Dingen, die für Subsistenz benötigt werden. Subsistenz muss dann nicht geschützt werden, wie Leib und Leben, sondern sie muss allererst ermöglicht und hergestellt werden, was keine Unterlassungen, sondern Handlungen und Gütertransfers impliziert. Während also negative Rechte durchaus primär die Unterlassung von Beschädigungen der Rechtsgüter Leib und Leben fordern, können positive Rechte auch primär die positive Bereitstellung von Gütern erfordern (vgl. ebd.). Ferner scheint Shues Modell darauf hinauszulaufen, dass Einzelnen sehr umfangreiche Hilfspflichten zukommen können, wenn die negativen Pflichten erst einmal verletzt worden sind und/oder Institutionen bei der Rechtsabsicherung versagen. Denn wenn grundlegende Rechte Forderungen beinhalten, zu deren Erfüllung alle anderen in Form von Pflichten genötigt sind (Shue 1996, 19), so könnten sich sehr umfassende rechtekorrespondierende Hilfspflichten ergeben. Die Frage ist insbesondere, wer überhaupt hier als primärer Leistungserbringer aufzufassen ist und was geschehen soll, wenn die Pflichterfüllung auf staatlicher Ebene scheitert: Müssen Individuen qua Hilfspflichten einspringen, wenn die institutionelle Allokation von Pflichten, die soziale Rechte betreffen, fehlschlägt (zur Kritik an Shue vgl. Mieth 2008)?

3. Vom interaktionalen zum institutionellen Menschenrechtsverständnis: Bei Shue wird nicht ganz klar, wer die jeweiligen Träger positiver Pflichten sind. Wenn er behauptet, dass grundlegende Rechte diejenigen Forderungen betreffen, die wir gegenüber allen anderen Menschen erheben können, erinnert dies an die Position, die Thomas Pogge als ein *maximalistisches interaktionales* Menschenrechtsverständnis beschreibt: »a human right to X gives you a moral claim against all others that they each do whatever is in their power to ensure that you have X« (Pogge 2005, 64). Diese Auffassung würde in der Tat zu sehr anspruchsvollen Konsequenzen führen: Sofern die Bürgerinnen und Bürger der reichen Staaten in der Lage sind, durch Geldspenden die Situation der Menschen in armen Ländern zu verbessern, wären sie selbst unmittelbar moralisch *und* menschenrechtlich verpflichtet, dies zu tun. Diese Auffassung hält Pogge für zu anspruchsvoll. Auch er unterscheidet, ähnlich wie O'Neill, zwischen negativen Pflichten, die als Schädigungsverbote interpretiert werden, und positiven Pflichten, die Wohltätigkeits- und Hilfsgebote betreffen. Innerhalb dieser kantischen Positionen werden aber nur Schädigungsverbote für strikt rechtekorrespondierend gehalten. Nur hier handelt es sich um starke Pflichten, während Wohltätigkeitsgebote »schwache« Pflichten betreffen, denen keine unmittelbaren Rechte korrespondieren. Dazu gehören für Pogge auch Shues »Schutzpflichten« und »Hilfspflichten«. Für Pogges Rekonstruktion spielen zudem zwei Prioritätsregeln eine Rolle: Erstens haben negative Pflichten stets Vorrang vor positiven Pflichten. Zweitens haben innerhalb der positiven Pflichten die näherstehenden Personen immer Vorrang vor den weiter entfernten Personen. Innerhalb der negativen Pflichten gibt es eine solche Verbindlichkeitsabstufung allerdings nicht (Pogge 2002, 132).

Pogges Revision besteht nun aber darin, dass er zeigen möchte, dass wir *negative* Pflichten gegenüber den Armen dieser Welt verletzen und unsere Kompensationsverpflichtungen sich daher schon aus der stärksten Stufe der Schädigungsverbote ergeben; während das Problem konventionell zumeist ja eher als Problem (schwacher) *Hilfs*pflichten diskutiert wird. Pogge vertritt hier insbesondere eine revisionäre empirische These: Wir, die Bürgerinnen und Bürger der reichen Staaten, sind Mitverursacher des Armutsproblems und seines Fortbestehens. Dadurch verletzen wir negative Pflichten, und diese Verletzung müssen wir »kompensieren«. Dieses Verständnis menschenrechtlicher Pflichten baut auf Art. 28 der AEMR auf: »Jeder Mensch hat Anspruch auf eine soziale und internationale Ordnung, in welcher die in der vorliegenden Erklärung angeführten Rechte und Freiheiten voll verwirklicht werden können.« Die korrespondierende Pflicht bezeichnet Pogge als negative Pflicht aller Individuen. Sie bestehe darin, eine ungerechte Ordnung weder zu unterstützen noch davon zu profitieren. Die menschenrechtliche Dimension dieser Pflicht erläutert Pogge durch sein *minimalistisches institutionelles* Menschenrechtsverständnis, das er folgendermaßen formuliert: »a human right to X gives you a moral claim against all others that they not harm you by cooperating, without compensating protection and reform efforts, in imposing upon you an institutional order under which you lack secure access to X as part of a foreseeable and avoidable human rights deficit« (Pogge 2005, 67).

Probleme

Weltarmut wird von Pogge als eine Menschenrechtsverletzung verstanden, die auf die Ungerechtigkeit globaler Institutionen zurückgeht. Dabei ist die globale Ordnung »ungerecht«, sofern sie damit verbunden ist, dass Menschenrechte unerfüllt bleiben, dies vorhersehbar ist, dies durch eine alternative Gestaltung der Ordnung vermeidbar wäre und diese Vermeidbarkeit vorhersehbar ist (Pogge 2005, 60). Primäre Schuld an der globalen Armut tragen ungerechte globale Institutionen, damit aber auch wir als Einzelne, denn wir legitimieren und unterstützen die Aufrechterhaltung dieser Institutionen in Form der demokratischen Legitimation unserer Regierungen. Unsere Regierungen wiederum erhalten eine ungerechte Weltwirtschaftsordnung aufrecht, z. B. durch das sogenannte Rohstoffprivileg, das sie jedem Diktator einräumen, der die Bodenschätze seines Landes günstig exportiert, ohne die eigene Bevölkerung am Gewinn zu beteiligen. Durch die Tolerierung solcher Praxen tragen unsere Regierungen dazu bei, dass innerstaatliche Armut in undemokratischen, aber rohstoffreichen Ländern weiterbesteht. Ferner profitieren wir gemäß Pogges These auch durch unseren Lebensstil von dieser ungerechten Ordnung, indem wir die Produkte billiger kaufen können, als es unter gerechten Bedingungen der Fall wäre. Wenn diese Überlegungen korrekt sind, dann folgt daraus, dass unsere Armutsbekämpfungspflichten keine »schwachen« Hilfspflichten sind, sondern strikte Kompensationsverpflichtungen, die daraus erwachsen, dass wir negative Pflichten verletzen. Kompensieren wir diese Verletzung nicht, verletzen wir dadurch – auch als Einzelne – Menschenrechte (zur Kritik an Pogge: Patten 2005; dazu die Replik: Pogge 2005). Allerdings ist fraglich, wie stark diese indirekten, individuellen Verpflichtungen sind. Sie beziehen sich zwar auf den Schutz menschenrechtsrelevanter Güter, sind aber in ihrem Inhalt unterbestimmt, da nicht deutlich wird, ob und in welchem Ausmaß wir uns für politische Reformen einsetzen oder z. B. Hilfsorganisationen wie Oxfam unterstützen sollen (zu den Kriterien für starke Pflichten vgl. Mieth 2011).

Eine zentrale Frage in dieser Debatte ist, ob und in welchem Ausmaß auch Individuen menschenrechtskorrespondierende Pflichten haben oder ob diese per se nur staatlichen Institutionen und deren Repräsentanten zugerechnet werden können. Folgt man einem politischen Verständnis von Menschenrechten, so bedeutet dies, dass Menschenrechtsverletzungen nur dann vorliegen, wenn sie von Institutionen bzw. deren Repräsentanten, wie z. B. Polizisten, begangen werden. Mord, Folter und Vergewaltigung würden nur dann Menschenrechtsverletzungen darstellen, wenn sie von Repräsentanten des Staates, nicht aber, wenn sie von Bürgerinnen und Bürgern aneinander begangen werden. Dieses politische Menschenrechtsverständnis hat einerseits den Vorteil, dass es die Klasse der korrespondierenden Pflichtenträger einschränkt und damit klarer bestimmt, als dies bei einem rein moralischen Menschenrechtsverständnis der Fall ist, das von vornherein *allen* Individuen menschenrechtskorrespondierende Pflichten zuweist. Andererseits sind Menschenrechte offensichtlich nicht nur politische oder juridische, d. h. gegen bestimmte Institutionen einklagbare Rechte, sondern sie haben auch eine fundamentale moralische Dimension, die ihren zentralen Rechtsstatus und die Dringlichkeit der entsprechenden Pflichten erst begründet und sie zum Maßstab der Gerechtigkeit bzw. Legitimität von Institutionen macht. Sie schützen bestimmte, grundlegende Rechtsgüter, und es ist eine Aufgabe von Institutionen zu verhindern, dass Individuen einander diese Rechtsgüter beschädigen (Shue 1980). Institutionen, die diesen Pflichten nicht nachkommen, sind, wie auch Pogge (2002) hervorhebt, ungerecht, und zwar sowohl, wenn sie aktiv diese Rechtsgüter angreifen (z. B. durch Foltern und Ermorden politisch Oppositioneller) als auch dann, wenn sie diese Rechtsgüter auf vermeidbare Weise nicht zureichend schützen (indem sie z. B. gravierende Armut in Teilen der Bevölkerung zulassen). In diesen Fällen stellt sich dann die Frage, ob es nicht auch individuelle – wenngleich unbestimmtere und schwächere – menschenrechtskorrespondierende Pflichten gibt, auf eine Behebung dieser institutionellen Defizite hinzuwirken.

Literatur

Ashford, Elizabeth: »The Inadequacy of Our Traditional Conception of the Duties Imposed by Human Rights«. In: *Canadian Journal of Law and Jurisprudence* 19/2 (2006), 217–235.

Menke, Christoph/Pollmann, Arnd: *Philosophie der Menschenrechte zur Einführung*. Hamburg 2007.

Mieth, Corinna: »World Poverty as a Problem of Justice? A Critical Comparison of Three Approaches«. In: *Ethical Theory and Moral Practice* 11/1 (2008), 15–36.

–: »On Human Rights and the Strength of corresponding Duties«. In: Gerhard Ernst/Jan-Christoph Heilinger (Hg.): *The Philosophy of Human Rights. Justification and Universality*. Berlin/New York 2011.

O'Neill, Onora: *Tugend und Gerechtigkeit. Eine konstruktive Darstellung des praktischen Denkens*. Berlin 1996 (engl.: *Towards Justice and Virtue: A Constructive Account of Moral Reasoning*. Cambridge 1996).

Patten, Alan: »Should We Stop Thinking about Poverty in Terms of Helping the Poor?« In: *Ethics and International Affairs* 19 (Spring 2005), 19–27.

Pogge, Thomas: *World Poverty and Human Rights*. Cambridge 2002.
–: »Severe Poverty as a Violation of Negative Duties (Reply to the Critics)«. In: *Ethics and International Affairs* 19 (Spring 2005), 55–83.
Shue, Henry: *Basic Rights. Subsistence, Affluence and US Foreign Policy* [1980]. Princeton ²1996.

Corinna Mieth

3.4 Drei Generationen von Menschenrechten

Grundidee

Für den Rechtskorpus der völkerrechtlichen Menschenrechte, wie er sich in der Nachfolge der *Allgemeine Erklärung der Menschenrechte* (AEMR) von 1948 etabliert hat, ist eine Untergliederung in die sogenannten drei Generationen von Menschenrechten üblich geworden. Sie wurde von dem tschechischen Rechtswissenschaftler Karel Vasak eingeführt, der typische Inhalte von Menschenrechten mit der zeitlichen Reihenfolge ihrer Entstehung und Verankerung im rechtlichen Diskurs verknüpfte. In der historischen Perspektive stehen liberale Abwehrrechte sowie die klassischen staatsbürgerlichen und politischen Freiheitsrechte an erster Stelle. Wirtschaftliche, soziale und kulturelle Rechte bilden die Rechte der zweiten Generation. Die Rechte der dritten Generation werden von umfassenden Rechten, die breitere Einzeldimensionen bündeln, wie dem Recht auf Entwicklung, dem Recht auf eine lebenswerte Umwelt oder dem Recht auf Frieden, gebildet (s. Kap. III.8). Letztere sollen nicht nur dem Individuum zustehen, sondern ihnen wohnt auch eine kollektive Dimension inne. Beide Aspekte, Struktur und Rechtsträgerschaft, führen zu Schwierigkeiten bei der juristischen Handhabung als Rechte.

Differenzierungen

Im Jahre 1977 wurde eine Kategorisierung von Menschenrechten vorgenommen (Vasak 1977); ausgehend von ihrer chronologischen Entstehung und rechtspolitischen Erörterung wurden hierbei menschenrechtliche Gewährleistungen zu Gruppen zusammengefasst. Die Generationenterminologie fand rasche Aufnahme in die allgemeine Diskussion über Menschenrechte und ist nach wie vor weit verbreitet.

Rechte der ersten Generation werden in umfassenden Katalogen seit der amerikanischen Unabhängigkeitserklärung und der Französischen Revolution proklamiert. Wichtige völkerrechtliche Verträge, die solche Rechte enthalten, sind beispielsweise der *Internationale Pakt über bürgerliche und politische Rechte* (ICCPR, 1966/1976) und die *Europäische Menschenrechtskonvention* (EMRK, 1950/1953). Umfasst sind grundlegende Abwehrrechte (Recht auf Leben, Folter- und Sklavereiverbot) sowie bürgerliche Freiheits- und politische Beteiligungsrechte (*Habeas-Corpus*-Verbürgungen, Meinungs-, Religions-, Versammlungsfreiheit etc.). Es erscheint gerechtfertigt, diese Rechte zusammenzufassen, obwohl zwischen den *Habeas-Corpus*-Verbürgungen der *Magna Charta* und den Erklärungen seit dem Ende des 18. Jahrhunderts kategoriale Unterschiede bestehen. Denn seit diesen Erklärungen werden die liberalen Abwehrrechte und die politischen Rechte gleichermaßen als individuelle Grund- und Menschenrechte verstanden. Diese Rechte sind als echte, unmittelbar das Individuum begünstigende Rechte ausgestaltet. Sie besitzen einen klar konturierten rechtlichen Gehalt und können vor nationalen Gerichten, aber auch vor zuständigen internationalen Kontrollgremien von Einzelpersonen geltend gemacht werden.

Rechte der zweiten Generation sind erst später, im Laufe der Industrialisierung während des 19. Jahrhunderts, zu einem politischen Thema geworden. Eingang in die internationale Verrechtlichungsdebatte fanden zunächst vor allem Arbeitsschutznormen, v. a. in den einschlägigen Übereinkommen der Internationalen Arbeitsorganisation (ILO), z. B. dem Übereinkommen über das Mindestalter für die Zulassung von Kindern zur gewerblichen Arbeit von 1919. Die rechtlich nicht bindende AEMR enthielt dann erstmals einen breiter angelegten Katalog von wirtschaftlichen, sozialen und kulturellen Rechten. Eine rechtsverbindliche Form erhielten diese Rechte im *Internationalen Pakt über wirtschaftliche, soziale und kulturelle Rechte* (ICESCR, 1966/1976). Er garantiert die Rechte auf und in der Arbeit, auf soziale Sicherheit, Ernährung, Wohnen, Wasser, Gesundheit und Bildung. Oftmals werden die Rechte der zweiten Generation eher als politische Zielvorgaben angesehen, die – im Gegensatz zu den bürgerlichen und politischen Rechten – juristisch nicht hinreichend bestimmbar und gerichtlich kaum überprüfbar sein sollen. Nach 1990 wurden der Inhalt und die Verletzungstatbestände wirtschaftlicher, sozialer und kultureller Menschenrechte allerdings deutlich konkretisiert. Diese Menschenrechte werden inzwischen nicht nur weithin politisch eingefordert, sie gelten ihrem Wesen nach auch als einklagbar (materielle Justiziabilität). Die Wissenschaft hat dies in zahlreichen Untersuchungen überzeugend nachgewiesen (Sepulveda 2003). Die Einrichtung oder Stärkung entsprechender rechtlicher Durchsetzungsmechanismen auf nationaler und internationaler Ebene, also die prozessuale Justiziabilität zu erreichen, ist eine nach wie vor aktuelle Aufgabe (Weiß 2002). Viele nationale Gerichte haben aber mittlerweile wegweisende Urteile zu einzelnen sozialen Menschenrechten gesprochen. Am 19. Dezember 2008 wurde ein Fakultativprotokoll zum ICESCR verabschiedet, das nach seinem Inkrafttreten eine Individualbeschwerde möglich machen wird (Wiegandt 2010).

Demgegenüber sind Rechte der dritten Generation einerseits deutlich jüngeren Datums und andererseits inhaltlich weniger klar konturiert. Dies liegt daran, dass es sich bei ihnen um vergleichsweise allgemein gehaltene, abstrakte und überwölbende Rechte handelt (s. Kap. III.8). Eingang in völkerrechtlich verbindliche Menschenrechtsverträge haben diese Rechte bislang nur selten gefunden; so in die *Afrikanische Charta der Menschenrechte und der Rechte der Völker*. Außerdem sind sie in verschiedenen rechtlich nicht bindenden Deklarationen der UN-Generalversammlung enthalten. Gleichermaßen bedeutsam wie umstritten ist etwa das Recht auf Entwicklung, das hier als Beispiel für ein Recht der dritten Generation näher betrachtet werden soll. Gemäß der *Deklaration zum Recht auf Entwicklung* (1986) stellt es ein unveräußerliches Menschenrecht dar, »kraft dessen alle Menschen und Völker Anspruch darauf haben, an einer wirtschaftlichen, sozialen und kulturellen und politischen Entwicklung, in der alle Menschenrechte und Grundfreiheiten voll entwickelt werden können, teilzuhaben«. Ziel des Rechts auf Entwicklung ist ein Entwicklungsprozess, in dem die Gesamtheit aller Menschenrechte in aufeinander aufbauenden Schritten gemeinsam umgesetzt wird. Es wird beispielsweise dann verletzt, wenn der Entwicklungsprozess auf Repression beruht oder auf Kosten einzelner Menschenrechte erfolgt. Nicht nur das Ergebnis, sondern auch der Prozess der Entwicklung muss menschenrechtskonform sein.

Dem Recht auf Entwicklung werden eine kollektive und eine individuelle Dimension zugesprochen, die miteinander verbunden sind und deswegen auch gemeinsam verwirklicht werden sollen, um die vollständige Entwicklung des Individuums zu erreichen. Träger des Rechts in seiner *kollektiven* Dimension sind Staaten und Völker. Es wirkt sich auf deren Verhältnis zueinander aus und wird dabei geprägt von grundlegenden Prinzipien der internationalen Beziehungen, wie sie in der UN-Charta und der Erklärung über freundschaftliche Beziehungen zwischen den Staaten (*Friendly-Relations-Declaration*, 1970) ihren Niederschlag gefunden haben. Eine inhaltliche Konkretisierung erfolgt durch die verschiedenen Einzelaspekte, z. B. durch das Recht der Völker auf Selbstbestimmung; das Recht, in Frieden zu leben; das Recht jedes Staates, sein Entwicklungsmodell und sein wirtschaftliches, soziales und politisches System zu wählen; das Recht jedes Staates auf uneingeschränkte Souveränität über seine Ressourcen und seine Wirtschaft.

Träger des Rechts in seiner *individuellen* Dimension ist die Einzelperson, deren vollständige Entwicklung im Sinne eines umfassenden Erfülltseins angestrebt wird. Die Befriedigung der menschlichen Grundbedürfnisse und die Achtung und der Schutz der Menschenrechte bilden den Grundpfeiler des gesamten Entwicklungsprozesses. Die individuelle Dimension umfasst alle bürgerlichen und politischen sowie wirtschaftlichen, sozialen und kulturellen Rechte, die für die vollständige Entwicklung des Individuums und den Schutz seiner Würde erforderlich sind.

Positiv an dieser Verknüpfung zahlreicher Inhalte ist, dass sich die Zusammenhänge der verschiedenen Menschenrechte einerseits und die vielfältigen Ursachen von Menschenrechtsverletzungen andererseits erkennen lassen. Demgegenüber ist von Nachteil, dass ein solch komplexes Recht selbst nur sehr schwer rechtlich zu fassen ist. Die Vielgestaltigkeit droht zur Konturlosigkeit zu werden, die z.B einer gerichtlichen Geltendmachung durch das Individuum entgegensteht. Schwierig ist natürlich auch die kollektive Geltendmachung eines Rechts, sobald der denknotwendige Gruppenbezug, der sich bei der Religionsfreiheit, bei der Koalitionsfreiheit und auch bei Minderheitenrechten herstellen lässt, stark ausgeweitet und etwa auf ein ganzes Volk erstreckt wird.

Probleme

Die Unterteilung in drei Generationen ist zwar weit verbreitet, aber gleichwohl nicht unumstritten. Mit dem Generationenbegriff wird einerseits eine zeitliche Ab*folge*, andererseits aber auch eine Ab*lösung* suggeriert. Dies ist natürlich problematisch, da es nicht im Interesse der Menschen sein kann, dass ihre einmal gewonnenen liberalen Freiheitsrechte etwa den sozialen Rechten weichen sollen. Nicht selten wird daher vorgeschlagen, den Generationenbegriff durch den der ›Dimension‹ zu ersetzen, um weniger auf die zeitliche Abfolge abzustellen als vielmehr die Wandlungen und Ausdifferenzierungen der Menschenrechtsforderungen sowie zusätzlich ihre Transformation von der innerstaatlichen auf die völkerrechtliche Schutzebene deutlich zu machen (Riedel 1989, 11).

In der zum Abschluss der Weltmenschenrechtskonferenz 1993 in Wien verabschiedeten *Wiener Erklärung* werden die Menschenrechte zu Recht als »unteilbar« und »interdependent« bezeichnet. Diese Erklärung wird im Ergebnisdokument des Weltgipfels von 2005 wiederholt, wenn es heißt, dass »alle Menschenrechte allgemein gültig, unteilbar und miteinander verknüpft sind und einander bedingen und gegenseitig verstärken und dass alle Menschenrechte in gerechter und gleicher Weise, auf derselben Grundlage und mit demselben Nachdruck behandelt werden müssen« (UN-Dok. A/60/L.1, Nr. 121). In den Auftrag, all diese Rechte zu verwirklichen, wird dann ausdrücklich das Recht auf Entwicklung eingeschlossen. Auch dies spricht dafür, den Begriff der ›Generationen‹ von Menschenrechten aufzugeben. Gerade das Recht auf Entwicklung zeigt, dass die Beschäftigung mit den Inhalten und den dahinterstehenden realen Problemen wichtiger ist als der Versuch, aus der Kategorisierung der Rechte (Schein-)Argumente zu gewinnen, um diese gegeneinander auszuspielen.

Literatur

Hohmann, Harald: »Das Recht auf Entwicklung in der internationalen Diskussion«. In: *Vereinte Nationen* 2 (1982), 59–64.

Riedel, Eibe: »Menschenrechte der dritten Dimension«. In: *Europäische Grundrechte Zeitschrift* (1989), 9–21.

Sepulveda, M. Magdalena: *The Nature of the Obligations under the International Covenant on Economic, Social and Cultural Rights*. Antwerpen 2003.

Vasak, Karel: »Human Rights: A Thirty-Year Struggle: the Sustained Efforts to give Force of Law to the Universal Declaration of Human Rights«. In: *UNESCO Courier* 30/11 (1977), 29–32.

Weiß, Norman: »Für eine bessere Durchsetzung wirtschaftlicher, sozialer und kultureller Menschenrechte – braucht der Sozialpakt ein Fakultativprotokoll?«. In: *MenschenRechtsMagazin*, Themenheft »25 Jahre Internationale Menschenrechtspakte« (2002), 151–160.

Wiegandt, Jan: »Das Fakultativprotokoll zum Sozialpakt: ratifizieren oder nicht ratifizieren?«. In: *MenschenRechtsMagazin* 15. Jg. (2010), 161–181.

Norman Weiß

III. Menschenrechte im Einzelnen

1. Subsistenzrechte

1.1 Leben

Menschenrechtlicher Grundanspruch

Das Menschenrecht auf Leben, das vielfach als eines der grundlegendsten Menschenrechte gilt, findet sich bereits in sehr frühen Menschenrechtserklärungen. Da es die Voraussetzung für die Ausübung aller anderen Menschenrechte darstellt, kommt ihm eine besondere Wichtigkeit zu. In der AEMR (s. Kap. I.4.6) wird das Recht auf Leben in Art. 2 zusammen mit dem Recht auf Freiheit und dem Recht auf Sicherheit der Person genannt; Art. 6, Abs. 1 des Zivilpakts ICCPR (*International Covenant on Civil and Political Rights*) schreibt vor: »Jeder hat ein angeborenes Recht auf Leben. Dieses Recht ist gesetzlich zu schützen. Niemand darf willkürlich seines Lebens beraubt werden.« Oftmals wurde das Recht auf Leben als so selbstverständlich angesehen, dass es keiner weiteren Begründung, Erläuterung oder Ausbuchstabierung bedürfe. Wie die vielfältigen Debatten der letzten Jahrzehnte zeigen, ist aber gerade dieses Recht in seinem konkreten Inhalt und hinsichtlich der Grenzen seiner Anwendung ungeklärt und stark umstritten. Art. 6 des ICCPR verdeutlicht, dass sich das Recht zunächst einmal auf den Schutz vor der Tötung durch andere bezieht. Es ist aber zum einen fraglich, inwiefern mit ihm auch positive Pflichten zur Rettung des Lebens verbunden sind (vgl. Griffin 2007); zum anderen stellt sich die Frage, ob es Ausnahmen vom Tötungsverbot geben kann (vgl. Reeder 1996). So anerkennt das Völkerrecht, das das Recht auf Leben als notstandsfest beschreibt, die Möglichkeit der Todesstrafe, insofern dieselbe das Ergebnis eines fairen Prozesses ist und der Verurteilte mindestens 18 Jahre alt ist (vgl. Art. 6, Abs. 2 ICCPR u. Art. 37 der Kinderrechtskonvention CRC).

Interpretationen und Streitfragen

Die Diskussionen und Probleme im Zusammenhang mit dem Recht auf Leben betreffen vor allem die folgenden drei Fragen:

1. Welche Handlungen oder Einschränkungen sind mit dem Recht auf Leben vereinbar, d. h. unter welchen Umständen ist die Tötung eines Menschen erlaubt? Zu diesem Problemkreis gehört die Frage nach der Möglichkeit, die Todesstrafe zu rechtfertigen, die Tötung aus Gründen der Selbstverteidigung und die Tötung im Kriegsfall (vgl. Fletcher 1980). In Deutschland stellt zudem die rechtliche Möglichkeit des finalen Rettungsschusses, d. h. des gezielten tödlichen Einsatzes von Schusswaffen im Dienst von Polizisten, um – im Unterschied zur Notwehr – Gefahr von Dritten abzuwenden, eine Einschränkung des Rechts auf Leben dar (Wagner 1992). Im Rahmen des Luftsicherheitsgesetzes wurde in den letzten Jahren außerdem über den Abschuss von Flugzeugen zur Verhinderung terroristischer Aktionen diskutiert (vgl. Archangelskij 2005); das Bundesverfassungsgericht erkannte in dem hierzu vorgelegten Gesetzesentwurf aber einen Verstoß gegen das Recht auf Leben und die Menschenwürde, wenn sich Unschuldige an Bord befänden.

2. Wer hat das Recht auf Leben? Diese Frage stellt sich insbesondere in Bezug auf den Schutz ungeborenen Lebens: Inwiefern haben auch Embryonen oder Föten bereits ein Lebensrecht? Die Anhänger der Lebensrechtsbewegung (»Right-to-Life-Movement«) nehmen an, dass »menschliches Leben in allen seinen Phasen von der Zeugung bis zum natürlichen Tod« Schutz genieße, d. h. sie lehnen z. B. Abtreibungen, Klonen und Präimplantationsdiagnostik ab (vgl. Cassidy 1995). Andere Positionen binden das Lebensrecht an die Lebensfähigkeit des Fötus oder an die Geburt. Präferenzutilitaristen gehen sogar noch einen Schritt weiter, indem sie einem Wesen erst dann ein Lebensrecht zugestehen, wenn es potentiell oder tatsächlich bestimmte Fähigkeiten hat, etwa die Fähigkeit, Pläne für die Zukunft zu machen (vgl. Kuhse/Singer 1994). Die damit verbundene Infragestellung des Lebensrechts geistig behinderter Menschen wird vielfach kritisiert (vgl. Rhodes 2000), und in den rechtlichen Dokumenten, wie der *UN-Behindertenrechtskonvention*, wird dieses Recht insbesondere für Behinderte verteidigt (vgl. Behindertenrechtskonvention Art. 10).

3. *Folgt aus dem Recht auf Leben auch ein Recht auf den Tod?* Dass ein selbstbestimmter Tod eine Folge aus dem Lebensrecht sein soll, wird als These in Diskussionen um die Euthanasie vertreten. Es ist offensichtlich und seit langem anerkannt, dass das Recht auf Leben keine Lebenspflicht enthält und somit den Suizid erlaubt; dennoch ist die Frage, ob die Sterbehilfe gesetzlich erlaubt sein soll, eine darüber hinausgehende Frage, da mit ihr thematisiert wird, ob die Tötung eines anderen Menschen oder die Beihilfe zur Selbsttötung straffrei gestellt werden soll. Unter Rückgriff auf das Recht auf die Privatsphäre wird von den Befürwortern der Euthanasie argumentiert, dass das Verfügungsrecht über sein eigenes Leben auch die Möglichkeit der Selbsttötung beinhalte und dass diese manchmal nur mit Mitteln der Euthanasie möglich sei. Gegner der Euthanasie gehen hingegen zum einen davon aus, dass ein Missbrauch der Sterbehilfe schwer kontrollierbar sei und dass außerdem das Recht des Verzichts auf das eigene Leben nur gegenüber sich selbst, nicht aber gegenüber Dritten ausgeübt werden kann. Diese Position vertritt z. B. der Europäische Gerichtshof für Menschenrechte (vgl. EGMR, *Neue Juristische Wochenschrift* 2002, 2815).

Stand der völkerrechtlichen Institutionalisierung

Art. 2 AEMR; Art. 6, Abs. 1 ICCPR; Art. 6 u. Art. 37 CRC; Art. 10 CRPD; Art. 2 EMRK; Art. 4 ACHR; Art. 4 ACHPR.

Literatur

Archangelskij, Alexander: *Das Problem des Lebensnotstandes am Beispiel des Abschusses eines von Terroristen entführten Flugzeuges*. Berlin 2005.
Cassidy, Keith: »The Right to Life Movement: Sources, Development, and Strategies«. In: *Journal of Policy History* 7/1 (1995), 128–159.
Fletcher, George P.: »The Right to Life«. In: *The Monist* 63/2 (1980), 135–154.
Griffin, James: *On Human Rights*. Oxford 2007.
Kuhse, Helga/Singer, Peter: *Individuals, Humans, Persons: Questions of Life and Death*. St. Augustin 1994.
Reeder, John P.: *Killing and Saving: Abortion, Hunger, and War*. Pennsylvania 1996.
Rhodes, Rosamond (Hg.): *APA Newsletter on Philosophy and Medicine* 99/2 (2000).
Wagner, Martin: *Auf Leben und Tod: das Grundgesetz und der finale Rettungsschuß*. Göttingen 1992.

Barbara Schmitz

1.2 Ernährung

Menschenrechtlicher Grundanspruch

Das Recht auf Ernährung wird in Art. 25 der AEMR und in Art. 11, Abs. 1 des Sozialpakts ICESCR (*International Covenant on Economic, Social and Cultural Rights*) als Bestandteil und Ausbuchstabierung des Menschenrechts auf einen angemessenen Lebensstandard verstanden; in Abs. 2 des Art. 11 ICESCR wird darauf verwiesen, dass es ein »grundlegendes Recht eines jeden, vor Hunger geschützt zu sein« gibt. Im *General Comment* Nr. 12 aus dem Jahr 1999 wird ausgeführt, dass das Recht nicht in einem engen Sinn verstanden werden soll, d. h. dass es sich nicht um die Bereitstellung des Minimums von Kalorien, Proteinen und anderen Nährstoffen handelt, sondern dass die zentrale Forderung darin besteht, dass jeder Mann, jede Frau und jedes Kind, einzeln oder gemeinsam mit anderen, jederzeit physisch und wirtschaftlich Zugang zu angemessener Nahrung oder Mitteln ihrer Beschaffung haben soll. Trotz der damit zugestandenen Wichtigkeit eines Rechts auf Ernährung verpflichtet Art. 1 Abs. 1 des ICESCR die Paktstaaten nur, geeignete Schritte im Hinblick auf die Durchsetzung des Rechts zu unternehmen, nicht aber jedem wirklich konkret Zugang zu Nahrung zu ermöglichen (vgl. Engbruch 2008).

Interpretationen und Streitfragen

Eine erste Schwierigkeit bei der Ausarbeitung des Rechts auf Ernährung besteht in seiner Abgrenzung zu einem Recht auf Freiheit von Hunger. Laut dem Ausschuss für wirtschaftliche, soziale und kulturelle Rechte beinhaltet das Recht auf Freiheit von Hunger, das als eine Ergänzungsnorm zu dem Recht auf Ernährung gilt, einen Schutz vor dem vollständigen Verhungern, während das Recht auf Nahrung den Zugang zu Ernährung von einer der Menschenwürde gemäßen Menge und Qualität enthält. In diesem Sinne wird im *General Comment* 12 auch festgeschrieben, dass Staaten in Zeiten von natürlichen oder menschlichen Katastrophen jederzeit die Pflicht haben, das Recht auf Freiheit von Hunger zu erfüllen. Das Recht auf Ernährung beinhaltet hingegen zum einen, dass die Nahrung kulturell akzeptabel sein muss; dass sie alle Nährstoffe enthalten muss; dass sie ›sicher‹, d. h. frei von Giftstoffen sein muss, und zum anderen, dass der Zugang, die Beschaffung oder die Produktion von Nahrung gesichert sein muss.

Der *General Comment* 12 schreibt weiterhin fest, dass mit dem Recht auf Ernährung die für Menschenrechte typischen Verpflichtungen »to respect, to protect and to fulfill« in folgender Weise einhergehen: Die Verpflichtung zur Achtung beinhaltet, dass die Freiheit jedes Einzelnen, Nahrung selbst zu produzieren oder vorhandene Mittel gegen Nahrung einzutauschen, respektiert wird. Die Schutzverpflichtung umfasst den Schutz vor Eingriffen vonseiten Dritter, die den Genuss des Rechts auf Ernährung behindern oder sogar verhindern können. Hierzu gehört auch, dass der Staat eingreifen muss, wenn Menschen in Krisensituationen ihr Land verkaufen und die Möglichkeit, sich selbst mit Nahrung zu versorgen, aufgeben müssen. Die Erfüllungspflichten schließlich bestehen darin, dass der Staat sicherstellen muss, dass seine Einwohner Zugang zu Nahrungsressourcen haben und diese auch nutzen können, um ihr Überleben zu sichern (vgl. Borghi u. a. 2006).

Angesichts der von der Ernährungs- und Landwirtschaftsorganisation der Vereinten Nationen (FAO) geschätzten 850 Millionen Hungernden weltweit und 24 000 Hungertoten pro Tag ist dieses Menschenrecht eines derjenigen, deren Umsetzung besonders dringlich und wichtig ist. Seine moralische Wichtigkeit als sozio-ökonomisches Recht ist unbestritten. Schwierigkeiten stellen sich jedoch bei der Verteilung der Verantwortung und der Pflichten zur Umsetzung dieses Rechts (vgl. Eide 1989 u. 2001; s. Kap. IV.4.5). Da die Nichterfüllung des Rechts auf Ernährung in vielen Entwicklungsländern nicht allein eine Folge von nationaler Misswirtschaft ist, sondern aus der globalen Armut resultiert, für die vielfach auch globale Marktmechanismen mitverantwortlich gemacht werden, stellt sich die Frage, inwieweit reichere Staaten ärmeren zur Hilfe verpflichtet sind, so dass diese die Möglichkeit haben, das Recht auf Ernährung für ihre Bürger zu erfüllen (vgl. Sen 1981). Die Umsetzung des Rechts auf Ernährung für alle Menschen verweist somit auf die zentralen Probleme der globalen Gerechtigkeit und wird in diesem Kontext vielfach diskutiert (vgl. Bleisch/Schaber 2007; s. Kap. IV.2.5).

Stand der völkerrechtlichen Institutionalisierung

Art. 25, Abs. 1 AEMR; Art. 28, Abs. 1 CRPD; Art. 11, Abs. 1 und 2 ICESCR; Art. 12, Abs. 2 CEDAW; Art. 26, Abs. 3 u. Art. 24, Abs. 2c u. Abs. 2e CRC.

Literatur

Bleisch, Barbara/Schaber, Peter (Hg.): *Weltarmut und Ethik*. Bielefeld 2007.

Borghi, Marco/Postiglione Blommestein, Letizia (Hg.): *The Right to Adequate Food and Access to Justice*. Zürich 2006.

Eide, Asbjoern: The *Right to Adequate Food as a Human Right*. Study Series 1. Geneva/New York 1989.

–: »The Right to an Adequate Standard of Living including the Right to Food«. In: Asbjoern Eide/Catarina Krause/Allan Rosas (Hg.): *Economic, Social and Cultural Rights: A Textbook*. Dordrecht/Boston/London 2001, 89–105.

Engbruch, Katharina: *Das Menschenrecht auf einen angemessenen Lebensstandard. Ernährung, Wasser, Bekleidung und Energie als Elemente des Art. 11 (1) IPWSKR*. Frankfurt a. M. 2008.

Sen, Amartya: *Poverty and Famines: An Essay to Entitlements and Deprivations.* Oxford 1981.

Barbara Schmitz

1.3 Wohnen

Menschenrechtlicher Grundanspruch

Ebenso wie das Recht auf Ernährung und das Recht auf Gesundheit wird das Recht auf Wohnen in der AEMR als Bestandteil des Rechts auf einen angemessenen Lebensstandard in Art. 25 genannt. Zwei *General Comments* (Nr. 4 und Nr. 7) beschäftigen sich mit der Ausbuchstabierung des Rechts auf Wohnen und legen fest, dass das »Recht auf ausreichende Unterbringung« (nach dem Sozialpakt ICESCR) mehr umfasst als allein die Sicherung eines ›Dachs über dem Kopf‹. Laut der »Working Definition« des Sonderberichterstatters des Rechts auf Wohnen umfasst das Recht für jeden Menschen, ein sicheres Heim und eine sichere Gemeinschaft zu erlangen und zu erhalten, in denen ein Leben in Frieden und Würde möglich ist. Die in dem Recht geforderte Unterbringung umfasst zudem, dass der Zugang zu Trinkwasser gegeben ist, dass die Wohnung mit Elektrizität, Heizung (wenn nötig) und mit Licht ausgestattet ist sowie dass sanitäre Installationen vorhanden sind. Die Unterbringung muss Schutz vor Witterung und daraus resultierenden Gefahren für die Gesundheit sowie vor anderen physischen Gefahren bieten. Zudem wird im *General Comment* Nr. 4 erwähnt, dass rechtlicher Schutz vor Vertreibung und Schikanen gewährleistet sein muss. Weiterhin wird festgelegt, dass ein Zugang zu Arbeitsplätzen und grundlegenden Dienstleistungen gewährt sein soll und dass die Unterkunft nicht im Einflussbereich gesundheitsgefährdender Schadstoffemissionen liegen darf. Es ist aber ausdrücklich nicht gemeint, dass der Staat jedem Menschen genug Wohnraum zur Verfügung stellen muss (vgl. Engbruch 2008).

Interpretationen und Streitfragen

Das Recht auf Wohnen ist aufgrund seiner Bedeutung für das Überleben eines Menschen als ein Subsistenzrecht zu rechtfertigen. Als Bestandteil des Rechts auf einen angemessenen Lebensstandard zeigt sich bei ihm jedoch eine Spannung bezüglich der kulturellen Umsetzung, und es stellt sich die Frage, inwiefern die konkrete Umsetzung des Rechts kultursensitiv ist und zu ganz unterschiedlichen partikularen Ansprüchen führen kann (vgl. Scott 1992 und 2001). Da die Angemessenheit eines Lebensstandards sich an den Praktiken des sozialen Miteinanders orientiert und auf soziale Teilhabe abzielt, ist es möglich, dass in der einen kulturellen Gemeinschaft ein Wohnraum einer bestimmten Größe gewährleistet werden muss (z. B. um Besuch zu empfangen), während in einer anderen Gesellschaft andere Praktiken vorherrschen, die weniger Wohnraum oder andere Wohnformen erforderlich machen. Was aber ist angemessen: eine strohbedeckte Hütte, ein Iglu, eine urbane Drei-Zimmer-Wohnung? *General Comment* Nr. 4 fordert, dass die Unterbringung kulturell »adäquat« sein muss. Daraus ergibt sich aber, dass das Menschenrecht auf Wohnen – ebenso wie das Menschenrecht auf einen angemessenen Lebensstandard – in der Spannung zwischen universellem Schutz und partikularen Ansprüchen steht (vgl. Milton 2002).

Stand der völkerrechtlichen Institutionalisierung

Art. 25 Abs. 1 AEMR; Art. 5 e iii CERD; Art. 43 Wanderarbeiterkonvention; Art. 21 Flüchtlingskonvention; Art. 5 Abs. 5 e iii) ICERD; Art. 28, Abs. 1 u. Abs. 2d CRPD; Art. 11, Abs. 1 ICESCR; Art. 14 Abs. 2 CEDAW; Art. 27 Abs. 3 h CRC.

Literatur

Engbruch, Katharina: *Das Menschenrecht auf einen angemessenen Lebensstandard. Ernährung, Wasser, Bekleidung und Energie als Elemente des Art. 11 (1) IPWSKR.* Frankfurt a. M. 2008.

Milton, Kothari: »Priority Issues and Impediments to Realizing the Right to Adequate Housing«. In: Berma

Klein Goldewijk/Aladid Contreras Baspineiro/Paulo Cesar Carbonari (Hg.): *Dignity and Human Rights: The Implementation of Economic, Social and Cultural Rights*. New York 2002, 63–82.

Scott, Leckie: *Housing as a Need, Housing as a Right. An Analysis to the Right of Adequate Housing under International Human Rights Law*. London: Human Settlements Programme, International Institute for Environment and Development (IIED) 1992.

–: »The Right to Housing«. In: Asbjoern Eide/Catarina Krause/Allan Rosas (Hg.): *Economic, Social and Cultural Rights: A Textbook*. Dordrecht/Boston/London 2001, 107–123.

Barbara Schmitz

1.4 Gesundheit

Menschenrechtlicher Grundanspruch

Ein Menschenrecht auf Gesundheit wird bereits in der AEMR festgeschrieben und in Art. 12 des ICESCR genauer ausgeführt; dennoch handelt es sich bei diesem Recht um eines der umstrittensten Menschenrechte überhaupt, da zum einen unklar ist, wie seine Umsetzung und Verwirklichung angesichts der Knappheit der Ressourcen zur Gesundheitsversorgung erfolgen soll, und zum anderen fraglich ist, welche nationalen und internationalen Verpflichtungen mit diesem Recht einhergehen. In der AEMR wird das Recht auf Gesundheit als Bestandteil des Menschenrechts auf einen angemessenen Lebensstandard in Art. 25 genannt. Die Bedeutung von Gesundheit für das Überleben des Menschen gibt dem Recht eine besonders große moralische Bedeutung. In Art. 12 des ICESCR wird das Recht als Recht »eines jeden auf das für ihn erreichbare Höchstmaß [im engl. »highest attainable standard«] an körperlicher und geistiger Gesundheit« ausbuchstabiert. Als Maßnahmen zur vollen Verwirklichung des Rechts werden im ICESCR genannt: die Senkung der Zahl der Totgeburten und der Kindersterblichkeit sowie die gesunde Entwicklung des Kindes; die Verbesserung der Umwelt- und Arbeitshygiene; die Vorbeugung, Behandlung und Bekämpfung von Berufs- und sonstigen Krankheiten und die Schaffung der Voraussetzungen, die jedermann im Krankheitsfall den Genuss medizinischer Einrichtungen und ärztlicher Betreuung sicherstellen.

Interpretationen und Streitfragen

Die philosophische Diskussion zum Recht auf Gesundheit beginnt mit der Frage, ob es sich nur um ein Recht auf Gesundheitsversorgung im Krankheitsfall handelt oder ob es ein umfassendes Recht *auf* Gesundheit gibt, das dann auch Maßnahmen zur Prävention, zur Bildung, zur richtigen Ernährung enthalten würde (vgl. Daniels 1998 im Gegensatz zu Hessler/Buchanan 2002). Mit dieser Frage geht die Frage nach der Definition dessen einher, was überhaupt unter Gesundheit zu verstehen ist, d. h. ob der Begriff allein eine naturalistische Grundlage hat oder auch eine normativ-gesellschaftliche Ausbuchstabierung verlangt (vgl. Daniels 2007). Unstrittig ist hingegen, dass auch ein umfassendes Recht auf Gesundheit nicht das Recht bedeutet, ›gesund zu *sein*‹, denn für die Heilung vieler Krankheiten fehlen schlichtweg die medizinischen Möglichkeiten. Doch auch wenn diese Einschränkung berücksichtigt wird, lautet der gängige Einwand gegen ein Recht auf Gesundheit, dass es nicht umsetzbar sei, da Gesundheitsversorgung ein ›Fass ohne Boden‹ sei. Eine Umsetzung des Rechts auf Gesundheit im Sinne einer Orientierung an dem »Höchstmaß an körperlicher und geistiger Gesundheit« sei angesichts der Knappheit der medizinischen Ressourcen, die aus dem wachsenden medizinisch-technischen Fortschritt sowie aus der demographischen Entwicklung resultieren, selbst in westlichen Industrienationen unmöglich und würde einen Staat zwingen, alle verfügbaren Mittel in die Gesundheitsversorgung zu investieren. Aufgrund dessen hat z. B. Tristam H. Engelhardt (1989) argumentiert, dass es gar kein Recht auf Gesundheit geben könne. Befürworter eines moralischen Rechts auf Gesundheit halten dieser Position entgegen, dass das Recht auf Gesundheit mit Überlegungen zur Prioritätensetzung bei der Verteilung von Ressourcen verbunden werden müsse (Daniels 2007). Da die Ressourcen zur Erfüllung des Rechts knapp sind, seien Rationierungen und Priorisierungen unvermeidlich; eine Theorie der Gerechtigkeit, die sich mit Rationierungs- und Priorisierungsfragen beschäftigt, sei daher Teil der Ausbuchstabierung eines Rechts auf Gesundheit. Wie Kriterien zur Prioritätensetzung aufgestellt werden können, ob beispielsweise ökonomische Verfahren wie Kosteneffektivitätsanalysen oder vielmehr prozedurale Verfahren wie deliberative Prozesse diese bereitstellen können, ist Gegenstand der Diskussion.

Eine zentrale Schwierigkeit des Rechts auf Gesundheit ergibt sich ferner aus der Frage, inwiefern das »für jeden erreichbare Höchstmaß an körperlicher und geistiger Gesundheit« relativ zu den in einer Gesellschaft vorhandenen Möglichkeiten und Ressourcen zu bestimmen ist. Da sich der technische und medizinische Stand der Gesundheitsversorgung in den verschiedenen Gesellschaften erheblich unterscheiden kann und auch de facto unterscheidet, stellt sich die Frage, inwieweit – von Staat zu Staat – Unterschiede in der Behandlung ein und derselben Krankheit gerechtfertigt sein können. Einerseits scheint es naheliegend, dass nicht jede Art der Behandlung (wie z.B. aufwendige Transplantationen) für alle Menschen weltweit gewährleistet werden kann (vgl. Tomaševski 2001); andererseits weist die Dringlichkeit und Schwere vieler Gesundheitsbedürfnisse darauf hin, dass wir allen Menschen eine Versorgung schulden, um schwere Krankheiten zu heilen oder zu lindern. Dies wird insbesondere an der AIDS-Epidemie offensichtlich (vgl. Nielsen 2001). Ihre rasante Ausbreitung in Entwicklungsländern stellt die Staatengemeinschaft vor die Frage, inwieweit westliche Regierungen oder auch die Pharmakonzerne zur Hilfe und zur Eindämmung verpflichtet sind. Die Umsetzung eines Menschenrechts auf Gesundheit konfrontiert uns somit nicht nur mit Fragen der nationalen Umsetzung und Gesetzgebung, sondern hier werden – ebenso wie bei dem Menschenrecht auf Ernährung (s. Kap. III1.2.) – Probleme der globalen Gerechtigkeit berührt.

Stand der völkerrechtlichen Institutionalisierung

Art. 25 AEMR; Art. 12 ICESCR, Art. 5e ICERD, Art. 11, Abs. 2f, Art. 12, Abs. 1 u. Art. 14 Abs. 2b CEDAW, Art. 24 CRC, Art. 25 Behindertenkonvention, Art. 11 ESC, Art. 16 Abs. 1 u. 2 ACHPR.

Literatur

Daniels, Norman: »Is There a Right to Health Care and, if so, what Does it Encompass?« In: Helga Kuhse/Peter Singer (Hg.): *A Companion to Bioethics*. Oxford 1998, 316–325.
–: *Just Health: Meeting Health Care Needs Fairly*. New York 2007.
Engelhardt, Tristam H.: »Rights to Health Care«. In: Tom L. Beauchamp/LeRoy Walters (Hg.): *Contemporary Issues in Bioethics*. Belmont 1989, 577–582.
Hessler, Kristen/Buchanan, Allen: »Specifying the Content of the Human Right to Health Care«. In: Rosamond Rhodes/Margaret P. Battin/Anita Silvers (Hg.): *Medicine and Social Justice: Essays on the Distribution of Health Care*. Oxford 2002, 84–96.
Nielsen, Henrik Karl: *The World Health Organisation. Implementing the Right to Health*. Copenhagen 2001.
Tomaševski, Katarina: »Health Rights«. In: Asbjoern Eide/Catarina Krause/Allan Rosas (Hg): *Economic, Social and Cultural Rights: A Textbook*. Dordrecht/Boston/London 2001, 125–142.

Barbara Schmitz

1.5 Wasser

Menschenrechtlicher Grundanspruch

Obwohl Wasser von fundamentaler Bedeutung für menschliches Leben und Überleben ist, ist die Forderung nach einem Menschenrecht auf Wasser erst seit wenigen Jahren Teil der Diskussion von Subsistenzrechten. In der AEMR wird kein Recht auf Wasser erwähnt, und nur wenige völkerrechtlich verbindliche Dokumente (wie die Frauenrechtskonvention CEDAW und die Kinderrechtskonvention CRC) nennen Wasser im Rahmen des Rechts auf einen angemessenen Lebensstandard und als Teil des Rechts auf Gesundheit. Insofern galt es als eine kleine ›Revolution‹, dass *General Comment* Nr. 15 vom United Nations Commitee on Economics, Social and Cultural Rights im Jahr 2002 ausschließlich zum Thema Wasser verabschiedet wurde und Wasser dort nicht nur als begrenzte öffentliche Ressource oder als öffentliches Gut verstanden, sondern als ein Menschenrecht gefordert wird (vgl. Scanlon 2004). Das Recht wird als die Verpflichtung ausbuchstabiert, jedermann Zugang zu ausreichend sauberem, sicherem und annehmbarem Wasser zu gewährleisten. In der UN-Resolution vom 28. Juli 2010 wird Wasser schließlich als Menschenrecht anerkannt. Die Resolution fordert die Mitgliedstaaten auf, die zur Verwirklichung dieses Menschenrechts notwendige Finanzierung und Technologie den ärmeren Ländern zur Verfügung zu stellen.

Interpretationen und Streitfragen

Die mit dem Recht auf Wasser einhergehenden Kernverpflichtungen werden in § 58 des *General Comment* 15 folgendermaßen beschrieben: die Sicherung des Zugangs zu einem Existenzminimum an Wasser; die Sicherung des gleichberechtigten Zugangs zu Wasser und Wasserversorgung; die Bereitstellung von Wasserversorgungseinrichtungen, die sich in zumutbarer Entfernung zum Haus befinden und deren Benutzung keine unzumutbaren Wartezeiten mit sich bringt; die gerechte Verteilung aller verfügbaren Wasserversorgungseinrichtungen; die Verfolgung partizipativer und transparenter nationaler Wasserstrategien sowie die Verabschiedung von Sonderprogrammen zum Schutz gefährdeter Gruppen. Trotz der Benennung dieser Kernverpflichtungen ist der genaue Inhalt des Rechts auf Wasser umstritten. So bleibt z. B. unklar, worauf genau sich das Recht auf Wasser bezieht: Fällt hierunter nur Trinkwasser oder auch Produktionswasser, z. B. zur Bewässerung von Feldern (vgl. Engbruch 2008)? Aus philosophischer Perspektive lässt sich ein Menschenrecht auf Trinkwasser durch dessen klaren Bezug zum Überleben rechtfertigen; ein Recht auf Produktionswasser kann hingegen entweder nur durch ein sehr weites Verständnis sozio-ökonomischer Rechte oder durch andere Rechte, wie z. B. Eigentumsrechte, begründet werden (vgl. Bleisch 2006). Auch fehlt eine genaue Spezifizierung der Quantität: Die Angaben schwanken hier zwischen 7 und 50 l täglich (vgl. Rudolf 2007).

Die nationale Umsetzung des Menschenrechts auf Wasser verweist zudem auf eine Reihe von Fragen, die die Ausbuchstabierung der mit dem Recht verbundenen Verantwortungen und Pflichten betreffen: Die Privatisierung der Wasserwirtschaft wird häufig als ein Problem für die Umsetzung des Rechts auf Wasser benannt, und *General Comment* Nr. 15 schreibt daher auch explizit erhebliche Regulationen der privaten Wasserwirtschaft vor, die darauf abzielen, dass sich jeder Wasser leisten können muss. Fragen der Wasserverschmutzung über nationale Grenzen hinweg spielen in der Diskussion ebenfalls eine Rolle (vgl. Biswas u. a. 2008). Da die Ursachen der in vielen Teilen der Welt herrschenden Wasserknappheit zum einen auf Probleme der globalen Armut und zum anderen auf Missstände in der nationalen Politik der Wasserversorgung zurückgehen, wird die Umsetzung dieses Rechts in der Praxis sowohl nationale wie auch internationale Handlungen verlangen. Ärmere Länder sind zur Umsetzung des Rechts auf die Technologie und Finanzierung durch Industrieländer angewiesen. Bei diesen ist jedoch eine zunehmende Privatisierung der Wasserwirtschaft festzustellen. Vor diesem Hintergrund ist es vielleicht nicht erstaunlich, dass sich bei der Abstimmung über die Resolution vom 28.7.2010 viele Industriestaaten der Stimme enthielten.

Stand der völkerrechtlichen Institutionalisierung

Art. 14, Abs. 2 h CEDAW; Art. 24 Abs. 2c CRC; Art. 28 Abs. 2a Behindertenkonvention, Art. 14, Abs. 2c Afrikanische Kinderrechtscharta, UN-Resolution vom 28.7.2010.

Literatur

Biswas, Asit K./Rached, Eglal/Tortajada, Cecilia (Hg.): *Water as a Human Right for the Middle East and North Africa*. London/New York 2008.
Bleisch, Barbara: »The Human Right to Water – Normative Foundations and Ethical Implications«. In: *Ethics and Economy* 4. Jg. (2006), 1–23.
Engbruch, Katharina: *Das Menschenrecht auf einen angemessenen Lebensstandard. Ernährung, Wasser, Bekleidung und Energie als Elemente des Art. 11 (1) IPWSKR*. Frankfurt a. M. 2008.
Rudolf, Beate (Hg.): *Menschenrecht Wasser?* Frankfurt a. M. 2007.
Scanlon, John/Cassar, Angela/Nemes, Noemi: *Water as Human Right?* IUCN Environmental Policy and Law Paper 51. Gland 2004.

Barbara Schmitz

1.6 Angemessener Lebensstandard

Menschenrechtlicher Grundanspruch

Das Recht auf einen angemessenen Lebensstandard wird in Art. 11 des ICESCR folgendermaßen formuliert: »Die Vertragsstaaten erkennen das Recht eines jeden auf einen angemessenen Lebensstandard für sich und seine Familie an, einschließlich ausreichender Ernährung, Bekleidung und Unterbringung, sowie auf eine stetige Verbesserung der Lebensbedingungen«. In Art. 25 der AEMR werden neben den genannten Bestandteilen von Nahrung, Kleidung und Wohnung noch »ärztliche Versorgung« und »notwendige soziale Leistungen« genannt, welche in der ICESCR als das »Recht auf Gesundheit« und das »Recht auf soziale Sicherheit« eigenständig behandelt werden. Das Recht auf einen angemessenen Lebensstandard ist eines der wichtigsten Rechte und der Kern des Sozialpaktes, auch wenn eine genaue Definition und Ausarbeitung desselben bis heute von juristischer Seite fehlt und bereits bei der Abfassung Vorbehalte gegen die Unbestimmtheit des Terminus ›angemessener Lebensstandard‹ geäußert wurden (vgl. Engbruch 2008). Das Recht wird in vielen völkerrechtlichen Verträgen und Deklarationen erwähnt, zumeist unter Bezugnahme auf die in Art. 11 genannten Bestandteile des Rechts auf Wohnen, des Rechts auf Kleidung und des Rechts auf Ernährung.

Interpretationen und Streitfragen

Die Unbestimmtheit des Terminus ›angemessener Lebensstandard‹ ist zunächst einmal dadurch begründet, dass verschiedene Verständnisse dessen, was einen *Lebensstandard* ausmacht, einander gegenüberstehen: Auf der einen Seite finden sich ›subjektive‹ Ansätze, die – häufig inspiriert von utilitaristischen Theorien – Lustgewinn, Wunscherfüllung, Entscheidungsfreiheit oder Glück als Parameter zur Bestimmung des Lebensstandards einer Person statuieren. Auf der anderen Seite finden sich ›objektive‹ Theorien, die entweder ökonomische Kriterien wie das Bruttosozialprodukt oder das Einkommen verwenden oder bei – für eine Gesellschaft jeweils relevanten – Bedürfnissen bzw. Fähigkeiten ansetzen. Erstere weisen die grundlegende Schwierigkeit auf, dass sie zur Begründung eines allgemeinen Rechts nicht taugen, da sie zu subjektiv stark variierenden Ansprüchen führen und keine Möglichkeit einer objektiven Messung bieten. Von den objektiven Ansätzen wiederum sind diejenigen nicht geeignet, die nicht auf die individuelle Situation, um die es bei der Forderung von Rechten geht, fokussieren, sondern z. B. auf das Bruttosozialprodukt. Ebenso wenig geeignet sind aber auch diejenigen, die sich allein auf Güter, wie z. B. das Einkommen, konzentrieren und die konkrete Lebenssituation der einzelnen Menschen vernachlässigen; denn der angemessene Lebensstandard kann auch durch andere Mängel als das Fehlen bestimmter Güter beeinträchtigt werden. Ansätze hingegen, die die Bedürfnisse oder Fähigkeiten der Menschen in einer Gesellschaft betrachten, können den Lebensstandard im Hinblick auf die Möglichkeit zur Teilhabe in einer Gesellschaft objektiv beurteilen und weisen eine Vielschichtigkeit in der Beurteilung auf (vgl. Sen 2000; Copp 1992).

Eine zweite Frage bezieht sich auf den Terminus ›angemessen‹, mit dem darauf hingewiesen wird, dass es sich einerseits nicht um einen maximalen Lebensstandard handelt, andererseits es aber auch nicht allein um Forderungen des ›Überlebens‹ geht. Ein ›angemessener Lebensstandard‹ orientiert sich vielmehr an den jeweiligen Lebensbedingungen einer konkreten Gesellschaft; d. h. unter ihn fallen genau diejenigen Forderungen, die es einem Menschen ermöglichen, an den spezifischen Praktiken seiner Gesellschaft als ein vollwertiger Bürger teilzunehmen. So konnte z. B., wie Adam Smith ausgeführt hat, zu einem angemessenen Lebensstandard in der englischen Gesellschaft des 19. Jahrhunderts der Besitz eines Leinenhemdes gehören, da dieser für die Teilhabe am gesellschaftlichen Leben notwendig war. Die Kriterien der Angemessenheit beruhen somit auf den jeweiligen partikularen gesellschaftlichen Praktiken, an denen teilzuhaben den Einzelnen ermöglicht werden soll. Dies gilt insbesondere auch dann, wenn ›Bedürfnisse‹ oder ›Fähigkeiten‹ zur Bestimmung der Lebensqualität zugrunde gelegt werden, denn auch wenn die jeweiligen Fähigkeiten universell, d. h. gesellschaftsübergreifend bestimmt werden, können ganz unterschiedliche Mittel notwendig sein, um diese Fähigkeiten unter konkreten sozialen Bedingungen zu verwirklichen (vgl. Sen 2000).

Es folgt somit aus dem Kriterium der Angemessenheit ein *Relativismus* bezüglich des Lebensstandards, der zu der Spannung führt, dass die Umsetzung eines universellen Menschenrechts von Gesellschaft zu Gesellschaft zu ganz unterschiedlichen Ansprüchen der einzelnen Individuen führen kann (vgl. Jones 1990). Dies kann sich auch bei der Ausformulierung der jeweils einzelnen Teilrechte, die Bestandteil des Rechts auf einen angemessenen Lebensstandard sind, zeigen: So kann etwa die Verwirklichung des Rechts auf Wohnen in der einen Gesellschaft mehr Wohnfläche oder andere Wohnformen erfordern als in einer anderen.

In den juristischen Dokumenten wurde bewusst auf eine Definition des Terminus ›angemessener Lebensstandard‹ verzichtet, da der Wandelbarkeit und dem Fortschritt des Lebensstandards Rechnung getragen werden sollte (vgl. Eide/Krause/Rosas 2001); es wurden somit nur einzelne inhaltliche Bestandteile des Rechts auf einen angemessenen Lebensstandard genannt. Dennoch ist es wichtig zu betonen, dass die speziellen Rechte auf Nahrung, Wohnen und Bekleidung das Recht auf einen angemessenen Lebensstandard nicht erschöpfen. Zum einen kann zur Teilhabe am Leben einer Gesellschaft mehr erforderlich sein als die Sicherung der genannten Rechte, und zum anderen ist die Ausbuchstabierung dieser Rechte häufig stärker an der grundlegenden Subsistenz als an der vollwertigen oder mindestens menschenwürdigen Teilhabe als Bürger einer Gesellschaft orientiert.

Stand der völkerrechtlichen Institutionalisierung

Art. 25, Abs. 1 AEMR; Art. 11, Abs. 1 ICESCR; Art. 14, Abs. 2 h CEDAW; Art. 27 CRC; Art. 28, Abs. 1 CRPD, Art. 4 Europäische Sozialcharta.

Literatur

Copp, David: »The Right to an Adequate Standard of Living«. In: *Social Philosophy and Policy* 9/1 (1992), 231–261.

Eide, Asbjoern/Krause, Catarina/Rosas, Allan (Hg.): *Economic, Social and Cultural Rights: A Textbook*. Dordrecht/Boston/London 2001.

Engbruch, Katharina: *Das Menschenrecht auf einen angemessenen Lebensstandard. Ernährung, Wasser, Bekleidung und Energie als Elemente des Art. 11 (1) IPWSKR*. Frankfurt a. M. 2008.

Jones, Peter: »Universal Principles and Particular Claims: from Welfare Rights to Welfare States«. In: Allen Ware/Robert Goodin (Hg.): *Needs and Welfare*. London 1990, 34–53.

Sen, Amartya: *Der Lebensstandard*. Hamburg 2000.

Barbara Schmitz

2. Freiheitsrechte

2.1 Folterverbot

Menschenrechtlicher Grundanspruch

Die Praxis der Folter gehört zu jenen elementaren Unrechtserfahrungen bzw. Gefährdungen des Individuums, die der gesamten Menschheit ohne Rücksicht auf kulturelle, wirtschaftliche und politische Besonderheiten gemeinsam sind. Ihr Verbot, in langen Entwicklungsprozessen mühsam errungen und von den Mitgliedern der internationalen Gemeinschaft je kulturspezifisch angeeignet, erhebt deshalb besonderen Universalitätsanspruch, gehört als ›core right‹ zum zwingenden Völkerrecht (*ius cogens*) und findet sich nicht nur in Art. 5 der Allgemeinen Erklärung der Menschenrechte (AEMR) und Art. 7 des Zivilpakts ICCPR (*International Covenant on Civil and Political Rights*), sondern auch in allen regionalen Menschenrechtskonventionen, ebenso in Art. 4 der EU-Grundrechtecharta. Ein menschenwürderadiziertes Völkerrecht – die Präambel der UN-Charta bekennt ausdrücklich ihren Glauben »an Würde und Wert der menschlichen Persönlichkeit« – kann die vollständige Degradierung des Individuums vom handelnden Subjekt zum erleidenden Objekt nicht hinnehmen (Borowsky 2011, Art. 4 Rn. 1). Schon vor der anthropozentrischen Wende nach 1945 hat das humanitäre Völkerrecht, auch in vielerlei anderer Hinsicht ›Geburtshelfer‹ des modernen völkerrechtlichen Menschenrechtsschutzes, die Forderung erhoben, Kriegsgefangene sollten »mit Menschlichkeit behandelt werden« (*Haager Landkriegsordnung* von 1907, Anhang Art. 4).

Während die universellen und regionalen Übereinkommen den Folterbegriff (bewusst) offen lassen, schlägt Art. 1 Abs. 1 UN-Antifolterkonvention (CAT; s. Kap. III.9.3) eine Legaldefinition vor. Ihr entsprechend meint Folter das vorsätzliche Zufügen schweren physischen und psychischen Leidens durch einen Hoheitsträger (staatliche Organe) oder jedenfalls mit dessen Zustimmung. Zudem muss das ›Leiden‹ einen spezifischen Zweck verfolgen (z. B. Erpressung eines Geständnisses, Einschüchterung, Nötigung, Bestrafung, Diskriminierung) und darf nicht lediglich die unvermeidbare Folge aus einer gesetzlich zulässigen Sanktion sein. Die Folterkonvention ist damit enger gefasst als die universellen und regionalen Menschenrechtspakte, da Letztere – unter Rückgriff auf die staatliche Schutzpflichtendimension – auch Formen privater Folter ausschließen. Trotz des in seinem Kern universellen Geltungsanspruchs des Folterverbotes ergeben sich hinsichtlich spezifischer Ausprägungsformen (kulturelle) Relativierungen, etwa im Hinblick auf Körperstrafen in islamischen Rechtsordnungen oder besondere Praktiken der Todesstrafe (etwa in den USA). Auch in Sachen Folterprävention stößt eine universelle Kultur der Menschenrechte noch an ihre Grenzen; zugleich zeugen die immer dichter gewirkten völkerrechtlichen Schutzstandards aber von einer Universalisierungsdynamik, die auch der weltweite Kampf gegen den Terror und die Praxis in ›Guantanamo Bay‹ (Maierhöfer 2008, 451 ff.) nicht aufhalten konnten.

Interpretationen und Streitfragen

Das Folterverbot wirkt absolut und duldet auch im Kriegs- oder Ausnahmezustand keine Derogation (vgl. etwa Art. 4 ICCPR, Art. 15 EMRK oder Art. 27 der *Amerikanischen Menschenrechtskonvention* ACHR). Es lässt sich im Sinne einer dreifachen Pflichtendimension strukturieren (Kälin/Künzli 2008, 377 ff.). Als klassische Unterlassungspflicht richtet es sich im Status-negativus-Verhältnis gegen alle staatlichen Akteure bzw. sonstigen Träger hoheitlicher Gewalt. Darüber hinaus formt es eine Schutzpflicht aus, die Hoheitsträger dazu verpflichtet, alle Formen von Folter durch Private sowohl de iure als auch de facto zu unterbinden. Schließlich folgen aus dem Folterverbot Gewährleistungspflichten, die staatliche Akteure etwa bei der Ausgestaltung der Strafverfolgung, des staatlichen Gewahrsams oder des Auslieferungsrechts binden. Eine besonders wichtige Gewährleistungspflicht resultiert aus dem Prinzip des *non-refoulement*. Ihm zufolge dürfen

Personen nicht unter Zwang in einen Staat überstellt werden, in dem sie in straf- oder flüchtlingsrechtlich relevanter Weise Folter oder unmenschliche Behandlung zu gewärtigen haben. So wirkt das Folterverbot einerseits präventiv, fordert im Falle seiner Verletzung andererseits Wiedergutmachung.

Auf Tatbestandsseite gilt es darüber hinaus, zwischen Folter, unmenschlicher und erniedrigender Behandlung – der ICCPR spricht darüber hinaus von grausamer Behandlung – zu differenzieren. Als Abgrenzungskriterium bietet sich einmal die Intensität des Eingriffs bzw. der Grad der demütigenden Stigmatisierung an (sog. Stufentheorie, vgl. EGMR, Ireland vs. The United Kingdom, A/25 (1978), Ziff. 167, dazu auch Kälin/Künzli 2008, 365 ff.). Von quantitativen Kriterien gelöste und deshalb dem Normtelos besser dienende Ergebnisse liefert die Zwecktheorie. Sie fragt, ob die unmenschliche Behandlung – so der allgemeinere Oberbegriff – vorsätzlich und mit einer der in Art. 1 UN-Antifolterkonvention genannten Zielrichtungen begangen wird. Das ist insbesondere dann der Fall, wenn die Willensfreiheit einer Person gebrochen werden soll (EGMR, Aktas vs. Turkey, Reports 2003-V, Ziff. 313 ff.; weitere Leitentscheidungen des Straßburger Gerichtshofs bei Borowsky 2011, Art. 4 Rn. 14, Fn. 479). Im Verhältnis zur unmenschlichen ist die erniedrigende Behandlung eine jedenfalls schwächere Form. Hier genügt es, dass spezifische Ängste geweckt und Minderwertigkeitsgefühle ausgelöst werden sollen.

Trotz dieser Konkretisierungsbemühungen bleiben die Tatbestandsmerkmale insgesamt noch weithin abstrakt. Internationale Instanzen haben sie denn auch in einer durchaus kasuistischen Vorgehensweise zu konturieren und dabei stets den besonderen Gefährdungslagen des Individuums Rechnung zu tragen versucht. So gelten als Folter z. B. schwerste Misshandlung in Haft und Verhör (etwa das ›Palestinian Hanging‹, bei dem das Opfer an seinen auf dem Rücken zusammengebundenen Armen nackt aufgehängt wird), die Aussageerpressung oder die Vergewaltigung durch staatliche Organe in Haft oder sonstiger Internierung. Auch rein psychische Misshandlungen können Folter sein, wenn unter Ausnutzung entsprechender psychischer Zwangslagen Widerstand gebrochen werden soll (Gewaltandrohung während eines Verhörs, eventuell auch die Praxis des ›Verschwindenlassens‹ von Personen, Kälin/Künzli 2008, 368 f.; Borowsky 2011, Art. 4 Rn. 13, spricht plastisch von »geschundene[n] Körper[n], zerrissene[n] Seelen«). Zu unmenschlicher Behandlung und Strafe zählen etwa spezifische Haftbedingungen in der Todeszelle (das sog. ›Death-Row-Phenomenon‹, dazu Hudson 2000, 833 ff.), die Todesstrafe nach einem unfairen Prozess, die Gewaltanwendung während Haft (unterhalb der Folterschwelle oder ohne Folterintention), die Haft ohne Nahrung und Wasser oder die zwangsweise Verabreichung von Brechmitteln. Körperstrafen werden selbst dann für unmenschlich gehalten, wenn es sich um gesetzlich vorgeschriebene strafrechtliche Sanktionen handelt. Unmenschlich sind auch die lang andauernde Isolationshaft (Irmscher 2007, 135 ff.), manche Formen der Exekution (Steinigung, Hinrichtung in der Gaskammer). Die Todesstrafe als solche gilt nicht als unmenschliche Behandlung; sie ist mittlerweile völkerrechtlich zwar vielfach, aber längst noch nicht umfassend geächtet und auch in freiheitlichen Demokratien wie den USA gängige Praxis. Indes kann eine lebenslange Haftstrafe unmenschlich sein, wenn keine Chance auf vorzeitige Haftentlassung besteht. Ob das ›Waterboarding‹ zur Folter rechnet, ist umstritten, bei entsprechender Finalität aber zu bejahen, ansonsten als unmenschliche Behandlung zu qualifizieren. Beispiele für eine ›lediglich‹ erniedrigende Behandlung geben Körpervisitationen durch andersgeschlechtliche Personen oder eine zwangsweise Kopfrasur. Abzulehnen ist aufgrund der hohen Missbrauchsgefahr die jüngst diskutierte präventive ›Rettungsfolter‹ (EGMR – Grand Chamber, Saadi vs. Italy, 37201/06 (2008), insbes. Ziff. 137 ff.; EGMR, *Europäische Grundrechte Zeitschrift* 2008, 466 – Gäfgen; anders Brugger 2000, 165 ff.).

Stand der völkerrechtlichen Institutionalisierung

Das Folterverbot gehört zu den völkerrechtlich am intensivsten normativierten Menschenrechtsstandards. Ihm ist eine eigenständige UN-Konvention, das *Übereinkommen gegen Folter und andere grausame, unmenschliche oder erniedrigende Behandlung oder Strafe* vom 10. Dezember 1984 gewidmet. Vorher war es schon in Art. 5 AEMR, Art. 26 der *American Declaration on the Rights and Duties of Man* und in Art. 7 ICCPR geregelt. Das humanitäre Völkerrecht ist besonders reich an folterrelevanten Verbotsregelungen. Hierzu rechnen neben Art. 4 Anhang zur *Haager Landkriegsordnung* von 1907 insbesondere der gemeinsame Art. 3 der vier *Genfer Konventionen* (1949), Art. 13 f., 17, 87, 89 und 99 der *Dritten Genfer Konvention*, Art. 27, 31 f., 37, 100, 118 f. der *Vierten Genfer Konvention* sowie Art. 11 und 75 des Ersten Zusatzprotokolls, schließlich Art. 4 des Zweiten Zusatzprotokolls zu den *Genfer Konventionen*. Die Kinderrechtskonvention enthält in Art. 37, das *Übereinkommen über die Rechte von Menschen mit Behinderungen* in Art. 15 spezifische Folterverbote.

Weiterhin ist die Folter völkerstrafrechtlich sanktioniert. Gemäß Art. 7 Abs. 1 lit. f des Statuts des Internationalen Strafgerichtshofs (International Criminal Court; ICC, dt. IStGH) ist sie als ein »Verbrechen gegen die Menschlichkeit« zu qualifizieren, wenn sie »im Rahmen eines ausgedehnten oder systematischen Angriffs gegen die Zivilbevölkerung und in Kenntnis des Angriffs begangen« wird. Gemäß der Legaldefinition aus Art. 7 Abs. 2 lit. e IStGH-Statut setzt Folter voraus, »dass einer im Gewahrsam oder unter der Kontrolle des Beschuldigten befindlichen Person vorsätzlich große Schmerzen oder Leiden zugefügt werden«. Ausdrücklich nicht umfasst sind solche »Schmerzen oder Leiden, die sich lediglich aus gesetzlich zulässigen Sanktionen ergeben, dazu gehören oder damit verbunden sind«. Unter den Voraussetzungen von Art. 8 Abs. 2 lit. a (ii) und lit. c (i) IStGH-Statut stellt Folter ein Kriegsverbrechen dar. Vergleichbare Regelungen finden sich in Art. 2 lit. b und 5 lit. f ICTY-Statute für das Jugoslawien-Tribunal, in Art. 3 lit. f und 4 lit. a ICTR-Statute für das Ruanda-Tribunal. Insgesamt könnte das Netzwerk an Bestimmungen zur Verhinderung und zum Verbot von Folter auf universeller Ebene dichter kaum sein (Schilling 2004, 59; Borowsky 2011, Rn. 3).

Jenseits aller vertraglichen Institutionalisierung gehört das Folterverbot überdies zum universellen Völkergewohnheitsrecht und zum *ius cogens*. Mit Blick auf das Erstere zeugen zahlreiche Resolutionen der UN-Generalversammlung von einer entsprechenden *opinio iuri*s, mit Blick auf das Letztere kann die Menschenwürde als vorrechtliche Prämisse gelten.

Literatur

Borowsky, Martin: Kommentierung zu Art. 4 EU-Grundrechtecharta. In: Jürgen Meyer (Hg.): *Charta der Grundrechte der Europäischen Union*. 3. Aufl. Baden-Baden 2011.

Brugger, Winfried: »Vom unbedingten Verbot der Folter zum bedingten Recht auf Folter?« In: *Juristen-Zeitung* 55/4 (2000), 165–216.

Bruha, Thomas/Steiger, Dominik: *Das Folterverbot im Völkerrecht*. Stuttgart 2006.

Cassese, Antonio (Hg.): *The International Fight against Torture*. Baden-Baden 1991.

Hudson, Patrick: »Does the Death Row Phenomenon Violate a Prisoners's Human Rights under International Law?« In: *European Journal of International Law* 11/4 (2000), 833–856.

Irmscher, Tobias H.: »Einzelhaft und Folterverbot – Die Carlos-Entscheidung des EGMR«. In: *Europäische Grundrechte Zeitschrift* 34. Jg. (2007), 135–141.

Kälin, Walter/Künzli, Jörg: *Universeller Menschenrechtsschutz*. 2. Aufl. Basel 2008.

Khan, Paul W.: *Sacred Violence: Torture, Terror, and Sovereignty*. Ann Arbor 2008.

Maierhöfer, Christian: »Die Guantanamo-Rechtsprechung des U.S. Supreme Court zum Anspruch ›feindlicher Kämpfer‹ auf richterliche Haftprüfung«. In: *Europäische Grundrechte Zeitschrift* 35. Jg. (2008), 449–452.

Nowak, Manfred/McArthur, Elizabeth: *The United Nations Convention Against Torture. A Commentary*. New York 2008.

Stein, Alexander: *Das Verbot der Folter im nationalen und internationalen Recht*. Hamburg 2007.

Weilert, Anja Katarina: *Grundlagen und Grenzen des Folterverbotes in verschiedenen Rechtskreisen. Eine Analyse anhand der deutschen, israelischen und pakistanischen Rechtsvorschriften vor dem Hintergrund des jeweils historisch-kulturellen Verständnisses der Menschenwürde*. Berlin/New York 2009.

Markus Kotzur

2.2 Sklavereiverbot

Menschenrechtlicher Grundanspruch

Der Kampf gegen die Sklaverei, die zu den schlimmsten ›menschheitlichen‹ Unrechtserfahrungen von universellem Charakter gehört, hat im Völkerrecht eine lange Geschichte (für eine weit ausgreifende Übersicht: Marauhn 2006, Kap. 12, Rn. 1). Sie geht zurück bis auf den Wiener Kongress und die Zusatzartikel des von Frankreich und England unterzeichneten Friedensvertrages von Paris (30. Mai 1814). Die Sklaverei hatte im Zeitalter der Entdeckungen – nicht zuletzt unter dem Deckmantel der Christianisierung Afrikas und der Neuen Welt – eine Blütezeit erlebt. Die Philosophen der Aufklärung verdammten zwar den Sklavenhandel, in den USA fand er aber erst als Konsequenz des Bürgerkrieges 1865 sein Ende. Im Laufe des 19. Jahrhunderts kam es zu bi- und multilateralen völkerrechtlichen Verträgen, die den Sklavenhandel einzudämmen suchten. Unter dem Regime des Völkerbundes gelang 1926 erstmals ein umfassendes Abkommen gegen Sklaverei und Sklavenhandel. Mit der »Anerkennung der angeborenen Würde und der gleichen und unveräußerlichen Rechte aller Mitglieder der Gemeinschaft der Menschen« (Präambel der AEMR, 1. Passus) war schließlich ein endgültiger Paradigmenwechsel verbunden: von der völkerrechtlichen Regulierung der Sklaverei und des Sklavenhandels hin zu deren vollständigem Bann. Der Internationale Gerichtshof (ICJ – International Court of Justice) hat daraus in seiner berühmten Barcelona-Traction-Entscheidung (1970 ICJ Reports, S. 32 Rn. 34) die unmissverständliche Konsequenz gezogen und den Schutz vor Sklaverei zu jenen elementaren, *erga omnes* wirkenden Grundpflichten gerechnet, die die Menschheit als solche treffen. Heute ist die Sklaverei als die gravierendste Form ökonomischer Ausbeutung des Menschen durch zwingendes Völkerrecht (*ius cogens*) gebannt.

Interpretationen und Streitfragen

Sklaverei im engen Wortsinne bezeichnet eine Rechtsbeziehung, bei der eine Person im sachenrechtlichen Eigentum einer anderen steht und dadurch ihre Rechtsfähigkeit vollständig verliert. Sie kommt heute in der Praxis kaum mehr vor. Gleiches gilt für die Leibeigenschaft im engeren Sinne. Anders als Sklaven verlieren Leibeigene ihre Rechtsfähigkeit nicht gänzlich. Sie sind aber verpflichtet, auf einem bestimmten, einer anderen Person gehörenden Grundstück zu leben und zu arbeiten, sei es entgeltlich oder unentgeltlich, ohne ihre abhängige Stellung selbständig ändern zu können (vgl. Art. 1 lit. b Sklavereizusatzübereinkommen). Wenn und wo faktisch Individuen heute in vergleichbarer Weise rechtlos gestellt und wirtschaftlich ausgebeutet werden, sprechen internationale Instanzen wie der UN-Menschenrechtsrat von ›modernen Formen der Sklaverei‹. Dazu rechnen der Frauenhandel (bei entsprechender Intention auch Zwangsehen), der Kinderhandel, der Menschenhandel insgesamt (dazu etwa das Übereinkommen des Europarates zur Bekämpfung des Menschenhandels vom 16. Mai 2005, Borowsky 2011, Art. 5 Rn. 40) die sexuelle Sklaverei (Zwangsprostitution), die Zwangsrekrutierung von Kindersoldaten und alle anderen Praktiken, die den Verlust der Rechtssubjektivität, das heißt die völlige Aufhebung der Rechts- und Vermögensfähigkeit bedeuten.

Wie das Folter- ist auch das Sklavereiverbot notstandsfest. Neben dem klassisch freiheitsrechtlichen Status negativus im Staat-Bürger-Verhältnis entfaltet das Sklavereiverbot Horizontalwirkung. Sklaverei darf nicht Rechtsinstitut der innerstaatlichen Rechtsordnung werden. Vielmehr ist der Staat neben seiner Unterlassungspflicht im Rahmen seiner Schutzpflicht gehalten, alle Sklavereiformen oder sklavereiähnlichen Praktiken durch Private effektiv zu unterbinden. Eine Gewährleistungspflicht trifft ihn im Hinblick auf Wiedergutmachungsleistungen sowie die vollständige Rehabilitation und Reintegration der Opfer (Kälin/Künzli 2008, 477). Abzugrenzen ist Sklaverei schließlich von allen Formen der Zwangs- und Pflichtarbeit, für die eine Person sich zwar nicht freiwillig zur Verfügung gestellt hat und die unter Androhung von Strafe verlangt wird, die aber dennoch keine totale Degradierung der Person vom Rechtssubjekt zum bloßen Objekt bedeutet.

Stand der völkerrechtlichen Institutionalisierung

Das Sklavereiverbot, häufig kontextualisiert mit dem Verbot der Leibeigenschaft, auch mit dem Verbot der Zwangsarbeit, hat im Völkervertragsrecht außerordentlich intensive normative Verdichtung erfahren. Das Sklavereiabkommen vom 25. September 1925, ergänzt um das Zusatzabkommen vom 7. September 1956 über die »Abschaffung der Sklaverei, des Sklavenhandels und sklavereiähnlicher Einrichtungen und Praktiken«, steht für eine frühe universelle Regelung. Einen nicht minder universellen, nunmehr menschenrechtlich ausbuchstabierten Anspruch erheben Art. 4 AEMR, Art. 6 bis 8 ICCPR und Art. 8 ICESCR. Vergleichbare Regelungen enthalten darüber hinaus Art. 32 sowie Art. 34 bis 36 der Kinderrechtskonvention, Art. 11 der *Internationalen Konvention zum Schutz der Rechte aller Wanderarbeitnehmer und ihrer Familienangehörigen* und Art. 16 und Art. 27 Abs. 2 der Behindertenrechtskonvention. Das Sklavereiverbot gehört weiterhin zu den »Verbrechen gegen die Menschlichkeit«, die das Römische Statut des Internationalen Strafgerichtshofs (ICC) in Art. 7 Abs. 1 lit. c (»Versklavung«) und lit. g (»sexuelle Sklaverei«) konkretisiert. Ferner zählt »sexuelle Sklaverei« zu den in Art. 8 Abs. 2 lit. b (xxii) und lit. e (vi) ICC-Statut pönalisierten Kriegsverbrechen. Auch das regionale Völkervertragsrecht hält bis hin zur *Arabischen Charta der Menschenrechte* reichhaltige Normierungen vor: Art. 4 EMRK, Art. 1 Nr. 2 ESC (Europäische Sozialcharta), Art. 6 ACHR, Art. 5 ACHPR, Art. 10 Abs. 1 ArCMR. Für die EU ist mit dem Vertrag von Lissabon das Verbot der Sklaverei und der Zwangsarbeit aus Art. 5 EU-Grundrechtecharta verbindlich geworden. Das Verbot der Sklaverei ist völkergewohnheitsrechtlich anerkannt und gehört schließlich zu jenem Kernbestand elementarer Menschenrechte, die zu zwingendem Völkerrecht (*ius cogens*) erstarkt sind.

Literatur

Alston, Philip (Hg.): *Labour Rights as Human Rights*. Oxford 2005.

Borowsky, Martin: Kommentierung zu Art. 5 EU-Grundrechtecharta. In: Jürgen Meyer (Hg.): *Charta der Grundrechte der Europäischen Union*. 3. Aufl. Baden-Baden 2011.

Delacampagne, Christian: *Die Geschichte der Sklaverei*. Düsseldorf 2004.

Fernandes Dias, Maria Suzette (Hg.): *Legacies of Slavery. Comparative Perspectives*. Newcastle 2009.

Lachs, Manfred: »Slavery: The Past and the Present«. In: Astrid J. M. Delissen/Gerard J. Tanja (Hg.): *Humanitarian Law of Armed Conflict. Challenges Ahead. Essays in Honour of Frits Kalshoven*. Dordrecht/Boston/London 1991, 613–628.

Marauhn, Thilo: »Verbot der Sklaverei und der Zwangsarbeit«. In: Rainer Grote/Ders. (Hg.): *EMRK/GG. Konkordanzkommentar zum europäischen und deutschen Grundrechtsschutz*. Tübingen 2006, Kap. 12, 535–557.

Scarpa, Silvia: *Trafficking in Human Beings. Modern Slavery*. Oxford 2008.

Skinner, E. Benjamin: *Menschenhandel. Sklaverei im 21. Jahrhundert*. Bergisch Gladbach 2008.

Zoglin, Kathryn: »United Nations Actions Against Slavery: A Critical Evaluation«. In: *Human Rights Quarterly* 8. Jg. (1986), 306–339.

Markus Kotzur

2.3 Freiheit und Sicherheit der Person

Menschenrechtlicher Grundanspruch

Sowohl Art. 9 Abs. 1 S. 1 ICCPR als auch Art. 5 Abs. 1, S. 1 EMRK gewährleisten jeder Person ein Recht auf Freiheit und Sicherheit. Art. 6 EU-Grundrechtecharta formuliert diesem Vorbild folgend: »Jeder Mensch hat das Recht auf Freiheit und Sicherheit«. Die Normen knüpfen dabei an das klassische Habeas-corpus-Denken an und kontextualisieren zugleich das prekäre Verhältnis von Freiheit und Sicherheit. Ihrem Verfassungsziel aus Art. 3 Abs. 2 EUV (EU-Vertrag, Fassung Lissabon) entsprechend, will die Europäische Union ihren Bürgerinnen und Bürgern ein »Raum der Freiheit, der Sicherheit und des Rechts« sein; im weltweiten Kampf gegen den Terror sind elementare Freiheitsrechte durch umfassende Risikopräventionsstrategien herausgefordert. So wie der freiheitliche Verfassungsstaat denken indes auch die Menschenrechtsverträge Sicherheit primär von der Freiheit her. Sicherheit verstehen sie weniger als umfassenden Schutz, den eine politische

Gemeinschaft ihren Bürgerinnen und Bürgern für die Erhaltung ihrer Person, ihrer Rechte und ihres Eigentums gewährt (Art. 8 der Französischen Menschenrechtserklärung der Saint-Just-Verfassung von 1793, dazu Schilling 2004, 68), denn als Rechtssicherheit gegenüber den Trägern hoheitlicher Gewalt. Dieses engere Konzept der ›Sicherheit der Person‹ ist von einem umfassenderen ›Grundrecht auf Sicherheit‹ zu unterscheiden (vgl. Isensee 1983; Robbers 1987). Allerdings darf nicht übersehen werden, dass bei einer Bedrohung von Leib und Leben der Person eine (staatliche) Schutzpflichtendimension greift, deren Grenzen (vom Schutz ungeborenen Lebens über die Beschränkung von Umweltrisiken bis hin zur Terror-Prävention) nur schwer zu bestimmen sind.

Das Recht auf Freiheit im engeren Sinne meint den Schutz vor Freiheitsentziehung. Es ist vom Schutz vor Freiheitsbeschränkungen im weiteren Sinne, dem Freizügigkeitsrecht, zu unterscheiden. Art. 5 Abs. 1 EMRK lit. a bis f formuliert einen typischen Katalog rechtmäßiger Freiheitsentziehungsmaßnahmen teils präventiver, teils repressiver Art. Die *Gesetzmäßigkeit* der Freiheitsentziehung ist ein unverzichtbares Element materieller Rechtsstaatlichkeit. Die entsprechenden Verbürgungen im universellen und regionalen Völkerrecht bilden deshalb ihrerseits wesentliche Normbausteine einer im Werden begriffenen »international rule of law«. Jede gesetzliche Grundlage, die Freiheitsentziehung legitimiert, muss zugänglich und hinreichend bestimmt sein, Willkür ausschließen und dem Verhältnismäßigkeitsprinzip Genüge tun (Schilling 2004, 72). Zum Recht auf Freiheit zählen auch die Rechte festgenommener Personen: die unverzügliche Mitteilung des Festnahmegrundes in einer dem Festgenommenen verständlichen Sprache; das Recht auf konsularischen Beistand bei Festnahmen im Ausland (Art. 36 Abs. 1 b des *Wiener Konsularrechtsübereinkommens* WUK); spezifische Rechte von Untersuchungsgefangenen; das Recht auf Haftprüfung. Besonders strengen Anforderungen unterliegt die Freiheitsentziehung bei Minderjährigen (z. B. überwachte Erziehung) oder bei psychisch Kranken. Eine (nachträgliche) Sicherungsverwahrung ist unter restriktiven Voraussetzungen ebenfalls möglich (dazu die hoch umstrittene Entscheidung des EGMR in *Europäische Grundrechte Zeitschrift* 37. Jh. [2010] 25 ff., die der bisherigen deutschen Gesetzeslage und Praxis eine Absage erteilt). Die im Kampf gegen den Terror entwickelte Kategorie der ›feindlichen Kämpfer‹, denen weder die prozessualen Schutzstandards des Rechtsstaates noch der Kriegsgefangenenstatus nach humanitärem Völkerrecht zugutekommen sollten, kann den strengen an freiheitsentziehende Maßnahmen anzulegenden Kriterien nicht genügen (so auch der U. S. Supreme Court in Lakhdar Boumediene vs. George Bush, Urteil vom 12. Juni 2008, *Europäische Grundrechte Zeitschrift* 35. Jg. [2008], 505 ff.). Neben staatlichen Unterlassungs- umfasst das Freiheitsrecht auch staatliche Schutzpflichten. Im weiteren Sinne dienen auch prozessuale Garantien im Strafverfahren dem Recht auf Freiheit der Person. Ein alle Risikosphären umfassendes Grundrecht auf Sicherheitsvorsorge liefe indes der für den Verfassungsstaat konstitutiven Präponderanz der Freiheit zuwider.

Stand der völkerrechtlichen Institutionalisierung

Die Art. 9, 10 und 11 AEMR sind Ausdruck klassischer Habeas-corpus-Rechte. Sie garantieren den Schutz vor willkürlicher Haft und Ausweisung, den Anspruch auf rechtliches Gehör und die Unschuldsvermutung. Weiter ausgeformt und von völkerrechtlichem *soft law* in bindendes Vertragsrecht übersetzt werden diese Rechte in Art. 9, 10, 14 ICCPR. Die Verbindung zur Menschenwürde stellt Art. 10 Abs. 1 ICCPR her, wenn er jedem, »dem seine Freiheit entzogen ist«, zusagt, »menschlich und mit Achtung vor der dem Menschen innewohnenden Würde« behandelt zu werden. Art. 14 ICCPR enthält differenzierte Justizgrundrechte. Das regionale Völkervertragsrecht konkretisiert die universellen Garantien. Zu nennen sind Art. 5 (Freiheit und Sicherheit der Person) und 6 (*fair trial*) EMRK, auch Art. 2 bis 4 des 7. Zusatzprotokolls zur EMRK sowie Art. 7 bis 9 ACHR, Art. 6 und 7 ACHPR, Art. 12 bis 20 ArCMR. Auf Art. 6 EU-Grundrechtecharta wurde bereits verwiesen. Welche (prozessualen) Garantien mit Blick auf die Freiheit und Sicherheit der Person zu Völkergewohnheitsrecht erstarkt sind, ist umstritten. Es kann aber wohl für die Unschuldsvermutung mit ihren freiheitsrechtlichen Konsequenzen gelten (vgl. Kälin/Künzli 2008, 79).

Literatur

Bingham, Tom: »Personal Freedom and the Dilemma of Democracies«. In: *International and Comparative Law Quarterly* 52. Jg. (2003), 841–858.

Bernsdorff, Norbert: Kommentierung zu Art. 6 EU-Grundrechtecharta. In: Jürgen Meyer (Hg.): *Charta der Grundrechte der Europäischen Union*. 3. Aufl. Baden-Baden 2011.

Calliess, Christian: »Gewährleistung von Freiheit und Sicherheit im Lichte unterschiedlicher Staats- und Verfassungsverständnisse«. In: *Deutsches Verwaltungsblatt* 118. Jg. (2003), 1096–1105.

Häberle, Peter: »Grundrechte im Leistungsstaat«. In: *Veröffentlichungen der Vereinigung der Deutschen Staatsrechtslehrer* 30. Jg. (1972), 43–141.

Isensee, Josef: *Das Grundrecht auf Sicherheit. Zu den Schutzpflichten des freiheitlichen Verfassungsstaates.* Berlin/New York 1983.

Kälin, Walter/Künzli, Jörg: *Universeller Menschenrechtsschutz*. 2. Aufl. Basel 2008.

Robbers, Gerhard: *Sicherheit als Menschenrecht. Aspekte der Geschichte, Begründung und Wirkung einer Grundrechtsfunktion.* Baden-Baden 1987.

Rodley, Nigel: *The Treatment of Prisoners under International Law.* 3. Aufl. Oxford 2009.

Schilling, Theodor: *Internationaler Menschenrechtsschutz.* Tübingen 2004.

Trechsel, Stefan: »Liberty and Security of Person«. In: Ronald St. J. Macdonald/Franz Matscher/Herbert Petzold (Hg.): *The European System for the Protection of Human Rights.* Dordrecht u. a. 1993, 277–344.

–: *Human Rights in Criminal Proceedings.* Oxford 2005.

Markus Kotzur

2.4 Freizügigkeit

Menschenrechtlicher Grundanspruch

Die Freizügigkeitsidee fand erstmals 1215 in Art. 41/42 der *Magna Charta Libertatum* Erwähnung. Die Französische Menschenrechtserklärung von 1789 wertet sie – ohne eigenständige Erwähnung – als Teil des allgemeinen Freiheitsrechts aus Art. 4. Das Recht, sich im eigenen Land ohne unzumutbare Beschränkungen frei zu bewegen, insbesondere frei über seinen Wohnsitz zu entscheiden, ist grundlegend für die selbstbestimmt freie Entfaltung der Persönlichkeit (Kälin/Künzli 2008, 546). Der völkerrechtliche Bezugsrahmen ist aber noch weiter gefasst. Hier geht es auch um das Recht, das eigene Land verlassen zu dürfen (Reisefreiheit, Recht auf einen Pass, Recht zur Emigration, dem indes kein Recht auf Immigration korrespondiert) sowie um spezifische migrations- und flüchtlingsrechtliche Schutzstandards. Ein eigenes Einreise- oder Aufenthaltsrecht für Nicht-Staatsangehörige existiert nicht; die territoriale Souveränität gibt den Staaten diesbezüglich weitgehende Ausgestaltungsspielräume. Innerhalb regionaler Verantwortungsgemeinschaften nach dem Vorbild der EU können sich die Mitgliedstaaten auch territorial öffnen und ihre Souveränität relativieren. Die Freizügigkeit innerhalb des Binnenmarktes und die allgemeine Unionsbürgerfreizügigkeit (Art. 21 AEUV) sind die gemeinschaftsrechtlichen Ausprägungsformen eines transnationalen Freizügigkeitsrechts. Sie finden auch in Art. 45 der EU-Grundrechtecharta Ausprägung. Bilaterale Verträge, z.B. über wechselseitige Visafreiheit oder Niederlassungsfragen, sind die entsprechende ›kleine Münze‹.

Interpretationen und Streitfragen

Die staatsinterne Freizügigkeit umfasst eine ganze Skala von Rechten (Giegerich 2006, 1441 ff.): das Recht zum Ortswechsel, die Fortbewegungsfreiheit, die freie Wahl des Aufenthaltsortes, der (Unternehmens-)Niederlassung und der Wohnung. Die grundsätzlich umfassende Ein- und Ausreisefreiheit für eigene Staatsangehörige ebenso wie die begrenzte Einreisefreiheit für Ausländer machen das Freizügigkeitsrecht zu einer grenzüberschreitenden Freiheit. Konsularische und diplomatische Schutzrechte unterfüttern die Freizügigkeit in ihren effektiven Gebrauchsmöglichkeiten (was auf EU-Ebene Art. 46 der *EU-Grundrechtecharta* zum Ausdruck bringt). Unternehmerische Freizügigkeit und freier Vermögenstransfer sind wichtige Folgerechte. Der Schutz vor Ausbürgerung (›Recht auf Heimat‹ und Auslieferung) gehört ebenso zu den Freizügigkeitsrechten wie das Verbot von Zwangsumsiedlung und Vertreibung. Das Freizügigkeitsrecht kann in staatlichen Schutzpflichten resultieren und in beschränktem Umfang Drittwirkung entfalten. Dem weit gefassten Schutzbereich des Freizügigkeitsrechts korrespondieren vielfältige Einschränkungsmöglichkeiten. So rechtfertigen der Schutz der nationalen Sicherheit, der öffentlichen Ordnung, der öffentlichen Gesundheit (Epidemieprävention), der Moral oder der Rechte Dritter Freizügigkeitsbeschränkungen.

Stand der völkerrechtlichen Institutionalisierung

Art. 13 AEMR gibt den Freizügigkeitsstandard vor, der in den Menschenrechtsverträgen teils universelle, teils regionalspezifische Ausgestaltung findet: Jeder hat das Recht, sich innerhalb seines eigenen Staates frei zu bewegen und seinen Aufenthaltsort frei zu wählen. Jeder hat ferner das Recht, jedes Land einschließlich seines eigenen zu verlassen und in sein Land zurückzukehren. Dem korrespondiert Art. 12 ICCPR. Art. 13 ICCPR formuliert Schutzstandards für die Ausweisung von Ausländern. Die *Konvention zum Schutz der Rechte aller Wanderarbeitnehmer und ihrer Familienangehörigen* dient insgesamt einer, indes limitierten, Freizügigkeit der Arbeitnehmer. Die EMRK selbst enthält keine allgemeine Freizügigkeitsgarantie. Die Beratende Versammlung des Europarates reagierte aber auf den Entwurf zum ICCPR und schuf mit Art. 2 des Vierten Zusatzprotokolls eine entsprechende Ergänzung. Art. 22 ACHR, Art. 12 ACHPR und Art. 26 Abs. 1 ArCMR waren insoweit von Anfang an moderner. Freizügigkeitsaspekte finden sich darüber hinaus im Flüchtlingsrecht, im Recht gegen Rassendiskriminierung (z. B. Verbot der Rassendiskriminierung in Wohngebieten), im Asylrecht und nicht zuletzt auch im Antidiskriminierungsrecht. Für die EU sei nochmals auf Art. 45 Grundrechtecharta verwiesen. Ein völkergewohnheitsrechtlich anerkanntes allgemeines Freizügigkeitsrecht existiert demgegenüber nicht.

Literatur

Beyani, Chaloka: *Human Rights Standards and the Free Movement of Persons within States*. Oxford 2000.
Giegerich, Thomas: »Freizügigkeit«. In: Rainer Grote/Thilo Marauhn (Hg.): *EMRK/GG. Konkordanzkommentar zum europäischen und deutschen Grundrechtsschutz*. Tübingen 2006, Kap. 26, 1420–1486.
Hofmann, Rainer: *Die Ausreisefreiheit nach Völkerrecht und staatlichem Recht*. Berlin 1988.
Magiera, Siegfried: Kommentierung zu Art. 45 EU-Grundrechtecharta. In: Jürgen Meyer (Hg.): *Charta der Grundrechte der Europäischen Union*. 3. Aufl. Baden-Baden 2011.
Rossi, Matthias: »Beschränkungen der Ausreisefreiheit im Lichte des Verfassungs- und Europarechts«. In: *Archiv des öffentlichen Rechts* 127. Jg. (2002), 612–654.
Sohn, Louis B./Buergenthal, Thomas (Hg.): *The Movement of Persons across Borders*. Washington, DC 1992.
Strunz, Jan-Henning: *Die Freizügigkeit der Personen in der Europäischen Union*. Münster 2004.
Tomuschat, Christian: »Freizügigkeit nach deutschem Recht und nach Völkerrecht«. In: *Die Öffentliche Verwaltung* (1974), 757–765.
Wollenschläger, Ferdinand: *Grundfreiheit ohne Markt*. Tübingen 2007.

Markus Kotzur

2.5 Schutz des Privatlebens

Menschenrechtlicher Grundanspruch

Unter den liberalen Freiheitsrechten kommt dem Schutz des Privat- und Familienlebens als Ausdruck individueller Selbstentfaltung ein hoher Stellenwert zu. Die US-amerikanische Verfassungsrechtslehre und die Rechtsprechung des U. S. Supreme Court haben ein eigenständiges *right to privacy* ausgeformt. Die völkerrechtlichen Menschenrechtsverträge greifen den Privatheitsschutz differenziert auf. Sie kennen Gewährleistungen hinsichtlich der Privatautonomie, auch des allgemeinen Persönlichkeitsrechts. Die Garantien sind einerseits bezogen auf die individuelle Lebensgestaltung, andererseits auf das Zusammenleben in der Familie. Mit letzterem Aspekt ist die Brücke zur kollektiv-rechtlichen Dimension ebenso wie zu den sozialen und kulturellen Rechten der sogenannten zweiten Generation geschlagen. Traditionsbewusst wertet Art. 23 Abs. 1 ICCPR die Familie als »natürliche Kernzelle der Gesellschaft«. Moderne Überwachungstechnologien (Lauschangriffe, Videoüberwachung, Gendatenbanken, die Speicherung biometrischer Daten etc.) wecken nicht erst seit der mit dem 11. September 2001 verbundenen verstärkten Sicherheitsgesetzgebung die Furcht vor dem ›gläsernen Menschen‹. Das Individuum bedarf besonderer Schutzsphären, in denen es sich frei von hoheitlicher Beeinflussung und Beobachtung entfalten kann. In räumlicher Hinsicht ist der Schutz der Wohnung zu benennen; mit Blick auf die Kommunikationsfreiheit das Brief-, Post- und Fernmelde- bzw. Telekommunikationsgeheimnis. Die grundsätzliche Trennung zwischen ›Privatem‹ und ›Öffentlichem‹ ist für das Verständnis des Privatheitsschutzes nur bedingt von Relevanz, da das Individuum mit privatem Verhalten immer stärker in den öffentlichen Raum drängt (z. B. Internetforen), ohne sich seines Grundrechtsschutzes vollständig zu begeben.

Interpretationen und Streitfragen

Das Recht auf Privatleben umfasst ein ganzes Bündel menschenrechtlicher Garantien. An erster Stelle zu nennen sind Rechte der persönlichen Integrität (einschließlich des sozialen Ansehens und des Schutzes vor Ehrverletzungen), der psychischen Integrität (Schutz vor medizinischen Zwangsmaßnahmen) und der Identität (vom Namensrecht bis hin zur sexuellen Identität). Geschützt sind das Privat- und Familienleben, die Korrespondenz und die Wohnung, aber auch vertrauliche geschäftliche Beziehungen. Weitreichend gestaltet sich der Schutz des Ehe- und Familienlebens. Er schließt etwa das Recht auf Eheschließung und Familiengründung ebenso ein wie das Verbot der Zwangsehe. Hinsichtlich der Kinder gelten Erziehungs- und Umgangsrechte (dazu etwa die Rechtssache Görgülü, EGMR, *Neue Juristische Wochenschrift* 2004, 3397). Das richterrechtlich ausgeformte Grundrecht auf »informationelle Selbstbestimmung« (BVerfGE 65, 1, 42) setzt den modernen Möglichkeiten der Datenerhebung eindeutige Grenzen. Die EU-Grundrechtecharta schreibt es heute in ihrem Art. 8 (Schutz personenbezogener Daten) produktiv fort. Zu den besonderen Streitfällen gehört neben Fragen der sexuellen Orientierung auch das immer wieder eingeforderte Recht auf einen selbstbestimmten Todeszeitpunkt. Der Privatlebensschutz umfasst neben Unterlassungs- und Schutzpflichten (etwa bei Ausgestaltung des Familien- oder Presserechts) auch Gewährleistungspflichten (z. B. im Kindschaftsrecht). Ein Modell für Beschränkungsregelungen bietet etwa Art. 8 EMRK. Alle Einschränkungen sind aber an einem strengen Verhältnismäßigkeitsmaßstab zu messen.

Stand der völkerrechtlichen Institutionalisierung

Völkerrechtlich ist der Privatlebensschutz sowohl als klassisches Freiheitsrecht der sogenannten ersten Generation als auch als soziales und kulturelles Recht der zweiten Generation positiviert. Entsprechende Garantien finden sich in Art. 12 AEMR (Schutz der Privatsphäre), Art. 16 AEMR (Eheschließungsfreiheit und Schutz der Familie), Art. 17 (Privatlebensschutz und Ehrschutz einschließlich des Schutzes der Wohnung und des Schriftverkehrs) und 23 ICCPR (Schutz von Ehe und Familie), Art. 10 ICESCR (Familienschutz einschließlich des Mutterschutzes sowie des »Beistandes« für Kinder und Jugendliche ohne Diskriminierung). Spezifische Kontextualisierung erfährt der Schutz des Privat- und Familienlebens (auch der Eheschließungsfreiheit) in Art. 16 der Kinderrechtskonvention, Art. 5 lit. d (iv) des *Übereinkommens zur Beseitigung jeder Form der Rassendiskriminierung*, Art. 16 des *Übereinkommens über die Beseitigung jeder Form der Diskriminierung der Frau* und Art. 22 und 23 Abs. 2 bis 5 des *Übereinkommens über die Rechte von Menschen mit Behinderungen*. Für die europäische Grundrechtsgemeinschaft bündelt Art. 8 EMRK den Schutz des Privat- und Familienlebens sowie der Wohnung und der Korrespondenz in einem einheitlichen Tatbestand. Das Recht auf Eheschließung ist in Art. 12 EMRK eigenständig verbürgt. Die EU-Grundrechtecharta garantiert in Art. 7 die Achtung des Privat- und Familienlebens; sie kennt mit Art. 9 ein eigenständiges Recht, eine Ehe einzugehen und eine Familie zu gründen; der Schutz personenbezogener Daten ist in Art. 8 eigenständig geregelt. Auch außerhalb Europas ist dem regionalen Völkervertragsrecht der Schutz von Privat- und Familienleben eine vertraute Größe, allerdings mit kulturspezifischen Differenzierungen. Verwiesen sei auf Art. 11 und 17 Abs. 1 ACHR, Art. 18 Abs. 1 und 2 ACHPR sowie Art. 21 ArCMR. Darüber hinausgehendes Völkergewohnheitsrecht existiert nicht.

Literatur

Albers, Marion: *Informationelle Selbstbestimmung*. Baden-Baden 2005.
Alderman, Ellen/Kennedy, Caroline: *The Right to Privacy*. New York 1997.
Bernsdorff, Norbert: Kommentierung zu Art. 6 EU-Grundrechtecharta. In: Jürgen Meyer (Hg.): *Charta der Grundrechte der Europäischen Union*. 3. Aufl. Baden-Baden 2011.
Breitenmoser, Stephan: *Der Schutz der Privatsphäre gem. Art. 8 EMRK*. Basel u. a. 1986.
Cohen-Jonathan, Gerard: »Respect for Private and Family Life«. In: Ronald St. J. Macdonald/Franz Matscher/Herbert Petzold (Hg.): *The European System for the Protection of Human Rights*. Dordrecht 1993, 405–444.
Friedrich, Andreas: *Grundrechtlicher Persönlichkeitsschutz und europäische Privatsphärengarantie*. Baden-Baden 2009.
Maus, Moritz: *Der grundrechtliche Schutz des Privaten im europäischen Recht*. Frankfurt a. M. 2007.
Palm-Risse, Martina: *Der völkerrechtliche Schutz von Ehe und Familie*. Berlin 1990.
Wiederin, Ewald: *Privatsphäre und Überwachungsstaat*. Wien 2003.

Markus Kotzur

2.6 Gewissens, Religions-, Meinungsfreiheit

Menschenrechtlicher Grundanspruch

Die Freiheit in Religionsfragen war Topos des Völkerrechts, lange bevor Amerikanische und Französische Revolution moderne Menschenrechte erkämpft hatten oder sich völkerrechtlicher Menschenrechtsschutz im modernen Sinne entwickeln konnte (Grote 2001, 3). Der Westfälische Frieden (1648) und mit ihm die Geburt des souveränen Staates im modernen Sinne beruhen auf dem Religionsfrieden als territorialem Ordnungsprinzip. Ein Individualrecht auf Religionsfreiheit findet erstmals in Art. 16 der *Virginia Bill of Rights* vom 12. Juni 1776 Niederschlag. Art. 10 der Französischen Menschenrechtserklärung vom 26. August 1789 ist dessen konsequente Fortentwicklung und setzt einen noch stärkeren Akzent auf säkulare Staatlichkeit. Georg Jellinek (1919) hatte die Religionsfreiheit gar als »Urfreiheit« apostrophiert. Religions-, Gewissens-, Gedanken- und Meinungsfreiheit teilen als Grundfreiheiten der »spirituellen und intellektuellen Sphäre« (Kälin/Künzli 2008, 457) nicht nur ein pluralistisches Ideal, sondern betreffen entscheidend die geistigen Entfaltungsmöglichkeiten der menschlichen Persönlichkeit. Sie sind auf die Würde des Menschen bezogen und konstituieren im Wesentlichen mit, was den Einzelmenschen zum freien Individuum macht. Sie nämlich erlauben es diesem Individuum, frei von hoheitlicher Beeinflussung zu glauben, das Gewissen anhand der Kriterien von Gut und Böse zu bilden, zu denken und eine Meinung zu haben (*forum internum*). Sie eröffnen aber auch den Freiraum, Glaubensüberzeugungen nach außen hin zu leben, Gewissensentscheidungen zu befolgen, Gedanken zu äußern und seine Meinung öffentlich zu äußern (*forum externum*). Bei der Religionsfreiheit tritt die korporative Seite hinzu. Im europäischen Verfassungsvergleich sei etwa für die Bundesrepublik Deutschland auf Art. 140 GG in Verbindung mit Art. 137 WRV (*Weimarer Reichsverfassung*) verwiesen (öffentlich-rechtlicher Körperschaftsstatus), für Italien auf Art. 8, für Litauen auf Art. 43 und für Portugal auf Art. 41 ihrer jeweiligen Verfassung, für Österreich schließlich auf Art. 15 des *Staatsgrundgesetzes* (dazu Bernsdorff 2011, Art. 10 Rn. 2). Das Verhältnis von Religionsgemeinschaften zum Staat, europäisch gewendet auch zur Europäischen Union, ist für deren Schutz und deren Teilhabe am öffentlichen Leben entscheidende Voraussetzung und deshalb institutionelle Grundlage eines modernen, menschenrechtlich konzipierten »Religionsverfassungsrechts« (Häberle 1976, 73 ff.).

Interpretationen und Streitfragen

1. Religionsfreiheit: Während die Weltanschauungsfreiheit die rein diesseitige – religionsneutrale oder gar religionsfeindliche – Sinndeutung meint (Weber 2004, 591), schützt die Religionsfreiheit das Individuum in seiner Beziehung zu einem transzendenten Sinn- und Wahrheitsanspruch. Die Religionsfreiheit umfasst eine positive wie eine negative Dimension. Positiv vermittelt sie das Recht, einen Glauben frei zu wählen und das Leben an den Regeln dieses Glaubens zu orientieren. Negativ gewendet bedeutet sie die Freiheit, vor jedweder religiösen Beeinflussung durch Träger hoheitlicher Gewalt bewahrt zu bleiben. Gegenüber einer abschließenden, verbindlichen Definition von Religion und Weltanschauung legen die internationalen Instanzen zu Recht große Zurückhaltung an den Tag. Der Europäische Gerichtshof für Menschenrechte und vorher schon die Kommission wählen z. B. die Umschreibung »coherent view of fundamental problems« (Nachweise bei Walter 2006, Kap. 17 Rn. 36). Dabei darf auch das Selbstverständnis der Schutzadressaten Berücksichtigung finden (Morlok 1993, 392 ff.). Schließlich hat die Religionsfreiheit auch eine korporative Komponente (Status corporativus). Damit ist das Recht gemeint, eine religiöse Vereinigung zu gründen und ihr rechtliche wie tatsächliche Handlungs- und Gestaltungsspielräume zu eröffnen.

Die aktuellen Streitfälle sind nahezu unüberschaubar. Typische Fallgruppen (Weber 2004, 594 ff.) betreffen die Glaubenswerbung (sog. Proselytismusverbote, dazu EGMR A 260-A, § 31 – Kokkinakis vs. Greece; EGMR, Rep. 1998-I, § 54 – Larissis and others vs. Greece), öffentliche Prozessionen (zur Palmsonntagsprozession die in rechtsvergleichender Hinsicht relevante Entscheidung des Schweizer Bundesgerichts BGE 49 I, 134 ff.) oder die Gründung religiöser Vereinigungen (bes. reich ist hier die Rechtsprechung des deutschen Bundesverfassungsgerichts, etwa BVerfGE 102, 370 ff. – Zeugen Jehovas). Hinzu kommen religiöse Symbole in öffentlichen Gebäuden, religiöse Kleidungsvorschriften (insbes. das islamische Kopftuch), der Karikaturenstreit, das Schächten, Arbeitsruhe an religiösen Feiertagen, Vorhalten von (staatlichem) Religionsunterricht, Wehrdienstverweigerung aus religiösen bzw. Gewissensgründen. Besonders spannungsreich gestaltet sich, wie die Beispiele belegen, die Ausgestaltung der Religionsfreiheit in multikulturellen bzw. multireligiösen Gesellschaften (Moscheenbau bei christlicher Mehrheitsgesellschaft, Minarettverbote wie etwa nach der Volksabstimmung vom 29. November 2009 in der Schweiz, dazu Biaggini 2010, 325 ff.). Im Streit, ob das Anbringen von Schulkreuzen in Klassenzimmern mit dem Prinzip religiöser Neutralität des Staates vereinbar ist, gesteht der Europäische Gerichtshof für Menschenrechte den Mitgliedstaaten einen relativ weiten Beurteilungsspielraum zu (EGMR, A 30814/06 – Lautsi vs. Italy). Solange die Interessen der Minderheiten hinreichende Berücksichtigung fänden, dürfe die Mehrheitsreligion mit ihren Symbolen und in ihren kulturellen Bezügen sichtbar gemacht werden. Eine absolute Grenze bildet indes jedweder Versuch staatlicher Indoktrinierung.

Die Religions- und Gewissensfreiheit hat wie die Gedanken- und Meinungsfreiheit eine individualbezogene und eine gemeinschaftsbezogene Stoßrichtung. Dem würdebegabten Individuum sichert sie die geistige Autonomie als Kern des selbstbestimmten Lebens. Für die politische Gemeinschaft gewährleistet sie jenen Pluralismus, dessen die freiheitliche Demokratie als Nährboden bedarf. Hier sei die Leitentscheidung des EGMR in der Rechtssache Kokkinakis (EGMR A 260-A, § 31; dazu auch Walter, Kap. 17 Rn. 11) zitiert:

»As enshrined in Article 9 (art. 9), freedom of thought, conscience and religion is one of the foundations of a democratic society within the meaning of the Convention. It is, in its religious dimension, one of the most vital elements that go to make up the identity of believers and their conception of life, but it is also a precious asset for atheists, agnostics, sceptics and the unconcerned. The pluralism indissociable from a democratic society, which has been dearly won over centuries, depends on it.«

Soweit nur das *forum internum* betroffen ist, gelten die Freiheiten vorbehaltlos und sind notstandsfest (wiederum EGMR, Kokkinakis vs. Greece, A/260-A, 1993, Ziff. 31). Wo sie in das *forum externum* ausgreifen (z. B. Gottesdienst, religiöse Riten und Praktiken, Religionsunterricht und sonstige Formen religiöser Unterweisung, Verweigerung lebenserhaltender Behandlungsmaßnahmen aus religiösen Gründen), finden sie an den Freiheiten der anderen oder den (auf Verfassungsebene verankerten) Wertgrundlagen politischer Gemeinschaften ihre Grenzen und können in Ausnahmesituationen (teilweise) derogiert werden.

2. *Meinungsfreiheit:* Die Meinungsäußerungsfreiheit findet sich schon im Kontext der englischen *Bill of Rights* des Jahres 1689; sie fand auch früh Verknüpfung mit der Pressefreiheit, Letztere von der *Virginia Bill of Rights* (1776) als »Bollwerk der Freiheit« apostrophiert (Nachweise bei Grote/ Wenzel 2006, Kap. 18, Rn. 2). Nationale wie internationale Instanzen haben immer wieder die zentrale Bedeutung der Meinungsfreiheit für den demokratischen Willensbildungsprozess betont. Inspiriert von John Stuart Mills Grundlagenwerk *On Liberty* skizziert Oliver W. Holmes (Abrams vs. United States, 250 U. S. 616 (1919), 630) den freien Meinungswettbewerb als einen Marktplatz der Ideen:

»[W]hen men have realized that time has upset many fighting faiths, they may come to believe even more than they believe the very foundations of their own conduct that the ultimate good desired is better reached by free trade in ideas – that the best test of truth is the power of thought to get itself accepted in the competition of the market, and that truth is the only ground upon which their wishes safely can be carried out.«

Mit dem Gedanken des Meinungswettbewerbs eng verbunden ist das systematische Wechselspiel von Meinungs-, Presse- bzw. Medien- und Informationsfreiheit. Meinungsbildung setzt hinreichenden Informationszugang voraus; die Verbreitung von Meinungen bedarf einer effektiven medialen Infrastruktur.

Deshalb verbindet Art. 11 der EU-Grundrechtecharta in seinem Abs. 1 die Meinungsfreiheit (*forum internum*) und Meinungsäußerungsfreiheit (*forum externum*) mit der Informationsfreiheit und garantiert in seinem Abs. 2 die Freiheit der Medien in ihrer Pluralität. Deshalb differenziert – anders als Art. 10 EMRK – Art. 19 ICCPR zwischen der »inneren« Meinungsfreiheit und der Freiheit, seine Meinung gegenüber Dritten zu äußern, sei es im persönlichen Gespräch oder über Vermittlungsmedien, heute insbesondere auch das Internet (dazu Grote/Wenzel 2006, Kap. 18, Rn. 10). Da Meinungen immer wertende Reflexion voraussetzen, kann die Übermittlung von Tatsachenbehauptungen nur begrenzten Schutz genießen. Typische Fallkonstellationen (vgl. Weber 2004, 322 ff.) betreffen weiterhin die anstößige Rede (*obscene speech*), die Schmäh-, Kampf- oder Hassrede (*fighting words*) und die kommerzielle Rede (z. B. Werbung, Stellungnahmen von Ratingagenturen). Während die innere Meinungsfreiheit (Gedankenfreiheit) vorbehaltlos gilt, kann die Meinungsäußerungsfreiheit ihre Grenzen an kollidierenden Rechten Dritter oder Gemeinwohlbelangen finden. Aber auch bei möglichen Einschränkungen muss die Sicherung der Meinungsvielfalt das Leitmotiv bleiben.

Stand der völkerrechtlichen Institutionalisierung

Die völkerrechtliche Institutionalisierung der Religionsfreiheit beginnt im Kontext religiöser Minderheitenrechte. Entsprechende Verbürgungen sind fester Bestandteil der nach dem Ersten Weltkrieg geschlossenen Minderheitenschutzverträge im Völkerbundsystem und finden sich auch in Friedensverträgen nach dem Zweiten Weltkrieg wieder. Unter der Ägide der Vereinten Nationen wurde die universelle Religionsfreiheit in Art. 18 AEMR und Art. 18 ICCPR, ebenfalls in Art. 14 Kinderrechtskonvention positiviert. Der Art. 18 AEMR enthält überdies eine ausdrückliche Garantie des freien Religionswechsels, der teils auf erheblichen Widerstand aus der arabischen Staatenwelt stieß (Nachweise bei Walter 2006, Kap. 17 Rn. 6). Art. 18 ICCPR vermeidet die Formulierung »Wechsel« und spricht von einem Recht »to adopt a religion«, was der Sache nach nichts ändert, aber jeden offensiven Anklang ausblendet (wiederum Walter 2006, Kap. 17 Rn. 9). Wenngleich nicht primär auf Religionsfreiheit, sondern auf religiöse Toleranz und den Aspekt der Nichtdiskriminierung hin orientiert, muss in diesem Kontext auch eine Resolution der UN-Generalversammlung aus dem Jahre 1981 Beachtung finden. Die *Declaration on the Elimination of all Forms of Intolerance and of Discrimination Based on Religion or Belief* versteht den freien Religionswechsel als eine Form religiöser Toleranz (General Assembly, Res. 36/55 vom 25. November 1981).

Ein Schutz der Gedanken-, Gewissens- und

Meinungsfreiheit erfolgte parallel in Art. 18 u. 19 AEMR sowie Art. 18 und 19 ICCPR. Von universellem Anspruch sind auch Garantien der Religionsfreiheit im Regelungsgefüge des humanitären Völkerrechts: Art. 33 bis 37 der *Dritten Genfer Konvention*; Art. 27, 58 und 93 der *Vierten Genfer Konvention*; Art. 52 des Ersten Zusatzprotokolls. Im regionalen Völkervertragsrecht finden sich Garantien der Religionsfreiheit in Art. 9 EMRK – fast wortgleich zu Art. 18 AEMR – und in Art. 2 des Ersten Zusatzprotokolls bezüglich des religiösen und weltanschaulichen Elternrechts, Art. 12 ACHR, Art. 8 ACHPR und Art. 30 ArCMR. In der islamischen Staatenwelt ist der Schutzgehalt indes häufig durch Verweis auf den umfassenden Wahrheitsanspruch des Korans relativiert (etwa Art. 1, 10, 24 der *Kairoer Erklärung der Menschenrechte im Islam* aus dem Jahre 1990). Regional-völkerrechtliche Verbürgungen der Gedanken-, Gewissens- und Meinungsfreiheit kennen Art. 9 und 10 EMRK, Art. 12 und 13 ACHR, Art. 8 und 9 ACHPR sowie Art. 30 Abs. 1 ArCMR.

Literatur

Bernsdorff, Norbert: Kommentierung zu Art. 10 EU-Grundrechtecharta. In: Jürgen Meyer (Hg.): *Charta der Grundrechte der Europäischen Union*. 3. Aufl. Baden-Baden 2011.
–: Kommentierung zu Art. 11 EU-Grundrechtecharta. In: Jürgen Meyer (Hg.): *Charta der Grundrechte der Europäischen Union*. 3. Aufl. Baden-Baden 2011.
Biaggini, Giovanni: »Die schweizerische direkte Demokratie und das Völkerrecht – Gedanken aus Anlass der Volksabstimmung über die Volksinitiative ›Gegen den Bau von Minaretten‹«. In: *Zeitschrift für öffentliches Recht* 64. Jg. (2010), 325–343.
Cumper, Peter: »Freedom of Thought, Conscience and Religion«. In: David Harris/Sarah Joseph (Hg.): *The International Covenant on Civil and Political Rights and United Kingdom Law*. Oxford 1995, 355–390.
Frowein, Jochen A.: »Religionsfreiheit und internationaler Menschenrechtsschutz«. In: Grote/Marauhn 2001, 73–88.
Ganz, Sarah: *Das Tragen religiöser Symbole und Kleidung in der öffentlichen Schule in Deutschland, Frankreich und England. Eine rechtsvergleichende Untersuchung unter Berücksichtigung der EMRK*. Berlin 2009.
Grote, Rainer: »Die Religionsfreiheit im Spiegel völkervertraglicher Vereinbarungen zur politischen und territorialen Neuordnung«. In: Ders./Marauhn 2001, 3–52.
–/Thilo Marauhn (Hg.): *Religionsfreiheit zwischen individueller Selbstbestimmung, Minderheitenschutz und Staatskirchenrecht – Völker- und verfassungsrechtliche Perspektiven*. Berlin u. a. 2001
–/Wenzel, Nicola: »Meinungsfreiheit«. In: Thilo Marauhn/Rainer Grote (Hg.): *EMRK/GG. Konkordanzkommentar zum europäischen und deutschen Grundrechtsschutz*. Tübingen 2006, Kap. 18, 895–1003.
Häberle, Peter: »›Staatskirchenrecht‹ als Religionsrecht der verfaßten Gesellschaft«. In: *Die Öffentliche Verwaltung* 2. Jg. (1976), 73–80.
Hassemer, Winfried: *Religiöse Toleranz im Rechtsstaat*. München 2004.
Hillgruber, Christian: *Staat und Religion. Überlegungen zur Säkularität, zur Neutralität und zum religiös-weltanschaulichen Fundament des modernen Staates*. Paderborn 2007.
Hochhuth, Martin: *Die Meinungsfreiheit im System des Grundgesetzes*. Tübingen 2007.
Jellinek, Georg: *Die Erklärung der Menschen- und Bürgerrechte*. 3. Aufl. Leipzig 1919.
Knüppel, Katharina: *Religionsfreiheit und Apostasie in islamisch geprägten Staaten*. Frankfurt a. M. 2010.
Kotzur, Markus: »Religionsfreiheit im religiös neutralen Verfassungsstaat. Ein universelles Projekt«. In: Gilbert H. Gornig u. a. (Hg.): *Iustitia et Pax. Gedächtnisschrift für Dieter Blumenwitz*. Berlin 2008, 143–164.
Kühling, Jürgen: *Die Kommunikationsfreiheit als europäisches Gemeinschaftsgrundrecht*. Berlin 1999.
Lampe, Ernst-Joachim (Hg.): *Meinungsfreiheit als Menschenrecht*. Baden-Baden 1998.
Lerner, Natan: »Religious Human Rights under the United Nations«. In: Johan D. van der Vyver/John Witte Jr. (Hg.): *Religious Human Rights in Global Perspective*. The Hague/London 1996, 59 ff.
Morlok, Martin: *Selbstverständnis als Rechtskriterium*. Tübingen 1993.
Mückl, Stefan: *Religions- und Weltanschauungsfreiheit im Europarecht*. Heidelberg 2006.
Muckel, Stefan (Hg.): *Der Islam im Recht des säkularen Verfassungsstaates*. Berlin 2008.
Ottenberg, Daniel: *Der Schutz der Religionsfreiheit im internationalen Recht*. Baden-Baden 2009.
Shaw, Malcolm N.: »Freedom of Thought, Conscience and Religion«. In: Ronald St. J. Macdonald/Franz Matscher/Herbert Petzold (Hg.): *The European System for the Protection of Human Rights*. Dordrecht u. a. 1993, 445–463.
Ungern-Sternberg, Antje von: *Religionsfreiheit in Europa*. Tübingen 2008.
Walter, Christian: »Religions- und Gewissensfreiheit«. In: Thilo Marauhn/Rainer Grote (Hg.): *EMRK/GG. Konkordanzkommentar zum europäischen und deutschen Grundrechtsschutz*. Tübingen 2006, Kap. 17, 817–894.

Weber, Albrecht: *Menschenrechte. Texte und Fallpraxis.* München 2004.

Zimmermann, Andreas (Hg.): *Religion und Internationales Recht.* Berlin 2006.

Allgemeine Literatur zu allen Freiheitsrechten

Buergenthal, Thomas/Thürer, Daniel: *Menschenrechte. Ideale, Instrumente, Institutionen.* Baden-Baden u. a. 2010.

Grabenwarter, Christoph/Pabel, Katharina: *Europäische Menschenrechtskonvention.* 5. Aufl. München/Wien 2012.

Isensee, Josef: »Positivität und Überpositivität der Grundrechte«. In: Detlef Merten/Hans-Jürgen Papier (Hg.): *Handbuch der Grundrechte in Deutschland und Europa.* Bd. II. Heidelberg 2006, § 26.

Kälin, Walter/Künzli, Jörg: *Universeller Menschenrechtsschutz.* 2. Aufl. Basel 2008.

Schilling, Theodor: *Internationaler Menschenrechtsschutz.* Tübingen 2004.

Weber, Albrecht: *Menschenrechte. Texte und Fallpraxis.* München 2004.

Markus Kotzur

3. Politische Rechte

Menschenrechte lassen sich in unterschiedlicher Weise als politische Rechte verstehen. So ließe sich sagen, dass Menschenrechte per se politische Rechte sind und sein sollen, weil sie in einem fulminanten Akt gegen die Macht der Staaten erkämpft und doch von diesen selbst proklamiert worden sind, ihnen also abgerungen wurden und damit das Politische selbst verändern. Menschenrechte leben insofern von der historisch revolutionären Idee, Individuen schlicht als Menschen Anerkennung zu verschaffen; damit bringen sie Individuen in die Sphäre der öffentlichen Angelegenheiten, in das Politische. Menschenrechte leben zudem von der Idee, dass der Demokratie Grenzen gesetzt sind, wo Menschen zu Schaden kommen. In diesem Sinne politische Menschenrechte bewegen sich damit in dem Spannungsfeld, in dem Demokratie überhaupt stattfindet. Zum einen beruht Recht auf einer Vorstellung von Rechtsstaaten als Demokratien und damit auf einer Vorstellung von Mehrheitsregierungen, zum anderen garantieren eben die Menschenrechte den Schutz von Minderheiten gegen diejenigen Mehrheiten, die staatliches Handeln demokratisch steuern. Insbesondere die erste Generation der Menschenrechte ist, prominent mit der Deklaration der Vereinten Nationen in Paris 1948, auch aus der politischen Erfahrung heraus entstanden, dass sich Mehrheiten durchaus auf die Seite von Regimen schlagen können, die Menschenrechte mit Füßen treten. Die Menschenrechte setzten politisch daher auch das Zeichen, ein Unrecht wie den deutschen Nationalsozialismus ›nie wieder‹ geschehen zu lassen. Deshalb sind ihnen Diskriminierungsverbote eigen und deshalb finden auch die politischen Menschenrechte, die einen Regimewechsel ermöglichen, weil sie politische Mitwirkung sichern, genau dort ihre Grenze, wo der Missbrauch des Demokratischen beginnt.

In einer eher juristischen und weniger historischen, sozialen oder auch philosophischen Perspektive sind politische Rechte demgegenüber Rechte auf politisches Handeln, als solche aber unterschiedlich weit gefasst. Oft wird übersehen, dass Menschenrechte zunächst einmal Zugehörigkeit garantieren müssen, um allererst zu ermöglichen, dass Menschen als politische Subjekte in Erscheinung treten (dazu 3.2). Politische Rechte zielen dann auf politische Organisation, auf individuelles oder kollektives Handeln. In der politisch wichtigen, aber rechtlich unverbindlichen *Allgemeinen Erklärung der Menschenrechte* von 1948 (AEMR) werden die Versammlungs- und Vereinigungsfreiheit in Art. 20 und das freie und gleiche aktive und passive Wahlrecht in Art. 21 mit ausdrücklichem Bezug auf politisches Handeln genannt. Dazu kommt der *Internationale Pakt über bürgerliche und politische Rechte* von 1966 (IPbpR, engl. ICCPR), der nicht nur das Recht der Völker auf Selbstbestimmung statuiert (Art. 1), sondern ebenfalls klassische Grundrechte garantiert, aber auch die Versammlungsfreiheit (Art. 21), Koalitionsfreiheit (Art. 22) und politische Mitwirkungsrechte (Art. 25) nennt (dazu 3.3). Diese sind aber immer wieder im demokratischen Dilemma gefangen, wonach Grund- und Menschenrechte Demokratie ermöglichen, aber auch schützen müssen, auf das teilweise mit dem Konzept der ›wehrhaften Demokratie‹ geantwortet wird (3.4). Daneben lassen sich schließlich auch Rechte gegen die Ausgrenzung aus den allgemeinen Angelegenheiten als politische Rechte auf Teilhabe am Diskurs (*voice*) verstehen; dann gehört zu den politischen Rechten auch das Verbot der Diskriminierung; das Gleichheitsgebot, das in allen Menschenrechtstexten fortlaufend mit statuiert wird (3.5).

Literatur

Brunkhorst, Hauke/Köhler, Wolfgang R./Lutz-Bachmann, Matthias (Hg.): *Recht auf Menschenrechte: Menschenrechte, Demokratie und internationale Politik*. Frankfurt a. M. 1999.

Goodale, Mark/Merry, Sally Engle (Hg.): *The Practice of Human Rights*. Cambridge 2007.

Oestreich, Gerhard: *Geschichte der Menschenrechte und Grundfreiheiten im Umriß*. Berlin 1968.

Steiner, Henry J./Alston, Philip: *International Human Rights in Context: Law, Politics, Morals*. Oxford 2000.

Wellmer, Albrecht: »Menschenrechte und Demokratie«. In: Stephan Gosepath/Georg Lohmann (Hg.): *Philosophie der Menschenrechte*. Frankfurt a.M. 1998, 265–291.

3.1 Zugehörigkeit

Ganz grundsätzlich sind politische Rechte auch schon die Zusicherungen, nach denen Individuen überhaupt zu einem Gemeinwesen dazugehören dürfen, also Teil des Politischen sein können. Formal wird diese Zugehörigkeit in einer Welt der Nationalstaaten durch die Staatsangehörigkeit und viel schwächer auch durch Rechte auf Asyl oder Zuflucht vermittelt. Auf gewisse Weise sind politische Rechte damit das Zentrum jeder Idee von Menschenrechten. Sie begründen die Zugehörigkeit zu einem politischen Gemeinwesen und ermöglichen dessen Mitgestaltung, sie sind aber auch Grundlage jeder Rechtssubjektivität, die in solchen Gemeinwesen wurzelt.

Staatsangehörigkeit

Menschenrechte sind Rechte von und für Individuen, die Staaten in wechselseitigen Verträgen garantieren. Damit ist die Staatsangehörigkeit ein wesentlicher Ausgangs- und Bezugspunkt von Menschenrechten, aber nicht ihre Voraussetzung. Menschenrechte sind auch für Staatenlose anerkannt, allerdings wird dies als eine zu vermeidende Ausnahme konzipiert. Daher ist international ebenso wie national vielfach geregelt, dass Menschen ein Recht auf eine Staatsangehörigkeit haben (z. B. Art. 15 AEMR) und nicht ohne Weiteres aus dieser entlassen werden können (Art. 15 Abs. 2 AEMR). Dazu kommen die *Übereinkommen zur Verminderung von Staatenlosigkeit* von 1961 und über die *Rechtsstellung von Staatenlosen* von 1954, die ein Recht auf legalen Aufenthalt, auf Identitätsdokumente und auf Unterstützung durch den UNHCR (United Nations High Commissioner for Refugees) vermitteln. Die Formulierung der Philosophin Hannah Arendt (s. Kap. I.3.6), zentral sei das »Recht, Rechte zu haben«, wandte sich zwar gegen die diskriminierende Aberkennung einer Staatsangehörigkeit; menschenrechtlich ist dieses Recht, Rechte zu haben, aber gerade unabhängig von der Staatsangehörigkeit garantiert. Insofern sind Menschenrechte postnational. Praktisch ist die Staatsangehörigkeit allerdings Grundlage für die Anerkennung all der Rechte, die zwar im Grundsatz menschenrechtlich garantiert, aber im Einzelnen doch nationalstaatlich ausgestaltet werden. Daher lässt sich das Menschenrecht auf Staatsangehörigkeit als Ressource begreifen, denn es ermöglicht den Zugang zu auch materiell wirksamer Anerkennung und diplomatischem Schutz, insbesondere aber zu sozialen Leistungen.

Nach der Idee der Menschenrechte als universalen und damit auch ortsunabhängigen Garantien gelten Menschenrechte für Staatsangehörige auch außerhalb ihrer Heimatstaaten. Menschenrechte gelten weltweit. Praktisch bedeutet das oft, den Schutz des Heimatlandes als diplomatischen Schutz auch im Ausland in Anspruch nehmen zu können. Das hat der Ständige Internationale Gerichtshof (StIGH, engl. PCIJ) 1924 denn auch ausdrücklich formuliert:

»Es ist ein Grundprinzip des Völkerrechts, dass der Staat ermächtigt ist, seine Staatsangehörigen zu beschützen, die durch völkerrechtswidrige Handlungen eines anderen Staates, von dem sie über den ordentlichen Rechtsweg keine Zufriedenheit erlangen konnten, geschädigt worden sind. Indem ein Staat für einen der Seinen Partei ergreift und zu dessen Gunsten ein diplomatisches oder ein internationales gerichtliches Verfahren einleitet, macht dieser sein eigenes Recht geltend, wonach das Völkerrecht in der Person seiner Staatsangehörigen zu achten ist.« (StIGH, Mavrommatis Palestine Concessions 1924, PCIJ Ser. A, No 2, 1 I).

Hier wird der Ausgangspunkt des völkerrechtlichen Denkens deutlich – vom Staat her, im Verhältnis zu anderen Staaten –, der erst sukzessive durch eine Orientierung auf das Individuum – vom Menschen her, im Verhältnis zum Unrecht – komplementiert und menschenrechtlich fokussiert wird.

Asyl und Ausweisungsverbot

Die Idee der Menschenrechte geht allerdings über die reine Zugehörigkeit zu Staaten noch hinaus, denn Menschenrechte sind ja auch genau die Rechte, die unabhängig von, ja, sogar gegen Staaten wirken sollen. Folglich ist die Staatsangehörigkeit zwar ein Ausgangspunkt, doch gibt es Menschenrechte gerade auch in dem Sinne, vor jenem Staat zu schützen, dem ein Mensch formal angehört. Menschenrechtlich gibt es keine Garantie auf Asyl, wie sie z. B. Art. 16a GG statuiert. Von fundierender Bedeutung ist vielmehr das Recht auf Schutz vor Ausweisung (Art. 9 AEMR), das Recht auf Auswanderung (Art. 12 Abs. 2 AEMR) und folgerichtig auf Zuflucht (Art. 14 AEMR), das mehrheitlich aber nicht als individueller Anspruch interpretiert wird. Die Möglichkeit, zu fliehen und als Flüchtling irgendwo Aufnahme zu finden, ist mit der *Genfer Flüchtlingskonvention von 1951* (GFK) auch nur im Rahmen dessen garantiert, was Staaten anbieten; dazu kommen zahlreiche regionale (z. B. europäische) und nationale Regeln des Flüchtlingsrechts, die als subsidiärer Menschenrechtsschutz angesehen werden. Das Verbot der Rücksendung in ein Land, in dem Verfolgung und eine Gefahr für Leib und Leben drohen (*non-refoulement*, Art. 33 GFK), ist mittlerweile völkergewohnheitsrechtlich anerkannt und bietet längerfristigen Schutz vor Verfolgung.

Die Schwierigkeiten mit den Asyl- und Flüchtlingsrechten sind in Zeiten globaler Migrationsbewegungen, neuer Kriege und extremer ökonomischer, sozialer, aber auch klimatischer Verwerfungen zwischen Nord und Süd immens. So ist immer wieder fraglich, was genau einen Flüchtling kennzeichnet, wenn wir heute mit Situationen konfrontiert sind, in denen Menschen oft aus einer Vielzahl an Gründen ›fliehen‹ und Sicherheit bei Rückkehr in vielen Regionen der Welt nicht zu garantieren ist. Zudem fragt sich, was genau Verfolgung im Sinne des Asylrechts darstellt, wenn diese heute sowohl von Staaten, wie es klassisch konzipiert war, als auch von nicht-staatlichen Akteuren ausgeht, die ursprünglich nicht Teil des menschenrechtlichen Konzeptes waren. Die klassische Vorstellung, es bedürfe der Rechte gegen den übermächtigen Staat, trägt angesichts von Terrorismus und Guerillakampf nicht mehr. Zudem wird seit langem kritisiert, dass ein nur auf staatliches Handeln gerichtetes Konzept all diejenigen nicht schützt, denen Gewalt angetan wird, ohne dass der Staat sich darum kümmert. Das zeigt der Umgang mit sexueller Gewalt: Wurde sie nicht von Soldaten als Teil der Kriegshandlung verübt, blieb sie flüchtlingsrechtlich ungesehen. Das hat sich nicht zuletzt vor dem Hintergrund der weltweit skandalisierten Vergewaltigungen in Bosnien verändert: Mittlerweile anerkannt z. B. der Internationale Strafgerichtshof, dass Gewalt gegen Frauen ein Völkerrechtsverbrechen sein kann, auch wenn sie nicht nur von Soldaten ausgeübt wird.

Das Asyl- und Flüchtlingsrecht ist auch an anderen Stellen unter Druck. So stellt sich die Frage, wie weitere Fälle zu beurteilen sind, in denen Menschen Asyl suchen, die nicht im klassischen Sinne ›politisch‹ verfolgt werden. So fliehen Menschen auch, weil sie sich z. B. kulturellen Kleidungsvorstellungen nicht unterwerfen wollen und extreme Sanktionen drohen. Andere suchen Schutz vor schädlichen Umweltbedingungen, die nicht selten durch multinationale Konzerne im Heimatstaat verantwortet werden.

Dazu kommen Kontroversen um konkrete Maßnahmen im Umgang mit globaler Migration, von Flucht und Vertreibung bis zur Aus- und Einwanderung. Es ist unumstritten, dass alle Menschen überall Menschenrechte genießen; umstritten ist aber, was das konkret für Nicht-Staatsangehörige – und in der EU: für Angehörige von Drittstaaten – bedeutet. So fragt sich, welche Menschenrechte in welchem Umfang gelten, wenn Menschen sich vorübergehend in einem Land aufhalten dürfen. Ein Beispiel sind Residenzpflichten für Flüchtlinge, also der Zwang, an einem Ort zu bleiben bzw. die Einschränkung der Freiheit, den Wohnort zu wechseln oder zu reisen. Konkreter ist dann zu prüfen, ob dieses Menschenrecht aus Art. 12 ICCPR gemessen an der Vorgabe des Art. 12 Abs. 3 ICCPR derart eingeschränkt werden darf. Desgleichen fragt sich, ob es menschenrechtlich vertretbar ist, Asylsuchenden – im Asylbewerberleistungsgesetz – einen pauschal reduzierten Anspruch auf Lebensunterhalt zu gewähren und ihnen Teile dessen nicht zu geben, was für Staatsangehörige als Existenzminimum geschützt wird. Das Recht, Rechte zu haben, ist menschenrechtlich grundsätzlich anerkannt, wird aber Staatsangehörigen, Asylsuchenden, Asylberechtigten und Flüchtlingen tatsächlich in abgestufter Weise gewährt. Art. 2 Abs. 3 des *Internationalen Pakts über wirtschaftliche, soziale und kulturelle Rechte* von 1966 (IPwskR, engl. ICESCR) erlaubt es ausdrücklich nur Entwicklungsländern, bei den Leistungen, die der Pakt garantiert, zwischen Staatsangehörigen und *non-nationals* zu unterscheiden.

Literatur

Arendt, Hannah: »Es gibt nur ein einziges Menschenrecht«. In: *Die Wandlung* 4. Jg. (1949), S. 754–770.

Bogdandy, Armin von: *Demokratie, Globalisierung, Zukunft des Völkerrechts – eine Bestandsaufnahme.* In: Zeitschrift für ausländisches öffentliches Recht und Völkerrecht 63/4, 853–877 (2003).

Foster, Michelle: *International Refugee Law and Socio-Economic Rights: Refuge From Deprivation.* Cambridge/New York 2007.

Hailbronner, Kay: »Asylrecht und Völkerrecht«. In: Wolfgang Beitz/Michael Wollenschläger (Hg.): *Handbuch des Asylrechts.* Bd. 1. Baden-Baden 1980, 89.

Markard, Nora: »Fortschritte im Flüchtlingsrecht? Gender Guidelines und geschlechtsspezifische Verfolgung«. In: *Kritische Justiz* 4 (2007), 373–390.

Siehr, Angelika: *Die Deutschenrechte des Grundgesetzes. Bürgerrechte im Spannungsfeld von Menschenrechtsidee und Staatsmitgliedschaft.* Berlin 2001.

Tometten, Christoph: »Der internationale Schutz von Katastrophenflüchtlingen«. In: *Zeitschrift für Ausländerrecht und Ausländerpolitik* 1 (2010), 22–27.

Susanne Baer

3.2 Politische Mitwirkung

Politische Rechte im engeren und insbesondere im juristischen Sinne sind diejenigen Rechte, die es Menschen ermöglichen sollen, politisch zu handeln, also an Politik selbst mitzuwirken. Dabei ist zwischen Mitwirkung in tradierten Formen und zivilgesellschaftlicher Aktivität in einem weiteren Sinne zu unterscheiden.

Organisierte Politik

Den meisten Verfassungen und einer traditionellen Sicht auf die Menschenrechte liegt ein enger Politikbegriff zugrunde: Politik ist danach organisierte Politik in Parteien, Parlamenten und Regierung. Zudem ist diese Politik nach Art. 25 ICCPR traditionell nationale Politik:

»Jeder Staatsbürger hat das Recht und die Möglichkeit, ohne [Diskriminierung] und ohne unangemessene Einschränkungen (1) an der Gestaltung der öffentlichen Angelegenheiten unmittelbar oder durch frei gewählte Vertreter teilzunehmen; (2) bei echten, wiederkehrenden, allgemeinen, gleichen und geheimen Wahlen, bei denen die freie Äußerung des Wählerwillens gewährleistet ist, zu wählen und gewählt zu werden; (3) unter allgemeinen Gesichtspunkten der Gleichheit zu öffentlichen Ämtern seines Landes Zugang zu haben.«

Strukturell ist demgegenüber die Arbeit der politischen Parteien kaum Gegenstand des internationalen Rechts, sondern Thema des nationalen Verfassungsrechts. Parteien werden dann durch Privilegierung geschützt, wenn sie, wie nach Art. 21 GG, anders als andere Vereine nur in aufwendigen Verfahren verboten werden können. Genau dort liegen aber auch die Kontroversen. Parteiverbote werden nicht selten vor internationalen Gerichten angefochten, weil sich eine Opposition in Rechtsstaaten oft nicht gut aufgehoben fühlt, in denen die Justiz von der Politik zumindest beeinflusst wird. Die Menschenrechte gelten im Ergebnis nur dann als gewahrt, wenn bestimmte Verfahren eingehalten werden und wenn ein Parteiverbot aufgrund tatsächlich feindseliger Handlungen erfolgt, nicht aber wegen problematischer Auffassungen. Besonders schwierig ist es dabei, in stark oder sogar formal religiösen Staaten zwischen blasphemischen und politischen Aspekten zu unterscheiden. Je weniger säkular ein Staat ist, desto eher geraten die säkularen Menschenrechte an ihre Grenzen.

Vereinigungs- und Versammlungsfreiheit

In Art. 25 ICCPR klingt allerdings bereits an, dass es auch eine ›unmittelbare‹ Form des Politischen gibt, die menschenrechtlich anerkannt wird. In diesem Sinne sind politische Rechte insbesondere das Recht, sich mit anderen organisatorisch zusammenzuschließen (Vereinigungsfreiheit: Art. 22 ICCPR, Art. 8 Abs. 1 des *Paktes über wirtschaftliche, soziale und kulturelle Rechte,* ICESCR, Art. 11 EMRK, Art. 12 *Europäische Grundrechte-Charta,* GRC) oder punktuell gemeinsam zu handeln (Versammlungsfreiheit, Art. 21 ICCPR, Art. 11 EMRK, auch Art. 15 der *Amerikanischen Menschenrechtskonvention* AMRK, Art. 24 der *Arabischen Charta der Menschenrechte* von 2008 und Art. 11 der *Afrikanischen Charta der Menschenrechte und der Rechte der Völker* von 1981, der Banjul-Charta). Beide sollen kollektives politisches Handeln ermöglichen. Jedoch wird hier ähnlich wie bei den Leistungen zwar ein Menschenrecht garantiert, aber der konkrete Schutz doch abgestuft. So ermöglicht beispielsweise Art. 16 EMRK ausdrücklich, die politische Tätigkeit Nicht-Staatsangehöriger einzuschränken, und auch in nationalen Verfassungen wie dem *Grundgesetz* wird zwischen Rechten für Deutsche und Rechten für Menschen unterschieden. Zudem eröffnen die Schrankenbestimmungen der einzelnen Menschenrechtsvereinbarungen erhebliche Spielräume zur Einschränkung politischer Aktivität.

In das Feld der kollektiven politischen Rechte gehören schließlich auch die besonderen Schutzrechte bzw. Betätigungsfreiheiten auf dem Feld der Arbeitsmarktpolitik. Das anerkannte bereits Art. 23 Abs. 4 AEMR von 1948 und fasst mittlerweile die junge *Charta der Grundrechte der Europäischen Union* (GRC) in einem eigenen Kapitel »Solidarität« (Kap. IV, Art. 27–38). Internationales Recht soll weltweit nicht nur Gesundheitsschutz und das Verbot der Sklaverei absichern, sondern auch politisches Handeln insbesondere in Form gewerkschaftlicher Arbeit ermöglichen. Das erlangt zunehmend Bedeutung, da gerade an den Produktionsstätten heute international tätiger Unternehmen nicht selten die Möglichkeit der Selbstorganisation der Beschäftigten fehlt. An diesem Beispiel zeigt sich ebenso wie an der Unterorganisation der Vereinten Nationen für diese Fragen, der Internationalen Arbeitsorganisation (IAO, englisch ILO) mit ihren eigenen Menschenrechtsstandards, wie weit die Wirklichkeit politisch aktiver Zivilgesellschaften von den Garantien der Menschenrechtsverträge entfernt sein kann.

Meinungsfreiheit

Neben den Rechten zu kollektivem politischen Handeln stehen die Rechte des Individuums auf Rede- und Meinungsfreiheit (u. a. in Art. 19 ICCPR, Art. 10 EMRK, Art. 11 und 13 GRC). Schon vor dem Leben im World Wide Web garantierte das Völkerrecht die Informations- und Meinungsfreiheit auch »ohne Rücksicht auf Staatsgrenzen« (Art. 19 Abs. 2 ICCPR). Diese Rechte gelten weithin als Kern der Demokratie und insofern als konstitutive politische Rechte. In der deutschen Rechtsprechung zum analog garantierten Grundrecht des Art. 5 GG ist das ebenso deutlich wie in der Rechtsprechung des Europäischen Gerichtshofs für Menschenrechte in Straßburg (EGMR): In einer funktionalen Deutung wird die Informations- und Meinungsäußerungsfreiheit als zwingendes Element einer lebhaften Demokratie begriffen, Zensur also als paradigmatische Menschenrechtsverletzung aufgefasst. In den USA verdeutlicht das bereits die Stellung des Ersten Zusatzes zur Verfassung, des *First Amendment*, das einen gewissen republikanischen Absolutismus des Schutzes der ›freien‹ Rede bedingt, die dann auch auf Kosten Dritter gehen darf.

Demgegenüber ermöglichen jedoch die ausdrücklichen Schrankenregeln in internationalen Rechtstexten, die Meinungsfreiheit einzuschränken. Das birgt die Gefahr, auch problematische Einschränkungen politischer Rede zu legitimieren. So ist nach Art. 19 Abs. 3 ICCPR die Meinungsfreiheit »mit besonderen Pflichten und einer besonderen Verantwortung verbunden« und kann durch Gesetze zum Schutz Anderer und »für den Schutz der nationalen Sicherheit, der öffentlichen Ordnung (*ordre public*), der Volksgesundheit oder der öffentlichen Sittlichkeit« begrenzt werden. Dies greift Art. 10 der *Europäischen Konvention zum Schutze der Menschenrechte und Grundfreiheiten* von 1950 (EMRK) in ähnlichen Formulierungen auf, während die Banjul-Charta die Meinungsfreiheit zwar in Art. 9 zunächst schrankenlos zu garantieren scheint, aber gerade die pauschale Schranke der »allgemeinen Gesetze« ein völlig offenes Einfallstor für repressive Deutungen ist. Zudem enthält die Banjul-Charta ein einzigartiges Kapitel II zu Pflichten, die ebenfalls schnell zu Schranken individueller Freiheit werden können. Auch dies lässt sich als strukturelle Besonderheit von Menschenrechten erklären: Der internationale Schutz garantiert humane Mindeststandards, soll aber möglichst wenig Einmischung in nationale politische Verhältnisse ermöglichen.

Wehrhafte Demokratie

Wie die Balance zwischen politischen Freiheiten und Gefährdung des demokratischen Prozesses selbst genau zu bewerkstelligen wäre, gehört zu den umstrittensten Fragen jeder Grund- und Menschenrechtskonzeption, aber auch der Demokratietheorie und des Rechtsstaatsprinzips sowie der politischen Philosophie. Die einen vertrauen darauf, dass die Meinungsfreiheit selbst letztlich immer dafür sorgen wird, dass sich der Missbrauch nicht ausbreitet. Daraus folgt, dass auch ›volksverhetzende‹, rassistische oder sonst die Missachtung von Menschen propagierende Meinungen toleriert werden müssen; das bekannteste Beispiel dafür sind die USA. Andere argumentieren, dass Propaganda und Manipulation zu große Gefahren seien, als dass sich auf einen Markt der Meinungen vertrauen ließe. Daraus folgt, dass die Meinungsfreiheit wie auch andere politische Rechte eingeschränkt werden dürfen, um die Demokratie zu retten. Das ist Teil des Konzepts der ›wehrhaften Demokratie‹, das Karl Loewenstein 1937 entwickelte; es wird in Deutschland benutzt. Politische Rechte werden dann unter bestimmte Bedingungen gestellt: Parteien müssen demokratisch und dürfen ebenso wie Wahlen nicht diskriminierend sein, die Freiheit der Meinungsäußerung findet ihre Grenze in der Volksverhetzung und Lehrende dürfen z. B. auf die Treue zur Verfassung verpflichtet werden. Wie weit diese Forderung einer demokratischen Grundhaltung reicht, ist äußerst umstritten. Dürfen individuelle Wahlbewerbungen auf ein politisches Amt einem Demokratie-Check unterzogen werden? Darf eine Verbeamtung im Bereich der Schule von der Verfassungstreue abhängen?

Die Reichweite und die Grenzen politischer Rechte bestimmen sich hier erneut in Abhängigkeit von demokratietheorischen und sozialphilosophischen Vorstellungen, aber auch im Lichte der tatsächlichen politischen Probleme vor Ort. So verdeutlicht die Entscheidung des EGMR zur Wohlfahrtspartei in der Türkei (Refah Partisi [Wohlfahrtspartei] u. a. vs. Türkei, EGMR, Urteil vom 13.2.2003, Nr. 41340 u. a./98), wie komplex sich solche Fragen in nicht zuletzt religionspolitisch aufgeladenen Kontexten stellen.

Literatur

Committee on the Application of Standards of the International Labour Conference: *A Dynamic and Impact Built on Decades of Dialogue and Persuasion*. Genf (ILO) 2011 (http://www.ilo.org/wcmsp5/groups/public/@ed_norm/@normes/documents/publication/wcms_154192.pdf).

Craig, John D./Lynk, S. Michael (Hg.): *Globalization and the Future of Labour Law*. Cambridge 2006.

Dorsen, Norman/Rosenfeld, Michel/Sajo, Andras/Baer, Susanne: *Comparative Constitutionalism*. Minneapolis ²2010 (Kap. 11, 7).

Kugelmann, Dieter: »Die streitbare Demokratie nach der EMRK«. In: *Europäische Grundrechte Zeitschrift* 30. Jg. (2003), 533–544.

Marauhn, Thilo: »Kommunikationsgrundrechte«. In: Dirk Ehlers (Hg.): *Europäische Grundrechte und Grundfreiheiten*. Berlin ³2009, § 4.

Sajo, Andras (Hg.): *Militant Democracy*. Utrecht 2004.

–: »Preliminaries to a Concept of Constitutional Secularism«. In: *International Journal of Constitutional Law* 6. Jg. (2008), 605–629.

Thiel, Markus (Hg.): *Wehrhafte Demokratie. Beiträge über die Regelungen zum Schutze der freiheitlichen demokratischen Grundordnung*. Tübingen 2003.

Tomuschat, Christian: »Freedom of Association«. In: Ronald St. J. Macdonald/Franz Matscher/Herbert Petzold (Hg.): *The European System for the Protection of Human Rights*. Dordrecht 1993, 493–513.

Wildhaber, Luzius: »Politische Parteien, Demokratie und Artikel 11 EMRK«. In: Andreas Bovenschulte u. a. (Hg.): *Demokratie und Selbstverwaltung in Europa*. Baden-Baden 2001, 257–263.

Susanne Baer

3.3 Gleichheitsgebot und Diskriminierungsverbot

Die Idee der Demokratie ist ebenso wie die Idee der Menschenrechte überhaupt untrennbar mit dem Gleichheitsgebot verbunden. Das wird in allen Menschenrechtstexten deutlich, die, wenn auch mit unterschiedlichen Formulierungen, durchgängig betonen, dass politische Rechte ohne jede Diskriminierung garantiert werden müssen. Die Grenzen politischer Rechte im engeren Sinne ergeben sich daher letztlich wiederum aus der menschenrechtlichen Anerkennung aller Menschen als Gleicher. Dies lässt sich auf die Unantastbarkeit der Menschenwürde zurückführen, die als Kern individueller Rechte gilt, als Grundversprechen. Besonders prägnant ist die Garantie im deutschen *Grundgesetz* in Art. 1 GG, die dann auch in die *Europäische Grundrechte-Charta* aufgenommen wurde; sie klingt aber auch in Art. 1 AEMR an, wo es heißt: »Alle Menschen sind frei und gleich an Würde und Rechten geboren«, und wird in den Präambeln zu vielen Pakten betont. Es lässt sich aber auch mit bestimmten Konzeptualisierungen des Liberalismus begründen oder auf das Zusammenspiel zwischen Würde, Freiheit und Gleichheit als der fundierenden Trias der Menschenrechte zurückführen.

Die Anerkennung von Menschen als Gleichen ist unmittelbar Gegenstand der Gleichheitsrechte, die sich heute in allen Menschenrechtskatalogen (insbesondere Art. 2 AEMR, Art. 2 ICCPR) finden, Gleichheit aber in durchaus unterschiedlicher Weise garantieren. Im Grundsatz gilt die Gleichheit aller Menschen weltweit, im Detail ist dies aber auch in jüngeren Menschenrechtsüberlegungen wie der *Europäischen Charta der Grundrechte* äußerst umstritten.

Zunächst stellt sich die Frage, was eigentlich Ziel von Gleichheitsrechten ist. Gebietet eine Norm, die statuiert, dass »alle Menschen [...] gleich« sind, die Anerkennung einer abstrakten Gleichheit von Menschen als Menschen oder gar die Herstellung sozialer Gleichheit? Gerade in entwickelten Staaten des Nordens wird weithin davon ausgegangen, dass Gleichheit nicht nur formal zu verstehen ist, doch ist sehr umstritten, was daraus genau folgt. Eine Debatte kreist um die Unterscheidung zwischen einem Recht auf Chancengleichheit und einem Recht auf Ergebnisgleichheit. Konzeptionell sichert nur die Chancengleichheit auch die Freiheit, selbst zu entscheiden, welche Chancen man nutzen will, während eine rechtlich garantierte Ergebnisgleichheit leicht in Bevormundung umschlägt. Manchen dient jedoch das Konzept der Chancengleichheit auch dazu, nur theoretische Optionen zu garantieren, nicht aber dafür Sorge zu tragen, dass Menschen diese Optionen auch tatsächlich nutzen können. Daher kreist eine zweite Debatte um die soziale (auch: substantielle, materielle) Dimension solcher individuellen Rechte.

Daneben zeigt sich in Diskussionen um Gleichheitsrechte die Spannungslage zwischen individuellen und kollektiven Rechten. Das liegt daran, dass Menschenrechte auf Gleichheit mehrere Aspekte adressieren: Ganz grundlegend geht es um die Forderung, als Individuum in der Weise und dem Maße anerkannt zu werden wie andere Individuen auch. Dazu kommt die Forderung, nicht als Teil einer bestimmten Gruppe, eines Kollektivs, benachteiligt zu sein, was durch die besonderen Gleichheitsrechte – Verbot der Diskriminierung aufgrund von Herkunft, Geschlecht, Behinderung, Alter usw. – betont wird. In diesem Zusammenhang sind Maßnahmen zur Förderung derjenigen, die vorher ausgeschlossen waren, besonders umstritten, auch wenn es in vielen Staaten Regeln zur Präsenz von Minderheiten in der organisierten Politik gibt. Diese Regeln verleiten dazu, Gleichheit als Recht einer Gruppe zu verstehen, obwohl es sich im Kern auch bei Quotierungsvorgaben z. B. für Wahlvorschlagslisten um genau den individuellen Schutz vor Diskriminierung handelt, auf den sich die Menschenrechte nach 1945 zunächst auch ausdrücklich bezogen.

Mit dieser individuellen Sicht konkurriert jedoch gerade im Feld der repräsentativen Demokratie eine kollektive Gleichheitsforderung, bestimmte Gruppen als politische Minderheiten anzuerkennen. Regelmäßig beziehen sich diese auf die Herausbildung von Identitäten, den Schutz kultureller Traditionen oder einen geteilten Glauben. Hier setzen auch die Minderheitenrechte im juristischen Sinne an, die ein wichtiger Baustein des Völkerrechts und insbesondere des Völkerbundes waren. Die Entscheidung, diese jedoch nicht in die AEMR aufzunehmen, bedeutet nicht, dass Minderheiten nicht anerkannt sind, was zahlreiche Resolutionen betonen. Minderheiten schützt zudem die Konvention über die *Verhütung und Bestrafung des Völkermords* (1951); Rechte auf kulturelle Selbstbestimmung anerkennt der ICCPR; daneben engagieren sich hier internationale Organisationen wie die KSZE und der Europarat. Ein Problem entsteht, wenn Minderheiten als solche geschützt werden, ihr Handeln sich aber auch als problematisch gegenüber Individuen erweisen kann, die selbst Teil der Minderheit sind (*minorities within minorities*). Wie ist damit umzugehen, wenn ethnisch markierte Minderheiten selbst Ungleichheiten verantworten? Was geschieht in einem Fall, in dem eine kulturelle Minderheit oder aber eine politische Partei das Recht für sich reklamiert, Frauen oder auch Männern das Recht auf Gleichheit im Geschlechterverhältnis nicht zuzugestehen? Wie ist es menschenrechtlich zu beurteilen, wenn Kirchen zwar Präsenz als gesellschaftliche Gruppe in Gremien verlangen, aber Homosexuelle ausgrenzen? Wie lassen sich also Gleichheitsrechte fassen, die sowohl der Anerkennung von kollektiven Identitäten Rechnung tragen als auch der Anerkennung derjenigen, die unter solchen Identitäten eventuell leiden?

Juristisch wird versucht, solche Konflikte über Verfahrens- und Organisationsanforderungen an die jeweilige Minderheit oder Partei zu lösen (zum Beispiel müssen politische Parteien in sich demokratisch sein); regelmäßig muss zwischen kollidierenden Rechten abgewogen werden. Nur selten liegt eine Lösung darin, wie bei Gewerkschaften ein Recht auf Ausstieg (*exit*) zu sichern. Denn die Zugehörigkeit zu politischen Minderheiten ist meist nicht wählbar, sondern wird nicht zuletzt von außen zugeschrieben. Daher gibt es gute Gründe, auch politische Rechte als im Kern individuelle Rechte zu interpretieren. Ohnehin werden einige individuelle Rechte bereits regelmäßig als Rechte auch auf kollektives Handeln interpretiert. So ist die Religionsfreiheit auch die Freiheit, religiösen Bräuchen in religiösen Gemeinschaften nachzugehen; das Recht auf Rechtsschutz lässt sich auch als Recht auf Rechtsschutz in der eigenen Sprache fassen; ein Menschenrecht auf Bildung ist auch als Recht auf Beachtung unterschiedlicher Wissensbestände im Bildungswesen gestaltbar. Folglich sind Rechte von Kollektiven und Rechte in, auf und als Gemeinschaft Teil der Menschenrechte.

Schließlich stellt sich die Frage, gegen welches Unrecht genau ein Recht auf Gleichheit bzw. ein Recht gegen Diskriminierung gelten soll. Gleichheit ist lange als Recht gegen den unfairen oder willkürlichen Vergleich interpretiert worden. In Anlehnung an eine Formulierung des Aristoteles hieß es dann, Gleiches müsse gleich und Ungleiches ungleich behandelt werden. Das lässt sich als symmetrisches Konzept der Gleichheitsrechte beschreiben. Es lässt sich aber auch mit Blick auf den Missbrauch dieser Formel im ›Dritten Reich‹ und mit dem Argument kritisieren, dass ein so interpretiertes Gleichheitsrecht gerade dann nicht greift, wenn Ungleichheit besonders wirkmächtig, also beispielsweise im Rassismus naturalisiert wird. Daher wird zu den Menschenrechten mittlerweile zunehmend eine Auffassung vertreten, die eine solche Konzeption der Gleichheit als unzureichend entlarvt. Menschenrechte beruhen danach ganz fundamental auf der Idee, Menschen als Menschen anzuerkennen, ohne dass diese sich bewiesen oder etwas geleistet haben müssen, und unabhängig von all den Eigenschaften, die in bestimmten Gesellschaften als wichtig angesehen oder gar als Differenzen gesetzt werden (s. Kap. II.1.5). Menschenrechte steuern dann keinen Vergleich, sondern schützen auf gewisse Weise sogar davor, verglichen zu werden. Das ist ein asymmetrisches Verständnis der Gleichheitsrechte. Gleichheit schützt danach ganz im Einklang mit der Geschichte der Kämpfe um Menschenrechte, die Kämpfe gegen Privilegien und Diskriminierung waren, gegen Unterdrückung aufgrund konstruierter Ungleichheit.

Diese Idee des Schutzes vor der Asymmetrie steht auch hinter der Anerkennung vielfacher spezieller Gleichheitsrechte. Politisch sind Menschenrechte ja nicht nur als Rechte gegen totalitäre Staaten erkämpft worden, sondern auch als Rechte gegen Ausgrenzung und Ausbeutung, gegen Unterdrückung und Privilegierungen, gegen Diskriminierung. Daher betont z. B. die AEMR in Form besonderer Gleichheitsrechte das Verbot der Unterscheidung »nach Rasse, Hautfarbe, Geschlecht, Sprache, Religion, politischer oder sonstiger Anschauung, nationaler oder sozialer Herkunft, Vermögen, Geburt oder sonstigem Stand«. Nachfolgende völkerrechtliche Übereinkommen befassen sich mit Rassismus (*Internationales Übereinkommen zur Beseitigung jeder Form von rassistischer Diskriminierung* von 1965; ICERD), mit Sexismus zulasten von Frauen (*Übereinkommen zur Beseitigung jeder Form von Diskriminierung der Frau* von 1979; CEDAW) und mit Kinderrechten, also einer altersbezogenen Ungleichheit (*Übereinkommen über die Rechte des Kindes* von 1989; ICR); dazu kommt das *Übereinkommen über die Rechte von Menschen mit Behinderungen* von 2006 (CRPD). Diese Gleichheitsgebote bzw. Diskriminierungsverbote sind regelmäßig auch in die politischen Rechte im engeren Sinne integriert: Meinungs- und Versammlungsfreiheit sollen dann ebenso wie Wahlrechte frei von jeder Diskriminierung ausgeübt werden können. Demgegenüber sind in den Vereinten Nationen die Rechte sexueller Minderheiten äußerst umstritten, weshalb zwar 2008 eine von Frankreich initiierte Erklärung für die Rechte von Homosexuellen verabschiedet wurde, dies jedoch mit knapper Mehrheit (66 Staaten), wohingegen 57 Staaten sich ausdrücklich gegen die Anerkennung gleicher Rechte von Homosexuellen stellen. Hier zeigt sich der enge Zusammenhang zwischen Menschenrechten und Weltanschauung bzw. religiöser Überzeugung, insofern sich die Gegner gleicher Rechte für alle auf naturalistische Weltbilder (den ›Unterschied zwischen Mann und Frau‹) und religiöse Wertvorstellungen (etwa die Verwerflichkeit bzw. Sündhaftigkeit nicht-reproduktiver Sexualität) stützen.

Was genau menschenrechtliche Aufmerksamkeit genießt, wen und wovor Menschenrechte genau schützen, ist vielfach eine umstrittene politische Entscheidung. Der Zusammenhang zwischen Gleichheit und politischen Rechten verdeutlicht, dass hier in vielen Fällen auch Zugehörigkeit und aktive Teilhabe verhandelt werden. Menschenrechte garantieren also bestenfalls die Mitwirkung am Politischen, sind aber selbst immer auch nur Produkte der Politik.

Literatur

Baer, Susanne: »Citizenship in Europe and the Construction of Gender by Law in the European Charter of Fundamental Rights«. In: Karen Knop (Hg.): *Gender and Human Rights*. Oxford 2004, 83–112.

Baxi, Upendra: *The Future of Human Rights*. Oxford 2002.

Bueno de Mesquita, Bruce/Cherif, Feryal/Downs, George/Smith, Alastair: »Thinking Inside the Box: A Closer Look at Democracy and Human Rights«. In: *International Studies Quarterly* 49. Jg. (2005), 439–458.

Degener, Theresia, »Antidiskriminierungsrechte für Behinderte: Ein globaler Überblick«. In: *Zeitschrift für ausländisches und öffentliches Völkerrecht* 65. Jg. (2005), 887–935.

Eisenberg, Avigail I./Spinner-Halev, Jeff: *Minorities within Minorities: Equality, Rights, and Diversity*. Cambridge 2005.

Elsuni, Sarah: *Geschlechtsbezogene Gewalt und Menschenrechte – Eine geschlechtertheoretische Untersuchung der Konzepte Geschlecht, Gleichheit und Diskriminierung im Menschenrechtssystem der Vereinten Nationen*. Baden-Baden 2011.

Gosepath, Stefan: *Gleiche Gerechtigkeit*. Frankfurt a. M. 2004.

MacKinnon, Catharine A.: *Sex Equality*. New York ²2007.

Menke, Christoph: *Spiegelungen der Gleichheit*. Frankfurt a. M. 2004.

Moller Okin, Susan u. a. (Hg.): *Is Multiculturalism Bad for Women?* Princeton, NJ 1999.

Pritchard, Sarah: *Der völkerrechtliche Minderheitenschutz. Historische und neuere Entwicklungen*. Berlin 2001.

Susanne Baer

4. Justizrechte

Die Justizrechte bilden eine charakteristische Klasse von Garantien, die als Reaktion auf bestimmte Gefährdungslagen in die Kataloge grund- und menschenrechtlicher Rechte aufgenommen wurden. Diese Gefährdungslage kann einmal darin bestehen, dass die Justiz ihrer Aufgabe, Rechte durchzusetzen und Unrecht zu verhindern und zu ahnden, nicht ausreichend nachkommt. Sie kann weiter in typischen Übergriffen der Justiz in allgemeine Schutzgüter der Grund- und Menschenrechte bestehen, wie beispielsweise Verletzungen der Freiheit der Person durch ungerechtfertigte Verhaftungen durch Justizorgane oder des Rechts auf Leben durch Verhängung und Vollstreckung der Todesstrafe.

4.1 Anerkennung als Rechtsperson

Die Anerkennung des Einzelnen als Rechtsperson ist zunächst von zentraler Bedeutung für den effektiven Schutz der Menschenrechte. Als moralische Rechte gelten die Menschenrechte zwar unabhängig von autoritativer Setzung und sozialer Wirksamkeit, aber es existiert kein anerkanntes Verfahren zu ihrer Erkenntnis und ihrer Durchsetzung. Durch die Transformation der Menschenrechte als moralische Rechte in das Recht – sei es nationales, supranationales oder internationales Recht – werden sie zu Grundrechten im Sinne rechtlicher Rechte und haben an der Zwangsnatur des Rechts teil. Nur wenn der Einzelne als Rechtsperson anerkannt wird, kann er Träger grundrechtlicher Rechte sein und seine grund- und menschenrechtlichen Interessen selbst gerichtlich durchsetzen. Die Anerkennung als Rechtsperson ist zudem Voraussetzung für die Trägerschaft unterverfassungsrechtlicher, insbesondere zivilrechtlicher Rechte.

Typische Formen der Verletzung sind der ›bürgerliche Tod‹ und die Vorenthaltung der Rechtsfähigkeit für nach bestimmten Merkmalen definierte Gruppen natürlicher Personen. Der ›bürgerliche Tod‹ war als besondere Sanktion bei schweren Verbrechen in Europa bis in das 19. Jahrhundert hinein gebräuchlich. Er hatte unter anderem den vollständigen Verlust der Rechtsfähigkeit des Verurteilten zur Folge (zur Abschaffung in Deutschland vgl. § 135 der *Paulskirchenverfassung* von 1849 und Art. 10 der ›revidierten‹ *Preußischen Verfassung* von 1850). Paradigmatisch für die Vorenthaltung der Rechtsfähigkeit für nach bestimmten Merkmalen definierte Gruppen war die Diskriminierung von Juden im Nationalsozialismus. Berüchtigt ist der Vorschlag von Karl Larenz zur Änderung von § 1 BGB, nach dem die Rechtsfähigkeit jedes Menschen mit der Vollendung der Geburt beginnt, in: »Rechtsgenosse ist nur, wer Volksgenosse ist: Volksgenosse ist, wer deutschen Blutes ist« (Larenz 1935, 241; ähnlich bereits Art. 4, 5 des Parteiprogramms der NSDAP von 1920; zum ›Quasi-bürgerlichen Tod‹ von Juden im nationalsozialistischen Deutschland vgl. weiter die Charell-Entscheidung des Reichsgerichts, in: *Juristische Wochenschrift* [1936] 2537).

Das Recht auf Anerkennung als Rechtsperson wird ausdrücklich in Art. 6 AEMR, 16 ICCPR, 3 ACHR und 5 I 2. HS ACHPR garantiert. Entsprechende Gewährleistungen sucht man in anderen Grund- und Menschenrechtskatalogen vergebens, so etwa im GG, der EMRK und der *Grundrechtecharta* der Europäischen Union (GRCh). Der ›bürgerliche Tod‹ spielt seit etwa eineinhalb Jahrhunderten keine Rolle mehr und die offene Diskriminierung von Teilen der Bevölkerung in Form der vollständigen Vorenthaltung der Rechtsfähigkeit dürfte seit vielen Jahrzehnten in Europa politisch kaum vorstellbar sein. Das Recht auf Anerkennung als Rechtsperson wird aber durch andere Gewährleistungen impliziert. Die Menschenwürde (Art. 1 GRCh, 1 I GG) verlangt die Behandlung jedes Einzelnen stets auch als Subjekt, niemals bloß als Objekt. Daraus folgt, dass der Einzelne seine Autonomie in Form von Entscheidungen über die gerichtliche Durchsetzung eigener fundamentaler Interessen ausüben darf, was seine Rechtsfähigkeit voraussetzt. Die Vorenthaltung der Rechtsfähigkeit für bestimmte Gruppen stellt zudem eine Verletzung des Diskriminierungsverbots dar (Art. 2 I AEMR, 14 EMRK, 1 I 2.

ZP EMRK, 21 I GRCh, 3 III GG). Soweit die Sklaverei die Vorenthaltung der Rechtsfähigkeit impliziert, wendet sich auch das Sklavereiverbot (Art. 4 AEMR, 8 I ICCPR, 4 EMRK) hiergegen.

Als Teil des Rechts kann das Recht auf Anerkennung als Rechtsperson das Problem der *Zirkularität* aufwerfen. Der Einzelne kann ja nur Träger des rechtlichen Rechts auf Anerkennung als Rechtsperson sein, wenn er als Rechtsperson anerkannt ist. Diese Zirkularität wird aber vermieden, wenn von der Ebene internationalen Rechts aus die Anerkennung als Rechtsperson im nationalen Recht verlangt wird.

Martin Borowski

4.2 Das Verbot willkürlicher Verhaftung

Der Schutz vor willkürlicher Verhaftung findet sich bereits in Art. 39 der *Magna Charta Libertatum* von 1215 und in dem *Habeas-Corpus-Act* von 1679 und gehört damit zu den ältesten Grundrechtsgarantien. In der AEMR wird die Freiheit der Person nur programmatisch in Art. 3 erwähnt. In vielen anderen Instrumenten finden sich ganze Bündel von verschieden starken formellen und materiellen Anforderungen der Rechtfertigung von Eingriffen, je nach der Intensität des Eingriffs in verschiedenen typischen Kontexten. Im Zentrum steht das *Recht auf Freiheit der Person*, das die körperliche Bewegungsfreiheit schützt (9 I ICCPR, 5 I 1 EMRK, 6 GRCh, 2 II 1 GG). Hiervon zu unterscheiden ist die *Freizügigkeit*, das Recht, seinen Aufenthalt und Wohnsitz zu nehmen, wo man will (Art. 13 AEMR, 12 ICCPR, 2 4. ZP EMRK, 45 GRCh, 11 GG). Bei Eingriffen in die körperliche Bewegungsfreiheit wird, in Anknüpfung an den Wortlaut von Art. 5 I EMRK und 104 GG, unterschieden zwischen bloßen *Freiheitsbeschränkungen* (Art. 104 I GG) und *Freiheitsentziehungen* (Art. 104 II-IV GG, 5 I EMRK). Kennzeichnend für die Freiheitsentziehung als schwerere und speziellere Form des Eingriffs ist, dass die körperliche Bewegungsfreiheit für eine gewisse Mindestdauer »nach jeder Richtung hin aufgehoben wird« (BVerfGE 105, 325 (327 f.)), paradigmatisch sind Haft, Arrest und Gewahrsam. Eine bloße Freiheitsbeschränkung liegt dagegen etwa in einem nächtlichen Ausgangsverbot.

Alle Formen von Freiheitsbeschränkungen müssen zunächst in formeller Hinsicht aufgrund eines Gesetzes erfolgen. Für die bloßen Freiheitsbeschränkungen folgt dies aus Art. 9 I 3 ICCPR, 2 II 3, 104 I 1 GG, für Freiheitsentziehungen zusätzlich aus Art. 5 I 2 EMRK. In materieller Hinsicht muss jede Freiheitsbeschränkung oder -entziehung zudem verhältnismäßig sein, d. h. die Gründe für den staatlichen Eingriff dürfen nicht außer Verhältnis stehen zur Schwere des Eingriffs. Dies entspricht der allgemeinen Grundrechtsdogmatik unter dem *Grundgesetz* und der Dogmatik der EMRK, dies meint auch »willkürlich« in Art. 9 I 2 ICCPR.

Ein nicht unter Gesetzesvorbehalt stehendes allgemeines Misshandlungsverbot für alle in ihrer Freiheit Beschränkten spricht Art. 104 I 2 GG aus, Art. 10 I ICCPR bekräftigt dies für Freiheitsentziehungen. Zudem gelten selbstverständlich alle allgemeinen Bestimmungen gegen Misshandlungen, etwa das Verbot der Folter und unmenschlicher und entwürdigender Behandlung gemäß Art. 5 AEMR, 7 ICCPR, 3 EMRK oder das Gebot der Achtung der Menschenwürde für alle ihrer persönlichen Freiheit Beraubte.

Die Freiheitsentziehung als schwere Form des Eingriffs in die Freiheit der Person unterliegt nach Art. 9 II-V, 10 II, III ICCPR, 5 EMRK, 104 II-IV GG besonderen Bedingungen. Anders als im GG werden in Art. 5 I lit a-f EMRK die Gründe für Freiheitsentziehungen abschließend aufgelistet. Insofern es um Haft wegen des Verdachts einer strafbaren Handlung geht, gelten besondere Sicherungen, die sich ein Stück weit mit der Garantie eines fairen Strafverfahrens als Teil des Rechts auf ein faires Verfahren (siehe unten 4.4) überschneiden, Art. 9 III ICCPR, 5 I lit c, III EMRK, 104 III GG. Eine wichtige formelle Sicherung besteht im *Richtervorbehalt*, der für alle Freiheitsentziehungen in Art. 104 II GG ausgesprochen wird. Wenn die Festnahme nicht schon auf richterlicher Anordnung beruht, ist »unverzüglich« eine richterliche Entscheidung herbeizuführen. Polizeilicher Gewahrsam ohne richterliche Anordnung oder Entscheidung ist längstens »bis zum Ende des Tages nach dem Ergreifen« zulässig. Nach Art. 5 IV

EMRK muss »ein Gericht innerhalb kurzer Zeit über die Rechtmäßigkeit« der Inhaftierung entscheiden, wenn der Inhaftierte dies beantragt, ähnlich Art. 9 IV ICCPR. Inhaftierte haben ein Recht auf die *Mitteilung der Gründe* für die Haft, allgemein nach Art. 5 II EMRK, 9 II ICCPR und im Strafverfahren nach Art. 104 III GG. Art. 104 IV GG spricht die Verpflichtung aus, »unverzüglich« einen *Angehörigen* etc. des Festgehaltenen zu *benachrichtigen*. Dies verhindert, dass es zu einem ›bloßen Verschwinden‹ des Inhaftierten mit allen damit verbundenen Belastungen für diesen selbst und Angehörige kommt. Art. 9 V ICCPR, 5 V EMRK gewähren über die allgemeinen Bestimmungen für Entschädigung hinaus einen Anspruch auf *Schadenersatz* wegen rechtswidriger Haft.

Martin Borowski

4.3 Rechtsbehelf

Die Verleihung von Rechten soll den Einzelnen in die Lage versetzen, seine Interessen selbst gerichtlich durchzusetzen. Er wird daher ermächtigt, ein justizielles Verfahren zu veranlassen, in dem seine materiellen Rechte durchgesetzt werden. Das Recht auf einen Rechtsbehelf darf nicht durch Begrenzungen ausgehöhlt werden. Einschränkungen sind rechtfertigungsbedürftig, und der Staat muss wirtschaftlich Schwachen gegebenenfalls finanzielle Hilfe zur Durchsetzung ihrer Rechte leisten.

Die Gewährleistungen unterscheiden zwischen Rechtsschutz in zivilrechtlichen Angelegenheiten und Rechtsschutz gegen die öffentliche Gewalt. In zivilrechtlichen Angelegenheiten stehen sich zwei Private gegenüber, der Staat entscheidet in Form des Gerichts gleichsam in der Rolle des Schiedsrichters. Unter dem Grundgesetz wird die staatliche Pflicht zur Justizgewähr als Teil des Rechtsstaatsgebotes gem. Art. 20 I GG durch insbes. die allgemeine Handlungsfreiheit gemäß Art. 2 I GG zum Inhalt eines Grundrechts. Auch Art. 6 I EMRK gewährt ein Recht auf effektiven Rechtsschutz in zivilrechtlichen Angelegenheiten (EGMR, Golder vs. Großbritannien, Urteil v. 21. Februar 1975). Beim Rechtsschutz gegen die öffentliche Gewalt ist der Staat nicht nur als Gericht beteiligt, sondern auch in der Sache, als Partei oder als diejenige Stelle, die den beanstandeten Akt erlassen hat. Art. 19 IV GG gewährt Rechtsschutz gegen die »öffentliche Gewalt«, dies erfasst jedoch nur die Exekutive, nicht die Judikative oder Legislative. Lücken werden durch den rechtsstaatlichen Justizgewährleistungsanspruch geschlossen. Weiter kann danach unterschieden werden, für welche Rechte effektiver Rechtsschutz geboten ist. Art. 8 AEMR erfasst nur innerstaatlich gewährte Rechte, da die AEMR selbst grundsätzlich keine durchsetzungsfähigen Rechte gewährt. Art. 2 III ICCPR formuliert die Verpflichtung, innerstaatlich für die Durchsetzbarkeit der Rechte des Paktes zu sorgen. Art. 6 I EMRK bezieht sich auf innerstaatlich gewährte zivilrechtliche Rechte, Art. 13 EMRK gewährt das Recht der Durchsetzung der Konventionsrechte in innerstaatlichen Verfahren. Art. 19 IV und 20 I in Verbindung mit den Grundrechten erfassen dagegen ein Recht auf effektiven Rechtsschutz gegen die Verletzung von Grundrechten und allen unterverfassungsrechtlichen Rechten. Entsprechendes gilt nach Art. 47 I GRCh bei allen Verletzungen von Rechten und Freiheiten, die durch das Recht der Union gewährt werden.

Die erwähnten Gewährleistungen sind im Einzelnen unterschiedlich formuliert (so gewähren Art. 47 I GRCh, 19 IV GG gerichtlichen Rechtsschutz, während Art. 13 EMRK nur eine »innerstaatliche Instanz« verlangt). Es geht jedoch in jedem Fall darum, dass der Staat die entsprechenden Institutionen und Verfahren schafft und sie dem Einzelnen eröffnet. Die Ausgestaltung der Institutionen und Verfahren muss, gemessen am Zweck der Gewährung effektiven Rechtsschutzes, ebenso verhältnismäßig sein wie alle Einschränkungen rechtlicher wie faktischer Art. Grundsätzlich reicht eine Instanz, ein ganzer Instanzenzug wird nicht verlangt (vgl. aber Art. 14 V ICCPR, 2 7. ZP EMRK). Die Geltendmachung des Rechts darf an verhältnismäßige Bedingungen geknüpft werden, etwa Fristen zur Einlegung der Beschwerde oder formale Anforderungen an Anträge. Der Rechtsschutz muss zeitnah erfolgen, die Kosten für Rechtsbehelfe dürfen nicht übermäßig prohibitiv wirken. Die Überprüfung muss sich auf die Tatsachenfrage und die Rechtsfrage erstrecken, und der Entscheidung muss bindende Wirkung zukommen. Effektiver Rechtsschutz kann auch finanzielle Entschädigung für immateriellen Schaden umfassen, der EGMR hat dies insbesondere für Art. 14 in Verbindung mit 2, 3 EMRK angenommen.

Das Bundesverfassungsgericht gewährt im Sinne einer Annäherung an Chancengleichheit von bemittelten und unbemittelten Parteien unter Hinweis auf Art. 3 I GG in Verbindung mit dem Sozialstaatsprinzip gem. Art. 20 I GG ein Recht auf *Prozesskostenhilfe* für Bedürftige (ständige Rechtsprechung seit BVerfGE 9, 124 (131)). Diese umfasst auch anwaltliche Beratung. Ausdrücklich gewährt wird Prozesskostenhilfe in Art. 47 III GRCh.

Verbreitet wird materiellen Grundrechten selbst das Recht auf effektiven Rechtsschutz entnommen. Unter dem *Grundgesetz* wird dieses Recht seit einigen Jahrzehnten verbreitet als Teil der grundrechtlichen Rechte auf Organisation und Verfahren angesehen, der EGMR nimmt dies insbesondere für Art. 2, 3 und 5 EMRK an. Dann kommt es zur Konkurrenz zwischen dem Recht auf effektiven Rechtsschutz aus dem materiellen Grundrecht selbst und aus dem justiziellen Recht wie etwa Art. 13 EMRK, 19 IV GG.

Martin Borowski

4.4 Faires Verfahren

Das Recht auf ein faires Verfahrens garantiert bestimmte Bedingungen bei der staatlichen Feststellung und Durchsetzung von Rechten und Pflichten des Einzelnen. In programmatischer Kürze verlangt Art. 10 AEMR »ein gerechtes und öffentliches Verfahren vor einem unabhängigen und unparteiischen Gericht«. Deutlich detaillierter ist die Regelung in Art. 6 EMRK, die sich auf zivilrechtliche und strafrechtliche Streitigkeiten bezieht. Verlangt wird im Kern eine Verhandlung »vor einem unabhängigen und unparteiischen, auf einem Gesetz beruhenden Gericht in einem fairen Verfahren«, Art. 6 I EMRK, ähnlich Art. 14 I 2 ICCPR, 47 II 1 GRCh. Im *Grundgesetz* werden neben den besonderen Garantien im Strafverfahren (s. u.) das

Recht auf den gesetzlichen Richter, Art. 101 I 2 GG, und der Anspruch auf rechtliches Gehör, Art. 103 I GG, besonders hervorgehoben. Im Übrigen folgt die Verpflichtung zur Durchführung eines fairen Verfahrens aus dem Rechtsstaatsgebot gemäß Art. 20 I GG. Alle grundgesetzlichen Garantien beziehen sich, anders als die der EMRK, auch auf öffentlichrechtliche Streitigkeiten. Aufgrund des *Gebotes der Rechtswegerschöpfung* richten sich Verfassungsbeschwerden zum BVerfG bzw. Individualbeschwerden zum EGMR fast immer gegen gerichtliche Entscheidungen, so dass das Recht auf ein faires Verfahren enorme Praxisbedeutung besitzt.

Das *Recht auf den gesetzlichen Richter* soll verhindern, dass durch Auswahl der Personen, die über den Rechtsstreit entscheiden, ungerechtfertigter Einfluss auf das Ergebnis genommen wird. Es sind gesetzliche Regelungen zu treffen, in denen abstrakt-generell im Voraus festgelegt wird, welche Personen im Einzelfall zu entscheiden haben. Dies erfolgt durch Geschäftsverteilungspläne, in denen die Zuständigkeiten der verschiedenen Spruchkörper festgelegt und diesen Richter zugeordnet werden. Weiter verlangt sind Unabhängigkeit und Unparteilichkeit der Richter. Dies wird in Art. 6 I EMRK, 47 II 1 GRCh explizit genannt, in Art. 101 I 2 GG folgt es aus dem Begriff des Richters im *Grundgesetz*, Art. 92, 97 GG.

Der *Anspruch auf rechtliches Gehör* stellt sicher, dass der Einzelne nicht bloß Objekt einer richterlichen Entscheidung wird, sondern selbst als Subjekt das Verfahren beeinflussen kann (BVerfGE 107, 395 (409)). Es gilt für jeden formell Verfahrensbeteiligten oder materiell von der Entscheidung Betroffenen. Umfasst ist zunächst das Recht auf Information über den Verfahrensstoff, ohne dessen Kenntnis der vom Verfahren Betroffene sich nicht sinnvoll äußern kann. Gelegenheit zur Äußerung ist im schriftlichen Verfahren sowie, wenn eine mündliche Verhandlung stattfindet, in mündlicher Form zu geben. Das Gericht ist verpflichtet, die Äußerung zur Kenntnis zu nehmen und zu erwägen, was auch grundsätzlich aus der Begründung der Entscheidung hervorgehen muss.

Zu den spezifischen Garantien im Strafverfahren zählen das *Gesetzlichkeitsprinzip*, nach dem die Strafe vor der Tat gesetzlich bestimmt gewesen sein muss, *nulla poena sine lege* (Art. 11 II AEMR, 15 I ICCPR, 49 I GRCh, 7 EMRK, 103 II GG), das *Verbot der Doppelbestrafung, ne bis in idem* (Art. 14 VII ICCPR, 4 7. ZP EMRK, 50 GRCh, 103 III GG), die *Unschuldsvermutung* (Art. 11 I AEMR, 14 II ICCPR, 6 II EMRK, 48 I GRCh), das *Recht, über die Beschuldigung informiert zu werden* (Art. 9 II, 14 III a) ICCPR, 6 III lit a EMRK), die *faire Gelegenheit zur Verteidigung* (Art. 14 III lit b-g, 6 III lit b-d EMRK, 48 II GRCh), das *Recht auf ein Rechtsmittel* (Art. 14 V ICCPR, 2 7. ZP EMRK) sowie das *Recht auf Entschädigung nach einem Fehlurteil* (Art. 14 VI ICCPR, 3 7. ZP EMRK).

Martin Borowski

4.5 Die Todesstrafe und das Verbot unmenschlicher Behandlung

Die Todesstrafe besteht in der staatlichen Tötung des Einzelnen als strafrechtliche Sanktion. Die Zulässigkeit der Todesstrafe wird seit der Aufklärung (z. B. von Cesare Beccaria) kontrovers diskutiert, war bis Mitte des 20. Jahrhunderts jedoch üblicherweise Bestandteil des Kataloges staatlicher Strafen. Seitdem setzt sich zunehmend international eine breite Tendenz durch, die Todesstrafe ganz abzuschaffen oder zumindest auf besondere Ausnahmekonstellationen zu beschränken. In etwa 100 Staaten ist die Todesstrafe jedoch noch gesetzlich vorgesehen, auch wenn etwa in einem Drittel hiervon keine Todesurteile mehr vollstreckt werden. Die mit weitem Abstand meisten Todesurteile werden in der Volksrepublik China verhängt und vollzogen.

In der Diskussion um die Todesstrafe werden üblicherweise verschiedene Kategorien oder Aspekte unterschieden. Die Todesstrafe in Kriegszeiten wird allgemein für eher rechtfertigbar gehalten als in Friedenszeiten. Sonderkategorien bilden die Todesstrafe für schwangere Frauen, für zur Tatzeit Minderjährige und für geistig Behinderte. Ist die Todesstrafe schon an sich grausam, kann die Art der Hinrichtung besondere Grausamkeit begründen. Wenn bestimmte Minderheiten der Bevölkerung häufiger zur Todesstrafe verurteilt werden und/oder sich die Gnadenpraxis entsprechend unterscheidet, wird zudem das Problem der Diskriminierung aufgeworfen. Für einen Staat stellt sich schließlich nicht nur die Frage, ob er selbst die Todesstrafe verhängt und vollstreckt, sondern auch, ob er die Verhängung und Vollstreckung in anderen Staaten unterstützt oder ermöglicht, indem er Rechtshilfe leistet oder Individuen ausliefert.

Gegen die Todesstrafe erheben sich zahlreiche grundsätzliche Bedenken. Eine Möglichkeit der Wiedergutmachung bei Fehlurteilen besteht nach vollstreckter Strafe nicht. Angesichts der Unmöglichkeit der Wiedergutmachung wären die Anforderungen an ein rechtsstaatliches Verfahren praktisch unerfüllbar hoch, selbst wenn man die Todesstrafe in bestimmten Einzelfällen als grundsätzlich verhältnismäßig ansehen wollte. Die unter generalpräventiven Gesichtspunkten zur Rechtfertigung angeführte Abschreckungswirkung hat sich in empirischen Untersuchungen nicht hinreichend nachweisen lassen. Mit der Vernichtung des verurteilten Individuums wird diesem zudem die Möglichkeit genommen, über die eigene Tat zu reflektieren, sie zu bereuen und sich von ihr zu distanzieren. Die in der Praxis oft lange Zeit, die der Verurteilte seiner Hinrichtung entgegensehen muss, kann sich zudem als außerordentlich grausam darstellen.

Von der Todesstrafe als strafrechtliche Sanktion im Sinne *repressiven Handelns* ist *präventives Handeln* staatlicher Behörden – Handeln zur Gefahrenabwehr – zu unterscheiden, bei dem die Tötung von Menschen zumindest billigend in Kauf genommen wird. Klassisches Beispiel für derartiges präventives Handeln ist der ›finale Rettungsschuss‹ zur Beendigung einer Geiselnahme, mit dem die Rettung der Geisel durch die gezielte Tötung des Geiselnehmers bezweckt wird. In Deutschland ist der ›finale Rettungsschuss‹ in den Polizeigesetzen der meisten Bundesländer ausdrücklich geregelt und wird überwiegend als verhältnismäßige Einschränkung des Rechts auf Leben angesehen (s. Kap. III.1.1).

In *Deutschland* ist die Todesstrafe bereits mit der Ursprungsfassung des Grundgesetzes vollständig abgeschafft worden (Art. 102 GG). Dies war nicht zuletzt eine Reaktion auf den exzessiven Gebrauch der Todesstrafe im ›Dritten Reich‹. Art. 102 GG ist im Katalog der verfassungsbeschwerdefähigen Rechte in Art. 93 I Nr. 4a GG ausgelassen und stellt damit kein Grundrecht im Sinne des Grundgesetzes dar. Allerdings bildet die Todesstrafe einen Eingriff in das Recht auf Leben gemäß Art. 2 II 1 GG. Satz 3 ermächtigt grundsätzlich zu verhältnismäßigen Einschränkungen des Rechts auf Leben, Art. 102 GG als besondere Schranken-Schranke stellt aber klar, dass Eingriffe in das Recht auf Leben in Form der Todesstrafe niemals gerechtfertigt sein können. Nach verbreiteter Ansicht verböte die Menschenwürde gemäß Art. 1 I in Verbindung mit 79 III GG die Wiedereinführung der Todesstrafe im Wege der Verfassungsänderung (BGHSt 41, 317 (325)). Umstritten ist insbesondere, inwieweit Art. 102 GG bei drohender Todesstrafe im Ausland eine Auslieferung oder Ausweisung verbietet. Bei ernsthafter Gefahr der völkerrechtswidrigen Todesstrafe im Ausland werden Auslieferung oder Ausweisung ganz überwiegend als unzulässig angesehen. Jenseits dessen verfolgte die frühe bundesverfassungsgerichtliche Rechtsprechung unter Hinweis auf das Fehlen eines strikten Verbots der Todesstrafe im Völkerrecht eine eher auslieferungsfreundliche Linie (BVerfGE 18, 112 ff.), dies wurde später aber offen in Frage gestellt (BVerfGE 60, 348 (354)). Praktisch bedeutsame Vorschriften im einfachen Recht verlangen in jedem Fall für die Auslieferung oder Ausweisung, dass der jeweilige Staat zusichert, die Todesstrafe weder zu verhängen noch zu vollstrecken (§§ 8 IRG, 53 II AuslG, 60 II AufEnthG).

In der EMRK erlaubt Art. 2 I S. 2 der ursprünglichen Konvention ausdrücklich die Vollstreckung eines Todesurteils unter gewissen rechtsstaatlichen Sicherungen. Mit Art. 1 6. ZP EMRK von 1983 wurde die Todesstrafe in Friedenszeiten abgeschafft, nach dessen Art. 2 bleibt sie aber in Kriegszeiten möglich. Nur Russland hat dieses Protokoll noch nicht ratifiziert (Stand 9.3.2012). Erst das 13. ZP EMRK von 2002 beseitigt die Todesstrafe vollständig in den 42 Mitgliedstaaten des Europarates, die diesem Protokoll bislang beigetreten sind (Stand s.o.). Seit 1998 wurde die Todesstrafe in keinem Mitgliedstaat des Europarates mehr vollstreckt. Man daher sagen, dass die Todestrafe in den Staaten des Europarates damit weitestgehend beseitigt ist. Im EU-Recht wird die Todesstrafe in Art. 2 II GRCh kategorisch ausgeschlossen und bei drohender Todesstrafe strikter Ausweisungsschutz gewährt (Art. 19 II GRCh).

Wenn und soweit nach der EMRK die Todesstrafe möglich bleibt, kann sich die Art und Weise der Verhängung und Vollstreckung als »unmenschliche oder erniedrigende Behandlung oder Strafe« nach Art. 3 EMRK (vgl. auch Art. 5 AEMR, 7 ICCPR) darstellen. Nach der Rechtsprechung des EGMR (Soering vs. Großbritannien, Urteil v. 7. Juli 1989) ist eine Einzelfallprüfung vorzunehmen. Bedeutsam sind vor allem Dauer und Umstände der Haft, während der der Verurteilte seinem jederzeitigen Tod entgegensehen muss (*death row phenomenon*). Auch Minderjährigkeit und Geisteszustand bei Begehung der Tat spielen eine wichtige Rolle, und man wird die Methode der Hinrichtung nicht außer Betracht lassen können. Zudem verstößt die Verhängung der Todesstrafe in einem unfairen Gerichtsverfahren gegen Art. 3 EMRK (EGMR, Öcalan vs. Türkei, Urteil v. 12. März 2003, vgl. auch Bader und Kanbor vs. Schweden, Urteil v. 8. November 2005).

In den *USA* wird die Todesstrafe nach wie vor in der Mehrzahl der Bundesstaaten verhängt und vollstreckt. Nach der Entscheidung des U.S. Supreme Courts Furman vs. Georgia im Jahre 1972 war die seinerzeitige Praxis der Verhängung der Todesstrafe als willkürlich und damit als *cruel and unusual punishment* im Sinne des 8. Zusatzartikels zur Verfassung einzustufen, was de facto zunächst die Abschaffung der Todesstrafe zur Folge hatte. Ein Großteil der Bundesstaaten überarbeitete aber die entsprechenden Gesetze vor dem Hintergrund der Bedenken des Supreme Court, so dass die Todesstrafe von 1976 an überwiegend wieder eingeführt wurde. Meinungsumfragen der letzten Jahrzehnte ergaben in aller Regel eine Zustimmung der Mehrheit zur Todesstrafe. Nach der Entscheidung Atkins vs. Virginia aus dem Jahre 2002 können geistig Behinderte nicht zum Tode verurteilt werden, mit hauchdünner Mehrheit sprach der U.S. Supreme Court zudem in Roper vs. Simmons 2005 aus, dass Gleiches für zur Tatzeit noch nicht 18-Jährige gilt.

Im *allgemeinen Völkerrecht* findet sich kein allgemeines Verbot der Todesstrafe. Art. 6 ICCPR unterwirft ihre Verhängung und Vollstreckung aber einer Reihe von Bedingungen. Sie kann nur für »schwerste Verbrechen« verhängt werden (Art. 6 II ICCPR), nicht gegen zur Tatzeit Jugendliche und darf an schwangeren Frauen nicht vollstreckt werden (Art. 6 V ICCPR). Das 2. ZP ICCPR verpflichtet die beitretenden Staaten zur Abschaffung der Todesstrafe.

Literatur

Bingham, Tom: »Personal Freedom and the Dilemma of Democracies«. In: *International and Comparative Law Quarterly* 52. Jg. (2003), 841–858.

Boulanger, Christian/Heyes, Vera/Hanfling, Philip (Hg.): *Zur Aktualität der Todesstrafe*. Berlin ²2002.

Dijk, Pieter van u. a. (Hg.): *Theory and Practice of the European Convention of Human Rights*. Antwerpen/Oxford ⁴2006.

Grabenwarter, Christoph: *Europäische Menschenrechtskonvention*. München ⁵2012.

Grote, Rainer/Marauhn, Thilo (Hg.): *Konkordanzkommentar zum europäischen und deutschen Grundrechtsschutz*. Tübingen 2006.

Hood, Roger G./Hoyle, Carolyn: *The Death Penalty – A Worldwide Perspective*. Oxford ⁴2008.

Jacobs, Francis G.: »The Right to a Fair Trial in European Law«. In: *European Human Rights Law Review* 5. Jg. (1999), 141–156.

Larenz, Karl: »Rechtsperson und subjektives Recht«. In: Georg Dahm u. a. (Hg.): *Grundfragen der neuen Rechtswissenschaft*. Berlin 1935, 225–258.

Marschner, Rolf/Lesting, Wolfgang: *Freiheitsentziehung und Unterbringung*. München ⁵2010.

Maurer, Hartmut: »Rechtsstaatliches Prozessrecht«, in: Peter Badura/Horst Dreier (Hg.): *Festschrift 50 Jahre Bundesverfassungsgericht*, Bd. 2. Tübingen 2001, 467–503.

Peters, Anne: »Die Mißbilligung der Todesstrafe durch die Völkerrechtsgemeinschaft«. In: *Europäische Grundrechte Zeitschrift* 26. Jg. (1999), 650–660.

Roth, Thomas: *Das Grundrecht auf den gesetzlichen Richter*. Berlin 2000.

Schabas, William A.: *The Abolition of the Death Penalty in International Law*. Cambridge ³2002.

Schöne, Thomas/Klaes, Thomas: »Die hoheitliche Befugnis zur Tötung eines Angreifers«. In: *Die Öffentliche Verwaltung* 1996, 992–998.

Smith, Stephen F.: »The Supreme Court and the Politics of Death«. In: *Virginia Law Review* 94. Jg. (2008), 284–383.

Weissbrodt, David/Wolfrum, Rüdiger (Hg.): *The Right to a Fair Trial*. Berlin 1998.

Martin Borowski

5. Wirtschaftliche Rechte

Die ›wirtschaftlichen‹ Menschenrechte sind eine Teilmenge der im *Internationalen Pakt über wirtschaftliche, soziale und kulturelle Rechte* (*International Covenant on Economic, Social and Cultural Rights*; ICESCR) von 1966 zusammengefassten Teilhaberechte. Im Speziellen beziehen sich diese Rechte auf die Rolle jedes Menschenrechtssubjekts als Teilnehmer am gesellschaftlichen Güter- oder Leistungsaustausch. Sowohl die *Allgemeine Erklärung der Menschenrechte* (AEMR) von 1948 wie auch der spätere ICESCR verweisen in ihren Präambeln zunächst auf die angeborene »Würde« des Menschen, die ihn als Träger gleicher und unveräußerlicher Rechte qualifiziert. Die wirtschaftlichen Rechte sind daraufhin – genauso wie die bürgerlichen und politischen Rechte – als *Freiheitsrechte* zu verstehen. Dies ergibt sich daraus, dass sämtliche Freiheitsrechte die – mit der Menschenwürdeidee verknüpfte – Fähigkeit der Menschen zu eigenverantwortlichem und selbstbestimmtem Handeln schützen sollen. Dies betrifft ausdrücklich nicht nur die bürgerlichen und politischen, sondern eben auch die wirtschaftlichen, sozialen und kulturellen Lebensbereiche der Menschen. Verwirklicht werden kann das selbstbestimmte und eigenverantwortliche Handeln nur dann, wenn der Einzelne seitens des Staates *umfassend* vor Übergriffen, Willkür, Unterdrückung, Grausamkeit, Erniedrigung, Ausbeutung oder anderen Formen äußeren Zwangs geschützt wird. Zur vollen Entfaltung der Handlungsfreiheit muss das Individuum sich daher in einem Umfeld befinden, das der Staat insgesamt so gestaltet hat, dass sich das Individuum umfassend frei entfalten kann. Dem Staat kommen in all diesen Lebensbereichen und mit Blick auf jedes einzelne Menschenrecht Achtungs-, Schutz- und Gewährleistungspflichten zu (s. Kap. II.3.3).

Hindernisse, die die freie Entfaltung des Einzelnen gefährden, sind folglich nicht nur fehlende Garantien in Bezug auf bürgerliche und politische Rechte, sondern beispielsweise auch anhaltende Arbeitslosigkeit, fehlende soziale Sicherheit, unsichere Eigentumsverhältnisse, extreme Armut, fehlende Gesundheitsversorgung, ein Mangel an Bildung oder andere menschenunwürdige Lebensumstände, gegen die sich der ICESCR insgesamt wendet. Sofern die wirtschaftlichen Rechte im Besonderen gemeint sind, wurden diese bereits in den Artikeln 17 sowie 23–25 der AEMR deklariert. Art. 17 etabliert ein Recht auf Eigentum. In Art. 23 wird ein Recht auf Arbeit, auf Schutz vor Arbeitslosigkeit, auf freie Berufswahl, gerechte und befriedigende Arbeitsbedingungen sowie auf gleichen Lohn für gleiche Arbeit deklariert. Die Art. 24 und 25 postulieren darüber hinaus ein Recht auf Erholung, auf regelmäßigen, bezahlten Urlaub, auf »vernünftige« Arbeitszeitbeschränkungen sowie insgesamt auf einen Lebensstandard, der für die Arbeitenden und deren Familien »Gesundheit und Wohl gewährleistet«. Diese Rechte wurden dann aber erst im ICESCR in einen rechtlich bindenden Vertrag überführt. Während dadurch insbesondere die wirtschaftlichen Rechte der Arbeitssphäre (Art. 6 u. 7) sowie auf Gewerkschaftsgründung und Streik (Art. 8) im Vergleich mit der AEMR einen sehr viel konkreteren Zuschnitt erhielten, fehlt nunmehr aber das vormalige Recht auf materielles Eigentum. Denn in Art. 15 des ICESCR wird nur noch von einem Schutz der »geistigen und materiellen Interessen« gesprochen, die dem Menschen »als Urheber von Werken der Wissenschaft, Literatur oder Kunst erwachsen«.

5.1 Arbeit und gerechte Arbeitsbedingungen

Menschenrechtlicher Grundanspruch

Das Recht auf Arbeit ist von wesentlicher Bedeutung für die Realisierung vieler anderer Menschenrechte, denn diese können oftmals erst dann in Anspruch genommen oder auch eingeklagt werden, wenn es dem Menschen möglich ist, wie es in Art. 6 des *Internationalen Pakts über wirtschaftliche soziale und kulturelle Rechte* (ICESCR) heißt, »seinen Lebensunterhalt durch frei gewählte oder angenommene Arbeit zu verdienen«. Das

Recht auf Arbeit bildet damit auch einen unabdingbaren und bleibenden Teil der Menschenwürde; woran sich abermals zeigt, dass die Menschenrechte eine Einheit bilden, ›unteilbar‹ sind und sich gegenseitig bedingen, um vollumfänglich wahrgenommen werden zu können (Drzewicki 2001). Das Recht auf Arbeit ist dabei ein zentrales *wirtschaftliches* Menschenrecht, bei dem es um die Ermöglichung einer freien Teilnahme am gesellschaftlichen Güter- und Leistungsaustausch geht. Es umfasst zunächst, wie es bereits in Art. 23 Abs. 1 der *Allgemeinen Erklärung der Menschenrechte* (AEMR) hieß, »das Recht auf Arbeit, auf freie Berufswahl, auf angemessene und befriedigende Arbeitsbedingungen sowie auf Schutz gegen Arbeitslosigkeit«. Darüber hinaus wird in Art. 23 Abs. 2 ausdrücklich auch ein »Recht auf gleichen Lohn für gleiche Arbeit« proklamiert, und Abs. 3 ergänzt, dass diese »gerechte und befriedigende Entlohnung« so beschaffen sein muss, dass sie der arbeitenden Person *samt Familie* »eine der menschlichen Würde entsprechende Existenz sichert, gegebenenfalls ergänzt durch andere soziale Schutzmaßnahmen«.

Das international anerkannte Recht auf Arbeit ist freilich älter als die AEMR. Frühere Entwicklungen arbeitsrechtlicher Normsetzung auf internationaler Ebene wurden bereits in der ersten Hälfte des 20. Jahrhunderts von der 1919 gegründeten Internationalen Arbeitsorganisation (ILO) betrieben. Die spezifisch *menschenrechtlichen* Entwicklungen sind dann erst nach dem Zweiten Weltkrieg hinzugekommen. Beide Regelungssysteme haben einen eigenen Ansatz und ihre Berechtigung, sie sollten daher als Ergänzungen zueinander verstanden werden (Drzewicki 2001) – was sich institutionell bereits darin ausdrückt, dass die ILO seit 1946 eine UN-Sonderorganisation mit Sitz in Genf ist.

Interpretationen und Streitfragen

Vonseiten der Philosophie wird das Recht auf Arbeit recht unterschiedlich begründet und bewertet (Pfannkuche 1996; Schlothfeldt 1999; Gürtler 2000). Den zumeist moralphilosophischen Begründungen *für* ein Recht auf Arbeit stehen vor allem rechtswissenschaftliche Bedenken *gegen* die Möglichkeit einer juristischen Kodifizierung als einklagbares ›subjektives Recht‹ gegenüber (Körner 2004, 13 f.). Es ist deshalb von zentraler Bedeutung für die Anerkennung und Durchsetzung des Menschenrechts auf Arbeit, dass und wie die Verbürgung des Rechts auf Arbeit im ICESCR geregelt ist. In diesem Pakt ist das Recht auf Arbeit für die Vertragsstaaten verbindlich in Art. 6 geregelt. Dort heißt es u. a., dass die Vertragsstaaten das Recht auf Arbeit anerkennen und »geeignete Schritte zum Schutz dieses Rechts unternehmen« werden. Art. 6 legt zudem fest, dass jeder Person die Möglichkeit eröffnet werden muss, ihren Lebensunterhalt durch »frei gewählte Arbeit« selbst zu verdienen. Nach dem Wortlaut dieses Artikels hat folglich jedes Individuum ein Recht *auf* Arbeit, so dass der jeweils persönliche Geltungsbereich der Regelung umfassend erscheint (Craven 2002). Dennoch gibt es hier interpretatorische Unsicherheiten, vor allem die Frage betreffend, ob diese Regelung vollumfänglich für *alle* Individuen unter der Jurisdiktion des jeweiligen Vertragsstaates zutrifft. Denn schon bei der Ausarbeitung des Sozialpaktes konnte keine Einstimmigkeit erzielt werden, ob sich die entsprechenden Forderungen nur auf Staatsangehörige beziehen sollen oder tatsächlich auf alle Personen, die sich auf dem Hoheitsgebiet des jeweiligen Staates aufhalten, und zwar unabhängig von Aufenthaltsstatus oder -dauer.

Auch wenn das in Art. 2 Abs. 2 des Sozialpaktes formulierte Diskriminierungsverbot nicht ausdrücklich auch das Merkmal ›Staatsangehörigkeit‹ nennt, so ist anzumerken, dass die ausdrücklich genannten Diskriminierungsmerkmale – z. B. »Hautfarbe«, »Geschlecht«, »Sprache« und »Religion« etc. – nicht schon als abschließende Liste verstanden werden sollten und dass das ebenfalls genannte Merkmal eine Diskriminierung aufgrund »des sonstigen Status« durchaus im Sinne fehlender Staatsbürgerschaft ausgelegt werden kann. Eine Diskriminierung – und somit eine Verletzung der Vertragsverpflichtungen – liegt folglich *prima facie* immer dann vor, wenn der Staat eine ungerechtfertigte Ungleichbehandlung aufgrund einzelner individueller Persönlichkeitsmerkmale vornimmt. Sollte der Staat jedoch stichhaltige sachliche Gründe, z. B. gravierende ökonomische Knappheit, für eine entsprechende Ungleichbehandlung vorbringen können, dann besteht laut Sozialpakt durchaus die Möglichkeit, auch das Recht auf Arbeit nicht schon allen Personen unter der Jurisdiktion dieses Staates zuzubilligen (vgl. Körner 2004). So heißt es in Art. 6 Abs. 3: »Entwicklungsländer können unter gebührender Berücksichtigung der Menschenrechte und der Erfordernisse ihrer Volkswirtschaft entscheiden, inwieweit sie Personen, die nicht ihre Staatsangehörigkeit besitzen, die in diesem Pakt anerkannten wirtschaftlichen Rechte gewährleisten wollen.«

Aus Art. 6 Abs. 1 des Sozialpakts ergibt sich zudem, dass die Arbeit zuvorderst als Mittel zur Sicherung der eigenen Lebensgrundlage gesehen wird. Dennoch geht man davon aus, dass ein Recht auf Arbeit zugleich *umfassendere* Forderungen als nur die nach Sicherung der Lebensgrundlage mit sich bringt (*General Comments*, Nr. 18). Vor allem der freie Zugang zum Arbeitsmarkt ist eine elementare Voraussetzung dafür, dass das Recht auf Arbeit überhaupt wahrgenommen werden kann. Daraus ergibt sich für jedes Individuum ein Recht auf freie Berufswahl sowie das Verbot der Zwangsarbeit. Gleichwohl kann daraus nach Auffassung des betreffenden UN-Ausschusses nicht schon eine staatliche Arbeitsplatzgarantie abgeleitet werden; wohl aber ein Recht auf Unterstützung und soziale Sicherheit im Fall von unverschuldeter Arbeitslosigkeit (vgl. Drzewicki 2001).

Aus Art. 6 Abs. 2 lässt sich darüber hinaus die Forderung an die Vertragsstaaten ableiten, mittels einer wirksamen Beschäftigungspolitik das Ziel der Vollbeschäftigung anzustreben. Wie aber genau diese Pflicht zur Förderung der Vollbeschäftigung in den einzelnen Vertragsstaaten umgesetzt werden soll, ist jedem Vertragsstaat selbst überlassen (Körner 2004). Ebenso wird in Art. 6 Abs. 2 ausdrücklich die Pflicht zur fachlichen und beruflichen Beratung, zur Arbeitsvermittlung und auch zur Bereitstellung geeigneter Ausbildungsprogramme festgelegt. Art. 6 legt dem Vertragsstaat zudem die Pflicht auf, für besonders benachteiligte Gruppen, z. B. für Menschen mit Behinderungen, unterstützende Programme zu entwickeln, um ihnen den Zugang zum Arbeitsmarkt zu erleichtern. Gleichwohl unterliegen alle geforderten Maßnahmen einem sehr weiten Entscheidungsspielraum seitens der Vertragsstaaten. Auch deshalb fällt es dem verantwortlichen UN-Monitoringmechanismus (UN-Ausschuss) für gewöhnlich schwer, konkrete Verstöße gegen das Recht auf Arbeit festzustellen.

Mit dem Recht auf Arbeit als solchem sind im ICESCR aber zugleich auch die konkreten Arbeitsbedingungen, unter denen das Recht auf Arbeit ausgeübt wird, geregelt. Der Vertragsstaat wird verpflichtet, durch arbeitsrechtliche Regelungen den Einzelnen auch in seinem jeweils konkreten Arbeitsverhältnis zu schützen, was die Verwirklichung des Rechts *auf* Arbeit gewissermaßen voraussetzt. Als Ergänzung zu Art. 6 werden deshalb in den Art. 7 und 8 die Rechte jedes einzelnen Arbeitnehmers *in* der Arbeit geschützt. In Art. 7 werden zunächst Forderungen nach »gerechten und günstigen«, aber auch »sicheren und gesunden Arbeitsbedingungen« sowie der damit einhergehende Anspruch auf einen »angemessenen Lohn« sowie »gleiches Entgelt für gleichwertige Arbeit« festgeschrieben, wobei dieser Anspruch ausdrücklich auch gleiche Arbeitsbedingungen für Männer und Frauen sowie ein Einkommen umfasst, das einen angemessenen Lebensunterhalt für die ganze Familie sicherstellt. Ausdrücklich genannt werden zudem »vernünftige« Arbeitszeitbeschränkungen sowie Rechtsansprüche auf Freizeit bzw. Erholung und periodischen, bezahlten Urlaub.

Dabei hat der zuständige UN-Ausschuss die zunächst unklaren Begriffe ›angemessen‹, ›günstig‹, ›sicher‹, ›gerecht‹ etc. in dem diesbezüglich einschlägigen *General Comment* (Nr. 18) sowie in der Praxis der Staatenberichtsprüfung ein wenig konkretisiert. Dennoch verbleiben problematische Unklarheiten und Interpretationsspielräume, die es den Vertragsstaaten ermöglichen, am Ende selbst zu entscheiden, in welchem Umfang sie welchen Zielvorgaben und Forderungen nachkommen können und müssen; dies dürfte nicht nur realpolitischen Fragen der Ressourcenknappheit, sondern auch dem philosophisch viel diskutierten Umstand geschuldet sein, dass die mit den Rechten des ICESCR einhergehenden ›positiven‹ Gewährleistungspflichten von vornherein begrifflich unbestimmter sind als z. B. die den ›negativen‹ Abwehrrechten korrespondierenden Unterlassungspflichten (s. Kap. II.3.1 ff.).

Stand der völkerrechtlichen Institutionalisierung

ICESCR: Art. 2 Abs. 2, Art. 6 , Art. 7 und Art. 8; AEMR: Art. 23; *General Comments*, Nr. 18.

Literatur

Craven, Matthew C. R.: *The International Covenant on Economic, Social and Cultural Rights*. Oxford 2002.
Drzewicki, Krzysztof: »The Right to Work«. In: Eide Asbjorn u. a. (Hg.): *Economic, Social and Cultural Rights*. Dordrecht ²2001, 223–243.
Gürtler, Sabine: »Drei philosophische Argumente für ein Recht auf Arbeit«. In: *Deutsche Zeitschrift für Philosophie* 48. Jg., 6 (2000), 876–888.
Körner, Marita: *Das internationale Menschenrecht auf Arbeit*. Berlin 2004.
Pfannkuche,Walter: »Gibt es ein Recht auf Arbeit?« In: *Rechtsphilosophische Hefte* 5. Jg. (1996), 97–113.
Schlothfeldt, Stephan: *Erwerbsarbeitslosigkeit als sozialethisches Problem*. Freiburg/München 1999.

Claudia Mahler

5.2 Gewerkschaftsgründung und Streikrecht

Menschenrechtlicher Grundanspruch

In Art. 8 des *Internationalen Pakts über wirtschaftliche, soziale und kulturelle Rechte* (ICESCR) ist das Recht jedes Arbeitnehmers, eine Gewerkschaft zu bilden oder nach eigener Wahl einer bereits bestehenden Gewerkschaft beizutreten, verankert. Dieses Recht geht ausdrücklich mit der Anerkennung eines Streikrechts einher. Bedenkt man den historischen Umstand, dass das in Art. 6 des ICESCR kodifizierte »Recht auf Arbeit« sowie die in Art. 7 geforderten »gerechten Arbeitsbedingungen« erst durch eine organisierte Arbeiterschaft erkämpft werden mussten (vgl. Kittner 2005), können die hier in Frage stehenden Rechte auf Gewerkschaftsgründung und Streik in gewisser Weise als *Vorbedingungen* der Realisierung jener Rechtsansprüche auf Arbeit und gerechte Arbeitsbedingungen verstanden werden. Die Ausübung der betreffenden Rechte auf Koalitionsfreiheit der Arbeitnehmer können jedoch laut Art. 8 des ICESCR bestimmten Einschränkungen unterworfen werden, falls diese »gesetzlich vorgesehen und in einer demokratischen Gesellschaft im Interesse der nationalen Sicherheit oder der öffentlichen Ordnung oder zum Schutz der Rechte und Freiheiten anderer erforderlich sind«. Wie weit aber der diesbezügliche Ermessensspielraum der jeweiligen Vertragsstaaten ist, ist sowohl rechtlich als auch politisch unklar und umstritten. Strittig ist damit auch, wie wirkungsvoll die entsprechenden Rechtsansprüche werden können.

Interpretationen und Streitfragen

Das Recht, einer Gewerkschaft beizutreten, gilt als ein integraler Bestandteil des inhaltlich weiter gefassten und z. B. in Art. 20 der *Allgemeinen Erklärung der Menschenrechte* (AEMR) geforderten Rechts auf öffentliche ›Vereinigungsfreiheit‹. Dieses Recht besteht zugleich auch in *negativer* Form, d. h. als das Recht, bestehenden (Zwangs-)Vereinigungen oder entsprechend auch (Einheits-)Gewerkschaften fernzubleiben (vgl. Steffens 2009). In seiner *positiven* Gestalt soll es jedoch allen einzelnen Arbeitnehmern die rechtlich verbindliche Möglichkeit geben, sich *selbst* an dem für sie und ihre Familien bisweilen sogar lebensnotwendigen Kampf um höhere Löhne, bessere Arbeitsbedingungen, für Arbeitszeitverkürzungen oder auch für mehr betriebliche Mitbestimmung zu beteiligen. Daher ist das Recht auf Gewerkschaftsgründung nicht nur als ein wirtschaftliches Menschenrecht im engeren Sinn, sondern zugleich auch als ein politisch äußerst relevantes Mitwirkungs- und Selbstbestimmungsrecht zu verstehen, das die Voraussetzungen dafür schafft, dass die Arbeitnehmer zumindest *mitentscheiden* dürfen, wie die Arbeitsverhältnisse, in denen sie wirken, genau beschaffen sein sollen. Historisch betrachtet, war es folglich notwendig, dass sich die im juristischen Sinne ›rechtlose‹ Arbeiterschaft des industrialisierten 19. Jahrhunderts dieses – seinerzeit lediglich als überpositiv zu verstehende – Menschenrecht bereits ›herausnahm‹, um einen entsprechenden Rechtsfortschritt auf politischer und juristischer Ebene erst noch zu erkämpfen; und zwar zunächst im nationalen, später dann aber auch im internationalen Rahmen (vgl. Kittner 2005).

Dass man viel später dann in Art. 8 ICESCR ausdrücklich auch das Recht zu streiken aufgenommen hat, ist nun allerdings fast ein Alleinstellungsmerkmal des Sozialpaktes gegenüber vergleichbaren Dokumenten des internationalen Arbeitsschutzes, z. B. im Kontext der Vereinbarungen seitens der 1919 gegründeten Internationalen Arbeiterorganisation (ILO). Das Recht zu streiken wurde als eine wichtige Möglichkeit, ja, als das vielleicht stärkste Druckmittel der Gewerkschaften erkannt, Einfluss auf das Verhalten von Arbeitgebern zu nehmen und diese notfalls zu Verhandlungen zu zwingen. Obwohl das Recht zu streiken meist von vereinigten und zudem auch schon in Gewerkschaften organisierten Arbeitnehmern ausgeübt wird, ist es seitens des ICESCR doch als ein *Individualrecht* formuliert. Dies ist bemerkenswert, da es somit eben nicht nur denjenigen zukommt, die ohnehin schon in Gewerkschaften oder sonstigen Vereinigungen organisiert sind, sondern auch allen anderen *einzelnen* Personen, die folglich ebenso wenig entlassen werden dürfen, falls sie von diesem Recht Gebrauch machen.

Darüber hinaus gibt der Wortlaut von Art. 8 ICESCR einen signifikanten Unterschied zwischen dem Streikrecht und dem Recht auf Gewerkschaftsgründung zu erkennen. Das Recht, Gewerkschaften zu bilden oder ihnen beizutreten, wird dem Einzelnen allein »zur Förderung und zum Schutz seiner wirtschaftlichen und sozialen Interessen« zugestanden, während diese Einschränkung mit Blick auf das in Abs. 1 d festgeschriebene Streikrecht nicht schon vorgenommen wird (dazu Scherf 1990). Es wäre folglich denkbar, dass Arbeitnehmer auch dann menschenrechtlichen Schutz genießen, wenn sie nicht unmittelbar aus wirtschaftlichen oder sozialen Gründen streiken, sondern z. B. aus politischen Gründen oder aus Protest gegen die Staatsregierung (›Generalstreik‹). Dennoch ist anzumerken, dass derart politisch motivierte Streiks, und zwar selbst in Staaten, in denen das Streikrecht in der Verfassung garantiert wird, für gewöhnlich als rechtswidrig angesehen werden (Craven 2002). Da es zu dieser Frage aber noch keinen *General Comment* des zuständigen UN-Expertenausschusses gibt, ist noch nicht abschließend geklärt, welche verschiedenen Varianten von Arbeitskampfmaßnahmen nun unter den Begriff des Streiks fallen und welche nicht.

Eine weitere Besonderheit des Art. 8 ICESCR betrifft die in Abs. 2 formulierte und sowohl für das Recht auf Gewerkschaftsgründung wie auch für das Streikrecht geltenden Einschränkung: »Dieser Artikel schließt nicht aus, dass die Ausübung dieser Rechte durch Angehörige der Streitkräfte, der Polizei oder der öffentlichen Verwaltung rechtlichen Einschränkungen unterworfen ist.« Auch hier wurde seitens des UN-Ausschusses bislang noch nicht eindeutig geklärt, wie sich diese Einschränkung genau zu den faktischen Interventionen der gemeinten Funktionsträger in empirische Arbeitskämpfe verhält. Ist die betreffende Einschränkung nur dann gerechtfertigt, wenn Interventionen seitens der Obrigkeit bzw. der Polizei zur Aufrechterhaltung der öffentlichen Sicherheit notwendig sind, oder sind unterbindende Polizeimaßnahmen auch schon in weniger gravierenden Fällen menschenrechtlich unproblematisch? Diesbezügliche Aussagen seitens des UN-Expertenausschusses in den Staatenberichtsverfahren legen die erste, die ›engere‹ Auslegung des einschränkenden Vorbehalts nahe. Diese Sichtweise wird zudem auch vom Europäischen Gerichtshof für Menschenrechte (EGMR) vertreten.

Stand der völkerrechtlichen Institutionalisierung

ICESCR: Art. 8; AEMR: Art. 20.

Literatur

Craven, Matthew C. R.: *The International Covenant on Economic, Social and Cultural Rights*. Oxford 2002.
Kittner, Michael: *Arbeitskampf. Geschichte – Recht – Gegenwart*. München 2005.
Scherf, Manfred: *Die Umsetzung des Internationalen Paktes über wirtschaftliche, soziale und kulturelle Rechte vom 19. Dezember 1966 in die Rechtsordnung der Bundesrepublik Deutschland*. Frankfurt a. M. 1990.
Steffens, Martin: *Die negative Koalitionsfreiheit im europäischen und internationalen Recht*. Stuttgart u. a. 2009.

Claudia Mahler

5.3 Schutz des materiellen und geistigen Eigentums

Menschenrechtlicher Grundanspruch

Spätestens seit John Lockes *Zweiter Abhandlung über die Regierung* gehört die Überzeugung, dass der jeweils einzelne Staatsbürger grundlegend gegen Verluste oder Schädigungen seines Eigentums geschützt werden muss, zu den elementaren Prämissen moderner Theorien der Grund- und Menschenrechte (Schwab 1975; Eckl/Ludwig 2005). So ist es kaum verwunderlich, dass entsprechende Schutzansprüche auch in die *Allgemeine Erklärung der Menschenrechte* (AEMR) von 1948 Eingang gefunden haben. In Art. 17 wird zunächst ein Recht auf Schutz *materiellen* Eigentums festgeschrieben. In Abs. 1 wird festgeschrieben: »Jeder hat das Recht, sowohl allein als auch in Gemeinschaft mit anderen Eigentum innezuhaben.« Abs. 2 ergänzt: »Niemand darf willkürlich seines Eigentums beraubt werden.« Aber auch der Schutz *geistigen* Eigentums wird seitens der AEMR in Art. 27 Abs. 2 gefordert. Im deutschen Grundgesetz wird Eigentum in Art. 14, Satz 1 »gewährleistet«, aber inhaltlich nicht bestimmt; in Art. 14, Satz 2 »verpflichtet« es und »soll zugleich dem Wohle der Allgemeinheit dienen«. In Art. 14, Satz 3 und 4 und in Art. 15 wird Enteignung und Entschädigung nach Maßgabe von Gesetzen geregelt.

Die weitere völkerrechtliche Entwicklung hat dann allerdings ein interessantes Ergebnis gezeigt. Während sich nämlich das Recht auf Schutz des geistigen Eigentums im späteren *Internationalen Pakt über wirtschaftliche, soziale und kulturelle Rechte* (ICESCR) von 1966 nahezu wortgleich wiederfindet und heute – im Zeitalter der ›neuen Medien‹ und des Internets – von unaufhörlich wachsender Bedeutung ist, hat das Recht auf Schutz materiellen Privateigentums aufgrund enormer Uneinigkeiten aufseiten der verhandelnden Staatenvertreter weder in den Sozialpakt ICESCR noch in den zeitgleich entstandenen *Internationalen Pakt über bürgerliche und politische Rechte* (ICCPR) Eingang gefunden (Banning 2002; Krause 2001). Auf regionaler (europäischer) Ebene ist es aber in Art. 1 des Zusatzprotokolls zur Europäischen Menschenrechtskonvention (EMRK) zu finden (hierzu ausführlich: Reininghaus 2002; Seidel 1996, 162 ff.). Damit scheint das gegenwärtige Menschenrechtsregime auf UN-Ebene nicht nur einer ihrer vielleicht wichtigsten ideengeschichtlichen und ideologischen Motivationen beraubt – was man aus ›westlich‹-liberaler Sicht beklagen, aufgrund alternativer Weltanschauungen sowie aus kulturübergreifender Sicht aber durchaus auch begrüßen mag. Und zudem erwachsen aus dieser rechtlichen Ausgangslage eine Reihe von andauernden Unklarheiten und Interpretationsschwierigkeiten.

Interpretationen und Streitfragen

Es fällt schwer, das Recht auf Schutz des materiellen und geistigen Eigentums eindeutig einer bestimmten Gruppe von Rechten, z. B., wie im vorliegenden Fall, den wirtschaftlichen Menschenrechten, zuzuordnen. Denn in der einschlägigen Literatur wird das gemeinte Recht – ganz in der Tradition von John Locke und Immanuel Kant – gelegentlich auch als ein genuines Freiheitsrecht verstanden und damit der Gruppe der bürgerlichen und politischen Rechte zugeschlagen (Krause 2001). Zudem zerfällt die betreffende Diskussion in Erörterungen materieller Eigentumsfragen einerseits sowie geistiger Eigentums- und Urheberrechtsfragen andererseits.

1. Materielles Eigentum: Soll das Recht auf Eigentum als Menschenrecht verstanden werden, so muss es dafür eine für alle Menschen zutreffende Begründung geben, die unabhängig von einem jeweiligen Gesetzgeber und insofern ›vorstaatlich‹ gültig ist (so auch für das *Grundgesetz:* Düring 1953). Dabei ist entscheidend, was man unter ›Eigentum‹ versteht. Die komplizierte Begriffsgeschichte (Schwab 1975; Kaufmann 1999) belehrt uns, dass die heute vorherrschende Formel, unter Eigentum ›alle wohlerworbenen Rechte‹ (einer natürlichen oder künstlichen Person) zu verstehen, die Spannungen, die dem modernen Eigentumsbegriff eigentümlich sind, mehr verdeckt als ausdrückt. Eigentum wird einerseits als wesentliche Verwirklichung subjektiver Freiheit verstanden, andererseits aber wird die damit gegebene Verfügungsgewalt über das Eigentum durch Gesetz, d. h. durch den politischen allgemeinen Willen und durch die Beziehung auf das Gemeinwohl oder auf Gerechtigkeit, beschränkt. Eigentum ist rechtlich anerkannter Besitz, aber wenn diese Anerkennung den normativen Anforderungen der Menschenrechte genügen soll, dann müssen die Gründe der Anerkennungswürdigkeit zugleich allgemeine moralische Gründe sein und nicht nur auf die politischen Entscheidungen eines Gesetzgebers zurückgeführt werden können. Deshalb hatte Kant in seiner Kritik an der traditionellen Okkupationstheorie (»erste Besitznahme«) des Eigentumserwerbs und an Lockes These, dass Arbeit Eigentum schafft, recht, denn aus diesen Begründungsversuchen ergäbe sich mit dem Rechtstitel Eigentum ein Recht auf unbeschränkte Verfügung und unkorrigierbare Eigentumsverteilung. Und Kant ist auch zuzustimmen in seinem pragmatischen Vorgehen, zunächst einen kontingenten Besitz *provisorisch* als Eigentum konventionell anzuerkennen, die endgültige (*peremtorische*) Rechtmäßigkeit aber von einem »Gesetz des allgemeinen Willens« abhängig zu machen. Da aber ein »Rechtszustand« nach Kant nur durch staatliches, internationales und Weltbürger-Recht auf Dauer (»ewiger Friede«) realisiert werden kann, hängt ein begründbarer Eigentumsbegriff letztlich von zweierlei ab. Erstens: Aus der von allen Staaten zu fordernden menschenrechtlichen Verpflichtung, das Leben eines jeden Menschen zu respektieren, zu schützen und zu gewährleisten, folgt, dass jeder Menschen ein Recht auf Eigentum hat, soweit damit sein Existenzminimum gesichert wird. Und zweitens: Die konkrete Eigentumsverteilung unter den Menschen steht unter dem Vorbehalt, dass sie in einer allgemeinen, globalen und gerechten Rechtsordnung anerkannt werden kann. Welche Normen hier gelten bzw. ob das Allgemeinwohl oder eine Gerechtigkeitskonzeption dabei letztlich entscheidend ist, kann in diesem Zusammenhang offen bleiben (vgl. dazu Kaufmann 1999, 185 ff.).

Ein *Menschenrecht* auf Eigentum gibt es daher einerseits nur insoweit, als damit das »zum Überleben Notwendige« gesichert wird (ebd., 178), das darüber hinausgehende Eigentum und damit die Eigentumsverteilung unterliegen andererseits den normativen Anforderungen einer globalen, gerechten Rechtsordnung. Aus dieser Perspektive gesehen gilt in der Tat: »Eigentum verpflichtet« (GG Art. 14, Satz 2), und es kann dementsprechend eingeschränkt und nötigenfalls gegen angemessene Entschädigung enteignet werden (ausführlicher Sieghart 1995, 252 ff.; Schwartländer/Willoweit 1983; Waldron 1990).

2. Geistiges Eigentum: Das erste völkerrechtliche Dokument, das den Schutz des geistigen Eigentums aufnimmt, ist die AEMR: »Jeder hat das Recht auf Schutz der geistigen und materiellen Interessen, die ihm als Urheber von Werken der Wissenschaft, Literatur oder Kunst erwachsen« (Art. 27 Abs. 2). Aus dieser Deklaration hat sich später dann die völkerrechtlich bindende und fast wortgleich formulierte Norm im ICESCR entwickelt.

Allerdings wird hier der Begriff ›geistiges Eigentum‹ nicht explizit verwendet und bleibt in der Diskussion auch umstritten (vgl. Stengel 2004). Insbesondere ist unklar, was mit einem *menschenrechtlichen* Schutz geistigen Eigentums gemeint sein kann. Wenn die Verwertung des geistigen Eigentums, wie etwa im Fall von Schriftstellern oder bildenden Künstlern, die hauptsächliche Einkommensquelle ist, fällt das Recht auf Schutz des geistigen Eigentums unmittelbar mit dem oben erläuterten Recht auf Schutz des überlebensnotwendigem *materiellen* Eigentums zusammen (Schneider 2006).

Aber ist auch ein darüber hinausgehender Wert des geistigen Eigentums *menschenrechtlich* geschützt? Ohne Zweifel schützen Patentrecht, Markenrecht oder Urheberrecht Interessen der Allgemeinheit und des Einzelnen an der Produktion und Verwertung ›immaterieller Güter‹, und so hat der Einzelne, wie es in Art. 15 Abs. 1 lit. c des ICESCR heißt, ein Recht, »den Schutz der geistigen und materiellen Interessen zu genießen, die ihm als Urheber von Werten der Wissenschaft, Literatur oder Kunst erwachsen«. Aber ist dieses, über das Lebensnotwendige hinausgehende Recht auch darin begründet, dass er der Urheber der entsprechenden Ideen ist? An dieser Stelle ist wiederum genauer zu klären, was unter ›geistigem Eigentum‹ verstanden werden soll, wie sein Erwerb gerechtfertigt werden kann (z. B. analog zur

Okkupationstheorie: weil ich den Gedanken zuerst hatte, oder utilitaristisch: weil alle einen Nutzen davon haben), welche Beschränkungen des Rechts (z. B. die zeitliche Befristung eines Patent- oder Urheberrechts) erlaubt sind und auf welche Weise sie gerechtfertigt werden können (vgl. Schneider 2006; Eimer u. a. 2010; Hilmer 2004).

Schließlich erfordert die Grenzen überschreitende Welt des Geistigen, die heute durch globale Kommunikationsmedien sinnfällig geworden ist, einen weltweiten rechtlichen Schutz, und bekanntlich liegen hier, trotz aller internationalen Rechtsabkommen der World Intellectual Property Organization (WIPO), große Ungleichheiten und Lücken im rechtlichen Schutz. Deshalb ist es zu begrüßen, dass das Recht auf Schutz geistigen Eigentums durch die rechtliche Kommentierung der betreffenden Norm in *General Comment* Nr. 17 aus dem Jahre 2005 seitens des zuständigen UN-Expertenausschusses, der die Einhaltung und Implementierung des ICESCR zur Aufgabe hat, erläutert wurde. Hier setzen sich die Experten ausführlich mit der genaueren Bestimmung dieses Rechts auseinander und geben der Norm durch Kommentierung klarere Konturen, auch wenn die philosophische Diskussion um die universelle Begründbarkeit damit noch nicht abgeschlossen ist.

Stand der völkerrechtlichen Institutionalisierung

EMRK, Zusatzprotokoll Art. 1; ICESCR Art. 15 Abs. 1 lit. c; AEMR Art. 17.

Literatur

Banning, Theo R. G. van: *The Human Right to Property*. Antwerpen 2002.

Düring, Günter: »Das Eigentum als Menschenrecht«. In: *Zeitschrift für die gesamte Staatswissenschaft* 109. Jg., 2 (1953), 326–359.

Eckl, Andreas/Ludwig, Bernd (Hg.): *Was ist Eigentum? Philosophische Positionen von Platon bis Habermas*. München 2005.

Eimer, Thomas R./Röttgers, Kurt/Völzmann-Stickelbrock, Barbara (Hg.): *Die Debatte um geistiges Eigentum. Interdisziplinäre Erkundungen*. Bielefeld 2010.

Hilmer, Brigitte (Hg.): »Schwerpunkt: Geistiges Eigentum« (mit Beiträgen von Ulrich Steinvorth, Michael Schefczyk, Chrisdom Schmidt, Eberhard Ordnund). In: *Deutsche Zeitschrift für Philosophie* 52. Jg., 5 (2004), 708–792.

Kaufmann, Matthias: »Ein Menschenrecht auf Eigentum als Postulat der Gerechtigkeit?« In: Hans-Richard Reuter (Hg.): *Ethik der Menschenrechte*. Tübingen 1999, 173–199.

Krause, Catarina: »The Right to Property«. In: Eide Asbjorn u. a. (Hg.): *Economic, Social and Cultural Rights*. Dordrecht ²2001, 191–209.

Reininghaus, Eva: *Eingriffe in das Eigentumsrecht nach Art. 1 des Zusatzprotokolls zur EMRK*. Berlin 2002.

Schneider, Jakob: *Menschenrechtlicher Schutz geistigen Eigentums*. Stuttgart 2006.

Schwab, Dieter: »Eigentum« In: Otto Brunner u. a. (Hg.): *Geschichtliche Grundbegriffe*. Bd. 2. Stuttgart 1975, 65–116.

Schwartländer, Johannes/Willoweit, Dietmar (Hg.): *Das Recht des Menschen auf Eigentum*. Kehl am Rhein 1983.

Seidel, Gerd: *Handbuch der Grund- und Menschenrechte auf staatlicher, europäischer und universeller Ebene*. Baden-Baden 1996.

Sieghart, Paul: *The International Law of Human Rights*. Oxford 1995.

Stengel, Daniel (2004), »Intellectual Property in Philosophy«, in: *Archiv für Rechts- und Sozialphilosophie* 90. Jg, 1 (2004), 20–50.

Waldron, Jeremy: *Right to Private Property*. Oxford 1990.

Georg Lohmann/Claudia Mahler

6. Soziale Rechte

6.1 Soziale Sicherheit

Menschenrechtlicher Grundanspruch

Im menschenrechtlichen Sinne meint das Recht auf soziale Sicherheit, ausgehend vom *International Covenant on Economic, Social and Cultural Rights* (ICESCR) und Konventionen der International Labour Organization (ILO), die Sicherstellung eines konstanten, angemessenen Lebensstandards oberhalb des Minimalbedarfs mit Mitteln der Sozialversicherung und der Sozialhilfe in all jenen Fällen, in welchen Menschen nicht in der Lage sind, ihren Lebensunterhalt aus eigenen Kräften zu bestreiten (Riedel 2007, 21). Das Recht auf soziale Sicherheit umfasst somit mehr als die Pflicht des Staates, die Menschen vor tiefer Armut zu bewahren. Die Systeme sozialer Sicherheit sollen vielmehr so beschaffen sein, dass jede Person einen angemessenen Lebensstandard erreichen kann, welcher für ein Dasein in Würde notwendig ist. Das Recht auf soziale Sicherheit stellt insofern eine der Grundlagen für die Verwirklichung des Rechts auf einen angemessenen Lebensstandard dar (s. Kap. III.1.6). Systeme sozialer Sicherheit und damit auch das Menschenrecht auf soziale Sicherheit haben eine stark politische Dimension, geht es dabei doch um gesellschaftliche Solidarität und letztlich um die Frage, welche Aufgaben überhaupt vom Staat übernommen werden können und sollen. Schon die ersten, vom deutschen Kanzler Otto von Bismarck in den Jahren zwischen 1883 und 1889 eingeführten Sozialversicherungen stießen auf Skepsis; namentlich in den USA und in Großbritannien erblickte man in ihnen zunächst einen schädlichen Eingriff in die ›natürliche‹ Selbstregulierung des Arbeitsmarktes und befürchtete eine Aushöhlung des Prinzips der Selbstverantwortung sowie das Ende der privaten, familiären Solidarität. Das Recht auf soziale Sicherheit, wie wir es in den Dokumenten des internationalen Menschenrechtsschutzes des 20. Jahrhunderts finden, knüpft wesentlich an die ökonomischen Erfahrungen der westlichen Industrieländer und ihr Staats- und Arbeitsmarktverständnis an.

Interpretationen und Streitfragen

Seit dem Beginn des 20. Jahrhunderts haben alle europäischen Länder *Sozialversicherungssysteme* aufgebaut, die gewisse Risiken wie Arbeitslosigkeit, Invalidität, Krankheit, Mutterschaft oder Alter abdecken und die sich meist durch ein Beitragssystem auszeichnen. Diese Versicherungen werden ergänzt durch die *Sozialhilfe*, welche aus allgemeinen Staatsmitteln finanziert wird. In vielen Ländern der Dritten Welt sind hingegen weite Teile der Bevölkerung nach wie vor ohne jede Absicherung (ILO 2001, 10 ff.; Weissbrodt/De la Vega 2007, 28). Die zunehmende Mobilität der Erwerbstätigen, größere Migrationsbewegungen und die Globalisierung des Wettbewerbs beeinflussen heute die Arbeitsmarktsituation und haben neue verletzliche Bevölkerungsgruppen und sogenannte ›prekäre Arbeit‹ geschaffen (Weissbrodt/De la Vega 2007, 129); Teilzeitarbeit hat zugenommen und eine große Zahl alleinerziehender Berufstätiger sind sogenannte *working poors*. Angesichts steigender Haushaltsdefizite und einer alternden Bevölkerung versuchen verschiedene Staaten, ihr Budget zu entlasten, indem Teile des Vorsorgesystems oder der Risikobegrenzung ›privatisiert‹ werden, was wiederum einzelne Gruppen von Menschen benachteiligen kann (Reynaud 2007, 7 f. u. bes. 9). Diese Ausgangslage stellt an die Umsetzung des Rechts auf soziale Sicherheit hohe Anforderungen.

Das sehr knapp, abstrakt und allgemein formulierte *Menschenrecht auf soziale Sicherheit* in Art. 9 ICESCR, welches auf die Art. 22 und 25 der AEMR und die ILO-Konvention Nr. 102 zurückgeht, führte bisher eher ein Schattendasein (Riedel 2007, 18). Der UN-Ausschuss für WSK-Rechte hat im November 2007 erstmals einen umfangreichen *General Comment* zu seiner Auslegung verabschiedet (General Comment 9, *The Right to Social Security*). Demnach umfasst das Recht auf soziale Sicherheit nicht nur die Sozialversicherungen, sondern auch die eigentliche Sozialhilfe (zu dieser umstrittenen Frage: Riedel 2007, 23 f.). Normativ enthält die Garantie einerseits ein Verbot der diskriminierenden oder willkürlichen *Beschränkung des Zugangs* zu vorhandenen Leistungen der sozialen Sicherheit, andererseits den Anspruch auf *gleichberechtigten Schutz* vor sozialen Risiken und Schäden. In Anlehnung an die ILO-Konvention Nr. 102 umfasst das Recht drei Bereiche: *Schutz bei Erwerbsausfall* wegen Krankheit, Invalidität, Mutterschaft, Berufsunfall, Arbeitslosigkeit, Pensionierung oder Tod (Hinterbliebene), *Zugang zu Gesundheitsdiensten* bei Bedürftigkeit und *Unterstützung für Familien*, insbesondere wenn sie für Kinder oder abhängige Erwachsene sorgen müssen (*General Comment* Nr. 9, Rz. 2).

Entsprechend den allgemeinen Vorgaben zur Verwirklichung der Sozialrechte in Art. 2 Abs. 1 ICESCR müssen die Staaten unter maximaler Ausschöpfung der verfügbaren Ressourcen alle notwendigen Maßnahmen ergreifen, um das Recht vollständig zu verwirklichen (progressiv). Die Staaten sind im Rahmen ihrer Souveränität frei zu entscheiden, welche Art von Sozialversicherungs- und Sozialhilfestrategie sie verfolgen wollen. Das System muss jedoch folgenden Voraussetzungen genügen: (1) Es muss gesetzlich geregelt, auf Nachhaltigkeit ausgerichtet sein und unter staatlicher Aufsicht stehen; (2) es muss Schutz bieten gegen die oben genannten sozialen Risiken und Schäden; (3) die entrichteten Leistungen müssen ausreichen, um einen angemessenen Lebensstandard zu bewahren; (4) das System muss für alle Menschen zugänglich sein, was insbesondere bedeutet, dass alle Menschen erfasst werden sollen, dass die Anspruchsberechtigung vernünftigen, verhältnismäßigen und transparenten Kriterien folgt, die Dienstleistungen faktisch zugänglich sind, z. B. auch für Menschen mit Behinderungen, und die Sozialversicherungsbeiträge erschwinglich sind. Die Garantie in Art. 9 ICESCR steht damit in einer engen Beziehung zu Art. 11 (Sicherstellung eines angemessenen Lebensstandards) und 12 (ausreichende Gesundheitsversorgung).

Wie bei allen Menschenrechten hat der Staat das Recht auf soziale Sicherheit zu *achten*, zu *schützen* und zu *gewährleisten*, wobei die Gewährleistungskomponente im Vordergrund steht. Die Garantie ist weitgehend programmatischer Natur, kann aber namentlich in Verbindung mit dem Diskriminierungsverbot in Art. 2 und 3 ICESCR auch justiziable Komponenten aufweisen. Sowohl rechtliche wie tatsächliche (direkte wie indirekte) *Diskriminierungen* im System der sozialen Sicherheit sind untersagt bzw. zu bekämpfen. Der diskriminierungsfreie Zugang zu vorhandenen Leistungen muss unabhängig von den vorhandenen Ressourcen, also auch von ärmeren Ländern, unmittelbar gewährt werden. Er soll garantieren, dass auch besonders verletzliche oder marginalisierte Personengruppen durch bereits bestehende Systeme sozialer Sicherheit erfasst werden. Die Staaten müssen Benachteiligungen von Frauen, die sich z. B. aufgrund von Lohndiskriminierung oder familienbedingter Teilzeitarbeit ergeben, beseitigen. Auch jenen Personen, die Teilzeit oder in Gelegenheitsarbeit tätig sind, Heimarbeit leisten, selbständig erwerbstätig sind oder als Arbeitsmigrantinnen und Arbeitsmigranten tätig sind, sollten in Relation zur erbrachten Arbeitstätigkeit angemessene Leistungen der sozialen Sicherheit offenstehen. Sogenannte informelle Arbeitsverhältnisse sind ebenfalls einzubeziehen, damit auch hier wenigstens ein Minimum an Risiken abgedeckt werden kann (*General Comment* Nr. 9, Rz. 32 und 34 ff.). Werden Teile der sozialen Sicherheit privatisiert, muss der Staat mit den entsprechenden gesetzlichen Regulierungen dafür sorgen, dass die Standards des Rechts auf soziale Sicherheit eingehalten werden.

Die klassischen Sozialversicherungssysteme etablierten sich in Gesellschaften mit funktionierenden, starken staatlichen Strukturen und einem weitgehend formellen Arbeitsmarkt, der sich durch einen ausgeprägten Industrie- und Dienstleistungssektor auszeichnet. Diese Vorbedingungen fehlen jedoch nach wie vor in verschiedenen Ländern der südlichen Halbkugel. Die Umsetzung des Rechts auf soziale Sicherheit in den reicheren Staaten Europas und Nordamerikas lässt sich daher nicht ohne Weiteres als Einheitslösung auf Länder der Dritten Welt oder auf Schwellenländer übertragen, in welchen die immer noch überwiegend rural geprägte Bevölkerung weitgehend im informellen Sektor und als Selbstversorgende tätig ist. In vielen dieser Länder sorgen Familien und die kleinräumige *community* für eine gewisse Absicherung gegen Armutsrisiken. Während diese Solidarität mit der zunehmenden Urbanisierung und

Arbeitsmigration schwächer wird, stehen die Entwicklungsländer vor verschiedenen Problemen beim Kampf gegen Armut im Allgemeinen und beim Aufbau von Systemen sozialer Sicherheit im Besonderen. Die oftmals gigantische Staatsverschuldung, Ressourcenmangel, instabile Staatsstrukturen sowie das Ausmaß der Armut und die überragende Bedeutung des informellen Sektors machen diese Aufgabe außerordentlich schwierig. Entsprechend verbreitet sind alternative Ansätze wie beispielsweise Mikrokreditsysteme, von Gewerkschaften organisierte Krankenkassen oder die Steuerung eines bestimmten Verhaltens durch partielle staatliche Direktzahlungen an die bäuerliche Bevölkerung, etwa mit der Auflage, die Kinder zur Schule zu schicken (Reynaud 2007, 10 ff.).

Doch auch in den wohlhabenderen Ländern mit langer Sozialversicherungstradition bleiben die Schaffung und die Erhaltung eines gerechten Systems, welches sich laufend an Veränderungen wie zunehmende transnationale Mobilität und Ausdehnung des informellen Sektors anpassen muss, eine ständige Herausforderung. Aufgrund der gesamtgesellschaftlichen und politischen Tragweite müssen notwendige Reformen demokratisch breit abgesichert sein, sind Lasten gerecht zu verteilen und darf ein Sozialabbau nicht die verletzlichsten Gruppen treffen. Zudem stoßen das Recht auf soziale Sicherheit und der Ausbau des Sozialstaates nach wie vor auf politischen Widerstand, wie die Diskussionen in den USA über die Einführung einer obligatorischen Krankenversicherung eindrücklich zeigen.

Stand der völkerrechtlichen Institutionalisierung

Art. 22 u. 25 Abs. 1 AEMR; Art. 9 ICESCR; ILO-Konvention 102; Art. 18 u. 26 CRC; Art. 28 Behindertenkonvention; Art. 27 Wanderarbeiterkonvention, Art. 34 EU-Grundrechtecharta, Art. 13 u. 14 (rev.) ESC; Art. 9 AMRK.

Literatur

International Labour Organization (ILO): *Global Campaign on Social Security and Coverage for All*. Genf 2001.

Langford, Malcom: »The Right to Social Security and Implications for Law, Policy and Practice«. In: Eibe Riedel (Hg.): *Social Security as a Human Right. Drafting a General Comment on Article 9 ICESCR – Some Challenges*. Heidelberg 2007, 29–53.

Reynaud, Emmanuel: »The Right to Social Security – Current Challenges in International Perspective«. In: Eibe Riedel (Hg.): *Social Security as a Human Right. Drafting a General Comment on Article 9 ICESCR – Some Challenges*. Heidelberg 2007, 1–15.

Riedel, Eibe: »The Human Right to Social Security: Some Challenges«. In: Ders. (Hg.): *Social Security as a Human Right. Drafting a General Comment on Article 9 ICESCR – Some Challenges*. Heidelberg 2007, 17–28.

United Nations, CESCR: *General Comment 19. The Right to Social Security (art. 9)*. UN Doc E/C.12/GC/19. New York 4.2.2008.

Weissbrodt, David/De la Vega, Connie: *International Human Rights Law. An Introduction*. Philadelphia 2007.

Judith Wyttenbach

6.2 Schutz von Ehe und Familie

Menschenrechtlicher Grundanspruch

Die AEMR erklärt die Familie zum natürlichen und wichtigen Kern der Gesellschaft. Zum Schutzbereich der *Europäischen Menschenrechtskonvention* (EMRK) und des *International Covenant on Civil and Political Rights* (ICCPR) gehören neben dem Recht auf Ehe und Familiengründung auch die Achtung des Familienlebens, die Gleichbehandlung der Eheleute, die Achtung der Erziehungsrechte der Eltern und der Schutz der Kinder. Das *Recht auf Ehe* gemäß ICCPR, der *Convention on the Elimination of All Forms of Discrimination against Women* (CEDAW) und der regionalen Menschenrechtsabkommen beinhaltet, dass die Eheleute in heiratsfähigem Alter sein müssen und ihre Entscheidung auf freiem Willen beruht. Daraus wird abgeleitet, dass die Staaten ein geschlechtsneutrales Mindestheiratsalter festlegen und Kinderehen verbieten müssen (HRC, *General Comment Nr. 28* (2000, Ziff. 24). Der Staat muss rechtliche Institute zur Anerkennung der Ehe zur Verfügung stellen (formalisierte Verfahren, Heiratsurkunden, Registereintrag), darf keine willkürlichen, sachfremden oder diskriminierenden Hindernisse für eine Heirat aufstellen und hat alle

Personen mit angemessenen Maßnahmen vor Zwangsheiraten zu schützen. Der Schutzbereich des *Rechts auf Familiengründung* beinhaltet u. a. das Recht, eigene Kinder zu haben oder zu adoptieren und nicht zur Fortpflanzung gezwungen oder zwangssterilisiert zu werden. In seiner ursprünglichen Konzeption richtete sich das Recht auf Ehe und Familie insgesamt an einem traditionellen Kernfamilienmodell (bestehend aus einem heterosexuellen Ehe- bzw. Elternpaar und Kindern) aus, was aus heutiger Sicht zunehmend umstritten ist.

Interpretationen und Streitfragen

Die UN-Menschenrechtspakte und die EMRK statuieren in erster Linie Abwehrrechte gegen staatliche Beschränkungen des Rechts auf Familienleben. Der Europäische Gerichtshof für Menschenrechte (EGMR) und das Human Rights Council (HRC) haben in ihren Entscheiden jedoch deutlich gemacht, dass die reine Nichteinmischung des Staates unter Umständen nicht genügt, um die in der Konvention verankerten Rechte zu achten und zu schützen, sondern auch staatliche Schutz- und Gewährleistungspflichten bestehen. Daraus folgt zunächst die Pflicht des Staates, das *Familienrecht gesetzlich zu regeln*, das Zusammenleben engster Familienangehöriger – Eheleute, Eltern und Kinder – grundsätzlich auch im transnationalen Kontext zu ermöglichen sowie die gegenseitigen Rechte und Pflichten der Familienmitglieder zu regeln. Die internationalen Menschenrechtsorgane verwenden mittlerweile einen eher materiellen als formellen Familienbegriff: Entscheidend ist vor allem die tatsächliche Bindung und ihre Bedeutung für die Familienmitglieder (Bair 2005, 100; CCPR, *General Comment* Nr. 19 [39](1990), § 2). Dies bedeutet z. B. im ausländerrechtlichen Kontext, dass das Recht auf Familienleben in Art. 8 EMRK eine Mutter oder einen Vater nur dann vor einer Ausweisung bewahrt, wenn die Beziehung zu den im Land verbleibenden Kindern auch tatsächlich gelebt wird.

Bei der *Ausgestaltung des Familienrechts* steht den Staaten bei jenen Themen ein Interpretationsspielraum zu, bei welchen in der Staatenwelt je nach gesellschaftlichem, ökonomischem, politischem oder kulturellem Kontext eine Vielfalt unterschiedlicher Regelungen und Systeme zu finden ist (Bair 2005, 101; Cohen-Jonathan 1993, 409 f.; Harris/Boyle/Warbrick 2009, 322 ff.). So ist das Familienrecht in manchen Ländern religiös oder stammesrechtlich geprägt, in anderen wiederum vollständig säkularisiert. Der Staat muss dafür sorgen, dass *Frauen und Männer* bei der Heirat, während der Ehe und bei der Auflösung einer Ehe rechtlich gleichgestellt sind, z. B. was Namenswahl, Vermögensverwaltung oder Scheidungsvoraussetzungen betrifft (dazu Bair 2005, 103). Nach Auffassung des HRC ist die diskriminierende *einseitige* Mehrehe, d. h. die Polygynie, mit dem Verbot der Geschlechterdiskriminierung unvereinbar (HRC, *General Comment* Nr. 28 (2000), § 24). Die Gleichbehandlung der Eheleute ist zweifellos jener Teilgehalt, welcher bei der Umsetzung in den Staaten auf die größten politischen, kulturellen, stammesrechtlichen und religiösen Widerstände stößt und bei weitem noch nicht überall realisiert ist. Ob sich aus den Menschenrechten unter gewissen Umständen ein *Recht auf Scheidung* (und Wiederverheiratung) ableiten lässt, ist umstritten, wird in den Kommentaren jedoch weitgehend bejaht (Nowak 2005, 531 f.). *Homosexuelle Paare* genießen im internationalen Menschenrechtsschutz nicht die gleichen Rechte wie heterosexuelle Paare. So können sie sich z. B. nach heutiger Praxis nicht auf das Recht auf Familienleben der EMRK berufen, sondern lediglich auf den Schutz des Privatlebens, und ein Verbot der Ehe zwischen Homosexuellen verletzt nach Auffassung des HRC die ICCPR nicht (Joslin et al. vs. New Zealand, Comm. Nr. 902/99 (2002); Kälin/Künzli 2008, 445 mit Hinweisen; Nowak 2005, 525 f.). Da jedoch immer mehr Staaten gleichgeschlechtliche Ehen anerkennen oder diesen Paaren vergleichbare Institute zur Verfügung stellen, wird sich diese Praxis vermutlich in Zukunft eher flexibilisieren.

Im *Migrationszusammenhang* leitet sich aus der EMRK und dem ICCPR für enge Familienangehörige unter bestimmten Umständen ein Anwesenheitsrecht ab (Caroni 1999, 171 ff.; Kälin/Künzli 2008, 447 ff.). Der *Schutz der Einheit von Eltern und Kind* und das *Erziehungsrecht der Eltern* in weltanschaulichen und religiösen Fragen stellt einen grundlegenden Bestandteil des Rechts auf

Familienleben (und der Religionsfreiheit) dar; es beinhaltet weitreichende Entscheidungsbefugnisse der Eltern über alle Lebensfragen des Kindes (EGMR, Nielsen vs. Denmark, 28.11.1986). Auch die Vermittlung von ungewöhnlichen Werten und Meinungen an die Kinder und spezielle Erziehungsstile sind zu respektieren, sofern keine Kindeswohlgefährdung vorliegt. Während früher für die Annahme einer durch die EMRK geschützten Familienbeziehung zwischen Eltern und Kind das Zusammenleben – aktuell oder wenigstens vor einer fremdenrechtlichen Trennung – erforderlich gewesen ist, tendiert die Rechtsprechung seit rund zwanzig Jahren dazu, die Beziehung zwischen Kind und Eltern unabhängig von der Frage des Zusammenlebens in den Anwendungsbereich des Rechts auf Familienleben der EMRK zu stellen. Leben Kinder von ihren Eltern getrennt, besteht ein Recht auf regelmäßige Besuche und Kontakt. Der Staat hat dafür zu sorgen, dass dieses Besuchsrecht gewährt wird und tatsächlich ausgeübt werden kann, sofern nicht eine Kindeswohlgefährdung dagegen spricht (EGMR, Kosmopoulou vs. Greece, 5.2.2004). Staatliche *Eingriffe* in das Recht auf Ehe und Familienleben sind zulässig, wenn sie gesetzlich geregelt sind, legitime öffentliche Interessen verfolgen oder zum Schutz der Rechte und Freiheiten anderer notwendig sind.

Das Recht auf Ehe und das Recht auf Familienleben gehören zu jenen Menschenrechten, deren Schutzgehalte aufgrund ihres starken Konnexes zu Fragen der Sittlichkeit und der Moral ständigen Herausforderungen unterliegen. Auf der einen Seite bestehen Spannungen zu patriarchalisch geprägten Ehekonzepten, die, vom Eheschluss über die Verteilung der Rechte und Pflichten in der Ehe bis hin zu den unterschiedlichen Scheidungsmöglichkeiten, stark frauendiskriminierende Elemente aufweisen. Diese sind nach wie vor in den Rechtsordnungen vieler Länder fest verankert. Deshalb vermag es auch nicht zu erstaunen, dass die meisten der Vorbehalte, welche die Staaten bei der Ratifizierung der Frauenrechtskonvention CEDAW erklärt haben, das Ehe- und Familienrecht betreffen. Dabei darf allerdings nicht vergessen werden, dass die familienrechtliche Geschlechterdiskriminierung auch in Europa erst in jüngerer Zeit überwunden werden konnte. Auf der anderen Seite steht die Praxis zur Ehe- und Familienfreiheit durch die zunehmende rechtliche und tatsächliche Akzeptanz gleichgeschlechtlicher Lebenspartnerschaften unter einem gewissen Anpassungsdruck. Sowohl der EGMR als auch das HRC verfolgen bei der Interpretation des Rechts auf Ehe und auf Familie grundsätzlich einen freiheits-, schutz- und gleichheitsbezogenen Ansatz, welcher im Ergebnis sowohl kultur- und frauenrechtsrelativistischen Tendenzen standhalten wie auch zu einer weiteren Öffnung und Liberalisierung im Hinblick auf eine stärkere Anerkennung der Rechte von Menschen in gleichgeschlechtlichen Bindungen führen dürfte.

Stand der völkerrechtlichen Institutionalisierung

Art. 16 u. 29 AEMR; Art. 17, 18 Abs. 4 u. 23 ICCPR; Art. 10 ff. ICESCR; Art. 5 lit. d CERD; Art. 16 CEDAW; Art. 23 Behindertenkonvention; Art. 9 CRC; Art. 8 u. 12 EMRK; Art. 2, 1. ZP zur EMRK; Art. 16 ESC; Europaratskonvention Nr. 192 über die persönlichen Beziehungen zu Kindern; Art. 17 AMRK; Art. 18, 27, 29 AfrMRC.

Literatur

Bair, Johann: *The International Covenant on Civil and Political Rights and its (First) Optional Protocol. A Short Commentary Based on Views, General Comments and Concluding Observations by the Human Rights Committee*. Frankfurt a. M. 2005.

Belembaogo, Akila (Hg.): *The Family in International and Regional Human Rights Instruments*. New York/Genf 1999.

Caroni, Martina: *Privat- und Familienleben zwischen Menschenrecht und Migration*. Berlin 1999.

Cohen-Jonathan, Gérard: »Respect for Private and Family Life«. In: Ronald St. J. Macdonald/Franz Matscher/Herbert Petzold u. a. (Hg.): *The European System for the Protection of Human Rights*. Dordrecht 1993, 405–444.

Eriksson, Maja Kirilova: *The Right to Marry and to Found a Family: A World-Wide Human Right*. Uppsala 1990.

–: *Reproductive Freedom in the Context of International Human Rights and Humanitarian Law*. Den Haag 2000.

Harris David/O'Boyle Michael/Warbrick Colin: *Law of the European Convention on Human Rights*. Oxford ²2009.

Kälin, Walter/Künzli, Jörg: *Universeller Menschenrechtsschutz*. Basel ²2008.

Nowak, Manfred: *U.N. Covenant on Civil and Political Rights. CCPR Commentary*. Kehl/Strassburg/Arlington ²2005.

Schäfke Georg: *Recht auf Achtung des Privat- und Familienlebens (Art. 8 EMRK)*. München/Ravensburg 2007.

Judith Wyttenbach

7. Kulturelle Rechte

7.1 Minderheitenschutz

Menschenrechtlicher Grundanspruch

Eine Minderheit bestimmt sich von der Mehrheit her durch ihre Andersartigkeit, die beispielsweise am Merkmal der Sprache, der Religion oder der Ethnie festgemacht werden kann. Ihre zahlenmäßige Unterlegenheit begründet gemeinhin die Schutzbedürftigkeit der Minderheit. Umgekehrt kann ihre Existenz vor allem als Abweichung empfunden werden und an den Vorranganspruch der von der Mehrheit getragenen Ordnung erhöhte Begründungsanforderungen stellen. Mit dem Konzept des Minderheitenschutzes soll ein friedliches Zusammenleben von Mehrheit und Minderheit(en) in einem gemeinsamen Staat ermöglicht werden. Ethnisch, religiös oder kulturell homogene Nationalstaaten sind, wie sich im 20. Jahrhundert mehrfach gezeigt hat, nur um den Preis von Gewalt, Unterdrückung und Völkermord zu realisieren und erweisen sich am Ende doch als nicht aufrechtzuerhaltende Schimären.

Minderheitenschutz kann auf der Basis nationalen Rechts organisiert werden; diesen Weg haben in der Vergangenheit die verschiedenen Toleranzedikte (z. B. Nantes 1598, Potsdam 1685) gewiesen. Möglich sind auch bilaterale Vereinbarungen zwischen Heimat- und Aufenthaltsstaat (*Bonn-Kopenhagener Erklärungen* vom 29. März 1955). Nachdem der Erste Weltkrieg zum Zusammenbruch von Österreich-Ungarn und dem Osmanischen Reich geführt hatte sowie vormals deutsche Gebiete anderen Staaten zugesprochen worden waren, wurde der Schutz von Minderheiten in größerem Maßstab zu einem internationalen Problem. Die Pariser Vorortverträge begründeten daraufhin ein Minderheitenregime, für dessen Überwachung der neugegründete Völkerbund zuständig war. Minderheitenschutz ist somit nicht nur älter als Menschenrechtsschutz, sondern wurde auch früher internationalisiert.

Mit der Gründung der Vereinten Nationen vollzog sich allerdings ein Systemwechsel hin zum Schutz von individuellen Menschenrechten. Minderheiten wurden als Gefahr für die Integrität von Staaten eingeschätzt. Gleiche Rechte für alle Menschen in einem Staat erschienen ausreichend, um beispielsweise mit dem Individualrecht der Religionsfreiheit auch den religiösen Bedürfnissen von Minderheiten zu entsprechen. Die AEMR von 1948 enthält demzufolge keinen Artikel zum Minderheitenschutz. Die bloße Nichtdiskriminierung der einzelnen Angehörigen von Minderheiten vermag allerdings die Existenz und Identität der Minderheiten insgesamt nicht zu gewährleisten. Dies erfordert besondere Schutzmaßnahmen zugunsten der Minderheiten, als deren Ergebnis diese den Aufenthaltsstaat als eigenen Staat annehmen können. Dies sichert Frieden und staatliche Einheit.

Interpretationen und Streitfragen

Für den Begriff der Minderheit hat sich bis heute keine allgemein anerkannte und gleichzeitig rechtsverbindliche Definition herausgebildet. Sämtliche Rechtsinstrumente setzen den Begriff voraus. Weithin akzeptiert ist eine im Jahr 1979 entwickelte Umschreibung des damaligen Sonderberichterstatters der Menschenrechtskommission, der zufolge Minderheiten Gruppen sind, die »zahlenmäßig kleiner als der Rest der Bevölkerung sind, die sich in einer nicht dominierenden Position befinden, deren Mitglieder als Staatsangehörige des Aufenthaltsstaates ethnische, religiöse oder sprachliche Eigenschaften aufweisen, die sie vom Rest der Bevölkerung unterscheiden, und die – wenn auch nur implizit – ein Gefühl der Solidarität im Hinblick auf die Erhaltung ihrer Kultur, Tradition, Religion oder Sprache erkennen lassen« (Capotorti 1979, § 568; Übersetzung bei Nowak 1989, Art. 27, Rn. 13.).

Minderheitenrechte wurden in den letzten Jahrzehnten nicht nur politisch aufgewertet, sondern haben auch eine rechtliche Verfestigung erfahren. Gleichwohl wird noch immer darüber gestritten, ob und wie sich solche Rechte in die Struktur der Menschenrechte integrieren lassen. Angesichts der spezifischen Unrechts- und Bedrohungserfahrungen von Minderheiten wäre es mit dem Gerechtigkeitsanspruch der Menschenrechte nicht vereinbar, Minderheiten keinen menschenrechtlichen Schutz zu gewähren. Zwar gibt es zwischen Minderheitenschutz auf der einen und Menschenrechten auf der anderen Seite nicht nur entwicklungsgeschichtliche, sondern auch systematische Unterschiede. Menschenrechte sind als Manifestation eines politischen Freiheitswillens durch die demokratischen Revolutionen der Neuzeit erkämpft worden, wohingegen Regelungen des Minderheitenschutzes aus historischer Perspektive eher als ›gnädig gewährte‹ Schutzmaßnahmen zugunsten partikularer Gruppen verstanden werden können.

Dies weist auf einen strukturellen Gegensatz zwischen Menschenrechten und Minderheitenrechten hin: Während die Menschenrechte jedem Menschen gerade nicht aufgrund besonderer Merkmale, sondern allein aufgrund seiner Existenz als Mensch zustehen, geht es bei den Rechten von Minderheiten ausdrücklich um die Bewahrung von besonderen Eigenschaften, seien es nun sprachliche, religiöse, kulturelle oder ethnische. Dieser Gegensatz ist oft als Antagonismus des Besonderen und des Allgemeinen beschrieben und verstanden worden. Seine Auflösung ist ausschlaggebend für die Frage, ob und inwieweit sich Minderheitenrechte in den Menschenrechtsdiskurs einbringen lassen. Davon ausgehend, dass es sich bei den Menschenrechten um Freiheitsrechte handelt, die jedem die gleiche Freiheit – einschließlich der für die Verwirklichung der Freiheit erforderlichen sozialen Voraussetzungen – gewährleisten, ist festzuhalten, dass Menschenrechte von sich aus auf Pluralität (im Sinne von: Freiheit für alle) angelegt sind. Sie zielen deshalb gerade nicht darauf ab, Besonderheiten unterschiedlicher Lebensformen oder Religionen etc. abzuschaffen, sondern im Gegenteil gerade darauf, jeweils die Chance zu eröffnen, das Besondere in Freiheit zu verwirklichen. Der menschenrechtliche Universalismus beinhaltet so verstanden immer auch das Recht auf selbstbestimmte – und insofern auch: abweichende – Lebensführung.

Die Menschenrechte zeichnen sich somit erstens dadurch aus, dass sie als Freiheitsrechte besonderen Lebensformen und Betätigungen Raum geben. Sie entfalten überdies spezifische Schutzwirkungen zugunsten besonders gefährdeter Gruppen von Menschen (›vulnerable groups‹). Das Sichverwahren besonderer Personengruppen gegen Unrechtserfahrungen reicht für sich genommen noch nicht aus, um mit Blick auf Menschenrechte von Bedeutung zu sein. Um für jeden Menschen relevant zu sein, muss mit diesem Protest eine Forderung thematisiert werden, die die Menschenwürde an sich und somit jeden Menschen betrifft. Freilich muss nicht jedermann diese spezifischen Unrechtserfahrungen zu seiner eigenen Sache machen. Es reicht vielmehr aus, dass die in Rede stehende Gerechtigkeitsforderung grundsätzlich von allen unterstützt werden kann.

Daher ist besonderer Rechtsschutz für spezifische Gruppen als Reaktion auf bestimmte Unrechtserfahrungen nicht von vornherein mit Menschenrechten unvereinbar und stellt kein gleichheitswidriges Privileg dar. Solcherart menschenrechtlich verstandene Minderheitenrechte können deshalb auch nicht auf die jeweilige Ausgangsgruppe beschränkt bleiben. Vielmehr kommen sämtliche vergleichbaren Gruppen in den Genuss dieser Rechte. Der grundlegende emanzipatorische Ansatz von Menschenrechten und Grundfreiheiten lässt sich so auch mit Rechten zugunsten kultureller Minderheiten vereinbaren, die das Risiko bergen, dass die Bewahrung der kulturellen Identität auch gegen Freiheitsrechte als Ausdruck beispielsweise von Modernisierung und Säkularisierung instrumentalisiert wird.

Ein menschenrechtlich fundierter Minderheitenschutz eröffnet den betroffenen Personen nicht mehr und nicht weniger als die Chance, ihre Lebensform selbst zu bestimmen und sich gegenüber dem Assimilationsdruck der Umwelt zu behaupten. Zur Chance auf selbstbestimmte Lebensführung gehört es aber auch, sich gegen die Minderheit entscheiden zu können oder mit der Tradition – ganz oder teilweise – unbeschadet brechen zu dürfen. Der Schutz kultureller Traditionen bedeutet keinen Freibrief für Unterdrückung, er bewahrt die betroffenen Gruppen nicht vor Säkularisierungs- und Modernisierungskonflikten. Menschenrechtlich verstandenen Minderheitenrechten eignet die Verwirklichung von Freiheit, Gleichheit und Gleichberechtigung auch nach innen.

Die Frage, wer Träger von menschenrechtlich

konzipierten Minderheitenrechten sein soll, wird schon seit längerem kontrovers diskutiert. Es ist offensichtlich, dass bestimmte Rechte von Minderheiten –sinnvollerweise nur innerhalb der Gruppe ausgeübt werden können, Minderheitenrechten – mit anderen Worten – stets eine Gruppendimension innewohnt. Anderseits basiert das seit dem Zweiten Weltkrieg entwickelte Konzept von Menschenrechten auf der Vorstellung, Würde und Freiheitsrechte des einzelnen Menschen schützen zu müssen. Man wird heute anerkennen, dass die Ausgestaltung von Minderheitenrechten als Gruppenrechte einerseits oder als Individualrecht andererseits sich in Reinform nicht verwirklichen lassen wird und darüber hinaus nicht nur von Vorteil wäre. Immerhin hat sich herausgestellt, dass zwischen beiden Konzepten kein unüberwindlicher Gegensatz besteht. Vielmehr sehen wir uns heute vor die Herausforderung gestellt, individualrechtliche und gruppenrechtliche Komponenten dergestalt miteinander zu verbinden, dass gemeinschaftliche Selbstbestimmung im Rahmen der menschenrechtlich orientierten Demokratie möglich wird, dem Einzelnen aber gleichzeitig die Möglichkeit bleibt, sein Selbstverständnis frei zu artikulieren und die von ihm präferierte Lebensform frei zu bestimmen.

Stand der völkerrechtlichen Institutionalisierung

Dieser menschenrechtliche Neuansatz wurde in Art. 27 des *International Covenant on Civil and Political Rights* (ICCPR) niedergelegt. Er stellt bis heute die einzige umfassende, dem Minderheitenschutz gewidmete Norm auf universeller Ebene dar. Art. 27 schützt ethnische, religiöse und sprachliche Minderheiten, deren Angehörigen der Staat das Recht nicht vorenthalten darf, gemeinsam mit anderen Angehörigen der Gruppe ihr eigenes kulturelles Leben zu pflegen, ihre Religion zu bekennen und auszuüben oder sich ihrer eigenen Sprache zu bedienen. Da aber der Begriff der Minderheit nicht rechtlich definiert ist, wird diskutiert, ob auch Ausländer, insbesondere Zuwanderer, dem Minderheitenbegriff zugerechnet werden sollen (sogenannte neue Minderheiten). Die Staaten halten jedoch in ihrer großen Mehrheit am Merkmal der Staatsangehörigkeit fest. Die negative Formulierung in Art. 27 ICCPR – »darf nicht das Recht vorenthalten werden« –, verpflichtet zudem die Vertragsstaaten, sämtliche Maßnahmen zu unterlassen, von denen ein Integrations- oder Assimilationsdruck ausgehen könnte. Der Menschenrechtsausschuss bejaht eine darüber hinausgehende Verpflichtung zu positiver Gewährleistung. Allerdings konnte sich bei den Vorarbeiten zum Pakt eine entsprechende Formulierung nicht durchsetzen; ob die Staaten das heute anders sehen, darf bezweifelt werden.

Die *Europäische Menschenrechtskonvention* (EMRK) erfasst nur Ausschnitte der tatsächlichen Probleme des Minderheitenschutzes. Deshalb sind im Rahmen des Europarats spezielle Instrumente zum Schutz von Minderheiten entstanden, vor allem die Rahmenkonvention zum Schutz nationaler Minderheiten (seit dem 1. Februar 1998 in Kraft). Sie galt Ende 2008 in 39 Staaten; Belgien, Frankreich und die Türkei sind nicht darunter. Die Präambel formuliert als Ziel der Rahmenkonvention, »daß eine pluralistische und wahrhaft demokratische Gesellschaft nicht nur die ethnische, kulturelle, sprachliche und religiöse Identität aller Angehörigen einer nationalen Minderheit achten, sondern auch angemessene Bedingungen schaffen sollte, die es ihnen ermöglichen, diese Identität zum Ausdruck zu bringen, zu bewahren und zu entwickeln«. Die EU hat in den 1990er Jahren den Minderheitenschutz zu einer Beitrittsvoraussetzung für die Staaten Mittel- und Osteuropas erklärt und hierdurch zumindest die rechtliche Situation der Minderheiten in diesen Ländern verbessert. Die tatsächlichen Verhältnisse und vor allem die Einstellung der Menschen gegenüber Minderheitenangehörigen, insbesondere den Sinti und Roma, ändern sich allerdings nur langsam. Dies gilt freilich für die meisten Staaten der Welt.

Literatur

Bielefeldt, Heiner: »Recht kultureller Minderheiten als Freiheitsanspruch. Zur menschenrechtlichen Begründung des Minderheitenschutzes«. In: Ders./Jörg Lüer (Hg.): *Rechte nationaler Minderheiten, Ethische Begründung, rechtliche Verankerung und historische Erfahrung*. Bielefeld 2004, 27–56.

Capotorti, Francesco: *Study on the Rights of Persons Belonging to Ethnic, Religious and Linguistic Minorities.* E/CN.4/Sub.2/384/Rev.1 (1979).
Freeman, Michael: »Liberal Democracy and Minority Rights«. In: Adamantia Pollis/Peter Schwab (Hg.): *Human Rights. New Perspectives, New Realities.* London 2000, 31–51.
Green, Leslie: »Internal Minorities and their Rights«. In: Will Kymlicka (Hg.): *The Rights of Minority Cultures.* Oxford 1995, 257–272.
Hilpold, Peter: »Neue Minderheiten im Völkerrecht und im Europarecht«. In: *Archiv des Völkerrechts* 42/1 (2004), 80–110.
Nowak, Manfred: *UNO-Pakt über bürgerliche und politische Rechte und Fakultativprotokoll. CCPR-Kommentar.* Kehl 1989.
Weiß, Norman: »Völkerrechtlicher Minderheitenschutz und seine Bedeutung für die Bundesrepublik Deutschland«. In: Heiner Bielefeldt/Jörg Lüer (Hg.): *Rechte nationaler Minderheiten, Ethische Begründung, rechtliche Verankerung und historische Erfahrung.* Bielefeld 2004, 71–90.

Norman Weiß

7.2 Bildung

Menschenrechtlicher Grundanspruch

Bildung war zwar in bestimmten Grenzen auch für den funktionierenden Untertan notwendig und dem Wohle des Staates dienlich, aber erst der den Idealen von Aufklärung, Rechtsstaatlichkeit und Demokratie verpflichtete Staat braucht einerseits den gebildeten Staatsbürger und kann andererseits Herrschaft ausüben, die nicht auf begrenzter oder gar fehlender Bildung der Massen aufbaut. Solcherart verstandene Bildung meint mehr als die freilich unverzichtbaren Grundfertigkeiten des Lesens, Schreibens und Rechnens. Es geht darum, für die vollwertige Teilnahme am gesellschaftlichen, kulturellen, wirtschaftlichen und politischen Leben befähigt zu werden. Bloße Wissensvermittlung reicht hierfür nicht aus und kann schon gar nicht auf die Schulzeit beschränkt werden (lebenslanges Lernen). Bildung sollte nicht nur funktional verstanden, sondern auch als Wert und Ziel an sich begriffen werden. Nur so kann staatsbürgerkundlicher Vereinnahmung und Ideologisierung sowie der katastrophalen Verengung von Bildung und Ausbildung auf wirtschaftliche Verwertbarkeit begegnet werden.

Wichtiger Ansatzpunkt hierfür ist es, ein Menschenrecht auf Bildung anzuerkennen. Dieses ist vom Individuum und seinen Bedürfnissen her gedacht bzw. wird von ihm her begründet. Die Verknüpfung von Menschenrechten und Bildung ist jedoch nicht auf das Recht auf Bildung beschränkt; hinzu tritt die *Menschenrechtsbildung* als besonders wichtiges Element der Bildung insgesamt (s. Kap. IV.4.7). Die Erkenntnis, dass das Wissen um eigene und fremde Rechte als Grundvoraussetzung für ihre Einforderung anzusehen ist, hat bereits Voltaire zur Antwort auf die Frage, was es bedeute, frei zu sein, folgendermaßen formuliert: »Es heißt die Menschenrechte kennen; denn kennt man sie einmal, so verteidigt man sie von selbst.«

Ein menschenrechtliches Recht auf Bildung ist ein typisches Leistungsrecht, das vom Staat ein auch finanziell bedeutsames Tätigwerden verlangt: Schulen und andere Bildungseinrichtungen müssen eingerichtet und unterhalten werden, Lehrer sind aus- und weiterzubilden sowie angemessen zu besolden.

Interpretationen und Streitfragen

Das Menschenrecht auf Bildung hat seinen völkerrechtlichen Ausgangspunkt in Art. 26 AEMR. Das menschenrechtliche Programm der AEMR ist in regionalen und internationalen Menschenrechtsverträgen umgesetzt und ausgebaut worden. Das Recht auf Bildung findet sich auf der internationalen Ebene u. a. in Art. 13 des *International Covenant on Economic, Social and Cultural Rights* (ICESCR) und in Art. 28 und 29 der *Convention on the Rights of the Child* (CRC). Mit der Ratifikation des Sozialpakts ICESCR geht ein Staat die Verpflichtung ein, das Recht auf Bildung innerstaatlich zu verwirklichen. Die Kinderrechtskonvention differenziert diese Pflicht aus und konkretisiert sie unter Bedachtnahme auf das Kindeswohl. Auf der regionalen, europäischen Ebene ist das Recht auf Bildung in Art. 2 des *Zusatzprotokolls zur Europäischen Menschenrechtskonvention* (EMRK) und in Art. 17 Abs. 2 der *Revidierten Europäischen Sozialcharta* verankert. Während das *Zusatzproto-*

koll ein Abwehrrecht formuliert, betont die *Revidierte Europäische Sozialcharta* die Pflicht des Staates, die notwendigen Einrichtungen zu schaffen und zu unterhalten.

Alle Vertragsstaaten des ICESCR haben sich darauf geeinigt, dass Bildung darauf gerichtet ist, die menschliche Persönlichkeit voll zu entwickeln. Dieses Ziel dient der Verwirklichung der Menschenwürde und ist darüber hinaus auf die Stärkung aller Menschenrechte und Grundfreiheiten gerichtet. Art. 13 ICESCR ist besonders weitreichend ausgestaltet und mit einer konkreten Umsetzungspflicht verbunden. In Abs. 1 sind die Ziele der Bildung dargelegt, in Abs. 2 werden die institutionellen Erfordernisse wie die unentgeltliche Grundschulpflicht, das Angebot von verschiedenen höheren Schultypen und der Zugang zur Hochschulbildung festgeschrieben. Die Vorschrift fordert, dass der Vertragsstaat auch für die Weiterbildung von Personen Sorge zu tragen hat, denen der Abschluss der Grundschule nicht möglich war. Auch muss der Staat die Entwicklung des Schulsystems aktiv vorantreiben, für Fördermaßnahmen sorgen und die wirtschaftliche Lage der Lehrer fortlaufend verbessern. Abs. 3 statuiert die staatliche Pflicht, die Freiheit der Eltern bei der Ausbildung auch im religiösen Bereich zu achten. Die Freiheit, Bildungseinrichtungen zu gründen und zu leiten, wird garantiert, soweit diese bestimmten Mindestanforderungen entsprechen (Abs. 4).

In einer autoritativen Interpretation dieser Vorschrift (*General Comment* Nr. 13 zum ICESCR vom 8. Dezember 1999) heißt es, dass das Recht auf Bildung nicht nur ein eigenständiges Menschenrecht ist, sondern auch ein unverzichtbares Mittel zur Verwirklichung anderer Menschenrechte darstellt. Leistungsrechte fordern den Staat indes stärker als Abwehrrechte. Dementsprechend ist der rechtliche Verpflichtungsgrad in völkerrechtlichen Dokumenten, die auf weltweite Akzeptanz angelegt sind und eben auch in Ländern der sogenannten Dritten Welt Anwendung finden sollen, schwächer ausgestaltet. Art. 2 Abs. 1 ICESCR sieht mithin vor, jede Vertragspartei

»undertakes to take steps, individually and through international assistance and co-operation, especially economic and technical, to the maximum of its available resources, with a view to achieving progressively the full realization of the rights recognized in the present Covenant by all appropriate means, including particularly the adoption of legislative measures«.

Diese Verpflichtung auf eine (nur) schrittweise Verwirklichung ist freilich allen Staaten angenehm, macht sie eine wirksame Kontrolle der unternommenen – oder unterbliebenen – Anstrengungen doch schwierig. Seit Ende der 1990er Jahre erfahren die traditionellen Hindernisse für die Verwirklichung der wirtschaftlichen, sozialen und kulturellen Rechte – Unterentwicklung, Ressourcenfehlallokationen und Kleptokratien – durch die Auswirkungen von Globalisierung, Deregulierung und Privatisierung Konkurrenz. Es ist davon auszugehen, dass die finanziellen Handlungsspielräume vieler Staaten hierdurch zulasten der schrittweisen Verwirklichung wirtschaftlicher, sozialer und kultureller Rechte eingeschränkt werden, sofern nicht ein breiter aufgestelltes, auf Nachhaltigkeit hin orientiertes System der wirtschaftlichen Entwicklung (›Wohlstand für alle‹ unter heutigen Vorzeichen) favorisiert wird.

Da unter diesen rechtlichen und wirtschaftlichen Rahmenbedingungen sich messbare Erfolge nicht wie gewünscht einstellen, ist in den letzten Jahren zumindest ein Teilaspekt des Rechts auf Bildung prominent auf der internationalen Agenda platziert worden: Im September 2000 fand in New York das bis dahin größte Gipfeltreffen der Vereinten Nationen statt, zu dem hochrangige Vertreter von 189 Ländern, die meisten von ihnen Staats- und Regierungschefs, zusammenkamen. Als Ergebnis des Treffens verabschiedeten sie die sogenannte *Millenniumserklärung*, die die Agenda für die internationale Politik im 21. Jahrhundert beschreibt. Sie definiert vier programmatische, sich wechselseitig beeinflussende und bedingende Handlungsfelder für die internationale Politik. Aus der Erklärung wurden in der Folgezeit acht internationale Entwicklungsziele abgeleitet, die Millenniumsentwicklungsziele (*Millennium Development Goals*, MDG). Das Ziel Nummer 2 lautet, es solle bis zum Jahre 2015 allen Kindern auf der Welt eine Grundschulausbildung ermöglicht werden. Auf dieser Bildungsgrundlage kann dann weiter aufgebaut werden, um den wirtschaftlichen Fortschritt im Rahmen einer nachhaltigen Entwicklung voranzubringen, so zur Armutsüberwindung beizutragen und gleichzeitig die Voraussetzungen für selbstbestimmtes Handeln sowie für aktive Teilnahme am Leben der Gemeinschaft und an politischen Prozessen zu schaffen.

Der für die Verwirklichung dieses Millenniumsentwicklungsziels zu beobachtende Trend ist zwar positiv, aber noch nicht ausreichend: Dem Bericht der UN über die Verwirklichung der MDG aus dem Jahre 2008 zufolge lag die Netto-Einschulungsquote im Jahre 2006 in fast allen Regionen über 90 Prozent, und viele Länder waren nahe daran, die Einschulung aller Kinder in die Grundschule zu verwirklichen. Die Zahl der Kinder im Grundschulalter, die keine Schule besuchten, sank zwischen 1999 und 2006 von weltweit 103 Millionen auf 73 Millionen, obwohl die Zahl der Kinder in dieser Altersgruppe insgesamt anstieg. Hieran wird deutlich, dass mit dem politischen Willen der Regierungen und angemessener Unterstützung durch die Entwicklungspartner viel erreicht werden kann. Insofern war es richtig, dieses MDG zu formulieren, um zur Verwirklichung des Rechts auf Bildung beizutragen.

Das Recht auf Bildung erschöpft sich natürlich nicht in der Primarschulausbildung. Gleiches gilt für die damit verbundenen Kontroversen, von denen hier nur die über die Einführung von Studiengebühren erwähnt werden soll. In Art. 13 Abs. 2 lit. c ICESCR ist davon die Rede, die allmähliche Unentgeltlichkeit des Hochschulunterrichts einzuführen. Der Pakt stammt aus einer Zeit, in der für das Studium in den meisten Ländern noch Gebühren zu entrichten und die Studentenzahlen sehr niedrig waren. Eine Einführung von Studiengebühren ist mit Sinn und Zweck der Regelung jedenfalls dann nicht unvereinbar, wenn ein nichtdiskriminierendes Stipendiensystem dafür sorgt, dass niemand aus finanziellen Gründen auf ein Studium verzichten muss (s. auch Art. 13 Abs. 2 lit. e ICESCR). Das Recht auf Bildung besagt zunächst, dass funktionsfähige Bildungseinrichtungen und -programme in ausreichendem Maße zur Verfügung stehen müssen. Neben der Verfügbarkeit ist die Zugänglichkeit für alle Menschen ohne Unterschied wichtig. Der Zugang muss erstens nichtdiskriminierend sein, Bildung muss zweitens in sicherer physischer Reichweite stattfinden (zu-

mutbarer Schulweg oder Zugang zu Fernunterricht) und drittens auch wirtschaftlich zugänglich sein.

Das (unmittelbare) Recht auf Bildung wird ergänzt durch das Recht der Eltern, darauf zu achten, dass die religiöse und sittliche Erziehung ihrer Kinder in Einklang mit ihren eigenen Überzeugungen steht. Schulen, die die Unterweisung in einer bestimmten Weltanschauung oder Religion umfassen, ohne in nichtdiskriminierender Weise Ausnahmen oder Alternativen vorzusehen, genügen den Anforderungen von Art. 13 Abs. 3 ICESCR nicht. Private dürfen Bildungseinrichtungen gründen und betreiben, die bestimmten Mindestanforderungen entsprechen und die Bildungsziele aus Art. 13 Abs. 1 ICESCR verfolgen; Eltern können solche Schulen für ihre Kinder wählen (Art. 13 Abs. 4 ICESCR).

Ausblick

Die Verwirklichung des Rechts auf Bildung bleibt ein drängendes Thema. Auch wenn das MDG der Primarschulbildung für alle Kinder weltweit bis zum Jahre 2015 verwirklicht werden sollte, gibt es weiterhin viel zu tun. Zugänglichkeit auch weiterführender Bildung, Qualität der Angebote sowie Attraktivität und Sicherheit des Lehrerberufs gehören zu den nach wie vor zu lösenden Aufgaben. Die UN-Familie, insbesondere die UNESCO und das Entwicklungsprogramm UNEP bleiben aufgefordert, den Staaten Hilfe anzubieten, die sie bei der Ausgestaltung von Schulen und anderen Bildungseinrichtungen unterstützen. Besonderes Augenmerk ist dabei auf die Bildung von Mädchen sowie auf den ländlichen Raum zu legen. Fragen des diskriminierungsfreien Zugangs zu Bildung sind nicht auf Entwicklungsländer beschränkt; die Diskussionen im Gefolge der Pisa-Studien haben bestehende Defizite in Deutschland ins öffentliche Bewusstsein gerückt. Das Versprechen ›Aufstieg durch Bildung‹, das viele Generationen angetrieben hat, hat an Attraktivität eingebüßt. Hier zeigt sich, dass Staat und Gesellschaft vor vielfältigen Herausforderungen stehen, um das Menschenrecht auf Bildung zu verwirklichen.

Literatur

Beiter, Klaus Dieter: *The Protection of the Right to Education by International Law.* Leiden/Boston 2006.
Friboulet, Jean-Jacques u. a. (Hg.): *Measuring the Right to Education.* Zürich/Basel/Genf 2006.
Mahler, Claudia/Mihr, Anja/Toivanen, Reetta (Hg.): *The United Nations Decade for Human Rights Education and the Inclusion of National Minorities.* Frankfurt a. M. 2009.
Mahler, Claudia/Weiß, Norman: »Der Einfluss der internationalen Menschenrechtsverträge auf die deutsche Bildungsrechtsordnung«. In: *Recht der Jugend und des Bildungswesens* 55/4 (2007), 430–446.
Nowak, Manfred: »The Right to Education«. In: Asbjørn Eide/Catarina Krause/Allan Rosas (Hg.): *Economic, Social and Cultural Rights. A Textbook.* Dordrecht u. a. ²2001, 245–271.

Norman Weiß

7.3 Teilhabe am kulturellen Leben

Menschenrechtlicher Grundanspruch

Unter den Menschenrechten führen die kulturellen Rechte ein doppeltes Schattendasein: Erstens stehen sie als Bestandteil der wirtschaftlichen, sozialen und kulturellen Rechte ohnehin weniger im Rampenlicht und zweitens müssen sie in der allgemeinen Wahrnehmung noch einmal hinter die wirtschaftlichen und sozialen Rechte zurücktreten. Das ist verwunderlich, da ›Kultur‹ im menschenrechtlichen Diskurs eine prominente Rolle einnimmt, z. B. wenn diskutiert wird, ob Menschenrechte als vermeintlich genuin westliches Produkt mit asiatischer, islamischer oder afrikanischer Kultur vereinbar seien (s. Kap. IV.1). Auch die Debatte über Minderheitenrechte kommt ohne den Begriff der Kultur nicht aus; ebenso wohnt dem Recht auf Bildung eine starke kulturelle Komponente inne. Hier kann und soll keine Definition des Begriffes Kultur versucht werden; in jedem Fall ist Kultur eng mit Pluralität – wie auch die *UNESCO-Deklaration über kulturelle Vielfalt* von 2001 und das *UNESCO-Übereinkommen zum Schutz und zur Förderung der Vielfalt kultureller Ausdrucksformen* von 2005 deutlich machen – verbunden und gerade deshalb menschenrechts- und freiheitsaffin.

Interpretationen und Streitfragen

Art. 15 Abs. 1 lit. a des *International Covenant on Economic, Social and Cultural Rights* (ICESCR) spricht von dem Recht eines jeden, am kulturellen Leben teilzunehmen, und fordert die Vertragsparteien dazu auf, Schritte zur vollen Verwirklichung dieses Rechts zu unternehmen (Abs. 2). Hierzu gehören die zur Erhaltung, Entwicklung und Verbreitung von Wissenschaft und Kultur notwendigen Maßnahmen. Die Breite des Kulturbegriffs macht gleichzeitig deutlich, dass das Recht auf Teilhabe am kulturellen Leben viele Facetten aufweist. Aspekte, die in den Rechten auf Bildung, auf freie Meinungsäußerung und freien Informationszugang, in der Religionsfreiheit, in Minderheitenrechten und den Rechten von indigenen Bevölkerungen erfasst sind, sind hier bedeutsam.

Die englische Originalfassung spricht davon, dass man das Recht habe »to participate in the cultural life of the community«. Dieser doppelte Singular hat zu Diskussionen geführt, als deren Ergebnis heute weitgehende Einigkeit herrscht, dass ein pluralistisches Verständnis mit Blick auf die Kultur und die Gemeinschaft angebracht sei. Dieser Aspekt wird in dem *UNESCO-Übereinkommen zum Schutz und zur Förderung der Vielfalt kultureller Ausdrucksformen* aus dem Jahre 2005 explizit behandelt (dazu sogleich). Der Begriff der Teilhabe wird in internationalen Instrumenten zu Rechten von Minderheiten und von indigenen Bevölkerungen vielfach benutzt. Er umfasst den Aspekt des Tätigwerdens des Rechteinhabers und ein Moment der Anerkennung durch Staat und Gesellschaft. Mit Blick auf das kulturelle Leben hat Teilhabe ebenso eine emanzipatorische Konnotation. Kultur ist kein Vorrecht bürgerlicher Schichten, sondern ist als typisch menschliche Ausdrucks- und Lebensform allgemein und diskriminierungsfrei zugänglich. Das setzt freilich auch voraus, dass jede kulturelle Gemeinschaft gleichberechtigt existieren kann und so der Zugang zu ihr überhaupt erst möglich ist.

Stand der völkerrechtlichen Institutionalisierung

Art. 2 Nr. 7 des *UNESCO-Übereinkommens zum Schutz und zur Förderung der Vielfalt kultureller Ausdrucksformen* betont, dass der gleichberechtigte Zugang zu einem reichen und vielfältigen Spektrum kultureller Ausdrucksformen aus der ganzen Welt und der Zugang der Kulturen zu den Mitteln des Ausdrucks und der Verbreitung wichtige Elemente darstellen, um die kulturelle Vielfalt zu vergrößern und das gegenseitige Verständnis zu fördern. Um dieses Ziel umzusetzen, verpflichten sich die Vertragsparteien in Art. 7 des Übereinkommens, Maßnahmen zur Förderung kultureller Ausdrucksformen zu ergreifen. In diesem Zusammenhang bemühen sie sich, in ihrem Hoheitsgebiet ein Umfeld zu schaffen, in dem Einzelpersonen und gesellschaftliche Gruppen darin bestärkt werden, »a) ihre eigenen kulturellen Ausdrucksformen zu schaffen, herzustellen, zu verbreiten, zu vertreiben und Zugang zu ihnen zu haben, wobei die besonderen Bedingungen und Bedürfnisse von Frauen sowie von verschiedenen gesellschaftlichen Gruppen, einschließlich der Personen, die Minderheiten oder indigenen Völkern angehören, gebührend berücksichtigt werden; b) Zugang zu den vielfältigen kulturellen Ausdrucksformen aus ihrem Hoheitsgebiet und aus anderen Ländern der Welt zu haben«. Darüber hinaus verbietet das *Anti-Rassismus-Übereinkommen* (CERD) Diskriminierungen, die unter anderem einen Ausschluss aus dem kulturellen Leben zur Folge haben, und richtet sich gegen Assimilationsbestrebungen, die das Teilhaben an der eigenen Kultur verhindern.

Insgesamt geht es bei diesen und anderen Verbürgungen kultureller Rechte und insbesondere beim Recht auf Teilhabe am kulturellen Leben nicht darum, eine bestimmte Kultur zu fixieren, sondern einen breit aufgestellten Pluralismus zu sichern. Dieser kulturelle Pluralismus kann, so darf man hoffen, deeskalierend und konfliktlösend wirken. Gerade mit Blick auf Minderheitengruppen, die noch nicht völkerrechtlichen Minderheitenschutz genießen(s. Kap. III.7.1), ist dies wichtig und notwendig.

Literatur

Almquist, Jessica: *Human Rights, Culture, and the Rule of Law*. Oxford/Portland 2005.

Eide, Asbjørn: »Cultural Rights as Individual Human Rights«. In: Asbjørn Eide/Catarina Krause/Allan Rosas (Hg.): *Economic, Social and Cultural Rights. A Textbook*. Dordrecht u. a. ²2001, 273–288.

O'Keefe, Roger: »The ›Right to Take Part in Cultural Life‹ under Article 15 of the ICESCR«. In: *International and Comparative Law Quarterly* 47. Jg. (1998), 904–923.

Thornberry, Patrick: *Cultural Rights and Universality of Human Rights*. UN-Dok. E/C.12/40/15 vom 9. Mai 2008, abrufbar unter: http://www2.ohchr.org/english/bodies/cescr/docs/discussion/PatrickThornberry.pdf (abgerufen am 09.12.2011).

Trebbe, Joachim: *Ethnische Minderheiten, Massenmedien und Integration: Eine Untersuchung zu massenmedialer Repräsentation und Medienwirkungen*. Wiesbaden 2009.

Norman Weiß

8. Menschenrechte der ›dritten Generation‹

8.1 Entwicklung

Menschenrechtlicher Grundanspruch

Das Recht auf Entwicklung entsteht vor dem Hintergrund des Ringens der Entwicklungsländer um eine gerechtere Weltwirtschaftsordnung in den 1970er Jahren. Im Kern versteht man darunter den Anspruch aller Menschen auf Gestaltung und Teilhabe an einer Gesellschaft, in der alle Menschenrechte verwirklicht werden. Es verknüpft damit die Menschenrechts- mit der Entwicklungsagenda, wird allerdings bisher vor allem in Menschenrechtskreisen rezipiert. Wesentliche Streitpunkte der bis heute andauernden Debatte sind zum einen die Konkretisierung des Begriffs ›Entwicklung‹ und zum anderen die Frage, inwieweit neben Individuen und Gruppen auch Staaten Träger dieses Menschenrechtes sein können. 1986 verabschiedete die UN-Generalversammlung eine *Erklärung zum Recht auf Entwicklung* (Resolution 41/128), die bis heute Grundlage zahlreicher Kontroversen ist.

Interpretationen und Streitfragen

Die Erklärung wird als völkerrechtlich nicht verbindliche Absichtserklärung dem sogenannten *soft law* zugeordnet. Das Recht auf Entwicklung wird in den späteren Resolutionen der UN-Generalversammlung wiederholt betont und fand auch Eingang in die Abschlusserklärung der Wiener Menschenrechtskonferenz von 1993 sowie in die *Millenniumserklärung* des UN-Gipfels von 2000. Trotz dieser breiten Bezugnahme in internationalen Dokumenten ist der genaue Inhalt des Rechtes auf Entwicklung bis heute ungeklärt, was einer universellen rechtlichen Verbindlichkeit entgegensteht. Lediglich einigen Elementen der Erklärung wie beispielsweise der Verpflichtung der Staaten zur Verwirklichung aller Menschenrechte in ihrem Inneren wird Rechtsverbindlichkeit aufgrund ihrer Verankerung in anderen Instrumenten wie etwa den Menschenrechtsverträgen oder aufgrund von Völkergewohnheitsrecht zugesprochen. Rechtsverbindlich ist das Recht auf Entwicklung einzig regional für die Vertragsstaaten in Art. 22 der afrikanischen *Banjul-Charta der Menschenrechte und Rechte der Völker* von 1986 verankert.

Als Anspruchsinhaber und Anspruchsverpflichtete nennt die *Erklärung zum Recht auf Entwicklung* zwei mögliche Konstellationen: zum einen das Recht Einzelner (oder Gruppen) gegen ihren Staat sowie zum anderen das Recht der Staaten untereinander. In der ersten Konstellation sind Staaten gegenüber all ihren Bewohnern zu guter und verantwortungsvoller Regierungsführung und zur Gewährleistung von Menschenrechten verantwortlich. Laut dem der Erklärung zugrundeliegenden, umfassenden Entwicklungsbegriff ist Entwicklung dabei nicht nur rein ökonomisch zu verstehen, sondern umfasst auch die Teilhabe an sozialen Errungenschaften und an der Gestaltung des öffentlichen Lebens. Sie stellt den Menschen in den Mittelpunkt der Entwicklung und fordert dessen Einbeziehung in Formulierung und Gestaltung von Entwicklungsstrategien. Weiter verpflichtet die *Erklärung zum Recht auf Entwicklung* die Staaten zu Achtung, Schutz und Gewährleistung aller Menschenrechte. Sie betont damit – noch zu Zeiten des Kalten Krieges – die Gleichrangigkeit der bürgerlichen und politischen mit den wirtschaftlichen, sozialen und kulturellen Menschenrechten. Auf welche Weise das Recht auf Entwicklung national umzusetzen ist und wie sich sein Verhältnis zu den übrigen Menschenrechten gestaltet, ist noch nicht im Einzelnen ausbuchstabiert.

In der zweiten Konstellation wird die Erklärung – insbesondere von Staatenvertretern der Bewegung der blockfreien Staaten – als Grundlage eines Rechtes von Staaten gegenüber anderen Staaten verstanden, welches eine Pflicht zur internationalen Zusammenarbeit und zur Herstellung eines entwicklungsfördernden internationalen Rahmens beinhaltet. Gefordert wird dabei neben der Umgestaltung der bestehenden Weltwirtschaftsordnung auch der Finanz- und Wissenstransfer von den Industrie- zu den Entwicklungsländern sowie eine Erhöhung der Zahlungen im Rahmen der Entwicklungszusammenarbeit. In dieser Lesart soll das Recht auf Entwicklung auch Ansprüche zwischen Staaten begründen, die Staaten also selbst zu Trägern von Menschenrechten machen. Dies ist jedoch mit dem vorherrschenden Verständnis von Menschenrechten als Rechten, die Ansprüche der *Individuen* (oder ggf. Gruppen) gegen den Staat begründen, nicht vereinbar. Die Industrieländer treten einem solchen Verständnis des Rechts auf Entwicklung entgegen (Rosas 2001). Sie betonen stattdessen die Freiwilligkeit von Entwicklungshilfezahlungen sowie die vorrangige Verantwortung jedes einzelnen Landes, zunächst durch ›gute Regierungsführung‹ (*good governance*), Rechtsstaatlichkeit und Bekämpfung der Korruption selber zur Entwicklung beizutragen.

Zur Klärung dieser und anderer Fragen hat die UN-Menschenrechtskommission 1998 eine Arbeitsgruppe und einen unabhängigen Experten, Arjun Sengupta, eingesetzt. Die – zum Teil als zu theoretisch empfundenen – Arbeiten Senguptas zur Konkretisierung des Rechtes auf Entwicklung konnten jedoch nicht verhindern, dass das Recht auf Entwicklung weiter polarisiert und politisiert wurde (Schorlemer 2008). Die UN-Menschenrechtskommission setzte 2004 eine Hochrangige Expertengruppe (High-Level Task Force, HLTF) zum Recht auf Entwicklung ein, die Kriterien und gute Anwendungsbeispiele für die Umsetzung der Millenniumsentwicklungsziele (*Millennium Development Goals*, MDG) entwickelte. Sie führte damit in Menschenrechtskreisen erneut die Entwicklungsagenda – Armutsbekämpfung und Millenniumsentwicklungsziele – mit den Menschenrechten zusammen. Letztere sind bisher in der MDG-Agenda aber nicht explizit erwähnt. Im Rahmen der Entwicklungszusammenarbeit findet eine Verknüpfung mit den Menschenrechten jedoch seit Mitte der 1990er Jahre bei der Umsetzung eines Menschenrechtsansatzes in der Entwicklungszusammenarbeit (*Human Rights-based Approach to Development Cooperation*) statt (Alston 2005), dem sich neben den Vereinten Nationen auch bilaterale Geberstaaten wie Deutschland verpflichtet haben. Das Recht auf Entwicklung selbst beansprucht allerdings, einen Rahmen nicht nur für einzelne Programme der Entwicklungszusammenarbeit und für Entwicklungspartnerschaften, sondern für das internationale Handels- und Finanzsystem insgesamt vorzugeben (dazu Andreassen/Marks 2010).

Der UN-Menschenrechtsrat beauftragte 2007 die Hochrangige Expertengruppe, auf Grundlage der von ihr erarbeiteten Kriterien Möglichkeiten zu deren Umsetzung zu prüfen; einschließlich der Erarbeitung einer Konvention. Der Beschluss des Menschenrechtsrates vermeidet jeglichen Bezug zum möglichen Inhalt eines Rechtes auf Entwicklung und war daher auch für westliche Industriestaaten annehmbar. Dennoch brachte Kuba im November 2007 eine Resolution zum Recht auf Entwicklung in den 3. Ausschuss der UN-Generalversammlung ein, in der eine Reform des bestehenden Systems der Weltwirtschafts- und Finanzordnung gefordert und mit der Erarbeitung einer Konvention verbunden wird. Die Resolution wurde im März 2008 von der UN-Generalversammlung mit großer Mehrheit, aber unter Ausschluss der Industrieländer, angenommen.

Eine solche Konvention würde derzeit wohl nicht die Zustimmung der Industrieländer finden, deren Kooperation jedoch für ihre Umsetzung unabdingbar ist. Der fehlende politische Wille der Industrieländer steht auch einer völkergewohnheitsrechtlichen Verfestigung des Rechtes auf Entwicklung entgegen. Es bleibt abzuwarten, ob die unter Ablehnung der wesentlichen Geberländer angenommenen Pläne zur Ausarbeitung einer Konvention der schon vorangeschrittenen Operationalisierung des Rechtes auf Entwicklung durch die Hochrangige Expertengruppe einen Rückschlag versetzen. Denn unbestritten ist, dass in den letzten Jahren das Recht auf Entwicklung an Bedeutung gewonnen hat. Es bietet ein Dach, unter dem Debatten um eine gerechtere Ausgestaltung der internationalen Weltwirtschaftsordnung und der praktischen Umsetzung und Ausgestaltung von Entwicklungspartnerschaften stattfinden.

Stand der völkerrechtlichen Institutionalisierung

Erklärung der UN-Vollversammlung zum Recht auf Entwicklung, 4.12.1986, A/RES/41/128; Erklärung und Aktionsprogramm von Wien, 12.7.1993, A/CONF.157/23; Resolution des UN-Menschenrechtsrates zum Recht auf Entwicklung, 7. 10.2010, A/HRC/RES/15/25; Art. 22 der afrikanischen Banjul-Charta der Menschenrechte und Rechte der Völker von 1986.

Literatur

Alston, Philip: »Ships Passing in the Night: The Current State of the Human Rights and Development Debate Seen Through the Lens of the Millennium Development Goals«. In: *Human Rights Quarterly* 27. Jg. (2005), 755–829.

Andreassen, Bard A./Marks, Stephen P. (Hg.): *Development as a Human Right: Legal, Political and Economic Dimensions*. Antwerpen ²2010.

Rosas, Allan: »The Right to Development«. In: Asbjørn Eide/Catarina Krause/Allan Rosas (Hg.): *Economic, Social and Cultural Rights: A Textbook*. Dordrecht ²2001, 119–130.

Schorlemer, Sabine von: »Das Recht auf Entwicklung«. In: *Vereinte Nationen* 56/5 (2008), 212–218.

United Nations, Human Rights Council, Working Group on the Right to Development, High-level Task Force on the Implementation of the Right to Development (HLTF), 24.2.2010, A/HRC/15/WG.2/TF/2 sowie die Anhänge A/HRC/15/WG.2/TF/2/Add. 1 und A/HRC/15/WG.2/TF/2/Add. 2.

Andrea Kämpf

8.2 Umwelt

Menschenrechtlicher Grundanspruch

Unter dem Recht auf Umwelt – oft versehen mit Zusätzen wie ›gesund‹, ›gut‹, ›sauber‹, ›sicher‹ etc. – wird diskutiert, inwieweit sich neben umweltrelevanten Garantien und Beteiligungsrechten in internationalen Menschenrechtsverträgen und Umweltabkommen ein eigenständiges, völkergewohnheitsrechtliches Recht auf eine saubere Umwelt herausgebildet hat. Weiter wird diskutiert, inwieweit ein eigenständiges, ausdrückliches Recht auf – saubere, gesunde etc. – Umwelt dem Schutz der Umwelt auch tatsächlich nutzen würde. Der Inhalt eines Rechtes auf Umwelt soll dabei zum einen eine prozedurale Dimension enthalten, wie z. B. das Recht auf informierte Teilhabe an staatlichen Entscheidungsprozessen und gerichtlichem Rechtsschutz. Zum anderen soll das Recht auf Umwelt in seiner materiell-rechtlichen Dimension insbesondere den Schutz vor Umweltverschmutzung sowie den Erhalt des natürlichen Habitats umfassen. Daneben findet das Leitbild der ›Nachhaltigkeit‹ – auch unter dem Begriff der Generationengerechtigkeit – Eingang in die Debatte. Die Debatte um das Recht auf Umwelt findet damit an der Schnittstelle zwischen internationalem Umweltrecht einerseits und den internationalen Menschenrechtsverpflichtungen andererseits statt. Dabei ist insbesondere unter Umweltwissenschaftlern nicht unumstritten, ob die Etablierung eines Rechtes auf Umwelt als Menschenrecht auch tatsächlich dem Schutz der Umwelt förderlich wäre (Handl 2001).

Interpretationen und Streitfragen

Die Menschenrechte werden von einigen Kritikern als Grundlage eines anthropozentrischen Weltbildes gesehen, welches doch gerade die Ursache für Umweltzerstörung sei; ein individualrechtliches Menschenrecht auf Umwelt – so die Befürchtung – würde diese Tendenz verstärken (Collins 2007; Boyle 2006/7). Dieser Einschätzung wird jedoch in Menschenrechtskreisen mit dem Argument widersprochen, dass Menschen kein isolierter Teil des Universums sind. Sie sind auf den Schutz der sie umgebenden Welt angewiesen, die auch Voraussetzung für Achtung, Schutz und Gewährleistung grundlegender Menschenrechte ist. Ein menschenrechtsorientierter Ansatz verpflichtet damit auch zum nachhaltigen Umgang mit den natürlichen Lebensgrundlagen für derzeitige und zukünftige Generationen.

Dass eine saubere Umwelt Voraussetzung für die Verwirklichung einer Vielzahl von Menschenrechten ist, insbesondere der Menschenrechte auf Leben, Wasser, Nahrung und Gesundheit, ist allgemein anerkannt. Art. 12 des *Internationalen Paktes über wirtschaftliche, soziale und kulturelle Rechte* von 1976 (*International Covenant on Economic, Social and Cultural Rights* – ICESCR) verpflichtet Staaten ausdrücklich dazu, Maßnahmen zum Schutz vor schädlichen Umwelteinwirkungen am Arbeitsplatz zu ergreifen. Auch betont der für die Überwachung und Umsetzung dieses Paktes zuständige Sozialausschuss in seinen Allgemeinen Bemerkungen (*General Comments*) zu den Menschenrechten auf Bildung (1999), Gesundheit (2000) und Wasser (2002) die Notwendigkeit einer sauberen Umwelt, den Zugang zu umweltbezogenen Informationen sowie Forderungen nach Umweltbildung. Kein globaler Menschenrechtsvertrag enthält hingegen ein *explizites* Recht auf Umwelt. Ein Recht auf Umwelt wird zwar in einigen *soft-law*-Instrumenten propagiert, diese sind jedoch als bloße Absichtserklärungen nicht rechtsverbindlich. So spricht die *Stockholmer Erklärung über die menschliche Umwelt* von 1972 in Prinzip 1 von dem Recht eines jeden Menschen auf eine »Umwelt, die von einer solchen Beschaffenheit ist, dass sie ein Leben in Würde und Wohlbefinden gestattet«. Auch die *Rio-Erklärung über Umwelt und Entwicklung* von 1992 enthält in Grundsatz 1 ein »Recht auf ein gesundes und produktives Leben im Einklang mit der Natur«. Weiter legte die UN-Sonderberichterstatterin für Menschenrechte und Umwelt 1994 die *Draft Principles on Human Rights and the Environment* vor, die ebenfalls das »Recht auf eine sichere, gesunde und intakte Umwelt« enthalten, jedoch mangels Unterstützung der Staatengemeinschaft nicht substantiell weiter verfolgt wurden (Boyle 2006/7; Handl 2001). Diese Instrumente – obwohl von einer Vielzahl von Staaten getragen – vermögen jedoch nach derzeit herrschender Ansicht unter den Völkerrechtlerinnen und Völkerrechtlern noch kein universelles Völkergewohnheitsrecht zu begründen: Dazu fehlt neben der dafür notwendigen einheitlichen Staatenüberzeugung (*opinio iuris*) insbesondere eine unmissverständliche Staatenpraxis (Übung).

Fortschrittlich zeigt sich auf regionaler Ebene die afrikanische *Banjul-Charta der Menschenrechte und Rechte der Völker* von 1986, die in Art. 24 für ihre Vertragsstaaten ein Recht der Völker auf eine »Umwelt, die insgesamt zufriedenstellend und ihrer Entwicklung förderlich ist«, rechtsverbindlich verankert. In einer Entscheidung zur Ausbeutung nigerianischer Ölreserven durch ausländische Konzerne und die damit einhergehende Verseuchung von Boden und Grundwasser (Social and Economic Rights Action Center, SERAC vs. Nigeria) urteilte die Afrikanische Menschenrechtskommission im Jahr 2003, dass das Recht auf saubere Umwelt die Regierung dazu verpflichte, »angemessene und andere Maßnahmen zu ergreifen, um Verschmutzung und ökologische Verschlechterung zu verhindern, Naturschutz zu fördern und eine ökologisch nachhaltige Entwicklung und Nutzung natürlicher Reichtümer zu sichern«. Im interamerikanischen Menschenrechtssystem postuliert Art. 11 des *Protokolls von San Salvador* aus dem Jahr 1988 das Recht eines jeden »auf ein Leben in einer gesunden Umwelt«. Der interamerikanische Gerichtshof hatte noch keine Gelegenheit, sich zu Art. 11 substantiell zu äußern. Er hatte jedoch im Jahr 2001 einen Fall zu entscheiden, der die Vergabe einer Abholzungskonzession an ein ausländisches Unternehmen auf indigenem Siedlungsgebiet betraf, ohne dass zuvor die indigene Bevölkerung konsultiert worden war (Awas Tingni vs. Nicaragua). Darin interpretierte der Gerichtshof das Recht auf Privateigentum aus der *Amerikanischen Menschenrechtskonvention* von 1969 dahingehend, dass es auch den Erhalt traditioneller Siedlungsgebiete indigener Völker als »gemeinschaftliches Eigentum« mit schütze. Ähnlich argumentierte er 2004 in einem weiteren Fall (Maya Indigenous Community vs. Belize). Der europäische Menschenrechtsgerichtshof (EGMR) kann sich auf kein – den anderen regionalen Menschenrechtssystemen vergleichbares – Recht auf Umwelt stützen. Er hat jedoch umweltbezogene Belange als Teil anderer Menschenrechte, wie etwa des Rechts auf Leben oder Achtung des Privatlebens, in seine Urteilsbegründungen mit einbezogen (z. B. Hatton vs. Großbritannien 2001). Art. 37 der seit 2009 rechtsverbindlichen *Europäischen Grundrechtecharta* verpflichtet die Organe der EU, ein hohes Umweltschutzniveau und die Verbesserung der Umweltqualität in die Politikgestaltung einzubeziehen, und wurde damit absichtlich so formuliert, dass kein individuelles Menschenrecht auf eine gesunde Umwelt, sondern Umweltschutz lediglich als Politikziel verankert wird (Pallemaerts 2008).

Eine Reihe von internationalen Abkommen verankert hingegen prozedurale Rechte bei umweltbezogenen Belangen. So verpflichtet z. B. die *Espoo-Konvention über grenzüberschreitende Umweltfolgenabschätzungen* von 1991 zur Beteiligung der Öffentlichkeit betroffener Länder an Umweltverträglichkeitsprüfungsverfahren, wenn Vorhaben in anderen Staaten möglicherweise erhebliche grenzüberschreitende Auswirkungen haben. Als regionales Instrument ist insbesondere die europäische *Aarhus-Konvention* von 1998 zu nennen, die Rechte auf Zugang zu Informationen, Öffentlichkeitsbeteiligung an Entscheidungsverfahren und den Zugang zu Gerichten bei umweltrelevanten Entscheidungen verankert.

Der Vorteil prozeduraler Garantien vor materiell-rechtlichen Inhalten wird dabei von einigen Wissenschaftlerinnen und Wissenschaftlern insbesondere darin gesehen, dass die Austarierung umweltbezogener mit anderen Belangen eine komplexe und kontextspezifische Abwägung erfordere, in die zuvor festgelegte – materiell-rechtliche – Umweltstandards schwer integriert werden könnten (Beyerlin 2005). Durch solche Umweltstandards würde eine Prioritätensetzung vorgegeben, die angesichts unterschiedlichster Voraussetzungen auf internationaler, nationaler und lokaler Ebene zu keinen sachgerechten Ergebnissen führen würde. Sachgerechte Ergebnisse könnten nur unter informierter Beteiligung aller Betroffenen an einem ergebnisoffenen Prozess erreicht werden (Handl 2001). Dem wird jedoch von Verfechtern eines Menschenrechts auf Umwelt entgegengehalten (Turner 2004), dass für die Gestaltung und Beurteilung z. B. einer informierten Bürgerbeteiligung der Inhalt der zur Abwägung stehenden Rechte hinreichend konkret sein müsse. Internationale Umweltabkommen würden in einigen Bereichen solche Standards bereits vorschreiben. Die Austarierung verschiedener – allgemeiner und individueller – Belange sei außerdem typisch für menschenrechtliche Abwägungen.

Diskutiert wird darüber hinaus, ob der Schutz der Umwelt besser über ein neues, eigenständiges Menschenrecht auf Umwelt erreicht werden könne als über die weitere ›Ökologisierung‹ bereits bestehender Menschenrechte, d. h. die weitere Konkretisierung der ökologischen Schutzwirkung vorhandener Menschenrechtsbestimmungen (Boyle 2006/7). Der Vorteil eines eigenständigen Rechtes auf Umwelt läge in seinem konkret festgelegten Schutzniveau, das u. U. aber auch nur den kleinsten gemeinsamen Nenner festschreiben würde. Ein weiterer Vorteil eines eigenständigen Rechtes wäre seine – von einzelnen Menschenrechten losgelöste – allgemeine Anwendbarkeit. Um die tatsächliche Einhaltung von Umweltschutzvorschriften insbesondere in ressourcenschwachen Staaten sicherzustellen, sollten jedoch auch prozedurale Rechte wie der Zugang zu Informationen und zu gerichtlichem Rechtsschutz sowie Beteiligungsrechte entwickelt und ausgestaltet werden. Angesichts der sozialen, ökonomischen, geopolitischen und kulturellen Unterschiede weltweit erscheint außerdem eine Ausgestaltung des ökologischen Menschenrechtsschutzes auf regionaler Ebene sinnvoll. Ökologischer Menschenrechtsschutz wird allerdings nur dann Wirkung zeigen, wenn seine Einhaltung durch internationale Gremien überwacht wird, deren Entscheidungen von der internationalen Staatengemeinschaft dann auch befolgt werden. Es liegt folglich an der internationalen Staatengemeinschaft, solche Gremien, z. B. durch völkerrechtliche Abkommen, einzurichten und die Autorität dieser Gremien durch tatsächliche Umsetzung ihrer Entscheidungen zu stärken.

Stand der völkerrechtlichen Institutionalisierung

Art. 12 des Internationalen Pakts über wirtschaftliche, soziale und kulturelle Rechte von 1976; Art. 6 des internationalen Pakts über bürgerliche und politische Rechte von 1976; Art. 24 und 29 des Internationalen Übereinkommens über die Rechte des Kindes von 1991; Übereinkommen über den Zugang zu Informationen, die Öffentlichkeitsbeteiligung an Entscheidungsverfahren und den Zugang zu Gerichten in Umweltangelegenheiten (Aarhus-Konvention) von 2001; Art. 24 der afrikanischen Banjul-Charta der Menschenrechte und Rechte der Völker von 1986; Art. 11 des Zusatzprotokolls von San Salvador zur Amerikanischen Menschenrechtskonvention über wirtschaftliche, soziale und kulturelle Rechte von 1988; Art. 37 der Europäischen Grundrechtecharta von 2009.

Literatur

Beyerlin, Ulrich: »Umweltschutz und Menschenrechte«. In: *Zeitschrift für ausländisches öffentliches Recht und Völkerrecht* 65. Jg. (2005), 525–542.

Boyle, Alan: »Human Rights or Environmental Rights? A Reassessment«. In: *Fordham Environmental Law Review* 18. Jg. (2006/7), 471–511.

Collins, Lydia: »Are We There Yet? The Right to Environment in International and European Law«. In: *McGill International Journal of Sustainable Development Law and Policy* 3/2 (2007), 119–153.

Handl, Günther: »Human Rights and Protection of the Environment«. In: Asbjørn Eide/Catarina Krause/Allan Rosas (Hg.): *Economic, Social and Cultural Rights: A Textbook*. Dordrecht u. a. ²2001, 303–328.

Pallemaerts, Marc: »A Human Rights Perspective on Current Environmental Issues and their Management: Evolving International Legal and Political Discourse on the Human Environment, the Individual and the State«. In: *Human Rights & International Legal Discourse* 2/2 (2008), 149–178.

Turner, Steve: »The Human Right to a Good Environment – The Sword in the Stone«. In: *Non-State Actors and International Law* 4/3 (2004), 277–301.

Andrea Kämpf

8.3 Selbstbestimmung

Menschenrechtlicher Grundanspruch

Das Recht auf Selbstbestimmung berechtigt alle Völker, selbst über ihren politischen Status und ihre wirtschaftliche, soziale und kulturelle Entwicklung zu entscheiden (politische Dimension), sowie dazu, frei über ihre natürlichen Reichtümer zu verfügen (Ressourcendimension). Die politische Dimension unterteilt man weiter in eine interne und eine externe Dimension (Rosas 2001). Die *externe* Dimension des Selbstbestimmungsrechtes beinhaltet das Recht, frei von äußerer Einmischung und staatlichen Übergriffen zu sein. Ob und unter welchen Voraussetzungen das Recht auf Selbstbestimmung dabei bestimmte Völker dazu berechtigt, sich aus einem Staat zu lösen und eigenständige Staatlichkeit zu gewinnen, ist umstritten. Das Recht auf Selbstbestimmung wird hier durch das Prinzip der territorialen Integrität der Staaten begrenzt. Die *interne* Dimension des Selbstbestimmungsrechtes berechtigt hingegen alle Bürgerinnen und Bürger zur Teilnahme an den für ein Staatswesen relevanten Entscheidungen und zur Entscheidung über die Ausgestaltung der Staatsform. Da dies als ein ›Recht auf Demokratie‹ sowie auf Errichtung autonomer Gebietskörperschaften verstanden werden kann und auch wird, ist auch diese Dimension nicht frei von politischer Kontroverse.

Die *Charta der Vereinten Nationen* von 1945 erwähnt das Recht auf Selbstbestimmung in den Art. 1 und 55. Inhaltlich näher ausgeführt wird es in den beiden identischen Art. 1 der *Internationalen Pakte über bürgerliche und politische* sowie *wirtschaftliche, soziale und kulturelle Rechte* von 1976. Die Resolution 2625(XXV) der Generalversammlung der Vereinten Nationen, die *Erklärung über völkerrechtliche Grundsätze für freundschaftliche Beziehungen und Zusammenarbeit zwischen den Staaten (Friendly Relations Declaration)* von 1970, nimmt den Wortlaut von Art. 1 der beiden – seit 1966 zur Ratifizierung ausliegenden – *Internationalen Pakte* ebenfalls auf. Die Erklärung ist erkennbar vor dem Hintergrund des Dekolonialisierungsprozesses verfasst, besteht jedoch nicht auf Unabhängigkeit und staatlicher Eigenständigkeit als dem einzigen Weg, Selbstbestimmung zu erreichen. Sie betont daneben die Unverletzlichkeit der territorialen Integrität und politischen Einheit der Staaten. Regional ist das Recht auf Selbstbestimmung auch in Art. 20 (politische Dimension) und Art. 21 (Ressourcendimension) der afrikanischen *Banjul-Charta der Menschenrechte und Rechte der Völker* von 1986 verankert sowie in Art. 2 der *Arabischen Menschenrechtscharta* von 2008.

Interpretationen und Streitfragen

Das Recht auf Selbstbestimmung wurde nach dem Zweiten Weltkrieg unter dem Eindruck des Dekolonialisierungsprozesses vor allem als Recht derjenigen Völker auf eigene Staatlichkeit verstanden, die bis dahin unter kolonialer und sonstiger Fremdherrschaft standen (s. beispielsweise das Gutachten des Internationalen Gerichtshofes zu Namibia von 1971). Dabei wurden die Kolonialvölker zwar gemäß dem völkerrechtlichen Grundsatz der Unverletzlichkeit der Grenzen (*uti possi-*

detis juris) in den von den Kolonialmächten gezogenen Grenzen unabhängig, nicht jedoch nach Maßgabe ethnischer, kultureller oder sprachlicher Siedlungsgebiete einzelner Bevölkerungsgruppen. Auch die Auflösung der Sowjetunion in einzelne souveräne Teilstaaten fügte diesem Verständnis des Rechts auf Selbstbestimmung noch keine wesentlichen neuen Akzente hinzu. Erst seit Beginn der 1990er Jahre und dem von kriegerischen Auseinandersetzungen begleiteten Zerfall Jugoslawiens stellt sich die Frage nach der externen Dimension des Rechts auf Selbstbestimmung erneut mit aller Deutlichkeit: nicht als Befreiung von Fremdherrschaft, sondern als Frage nach dem Recht auf Sezession einer Gruppe bzw. eines bestimmten Gebietes von einem bereits existierenden, unabhängigen Staat, wenn dieser massive Menschenrechtsverletzungen begangen hat. Die Antworten der internationalen Staatengemeinschaft hierauf sind jedoch uneinheitlich und eher Ergebnis politischer Erwägungen bzw. Machtkonstellationen, als dass sie auf Anwendung einheitlicher rechtlicher Grundsätze und Prinzipien beruhen würden.

Art. 1 der beiden internationalen Menschenrechtspakte von 1976 berechtigt »Völker« dazu, das Recht auf Selbstbestimmung von Staaten einzufordern. Die Bestimmung der Kriterien, die ein ›Volk‹ im Sinne dieses Rechtes konstituieren, bleiben die internationalen Rechtstexte jedoch schuldig. Eine gewisse kulturelle Eigenständigkeit, eine eigene Sprache sowie ein Zusammengehörigkeitsgefühl gelten allgemein als mögliche Voraussetzungen; ebenso eine längerfristige Verbundenheit mit dem Territorium – was zugezogene Minderheiten wie beispielsweise Migrantinnen und Migranten ausschließen soll. Nach dem Menschenrechtsausschuss der Vereinten Nationen, der für die Überwachung und Umsetzung des *Internationalen Pakts über bürgerliche und politische Rechte* von 1976 zuständig ist, qualifizieren sich auch gewisse indigene Völker als Völker im Sinne des Selbstbestimmungsrechtes, z. B. die Ureinwohner Kanadas (Lubicon Lake Band vs. Kanada 1984). Selbst wenn aber die Voraussetzungen dafür vorliegen, von einem ›Volk‹ zu sprechen, ist Sezession nicht die einzige und notwendige Konsequenz des Rechtes auf Selbstbestimmung: Im Rahmen bereits unabhängiger Staaten tritt das externe Selbstbestimmungsrecht grundsätzlich zugunsten des internen zurück. Selbstbestimmung für bestimmte Gebiete bzw. für ethnische und andere Minderheiten besteht dann z. B. in der Garantie weitgehender Beteiligungsrechte als Teilstaat in einem föderalen Staatswesen oder sogar weitgehender Autonomie sowie in der Garantie kultureller und sprachlicher Sonderrechte für einzelne Minderheiten. Erst wenn ein Staat sich nicht mehr von den Grundsätzen der *Charta der Vereinten Nationen* leiten lässt, so die *Friendly Relations Declaration*, und Teile seiner Bevölkerung massiv diskriminiert bis hin zum Völkermord, soll das Recht auf externe Selbstbestimmung in Form von Sezession und Unabhängigkeit als letzter Ausweg offenstehen. Dieser wird in einem solchen Fall von Unterdrückung jedoch kaum vor Gerichten erstritten werden (Crawford 2001), sondern regelmäßig von gewaltsamen Auseinandersetzungen begleitet sein.

Eine Weiterentwicklung insbesondere der internen Dimension des Rechtes auf Selbstbestimmung ist in den vergangenen Jahren durch nationale, regionale und internationale Gerichte und Institutionen des Menschenrechtsschutzes erfolgt. So hat sich etwa der Oberste Gerichtshof Kanadas – unterstützt von einer Reihe internationaler Völkerrechtlerinnen und Völkerrechtler – 1998 in einem Gutachten über das Recht Quebecs auf Sezession von Kanada dahingehend geäußert, dass das Völkerrecht zwar weder ein eindeutiges Recht auf einseitige Sezession, ebenso wenig aber auch ein eindeutiges Verbot derselben beinhalte. Aufgrund der Bedeutung des Prinzips der territorialen Integrität im Völkerrecht sei jedoch davon auszugehen, dass ein Recht auf Sezession nur unter außergewöhnlichen Umständen wie massiven Menschenrechtsverletzungen und Fremdherrschaft besteht. Ansonsten sei das Recht auf Selbstbestimmung stets in Einklang mit dem jeweiligen innerstaatlichen Recht zu gewähren. Mit anderen Worten: Der Oberste Gerichtshof Kanadas bekräftigte, dass das Völkerrecht nur dann ein externes Selbstbestimmungsrecht gewährt, wenn das interne Selbstbestimmungsrecht – definiert als Möglichkeit der Gestaltung und Teilhabe an der politischen, wirtschaftlichen, sozialen und kulturellen Entwicklung – verweigert wird (Klabbers 2006).

Der UN-Menschenrechtsausschuss bezeichnete das Recht auf Selbstbestimmung der Völker in seiner Allgemeinen Bemerkung (*General Comment*) Nr. 12 von 1984 als eine »wesentliche Voraussetzung für die Garantie und tatsächliche Achtung der Individualrechte des Menschen«. In Bearbeitung einer Reihe von Individualbeschwerden (nachzulesen bei Hanski/Scheinin 2003) stellte er außerdem fest, dass sich Individuen auf das Recht auf Selbstbestimmung aufgrund seines kollektiven Charakters nicht isoliert berufen können, sondern nur in Verbindung mit anderen Rechten des Zivilpaktes. Dann verbietet etwa die Verbindung des Rechts auf Selbstbestimmung z. B. mit dem Recht der Minderheiten auf Teilnahme am kulturellen Leben in Art. 27, dass (in diesem Fall: indigene) Minderheiten durch Enteignung ihres Siedlungsgebietes in der Ausübung ihrer wirtschaftlichen und sozialen Aktivitäten beeinträchtigt werden (Lubicon Lake Band vs. Kanada 1984).

Zwei Mitteilungen an die Afrikanische Kommission für die Menschenrechte und Rechte der Völker in den 1990er Jahren gaben dieser die Möglichkeit, sich in zwei Entscheidungen zur internen Dimension des Rechtes auf Selbstbestimmung zu äußern (vgl. dazu Murray/Wheatley 2003). Der Kommission zufolge beinhaltet das Recht auf Selbstbestimmung zwar grundsätzlich die Möglichkeit zur Sezession, diese muss jedoch in Einklang mit anderen völkerrechtlichen Prinzipien wie der territorialen Integrität und der Souveränität der Staaten stehen (Katangese vs. DR Kongo 1995). Eine Militärregierung hingegen verletzt das Recht auf Selbstbestimmung, da die Bevölkerung nicht durch Wahl am Zustandekommen der Regierung beteiligt war (Jawara vs. Gambia 2000). Die afrikanische Kommission äußerte sich auch zur Ressourcendimension des Rechts auf Selbstbestimmung: Die Vergabe von Konzessionen an ausländische Konzerne kann gegen Art. 21 der afrikanischen *Banjul-Charta der Menschenrechte und Rechte der Völker* von 1986 verstoßen, wenn die Ausbeutung durch ausländische Konzerne zur Zerstörung des Lebensraumes führt und Einheimische keinen materiellen Nutzen daraus ziehen können (SERAC vs. Nigeria 2003).

Die Diskussion um den Anwendungsbereich des Rechts auf Selbstbestimmung der Völker hat sich damit seit dem weitgehenden Abschluss der Dekolonialisierung von der externen Dimension auf die interne Dimension verlagert. Angesichts bereits bestehender sowie zu erwartender neuer Ansprüche von Bevölkerungsgruppen auf Eigenständigkeit ist eine weitere Konkretisierung dieser Dimension notwendig, ebenso wie die Ausgestaltung von Mechanismen zu deren gewaltfreier Überwachung und Umsetzung. Hier schlägt das Recht auf Selbstbestimmung auch Brücken zum Minderheitenschutz und zum Schutz der Rechte indigener Völker, deren effektive Gewährung Sezessionsansprüche einschränken kann. Zu erwarten ist auch, dass die Ressourcendimension des Rechts auf Selbstbestimmung im Kontext von ausländischen Investitionen in Entwicklungsländern und der Verstaatlichung ehemals privater, in ausländischer Hand befindlicher Unternehmen weiter an Bedeutung gewinnen wird.

Stand der völkerrechtlichen Institutionalisierung

Art. 1 u. 55 der Charta der Vereinten Nationen von 1945; Art. 1 des Internationalen Paktes über wirtschaftliche, soziale und kulturelle Rechte wie auch des Internationalen Paktes über bürgerliche und politische Rechte von 1976; Resolution der Generalversammlung der Vereinten Nationen: Erklärung über völkerrechtliche Grundsätze für freundschaftliche Beziehungen und Zusammenarbeit zwischen den Staaten (*Friendly Relations Declaration*), 2625(XXV), 24.10.1970; Art. 20 u. Art. 21 der afrikanischen Banjul-Charta der Menschenrechte und Rechte der Völker von 1986; Art. 2 der Arabischen Menschenrechtscharta von 2008.

Literatur

Crawford, James: »The Right to Self-Determination in International Law: Its Developments and Future«. In: Philip Alston (Hg.): *People's Rights*. Oxford 2001, 7–67.
Hanski, Raija/Scheinin, Martin (Hg.): *Leading Cases of the Human Rights Committee*. Turku 2003.
Klabbers, Jan: »The Right to be Taken Seriously: Self-determination in International Law«. In: *Human Rights Quarterly* 28. Jg. (2006), 186–206.

Murray, Rachel/Wheatley, Steven: »Groups and the African Charter on Human and Peoples' Rights«. In: *Human Rights Quarterly* 25. Jg. (2003), 213–236.

Rosas, Allan: »The Right of Self-determination«. In: Asbjørn Eide/Catarina Krause/Allan Rosas (Hg.): *Economic, Social and Cultural Rights: A Textbook.* Dordrecht u. a. ²2001, 111–118.

Andrea Kämpf

8.4 Frieden

Menschenrechtlicher Grundanspruch

Präambel und Art. 1 der *Charta der Vereinten Nationen* von 1945 erklären Herstellung und Wahrung des Weltfriedens und der internationalen Sicherheit zu zentralen Strukturprinzipien der Vereinten Nationen: »Gegründet, um zukünftige Nationen vor der Geißel des Krieges zu bewahren« und »wirksame kollektive Maßnahmen zu ergreifen zur Verhütung und Beendigung von Bedrohungen des Friedens und zur Unterdrückung von Akten der Aggression«. Diese Bestimmungen werden durch das Gewaltverbot in Art. 2 Abs. 4 der Charta und die Maßnahmen nach Kapitel VII zur kollektiven Friedenssicherung ergänzt. Art. 6a des *Statuts für die Nürnberger Prozesse* von 1948 normierte den Angriffskrieg als Verbrechen gegen den Frieden, das sich auch im Statut des Internationalen Strafgerichtshofes wiederfindet. Ungeachtet dieser expliziten zwischenstaatlichen Staatenverpflichtungen ist das Recht auf Frieden als ein Recht *Einzelner* oder von *Gruppen* das am wenigsten konturierte Recht der sogenannten dritten Generation (s. Kap. II.3.4). Dies mag daran liegen, dass Frieden im Völkerrecht zunächst vor allem als Abwesenheit von Krieg und Gewalt konzipiert und als vorrangig zwischenstaatliche Angelegenheit betrachtet wurde. Der Begriff der ›human security‹ reichert diese Konzeption durch eine Individualperspektive an und nimmt damit auch den von Johan Galtung in der Friedens- und Konfliktforschung entwickelten Begriff des ›positiven Friedens‹ auf. Damit rückt auch die Verantwortung von Staaten zur Schaffung menschenwürdiger Lebensbedingungen innerhalb ihres Staatsgebietes wieder ins Blickfeld (Alston 1991).

Interpretationen und Streitfragen

1978 verabschiedete die UN-Generalversammlung die *Erklärung über die Vorbereitung von Gesellschaften auf ein Leben in Frieden* (Declaration on the Preparation of Societies for Life in Peace, Resolution 33/73), die neben anderen internationalen Prinzipien das Recht, in Frieden zu leben, bekräftigt. Dieses Recht soll dabei neben Individuen auch Staaten sowie der Menschheit insgesamt zugutekommen. Die 1984 von der UN-Generalversammlung verabschiedete *Erklärung über das Recht der Völker auf Frieden* (Declaration on the Right of Peoples to Peace, 39/11) bestätigt dieses Recht. Weiter fordert die letztgenannte Erklärung die Staaten auf, das Recht auf Frieden umzusetzen, auf – insbesondere atomare – Kriegsführung und Gewalt in den internationalen Beziehungen zu verzichten und stattdessen die in der UN-Charta verankerten Mechanismen der friedlichen Streitbeilegung zu nutzen. Rechtsverbindlich ist das Recht auf Frieden einzig in Art. 23 der afrikanischen *Banjul-Charta der Rechte der Menschen und Völker* von 1986 verankert. Bisher sind jedoch noch keine Entscheidungen der afrikanischen Menschenrechtskommission ergangen, die dieses Recht für den afrikanischen Raum inhaltlich näher bestimmen.

Die genannten Erklärungen bzw. Bestimmungen wurden noch erkennbar vor dem Hintergrund des Wettrüstens und kriegerischer Auseinandersetzungen verfasst. Spätere Erklärungen u. a. der UN-Generalversammlung sowie Arbeiten von Völkerrechtlerinnen und Völkerrechtlern stellen das Recht auf Frieden dagegen in einen breiteren Zusammenhang. Sie weisen darauf hin, dass nicht nur die Abwesenheit von bewaffneter Gewalt in den zwischenstaatlichen Beziehungen, sondern auch innerstaatliche Gewalt, strukturelle Diskriminierung, Armut und Unterentwicklung einem ›positiven‹ Frieden entgegenstehen. Damit nimmt die Diskussion um das Recht auf Frieden den von Galtung entwickelten und in der Friedens- und Konfliktforschung ausdifferenzierten, positiven Friedensbegriff auf. Ebenso integriert es den Diskurs um den erweiterten Sicherheitsbegriff der ›menschlichen Sicherheit‹, den der Bericht des *United Nations Development Programme*

(UNDP) von 1994 prominent einführte. Wie bei anderen Menschenrechten der sogenannten dritten Generation unternehmen auch die Befürworter des Rechts auf Frieden den Versuch, eine Brücke zu schlagen: zwischen individuellen, vertraglich verankerten Menschenrechten und den gesellschaftlichen und globalen Rahmenbedingungen, die für deren Verwirklichung notwendig sind. Gleichzeitig wird das Recht auf Frieden jedoch damit so weit gefasst, dass es sich mit anderen Rechten überschneidet und dadurch an Kontur verliert bzw. diese erst gar nicht gewinnt. Auch drängt sich die Frage auf, ob denn jedes Anliegen der internationalen Gemeinschaft – so berechtigt es auch sein mag – als ›Menschenrecht‹ kodifiziert werden muss und kann.

Inzwischen haben viele Zielsetzungen des Rechts auf Frieden in andere Rechte bzw. Konzepte Eingang gefunden. So prägte z. B. die Bedeutung von sozial gerechter Entwicklung und Beseitigung der Armut die Diskussion um das Recht auf Entwicklung (Tomaševski 1991), welches jedoch selbst noch nicht inhaltlich gefestigt ist. Die Verantwortung von Staaten für den Schutz ihrer Bevölkerung sowie eine gegebenenfalls ergänzende Verantwortung der internationalen Gemeinschaft wird im Rahmen der sogenannten Schutzverantwortung (*responsibility to protect*) diskutiert. Das Verbot des Angriffskrieges wurde in der ersten Überprüfungskonferenz zum Statut des Internationalen Strafgerichtshofes in Kampala im Jahr 2010 konkretisiert (Ambos 2010), ist jedoch derzeit noch nicht in Kraft getreten. Letzteres dient auch dem Schutz von Individuen und formuliert eine Strafbarkeit Einzelner, ist jedoch nicht als Menschenrecht konzipiert.

Dennoch besitzt das Recht auf Frieden weiter Anziehungskraft. 2007 hat eine spanische Gesellschaft für Menschenrechte, die Asociación Espanola para el Desarrollo y Aplicación del Derecho Internacional de los Derechos Humanos, in einer Erklärung einzelne Elemente des Rechts auf Frieden ausbuchstabiert, diese in zivilgesellschaftlichen Foren zur Debatte gestellt und als schriftliche Stellungnahme dem UN-Generalsekretär zugestellt (Zayas 2008). Der UN-Menschenrechtsrat hat 2009 in einer Resolution (A/HRC/11/4) das Recht auf Frieden aufgenommen und u. a. das Beratungsgremium des UN-Menschenrechtsrates (Advisory Committee) beauftragt, einen Entwurf zu einer Erklärung zum Recht auf Frieden zu erarbeiten, diesen weltweit in Konsultationen zu diskutieren und die Ergebnisse zusammenzufassen. Ein erster Zwischenbericht liegt vor (A/HRC/AC/6/CRP.3), der den Bogen spannt von Abrüstung über Umweltschutz, Friedensmissionen, Wehrdienstverweigerung, private Sicherheitsfirmen bis hin zu Entwicklung und schutzbedürftigen Gruppen und damit die Komplexität des Friedensbegriffes wie auch seiner rechtlichen Konturierung verdeutlicht.

Stand der völkerrechtlichen Institutionalisierung

Präambel, Art. 1 und 2 sowie Kapitel VII der Charta der Vereinten Nationen von 1945; Resolution der Generalversammlung der Vereinten Nationen: Erklärung über völkerrechtliche Grundsätze für freundschaftliche Beziehungen und Zusammenarbeit zwischen den Staaten (*Friendly Relations Declaration*), 2625(XXV), 24.10.1970; Resolution der UN-Generalversammlung über die Definition der Aggression *(definition of aggression)*, 3314 (XXIX), 14.12.1974; Resolution der UN-Generalversammlung über die Vorbereitung von Gesellschaften auf ein Leben in Frieden (*Declaration on the Preparation of Societies for Life in Peace*), 33/73, 14.12.1978; Resolution der UN-Generalversammlung über das Recht der Völker auf Frieden (*Declaration on the Right of Peoples to Peace*), 39/11, 12.11.1984; Art. 23 der afrikanischen Banjul-Charta der Menschenrechte und Rechte der Völker von 1986; Statut des Internationalen Strafgerichtshofes (Rom-Statut) von 2002.

Literatur

Alston, Philip: »The Legal Basis of a Right to Peace«. In: *Peace Review* 3/3 (1991), 23–27.

Ambos, Kai: »Das Verbrechen der Aggression nach Kampala«. In: *Zeitschrift für internationale Strafrechtsdogmatik* 11. Jg. (2010), 649–668.

Hayden, Patrick: »Constraining War: Human Security and the Human Rights to Peace«. In: *Human Rights Review* 6. Jg. (2004), 35–55.

Tomaševski, Katarina: »The Right to Peace after the Cold War«. In: *Peace Review* 3. Jg., 3 (1991), 14–22.

UN-Menschenrechtsrat, Advisory Committee, Fortschrittsbericht zum Recht der Völker auf Frieden (*Progress Report on the Right of Peoples to Peace*), A/HRC/AC/6/CRP.3, 22.12.2010.

Zayas, Alfredo de: »Gewaltverbot, Menschenrecht auf Frieden und die Luarca Erklärung vom 30. Oktober 2006«. In: *Humanitäres Völkerrecht* 21/4 (2008), 214–220.

Andrea Kämpf

9. Spezielle UN-Abkommen

9.1 Internationales Übereinkommen zur Beseitigung jeder Form von rassistischer Diskriminierung (ICERD)

Entstehung und Bedeutung

Die *Anti-Rassismus-Konvention* (ICERD) ist im Jahre 1965 von der Generalversammlung der Vereinten Nationen verabschiedet worden. Die Konvention beginnt mit einer Präambel, in der u. a. auf die Charta der Vereinten Nationen von 1945 und auf die *Allgemeine Erklärung der Menschenrechte* aus dem Jahre 1948 (s. Kap. I.4.6) Bezug genommen wird. Sie hebt hervor, dass die Menschenrechte für alle Menschen ohne Unterschied gelten, alle Menschen vor dem Gesetz gleich sind und alle ein Recht auf gleichen Schutz vor Diskriminierung haben. Wie sich der Präambel ebenso entnehmen lässt, ist ICERD entstehungsgeschichtlich nicht zuletzt vor dem Hintergrund des Kolonialismus und dessen Folgewirkungen zu sehen. Dabei hebt die Präambel die Verurteilung des Kolonialismus und aller damit verbundenen Praktiken rassistischer Diskriminierung hervor; gleichviel in welcher Form und wo sie vorkommen. Das Übereinkommen entstand zudem in einer Zeit, in der zumindest einige nationale Regierungen noch immer eine auf Rassismus gegründete Apartheid- oder Segregationspolitik betrieben. So dauerte die Apartheid, die später im *Römischen Statut des Internationalen Strafgerichtshofs* aus dem Jahr 1998 als Verbrechen gegen die Menschlichkeit kodifiziert worden ist, in Südafrika noch bis in die 1990er Jahre an.

Inhalt und Interpretation

ICERD soll sicherstellen, dass Einzelne in rechtlicher und tatsächlicher Hinsicht vor rassistischer Diskriminierung geschützt werden. Auch andere Menschenrechtsverträge enthalten Diskriminierungsverbote, die den Schutz vor rassistischer Diskriminierung umfassen. ICERD ist jedoch speziell auf die Verhinderung und Bekämpfung rassistischer Diskriminierung zugeschnitten und beschäftigt sich eingehender mit der Vielfalt von Herausforderungen und Problemen, die in diesem Bereich existieren (Buergenthal/Shelton/Stewart 2009; IMADR 2011). Um die vertraglichen Verpflichtungen der Konvention kontrollieren zu können, wurde durch das Übereinkommen (Art. 8) ein spezieller UN-Ausschuss (CERD) mit Sitz in Genf eingesetzt (dazu Hüfner 2010). Dabei stehen dem Ausschuss unterschiedliche Kontrollmechanismen zur Verfügung. Die Konvention sieht u. a. die Möglichkeit vor, dass Einzelpersonen bei CERD eine Individualbeschwerde (Art. 14) einreichen, um eine Rechtsverletzung des jeweiligen Vertragsstaates geltend zu machen (Cremer 2005). Um dem Individualbeschwerdeverfahren unterworfen zu sein, müssen die Vertragsstaaten allerdings eine besondere Erklärung abgeben, was etwa Deutschland, bereits seit 1969 Vertragsstaat der Konvention, erst im Jahre 2001 unternommen hat. Seitdem sind Individualbeschwerden gegen Deutschland möglich.

ICERD verpflichtet die Vertragsstaaten zu einem umfassenden Schutz vor rassistischen Diskriminierungen. Die Definition rassistischer Diskriminierung in Art. 1 bildet dabei die Grundlage des Abkommens. Demnach untersagt das Abkommen grundsätzlich Diskriminierungen, die auf »der Rasse, der Hautfarbe, der Abstammung, dem nationalen Ursprung oder dem Volkstum« beruhen (Art. 1 Abs. 1). Bezüglich der Begrifflichkeiten dieser Definition sei darauf hingewiesen, dass es sich bei ICERD um ein inzwischen relativ ›altes‹ Dokument handelt; dies gilt ebenso für die hier zitierte deutsche amtliche Übersetzung des Dokuments. Die deutsche Übersetzung, welche rechtlich nicht verbindlich ist (vgl. Art. 25), müsste nach heutigem Sprachgebrauch sicherlich anders lauten. Auch mit Blick auf verwandte internationale Menschenrechtstexte wäre eine Übersetzung naheliegender, welche die Termini ›nationale Herkunft‹ und ›ethnische Herkunft‹ statt ›nationaler Ursprung‹ und ›Volkstum‹ verwenden würde. Im Übrigen sei erwähnt, dass der Begriff ›Rasse‹ im Vertragstext von ICERD – auch nach Auffassung des verantwortlichen Ausschusses – nicht etwa in einem *biologistischen*, sondern in einem *soziopolitischen* Sinn zu verstehen ist, wie es etwa in den USA oder in England üblich ist.

Keine rassistische Diskriminierung im Sinne des Übereinkommens stellen laut Art. 2 Abs. 1 solche Unterscheidungen dar, die der Vertragsstaat zwischen eigenen und fremden Staatsangehörigen vornimmt. Anders verhält es sich hingegen, wenn sich hinter entsprechenden Unterscheidungen nach der Staatsangehörigkeit unzulässige Maßnahmen verbergen, die am Ende dann doch als rassistische Diskriminierung im Sinne des Übereinkommens zu bewerten sind. So hat der Ausschuss etwa eine Beschwerde gegen eine dänische Bank, die nur an dänische Staatsbürgerinnen und Staatsbürger Kredite vergab, wegen unzureichenden innerstaatlichen Rechtsschutzes nach Art. 6 der Konvention für begründet gehalten. Der Ausschuss hielt in diesem Fall das Kriterium der Staatsangehörigkeit für keine effektive Gewährleistung der Rückzahlungswilligkeit und sah daher die Gefahr einer in Wirklichkeit rassistisch motivierten Unterscheidung, der die nationalen Gerichte nicht hinreichend nachgegangen seien. Von ICERD nicht explizit einbezogen ist die Diskriminierung aufgrund der Religion. Da rassistische Diskriminierung aber häufig an das Kriterium der Religion anknüpft, wie etwa im Fall von anti-muslimischem Rassismus oder Antisemitismus, lässt sich eine grundsätzliche Trennung zwischen rassistischer Diskriminierung und der Diskriminierung aufgrund der Religion nicht begründen. Sie würde dem Schutzzweck des Abkommens zuwiderlaufen. Dementsprechend nimmt auch der Ausschuss hier keine grundsätzliche Trennung vor.

Das Abkommen enthält als Grundverpflichtung, eine Politik zu verfolgen, die sich umfassend gegen *jede* Form von Rassismus richtet und das Verständnis unter den Menschen fördert (Art. 2 Abs. 1). Zu diesem Zweck müssen die Staaten konkrete politische und gesetzliche Maßnahmen ergreifen (Art. 2–4). Zudem sind die Vertragsstaaten zur umfassenden diskriminierungsfreien Gewährleistung von Rechten verpflichtet (Art. 5). Hierzu gehört etwa, dass die Vertragsstaaten alle Gesetze und sonstigen Vorschriften ändern, aufheben oder für nichtig erklären müssen, die einen rassistischen Inhalt oder eine rassistische Wirkung haben. Die Konvention untersagt damit nicht nur Rechtsvorschriften mit diskriminierendem Inhalt, die eine gezielte bzw. direkte Diskriminierung vorsehen. Ebenfalls unzulässig sind indirekte (mittelbare) Diskriminierungen. Solche Diskriminierungen liegen dann vor, wenn Vorschriften – oder auch Verfahren –, die dem Anschein nach neutral sind, faktisch eine diskriminierende Wirkung erzielen. In diesem Zusammenhang ist darauf hinzuweisen, dass die Einführung des *Allgemeinen Gleichbehandlungsgesetzes* in Deutschland im Jahr 2006, welches in der öffentlichen Debatte vielfach kritisiert wurde und auf erheblichen Widerstand stieß, folglich nicht nur aus europarechtlichen Gründen, sondern ebenso aus menschenrechtlichen Gründen geboten war. Indem das betreffende Gesetz einzelnen Individuen u. a. Schutz vor rassistischer Diskriminierung bietet, setzt es lediglich – schon lange bestehende – staatliche Verpflichtungen aus ICERD um. Weitere staatliche Verpflichtungen, gegen Rassismus in der Gesellschaft vorzugehen, bestehen laut ICERD darin, strafrechtliche Sanktionsmöglichkeiten zu schaffen; etwa im Falle der Verbreitung rassistischen Gedankenguts, der Beförderung rassistisch motivierten Hasses und rassistisch motivierter Gewalttaten. Zudem begründet die Konvention laut Art. 6 die Pflicht, Rechtsschutz gegen diskriminierende Handlungen im Einzelfall zu gewährleisten. Außerdem werden die Staaten verpflichtet, für umfassende Aufklärungsarbeit und Menschenrechtserziehung im Bildungsbereich zu sorgen, damit Vorurteile und Rassismus abgebaut werden (Art. 7).

Kritischer Ausblick

In Deutschland ist bis heute von Rassismus häufig nur dann die Rede, wenn es um organisierten Rechtsextremismus geht. Ein derart enges Verständnis von Rassismus wurde in den vergangenen Jahren gleich von mehreren internationalen Fachgremien zur Bekämpfung von Rassismus kritisiert. Alltagsrassismus und ›strukturelle‹ Benachteiligungen – etwa auf dem Wohnungsmarkt, im Bereich der Bildung oder Arbeit – werden in Deutschland noch immer weitgehend ausgeblendet. Nichtregierungsorganisationen kritisieren zudem, dass in Deutschland bei der strafrechtlichen Bewertung von Gewaltdelikten häufig allein darauf abgestellt werde, ob der Täter Mitglied in einer rechtsextremen Vereinigung sei. Sie fordern unter Bezugnahme auf einschlägige Empfehlungen des Ausschusses der Anti-Rassismus-Konvention, rassistische Motive bei Gewaltdelikten – so wie in vielen anderen Staaten auch – explizit als strafverschärfenden Grund in das deutsche Strafgesetzbuch aufzunehmen. Darüber hinaus hat nicht nur der Ausschuss Deutschland im Jahre 2008 empfohlen, den Rassismusbegriff als solchen und den bislang verfolgten Ansatz in der Bekämpfung von Rassismus zu erweitern. Gleiches hat die Europarat-Kommission gegen Rassismus und Intoleranz (ECRI) im Jahre 2009 getan; ebenso der UN-Sonderberichterstatter gegen Rassismus in seinem im Juni 2010 im UN-Menschenrechtsrat vorgestellten Staatenbericht über Deutschland.

Dass in Deutschland ein zu enges Verständnis von Rassismus vorherrscht, hat jüngst noch einmal die ›Sarrazin-Debatte‹ gezeigt. Eher selten wurden Aussagen des ehemaligen Mitglieds im Vorstand der Deutschen Bundesbank, Thilo Sarrazin, als rassistisch eingeordnet und kommentiert. Im Übrigen betreiben auch (andere) staatliche Akteure und Repräsentanten auf Bundes-, Landes- und kommunaler Ebene immer wieder öffentlich Stereotypisierungen und Stigmatisierungen von Menschen, die im Widerspruch zu ICERD stehen. ICERD enthält für die Vertragsstaaten und dessen Akteure staatliche Verpflichtungen, Rassismus im politischen Raum und im öffentlichen Leben entgegenzutreten. Dahinter steckt die Erkenntnis, dass einmalige Bekenntnisse zu den Menschenrechten nicht schon ausreichen; diese müssen vielmehr gelebt, praktiziert und verteidigt werden. Welche Ausmaße Diskriminierung und Rassismus in einer Gesellschaft annehmen, ist letztendlich von den Überzeugungen und Einstellungen ihrer Mitglieder abhängig. Dabei kommt dem Staat und seinen Institutionen eine zentrale Funktion zu. Sie setzen entscheidende Maßstäbe.

Literatur

Buergenthal, Thomas/Shelton, Dinah/Stewart, David: »International Convention on the Elimination of All Forms of Racial Discrimination«. In: Dies. (Hg.): *International Human Rights in a Nutshell*. St. Paul [4]2009, 85–91.
Cremer, Hendrik: *Die Individualbeschwerde nach Art. 14 des Internationalen Übereinkommens gegen Rassismus (ICERD). Ein Handbuch für Nichtregierungsorganisationen und Betroffene*. Berlin 2005.
Hüfner, Klaus: »The Committee on the Elimination of Racial Discrimination«. In: Ders.: *How to File Complaints on Human Rights Violations. A Manual for Individuals and NGOs*. Berlin [5]2010, 66–79.
The International Movement Against All Forms of Discrimination and Racism (IMADR) (Hg.): *ICERD and CERD: A Guide for Civil Society Actors*. Geneva 2011.

Hendrik Cremer

9.2 Übereinkommen zur Beseitigung jeder Form von Diskriminierung der Frau (CEDAW)

Entstehung und Bedeutung

Die *Convention on the Elimination of All Forms of Discrimination against Women* (CEDAW) wurde von der UN-Generalversammlung am 18.12.1979, während der UN-Dekade der Frau (1976–1985), verabschiedet. Der Konvention war mehr als zehn Jahre zuvor, im Jahre 1967, eine nicht-rechtsverbindliche *Declaration* fast gleichen Namens vorausgegangen, welche die erste Definition von ›Frauendiskriminierung‹ im UN-Kontext enthält (Freeman 2009, 331). Von den heutigen menschenrechtlichen Kernverträgen als Konkretisierung der AEMR existierte 1979 neben dem *Zivil-* und dem *Sozialpakt* (beide erst seit 1976 in Kraft) nur die *Anti-Rassismus-Konvention* ICERD (in Kraft 1969; s. Kap. III.9.1). Dort und in weiteren Verträgen findet sich zwar der Gleichheitsgrundsatz, auch waren seit Gründung der UN einige Spezialkonventionen, u. a. zu den politischen Rechten von Frauen, formuliert worden. Doch erst CEDAW sollte dies alles zusammenführen (König 2004, 22). Die Commission on the Status of Women (CSW) hatte 1974 die Ausarbeitung beschlossen (Rehof 1993, 9f.); u. a. weil die existierenden UN-Ausschüsse frauenspezifische Themen kaum beachteten (Freeman 2009, 331) und sich auf die ›öffentliche‹ Sphäre konzentrierten (Evatt 2002, 516 f.).

Die Lage der Frauen weltweit wurde damals v. a. als Entwicklungsthema verstanden, weniger als eines der individuellen Menschenrechte (Freeman 2009, 331). So stand das Internationale Jahr der Frau 1975 im Zeichen von »Gleichberechtigung, Entwicklung und Frieden«. Obwohl schon zwei Jahrhunderte zuvor Olympe de Gouges (s. Kap. I.3.2) die Ausblendung der Frau aus der französischen Menschenrechtsvision attackiert hatte und diese Kritik nie verstummt war (s. Kap. IV.1.2), sind die Themen ›Menschenrechte‹ und ›Frauen‹ oft getrennt behandelt worden. Erst die 1990er Jahre brachten den Durchbruch. Anlässlich der Weltkonferenzen in Wien 1993 und Peking 1995 vertraten internationale Frauenbewegungen deutlich: »Frauenrechte sind Menschenrechte« (Neuhold u. a. 2003, 141 ff.). Da viele Staaten, besonders die sozialistischen Länder, bereits 1979 meinten, CEDAW zu erfüllen, ratifizierten sie bald, so dass die Konvention überraschend schnell, und zwar am 3.9.1981, in Kraft trat (Schöpp-Schilling 2007).

Inhalt und Interpretation

1. Definitorische Aspekte der Diskriminierung: CEDAW umfasst insgesamt 30 Artikel. Die Art. 1 bis 5 und Art. 24 sind als Rahmenbestimmungen für die materiell-rechtlichen Art. 6 bis 16 zu verstehen; die übrigen Artikel regeln formale Fragen wie die Ausschussarbeit (dazu Schöpp-Schilling 2007, 17). Einer der stark umstrittenen Punkte in den Vertragsverhandlungen war die Frage, was ›Diskriminierung‹ sei (Rehof 1993, 4). Gleich zu Beginn der Konvention – nach der Präambel – findet sich also das Ergebnis einer bedeutenden Einigung der Staatengemeinschaft. Art. 1 definiert Diskriminierung (erstens) als »jede Unterscheidung, Ausschließung oder Beschränkung« aufgrund des Geschlechts, die (zweitens) Frauen ganz oder teilweise hindere, (drittens) ihre Menschenrechte und Grundfreiheiten auszuüben bzw. in Anspruch zu nehmen; und zwar (viertens) »im politischen, wirtschaftlichen, sozialen, kulturellen, staatsbürgerlichen oder jedem sonstigen Bereich«. Diese nicht abschließende Nennung möglicher Geltungsbereiche spiegelt die zentrale feministische Einsicht wider, dass viele Frauen auch im sogenannten ›privaten‹ Bereich und durch ›private‹, nicht-staatliche Akteure in ihren Rechten und ihrer Würde verletzt werden. In ersten Entwürfen der Konvention hatte es noch »any other field of *public life*« (Rehof 1993, 45 ff., Herv.i.Orig.) geheißen. Die Definition der UN-Konvention überwindet dieses alte Problem.

Es gilt (fünftens) bereits als diskriminierend, wenn die konkrete Beeinträchtigung der Menschenrechte von Frauen ›nur‹ angestrebt wird, aber nicht eintritt, sowie umgekehrt auch dann, wenn sie gar nicht direkt beabsichtigt war. Mit dieser Bestimmung von Diskriminierung als »Ziel oder Folge« der Unterscheidung, Ausschließung oder Beschränkung ist das Fundament dafür gelegt, neben unmittelbaren Akten der Diskriminierung auch mittelbare, wenig offensichtliche Diskriminierungsvorgänge zu bekämpfen (König 2004, 23 ff.). Diese entstehen z. B., wenn soziale Strukturen, Institutionen oder Ressourcenverteilungstraditionen ›androzentrisch‹ arbeiten bzw. sich entsprechend auswirken. Das bedeutet: Scheinbar gilt der gleiche, ›neutrale‹ Maßstab für alle, aber mehr Frauen als Männer scheitern daran (solche androzentristischen Strukturen wirken oft gleichzeitig rassistisch, heterosexistisch und körpernormierend). Damit bleibt die UN-Konvention gerade nicht bei der klassisch-liberalen Gleichbehandlung und bloßen Garantie gleicher Rechte, d. h. beim Prinzip der formalen Gleichberechtigung »on an equal basis with men«, stehen, sondern geht weit darüber hinaus: CEDAW verlangt die Verwirklichung *materieller* Gleichheit (›substantive‹ oder ›de-facto‹-equality; ›materiell‹ im juristischen Sinne, obgleich eine tatsächliche Gleichstellung mit Sicherheit auch materiell-finanzielle Folgen für Frauen hätte). Zudem gelten alle Elemente der Definition (sechstens) unabhängig vom Familienstand. Häufig und traditionell ist es ja gerade dieser Status, aufgrund dessen Frauen nicht oder nicht gleichermaßen als individuelle Trägerinnen von Rechten behandelt werden; etwa dann, wenn ihnen das Recht auf Arbeit abgesprochen wird, weil sie verheiratet sind; wenn sie – als ledige Mütter – ihre Rechte nicht verwirklichen können; oder wenn ihr Leben bedroht ist, sobald sie Witwen werden.

Insgesamt ähnelt Art. 1 stark den Definitionen des älteren ICERD sowie der jüngeren *Behindertenrechtskonvention* CRPD (s. Kap. III.9.6). Doch CEDAW macht nicht die Diskriminierung von Menschen aufgrund ihres *jeweiligen* Geschlechts, demnach *sexistische* Diskriminierung analog zur rassistischen, zum Gegenstand, sondern Diskriminierung von Menschen aufgrund des *weiblichen* Geschlechts (Schöpp-Schilling 2007, 17; Rehof 1993, 44 ff.). ›Geschlecht‹ meinte zur damaligen Zeit das biologische (*sex*). Art. 5 lässt sich aber als Erweiterung dieses Konzepts um das heutige *gender* begreifen (Schöpp-Schilling 2007, 19), wie auch General Comment Nr. 28 (Abs. 5) von 2010 explizit: »Although the Convention only refers to sex-based discrimination, interpreting article 1 together with articles 2 (f) and 5 (a) indicates that the Convention covers gender-based discrimination against women.«

2. Pflichten der Umsetzung: Wie Art. 2 betont, verpflichten sich die Staaten selbst zur Vertragserfüllung: Sie müssen Diskriminierung aktiv beseitigen. Obwohl die Formulierung »mit allen geeigneten Mitteln« Spielraum lässt, wird u. a. klar, dass die Aufnahme der Gleichberechtigung in nationale Verfassungen und Gesetze dazugehört, doch nicht genügt (»sonstige Maßnahmen«); dass dies »unverzüglich« zu geschehen hat; dass staatliche Akteure bestimmte Praktiken auch *unterlassen* müssen. Des Weiteren muss der jeweilige Vertragsstaat das Handeln privater Dritter (Organisationen, Unternehmen, Individuen) angemessen regulieren, Sanktionen erwägen und für wirksamen Rechtsschutz sorgen. Gegen diesen Art. 2 wurden bei Vertragsschluss besonders viele sogenannte Vorbehalte eingelegt, mit denen einzelne Vertragsstaaten im Rahmen völkerrechtlicher Vereinbarungen einzelne Vertragsartikel für sich ausschließen können.

Auch Art. 4 war stark umstritten. Er bezieht sich auf »zeitweilige Sondermaßnahmen«, mit denen die tatsächliche Gleichstellung beschleunigt werden soll und darf, denn sie werden in Abs. 1 von der genannten Diskriminierungsdefinition explizit ausgenommen. Aus Sicht des zuständigen UN-Ausschusses nutzen die Vertragsstaaten diese Möglichkeit bislang nicht ausreichend. In *General Comment* Nr. 25 von 2004 wird deshalb gefordert, das Konzept zeitweiliger Sondermaßnahmen als eine zentrale Gleichstellungsstrategie für jeden Themenbereich von CEDAW zu prüfen (CEDAW 2004, Abs. 14 ff., 24, 39). Der zweite Absatz garantiert Frauen ein Recht auf Mutterschutz, der nicht als diskriminierend gelten könne. Die Mutterschaft (Schwangerschaft, Gebären, Stillen usw.) wird von der Konvention vielmehr – als gesellschaftlich notwendig – besonders hervorgehoben und ausdrücklich geschützt (vgl. Präambel u. Art. 5); bei gleichberechtigter Elternschaft (Erziehung, Verantwortung).

Art. 5 verpflichtet die Vertragsstaaten zudem, direkt auf die Verhaltensmuster der Menschen einzuwirken und damit mindestens zur Aufklärung und Information beizutragen. So sollen Vorurteile beseitigt werden sowie alle Praktiken, die darauf beruhen, dass (a) eines der Geschlechter als unterlegen verstanden wird oder (b) den Geschlechtern stereotype Rollen zugeschrieben werden; eine in den UN-Menschenrechtsverträgen bislang einzigartige Bestimmung (Schöpp-Schilling 2007, 16). Gerade Praktiken der Variante (b) werden oft mit dem Verweis auf die eigene ›Kultur‹ verteidigt, etwa in islamisch geprägten Staaten. Betrachtet man das Element »practices [...] based on [...] stereotyped roles for men and women« genauer, wird allerdings deutlich: Solche vermeintlich kulturell nicht hinterfragbaren Praktiken finden sich weltweit. Zwar wird die Auffassung (a), dass ein Geschlecht dem anderen unterlegen sei, heutzutage nicht mehr überall vertreten. Dass aber Frauen und Männer sich in ihrem ›Wesen‹ unterscheiden oder ›einander ergänzen‹, scheint kulturübergreifend eine tief verankerte Vorstellung zu sein; und zwar selbst in solchen Ländern, die sich für weit fortgeschritten in Bezug auf tatsächliche Gleichstellung halten. Entsprechend hoch ist somit auch die Zahl der gegen Art. 16 eingelegten Vorbehalte: Dieser Artikel sollte in diesem Zusammenhang bereits erwähnt werden, trifft er doch den Kern dessen, was in vielen Ländern, kulturellen Vorstellungen, Systemen und Traditionen – ob nun im Westen, Osten, Süden oder Norden – mit den zumindest als verschieden, teilweise aber eben auch als binär, polar oder sich ergänzend verstandenen Geschlechtern verbunden ist: das Ehe- und Familienleben. Mann und Frau werden in CEDAW zugleich als gleichberechtigt und gleichermaßen verpflichtet bezüglich der – heterosexuell konzipierten – Ehe sowie bezüglich ihrer Elternschaft gedacht; wobei das Wohl des Kindes stets Vorrang haben soll.

Art. 6 verbietet Frauenhandel und die »Ausbeutung der Prostitution« (nicht Prostitution an sich). Art. 7 bis 9 bekräftigen die politischen und bürgerlichen Rechte von Frauen: insbesondere das gleiche Wahlrecht, Rechte auf Mitwirkung und internationale Vertretung, die gleichen Rechte wie Männer hinsichtlich der Staatsangehörigkeit. So spielt etwa das Recht, die eigene Staatsangehörigkeit (und damit verbundene weitere Rechte) an die Kinder weiterzugeben, z. B. dort eine Rolle, wo der Pass des Vaters über den des Kindes entscheidet und er Ausländer ist. Eben diese Konstellation war in einem der ersten berühmten Fälle gegeben, in denen sich ein nationales Gericht explizit auf CEDAW bezog: Unity Dow (vs. Attorney General) setzte sich durch, noch bevor Botswana CEDAW ratifiziert hatte, und das Staatsangehörigkeitsrecht des Landes wurde angepasst (UNIFEM 1998, 21–22). Art. 10 konkretisiert das Recht der Frauen (und Mädchen) auf Gleichheit in der Bildung, und zwar auf allen Ebenen und mit Details bezüglich Lehrmaterial oder Stipendienvergabepraktiken bis hin zu Fragen der Familienplanung.

Der in gewissem Sinne ›doppelte‹ Charakter der Gleichheitsvision von CEDAW zeigt sich exemplarisch im umfangreichen Art. 11 zum Berufs- und Arbeitsleben: Zunächst wird dort – entlang dem universellen Prinzip von Mann und Frau als wesentlich *Gleichen* – u. a. das Recht auf Arbeit, gleiche Einstellungskriterien, Aufstiegschancen, gerechte Bezahlung und soziale Sicherheit formuliert. Im zweiten Abschnitt trägt der Artikel dann der vorerst höheren ›Verletzbarkeit‹ (wie es heute heißen würde) von Frauen mit *speziellen* Schutzrechten bei Heirat und Mutterschaft Rechnung. Art. 11 verlangt zudem, diesen besonderen Schutz permanent zu überprüfen, damit er weder unzureichend bleibt noch wiederum selbst diskriminierend wirkt.

Art. 12 fasst die Rechte von Frauen im Bereich Gesundheit, Schwangerschaft, Geburt und Stillzeit zusammen. Art. 13 ergänzt weitere ökonomische und soziale Rechte, insbesondere mit Blick auf Kultur, Sport, Kredite und Beihilfen, und er hält diesen Bereich definitorisch offen. Art. 14 ist deshalb besonders, weil er sich einer bestimmten *Gruppe* von Menschen innerhalb dieser Menschenrechtskonvention zuwendet, und zwar jener großen Mehrheit von Frauen, die auf dem Lande leben. Er unterstreicht ihre in der Konvention genannten Rechte nochmals. Art. 15 schließlich besitzt eine Schlüsselfunktion, weil die übrigen Rechte von ihm abhängen (Freeman 2009, 333); er bestimmt, dass Frauen dieselbe Rechtsfähigkeit und Bewegungsfreiheit wie Männern zukommen muss.

Kritischer Ausblick

Anfangs waren die Erwartungen an die UN-Konvention und den mit ihr geschaffenen Ausschuss begrenzt (Schöpp-Schilling 2007, 3). Auch hatte der Ausschuss zunächst mit ideologischen Differenzen (Evatt 2002) sowie mit jeweils zu knapp bemessener Zeit zu kämpfen. Die Sichtbarkeit und Wirksamkeit der Konvention wurden – v. a. wegen der vielen Vorbehalte – oft als unzureichend wahrgenommen (reflektiert u. a. bei Bustelo 2000; Zwingel 2005), die großzügige Interpretation des eigenen Mandats teilweise abgelehnt (Bustelo 2000, 85). Der zukünftige De-facto-Einfluss CEDAWs könnte daher von den folgenden Entwicklungen profitieren:

a) Mit dem Umzug zum Hochkommissariat für Menschenrechte in Genf ist CEDAW organisatorisch und symbolisch Teil des Menschenrechtssystems der UN geworden, nach langer Separierung in Wien bzw. New York. Eine wichtige Veränderung im UN-Kontext ist auch die Zusammenfassung mehrerer Organisationen zur 2010 gegründeten Unterorganisation *UN Women*, die sich jetzt sehr deutlich auf die Konvention bezieht (UN Women o. J., Abs. 1).

b) Das Internet hat die Vernetzung von NGOs, die gegen die Diskriminierung von Frauen kämpfen, in einem Maße gesteigert, das bei der Verabschiedung der Konvention 1979 noch nicht denkbar war. Wichtige Dokumente der UN, wie

z. B. die *Concluding Observations* oder *General Comments*, sind inzwischen viel leichter zugänglich.

c) Seit 2000 ist das Zusatzprotokoll zur Konvention in Kraft. In derzeit 102 Vertragsstaaten stehen damit – neben dem bereits aktiv genutzten Länderberichtssystem – einzelnen Frauen oder NGOs zwei weitere wichtige Instrumente zur Verfügung: die Individualbeschwerde und, bei systematischen oder schwerwiegenden Rechtsverletzungen, das Untersuchungsverfahren. Bisher hat es allerdings nur wenige Individualbeschwerdeverfahren gegeben. Das lässt sich vorerst dadurch erklären, dass im Regelfall vor einer Mitteilung an den Ausschuss der innerstaatliche Rechtsweg erschöpft worden sein muss (für eine erste kritische Bilanz: Sokhi-Bulley 2006). Trotzdem ist von beiden Instrumenten einiges zu erwarten – wenngleich sie den Ausschuss mit neuen Anforderungen konfrontieren (Bustelo 2000, 81) und vor allem voraussetzen, dass Frauen sich ihrer noch viel stärker bewusst werden.

d) Überdies erfolgt die inhaltliche Auslegung der Konvention in den *General Comments* in stärker systematisierter Form als zu Beginn (Bustelo 2000, 96 f.); einzelne dieser *Comments*, z. B. Nr. 19 zur Gewalt gegen Frauen, gelten zudem als sehr erfolgreich (Evatt 2002, 546 ff.). Auch der erste große CEDAW-Kommentar internationaler Jurist/innen (Freeman u. a. 2012) wird die Anwendbarkeit verbessern.

Die Umsetzung der UN-Konvention wird allerdings weiterhin vom politischen Willen in den Vertragsstaaten und von entsprechenden Ressourcen abhängen; föderalistische Strukturen haben sich in diesem Zusammenhang als Hürden erwiesen, ebenso der uneinheitliche Status des Völkerrechts (Schöpp-Schilling 2007, 27). Eine weitere Herausforderung liegt darin, dass die Konvention immer auch der *diversity* unter Frauen Rechnung tragen muss. Art. 14 macht deutlich, dass ein entsprechender Geist in CEDAW bereits vorhanden ist, und einige *General Comments* (Nr. 18, 26, 27) beziehen sich explizit auf mehrfach bzw. intersektional diskriminierte Frauen. Konsequent wäre nun zu fragen, ob diese Intersektionalität, d. h. die Verschränkung und Überschneidung von Diskriminierungserfahrungen und Machtverhältnissen, nicht sogar die übergroße Mehrheit der Frauen betrifft.

Während die UN-Konvention einerseits besonders im Hinblick auf Ehe und Familie vielfältigen Angriffen mit Verweis auf Religion und/oder Kultur ausgesetzt ist, entdeckt andererseits die internationale LGBTI-Bewegung (*lesbian/gay/bisexual/transgender/intersexual*) CEDAW für sich. So hat es u. a. im Jahre 2008 sogenannte Schattenberichte vonseiten transsexueller sowie intersexueller Menschen aus Deutschland gegeben, deren Anliegen vom Ausschuss deutlich unterstützt wurden. Beide Gruppen bezogen sich dabei auf CEDAW als die für sie ›zuständige‹ Konvention, wenngleich das ursprüngliche Konzept von Geschlecht in der Konvention (s. o.) dem nicht exakt entspricht. CEDAW erweist sich hier aber als flexibel genug, dieses Konzept dem unterzuordnen, was für die Menschenrechte insgesamt zentral ist: der Würde und Selbstdefinition von Menschen.

Literatur

Bustelo, Mara R.: »The Committee on the Elimination of Discrimination against Women at the Crossroads«. In: Philip Alston/James Crawford (Hg.): *The Future of UN Human Rights Treaty Monitoring*. Cambridge 2000, 79–112.

Evatt, Elizabeth: »Finding a Voice for Women's Rights: The Early Days of CEDAW«. In: *George Washington International Law Review* 34. Jg., 3 (2002), 515–553.

Freeman, Marsha A.: »Convention on the Elimination of Discrimination Against Women«. In: David P. Forsythe (Hg.): *Encyclopedia of Human Rights*. Oxford 2009, Bd. 5, 331–340.

– /Chinkin, Christine/Rudolf, Beate: *The UN Convention on the Elimination of all Forms of Discrimination against Women: A Commentary*. Oxford 2012.

König, Doris: »Die Diskriminierungsverbote im Übereinkommen der Vereinten Nationen zur Beseitigung jeder Form der Diskriminierung der Frau (CEDAW)«. In: Dies./Joachim Lange/Ursula Rust/Hanna Beate Schöpp-Schilling (Hg.): *Gleiches Recht – gleiche Realität? Welche Instrumente bieten Völkerrecht, Europarecht und nationales Recht für die Gleichstellung von Frauen?* Rehburg-Loccum 2004, 21–36.

Neuhold, Brita/Pirstner, Renate/Ulrich, Silvia: *Menschenrechte – Frauenrechte. Internationale, europarechtliche und innerstaatliche Dimensionen*. Innsbruck 2003.

Rehof, Lars A.: *Guide to the Travaux Préparatoires of the United Nations Convention on the Elimination of all*

Forms of Discrimination against Women. Dordrecht/Boston/London 1993.

Schöpp-Schilling, Hanna Beate: »The Nature and scope of the Convention«. In: Dies./Cees Flinterman (Hg.): *The Circle of Empowerment. Twenty-five Years of the UN Committee on the Elimination of Discrimination against Women.* New York 2007, 10–29.

Sokhi-Bulley, Bal: »The Optional Protocol to CEDAW: First Steps«. In: *Human Rights Law Review* 6. Jg. (2006), 143–159.

United Nations Development Fund for Women (UNIFEM): *Bringing Equality Home. Implementing the Convention on All Forms of Discrimination Against Women.* New York 1998, http://www.unifem.org/attachments/products/BringingEqualityHome_eng.pdf (27.06.2011).

UN Women: »Guiding Documents«, http://www.unwomen.org/about-us/guiding-documents (27.06.2011).

Zwingel, Susanne: *How do International Women's Rights become Effective in Domestic Contexts? An analysis of the Convention on the Elimination of all Forms of Discrimination against Women.* Dissertation 2005, www-brs.ub.ruhr-uni-bochum.de/netahtml/HSS/Diss/ZwingelSusanne (27.06.2011).

Antje Gothe

9.3 Übereinkommen gegen Folter und andere grausame, unmenschliche oder erniedrigende Behandlung oder Strafe (CAT)

Entstehung und Bedeutung

Obwohl sich die UN-Generalversammlung schon früh mit dem Problem der Folter beschäftigt hat – so u. a. 1948 im Rahmen der AEMR und 1966 im Rahmen des *Internationalen Pakts über bürgerliche und politische Rechte* (ICCPR) – dauerte es bis zum Jahre 1975, bis eine Deklaration angenommen wurde, die *ausschließlich* das Thema der Folter zum Gegenstand hat (*Declaration on the Protection of all Persons being subjected to Torture and other Cruel, Inhuman or Degrading Treatment or Punishment*). Diese Deklaration diente dann als Grundlage für das im Rahmen der UN ausgehandelte, 1984 unterzeichnete, 1987 in Kraft getretene und inzwischen von 149 Staaten ratifizierte *Übereinkommen gegen Folter und andere grausame, unmenschliche oder erniedrigende Behandlung oder Strafe* (CAT – *Convention against Torture and other Cruel, Inhuman or Degrading Treatment or Punishment*) (zu dieser Entwicklung allgemein: Bruha/Steiger 2006, 9 ff.). Es zeichnet sich u. a. dadurch aus, dass es als erstes universell völkerrechtlich bindendes Dokument ›Folter‹ definiert, den Staaten verschiedene Pflichten, etwa zur Bestrafung der Folterer, auferlegt sowie ein spezielles internationales Überwachungssystem zum Schutz vor Folter installiert. Damit dient die Konvention der Präzisierung und Effektivierung des Folterverbots. Deklaration und Konvention sind nicht zuletzt aufgrund des großen Drucks und der Unterstützung von Nichtregierungsorganisationen zustande gekommen. 2002 wurde ein Fakultativprotokoll (OPCAT: *Optional Protocol*) zur Ratifikation aufgelegt, das 2006 in Kraft getreten ist und ein Besuchssystem für ›Orte der Freiheitsentziehung‹ vorsieht. Da die CAT v. a. repressiv wirkt, das OPCAT hingegen präventiv, führen erst beide Verträge zusammen zu einem völkerrechtlich umfassenden Schutz vor Folter.

Inhalt und Interpretation

1. Zum Inhalt der UN-Antifolterkonvention: Den differenzierten Verpflichtungen der CAT ist eine Folter-Definition vorangestellt. Diese Definition hat über den Anwendungsbereich der CAT hinaus Bedeutung, da sie anderen Menschenrechtsorganen als Interpretationshilfe dient. Nach Art. 1 CAT ist Folter jede Handlung, die durch einen Angehörigen des öffentlichen Dienstes vorsätzlich vorgenommen wird und große körperliche oder seelische Schmerzen verursacht. Zudem muss sie zwar einen bestimmten Zweck verfolgen, es reicht aber irgendein Zweck, etwa der der Bestrafung oder der Informationserlangung. Nicht berücksichtigt wird von der Definition, dass Folter des Weiteren erfordert, dass der Folterer körperliche Kontrolle über den Gefolterten ausüben muss (Nowak/Mac Arthur 2008, Art. 1 Rn. 113 ff.). Besonders zu loben und hervorzuheben ist die Einbeziehung seelischer Schmerzen. So fällt etwa die von den USA in den 1950er Jahren entwickelte No-touch-Torture unter den Folterbegriff. Unter No-touch-Torture versteht man die Entziehung externer Reize (Geräusche, visuelle Eindrücke etc.) sowie das Aufzwingen sogenannter selbstzugefügter

Schmerzen (›self inflicted pain‹). Sie kann als die erste wahre Neuerung in der Anwendung der Folter seit dem 17. Jahrhundert bezeichnet werden. Sie ist die effektivste bekannte Foltertechnik, weil die Entziehung von externen Reizen innerhalb weniger Tage dazu führt, dass die Identität des Folteropfers sich aufzulösen beginnt. Realitätsverlust, Abwendung von der Welt und Rückzug ins Innere sowie Wahnvorstellungen gehören zu den Folgen. Sogenannte selbstzugefügte Schmerzen, etwa indem Menschen gezwungen werden, stundenlang in ›Stressposition‹ zu verharren, wie das Stehen an einer Wand, haben neben dem physiologischen Effekt – z. B. Wasserbildung in den Beinen, die dadurch auf das Doppelte ihres Umfangs anschwellen können, bis hin zu Nierenversagen – den psychologischen Effekt, dass das Opfer sich selbst für seine Schmerzen verantwortlich fühlt. Dadurch sinkt der Widerstandswille, der durch allein von außen zugefügte Schmerzen grundsätzlich erhöht wird (vgl. ausführlich McCoy 2006, 21 ff.). Diese Foltertechniken sind zwar – wie alle Foltertechniken – nicht geeignet, dem Opfer unmittelbar wahrhaftige Informationen zu entlocken (Rejali 2007, 446 ff.), jedoch kann ein Mensch durch sie innerhalb kürzester Zeit ›gebrochen‹ werden.

Durch den zweiten Satz der Definition in Art. 1 werden Schmerzen, die sich aus *gesetzlich zulässigen* Sanktionen ergeben, nicht vom Folterbergriff erfasst. Dieser Satz stellt aber keine Ermächtigung zu einer gesetzlichen Einschränkung des Folterverbots dar. Er wurde ursprünglich eingefügt, um den Staaten eine umfassende Reform ihrer Strafrechtssysteme zu ersparen und so den Beitritt zur CAT möglich zu machen (Burgers/Danelius 1988, 121). Heute wird ihm von manchen Autoren jeder Regelungsgehalt abgesprochen (etwa Nowak/MacArthur 2008, Art. 1 Rn. 128).

Die CAT sieht ein komplexes Regelwerk zur Bekämpfung der Folter vor: Art. 2 Abs. 1 statuiert die Pflicht der Vertragsstaaten, wirksame gesetzgeberische, verwaltungsmäßige, gerichtliche oder sonstige Maßnahmen zu ergreifen, um Folter zu verhindern. Diese Pflicht trifft den Staat nicht nur innerhalb des eigenen Staatsgebiets, sondern nach allgemeiner Ansicht auch, wenn er auf fremdem Territorium handelt (sog. extraterritoriale Anwendung; dazu Boulesbaa 1999, 74 f.). Ausnahmen vom Folterverbot werden nicht zugelassen, es gilt damit absolut (Art. 2 Abs. 2 u. 3). Diese Norm beantwortet damit eindeutig die in den letzten Jahren oft gestellte Frage, ob Folter in Fällen, in denen eine ›tickende Bombe‹ eine Stadt auszulöschen droht oder in der das Leben eines Kindes bedroht ist, vielleicht doch erlaubt sein könnte. Auch die Überstellung von Personen in einen anderen Staat, in dem die Gefahr besteht, dass sie gefoltert werden, ist verboten (Art. 3; sog. Refoulement-Verbot). Die Formulierung des Art. 3 ist aber missverständlich, da nicht nur die Überstellung in einen anderen Staat, sondern auch in eine fremde Hoheitsgewalt verboten sein muss; etwa in den Fällen, in denen ein Staat Personen, die in Afghanistan von ihm festgenommen wurden, an afghanische Sicherheitsbehörden übergibt (Nowak/MacArthur 2008, Art. 3 Rn. 181).

Um dem Folterverbot Wirksamkeit zu verleihen, verpflichten sich die Vertragsstaaten, Folter unter Strafe zu stellen und gegen Folterer zu ermitteln und sie zu bestrafen (Art. 4–8 u. 12) sowie diejenigen zu schützen, die einen Folterfall zur Anzeige bringen wollen (Art. 13). Zu bestrafen sind Folterer dann, wenn sie entweder auf dem Gebiet des Vertragsstaates gefoltert haben oder die Nationalität des Vertragsstaates besitzen (Art. 5 Abs. 1). Außerdem verpflichtet die CAT die Staaten zur Einführung des Weltrechtsprinzips, so dass *alle* Täter zu bestrafen sind, sofern sie sich auf dem Boden des Vertragsstaates aufhalten (Art. 5 Abs. 2). Unter Umständen kommt im letzten Fall alternativ auch eine Auslieferung in Betracht. Die Aufnahme des im Völkerrecht ansonsten umstrittenen Weltrechtsprinzips in die CAT ist eine besonders hervorzuhebende Errungenschaft. Sie führt außerdem dazu, dass die Immunität von Folterern, die grundsätzlich einer Strafverfolgung durch eine fremde Hoheitsgewalt im Wege steht, im Rahmen der CAT keine Anwendung findet: Da Folterer per definitionem Angehörige des öffentlichen Dienstes sein müssen (Art. 1 Abs. 1), würde das Weltrechtsprinzip des Art. 5 Abs. 2 – mit Ausnahme eines theoretisch möglichen, aber faktisch fast nie vorkommenden Verzichts durch den Heimatstaat – immer leerlaufen. Eine solche Auslegung, die Normen jegliche Wirkung abspricht, ist aber unzulässig. Deshalb kann die CAT nur so verstanden werden, dass die Immunität des Folterers keine Rolle vor Gericht spielen kann. Die Bestrafungspflicht ist von herausragender Bedeutung, weil Straflosigkeit von den Tätern oft als Ermächtigung zur Folter gedeutet wird und meist auch so gemeint ist. Aber nicht nur strafrechtlich, sondern auch zivilrechtlich müssen die Staaten auf Folter reagieren: Den Opfern ist Wiedergutmachung, Schadensersatz und Schmerzensgeld zu leisten (Art. 14). Außerdem dürfen ihre Aussagen vor Gericht – abgesehen von Prozessen gegen den Folterer – nicht verwendet werden (Art. 15). Weitere Pflichten bestehen etwa hinsichtlich zwischenstaatlicher Rechtshilfe (Art. 9), geeigneter Unterrichtung der zuständigen Behörden und Personen betreffend die Pflichten aus der Konvention (Art. 10) und hinsichtlich der Prüfung der Vorkehrungen zum Schutz von in Gewahrsam genommenen Personen (Art. 11).

Die CAT schützt nicht nur vor Folter, sondern auch – wie der Name schon sagt – vor grausamer, unmenschlicher und erniedrigender Behandlung und Strafe (Art. 16). Im Gegensatz zur Folter ist eine solche Behandlung hier aber nicht näher definiert. Folter und die grausame, unmenschliche oder erniedrigende Behandlung stehen in einem Stufenverhältnis: Grundsätzlich wird davon ausgegangen, dass die Intensität des Leidens bei Vorliegen von Folter am höchsten ist und dann graduell abnimmt (EGMR, Irland vs. Vereinigtes Königreich (5310/71), Urteil v. 18. Januar 1978, A25, Nr. 167). Die Konvention sieht ausdrücklich vor, dass eine solche Behandlung weder zu »schweren« Schmerzen führen noch einen bestimmten Zweck verfolgen muss. Der Schutz ist jedoch geringer, da nur die Art. 10 bis 13 CAT auch im Falle solcher Behandlungen Anwendung finden. Damit ist etwa das Ermittlungsgebot, nicht aber das Bestrafungsgebot von der Anwendbarkeitsregel umfasst. Dadurch entstehen Schutzlücken.

Über die Einhaltung der CAT wacht der UN-Antifolterausschuss, zusammengesetzt aus zehn unabhängigen Experten, der für das periodische Staatenberichtsverfahren, das Staatenbeschwerde- und das Individualbeschwerdeverfahren zuständig ist. Das obligatorische Berichtsverfahren verlangt, dass die Vertragsstaaten alle vier Jahre dem UN-Antifolterausschuss einen Bericht zum Stand der Erfüllung ihrer Verpflichtungen aus dem Vertrag vorzulegen haben (Art. 19). Der UN-Antifolterausschuss gibt sogenannte *Abschließende Bemerkungen* ab; dabei darf er neben den Regierungsinformationen auch auf Informationen und sogenannte Schattenberichte von Nichtregierungsorganisationen zurückgreifen. Es besteht auch ein sogenanntes Follow-up-Verfahren, das vorsieht, dass der berichtende Staat innerhalb eines Jahres bestimmte Empfehlungen des UN-Antifolterausschusses umzusetzen und darüber erneut zu berichten hat. Das Individualbeschwerdeverfahren beruht auf einem sogenannten Opting-in-Verfahren. Damit Einzelne gegen einen Staat Beschwerde erheben können, muss dieser vorher eine Unterwerfungserklärung abgegeben haben (Art. 22). Gleiches gilt für das Staatenbeschwerdeverfahren (Art. 21), das von jedem Konventionsstaat vor dem UN-Antifolterausschuss eingeleitet werden kann. Dem Individualbeschwerdeverfahren haben sich bislang 69 Staaten unterworfen, dem relativ risikolosen Staatenbeschwerdeverfahren – das bisher noch nie genutzt wurde – 64 Staaten. Die Auffassungen des UN-Antifolterausschusses sind nicht ausdrücklich rechtsverbindlich. Es lässt sich aber von einer mittelbaren Verbindlichkeit ausgehen, da die Rechte der Konvention verbindlich sind, die Staaten nach Art. 2 CAT verpflichtet sind, alle Maßnahmen zu ergreifen, um Folter zu verhindern, und dem UN-Antifolterausschuss die Kompetenz übertragen wurde, konkrete Abhilfemaßnahmen auszusprechen (vgl. hinsichtlich des *Zivilpakts*: Schäfer 2007, 21).

Neu im Rahmen menschenrechtlicher Überwachungsmechanismen ist das vertrauliche Prüfungsverfahren nach Art. 20. Wenn der UN-Antifolterausschuss begründete Informationen über systematische Folterungen erhält, kann er von sich aus Nachforschungen anstellen und einen vertraulichen Bericht verfassen. Ein Ausschluss dieses Rechts ist gemäß Art. 28 möglich; nur sieben Staaten haben dieses Recht ausgeschlossen.

2. OPCAT: Die CAT statuiert im Wesentlichen Verbotsnormen und sieht repressive Maßnahmen vor. Aber gerade der Schutz vor Folter erschöpft sich nicht allein in der nachträglichen Verfolgung schon geschehener Verletzungen, sondern muss vorher einsetzen. Ein entsprechendes präventives Konzept wurde erstmals 1987 in einem völkerrechtlichen Vertrag verwirklicht, und zwar in der *Europäischen Konvention zur Verhütung von Folter und unmenschlicher oder erniedrigender Behandlung oder Strafe* (ECPT). Auf universeller Ebene gibt es mit dem Inkrafttreten des OPCAT seit dem 22. Juni 2006 ein inzwischen für 60 Staaten verbindliches Präventionssystem. Beide setzen dort an, wo die meisten Misshandlungen begangen werden: an Orten, an denen Menschen ihre Freiheit entzogen wird. Das OPCAT schafft keine neuen Verbotsnormen, sondern dient einzig und allein dem Schutz vor zukünftiger Folter und grausamer, unmenschlicher oder erniedrigender Behandlung. Neben der Schaffung eines internationalen Schutzsystems verpflichtet es auch zur Errichtung eines mit dem internationalen System verzahnten Schutzsystems auf innerstaatlicher Ebene. Wichtig ist Letzteres vor allem deshalb, weil die nationalen Menschenrechtsinstitutionen für die Einhaltung der Menschenrechte unverzichtbar sind (McGoldrick 1991, 272).

Auf internationaler Ebene ist dem neugeschaffenen Unterausschuss für Prävention, der an den UN-Antifolterausschuss angegliedert ist, die Aufgabe übertragen worden, durch Besuche und Berichte das Vorkommen von Folter zu verhindern. Der Unterausschuss hat die Aufgabe, sogenannte Orte der Freiheitsentziehung zu besuchen und anschließend den betreffenden Staaten gegenüber Empfehlungen abzugeben (Art. 11 lit. a OPCAT). Orte der Freiheitsentziehung sind in Art. 4 Abs. 1 OPCAT definiert; dazu zählen etwa Haftanstalten, Zentren für Asylbewerber, psychiatrische Anstalten und Transitzonen internationaler Flughäfen (Mahler 2003, 184). Der Unterausschuss hat das Recht auf unbeschränkten Zugang zu allen Orten der Freiheitsentziehung. Die Gespräche mit den dort festgehaltenen Personen dürfen nicht von den Staaten überwacht werden (Art. 14 Abs. 1 OPCAT). Im Gegensatz zur Regelung in der ECPT sind die Besuche allerdings vorher anzukündigen, was ihnen einen Teil ihrer Effektivität raubt. Nichtsdestotrotz sind die Befugnisse des Unterausschusses als weit anzusehen. Die sich anschließenden Empfehlungen und Bemerkungen teilt der Unterausschuss dem betreffenden Staat und gegebenenfalls dem oder den Kontrollorgan/en des nationalen Schutzmechanismus mit. Grundsätzlich sind die Berichte des Unterausschusses vertraulich. Mit dem Einverständnis des betroffenen Staates oder in Ausnahmefällen, etwa wenn der Staat mit dem Unterausschuss nicht kooperiert, ist eine Veröffentlichung möglich (Art. 16 OPCAT).

Die Bestimmungen hinsichtlich der nationalen Schutzmechanismen sind weniger konkret. Dies liegt daran, dass es aufgrund der großen Unterschiedlichkeit der Staaten kein Patentrezept für nationale Überwachungsgremien gibt. So ist der Staat z. B. frei zu entscheiden, wie viele Kontrollorgane er einsetzt und ob er diesen thematische oder regionale Schwerpunkte setzt. Nationale Kontrollorgane müssen unabhängig sein und haben die Befugnis, die Behandlung von Personen, denen die Freiheit entzogen ist, zu prüfen, den zuständigen Behörden Empfehlungen zur Verringerung der Gefahr von Folter und grausamer, unmenschlicher oder erniedrigender Behandlung sowie Vorschläge zu aktuellen oder geplanten Rechtsvorschriften zu unterbreiten (Art. 19 OPCAT). Gleichzeitig verpflichten sich die Vertragsstaaten, den nationalen Schutzmechanismen in etwa die gleichen Rechte einzuräumen wie dem Unterausschuss; sie gewähren also u. a. Zugang zu allen Orten von Freiheitsentzug und erlauben vertrauliche Gespräche (Art. 20 OPCAT). Die Berichte sind anders als die des Unterausschusses zu veröffentlichen (Art. 23 OPCAT); der Unterausschuss ist ermächtigt, die Organe des nationalen Schutzmechanismus zu unterstützen (Art. 11 Abs. 1 lit. b OPCAT).

Kritischer Ausblick

Die CAT ist nicht nur wegen der einzig rechtlich verbindlichen Folterdefinition auf völkerrechtlicher Ebene ein Erfolg. Sie statuiert ausdrücklich Pflichten, die im Rahmen anderer Menschenrechtsabkommen nicht explizit bestehen, wenngleich sie oftmals von den Menschenrechtsorganen im Wege der Auslegung des jeweiligen Folterverbots (etwa Art. 3 EMRK, Art. 7 ICCPR) für geltendes Recht erkannt werden. Eine solche

Auslegung wird durch die Existenz der CAT wesentlich erleichtert. Dies gilt gerade dann, wenn alle Vertragspartner des einen Vertrages auch die CAT ratifiziert haben, wie etwa im Fall der EMRK (vgl. Art. 31 Abs. 1 lit. c der *Wiener Vertragsrechtskonvention*). Vor allem die Untersuchungspflichten der CAT sind beispielhaft für andere Menschenrechtsorgane und tragen wesentlich zur Effektivität des Folterverbots bei.

Abgesehen von dem Staatenberichtsverfahren greifen die Schutzmechanismen der CAT immer erst im Falle einer vorhergehenden Verletzung des Folterverbots. Anders ist das präventive System von OPCAT aufgebaut: Durch die Besuche von Orten, an denen die dort festgehaltenen Personen der Gefahr von Folter in besonderer Weise ausgesetzt sind, soll Folter im Vorhinein verhindert werden. Die präventive Schutzfunktion ist nicht zu unterschätzen. Mit Blick darauf, dass durch Folter das Innerste des Menschen verletzt, seine Würde mit Füßen getreten und im schlimmsten Fall sein ›Ich‹ nachhaltig gebrochen wird (dazu ausführlich Steiger 2012, Kap. 2), darf nicht immer erwartet werden, dass die Opfer selbst anschließend den schweren und langen Kampf um Gerechtigkeit aufnehmen oder überhaupt aufnehmen können. Dies gilt gerade eingedenk der Tatsache, dass ein Erfolg vor dem UN-Antifolterausschuss nicht garantiert ist. Folter findet meist im ›Unsichtbaren‹ statt und der Nachweis von (seelischen) Schäden ist äußerst schwierig. Ob einem Beschwerdeführer etwa ›schwere‹ Schmerzen zugefügt wurden, ist nicht zu beweisen, da Schmerzen nicht objektiv messbar, sondern nur subjektiv fühlbar sind. Hier muss von den Verletzungen, die oft seelischer Natur sind, auf entsprechende Schmerzen rückgeschlossen werden, was vor internationalen, gerichtsförmigen Gremien wie dem UN-Antifolterausschuss und Gerichten vielfach nur schwer gelingen wird. Deshalb arbeiten die internationalen Menschenrechtsorgane teilweise mit einer Beweislastumkehr (z. B. EGMR, Tomasi vs. Frankreich (12850/87), Urteil v. 27. August 1992, A241-A, Nr. 110, 115), was aber nicht immer zu befriedigenden Lösungen führt. Zusätzlich dürfte die Angst vor ›Repressalien‹ des folternden Staates im Fall der Anrufung eines internationalen Rechtsprechungsorgans viele daran hindern, völkerrechtlichen Rechtsschutz zu suchen; insbesondere wenn das Opfer das Land seiner Peiniger nicht verlassen will oder kann (Alleweldt 1998, 246). Hervorzuheben ist auch, dass durch die Besuche von UN-Vertretern systematische Fehler aufgedeckt werden können. Vor allem aber ist die Verhinderung von Folter gegenüber der nachträglichen ›Wiedergutmachung‹ – die nie restlos gelingen kann – immer vorzuziehen. Zu beidem trägt die Konvention zusammen mit ihrem Fakultativprotokoll in entscheidender Weise bei.

In Zukunft bedarf es aber einer verstärkten Ratifizierung von CAT und OPCAT. Die Freiheit von Folter ist ein grundlegendes Menschenrecht und schützt nicht lediglich die körperliche Integrität des Menschen, sondern auch und vor allem seine Würde. Dass nur etwa drei Viertel der Staaten überhaupt die Folterkonvention ratifiziert haben, obwohl sie aufgrund des Ius-cogens-Status des Folterverbots ohnehin völkerrechtlich gehindert sind zu foltern, zeigt, dass sie sich dem Überwachungsmechanismus von CAT und OPCAT gezielt entziehen wollen. Alle Staaten sind aufgefordert, die Verbreitung beider Verträge zu fördern, um so dem Folterverbot zu größerer Wirksamkeit zu verhelfen.

Literatur

Alleweldt, Ralf: »Präventiver Menschenrechtsschutz: ein Blick auf die Tätigkeit des Europäischen Komitees zur Verhütung von Folter und unmenschlicher oder erniedrigender Behandlung oder Strafe (CPT)«. In: *Europäische Grundrechte Zeitschrift* 1998, 245–271.

Boulesbaa, Ahcene: *The UN Convention on Torture and the Prospect of Enforcement*. Den Haag/Boston/London 1999.

Bruha, Thomas/Steiger, Dominik: *Das Verbot der Folter im Völkerrecht*. Stuttgart 2006.

Burgers, J. Herman/Danelius, Hans: *The United Nations Convention Against Torture*. Dordrecht/Boston 1988.

Mahler, Claudia: »Das Fakultativprotokoll der Konvention gegen Folter und andere grausame, unmenschliche oder erniedrigende Behandlung oder Strafe (CAT-OP)«. In: *MenschenRechtsMagazin* 8. Jg. (2003), 183–186.

McCoy, Alfred: *A Question of Torture. CIA Interrogation, from the Cold War to the War on Terror*. New York 2006.

McGoldrick, Dominic: *The Human Rights Committee*. New York 1991.

Nowak, Manfred/MacArthur, Elizabeth: *The United Nations Convention Against Torture – A Commentary.* New York 2008.
Rejali, Darius: *Torture and Democracy.* Princeton 2007.
Schäfer, Bernhard: *Die Individualbeschwerde nach dem Fakultativprotokoll zum Zivilpakt. Ein Handbuch für die Praxis.* Berlin ²2007.
Steiger, Dominik: *Das völkerrechtliche Folterverbot und der »Krieg gegen den Terror«.* Berlin/Heidelberg/New York (erscheint 2012).

Dominik Steiger

9.4 Übereinkommen über die Rechte des Kindes (CRC)

Entstehung und Bedeutung

Die Kindesschutzbewegungen des 19. Jahrhunderts und die Organisationen zur Bekämpfung von Kinderarbeit und Mädchenhandel des frühen 20. Jahrhunderts verfolgten einen *Fürsorge- und Kinderwohlfahrtsansatz*, jedoch keinen eigentlichen Kinderrechtsansatz. Die modernen Kinderrechtskonzepte und positivierten Kinderrechte, die vor allem auf einer Interessentheorie gründen, stellen einen gewissen Antagonismus zum historisch gewachsenen, willenstheoretischen Rechtsverständnis dar (Price Cohen 1992, 54, 62). Nach der Interessentheorie ist für die Zuschreibung und Anerkennung von Rechten nicht entscheidend, ob eine Person die Fähigkeit zur Rechtsausübung und also einen rechtlich relevanten ›Willen‹ besitzt, sondern einzig ihre (mutmaßlichen) Interessen. Die *UN-Kinderrechtskonvention* von 1989 (CRC – *Convention on the Rights of the Child*) und die seither erlassenen regionalen Abkommen gehen von der Prämisse aus, dass Kinder und Jugendliche einen unmittelbaren und selbständigen Anspruch auf Achtung ihrer individuellen Menschenrechte haben.

Inhalt und Interpretation

Die CRC entstand wie CEDAW (s. Kap. III.9.2), ICERD (s. Kap. III.9.1) oder die Behindertenkonvention (s. Kap. III.9.6) aus der Einsicht heraus, dass die allgemeinen Menschenrechtsgarantien in den herkömmlichen Verträgen für den Schutz und die Verwirklichung der Rechte besonders verletzlicher (bzw. ausgegrenzter oder traditionell diskriminierter) Bevölkerungsgruppen unzureichend sind. Die zähen Vertragsverhandlungen über den Text der CRC und die zahlreichen staatlichen Vorbehalte bei der Ratifizierung zeigen deutlich, wie stark sich die kulturellen, politischen und religiösen Konzepte von Kindheit und Familie, Eltern- und Kinderrechten, staatlicher Kontrolle und familiärer Autonomie in den verschiedenen Staaten unterscheiden; selbst innerhalb von Europa (Freeman 1997, 129ff). Die modernen Kinderrechte können in *acht Kategorien* unterteilt werden: (1) existenzsichernde Rechte, subsidiär zur elterlichen Leistungspflicht; (2) das Recht auf Familie bzw. Rechte in der Familie und in der Gemeinschaft; (3) Beteiligungsrechte (Anhörungsrecht); (4) Schutzrechte (Schutz der Integrität, Schutz vor Ausbeutung); (5) Entwicklungsrechte (Förderung, Bildung); (6) klassische Freiheitsrechte (z. B. Religionsfreiheit); (7) den Kindeswohlgrundsatz und (8) das Recht auf Registereintrag und Schutz vor Staatenlosigkeit.

Die Kinderrechtskonvention lehnt sich zwar an die UN-Menschenrechtspakte an, enthält darüber hinausgehend aber auch Rechte, die in keinem anderen Menschenrechtsabkommen explizit enthalten sind, z. B. das Recht auf Kenntnis der eigenen Herkunft. Die Konvention enthält viele direkte und indirekte Gesetzgebungsaufträge, die den privaten Raum betreffen; dies ist für ein Menschenrechtsabkommen zwar ungewöhnlich, aufgrund der Abhängigkeit des Kindes von den Erziehungsberechtigten aber notwendig. Den Instrumenten des neueren Kinderrechtsschutzes ist gemeinsam, dass sie die Intensität der *staatlichen Schutzpflicht* zugunsten von Minderjährigen qualifizieren, wobei der Schutz durch positive Leistungen alle Bereiche umfasst, die aufgrund von Abhängigkeit, Verletzlichkeit und Entwicklungsstand der Kinder und Jugendlichen unter Berücksichtigung ihrer *evolving capacities* (zunehmenden Kompetenzen, vgl. Art. 5 CRC) relevant sind. Dem Kind stehen neben *Abwehrrechten* gegen staatliche Eingriffe (z. B. Verbot des Kriegsdienstes, Angemessenheit von Haftbedingungen und Heimunterbringung) auch *Ansprüche auf staatlichen Schutz vor Verletzungen durch Private* (z. B. Ausbeutung durch Kinderarbeit und Pornographie) und *innerhalb der Familie* zu (Van Bueren 1998, 86 ff.). Kaum ein Thema war bei der Beratung der CRC so umstritten wie der Schutz des Kindes vor Gewalt und Vernachlässigung innerhalb seiner Familie. Ein ausdrückliches Gewaltverbot konnte nicht im Text verankert werden; der Wortlaut macht aber deutlich, dass Gewalt in der Erziehung verpönt ist, gesundheitsgefährdende Gebräuche bekämpft und Kinder vor Gewalt geschützt werden müssen.

Die Verwirklichung der *sozialen, wirtschaftlichen und kulturellen Rechte* der CRC, namentlich Gesundheitsversorgung und Bildung, sind eine Grundlage dafür, dass sich das Kind gesund und frei von Armut entwickeln kann und sich sein Potential entfaltet. Können Eltern den notwendigen Unterhalt faktisch nicht erbringen, hat der Staat die grundlegenden Bedürfnisse des Kindes unter Ausschöpfung der verfügbaren staatlichen Ressourcen zu befriedigen. Das Kind hat, gestützt auf ICCPR (*International Covenant on Civil and Political Rights*) und CRC, ein *Recht auf Familienleben*, welches durch die Trennung von seinen Eltern verletzt werden kann, wenn keine Gründe vorliegen, die eine Trennung unter dem Gesichtspunkt des Kindeswohls rechtfertigen. Bei der materiellen Einschätzung einer Kindeswohlgefährdung kommt den Staaten allerdings ein recht großer Spielraum zu, der durch die jeweiligen kulturellen und sittlichen Gepflogenheiten und Erziehungsstile konturiert wird.

Die CRC verankert als Ausfluss der Achtung der Persönlichkeit der Minderjährigen das Recht von urteilsfähigen Kindern und Jugendlichen auf Anhörung in allen Verfahren, die für sie von Relevanz sind (Van Bueren 1998, 51 f.). Der von Amts wegen zu beachtende *Grundsatz der Beachtung des Kindeswohls* gilt nicht nur für Anordnungen im Familienrecht, sondern auch in anderen Rechtsgebieten, z. B. im Ausländer- oder Schulrecht. Daraus folgt eine Pflicht zur sorgfältigen Abklärung und Gewichtung der verschiedenen Interessen des Kindes, die auch widersprüchlich sein können (z. B. das Interesse an einem Zusammenleben mit den Eltern vs. das Interesse an Schutz vor Vernachlässigung). Das *Diskriminierungsverbot* schließlich untersagt eine herabsetzende Ungleichbehandlung bei der Anwendung der Konventionsgarantien aufgrund verschiedener Identitätsmerkmale, wie beispielsweise Rasse, Hautfarbe, Geschlecht, Sprache, sozialer Status oder Religion des Kindes oder seiner Betreuungspersonen. Der Schutz vor Diskriminierung gilt auch für *uneheliche* Kinder; eine weiterführende, vollständige rechtliche Gleichstellung unehelicher Kinder – z. B. im Erbrecht – war nicht nur bei der Beratung der CRC, sondern bereits beim ICCPR umstritten und fand schließlich keinen Eingang in die Vertragstexte (Nowak 2005, 551 ff.; Van Bueren 1998, 41 ff.).

Kritischer Ausblick

Die Kinderrechtskonvention ist – wie die Frauenrechtskonvention und die Behindertenrechtskonvention – ein Symptom für das Ungenügen der allgemeinen Menschenrechtsabkommen, die Rechte aller Menschen nicht nur auf dem Papier, sondern auch in der Praxis zu gewährleisten. Gleichzeitig haben diese gruppenspezifischen Abkommen den Effekt, dass sie gerade diese Entwicklung erneut zementieren, indem der Diskurs von einem holistischen Menschenrechtsverständnis und einer inklusiven Interpretation der UN-Menschenrechtspakte weggeführt wird. Andererseits dürfte es kaum möglich sein, die spezifischen Bedürfnisse und Erfahrungen dieser Bevölkerungsgruppen einzubeziehen, ohne die Leistungspflichten der Staaten ausdrücklich zu konkretisieren und zu differenzieren.

Die Kinderrechtskonvention ist mit ihrem Individualrechtsansatz, wie Eugeen Verhellen bemerkt hat, ein »einzigartiges umfassendes geopolitisches Sozialkonstrukt« (Verhellen 2000, 147). Sie enthält manche Kompromissformulierung, geht aber doch eher von einem westlichen Familien- und Staatsverständnis als Richtgröße aus. Ihr Text versucht, in einem doppelten Spannungsfeld einen Ausgleich zu finden: einerseits im Konflikt zwischen den individuellen Rechten von Minderjährigen und ihrem Eingebettetsein in die Familie als solidarische Gemeinschaft, andererseits im Konflikt zwischen einem Staatsinterventionismus zur Sicherstellung der Interessen von Minderjährigen und der Achtung der Rechte der Eltern. Die Allgemeinen Bemerkungen (*General Comments*) des UN-Kinderrechtsausschusses und seine zahlreichen kritischen Empfehlungen zu den Staatenberichten aus allen Ländern machen allerdings deutlich, dass sich die Konvention keineswegs, wie zu Beginn von manchen europäischen und den nordamerikanischen Staaten angenommen, vor allem an die Entwicklungsländer richtet.

Literatur

Detrick, Sharon: *A Commentary on the United Nations Convention on the Rights of the Child*. The Hague/Boston/London 1999.
Dorsch, Gabriele: *Die Konvention der Vereinten Nationen über die Rechte des Kindes*. Berlin 1994.
Douglas, Gillian/Sebba, Leslie (Hg.): *Children's Rights and Traditional Values*. Aldershot 1998.
Freeman, Michael: *The Moral Status of Children. Essays on the Rights of the Child*. The Hague 1997.
– /Veerman, Philip (Hg.): *The Ideologies of Children's Rights*. Dordrecht/Boston/London 1992.
Kilkelly, Ursula: *The Child and the European Convention on Human Rights*. Aldershot 1999.
Nowak, Manfred: *U.N. Covenant on Civil and Political Rights. CCPR Commentary*. Kehl/Strassburg/Arlington ²2005.
Price Cohen, Cynthia: »The Relevance of Theories of Natural Law and Legal Positivism«. In: Freeman/Veerman 1992, 53–70.
Van Bueren, Geraldine: *The International Law on the Rights of the Child*. The Hague/Boston/London 1998.
–: *Child Rights in Europe. Convergence and Divergence in Judicial Protection*. Strasbourg 2008.
Verhellen, Eugeen: *Convention on the Rights of the Child*. Antwerpen 2000.

Judith Wyttenbach

9.5 Internationales Übereinkommen zum Schutz der Rechte aller Wanderarbeitnehmer und ihrer Familienangehörigen (ICRMW)

Entstehung und Bedeutung

Die Entstehungsgeschichte der Wanderarbeitnehmerkonvention (ICRMW – *International Convention on the Protection of the Rights of All Migrant Workers and Members of Their Families*) geht bis in die 1970er Jahre zurück. Massenausweisungen in einigen Staaten forcierten auf internationaler Ebene die Diskussion, wie Migrantinnen und Migranten besser geschützt werden könnten. Im Jahre 1980 wurde von der UN-Generalversammlung eine Arbeitsgruppe zur Ausarbeitung einer Wanderarbeitnehmerkonvention eingesetzt. Dabei war unter den Industriestaaten die Ansicht weit verbreitet, dass eine spezielle Konvention zum Schutze von Wanderarbeitnehmerinnen und Wanderarbeitnehmern und ihren Familien nicht notwendig sei. Die Mehrheit der in der Generalversammlung versammelten Staaten bejahte hingegen die Notwendigkeit, die Rechte der Wanderarbeiter zu stärken und zusammenzufassen. Damit setzten sich die sogenannten Entwicklungsländer gegenüber den Industriestaaten durch. Auch Deutschland begegnete der Idee der Konvention deutlich zurückhaltend und äußerte Vorbehalte gegenüber einer Menschenrechtskonvention, die alle Migrantinnen und Migranten berücksichtigen sollte. Zu diesen Vorbehalten zählte insbesondere die Befürchtung, dass eine solche Konvention den Anreiz irregulärer Migration erhöhen würde. Gemeinsam mit den USA, Australien und Neuseeland sprach sich Deutschland dafür aus, den Geltungsumfang der Wanderarbeitnehmerkonvention auf rechtmäßig im Land lebende Migrantinnen und Migranten zu beschränken (Spieß 2007, 28). Trotz dieser Grundsatzkritik nahm Deutschland an der Arbeitsgruppe zur Ausarbeitung der Konvention teil. Im Jahr 1990 verabschiedete die UN-Generalversammlung die Wanderarbeitnehmerkonvention. Allerdings kam es erst im Jahre 2003 zu den 20 Ratifizierungen, die für das Inkrafttreten der Konvention notwendig waren. Bis zum Juli 2011 ist die Konvention von 44 Staaten ratifiziert worden; darunter befindet sich allerdings kein Mitgliedstaat der Europäischen Union.

Inhalt und Interpretation

Die Wanderarbeitnehmerkonvention enthält eine hohe Anzahl von Rechten. Entsprechend anderen internationalen Menschenrechtsverträgen jüngeren Datums sind in der Konvention bürgerliche und politische Rechte sowie wirtschaftliche, soziale und kulturelle Rechte gleichberechtigt verbürgt. Damit untermauert auch die Wanderarbeitnehmerkonvention die ›Unteilbarkeit‹ aller Menschenrechte. Die Menschenrechte, wie sie insbesondere im *Internationalen Pakt über bürgerliche und politische Rechte (ICCPR)* sowie im *Internationalen Pakt über wirtschaftliche, soziale und kulturelle Rechte* (ICESCR) enthalten sind, gelten grundsätzlich für alle Menschen. Die besondere Bedeutung der Wanderarbeitnehmerkonvention liegt deshalb darin, dass sie staatliche Verpflichtungen gegenüber Migrantinnen und Migranten in Bezug auf den internationalen Menschenrechtsschutz konkretisiert. Die Konvention präzisiert dabei auch das allgemeine menschenrechtliche Diskriminierungsverbot hinsichtlich der Rechte in der Arbeit und der Teilhabe an sozialen Rechten (Spieß 2007, 14). Die Konvention kodifiziert hingegen keine Rechte, die nicht bereits zuvor im Rahmen der UN oder der Internationalen Arbeitsorganisation (ILO) völkerrechtlich anerkannt waren. Auch Deutschland hatte diese Rechte schon im Rahmen der UN und der ILO anerkannt (Spieß 2007, 14). Neben der Präzisierung der allgemeinen Menschenrechte für die Situation von Migrantinnen und Migranten besteht die besondere Bedeutung der Wanderarbeitnehmerkonvention in der Betonung von Informations- und Kooperationspflichten der Herkunfts-, Transit- und Zielstaaten sowie in der Etablierung eines spezifischen Überwachungsverfahrens für die Menschenrechte von Migrantinnen und Migranten.

Der Text der Wanderarbeitnehmerkonvention besteht insgesamt aus neun Teilen: Im ersten Teil werden die in der Konvention verwendeten Begriffe definiert (Art. 1–6). Teil 2 (Art. 7) kodifiziert den menschenrechtlichen Grundsatz der Nichtdiskriminierung als Grundsatz der Konvention. Die Teile 3–5 enthalten dann konkrete Rechte von Wanderarbeitnehmerinnen und Wanderarbeitnehmern und ihren Familien (Art. 7–63), wobei die Konvention in ihren Regelungen nach unterschiedlichen Gruppen von Migrantinnen und Migranten differenziert. Teil 6 der Konvention befasst sich mit Verpflichtungen der Vertragsstaaten zur internationalen Kooperation und mit Informationspflichten der Vertragsstaaten (Art. 64–71). Im nächsten Teil (Art. 72–78) sieht die Konvention die Einsetzung eines Ausschusses zur Überprüfung der eingegangenen Verpflichtungen durch die Vertragsstaaten vor. Dabei sind unterschiedliche Kontrollmöglichkeiten des Ausschusses vorgesehen. Dazu gehören insbesondere das Staatenberichtsverfahren wie auch die Möglichkeit der Individualbeschwerde, sofern sich der jeweilige Vertragsstaat durch eine separate Erklärung dem Individualbeschwerdeverfahren unterworfen hat (Art. 77). In den letzten beiden Teilen folgen Regelungen zu allgemeinen Vertragsgrundsätzen (Art. 79–84) und übliche Schlussbestimmungen (Art. 85–93).

Die Wanderarbeitnehmerkonvention unterscheidet zwischen unterschiedlichen Gruppen von Migrantinnen und Migranten. Sie differenziert zwischen unterschiedlichen Arten von Migration und ordnet diesen die jeweils anwendbaren Rechte zu. Dabei differenziert die Konvention nicht nur nach den Gruppen der regulären und irregulären Migrantinnen und Migranten. Sie enthält weitere Differenzierungen und Regelungen, etwa für Grenzgängerinnen und Grenzgänger, Saisonarbeitnehmerinnen und -arbeitnehmer, projektgebundene Arbeitnehmerinnen und Arbeitnehmer und Selbständige. Damit trägt die Konvention dem Umstand Rechnung, dass die Art und Dauer des Aufenthaltes Einfluss darauf hat, wie eine Migrantin oder ein Migrant im Beschäftigungsstaat geschützt werden sollte. Die Konvention kann durch dieses differenzierte Regelwerk dazu beitragen, dass die Vertragsstaaten ihren Blick für die Situation von Migrantinnen und Migranten in ihrem Hoheitsgebiet schärfen und bestehende Defizite im Schutz der Menschenrechte wahrnehmen und beheben (Spieß 2007, 37).

Kritischer Ausblick

Die Bundesrepublik Deutschland äußerte von Anfang an Bedenken gegen die Konvention. Und bis heute steht die Bundesregierung einer Ratifikation ablehnend gegenüber, weil sie befürchtet, durch die Konvention zu stark in ihrer Migrations- und Arbeitsmarktpolitik eingeschränkt zu werden. Zudem befürchtet sie, irreguläre Migration bei einer Ratifikation der Wanderarbeitnehmerkonvention nicht mehr adäquat unterbinden zu können. Allerdings trifft die Konvention gerade keine Regelungen über die Voraussetzungen für die Einreise, den Aufenthalt oder die Aufnahme einer Beschäftigung. Die Entscheidungshoheit darüber verbleibt bei den Vertragsstaaten. Dies wird in Art. 79 der Konvention ausdrücklich klargestellt. Die Wanderarbeitnehmerkonvention geht in ihren Schutzbestimmungen nicht über die bisher von Deutschland ratifizierten Menschenrechtsübereinkommen und den darin enthaltenen Schutz für Migrantinnen und Migranten hinaus.

Die Ratifikation der Wanderarbeiterkonvention durch Deutschland könnte insbesondere dazu beitragen, den Fokus stärker auf die Situation von in Deutschland lebenden Migrantinnen und Migranten zu richten, um bestehende Mängel im Schutz der Menschenrechte zu erkennen und zu beseitigen (Spieß 2007, 37). Außerdem wird die Glaubwürdigkeit Deutschlands im Bereich der Menschenrechte verstärkt auf die Probe gestellt, sofern sich Deutschland einer Ratifikation weiterhin versperrt. Dies gilt auch für die anderen Staaten der Europäischen Union – umso mehr, als die Anzahl der Staaten, welche die Konvention ratifiziert haben, inzwischen erheblich gestiegen ist. In Deutschland bestehen zudem Lücken in der Gewährleistung der bereits jetzt durch die allgemeinen Menschenrechtsverträge garantierten Menschenrechte für Migrantinnen und Migranten. Dies betrifft etwa Kinder ohne Papiere. Damit auch sie ihr Recht auf Bildung wahrnehmen können, sind bestehende Barrieren beim Zugang zu Schulen und Kindertagesstätten abzubauen. Wenngleich es hier in jüngster Zeit Fortschritte gab, existieren weiterhin rechtliche und faktische Hindernisse. So ist der Zugang zu Kindertageseinrichtungen noch immer grundsätzlich versperrt, da die deutsche Kinder- und Jugendhilfe für diese Kinder nicht gilt (Cremer 2009). Damit Menschen ohne Papiere zudem auch ihre Menschenrechte auf Gesundheit und auf angemessenen Lohn sowie faire Arbeitsbedingungen wahrnehmen können, sind auch diesbezüglich existierende Hürden zu beseitigen. Dazu gehören insbesondere die aufenthaltsrechtlichen Übermittlungspflichten für öffentliche Stellen nach § 87 des deutschen Aufenthaltsgesetzes. Sie verhindern, dass Menschen ohne Papiere ihre Menschenrechte in Deutschland tatsächlich beanspruchen können (Bundesarbeitsgruppe Gesundheit/Illegalität 2008; Follmar-Otto/Rabe 2010).

Literatur

Bundesarbeitsgruppe Gesundheit/Illegalität: *Frauen, Männer und Kinder ohne Papiere in Deutschland – Ihr Recht auf Gesundheit*. Deutsches Institut für Menschenrechte. Berlin 2008.

Cremer, Hendrik: *Das Recht auf Bildung für Kinder ohne Papiere – Empfehlungen zur Umsetzung*. Deutsches Institut für Menschenrechte. Berlin 2009.

Follmar-Otto, Petra/Rabe, Heike: »EU-Richtlinienumsetzungspaket 2010: Chancen zur Stärkung der Betroffenen von Menschenhandel und schwerer Ausbeutung nicht verpassen!« In: *aktuell* 1 (Deutsches Institut für Menschenrechte. Berlin 2010).

Spieß, Katharina: *Die Wanderarbeitnehmerkonvention der Vereinten Nationen. Ein Instrument zur Stärkung der Rechte von Migrantinnen und Migranten in Deutschland*. Deutsches Institut für Menschenrechte. Berlin 2007.

Hendrik Cremer

9.6 Konvention über die Rechte von Menschen mit Behinderungen (CRPD)

Entstehung und Bedeutung

Obwohl die beiden UN-Pakte von 1966 (ICCPR u. ICESCR) theoretisch auch die Rechte von Menschen mit Behinderungen erfassen und schützen sollten, blieben sie in der Staatenpraxis für die rechtliche und tatsächliche Gleichstellung und die soziale Teilhabe von Menschen mit Behinderungen praktisch ohne Wirkung. Diesen Defiziten begegnete die internationale Gemeinschaft zunächst mit verschiedenen völkerrechtlich nicht unmittelbar verbindlichen *soft-law*-Erklärungen und Resolutionen (Stein 2007, 82f.). Namentlich vom Weltaktionsprogramm von 1982 und den *UN-Rahmenbedingungen über die Herstellung von Chancengleichheit für Behinderte* von 1993 gingen wichtige Anstöße für die spätere Normierung aus. Als erstes verbindliches internationales Menschenrechtsabkommen verankerte dann die Kinderrechtskonvention von 1989 (CRC, s. Kap. III.9.4) ausdrücklich ein akzessorisches Verbot der Diskriminierung aufgrund von Behinderung. Die CRC verpflichtet die Staaten, Kinder mit Behinderungen zu schützen und zu fördern und ihre Rechte anzuerkennen. Nach längeren Vorarbeiten wurde schließlich am 13. Dezember 2006 die neue *UN-Konvention über die Rechte von Menschen mit Behinderungen* (CRPD – *Convention on the Rights of Persons with Disabilities*) verabschiedet. Ihr Zusatzprotokoll sieht ein Individualbeschwerdeverfahren vor, mit welchem die Verletzung sämtlicher Konventionsgarantien gerügt und eine Einschätzung durch den Überwachungsausschuss erwirkt werden kann.

Im Vorfeld der Beratungen war umstritten, ob mit einer *convention à part*, welche gezielt Menschen mit Behinderungen im Blick hat, die Gleichstellung dieser Gruppe erwirkt werden könne oder ob dadurch die Diskriminierung nicht gerade perpetuiert und verfestigt werde (zu dieser Diskussion: Schmahl 2007, 521 f.; Weiss 2006, 300; Graumann 2011, 28 f.). Umso wichtiger war die umfassende Einbeziehung der Behindertenorganisationen in die Diskussionen im *drafting process*. Diese partizipative Vorgehensweise bei der Erarbeitung wie auch die Einbeziehung der NGOs bei der innerstaatlichen Umsetzung der Konvention (vgl. Art. 33 Abs. 3 CRPD) stellen im internationalen Menschenrechtssystem ein Novum dar und verleihen der Konvention eine besondere zivilgesellschaftlich verankerte Legitimation (weiterführend: Bernstorff 2007, 1052 f.).

Inhalt und Interpretation

Offen war zu Beginn der Beratungen, ob in der Konvention eine Definition von Behinderung verankert werden sollte. Gleichzeitig war klar, dass der persönliche Schutzbereich erfasst und auf eine bestimmte Personengruppe verengt werden musste. Stigmatisierende, einseitig defizitär formulierte Festlegungen und Zuschreibungen waren zu vermeiden. Als Behinderungen im Sinne der UN-Behindertenrechtskonvention gelten nun nach Art. 1 »langfristige körperliche, seelische, geistige oder Sinnesbeeinträchtigungen«, welche die Menschen »in Wechselwirkung mit verschiedenen Barrieren an der vollen, wirksamen und gleichberechtigten Teilhabe an der Gesellschaft hindern können«. Diese Definition verbindet individuelle Eigenschaften bzw. Gesundheitsbeeinträchtigungen (*impairment*) mit äußeren sozialen Faktoren (*disability* und *handicap*). Sie ist einerseits für verschiedene Ausprägungen und Schweregrade von Beeinträchtigungen, andererseits für unterschiedliche kulturspezifische Auffassungen von Behinderung und Nichtbehinderung offen (Dundes Renteln 2003, 59 ff.; kritisch Schmahl 2007, 535). Damit lehnt sich die Definition stark an ein Sozialmodell an, welches im Gegensatz zum medizinischen Funktionsstörungsmodell Behinderung als Sozialkonstrukt und als Produkt der gesellschaftlichen Normanforderungen begreift (zu diesen Modellen: Stein 2007, 85 ff.). Zur Klärung der Anspruchsbereiche definiert Art. 2 Begriffe wie ›Kommunikation‹, ›Sprache‹ oder ›universelles Design‹ ausführlich. So meint ›Sprache‹ neben Lautsprache auch Gebärdensprache oder andere Verständigungsmittel, ›Kommunikation‹ umfasst neben Sprachen und Textdarstellungen auch Brailleschrift oder taktile Mitteilungsformen.

Angestrebt werden soll die umfassende Inklusion der behinderten Menschen, wobei Inklusion über Integration hinausgeht. Die wirtschaftlichen, kulturellen und sozialen Strukturen sind so auszugestalten, dass sie den Bedürfnissen der Gesamtheit der Bevölkerung und damit auch jenen von Menschen mit Behinderungen gerecht werden (Aichele 2008, 12; Bernstorff 2007, 1049 f.). Die Konvention verfolgt keine Defizit- und Kompensationsansätze, sondern eine *Diversity*-Perspektive (dazu Bielefeldt 2009). Dies hat zur Folge, dass eine Behinderung nicht einseitig als persönliches Defizit aufgefasst werden soll, welches durch entsprechende Maßnahmen kompensiert werden muss, sondern dass die gesellschaftlichen Strukturen insgesamt an der *Vielfalt der Befähigungen* der Menschen auszurichten sind. Der Gedanke der *sozialen Inklusion*, welcher neben den Prinzipien von Autonomie und Selbstbestimmung die ganze Konvention prägt und die freiheits-, sozial- und gleichheitsrechtlichen Elemente auf dieses Gesamtziel ausrichtet und konsolidiert, ist die eigentliche Innovation des Abkommens (dazu auch Graumann 2011, 198 f.). Eine weitere Besonderheit ist in der ausgeprägten *horizontalen* Ausrichtung zu erkennen. Zwar richtet sich die Konvention an die Staaten und verpflichtet unmittelbar auch nur diese, doch berühren z. B. die Garantien des barrierefreien Zugangs zu Gebäuden und Informationen in Art. 9 und 21 CRPD nicht nur staatliche Wirkungsfelder, sondern auch private Eigentümerinnen, Dienstleister und Anbieter. Die Staaten müssen dem Diskriminierungsverbot zwischen Privaten Nachachtung verschaffen und im Rahmen der Gewährleistungspflicht ihre Gesetzgebung entsprechend anpassen.

Der Konventionstext ist laut Art. 3 im Lichte von acht *Leitprinzipien* auszulegen: (1) Respekt für die Würde, Autonomie, Wahlfreiheit und die Unabhängigkeit der Menschen; (2) Nichtdiskriminierung; (3) Partizipation; (4) Respekt und Akzeptanz; (5) Chancengleichheit; (6) Zugänglichkeit; (7) Geschlechtergleichstellung und (8) Respekt für die sich entwickelnden Fähigkeiten des Kindes und sein Recht auf Achtung und Erhalt seiner Identität. Die Konvention enthält Achtungs-, Schutz- und positive Gewährleistungspflichten des Staates im Bereich der bürgerlichen und politischen, aber auch der wirtschaftlichen, sozialen und kulturellen Rechte. Damit schneidet sie die Garantien der anderen internationalen Menschenrechtsabkommen auf die Bedürfnisse von Menschen mit Behinderungen zu. Hinsichtlich der wirtschaftlichen, sozialen und kulturellen Rechte ist die volle Verwirklichung unter Ausschöpfung der verfügbaren Mittel des Staates »nach und nach«, d. h. progressiv, zu erreichen (Art. 4).

Die Konvention enthält zum einen Rechte, die knapper und allgemeiner formuliert auch in den beiden UN-Pakten von 1966 zu finden sind (z. B. das Recht auf Arbeit, Bildung, Zugang zu Information oder freie Meinungsäußerung). In der Konvention werden diese Rechte jedoch ausführlich im Hinblick auf die besondere Interessenlage und den Erfahrungshintergrund von Behinderten konkretisiert. Diese »hybriden Rechte« (Mégret 2008, 515) beruhen zwar auf klassischen Garantien, sie sind aber mit angepassten Gehalten gefüllt. Die Konvention verankert auch Rechte, welche im internationalen Menschenrechtsschutz in dieser spezifischen Ausprägung bisher fehlten. Ein Beispiel dafür ist das Recht auf unabhängige Lebensführung und Teilhabe an der Gemeinschaft in Art. 19 CRPD. Auch der Schutz der körperlichen Integrität, welcher in eine »Freiheit von Ausbeutung, Gewalt und Missbrauch« in Art. 16 und die gleichberechtigte Achtung der körperlichen und geistigen Unversehrtheit in Art. 17 ausdifferenziert ist, geht wohl über die sachlichen Schutzbereiche von Art. 7, 10 und 17 des UN-Zivilpaktes hinaus.

Diskriminierung aufgrund der Behinderung beinhaltet nach Art. 2 der Konvention jede »Unterscheidung, Ausschließung oder Beschränkung auf Grund von Behinderung, die zum Ziel oder zur Folge hat, dass das auf die Gleichberechtigung mit anderen gegründete Anerkennen, Genießen oder Ausüben aller Menschenrechte und Grundfreiheiten beeinträchtigt oder vereitelt wird«. Untersagt sind alle Formen der Diskriminierung, einschließlich der »Versagung angemessener Vorkehrungen« (Art. 2). Die explizite Leistungskomponente im letzten Teilsatz stellt eine wesentliche Konkretisierung des Diskriminierungsbegriffs im internationalen Menschenrechtsschutz dar. Unter »angemessenen Vorkehrungen« versteht die Konvention notwendige und geeignete Änderungen und Anpassungen, die keine unverhältnismäßige oder unbillige Belastung für die Verpflichteten darstellen. Daraus kann z. B. die Pflicht abgeleitet werden, staatliche Einrichtungen und Gebäude oder allgemein zugängliche Privatgebäude, wie Einkaufszentren, Sportarenen, Kinos und Theater, zugänglich zu machen. Andererseits wäre es in Bezug auf Kosten und Nutzen unverhältnismäßig, dies auch von jeder einzelnen Einfamilienhausbesitzerin zu verlangen. Die Konvention widmet sich überdies der Mehrfachdiskriminierung – d. h. der Diskriminierung von Menschen aufgrund von Behinderung und anderen verpönten Merkmalen wie z. B. Geschlecht, Religion oder sexueller Orientierung – u. den positiven Maßnahmen zur Herstellung von De-facto-Gleichstellung (Art. 5 Abs. 2 und 4, Art. 6, 7).

Die ausdrückliche Bezugnahme auf *Gleichheit* bzw. *Gleichberechtigung* auch in freiheitsrechtlich angelegten Garantien zeigt den Stellenwert, den die Konvention dem rechtlichen und tatsächlichen (»inklusiven«) Einbezug der Interessen von Menschen mit Behinderungen einräumt. Sie zeigt auch, wie wenig selbstverständlich dieser Einbezug nach wie vor ist. Für die Umsetzung vieler Garantien reicht die formale Gleichbehandlung nicht aus. Vielmehr muss der besonderen Situation von Menschen mit Behinderungen durch entsprechende Anpassungsleistungen bzw. Vorkehrungen angemessen Rechnung getragen werden.

Besonders wichtig für die Verwirklichung der gesellschaftlichen Gleichstellung und der Unabhängigkeit von Menschen mit Behinderungen sind die *Zugänglichkeit*, das *Recht auf Bildung*, das *Recht auf Arbeit* und *das Recht auf Gesundheit*. Diese vier Bereiche bergen zugleich die größten Herausforderungen für die Staaten bei der Anpassung ihrer Strukturen und Rechtsordnungen. *Zugänglichkeit* bedeutet, dass angemessene Maßnahmen zu ergreifen sind, um wichtige Einrichtungen und Angebote (Gebäude, Transportmittel, Informationen etc.) barrierefrei nutzbar zu machen. Speziell erwähnenswert hinsichtlich des *Rechts auf Bildung* ist der Anspruch auf das Erlernen von behinderungsspezifischen Kommunikationstechniken, Mobilitätsfähigkeiten und lebenspraktischen Fertigkeiten sowie die staatliche Verpflichtung zur Errichtung eines inklusiven Bildungssystems, welches Schülerinnen und Schüler mit Behinderungen nicht diskriminiert und für Chancengleichheit sorgt. Die von Deutschland, Österreich und der Schweiz abgestimmte deutsche Übersetzung ist hier insofern unpräzise, als sie die Formulierung »inclusive« des Originaltextes mit »integrativ« übersetzt. *Inklusiv* meint jedoch eine strukturelle, auf Diversität ausgerichtete Anpassung des Bildungsbereichs, eine eigentliche *Teilhabe am System*, die über die individuelle Integration des einzelnen Kindes hinausreicht (UNICEF Innocenti Research Centre 2007, 1). Nach einer holistischen Betrachtungsweise müssen die Vorgaben der CRC und der CRPD in Kongruenz gebracht werden. Beispielsweise ist das Recht von Grundschulkindern auf Besuch der Regelschulen so umzusetzen, dass es mit dem Kindeswohlgrundsatz in Einklang steht (Art. 7 Abs. 2 CRPD). Das *Recht auf Arbeit* soll einen diskriminierungsfreien und gleichberechtigten Zugang zum Arbeitsmarkt verschaffen. Menschen mit Behinderungen sollen gemäß Art. 17 CRPD die Möglichkeit erhalten, den Lebensunterhalt durch eine Arbeit zu verdienen, die in einem offenen, integrativen und für Menschen mit Behinderungen zugänglichen Arbeitsmarkt und Arbeitsumfeld frei gewählt oder angenommen wurde. Das *Recht auf Gesundheit* in Art. 25 CRPD garantiert den Anspruch von Menschen mit Behinderungen auf das »für sie erreichbare Höchstmaß an körperlicher und geistiger Gesundheit ohne Diskriminierung«.

Kritischer Ausblick

Dass es eine Herausforderung darstellte, Rechte von Menschen mit Behinderungen auf internationaler Ebene in befriedigender Weise zu positivieren, zeigt schon der Textumfang der Konvention. Dieser macht auch deutlich, wie wenig die herkömmlichen Instrumente und vor allem auch deren Interpretation in der internationalen Menschenrechtspraxis bislang auf die Erfahrungen und Bedürfnisse von Menschen mit Behinderungen ausgerichtet waren. Der bewusstseinsbildende, gesellschaftserziehende Aspekt in Art. 8 CRPD besitzt folglich in der CRPD einen hohen Stellenwert; er findet Vorläufer in ICERD (s. Kap. III.9.1) und CEDAW (s. Kap. III.9.2). Verschiedentlich fanden Erkenntnisse aus den Sozialwissenschaften Eingang in den Text, namentlich zum Behinderungsbegriff oder zu Mobilität und Zugänglichkeit (Schmahl 2007, 524). Es lässt sich diskutieren, ob die Konvention tatsächlich *neue* Rechte verankert oder ob sie im Wesentlichen die Menschenrechte der UN-Pakte im Hinblick auf die Situation von Menschen mit Behinderungen operationalisiert. So können z. B. das Recht auf unabhängige Lebensführung in Art. 19 oder das Recht auf persönliche Mobilität in Art. 20 auch als Konkretisierungen des Rechts auf persönliche Freiheit und des Rechts auf Privatleben im UN-Zivilpakt verstanden werden. Allerdings besitzen beide Garantien der CRPD neben dem freiheitsrechtlichen Element vor allem ausgeprägte sozialrechtliche Komponenten, welche in ihrer Kombination eben doch auch neue, wesentlich konkretere Pflichten des Gemeinwesens schaffen.

Stärker noch als die CRC folgt diese neue Konvention dem Prinzip der Unteilbarkeit und Gleichwertigkeit von Sozialrechten und Freiheitsrechten. Sie macht den Zusammenhang zwischen struktureller Benachteiligung und Diskriminierung sichtbar und verdeutlicht so, dass für Menschen mit Behinderungen die Ausübung vieler Freiheitsrechte ohne entsprechende Leistungen von Gesellschaft und Staat – beispielsweise Zugänglichmachen und materielle Sicherheit – gar nicht möglich ist (Scott 1989, 786; Leckie 1998, 87 f.; Eide/Rosas 2000, 3 f.; Schmahl 2007, 527; Bernstorff 2007, 1046). Damit leistet die Konvention zweifellos einen wichtigen Beitrag zur Weiterentwicklung des internationalen Menschenrechtsdiskurses. Wesentlich ausgeprägter noch als die Kinderrechtskonvention versucht die CRPD, den Fürsorge- und Wohlfahrtsansatz hin zu einem *human rights based approach* zu überwinden. Dieser soll sicherstellen, dass staatliche und gesellschaftliche Unterstützung nicht mit der Preisgabe von Autonomie und Selbstbestimmung verbunden ist, sondern der Entfaltung des Potentials von Menschen mit Behinderungen dient (Graumann 2006, 5 ff.).

Wie bei allen sozialrechtlich geprägten Menschenrechtsabkommen wird auch bei der CRPD entscheidend sein, wie stark der politische Wille in den Vertragsstaaten zu einer umfassenden rechtlichen Umsetzung und zur Bereitstellung der erforderlichen finanziellen Mittel sein wird, zumal manche der Garantien recht offen formuliert sind, was ihrer Verbindlichkeit abträglich ist. In jüngerer Zeit hat das Bewusstsein für die Bedeutung innerstaatlicher Umsetzungsstrategien allgemein stark zugenommen, was sich anhand des Fakultativprotokolls zu CAT (s. Kap. III.9.3) oder der CRPD zeigt, die als erste Abkommen diesbezügliche Vorgaben aufweisen. Aus den Materialien geht hervor, dass die Verankerung von Implementierungsmaßnahmen im Konventionstext stark umstritten war, weil sie das Umsetzungsermessen der Vertragsstaaten begrenzt (Grimheden 2009, 424). Da die CRPD überwiegend programmatische Bestimmungen enthält, deren Umsetzung weitgehend vom Willen der Vertragsstaaten und entsprechenden innerstaatlichen Mechanismen abhängt, ist es nicht weiter erstaunlich, dass sich gerade in diesem neuen Vertrag erstmals ausführliche Bestimmungen zur Erstellung von Statistiken und Datensammlungen, zur innerstaatlichen Durchführung und Überwachung sowie schließlich zu institutionellen Umsetzungseinrichtungen (*focal points* in der Verwaltung) und zur Erarbeitung nationaler Aktionspläne finden. Die negativen Erfahrungen bei der Umsetzung des *Sozialpaktes* oder der *Kinderrechtskonvention* dürften hier wegweisend gewesen sein. Die Zukunft wird zudem zeigen, ob aus der Konvention auch bei komplexen rechtlichen Fragen gewisse Kriterien für schwierige Güterabwägungen abgeleitet werden können, z. B. im Umgang mit schwerstbehinderten Neugeborenen (weiterführend: Graumann 2011, 203), wenn sich das Recht auf Leben in Art. 10, das Recht auf ein Höchstmaß an körperlicher und geistiger Gesundheit in Art. 25, das Verbot der unmenschlichen Behandlung in Art. 15 und das Primat des Kindeswohls in Art. 7 Abs. 2 gegenüberstehen.

Literatur

Aichele, Valentin: *Die UN-Behindertenrechtskonvention und ihr Fakultativprotokoll – Ein Beitrag zur Ratifikationsdebatte*. August 2008.

Bernstorff, Jochen von: »Menschenrechte und Betroffenenrepräsentation: Entstehung und Inhalt eines UN-Antidiskriminierungsübereinkommens über die Rechte von behinderten Menschen«. In: *Zeitschrift für ausländisches öffentliches Recht und Völkerrecht* 67. Jg. (2007), 1041–1063.

Bielefeldt, Heiner: *Zum Innovationspotenzial der UN-Behindertenkonvention*. Hg. vom Deutschen Institut für Menschenrechte. Berlin [3]2009.

Degener, Theresia: »Antidiskriminierungsrechte für Behinderte: Ein globaler Überblick«. In: *Zeitschrift für ausländisches öffentliches Recht und Völkerrecht* 65. Jg. (2005), 887–935.

Dundes Renteln, Alison: »Cross-Cultural Perceptions of Disability: Policy Implications of Divergent Views«. In: Stanley S. Herr/Lawrence O. Gostin/Harold Hongju Koh (Hg.): *The Human Rights of Persons with Intellectual Disabilities: Different but Equal*. Oxford 2003, 59–81.

Eide, Asbjørn/Rosas, Allan: »Economic, Social and Cultural Rights: A Universal Challenge«. In: Asbjørn Eide/Catarina Krause/Allan Rosas (Hg.): *Economic, Social and Cultural Rights: A Textbook*. The Hague [2]2001, 3–8.

Graumann, Sigrid: »Sind wir dazu verpflichtet, für das Wohlergehen anderer zu sorgen?« In: *Sonderpädagogische Förderung* 51. Jg., 1 (2006), 5–22.

–: *Assistierte Freiheit. Von einer Behindertenpolitik der Wohltätigkeit zu einer Politik der Menschenrechte*. Frankfurt a. M. 2011.

Grimheden, Jonas: »Indicators for Monitoring Human Rights«. In: Gudmundur Alfredsson/Ders./Betrand G. Ramcharan/Alfred de Zayas (Hg.): *International Human Rights Monitoring Mechanisms. Essays in*

Honour of Jakob Th. Möller. Leiden/Boston ²2009, 421–428.

Leckie, Scott: »Another Step Towards Indivisibility: Identifying the Key Features of Violations of Economic, Social and Cultural Rights«. In: *Human Rights Quarterly* 20. Jg., 1 (1998), 81–124.

Mégret, Frédéric: »The Disabilities Convention: Human Rights of Persons with Disabilities or Disability Rights?« In: *Human Rights Quarterly* 30. Jg. (2008), 394–516.

Schmahl, Stefanie: »Menschen mit Behinderungen im Spiegel des internationalen Menschenrechtsschutzes«. In: *Archiv des Völkerrechts* 45. Jg. (2007), 517–540.

Scott, Craig: »The Interdependence and Permeability of Human Rights Norms: Towards a Partial Fusion of the International Covenants of Human Rights«. In: *Osgoode Hall Law Journal* 27. Jg. (1989), 769–868.

Stein, Michael Ashley: »Disability Human Rights«. In: *California Law Review* 95. Jg. (2007), 75–121.

UNICEF Innocenti Research Centre: *Promoting the Rights of Children with Disabilities.* Innocenti Digest No. 13. Genf 2007.

United Nations/Inter-Parliamentary Union (Hg.): *From Exclusion to Equality.* Handbook for Parliamentarians No. 14. Genf 2007.

Weiss, Norman: »Die neue UN-Konvention über die Rechte von Menschen mit Behinderungen – weitere Präzisierung des Menschenrechtsschutzes«. In: *MenschenRechtsMagazin* 3. Jg. (2006), 293–300.

Judith Wyttenbach

9.7 Internationales Übereinkommen zum Schutz aller Personen vor dem Verschwindenlassen (CPED)

Entstehung und Bedeutung

Das am 20.12.2006 verabschiedete und nach der zwanzigsten Ratifikation (durch den Irak) am 23.12.2009 in Kraft getretene *Internationale Übereinkommen zum Schutz aller Personen vor dem Verschwindenlassen* (CPED: *International Convention for the Protection of All Persons from Enforced Disappearance*) ist das erste universelle Vertragswerk, das sich mit einem Phänomen befasst, welches – auch heute noch – zuerst mit der Praxis der südamerikanischen Unrechtsregime während der 1970er und 1980er Jahre in Verbindung gebracht wird. Regimekritische Personen wurden, meist nachts, aus ihren Häusern entführt und an unbekannte Orte verbracht, an denen sie in geheimer Haft gehalten und gefoltert oder getötet wurden. Allein in Argentinien verschwanden auf diese Weise zwischen 1976 und 1983 zehntausende Menschen spurlos (historischer Überblick bei Grammer 2005, 7 ff.; Figari Layús 2010, 152 ff.). Der Kampf der später als ›Mütter der Plaza de Majo‹ bekannt gewordenen Hinterbliebenen um Gewissheit über den Verbleib ihrer Familienangehörigen hat entscheidend zur Einrichtung einer mit der Thematik befassten Arbeitsgruppe durch die UN im Jahre 1980 beigetragen, die 1992 zunächst eine Erklärung zum Schutz aller Personen vor dem Verschwindenlassen verabschiedete und seit 2002 maßgeblich an der Ausarbeitung der nunmehr in Kraft getretenen UN-Konvention beteiligt war. Im Folgenden soll ein Überblick über den Inhalt des umfangreichen Vertragswerks gegeben werden.

Inhalt und Interpretation

Das erzwungene Verschwinden von Personen weist im Vergleich mit anderen Menschenrechtsverletzungen mehrere Besonderheiten auf, die seine rechtliche Erfassung besonders schwierig gestalten. Daher ist bereits die Annahme einer *Definition* des Verschwindenlassens auf universeller Ebene durch Art. 2 der UN-Konvention eine ihrer bedeutendsten Errungenschaften:

»Im Sinne dieses Übereinkommens bedeutet ›Verschwindenlassen‹ die Festnahme, den Entzug der Freiheit, die Entführung oder jede andere Form der Freiheitsberaubung durch Bedienstete des Staates oder durch Personen oder Personengruppen, die mit Ermächtigung, Unterstützung oder Duldung des Staates handeln, gefolgt von der Weigerung, diese Freiheitsberaubung anzuerkennen, oder der Verschleierung des Schicksals oder des Verbleibs der verschwundenen Person, wodurch sie dem Schutz des Gesetzes entzogen wird.«

1. Definitorische Merkmale: Der Tatbestand des Verschwindenlassens setzt sich laut Art. 2 der UN-Konvention aus mehreren Handlungsabschnitten – u. a. der Ergreifung der Person, ihrer anschließenden Misshandlung während der geheimen Haft sowie des parallelen Verschleierns der Tatumstände – zusammen, was zu einer Verletzung verschiedener bedeutender Rechtsgüter des Verschwundenen während des gesamten Zeitraums der Tat führt. Während das Verschwindenlassen daher bereits frühzeitig als eine »multiple Menschenrechtsverletzung« begriffen wurde (Pérez Solla 2006, 33 ff.; Figari Layús 2010, 154 ff.), ist inzwischen anerkannt, dass der Unrechtsgehalt der Tat durch das Versetzen des Opfers in eine absolut hilflose Lage, in welcher es seinen Peinigern völlig schutzlos ausgeliefert ist, noch über die einzelnen Menschenrechtsverletzungen hinausgeht (Grammer 2005, 47 f., 101 ff.). Aus diesem Grund erkennt die UN-Konvention das Verschwindenlassen nunmehr zu Recht als *einheitliche* Menschenrechtsverletzung an und qualifiziert diese außerdem als eigenständiges völkerrechtliches Verbrechen.

Die sukzessive Begehungsweise des Verschwindenlassens hat weiter zur Folge, dass in der Regel mehrere Täter an der Menschenrechtsverletzung beteiligt sind. Während in manchen Fällen nicht einmal Identität zwischen den Entführern und denjenigen Personen besteht, welche die geheime Haft des Verschwundenen zu Misshandlungszwecken ausnutzen, handelt es sich bei den Personen, welche die Rechtsgutverletzungen durch das Verschleiern der Tatumstände erst ermöglichen, regelmäßig um Dritte, denen die anderen Beteiligten gänzlich unbekannt sind. Da das Unrecht und die Bedeutung ihres Tatbeitrags jedoch bei weitem über eine bloße Beihilfehandlung hinausgehen (vgl. Grammer 2005, 148 ff.), werden sie nunmehr – wie eine Zusammenschau von Art. 2 und Art. 6 der UN-Konvention verdeutlicht – vom Täterbegriff mit umfasst. Dieser zustimmungswürdigen Ausweitung des Kreises möglicher Täter steht schließlich eine bedeutende Einschränkung gegenüber: So fordert Art. 2, entgegen früheren Definitionsversuchen, ähnlich wie Art. 1 CAT, eine *staatliche Beteiligung* an den Verletzungshandlungen (s. Kap. III.9.3).

2. Erweiterte Opfergruppe: Auch der Kreis der potentiellen Opfer des Verschwindenlassens unterscheidet die Tat von anderen Menschenrechtsverletzungen. Da die Hinterbliebenen mit der andauernden Ungewissheit über das Schicksal ihrer Angehörigen leben müssen und deshalb kaum oder gar nicht in der Lage sind, die Erlebnisse seelisch zu verarbeiten, werden sie in besonderem Maße ebenfalls durch die Tat in ihren Menschenrechten verletzt (Grammer 2005, 104 ff.). Ihre Suche nach den Verschwundenen macht sie darüber hinaus häufig zur Zielscheibe staatlicher Repressionsmaßnahmen. Auch deshalb werden sie als Opfer des Verschwindenlassens angesehen (Art. 24 Abs. 1) und konsequenterweise mit eigenen Ansprüchen ausgestattet. Die UN-Konvention verleiht ihnen u. a. zahlreiche Informationsrechte, die ihnen die Suche nach dem Verschwundenen erleichtern sollen (Art. 18, 19 u. 20) und sieht dabei v. a. ein umfassendes *Recht auf Wahrheit* vor (Art. 24 Abs. 2). Vor diesem Hintergrund ist auch die Qualifikation des Verschwindenlassens als sogenanntes Dauerdelikt zu verstehen, wonach die Tat nicht etwa aufgrund des Todes des Verschwundenen, sondern erst dann als beendet anzusehen ist, wenn Gewissheit über dessen Schicksal und Verbleib besteht (Grossmann 2008, Rn. 5).

Ein weiterer bedeutender Beitrag zur rechtlichen Erfassung des Verschwindenlassens besteht darin, dass die in Art. 2 enthaltene Definition nicht nur die *systematische* Begehungsvariante, sondern auch *vereinzelte* Fälle des erzwungenen Verschwindens in den Anwendungsbereich der UN-Konvention mit einbezieht. Daher sind auch Praktiken wie die sogenanntes *extraordinary renditions*, d. h. die außerordentliche Überstellung von Terrorverdächtigen im Kampf gegen den internationalen Terrorismus (vgl. dazu die Studie des ECCHR), die nicht schon Bestandteil eines ausgedehnten und systematischen Angriffs gegen die Zivilbevölkerung sind, von der UN-Konvention mit umfasst (Heinz 2008, 7; Braun/Diehl 2011, 215 f.). Da die systematische Begehungsvariante des erzwungenen Verschwindens im Anschluss an Art. 7 Abs. 1 lit. i des ICC-Statuts gemäß Art. 5 der UN-Konvention als »Verbrechen gegen die Menschlichkeit« klassifiziert wird, kann sie als Qualifikationstatbestand der ›einfachen‹ Variante charakterisiert werden (Braun/ Diehl 2011, 216).

3. Staatliche Strafverfolgungspflicht: Die zentrale Pflicht der Vertragsparteien findet sich in Art. 4 der UN-Konvention, wonach diese das Verschwindenlassen in ihrer innerstaatlichen Rechtsordnung zu pönalisieren und zu bestrafen haben.

Damit wird den Staaten ausdrücklich auch eine Bestrafungspflicht für vereinzelte Fälle des Verschwindenlassens auferlegt. Dabei war lange umstritten, ob die Vertragsparteien gar zur Schaffung eines eigenständigen Straftatbestands des Verschwindenlassens in ihrer innerstaatlichen Rechtsordnung verpflichtet werden sollten. Auch wenn sich entsprechende Forderungen schließlich nicht durchsetzen konnten, muss Art. 4 in Verbindung mit Art. 7 der UN-Konvention gelesen werden, wonach die Strafandrohung der außerordentlichen Schwere der Tat entsprechen muss. Nur wenn die bereits vorhandenen nationalen Straftatbestände geeignet sind, den gesamten spezifischen Unrechtsgehalt des Verschwindenlassens vollständig zu erfassen, besteht keine Pflicht zum Tätigwerden der nationalen Legislativorgane (Braun/Diehl 2011, 220 f.). Daneben enthält die UN-Konvention weitere Anforderungen an die Ausgestaltung der nationalen Straftatbestände und ermächtigt die Vertragsparteien gemäß Art. 9 Abs. 2 zur Ausübung ihrer Strafgerichtsbarkeit auf der Grundlage des ›Universalitätsprinzips‹, dem zufolge Straftaten auch unabhängig vom Tatort oder der Staatsangehörigkeit des Täters geahndet werden dürfen. Dies gilt auch für Anklagen wegen ›einfachen‹ Verschwindenlassens (Anderson 2006, 269 f.). Schließlich wird den Staaten gemäß Art. 24 Abs. 3 und 4 die Pflicht auferlegt, ihre Rechtsordnung so auszugestalten, dass die Opfer des Verschwindenlassens vollständige Wiedergutmachung für ihre erlittenen physischen und psychischen Schäden verlangen können (vgl. dazu Braun/Diehl 2011, 222, 227 f.).

Die Überwachung der Konvention obliegt indes einem aus zehn Völkerrechtsexperten bestehenden Ausschuss, dem weitgehend die gleichen Befugnisse zukommen, welche auch die Überwachungsorgane anderer Menschenrechtsabkommen, wie etwa der Ausschuss gegen Folter, besitzen. So sieht die UN-Konvention ein obligatorisches Staatenberichts- (Art. 29) sowie ein jeweils fakultatives Staaten- (Art. 32) und Individualbeschwerdeverfahren (Art. 31) vor. Eine völkerrechtlich bislang einmalige Befugnis findet sich hingegen in Art. 30, der den Ausschuss dazu ermächtigt, auf Antrag der Hinterbliebenen ein eigenständiges Nachforschungsverfahren einzuleiten und in dessen Rahmen u. a. den betroffenen Vertragsstaat zum Ergreifen geeigneter Maßnahmen aufzufordern (vgl. dazu Braun/Diehl 2011, 223).

Kritischer Ausblick

Das erzwungene Verschwinden von Personen ist auch heute noch ein weit verbreitetes Phänomen. Die erwähnte UN-Arbeitsgruppe zählt in ihrem aktuellen Jahresbericht 42 633 offene Fälle (UN Doc. A/HRC/16/48, Ziff. 8). Dabei ist zu beobachten, dass das systematische Verschwindenlassen von Personen als Teil eines ausgedehnten und systematischen Angriffs gegen die Zivilbevölkerung nicht mehr die überwiegende Anzahl der neu zu verzeichnenden Fälle ausmacht. Stattdessen ist eine steigende Zahl der ›einfachen‹ Variante des Verschwindenlassens zu verzeichnen. Insbesondere in den ›Drogenkriegen‹ in Mexiko und Kolumbien sowie im Rahmen des Kampfs gegen den internationalen Terrorismus kommt es vermehrt zu solchen Menschenrechtsverletzungen (Figari Layús 2010, 153 f., mit weiterführenden Hinweisen). Obwohl auch in diesen Fällen eine gewisse Systematik nicht zu leugnen ist, erfüllen die entsprechenden Handlungen nicht die strengen Tatbestandsvoraussetzungen eines ›Verbrechens gegen die Menschlichkeit‹. Doch gerade in der Regelung dieser ›einfachen‹ Begehungsalternative des erzwungenen Verschwindens liegt somit die eigentliche *rechtliche* Bedeutung der UN-Konvention.

Während das systematische Verschwindenlassen bereits als eigenständige Menschenrechtsverletzung anerkannt war und weltweit auf der Grundlage des Universalitätsprinzips bzw. vor dem ICC (International Criminal Court) strafrechtlich verfolgt werden konnte und kann, gilt dies für die Vertragsparteien nunmehr auch in Bezug auf den Grundtatbestand. Da diese deshalb dazu verpflichtet sind, auch den spezifischen Unrechtsgehalt des ›einfachen‹ Verschwindenlassens in ihrer nationalen Strafrechtsordnung vollständig zu erfassen und dies etwa durch die bestehenden Straftatbestände des deutschen StGB nicht gewährleistet ist, besteht u. U. eine vertragliche Pflicht zur Schaffung eines eigenen Straftatbestands des Verschwindenlassens (ausführlich Braun/Diehl 2011, 225 ff.). Fälle wie z. B. die Verschleppung des in Deutschland lebenden Türken Murat Kurnaz durch den US-amerikanischen Geheimdienst zeigen, dass es auch in grundsätzlich menschenrechtsfreundlichen Staaten zu einem Verschwindenlassen im Sinne der UN-Konvention kommen kann, so dass es sich auch hierzulande nicht nur um ein rein ›theoretisches‹ Problem handelt. Außerdem kommt Staaten, die, wie die Bundesrepublik, zu den ersten Unterzeichnern der UN-Konvention gehörten und diese bereits ratifiziert haben (BGBl. II 2009, 932), eine Vorbildwirkung hinsichtlich ihrer bestmöglichen Umsetzung auf innerstaatlicher Ebene zu.

Daneben wird der Erfolg der UN-Konvention maßgeblich von der zukünftigen Arbeit des Ausschusses abhängen, der am 31.5.2011 seine konstituierende Sitzung hatte. Diesem wird neben den klassischen Aufgaben der Überwachungsorgane von internationalen Menschenrechtsabkommen – also der Durchführung des Staatenberichtsverfahrens und der Prüfung von Staaten- und Individualbeschwerden – v. a. auch eine primärrechtsschützende Funktion zukommen. Während es für den Erfolg der erstgenannten Aufgaben maßgeblich auf die Anerkennung des Individualbeschwerdeverfahrens durch die Vertragsparteien ankommen wird, sind die grundsätzlichen Befugnisse des Ausschusses nach Art. 30 der UN-Konvention – zumindest auf dem Papier – durchaus weitreichend. Indem der Ausschuss auf Antrag der Angehörigen ein eigenes Nachforschungsverfahren durchführen kann, in dessen Rahmen er u. a. befugt ist, die Vertragspartei zum Ergreifen von Maßnahmen aufzufordern, und daneben verpflichtet ist, die Antragsteller über den Stand der Nachforschungen ständig auf dem Laufenden zu halten, kommt ihm eine bedeutende Rolle bei der Durchsetzung des in der UN-Konvention verbürgten umfassenden ›Rechts auf Wahrheit‹ zu.

Selbstverständlich gelten die vorstehenden Ausführungen ausschließlich für die Vertragsparteien der UN-Konvention, die jedoch bislang nur von 26 Staaten ratifiziert wurde (bei 88 Unterzeichnern). Daneben bietet auf universeller Ebene nur die 1992 von der UN-Generalversammlung verabschiedete Erklärung zum Schutz aller Personen vor dem Verschwindenlassen sowie die – nunmehr parallel zum Ausschuss existierende – UN-Arbeitsgruppe Schutz vor dieser gravierenden Menschenrechtsverletzung. Da es sich bei dieser Erklärung aber lediglich um sogenanntes *soft law* handelt und die UN-Arbeitsgruppe keine dem Ausschuss vergleichbaren Befugnisse besitzt, schließt die nunmehr verabschiedete UN-Konvention zweifellos eine bislang bestehende Lücke im universellen Menschenrechtsschutz und weltweiten Kampf gegen die Straflosigkeit. Für den Erfolg der UN-Konvention ist zu diesem Zeitpunkt daher v. a. eine breite Akzeptanz erforderlich, die sich zunächst in weiteren Ratifikationen manifestieren muss.

Literatur

Anderson, Kirsten: »How Effective is the International Convention for the Protection of all Persons from Enforced Disappearance Likely to be in Holding Individuals Criminally Responsible for Acts of Enforced Disappearance?« In: *Melbourne Journal of International Law* 7. Jg., 2 (2006), 245–277.

Braun, Leonie von/Diehl, David: »Die Umsetzung der Konvention gegen das Verschwindenlassen in Deutschland – Zum Erfordernis eines eigenen Straftatbestands«. In: *Zeitschrift für Internationale Strafrechtsdogmatik* 6. Jg., 4 (2011), 214–229.

European Center for Constitutional and Human Rights (ECCHR): *CIA-»Extraordinary Rendition«, Flights, Torture and Accountability – A European Approach.* Berlin ²2009.

Figari Layús, Rosario: »Das Verschwindenlassen: Zum Verständnis der UN-Konvention«. In: *MenschenRechtsMagazin* 15. Jg., 2 (2010) 151–160.

Grammer, Christoph: *Der Tatbestand des Verschwindenlassens einer Person, Transposition einer völkerrechtlichen Figur ins Strafrecht.* Berlin 2005.

Grossmann, Claudio M.: »Disappearances«. In: Rüdiger Wolfrum (Hg.): *Max Planck Encyclopedia of Public International Law*, Online-Ausgabe, 2008 (16.6.2011).

Heinz, Wolfgang S.: *Das neue internationale Übereinkommen zum Schutz aller Personen vor dem Verschwindenlassen.* Essay No. 8. Hg. vom Deutschen Institut für Menschenrechte. Berlin 2008.

Pérez Solla, María Fernanda: *Enforced Disappearances in International Human Rights.* Jefferson 2006.

David Diehl

IV. Kontroversen

1. Universalismus, Kulturalismus, Relativismus

1.1 Der menschenrechtliche Universalismus und seine relativistischen Gegner

Zentrale Konfliktlinien

Die Behauptung, dass die Menschenrechte ›universell‹ gelten, stellt für fast alle Befürworter der Menschenrechte eine Art unhintergehbares Axiom dar. Aber nicht zuletzt aus diesem Grund ist sie aufseiten vieler Kritiker auch heftig umstritten. Zunächst zielt die Behauptung auf eine allgemeine Formeigenschaft sämtlicher Menschenrechte. Sie besagt: Trotz aller biologischen, geschlechtsspezifischen, sozialen, kulturellen, religiösen oder anderweitigen individuellen Unterschiede haben *alle* Menschen weltweit, und zwar allein aufgrund ihres Menschseins, elementare Ansprüche auf *gleiche* menschenrechtliche Berücksichtigung. Und wer dies grundlegend bestreitet, vertritt eine *fundamentalistische* Menschenrechtskritik, denn er stellt die Gleichheit und Gleichwertigkeit aller Menschen bereits auf *prinzipieller* Ebene in Frage: Manche Menschen sind *nicht* gleich, so die These dieser Gegner, die einer »primären« Diskriminierung gleichkommt (Tugendhat 1993, 375 ff.). Es gebe vielmehr auch Menschen ›zweiter Klasse‹, und diese seien ›weniger‹ oder auch ›gar nichts wert‹. Oder wie es gar in der *totalitären* Variante dieser inhumanen Auffassung heißt: Manche Menschen seien ›Untermenschen‹ und deshalb wie ›Sachen‹, ›Tiere‹ oder gar ›Ungeziefer‹ zu behandeln, und schon deshalb könnten ihnen keine grundlegenden Achtungsansprüche zukommen (zur Kritik: Zimmermann 2008, bes. 17–46 u. 161–175). Wenn aber manche Menschen gar keine Achtung verdienen, dann kann es auch keine normativ gehaltvolle Idee der ›Menschheit‹ geben, aus der sich entsprechende Rechte ›des‹ Menschen ableiten lassen (vgl. Menke/Pollmann 2007, Kap. 3).

Diese fundamentalistische oder sogar totalitäre Gegnerschaft könnte aus Sicht der Menschenrechte fataler kaum sein, und historisch ist sie dann ja auch auf barbarische Weise wirksam gewesen, doch zumindest in der gegenwärtigen Fachdiskussion um die Menschenrechte wird diese Kritik von niemandem mehr vertreten. Wer ausdrücklich behaupten würde, dass manche Menschen ›unwert‹ seien und entsprechend auch keine menschenrechtliche Achtung verdienten, würde umgehend aus dem Kreise ernstzunehmender Diskursteilnehmer ausscheiden. Das bedeutet allerdings nicht, dass der menschenrechtliche Universalismus deshalb bereits umfassend akzeptiert wäre. Denn weitaus geläufiger als jene fundamentalistische Zurückweisung der gesamten Menschenrechtsidee ist die Kritik an einzelnen ihrer komplexen normativen Geltungsansprüche. Befürworter konstatieren gelegentlich, bei den Menschenrechten handele es sich um ›fundamentale‹, ›subjektive‹ Rechte, die einen ›allgemeinen‹, ›egalitären‹, ›unbedingten‹ oder auch ›unteilbaren‹ Charakter aufweisen (dazu die Kap. II.1.5 f.; Lohmann 2008). Und häufig hat der Ausdruck ›Universalismus‹ dann lediglich die Funktion eines sammelnden Oberbegriffs für das komplexe Zusammenspiel sämtlicher oder einiger dieser Teilansprüche.

Daraus folgt: Man kann den Universalismus der Menschenrechte nicht nur fundamentalistisch, sondern auch *im Detail* bestreiten. Man geht dann zwar davon aus, dass alle Menschen Menschen sind und ihnen allen zumindest einige Menschenrechte zukommen mögen, nicht aber genau dieselben oder sämtliche dieser Rechte bzw. auf gleiche, subjektive oder auch unbedingte Weise; so dass man in diesem Zusammenhang auch von

Formen einer »sekundären« Diskriminierung sprechen kann (Tugendhat 1993, 375 ff.). Diese sehr gängige Kritik wird zumeist aus einer dezidiert kulturvergleichenden Perspektive vorgetragen und ›relativistisch‹ genannt, weil sie die Idee der Menschenrechte zwar grundsätzlich anerkennt, zugleich aber auch *relativiert*. Mit Blick auf die Befürworter universeller Menschenrechte spielt diese Kritik heute vor allem die bedeutende Rolle einer provokativen Reflexionsinstanz, durch die man sich mit der Frage konfrontiert sieht, welche normativen Geltungsansprüche begrifflich *notwendig* zu den Menschenrechten gehören (für das Folgende vgl. auch Pollmann 2009).

Probleme und Positionen

Das Universalismus-Relativismus-Problem betrifft zuvorderst die Frage, ob man die Menschenrechte derart grundlegend und mit ›rationalen Gründen‹ rechtfertigen kann, dass sie von allen Menschen *für* alle Menschen weltweit als gleichermaßen verbindlich angesehen werden können (Kühnhardt 1987; Bielefeldt 1998); wobei eine solche Begründung möglichst auch noch jene Kritiker überzeugen können sollte, die bislang noch nicht von den Menschenrechten und deren Geltungsansprüchen überzeugt sind. Wie zu Beginn bereits erwähnt, lautet dabei die für den menschenrechtlichen Universalismus als grundlegend zu betrachtende Behauptung: Trotz aller individuellen Unterschiede ist jeder Mensch weltweit als menschenrechtlich ›gleich‹ zu achten, und zwar allein, weil er Mensch ist. Anders gesagt: Jedes Mitglied der menschlichen Gattung, ganz gleich welcher Nationalität oder Kulturzugehörigkeit, welchen Geschlechts oder Alters, welcher familiären oder sozialen Herkunft, welcher religiösen oder politischen Gesinnung etc., muss bereits qua Menschsein als ein vollends gleichberechtigtes Mitglied der Rechtsgemeinschaft aller Menschen Anerkennung finden.

Es ist dieser normative Grundanspruch, der von fundamentalistischen Gegnern bereits im Ansatz bestritten wird, indem sie manche Menschen oder auch ganze Gruppen von Menschen von vornherein und vollständig aus jener universellen Rechtsgemeinschaft ausschließen wollen. Der menschenrechtliche Relativismus dagegen will so weit gar nicht gehen (für einen ersten Überblick: An-Na'im 1992). Er muss nicht schon leugnen, dass alle Menschen überhaupt irgendwelche Rechte haben. Er verneint lediglich, dass alle Menschen exakt dieselben subjektiven, allgemeinen oder unteilbaren Menschenrechte besitzen, und zwar jeweils auf egalitäre, unbedingte und identische Weise. Diese Skepsis gegenüber einzelnen *Formeigenschaften* universeller Menschenrechte tritt zumeist im Gewande eines oder mehrerer der im folgenden Abschnitt skizzierten kulturalistischen Einwände auf.

1. Kulturrelativistische Einwände gegen den Universalismus: Der erste Einwand richtet sich gegen den ›Dekontextualismus‹ der Menschenrechte. Der Relativismus ist ein *menschenrechtlicher* Relativismus. Das bedeutet: Er verneint keineswegs die Menschenrechtsidee als solche, sondern er beklagt lediglich die vorschnelle Übertragung einer jeweils bestimmten, und zwar zumeist als ›westlich‹ identifizierten Interpretation dieser Idee auf alle nur erdenklichen Kontexte und Kulturkreise (dazu Donnelly 2003, Abschnitt II). So weisen z. B. zahlreiche Kritiker eines derart ›dekontextualisierten‹ Universalismus auf den Umstand hin, dass politische Ordnungen und öffentliche Rechtssysteme, wenn sie wahrhaft ›gerecht‹ sein sollen, stets nach Maßgabe der sozialen, kulturellen, religiösen oder auch politischen Bedingungen ›vor Ort‹ eingerichtet werden müssen (vgl. Menke/Pollmann 2007, Kap. 3). Und daraus scheint unmittelbar zu folgen, dass eben auch grundlegende Privilegien und Rechte je nach Kontext und auf gerechtfertigte Weise *ungleich* zwischen den Individuen oder auch den gesellschaftlich relevanten Gruppen verteilt sein können. Das rhetorische Motto des kulturellen Relativismus lautet also: ›Andere Länder, andere Sitten! Andere Kulturen, andere Rechtssysteme!‹ Was es im jeweils konkreten Kontext für das jeweils besondere Individuum – ob Mann oder Frau, Inländer oder Ausländer, heterosexuell oder homosexuell, jung oder alt, gesund oder krank, berufstätig oder arbeitslos etc. – bedeutet, vonseiten der öffentlichen Rechtsordnung eine angemessene politisch-rechtliche Berücksichtigung zu erfahren, wird mit eben jenen konkreten Lebensbedingungen variieren: Gleichheit und Gerechtigkeit z. B. in Deutschland oder in den USA mögen etwas ganz anderes bedeuten als Gleichheit und Gerechtigkeit in China, Iran, Peru, Nigeria oder Darfur.

Zweiter Einwand: ›Eurozentrismus‹. Mit dem Vorwurf des Dekontextualismus ist zumeist ein zweiter kulturalistischer Einwand eng verknüpft, der auf die historische Genese der Menschenrechtsidee und hier vor allem auf das für deren Entwicklung entscheidende Erbe des europäischen Absolutismus und vor allem auch Totalitarismus abzielt. Da sich zeigen lasse, so der Vorwurf, dass die Menschenrechte ein ›westliches Produkt‹ geschichtlicher Unrechtserfahrungen seien, die primär im sogenannten Abendland durchlitten wurden, kann deren Geltung nicht einfach auf nicht-westliche Kulturkreise übertragen werden, deren Rechtssysteme auf ganz anderen historischen Erfahrungen aufruhen. Wer etwa glaube, man könne islamischen, afrikanischen oder asiatischen Werte- und Rechtskulturen umstandslos ein normatives Konstrukt westlicher Prägung überstülpen, verfahre »eurozentristisch« (vgl. Amin 2009): Man hält sich selbst für den Nabel der Welt und klassifiziert andere Kulturen nach den historischen Erfahrungen und daraus abgeleiteten Wertmaßstäben der eigenen Kultur.

Dritter Einwand: ›Anti-Pluralismus‹. Ein ebenso geläufiger dritter Einwand warnt aus interkultureller Perspektive vor der Gefahr, dass die Menschenrechte den globalen ›Pluralismus‹, d. h. die menschliche Vielfalt, zerstören könnten. Mit den Menschenrechten, so heißt es, werde eine rein westliche Vorstellung vom ›guten Leben‹ zwangsexportiert, die gegenüber kulturellen Abweichungen und Eigenarten ignorant sei (vgl. Donnelly 2003, Kap. 6). Folglich bezweckten die Menschenrechte eine weltweite ›Uniformierung‹ oder ›Egalisierung‹ aller Menschen, die unmittelbar in Widerspruch zu dem stehe, was die Menschenrechte – ihrem eigenen Selbstverständnis nach – beabsichtigen: die Schaffung rechtlicher Regeln *für* einen friedfertigen Pluralismus. Pointiert ausgedrückt: Der Pluralismus werde befriedet, indem man ihn *beseitigt* (de Benoist 2004).

Vierter Einwand: ›Individualismus‹. Der eng mit diesem dritten Vorwurf verknüpfte vierte Einwand hat weniger die pluralistische Vielfalt individueller Lebensstile als vielmehr die Bewahrung der sittlichen Grundlagen ganzer Rechtskulturen vor Augen. Für das moderne Menschenrechtsdenken, so heißt es, sei die Überzeugung elementar, dass die Menschenrechte *individuelle* Rechte sind. Das bedeutet: Es handelt sich um Rechtsansprüche, auf die jedes einzelne Rechtssubjekt *als Einzelnes* pochen darf, und zwar, im Fall der Menschenrechte, selbst noch gegenüber jener Gemeinschaft und Rechtsordnung, die ihm diese und alle sonstigen Rechte allererst zuerkennt (s. Kap. II.1.1). Es ist diese ›individualisierende‹, das Subjekt tendenziell als bindungsloses ›Atom‹ verstehende Rechtsvorstellung, die vielen kulturrelativistischen Kritikern ein Dorn im Auge ist. Denn wer z. B. ein Vertreter ›asiatischer Werte‹ ist (dazu die Beiträge in: Bauer/Bell 1999; s. auch Kap. IV.1.4) oder stärker ›kommunitaristisch‹ denkt (Taylor 1999), wird vielmehr – umgekehrt – dazu neigen, eine Priorität der Gemeinschaft vor den Rechtsansprüchen des Individuums zu behaupten und dessen *Pflichten* gegenüber der Gemeinschaft zu betonen. Aus einer stärker gemeinschaftsorientierten Sicht hat das Individuum Rechte vielmehr *nur* qua Mitgliedschaft in einer Gemeinschaft.

Fünfter Einwand: ›Imperialismus‹. Der fünfte Einwand ist eher realpolitischer Natur. Er kritisiert die von den Vereinten Nationen (UN) oder einzelnen Großmächten betriebene Menschenrechtspolitik und die oft floskelhafte, ja, scheinheilige Menschenrechtsrhetorik vieler westlicher Politiker als Ausdruck eines ›imperialistischen‹ Machtstrebens. Wer lautstark die Menschenrechte einklage, dabei aber gelegentlich selbst zu menschenrechtswidrigen Mitteln greife, z. B. zu Folter oder gar Krieg, der habe offenkundig ein ganz anderes Interesse als die Durchsetzung universeller Menschenrechte, und zwar ein durchweg egoistisches Interesse an dem Erhalt, der Stabilisierung oder Ausweitung der eigenen Macht- und Wirtschaftssphäre (Ignatieff 2002). Dieser als Menschenrechtspolitik ›getarnte‹ Imperialismus mache das Anliegen der Menschenrechte vollends unglaubwürdig und verstärke nur noch die ohnehin verbreitete Skepsis aufseiten vieler nicht-westlicher Nationen gegenüber einer durch den westlichen Kapitalismus ohnehin bewirkten Zwangsglobalisierung.

2. *Umstrittene Formeigenschaften universeller Menschenrechte:* Alle fünf der im letzten Abschnitt rekonstruierten Einwände setzen auf je unterschiedliche Weise an insgesamt sechs elementaren Formeigenschaften universeller Menschenrechte an, die im Rahmen dieser relativistischen Kritik, aber auch im Zuge ihrer selbstbewussten Zurückweisung nur umso deutlicher als begrifflich notwendig hervortreten. Es wird sich allerdings rasch zeigen, dass diese sechs Formeigenschaften keineswegs allein in interkultureller Perspektive umstritten sind, sondern seit jeher auch im Rahmen ›westlicher‹ Selbstkritik: Menschenrechte, so die umstrittene These, sind ›fundamentale‹, ›subjektive‹ Rechte, die einen ›allgemeinen‹, ›egalitären‹, ›unbedingten‹ und ›unteilbaren‹ Charakter aufweisen.

Erste Formeigenschaft: ›Fundamentalität‹. Es scheint zunächst unstrittig, dass die Menschenrechte dem Schutz besonders grundlegender bzw. ›fundamentaler‹ Aspekte menschlichen Lebens und nicht der Befriedigung von ›Luxusbedürfnissen‹ dienen. Und doch ist angesichts des kulturellen Pluralismus fraglich, wie man zu einer allgemeinverbindlichen ›Liste‹ derart basaler Grundansprüche gelangen soll. Denn je höher man das menschenrechtliche Anspruchsniveau veranschlagt, umso lauter wird die kulturrelativistische Kritik an vorschnellen Verallgemeinerungen. In der Hoffnung auf wachsende Akzeptanz wollen daher ›minimalistische‹ Inhaltsbestimmungen (z. B. Rawls 2002, § 10; Ignatieff 2002; s. Kap. II.2.6) eine Differenz zwischen einem *minimum core content* oder ›harten Kern‹ der Menschenrechte und überzogenen, ›maximalistischen‹ Inhaltsbestimmungen geltend machen (dazu Menke/Pollmann 2007, 125 ff.). Allerdings wirken entsprechende Reduktionsversuche fast immer willkürlich, da ihnen zumeist ein normatives Kriterium fehlt, das es plausibel erscheinen lässt, besonders grundlegende Rechte, wie etwa das Recht auf Leben oder das Sklavereiverbot, von weniger wichtigen und bereits deshalb kaum zu verallgemeinernden Ansprüchen zu unterscheiden. Es ist zwar richtig, dass die Menschenrechte nicht schon das ›gute‹ oder ›glückliche‹ Leben garantieren sollen. Sie fordern zugleich aber auch mehr als das, was der Mensch zum ›bloßen‹ oder ›nackten‹ Überleben braucht. Daher erscheint es sinnvoll, den menschenrechtlichen Grundanspruch der Fundamentalität anhand einer inhaltlich gehaltvollen Vorstellung vom ›menschenwürdigen‹ Leben zu spezifizieren (vgl. Pollmann 2008).

Zweite Formeigenschaft: ›Subjektivität‹. Wie bereits erwähnt, ist besonders auf kulturrelativistischer Seite die Auffassung verbreitet, dass die rechtstheoretische Grundsatzentscheidung, die individuelle Person in den Mittelpunkt des Rechtssystems zu rücken, ohne ihr jedoch entsprechende Pflichten aufzuerlegen, eine ›westliche‹ Verirrung sei. Und tatsächlich stellt ja die Forderung, dass Menschenrechte ›subjektiv‹ einklagbare Rechte sind, die dem Individuum seitens der Rechtsgemeinschaft ohne jeden Rückanspruch gewährt werden müssen, eine spezifisch moderne Rechtsidee dar (vgl. Menke 2008). Die damit verknüpfte historische Neuausrichtung öffentlicher Rechtssysteme erwächst aus der Erfahrung und Einsicht, was *öffentliche Gewalten* einzelnen Menschen anzutun vermögen. Folglich geht es den Menschenrechten auch nicht darum, die Gemeinschaft vor dem Individuum zu schützen, sondern umgekehrt: Das Individuum muss vor der Übermacht der politisch und rechtlich organisierten Gemeinschaft in Schutz genommen werden. Und eben deshalb, so wäre dem Kulturrelativismus zu entgegnen, muss jeder Versuch, an einer ›asiatischen‹, ›arabischen‹, ›afrikanischen‹ oder auch ›kommunitaristischen‹ Vorrangstellung der Gemeinschaft und *zugleich* an der Idee von Menschenrechten festzuhalten, wenig aussichtsreich anmuten. Ein anschauliches Beispiel für diesen Widerspruch bietet die japanische Verfassung von 1946. In Art. 13 heißt es: »All of the people shall be respected as individuals. Their right to life, liberty, and the pursuit of happiness shall, to the extent that it does not interfere with the public welfare, be the supreme consideration in legislation and in other governmental affairs.«

Dritte Formeigenschaft: ›Allgemeinheit‹. Sehr häufig ist mit dem Begriff des Universalismus nichts anderes als die Formeigenschaft der ›Allgemeinheit‹ gemeint. Und schon das Wort macht deutlich: Die Menschenrechte sollen ›allen gemein‹ sein. *Jeder* Mensch ist ein gleichberechtigter Träger dieser Rechte, woraus zugleich folgt, dass jede Art von Beschränkung des menschenrechtlichen Trägerkreises, z. B. auf nur ganz bestimmte Menschen, Personen oder Gruppen, unzulässig wäre. Doch eben dies wird aus relativistischer Sicht bisweilen in Frage gestellt. Und selbst in den sogenannten Mutterländern der Menschenrechte war es lange Zeit üblich, gerade *nicht* alle menschlichen Lebewesen sogleich als Menschen ›im vollen Sinne‹ zu betrachten, sondern nur weiße, steuerzahlende Männer. Ähnliche Exklusionen ergeben sich bis heute, wenn man den Trägerkreis der Menschenrechte am Ende eben doch auf jene beschränkt sehen will, die bereits als vollwertige Mitglieder der Gemeinschaft dazugehören; z. B. als Staatsangehörige oder Anhänger einer bestimmten Glaubensgemeinschaft, als verantwortliche Rechtssubjekte oder autonome Personen. Dann nämlich scheiden Einwanderer und Ungläubige, Unmündige oder auch Embryonen von vornherein aus dem Kreis vollwertiger Rechtsträger aus (vgl. Menke/Pollmann 2007, Kap. 4). Derartige Diskriminierungen sind bereits mit dem Begriff ›Menschenrechte‹ unverträglich, denn dieser eröffnet mit dem Hinweis auf den *Menschen* ausdrücklich einen größeren Inklusionsradius als z. B. die Begriffe ›Staatsbürgerrechte‹ oder auch ›Personenrechte‹ (s. Kap. II.1.2).

Vierte Formeigenschaft: ›Egalität‹. Ähnliche Widersprüche ergeben sich bei dem Versuch, die moderne Idee universeller Menschenrechte mit traditionellen, ständischen oder auch religiösen Privilegien, d. h. *Vorrechten*, in Einklang zu bringen. Denn man kann den Geltungsanspruch der Menschenrechte auch dadurch relativieren, dass man diese Rechte zwar allen Menschen, nicht aber allen Menschen ›egalitär‹, d. h. gleichermaßen, zubilligt. So ist z. B. in einigen monotheistischen Religionsgemeinschaften noch immer die Auffassung weit verbreitet, dass zwar auch Frauen zum Adressatenkreis der Menschenrechte gehören, doch müsse man ihnen deshalb nicht schon exakt den gleichen, sondern bloß einen *abgestuften* Rechtsstatus zubilligen. Anders gesagt: Männer und Frauen haben beide Menschenrechte, aber Männer haben eben immer noch *mehr* Menschenrechte. Ein signifikantes Beispiel dafür ist Art. 6 der *Kairoer Erklärung der Menschenrechte im Islam* von 1990: »Die Frau ist dem Mann an Würde gleich, sie hat Rechte und auch Pflichten.« Denn trotz der hier behaupteten Gleichheit an *Würde* wird es sich bei genauerem Hinsehen kaum um exakt die *gleichen* Rechte und Pflichten handeln; was dann auch spätestens in Art. 24 deutlich wird: »Alle Rechte und Freiheiten, die in dieser Erklärung genannt wurden, unterstehen der islamischen Scharia.« Und in dieser wiederum wird postuliert: »Die Männer stehen über den Frauen, weil Gott sie vor diesen ausgezeichnet hat« (Sure 4,34). Derart relativistische Interpretationen der Menschenrechte verstoßen ersichtlich gegen die zu Anfang bereits erwähnte Grundforderung, dass alle Menschen, rechtlich gesehen, als genau *gleichwertig* zu betrachten sind (zur islamischen Diskussion: Bielefeldt 2003).

Fünfte Formeigenschaft: ›Unbedingtheit‹. Ein weiterer Versuch, den Universalitätsanspruch der Menschenrechte zu relativieren, zielt darauf ab, den individuellen Besitz dieser Rechte von der subjektiven Bereitschaft zur Erfüllung notwendiger Bedingungen abhängig zu machen; z. B. von der Frage, ob der potentielle Rechtsträger korrespondierende Pflichten übernehmen will, oder auch von dessen ›Wohlverhalten‹ in moralischer bzw. strafrechtlicher Hinsicht. So formuliert etwa die afrikanische *Banjul-Charta der Menschenrechte* von 1981 eine ganze Reihe solcher Verbindlichkeiten; darunter z. B. die Pflicht, »die harmonische Entwicklung der Familie zu schützen«, oder auch die Pflicht, »unter vollem Einsatz der Kräfte und Fähigkeiten zu arbeiten und die im Interesse der Gesellschaft auferlegten Steuern zu bezahlen«. Ganz ähnliche relativistische Tendenzen zeigen sich heute aber auch in vielen ›westlichen‹ Diskussionen; z. B. dann, wenn es um sicherheitspolitische Fragen des Anti-Terror-Kampfes geht oder auch um die Forderung nach einer Enttabuisierung der sogenannten Rettungsfolter. Auch in diesen Debatten wird gelegentlich die Überzeugung laut, dass der Mensch aufgrund eigenen Fehlverhaltens seine Menschenrechte auch *verwirken* kann, falls er z. B. auf kriminelle oder verbrecherische Weise aus dem moralischen oder strafrechtlichen Konsens ausschert. Und im Umkehrschluss ergibt sich so die Einsicht, dass die Menschenrechte einen Anspruch auf ›Unbedingtheit‹ erheben, denn mit dem Hinweis, dass das bloße Menschensein zur Rechtsträgerschaft ausreicht, soll ja gerade ausgeschlossen werden, dass auf rechtlich diskriminierende Weise zwischen ›Freunden‹ und ›Feinden‹ der Rechtsgemeinschaft unterschieden wird (dazu die Diskussion im Anschluss an Jakobs 2004).

Sechste Formeigenschaft: ›Unteilbarkeit‹. Eine vorerst letzte Strategie, den Universalismus der Menschenrechte zu relativieren, besteht darin, deren Einheit und ›Unteilbarkeit‹ anzuzweifeln. Man hält dann entweder einzelne dieser Rechte oder aber ganze Klassen von Rechten für entbehrlich. Anschauliche Beispiele für die *erste* Strategie bieten einige islamische Menschenrechtskonzeptionen, die zwar ausdrücklich das internationale Menschenrechtsregime befürworten, dabei aber für gewöhnlich genau zwei Rechte von den international geltenden Katalogen ausnehmen wollen; und zwar das Recht auf Gleichbehandlung der Geschlechter zum einen und das Recht auf Konversion, d.h. auf Religionswechsel, zum anderen (Bielefeldt 2003). Ein Beispiel für die *zweite* Strategie ergibt sich aus der historischen Blockkonfrontation des Kalten Krieges: Während die kommunistischen Länder die gesamte Klasse sozialer Leistungsrechte zu Ungunsten individueller Freiheitsrechte propagierten, setzten die westlichen Demokratien, und zwar aus ebenso ideologischen Gründen, vornehmlich auf die Klasse individueller Freiheitsrechte zuungunsten sozialer Teilhaberechte (Brinkmeier 2004). Auch so wurde und wird das normative Anliegen der Menschenrechte ignoriert, einen insgesamt unteilbaren Rechtsanspruch festzuschreiben; auch wenn sich einige politische Befürworter dieses Anspruchs gelegentlich allzu überschwänglich über die kritische Einsicht hinwegsetzen, dass die bereits geltenden Menschenrechtsvereinbarungen auf UN-Ebene vielleicht doch einige Rechte enthalten könnten, die aufgrund ihres Inhalts bzw. der Art und Weise, wie sie formuliert sind, allenfalls bedingt als ein einklagbares Recht taugen. Man denke hier z.B. an das Recht auf ein »Höchstmaß an körperlicher und geistiger Gesundheit« nach Art. 12 des *Internationalen Pakts über wirtschaftliche, soziale und kulturelle Rechte* von 1966 (zur Diskussion insgesamt: Lohmann u.a. 2005).

Kritischer Ausblick

Aus der im letzten Abschnitt erfolgten Differenzierung formaler Charakteristika der Menschenrechte ergibt sich nun zunächst die terminologische Konsequenz, dass deren Universalitätsanspruch nicht schon mit den sechs übrigen Teilansprüchen verwechselt werden sollte. Doch genau dies geschieht in der Debatte sehr häufig, denn wer von der Universalität der Menschenrechte spricht, macht dabei nur selten deutlich, ob damit deren Fundamentalität, Subjektivität, Allgemeinheit, Egalität, Unbedingtheit oder Unteilbarkeit gemeint sein soll. Der menschenrechtliche Relativismus, so war zuletzt behauptet worden, setzt zumeist an einzelnen dieser sechs Formeigenschaften an und führt so – im Umkehrschluss und oftmals unbeabsichtigt – zu einem wachsenden Bewusstsein für die Komplexität des für die Menschenrechte charakteristischen normativen Anspruchsniveaus. Eine Auseinandersetzung mit relativistischen Einwänden ist daher notwendig, will man zu einem genaueren Verständnis der formalen Struktur von Menschenrechten gelangen. Denn der Relativismus verweist auf unaufgebbare Formeigenschaften jener spezifischen Klasse von Rechten: Man kann nicht zugleich auf dem Standpunkt der Menschenrechte stehen und doch einzelne dieser Formeigenschaften verwerfen wollen (dazu und für das Folgende: Pollmann 2009).

Gleichwohl kann und sollte darüber gestritten werden, wie genau diese sechs Formeigenschaften und mithin der Universalismus selbst zu verstehen sind. Zu eben dieser Klärung tragen auch die relativistischen Gegner bei, so wie einst die ganz zu Anfang erwähnte fundamentalistische Kritik zu der sich historisch ausbreitenden Gewissheit führte, dass wir die Menschenrechte als solche benötigen. Doch der menschenrechtliche Relativismus führt nicht nur zu produktiven Revisionen auf formaler Ebene, sondern auch in inhaltlicher Hinsicht: Insbesondere die zu Beginn des zweiten Abschnitts diskutierten Gefahren des Dekontextualismus, Eurozentrismus, Anti-Pluralismus, Individualismus und Imperialismus geben Anlass zur Selbstkritik. Und erst wenn diese Einwände als Plädoyer für kulturelle und politische Sensibilität verstanden werden, kann deutlich werden, dass selbst aufseiten vieler Befürworter ein grundlegendes Missverständnis in Bezug auf den Universalismus der Menschenrechte vorherrscht. Gemeint ist die bisweilen geradezu selbstverständlich anmutende Überzeugung, dass die Menschenrechte bereits universell gültig *sind*. Nicht nur der oben ausführlicher diskutierte Umstand, dass es noch immer relativistische Gegner der Menschenrechte gibt, sondern auch das weltpolitisch augenscheinliche Faktum verbleibender Menschenrechtsdefizite lassen fraglich werden, was genau diese – im Indikativ formulierte – Überzeugung eines bereits gegebenen Universalismus bedeuten soll: Will dieser Indikativ besagen, dass all die relativistischen Kritiker aus Politik und Philosophie buchstäblich ›blind‹ gegenüber einer faktisch bereits vorliegenden Tatsache sind?

Eher ist das Folgende zu vermuten: Fast alle Befürworter des Universalismus übersehen, dass es sich um einen Geltungs*anspruch* handelt, den es erst noch einzulösen gilt. Die Menschenrechte *sind* nicht schon universell gültig, aber sie wollen universell gültig *werden*. Anstatt also einen bereits verwirklichten, geradezu ›unumstößlichen‹ Universalismus jener 1948 erstmals auch auf völkerrechtlicher Ebene proklamierten Menschenrechte zu behaupten und sich genau dadurch der Kritik relativistischer Gegner auszusetzen, gilt es zu berücksichtigen, und zwar bereits auf der Ebene der Theoriebildung, dass die Menschenrechte sukzessive ›universalisiert‹ werden müssen (Menke/Pollmann 2007, Kap. 3). Das bedeutet: Sowohl auf der formalen Ebene der Inklusion *aller* Menschen in den menschenrechtlichen Trägerkreis als auch auf der inhaltlichen Ebene allgemeinverbindlicher Katalogisierungen einzelner Rechtsansprüche muss der Streit über das *richtige* Verständnis des Universalismus und seiner Teilansprüche interkulturell offengehalten werden. Am Ende sollten nicht einmal die bereits völkerrechtlich verbindlichen UN-Pakte als abschließende Formulierungen oder erschöpfende Kataloge der Menschenrechte angesehen werden; auch wenn sie selbstverständlich als ein historisch besonders bedeutsamer Versuch verstanden werden müssen, den Universalitätsanspruch der Menschenrechte einzuholen.

Daraus folgt für die Theorie der Menschenrechte: Deren Universalismus beruht zwar auf philosophisch zu begründenden Geltungsansprüchen, ist aber wesentlich ein *politisches* Projekt der umkämpften Verwirklichung dieser mit den Menschenrechten einhergehenden Ansprüche. Wirklich *eingelöst* wären Letztere aber erst dann, wenn die Menschenrechte weltweit auch faktisch zur Durchsetzung gebracht worden wären. Da dies jedoch in absehbarer Zeit kaum der Fall sein dürfte (wenn überhaupt je), sollte der Universalismus der Menschenrechte als ein Universalismus ›in the making‹ verstanden werden. Die Überzeugung, dass die Menschenrechte auch faktisch schon universell gelten, mag zwar überaus geläufig sein, sie ist aber dennoch unzutreffend. Und sie sollte nicht mit der zwar zutreffenden, aber bislang kaum geläufigen Auffassung verwechselt werden, dass die Menschenrechte *universalisierbar* sind. Dies ist eine der wichtigsten Lehren, die aus einer selbstbewussten Konfrontation mit dem menschenrechtlichen Relativismus zu ziehen wäre.

Literatur

Amin, Samir: *Eurocentrism: Modernity, Religion and Democracy*. New York 2009.
An-Na'im, Abdullahi A. (Hg.): *Human Rights in Cross-Cultural Perspectives. A Quest for Consensus*. Philadelphia 1992.
Bauer, Joanne R./Bell, Daniel A. (Hg.): *The East Asian Challenge for Human Rights*. Cambridge 1999.
Benoist, Alain de: *Kritik der Menschenrechte*. Berlin 2004.
Bielefeldt, Heiner: *Philosophie der Menschenrechte*. Darmstadt 1998.
–: »›Westliche‹ versus ›islamische‹ Menschenrechte?«. In: Ute Gerhard/Mechthild Jansen/Mechthild Rumpf (Hg.): *Facetten islamischer Welt*. Bielefeld 2003, 123–142.
Brinkmeier, Friederike: *Der Einfluss des Kalten Krieges auf den internationalen Menschenrechtsschutz*. Berlin 2004.
Donnelly, Jack: *Universal Human Rights in Theory and Practice*. Ithaca 2003.
Ignatieff, Michael: *Die Politik der Menschenrechte*. Hamburg 2002.
Jakobs, Günther: »Bürgerstrafrecht und Feindstrafrecht«. In: *Höchstrichterliche Rechtsprechung im Strafrecht* Nr. 3 (2004), 88–95, http://www.hrr-strafrecht.de/hrr/archiv/04–03/index.php3?seite=6 (Stand: 20.12.2011).

Kühnhardt, Ludger: *Die Universalität der Menschenrechte*. München 1987.

Lohmann, Georg: »Universalismus und Relativismus der Menschenrechte. Zur interkulturellen Verständigung über die Menschenrechte«. In: Jan Standke/Thomas Düllo (Hg.): *Theorie und Praxis der Kulturwissenschaften*. Berlin 2008, 205–219.

– u. a.: *Die Menschenrechte: unteilbar und gleichgewichtig?* Potsdam 2005.

Menke, Christoph: »Subjektive Rechte. Zur Form der Differenz«. In: *MenschenRechtsMagazin* 13. Jg., 2 (2008), 197–204.

– /Pollmann, Arnd: *Philosophie der Menschenrechte zur Einführung*. Hamburg 2007.

Pollmann, Arnd: »Von der philosophischen Begründung zur demokratischen Konkretisierung: Wie lassen sich Inhalt und Umfang der Menschenrechte bestimmen?« In: *Zeitschrift für Menschenrechte* 2. Jg., 1 (2008), 9–25.

–: »Für einen neuen Universalismus«. In: *Zeitschrift für Politik* 56. Jg., 1 (2009), 35–50.

Rawls, John: *Das Recht der Völker*. Berlin 2002.

Taylor, Charles: »Conditions of an Unforced Consensus on Human Rights«. In: Joanne R. Bauer/Daniel A. Bell (Hg.): *The East Asian Challenge for Human Rights*. Cambridge 1999, 124–144.

Tugendhat, Ernst: *Vorlesungen über Ethik*. Frankfurt a. M. 1993.

Zimmermann, Rolf: *Moral als Macht. Eine Philosophie der historischen Erfahrung*. Reinbek 2008.

Arnd Pollmann

1.2 Feministische Menschenrechtskritik

Zentrale Konfliktlinien

Die feministische Menschenrechtskritik ist so alt wie die Menschenrechte selbst. Olympe de Gouges (s. Kap. I.3.2) verfasste die *Déclaration des droits de la femme et de la citoyenne* (1791) als Protest gegen die aus der Französischen Revolution hervorgehende *Déclaration des droits de l'homme et du citoyen* (1789), da diese ausschließlich die Rechte von Männern im Blick hatte. Engagierte Frauen intervenierten bei der Erarbeitung der *Allgemeinen Erklärung der Menschenrechte*, und es gelang durchzusetzen, dass in der englischen Version nicht von »all men« die Rede ist, sondern von »human beings«, dass die Deklaration eine der »Human Rights« ist und nicht jene der »Rights of Men«, und dass sie die Gleichberechtigung von Frauen und Männern deklariert (Morsink 1991). Einen Höhepunkt bei den Bemühungen um angemessene Berücksichtigung der Belange von Frauen stellt das *Übereinkommen zur Beseitigung jeder Form der Diskriminierung der Frau* (1979) der Vereinten Nationen dar (s. Kap. III.9.2). Sie deckt ein breites Spektrum ab und enthält Abwehrrechte gegen den Staat ebenso wie kulturelle, soziale und ökonomische Rechte. Die Frauenrechtskonvention gehört zu den meistunterzeichneten Konventionen überhaupt; dies allerdings um den Preis, dass viele Mitgliedstaaten weitreichende Vorbehalte formuliert haben, die ihnen ermöglichen sollen, Ungleichbehandlungen von Frauen etwa im Ehe- und Familienrecht aus kulturellen oder religiösen Gründen aufrechtzuerhalten.

Ab Ende der 1980er Jahre intensivierte sich die feministische Kritik am herkömmlichen Menschenrechtsdiskurs (Charlesworth u. a. 1991). Ausgangspunkt ist die Diagnose, dass die Menschenrechte sowohl inhaltlich wie auch strukturell einen *male bias* aufweisen. Damit ist gemeint, dass sie auf Verletzungen zugeschnitten sind, die typischerweise Männern widerfahren. Die typischen Erfahrungen von Frauen werden demgegenüber tendenziell ausgeblendet. Wesentlicher Grund dafür ist die immer noch weitgehend vorausgesetzte Trennung von Öffentlichkeit und Privatheit. Die konventionellen Menschenrechtskonzeptionen stellen primär auf das Verhältnis zwischen Bürger und Staat ab. Sie wollen dem Bürger Freiräume gegenüber dem Staat sichern und ihn vor Eingriffen staatlicher Organe in seine Rechte schützen. Liberale Abwehrrechte sollen nicht zuletzt den Rückzug in eine Privatsphäre garantieren. Da sich viele gravierende Verletzungen von Frauen im Privatraum abspielen, bleiben sie für gewöhnlich unsichtbar und scheinen auch strukturell dem Zugriff der Menschenrechte gar nicht zugänglich zu sein: darunter häusliche Gewalt, sexuelle Übergriffe, ökonomische Ausbeutung. Ein vielzitiertes Beispiel für die einschlägige Schwäche des konventionellen Menschenrechtssystems ist die Definition von Folter. Darin wird jene Situation in den Blick genommen, dass eine Person von Vertretern des Staats gezielt gequält wird, nicht aber jene gravierende sexuelle Gewalt, die Frauen häufig zu Hause erleben (Charlesworth u. a. 1991, 627–629). Dafür kann der Staat zwar aufgrund der mangelnden Drittwirkung der Menschenrechte nicht direkt verantwortlich gemacht werden – sehr wohl allerdings, wenn er keine angemessene Abhilfe gegen ›private‹ Gewalt schafft. Schließlich gerät angesichts des Umstands, dass Armut ein statistisch signifikant weibliches Phänomen ist, die relative Zurückhaltung der internationalen Staatengemeinschaft bei der Verbürgung von sozialen, ökonomischen und kulturellen Rechten ebenfalls zum Nachteil von Frauen.

Probleme und Positionen

1. ›Menschenrechte als Frauenrechte‹ oder ›Frauenrechte als Menschenrechte‹: Wenn nun die Menschenrechte von Frauen anerkannt werden, dann vorwiegend als spezielle Rechte, als Anhang zu den ›an sich‹ primären, allgemeinen Menschenrechten. Das ergibt sich auch daraus, dass die Menschenrechte von Frauen in einer eigenen Konvention ratifiziert sind, dass deren Verletzung von einer eigenen Kommission behandelt wird und somit nicht im Fokus der ›allgemeinen‹ Menschenrechtsinstrumente liegt. Die Abschiebung der Menschenrechte von Frauen in den Bereich der Sonderrechte ist einerseits ein Problem; es stellt eine Marginalisierung dar und führt geradewegs in das ›Dilemma der Differenz‹ (Minow 1990, 20). Denn indem Frauen *als Frauen* Rechte zugesprochen werden, wird auch ein spezifisches Subjekt ›Frauen‹ konstruiert, wodurch sich einseitige Erwartungen und Verhaltensanforderungen an Frauen jedenfalls verfestigen können. Andererseits steht zu befürchten, dass das Fehlen eigener Konventionen und Kommissionen dazu führen würde, dass die existenziellen Betroffenheiten von Frauen wieder und weiter ignoriert würden. Feministische Initiativen müssen daher auf beiden Ebenen ansetzen: im allgemeinen Menschenrechtsdiskurs ebenso wie beim Versuch, speziell auf Frauen zugeschnittene Rechte zu generieren.

In beiden Bereichen konnten seit Beginn der 1990er Jahre einige Erfolge verbucht werden. Feministischen Aktivistinnen gelang es, das Thema der ›Frauenrechte als Menschenrechte‹ im Zentrum der UN-Weltmenschenrechtskonferenz in Wien 1993 zu etablieren. In der Abschlusserklärung wurde der Vorrang von Frauenrechten vor entgegenstehender Tradition und Kultur dekretiert. Bekräftigt wurde dies sowohl auf der Weltbevölkerungskonferenz in Kairo 1994 als auch in der Aktionsplattform, welche die Weltfrauenkonferenz in Peking 1995 abschloss. In der Aktionsplattform findet sich auch die Aufnahme der Strategie des Gender-Mainstreamings, wonach die Belange von Frauen in allen politischen Bereichen zu berücksichtigen sind. Die feministische Bewegung gegen Gewalt konnte im Jahr 1993 einen Durchbruch feiern, als eine *Erklärung zur Beseitigung der Gewalt gegen Frauen* als Resolution der UN-Generalversammlung verabschiedet und eine Sonderberichterstatterin für Gewalt gegen Frauen eingesetzt wurde. Ein weiterer Meilenstein ist die Resolution des Sicherheitsrats Nr. 1325 (2000) zur *Rolle von Frauen in bewaffneten Konflikten*. Schließlich ist das *Statut des Internationalen Strafgerichtshofs* der erste internationale Vertrag, der eine Anzahl von Akten sexueller und geschlechtsspezifischer Gewalt unter jenen besonders gravierenden Verbrechen auflistet, die vom internationalen Recht geahndet werden sollen. Diverse andere internationale Verträge berücksichtigen die Geschlechtergleichheit bedauerlicherweise nicht in ähnlichem Maße (Beispiele bei Ertürk 2007, 14–16).

Nun besteht zwar weitgehend Übereinstimmung hinsichtlich der Diagnose, dass Frauenbelangen bzw. Geschlechterfragen im internationalen Menschenrechtsdiskurs (noch immer) nicht genug Aufmerksamkeit gewidmet wird. Bei der Frage, wie dem beizukommen ist und wie die Probleme angesichts dessen, dass die Lebenslagen von Frauen äußerst verschieden sind, genau formuliert werden können, gehen die Vorstellungen in verschiedenen feministischen Strömungen allerdings weit auseinander. Das betrifft insbesondere die Frage, welche Rolle Argumenten zugestanden werden kann, mit denen die Ungleichbehandlung, Diskriminierung oder Verletzung von Frauen kulturell oder religiös legitimiert werden soll. Man kann hier sehr vereinfachend unterscheiden zwischen einem liberal-feministischen Menschenrechtsuniversalismus, der jegliche kulturell-religiöse Argumente verwerfen will, einer postkolonial-feministischen Menschenrechtskritik, die westlichen Imperialismus im feministischen Gewande kritisiert, und schließlich einer vermittelnden Position, die versucht, das Anliegen der Bewegung für Frauenrechte als Menschenrechte aufzugreifen, es aber sensibel für kulturelle Unterschiede und ohne westlich-ethnozentrische Arroganz umzusetzen.

2. Liberal-feministischer Menschenrechtsuniversalismus: Autorinnen, die primär mit einem liberal-feministischen Menschenrechtsuniversalismus identifiziert werden, sind etwa Susan Moller Okin (1998; 1999) und Martha Nussbaum (1999). Sie lehnen daher den Kulturrelativismus ab und stehen dem Multikulturalismus skeptisch gegenüber. Denn allzu häufig geraten die Menschenrechte von Frauen unter dem Deckmantel der unterschiedslosen Akzeptanz aller Kulturen unter die Räder: »›Respecting cultural differences‹ has really become a euphemism for restricting or denying women's rights« (Okin 1998, 36). Kultur und Religion werden vor allem in jenen Bereichen zur Geltung gebracht, die das Leben vieler Frauen typisch und in besonderer Weise bestimmen: Sexualität, Ehe, Reproduktion, Obsorge über Kinder, Bekleidung. Demgegenüber wird Kultur kaum ins Spiel gebracht, wenn es um die Regulierung von als ›öffentlich‹ angesehenen Bereichen des Lebens geht, wie etwa Wirtschaft oder Politik. Selbst dann, wenn Frauen auch ›öffentlich‹ tätig sind, werden sie von den Pflichten des häuslichen Lebens in anderer, intensiverer Weise beansprucht als Männer und unterliegen strengeren Vorgaben für ihr Verhalten.

Die Unterdrückung und Verletzung von Frauen, sei es durch häusliche und sexuelle Gewalt, Zwangsverheiratung, weibliche Genitalverstümmelung, Polygamie oder andere traditionsbasierte Praktiken wie erzwungene Verschleierung oder gar die Ermordung im Namen der Ehre, gerät, so der Einwand, in einem multikulturalistischen bzw. kulturrelativistischen Ansatz zu leicht zur Folklore, die mit dem Schutz des Privat- und Familienlebens gerechtfertigt werden soll. Als ein Beispiel für die selektive Wahrnehmung von Menschenrechtsverletzungen nennt Okin die Sklaverei: Allgemein gilt Sklaverei als extreme Verletzung der Menschenrechte. Die Sensibilität dafür fehle aber völlig in Fällen, in denen Eltern ihre Töchter im Austausch gegen Geld verheiraten. Wenn ein Ehemann einen Brautpreis für seine Frau zahlt oder sie mit ihm ohne ihr Einverständnis verheiratet wird, wenn er sie im eigenen Heim einsperrt, ihr verbietet, einer Erwerbsarbeit nachzugehen, oder ihr Gehalt einkassiert – all dies seien Manifestationen von Sklaverei. In vielen Teilen der Welt werden sie aber gerade nicht als Verletzungen der Menschenrechte wahrgenommen: »In some parts, indeed, most of these acts would be regarded as quite within the limits of normal, culturally appropriate behavior in parents or husbands« (Okin 1998, 35).

Wie kann diese missliche Situation behoben werden? Angesichts des häufigen Einsatzes von Kultur als Legitimationsstrategie meint Okin, dass es vielen Frauen besser gehen könnte, wenn die Kultur, in die sie hineingeboren sind, entweder verschwindet (*become extinct*) oder, und das vorzugsweise, wenn die Kultur ermutigt wird, sich so zu verändern, dass die Gleichheit von Frauen befördert wird – in westlichen Gesellschaften zumindest so weit, wie dieser Wert in der Mehrheitskultur anerkannt wird (Okin 1999, 23). Der Standard, den Okin anwendet, ist jener des liberalen Staats – an ihm werden die Situationen von Frauen in kulturellen und religiösen Gruppen gemessen. Sowohl die Vorstellung, es könnte für Frauen besser sein, würde ihre Herkunftskultur ›verschwinden‹, als auch die Tatsache, dass Autorinnen wie Okin die Standards liberaler Staaten, die ja selbst kulturell spezifisch sind, so selbstverständlich universell anwenden wollen, sind Anknüpfungspunkte für skeptische Nachfragen aus anti-essentialistischen feministischen Perspektiven, die sich postkolonialen Anliegen verpflichtet sehen. Sie hinterfragen darüber hinaus ganz grundsätzlich die Konstruktion von so etwas wie einheitlichen Traueninteressen. Damit wenden sie sich nicht nur gegen liberale, sondern auch gegen radikalfeministische Ansätzen wie jenen von Catharine MacKinnon, die davon ausgehen, dass die Klasse der Frauen von jener der Männer unterdrückt wird und auf eine dahingehend einheitliche Erfahrung zurückgreifen kann.

3. *Postkolonial-feministische Menschenrechtskritik:* Postkolonial-feministische Menschenrechtskritik stößt sich an der Art, wie weiße Mittelschichtsfeministinnen die Themen des Diskurses um Frauenrechte als Menschenrechte vorgeben, sie inhaltlich definieren und sich häufig arrogant über die tatsächlichen und artikulierten Bedürfnisse betroffener Frauen hinwegsetzen, die sie wortreich zu retten versuchen. Das Projekt ›Frauenrechte als Menschenrechte‹ wird insofern als hegemonialer, kolonialisierender Prozess angesehen, bei dem weiße Feministinnen sich selbst bestätigen, wie weit sie in ihren Bemühungen um Gleichberechtigung bereits gekommen sind, indem sie ›die‹ Dritte-Welt-Frau oder auch ›die‹ (muslimische) Migrantin zum Inbegriff des weiblichen Opfers erklären (Kapur 2002), dessen Leben keinen Raum für persönliche Autonomie lässt: aus Mangel an Bildung, aus Armut, selbstloser Familienorientierung und dem Gefangensein in ›barbarischen‹ Traditionen. Wenn der Frauenrechtsdiskurs von solchen Vorstellungen ausgeht, kann er gleichsam gar nicht anders, als von oben herab ein Heilsversprechen abzugeben und den Subjekten seiner Mission vorzuschreiben, wie sie sich zu emanzipieren haben.

Dies widerspricht nicht zuletzt genuin feministischen Prinzipien. Denn der Feminismus basiert auf dem Konzept der Partizipation – der Idee, dass die einzelnen Erfahrungen von Frauen gehört und einbezogen werden sollen, insbesondere jener Frauen, die ökonomisch und mit Blick auf ihre Möglichkeit, politisch Einfluss zu nehmen, am Rande stehen. Wenn der feministische Menschenrechtsdiskurs nun darauf hinausläuft, die Stimmen betroffener Frauen – jener, die ›gerettet‹ werden sollen – systematisch auszuschließen, dann macht er sich genau jener Verfehlungen schuldig, die feministische Kritik am konventionellen Menschenrechtsdiskurs moniert. Auch die Vernachlässigung sozialer und ökonomischer Rechte wird derart prolongiert. Leti Volpp kritisiert daher bereits die Entscheidung, (traditionsbasierte) Gewalt in den zentralen Fokus feministischer Menschenrechtskritik zu nehmen, anstatt sich darum zu kümmern, was ihrer Ansicht nach primär ansteht: nämlich das materielle Wohlergehen von Frauen zu fördern. Freilich sollte man sich davor hüten, den Kampf gegen Gewalt an Frauen und die Verbesserung ihrer sozioökonomischen Situation gegeneinander auszuspielen.

Der Fokus auf exotisch wirkende, fern erscheinende Praktiken wie weibliche Genitalverstümmelung, Zwangsverheiratung, Fußbinden, Witwenverbrennung etc. ermöglicht weißen Feministinnen, Menschenrechtsprobleme von Frauen auf die ›anderen‹ zu verlagern und missionarische Haltungen einzunehmen, die darauf abzielen, die Segnungen des Westens allen Frauen auf der Welt zukommen zu lassen. Damit geht die Tendenz einher, Gewalt gegen Frauen auf ein kulturelles Problem zu reduzieren (Ertürk 2007) und es bestimmten kulturellen Gruppen ›umzuhängen‹. Entsprechend ist es dann auch kein Zufall, wenn Frauenanliegen von westlichen Staaten instrumentalisiert werden, um nationalistisch-populistische Ressentimentpolitik gegen religiöse und kulturelle Minderheiten zu betreiben oder um ein militärisches Eingreifen in anderen Ländern zu legitimieren, wie dies etwa im Fall von Afghanistan geschehen ist. Darüber hinaus besteht auch die Gefahr, dass die Antwort auf Gewalt an Frauen im Bereich des Repressiven verbleibt, etwa durch Schaffung strafrechtlicher Normen, die nicht zum *Empowerment* von Frauen beitragen – ganz im Gegenteil (Kapur 2002, 6).

Kritischer Ausblick

Vermittelnde Positionen sind sich der Gefahren bewusst, die von postkolonial-feministischen Kritikerinnen aufgezeigt werden. Allerdings sollte dies ihrer Ansicht nach nicht zu einem Erlahmen feministischer Energien im Ringen um Frauenrechte als Menschenrechte und im Vorgehen gegen Gewalt an Frauen führen. Damit rückt die Frage danach, wie Probleme identifiziert werden, und nach den Mitteln, mit denen sie bekämpft werden sollen, in das Zentrum von theoretischer Analyse und politischer Aktivität. Weder darf Kultur als Deckmantel verwendet werden, um die Verletzung von Frauenrechten zu legitimieren, noch darf eine selektive Konstruktion von Kultur zur Herabwürdigung kultureller und religiöser Minderheiten herangezogen werden. Darüber hinaus muss ein adäquater feministischer Ansatz immer bemüht sein, die multidimensionale Positionierung von Frauen an der Schnittstelle von Machtachsen wie ethnischer Herkunft, körperlichen und geistigen Fähigkeiten, sexueller Orientierung und geschlechtlicher Identität, sozioökonomischer Situation etc. angemessen wahrzunehmen. Daher sollte, wie Berta Hernandez-Truyol (1996, 670) vorschlägt, nicht nur die ›Geschlechterfrage‹ gestellt werden – jene nach der geschlechtsspezifischen Verteilung von Rechten und Pflichten, Gütern und Lasten, Chancen und Gefährdungen –, sondern auch die ›Frauenfrage‹: die Frage danach, wie Frauen je nach Situation in unterschiedlicher Weise von Menschenrechtsaspekten betroffen sind. Die Frauenfrage zielt auf die Pluralisierung des feministischen Subjekts ab, das es auch im Menschenrechtsdiskurs nicht als ›eines‹ gibt.

Die Evaluation jener Kultur, die in Anspruch genommen wird, um eine spezifische, potentiell verletzende Behandlung von Frauen zu legitimieren, kann nur in einem Prozess erfolgen, der sowohl der Kultur immanente Kriterien als auch universelle Menschenrechtsprinzipien berücksichtigt. Dabei darf nicht unbeachtet bleiben, dass es nicht bloß die exotische Kultur von anderen ist, die als problematisch gelten kann. Vielmehr sind auch frauenverletzende Phänomene der westlichen Kultur in Betracht zu ziehen, wenn die Praktiken ›der anderen‹ ins Visier genommen werden. In einer Diskussion über weibliche Genitalverstümmelung und -beschneidung (FGM/FGC) als verletzende Eingriffe an weiblichen Genitalien darf etwa nicht außer Acht gelassen werden, dass die westliche kosmetische Chirurgie hochinvasive, durchaus nicht ungefährliche Verfahren bereitstellt, die dazu dienen, dass Frauen ihren Körper gemäß aktuellen Schönheitsidealen modellieren lassen können – dies im Namen weiblicher Selbstbestimmung. Bei diesen Vergleichen dürfen allerdings neben dem Finden von Analogien auch nicht die spezifischen Formen der Verletzung in ihrer Unterschiedlichkeit verschliffen werden, und es macht einen großen Unterschied, ob die Eingriffe an erwachsenen Frauen oder an minderjährigen Mädchen vorgenommen werden. Dass die Idee der Unverletzbarkeit der Frauenrechte als Menschenrechte dabei im Zentrum zu stehen hat und dass der schlichte Verweis auf Kultur als Legitimation von verletzender, ungleicher Behandlung untauglich ist, um sie auszuhebeln, sollte unbestritten sein (Xanthaki 2010).

Literatur

Charlesworth, Hilary/Chinkin, Christine/Wright, Shelley: »Feminist Approaches to International Law«. In: *American Journal of International Law* 85. Jg. (1991), 613–645.

Ertürk, Yakın: »Intersections Between Culture and Violence Against Women. Report of the Special Rapporteur on Violence Against Women, its Causes and Consequences«, UN-Dok. A/HRC /4/34 (Human Rights Council, 2007).

Hernandez-Truyol, Berta Esperanza: »Women's Rights as Human Rights – Rules, Realities and the Role of Culture: A Formula for Reform«. In: *Brooklyn Journal of International Law* 21. Jg. (1996), 605–677.

Kapur, Ratna: »The Tragedy of Victimization Rhetoric: Resurrecting the ›Native‹ Subject in International/Postcolonial Feminist Legal Politics«. In: *Harvard Human Rights Journal* 15. Jg. (2002), 1–37.

Minow, Martha: *Making All The Difference. Inclusion, Exclusion, and American Law.* Ithaca/New York 1990.

Morsink, Johannes: »Women's Rights in the Universal Declaration«. In: *Human Rights Quarterly* 13. Jg., 2 (1991), 229–256.

Nussbaum, Martha: *Sex and Social Justice.* Oxford 1999.

Okin, Susan Moller: »Feminism, Women's Human Rights, and Cultural Differences«. In: *Hypatia* 13. Jg., 2 (1998), 32–52.

– with respondents: *Is Multiculturalism Bad for Women?* Princeton, New Jersey 1999.
Ross, Susan Deller: *Women's Human Rights. The International and Comparative Law Casebook*. Philadelphia 2008.
Volpp, Leti: »Feminism versus Multiculturalism«. In: *Columbia Law Review* 101. Jg. (2001), 1181–1218.
Xanthaki, Alexandra: »Multiculturalism and International Law: Discussing Universal Standards«. In: *Human Rights Quarterly* 31. Jg., 1 (2010), 21–48.

Elisabeth Holzleithner

1.3 Menschenrechte und Islam

Zentrale Konfliktlinien

Die Frage, wie es um die Menschenrechte im Islam bestellt sei, taucht sehr viel häufiger auf als die Fragen nach den Menschenrechten im Christentum, im Judentum, im Buddhismus oder irgendeiner anderen Religion. Woran liegt das?

Vor allem zwei Gründe sind dafür verantwortlich. Zum einen ist der Islam eine sogenannte Gesetzesreligion. Recht und Religion sind im Islam von Beginn an eng verknüpft. Anders als das Christentum und ähnlich wie das Judentum legt der Islam viele Regeln für den Alltag der Gläubigen fest: wann und in welcher Form Gebete zu verrichten sind, welche Speisen und Getränke erlaubt und welche verboten sind, wie Frauen und Männer sich zu kleiden haben, was im Falle einer Eheschließung oder einer Scheidung zu beachten und wie mit Angehörigen anderer Religionen umzugehen ist. Dass diese Vorschriften in vielen islamischen Ländern bis heute Anwendung finden, liegt unter anderem daran, dass es dort keine vergleichbare Epoche der Aufklärung und keine Phase der Säkularisierung wie in den europäischen Ländern gegeben hat.

Ein zweiter Grund für die Relevanz des Themas ›Menschenrechte im Islam‹ im europäischen Diskurs ist der große muslimische Bevölkerungsanteil in Europa. Allein in Deutschland leben zwischen 3,8 und 4,3 Millionen Muslime. Ein Teil des islamischen Wertekanons steht mit juristischen oder gesellschaftlichen Normen in Europa in Konflikt. Dies führt dazu, dass wir uns mit dem Verhältnis von Menschenrechten, Grundrechten und religiösen Vorschriften notwendigerweise auseinandersetzen müssen. Das Kopftuch symbolisiert nur einen der Streitfälle, die in den vergangenen Jahren zu vielen Diskussionen und letztlich zu Gerichtsurteilen in Deutschland und anderen europäischen Ländern geführt haben.

Die Gesamtheit der islamischen Vorschriften heißt ›Scharia‹. Die Übersetzung von Scharia mit ›islamischem Recht‹ ist verkürzt, zumindest dann, wenn ein konventioneller Rechtsbegriff zugrunde gelegt wird. Der Begriff umfasst vielmehr alle dem Menschen geoffenbarten Willensäußerungen

Gottes. Dazu gehören Vorschriften, die das Verhältnis des Einzelnen zu Gott bestimmen (arab. *ibadat*) sowie die Beziehungen der Menschen untereinander (arab. *muʿamalat*). Während der Begriff ›Scharia‹ unter Nicht-Muslimen »häufig negativ besetzt ist, gilt er frommen Muslimen positiv als Richtschnur ihres gesamten Lebens«, die ihnen hilft, sich in allen Lebenssituationen gottgefällig zu verhalten (Spuler-Stegemann 2007, 91).

Die Scharia besteht aus dem Koran und der *sunna*, der prophetischen Tradition, also denjenigen Vorschriften, die sich aus dem überlieferten Handeln und den Äußerungen Mohammeds ableiten. Diese Überlieferungen wurden über zwei Jahrhunderte nach Mohammeds Tod hinweg gesammelt und in einem eigenen Wissenschaftszweig (arab. *'ilm al-hadith*) nach ihrem anzunehmenden Wahrheitsgehalt klassifiziert. Ebenso wie die Aussagen des Koran bedürfen die Überlieferungen der Interpretation, um für Fragen des heutigen Lebens Regeln und Antworten zu geben. Islamische Gelehrte können Rechtsgutachten (arab. *fatwa*) erstellen, um den Gläubigen bei spezifischen Fragen Handlungsanleitungen zu geben.

Innerhalb des Islam existieren viele verschiedene Rechtsschulen; alleine im sunnitischen Islam können vier große Schulen unterschieden werden. Der deutlichste Unterschied innerhalb des Islam manifestiert sich in der Trennung zwischen Sunniten und Schiiten. Die Aleviten, die sich auf Alī ibn Abī Tālib, den Vetter und Schwiegersohn Mohammeds berufen, vertreten eine besonders liberale Rechtsauffassung. Alevitische Frauen tragen kein Kopftuch, Männer und Frauen beten gemeinsam, nicht in Moscheen, sondern in sogenannten ›Cem-Häusern‹, Aleviten dürfen Alkohol trinken und Schweinefleisch essen. Selbstverständlich gibt es wie in allen Religionen auch viele Muslime, die sich zwar grundsätzlich der Glaubensgemeinschaft zugehörig fühlen, den religiösen Vorschriften in ihrem Alltag jedoch wenig Beachtung schenken.

Teile der Scharia-Vorschriften stehen mit internationalen Menschenrechtsnormen in Konflikt. Diese Teile sollen im Folgenden näher erläutert werden. Dazu gehören vor allem die Religions- und Meinungsfreiheit, die Gleichstellung von Muslimen und Nicht-Muslimen, die Gleichstellung von Frauen und Männern und die körperliche Unversehrtheit. Zudem gibt es Unterschiede im Rechtsverständnis sowie in Bezug auf das Verhältnis von Rechten und Pflichten. Diese Unterschiede im Rechtsverständnis werden zunächst kurz dargestellt, bevor die einzelnen Rechtsbereiche beleuchtet werden.

Probleme und Positionen

Im islamischen Rechtsverständnis sind Rechte und Pflichten eng miteinander verbunden. Viele Pflichten sind an das Wohlergehen der Gemeinschaft geknüpft, sei es der Familie oder der *umma*, der Gemeinschaft aller Muslime. Dass in den Menschenrechtstexten der Vereinten Nationen das Individuum und seine Rechte im Mittelpunkt stehen, der Gemeinschaft und den Pflichten ihr gegenüber hingegen wenig Bedeutung beigemessen wird, ist ein zentraler Kritikpunkt, der vor allem aus dem islamischen, aber auch dem weiteren asiatischen und afrikanischen Raum immer wieder genannt wird. Zu den Pflichten, die in den islamischen oder der afrikanischen Menschenrechtserklärungen festgeschrieben werden, gehört es, die Familie zu schützen und der Gemeinschaft zu dienen, kulturelles Erbe zu erhalten sowie individuelle Rechte wie das Recht auf Bildung oder Arbeit wahrzunehmen und somit zum Wohlergehen der Gemeinschaft beizutragen.

Da im Islam der Gemeinschaft und dem Fortbestand der Religion ein besonders hoher Stellenwert zukommt, besteht die Gefahr, dass unter diesem Anspruch Individualrechte verletzt werden. Für ›Apostaten‹, die sich von der *umma* abwenden, sind daher die härtesten Strafen vorgesehen. Auch die Rechte von Minderheiten werden aufgrund der Vorherrschaft der *umma* beschränkt. Im Alltag haben besonders die Frauen, deren Verhalten nach traditioneller Vorstellung über die Ehre der gesamten Familie entscheidet, unter dieser Überordnung des Kollektivs zu leiden.

Kollektive Rechte und Pflichten des Einzelnen der Gemeinschaft gegenüber können jedoch auch so ausgestaltet werden, dass Individualrechte *nicht* beschnitten werden. Ein »steriler Antagonismus von Individualismus versus Kollektivismus bzw. [...] Kommunitarismus« (Bielefeldt 1998, 153), wie er in den Debatten mitunter zu finden ist, ist wenig gewinnbringend. Pflichten des Individuums sind überlebensnotwendig für die Gemeinschaft. Sie umfassen, dass die Menschen in einem Staat in sozialer Solidarität füreinander einstehen, das öffentliche Leben und die Politik ihres Landes mitgestalten, sich als Teil der Zivilgesellschaft begreifen und die Umwelt schützen. In diesem Sinne wurde eine *Allgemeine Erklärung der Menschenpflichten* vom InterAction Council – einem Rat früherer Staats- und Regierungschefs – formuliert und 1997 den Vereinten Nationen vorgelegt, um ein Gegengewicht zu der *Allgemeinen Erklärung der Menschenrechte* zu schaffen. Zu Recht wird durch diese Erklärung betont, dass Rechte und Pflichten korrespondieren, und der Vorwurf, ›Menschenpflichten‹ würden in den internationalen Dokumenten bislang zu wenig berücksichtigt, wird nach wie vor mit einiger Berechtigung erhoben. Dass der Fokus der UN-Dokumente auf den Rechten (und nicht den Pflichten) des Individuums liegt, ist aus der Geschichte erklärbar: Die *Allgemeine Erklärung der Menschenrechte* (s. Kap. I.4.6) ist unter dem Eindruck des Zweiten Weltkriegs verfasst worden. Die Pflichten des Individuums seinem Staat, dem Volk und dem Führer gegenüber waren insbesondere im Nationalsozialismus im Übermaß eingefordert, jede Verweigerung dieser Pflichterfüllung mit schwerster Bestrafung geahndet worden. Hiergegen wollten die Verfasser der Menschenrechtserklärung ein eindeutiges Exempel setzen (vgl. Duncker 2006, 77 f.).

Auch ein hoher Stellenwert von Gemeinschaft steht nicht grundsätzlich im Gegensatz zu den Menschenrechten. Vielmehr *ermöglichen* Menschenrechte eine Vergemeinschaftung, indem Rechte wie der Schutz der kulturellen Identität, die Ausübung der Religion und die Verwendung der eigenen Sprache insbesondere Minderheiten zugesichert werden (z. B. Art. 27, *Internationaler Pakt über bürgerliche und politische Rechte*). Dabei muss es sich jedoch um *freie* Vergemeinschaftung handeln mit der Möglichkeit, eine Gemeinschaft auch wieder zu verlassen oder Rechte wahrzunehmen, die dem Wohl der Gemeinschaft vermeintlich oder tatsächlich entgegenstehen. Rechtsträger bleibt in den internationalen Deklarationen daher das Individuum, das seine Rechte gemeinschaftlich mit anderen ausüben kann; Rechtsträger ist nicht die Gemeinschaft selbst.

»Es gibt keinen Zwang in der Religion« (Sure 2, 256), heißt es im Koran. Viele liberale Muslime berufen sich auf diesen Grundsatz und treten für einen Islam ein, der die Entscheidung über die Art der Religionsausübung, über die Abwendung vom Islam oder die Hinwendung zu einer anderen Religion jedem Einzelnen überlässt. Verschiedene Vorschriften der Scharia unterlaufen dieses Freiheitsgebot jedoch und rufen zur Unterdrückung und Verfolgung von Nicht-Muslimen auf. Daher gibt es in islamischen Staaten, in denen die Scharia Rechtsgrundlage ist, keine Religionsfreiheit im Sinne der internationalen Menschenrechtserklärungen.

Zur Zeit der islamischen Eroberung mussten Juden und Christen als »Schutzbefohlene« (arab. *dhimmis*) eine zusätzliche Steuer zahlen und erhielten im Gegenzug das Recht, ungestört auf islamischem Gebiet zu leben, ihre Religion sowie bestimmte Autonomierechte auszuüben. Das Judentum und das Christentum werden als ›Buchreligionen‹ bezeichnet, und ihren Angehörigen wird im Islam eine bessere Rechtsstellung eingeräumt als Angehörigen anderer Religionen oder Atheisten.

Gleichberechtigt waren und sind Muslime und Nicht-Muslime im islamischen Recht jedoch nicht. In islamischen Menschenrechtsdokumenten wie beispielsweise der *Allgemeinen Erklärung der Menschenrechte im Islam*, herausgegeben 1981 vom Islamrat für Europa, ist häufig vom »gleichen menschlichen Wert« aller Menschen die Rede (Art. 3). Die *Kairoer Erklärung über Menschenrechte im Islam*, die 1990 von der Organisation der Islamischen Konferenz veröffentlicht wurde und die international die weiteste Verbreitung gefunden hat, spricht von der »Gleichheit der grundlegenden Menschenwürde sowie der Grundrechte und Grundpflichten« (Art. 1). Die Rechtsträger werden damit in zwei Gruppen aufgeteilt: eine, der alle Rechte zustehen, und eine, der lediglich die »grundlegenden« Rechte zustehen. Gemeint ist damit in der Regel, dass Menschenrechte nur gewährt werden, solange sie nicht gegen religiöse Vorschriften verstoßen oder der *umma* in anderer Weise schaden könnten.

Für Muslime, die sich von ihrem Glauben abwenden oder zu einer anderen Religion konvertieren, sieht die Scharia die Todesstrafe (für Männer) bzw. bis zu lebenslange Haftstrafen (für Frauen) vor. Selbst wenn diese drastischen Strafen zumeist keine Anwendung mehr finden, droht in vielen islamischen Staaten das Erlöschen der zivilrechtlichen Personalität, was zur Auflösung der Ehe, zum Verlust des Anspruchs auf Sorgerecht der gemeinsamen Kinder und zum Verlust der Erbberechtigung führt.

Auch die Meinungsfreiheit wird durch die Scharia begrenzt, denn die Verbreitung von Meinungen, die geeignet sind, die *umma* zu schwächen, sind verboten. Ein Missionsverbot kann daraus ebenso abgeleitet werden wie ein Verbot kritischer Äußerungen über den Islam.

Frauen und Männern sind im islamischen Recht ebenfalls *nicht* gleichberechtigt. Auch hier gilt, dass beiden Geschlechtern zwar der gleiche menschliche Wert zukommt, nicht jedoch die gleichen Rechte. Der Koran stellt die Männer grundsätzlich über die Frauen. Ein Mann hat seiner Frau gegenüber »Vollmacht und Verantwortung« (Sure 4, 34), seine Frau muss ihm gehorchen und ihm jederzeit zu Verfügung zu stehen (Sure 2, 223). Gehorcht die Frau ihrem Mann nicht, so soll er sie bestrafen.

Dem Mann werden größere Pflichten auferlegt, und er erhält daher auch mehr Rechte. Ihm kommt es zu, die Familie zu ernähren. Deshalb ist für Männer stets ein größerer Erbteil vorgesehen als für Frauen. Ein Mann darf bis zu vier Frauen heiraten, eine Regel, die ursprünglich dem Schutz von Witwen und Waisen diente. Die Religion der Kinder richtet sich nach der des Vaters. Eine Muslima darf daher islamischem Recht zufolge nur einen Muslim heiraten, ein muslimischer Mann jedoch auch eine Christin oder Jüdin. Zwangsheiraten sind allerdings entgegen vielen anderslautenden Meinungen *nicht* islamgemäß. Jede Frau und jeder Mann hat das Recht, einen ausgewählten Ehepartner abzulehnen. So schreibt es auch die ansonsten sehr konservative Menschenrechtserklärung des Islamrats vor. Die Ablehnung eines ausgewählten Ehegatten gilt jedoch als große Schande für die Familie, und vor allem junge Frauen sind häufig so sehr zum Gehorsam erzogen, dass sie auch eine Entscheidung gegen ihren Willen mittragen.

Der Islam sieht die Ehe als verpflichtend an, alternative Lebensentwürfe sind nicht vorgesehen. Homosexualität wird geächtet und gilt als Tabuthema. In vielen islamischen Staaten sieht das Strafrecht harte Sanktionen, bis hin zur Todesstrafe, vor. Geschlechtsverkehr außerhalb der Ehe ist laut Scharia verboten und kann mit strengen Strafen belegt werden. In islamischen Gesellschaften wird daher auf die Trennung der Geschlechter großer Wert gelegt. In Deutschland führt dies immer wieder zu Problemen, wenn strenggläubige Familien ihren Töchtern z.B. verbieten, an Klassenfahrten oder am Sport- oder Schwimmunterricht teilzunehmen, weil sie dies als Einfallstor für ›unkeusches‹ Verhalten betrachten. Ob der Islam die Frauen verpflichtet, ein Kopftuch zu tragen, ist hingegen eine Frage der Interpretation. In der Koranübersetzung von Adel Theodor Khoury ist zu lesen, dass der Koran den Frauen vorschreibt, »den Schmuck den sie (am Körper) tragen, nicht offen zu zeigen und ihren Schal über den Schlitz (ihres Gewandes) zu ziehen« (Sure 24, 31). An anderer Stelle heißt es, sie sollen »ihren Überwurf über sich herunterziehen« (Sure 33, 59). Hierzu existieren viele unterschiedliche Interpretationen, die von der strengen Vorschrift einer Ganzkörperverhüllung bis hin zu der liberalen Auffassung reichen, Frauen müssten lediglich ihren Schambereich und ihre Brüste bedecken.

»Keusches« Verhalten fordert der Koran im Übrigen sowohl von Frauen als auch von Männern (z.B. Sure 24, 30). In der Praxis sind es jedoch in der großen Mehrzahl die Mädchen und Frauen, deren Freiheiten eingeschränkt werden, um ihre Reinheit und somit die Ehre der Familie nicht zu gefährden.

Auch das Recht auf körperliche Unversehrtheit kann durch die Scharia verletzt werden. Kapitalverbrechen (arab. *hadd*, Plural *hudud*) können mit Körperstrafen geahndet werden, die von der Auspeitschung über die Amputation von Gliedmaßen bis hin zur Todesstrafe reichen. Zu den Kapitalverbrechen gehören im islamischen Recht Ehebruch und Unzucht, Verleumdung, Diebstahl, der Genuss von Alkohol, Straßenraub und Raubmord. Einige Staaten zählen auch Vergewaltigung und

Homosexualität zu den Kapitalverbrechen. Die islamische Rechtslehre sieht allerdings eine Vielzahl von Strafvoraussetzungen vor, von denen einige »praktisch unerfüllbar sind« (Rohe 2001, 46). Viele moderate Autoren kommen daher zu dem Schluss, dass die Strafvoraussetzungen nur in einem islamischen Idealstaat gegeben wären, der aber nirgendwo existiert, weshalb von Körperstrafen gänzlich abzusehen sei. Dennoch werden in einigen islamischen Staaten bis heute Körperstrafen verhängt.

Kritischer Ausblick

Die Diskussion über Menschenrechte im Islam wird zum einen sehr kritisch geführt, mit vielen Vorwürfen, die Vertreter der sogenannten ›westlichen Welt‹ an die ›islamische Welt‹ richten. Dies führt nicht selten dazu, dass muslimische Vertreterinnen und Vertreter sich der Forderung ausgesetzt fühlen, den ›westlichen‹ Wertekanon bis hin zur Aufgabe der eigenen Identität zu akzeptieren. Zum anderen gibt es auf beiden Seiten Stimmen, die versuchen, bestehende Unterschiede im Rechtsverständnis und in der Rechtsauslegung kleinzureden, und die aus einer falsch verstandenen Solidarität und kulturellen Wertschätzung heraus Menschenrechtsverletzungen tolerieren.

Vertreter einer liberalen Interpretation der Scharia werden in konservativ-islamischen Kreisen für ihre Ansichten häufig angefeindet, bis hin zu körperlicher Bedrohung. Die Reaktionen sind vor allem dann besonders stark, wenn die Person selbst Muslim ist bzw. aus einem islamischen Land kommt. Im Westen haben es hingegen diejenigen Stimmen häufig schwer, die sich für Menschenrechte einsetzen und gleichzeitig an Traditionen und religiösen Werten festhalten wollen.

Damit die Scharia in einer Weise interpretiert werden kann, die nicht gegen den Schutz der Menschenrechte verstößt, ist eine zeitgenössische Koranexegese nötig. Da der Koran im traditionellen Islam als direktes und unveränderbares Wort Gottes verstanden wird, haben es Theologinnen und Theologen jedoch schwer, die dafür eintreten, den Koran und die *sunna* auch als zeitgeschichtliche Dokumente zu betrachten und sie angepasst an die moderne Welt neu zu interpretieren. Zunehmend etablieren sich jedoch verschiedene Schulen zeitgenössischer Koranexegese gegen diese Widerstände einer radikal-konservativen Koraninterpretation (vgl. Amirpur/Ammann 2006). Sie versuchen, die Frage zu beantworten, wie der Koran als Offenbarung ernstgenommen und dennoch an die Gegebenheiten der heutigen Zeit angepasst werden kann. Eine Lösungsmöglichkeit bietet der Ansatz, die Vorschriften der Scharia nicht als Einzelanweisungen zu verstehen, sondern als Prinzipien, die nicht eins zu eins aus dem Text herausgelesen werden können, sondern interpretiert werden müssen. So sei beispielsweise die Todesstrafe für Glaubensabtrünnige nur aus der Sondersituation der Entstehung des Islam zu erklären und nur auf diese anzuwenden. Die Abwendung vom Glauben und der islamischen Gemeinschaft sei damals dem Hochverrat gleichgekommen – ein Vergehen, das auch in vielen europäischen Staaten noch lange die Höchststrafe nach sich zog.

Im Hinblick auf Frauenrechte argumentieren liberale Theologinnen und Theologen, dass der Koran für damalige Verhältnisse sehr fortschrittliche Rechte für Frauen festgelegt habe, vor allem indem er ihnen eine eigene Rechtspersönlichkeit zugestand. Aufgabe des Islam heute sei es nicht, an den einzelnen Vorschriften festzuhalten, sondern Frauenrechte weiter zu stärken – auch wenn dies im Konkreten heute anders aussieht als zu den Anfängen des Islam.

Islamische Theologinnen weisen zudem darauf hin, dass die Scharia bislang fast ausschließlich von Männern interpretiert wurde. Diese Interpretationen haben zu einem schwachen Sozialstatus der Frauen und – häufig gepaart mit unzureichender Bildung – zu ökonomischer und sexueller Ausbeutung und Gewalt gegen Frauen geführt. Obwohl die Unterdrückung und Ausbeutung von Frauen immer noch weit verbreitet ist und häufig mit der Scharia gerechtfertigt wird, ist eine hoffnungsfrohe Generation selbstbewusster und gebildeter Muslima herangewachsen, die ihre Rechte einfordert und für eine neue Gesellschaftsordnung kämpft, ohne sich notwendigerweise von der Religion abzuwenden.

Literatur

Amirpur, Katajun/Ammann, Ludwig: *Der Islam am Wendepunkt*. Freiburg u. a. 2006.

Bielefeldt, Heiner: *Philosophie der Menschenrechte. Grundlagen eines weltweiten Freiheitsethos*. Darmstadt 1998.

Duncker, Anne: *Menschenrechte im Islam. Eine Analyse islamischer Erklärungen über die Menschenrechte*. Berlin 2006.

Ende, Werner/Steinach, Udo (Hg.): *Der Islam in der Gegenwart*. München 2005.

Khoury, Adel Theodor (Hg.): *Der Islam und die westliche Welt. Religiöse und politische Grundfragen*. Darmstadt 2001.

Der Koran. Übersetzung von Adel Theodor Khoury [1987]. Gütersloh ³2001.

Mayer, Ann Elizabeth: *Islam and Human Rights* [1991]. Boulder ⁴2007.

Rohe, Mathias: *Der Islam – Alltagskonflikte und Lösungen. Rechtliche Perspektiven*. Freiburg 2001.

Schirrmacher, Christine/Spuler-Stegemann, Ursula: *Frauen und die Scharia. Die Menschenrechte im Islam*. Kreuzlingen/München 2004.

Spuler-Stegemann, Ursula: *Die 101 wichtigsten Fragen. Islam*. München 2007.

Anne Duncker

1.4 Der Diskurs über ›asiatische Werte‹

Begriff und Problematik

Unter ›asiatischen Werten‹ werden im Allgemeinen Tugendkonzepte oder moralische und ethische Normen verstanden, die in relevanter Weise von ›westlichen Werten‹ abweichen, und dies im Extremfall so sehr, dass sie die Idee allgemeingültiger Menschenrechte infrage stellen. Gängige Beispiele sind die folgenden Überzeugungen und Regeln: (1) Die Gemeinschaft (Familie, Staat) ist wichtiger als das Individuum. (2) Gemeinwohl ist wichtiger als das Wohl des Einzelnen. (3) Gehorsam ist deshalb wichtiger als individuelle Selbstbestimmung. (4) Rechte setzen die Erfüllung von Pflichten voraus. (5) Tradition ist wichtiger als Geltung. (6) ›Spiritualität‹ ist wichtiger als Orientierung an ›materiellen‹ Werten. Insbesondere die Massenmedien geben oft folgende Beispiele für asiatische Werte: Fleiß, Erziehung, Disziplin, Respekt vor Eltern und Lehrern sowie Familiensinn (Barr 2002).

Asiatische Werte wurden vor allem in den 1990er Jahren diskutiert, doch gehen die Anfänge der Diskussionen mindestens bis auf die einschlägigen Äußerungen Lee Kuan Yews, des ersten Premierministers von Singapur (1959–1990), in den 1970er Jahren zurück. Die Auseinandersetzungen um ›asiatische Werte‹ fanden vor allem auf kulturtheoretischer, politischer und – in diesen Kontexten – wirtschaftlicher Ebene statt. Dabei gingen die Anhänger des Konzepts davon aus, dass sich grundlegende ethische (bzw. moralische) und gesellschaftliche Normen von Kultur zu Kultur unterscheiden. Sie verfochten also einen Kulturrelativismus. Angeblich universal gültige Werte seien spezifisch westliche Werte, die westliche Ideologen in unberechtigter Übergeneralisierung als allgemeingültig ausgäben. Insbesondere würden sich die asiatischen Werte so sehr von westlichen Werten unterscheiden, dass sie sowohl unterschiedliche Menschenrechtskonzepte als auch unterschiedliche staatliche und gesellschaftliche Ordnungen konstituierten. Die 1997 veröffentlichte und unter anderem von Lee und Helmut Schmidt unterzeichnete *Erklärung der Menschenpflichten* war zumindest implizit Reflex eines Glaubens an spezifisch asiatische Werte (*Die Zeit* vom 16.12.1998; Lohmann 1998).

Nach Beginn des 21. Jahrhunderts kam es nur noch zu vereinzelten Beiträgen zur Diskussion um asiatische Werte. Das Thema war mehr oder weniger erschöpft, und die relativistische These galt weithin als widerlegt. Ein äußerer Anlass, wenn nicht gar ein schwerwiegender Grund für diese Entwicklung war die sogenannte asiatische Wirtschaftskrise der Jahre 1997 und 1998. Hatten die Verfechter der Existenz asiatischer Werte behauptet, dass der ökonomische Aufstieg der sinoasiatischen Staaten konfuzianischen Tugenden und Normen zu verdanken sei, so sahen sie sich nun mit der Frage konfrontiert, ob der Konfuzianismus auch den Niedergang zu verantworten habe. Und auch offizielle chinesische Stellen argumentierten, anders als vielfach behauptet oder vermutet, kaum kulturalistisch. Gemäß ihrer offiziellen Ideologie wollten sie vielmehr mit alten Traditionen brechen. Bis etwa 1980 wurde der Konfuzianismus sogar als Übel verstanden. Außerdem hätte man sonst kaum die tibetischen Traditionen verdammen können (von Senger 1998).

Positionen und Argumente

Um die Behauptung zu begründen, dass asiatische Werte existierten, die sich in signifikanter Weise von den Werten anderer Kulturen – und insbesondere den dabei vorausgesetzten westlichen Werten – unterschieden, gingen deren Verfechter von zwei Prämissen aus: (a) einer kulturrelativistischen Position und (b) der Annahme, dass kulturelle Traditionen bewahrenswert seien. Die spezifischen Merkmale asiatischer Werte sahen sie dabei vor allem in der Ethik des sogenannten Konfuzianismus, die sie als zumindest gleichwertige Alternative zu westlichen Werten begriffen. Kritiker dieser Einschätzung sahen in den asiatischen Werten dagegen Konzepte herrschaftsaffirmativer Ideologien. Zumindest implizit teilten sie zumeist die Hypothese vom sogenannten asiatischen Despotismus.

1. ›Asiatische Werte‹ und kulturrelativistische Positionen: Die als distinktive Merkmale der asiatischen Werte behaupteten Züge gehen fast ausnahmslos auf Überlegungen zurück, die zunächst von westlichen Kulturwissenschaftlern, Politikern und Journalisten angestellt wurden. Zumindest aber gehen sie ebenso auf ›westliche‹ wie ›östliche‹ Einschätzungen zurück. Eine entsprechende europäische Rezeption ›östlicher‹ Kultur reicht dabei wenigstens bis ins 18. Jahrhundert zurück. Im 18. Jahrhundert schlug das zunächst von Jesuiten geprägte und etwa von Gottfried Wilhelm Leibniz und Christian Wolff formulierte positive China-Bild einer rationalen, humanen Ethik ins Gegenteil um. Dabei wirkt vor allem Georg Wilhelm Hegels kritische Einschätzungen bis heute fort (Roetz 1984). Hegel sah in der konfuzianischen Ethik eine schlichte, Despotismus fördernde Morallehre, die überdies die Autonomie des Individuums einer organistischen Auffassung eines mehr oder weniger totalitären Staates opferte. Die von Japanern seit etwa 1870 proklamierten Werte eines harmonischen, organistischen japanischen Familienstaates sind durch Staats- und Volkstheorien der deutschen Romantik und der konservativen deutschen Politologie des 19. Jahrhunderts geprägt. Supomos Konzept eines indonesischen »Integralismus« entstand (Schiel 1999, 17f.) unter dem Einfluss holländischer Rechtswissenschaft. So urteilen manche Kritiker der Annahme asiatischer Werte, dass es sich bei diesen Normen in Wirklichkeit um erfundene Traditionen handele, die überdies (weithin) von westlicher (und oft kolonialistischer) Gelehrsamkeit übernommen seien.

Nach dem Zweiten Weltkrieg bemühte sich der Westen um eine Art Wiedergutmachung seiner imperialistischen und kolonialistischen Geschichte. Viele westliche Politiker und Kulturwissenschaftler neigten deshalb dazu, an Hypothesen kulturell bedingter Besonderheiten des Ostens zu glauben und damit auch manchen »östlichen« Verstoß gegen ein Menschenrecht zu entschuldigen, während sich manch östliche Politiker die Idee von asiatischen Werten zunutze machten, um die Verletzung eines Menschenrechts zu legitimieren.

2. ›Asiatische Werte‹ und ›Konfuzianismus‹: Insbesondere die Frage nach spezifisch konfuzianischen Werten erweist sich bei näherer Betrachtung als problematisch (Paul 2010). Einmal ist der Ausdruck ›Konfuzianismus‹ extrem irreführend. Das chinesische Wort *rujia* lässt sich treffender mit ›Schule der Gelehrten‹ übersetzen. Darunter ist eine große Zahl von Richtungen und Traditionen zu verstehen, die sich mitunter bereits in Grundsätzen widersprechen. Zumindest folgende Orientierungen sind zu unterscheiden: (1) eine klassische philosophische Strömung, wie sie in den Texten *Lunyu*, *Mengzi* und *Xunzi* artikuliert ist, deren Inhalte, soweit sie den Philosophen Konfuzius, Menzius und Xunzi zugesprochen werden können, auf das 6. bis 3. Jahrhundert v.u.Z. zurückgehen, (2) die herrschaftsaffirmative, synkretistische und teilweise abergläubische Ideologie der Han-Zeit (vor allem des 2. und 1. Jahrhunderts vor der Zeitenwende), (3) die auch durch buddhistische Metaphysik geprägte *xinrujia*, der sich seit etwa 900 formierende sogenannte Neo-Konfuzianismus, und (4) eine Art volkstümlicher Kult. Soweit die Verfechter konfuzianischer Werte überhaupt recht haben, berufen sie sich auf Traditionen der zweiten und dritten Form, und damit auf Ethiken, die weit hinter der Qualität der klassischen Schule (1) zurückbleiben, die – entgegen der Auffassung hegelianisch orientierter Sinologen wie Rolf Trauzettel – sogar Konzepte der Menschenwürde, moralischen Autonomie des Individuums und des Widerstands gegen grausamen, unmenschlichen Despotismus formulierte. Dass Konfuzius, wie es einmal im Wochenmagazin *Der SPIEGEL* hieß, »die Chinesen die Wonnen der Unterwerfung« gelehrt habe, widerspricht dabei geradezu den mit dem *Lunyu* Konfuzius zugeschriebenen Auffassungen.

Und im *Mengzi* heißt es unter anderem, dass jedem einzelnen Menschen ein »Adel« oder »Rang« zukomme, der ihm nicht von anderen Menschen, sondern vielmehr vom Himmel bzw. der »Natur« verliehen sei. Und weiter, dass einem dieser Wert, der nach der im Deutschen üblichen Lexik angemessen als Würde bezeichnet werden kann, von niemand genommen werden könne und wichtiger als das (bloße Über-)leben sei. Beide Sachverhalte – die Behauptung eines jedem Menschen zukommenden Adels und die Sicht, dass die Wahrung dieses Adels wichtiger sei als (bloßes Über-)leben – stellen die Überzeugung infrage, der zufolge in China individuelle Autonomie traditioneller Weise nicht als hoher Wert gesehen werde. Berücksichtigt man zudem, dass es im *Xunzi* mehrfach heißt, dass der »große Mensch« weder dem Fürsten – dem Herrscher, der Regierung – noch dem »Vater«, sondern vielmehr allein dem *dao* – also dem »Weg« [der Menschlichkeit] folge, so wird dies geradezu evident.

Selbst die innerchinesische, von dem Gelehrten Dai Zhen (1724–1777) geäußerte Kritik an bestimmten Formen des Neo-Konfuzianismus (2) ging so weit, sie als eine Lehre zu bezeichnen, die das Leben der Menschen gefährde. Danach sind die eingangs referierten fünf Merkmale asiatischer Werte jedenfalls keine Positionen klassischer, konfuzianischer Menschlichkeit (*ren*) und Kritik befürwortender konfuzianischer Ethik. Zudem werden diese Merkmale auch durch einschlägige Gegenbeispiele aus der moralischen und politischen Praxis der Geschichte Chinas falsifiziert (Ommerborn/Paul/Roetz 2011). Die Berufung auf die zweite und dritte Form des ›Konfuzianismus‹ aber nährt den oft geäußerten Verdacht, dass sie in der Tat vor allem der Rechtfertigung undemokratischer, wenn nicht gar repressiver Regierung diene. Davon abgesehen ist jede Berufung auf einen ›Neo-Konfuzianismus‹ (2), wie er sich seit etwa 900 herausbildete, für die Verfechter konfuzianischer Werte schon deshalb problematisch, weil es sich dabei um keinen Rückgriff auf etwas ›ursprünglich‹ oder ›authentisch Chinesisches‹, sondern vielmehr (und bliebe es auch unausgesprochen) auf, wie gerade Relativisten sagen würden, ›indisch Beeinflusstes‹ handelt. Wenn man also schon – wie Lee – für eine ›chinesische‹ Moral plädierte, so hätte man sich gar nicht auf diese Ethik (2) berufen, sondern sich eher auf den kritischen und humanen sogenannten Konfuzianismus (1) beziehen müssen, wie er zwischen etwa 500 und 221 entwickelt wurde.

3. *›Kollektive‹ Menschenrechte und ›asiatische Werte‹:* Einen Sonderfall scheinen die kollektiven Menschenrechte zu bilden, wie sie mit den eingangs aufgelisteten ersten fünf Punkten und den Zitaten offizieller chinesischer Menschenrechtspositionen angesprochen sind. Doch auch die Forderung nach einer Geltung kollektiver Rechte – wirtschaftlichen, sozialen und kulturellen Rechten *größerer Gruppen und der Bevölkerung ganzer Staaten* neben jeweiligen individuellen politischen

Rechten oder Abwehrrechten – hat, wie Kritiker meinen, im Allgemeinen nichts mit einem Glauben an asiatische Werte zu tun (Lohmann 2004). Sie sei vielmehr Ausdruck von Machtansprüchen, und zwar primär persönlichen Machtansprüchen, die sich als Gruppenrechte bzw. Völkerrechte und Staatsrechte gegenüber anderen Gruppen und vor allem anderen Völkern und Staaten artikulieren. Genau besehen gründe eine entsprechende Menschenrechtspraxis also nicht auf einer Berufung auf asiatische Werte, sondern vielmehr auf individuellen Egoismen oder entspringe der Forderung nach Rassengleichheit sowie der Forderung nach Schutz vor Kolonialismus, Imperialismus und militärischer Aggression.

Kritischer Ausblick

Die Rede von spezifisch ›asiatischen Werten‹ hängt von der Gültigkeit kulturrelativistischer Überzeugungen ab. Deshalb sind grundsätzliche Argumente gegen die Annahme kulturspezifischer Wertelisten besonders wichtig (Holenstein 1998; Paul 2008; Senghaas 1998). Danach bilden Großkulturen keine in sich geschlossenen, konsistenten Einheiten, sondern gliedern sich selbst in viele unterschiedliche und mitunter gegensätzliche Traditionen. Schon deshalb ließen sich keine Merkmale finden, die einer Großkultur insgesamt zukämen und sie dabei von allen anderen Kulturen grundsätzlich unterschieden. Ausgenommen seien allein fundamentalistische Strömungen. Außerdem seien Kulturen keine statischen Phänomene. Vielmehr änderten sie sich kontinuierlich, was feste Wertezuschreibungen weiter erschwere. Und schließlich seien innerkulturelle Unterschiede oft größer als entsprechende interkulturelle Differenzen. Familiarität z.B. sei ein Wert vieler traditionaler Gesellschaften in Ost und West. Schließlich sprechen grundsätzliche method(log)ische Überlegungen gegen eine Annahme distinktiver, ethisch relevanter asiatischer Werte (Paul 2008). Aus dem bloßen Bestehen einer kulturellen Tradition kann nicht gefolgert werden, dass sie auch bestehen (bleiben) sollte (Fehlschluss vom Sein aufs Sollen). Zweitens ist die Gültigkeit einer Norm von deren Genesis, d.h. von Zeit und Ort ihres Entstehens und von ihrer Autorschaft, unabhängig. Auch chinesische Texte drücken diese beiden methodischen Prinzipien aus. Selbst wenn es asiatische Werte gäbe, impliziert dies also nicht, dass sie gültige Normen artikulierten. Darüber hinaus kann keine Kultur zur Annahme bestimmter Werte (›zu ihrem Glück‹) gezwungen werden. Es gilt das Prinzip des kleineren Übels: Menschenrechtsverletzungen sollten solange geduldet werden, wie ihre Beseitigung noch größere Übel schaffen würde.

Besonders interessant dürfte schließlich folgender widerlegender Sachverhalt sein: Vom 17. Jahrhundert bis mindestens Mitte des 20. Jahrhundert charakterisierte eine Elite japanischer Gelehrter und Politiker chinesische Moral – und vor allem die Menzianische Ethik – als Lehre und Praxis eines (egoistischen) Individualismus, der Uneinigkeit, des Widerstands und des Aufruhrs, während sie die eigene, japanische Kultur als Kultur natürlicher Harmonie und Einheit zeichneten. Es handelte sich um Vertreter der *Kokugaku*, der ›Schule der Heimat (Japan)‹ oder um Sympathisanten der Schule. Ihre mindestens 300 Jahre lang einflussreiche kulturalistische Ideologie diente auch der Rechtfertigung des japanischen Militarismus, Imperialismus und Kolonialismus. Zur Explizitheit gebracht, heißt dies, dass einflussreiche japanische Gelehrte das traditionelle China als eine Geschichte westlicher Werte charakterisierten (Paul in: Ommerborn/Paul/Roetz 2011, 717–742).

Ist die grundsätzliche Kritik stichhaltig, so sind damit alle eingangs genannten Charakteristika asiatischer Werte infrage gestellt.

Da Auseinandersetzungen wie die um die ›asiatischen Werte‹ freilich keine rein rational-argumentativen Diskussionen sind, sondern auch – wirkungsmächtige – politische, ideologische, juristische und (massen-)psychologische Aspekte besitzen, ist es nicht auszuschließen, dass es immer wieder zu Versuchen kommt, spezifische, distinktive kulturelle Identitäten zu behaupten und sie als bewahrenswerte Werte darzustellen. Die von der VR China seit den 1980er Jahren wiederholt organisierten internationalen Konfuzius-Konferenzen und die seit dem 21. Jahrhundert weltweite Etablierung von Konfuzius-Instituten lassen sich jedoch nicht ohne Weiteres als Beispiele für einen (erneuten) Kulturalismus in Anspruch nehmen. Dafür sind die entsprechenden Programme in ihren Inhalten viel zu unterschiedlich und haben die internationalen Konferenzen und die Konfuzius-Institute zu großen politischen Spielraum, was immer die Intentionen von Partei und Regierung der VR China sein mögen.

Literatur

Barr Michael D. (Hg.): *Cultural Politics and Asian Values: The Tepid War*. London/New York 2002.

Dai Zhen: *Tai Chen on Mencius. A translation of the Meng Tzu-i-sheng* [Meng ziyi shusheng] with a critical introduction by Ann-ping Ching and Mansfeld Freeman. New Haven/London 1990.

de Bary William Th./Tu Weiming (Hg.): *Confucianism and Human Rights*. New York 1998.

Holenstein, Elmar: »Vergleichende Kulturphilosophie«. In: Ders.: *Kulturphilosophische Perspektiven*. Frankfurt a. M. 1998, 346–371.

Konfuzius: »*Lunyu*. Eine Zusammenstellung von Konfuzius' (551–479) zugeschriebenen Äußerungen«. Chin. Text und Übersetzung. In: *Die Lehren des Konfuzius*. Übers. und erläutert von Richard Wilhelm. Frankfurt a. M. 2008, 76–581.

Menzius: »*Mengzi*. Eine Zusammenstellung der Menzius (4.-3. Jh. v.u.Z.) zugeschriebenen Lehren oder Texten«. Chin. Text und Übersetzung. In: *Die Lehren des Konfuzius*. Übers. und erläutert von Richard Wilhelm. Frankfurt a. M. 2008, 665–1111.

Lohmann, Georg: »Warum keine Deklaration von Menschenpflichten? Zur Kritik am Inter-Action Council.« In: *Widerspruch* 18. Jg., 35 (1998), 12–24.

–: »Kollektive Menschenrechte zum Schutz ethnischer Minderheiten?« In: Thomas Rentsch (Hg.): *Anthropologie, Ethik, Politik. Grundfragen der praktischen Philosophie der Gegenwart*. Dresden 2004, 92–108.

Ommerborn, Wolfgang/Paul, Gregor/Roetz, Heiner: *Das Buch* Menzius *im Kontext der Menschenrechtsfrage*. 2 Bde. Bochum 2011.

Paul, Gregor: *Einführung in die Interkulturelle Philosophie*. Darmstadt 2008.

–: *Konfuzius und Konfuzianismus*. Darmstadt 2010.

Roetz, Heiner: *Mensch und Natur im alten China. Zum Subjekt-Objekt-Gegensatz in der klassischen chinesischen Philosophie*. Frankfurt a. M. 1984.

–: *Die chinesische Ethik der Achsenzeit*. Frankfurt a. M. 1992.

Schiel, Tilmann: »Moderner ›Gartenstaat‹ und Menschenrechte: Südostasien zwischen kulturellem Partikularismus und rationalisierendem Universalismus«. In: *Peripherie* 73/74 (1999), 6–28.

Senghaas, Dieter: »Über asiatische und andere Werte«. In: Ders.: *Zivilisierung wider Willen*. Frankfurt a. M. 1998, 175–188.

Trauzettel, Rolf: »Denken die Chinesen anders? Komparatistische Thesen zur chinesischen Philosophiegeschichte«. In: *Saeculum* 41. Jg. (1990), 79–99.

von Senger, Harro: »Die UNO-Konzeption der Menschenrechte und die offizielle Menschenrechts-Position der Volksrepublik China«. In: Gregor Paul (Hg.): *Die Menschenrechtsfrage: Diskussion über China – Diskussion mit China*. Göttingen 1998, 62–115.

Xunzi: *Hsün-Tzu*. Ins Dt. übertragen von Hermann Köster. Kaldenkirchen 1967.

Gregor Paul

1.5 Menschenrechte und afrikanische Kulturen

Zentrale Konfliktlinien

Debatten um Menschenrechte in Afrika und deren Verankerung in lokalen Wertevorstellungen und sozialer Praxis sind vom Gegensatzpaar ›Universalismus‹ und ›Kulturrelativismus‹ geprägt (s. Kap. IV.1.1). Befürworter der in der *Allgemeinen Erklärung der Menschenrechte* (AEMR) verbrieften Menschenrechte feierten diese aus der westlichen liberalen politischen Theorie gewachsenen Rechte als universell geltende Merkmale der politischen Moderne. Dagegen stellten Kritiker ihre universelle Gültigkeit in Frage, indem sie auf die kulturell und politisch spezifische Verwurzelung der darin abgebildeten Ideale hinwiesen, ihre Inkongruenz mit ›traditionellen‹ afrikanischen Handlungsnormen betonten und sie als Inbegriff des westlichen Kulturimperialismus ablehnten.

Angesichts dieser Polarisierung der Debatte ist es wichtig herauszustellen, dass ein wichtiger Beitrag aktueller Debatten um Menschenrechte in Afrika darin besteht, dass sie seit den 1980er Jahren gerade über diese Polarisierung von universalistischen und kulturrelativistischen Positionen hinauswiesen. Besonders wichtig war dabei der Hinweis, dass die Bedeutung sozialer und ökonomischer Rechte für Menschen in Afrika und in weiten Teilen der postkolonialen Welt bisher nicht genügend Berücksichtigung in der Politik westlicher Geberinstitutionen (wie etwa Weltbank und Internationaler Währungsfonds) und in darauf aufbauenden wissenschaftlichen Debatten gefunden hatte. Ein weiterer bedeutender Beitrag afrikanischer Menschenrechtsdebatten besteht darin, dass sie die paradoxale Rolle herausstellen, die dem Staat – nicht nur in Afrika, sondern weltweit – bei der Gewährung von Menschenrechten zukommt, und von dieser Problematisierung ausgehend mögliche Lösungsmöglichkeiten nachspüren, die für die Gewährleistung von Menschenrechten in der sogenannten Ersten und Zweiten Welt von Bedeutung sind.

Probleme und Positionen

Ein erster Schritt in der Umsetzung von Menschenrechten in Afrika stellt die *African Charter for Human and Peoples' Rights* (die sogenannte Banjul-Charta) dar, die, von der OAU 1981 erstellt und 1986 ratifiziert, alle drei Generationen von Menschenrechten erwähnte und damit die Voraussetzung für deren Allgemeinverbindlichkeit schuf. Dies sollte aber nicht darüber hinwegtäuschen, dass politische Bedingungen und in nationalen Konstitutionen verankerte legale Klauseln ihre aktuelle Umsetzung in afrikanischen Staaten erheblich einschränken. Zu diesem Umstand trägt ferner die Abwesenheit bzw. Passivität supranationaler Kontrollorgane bei.

Weitere historische Eckdaten sind die *Declaration of the Right to Development* (1986), die *African Human Rights Commission* (1987), die *Vienna Conference on Human Rights* (1993), die *Copenhagen Conference on Social Development* (1995) sowie die *South African Government's Bill of Rights and the Truth and Reconciliation Commission* (1995). Jedoch ist anzumerken, dass, ähnlich wie im Falle der Banjul-Charta, die Existenz dieser Verlautbarungen keinen Rückschluss auf die aktuelle Gewährleistung der darin verbürgten Rechte und Ziele zulässt. Trotz rezenter Demokratisierungsprozesse bleibt der afrikanische Staat dem autoritären Erbe des Kolonialstaates verpflichtet; seine jeweiligen politischen Eliten versuchen, eine oft aus mangelnder wirtschaftlicher Entwicklung und sozialer Leistungsfähigkeit resultierende politische Instabilität durch repressive Maßnahmen und Klientelismus zu kompensieren. Die Tatsache, dass diese Staaten als souveräne Mitglieder einer politischen Weltordnung (zumindest formal) anerkannt sind, verschärft das Risiko von Menschenrechtsverletzungen noch zusätzlich (An-Na'im 1999).

Die Konfrontationslinie, die sich als roter Faden durch die verschiedenen Etappen der afrikanischen Menschenrechtsdebatte zieht, ist die Kontroverse um die universelle Gültigkeit der in der AEMR verbrieften Menschenrechte. *Fons et origo* dieser Kontroverse ist der ›Import‹-Charakter der Menschenrechte, d. h. die Tatsache, dass sie ihre gegenwärtige Präsenz in Afrika nicht internen

Entwicklungsprozessen verdanken, sondern eine normative und institutionelle Innovation darstellen, welche trotz ihres emanzipatorisch-progressiven Anspruchs als ein Erbe der Kolonialherrschaft aufzufassen ist. So weisen ihre Kritiker vielfach auf die mangelnde Übereinstimmung zwischen dem den Menschenrechten zugrundeliegenden westlich-liberalen Verständnis des Individuums als autonomer Akteur und Träger von Rechten gegenüber dem Staat und afrikanischen Konzepten des einem breiteren Kollektiv verantwortlichen moralischen Akteurs als *Teil* einer Gemeinschaft hin. Zudem verbergen sich – in den Augen einiger Kritiker der Menschenrechte – hinter ihrem Anspruch auf universelle Gültigkeit die partikularen Machtinteressen derjenigen Nationen, die für ihre globale Umsetzung eintreten. Diese Kritiker interpretieren also Menschenrechte primär als Mittel der Aufrechterhaltung westlicher Hegemonialinteressen und der Fortschreibung von globalen Abhängigkeits-und Ausbeutungsstrukturen, die die formal dekolonisierten Staaten Afrikas ihrer Souveränität berauben.

Anknüpfend an diese Kritik entwickelten sich zwei Diskussionsstränge: zum einen eine differenzierte Auseinandersetzung mit kulturrelativistischen Argumenten und daran anknüpfende, pragmatische Lösungsvorschläge; zum anderen der Versuch, der eminenten Bedeutung der zweiten Generation von Menschenrechten, d.h. der wirtschaftlichen und sozialen Rechte, für afrikanische Gesellschaften Rechnung zu zollen und eine Rekonzeptualisierung der Menschenrechte (»new rights regime«, Shivji 1999) vorzunehmen, um die Bedürfnisse weiter Bevölkerungsteile Afrikas nach Entwicklung und Eigenbestimmung in einer globalen Weltordnung zu berücksichtigen.

1. Kulturrelativistische Positionen: Die Brisanz kulturrelativistischer Positionen zeigte sich nachdrücklich anhand der Kontroverse, die im Rahmen der Weltfrauenkonferenz 1995 in Peking um Fragen der Rechte von Frauen aufflammte. Ähnliche Konfliktlinien zwischen Befürwortern und Gegnern von universellen Menschenrechtsstandards kristallisierten sich in afrikanischen Menschenrechtsdiskussionen in Bezug auf weibliche Beschneidung (oder Female Genital Mutilation, wie sie von ihren Gegner/innen genannt wird) heraus. Dass diese Debatten sich oft an den Rechten von Frauen entzünden, ist kein Zufall, sondern darauf zurückzuführen, dass hier eine der wichtigsten Diskrepanzen zwischen lokal etablierten afrikanischen Normen und universellen Menschenrechtsstandards besteht. Was diese Debatten zusätzlich kompliziert, ist, dass die dabei eingenommenen Positionen sich mitnichten auf das Gegensatzpaar ›westliche Befürworter von Frauenbefreiung‹ versus ›lokale Verfechter traditionell patriarchalisch-repressiver Machtstrukturen‹ reduzieren lassen. Stattdessen verläuft eine wichtige Konfliktlinie zwischen Vertreterinnen verschiedener Auffassungen von ›Frauenbefreiung‹ und weiblicher Würde, so etwa zwischen Frauen, die ein westlich-liberal geprägtes Ideal weiblicher Emanzipation befürworten, und Musliminnen, die auf im Islam verankerte Werte zurückgreifen, um für eine Gesellschaft zu kämpfen, innerhalb derer Frauen ihr Recht auf Würde und Selbstbestimmung verwirklichen können. Obwohl also kulturrelativistische Positionen der politischen Instrumentalisierung durch einheimische Eliten dienen können, die ihre repressiven Praktiken durch Hinweis auf unumstößliche ›traditionelle‹ Normen zu legitimieren suchen, so ist dies nicht immer der Fall.

Zwei Antworten auf die kulturrelativistische Kritik wurden formuliert. Einige Autoren, die sich selbst als Verteidiger von universell gültigen Menschenrechtsstandards verstanden, suchten das kulturrelativistische Argument durch den Nachweis zu entkräften, dass Menschenrechte ein genuiner Bestandteil afrikanischer Kulturen seien. Doch obwohl ihr Ansatz wichtige Informationen zu in ›traditionellen‹ Kulturen verankerten Wertvorstellungen generierte, überzeugte er nur bedingt. So wiesen kritische Stimmen darauf hin, dass beispielsweise die Existenz von Begriffen der Würde und Gerechtigkeit in traditionellen afrikanischen Kulturen nicht als Anhaltspunkt dafür genommen werden könne, dass dort Menschenrechte im modernen Sinne verankert gewesen seien. Auch besteht eine Gefahr der Suche nach den ›traditionellen‹ Wurzeln von Menschenrechten in Afrika darin, dass ›traditionelle‹ Kultur essentialisiert und idealisiert wird, d.h. das Bild einer relativ harmonischen und nicht von Gewalt- und Ausbeutungsstrukturen geprägten ›vorkolonialen‹ Gesellschaft gezeichnet wird, die erst unter dem Einfluss des europäischen Kolonialismus diese grundlegenden Werte in Frage gestellt habe.

Eine vielversprechende Antwort auf die kulturrelativistische Kritik an Menschenrechten ist bei Autoren zu finden, die seit den 1990er Jahren die Vorzüge eines *moderaten* Kulturrelativismus herausstellen, die dieser trotz seiner politischen Instrumentalisierung durch Gegner der Menschenrechte habe. Solch ein moderater Ansatz betont die Notwendigkeit von Respekt für kulturelle und religiöse Differenz und fordert eine Weiterentwicklung der Menschenrechte unter Berücksichtigung lokaler kultureller Wertvorstellungen.

Autoren wie An-Na'im (1987) stellen diesen moderaten Kulturrelativismus extremeren Formen des Relativismus gegenüber und kritisieren Letztere dafür, dass sie wesentliche Stärken moderater kulturrelativistischer Positionen unterwandern, da sie gerade nicht für Toleranz und Respekt gegenüber Andersartigkeit eintreten, sondern im Namen kultureller oder religiös-normativ verbriefter Einzigartigkeit Praktiken der Diskriminierung gegenüber Frauen, religiösen Minderheiten oder ethnisch ›Anderen‹ fortschreiben. Stattdessen schlagen Vertreter der moderaten Position einen pragmatischen und prozessualen Ansatz zur Abstimmung von universellen Menschenrechten mit lokalen Wertvorstellungen vor: Bestimmte Grundwerte sollten als allgemein verbindlich etabliert werden. Gleichzeitig sollten bei ihrer Implementierung lokale institutionelle Gegebenheiten und historisch gewachsene Vorstellungen berücksichtigt werden, um eine breite Akzeptanz zu garantieren. Dies heißt in einigen Fällen, dass die bisher im Westen als gültig anerkannte Priorisierung einzelner Rechte kritisch überdacht werden muss. In anderen Fällen erfordert es, dass Menschenrechte entgegen lokal dominanten Wertvorstellungen durchgesetzt werden bzw. dass bisherige lokale normative Grundlagen entsprechend universellen Menschenrechtsstandards kritisch überdacht werden (z. B. im Falle der Rechte von religiösen Minderheiten in muslimischen Gesellschaften). Dies ist insbesondere der Fall, wenn lokale Gepflogenheiten die Diskriminierung oder Ausbeutung von bestimmten Bevölkerungsgruppen legitimieren, so etwa aufgrund von Geschlechter-, rassischer oder religiöser Differenz.

Die Argumentation dieser Autoren, dass ›Kultur‹ per se kein Hinderungsgrund für die Implementierung universeller Wertestandards in Afrika sei, stützt sich auf empirische Grundlagen: Wie ein Abriss vergleichender Länderstudien zu den institutionellen Voraussetzungen für Menschenrechte in Afrika zeigt, besteht ein wesentlicher Stolperstein für ihre Realisierung *nicht* in ihrer kulturellen Fremdheit oder Inkongruenz, sondern ist auf die paradoxale Rolle des Staates bei ihrer Umsetzung zurückzuführen. Diese Rolle des Staates als zentraler Instanz des Schutzes von Menschenrechten, aber auch als eines im Erbe des autoritären Kolonialstaates stehenden wichtigen Urhebers von Menschenrechtsverletzungen verweist auf einen Kernwiderspruch in den konkreten Instrumenten, die momentan weltweit zur Realisierung von Menschenrechten eingesetzt werden. Dieser Widerspruch ist nicht auf den afrikanischen Kontinent begrenzt, doch tritt er dort klarer hervor aufgrund der unzureichenden historischen Gewachsenheit von Institutionen zum Schutz von Menschenrechten, ebenso wie aufgrund unzureichender politischer Stabilität und wirtschaftlicher Entwicklung.

2. Die Bedeutung wirtschaftlicher und sozialer Rechte: Die zweite wichtige Debatte, die an der Kritik des universellen Geltungsanspruchs der Menschenrechte und ihres Beitrags zur Verschleierung globaler Ausbeutungsverhältnisse ansetzt, betont, dass generelle Reflexionen zu in abstrakten Individuen oder Kulturen verorteten Werten von geringer Bedeutung seien für eine weltweite Verankerung von Menschenrechtsstandards. Stattdessen betonen Vertreter dieses Ansatzes die Untrennbarkeit von Menschenrechten und Entwicklung und fordern eine Prioritätsverschiebung bei der Realisierung der Menschenrechte im Sinne einer klaren Privilegierung von wirtschaftlichen und sozialen Rechten bei gleichzeitiger Berücksichtigung von politisch-bürgerlichen Rechten.

Befürworter dieser Position betonen, dass die Realisierung eines menschenwürdigen Daseins sehr viel grundlegendere Reformen auf nationaler und auf internationaler Ebene voraussetzt, als dies bisher in Mainstream-Debatten zu Menschenrechten anerkannt wurde. Für viele afrikanische Bürger erfordert ein menschenwürdiges lokales Dasein zum einen die Veränderung ihrer Handlungsmöglichkeiten gegenüber einem autoritären und repressiven Staat, zum anderen die Umgestaltung internationaler Abhängigkeitsbeziehungen, die bisher jegliche Realisierung des Rechts auf Selbstbestimmung Lügen gestraft haben (z. B. Mohan/Holland 2001). Deshalb plädiert Shivji (1999, 254) für die Schaffung eines »new rights regime«, welches auf den Rechten auf Leben und auf Selbstbestimmung aufbaut, beides Grundrechte, deren Umsetzung dazu verhelfen würde, die grundsätzlichen Anliegen afrikanischer Gesellschaften auf die Agenda internationaler Institutionen zu setzen. Bezüglich der konkreten Umsetzung dieser Forderungen unterscheiden sich die Vertreter dieser Position jedoch merklich, insbesondere in Hinblick auf die Frage, inwiefern solche Forderungen auf nationaler Ebene durch Einsatz legalistischer Instrumente oder mittels politisch-sozialer Reform realisiert werden können (z. B. Ake 1987; Shivji 1999; Lieres 1999). Diese Diskrepanzen verdeutlichen, dass legalen Interventionsformen bei der Realisierung von Menschenrechten klare Grenzen gesetzt sind und ihr Erfolg in erheblichem Maße von einer grundlegenden Umstrukturierung staatlicher Macht und Zuständigkeitsbereiche abhängt.

Kritischer Ausblick

Ein wichtiger Beitrag von Menschenrechtsdebatten zu Afrika besteht darin, dass sie die Problemstellung epistemologisch und konzeptionell jenseits kulturalistischer Argumentationsstrategien verorten und stattdessen auf die institutionellen Rahmenbedingungen verweisen, die in jedem Staat zur Umsetzung von Menschenrechten erforderlich sind. Debatten zu Menschenrechten in Afrika sind also deshalb von allgemeiner Relevanz, weil sie über kulturell gefasste und spezifische Gegebenheiten des afrikanischen Kontinents hinausweisen und deutlich machen, dass zentrale Stolpersteine bei der weltweiten Umsetzung dieser rechtlichen Standards im Wesen der Menschenrechte – als einer speziellen, institutionell verbrieften Form der politischen Intervention im Zeitalter des Nationalstaates – begründet sind. Diese Argumentation stellt nicht die spezifischen politischen und sozio-kulturellen Hindernisse, die der Implementierung dieser Standards im postkolonialen Afrika im Wege stehen, in Abrede: Die Literatur zu Menschenrechten in Afrika hebt deutlich hervor, dass die afrikanischen Rahmenbedingungen aus dem Zusammenspiel von lokalen normativen Handlungsvorstellungen und institutionellen Rahmenbedingungen, die in Folge der kolonialen Fremdherrschaft geschaffen wurden, hervorgehen. Die Komplexität und Variabilität dieser Dynamiken sollte nicht unterschätzt werden. Jedoch zeigt die Menschenrechtssituation in Afrika, dass Schwierigkeiten in der Umsetzung von Menschenrechtsstandards nur teilweise aus kultureller oder religiöser Andersartigkeit heraus erklärbar sind – und entkräftet somit ›extreme‹ kulturrelativistische Positionen und deren Versuch, universelle Menschenrechtsstandards zu unterwandern.

Eine weitere Bedeutung von Menschenrechtsdebatten in und zu Afrika besteht in ihrem Beitrag zu einem ›Süd-Süd‹-Dialog, der in den letzten zwei Dekaden einen neuen Aufschwung erfahren hat. Dies zeigt sich in der Fülle von Beiträgen, die sich aus der Perspektive afrikanischer Erfahrungen mit den Möglichkeiten einer globalen Implementierung von Menschenrechten und der gleichzeitigen Notwendigkeit ihrer Anpassung an lokale Rahmenbedingungen auseinandersetzen. Ein wesentlicher Beitrag der Debatten zur Menschenrechtspolitik in Afrika besteht aber auch darin, dass sie – trotz unterschiedlicher Form und Schlussfolgerungen – auf die Grenzen legalistischer Interventionsmöglichkeiten in aktuellen politischen Auseinandersetzungen verweisen. Statt Afrika also als einen Nachzügler in der globalen Umsetzung von Menschenrechten zu sehen, macht es seine Verortung in einer globalen Weltordnung möglich, eine kritische Perspektive auf Menschenrechtspolitik einzunehmen. Auf dem afrikanischen Kontinent gewonnene Erfahrungen beweisen die Notwendigkeit, dem aktuellen Trend einer Legalisierung früherer Formen der politischen Auseinandersetzung innerhalb des Nationalstaates mit einer gewissen Skepsis zu begegnen und diese Entwicklung als Ausdruck sich verändernder Formen von Staatlichkeit, im Zusammenhang mit Globalisierungsprozessen und einer neoliberalen Wirtschaftsordnung, zu sehen.

Literatur

Ake, Claude: »The African Context of Human Rights«. In: *Africa Today* 34. Jg.,1–2 (1987), 5–12.

An-Na'im, Abdullahi A.: »Religious Minorities under Islamic Law and the Limits of Cultural Relativism«. In: *Human Rights Quarterly* 9. Jg., 1 (1987), 1–18.

– »Protecting Human Rights in Plural Legal Systems of Africa: A Comparative Overview«. In: Ders. (Hg.): *Universal Rights, Local Remedies. Implementing Human Rights in the Legal Systems of Africa*. London 1999, 39–64.

Lieres, Bettina von: »New Perspectives on Citizenship in Africa«. In: *Journal of Modern African Studies* 25. Jg., 1 (1999), 139–148.

Lindholm, Tore: »Prospects for Research on the Cultural Legitimacy of Human Rights«. In: Abdullahi A. An-Na'im (Hg.): *Human Rights in Comparative Perspective. A Quest for Consensus*. Philadelphia 1992, 387–426.

Mohan, Giles/Holland, Jeremy: »Human Rights and Development in Africa: Moral Intrusion or Empowering Opportunity?« In: *Review of African Political Economy* 88. Jg. (2001), 177–196.

Shivji, Issa: »Constructing a New Rights Regime: Promises, Problems, and Prospects«. In: *Social and Legal Studies* 8. Jg., 2 (1999), 253–276.

Dorothea E. Schulz

2. Konzeptionelle Spannungsverhältnisse

2.1 Drei Dimensionen des Begriffs der Menschenrechte: Recht, Moral und Politik

Zentrale Konfliktlinien

Nahezu von Beginn an ist in der modernen Menschenrechtsdebatte strittig gewesen, um welche *Art* von Rechten es sich handelt. Es gilt in der Debatte zwar als ausgemacht, dass die mit dem Begriff der Menschenrechte assoziierten Grundansprüche weltweit allen Menschen bereits aufgrund ihres bloßen Menschseins zuerkannt werden müssen. Doch schon kurz nach den revolutionären Menschenrechtserklärungen des späten 18. Jahrhunderts in Nordamerika und Frankreich wird fundamentale Kritik an der mit diesen Erklärungen einhergehenden Überzeugung laut, dass die Menschenrechte ›angeborene‹ oder ›natürliche‹ und damit ›vorpositive‹ bzw. ›vorpolitische‹ Rechte seien. Und es war ja tatsächlich das Ansinnen jener historisch bedeutenden Erklärungen, durch politische Proklamation die Gewissheit festzuschreiben, dass der Mensch diese Rechte unabhängig davon ›hat‹, ob ihm der Staat, in dem er lebt, diese Rechte dann auch tatsächlich in Form von juridisch fixierten Rechten garantiert. Gegen eben diesen revolutionären Akt einer kollektiven ›Deklaration‹ angeborener, natürlicher und vorpositiver Rechte, die – moralisch betrachtet – auch dann gelten sollen, wenn sie – juridisch gesehen – gerade nicht gelten, wird umgehend auch heftige Kritik laut: Jeremy Bentham (s. Kap. I.3.3) stichelt in seiner berühmt gewordenen Polemik, Rechte ohne jede juridische Durchsetzungskraft seien schlicht »Unsinn auf Stelzen« (Bentham 1792/1843, 501). Und Edmund Burke (s. Kap. I.3.1) bekundet in einem ähnlich hämischen Text über die Französische Revolution, auch er wolle sich nicht auf bloß postulierte, »metaphysische« Rechte des Menschen – ohne jede realistische Aussicht auf Positivierung – verlassen, sondern allein auf die »Rechte der Engländer« (Burke 1982, 118).

Im 20. Jahrhundert wird es dann vor allem Hannah Arendt (1951/2005) sein, die aus den katastrophalen Erfahrungen der beiden Weltkriege und der totalitären Barbareien noch einmal sehr deutlich die philosophische Lehre zieht, dass ein derart vorpolitisches, moralisches bzw. ›naturrechtliches‹ Verständnis der Menschenrechte unbrauchbar und politisch sogar fatal sei (s. Kap. I.3.6). Denn nicht nur mit Blick auf die unzähligen Todesopfer von Krieg und Gewaltherrschaft, sondern vor allem auch in Bezug auf die vielen Flüchtlinge und Staatenlosen habe sich dieses dezidiert vorstaatliche Menschenrechtsverständnis als politisch und rechtlich vollends wirkungslos erwiesen. Zugleich setzt sich Arendt mit ihrer Kritik aber auch von einem strikt juridischen Menschenrechtsverständnis ab, wie es im Anschluss an Bentham und Burke naheliegt. Ein derart positivistisches Menschenrechtsdenken, so Arendt, könne am Ende doch nur jene Menschen als vollwertige Rechtsträger inkludieren, die ohnehin schon Mitglieder der betreffenden Rechtsgemeinschaft sind. Genau dies sei aber das Hauptproblem der Menschenrechte: Diejenigen Menschen, die diese Rechte am meisten benötigen, z. B. Flüchtlinge, Staatenlose oder KZ-Häftlinge, ›besitzen‹ diese Rechte am allerwenigsten. Daher sei es zuvorderst eine *politische* Aufgabe, so Arendt, zunächst auch diesen Menschen ein für die Menschenrechte grundlegendes »Recht, Rechte zu haben« zu verschaffen, das jeder Mensch benötige, um überhaupt in den Genuss irgendwelcher (weiterer) Rechte zu gelangen (Arendt 1951/2005, 614). Damit ist aus ideengeschichtlicher Sicht ein bis heute in der Menschenrechtsdebatte virulentes Begriffsklärungsproblem skizziert, das mit der Frage verknüpft ist, in welchen Zuständigkeitsbereich die Menschenrechte fallen: Handelt es sich um ein strikt juridisches, um ein eher moralphilosophisches oder aber um ein rein politisches Begriffskonzept (vgl. Lohmann 2010)?

Probleme und Positionen

Die begrifflichen und ideengeschichtlichen Spannungen, die sich zwischen den naturrechtlichen Menschenrechtserklärungen des späten 18. Jahrhunderts, ihrer rechtspositivistischen Kritik durch Bentham und Burke sowie deren post-totalitärer Zuspitzung durch Arendt ergeben, finden ihren Widerhall im heutigen Streit zwischen verfassungs- sowie völkerrechtlichen, moralphilosophischen und politischen bzw. demokratietheoretischen Konzeptionen der Menschenrechte.

1. Das verfassungs- und völkerrechtliche Begriffskonzept: Man muss durchaus kein fundamentaler Gegner der Menschenrechtsidee sein oder gar ein Anhänger des Rechtspositivismus, um darauf zu bestehen, dass von Rechten im *starken* Sinn nur dann die Rede sein kann, *wenn* die gemeinten Ansprüche auch juridisch kodifiziert sind. Aus Sicht des Verfassungs- und Völkerrechts jedenfalls macht es einen entscheidenden Unterschied, ob man auf die politischen Proklamationen des späten 18. Jahrhunderts schaut oder aber auf die *geltende Rechtslage* nach 1945. Denn ab Mitte des 20. Jahrhunderts ist es sowohl auf nationaler Ebene, z. B. im Rahmen des deutschen *Grundgesetzes*, als auch auf völkerrechtlicher Ebene, und hier vor allem im Rahmen der Vereinten Nationen (UN), zu echten Positivierungen der Menschenrechte gekommen. Und aus Sicht dieser juridisch bindenden Rechtsdokumente liegt es durchaus nahe, den teilweise recht abstrakten ›Idealismus‹ so vieler philosophischer Menschenrechtskonzepte und den fehlenden Realitätsgehalt bloß ›gedachter‹ Rechte zu kritisieren (vgl. Tomuschat 2008). Zumindest aber erscheint es notwendig, den epochalen und revolutionären Fortschritt zu würdigen, den die rechtlichen Positivierungsschübe nach 1945 mit sich bringen. Denn erst die wechselseitige Transformation des Verfassungs- und Völkerrechts durch die Menschenrechte und umgekehrt: der Menschenrechtsidee durch das Verfassungs- und Völkerrecht lässt deutlich werden, dass die Menschenrechte als Rechte im *starken* Sinn allererst dann garantiert sind, wenn sie den Betroffenen sowohl verfassungsrechtlich als auch völkerrechtlich, und zwar verbindlich und einklagbar, zuerkannt werden (Klein 1997).

Mit dem Insistieren auf der besonderen Geltungskraft des positiven Rechts ist zudem fast immer auch der wichtige Hinweis verknüpft, dass die Menschenrechte nochmals *besondere* positivierte Rechtsansprüche sind, und zwar »subjektive öffentliche Rechte« (Jellinek 1892/2006). Das bedeutet: Es handelt sich gerade nicht – wie das heute vor allem jene später noch genauer zu betrachtenden moralischen Begriffskonzeptionen behaupten würden – um Rechte, die wir als Menschen *allen anderen Menschen* gegenüber hätten. Der besondere Sinn juridisch kodifizierbarer Menschenrechte liegt vielmehr darin, dass es sich um subjektive Rechtsansprüche gegenüber den Institutionen und Repräsentanten der *öffentlichen Rechtsordnung* handelt. Das verfassungs- und völkerrechtliche Begriffskonzept besagt also ausdrücklich: Die Adressaten der mit den Menschenrechten korrespondierenden Pflichten sind zuvorderst die jeweiligen Rechtssysteme selbst bzw. deren Funktionsträger und nicht schon – oder allenfalls vermittelt – jeder einzelne Mensch weltweit (vgl. Menke/Pollmann 2007, Kap. 1). Daher könnte man dieses Begriffsverständnis auch als ›etatistisch‹ bezeichnen. Es hat gegenüber alternativen Begriffsdeutungen den deutlichen Vorteil, dass die Menschenrechte hier als eine ganz *eigene* Art von Rechten in den Blick kommen, und zwar als Ansprüche, die das Verhältnis zwischen den politischen Machthabern und denen, die deren Macht unterworfen sind, regulieren sollen. Zugleich hat dieses Begriffsverständnis aber auch einen deutlichen Nachteil. Denn es lässt im Dunkeln, woher genau diese zu positivierenden Rechtsansprüche *ursprünglich* stammen. Wenn die Menschenrechte strikt als juridisch gesatzte Rechte verstanden werden sollen: Wie soll man dann jene Ansprüche nennen oder philosophisch deuten, die *vor* dieser Positivierung ja auch schon vorhanden waren, nur eben bloß auf ihre Kodifizierung warteten? Anders gefragt: Als was sollen wir jene normativen Anwartschaften bezeichnen, die nach 1945 in Verfassungs- und Völkerrecht erst noch *gegossen* werden mussten? Und woher kommen diese?

2. Moralphilosophische Begriffsbestimmungen: Rein juridisch ausgerichtete Begriffsdeutungen haben fast immer den Nachteil, ein elementar wichtiges politisches Faktum zu verfehlen: An die Menschenrechte wird zumeist in solchen politischen Kontexten appelliert, in denen potentiellen oder faktischen Opfern diese Rechte gerade nicht in Form von positiv gesatzten Rechtsansprüchen zuerkannt werden. Und entsprechend können empirisch vorhandene Rechtssysteme immer dann als menschenrechtlich bedenklich eingestuft werden, wenn sie z. B. auf verfassungsmäßige Garantien der Religionsfreiheit, der Nicht-Diskriminierung, der politischen Partizipation oder auch der Armutsbekämpfung verzichten. Demnach besteht also ein Unterschied zwischen jenen ›Menschenrechten‹, auf die man pocht, wenn man diese Rechtssysteme kritisiert, und den verfassungsmäßigen ›Grundrechten‹, zu denen jene Menschenrechte im Zuge juridischer Positivierungen zwar werden *können*, aber nicht schon notwendig werden *müssen* (s. Kap. II.1.1). Und so könnte man meinen: Der Begriff der Menschenrechte zielt am Ende eben doch auf ›vorpositive‹ oder ›vorstaatliche‹ Rechtsansprüche, aus denen sich dann folglich erst in einem zweiten Schritt die Notwendigkeit ihrer juridischen Positivierung ergibt. Weil allen Menschen qua Menschsein und nicht erst aufgrund ihrer Mitgliedschaft in einer jeweils bestimmten Rechtsgemeinschaft elementare Menschenrechte zukommen, müssen sie diese Rechte *zusätzlich* in Form von juridisch fixierten Grundrechten garantiert bekommen. Und eben deshalb liegt es nahe, die Menschenrechte, und zwar zumeist in Anknüpfung an die Tradition des Naturrechts, als ›natürliche‹ oder auch als ›moralische‹ Ansprüche zu verstehen (Gewirth 1982; Tugendhat 1993, Kap. 17; Griffin 2009).

Wichtig ist dabei zunächst: Der Terminus ›Moral‹ zielt in dieser fachphilosophischen Verwendung nicht etwa auf die konkret eingespielten Sitten und Gebräuche partikularer Wertegemeinschaften, sondern auf die von vornherein als ›universell‹ konzipierten Regeln und Normen, zu deren Achtung und Einhaltung schlicht alle Menschen weltweit allen anderen Menschen gegenüber verpflichtet sein sollen. Und entsprechend werden die Menschenrechte dann zumeist als eine gesonderte Klasse von moralischen Rechten aufgefasst; und zwar als besonders grundlegende Ansprüche, die für jeden einzelnen Menschen fundamental wichtig oder auch dringlich sind und deshalb durch die Rechtsgemeinschaft unter einen gesonderten Schutz gestellt werden müssen. Dieses moralphilosophische Begriffsverständnis hat den deutlichen Vorteil, dass es mit der Idee einer universellen Moral der wechselseitigen Achtung die normative ›Quelle‹ zu benennen vermag, aus der sich dann auch die Geltung rechtlich positivierter Menschenrechte speist: Weil alle *einzelnen* Menschen zur Achtung der Menschenrechte verpflichtet sind, sind Staaten und deren Funktionsträger es nachgeordnet *auch*. Doch trotz dieses begrifflichen Vorteils leiden fast alle moralphilosophischen Ansätze zugleich auch an einem deutlichen Mangel: Sie verfahren historisch und politisch weitgehend unsensibel, indem sie die revolutionäre Neuerung, die das Insistieren auf Menschenrechten im historisch-politischen Kampf gegen menschenunwürdige Lebensbedingungen mit sich bringt, bereits auf konzeptioneller Ebene ausblenden und stattdessen an eine ›Letztbegründung‹ der Menschenrechte in zeitlosen Prinzipien einer immer schon gegebenen universellen Moral glauben. Zudem mag einen schon ein kurzer Blick in die derzeit geltenden UN-Menschenrechtskataloge skeptisch stimmen. Darin finden sich z. B. Rechte auf politische Teilhabe, faire Gerichtsverfahren oder Gewerkschaftsgründung. Was genau soll es bedeuten, dass der Mensch auch diese Rechte bereits in einem vorstaatlich-moralischen Sinne besitzt? Gab es etwa auch schon im sogenannten Naturzustand Wahlen, Gerichte und Gewerkschaften?

3. Politische und demokratietheoretische Begriffskonzeptionen: Gegenüber moralphilosophischen Letztbegründungsversuchen, aber auch in Opposition zu juridischen Begriffsbestimmungen plädieren stärker politisch ausgerichtete Menschenrechtsansätze für eine besondere Berücksichtigung der *Funktion*, die dem Bezug auf Menschenrechte in der politischen Gegenwart, aber auch im historischen Kampf um Freiheit und menschliche Würde zukommt (z. B. Rawls 2002; Menke/Pollmann 2007; Beitz 2009). Mit ›politisch‹ ist dabei aber nicht gemeint, dass etwa die Existenz oder auch die Geltung der Menschenrechte vollends kontingenten Akten der politischen Willensbildung geschuldet wäre oder dass deren inhaltliche Konkretisierungen und rechtliche Kodifizierungen politisch unberechenbaren Mehrheitsverhältnissen überlassen bleiben sollten. Vielmehr geht es diesen Ansätzen darum, auf den genuin politischen Sinn der Menschenrechte zu verweisen: Sie sollen die politischen Machthaber, d. h. jene, die für die Aufrechterhaltung der öffentliche Ordnung verantwortlich sind, in ihrer Entscheidungsgewalt binden, damit deren Macht nicht unkontrolliert in Willkür umschlägt. Und nur durch entsprechende Garantien dieser Rechte in Form von Grundrechten wird die öffentliche Ordnung insgesamt mit Legitimation versorgt (Luhmann 1965/1999; Habermas 1999).

Wichtige Vorüberlegungen zu dieser politischen Begriffsdeutung finden sich bereits in der berühmten Menschenrechtskritik von Karl Marx (1844/1977). Entgegen einem weit verbreiteten Missverständnis hat Marx die von ihm kritisierte Menschenrechtsidee nicht schon als solche verwerfen wollen, sondern zunächst nur deren konkrete Ausformulierung im Rahmen der Französischen Menschenrechtserklärung von 1789 (s. auch Kap. I.3.4). Marx wendet vor allem ein, dass diese Erklärung, ihrem Wortlaut nach, die wichtige Teilmenge der politischen Partizipationsrechte am Ende doch nur dem eigentlichen ›Staatsbürger‹ (*citoyen*) zuerkenne, während aber die Klasse der individuellen Freiheitsrechte jedem ›Menschen‹ (*homme*) zugesprochen werde. Damit schlägt der ursprünglich als Inklusion gedachte souveräne Akt der politischen Erklärung dieser Rechte am Ende eben doch wieder in eine politische Exklusion der Nicht-Bürger um. Bei genauerem Hinsehen bedeutet dies aber vor allem: Der ›natürliche Mensch‹ wird als durch und durch ›unpolitisch‹ vorgestellt, seiner Partizipationsrechte und damit auch seines kommunalen Gattungswesens beraubt, so dass er sich unter kapitalistischen Vorzeichen bloß noch um seine Privatangelegenheiten zu kümmern braucht (ebd., 369). Und genau dieser kritische Kern der Marxschen Polemik findet sich heute in einigen wichtigen Debattenbeiträgen wieder (dazu die Textsammlung: Menke/Raimondi 2011), die an den ursprünglich revolutionären Akt einer gemeinsamen Selbstkonstituierung des politischen Volkes erinnern und darauf setzen, dass die Menschenrechte fundamentale Rechte sind, die sich der demokratische Souverän *selbst* gibt bzw. geben *würde*, wenn man ihn ließe. Die Menschenrechte ergeben sich folglich aus dem entweder realen oder auch nur imaginierten Akt einer demokratischen Selbstgründung legitimer politischer Machtverhältnisse; und zwar als Schutzvorkehrungen, die der historisch erwiesenen Gefahr begegnen sollen, dass öffentliche Regierungsgewalt stets in illegitime Herrschaft und Willkür umschlagen kann (Maus 2011, Kap. 5).

Der Vorteil dieser politischen Konzeptionen gegenüber moralphilosophischen Begriffsdeutungen besteht nun vor allem darin, die mit den Menschenrechten verknüpften *Verpflichtungen* politisch verantwortlich adressieren zu können. Dazu ein Beispiel: Aus einer moralphilosophischen Begriffsdeutung würde sich ergeben, dass die Verhinderung oder Ahndung einer konkreten Menschenrechtsverletzung in Land A, etwa ein Akt der Folter, unmittelbar und vollends gleichermaßen in den Verantwortungsbereich *aller* Menschen in den Ländern A, B, C, D usw. fiele. Aus Sicht der politischen Konzeptionen jedoch ergibt sich: Zuvorderst sind die öffentlichen Funktionsträger in Land A für die betreffende Menschenrechtsverletzung verantwortlich; bei deren Versagen jedoch auch die öffentlichen Funktionsträger der Länder B, C, D etc. bis hin zur Staatengemeinschaft. Und die politischen Einzelsubjekte sind dann allenfalls noch *mittelbar* verantwortlich, sofern sie sich dagegen wehren könnten, von jenen öffentlichen Funktionsträgern regiert zu werden, von denen sie sich regieren lassen. An die Stelle einer sich politisch folgenlos im Unklaren verlierenden Adressierung sämtlicher moralischer Einzelsubjekte tritt so die zumindest *primäre* Adressierung der politisch Verantwortlichen vor Ort.

Diesen Theorieaspekt teilen die politischen Ansätze im Übrigen mit stärker juridisch ausgerichteten Begriffsdeutungen. Dennoch gibt es auch zwischen ihnen einen wichtigen Unterschied. Denn durch den Hinweis auf elementare politische Legitimationsbedingungen einer jeden staatlichen Gewaltausübung bringen die politischen Ansätze eine normative Dimension der Menschenrechte ins Spiel, die Akten ihrer rechtlichen Positivierung vorgelagert ist. Zugleich aber wird diese normative Dimension nicht schon *moralisch* gedeutet, sondern in das Politische selbst verlegt; und zwar in den realen oder eben bloß imaginierten Akt der souveränen Selbstgründung des durch Recht reglementierten Gemeinwesens. Gleichwohl haben aber auch diese politischen Ansätze, und zwar vor allem gegenüber moralischen Deutungen, einen gewissen Nachteil: Sie erteilen ausdrücklich dem überaus weit verbreiteten theoretischen Ansinnen eine Absage, die Menschenrechte am Ende eben doch in absoluten, ahistorischen und auch transkulturellen Prinzipien der menschlichen Rationalität zu begründen, um sie besser gegen relativistische Anfeindungen in Schutz nehmen zu können (vgl. Menke/Pollmann 2007, Kap. 2 u. 3).

Kritischer Ausblick

Da es sich um einen Streit dreier Grundpositionen handelt, der bereits lange währt und wohl auch weiterhin hartnäckig geführt werden wird, spricht vieles dafür, dass alle *drei* Positionen wichtige Theoriebausteine aufweisen. Daher wird es zukünftig darauf ankommen, diesen Streit nicht einfach nur fortzusetzen, sondern möglichst auch zu überwinden, indem man versucht, die konzeptionellen Vorzüge der jeweiligen Alternativen zu synthetisieren (vgl. Lohmann 2010; Pollmann 2011). Das würde erstens bedeuten: Die Menschenrechte haben fraglos – selbst wenn man sie ›vorstaatlich‹ denkt – von vornherein auch eine juridische Dimension, denn sie tragen den Anspruch in sich, zu staatlich garantierten Grundrechten zu *werden*. Zweitens: Die Menschenrechte haben zudem auch – so wie das die moraltheoretischen Ansätze glauben – eine dezidiert vorpositive Dimension, denn man klagt sie auch bzw. gerade dort ein, wo sie den Menschen *noch nicht* durch positives Recht zuerkannt werden. Und drittens: Die Menschenrechte haben überdies – wie das die demokratietheoretischen Ansätze richtig sehen – eine fundamental wichtige politische Dimension, da sie nur dort vollends *realisiert* sind, wo sie erkämpft und einklagbar gemacht worden sind und sich fortan als demokratische Legitimationsbedingungen souveräner Herrschaft verstehen lassen. Kurz: Die Menschenrechte lassen sich als vorpositive, aber dezidiert politisch begründete Ansprüche gegenüber der öffentlichen Ordnung auf juridisch zu realisierende, einklagbare Grundrechte verstehen, die es darüber hinaus aber auch völkerrechtlich abzusichern gilt (vgl. Pollmann 2011).

Aus einer derart komplexeren Begriffsbestimmung ergeben sich Absagen an reduktionistische Bemühungen, den Begriff für eine der drei miteinander konkurrierenden Sphären zu reservieren oder doch zumindest eine der drei Sphären für absolut vorrangig zu erklären. Ein solches Vorgehen ist heute vor allem für einige viel diskutierte moraltheoretische Ansätze typisch, die ›idealistisch‹ in dem Sinne sind, dass sie die juridische und politische Sphäre zu einem Aufgabenbereich der bloßen Umsetzung philosophisch freistehender Letztbegründungen degradieren (dazu exemplarisch: Gewirth 1982; Griffin 2009). Zudem muss stärker als bisher Berücksichtigung finden, dass der Streit um die juridischen, moralischen und politischen Dimensionen der Menschenrechtsidee nicht nur ein Streit um unterschiedliche *Begriffs*dimensionen ist. Denn zugleich ist mit diesem Streit auch die Notwendigkeit einer bereichsspezifischen und auch interdisziplinären Arbeitsteilung angezeigt (Lohmann 2010): Das Recht hat dafür Sorge zu tragen, dass der den Menschenrechten inhärente Anspruch auf Positivierung sowohl auf nationalstaatlicher als auch auf völkerrechtlicher Ebene realisiert wird. Die Moral hingegen soll nicht nur die für die Einhaltung der Menschenrechte verantwortlichen Funktionsträger, sondern auch deren Kritiker mit motivationalen Ressourcen versorgen. Und die Politik ist und bleibt der Schauplatz jenes Kampfes, in dem spätestens seit dem 18. Jahrhundert für die Implementierung und Einhaltung der Menschenrechte gestritten wird (s. Kap. IV.3.1). Doch nicht nur das: Nur im politischen Prozess wird die zunächst abstrakte Idee der Menschenrechte dann auch mit verallgemeinerbaren *Inhalten* versehen und somit sukzessive ›universalisiert‹ werden können (s. Kap. IV.1.1). Das bedeutet: Nur im Rahmen politischer Auseinandersetzungen um jeweils einzelne Menschenrechte werden die vormals nur ›gedachten‹ Rechte *konkretisiert* und nur so auch zu Rechten, deren faktischen Besitz sich ein jeder Mensch als das Resultat eines imaginären Akts der demokratischen Selbstzuerkennung vorstellen kann.

Literatur

Arendt, Hannah: *Elemente und Ursprünge totaler Herrschaft* [1951]. München 2005.
Beitz, Charles R.: *The Idea of Human Rights*. Oxford/New York 2009.
Bentham, Jeremy: »Anarchical Fallacies« [1792]. In: *The Works of Jeremy Bentham*. Bd. II. Edinburgh 1843.
Burke, Edmund: *Reflections on the Revolution in France and on the Proceedings in Certain Societies in London Relative to that Event*. Harmondsworth 1982.
Gewirth, Alan: *Human Rights. Essays on Justification and Applications*. Chicago 1982.
Griffin, James: *On Human Rights*. Oxford 2009.
Habermas, Jürgen: »Zur Legitimation durch Menschenrechte«. In: Hauke Brunkhorst/Peter Niesen (Hg.): *Das Recht der Republik*. Frankfurt a.M. 1999, 386–403.
Jellinek, Georg: *System der subjektiven öffentlichen Rechte* [1892]. New York 2006.
Klein, Eckart: *Menschenrechte. Stille Revolution des Völkerrechts und Auswirkungen auf die innerstaatliche Rechtsanwendung*. Baden-Baden 1997.
Lohmann, Georg: »Menschenrechte zwischen Moral und Recht«. In: Stefan Gosepath/Ders. (Hg.): *Philosophie der Menschenrechte*. Frankfurt a.M. 1998, 62–95.
–: »Zur moralischen, juridischen und politischen Dimension der Menschenrechte«. In: Hans Jörg Sandkühler (Hg.): *Recht und Moral*. Hamburg 2010, 135–150.
Luhmann, Niklas: *Grundrechte als Institution* [1965]. Berlin 1999.
Marx, Karl: *Zur Judenfrage* [1844]. Marx-Engels-Werke. Bd. 1. Berlin 1977.
Maus, Ingebog: *Über Volkssouveränität. Elemente einer Demokratietheorie*. Frankfurt a.M. 2011.
Menke, Christoph/Pollmann, Arnd: *Philosophie der Menschenrechte zur Einführung*. Hamburg 2007.
Menke, Christoph/Raimondi, Francesca (Hg.): *Die Revolution der Menschenrechte*. Frankfurt a.M. 2011.
Pollmann, Arnd: »Gleiche Rechte für alle! Aber wer sind ›alle‹? Menschenrechte«. In: Johann S. Ach/Kurt Bayertz/Ludwig Siep (Hg.): *Grundkurs Ethik II*. Paderborn 2011, 155–169.
Rawls, John: *Das Recht der Völker*. Berlin 2002.
Tomuschat, Christian: *Human Rights. Between Idealism and Realism*. Oxford ²2008.
Tugendhat, Ernst: *Vorlesungen über Ethik*. Frankfurt a.M. 1993.

Arnd Pollmann

2.2 Menschenrechte und Demokratie

Zentrale Konfliktlinien

Demokratie und Menschenrechte sind historisch und systematisch aufeinander verweisende politische Ideen. Bereits in den revolutionären Gründungsakten der neuen Demokratien in Amerika und Frankreich ist aber ihr Verhältnis zueinander spannungsreich (s. Kap. I.4.2 u. I.4.3). Bis heute ist zu diskutieren, warum die naive Vermutung, es handle sich hier um ein einfaches, harmonisches Verhältnis, trügerisch ist. Die historischen Ereignisse seit dem 18. Jahrhundert haben zudem gezeigt, dass Demokratien sich nicht bloß auf die Menschenrechte berufen, sie verwirklichen und schützen können, sondern dass sie selbst mitunter als Missachter und Verletzer der Menschenrechte auftreten. Diese historische Dialektik der Verhältnisse zwischen Menschenrechten und Demokratie soll im Abschnitt »Probleme und Positionen« zuvorderst systematisch behandelt werden. Zunächst sollen drei Positionen diskutiert werden, in denen einer Seite – entweder den Menschenrechten oder aber der Demokratie – ein Vorrang gegenüber der anderen zugesprochen wird, dann sollen Vermittlungspositionen behandelt werden und die sich aus dieser Diskussion ergebenden weiterführenden Fragen nach dem Verständnis des Mehrheitsprinzips in der Demokratie und des Grundsatzes der Verhältnismäßigkeit erörtert werden. Abschließend soll dann das Verhältnis von Demokratie und Menschenrechten auch auf der internationalen Ebene problematisiert werden.

Probleme und Positionen

Das Verhältnis zwischen Menschenrechten und Demokratie wird für gewöhnlich als ein Verhältnis des Vorrangs angesprochen. Was dieses Vorrangverhältnis angeht, lassen sich zunächst zwei grundlegende Positionen voneinander abgrenzen.

1. Klassischer Liberalismus: Die erste Position erblickt einen Gegensatz zwischen Demokratie und Menschenrechten und löst diesen zugunsten der Letzteren auf. Sie konzediert, dass die Demokratie durchaus eine Bedingung für die legitime Realisierung von Menschenrechten sein kann; da aber Menschenrechte letztlich Instrumente der Herrschaftsbegrenzung unabhängig davon sind, in welcher Form Herrschaft ausgeübt wird, bezeichnen die Menschenrechte auch Grenzen der Demokratie. In der Form positivierter Grundrechte sind die Menschenrechte dazu da, Eingriffe in menschliche Freiheit abzuwehren.

Mit dieser Abwehrfunktion verbindet sich zumeist die Vorstellung von einer staatsfreien Sphäre. Dort hat selbst die Demokratie keinen Platz. Das bedeutet nicht nur, dass der Einfluss politischer Entscheidungen auf selbstregulierte soziale Prozesse gehemmt wird, es bedeutet auch, dass die menschenrechtlich geschützte Freiheit nicht so ausgeübt werden muss, dass sie mit demokratischen Prinzipien wie Mitbestimmung oder Gleichheit vereinbar ist. Staatsfreie Verhältnisse dürfen undemokratisch sein. Die Religionsfreiheit gestattet innerhalb der Grenzen ihrer Ausübung die Realisierung eines Verhältnisses zwischen Menschen, das nicht auf Gleichheit, sondern auf Ungleichheit beruht. In einer Gesellschaft, in welcher die Menschenrechte Vorrang vor der Demokratie haben, ist es also möglich, vordemokratische Verhältnisse in privatisierter Form zu erhalten. Sollte im Rahmen ihrer Verfassungsordnung der Schutz der Grundrechte im Verhältnis zur demokratischen Gesetzgebung einem Gericht zufallen, dann ist dieses jener Gesetzgebung übergeordnet. Aus der Sicht des klassischen Liberalismus formulieren die Menschenrechte demnach die Bedingungen, die gewahrt sein müssen, damit die demokratische Herrschaft legitim sein kann. Die Menschenrechte schützen vor der Tyrannei der Mehrheit.

2. *Demokratischer Liberalismus:* Die andere Position schlägt sich im Verhältnis zu den Menschenrechten letztlich auf die Seite der Demokratie. Sie vollzieht diesen Schritt aber nicht, gleich der ersten Position, weil sie unauflösliche inhaltliche Gegensätze antizipiert, sondern weil sie meint, dass die Vorrangfrage einer Auflösung bedarf. Die Grundidee ist, dass die Menschenrechte zum Inbegriff dessen gehören, was ein Volk mit reifer Vernunft über sich beschließen würde. Das »einzige Menschenrecht« (Immanuel Kant) ist das auf Freiheit nach allgemeinen Gesetzen. Der Genuss der äußeren Freiheit durch die Bestimmung von Rechten setzt die allgemeine Gesetzgebung voraus. Wenn man in diesem Zusammenhang die politische Freiheit akzentuiert, welche die Bedingung für die Formulierung ziviler Rechte ist, lässt sich sagen, das einzige wirklich angeborene Recht sei das zur Teilnahme an der Bildung der »volonté générale« (Jean-Jacques Rousseau).

Diese Position gestattet es, mit der Schwierigkeit fertig zu werden, dass Eingriffe in die Menschenrechte auf verschiedenen bedenkenswerten öffentlichen Interessen beruhen können. In einer Demokratie ist es schwierig, sich vorzustellen, welcher Institution, die nicht demokratisch legitimiert ist, die Kompetenz zufallen dürfte, demokratisch legitimierte Eingriffe zu korrigieren. Insbesondere erscheint es notorisch zweifelhaft, ob Gerichten ein diesbezügliches Urteil zustehen soll. Diese Position überlässt daher die nähere Artikulation und gegenseitige Abgrenzung der Menschenrechte dem demokratischen Prozess. Wenn man vom gleichfalls vorhandenen internationalen Menschenrechtsschutz absieht, ist das durchaus institutionelle Normalität in manchen westlichen Demokratien. Länder wie Schweden oder die Schweiz kennen einen verfassungsgerichtlichen Grundrechtsschutz im Verhältnis zur Gesetzgebung nicht. Im Vereinigten Königreich war es aufgrund starker liberaler Traditionen bis vor kurzem die weithin geteilte Auffassung, dass die Gesetzgebung das Organ der Grundrechtskonkretisierung ist.

3. *Menschenrechtsskepsis und Menschenrechtsenthusiasmus:* Im Verhältnis zu diesen beiden Positionen lässt sich eine dritte formulieren. Sie entspringt einer allgemeinen Menschenrechtsskepsis und stellt deswegen die Demokratie über die Menschenrechte. Aufgrund dieser – nicht zuletzt von Karl Marx (1844/1977) – vertretenen Position sind die Menschenrechte der normative Ausdruck einer verfehlten zwischenmenschlichen Beziehung. Sie sind bezogen auf ein Verhältnis, in welchem der Mensch vereinzelt und abgesondert von allen anderen existiert. Diese Existenzform ist falsch. Sie ist Ausdruck der Entfremdung des Men-

schen von seiner sozialen Natur (seinem, wie Marx sagt, »Gattungswesen«). Eine wahre Demokratie würde die mit Abwehrrechten verbundene Vereinzelung überwinden. Die Menschenrechte sind der Entwicklung einer solchen Demokratie allerdings hinderlich.

Demokratisch begründete Menschenrechtsskepsis ist ein geschichtlich verständliches Phänomen. Die Verfassungsgeschichte der Vereinigten Staaten im frühen 20. Jahrhundert bietet ein Beispiel dafür, wie der Schutz ziviler Rechte, wie des Rechts auf Vertragsfreiheit, dazu verwendet werden kann, demokratisch legitimierte Sozialgesetzgebung zunichtezumachen. Dieser mit der sogenannten Lochner-Ära verbundene, überzogene Wirtschaftsliberalismus (Siegel 1991) war intellektuell erst zu überwinden, nachdem die Grundrechte nicht als absolute Schranken, sondern bloß als geschützte Interessen gedeutet worden waren, die gegenüber anderen Interessen abzuwägen sind. Das Eindringen der Güterabwägung in den Grundrechtsschutz war ursprünglich als Triumph der Demokratie über die Grundrechte konzipiert, zumal davon ausgegangen wurde, dass die Güterabwägung eine Sache sei, welche der demokratisch legitimierten Gesetzgebung obliege. Die verfassungsrechtlich garantierten Grundrechte wurden solcherart in den demokratischen Prozess aufgehoben.

Der Vollständigkeit halber sei erwähnt, dass zu den drei genannten sich noch eine vierte Position geselt. Diese sieht unter postdemokratischen Vorzeichen nationale Implementierungsprozesse in einem untergeordneten Verhältnis zum transnationalen Menschenrechtsdiskurs, der sich aus verschiedenen Quellen juristischer sowie sozialwissenschaftlicher Expertise nährt und von einer globalen Zivilgesellschaft kritisch observiert wird (Erman 2005).

4. *Das Vermittlungsproblem:* Verschiedentlich wird das Verhältnis von Menschenrechten und Demokratie als ineinander vermittelt begriffen. Beide werden als Teil eines übergreifenden Ganzen gesehen, dessen umfassendster Grundsatz etwa das Prinzip gleicher Achtung ist (Gosepath 2004; Donnelly 2003; vgl. auch Menke/Pollmann 2007). Die Pointe einer solchen Vermittlung besteht darin, der Vorrangbestimmung derart auszuweichen, dass sie sowohl überflüssig als auch aufbewahrt wird. Zum einen lässt sich behaupten, dass die Menschenrechte nicht als ungebührliche Beschränkungen der Demokratie verstanden werden können, weil sie zu den notwendigen Bedingungen gehören, unter denen Demokratie erst zu gelingen vermag (Lefort 1990; Habermas 1992; Fagan 2009); zum anderen kann die Vermittlung darauf abstellen, dass demokratische Prozesse darauf abzielen müssen, die Menschenrechte zu realisieren, weil die Menschenrechtsrealisierung alles und die Demokratie bloß die menschenrechtskonforme Methode ihrer Durchführung ist.

a) *Keine Demokratie ohne Menschenrechte:* Was die erste Form der Vermittlung angeht, seien bloß zwei Beispiele herausgegriffen. Sie entstammen nicht zufällig einer Tradition der Verfassungsauslegung, in welcher die Rechtfertigung der richterlichen Prüfung der Verfassungskonformität von Gesetzen als Antwort auf die »countermajoritarian difficulty« verstanden wird. Die Vermittlung von Menschenrechten und Demokratie ist unter diesem Vorzeichen ein zentrales Thema des öffentlichen Rechts.

Nach John Hart Ely (1980) haben Gerichte die Gesetzgebung streng zu prüfen, sobald ein Verdacht besteht, dass die Mehrheit Minderheiten benachteiligt oder Hindernisse für die politische Willensbildung errichtet. Diese Handlungsanweisung an Gerichte ist Ausfluss einer impliziten Vorstellung von der Autorität der Verfassung. Eine Verfassung ermöglicht es, durch die Repräsentation von Interessen das Auffinden von Gemeinsamkeiten zu ermöglichen. Diese Funktion wird untergraben, wenn Minderheiten schlichtweg majorisiert oder die Kanäle für den demokratischen Wandel etwa durch Wahlkreismanipulationen verstopft werden. Politische Rechte und Gleichheitsgarantien ermöglichen die Repräsentation zum Zweck der gemeinsamen Willensbildung. Beide Arten von Rechten lassen sich als Ausdruck von gleicher Achtung verstehen (Gosepath 2004).

Mit durchaus anderer Akzentsetzung als Ely behauptet Ronald Dworkin (1996), dass eine plausible Verteidigung der Autorität demokratischer Mehrheiten von sich aus immer schon die Menschenrechte in Anspruch nehmen muss. Wer das

Recht der demokratischen Mehrheit, Entscheidungen zu treffen, gegen die Menschenrechte ausspielen will, hat keinen Begriff von der Legitimität der Mehrheitsentscheidung. Wer auf zufällige Mehrheiten als solche abstellt, lässt die Konstitutionsbedingungen im Unklaren, unter denen das Volk durch die Mehrheit entscheidet. Vielmehr ändert sich das politisch selbstbestimmte Volk gemessen an der Zusammensetzung der Mehrheit. Unter diesem Vorzeichen lässt sich das Volk als kontinuierlicher Verband nicht denken. Es ist schon gar nicht möglich zu erklären, weshalb der Minderheit zugemutet werden soll, der Mehrheit zu folgen. Dies ist vielmehr nur unter der Bedingung möglich, dass Mehrheitsentscheidungen nicht als zufällig aggregiertes Produkt von Einzelentscheidungen, sondern als Akte verstanden werden, die von allen Beteiligten als gemeinsames Handeln – als Handeln des Verbands – verstanden werden. Unter dieser Voraussetzung ist es möglich, die Entscheidung dem Volk als Verband zuzurechnen. Damit allerdings die Menschen, für welche diese Entscheidungen gelten, sich mit dem Verband, der die Entscheidungen aufgrund des Mehrheitsprinzips trifft, identifizieren und also die Entscheidungen als ihre eigenen begreifen können, insofern sie kollektiv selbstbestimmt sind, sind Grundsätze der moralischen Mitgliedschaft zu beachten. Durch die Bedingungen akzeptabler Mitgliedschaft löst sich der vermeintliche Gegensatz zwischen Menschenrechten und Demokratie auf. Diese Bedingungen werden manifest in gleichen Partizipationsrechten, dem Gleichheitssatz und der Garantie von Grundfreiheiten. Darüber hinaus sind die Bürgerinnen aufgefordert, sich als Angehörige partikularer politischer Gemeinschaften zu verstehen, die ihre je eigene Geschichte haben. Die Universalität der Menschenrechte realisiert sich demnach im Medium partikularer politischer Gemeinschaften.

b) Keine Menschenrechte ohne Demokratie: Dworkin rekurriert verschiedentlich auf ein Orchester als Analogie, um das gemeinsame Verbandshandeln zu veranschaulichen. Auch wenn diese Analogie in verschiedener Hinsicht wenig überzeugend ist, lässt sich die damit verbundene Vorstellung von der Verfassung als Menschenrechtspartitur, die von den politischen Akteuren ins Werk gesetzt wird, zur Erläuterung der zweiten Version der Vermittlung heranziehen. Demnach ist die Demokratie die einzige wahrhaft menschenrechtskonforme Form der Menschenrechtsrealisierung. Die Menschenrechte spezifizieren sich nicht von selbst. Eine Demokratie ohne Menschenrechte bliebe blind für ihre vornehmsten Ziele. Die Demokratie wird damit unter die Menschenrechte subsumiert (Nickel 2007).

Historisch ist diese Subsumtion mit dem Aufkommen der »Wertordnungsverfassung« *modo Germanico* im Gefolge der allgemeinen Menschenrechtserklärung verbunden (Rensmann 2007). Sie ist der Versuch, die politische Gemeinschaft von der Assoziation mit der nationalen Selbstbestimmung zu lösen und auf die Grundrechtsrealisierung umzustellen. Die Folgen für das Verfassungsverständnis lassen sich kaum unterschätzen. Die Verfassung wird als Grundsatznorm verstanden (Böckenförde 1991), die in andere Teile der Rechtsordnung ausstrahlt. Der Verfassung lassen sich Regelungsaufträge im Hinblick auf die Gesetzgebung entnehmen, wenigstens aus konkreten Anlässen, in denen sich zeigt, dass die Demokratie nicht genug getan hat, um ein Grundrecht zu realisieren. Die Verfassung wird relevant auch für die Beziehung zwischen privaten Personen und erhält damit eine als ›indirekt‹ bezeichnete Drittwirkung, welche sich bei näherer Betrachtung als direkt entpuppt. Eine solcherart vom Grundrechtsschutz her entfaltete Verfassung lässt sich in der Tat als »totale Verfassung« (Kumm 2004) beschreiben, deren menschenrechtlicher Gehalt für alle Bereiche des Lebens relevant ist.

5. Die Kernfrage: Eine wichtige Frage der Vermittlung von Demokratie und Menschenrechten bleibt damit noch unbeantwortet. Sollte die Mehrheit sich nicht selbst benachteiligen dürfen? Die Frage ist von nicht bloß akademischem Interesse. Sie wird virulent im Zusammenhang mit der *affirmative action*, wenn Angehörige der Mehrheit etwa aufgrund von Besetzungsquoten zugunsten der Angehörigen von Minderheiten einen Wettbewerbsnachteil erleiden. Zugunsten solcher Regelungen wird angeführt, dass es verfehlt wäre, Diskriminierungsverbote strikt symmetrisch auf alle Gruppen anzuwenden, insbesondere dann, wenn die bevorzugte Mehrheit ihre Angehörigen mit dem Ziel benachteiligt, die faktische Gleichstellung von Gruppen zu befördern. Ein längerfristiges menschenrechtskonformes Interesse rechtfertigt die Ungleichbehandlung als Mittel der Zielerreichung.

Die Frage ist indes nicht auf den Kontext der Gleichstellung beschränkt. Wie ist das Verhältnis von Menschenrechten und Demokratie zu beurteilen, wenn die Mehrheit sich sklavisch jeglicher Nötigung zur Anpassung an Sachzwänge fügt? Aus der Sicht einer vermittelnden Position wäre wohl zu sagen, dass keine Demokratie ihrem eigenen Anspruch genügt, wenn die Bürgerinnen und Bürger sich darauf zurückziehen, apathisch eine sklavenhafte Existenz zu führen. Die Demokratie ist – entgegen Friedrich Nietzsche – eben nicht die Herrschaft der Herde. Sie wird sich daher am Maßstab der Menschenwürde messen lassen müssen, weil dieser ihr immanent ist. Es darf nicht sein, dass die Schwäche der Mehrheit, ihre eigenen Interessen wahrzunehmen, zulasten jedes Einzelnen geht. Jedenfalls wäre dies ein Anlass für die Ausübung legitimen Widerstands.

6. *Der Grundsatz der Verhältnismäßigkeit:* In einem demokratischen Verfassungsstaat wird die demokratische Gesetzgebung kontrafaktisch als Akteur begriffen, der versucht, die öffentliche Zweckverfolgung mit Menschenrechten kompatibel zu machen. Um zu bestimmen, ob die reale Gesetzgebung dieser Idealisierung genügt, verwenden Gerichte und Verfassungsgerichte verschiedene ›Tests‹. Diese zielen im Wesentlichen darauf ab, einerseits die Glaubwürdigkeit der Verfolgung öffentlicher Interessen zu untersuchen und andererseits zu bestimmen, unter welchen Umständen das menschenrechtliche Interesse Vorrang zu genießen hat. Während im Bereich des Common Law diese Tests verschiedene kontextspezifische Ausprägungen erhalten, hat sich im kontinentaleuropäischen Bereich eine Konsolidierung durchgesetzt, die man mit dem Verhältnismäßigkeitsgrundsatz verbindet. Dieser formuliert eine Vernünftigkeitsforderung, welcher die Gesetzgebung zu genügen hat. Aufgrund dieses Grundsatzes muss ein Akt (1) geeignet sein, ein öffentliches Interesse zu verfolgen, (2) das gelindeste Mittel darstellen, das Interesse zu realisieren, und (3) ausgewogen sein im Verhältnis zwischen öffentlichem Interesse und grundrechtlichem Schutzgut. Robert Alexy (1985) hat die Bedeutung dieses dritten Elements, das gemeinhin als ›Verhältnismäßigkeit im engeren Sinne‹ bezeichnet wird, in der Form eines sogenannten Abwägungsgesetzes formuliert, wonach die Realisierung des öffentlichen Interesses umso wichtiger sein muss, je intensiver der Eingriff ist.

Gegen die Güterabwägung wird immer wieder eingewandt, dass es Sache der demokratischen Gesetzgebung sei, über einen Vorrang zu entscheiden, nicht zuletzt deswegen, weil in einer Abwägung Inkommensurables auf dem Spiel stehe (Waldron 2006). Dazu bedürfe es aber einer politischen Entscheidung. Wie soll sich denn auch das Interesse an der Religionsausübung in Quanten öffentlicher Sicherheit übersetzen lassen, damit sich eine Abwägbarkeit einstellt? Auf diesen Einwand antworten Verteidiger der Güterabwägung, indem sie herausstellen, dass das Gewicht von Interessen und die Intensität von Eingriffen jeweils für sich und nicht gegeneinander zu bestimmen seien. Eine wenig intensive Beeinträchtigung eines Grundrechts (etwa das Verbot, das heilige Buch einer anderen Religion öffentlich zu verbrennen) könnte demgemäß einem wichtigen öffentlichen Interesse (Vermeidung der öffentlichen Herabsetzung und Provokation religiöser Gruppen) gegenübergestellt werden.

Auch wenn verschiedentlich versucht worden ist, den Verhältnismäßigkeitsgrundsatz aus der Verfassung ›abzuleiten‹, so ist klar, dass es sich bei diesem Grundsatz um einen Maßstab des öffentlichen Vernunftgebrauchs handelt. Im Wesentlichen löst er die Forderung ein, dass, wann immer ein Recht eingeschränkt wird, dem noch grundlegenderen »Recht auf Rechtfertigung« (Forst 2006) Genüge getan werden muss. Selbst für die Grundrechtsdemokratie stellt sich damit unter der Hand so etwas wie der Vorrang der Demokratie wieder her. Es gilt als legitim, dass unterschiedliche demokratische Gesellschaften die Trennlinie zwischen öffentlichen Interessen und Rechten unterschiedlich ziehen. Damit wird nicht dem Relativismus das Wort geredet, sondern letztlich jene Zone des *reasonable disagreement* akzeptiert, die sich in unterschiedlichen Kulturen des Menschenrechtsschutzes manifestiert. Die Menschenrechte, welche ja Rechte der politischen Willensbildung in sich einschließen, nehmen ihre eigene demokratische Vermittlung in sich auf und lassen es zu, durch ihre eigene Anwendung erst Realität zu werden (Weiler 1995).

Kritischer Ausblick

Gegenwärtig lässt sich eine deutliche Akzentverlagerung im Hinblick auf die internationale Ebene des Menschenrechtsschutzes und der Menschenrechtspolitik beobachten. Das hängt zum einen mit dem Aufstieg des internationalen Menschenrechtsschutzes zusammen, der sich in internationalen Pakten niederschlägt, aber auch in internationalen Menschenrechtsregimen (s. Kap. IV.3.1). Das erfolgreichste internationale Regime des Menschenrechtsschutzes ist das europäische, das einen Bestand von Kernrechten gegenüber Übergriffen der Staaten schützt. Dabei ist die Demokratie auf zweierlei Arten relevant: Erstens sind Eingriffe mitunter nur statthaft, wenn diese explizit genannte öffentliche Interessen realisieren und ›in einer demokratischen Gesellschaft‹ notwendig sind. Damit wird die demokratische Gesellschaft zum Maßstab für die Beurteilung eines Grundrechtseingriffs erhoben. Zweitens zieht sich der internationale Menschenrechtsschutz mitunter darauf zurück, den ›Beurteilungsspielraum‹ zu bestimmen, innerhalb dessen die partizipierenden Staaten das Schutzniveau selbständig bestimmen können. Unter diesem Vorzeichen werden Demokratien also als Gemeinschaften verstanden, welche legitimerweise für den Pluralismus des Menschenrechtsschutzes verantwortlich zeichnen.

Schemenhaft nimmt man gegenwärtig die Konturen eines vierten Modells des Verhältnisses von Menschenrechten und Demokratie wahr, dem zufolge der Menschenrechtsschutz eine Angelegenheit ist, die transnationale Expertise erfordert. Diese wird nicht zuletzt durch transnationalen horizontalen Austausch zwischen Höchstgerichten entwickelt (Jackson 2010). Demokratien sehen sich damit genötigt, ihr Anderssein horizontal zu reflektieren. Das Medium des Austausches ist nicht mehr die demokratische Willensbildung, sondern deliberative Prozesse, an denen neben Gerichten vor allem juristische Experten teilnehmen, denen unterstellt wird, sich den Stellungnahmen global-zivilgesellschaftlicher Akteure nicht zu verschließen (Beetham 1999). Mit dieser Entwicklung geht das postdemokratische Phänomen der wachsenden Ohnmacht nationaler politischer Prozesse einher. In diesem Sinne lässt sich wohl allenthalben eine Akzentverlagerung von der Demokratie zum durch transnationale Expertise vermittelten Grundrechtsschutz feststellen.

Literatur

Alexy, Robert: *Theorie der Grundrechte*. Baden-Baden 1985.
Beetham, David: *Democracy and Human Rights*. Cambridge 1999.
Böckenförde, Ernst-Wolfgang: »Grundrechte als Grundsatznormen. Zur gegenwärtigen Lage der Grundrechtsdogmatik«. In: Ders.: *Staat, Verfassung, Demokratie*. Frankfurt a. M. 1991, 159–199.
Donnelly, Jack: *Universal Human Rights in Theory and Practice*. Ithaca ²2003.
Dworkin, Ronald: *Freedom's Law: The Moral Reading of the Constitution*. Cambridge, Mass. 1996.
Ely, John Hart: *Democracy and Distrust: A Theory of Judicial Review*. Cambridge, Mass. 1980.
Erman, Eva: *Human Rights and Democracy. Discourse Theory and Global Rights Institutions*. Aldershot 2005.
Fagan, Andrew: *Human Rights. Confronting Myths and Misunderstandings*. Cheltenham 2009.
Forst, Rainer: *Das Recht auf Rechtfertigung: Elemente einer konstruktivistischen Theorie der Gerechtigkeit*. Frankfurt a. M. 2006.
Gosepath, Stefan: *Gleiche Gerechtigkeit. Grundlagen eines liberalen Egalitarismus*. Frankfurt a. M. 2004.
Habermas, Jürgen: *Faktizität und Geltung. Beiträge zur Diskurstheorie des Rechts und des demokratischen Rechtsstaats*. Frankfurt a. M. 1992.
Jackson, Vicki: *Constitutional Engagement in a Transnational Era*. Oxford 2010.
Janis, Mark W./Kay, Richard S./Bradley Anthony W.: *European Human Rights Law*. Oxford ³2008.
Kumm, Mattias: »Who's Afraid of the Total Constitution?« In: *German Law Journal* 7. Jg. (2004), 341–370.
Lefort, Claude: »Menschenrechte und Politik«. In: Ulrich Rödel (Hg.): *Autonome Gesellschaft und libertäre Demokratie*. Frankfurt a. M. 1990, 239–280.
Marx, Karl: *Zur Judenfrage* [1844]. Max-Engels-Werke. Bd. 1. Berlin 1977, 347–377.
Menke, Christoph/Pollmann, Arnd: *Philosophie der Menschenrechte zur Einführung*. Hamburg 2007.

Nickel, James W.: *Making Sense of Human Rights*. Oxford ²2007.

Rensmann, Thilo: *Wertordnung und Verfassung: Das Grundgesetz im Kontext grenzüberschreitender Konstitutionalisierung*. Tübingen 2007.

Siegel, Stephen A.: »Lochner Era Jurisprudence and the American Constitutional Tradition«. In: *North Carolina Law Review* 70. Jg. (1991), 1–111.

Waldron, Jeremy: »The Core of the Case Against Judicial Review«. In: *Yale Law Journal* 115. Jg. (2006), 1347–1406.

Weiler, Joseph H. H.: »Fundamental Rights and Fundamental Boundaries«. In: Nanette A. Neuwahl/Allan Rosas (Hg.): *The European Union and Human Rights*. The Hague 1995, 51–76.

Alexander Somek

2.3 Menschenrechte und Weltstaatlichkeit

Zentrale Konfliktlinien

Der Begriff ›Weltstaatlichkeit‹ wird von Autoren verwendet, die nur manche Elemente eines Weltstaats befürworten, dagegen andere Elemente, die sie bei Einzelstaaten durchaus befürworten, bei einem Weltstaat ablehnen. Grund dieser Ablehnung ist, dass ihrer Ansicht nach ein Weltstaat unvermeidlicherweise nur eine bestimmte Art von Staat sein kann, die sie sowohl auf globaler als auch auf einzelstaatlicher Ebene ablehnen.

Unter einem ›Weltstaat‹ versteht man im Anschluss an Kant (AA VIII, 357) nicht nur die »Idee einer Weltrepublik«, sondern auch einen »Völkerstaat (*civitas gentium*), der zuletzt alle Völker der Erde befassen würde«, d. h. das Ergebnis eines Vereinigungsprozesses. Hans Kelsen (1934, 134 f.) bestimmt den Vereinigungsprozess genauer als »Ausbildung von Zentralorganen zur Erzeugung und Vollziehung der Rechtsnormen«, die »zunächst auf die Rechtsprechung bezogen« ist. Der Weltstaat ist also die »organisatorische Einheit einer universalen Rechtsordnung«. Bei Kelsen handelt es sich nicht um eine Idee bzw. um ein Modell, sondern um die »reale, auf zunehmende Zentralisation gerichtete Rechtsentwicklung«, wobei es bisher auf globaler Ebene nur – aber anders als bei Hart (1973, 293) immerhin – »ein einheitliches System von Normen«, d. h. nur eine Rechtsordnung gebe (Kelsen 1934, 134 f.). Nach John Rawls (2002, 40) ist schließlich ein Weltstaat »ein einheitliches [*unified*] politisches Regime mit den rechtlichen Befugnissen, die normalerweise von zentralen Regierungen ausgeübt werden«.

Kant (VIII, 357) sieht nur zwei Alternativen zum Weltstaat: einerseits einen »gesetzlosen Zustand« – sprich den »Naturzustand« zwischen Völkern (VI, 350) –, andererseits einen »Völkerbund« bzw. eine »föderative Vereinigung« (VIII, 354; 367), d. h. einen »Verein einiger Staaten, um den Frieden zu erhalten, den *permanenten Staatencongreß* […], zu welchem sich zu gesellen jedem benachbarten unbenommen bleibt« (VI, 350).

Unter ›Weltstaatlichkeit‹ verstehen deren Befürworter keine der bei Kant genannten Optionen:

weder einen Weltstaat noch einen Völkerbund im Kantischen Sinne.

Andreas Niederberger (2009, 364) unterscheidet die »Modelle der Konföderation« von denjenigen von »mehr oder minder zentralistischer Weltstaatlichkeit«. Letztere bezeichnet er auch als »zentralstaatliche Modelle des Weltstaates« (374). Das Merkmal der Konföderation besteht darin, dass »kein neues Gesamtgefüge mit eigener legislativer oder exekutiver Kompetenz auf der Basis genereller Teilhabemöglichkeiten global aller Individuen geschaffen« wird (365). Die Konföderation enthält also durchaus etwas, das nach Kelsen für einen entstehenden Weltstaat spezifisch ist: eine globale judikative Kompetenz. Denn Konföderation im Sinne Niederbergers ist »eine Struktur, die die Rechtsförmigkeit [der] Interaktionen [der Einzelstaaten] garantiert und kontrolliert« (365).

H. L. A. Hart (1973, 306) bietet eine genaue Klassifizierung der möglichen Reichweiten von Weltstaatlichkeit: »[a] eine Welt-Legislative nach dem Modell des britischen Parlaments, die rechtlich unbegrenzte Befugnisse besitzt [...]; [b] eine Bundes-Legislative nach dem Modell des amerikanischen Kongresses [...], die rechtliche Kompetenz nur für genau spezifizierte Angelegenheiten besitzt [...]; [c] ein Regime, in dem die einzige Form der legalen Kontrolle aus allgemein anerkannten und auf alle anwendbaren Regeln besteht; und [d] schließlich ein Regime, in dem die einzige Form anerkannter Verpflichtung vertraglicher Art oder selbst-auferlegt ist [...]«. Der Form (a) entspricht der Weltstaat. Niederbergers Konföderation entspricht der Form (c). Diese Kontrollkompetenz, die nach Niederberger zwar nicht zum Weltstaat, jedoch durchaus zur Weltstaatlichkeit gehört, siedelt er vor allem bei der UNO an (Niederberger 2009, 366). Zur Form (c) gehört auch Rawls' »Recht der Völker« (s. u.).

Sowohl Jürgen Habermas' föderales mehrstufiges System als auch Otfried Höffes Weltstaatlichkeit entsprechen dagegen Form (b) in Harts Klassifizierung. Bei Habermas ist eine reformierte UNO für Friedenserhaltung und Durchsetzung der Menschenrechte zuständig. Höffe weist der Weltstaatlichkeit Kompetenzen zu, die sich gegenüber den einzelstaatlichen Kompetenzen »komplementär« und »subsidiär« verhalten, etwa die Lösung weltwirtschaftlicher und ökologischer Probleme sowie die Bekämpfung grenzüberschreitender Kriminalität. Gegen die Form (a) – »a centralized world state«, der zur »annihilation of existing states« führe – schlägt Thomas Pogge (2002, 182 f.) vor, »dispersing political authority among several levels and [...] institutionally securing economic justice at the global level«, ebenso die Armutsbekämpfung mittels einer Besteuerung der globalen Rohstoffdividende sowie die Nichtverbreitung von Massenvernichtungswaffen. Die Weltstaatlichkeit bedeute »some centralization«, der Weltstaat eine völlige Zentralisierung. Diese semantische Unterscheidung ist allerdings sehr jung. In den 1990ern bezeichnete Christoph Horn (1996, 230) die Weltstaatlichkeit im Sinne von Harts Form (b) noch als eine Art Weltstaat bzw. »Globalstaat«: »Ein normativ wie realpolitisch vertretbarer Globalstaat müßte m.E. die Merkmale globales Gewaltmonopol, demokratische Rechtsstaatlichkeit, Föderalismus und Subsidiarität (d. h. hier: politische Dezentralisierung) aufweisen.« Höffes Wortwahl variiert: Er bezeichnet sein eigenes Modell einmal als »Weltstaatlichkeit« (z. B. Höffe 1999, 10), einmal als »Weltstaat« (z. B. ebd., 299).

Kants Völkerbund gehört zu Harts Form (d), genauso wie der von ihm abgelehnte Naturzustand zwischen Staaten. Insoweit stellen die beiden Optionen der heutigen Diskussion eine Novität dar, auch wenn sie sich auf Kant berufen, denn in Wahrheit teilen sie mit Kant nur die Ablehnung eines Weltstaats, wie Kant ihn versteht, jedoch nicht die Befürwortung eines Völkerbundes.

Probleme und Positionen

Die Stellungnahmen zur Frage nach einem Weltstaat bzw. nach einer Weltstaatlichkeit unter dem Gesichtspunkt der Menschenrechte beziehen sich auf unterschiedliche Auffassungen der Menschenrechte und sogar auf unterschiedliche Menschenrechte.

1. Argumente für einen Weltstaat: Die traditionellen Argumente zugunsten eines Weltstaats beruhen entweder auf Hobbes' oder auf Kants Theorie.

In beiden Fällen betrachten sie das Bestehen unabhängiger Staaten nach der Analogie zum Naturzustand zwischen einzelnen Menschen: Zwischen Einzelstaaten herrscht – genauso wie im Naturzustand zwischen Individuen – eine Gesetzlosigkeit, die auch aus demselben Grund zu überwinden ist.

Thomas Mohrs (1995) hält ein hobbesianisches Plädoyer für den Weltstaat. Den Krieg zwischen den Einzelstaaten soll ein globaler Leviathan beenden, der – genauso wie der traditionelle Leviathan – für die Sicherheit von Leib und Leben sowie für die Möglichkeit der individuellen Suche nach Glück sorgen soll (ähnlich bereits Kelsen 1948, 27). Diesen distributiven Vorteil für alle Menschen vermögen die einzelnen Leviathane bzw. Einzelstaaten nicht zu gewährleisten, da zwischen ihnen weiterhin der Krieg aller gegen alle herrscht. Bei Mohrs ist der Weltstaat also nötig, um zwei Menschenrechte zu sichern: das Recht auf Leib und Leben sowie das Recht auf eine minimale Freiheit, d. h. auf die Möglichkeit zur Suche nach dem eigenen Glück.

Mohrs (1995, 302) benennt zudem unter Berufung auf Vittorio Hösle (1991) die korrelativen Pflichten zu den Menschenrechten, die nur durch die globale Kooperation aller Länder erfüllt werden können. Es geht um eine Lösung für den »demographischen Kollaps« bzw. die wachsende Überbevölkerung der Erde und für den »drohenden ökologischen Kollaps« bzw. die zunehmende Verknappung der globalen Naturressourcen. Die Legitimität eines »Super-Leviathan« gründet nun darauf, dass die gesamte Menschengattung diesen Kollapsen ausgesetzt ist – genauso wie im Hobbesschen Naturzustand jeder Mensch stets der Gefahr eines plötzlichen gewaltsamen Todes ausgesetzt ist. Aus mindestens zwei Gründen käme die nötige zwischenstaatliche Kooperation ohne Super-Leviathan – etwa durch ein bloßes Netz von multilateralen Verträgen – nicht zustande: (a) aufgrund des Arguments vom Trittbrettfahrer, der den distributiven Vorteil genießen will, ohne seinen nötigen Beitrag dazu zu leisten; (b) weil zur Vollendung der »Rechtsidee« ein gemeinsamer Richter nötig sei, um »den Rest vom Naturzustand« zu beseitigen, dass die Einzelstaaten ihre Konflikte letztlich immer noch durch Gewalt lösen (Mohrs 1995, 303). Allein der Super-Leviathan kann also für die Menschenrechte auf Leib, Leben, Subsistenz, fairen Prozess und Rechtssicherheit aufkommen.

Bevor er den Weltstaat ablehnt, liefert Kant ein anderes Argument für eine Weltrepublik, die durchaus als Weltstaat (z. B. im Sinne Horns) angesehen werden darf. Kant (VI, 237) geht vom kategorischen Rechtsimperativ der Errichtung einer Rechtsordnung aus, die aus den Bedingungen der gegenseitigen Vereinbarkeit und daher der gegenseitigen Begrenzung der Freiheit aller Menschen besteht. Dabei ist »Freiheit (Unabhängigkeit von eines Anderen nöthigender Willkür), sofern sie mit jedes Anderen Freiheit nach einem allgemeinen Gesetz zusammen bestehen kann«, das »einzige, ursprüngliche, jedem Menschen kraft seiner Menschheit zustehende Recht«, kurz das einzige Menschenrecht. Einzelne Menschenrechte im heutigen Sinne (darunter auch das Recht auf Leib und Leben) ergeben sich bei Kant erst aus der Anwendung dieses einzigen Menschenrechts und gelten daher nur bedingt. Die Weltrepublik entspricht wiederum den Bedingungen der globalen Vereinbarkeit und der globalen gegenseitigen Begrenzung der Freiheiten. Darum sichert nur sie das einzige Menschenrecht aller Menschen: das Recht auf Freiheit.

2. Kants Argumente gegen einen Weltstaat: Kant lehnt den Weltstaat schließlich wegen zweier Annahmen über denselben ab. Der Völkerstaat entsteht nach Kant (VIII, 367) durch »die Zusammenschmelzung [der Einzelstaaten] durch eine die andere[n] überwachsende und in eine Universalmonarchie übergehende Macht, weil die Gesetze mit dem vergrößerten Umfange der Regierung immer mehr an ihrem Nachdruck einbüßen, und ein seelenloser Despotism, nachdem er die Keime des Guten ausgerottet hat, zuletzt doch in Anarchie verfällt.«

Also ist für Kant (a) der einzige denkbare Weg zum Weltstaat die restlose Expansion einer Hegemonialmacht, die sich nur durch ihre Übermacht durchsetzt (Kelsen 1948, 137, erkennt diese Gefahr eines »Roman world empire« ebenfalls, hält sie aber nicht für unvermeidlich). Kant teilt (b) Montesquieus Ansicht, dass Despotie und Anarchie als gesetzlose Willkür zusammenhängen, was ihn zur These der Unregierbarkeit eines Völkerstaates führt. Unter »Despotism« versteht Kant (VIII, 291) eine »Verfassung, die alle Freiheit der Unterthanen, die alsdann gar keine Rechte haben, aufhebt«. Kants Annahme ist also, dass die Hegemonialmacht weder im Zuge ihrer Expansion die Freiheit der Einzelstaaten noch danach die Freiheit der Weltbürger beachtet. Da der Weltstaat jedes Recht auf Freiheit aufhebt, verursacht er das Gegenteil dessen, was von ihm erwartet wurde: der Abschied vom Naturzustand und die Errichtung einer globalen Rechtsordnung, die das Menschenrecht auf Freiheit sichert. Das Gleiche gilt für die aus der Despotie schließlich resultierende Anarchie – sprich für den Naturzustand.

Darum ist der Völkerbund, so Kant, »nach der Vernunftidee« – d.h. nach der Idee der globalen Verwirklichung des Rechts – »besser« (VIII, 367) als der Weltstaat (etwas Ähnliches hält Kelsen 1948, 151, für eine nötige Etappe zum föderalen Weltstaat). Der Völkerbund ist jedoch nur ein »negative[s] Surrogat« (VIII, 357), weil nur Republiken ihm beitreten, Nicht-Republiken dagegen weiterhin Krieg führen können und ihren Unterthanen das Menschenrecht auf Freiheit nicht – oder zumindest nicht in vollem Umfang – gewährleisten. ›Negativ‹ ist das Surrogat, weil auf internationaler Ebene der Völkerbund einfach auswärtige Menschenrechtsverletzungen unterlässt; er fördert Menschenrechte jedoch nicht global. Als Beispiel dafür wird oft Kants (VIII, 346) Verbot jeglicher Interventionen – d.h. auch humanitärer Interventionen, die zu einem positiven Surrogat gehören würden – angeführt.

3. *Rawls' positives Surrogat eines Weltstaats:* Rawls (2002, 40) stimmt Kant zu, dass ein »Weltstaat« entweder zum »weltweiten Despotismus« oder zu einem durch Bürgerkriege und Freiheitsbestrebungen der Völker instabilen Reich würde. Rawls weicht aber auch von Kant ab. Statt eines rein negativen Surrogats wählt er ein zwar begrenztes, jedoch zweifellos positives Surrogat. Das »Recht der Völker«, das ausschließlich von liberalen und achtbaren Regimen anerkannt und beachtet wird, verfügt: »4. Völkern obliegt eine Pflicht der Nichteinmischung. […] 6. Völker müssen die Menschenrechte achten« (Rawls 2002, 41). Auf freiwilliger Basis und unter Einhaltung des Rechts der Völker bilden sich zwischenstaatliche Organisationen zwecks Kooperation zwischen diesen Völkern. Andererseits sieht Rawls aber vor: »Einige dieser Organisationen (so wie zum Beispiel die idealtypisch verstandenen Vereinten Nationen) mögen die Autorität haben, im Namen der Gesellschaft wohlgeordneter Völker ungerechte heimische Institutionen in anderen Ländern und klare Fälle von Menschenrechtsverletzungen zu verurteilen. In schwerwiegenderen Fällen mögen sie versuchen, durch wirtschaftliche Sanktionen oder sogar durch militärische Interventionen korrigierend einzugreifen« (ebd., 40). Den liberalen Völkern kommt außerdem eine Unterstützungspflicht gegenüber jenen Völkern zu, die in Staaten leben, welche das Recht der Völker nicht beachten. Rawls (2002, 134 f.) erläutert, »dass die bloße Verteilung von Geldern nicht ausreicht, um grundlegende politische und soziale Ungerechtigkeiten zu berichten [...]. Die Menschenrechte hervorzuheben mag jedoch eine Veränderung unwirksamer Ordnungen bewirken und die Verhaltensweisen von Herrschern ändern«, etwa sie dazu bewegen, sich für die Erziehung des Volkes und gegen die Korruption und Ineffizienz von Amtsträgern einzusetzen.

Die Zustimmung der Einzelstaaten, welche auf das Recht der Völker nicht achten, ist zwar für die globale Um- und Durchsetzung dieser Interventionen und Hilfen nicht erforderlich; Rawls behauptet jedoch, »dass das langfristige Ziel (vergleichsweise) wohlgeordneter Gesellschaften darin besteht, Schurkenstaaten [eher gesetzlose Staaten: *outlaw state*, nicht *rogue states*] zu Mitgliedern einer Gesellschaft wohlgeordneter Völker werden zu lassen« (ebd., 131). Also soll bei Rawls die Zustimmung – allerdings nicht derselben Staaten, sondern genauer derselben Völker (auf den Unterschied zwischen Staat und Volk legt Rawls Wert) – später nachgeholt werden; es entsteht aber keine globale legislative Gewalt. Insoweit gehört Rawls' Modell der Weltstaatlichkeit genauso wie Niederbergers Konföderation zu Harts Form (c).

Erwähnt werden bei Rawls die Menschenrechte auf Leib und Leben, auf Rechtssicherheit, auf Subsistenz und auf Erziehung; Rawls detailliert seinen

Menschenrechtskatalog jedoch nicht und liefert auch keine Kriterien dafür.

Ein anderes Problem stellt sich hinsichtlich des Übergangs zu Rawls' Weltstaatlichkeit, wie Habermas generell betont: »Im Übergang von einer nationalstaatlichen zu einer kosmopolitischen Ordnung weiß man nicht genau, was gefährlicher ist: die untergehende Welt souveräner Völkerrechtssubjekte, die ihre Unschuld längst verloren haben, oder die unklare Gemengelage supranationaler Einrichtungen und Konferenzen, die fragwürdige Legitimationen ausleihen können, aber nach wie vor auf den guten Willen mächtiger Staaten und Allianzen angewiesen sind« (Habermas 1998, 178). Darum ist Habermas skeptisch gegenüber humanitären militärischen Interventionen der NATO ohne UN-Mandat (vgl. Habermas 2000, 60–65) und sogar gegenüber der UNO: Es »zeigt sich an der Menschenrechtspolitik der Vereinten Nationen der Widerspruch zwischen der Verbreitung der Menschenrechtsrhetorik auf der einen, ihrem Missbrauch als Legitimationshilfe für die übliche Machtpolitik auf der anderen Seite« (Habermas 2010, 52). In dieser Hinsicht wirkt Rawls' Prämisse unvorsichtig, nach der liberale und achtbare Staaten oder deren internationale Organisationen unparteiische bzw. desinteressierte Richter über die globale Einhaltung der Menschenrechte sein können.

4. Archibugis reformierte UNO nach dem Modell von Einzelstaaten: Während Rawls durch eine Interventions- und Unterstützungspflicht der liberalen oder achtbaren Völker die Weltstaatlichkeit fördern und doch gleichzeitig der Gefahr einer Weltdespotie vorbeugen will, bieten Autoren wie Archibugi, Habermas und Höffe alternative Modelle.

Nach dem traditionellen Modell der repräsentativen Demokratie befürwortet Daniele Archibugi eine radikale Reform der UNO, die aus drei großen Änderungen bestünde: (a) einem Zweikammersystem für die UN-Generalversammlung, in dem analog zum Bundesrat und Bundestag einerseits Vertreter der Regierungen der Mitgliedstaaten, andererseits vom Volk gewählte Vertreter der Mitgliedstaaten sitzen sollen, (b) einem Internationalen Gerichtshof mit erweiterten Befugnissen, insbesondere bezüglich der Strafverfolgung von Menschenrechtsverletzungen und Verbrechen gegen die Menschlichkeit, und (c) einer repräsentativeren Zusammensetzung des UN-Sicherheitsrats und der Abschaffung des Vetorechts seiner ständigen Mitglieder. Archibugi sieht diese »world community« als »an institutional mode parallel to states. [...] But this does not imply that current states should be considered as a transitional form of political organization to be dissolved in a federal union which would have the same characteristics of national states but on a larger scale« (Archibugi 1995, 135). Wie diese »world community« ohne Weltstaatscharakter aussehen soll, erläutert Archibugi leider nicht näher.

Habermas (1996, 217–219) würdigt, dass es bei derartigen Entwürfen einer UN-Reform wie jenem Archibugis »um die Verbesserung des institutionellen Rahmens für eine Menschenrechtspolitik« gehe. Dennoch kritisiert er sie, weil sie »sich an den Organisationsteilen der nationalen Verfassungen orientieren« und es ihnen an »institutioneller Phantasie« fehle. Habermas befürwortet für die Weltgesellschaft ein »Mehrebenensystem [...], dem im Ganzen der staatliche Charakter aus guten Gründen fehlt« (Habermas 2004, 134; vgl. 2010, 51).

5. Mehrstufige Konstruktionen mit sehr begrenzten föderalen Kompetenzen (Habermas, Höffe): Auf den ersten Blick scheint Habermas damit dem zu unterliegen, was er selber an Kants Völkerbund für inkonsistent hält: Um zu einer stabilen Föderation zu werden, müsse die Gemeinschaft ein Regelungs- und Sanktionsrecht gegenüber ihren Mitgliedern haben, sei dann aber nicht länger ein bloßer die Souveränität aller Mitglieder wahrender Völkerbund, wie das Kant fordert (Habermas 1996, 208). Im Gegensatz zu Kants »Föderation von Staaten« spricht Habermas (1996, 210; vgl. 212 ff.) folgerichtig von einer »Föderation von Bürgern« und befürwortet eine entsprechende Reform der UNO. Außerdem übernimmt Habermas die »Idee des weltbürgerlichen Zustandes«, welcher »die Positivierung der Bürger- und Menschenrechte von der nationalen auf die internationale Ebene überträgt« (Habermas 2004, 122 f.).

Dementsprechend verfügt bei Habermas eine »reformierte Weltorganisation« über die supranationale letzte Kompetenz bezüglich der Friedenserhaltung sowie der Wahrung und Durchsetzung der Menschenrechte.

Mit der Verneinung des »staatlichen Charakters« dieser Weltorganisation meint Habermas eigentlich, dass die Weltorganisation, anders als der Einzelstaat in den klassischen politischen Theorien, nicht »selber bestimmen kann, welche politischen Aufgaben sie an sich zieht«, d. h. dass sie nicht »über die Kompetenz-Kompetenz verfügt«, denn sie hat lediglich »genau umschriebene Funktionen« (Habermas 2004, 133). Dabei unterscheidet Habermas nicht die Weltorganisation als supranationale Ebene seines Mehrebenensystems einerseits von diesem Mehrebenensystem selbst andererseits. Das ist so, als wenn man die Bundesorgane eines föderalen Staates (Bundestag, Bundesrat, Bundesregierung, schweizerischer Nationalrat, US-Kongress usw.), die ebenfalls nur über begrenzte Kompetenzen verfügen, mit dem jeweiligen föderalen Staat als gesamter Staats- und Rechtsordnung unter einer Verfassung verwechseln würde. Habermas' globales Mehrebenensystem besitzt durchaus Weltstaatlichkeit in Harts Form (b). Zwar verfügt bei Habermas die Weltorganisation nur über viel enger begrenzte Kompetenzen als die Bundesebene der heutzutage existierenden föderalen Einzelstaaten. Der Sache – nicht dem Grade – nach besteht dennoch kein Unterschied.

Anders als Habermas erkennt Höffe an, dass sein Modell einer Weltrepublik Weltstaatlichkeit aufweist. Das Subsidiaritätsprinzip dieser Weltrepublik versteht er – gegen Horn (vgl. 1996, 230) – zu Recht als Gegensatz zur bloßen Dezentralisierung durch Delegation von oben (vgl. Höffe 1999, 299; Kelsen 1948, 28, versteht unter »decentralized federal state« noch etwas anderes, nämlich einen föderalen Staat). Die Subsidiarität besteht darin, dass Kompetenzen auf so niedriger Ebene wie möglich anzusiedeln sind. Nur wenn eine niedrigere Ebene zur effizienten Ausübung einer bestimmten Kompetenz unfähig ist, darf und soll diese Kompetenz der nächsthöheren Ebene zukommen. Auf diese Weise bleiben für die föderale Ebene nur noch Restkompetenzen: außer der Friedenserhaltung und den Menschenrechten solche Bereiche wie die Welt-Wirtschafts- und Welt-Finanzpolitik, der globale Umweltschutz und die Terrorismusbekämpfung.

Nach Georg Kohler (2002, 172–180) wirft das Subsidiaritätsprinzip aber die für die klassische staatsrechtliche Definition von Staatlichkeit entscheidende Frage nach der Souveränität auf. Welche Instanz – die föderale oder die einzelstaatliche Ebene – soll nach der Gründung der Weltrepublik darüber entscheiden, welche Ebene die Kompetenz für eine bestimmte Art von Angelegenheiten gemäß dem Subsidiaritätsprinzip erhalten soll? Kurz: Welche Instanz ist für die Interpretation des Subsidiaritätsprinzips und für die Lösung der Interpretationskonflikte zuständig? Wenn es sich nicht um eine föderale Instanz (z. B. um ein oberstes Bundesverfassungsgericht) handeln würde, so wäre die angebliche Weltrepublik nach Kohler nichts weiter als eine von den Einzelstaaten getragene und abhängige internationale Organisation bzw. ›Agentur‹. Insoweit sollte die Souveränität bzw. die Kompetenz-Kompetenz nicht mehr bei den Einzelstaaten, sondern bei der Weltrepublik liegen.

Höffe meint vermutlich etwas anderes, formuliert es aber nicht mit wünschenswerter Deutlichkeit. Das Subsidiaritätsprinzip selbst sollte nicht in der Verfassung der Weltrepublik festgesetzt und dann von ihrem obersten Verfassungsgericht interpretiert werden. Vielmehr sollte das Subsidiaritätsprinzip die einzelnen Artikel der weltrepublikanischen Verfassung inspirieren, die wiederum einen substantiellen Katalog der Kompetenzen bestimmen sollte. Die Änderung dieses Katalogs wäre nur durch eine Verfassungsänderung möglich, die nur auf Initiative aller – vom Subsidiaritätsprinzip inspirierten – Einzelstaaten stattfinden dürfte. Dass die föderale Ebene bei Höffe und Habermas nicht für Verfassungsänderungen kompetent ist – und zwar nicht einmal in Verbindung mit anderen Ebenen –, unterscheidet Habermas' Mehrebenensystem und Höffes Weltrepublik von föderalen Staaten wie der Schweiz, den USA oder Deutschland. Warum haben Habermas und Höffe dann eine solche Auffassung von Weltstaatlichkeit?

6. Die Konkurrenz zwischen Menschenrechten und einzelstaatlicher Solidarität: Ausgangspunkt der Konstruktion von Habermas' Mehrebenensystem ist nicht ein Naturzustand mit vernünftigen, gleichen und freien Individuen, sondern die »legitime Existenz der bereits verfassten Nationalstaaten« (Habermas 2008, 369). Nach Habermas (1998, 167) würden die Einzelstaaten eine Erweiterung der Zuständigkeiten der föderalen Ebene aus folgenden Gründen ablehnen: »Der Perspektivenwechsel von ›internationalen Beziehungen‹ zu einer Weltinnenpolitik ist aber von Regierungen nicht zu erwarten, wenn nicht die Bevölkerungen selbst einen solchen Bewußtseinswandel prämiieren.« Die »Bevölkerungen« stehen wiederum in einem Spannungsverhältnis zwischen Weltbürgerlichkeit und Staatsbürgerlichkeit, das die Frage nach den »faire[n], d. h. für beide Seiten akzeptable[n] Grenzen zwischen nationaler und weltbürgerlicher Solidarität« (Habermas 2008, 372; vgl. auch 2004, 135) in den Mittelpunkt des öffentlichen Diskurses stellt. Höffe (1999, 414) sieht dies ähnlich. Dieses Spannungsverhältnis zeigt sich z. B. deutlich beim Umgang mit dem Menschenrecht auf Asyl (vgl. Chwaszcza 2002, 51; Merle 2002, 69 f.).

Kritischer Ausblick

Das genannte Spannungsverhältnis und die Grenze zwischen den konkurrierenden Solidaritäten stellen ein erhebliches Problem dar, welches Habermas und Höffe nicht thematisieren. Beide Autoren weisen die Kompetenz für die Wahrung und Durchsetzung der Menschenrechte der föderalen Ebene zu. Spätestens seit Henry Shues *Basic Rights* (1980) wissen wir aber, dass Wahrung und Durchsetzung der Menschenrechte keiner bloßen (negativen) Unterlassung, sondern eines (positiven) Tuns – d. h. zahlreicher Institutionen und Ressourcen – als korrelativer Pflichten bedürfen. Die globale Wirtschafts-, Sozial- und Umweltpolitik, für die bei Höffe die Kompetenz bei der föderalen Ebene liegt, ist diesbezüglich gefragt. Grundsätzlich kann aber jedes Ressort etwas mit der Verwirklichung der Menschenrechte zu tun haben, wenn es über die nötigen Ressourcen dafür verfügt. Dass bei weitem nicht alle Ressourcen, die für die globale Durchsetzung der Menschenrechte nötig wären, zur Verfügung gestellt werden, hängt mit der Konkurrenz der einzelstaatlichen Solidarität zusammen. Dies wird leider bei den genannten – wie auch bei anderen – Autoren nicht gebührend thematisiert und erörtert. Dies deutet darauf hin, dass zur Verbreitung und Sicherung der Menschenrechte zwingend eine neue Dimension internationaler Koordination und Kooperation erforderlich ist, sprich, wenn schon kein Weltstaat, so doch zumindest mehr Weltstaatlichkeit.

Literatur

Archibugi, Daniele: »From the United Nations to Cosmopolitan Democracy«. In: Ders./David Held (Hg.): *Cosmopolitan Democracy.* Cambridge 1995, 121–162.

Chwaszcza, Christine: »Menschenrechte und globale Rechtsstruktur«. In: Stefan Gosepath/Jean-Christophe Merle (Hg.): *Weltrepublik.* München 2002, 39–51.

Habermas, Jürgen: *Die Einbeziehung des Anderen.* Frankfurt a. M. 1996.

–: *Die postnationale Konstellation.* Frankfurt a. M. 1998.

–: »Bestialität und Humanität«. In: Reinhard Merkel (Hg.): *Der Kosovo-Krieg und das Völkerrecht.* Frankfurt a. M. 2000, 51–65.

–: *Der gespaltene Westen.* Frankfurt a. M. 2004.

–: »Konstitutionalisierung des Völkerrechts und die Legitimationsprobleme einer verfassten Weltgesellschaft«. In: Winfried Brugger u. a. (Hg.): *Rechtsphilosophie im 21. Jahrhundert.* Frankfurt a. M. 2008, 360–379.

–: »Das utopische Gefälle«. In: *Blätter für deutsche und internationale Politik* 55/8 (2010), 43–53.

Hart, H. L. A.: *Der Begriff des Rechts.* Frankfurt a. M. 1973.

Höffe, Otfried: *Demokratie im Zeitalter der Globalisierung.* München 1999.

Horn, Christoph: »Philosophische Argumente für einen Weltstaat«. In: *Allgemeine Zeitschrift für Philosophie* 21. Jg. (1996), 229–251.

Hösle, Vittorio: *Philosophie der ökologischen Krise.* München 1991.

Kant, Immanuel: *Die Metaphysik der Sitten* [1793]. In: *Kants gesammelte Schriften.* Hg. von der Königlich Preußischen Akademie der Wissenschaften. Bd. VI. Berlin 1907, 203–494.

–: »Über den Gemeinspruch: Das mag in der Theorie richtig sein, taugt aber nicht für die Praxis« [1793]. In: *Kants gesammelte Schriften.* Bd. VIII. Berlin 1912, 273–314.

–: *Zum ewigen Frieden* [1795]. In: *Kants gesammelte Schriften*. Bd. VIII. Berlin 1912, 341–386.
Kelsen, Hans: *Reine Rechtslehre*. Leipzig/Wien 1934.
–: *Law and Peace in International Relations*. Cambridge, Mass. 1948.
Kohler, Georg: »Weltrepublik, Vernunftnotwendigkeit und die ›Garantie des ewigen Friedens‹«. In: Stefan Gosepath/Jean-Christophe Merle (Hg.): *Weltrepublik*. München 2002, 165–180.
Merle, Jean-Christophe: »Das Recht der Staaten auf Differenz«. In: Stefan Gosepath/Jean-Christophe Merle (Hg.): *Weltrepublik*. München 2002, 63–73.
Mohrs, Thomas: *Vom Weltstaat. Hobbes' Sozialphilosophie, Soziobiologie, Realpolitik*. Berlin 1995.
Niederberger, Andreas: *Demokratie unter Bedingungen der Weltgesellschaft?* Berlin/New York 2009.
Pogge, Thomas: *World Poverty and Human Rights*. Cambridge 2002.
Rawls, John: *Das Recht der Völker*. Berlin 2002.
Shue, Henry: *Basic Rights*. Princeton, NJ ²1996.

Jean-Christophe Merle

2.4 Menschenrechte und humanitäres Völkerrecht

Zentrale Konfliktlinien

Zu den anhaltenden Kontroversen im Bereich des Völkerrechts gehört die Debatte über das Verhältnis zwischen den international gewährten Menschenrechten und dem humanitären Völkerrecht. Zwar haben beide Gebiete im Kern den Schutz des Menschen und seiner Würde zum Gegenstand. Die Auseinandersetzung besteht jedoch unter anderem aufgrund rechtshistorischer und systematischer Unterschiede zwischen den beiden Bereichen: Die Menschenrechte haben, anders als das humanitäre Völkerrecht, ihre Wurzeln nicht im internationalen, sondern im nationalen Recht. Sie sind aus dem historischen Ringen um Rechte, das humanitäre Völkerrecht jedoch ist aus dem Gedanken der Menschlichkeit (*inter arma caritas*) entstanden. Traditionell geht es bei den Menschenrechten um das *vertikale* Verhältnis zwischen einem Staat und den in diesem Staat lebenden Personen, beim humanitären Völkerrecht dagegen um die *horizontale* Beziehung zwischen zwei oder mehreren Konfliktparteien.

Aus diesen Gründen und weil die Menschenrechte sich auf internationaler Ebene erst später ausgeprägt haben, blieben die Menschenrechte im Falle eines bewaffneten Konflikts lange Zeit außen vor; im Blickpunkt stand das humanitäre Völkerrecht, also das ›ius in bello‹, das auch ›Recht bewaffneter Konflikte‹ oder ›Kriegsvölkerrecht‹ genannt wird. Das humanitäre Völkerrecht ist das während internationaler oder nicht-internationaler bewaffneter Konflikte sowie militärischer Besetzungen anwendbare Recht, welches zum Ziel hat, menschliches Leid zu vermeiden und zu mindern. Es regelt die Methoden und Mittel der Kriegsführung sowie den Schutz der Opfer des Krieges, also der Verwundeten, Kranken, Schiffbrüchigen, Kriegsgefangenen und Zivilpersonen. Zentrale Dokumente sind die sog. *Haager Landkriegsordnung* (HLKO) von 1907 sowie die *Genfer Abkommen I bis IV* von 1949 und ihre beiden Zusatzprotokolle (Protokoll I und II) von 1977.

Seit Ende des Zweiten Weltkriegs wird allerdings, einhergehend mit der zunehmenden

Zahl der auf internationaler Ebene verabschiedeten menschenrechtlichen Dokumente, wiederholt und in verstärktem Maße die Anwendbarkeit der Menschenrechte auch während bewaffneter Konflikte diskutiert. Bei dieser Kontroverse geht es um die Frage, ob überhaupt und, wenn ja, inwiefern die Menschenrechte auch während bewaffneter Konflikte neben dem humanitären Völkerrecht anwendbar bzw. wie Konkurrenzen zwischen beiden Bereichen zu behandeln sind (s. u.). Vorliegend wird auf die internationale Ebene der Menschenrechte eingegangen, worunter der Schutz von Einzelpersonen und Gruppen vor Verletzungen ihrer völkerrechtlich garantierten Rechte durch Staaten verstanden wird. Im Vordergrund stehen nachfolgend die allgemeinen Menschenrechtsverträge, namentlich die beiden von der UN-Generalversammlung 1966 verabschiedeten *Internationalen Pakte über bürgerliche und politische Rechte* (ICCPR) sowie *wirtschaftliche, soziale und kulturelle Rechte* (ICESCR) und die *Europäische Konvention zum Schutze der Menschenrechte und Grundfreiheiten* (EMRK) von 1950.

Nachfolgend handelt es sich um allgemeine Ausführungen. Im konkret zu beurteilenden Einzelfall muss jeweils nach mehreren Faktoren differenziert werden, insbesondere danach, ob es sich um einen internationalen oder nicht-internationalen bewaffneten Konflikt handelt und ob die betreffenden Staaten Partei der in Frage stehenden Verträge sind und, falls nicht, ob sie aufgrund allgemeinen Völkerrechts, d. h. des Völkergewohnheitsrechts und der allgemeinen Rechtsgrundsätze, gebunden sind. Zudem ist zu berücksichtigen, dass es zum Teil voneinander abweichende Regelungen in den unterschiedlichen Menschenrechtsverträgen gibt. Abhängig von den Umständen des Einzelfalls kann es demnach zu recht unterschiedlichen Lösungen kommen.

Probleme und Positionen

1. Zur Anwendbarkeit der Menschenrechte und des humanitären Völkerrechts: Damit die Menschenrechte neben dem humanitären Völkerrecht zur Anwendung kommen können, ist es zunächst erforderlich, dass sie auch während bewaffneter Konflikte und militärischer Besetzungen überhaupt gelten. Eine bis zum Zweiten Weltkrieg teilweise noch vertretene Ansicht, wonach mit Eintritt des Kriegszustandes das Friedensvölkerrecht, zu dem die Menschenrechte zählen, vollständig durch das Kriegsvölkerrecht verdrängt oder suspendiert werde, kann heute nicht mehr aufrechterhalten werden (hierzu Schäfer 2006, 10 ff., mit weiteren Nachweisen). Jedoch wird vereinzelt weiterhin eine strikte Trennung zwischen den Menschenrechten und dem humanitären Völkerrecht postuliert, die ebenfalls eine Nichtanwendung der Menschenrechte während bewaffneter Konflikte zur Folge hätte. Diese Trennung basiert entweder auf rechtsdogmatischen Überlegungen, die von einer fundamentalen Unvereinbarkeit beider Rechtsgebiete ausgehen (insbes. Meyrowitz 1972; ›separatistische‹ oder ›Trennungstheorie‹ genannt), oder sie beruht auf einem Verständnis des Lex-specialis-Grundsatzes, wonach das humanitäre Völkerrecht als das speziellere Recht die Menschenrechte insgesamt verdrängen soll (s. u.; so die Position der USA und Israels, z. B. UN Doc. CCPR/C/USA/CO/3/Rev.1/Add.1 (2008); CCPR/C/ISR/2001/2, § 8). Die herrschende Meinung geht indes davon aus, dass der durch Menschenrechtsverträge gebotene Schutz im Falle eines bewaffneten Konflikts – unbeschadet der in einigen Verträgen vorgesehenen Möglichkeit, in Notstandszeiten von den Verpflichtungen aus dem jeweiligen Vertrag in begrenztem Umfang abweichen zu können (sog. Derogation, hierzu auch unten) – grundsätzlich bestehen bleibt (vgl. z. B. Internationaler Gerichtshof/IGH, ICJ Reports 2004, 136, § 106; 2005, 168, § 216). Nach dieser Ansicht kommen die Menschenrechte in sachlicher Hinsicht neben dem humanitären Völkerrecht zur Anwendung.

In territorialer Hinsicht sind sie ebenfalls nebeneinander anwendbar, wenn der bewaffnete Konflikt innerhalb des eigenen Staatsgebiets stattfindet, da hier sowohl die Abkommen des humanitären Völkerrechts als auch der Menschenrechte für die Vertragsparteien grundsätzlich gelten. Beschränkungen können sich jedoch insoweit ergeben, als der Staat an der Ausübung hoheitlicher Gewalt auf einem Teil seines Territoriums gehindert wird; z. B. weil ein anderer Staat oder eine bewaffnete Gruppe die effektive Kontrolle über dieses Gebiet ausübt (vgl. hierzu EGMR, *Human Rights Law Journal* 25 (2004), 332, § 312).

Während die Anwendung der *Haager* und *Genfer Abkommen* bei bewaffneten Konflikten jenseits der eigenen Grenzen keine außergewöhnlichen Fragen aufwirft, ist eine solche Anwendung bei den Menschenrechtsverträgen umstritten; es ist noch nicht abschließend geklärt, ob und gegebenenfalls unter welchen Voraussetzungen sie auch außerhalb des eigenen Territoriums anwendbar sind (vgl. z. B. die unterschiedlichen Positionen in: Coomans/Kamminga 2004). Grund hierfür ist, dass einige Menschenrechtsverträge die Bestimmung enthalten, dass sich jeder Vertragsstaat verpflichtet, die in dem Vertrag anerkannten Rechte allen seiner Hoheitsgewalt (Art. 1 EMRK) oder »allen in seinem Gebiet befindlichen und seiner Herrschaftsgewalt« (Art. 2 Abs. 1 ICCPR) unterstehenden Personen zu gewährleisten. Insbesondere die letztgenannte Formulierung legt zunächst eine Begrenzung des Anwendungsbereichs auf das eigene Staatsgebiet nahe (zu den Besonderheiten des Wortlauts des ICCPR vgl. z. B. Lorenz 2005, 73 ff., mit weiteren Nachweisen). Aber auch Verträge, die keine solche Regelung enthalten, wie z. B. der ICESCR, gelten unter Anwendung der allgemeinen Grundsätze in der Regel nur auf dem eigenen Territorium, sofern dem Abkommen keine abweichende Intention zu entnehmen ist.

Zum Teil wird deshalb die Anwendbarkeit außerhalb des eigenen Staatsgebiets generell abgelehnt (so die Position der USA und Israels, a. a. O.). Die Ansichten der nach den jeweiligen Menschenrechtsverträgen errichteten Organe und des IGH, die als herrschend angesehen werden können, gehen jedoch in bestimmten Ausnahmefällen von einer Anwendbarkeit der Verträge auch außerhalb des eigenen Staatsgebietes aus, wenn und soweit im konkret zu beurteilenden Fall die Hoheitsgewalt des betreffenden Vertragsstaats vorliegt (vgl. Nachweise bei Droege 2007, 320 ff.; Schäfer 2006, 22 f.). Unter welchen Voraussetzungen Hoheitsgewalt auch außerhalb des eigenen Staatsgebiets angenommen werden kann, ist allerdings umstritten. Abgestellt wird dabei auf das Kriterium der ›effektiven Kontrolle‹ oder darauf, wie es im Issa-Urteil des EGMR vom 16.11.2004 heißt, ob die betroffenen Personen aufgrund der extraterritorialen Handlungen »under the authority and/or effective control« (ebd., § 72) des Staates stehen. Ähnlich formuliert es der Menschenrechtsausschuss für den ICCPR in seinem *General Comment* Nr. 31 (2004), § 10: »within the power or effective control«.

Das Vorliegen dieses Kriteriums wird überwiegend dann anerkannt, wenn der handelnde Staat eine effektive Gesamtkontrolle über das fremde Gebiet (»effective overall control«) ausübt, die der auf dem eigenen Territorium ausgeübten Kontrolle vergleichbar ist. Eine solche ist bei einer militärischen Besetzung gegeben – wenn sich also das in Frage stehende Gebiet »tatsächlich in der Gewalt des feindlichen Heeres befindet« (Art. 42 HLKO; vgl. z. B. IGH, ICJ Reports 2004, 136, §§ 78 u. 107 ff.; EGMR, Series A 310 (1995), §§ 59 ff.). Des Weiteren kann die Hoheitsgewalt auch dann vorhanden sein, wenn der Staat die physische Gewalt, also die effektive Kontrolle über eine Person ausübt. Dies wird insbesondere für den Fall bejaht, dass eine Person durch staatliche Organe im Ausland auf eine dem Staat zurechenbare Weise festgenommen und/oder in Haft gehalten wird (vgl. z. B. das Öcalan-Urteil des EGMR, ILM 44 (2005), 1058, § 91).

Über die genannten Fälle hinaus ist indes weiterhin sehr strittig, wann die Hoheitsgewalt im Sinne der einschlägigen Vorschriften der Menschenrechtsverträge bei militärischen Auslandseinsätzen, insbesondere bei anhaltenden Kampfhandlungen, angenommen werden kann. Nach der Rechtsprechung des EGMR soll zumindest im Falle des alleinigen Einsatzes von Luftstreitkräften keine Jurisdiktion vorliegen. Entsprechend wurde im bekannten Fall Banković entschieden, bei dem es um die Bombardierung eines Radio- und Fernsehgebäudes in Belgrad ging (ECHR Reports 2001-XII, 333). Hinsichtlich des Einsatzes von Bodentruppen lässt das später ergangene Issa-Urteil des EGMR erkennen, dass es genügen kann, wenn in einem bestimmten Gebiet militärische Einheiten operieren. In diesem Urteil stellt der EGMR zunächst fest, dass die Türkei zur fraglichen Zeit *keine* »effektive Gesamtkontrolle über das vollständige Gebiet des Nordiraks« ausübte (ebd., § 75). Er hebt dann aber hervor, dass in diesem Fall die entscheidende Frage sei, »ob zur fraglichen

Zeit türkische Truppen in dem Gebiet, in dem die Tötungen stattfanden, Operationen durchführten« (ebd., § 76; jeweils eigene Übersetzung).

Wie erwähnt ist die Debatte hierzu noch nicht abgeschlossen. Weitere Differenzierungen und Lösungsansätze erscheinen zur Bestimmung, wann eine Person unter die Hoheitsgewalt eines Staates fällt, erforderlich. So kann beispielsweise eine graduelle Abstufung vorgenommen und nach negativen und positiven Verpflichtungen differenziert werden; d. h. das Ausmaß der einzuhaltenden Verpflichtungen aus den einschlägigen Menschenrechtsverträgen ist vom Grad der ausgeübten Kontrolle über die Individuen auf dem fremden Gebiet abhängig (hierzu z. B. Lawson 2004, 103 ff. und 120).

2. Lösungsansätze für den Kollisionsfall: Sind beide Rechtsgebiete nebeneinander anwendbar, stellt sich jedoch die Frage, wie sie sich zueinander verhalten, insbesondere dann, wenn es zu Widersprüchen zwischen ihnen kommt. Soweit einzelne Normen ausschließlich in dem einen oder dem anderen Rechtsgebiet vorkommen und deren Anwendung nicht zu einem Widerspruch mit dem jeweils anderen Bereich führt, können diese ohne Weiteres angewandt werden. Beispielsweise darf nach Art. 11 ICCPR niemand wegen der Nichterfüllung einer vertraglichen Verpflichtung in Haft genommen werden. Von dieser Vorschrift darf auch in Notstandszeiten nicht abgewichen werden (Art. 4 Abs. 2 ICCPR). Eine entsprechende Norm findet sich im humanitären Völkerrecht jedoch nicht. Es besteht hier allerdings auch kein Widerspruch zwischen beiden Rechtsgebieten, da die Anwendung dieser Regelung die Belange des humanitären Völkerrechts nicht beeinträchtigt. Jenes Recht ist also problemlos neben dem humanitären Völkerrecht anwendbar.

Andere Bestimmungen finden sich dagegen in beiden Rechtsgebieten wieder. Laufen beide Regelungen parallel, so ist – sofern nicht von einer strikten Trennung beider Bereiche ausgegangen wird – kein Grund ersichtlich, weshalb nicht beide gleichzeitig greifen sollten, sofern sie sich decken. Als Beispiel kann das absolute Folterverbot genannt werden: Die Anwendung von Folter ist sowohl nach den Menschenrechten wie auch nach dem humanitären Völkerrecht unzulässig; von diesem Verbot darf bei den Menschenrechten auch nicht während eines Notstand, also auch nicht während eines bewaffneten Konflikts abgewichen werden (vgl. Art. 7 S. 1 u. 4 Abs. 2 ICCPR; Art. 3 u. 15 Abs. 2 EMRK; sowie insbesondere den gemeinsamen Art. 3 Abs. 1 Nr. 1 lit. a der vier *Genfer Abkommen*). Sofern sich die Definitionen von Folter in beiden Rechtsgebieten entsprechen – was im Kern der Fall ist –, können beide Normen parallel angewandt werden. Die Definition im humanitären Völkerrecht ist sogar etwas weiter gefasst als im Menschenrechtsbereich (hierzu Henckaerts/Doswald-Beck 2005, 317 f., mit weiteren Nachweisen), wodurch allerdings kein Widerspruch entsteht, der gelöst werden müsste.

Es kann aber auch zu Abweichungen und tatsächlichen oder vermeintlichen Widersprüchen zwischen Regelungen beider Rechtsgebiete kommen. Ein bloß vermeintlicher Widerspruch besteht etwa dann, wenn dieser durch Auslegung der in Frage stehenden Regelung aufgelöst werden kann. Dies ist beispielsweise der Fall beim Recht auf Leben, wie es in Art. 6 Abs. 1 ICCPR geregelt ist. Danach hat jeder Mensch »ein angeborenes Recht auf Leben«, dessen niemand »willkürlich« beraubt werden darf. Was nun ›willkürlich‹ ist, bedarf der Interpretation; es handelt sich also um einen unbestimmten Rechtsbegriff. Dieser ermöglicht es, die Vorschrift im Lichte des spezielleren humanitären Völkerrechts auszulegen (vgl. IGH, ICJ Reports 1996, 226, § 25). Das heißt: Ist eine Tötung nach dem Recht bewaffneter Konflikte erlaubt, dann kann sie nicht als ›willkürlich‹ im Sinne dieser Vorschrift angesehen werden. Beispielsweise ist es Kombattanten erlaubt, gegnerische Kombattanten vorsätzlich zu töten, wenn dies im Einklang mit den Regeln des bewaffneten Konflikts geschieht. Findet eine solche, nach dem humanitären Völkerrecht erlaubte Handlung statt, wird dadurch auch nicht das Recht auf Leben verletzt. Die vorsätzliche Tötung von Zivilpersonen ist hingegen – von eng definierten Ausnahmen abgesehen – nicht erlaubt. Wird dennoch eine Zivilperson entgegen den Regeln des bewaffneten Konflikts getötet, dann ist diese Handlung als ›willkürlich‹ zu beurteilen und damit eine Verletzung von Art. 6 Abs. 1 ICCPR. Die EMRK regelt diesen Fall anders: Gemäß Art. 2 Abs. 1 EMRK darf grundsätzlich niemand »absichtlich getötet« werden. Jedoch darf über die Notstandsklausel des Art. 15 Abs. 2 EMRK von dem in Art. 2 EMRK geschützten Recht auf Leben »bei Todesfällen infolge rechtmäßiger Kriegshandlungen« abgewichen werden. Im Ergebnis kommt diese Regelung daher der zuvor besprochenen Auslegung des Art. 6 Abs. 1 ICCPR gleich.

Dieses letzte Beispiel verdeutlicht, dass manche Kollisionsfälle nicht schon auf dem Wege der Auslegung gelöst werden können. In diesen Fällen kommt zunächst den in mehreren Verträgen enthaltenen ›Derogations‹- oder ›Notstandsklauseln‹ sowie den bei einigen Rechten vorgesehenen Einschränkungsmöglichkeiten eine wichtige Rolle zu. Beispielsweise sind in Art. 5 Abs. 1 EMRK die Fälle, in denen die Freiheit entzogen werden darf, abschließend aufgezählt, so dass diese Regelung keiner ausweitenden Interpretation zugänglich ist. Die Kriegsgefangenschaft, die durch das III. *Genfer Abkommen* geregelt wird, findet sich in der Aufzählung des Art. 5 Abs. 1 EMRK nicht wieder. In diesem Fall müsste der betreffende Vertragsstaat von seinen Verpflichtungen aus Art. 5 gemäß Art. 15 Abs. 1 EMRK abweichen, wenn die darin beschriebenen Voraussetzungen für eine Derogation vorliegen (vgl. auch Bothe 2008, 7, zu den Haftgründen nach dem IV. *Genfer Abkommen*).

Bei nicht absolut geltenden Rechten besteht bereits in Friedenszeiten die Möglichkeit, unter bestimmten Voraussetzungen Einschränkungen vorzunehmen. Dies ist z. B. bei der Versammlungsfreiheit (Art. 21 ICCPR; Art. 11 EMRK) der Fall, die als solche nicht im humanitären Völkerrecht geregelt ist. Aber auch hier kann es zu Spannungsverhältnissen zwischen diesem Recht und den Belangen bewaffneter Konflikte kommen. Unabhängig von der Möglichkeit einer Derogation besteht dann die Option, das Recht speziell im Interesse der nationalen oder öffentlichen Sicherheit nach Maßgabe der genannten Vorschriften einzuschränken, so dass ein Widerspruch zwischen beiden Rechtsbereichen vermieden werden kann.

Können Widersprüche zwischen einzelnen Bestimmungen der beiden Rechtsgebiete durch keine der zuvor geschilderten Möglichkeiten der Auslegung, Derogation oder Einschränkung vermieden werden, stellt sich die Frage, welche Möglichkeiten es darüber hinaus gibt, derartige Konflikte zu lösen. Hierzu werden verschiedene Lösungsmöglichkeiten diskutiert, wozu etwa der Vorschlag gehört, den Lex-posterior-Grundsatz heranzuziehen; danach würde das später in Kraft tretende Recht dem früheren vorgehen (*lex posterior derogat legi priori*). Ein anderer Ansatz möchte den Konflikt über das ›Meistbegünstigungsprinzip‹ lösen; in diesem Fall käme der betroffenen Person das Recht zugute, welches ihr den jeweils höheren Schutz bietet (zu diesen beiden Ansätzen vgl. Schäfer 2006, 47 f., mit weiteren Nachweisen). Auch wenn der Lex-specialis-Grundsatz im vorliegenden Zusammenhang teilweise als inadäquat beurteilt und nach ganz neuen Ansätzen gefragt wird (so z. B. Prud'homme 2007, 356 ff., die eine »Theorie der Harmonisierung« vertritt), so wird dieser Grundsatz dennoch insbesondere vom IGH bei der Lösung des Problems herangezogen (ICJ Reports 1996, 226, § 25; 2004, 136, § 105).

Wird der Lex-specialis-Grundsatz angewandt, dann geht das spezielle Recht dem allgemeinen vor (*lex specialis derogat legi generali*). Die genaue Bedeutung dieses Prinzips ist im Völkerrecht zwar nicht ganz eindeutig (hierzu z. B. McCarthy 2008, 101 ff.). Jedoch kann zumindest dem weiter oben angesprochenen Verständnis, wonach im Falle eines bewaffneten Konflikts das humanitäre Völkerrecht die Menschenrechte vollständig verdrängen soll, nicht gefolgt werden, da dadurch u. a. den Derogationsregelungen der Menschenrechtsverträge für bewaffnete Konflikte keinerlei Bedeutung zukommen würde. Vielmehr sollte der Grundsatz hier so verstanden werden, dass er nur auf die einzelnen Normen, die im Widerspruch zueinander stehen, angewandt wird. Da die Regelungen des humanitären Völkerrechts speziell für den Ausnahmefall des bewaffneten Konflikts geschaffen wurden, handelt es sich bei ihnen in der Regel um die spezielleren Normen, so dass sie den menschenrechtlichen Bestimmungen vorgehen. Diese Regel wird jedoch in dem Maße in Frage zu stellen sein, in dem sich die im konkreten Fall zu beurteilende Situation von tatsächlichen Kampfhandlungen entfernt; in einer solchen Situation, wie zum Beispiel bei einer länger anhaltenden militärischen Besetzung, sind unter Umständen nicht die Regeln des humanitären Völkerrechts, sondern die der Menschenrechte als spezieller anzusehen, so dass ihnen der Vorrang einzuräumen ist (weiter hierzu z. B. Droege 2007, 338 ff.; Krieger 2006, 270 ff.).

Kritischer Ausblick

Zusammenfassend kann festgehalten werden, dass nach herrschender Meinung während bewaffneter Konflikte und militärischer Besetzungen die Menschenrechte grundsätzlich neben dem humanitären Völkerrecht zur Anwendung kommen. Insofern sich Widersprüche zwischen beiden Rechtsbereichen ergeben, die mittels Auslegung, Einschränkung oder Derogation nicht gelöst werden können, geht in der Regel das humanitäre Völkerrecht als das speziellere Recht vor. Im Detail sind jedoch nach wie vor zahlreiche Fragen offen. Hierzu zählen z. B. Probleme hinsichtlich der extraterritorialen Anwendbarkeit von Menschenrechtsverträgen, die genaue Bedeutung des Lex-specialis-Grundsatzes sowie die anzuwendenden Regeln im Falle eines Militäreinsatzes unter UN-Sicherheitsratsmandat, die hier nicht thematisiert wurden.

Abschließend sei noch auf die Bedeutung der gleichzeitigen Anwendbarkeit beider Rechtsgebiete hingewiesen. Zwar haben sich beide Bereiche im Laufe der Zeit in mehrfacher Hinsicht angenähert. Jedoch kann derzeit und in absehbarer Zukunft nicht von ihrer ›Verschmelzung‹ gesprochen werden. Anders als von unterschiedlichen Ausprägungen der sogenannten ›integrationistischen Theorie‹ (auch ›Konvergenztheorie‹ genannt) vertreten, lässt sich – unter anderem aufgrund der eingangs erwähnten Unterschiede zwischen den beiden Rechtsbereichen – weder das humanitäre Völkerrecht als ein Zweig der Menschenrechte betrachten, noch ist dies umgekehrt möglich (zu dieser sowie zu der zuvor genannten separatistischen und nachfolgend angeführten komplementaristischen Theorie vgl. ICRC 1983, 27 ff.; Jakovljević 1997, 263 ff.; Schäfer 2006, 35 ff.). Allerdings findet eine gegenseitige Ergänzung beider Rechtsgebiete statt (›komplementaristische Theorie‹), und zwar in mehrfacher Hinsicht: Es ergibt sich u. a. eine materiellrechtliche Ergänzung, weil manche Menschenrechte, wie das genannte Beispiel der Versammlungsfreiheit, nicht ausdrücklich im humanitären Völkerrecht enthalten sind. Zudem sind vom Schutz des IV. *Genfer Abkommens* die eigenen Staatsangehörigen einer Konfliktpartei weitestgehend ausgeschlossen (Art. 4 Abs. 1 u. 3), wohingegen die Rechte der allgemeinen Menschenrechtsverträge grundsätzlich allen Menschen von dem Vertragsstaat, dessen Hoheitsgewalt sie unterstehen, zu gewährleisten sind.

Bei nicht-internationalen bewaffneten Konflikten kommt den Menschenrechten zudem eine besondere Rolle zu, da die Regelungsdichte des humanitären Völkerrechts in diesem Fall relativ gering ist. Umgekehrt findet eine Stärkung des Menschenrechtsschutzes z. B. dadurch statt, dass nach den Derogationsklauseln der Art. 4 Abs. 1 ICCPR und 15 Abs. 1 EMRK solche Maßnahmen, die von den in diesen Verträgen vorgesehenen Verpflichtungen abweichen, nicht im Widerspruch zu den sonstigen völkerrechtlichen Verpflichtungen der Vertragspartei stehen dürfen. Von einer eigentlich derogierbaren Regelung darf danach im Falle der Anwendbarkeit einer entsprechenden Regelung im humanitären Völkerrecht nicht mehr abgewichen werden. Beispielsweise dürfte von den in Art. 14 ICCPR enthaltenen Verfahrensgarantien in Strafsachen während eines Notstands eigentlich abgewichen werden. Jedoch enthält Art. 75 Abs. 4 Protokoll I ebenfalls grundlegende Verfahrensgarantien, die während eines internationalen bewaffneten Konflikts gelten, so dass in diesem Fall doch nicht von den entsprechenden Regelungen des Art. 14 ICCPR abgewichen werden darf. Eine dieser Garantien ist z. B. die Unschuldsvermutung für Angeklagte, die hiernach nicht aufgehoben werden darf.

Darüber hinaus kann auch eine gegenseitige Ergänzung durch die jeweiligen Rechtsschutz- und Überwachungsmechanismen erfolgen. Vor allem wird durch das in verschiedenen Menschenrechtsverträgen gewährte Individualbeschwerdeverfahren den Opfern bewaffneter Konflikte ein wirksames Instrument in die Hand gegeben, mit dem sie nach Erschöpfung des innerstaatlichen Rechtswegs auf internationaler Ebene selbst für ihre Rechte eintreten und unter Umständen auch

Wiedergutmachung für erlittenes Leid erhalten können.

Sicherlich gibt es Unterschiede zwischen den Menschenrechten und dem humanitären Völkerrecht. Auch treten bei einer parallelen Anwendbarkeit, besonders bei Auslandseinsätzen, rechtliche und praktische Probleme auf. Zudem besteht weiterhin Diskussionsbedarf über das Verhältnis beider Rechtsgebiete im Detail. Jedoch sollte bei alldem nicht vergessen werden, dass durch die geschilderte gegenseitige Ergänzung der Schutz der Opfer bewaffneter Konflikte prinzipiell gestärkt wird. Die Verbesserung dieses Schutzes sollte trotz aller anderen Interessen, die bei bewaffneten Konflikten ebenfalls eine Rolle spielen, nicht in den Hintergrund geraten, sondern vielmehr stets im Vordergrund stehen.

national Human Rights Standards«. In: Roberta Arnold/Noëlle Quénivet (Hg.): *International Humanitarian Law and Human Rights Law*. Leiden/Boston 2008, 101–132.

Meyrowitz, Henri: »Le droit de la guerre et les droits de l'homme«. In: *Revue du droit public et de la science politique en France et à l'étranger* 88. Jg. (1972), 1059–1105.

Prud'homme, Nancie: »Lex Specialis: Oversimplifying a More Complex and Multifaceted Relationship?« In: *Israel Law Review* 40. Jg. (2007), 356–395.

Schäfer, Bernhard: *Zum Verhältnis Menschenrechte und humanitäres Völkerrecht*. Potsdam 2006.

Bernhard Schäfer

Literatur

Bothe, Michael: »Humanitäres Völkerrecht und Schutz der Menschenrechte«. In: *Humanitäres Völkerrecht – Informationsschriften* 21. Jg. (2008), 4–8.

Coomans, Fons/Kamminga, Menno T. (Hg.): *Extraterritorial Application of Human Rights Treaties*. Antwerpen/Oxford 2004.

Droege, Cordula: »The Interplay between International Humanitarian Law and International Human Rights Law in Situations of Armed Conflict«. In: *Israel Law Review* 40. Jg. (2007), 310–355.

Henckaerts, Jean-Marie/Doswald-Beck, Louise: *Customary International Humanitarian Law. Vol. I: Rules*. Cambridge u. a. 2005.

ICRC/International Committee of the Red Cross: *The Red Cross and Human Rights*. Doc. CD/7/1. Geneva 1983.

Jakovljević, Boško: »International Humanitarian Law and Human Rights Law«. In: *Jugoslovenska revija za međunarodno pravo* 44. Jg. (1997), 260–271.

Krieger, Heike: »A Conflict of Norms: The Relationship between Humanitarian Law and Human Rights Law in the ICRC Customary Law Study«. In: *Journal of Conflict & Security Law* 11. Jg. (2006), 265–291.

Lawson, Rick: »Life After Bankovic: On the Extraterritorial Application of the European Convention on Human Rights«. In: Fons Coomans/Menno T. Kamminga (Hg.): *Extraterritorial Application of Human Rights Treaties*. Antwerpen/Oxford 2004, 83–123.

Lorenz, Dirk: *Der territoriale Anwendungsbereich der Grund- und Menschenrechte*. Berlin 2005.

McCarthy, Conor: »Legal Conclusion or Interpretative Process? Lex Specialis and the Applicability of Inter-

2.5 Menschenrechte und globale Gerechtigkeit

Zentrale Konfliktlinien

Globale Probleme wie die anhaltende weltweite Armut, Migration und die schädlichen Folgen des Klimawandels werden sowohl als Problem der globalen Gerechtigkeit wie als Herausforderungen und Verletzungen der Menschenrechte gesehen. Es stellt sich die Frage, worin mögliche Gemeinsamkeiten und Unterschiede zwischen der Menschenrechts- und der Gerechtigkeitsperspektive liegen. Formulieren nicht beide in der Moral begründete Ansprüche des Individuums und prangern die Verletzung derselben an? Und ist nicht die moralische Gerechtigkeit gegenüber juridischen Menschenrechten das umfassendere Konzept? Schließlich wäre aber auch denkbar, dass beide Konzepte gar nichts miteinander zu tun haben oder aber sich wechselseitig bestimmen. Diesen Fragen soll hier nachgegangen werden, indem unterschiedliche Positionen behandelt und kritisch diskutiert werden.

Ein *moralischer Kosmopolitismus* schlägt völlig unabhängig von den Menschenrechten Prinzipien einer globalen Ethik vor. Ein *institutioneller Kosmopolitismus* verteidigt grundlegende Menschenrechte als Minimalstandard für eine gerechte internationale Ordnung. Der Ansatz eines globalen *Staatsvertrags* basiert auf einer globalen Tauschgerechtigkeit, die den Kern des Rechts und der Begründung der Menschenrechte bildet. Die Position des *juridischen Kosmopolitismus* geht von einer Kongruenz von globaler Gerechtigkeit und Menschenrechten aus. Eine fünfte Position schließlich versteht beide Konzeptionen als *politische* Ansätze, die zwar durch Moral gespeist werden, aber im politischen Prozess und in Auseinandersetzung mit bestehenden Machtkonstellationen erst juridifiziert werden können. Für die Zukunft (s. u. »Kritischer Ausblick«) scheint diese Position aussichtsreich, da in ihr Menschenrechte und Gerechtigkeit durch den politischen Prozess vermittelt sind und so auch weitere Problembereiche wie Fragen der Klimagerechtigkeit und des Nord-Süd-Konfliktes mit aufgenommen werden können.

Probleme und Positionen

1. Moralischer Kosmopolitismus jenseits der Menschenrechte: Maßgeblich hat der australische Philosoph Peter Singer bereits zu Beginn der 1970er Jahre die Diskussion geprägt (Singer 1972). Singer sieht es als moralisches, nicht als juridisches oder menschenrechtliches Versagen an, dass vielen Menschen weltweit trotz des Wohlstands in den Industrieländern nicht hinreichend geholfen wird. Das utilitaristische Moralprinzip, das seiner Theorie zugrunde liegt, besagt, dass, wenn es in unserer Macht steht, etwas Schlechtes zu verhindern, ohne dabei etwas von gleicher moralischer Bedeutung opfern zu müssen, wir dies tun sollten. Auf die Situation der Menschen in Entwicklungsländern übertragen, bedeutet dies, dass die Bürger der relativ reichen Industrieländer moralisch falsch handeln, wenn sie nichts unternehmen, obwohl Tausende von Menschen sterben – genauso, als würden wir an einem Teich, in dem ein Kind ertrinkt, achtlos vorbeigehen. Singer hat in späteren Schriften akribisch dargelegt, wie wenig es kosten würde, Kinderleben zu retten; man müsse nur auf ein paar Luxusartikel, wie teure Markenkleidung oder ein Abendessen in einem noblen Restaurant, verzichten, um unseren moralischen Pflichten nachzukommen (Singer 2009).

Diese Position wurde von verschiedenen Seiten kritisiert. Eine Moraltheorie, die so umfangreiche Opfer von jedem Einzelnen fordere, schränke unsere autonome Lebensplanung unzulässig ein, denn sie würde einzig für den Zweck der Hilfe instrumentalisiert (Mieth 2008). Empirisch stellt sich die Frage, wie wirkungsvoll Spenden tatsächlich sind, wenn sich das politische Umfeld (etwa durch Korruption) gegen eine effektive Verwendung der Spenden richtet (Kuper 2005, 260) und ob sie nicht zu stark von der selektiven Thematisierung in der Öffentlichkeit abhängen.

2. Globaler Institutionalismus – Menschenrechte als Ansprüche auf eine gerechte internationale Ordnung: Eine weitreichende Kritik an dieser Variante eines moralischen Kosmopolitismus kommt von Thomas Pogge, der in Anlehnung an John Rawls einen entscheidenden Perspektivenwechsel vornimmt – von der utilitaristischen, *interaktiven*

Hilfe zur vertragstheoretischen, *institutionellen Reform*. Die utilitaristische Ethik, so die Kritik, unterlässt es, die Ursachen weltweiter Armut zu untersuchen. Aber erst durch eine Ursachenanalyse gerät in den Blick, dass das internationale Finanz-, Wirtschafts- und Rechtssystem durch internationale Investitionen, Handelsregeln und Kreditvergabepraktiken maßgeblichen Einfluss auf innerstaatliche Verhältnisse und somit auf die Armuts- und Reichtumsentwicklung hat (Pogge 2002). Pogge steht zwar in der Rawlsschen Tradition, aber während Rawls davon ausgeht, dass das große Übel für arme Länder vielfach die lokale Kultur und die korrupten Eliten und Regierungen sind (Rawls 1999, 89), analysiert Pogge, ähnlich wie die ›Dependenztheorien‹ in den 1970er Jahren, die Auswirkungen internationaler Abkommen auf das Leben von Menschen. Und während Rawls in seiner »Charta des Rechts der Völker« eine Pflicht aufnimmt, anderen Völkern zu helfen, spricht Pogge von Verpflichtungen, die sich für diejenigen ergeben, die von dem bestehenden Regelsystem profitieren, etwa durch billige Rohstoffe. Für Rawls liegt ein entscheidender Schritt zur Beförderung globaler Gerechtigkeit darin, dass es Ziel jeglicher materieller und technologischer Hilfe sein sollte, gerechte und demokratische Institutionen zu installieren; dazu könnten Bildungsprogramme ebenso beitragen wie Maßnahmen zur Geburtenkontrolle (Rawls 1999). Pogge hingegen setzt auf die schrittweise Reform des internationalen Regelsystems. Alle Bürger, die in irgendeiner Weise von dem bestehenden Regelsystem profitieren, haben die negative Pflicht, diese ungerechten Institutionen nicht weiter aufrechtzuerhalten und Kompensationen zu leisten.

Moralische Menschenrechte spielen in diesem Institutionenansatz eine entscheidende Rolle. Sie formulieren nicht einfach einen Anspruch auf ein Gut X. Vielmehr sind sie Ansprüche auf ein internationales Regelsystem, durch das der Zugang zu einem Gut X, das Gegenstand der Menschenrechte ist, so sicher wie nur möglich realisiert werden kann. Von einer Realisierung der Menschenrechte kann dann gesprochen werden, wenn diejenigen, die internationalen Regeln (internationalen Finanz- und Wirtschaftsregeln beispielsweise) unterworfen sind, Zugang zur Nutzung der jeweiligen Objekte der Menschenrechte haben (Pogge 2002, 70–71). Der Vorteil dieses Ansatzes liegt darin, dass er von vornherein institutionelle Barrieren im Blick hat, die Ursache dafür sein können, dass Menschenrechte nicht realisiert werden können, etwa wenn das internationale Recht den Rohstoffbesitz und -verkauf unabhängig davon zulässt, ob es sich bei den Käufern um Diktatoren handelt, die Armut und Unterdrückung ihrer Bevölkerung in Kauf nehmen. Und zweitens wird der Blick dafür geschärft, dass nicht dann bereits von einer Menschenrechtsverletzung gesprochen werden kann, wenn jemand vorübergehend, vielleicht durch einen kriminellen Akt, ein bestimmtes Gut, das Menschenrechte sichern sollen, nicht nutzen kann. Vielmehr werden Menschenrechte dann verletzt, wenn offizielle Stellen es unterlassen, Regeln aufzustellen und andere Maßnahmen zu ergreifen, die einen umfangreichen Zugang zu menschenrechtlichen Gütern sichern (Pogge 2002, 71). Gerechtigkeit und Menschenrechte verweisen demnach aufeinander: Menschenrechte formulieren Ansprüche auf ein gerechtes, globales Institutionensystem. Eine globale Ordnung wiederum ist dann gerecht, wenn sie die Realisierung der Menschenrechte ermöglicht.

Zu den jüngsten Reformvorschlägen, die beide Perspektiven im Blick haben, gehört Pogges Vorschlag, das bestehende Patentrecht zu ändern. Bislang bietet dies keine Anreize für die Erforschung und den Vertrieb von Medikamenten, mit denen jene Krankheiten behandelt werden können, von denen vor allem die Armen betroffen sind (z. B. Malaria). Ein Health Impact Fund (HIF), der hauptsächlich von Regierungen finanziert wird, soll diese Lücken schließen und die weltweite Versorgung mit neuen Medikamenten verbessern. Auf diese Weise soll auch das Menschenrecht auf sicheren Zugang zu Gesundheitsgütern gewährleistet werden (Pogge 2009).

Kritik an dieser Position ist erst jüngst erhoben worden. So sei eine kausale Verknüpfung zwischen globalen Regelungen und innerstaatlichen Auswirkungen auf die Armutsentwicklung weder empirisch nachweisbar noch philosophisch überzeugend. Denn dies würde bedeuten, dass gravierende Armut in Ländern wie Kongo oder Simbabwe beendet werden könnte, selbst wenn die innerstaatlichen Verhältnisse unverändert blieben, und genau diese Annahme wird bestritten (Cohen 2010). Unklar sei auch, wer eigentlich zu welchen Maßnahmen verpflichtet ist, da es keine genaue Bestimmung dessen gibt, was es heißt, unrechtmäßigerweise zu profitieren (Anwander/Bleisch 2007), und da man, durch die Fixierung auf das anonyme Regelsystem, nicht diejenigen zur Verantwortung ziehen kann, die durch ihr Handeln die üblen Zustände erst herbeigeführt haben (Miller 2007).

3. Distributive Gerechtigkeit und Menschenrechte: Ein weiterer Grund für die lange Abstinenz der politischen Theorie, sich mit globaler Gerechtigkeit zu befassen, mag auch darin gelegen haben, dass unter ›Gerechtigkeit‹ vor allem Verteilungsgerechtigkeit verstanden wurde. Diese setzt üblicherweise eine enge soziale Kooperationen und die Verteilung der gemeinsam erwirtschafteten Güter voraus. Mit der Arbeit von Otfried Höffe erhält die distributive Gerechtigkeit für die Begründung einer globalen politischen Ordnung einen prominenten Platz. Aber anders als im institutionellen Kosmopolitismus von Pogge sind Menschenrechte hier nicht ein Element globaler, institutioneller Gerechtigkeit, sondern bildet Gerechtigkeit den normativen Kern des Rechts und des globalen Staatsvertrags und damit auch der Menschenrechte.

Verteilende Gerechtigkeit: Vertreter der zeitgenössischen ›verteilenden Gerechtigkeit‹ stellen die bisherige Annahme in Frage, dass eine ungleiche Verteilung von Gütern (Bruttosozialprodukt, natürliche Ressourcen, Bildungschancen, Gesundheitsversorgung und Umweltlasten) als selbstverständlich angesehen wird oder aber, wie bei utilitaristischen Positionen, durch Hilfeleistungen (ein wenig) ausgeglichen werden kann (Gosepath 2004). Einer der ersten, der ein Modell globaler Umverteilung vorgeschlagen hat, ist der Politikwissenschaftler Charles R. Beitz (Beitz 1979). In Anlehnung an Rawls entwickelt er ein »globales Differenzprinzip«, das Maßstab für eine transnationale Grundstruktur ist und Auskunft darüber gibt, wann Ungleichheiten zugelassen sind. Noch einen Schritt weiter als Beitz geht der Vorschlag von Darrell Moellendorf, der von einem Ideal des globalen Egalitarismus ausgeht (Moellendorf 2002, 42). Für Moellendorf drückt sich ein substantieller Egalitarismus in »fairer Chancengleichheit« mit globaler Reichweite aus. Das hieße beispielsweise, dass ein Kind, das auf dem Land in Mozambique aufwächst, statistisch gesehen die gleiche Chance auf ein gutes Leben besitzt wie das Kind des geschäftsführenden Direktors einer Schweizer Bank (ebd., 49).

Korrektive Gerechtigkeit: Theorien globaler korrektiver Gerechtigkeit beziehen sich auf die Wiedergutmachung historischen Unrechts (Meyer 2005). Die bestehenden enormen ökonomischen Ungleichheiten können nicht einfach auf geographische und klimatische Besonderheiten zurückgeführt werden. Entscheidender Faktor für die ungleichzeitigen Entwicklungen ist der Kolonialismus, der zum einen zur Verfestigung imperialer politischer und sozialer Strukturen geführt (Randeria/Eckert 2009), aber auch zur ökonomischen Schädigung der Entwicklungsländer beigetragen hat. Studien zu ›transitional justice‹ beziehen sich weniger auf globale Gerechtigkeit, sondern haben die verschiedenen Formen der nationalen Verarbeitung von historischem Unrecht in Wahrheits- und Versöhnungskommissionen zum Gegenstand (Rotberg/Thompson 2000). Zu einer strafrechtlichen Auseinandersetzung mit dieser Form historischen Unrechts ist es jedoch bislang nicht gekommen.

Tauschgerechtigkeit: Theorien der Tauschgerechtigkeit schließlich haben den wechselseitigen Güteraustausch bzw. Güterverzicht zum Gegenstand. Nach Otfried Höffe (1999) ist ein transzendentaler Tausch global zu verstehen, bei dem alle Weltbürger hypothetisch ihre negativen Freiheiten durch einen primären Vertrag wechselseitiger, allseits vorteilhafter Selbsteinschränkung gegen die Geltung sozialer Regeln tauschen. Transzendental ist dieser Tausch, weil durch ihn die Bedingungen von Handlungsfähigkeit überhaupt gesichert werden, die auf universellen anthropologischen Interessen basieren. Auf Basis dieses Vertrags entwirft Höffe rechtsnormierende Gerechtigkeitsprinzipien, die sich auf Freiheitsrechte, Gewaltenteilung sowie auf ein universales Demokratie- und Sozialstaatsgebot beziehen und dann in einer kantischen Version der komplementären

Weltrepublik mit föderalem Charakter ausbuchstabiert werden. Diese rechtsnormierenden Gerechtigkeitsprinzipien sind deckungsgleich mit Menschenrechten. Sie gehen also bereits aus diesem originären Vertrag, dem primären Rechtsvertrag hervor, der dem eigentlichen Staatsvertrag vorausgeht. Menschenrechte sind weder nur moralische noch bloß positivrechtliche Befugnisse, sondern bereits ihre vorstaatliche Grundlage zeigt, dass sie als rechtsmoralische Ansprüche zwei Seiten besitzen: Innerhalb der Moral sind sie überpositive Ansprüche, innerhalb einer Rechtsgemeinschaft sind sie Grundrechte (Höffe 1999, 62–66). Der vorstaatliche Rechtsvertrag besitzt einen »Kern von Gerechtigkeit«, wie Höffe es ausdrückt (ebd., 63), der in distributiv-kollektiven Vorteilen liegt, etwa dem Schutz von Rechtsgütern wie Leib und Leben und Eigentum, und diese Rechtsgüter wiederum haben einen menschenrechtlichen Status. Die Tauschgerechtigkeit wird zum Maßstab eines globalen Rechtsvertrags, dessen Basis grundlegende Menschenrechte sind. Ungeachtet dieser Vision einer Weltrepublik legt Höffe großen Wert darauf, dass Menschenrechte im politischen Prozess kontextspezifisch ausbuchstabiert werden.

Eine grundlegende Kritik an Konzeptionen globaler Umverteilung – gleich welcher Variante – stammt u. a. von Wolfgang Kersting. Ein solcher Weltegalitarismus kennt, so Kersting, nur noch bedürftige Erdenmenschen und verwandelt die ganze Weltbevölkerung in die Klientel einer »anonymen globalen Verteilungsagentur« (Kersting 2002). Auch wurde eingewandt, dass eine Fokussierung auf Ungleichverteilung andere Formen der Erniedrigung, der Ausgrenzung und Unterdrückung gar nicht in den Blick geraten lässt (Honneth 2010).

4. Anthropologisches Menschenrechtsregime – der Fähigkeiten-Ansatz: Martha Nussbaum (2006) und Amartya Sen (2010) kritisieren an den vorherrschenden Verteilungsansätzen, dass bei der Ressourcenverteilung ausschließlich darauf geachtet wird, welchen Einfluss diese für das subjektive Wohlbefinden besitzen, das heißt für die Erfüllung von individuellen Wünschen und Verlangen, und nicht auch die Auswirkungen auf die Verfassung der Individuen einbezogen werden. Nussbaums und Sens Position wurde auch als »Midfare« bezeichnet (Cohen 1993, 18), die in die Gerechtigkeitsüberlegungen die Auswirkungen von Gütern auf das Wohlergehen von Menschen mit einbezieht. Die Lebensqualität soll auf Basis von Fähigkeiten beurteilt werden, über die eine Person verfügt. Unter ›Fähigkeit‹ verstehen Nussbaum und Sen das tatsächliche oder potentielle Vermögen, die als wertvoll eingeschätzten menschlichen Funktionsfähigkeiten erlangen zu können.

Vor allem Nussbaum hat den Fähigkeiten-Ansatz auch für die globale Ebene ausgearbeitet (Nussbaum 2006). Menschenrechte und globale Gerechtigkeit werden hier auf Basis eines Fähigkeitenansatzes nahezu deckungsgleich. Nussbaum wendet sich gegen globale Vertragstheorien, wie die von Rawls, aber auch diejenigen von Beitz und Pogge, da sie alle von einer Naturzustandssituation ausgehen, in der unterstellt wird, alle Beteiligten seien gleichwertige Vertragspartner, die sich mit rationalen Gründen auf geteilte Gerechtigkeitsprinzipien einigen können. Diese idealisierte Entscheidungssituation blendet jedoch die tatsächlich bestehenden Ungleichheiten zwischen Nationen und zwischen Menschen völlig aus. Mehr noch: Nussbaum wirft den Kontraktualisten vor, dass ihre gesamten Begründungsverfahren einzig dazu dienen, eine bestimmte Moralvorstellung zu begründen, die man viel überzeugender auch anders haben kann: durch einen gehaltvollen Würdebegriff, der eben nicht prozeduralistisch, sondern substantialistisch ist und ganz konkrete Aussagen über universale menschliche Fähigkeiten macht.

Dazu gehört, körperlich gesund zu sein, Vernunft und Gefühle auszubilden, Beziehungen zu anderen Menschen herzustellen sowie politisch aktiv zu sein. Diese Bedürfnisse können sich in Ansprüchen auf eben deren politische Realisierung ausdrücken. Die entscheidende Frage ist natürlich, was all dies für die globale Ebene bedeutet. Kosmopolitisch ist dieser Ansatz allein schon deshalb, weil er auf das Subjekt zielt und immer Einzelpersonen (und nicht Völker oder Nationen) im Zentrum der Gerechtigkeitsüberlegungen stehen: Die Fähigkeiten und Tätigkeitsfelder sind unabdingbar für ein menschliches Leben in Würde. Interessanterweise argumentiert Nussbaum ähnlich wie liberale Positionen und vertritt einen kosmopolitischen Menschenrechtsansatz – wobei der Fähigkeiten-Ansatz vorpolitisch ist und, so könnte man sagen, Anforderungen an einen Staat stellt, Menschenrechte verfassungsmäßig so zu verankern, dass die Bedingungen der Entwicklung der Fähigkeiten durchgesetzt werden können (Nussbaum 2006, 285). Internationale Organisationen haben erst dann eine Verpflichtung, wenn die Nationalstaaten in der Umsetzung versagen; die Institutionen auf globaler Ebene bleiben rar und dezentralisiert (ebd., 314).

Nussbaums Versuch, globale Gerechtigkeit aus naturrechtlicher Sicht zu begründen, ist auf breite Kritik gestoßen. Aus machtrealistischer Perspektive ist die Vorstellung, dass Staatenvertreter aus menschenrechtlicher Verbundenheit die umfangreiche Fähigkeitenliste in ihre Verfassungen integrieren und umsetzen, zumindest fraglich. Schwer wiegt auch, dass ihr moralischer Kosmopolitismus ganz losgekoppelt von politischen Verfahren ausbuchstabiert wird und zwischen der moralisch-anthropologischen Begründung der Fähigkeitenliste und der politischen Wirklichkeit keine Verbindung zu bestehen scheint (Hahn 2009, 125 ff.).

5. *Politische Gerechtigkeit und Menschenrechte – diskurstheoretischer Kosmopolitismus:* Theorien eines diskurstheoretischen Kosmopolitismus sehen Menschenrechte und Gerechtigkeit durch den politischen Prozess vermittelt. In der Tradition der Kritischen Theorie stehend, stellen sie die Analyse und empirische Diagnose von Ungerechtigkeiten der Begründung von Gerechtigkeitsprinzipien voran (Benhabib 2008; Habermas 2005; Forst 2007; Fraser 2005; Pollmann 2008). Zur diagnostischen Seite gehört beispielsweise die Frage nach den gesellschaftlichen Verhältnissen, unter denen zu verteilende Güter produziert, Ressourcen gefördert oder Fähigkeiten entwickelt werden sollen (Brunkhorst 2002; Honneth 2010; Young 2007). Ansätze politischer Gerechtigkeit erörtern die ökonomischen, sozialen und politischen Bedingungen der Produktionsverhältnisse, der bestehenden Regelsysteme und Rechtsnormen. Die Analyse der Ungerechtigkeiten aber reicht nicht aus, sie bedarf der Ergänzung von normativen Überlegungen darüber, aus welchen Gründen etwas als ungerecht oder gerecht klassifiziert wird (Lohmann 2009). Die Beantwortung dieser Frage ist auf Verfahren angewiesen, in denen die Rechtfertigungen bestehender Güterversorgungen und Regelsysteme analysiert und unter Einbeziehung der Betroffenen hinterfragt werden können (Forst 2007). Anderenfalls wäre die Bestimmung der Gerechtigkeit ein paternalistisches Unterfangen, bei dem die Personen nicht autonome Subjekte, sondern Objekte einer Verteilungstheorie wären. Theorien dieses diskurstheoretischen Kosmopolitismus suchen daher eine Vermittlung zwischen der Begründung universeller Gerechtigkeitsprinzipien und der Menschenrechte (Kreide 2008).

Kritischer Ausblick

Allen Ansätzen ist gemein, dass eine Gesellschaft, auch die Weltgesellschaft, dann ungerecht ist, wenn sie nicht jedem Mitglied die Chance einräumt, Interessen gegenüber Entscheidungsträgern zu rechtfertigen und an Regelsetzungen zu partizipieren, von denen man betroffen ist. Für die zukünftige Diskussion ist die Frage zentral, unter welchen Bedingungen eine internationale Verrechtlichung zustande kommen kann, die den Anforderungen prozeduraler Gerechtigkeit entspricht. Für Seyla Benhabib liegt der Schlüssel hierfür in einer »demokratischen Iteration« globalen Rechts, das in einem Prozess anhaltender Interpretation an lokale Besonderheiten angepasst wird und, umgekehrt, in dem lokale Regeln, die das Potential zur Universalisierung besitzen, Einlass ins globale Recht finden (Benhabib 2008).

Jürgen Habermas' Weltgesellschaft besteht aus einem postnationalen Mehrebenensystem, das sich, ebenfalls durch Prozesse der Deliberation, im Prozess der Verrechtlichung befindet, ohne jedoch, wie beim Vorschlag von Höffe, eine Staatlichkeit auszubilden. Transnationale Gerechtigkeitsprobleme werden bei Habermas, je nach Wirkungsgrad, auf den unterschiedlichen Funktionsebenen bearbeitet (national, trans- und supranational). Menschenrechte als Teil des UN-Systems stellen einen universellen Maßstab für die Bearbeitung globaler Probleme dar (Habermas 2005). Auf der Begründungsebene zeigt sich bei

Habermas, dass Menschenrechte und Demokratie eng zusammenhängen (s. Kap. II.2.5). Erst durch demokratische Verfahren werden moralische Menschenrechte von Bürgern thematisiert, interpretiert und, mit Zwangsbefugnissen versehen, institutionalisiert. Diesen internen Zusammenhang zwischen Menschenrechten und Volkssouveränität, die kontrafaktische Annahme, dass Menschenrechte und Demokratie jeweils sowohl Voraussetzung füreinander als auch Resultat sind, hat Jürgen Habermas als »Gleichursprünglichkeit von Menschenrechten und Demokratie« bezeichnet (Habermas 1992, 133). Die Begründung der Menschenrechte ist somit auf ein politisches Verfahren angewiesen, das gerecht ist und das bedeutet, dass zumindest hypothetisch alle Menschen am Begründungdiskurs teilnehmen sollten.

Die systematische Erörterung des Zusammenhangs zwischen globaler Gerechtigkeit und Menschenrechten steht noch ganz am Anfang. Hinzu kommen zahlreiche noch offene Probleme auf dem Gebiet der globalen Gerechtigkeit. Diese betreffen zweifellos den Klimawandel und seine Folgen. Wie könnte eine gerechte Verteilung von Kosten und Nutzen aussehen, die auch eine generationenübergreifende Perspektive einschließt (dazu bereits Caney 2005), und was bedeutet dies für die Menschenrechtsdiskussion? Und wie sähe eine gerechte Lastenverteilung aus, die einerseits den Vorsprung der Industrieländer berücksichtigt, der die Umwelt bereits stark belastet hat, aber andererseits zukünftigen Generationen einen hohen Lebensstandard erlaubt und doch nicht noch mehr Umweltschäden hinterlässt? Wäre auch hier eine Menschenrechtsdiskussion geboten? Die Debatte über globale Gerechtigkeit und Menschenrechte hat insofern gerade erst begonnen.

Literatur

Anwander, Norbert/Bleisch, Barbara: »Beitragen und Profitieren. Ungerechte Weltordnung und individuelle Verstrickung«. In: Barbara Bleisch/Peter Schaber (Hg.): *Weltarmut und Ethik*. Paderborn 2007, 171–194.

Beitz, Charles R.: *Political Theory and International Relations*. Princeton 1979.

Benhabib, Seyla: *Kosmopolitismus und Demokratie. Eine Debatte*. Frankfurt a. M./New York 2008.

Brunkhorst, Hauke: *Solidarität*. Frankfurt a. M. 2002.

Caney, Simon: »Cosmopolitan Justice, Responsibility, and Global Climate Change«. In: *Leiden Journal of International Law* 18. Jg. (2005), 747–775.

Cohen, Gerald A.: »Equality of What?« In: Martha Nussbaum/Amartya Sen (Hg.): *The Quality of Life*. Oxford 1993, 9–30.

Cohen, Joshua: »Philosophy, Social Science, Global Poverty«. In: Alison Jaggar (Hg.): *Thomas Pogge and His Critics*. Cambridge 2010, 9–30.

Forst, Rainer: *Das Recht auf Rechtfertigung*. Frankfurt a. M. 2007.

Fraser, Nancy: »Reframing Justice in a Globalizing World«. In: *New Left Review* 36. Jg. (2005), 69–88.

Gosepath, Stefan: *Gleiche Gerechtigkeit. Grundlagen eines liberalen Egalitarismus*. Frankfurt a. M. 2004.

Habermas, Jürgen: *Faktizität und Geltung*. Frankfurt a. M. 1992.

–: »Eine politische Verfassung für die pluralistische Weltgesellschaft?« In: Ders.: *Zwischen Naturalismus und Religion*. Frankfurt a. M. 2005, 324–366.

Hahn, Henning: *Globale Gerechtigkeit. Eine Einführung*. Frankfurt a. M./New York 2009.

Höffe, Otfried: *Demokratie im Zeitalter der Globalisierung*. München 1999.

Honneth, Axel: »Das Gewebe der Gerechtigkeit. Über die Grenzen des zeitgenössischen Prozeduralismus«. In: Ders.: *Das Ich im Wir*. Frankfurt a. M. 2010, 51–77.

Kersting, Wolfgang: *Kritik der Gleichheit. Über die Grenzen der Gerechtigkeit und der Moral*. Göttingen/Weilerswist 2002.

Kreide, Regina: *Globale Politik und Menschenrechte. Macht und Ohnmacht eines politischen Instruments*. Frankfurt a. M./New York 2008.

Kuper, Andrew: »Global Poverty Relief: More than Charity«. In: Ders. (Hg.): *Global Responsibilities. Who Must Deliver on Human Rights?* London/Oxford 2005, 155–172.

Lohmann, Georg: »Globale Gerechtigkeit, Menschenrechte und korrespondierende Pflichten. Eine Skizze«. In: Hans-Helmuth Gander (Hg.): *Menschenrechte. Philosophische und juristische Positionen*. München 2009, 35–58.

Meyer, Lukas H.: *Historische Gerechtigkeit*. Berlin 2005.

Mieth, Corinna: »Die Samaritersituation als Modell für Hilfspflichten«. In: Helen Bohse/Sven Walter (Hg.): *GAP6. Ausgewählte Sektionsbeiträge*. Paderborn 2008, 707–727 (CD-Rom).

Miller, David: *National Responsibility and Global Justice*. Oxford 2007.

Moellendorf, Darrell: *Cosmopolitan Justice*. Cambridge 2002.

Nussbaum, Martha: *Frontiers of Justice*. Harvard 2006.

Pogge, Thomas: *World Poverty and Human Rights*. Oxford 2002.

–: »Warum die Menschenrechte die Einrichtung des

Health Impact Fund verlangen«. In: *Zeitschrift für Menschenrechte* 2. Jg. (2009), 121–157.

Pollmann, Arnd: »Von der philosophischen Begründung zur demokratischen Konkretisierung – wie lassen sich Inhalt und Umfang der Menschenrechte bestimmen?« In: *Zeitschrift für Menschenrechte* 2. Jg. (2008), 9–25.

Randeria, Shalini/Eckert, Andreas: *Vom Imperialismus zum Empire. Nicht-westliche Perspektiven auf Globalisierung.* Frankfurt a. M. 2009.

Rawls, John: *The Law of Peoples.* Cambridge, Mass. 1999.

Rotberg, Robert I./Thompson, Dennis (Hg.): *Truth v. Justice. The Morality of Truth Commissions.* Princeton 2000.

Sen, Amartya: *The Idea of Justice.* Harvard 2010.

Singer, Peter: »Famine, Affluence, and Morality«. In: *Philosophy & Public Affairs* 1. Jg., 3 (1972), 229–243 (dt. »Hunger, Wohlstand und Moral«. In: Barbara Bleisch/Peter Schaber (Hg.): *Weltarmut und Ethik.* Paderborn 2007, 37–52).

–: *The Life You Can Save.* New York 2009.

Young, Iris Marion: *Global Challenges. War, Self-Determination and Responsibility for Justice.* Cambridge 2007.

Regina Kreide

3. Institutionelle Entwicklungen

3.1 Internationales Menschenrechtsregime

Problemaufriss

Eine der wichtigsten Errungenschaften der meisten Menschenrechtsverträge universeller oder regionaler Art ist die Verbindung der materiellrechtlichen Garantien mit internationalen Institutionen, die über die Erfüllung der von den Staaten eingegangenen Verpflichtungen wachen. Auch auf prozessualer Ebene werden die menschenrechtlichen Verbürgungen der einseitigen staatlichen Tätigkeit entzogen und unabhängigen Kontrollinstanzen anvertraut. Zu diesen Kontrollgremien zählen nicht nur internationale Gerichte – wie etwa der EGMR –, sondern auch unabhängige Expertenausschüsse, die vor allem auf der Grundlage der im Rahmen der Vereinten Nationen erarbeiteten Menschenrechtsübereinkommen dafür Sorge tragen, dass die Vertragsstaaten die von ihnen übernommenen menschenrechtlichen Verpflichtungen erfüllen. Die Expertenausschüsse nehmen ihre Überwachungsaufgabe zum einen dadurch wahr, dass sie in einen regelmäßigen menschenrechtlichen Dialog mit den Vertragsstaaten treten. Dies geschieht anhand von Berichten, die die Staaten den Ausschüssen in periodischen Abständen vorlegen und in denen sie Rechenschaft über ihre innerstaatlichen Maßnahmen ablegen müssen. Zum anderen kennen die meisten UN-Menschenrechtsabkommen auch anlassbezogene Kontrollmechanismen. Neben dem Staatenbeschwerdeverfahren, das in der Praxis bislang eher ein Schattendasein führt, kommt vor allem dem Individualbeschwerdeverfahren besondere Bedeutung zu. Das Instrument der Individualbeschwerde ermöglicht es dem einzelnen Individuum, Menschenrechtsverletzungen unmittelbar vor dem zuständigen Expertenausschuss geltend zu machen, wenn die innerstaatlichen Rechtsbehelfe erfolglos geblieben sind. Ferner übernimmt der UN-Menschenrechtsrat, der auf der Grundlage der UN-Charta als politisches Kontrollgremium geschaffen wurde, die Aufgabe, Menschenrechtsverletzungen sogar in denjenigen Staaten zu untersuchen, die den wichtigsten Menschenrechtsverträgen ferngeblieben und für die deshalb die jeweiligen Expertenausschüsse nicht zuständig sind. Insgesamt hat das mittlerweile dicht gewobene Netz an menschenrechtlichen Durchsetzungsmechanismen – trotz mancher Defizite im Detail – die herkömmlichen Strukturen der Völkerrechtsordnung revolutioniert und die ehemals weitreichende innere und äußere Souveränität der Staaten deutlich begrenzt.

Institutioneller Entwicklungsstand

1. Expertenausschüsse auf UN-Ebene: Wiewohl sich die vorgesehenen Durchsetzungsmechanismen hinsichtlich ihrer Intensität und Durchschlagskraft unterscheiden, ist jeweils ein zentrales unabhängiges Organ mit der Überwachung der Einhaltung menschenrechtlicher Gewährleistungen betraut. Während im regionalen Bereich den Gremien häufig veritable Gerichtsqualität zukommt (EGMR, AmGMR, AfrGMR), handelt es sich auf der universellen Ebene lediglich um unabhängige Expertenausschüsse, die keine unmittelbar rechtlich verbindliche Entscheidung fällen können. Dennoch kann ihre Rechtsmeinung ähnlich große Bedeutung gewinnen. Sie entscheiden nämlich nicht nach politischer Nützlichkeit, sondern weisungsfrei allein nach dem geltenden Recht. Da die Staaten die Ausschüsse gerade zur Überwachung der Konventionen eingerichtet haben, sind sie außerdem nach Treu und Glauben verpflichtet, sich mit den Empfehlungen der Ausschüsse inhaltlich auseinanderzusetzen (Klein 1998, 48).

Der erste Überwachungsausschuss wurde 1969 durch die *Anti-Rassismus-Konvention* ICERD (s. Kap. III.9.1) begründet und zählt 18 Sachverständige zu seinen Mitgliedern. Der im UN-Menschenrechtssystem wichtigste ›treaty-based body‹ ist der 1977 errichtete Menschenrechtsausschuss (Human Rights Committee, HRC), dem die Kontrolle über die im *Zivilpakt* ICCPR verbürgten Rechte überantwortet ist und der ebenfalls aus 18

Experten besteht. Die Kontrollinstanzen im Rahmen der anderen menschenrechtlichen Abkommen (CEDAW, CAT, CRC, ICRMW, ICRPD, ICPPED; vgl. Kap. III.9) wurden diesen beiden Ausschüssen nachgebildet, wobei die Mitgliederstärke zwischen zehn (z. B. Art. 17 CAT) und 23 Sachverständigen (Art. 17 CEDAW) variiert. Eine institutionelle Besonderheit ist beim *Sozialpakt* ICESCR zu verzeichnen, der kein vertraglich festgeschriebenes Überwachungsorgan kennt, sondern die Kontrolle über die Wahrung der wirtschaftlichen, sozialen und kulturellen Rechte im Wesentlichen dem Wirtschafts- und Sozialrat der UN (ECOSOC) zuschrieb. Bereits kurze Zeit nach dem Inkrafttreten des ICESCR erwies sich jedoch, dass der ECOSOC nicht in der Lage war, die ihm obliegenden Aufgaben effektiv wahrzunehmen. So beschloss dieser im Jahre 1985, mit dem CESCR ein aus 18 Sachverständigen bestehendes Hilfsorgan zu gründen, das ihn seither bei der Prüfungstätigkeit unterstützt.

2. *Staatenberichtsverfahren:* Die menschenrechtlichen Überwachungsinstanzen nehmen ihre Kontrollaufgaben nach Maßgabe der ihnen jeweils zugestandenen Kompetenzen wahr. Wo das Vertragsüberwachungsverfahren – wie etwa auf der Ebene der EMRK – gerichtsförmig ausgestaltet ist und verbindliche Urteile gefällt werden können, erfolgt die Durchsetzung der Menschenrechte überwiegend einzelfallbezogen. Bei den UN-Abkommen, die eine gerichtliche Kontrolle im engeren Sinne nicht vorsehen, hat sich demgegenüber die Verpflichtung der Staaten bewährt, über die interne Verwirklichung ihrer übernommenen Vertragspflichten in periodischen Abständen Bericht zu erstatten. Eine solche anlassunabhängige Berichtspflicht ist in allen universellen Menschenrechtsverträgen obligatorisch vorgesehen und nahezu identisch ausgestaltet. Der Eingangsbericht wird in der Regel innerhalb eines Jahres nach Inkrafttreten des Paktes für den betreffenden Vertragsstaat fällig. Die Folgeberichte sind fortlaufend – innerhalb unterschiedlicher Fristen, die zwischen zwei und fünf Jahren liegen – vorzulegen. Beim *Zivilpakt* ICCPR und beim *Sozialpakt* ICESCR, die beide keine vertragliche Frist festschreiben, hat sich in der Praxis zunächst ein Fünfjahreszyklus eingespielt, der aber mittlerweile zugunsten einer flexibleren Handhabung durch eine individuelle Frist, die der Ausschuss nach der Prüfung eines Staatenberichts jeweils gesondert festlegt, abgelöst worden ist (Tomuschat 2008, Rn. 10). Anhand des schriftlichen Berichts werden Fragebögen angefertigt, die schriftlich und mündlich mit Experten der entsprechenden Regierungsdelegation diskutiert werden. Um eine größtmögliche Objektivität zu garantieren, wird dabei ergänzend auf sogenannte Schattenberichte von NGOs zurückgegriffen, die häufig kritischer ausfallen oder zumindest ein anderes Problembewusstsein aufweisen als die offiziellen Staatenberichte. Im Anschluss an die Debatte vor den Kontrollgremien werden »Abschließende Bemerkungen« publiziert, in denen konkrete positive und negative Entwicklungen benannt und Lösungsvorschläge unterbreitet werden (Boerefijn 1999, 175 ff.).

Insgesamt zwingt diese permanente Vertragskontrolle die Staaten dazu, sich mit den von ihnen übernommenen menschenrechtlichen Verpflichtungen ernsthaft auseinanderzusetzen und über ihre innerstaatlichen Maßnahmen kontinuierlich Rechenschaft abzulegen. Außerdem eröffnet sie die Möglichkeit eines konstruktiven Dialogs mit dem jeweiligen Überwachungsgremium, um strukturelle Defizite in der innerstaatlichen Rechtsordnung nachhaltig zu beheben. Gleichwohl bestehen auch Probleme: Kommen Staaten ihrer Berichtspflicht nicht oder nur mit erheblichem Verzug nach – was beides häufig der Fall ist –, stehen den Ausschüssen in der Regel keine wirksamen Druckmittel zur Verfügung. Sie dürfen lediglich die ihre jeweilige Pflicht verletzenden Staaten in ihren jährlichen Berichten an die UN-Generalversammlung auflisten und einen neuen Befassungstermin auf ihrer Agenda festlegen. Außerdem fehlt die Möglichkeit eines wirksamen ›Follow-up-Verfahrens‹: Hat ein Ausschuss Empfehlungen an einen Staat ausgesprochen, unterliegt dieser Staat zwar der Pflicht, über die von ihm getroffenen Abhilfemaßnahmen zu berichten. Allerdings geschieht es häufig, dass mehrere Jahre zugewartet werden muss, bis der Staat dieser Rückmeldpflicht nachkommt. Problematisch ist ferner die höchst unterschiedliche Qualität der abgelieferten Staatenberichte, was die meisten Ausschüsse dazu veranlasst hat, Richtlinien zur Erstellung von Berichten aufzustellen und Schulungen für Regierungsbeamte durchzuführen. Diese Maßnahmen dienen letztlich auch der Entlastung des Ausschusses selbst, da die zeitlich eng begrenzten Sitzungsperioden (die je nach Ausschuss zwei- bis dreimal im Jahr zu je zwei bis vier Wochen stattfinden) meist nicht ausreichen, um alle Berichte eingehend zu prüfen.

Das fortschrittlichste Verfahren zur Prüfung von Staatenberichten hat zunächst das CESCR entwickelt. Angesichts des Umstandes, dass im Mai 1996 zahlreiche erhebliche Verzugsfälle zu verzeichnen waren, ging der Ausschuss dazu über, die Situation in den betreffenden Ländern auch ohne Staatenbericht zu überprüfen. Er stützt sich dabei vorwiegend auf die bereits erwähnten Schattenberichte von NGOs; gelegentlich setzt er gar eine eigene Untersuchungsgruppe ein, um sich vor Ort selbst ein Bild von der Situation zu machen (Craven 2004, 115 f.). Seit 2003 folgt das HRC dem Beispiel des CESCR; Art. 36 der *Behindertenrechtskonvention* ICRPD sieht sogar ausdrücklich vor, dass die Erfüllung der Konventionspflichten auch ohne offiziellen Bericht unter Rückgriff auf andere zuverlässige Quellen, insbesondere nichtstaatlicher Art, überprüft werden kann, wenn ein Staat zu lange mit seinen Berichtspflichten säumig ist.

In Anbetracht der Menge überfälliger Berichte einerseits sowie der zahlreichen Berichtspflichten der meisten Staaten andererseits hat der (ehemalige) UN-Generalsekretär Kofi Annan im Jahr 2002 eine Modernisierung des Staatenberichtsverfahrens vorgeschlagen: Die Ausschüsse sollten nicht nur ihre Anforderungen an die Abfassung von Staatenberichten vereinheitlichen, sondern den Staaten solle auch die Möglichkeit eröffnet werden, nur einen einzigen Bericht einzureichen, der über die Einhaltung aller Verträge informiert, an denen der betreffende Staat beteiligt ist. Während die Idee eines solchen Gesamtberichts zu Recht keine Zustimmung fand (vgl. UN-Dok. A/58/123, Ziff. 21–26), da dieser Vereinfachungseffekt zulasten spezieller Verbürgungen und besonders gefährdeter Gruppen gegangen wäre (Schöpp-Schilling 2004, 186), erhielt das UN-Generalsekretariat das Mandat, einen Entwurf für Richtlinien zur Angleichung der Staatenberichtsverfahren auszuarbeiten. Der Entwurf aus dem Jahr 2004 wurde mehrfach überarbeitet (vgl. z. B. UN-Dok. A/59/2005, Ziff. 147) und ist schließlich im Jahr 2009 praktikabel geworden (UN-Dok. HRI/GEN/2/Rev.6). Positiv ist auch die neuere Praxis einzelner Ausschüsse zu werten, von den Staaten Kurzberichte zu Spezialfragen außerhalb der periodischen Berichtszyklen zu verlangen und diese zeitnah zu beraten. Ähnlich wirkungsvoll ist der Umstand, dass die gesammelten Erfahrungen eines Ausschusses im Berichtsverfahren in sogenannten *Allgemeinen Bemerkungen* (*General Comments*) einfließen, die einzelne Garantien oder Querschnittsthemen kommentieren und damit dazu beitragen, Inhalt und Tragweite menschenrechtlicher Verpflichtungen zu interpretieren und zu klären.

3. Staatenbeschwerdeverfahren: Neben dem Staatenberichtsverfahren kennt die Mehrzahl der UN-Menschenrechtsabkommen auch anlassbezogene Kontrollmechanismen. Diese sind allerdings regelmäßig nur fakultativ ausgestaltet, d. h. es bleibt den Vertragsstaaten überlassen, ob sie diese Durchsetzungsmechanismen anerkennen oder nicht. Das Instrument der Staatenbeschwerde etwa ermächtigt die Ausschüsse, über Mitteilungen eines Vertragsstaates zu entscheiden, mit denen (irgend-)eine Vertragsverletzung einer anderen Vertragspartei gerügt wird. Während es den Vertragsstaaten von insgesamt vier Menschenrechtsverträgen freisteht, sich dem Instrument der Staatenbeschwerde zu unterwerfen (vgl. Art. 41 f. ICCPR, Art. 21 CAT, Art. 76 ICRMW, Art. 32 ICPPED), ist das Staatenbeschwerdeverfahren nach Art. 11 f. der *Anti-Rassismus-Konvention* ICERD als einziges obligatorisch. Art. 29 der *Frauenrechtskonvention* CEDAW normiert ein der Staatenbeschwerde lediglich ähnliches (fakultatives) Schiedsverfahren. Allerdings ist keines der Staatenbeschwerdeverfahren gerichtsähnlich ausgeformt; vielmehr sucht der jeweilige Ausschuss mit dem betroffenen Staat nach einer einvernehmlichen Lösung. Scheitert dieser Versuch, kann – sofern beide Parteien zustimmen – eine Ad-hoc-Vergleichskommission eingesetzt werden, die aber wiederum nur ihre ›guten Dienste‹ zur Verfügung stellt, um eine gütliche Regelung der Sache herbeizuführen. Misslingt auch dieser Schlichtungsversuch, so steht am Ende des Verfahrens kein Urteilsspruch; die Kommission erstellt lediglich einen Bericht über die Stationen des Verfahrens. Im Rahmen des UN-Menschenrechtssystems ist das Instrument der Staatenbeschwerde – anders als etwa im Rahmen der EMRK – jedoch noch nie zum Einsatz gekommen.

4. *Individualbeschwerdeverfahren:* Weitaus größere praktische Wirkung haben demgegenüber die (fakultativen) Individualbeschwerdeverfahren, da sie ein vom Staat unabhängiges Rechtsmittel eröffnen (Weiß 2004, 142 ff.). Das Instrument der Individualbeschwerde, das mit Ausnahme von zwei Abkommen (*Sozialpakt* ICESCR und *Kinderrechtskonvention* CRC) in allen UN-Menschenrechtsverträgen oder in dazugehörigen Fakultativprotokollen vorgesehen ist, ermöglicht es dem einzelnen Individuum, sich nach Erschöpfung des innerstaatlichen Rechtswegs direkt an den jeweiligen Ausschuss zu wenden. Die in der Individualbeschwerde jeweils gerügte Verletzung eines Menschenrechts muss dabei zumindest der Sache nach bereits Gegenstand aller verfügbaren und im Einzelfall wirksamen innerstaatlichen Rechtsbehelfe gewesen sein, bevor sich das Individuum mit Aussicht auf Erfolg an den zuständigen Expertenausschuss richten kann (näher Schäfer 2007, 93 ff.). So hat etwa das HRC eine Beschwerde gegen die Bundesrepublik Deutschland unter anderem deshalb für unzulässig erklärt, weil der Beschwerdeführer vor der Einlegung seiner Beschwerde keine Amtshaftungsklage erhoben und von der Möglichkeit einer Verfassungsbeschwerde vor dem Bundesverfassungsgericht keinen Gebrauch gemacht hatte (vgl. UN-Dok. CCPR/C/72/D/991/2001, Rn. 3.4. – Neremberg u. a. vs. Deutschland). Das Gebot der Rechtswegerschöpfung ist Ausdruck des allgemeinen völkerrechtlichen Prinzips, dem Staat aus Gründen der Souveränitätsschonung die Möglichkeit zu geben, Verletzungen von Menschenrechten zunächst im innerstaatlichen Bereich abzuwehren. Außerdem geht diese ›*domestic remedies*‹-Regel davon aus, dass die staatlichen Gerichte prinzipiell eher als der internationale Sachverständige in der Lage sind, den konkreten Sachverhalt zu eruieren und unter die maßgeblichen Rechtsnormen zu subsumieren (Klein 2010, 626).

Die Ausschüsse entscheiden durch den Erlass von sogenannten ›Views‹ (Auffassungen), die zwar keine rechtsverbindlichen Erkenntnisse enthalten, aber die Staaten dennoch über das – auch im Völkerrecht geltende – Prinzip von Treu und Glauben (*bona fides*) binden (Klein 1999, 113). Denn die Staaten haben die Ausschüsse gerade zur Überwachung der Konventionen eingerichtet; deshalb sind sie verpflichtet, sich mit den Ansichten des Ausschusses auch inhaltlich auseinanderzusetzen. In Einzelfällen geben die Ausschüsse den Staaten sogar konkret auf, eine gerechte Entschädigung zu leisten. Zur besseren Durchsetzung seiner Auffassungen hat etwa das HRC seit 1990 zudem ein ›Follow-up-Verfahren‹ etabliert. Der betreffende Staat wird aufgefordert, innerhalb von 90 Tagen über die Befolgung der Ausschussentscheidung zu berichten. Ähnlich wie bei den Staatenberichtsverfahren ist diese Rückmeldepflicht freilich rechtlich nicht durchsetzbar.

Seit geraumer Zeit, und verstärkt seit 2006, wird versucht, auch unter dem ICESCR und der CRC eine optionale Individualbeschwerde zu etablieren. Einer der wesentlichen Einwände gegen dieses Vorhaben, die fehlende Justiziabilität der fraglichen Rechte, vermag nicht zu überzeugen. Auch Bemühensverpflichtungen und die Hinlänglichkeit eines Verwaltungs- oder Gesetzgebungsprogramms können einer (eingeschränkten) rechtlichen Kontrolle unterzogen werden (Riedel 2008, Rn. 18). Deshalb ist zu begrüßen, dass das im Dezember 2008 zur Zeichnung aufgelegte (aber noch nicht in Kraft getretene) Fakultativprotokoll zum ICESCR neben der Möglichkeit einer Individualbeschwerde sogar auch Kollektiv- und Staatenbeschwerden vorsieht. Entsprechende Ergänzungen sind auch für die CRC geplant. Der jüngste Entwurf eines Fakultativprotokolls zur CRC, in dem die Möglichkeit einer Individualbeschwerde für Kinder vorgesehen ist (UN-Dok. A/HRC/17/36), ist von der UN-Generalversammlung am 19. Dezember 2011 angenommen worden (UN-Dok. A/RES/66/138).

5. *Verfahren vor dem UN-Menschenrechtsrat:* Insgesamt sind Tätigkeit und Stellungnahmen der Ausschüsse in ihrer Methodik fortlaufend verbessert worden. Dennoch finden die Ergebnisse in der Praxis nicht immer nennenswerte Beachtung, was auch an der fehlenden medialen Aufmerksamkeit liegt (Klein 2011, 547). Vor diesem Hintergrund ist es bedeutsam, dass auf der Grundlage der UN-Charta auch politische Organe (*charter-based organs*) geschaffen wurden, die mit der Kontrolle der Wahrung menschenrechtlicher Verbürgungen betraut sind. Ihre Überwachungsaufgabe besteht unabhängig davon, ob ein Staat menschenrechtliche Übereinkommen ratifiziert hat oder nicht. Als Prüfungsmaßstab dient die in der UN-Charta selbst enthaltene allgemeine Verpflichtung auf die Menschenrechte, die zwar inhaltlich wenig präzise ist, aber in einem eher politisch gefärbten Verfahren durchaus als Leitfaden dienen kann (Tomuschat 2008, 197).

Zentrale politische Kontrollinstanz ist heute der Menschenrechtsrat in Genf, der im Jahr 2006 gegründet worden ist. Er ist das Nachfolgeorgan der auf der Grundlage von Art. 68 UN-Charta im Jahr 1946 errichteten Menschenrechtskommission, deren Arbeit zunehmend in Misskredit geriet, weil sich die in ihr vertretenen Staaten gegenseitig vor Ermittlungen schützten (vgl. UN-Dok. A/59/565, Rn. 283). Die Mitglieder der Kommission und nunmehr des Rates sind nämlich – anders als die Mitglieder der *treaty-based organs* – weisungsgebundene Regierungsvertreter. Die Kritik an der fehlenden Unparteilichkeit wirkt deshalb am Rat fort. Trotz schärferer Aufnahmebedingungen sind auch im Menschenrechtsrat Staaten vertreten, deren Menschenrechtspolitik zweifelhaft ist (Klein/Breuer 2008, 104 f.). Die USA, selbst kein Mitglied, haben aus diesem Grund sogar ihren Beobachterstatus aufgegeben. In jüngerer Zeit ist allerdings ein bemerkenswerter Wandel zu beobachten. Staaten, denen gravierende Menschenrechtsverletzungen vorgeworfen werden, werden heutzutage nicht mehr als Mitglieder des Menschenrechtsrates akzeptiert. So hat die UN-Generalversammlung am 1. März 2011 die Mitgliedschaftsrechte Libyens im UN-Menschenrechtsrat wegen des gewaltsamen Vorgehens gegen oppositionelle Demonstranten suspendiert (vgl. UN-Dok. A/RES/65/265) und diese Aussetzung erst nach dem Ende der humanitären Krise am 18. November 2011 aufgehoben (UN-Dok. A/RES/66/11).

Anders als die frühere Menschenrechtskommission, die als Nebenorgan des ECOSOC nur einmal jährlich für sechs Wochen tagte, ist der Menschenrechtsrat, dem 47 Mitglieder angehören, ein permanentes Nebenorgan der UN-Generalversammlung. Dies zeigt, dass die Menschenrechte nunmehr als eine Querschnittsaufgabe der UN verstanden werden sollen, wiewohl die Kernaufgaben des Menschenrechtsrates sich von jenen der Kommission kaum unterscheiden. Im Wesentlichen gibt es zwei Verfahren, in denen der Rat – ebenso wie zuvor die Kommission – auf dem Gebiet des Menschenrechtsschutzes tätig wird: das öffentliche Untersuchungsverfahren gemäß Res. 1235 (XLII) von 1967 und das vertrauliche Beschwerdeverfahren gemäß Res. 1503 (XLVIII) von 1970. Beide Verfahren sind im Blick auf die neue Institution des Menschenrechtsrates leicht modifiziert worden und haben zum Ziel, unter Bezugnahme auf die UN-Charta Menschenrechtsverletzungen auch in denjenigen Staaten zu untersuchen, die den wichtigsten Abkommen ferngeblieben sind. Während bei dem öffentlichen Untersuchungsverfahren entweder die Menschenrechtssituation in einem konkreten Staat (sog. Länderverfahren) oder eine spezielle menschenrechtliche Verbürgung in allen Staaten (sog. thematisches Verfahren) untersucht und öffentlich diskutiert wird, widmet sich das vertrauliche Beschwerdeverfahren ausschließlich den von Individuen erhobenen Beschwerden wegen schwerwiegender Menschenrechtsverletzungen. Dieses Verfahren ist im Ansatz also ›opferorientiert‹. Allerdings liegt die Bedeutung von Einzelbeschwerden nur darin, zur Beurteilung beizutragen, ob in einem Staat ein Gesamtzusammenhang schwerer und zuverlässig belegter Menschenrechtsverletzungen besteht (Weiß 2007, 174). Nachteilig ist auch, dass wegen des vertraulichen Charakters der oft heilsame Druck von Publizität auf den betroffenen Staat fehlt.

Im Jahr 2007 neu hinzugekommen ist die Aufgabe des Menschenrechtsrates, eine »Allgemeine Periodische Überprüfung« (Universal Periodic Review, UPR) aller Mitgliedstaaten der UN in Bezug auf die Einhaltung ihrer menschenrechtlichen Verpflichtungen vorzunehmen. Dieser Mechanismus soll nicht die Arbeit der Vertragsausschüsse ersetzen, sondern das Staatenberichtsverfahren ergänzen. Das Prüfungsverfahren basiert, erstens, auf einem Staatenbericht, der von der Regierung in Absprache mit den relevanten Akteuren der Zivilgesellschaft abgefasst werden soll, zweitens, einem Bericht des UN-Hochkommissariats für Menschenrechte (OHCHR), der die Informationen aus den Verfahren vor den Vertragsausschüssen und aus den öffentlichen Untersuchungsverfahren vor dem Menschenrechtsrat zusammenfassen soll, und, drittens, einem (weiteren) Bericht des OHCHR, der sonstige Informationen von NGOs und Vertretern der Zivilgesellschaft enthält. Auf diese Weise erhalten die Mitglieder des Menschenrechtsrates, die die Überprüfung vornehmen sollen, in konzentrierter Form alle Ergebnisse, die sich in der langjährigen Praxis der verschiedenen menschenrechtlichen Kontrollorgane angesammelt haben. Das eigentliche Prüfungsverfahren findet in mündlicher Form in einer Arbeitsgruppe statt, die aus allen 47 Mitgliedern des Rates besteht; auch Nichtmitglieder sind zur Mitwirkung berechtigt. Trotz seiner summarischen Kürze liegt der Wert des UPR-Verfahrens darin, dass die Staaten miteinander in einen Menschenrechtsdialog treten. Der prüfende Staat hat die Gelegenheit, deutlich zu machen, dass ihm tatsächlich an einem Klima der Achtung der Menschenrechte gelegen ist. Der geprüfte Staat kann sogleich reagieren und Zusagen über seine künftige Menschenrechtspolitik geben. Eine solche Zusage gegenüber den an der Prüfung beteiligten Staaten hat, politisch gesehen, sogar ein wesentlich höheres Gewicht als eine gleichartige Zusage gegenüber einem der Expertenausschüsse (Tomuschat 2008, 199).

6. Kompetenzen des UN-Hochkommissars für Menschenrechte: So vorteilhaft die Vielfalt der vertraglichen und außervertraglichen Kontrollmechanismen auch sein mag, da sie verschiedene ›Auffangnetze‹ bieten, so bestehen doch angesichts von Mehrfachgarantien und Doppelzuständigkeiten dringende Koordinierungs- und Kohärenzprobleme. Daher ist infolge der Wiener Weltmenschenrechtskonferenz 1993 das Amt des Hohen Kommissars für Menschenrechte im Rang eines Untergeneralsekretärs geschaffen worden, der durch das OHCHR in Genf unterstützt wird. Der Tätigkeitsbereich des Hochkommissars ist vor allem koordinierender Natur (Ramcharan 2002, 29 ff.). Er kann nahezu jede Menschenrechtsfrage thematisieren, Empfehlungen gegenüber den zuständigen UN-Organen abgeben oder bilaterale Kontakte zu den betroffenen Regierungen aufnehmen. Das heute wichtigste Handlungsfeld des Hochkommissars stellen die rund 40 Menschenrechtsfeldmissionen dar, die zur Aufgabe haben, die politische Konsolidierung in einem Land zu unterstützen, indem sie etwa technische Hilfestellungen geben oder zur Menschenrechtserziehung beitragen. Darüber hinaus unterstützt das Hochkommissariat die zahlreichen UN-Sonderberichterstatter (›Special Rapporteurs‹), die im Rahmen der vom UN-Menschenrechtsrat durchgeführten geographischen oder thematischen Untersuchungsverfahren über die Menschenrechtssituation in den Mitgliedstaaten Bericht erstatten.

Desiderate und Prognosen

Obgleich die dargestellten Durchsetzungsmechanismen allesamt keine idealen Rechtsmittel sind und deshalb zunehmend Forderungen laut werden, einen »Weltgerichtshof für Menschenrechte« zu schaffen (Nowak 2008, 205 ff.), besteht kein Zweifel, dass bereits die bestehenden institutionellen Sicherungen menschenrechtlicher Verbürgungen das Völkerrecht revolutioniert haben. Neben dem Staatenberichtsverfahren, das ungeachtet der aufgezeigten Probleme unverzichtbar bleibt, um die Menschenrechtssituation in einem Staat kontinuierlich und strukturell zu verbessern, ist das Individualbeschwerdeverfahren wegen seines subjektiven Ansatzes ein erheblicher menschenrechtlicher Gewinn. Die Staatenbeschwerde spielt hingegen in der universellen Praxis keine Rolle, da Staaten regelmäßig davor zurückschrecken, sich gegenseitig zu »denunzieren« (Ulfstein 2008, Rn. 25). Die Einbeziehung dieses Instruments in einen Vertrag erhöht dessen Durchsetzungskraft daher – bislang – nur ideell. Zu den Erfolgen der nicht vertragsgestützten

Überwachungsverfahren gehört, dass sie es den betroffenen Personen und den ihre Interessen vertretenden NGOs erleichtern, ihre Belange zu Gehör zu bringen. Dieser Gesichtspunkt kompensiert zum Teil die fehlende Entpolitisierung des Verfahrens, da NGOs regelmäßig als Sachwalter und Treuhänder für Personen und Personengruppen tätig werden und von den Regierungen unabhängig sind.

Das menschenrechtliche Vertragswerk besteht jedoch nicht nur aus universellen, sondern auch aus einer Vielzahl regionaler Abkommen. Deren Vorteil liegt darin, dass die Vertragsparteien regionaler Menschenrechtsübereinkommen in aller Regel weitgehend homogene Grundvorstellungen haben. Dies erlaubt die Verankerung höherer menschenrechtlicher Standards, über die ein Konsens auf internationaler Ebene (noch) nicht zu erreichen ist. Außerdem vereinfacht es ein kleinerer Rahmen, effektive Durchsetzungsmechanismen zu schaffen. Der große Erfolg der Individualbeschwerde vor dem EGMR gibt davon Zeugnis. Dennoch ist auch auf regionaler Ebene nicht bei allen Abkommen ein hohes Niveau an Rechtsschutz garantiert. So statuiert etwa die *Arabische Charta für Menschenrechte* lediglich ein Staatenberichtsverfahren. Sogar innerhalb des grundsätzlich weit entwickelten Menschenrechtssystems des Europarats finden sich Durchsetzungsdefizite. Die *Europäische Sozialcharta* sah lange Zeit nur ein Staatenberichtsverfahren vor. Erst seit 1998 prüft der Europäische Ausschuss für soziale Rechte auch Kollektivbeschwerden, sofern ein Staat das entsprechende Zusatzprotokoll ratifiziert hat. Andere Sonderabkommen des Europarates – wie z. B. die *Europäische Charta der Regional- oder Minderheitensprachen* – kennen ebenfalls nur eine staatliche Berichtspflicht vor Expertenausschüssen; die prozessualen Vorkehrungen sind von justizförmigen Verfahren also noch weit entfernt. Auch dies zeigt, dass der universelle Menschenrechtsschutz keineswegs verzichtbar ist. Er erweitert den prozessualen Schutz des einzelnen Individuums, indem ihm Zugang zu verschiedenen Verfahren eröffnet wird. Zudem bietet das internationale Menschenrechtsregime Schutz für diejenigen Personen, deren Heimatstaaten keinem regionalen Menschenrechtsvertrag unterworfen sind. Ob vor diesem Hintergrund der von manchen geforderte ›Weltgerichtshof für Menschenrechte‹ die bestehenden materiell-rechtlichen und prozeduralen Verästelungen sowie die ebenenübergreifenden Verflechtungen des internationalen Menschenrechtsschutzes effektiv und hinreichend effizient bündeln könnte, kann jedenfalls zurzeit bezweifelt werden.

Literatur

Boerefijn, Ineke: *The Reporting Procedure under the Covenant on Civil and Political Rights*. Antwerpen/Groningen/Oxford 1999.

Craven, Matthew: »The ICESCR«. In: Raija Hanski/ Markku Suksi (Hg.): *An Introduction to the International Protection of Human Rights*. Turku/Abo ²1999 (Reprint 2004), 101–123.

Klein, Eckart: »Die Erweiterung des Grundrechtsschutzes auf die universelle Ebene«. In: Karl Kreuzer/Dieter Scheuing/Ulrich Sieber (Hg.): *Europäischer Grundrechtsschutz*. Baden-Baden 1998, 39–54.

–: »Universeller Menschenrechtsschutz – Realität oder Utopie?« In: *Europäische Grundrechte Zeitschrift* 36. Jg. (1999), 109–113.

–: »Der Schutz der Grund- und Menschenrechte durch den Europäischen Gerichtshof für Menschenrechte«. In: Detlef Merten/Hans-Jürgen Papier (Hg.): *Handbuch der Grundrechte*. Bd. VI/1. Heidelberg 2010, 593–660.

–: »Stimmen Zweck und Mittel im internationalen Menschenrechtsschutz überein?«. In: Michaela Wittinger/Rudolf Wendt/Georg Ress (Hg.): *Verfassung – Völkerrecht – Kulturgüterschutz. Festschrift für Wilfried Fiedler*. Berlin 2011, 541–555.

–/Breuer, Marten: »(Un-)Vollendete Reformschritte in den Vereinten Nationen: die Beispiele Sicherheitsrat und Menschenrechtsrat«. In: Hans J. Münk (Hg.): *Die Vereinten Nationen*. Frankfurt a. M. 2008, 75–116.

Nowak, Manfred: »Ein Weltgerichtshof für Menschenrechte«. In: *Vereinte Nationen* 56. Jg. (2008), 205–211.

Ramcharan, Bertrand G.: *The United Nations High Commissioner for Human Rights*. Den Haag 2002.

Riedel, Eibe: »Committee on Economic, Social and Cultural Rights«. In: Rüdiger Wolfrum (Hg.): *Max Planck Encyclopedia of Public International Law*. Oxford 2008–2010 (abrufbar unter www.mpepil.de).

Schäfer, Bernhard: *Die Individualbeschwerde nach dem Fakultativprotokoll zum Zivilpakt: Ein Handbuch für die Praxis*. Hg. vom Deutschen Institut für Menschenrechte. Berlin ²2007.

Schöpp-Schilling, Hanna Beate: »Reform der Vertragsorgane des Menschenrechtsschutzes«. In: *Vereinte Nationen* 52. Jg. (2004), 183–187.

Tomuschat, Christian: »Human Rights Committee«. In: Rüdiger Wolfrum (Hg.): *Max Planck Encyclopedia of Public International Law*. Oxford 2008–2010 (abrufbar unter www.mpepil.de).

–: »Internationaler Menschenrechtsschutz – Anspruch und Wirklichkeit«. In: *Vereinte Nationen* 56. Jg. (2008), 195–200.

Ulfstein, Geir: »Human Rights, State Complaints«. In: Rüdiger Wolfrum (Hg.): *Max Planck Encyclopedia of Public International Law*. Oxford 2008–2010 (abrufbar unter www.mpepil.de).

Weiß, Norman: »Überblick über die Erfahrungen mit Individualbeschwerden unter verschiedenen Menschenrechtsabkommen«. In: *Archiv des Völkerrechts* 42. Jg. (2004), 142–156.

–: »Menschenrechtsschutz«. In: Helmut Volger (Hg.): *Grundlagen und Strukturen der Vereinten Nationen*. München/Wien 2007, 163–187.

Stefanie Schmahl

3.2 Die Rolle von Menschenrechtsorganisationen und NGOs

Problemaufriss

Bei der Rolle von Menschenrechtsorganisationen und NGOs unterscheidet man zwischen ihren Zielen, ihrer Zusammensetzung und Förderung, ihrem Status, ihren Arbeitsmethoden sowie ihrer Wirkung und ihrem Einfluss auf die Gesellschaft. Letztere haben sich im Laufe der Jahrzehnte beträchtlich geändert. Galt in den 1970er und 1980er Jahren eine Menschenrechts-NGO wie Amnesty International für viele Regierungen noch als ›Staatsfeind‹ oder ›aufdringlicher Lobbyist‹ und ›Störenfried‹, so gelten viele NGOs heute für Staaten als zuverlässiger Partner und willkommene Experten in Fragen der Menschenrechte. Dieser Wandel verändert die Menschenrechtsarbeit und den Wirkungsgrad von NGOs. Inzwischen arbeiten NGOs verstärkt in Kooperationen mit anderen nicht-staatlichen Organisationen sowie staatlichen Einrichtungen, sofern diese – bezogen auf ein Projekt oder ein Menschenrechtsthema – dieselben Ziele verfolgen. Die Organisationen stellen sich damit auch einer globaleren Öffentlichkeit, die ihre Arbeit nur dann unterstützt, wenn sie konkrete Ergebnisse vorweisen können. Die Kooperationspartner können dann beliebig sein, was häufig wiederum zum Verlust der Unabhängigkeit und Glaubwürdigkeit führt. Das gilt auch für Förderer und Spender. Gleichzeitig agieren sie schneller, weil sie mobile und soziale Netzwerke nutzen, die eine Zusammenarbeit mit lokalen und internationalen Akteuren in kürzester Zeit ermöglichen. Sie orientieren sich dabei an universellen Menschenrechtsnormen, die sie weltweit schnellstmöglich lokal, fall- und projektorientiert einfordern (Reinalda 2011).

Entwicklungsstand

1. Ziele und Organisationsformen: Die Ziele und Visionen der heute weltweit agierenden Menschenrechtsorganisationen haben sich seit der Verabschiedung der *Allgemeinen Erklärung der Menschenrechte* (AEMR) von 1948 nicht wesentlich geändert. NGOs wie Amnesty International,

Human Rights Watch, FIAN, Action Aid, attac oder Oxfam sowie die weit über eine Million nationalen und lokalen NGOs weltweit beziehen sich in ihren Präambeln in der Regel auf die AEMR (UN-DPI 2011). Je nach Ressourcen, Größe und Möglichkeiten decken diese Menschenrechtsorganisationen einzelne oder mehrere menschenrechtliche Themen ab. So können große, weltweit agierende NGOs wie Amnesty International, Human Rights Watch oder Action Aid sowohl politische als auch wirtschaftliche und soziale Menschenrechtsthemen und -verletzungen ansprechen und bearbeiten. FIAN (Food First Information and Action Network) beispielsweise beschränkt sich im Wesentlichen auf wirtschaftliche und soziale Menschenrechte, Human Rights Watch betont nach wie vor stark die politischen Rechte. Neben der Bezugnahme auf die erklärten Ziele der AEMR als Standardmaß der NGOs beziehen sie sich ebenso auf die zahlreichen internationalen und regionalen Menschenrechtskonventionen und -verträge. Die Einhaltung des *Zivil-* (ICCPR) und *Sozialpakts* (ICESCR) der Vereinten Nationen von 1966 gelten nach wie vor als normative Richtschnur. Jüngere Konventionen wie etwa die *Konvention für die Rechte von Migrantinnen und ihre Familien* (s. Kap. III.9.5) oder die *Konvention für Menschen mit Behinderung* (s. Kap. III.9.6) werden inzwischen von vielen kleineren und nationalen Menschenrechtsorganisationen aufgenommen, die ihre Umsetzung und Einhaltung gegenüber den Staaten in Form von Lobbyarbeit, Kampagnen und Aktionen einfordern.

Ihre Legitimation erhalten die NGOs in der Regel durch ihre Förderer, Spender und Mitglieder. Nur wenige NGOs, wie etwa Amnesty International, können dabei wirklich auf eine große Anzahl von Mitgliedern zählen. Die Organisation zählt heute weit über zwei Millionen Mitglieder weltweit und mindestens noch einmal so viele Förderer, Spender und Unterstützer. Sie ist damit die weltweit größte agierende und staatlich unabhängige NGO. Andere Menschenrechtsorganisationen wie etwa Human Rights Watch, FIAN oder Action Aid sowie die zahlreichen kleineren nationalen NGOs rechtfertigen ihre Arbeit und Unabhängigkeit damit, Gelder und Zuwendungen ebenfalls von privaten Spendern zu erhalten und in deren Auftrage zu agieren (Brunnengräber u. a. 2005). Dazu zählen häufig Stiftungen oder staatliche Hilfs- oder Entwicklungsorganisationen wie die GIZ (Deutsche Gesellschaft für Internationale Zusammenarbeit) oder die USAID (United States Agency for International Development). Daher ist die Unabhängigkeit vieler sogenannter staatlich unabhängiger Organisationen heute keineswegs mehr eindeutig. In den letzten Jahren hat sich der Umfang der staatlichen Zuwendungen und Regierungsgelder für kurzzeitige Projekte und Maßnahmen von NGOs, z. B. im Bereich der Menschenrechtsbildung, bei der Lösung von konkreten Problemen der Armutsbekämpfung oder für Flüchtlinge und Migranten, bemerkenswert erhöht. Zahlreiche NGOs existieren und agieren inzwischen ausschließlich im Rahmen von Projektfördermaßnahmen durch Regierungen, Stiftungen oder internationale Organisationen, wie etwa durch die Europäische Union, den Europarat oder das Entwicklungsprogramm der Vereinten Nationen (UNDP).

Menschenrechtsorganisationen haben international und national den Status von Experten zu einem oder mehreren menschenrechtlichen Themen. Sie können rasch reagieren, beobachten vor Ort die Ereignisse und berichten schnell über Veränderungen und Verletzungen von Menschenrechten. Bei den großen internationalen Organisationen wie der UNO, der Internationalen Arbeitsorganisation (ILO) oder dem Europarat, sind sie inzwischen willkommen als Berater und Berichterstatter (Risse u. a. 2002). Den sogenannten *Konsultativ-* und *Beobachterstatus* erhalten sie nach einem Akkreditierungsprozess. Während dieses Prozesses wird die Unabhängigkeit und die menschenrechtliche Zielausrichtung der Organisation geprüft. Damit haben sie begrenzten Zugang zu den Versammlungen innerhalb der internationalen Organisationen, oder sie sind nach Aufforderung dazu berechtigt, Berichte und Stellungnahmen in die Versammlungen und Entscheidungsprozesse einzubringen. So konnten beispielsweise NGOs, die sich für die Rechte der Frauen einsetzen, bei der Verabschiedung des *Statuts von Rom* zur Erschaffung des Internationalen Strafgerichtshofs (ICC) in Den Haag eine wesentliche Rolle spielen, indem sie Misshandlungen und Vergewaltigungen von Frauen und Mädchen als Verbrechen im Gründungsstatut verankern konnten. Bei den Beratungen zur *Anti-Folterkonvention* (CAT; s. Kap. III.9.3) von 1987 saß in den 1970er Jahren Amnesty International bei der UN mit am Verhandlungstisch und trug so zur Verabschiedung der Konvention bei. Somit wurden NGOs auf der internationale Ebene über viele Jahrzehnte hinweg weit eher geduldet als auf der nationalen und staatlichen. Das hat sich erst in den 1990er Jahren und seit ihrem erfolgreichen Beitrag auf der UN-Weltmenschenrechtskonferenz von 1993 in Wien geändert. Damals trugen die NGOs wesentlich zum Erfolg der Konferenz und der Verabschiedung der Erklärung über staatliche Aktionspläne für Menschenrechte und die Universalität der Menschenrechte bei.

2. Themenfelder und Arbeitsmethoden: Seit dem Ende des Kalten Krieges und der demokratischen Transformation in Osteuropa gelten NGOs als wichtige Helfer und Experten für den Aufbau von Zivilgesellschaften, bei der Umsetzung von internationalen Menschenrechtsnormen in die nationale Gesetzgebung und bei der Überprüfung und dem *monitoring* der Menschenrechtssituation im eigenen Land (s. Kap. IV.1.3). In Europa sind vor allem die Themen Rassismus, Islamophobie, Fremdenfeindlichkeit, Antisemitismus, Polizeigewalt, Folter und die Situation von Migranten und Flüchtlingen auf der Agenda vieler NGOs. Mit dem Wandel vom ›Störenfried‹ zum angesehenen Partner haben sich gleichfalls die Strategien und Arbeitsmethoden der NGOs geändert. Die alleinige Konzentration auf politische Menschenrechte und die Freilassung einzelner politischer Gefangener wich der Strategie, Personengruppen und die Gesellschaft als ganze in den Aktions- und Arbeitsrahmen einzubeziehen, z. B. in den großangelegten, aktuellen NGO-Kampagnen zu Menschenrechten und Menschenwürde. Zwar sind Meinungsfreiheit, Versammlungsfreiheit oder das Verbot der Folter weiterhin wichtige Menschenrechtsthemen, hinzu kam aber in den 1990er Jahren das Bewusstsein, dass diese Menschenrechte einhergehen mit sozialen und wirtschaftlichen Rechten wie dem Recht auf Zugang zu Bildung oder Gesundheit, auf die Wahl des Arbeitsplatzes oder auf soziale Absicherung. NGOs müssen ihrer Zeit stets ein Stück voraus sein und Menschenrechtsthemen erkennen und behandeln, die noch nicht auf der staatlichen Agenda der UNO oder der Regierungen stehen. So brachten NGOs in den 1990er Jahren das Thema Armut als Grundursache vieler weltweiter Menschenrechtsverletzungen auf; erst später wurde es von der UNO und anderen Organisationen übernommen. Vor einigen Jahren haben NGOs das Thema Klimawandel und die damit verbundene wachsende Urbanisierung als Ursachen mit schweren Folgen für die Einhaltung der Menschenrechtsnormen erkannt und in ihr Programm aufgenommen.

Mit dem Wandel des Status, der Anerkennung und der Strategien der NGOs änderten sich auch deren Arbeitsmethoden. Amnesty International und Human Rights Watch waren lange Zeit dafür bekannt, vor allem durch *naming and shaming* von Regierungen die Verantwortlichen für Menschenrechtsverletzungen bloßzustellen und dadurch öffentlichen Druck auszuüben. Freilassungen von politischen Gefangenen, Gesetzesänderungen oder verbesserte Haftbedingungen waren die positiven Folgen (Mihr 2002). Diese methodische Ausrichtung änderte sich, als immer mehr Regierungen NGOs als Koalitionspartner bei der Beseitigung der Missstände einbezogen. Der Dialog zwischen Regierungen und NGOs, die gemeinsame Begutachtung der Situation vor Ort und entsprechende Beratungen sind heute keine Seltenheit. Kritisch anzumerken ist indes die Tatsache, dass dadurch viele NGOs in den Ruf gekommen sind, sich von Regierungen ›kaufen‹ zu lassen und damit ihre Unabhängigkeit und Selbständigkeit einzubüßen. Dies trifft vor allem auf einige kleine, lokale und nationale NGOs zu, die Gelder aus den Staatskassen erhalten und damit letztlich auch im Auftrag der Regierung arbeiten. Große NGOs hingegen, die sich aus privaten Fördergeldern finanzieren, können weiterhin unabhängig agieren. Unverändert bleibt indes auch die Methode der ›Schattenberichte‹ bei der UNO (Frantz/Martens 2006).

Kampagnen und öffentliche Aktionen sind aber nach wie vor die wichtigsten Methoden, um auf Menschenrechtsverletzungen aufmerksam zu machen. An die Stelle der klassischen ›Briefaktion‹

zugunsten eines politischen Gefangenen, die Amnesty in den 1960er Jahren eingeführt hat, sind heute vermehrt Internet-Aktionen und Kampagnen via Mobiltelefon getreten. Nicht mehr der Einzelne steht im Mittelpunkt, sondern Angehörige von Minderheiten, von Armut betroffene und gesellschaftlich diskriminierte oder ausgeschlossene Personengruppen. Was dabei zählt, ist der Zugang zu Medien und neuer Technologie, damit die Informationen und Mitteilungen der NGOs eine möglichst weite Verbreitung finden.

Desiderate und Prognosen

Zwei große Wirkungsbereiche werden damit den Menschenrechtsorganisationen zugeschrieben: zum einen der Einsatz für einzelne Personen oder Personengruppen, z. B. für Minderheiten sowie für Rechtlose mit dem Ziel ihrer Freilassung oder der Verbesserung ihrer Lebensbedingungen. Zum anderen wird ihnen zugeschrieben, weltweit zu einem wachsenden Menschenrechtsbewusstsein beigetragen zu haben. Durch Kampagnen, Aktionen und die Verbreitung von Publikationen sowie durch den verstärkten Internetauftritt, soziale Netzwerke und mobile Telekommunikation seit den 1990er Jahren haben NGOs zu den entlegensten Orten der Welt Zugang und können so die Ziele der AEMR und andere Menschenrechtsnormen verbreiten. Damit wird das Ziel verfolgt, Personen dazu zu befähigen, ihre Menschenrechte einzufordern oder sich für die Rechte anderer einzusetzen, und zugleich werden diese Personen damit zu menschenrechtlichen Akteuren und Partnern gemacht. Dieser Trend ist nicht umkehrbar, denn Menschen können sich unabhängiger denn je Informationen über Menschenrechte erschließen und diese einfordern. Es gibt kaum noch Barrieren, und selbst eventuelle Internetzensur wird immer leichter umgangen. NGOs sind hierbei häufig Mittler von Informationen und Erfahrungen, wie Menschenrechte am Ende eingefordert und umgesetzt werden können.

Die weitere Zukunft und der Erfolg von NGOs wird indes davon abhängig sein, ob sie ihre Unabhängigkeit und Legitimität aufrechterhalten können, Themen vorausschauend behandeln und auf die Zusammenarbeit zivilgesellschaftlicher Akteure und Partner auf lokaler und internationaler Ebene zählen können. Ein Alleingang von NGOs in dem stets komplexer werdenden Themenfeld Menschenrechte ist wenig erfolgversprechend. Sie sollten themenspezifisch mit anderen NGOs zusammenarbeiten, z. B. bei der Einforderung der Rechte von Menschen mit Behinderung, Kinderrechten oder Rechten von Migrantinnen und Migranten. Da unterschiedliche Organisationen mit unterschiedlichen Erfahrungen, Expertisen und Kontakten zu diesen Themen arbeiten, dürfte eine Koalition weit eher zum Erfolg bei der Durch- und Umsetzung führen. Der internationale menschenrechtliche Normenkatalog der UNO, des Europarates und der Europäischen Union, aber auch des inter-amerikanischen und afrikanischen Menschenrechtsregimes wird immer umfangreicher und spezifischer. Ein solcher Katalog gibt heute auch Richtlinien und Empfehlungen für die Umsetzung von Menschenrechten auf nationaler und lokaler Ebene wieder, an denen sich die NGOs orientieren können.

Literatur

Brunnengräber, Achim/Klein, Ansgar/Walk, Heike (Hg.): *NGOs im Prozess der Globalisierung. Mächtige Zwerge, umstrittene Riesen.* Bonn 2005.

Frantz, Christiane/Martens, Kerstin: *Nichtregierungsorganisationen (NGOs).* Wiesbaden 2006.

Mihr, Anja: *Amnesty International in der DDR. Der Einsatz für Menschenrechte im Visier der Stasi.* Berlin 2002.

Reinalda, Bob (Hg.): *The Ashgate Research Companion to Non-State Actors.* Farnham/Brulington 2011.

Risse, Thomas/Jetschke, Anja/Schmitz, Hans Peter: *Die Macht der Menschenrechte.* Baden-Baden 2002.

UN-Department of Public Information (DPI): NGO-Section [Informationen über die Anzahl und Arbeitsweise von NGOs bei der UNO], http://www.un.org/dpi/ngosection/index.asp (21.7.2011).

Anja Mihr

3.3 Internationale Gerichtsbarkeit

Problemaufriss

Die Idee, Konflikte zwischen Staaten auf internationaler Ebene durch eine ständige Institution zu lösen, reicht bis ins 19. Jahrhundert zurück. 1899 beschloss die erste Haager Friedenskonferenz, einen Ständigen Schiedsgerichtshof zu diesem Zweck einzurichten, und gründete auf diese Weise zwar kein Gericht im strengen Sinne, installierte aber ein System, welches es ermögliche, schnell geeignete Schiedstribunale einzurichten. Der Internationale Gerichtshof, der ab 1945 im Rahmen der Vereinten Nationen den 1921 durch den Völkerbund zusätzlich geschaffenen Ständigen Internationalen Gerichtshof ablöste, ist demgegenüber eine durch ein eigenes Statut und festgelegte Verfahrensregeln permanent existierende Institution und bis heute eine wichtige Instanz zur gerichtlichen Beilegung zwischenstaatlicher Konflikte. Durch regionale – und nicht im strengen Sinne internationale – Gerichte, z. B. den Interamerikanischen Gerichtshof für Menschenrechte oder den Europäischen Gerichtshof für Menschenrechte, sowie durch internationale Gerichte mit einem speziellen Zuständigkeitsbereich, z. B. den Internationalen Seegerichtshof, hat sich die überstaatliche Gerichtsbarkeit seither deutlich differenziert.

Von besonderer Bedeutung für die Menschenrechte sind dabei die Tribunale und Gerichte zur internationalen Strafverfolgung. Sie ziehen für Verstöße gegen internationale Rechtsregeln nicht Staaten zur Verantwortung, sondern die daran beteiligten Individuen selbst, und ermöglichen es, diese im Rahmen ihrer Zuständigkeit für internationale Verbrechen – d. h. für gewisse gewohnheitsrechtlich anerkannte Verbrechen, wie z. B. Völkermord, Verbrechen gegen die Menschlichkeit, Kriegsverbrechen oder das Verbrechen der Aggression – vor Gericht zu stellen und zu bestrafen. Wenngleich erste Ansätze z. T. schon früher festzustellen sind, ist die Idee, zur internationalen strafrechtlichen Verfolgung gewisser Verbrechen internationale Institutionen zu errichten, insbesondere der Zeit nach dem Ersten Weltkrieg zuzurechnen. Umgesetzt – wenngleich noch auf spezifische Konflikte begrenzt – wurde die Idee dann erstmals nach dem Zweiten Weltkrieg mit den Militärtribunalen von Nürnberg (1945) und Tokio (1946); nach dem Ende des Kalten Kriegs wurde sie mit den Tribunalen für Ex-Jugoslawien (1993) und Ruanda (1994) erneut aufgenommen. Mit dem Internationalen Strafgerichtshof (ICC) (2002) erreichte die internationale Staatengemeinschaft schließlich eine ständige Institutionalisierung der Idee. Die Zuständigkeit der jeweiligen Gerichte und Tribunale, welche etwa mit dem Sondergericht für Sierra Leone (2002) bis heute durch weitere, z. T. auch hybride Tribunale und Gerichte erweitert wurden, ist jeweils institutionsspezifisch festgelegt und variiert auch hinsichtlich der Verbrechen, die unter die jeweilige Gerichtsbarkeit fallen (zur Entwicklungsgeschichte vgl. www.icj-cij.org; www.icc-cpi.int).

Die internationale Strafverfolgung wirft dabei im Besonderen Fragen nach ihrem Gegenstand, der internationalen Zuständigkeit sowie ihrer Vereinbarkeit mit der Souveränität der davon betroffenen Staaten auf. Verschiedene Ansätze, die diese strittigen Fragen zu beantworten suchen, werden im Folgenden diskutiert. Die positivrechtliche Fortentwicklung hat diese Probleme mit der Errichtung des ICC zumindest in Bezug auf diese Institution teilweise verringert. Wie am Ende jedoch deutlich werden soll, sind diese Probleme damit nicht schon gelöst; vielmehr sind zugleich neue Fragen aufgeworfen worden, weshalb die theoretische Diskussion ihre (auch praktische) Bedeutung behält.

Stand der Diskussionen

Die internationale Strafverfolgung wirft verschiedene Fragen auf, die über die Rechtswissenschaft hinaus in andere Disziplinen wie die Politische Theorie und die Ethik hineinreichen. Einigen dieser Probleme kommt heute weniger Gewicht zu als noch im Anschluss an die nach dem Zweiten Weltkrieg errichteten Tribunale. Dies betrifft etwa die Fragen, ob die international verfolgten Verbrechen bereits vor ihrer Verfolgung als solche rechtlich geregelt waren, ob es gegen den Grundsatz *nullum crimen sine lege* verstößt, Individuen auf der bestehenden rechtlichen Grundlage vor Gericht zu stellen, und ob eine Bestrafung unter diesen Umständen gerechtfertigt werden kann (anders z. T. Altman/Wellman 2004, 51 ff.). Andere Probleme zeigen sich heute jedoch in ähnlicher Weise wie bereits hinsichtlich der Tribunale von Nürnberg und Tokio. Von besonderer Bedeutung sind hier die Begründung der Legitimation, durch internationale Strafverfolgung in die Souveränität von Einzelstaaten einzugreifen, und der Gegenstand internationaler Strafverfolgung sowie seine Begründung (zum Folgenden vgl. auch Goppel 2011, 293 ff.).

1. Zum Gegenstand internationaler Strafverfolgung und zu Fragen der Souveränität: Den verschiedenen Ansätzen zum Gegenstand internationaler strafrechtlicher Verfolgung ist in der Regel gemein, dass den international verfolgbaren Verbrechen eine besondere Schwere zugeschrieben wird. Uneinig ist man sich hingegen darüber, welche konkreten Einzelverbrechen international strafrechtlich verfolgt werden dürfen oder müssen. Dissens besteht auch in der Frage, ob diese Verbrechen als *internationale* Verbrechen eine eigene Kategorie des Verbrechens bilden oder ob andere Faktoren, wie etwa der fehlende Wille, diese innerstaatlich zu verfolgen, maßgeblich für die internationale Zuständigkeit sind, die Verbrechen als solche jedoch keinen speziell internationalen Charakter aufweisen. Hinsichtlich der spezifischen Einzelverbrechen bestehen entscheidende Auffassungsunterschiede etwa in der Hinsicht, ob nur von Gruppen und/oder gegen Gruppen verübte Verbrechen als Gegenstand internationaler strafrechtlicher Verfolgung betrachtet werden sollen, ob die Menschenrechte den normativen Ausgangspunkt für die verfolgbaren Verbrechen darstellen und welche Menschenrechte in diesem Fall einschlägig sind. Ein besonderer Stellenwert kommt dabei der Diskussion des Gegenstands von ›crimes against humanity‹, von Verbrechen, die im Deutschen üblicherweise als ›Verbrechen gegen die Menschlichkeit‹ bezeichnet werden, zu. Dies mag zunächst auf den nicht eindeutig definierten Begriff ›crimes against humanity‹ zurückzuführen sein. Es ist aber wohl auch darin begründet, dass diese Verbrechen, anders als etwa internationale Kriegsverbrechen, nicht notwendigerweise unmittelbar andere Staaten betreffen und ihre Verfolgung in besonderem Maße Fragen der internationalen Zuständigkeit und der Souveränität aufwirft. Das Verbrechen des Völkermordes, das positivrechtlich in den internationalen Gerichten und Tribunalen wie den Militärtribunalen von Nürnberg und Tokio, den Tribunalen für Ex-Jugoslawien und Ruanda oder seitens des Internationalen Strafgerichtshofs als eigenständiges Verbrechen behandelt wird, wird dabei in der wissenschaftlichen Auseinandersetzung häufig unter der Kategorie ›Verbrechen gegen die Menschlichkeit‹ gefasst.

Das Spannungsverhältnis zwischen staatlicher Souveränität und internationaler Strafverfolgung tut sich in besonderem Maße dann auf, wenn Verbrechen international strafrechtlich verfolgt werden, die innerhalb eines Staates an den Bürgern dieses Staates begangen worden sind. Die internationale Reichweite von Verbrechen drängt sich auf, wenn diese auf *fremdem* Staatsgebiet stattfinden. Handlungen hingegen, die auf dem Staatsgebiet des betroffenen Staates verübt werden, insbesondere wenn sie sich gegen Bürger dieses Staates selbst richten, sind nach dem klassischen, mit dem Westfälischen Frieden etablierten Verständnis staatlicher Souveränität, wie es dem Völkerrecht als Recht zwischen Staaten zugrunde liegt, grundsätzlich interne Angelegenheiten des jeweiligen Staates. Ebenso ist nach diesem Verständnis der Umgang mit diesen Verbrechen eine interne, dem Zugriff anderer Staaten und internationaler Institutionen entzogene staatliche Angelegenheit. Die Frage der Souveränität ist dann nur in jenen Fällen unproblematisch, in denen Staaten der internationalen strafrechtlichen Verfolgung ihrer Bürger für bestimmte Verbrechen ausdrücklich zugestimmt haben. Für diese Fälle lässt sich die internationale Strafverfolgung als Ausdruck der souveränen Entscheidung des jeweiligen Staates verstehen. Für alle anderen Fälle jedoch muss die Berechtigung internationaler Gerichte, tätig zu werden, gesondert formuliert werden.

Dieses Problem ist deshalb eng mit dem Gegenstand internationaler strafrechtlicher Verfolgung verknüpft. Zum einen legt jeder Versuch, das Spannungsverhältnis zwischen staatlicher Souveränität und internationaler Strafverfolgung aufzulösen, einen bestimmten Gegenstand der Strafverfolgung fest; die Souveränität findet ihre Grenzen aufgrund der Art dieser Verbrechen. Zum anderen impliziert umgekehrt die nähere Bestimmung des Gegenstandes internationaler strafrechtlicher Verfolgung eine Begründung für die Zuständigkeit der internationalen Gemeinschaft und stellt damit für diese Bereiche die Unantastbarkeit der Souveränität des betroffenen Staates in Frage. Versuche, die Spannung zwischen staatlicher Souveränität und internationaler strafrechtlicher Verfolgung aufzulösen, können im Wesentlichen zwei Ansätzen zugerechnet werden, die sich als ›Verbrechensansatz‹ und als ›Souveränitätsansatz‹ bezeichnen lassen. Beide Ansätze haben die einschlägigen Verbrechen im Blick. Der erste Ansatz setzt jedoch für die Diskussion der Legitimität internationaler Strafverfolgung bei der Art der Verbrechen an, der zweite beim Souveränitätsbegriff.

2. Der Verbrechensansatz: Die am häufigsten vorgebrachte Argumentation besagt, dass Verbrechen, die international geahndet werden sollen oder müssen, aufgrund ihrer Eigenschaften nicht nur die faktisch angegriffenen Individuen betreffen, sondern über die Staatsgrenzen hinausweisen. Die diesem Ansatz zuzurechnenden Positionen begreifen international zu verfolgende Verbrechen *als* internationale Verbrechen und damit als Verbrechen, die eine Zuständigkeit der internationalen Gemeinschaft für deren gerichtliche Verfolgung bewirken. Wie aber die internationale Reichweite dieser Verbrechen begründet wird, kann sich in wesentlichen Punkten unterscheiden. Nicht zu überzeugen vermag der Versuch, die internationale Zuständigkeit an eine Verbindung der Verbrechen zu Krieg, internationalem Aufruhr oder der Bedrohung des Weltfriedens zu knüpfen und sie folglich mit Rekurs auf einen Gegenstand zu begründen, der die internationale Gemeinschaft unbestrittenermaßen betrifft. Zwar mag sich in verschiedenen Fällen tatsächlich eine Verbindung zwischen zunächst innerstaatlichen Verbrechen, wie der systematischen Verfolgung und Vertreibung bestimmter Gruppen, und internationalen bewaffneten Konflikten feststellen lassen, dies ist jedoch selbst bei besonders schweren Verbrechen keinesfalls zwangsläufig der Fall. Die zwingende Verbindung zwischen Verbrechen und internationalen Folgen als Zulässigkeitsvoraussetzung für die internationale Strafverfolgung führt folglich zu einer zu engen Eingrenzung dessen, was unter international verfolgbare Straftaten fällt. Diese Position spiegelt zudem das Ausmaß, welches das Verbrechens für die betroffen Individuen hat, sowie die Tatsache, dass sich die verschiedenen Verbrechen, wie z. B. die systematische Vertreibung, nicht auf das Führen von Aggressionskriegen bzw. die Gefährdung des Weltfriedens reduzieren lassen, in keiner Weise wider (vgl. Vernon 2002, 239; Altman/Wellman 2004, 41).

Andere Positionen versuchen aufzuzeigen, warum und inwiefern die *Gemeinschaft aller Individuen* durch internationale Verbrechen aufgrund deren spezifischer Art unmittelbar angegriffen wird, und gründen die internationale Zuständigkeit auf diese Form der direkten Betroffenheit. Sie wird dabei häufig entweder in einer in diesen Verbrechen angelegten Verletzung der ›Menschlichkeit‹ oder in einem darin zum Ausdruck kommenden Vergehen gegen die ›Menschheit‹ bzw. eines für die Gemeinschaft der menschlichen Individuen als solche konstitutiven Wertes gesehen. Wird die internationale Betroffenheit am Verstoß gegen die Menschlichkeit im Sinne von unmenschlichem Verhalten festgemacht, wird unmittelbar die Grausamkeit, die mit internationalen Verbrechen verbunden ist, angesprochen. Das unmenschliche Verhalten allein vermag es jedoch nicht, Handlungen, die etwa aufgrund ihres Ausmaßes international strafrechtlich verfolgt werden sollten, von jenen zu trennen, die, wie etwa einzelne Fälle des Kindesmissbrauchs, ebenfalls unmenschlich sind, denen aber gleichwohl eine andere Dimension zukommt, die internationale strafrechtliche Verfolgung noch nicht zu begründen vermag (vgl. Vernon 2002, 236 f.; vgl. auch Arendt 1965, 324).

Dieser Kritik ist nicht allein dadurch zu begegnen, dass die betreffenden Verbrechen als Vergehen gegen die *Menschheit* oder als Verbrechen beschrieben werden, die die Menschheit aufgrund ihrer spezifischen Art ›angehen‹. Vielmehr ist die Begründung maßgeblich, die für die Qualifizierung eines Verbrechens als Verbrechen gegen die Menschheit herangezogen wird. Nicht unproblematisch scheint es, hier auf Angriffe gegen spezifisch menschliche, fundamentale ›Eigenschaften‹ abzustellen. Zum einen scheint es schwierig, überhaupt Eigenschaften zu formulieren, die dem ›Wesen‹ des Menschen und damit allen Menschen eigen sind. Zum anderen ist es oft nicht ausreichend, die strafrechtliche Zuständigkeit internationaler Gerichte an die Verletzung solcher Merkmale zu knüpfen. Denn diese Ansätze erfassen je nach Eigenschaft, die für zentral angesehen wird, häufig den Umfang an Verbrechen in der Kategorie der internationalen Verbrechen nicht richtig und machen eine Abgrenzung von nicht-internationalen Verbrechen schwierig. Hannah Arendt sieht den Grund dafür, dass bestimmte Verbrechen nicht allein die Gruppe verletzen, gegen die sie gerichtet sind, sondern Verbrechen am »Wesen des Menschengeschlechts« darstellen, darin, dass sie die »menschliche Mannigfaltigkeit« angreifen; ein »Wesensmerkmal des Menschseins, ohne das wir uns Dinge wie Menschheit oder Menschengeschlecht nicht einmal vorstellen können« (Arendt 1965, 318; vgl. Ignatieff 2001, 27 f.). Eine wichtige alternative Position richtet den Fokus auf den Missbrauch hoheitlicher Gewalt. Verbrechen gegen die Menschlichkeit, so wird argumentiert, seien dadurch gekennzeichnet, dass staatliche Gewalt (oder auch die Gewalt einer anderen politisch organisierten Einheit) in einer Weise missbraucht werde, in der sie zu einer systematischen Bedrohung jener pervertiert werde, zu deren Schutz sie verpflichtet sei; zu einer Bedrohung, die überhaupt nur aufgrund dieser Gewalt möglich sei. Die Bestrafung könne in solchen Fällen nicht dem Staat selbst überlassen bleiben. Internationale Gerichte werden auch deshalb für zuständig gehalten, weil diese Art des Verbrechens die fundamentale Eigenschaft des Menschen verletze, als politisches Wesen auf politische Strukturen angewiesen zu sein (vgl. Fisher 2009, 57; Luban 2004, 116 ff.; Vernon 2002, 241 ff.).

3. Der Souveränitätsansatz: Unabhängig davon, worauf die bisher dargestellten Ansätze die grenzüberschreitende Wirkung international verfolgbarer Verbrechen gründen, werden sie dafür kritisiert, die Einschränkung der Souveränität des betreffenden Einzelstaates auf ein veraltetes Verständnis von Souveränität zu stützen (vgl. Altman/Wellman 2004, 42 f.). Die zweite zentrale Strategie, die Spannung zwischen internationaler Strafverfolgung und der Souveränität des betroffenen Staates aufzulösen, setzt entsprechend bei dem Verständnis staatlicher Souveränität selbst an. In die Souveränität des betroffenen Einzelstaates werde, so die Vertreter dieser Position, durch internationale Strafverfolgung nicht eingegriffen, da sie nur so lange bestehe, wie ein Staat seine Bürger vor der Art Verbrechen, die Gegenstand internationaler Strafverfolgung sein sollen, zu schützen fähig ist. Staatliche Souveränität wird an die Bedingung geknüpft, dass der jeweilige Staat seine Verantwortung, die Bürger in ihren Rechten zu schützen, ausreichend erfüllt. Erfülle ein Staat diese Bedingung nicht, indem er selbst die Bürger in ihren Rechten verletzt oder eine solche Verletzung zulässt, verliere er sein Recht auf Selbstbestimmung. Internationale strafrechtliche Verfolgung greife in diesen Fällen deshalb nicht in die Souveränität des betroffenen Staates ein, weil dieser sie vorab verwirkt habe.

Welche konkreten Rechtsverletzungen auf staatlichem Territorium das Recht auf Selbstbestimmung demnach einschränken oder aufheben, hängt davon ab, woran die Legitimität von Staaten geknüpft wird. Altman und Wellman (2004, 43 ff.) sehen diese Legitimität gegeben, solange Staaten die Rechte ihrer Bürger »adäquat« schützten und damit ihre politische Funktion erfüllten. Dies sei der Fall, solange Staaten in der Lage und willens seien, »ausgedehnte« oder »systematische« Verletzungen der grundlegenden Rechte ihrer Bürger zu unterlassen und zu verhindern. Dass die Souveränität von Staaten ihre Grenze an *ausgedehnten* und *systematischen* Verletzungen fundamentaler Rechte findet, fängt die historisch gewachsene Überzeugung ein, dass Staaten auch bei gewissen innerstaatlichen Rechtsverletzungen ein gewisser Interpretations- und Handlungsfreiraum zusteht, und nimmt zugleich auch ein völkerrechtliches Verständnis von Verbrechen gegen die Menschlichkeit auf. Die Grenze des ›adäquaten‹ Menschenrechtsschutzes an dieser Stelle anzusetzen, entbehrt aber nicht einer gewissen Willkür. Diese kann auch nicht durch das pragmatische Argument aufgehoben werden, dass ein System internationaler Strafverfolgung einer Minimierung von Rechtsverletzungen und einer Maximierung strafrechtlicher Verfolgung dienen solle und dieses Ergebnis nur dann erreicht werde, wenn die internationale Strafverfolgung erst bei ausgedehnten und systematischen Rechtsverletzungen einsetze (Altman/Wellman 2004, 48). Da nicht klar wird, warum diese pragmatische Überlegung für die Grenzen der Souveränität ausschlaggebend sein sollte, kann sie die Grenzen von Souveränität kaum begründen. Der Versuch, die Rechtfertigung internationaler Strafverfolgung an den fehlenden Willen bzw. die Unfähigkeit von Staaten zu knüpfen, ihre Bürger zu schützen, ist darüber hinaus der Kritik ausgesetzt, dass dadurch die Schwere von internationalen Verbrechen nicht aufgezeigt werde. Diese und die mit internationalen Verbrechen spezifisch verbundenen Übel würden hingegen durch die Charakterisierung der Straftaten als Verbrechen gegen die Menschlichkeit bzw. die Menschheit deutlich (vgl. Fisher 2009, 46 ff.). Schließlich scheint der Souveränitätsansatz zwar die Grenzen staatlicher Souveränität deutlich zu machen, übersieht aber, dass die Frage der internationalen Zuständigkeit thematisch weiter reicht als die Frage der Souveränität.

Desiderate und Prognosen

Die rechtliche Fortentwicklung internationaler strafrechtlicher Verfolgung seit dem Zweiten Weltkrieg hat die rechtliche Brisanz der oben diskutierten Fragen zwar abgeschwächt. Doch abgesehen davon, dass sich in Bezug auf den Internationalen Strafgerichtshof auch spezifisch neue Diskussionen ergeben haben, z. B. um die demokratische Legitimation seiner institutionellen und rechtlichen Struktur (vgl. Morris 2002; Fichtelberg 2004), bleiben diese Fragen wie auch die vorgeschlagenen Lösungsansätze einschlägig; auch im Hinblick auf den Internationalen Strafgerichtshof. Das Inkrafttreten des *Römischen Statuts*, der vertraglichen Grundlage des Gerichtshofs, war an die Ratifizierung durch 60 Staaten gebunden, was den Gerichtshof auf die Zustimmung souveräner Staaten gründet. Vertraglich festgelegt ist nun die Verfolgung des Verbrechens des Völkermords (Art. 6), von Verbrechen gegen die Menschlichkeit (Art. 7) und Kriegsverbrechen (Art. 8) sowie – sobald Einigung über die Definition dieses Verbrechens erlangt wird – des Verbrechens der Aggression (Art. 5 Abs. 1d und 2). Eine Erweiterung der Zuständigkeit ist jedoch möglich (Art. 9), weshalb die Diskussionen zum Gegenstand internationaler Strafverfolgung anhalten dürften. Zwar lassen sich aus den skizzierten Diskussionen noch keine gewohnheitsrechtlichen Regelungen ableiten. Doch vor dem Hintergrund der raschen Fortentwicklung des internationalen Strafrechts und der möglichen Erweiterung der Kategorie internationaler Verbrechen auch in Bezug auf den Internationalen Strafgerichtshof kann ihnen als Teil der öffentlichen Debatte sehr wohl Bedeutung für die weitere rechtliche Entwicklung zukommen. Und dies betrifft nicht nur den Gegenstand der Strafverfolgung selbst, d. h. die konkreten strafrechtlich zu verfolgenden Verbrechen, sondern auch die Begründung für die Legitimität ihrer internationalen strafrechtlichen Verfolgung.

Auch die Spannung zwischen internationaler Strafverfolgung und nationaler Souveränität ist hinsichtlich des Internationalen Strafgerichtshofs lediglich vermindert, jedoch nicht aufgehoben. Der Internationale Strafgerichtshof ersetzt weder die nationale Strafgerichtsbarkeit der Staaten über diese Verbrechen noch dient er der Überprüfung nationaler Strafrechtsverfahren. Er darf nur tätig werden, sofern der Staat, der die Gerichtsbarkeit über die betreffende Sache innehat, in dieser Sache nicht ermittelt oder »nicht willens oder in der Lage ist, die Ermittlungen oder die Strafverfolgung ernsthaft durchzuführen« (Artikel 17 a). Er darf auch dann tätig werden, wenn der Staat in dieser Sache bereits entschieden hat, »die betreffende Person nicht strafrechtlich zu verfolgen«, jedoch nur dann, wenn diese Entscheidung auf mangelndem Willen oder Unvermögen des Staates beruhte, die »Ermittlungen oder die Strafverfolgung ernsthaft durchzuführen« (Artikel 17 b). Der Gerichtshof ist darüber hinaus nicht allen Staaten gegenüber berechtigt, in diesen Fällen die nationale Gerichtsbarkeit zu ersetzen. Er kann Verbrechen nur dann strafrechtlich verfolgen, wenn sie sich auf dem Staatsgebiet eines Staates zugetragen haben, der die Zuständigkeit des ICC anerkannt hat, wenn der mutmaßliche Täter Staatsbürger eines solchen Staates ist oder wenn der Sicherheitsrat der Vereinten Nationen die strafrechtliche Verfolgung beschließt. Das aber bedeutet auch: Solange sich die Verbrechen auf dem Staatsgebiet eines Staates zutragen, der das Statut ratifiziert oder die Gerichtsbarkeit für den betreffenden Einzelfall anerkannt hat, besteht die Möglichkeit, dass auch Bürger eines (anderen) Staates vor Gericht gestellt werden, der ihrer Verfolgung nicht zugestimmt hat.

Die Spannung zwischen staatlicher Souveränität und internationaler Strafverfolgung macht sich weiterhin dann bemerkbar, wenn gegen den Willen des betroffenen Staates auf Beschluss des Sicherheitsrats der Vereinten Nationen Verbrechen international verfolgt werden, die sich auf dem Gebiet dieses Staates zugetragen haben. Probleme werden ferner etwa darin gesehen, dass die Feststellung einer nicht ernsthaften Ermittlung oder Strafverfolgung seitens einzelner Staaten beim Internationalen Strafgerichtshof liegt. Zu Recht wird jedoch in diesem Zusammenhang darauf hingewiesen, dass der Gerichtshof selbst kein Organ hat, das innerhalb der einzelnen Staaten die Verfolgung *durchsetzen* könnte, was den Gerichtshof auf die Auslieferung der betreffenden Individuen angewiesen macht und eine gewisse Entscheidungsgewalt der Staaten aufrechterhält. Hat sich die rechtliche Brisanz einiger der seit dem Tribunal von Nürnberg diskutierten philosophischen Fragen zur Spannung zwischen staatlicher Souveränität und internationaler Strafverfolgung in Bezug auf den Internationalen Strafgerichtshof also teilweise verringert, behalten sie doch Bedeutung nicht nur im Hinblick auf eine vertretbare Lösung, sondern auch hinsichtlich der im *Römischen Statut* selbst nicht ausführlich geleisteten Rechtfertigung internationaler strafrechtlicher Verfolgung.

Literatur

Altman, Andrew/Wellman, Christopher Heath: »A Defense of International Criminal Law«. In: *Ethics* 115. Jg., 1 (2004), 35–67.

Arendt, Hannah: *Eichmann in Jerusalem. Ein Bericht von der Banalität des Bösen*. München 1965 (engl. 1963).

Bassiouni, M. Cherif: *Crimes Against Humanity in International Criminal Law* [1992]. The Hague ²1999.

Cassese, Antonio. *International Criminal Law* [2003]. New York ²2008.

Fichtelberg, Aaron: »Democratic Legitimacy and the International Criminal Court«. In: *Journal of International Criminal Justice* 4. Jg. (2004), 765–785.

Fisher, Kirsten: »The Distinct Character of International Crime: Theorizing the Domain«. In: *Contemporary Political Theory* 8. Jg., 1 (2009), 44–67.

Goppel, Anna: »Globales Strafrecht«. In: Andreas Niederberger/Philipp Schink (Hg.): *Globalisierung. Ein interdisziplinäres Handbuch*. Stuttgart/Weimar 2011, 291–297.

Ignatieff, Michael: »The Danger of a World Without Enemies. Lemkin's Word«. In: *The New Republic* 224 (2001), 25–28.

Luban, David: »A Theory of Crimes Against Humanity«. In: *The Yale Journal of International Law* 29. Jg., 85 (2004), 85–167.

May, Larry: *Crimes Against Humanity. A Normative Account*. New York 2005.

Morris, Madeline: »The Democratic Dilemma of the International Criminal Court«. In: *Buffalo Criminal Law Review* 5. Jg. (2002), 591–600.

Robertson, Geoffrey: *Crimes Against Humanity*. New York 2000.

Vernon, Richard: »What is Crime Against Humanity?«. In: *The Journal of Political Philosophy* 10. Jg., 3 (2002), 231–249.

Anna Goppel

3.4 Globale Wirtschaftsordnung

Problemaufriss

Eine der Folgen der ökonomischen Globalisierung der letzten Jahrzehnte besteht darin, dass die einzelstaatliche Ordnungspolitik zur Kontrolle ansonsten freier Märkte stark an Handlungsfähigkeit eingebüßt hat. Durch die Intensivierung und Deregulierung des Welthandels ist das (Finanz-)Kapital und sind große transnationale Unternehmen so flexibel geworden, dass Investitionen, Firmensitze und Produktionsstätten leicht von einem Land in das andere verlegt werden können. So können Wirtschaftsakteure einzelne Staaten dazu nötigen, ihre Regulierungsbemühungen immer weiter einzuschränken, was häufig einen sukzessiven Abbau des Sozialstaates mit einschließt. Außerdem schwindet die Fähigkeit, durch Ordnungspolitik auf Marktversagen (z. B. Syndikatbildung, Arbeitslosigkeit etc.) zu reagieren und negative externe Effekte (Umweltverschmutzung, verschwenderischer Ressourcenverbrauch etc.) zu kontrollieren. Vielmehr werden Staaten selbst zu mehr oder weniger effizienten Wirtschaftsakteuren, die zum Teil zu bedenklichen wirtschaftspolitischen Maßnahmen greifen (Überschuldung, risikoreiche Finanzgeschäfte etc.) (Thielemann 2009).

Aus gerechtigkeitstheoretischer Perspektive ist diese Entwicklung bedenklich und eher kritisch zu beurteilen, galt nach dem Zweiten Weltkrieg das Instrument der Ordnungspolitik doch als dasjenige Element einer neo- bzw. ordoliberalen Wirtschaftsstruktur, das einen angemessenen Ausgleich zwischen ökonomischem Wachstum auf der einen Seite und gerechter Verteilung von Nutzen und Kosten auf der anderen Seite herstellen sollte (Eucken 2008; Ptak 2004). Aufgrund der fortgeschrittenen Entgrenzung der Märkte ist jedoch klar, dass viele ordnungspolitische Maßnahmen auf einzelstaatlicher Ebene wenig effektiv sind. Eine Rückkehr zu vorglobalen Wirtschaftsstrukturen ist allerdings kaum denkbar, zumal die positiven Effekte einer zunehmend globalisierten Wirtschaft ebenfalls nicht zu vernachlässigen sind (z. B. weltweites Wachstum, z. T. bessere Entwicklungschancen, größerer Austausch von Wissen, zunehmende gesellschaftliche Verflechtung etc.) (vgl. Stiglitz 2008).

Alternativ wäre eine globale Ordnungspolitik vorstellbar, für die sich die Menschenrechte als normativer Maßstab anbieten. Artikel 22 der *Allgemeinen Erklärung der Menschenrechte* der Vereinten Nationen garantiert jedem Menschen einen Anspruch auf soziale Sicherheit und die materiellen Grundlagen für ein Leben in Würde (s. Kap. III.6). Außerdem fordert er zur internationalen Zusammenarbeit auf, um diese Ziele zu erreichen. Art. 25 fügt dem noch ein Recht auf materielle Grundversorgung und Sicherheit insbesondere in Fällen von Arbeitslosigkeit und Krankheit hinzu. Art. 28 schließlich geht noch weiter, indem er garantiert: »Jeder hat Anspruch auf eine soziale und internationale Ordnung, in der die in dieser Erklärung verkündeten Rechte und Freiheiten voll verwirklicht werden können.« Doch wie steht es tatsächlich um eine globale Ordnungspolitik auf Grundlage der Menschenrechte?

Institutioneller Entwicklungsstand

Es gibt eine Reihe einflussreicher internationaler Organisationen, die ordnend auf globale Wirtschaftsprozesse einwirken. Zu nennen wären beispielsweise die Welthandelsorganisation (WTO), die Weltbank und der Internationale Währungsfonds (IWF), aber auch die regelmäßigen Treffen der acht größten Volkswirtschaften (G 8). Diese Organisationen nehmen zum Teil erheblichen Einfluss auf Wirtschaftsprozesse, indem sie sich auf gemeinsame Regeln einigen und auf die Wirtschaftspolitik einzelner Länder einwirken (z. B. indem Kredite an Auflagen gebunden werden). Das vordringliche Ziel der meisten dieser Organisationen besteht darin, den Welthandel weiter zu liberalisieren, um die globale Wertschöpfung bzw. den Absatz der beteiligten Länder zu steigern (Bhagwati 2007). Insofern orientieren sich diese Organisationen in ihrer Gestaltung der Weltwirtschaftsordnung nur sehr indirekt an den Menschenrechten. Durch eine Liberalisierung des Welthandels komme es zu einer stärkeren Entwicklung noch nicht industrialisierter Länder und dadurch zu weniger Armut und mehr politischer Stabilität, so die beispielsweise in den *Milleniums-*

zielen formulierte Hoffnung (Rodrik 2007). Kritiker wenden dagegen jedoch ein, dass Liberalisierung selbst eine Ursache von Armut und Instabilität oder zumindest wenig geeignet ist, die Menschenrechte zu schützen und zu sichern (Stiglitz 2004). Darüber hinaus gibt es inzwischen eine Reihe von globalen Initiativen zur Regulierung und insbesondere zur Selbstregulierung wirtschaftlicher Akteure. Zu nennen wären insbesondere:

Global Compact: Seit 2000 existiert der Global Compact der Vereinten Nationen. Er hat zehn relativ allgemeine Prinzipien zur Selbstregulierung von Unternehmen aufgestellt und bietet ein Forum zum Austausch über normative Standards. Inzwischen haben sich weit über 5000 Unternehmen dem Global Compact angeschlossen. Immerhin wurden auch schon über 1000 Unternehmen wegen Verstößen gegen die Prinzipien wieder entfernt (www.unglobalcompact.org).

Un-Sonderbeauftragter für Menschenrechte und transnationale Unternehmen: Im Jahre 2005 wurde zusätzlich John Ruggie zum Sonderbeauftragten des UN-Generalsekretärs für Menschenrechte und transnationale Unternehmen ernannt. Sein Anliegen besteht darin, Unternehmen dazu zu bewegen, sich freiwillig für die Menschenrechte einzusetzen, sie also selbst zu achten, aber auch bei ihrer Durchsetzung zu helfen (Ruggie 2008).

Internationale Arbeitsorganisation: Besonders aktiv ist die Internationale Arbeitsorganisation (ILO) der Vereinten Nationen. Ihre zum Teil sehr detaillierten Regulierungen zum Arbeitsschutz müssen zwar eigentlich von den 183 Mitgliedstaaten in positives Recht umgesetzt werden. Aber die ILO führt selbst zahlreiche und zunehmend effektive Audits zur Überprüfung von Produktionsstätten durch (Huges/Haworth 2010).

ISO 26000: Seit 2010 gibt es den Standard ISO 26000, der betriebswirtschaftlich ausgearbeitete Empfehlungen zur sozialen Verantwortung von Unternehmen auf Grundlage der Menschenrechte gibt. Auch die Orientierung an diesem Standard ist freiwillig (Moratis/Cochius 2011).

Ein grundlegendes Problem dieser Ansätze besteht darin, dass Menschenrechte eigentlich Staaten und nicht private Akteure wie Unternehmen adressieren. Tatsächlich sind Unternehmen der herrschenden Meinung nach de facto gar nicht Subjekte des Völkerrechts, also weder Träger von Rechten noch von Pflichten. Geht man jedoch davon aus, dass Menschenrechte eine moralische, politische und rechtliche Dimension haben, so lässt sich dafür argumentieren, dass sie nur in ihrer rechtlichen Dimension derzeit auf Staaten beschränkt sind. Moralisch und auf dieser Grundlage auch politisch lassen sie sich durchaus auf Unternehmen beziehen; allerdings nur, was Pflichten betrifft (Lohmann 2012). Außerdem steht noch nicht einmal fest, ob Unternehmen überhaupt Akteure sind, die durch die Menschenrechte verpflichtet werden können. Dafür müssten zwei Dinge gezeigt werden: Erstens muss es möglich sein, Unternehmen überhaupt als eigenständige, also korporative Akteure aufzufassen. Zweitens müssen sie grundsätzlich in der Lage sein, verantwortlich zu handeln. Sie müssen ihr Handeln also selbst von einem normativen Standpunkt aus kontrollieren können. Nur wenn beides erfüllt ist, kann von Unternehmen überhaupt die Einhaltung normativer Standards wie der Menschenrechte gefordert werden (Neuhäuser 2011).

Alle gegenwärtig institutionalisierten Initiativen, wirtschaftliche Akteure auf die Menschenrechte zu verpflichten, beruhen auf Freiwilligkeit. Dies hat den Nachteil, dass viele Unternehmen sich besonders dann zurückhalten, wenn der Einsatz für die Menschenrechte kostspielig werden könnte. Zudem bleiben Verstöße gegen die Menschenrechte oft ungeahndet, weil es keine Sanktionsmöglichkeiten auf globaler Ebene gibt. Eine brisante Ausnahme bildet das US-amerikanische *Alien Tort Statute.* Auf dieser Grundlage können in den USA tätige Unternehmen auch für Menschenrechtsverletzungen in anderen Ländern angeklagt werden. So wäre etwa Royal Dutch Shell plc beinahe in New York für seine Verstrickung in die Hinrichtung der Ogoni Nine in Nigeria vor Gericht gestellt worden, wenn das Unternehmen nicht eine außergerichtliche Einigung herbeigeführt hätte (Mouawad 2009).

Da nicht nur die Sanktionsmöglichkeiten, sondern bereits die Möglichkeiten zur Kontrolle von transnationalen Unternehmen äußerst begrenzt sind, lässt sich nicht leicht nachvollziehen, welche Unternehmen direkt oder indirekt in Menschenrechtsverletzungen verstrickt sind. Dieses Problem stellt ein häufig für die Freiwilligkeit angeführtes Argument in Frage. Das Argument beruht auf der Annahme, dass Unternehmen um ihre moralische Reputation besorgt sein müssen, um keine Kunden zu verlieren (Crane/Matten, 2010; Wettstein 2009). Das greift aber gar nicht, wenn Verstöße in der undurchsichtigen Produktionskette kaum nachvollzogen werden können. Außerdem funktioniert das Argument nur für Unternehmen mit Endverbrauchern als Kunden. Das entscheidende Problem der Freiwilligkeit ist jedoch ein anderes. Denn bei einer Ordnung der globalen Wirtschaft auf Grundlage der Menschenrechte geht es nicht nur darum, grundsätzliche Menschenrechtsverstöße zu verhindern, sondern auch darum, Menschenrechte zu schützen und zu sichern. Dies bedarf koordinierter und daher stärker geregelter Bemühungen.

Desiderate und Prognosen

Aus Menschenrechtsperspektive müsste das globale Wirtschaftssystem daher so umgebaut werden, dass es die materiellen Grundlagen für ein Leben in Würde garantiert, wie es in Art. 22 formuliert ist. Die momentan entwickelten Mechanismen zur Kontrolle der Weltwirtschaftsordnung haben wegen ihrer auf Freiwilligkeit beruhenden schwachen Verbindlichkeit jedoch höchstens den Charakter eines *soft laws*, wenn überhaupt. Auf dieser Grundlage lässt sich eine zukunftsweisende Reform des Weltwirtschaftssystems kaum erreichen. Allerdings ist im Moment nicht ersichtlich, dass ein politischer Wille zu weiter reichenden Maßnahmen besteht. Die Einbindung von wirtschaftlichen Akteuren in das Menschenrechtsregime (s. Kap. IV.1.3) allein garantiert ohnehin noch keine globale Gerechtigkeit, selbst wenn sie verpflichtend wäre und effektiv gelingen würde. Dazu sind offensichtlich zusätzlich zivilgesellschaftliche und staatliche Bemühungen beim Umbau der institutionellen Grundlagen der globalen Wirtschaftsordnung nötig (s. Kap. IV.2.5). Allerdings sollte auch klar sein, dass solch ein Umbau ohne Einbeziehung von transnationalen Unternehmen, gerade wegen ihrer zunehmenden wirtschaftspolitischen Handlungsmacht, kaum gelingen kann.

Literatur

Bhagwati, Jagdish: *In Defense of Globalization*. Oxford 2007.

Crane, Andrew/Matten, Dirk: *Business Ethics: Managing Corporate Citizenship and Sustainability in the Age of Globalization*. Oxford 2010.

Eucken, Walter: *Grundsätze der Wirtschaftspolitik*. Stuttgart 2008.

Huges, Steve/Haworth, Nagel: *International Labour Organization (ILO): Coming in from the Cold*. London 2010.

Lohmann, Georg: »Marktwirtschaft und Menschenrechte«. In: Victor J. Vanberg (Hg.): *Marktwirtschaft und Gerechtigkeit*. Tübingen 2012 (im Erscheinen).

Moratis, Lars/Cochius, Timo: *ISO 26000. The Business Guide to the New Standard on Social Responsibility*. Sheffield 2011.

Mouawad, Jad: »Shell to Pay $15.5 Million to Settle Nigerian Case«. In: *New York Times*, 8.6.2009.

Neuhäuser, Christian: *Unternehmen als moralische Akteure*. Berlin 2011.

Ptak, Ralf: *Vom Ordoliberalismus zur Sozialen Marktwirtschaft. Stationen des Neoliberalismus in Deutschland*. Opladen 2004.

Rodrik, Dani: *One Economics, Many Recipes: Globalization, Institutions, and Economic Growth*. Princeton 2007.

Ruggie, John: *Report of the Special Representative of the Secretary-General on the Issue of Human Rights and Transnational Corporations and other Business Enterprises*. UN A/HRC/14/27, 2010.

Stiglitz, Joseph: *Die Schatten der Globalisierung*. München 2004.

–: *Die Chancen der Globalisierung*. München 2008.

Thielemann, Ulrich: *System Error. Warum der freie Markt zu Unfreiheit führt*. Frankfurt a. M. 2009.

Wettstein, Florian: *Multinational Corporations and Global Justice: Human Rights Obligations of a Quasi-Governmental Institution*. Stanford 2009.

Christian Neuhäuser

4. Aktuelle Fragen und Konfliktfelder

4.1 Militärische Interventionen, ›failed states‹, ›Schurkenstaaten‹

Problemaufriss

Als ›Intervention‹ bezeichnet man in den internationalen Beziehungen den unmittelbaren Eingriff eines Staates, einer Gruppe von Staaten oder einer internationalen Organisation in die inneren Angelegenheiten eines anderen Staates, wenn dies ohne dessen Einwilligung geschieht. Kommen dabei aufseiten der Intervenierenden auch militärische Mittel zum Einsatz, handelt es sich um eine ›militärische‹ Intervention. Eine ›humanitäre‹ Intervention liegt vor, wenn die Intervention auf den Schutz der einheimischen Bevölkerung vor schweren Menschenrechtsverletzungen zielt und mit Verweis auf diese begründet wird. Dabei ist es unerheblich, ob die Menschenrechtsverletzungen von staatlichen Akteuren ausgeübt, geduldet oder lediglich nicht verhindert werden können. Während humanitäre Interventionen in handlungsunfähigen Staaten (*failed states*) damit begründet werden, dass die betroffenen Regierungen nicht in der Lage sind, die Bevölkerung angemessen vor humanitären Notlagen zu schützen, sind Interventionen in sogenannte Schurkenstaaten direkt gegen die Regierungen der betroffenen Staaten gerichtet, die durch ihr Tun oder Unterlassen direkte Verantwortung für die Menschenrechtsverletzungen tragen. Da militärische Interventionen durch die Wahl der Mittel, humanitäre Interventionen hingegen durch das Interventionsziel definiert sind, sind auch nicht-militärische humanitäre Interventionen möglich. Gleichwohl spielen sie praktisch eine vernachlässigbare Rolle, da der effektive Schutz von Menschenrechten auf dem Territorium eines fremden Staates in konkreten Notlagen kaum ohne den Einsatz militärischer Mittel möglich sein dürfte. Im Folgenden werden deswegen lediglich die normativen Probleme diskutiert, die militärische humanitäre Interventionen (nachfolgend, wie in der Debatte üblich, kurz: ›humanitäre Interventionen‹) aufwerfen.

Im Mittelpunkt stehen dabei vor allem zwei Aspekte: erstens der in humanitären Interventionen angelegte Konflikt zwischen dem Schutz universeller Menschenrechte auf der einen und dem Prinzip staatlicher Souveränität auf der anderen Seite; zweitens das vermeintliche Paradox, mit militärischen Mitteln menschenrechtliche Ziele verwirklichen zu wollen. Aus diesen beiden Spannungsverhältnissen erwächst die besondere normative Brisanz humanitärer Interventionen. Bevor diese Fragen diskutiert werden können, gilt es jedoch, dem grundlegenden Einwand zu begegnen, dass militärische Gewalt, aus welchen Gründen auch immer sie eingesetzt wird, angesichts des mit ihr verbundenen Schreckens *niemals* gerechtfertigt werden kann. Nur wenn diese ›pazifistische‹ Position zurückgewiesen werden kann, ist sinnvoll, sich der besonderen Problematik humanitärer Interventionen zuzuwenden.

Streitfragen und Positionen

Humanitäre Interventionen sind eine Form von Krieg. Sie unterscheiden sich von anderen Kriegen zunächst nur dadurch, dass sie darauf zielen, Menschenrechtsverletzungen auf dem Hoheitsgebiet eines anderen Staates zu beenden. Dieser Kriegsgrund mag Einfluss auf die übrigen Eigenschaften des Krieges haben – insbesondere auf die Art der Kriegsführung –, schreibt diese Eigenschaften jedoch nicht zwingend vor. Ein ›gerechter‹ Kriegsgrund ist deshalb lediglich eine notwendige, jedoch keine hinreichende Bedingung für die Legitimität eines Krieges. Darum ist es zunächst sinnvoll, die Zulässigkeit humanitärer Interventionen nicht als Problem *sui generis* zu behandeln, sondern diese Frage im Licht der breiteren Debatte zur Möglichkeit und zu den Bedingungen gerechter Kriege zu betrachten.

1. *Die pazifistische Ablehnung ›gerechter Kriege‹*: Die Lehre vom ›gerechten Krieg‹ beschäftigt sich mit der Frage, unter welchen Umständen Kriege gerechtfertigt werden können. Diese Fragestellung impliziert zwei Prämissen: (a) Fragen von Krieg und Frieden sind moralische Fragen, die der

Rechtfertigung bedürfen; (b) Es sind Bedingungen denkbar, unter denen Kriege gerechtfertigt werden können. Damit setzt sich die Theorie des gerechten Krieges einerseits vom außenpolitischen Realismus ab, der die internationalen Beziehungen als moralfreien Raum reiner Machtpolitik versteht, und andererseits vom Pazifismus, der Krieg unter allen denkbaren Umständen ablehnt (Orend 2006, 223 ff.). In der Tradition der Lehre vom gerechten Krieg lässt sich ein relativ breiter Konsens darüber beobachten, welche Kriterien ein Krieg erfüllen muss, um als gerechtfertigt gelten zu können. Zunächst wird zwischen dem Recht zum Krieg (*ius ad bellum*) und dem Recht im Krieg (*ius in bello*) unterschieden. Ersteres regelt, ob ein Kriegseintritt gerechtfertigt ist, Letzteres, welches Verhalten im Krieg akzeptabel ist. Nur wenn ein Krieg in beiden Hinsichten alle relevanten Bedingungen erfüllt, kann er insgesamt als gerechtfertigt gelten. Das *ius ad bellum* benennt sechs Bedingungen, die einer Partei das Recht zum Kriegseintritt verleihen: (a) Der Krieg muss von einer dazu berechtigten Autorität legitimiert werden; (b) es muss ein gerechter Grund für den Krieg vorliegen; (c) dieser gerechte Grund muss auch tatsächlich das entscheidende Motiv der Akteure zum Kriegseintritt sein; (d) der Krieg ist proportional und (e) das letzte zur Verfügung stehende Mittel und schließlich (f) muss eine hohe Wahrscheinlichkeit bestehen, dass das Kriegsziel erreicht werden kann. Das *ius in bello* umfasst im Kern drei Grundsätze: (a) Es muss bei allen militärischen Aktionen zwischen ›Kombattanten‹ und ›Nonkombattanten‹ unterschieden werden (Diskriminierungsgebot); (b) es müssen alle ergriffenen Maßnahmen zur Erreichung des Kriegsziels notwendig sein (Notwendigkeitsgebot) und (c) ihr Nutzen muss die humanitären Kosten proportional überwiegen (Proportionalitätsgebot).

Die im Folgenden diskutierten Einwände gegen humanitäre Interventionen beziehen sich lediglich auf die grundsätzliche Frage, ob der Schutz grundlegender Menschenrechte überhaupt ein gerechter Grund für einen Krieg sein kann. Ob eine spezifische humanitäre Intervention jeweils gerechtfertigt ist, muss anhand der oben eingeführten Kriterien für jeden Fall einzeln geprüft werden.

Der grundlegendste Einwand gegen humanitäre Interventionen setzt allerdings noch einen Schritt früher ein. Er richtet sich nicht gegen ein spezifisches Merkmal humanitärer Interventionen, sondern gegen die Idee des gerechten Krieges als solche. Pazifisten vertreten die Ansicht, dass kein Krieg – also auch solche Kriege nicht, die alle obigen Kriterien des gerechten Krieges erfüllen – zu rechtfertigen ist. Diese Position kann unterschiedlich begründet werden. Brian Orend (2006, 244 ff.) unterscheidet hier zwischen einem »konsequentialistischen« und einem »deontologischen« Pazifismus. Der *konsequentialistische* Pazifismus argumentiert zumeist, dass Krieg – zumindest unter modernen Bedingungen der Kriegsführung – stets mehr menschliches Leid erzeugt als alle denkbaren friedlichen Mittel des Widerstands und deswegen moralisch unzulässig ist. Dieses Argument beruht auf einer normativen und einer empirischen Prämisse: Die *normative* Prämisse besteht in dem Grundsatz der utilitaristischen Ethik, dass diejenige Handlung moralisch geboten sei, die das geringste menschliche Leid erzeugt. Die *empirische* Prämisse lautet, dass in allen Konfliktsituationen friedliche Mittel des Widerstands immer geringeres Leid nach sich ziehen als militärische Mittel.

Die der normativen Prämisse zugrundeliegende utilitaristische Ethik ist aus menschenrechtlicher Perspektive problematisch, da sie lediglich den Gesamtnutzen einer Handlung betrachtet und somit gegenüber den Rechten einzelner Individuen indifferent ist. Damit verwischt diese Position den wichtigen Unterschied zwischen dem normativen Status gerechtfertigter Selbstverteidigung bzw. Nothilfe einerseits und illegitimer Aggression andererseits, da sie nicht zwischen dem Leid der Opfer und dem der Aggressoren unterscheidet (Rodin 2003, 70 ff.). Aber selbst wenn man die utilitaristische Prämisse teilt, bleibt die zweite, empirische Prämisse fragwürdig. Der erste Einwand gegen sie lautet, dass die richtige Widerstandsform im Hinblick auf die Summe der Opfer von der Art des Konflikts und dem Charakter der Täter abhängt. Skrupellose Mörder, so lautet das Argument, lassen sich kaum von gewaltlosem Widerstand beeindrucken und sollten so früh und intensiv wie möglich bekämpft werden, wohingegen es in anderen Situationen ratsam sein kann, die

Absichten der Aggressoren mit gewaltfreiem Widerstand zu frustrieren. Die Wahl der angemessenen Widerstandsmittel hängt demnach von der konkreten Konfliktsituation ab und kann nicht durch ein kategorisches Verbot militärischer Mittel vorgegeben werden. Ein zweiter Einwand gegen die empirische Behauptung bezieht sich auf die langfristigen Folgen einer pazifistischen Politik: Ein bedingungsloser Pazifismus würde die Kosten einer aggressiven Handlung für die Täter erheblich reduzieren und dadurch letztlich eine größere Anzahl von Angriffen – und Opfern – zur Folge haben. Diese Position wäre dann auch aus konsequentialistischer Perspektive unplausibel.

Der *deontologische* Pazifismus argumentiert hingegen nicht mit den leidvollen Konsequenzen kriegerischer Handlungen, sondern stützt seine bedingungslose Ablehnung militärischer Gewalt auf eine prinzipielle moralische Pflicht zur Gewaltlosigkeit. Ein zentrales Argument gegen diese These ähnelt den oben vorgebrachten Einwänden gegen die utilitaristische Position. Jan Narveson (1965) argumentiert etwa, dass das kategorische Verbot von Gewalt als Widerstands- bzw. Nothilfemittel uns eines wichtigen Elements dessen beraubt, was es bedeutet, ein ›Recht‹ zu haben. Der Begriff des Rechts beinhalte nicht nur, gegenüber Dritten einen gültigen Anspruch auf ein bestimmtes Gut oder eine bestimmte Handlung zu haben, sondern auch, dieses Recht legitimerweise durchsetzen zu dürfen. Dieses zweite Element werde vom deontologischen Pazifismus bestritten; aus dessen Perspektive könnten Rechte lediglich als Deklarationen wünschenswerter Zustände gelten, jedoch zu keinem legitimen Widerstand gegenüber denjenigen berechtigen, die unsere Rechte verletzen. Die pazifistische Forderung, stets ›die andere Wange hinzuhalten‹, mag zwar eine individuell heroische Haltung sein, als moralische Norm wäre sie jedoch gegenüber den Opfern von Gewalt unfair und würde unser Verständnis von Recht und Unrecht korrumpieren. Der deontologische Pazifismus wiederum kann diesem Einwand entgegenhalten, dass ein moralisch bedeutsamer Unterschied zwischen individueller und kollektiver Selbstverteidigung bestehe (vgl. Rodin 2003, 122 ff.). Lediglich Letztere sei unzulässig, da hier im Gegensatz zum individuellen Fall in der Regel auch unschuldige Dritte zu den Opfern gehörten. Dieses Argument stellt eine erhebliche Herausforderung für die Theorie des gerechten Krieges dar (s. u.). Hier gilt es zunächst festzuhalten, dass dieser Einwand nicht mehr – im strengen Sinne – pazifistisch ist, da er sich nicht kategorisch gegen Gewalt als zulässiges Mittel der Selbstverteidigung richtet, sondern lediglich bestreitet, dass das Diskriminierungsgebot des *ius in bello* unter realistischen Bedingungen eingehalten werden kann.

Bis jetzt wurde lediglich argumentiert, dass die *kategorische* Ablehnung von Krieg, wie sie der Pazifismus vertritt, aus menschenrechtlicher Perspektive nicht zu überzeugen vermag. Damit ist aber noch nichts über die Zulässigkeit *humanitärer* Interventionen gesagt. Einige Theoretiker des gerechten Krieges, wie Michael Walzer, bejahen beispielsweise ein Recht auf militärische Selbstverteidigung, sind jedoch skeptisch in Hinblick auf die Zulässigkeit humanitärer Interventionen. Welche besonderen Problemkonstellationen sind es, die diese Skepsis begründen? Im Folgenden sollen zwei besonders prominente Argumente gegen humanitäre Interventionen vorgestellt werden. Das erste bezieht sich auf den Konflikt zwischen humanitären Interventionen und staatlicher Souveränität, das zweite auf das bereits angesprochene Problem unschuldiger Opfer.

2. Das Problem staatlicher Souveränität: Um den Konflikt zwischen dem Prinzip staatlicher Souveränität einerseits und humanitären Interventionen andererseits beurteilen zu können, gilt es zunächst, den normativen Status des Souveränitätsprinzips zu rekonstruieren. Warum, so lautet die Frage, ist Souveränität ein so wertvolles Gut, dass seine Gefährdung bereits gegen die Legitimität humanitärer Intervention spricht? Das Souveränitätsprinzip beruht auf der Unterstellung der Gleichheit und Autonomie der Staaten im internationalen System. Souveräne Staaten erkennen sich in ihren Außenbeziehungen, ungeachtet ihrer tatsächlichen Macht, Größe und internen Verfassung, als gleichrangig an und gestehen sich wechselseitig zu, innerhalb territorial definierter Grenzen ihre internen Verhältnisse autonom regeln zu dürfen. Im klassischen Völkerrecht wurden diese Rechte der Staaten häufig in Analogie zu den grundlegenden Rechten autonomer Individuen verstanden. Staaten wurden als moralische Personen behandelt, denen unabhängig von den Rechten ihrer Bürger eine eigene Dignität zukommt (vgl. Beitz 1979, 71 f.). Dieses Argument für den intrinsischen Wert staatlicher Souveränität scheint uns heute zu Recht obskur. Es ist schwierig zu sehen, auf Basis welcher Prinzipien sich die Privilegien des Souveränitätsstatus rechtfertigen lassen sollen, wenn nicht aufgrund ihres instrumentellen Nutzens für das Wohl der Staatsbürger. Souveränität und humanitäre Intervention fußen somit nicht auf konkurrierenden normativen Prinzipien, sondern lassen sich beide gleichermaßen aus den Rechten autonomer Individuen ableiten. Sobald Staaten dauerhaft nicht mehr in der Lage sind, Menschenrechte effektiv zu schützen (*failed states*) oder selber eine Bedrohung dieser Rechte darstellen (›Schurkenstaaten‹), kann das Souveränitätsprinzip legitimerweise eingeschränkt werden (Beitz 1979; Shue 1996, 173 ff.).

Dieses konditionelle Verständnis von Souveränität findet mittlerweile auch völkerrechtlich Beachtung. In der Resolution 1674 hat der Sicherheitsrat der Vereinten Nationen 2006 das von der International Commission on Intervention and State Sovereignty (ICISS) formulierte Prinzip einer *responsibility to protect* anerkannt, das bei massiven innerstaatlichen Menschenrechtsverletzungen eine Verantwortung der internationalen Gemeinschaft proklamiert (ICISS 2001). Diese Entwicklung bedeutet jedoch nicht, dass das Souveränitätsprinzip obsolet wäre. Es besagt lediglich, dass die Privilegien des Souveränitätsstatus nur dann gewährt werden müssen, wenn sie tatsächlich dazu beitragen, die Rechte von Individuen zu schützen. Aber auch aus dieser Perspektive lassen sich gute Gründe für das Souveränitätsprinzip herleiten. Im Wesentlichen sind es zwei Argumente, die von den Befürwortern eines robusten Souveränitätsprinzips vorgebracht werden: Das erste Argument bezieht sich auf die friedenssichernde Funktion des im Souveränitätsprinzip enthaltenen Interventionsverbots. Ein weitreichendes Verbot jeglicher Interventionen trage dazu bei, legitime Kriegsgründe auf Fälle der Selbstverteidigung zu reduzieren und somit den internationalen Frieden und letztlich das Leben potentieller Kriegsopfer zu schützen. Die Stärke dieses Arguments gegen humanitäre Interventionen ist dann aber von der empirischen Prämisse abhängig, dass innerstaatliche Gewalt tatsächlich weniger Opfer fordert als zwischenstaatliche Kriege. Bei Fällen wie dem Völkermord in Ruanda scheint diese Annahme jedoch zweifelhaft. Eine frühzeitige Intervention hätte hier vermutlich weniger Opfer gefordert als die geschätzten 500.000 bis 800.000 Toten des Genozids. Dieses Beispiel zeigt, dass sich aus der unbestrittenen friedenssichernden Funktion des Souveränitätsprinzips *kein* absolutes Verbot humanitärer Interventionen ableiten lässt. Das Interventionsverbot ist nur so lange zu achten, wie es tatsächlich zum Schutz unschuldiger Menschen vor Gewalt beiträgt.

Das zweite Argument für ein robustes Souveränitätsprinzip bezieht sich auf seine Autonomie sichernde Funktion. Staatliche Souveränität, so wird argumentiert, schaffe einen geschützten Rahmen, in dem politische Gemeinschaften selbstbestimmt ihr politisches Schicksal gestalten können, und verdiene deswegen weitreichenden Schutz (Walzer 1977, 89). Auch dieses Argument ist im Kern überzeugend, allerdings ebenso wie das Friedensargument an empirische Prämissen gebunden. Die erste Prämisse besteht darin, dass es sich bei der Bevölkerung eines Staates tatsächlich um eine politische Gemeinschaft in dem Sinne handelt, dass sich die Bürger als eine politische Einheit verstehen und gewillt sind, ihr politisches Schicksal miteinander zu teilen. Ist diese horizontale Legitimität nicht gegeben, verliert die Begründung des Souveränitätsprinzips mit Verweis auf den Wert kollektiver Autonomie ihre Überzeugungskraft (vgl. Luban 1980, 167 f.). Das Apartheidsregime in Südafrika ist eines von vielen Beispielen für den Fall, in dem eine Bevölkerungsgruppe die politische Macht dazu missbraucht hat, eine andere Gruppe zu unterdrücken und auszunutzen. Von den Opfern kann dies schwerlich als Akt der Selbstbestimmung interpretiert werden.

Die zweite Prämisse, auf der das Argument der Sicherung von Autonomie fußt, betrifft nicht das Binnenverhältnis zwischen verschiedenen Bevölkerungsgruppen, sondern das Verhältnis zwischen Bevölkerung und Regierung. Kann jede

Regierung gleichermaßen für sich in Anspruch nehmen, Ausdruck des politischen Selbstbestimmungsrechts ihrer Bürger zu sein? Walzer, der wohl prominenteste Verteidiger eines starken Souveränitätsprinzips, bejaht dies. Er argumentiert, dass jede Regierung das Produkt der lokalen politischen Verhältnisse ist und deswegen – zumindest solange sie keinen Völkermord begeht – internationale Anerkennung verdient (Walzer 1980, 214f.). Walzer vernachlässigt jedoch die Frage, ob die betreffende Regierung durch ein faires demokratisches Verfahren oder durch rohe Gewalt an die Macht gekommen ist. Sein Argument läuft letztlich darauf hinaus, dass allein die Tatsache, die Regierung zu stellen, einem Regime bereits Legitimität verleiht. Diese Argumentation verwechselt die *normative* Frage nach der moralischen Anerkennungswürdigkeit eines Herrschaftsverhältnisses mit der *empirischen* Frage, wer tatsächlich die Herrschaftsgewalt innehat. Die Anerkennungswürdigkeit einer Regierung ist jedoch zumindest daran gebunden, dass sie aus fairen Verfahren hervorgegangen ist und die grundlegenden Rechte ihrer Bürger schützt.

Walzers Argumentation wird plausibler, wenn man seine in Anschluss an John Stuart Mill (1859/ 1984) entwickelte These berücksichtigt, dass nur die selbständig erkämpfte politische Freiheit auch dauerhaft von Bestand sein kann. Das Argument ist hier, dass humanitäre Interventionen nicht nur illegitim sind, sondern langfristig auch nutzlos, wenn sie gegen den Willen der vermeintlich ›befreiten‹ Bevölkerung durchgeführt werden. Solche Versuche trügen nicht nur den Makel des Paternalismus, sondern dürften auch kaum in der Lage sein, stabile politische Institutionen zu schaffen. Allerdings scheinen Walzer und Mill das Ausbleiben einer Revolution bereits mit der *Zustimmung* der Bevölkerung zu dem regierenden Regime gleichzusetzen, was angesichts der Risiken politischer Opposition in Diktaturen wenig plausibel erscheint. Dennoch ist Walzers These instruktiv, um die legitimen Ziele und Grenzen humanitärer Interventionen zu bestimmen. Interventionen müssen im Kern ›Hilfe zur Selbsthilfe‹ sein. Sobald basale Menschenrechte garantiert und die Vorbedingungen für faire Prozesse der politischen Selbstbestimmung gesichert sind, endet das Mandat externer Akteure, und der Schutz des Souveränitätsprinzips setzt wieder ein (Ladwig 2007, 365f.).

3. *Das Problem unschuldiger Opfer:* Das zweite grundsätzliche Argument gegen humanitäre Intervention bezieht sich auf die Unvermeidbarkeit unschuldiger Opfer bei kriegerischen Handlungen. Besondere Aufmerksamkeit hat dieses Problem im Kontext der NATO-Intervention im Kosovo erhalten. Die im euphemistischen Militärjargon als ›Kollateralschäden‹ bezeichneten zivilen Opfer waren in der öffentlichen Debatte eines der stärksten Argumente gegen die Intervention. Dies ist ein gewichtiger Einwand gegen humanitäre Interventionen, da unschuldige Opfer unter realistischen Bedingungen auch bei noch so gewissenhafter Beachtung der Regeln des *ius in bello* nicht zu vermeiden sind. Diese Tatsache stellt Verfechter militärischer Interventionen zum Schutz von Menschenrechten vor ein Dilemma: Entweder müssen sie akzeptieren, dass unter bestimmten nicht-idealen Umständen Menschenrechte *nicht* absolut gelten, sondern der utilitaristische Grundsatz des ›größten Glücks der größten Zahl‹ unsere Handlungen anleiten sollte. Oder sie müssen eingestehen, dass humanitäre Interventionen aus menschenrechtlicher Perspektive abzulehnen sind. Verfechtern humanitärer Interventionen bieten sich indes drei Auswege aus diesem Dilemma an.

Die erste Strategie besteht darin, das Problem zu leugnen, indem argumentiert wird, dass die betroffene Zivilbevölkerung – im moralischen Sinn – nicht unschuldig an den massiven Menschenrechtsverletzungen ist, die die Intervention provoziert haben (vgl. Schmücker 2000, 334f.). Obwohl nicht zu leugnen ist, dass die systematische Verfolgung von Minderheiten ohne die Duldung durch die Bevölkerungsmehrheit kaum möglich sein dürfte, ist dieses Argument fragwürdig. Es wäre nur dann überzeugend, wenn sich nachweisen ließe, dass alle potentiellen Opfer einer Intervention auch tatsächlich Schuld an dem Interventionsgrund tragen. Da fehlgeleitete Bomben aber genauso unschuldige Kinder und Oppositionelle wie Anhänger des Regimes treffen können, läuft diese Argumentation ins Leere.

Die zweite Strategie, das Dilemma aufzulösen, besteht in der ›Lehre vom Doppeleffekt‹. Dieses auf Thomas von Aquin zurückzuführende moralische Prinzip besagt, dass sich die schlechten Konsequenzen einer Handlung dann rechtfertigen lassen, wenn sie der zwar absehbare, aber nicht intendierte Nebeneffekt einer an sich guten Handlung sind, das gute Ziel sich nicht auf anderem Wege erreichen lässt und der Nutzen den Schaden überwiegt. Eines der Probleme dieser traditionellen Doppeleffektlehre ist, dass sie der Intention des Handelnden zu viel moralisches Gewicht einräumt: Auch der Bomberpilot, der zivile Ziele attackiert, um die gegnerische Regierung zur Kapitulation zu zwingen, könnte behaupten, dass er lediglich das schnelle Ende des Krieges herbeiführen wollte, während der Tod der Zivilisten zwar absehbar, aber nicht intendiert war (Bennett 1981). Aufgrund dieser Problematik schlägt Warren Quinn (1989, 341 f.) vor, den moralischen Kern der Doppeleffektlehre von der Intention der Handelnden zu lösen und sie stattdessen auf das Gebot zu stützen, Personen nicht bloß als Mittel für ihnen fremde Zwecke zu gebrauchen. Quinn zufolge sollte die Doppeleffektlehre zwischen Fällen diskriminieren, bei denen Personen negativ durch Handlungen beeinträchtigt werden, um *dadurch* ein bestimmtes Ziel zu erreichen, und solchen, bei denen der Schaden nicht instrumentell notwendig ist. Auch wenn der Schaden beider Handlungen im Endeffekt identisch ist, stellt der erste Fall eine eklatante Missachtung des Gebots dar, Personen nicht als bloßes Mittel zu gebrauchen, während im zweiten Fall ihr moralischer Status nicht in gleicher Weise verletzt wird. Quinns Interpretation der Doppeleffektlehre hilft zu erklären, warum der Tod Unschuldiger unter bestimmten Bedingungen moralisch verwerflicher erscheint als unter anderen.

Strenge Vertreter einer Rechtsethik werden aber von einem solchen Argument noch nicht überzeugt sein. Schließlich wird das Lebensrecht der Opfer auch dann verletzt, wenn ihr Tod keinen instrumentellen Nutzen darstellt. Diesem Einwand kann nur begegnet werden, wenn sich argumentieren lässt, dass das Lebensrecht der unschuldigen Opfer unter bestimmten Bedingungen eingeschränkt werden kann. Diesen dritten Ausweg aus dem Dilemma schlägt etwa Peter Schaber vor. Schaber bringt das – im Kern – kontraktualistische Argument vor, dass rationale Akteure einer Regel zustimmen müssten, die im Fall massiver Menschenrechtsverletzungen humanitäre Interventionen gestattet, wenn diese das letzte zur Verfügung stehende Mittel sind und der Nutzen die Kosten überwiegt (Schaber 2006, 298 f.). Da jeder wünschen würde, von einer solchen Regel zu profitieren, müsste auch jeder bereit sein, ihre Kosten – das Risiko, einer solchen Intervention zum Opfer zu fallen – zu tragen. In diesem Fall würde das Lebensrecht der Opfer durch eine Intervention nicht ungerechtfertigterweise verletzt, da diese der besagten Regel im Interesse des Schutzes ihres Lebens vor schweren Menschenrechtsverletzungen die Zustimmung nicht verweigern könnten. Für diese Argumentation spricht, dass wir auch in anderen Fällen bereit sind, das Risiko der Einschränkung bestimmter Rechte zu akzeptieren, wenn eine solche Regel in unserem Interesse liegt. Wir würden beispielsweise von Trägern eines gefährlichen und hochansteckenden Virus verlangen, dass sie sich Quarantänemaßnahmen unterziehen, obwohl dies ihre Freiheitsrechte einschränkt. Aufgrund des Universalisierungsgebots moralischer Normen müssten wir demnach ebenfalls bereit sein, die gleichen Einschränkungen unserer Freiheit hinzunehmen, wenn wir ohne eigenes Verschulden selber zu den Betroffenen gehörten. Ob allerdings ein analoges Argument für das Recht auf Leben geltend gemacht werden kann, bleibt fraglich. Das Recht auf Leben ist von so fundamentaler Bedeutung, dass seine Einschränkung aufgrund des Fehlverhaltens von Dritten (dem Aggressor, der eine Intervention provoziert hat) zumindest einigen Autoren schlichtweg nicht akzeptabel erscheint (Merkel 2000).

Die Frage der unschuldigen Opfer verschließt sich einer einfachen moralphilosophischen Antwort. Thomas Nagel hat angesichts dieses Problems argumentiert, dass sich in bestimmten Ausnahmesituationen unsere moralischen Intuitionen nicht in ein kohärentes System einfügen lassen (Nagel 1972, 143). Diese Position versucht, das oben beschriebene Dilemma nicht einfach aufzulösen, sondern sie akzeptiert, dass es Situationen gibt, in denen selbst Anhänger einer rechtebasierten Ethik dazu gezwungen sein könnten, konsequentialistische Gesichtspunkte gegen Menschenrechte abzuwägen. Fragen von Krieg und Frieden scheinen uns vor moralische Probleme zu stellen, für die es keine ›unschuldigen‹ Lösungen geben kann. Umso entscheidender ist die sorgfältige Beurteilung jedes Einzelfalls auf Basis der empirischen Fakten. Insbesondere Fragen der Verhältnismäßigkeit und der langfristigen Erfolgsaussichten eines Eingriffs verdienen mehr Aufmerksamkeit, als ihnen in der Interventionsdebatte bisher zukommt (vgl. aber Hurka 2005).

Desiderate und Prognosen

In jüngerer Zeit argumentieren einige Autoren sogar, dass sich nicht nur ein ›Recht‹ aller interventionsfähigen Staaten zum Eingreifen bei schweren Menschenrechtsverletzungen rechtfertigen lasse, sondern in extremen Notsituationen sogar eine ›Pflicht‹ dazu bestehe. Das oben bereits erwähnte Beispiel Ruandas spielt in dieser Diskussion eine wichtige Rolle. Das Ausbleiben einer Intervention in diesem Fall erschien den Befürwortern einer Interventionspflicht nicht als ein moralisch neutraler Akt, sondern als ein schuldhaftes Unterlassen der internationalen Gemeinschaft. Sie argumentieren, die Güter, die durch humanitäre Interventionen geschützt werden sollen, seien für alle Menschen von so fundamentaler Bedeutung, dass den Opfern ein Recht auf Hilfe zukomme und die Entscheidung für oder gegen eine Intervention nicht allein der Willkür der handlungsfähigen Staaten obliegen dürfe (Schaber 2006, 300 ff.; Tan 2006). Für diese Argumentation spricht, dass sie das Wohlergehen der Opfer von Menschenrechtsverletzungen in der normativen Bewertung von humanitären Interventionen angemessen berücksichtigt. Aus dieser Perspektive erzeugt das Leid der Betroffenen nicht nur eine Handlungsoption für Dritte – die *Erlaubnis* zur Intervention –, sondern generiert zusätzlich einen *Anspruch* der Opfer auf diese Handlung. Die Vertreter einer Pflicht zur Intervention können zur Stützung dieser Argumentation auf moralische und rechtliche Normen verweisen, die in anderen Fällen von Nothilfe häufig akzeptiert werden: So erzeuge etwa das Leid eines Kindes, das in einem Schwimmbad zu ertrinken droht, für die anderen Badegäste nicht nur eine Erlaubnis zu seiner Rettung, sondern auch eine vielerorts sogar strafbewehrte Pflicht zur Hilfe. Zusätzlich zu diesen rechtsethischen Überlegungen werden Argumente vorgebracht, die auf die positiven Effekte einer stärkeren Institutionalisierung humanitärer Eingriffe abzielen. Institutionalisierte Verfahren könnten einerseits den Vorwurf entkräften, dass humanitäre Interventionen von den intervenierenden Staaten lediglich als Deckmantel für ihre egoistischen Interessen missbraucht werden, und andererseits dazu beitragen, die Lasten der Intervention gerecht und eindeutig zwischen allen handlungsfähigen Akteuren zu verteilen.

Von den Gegnern einer Pflicht zur Intervention werden im Wesentlichen drei Argumente vorgebracht: (a) Die Kosten humanitärer Interventionen überstiegen das Maß, zu dem Akteure moralisch verpflichtet seien (Supererogationseinwand); (b) es gebe bestenfalls eine unvollkommene Pflicht zu humanitären Interventionen, da der Pflicht kein eindeutiger Träger zugeordnet werden könne; und (c) selbst wenn die Tötung Unschuldiger unter bestimmten Umständen erlaubt sei, könne es keine Pflicht zu Handlungen geben, die die Tötung Unschuldiger zwangsläufig beinhalten. Während sich die ersten beiden Einwände durch die Institutionalisierung von Interventionspflichten zumindest teilweise entkräften ließen, kann der dritte Einwand nicht so einfach abgewehrt werden. Das Argument bezieht sich nicht auf die oben bereits diskutierte Frage, ob die Tötung Unschuldiger zu rechtfertigen ist, sondern darauf, ob den interventionsfähigen Akteuren eine Pflicht zu solchen Handlungen zugemutet werden kann. Während dieser Einwand auf der Ebene individueller Akteure tatsächliche gegen eine solche Pflicht sprechen würde (vgl. Thomson 1990, 196 f.), scheint er hinsichtlich der Pflichten von Staaten weniger plausibel, da diesen kein Gewissen eigen ist, das vor solchen Belastungen geschützt werden müsste.

Unabhängig davon, wie man die Argumente für und wider eine Interventionspflicht im Einzelnen gewichtet, beruht der Vorschlag jedoch auf zwei plausiblen Intuitionen: (a) Entscheidungen über humanitäre Interventionen müssen stärker institutionell überwacht werden, um so die sehr reelle Gefahr des Missbrauchs zu verringern; (b) das enorme menschliche Leid in vielen Teilen der Welt *verpflichtet* uns zur Hilfe. Humanitäre Interventionen sind allerdings nur eine Form von Nothilfe, die immer auch ein Beleg dafür ist, dass andere Formen der Unterstützung zu lange ausgeblieben sind. Hunger, Armut, mangelnde Bildung und Perspektivlosigkeit sind oftmals die Ursachen für die Eruptionen von Gewalt, die ein Einschreiten der internationalen Gemeinschaft erforderlich machen. Der Fokus der Debatte zu humanitären Interventionen sollte sich deswegen von der mittlerweile weitgehend anerkannten *responsibility to protect* in Richtung einer *responsibility to prevent* erweitern (vgl. Pogge 2001).

Literatur

Beitz, Charles R.: *Political Theory and International Relations*. Princeton, NJ 1979.
Bennett, Jonathan: »Morality and Consequences«. In: Sterling McMurrin (Hg.): *The Tanner Lectures on Human Values*. Bd. 2. Cambridge 1981, 45–116.
Hurka, Thomas: »Proportionality in the Morality of War«. In: *Philosophy and Public Affairs* 33. Jg., 1 (2005), 34–66.
ICISS: *The Responsibility to Protect: Report of the International Commission on Intervention and State Sovereignty*. Ottawa 2001.
Ladwig, Bernd: »Gebotene Fremdbestimmung? Normative Überlegungen zum Umgang mit zerfallen(d)er Staatlichkeit«. In: Thomas Risse/Ursula Lehmkuhl (Hg.): *Regieren ohne Staat? Governance in Räumen begrenzter Staatlichkeit*. Baden-Baden 2007, 354–373.
Luban, David: »Just War and Human Rights«. In: *Philosophy and Public Affairs* 9. Jg., 2 (1980), 160–181.
McMahan, Jeff: *Killing in War*. Oxford 2009.
Merkel, Reinhard: »Das Elend der Beschützten. Rechtsethische Grundlagen und Grenzen der sog. humanitären Intervention und die Verwerflichkeit der NATO-Aktion im Kosovo-Krieg«. In: Ders. (Hg.): *Der Kosovo-Krieg und das Völkerrecht*. Frankfurt a. M. 2000, 66–98.
Mill, John Stuart: »A Few Words on Non-Intervention« [1859]. In: *The Collected Works of John Stuart Mill*. Hg. von John M. Robson. Bd. XXI. Toronto 1984, 111–124.
Nagel, Thomas: »War and Massacre«. In: *Philosophy and Public Affairs* 1. Jg., 2 (1972), 123–144.
Narveson, Jan: »Pacifism: A Philosophical Analysis«. In: *Ethics* 75. Jg., 4 (1965), 259–271.
Orend, Brian: *The Morality of War*. Peterborough/Orchard Park, NY 2006.
Pogge, Thomas: »Priorities of Global Justice«. In: *Metaphilosophy* 32. Jg., 1–2 (2001), 6–24.
Quinn, Warren S.: »Actions, Intentions, and Consequences: The Doctrine of Double Effect«. In: *Philosophy and Public Affairs* 18. Jg., 4 (1989), 334–351.
Rodin, David: *War and Self-Defense*. Oxford 2003.
Schaber, Peter: »Humanitäre Intervention als moralische Pflicht«. In: *Archiv für Rechts- und Sozialphilosophie* 92. Jg., 3 (2006), 295–303.
Schmücker, Reinold: »Gibt es einen gerechten Krieg?« In: *Deutsche Zeitschrift für Philosophie* 48. Jg., 2 (2000), 319–340.
Shue, Henry: *Basic Rights. Subsistence, Affluence, and U. S. Foreign Policy*. Princeton, NJ ²1996.
Tan, Kok-Chor: »The Duty to Protect«. In: Terry Nardin/Melissa Williams (Hg.): *Humanitarian Intervention* (NOMOS 47). New York/London 2006, 84–117.
Thomson, Judith Jarvis: *The Realm of Rights*. Cambridge, Mass. 1990.
Walzer, Michael: *Just and Unjust Wars. A Moral Argument with Historical Illustrations*. New York 1977.
–: »The Moral Standing of States: A Response to Four Critics«. In: *Philosophy and Public Affairs* 9. Jg., 3 (1980), 209–229.

Cord Schmelzle

4.2 Folter

Problemaufriss

Der nachfolgend zugrundegelegte Begriff der Folter umfasst nicht die physische oder psychische Schmerzzufügung durch Privatpersonen oder Akteure nichtstaatlicher Kollektive (Fälle sog. ›Privatfolter‹). Er bezieht sich allein auf das entsprechende Handeln des Staates, der in der Regel ›Privatfolter‹ strafrechtlich verfolgt, zugleich aber aufgrund seines aus dem Souveränitätsprinzip erwachsenen Gewaltmonopols nicht daran gehindert ist, Folter (sanktionslos) zu ermöglichen. Eben dies zeigt der unlängst eingetretene Umstand, dass die scheinbar besonders in liberalen Demokratien nicht ernsthaft zu hinterfragende Gewissheit, dass die staatliche Androhung oder Anwendung von Folter ein absolutes rechtliches und moralisches Tabu ist, erheblich erschüttert wurde. Der sogenannte Krieg gegen den Terror, wie er sich in Abu Ghraib, Guantánamo und anderen Orten manifestiert (hat), Polizeiaktionen zur Verbrechensprävention wie die dem Entführer zur Rettung des Entführungsopfers angedrohte Schmerzzufügung im Fall Daschner und sogar Fernsehserien wie »24« haben mit offensichtlich großer Dringlichkeit eine Frage gestellt, die längst beantwortet schien: Darf (oder muss gegebenenfalls sogar) ein Staat mittels seiner Organwalter (Polizeibeamte, Militärangehörige) Gewalt gegen Personen androhen oder anwenden, um die Begehung eines Verbrechens, das mit an Sicherheit grenzender Wahrscheinlichkeit den Tod eines oder einer Vielzahl von Menschen zur Folge hat, zu verhindern?

Die juristischen Antworten auf diese Frage bewegen sich zwischen einer strikten, auf die normativen Regelungen des Völker-, (deutschen) Verfassungs- und Strafrechts verweisenden Verneinung und einer vorsichtigen, an einer Reihe von Voraussetzungen (Nothilfe, Notstand oder Schließen von ›Wertungslücken‹) gebundenen Bejahung. Eine ähnliche Bandbreite zeigen (rechts)ethisch begründete Antworten, ohne allerdings mit den juristischen im Ergebnis in jedem Fall deckungsgleich zu sein. Im Unterschied zu diesen konzentrieren sie sich stärker auf die moralisch-dilemmatische Struktur der obigen Frage, die über die Notwendigkeit der Wahl zwischen Tun und Unterlassen hinaus darin besteht, dass zur Vermeidung eines erheblichen Übels ein anderes ebenfalls erhebliches Übel ›notgedrungen‹ akzeptiert wird. Wird hier auf den deontologischen Wert der Menschenwürde abgestellt, bleibt es beim uneingeschränkten Folterverbot. Anders ist es hingegen, wenn konsequentialistischen oder utilitaristischen Überlegungen gefolgt wird.

Streitfragen und Positionen

Das rechtliche Folterverbot kann von der Ebene des Völkerrechts (Zivilpakt ICCPR, Anti-Folter-Konvention CAT; s. Kap. III.9.3) und des regional begrenzten Rechts – EMRK, ACHR, ACHPR und speziell das European Committee for the Prevention of Torture (CPT) bzw. die Inter-American Convention to Prevent and Punish Torture (IACPPT) – über das Verfassungsrecht (Art. 25, 104 I GG) bis hinunter zum einfachgesetzlichen Verfahrensrecht (§ 136a StPO) festgestellt werden. Es findet dort seine Stütze in der (rechts)ethischen Überzeugung, die die Menschenwürde zu einem Fundamentalwert erklärt (Präambel und Art. 1 der AEMR, Präambel des ICCPR und der CAT sowie Art. 1 I GG), der jede Abwägung mit konkurrierenden Werten wie dem Leben oder der Würde Dritter verbietet. So wie die Menschenwürde nach dem deutschen Grundgesetz »unantastbar« ist, so ist das Folterverbot im Völkerrecht ›notstandsfest‹ (Art. 4 II ICCPR, Art. 2 II CAT).

1. Relativierungen des Folterverbots: Eine solcherart sich manifestierende Eindeutigkeit blieb nicht unwidersprochen. In Deutschland z. B. war es Mitte der 1970er Jahre Ernst Albrecht, der spätere Ministerpräsident Niedersachsens, der, ausgehend von seiner Unterscheidung zwischen absoluten und nicht-absoluten Rechten, in einer wissenschaftlichen Arbeit die Meinung vertrat, dass es zur Vermeidung eines ›namenlosen Verbrechens‹ unter gewissen Voraussetzungen (hoher Zeitdruck, zweifelsfreier Personenverdacht, sicherer Erfolg) sittlich geboten sein könne, die erforderliche Information durch Folter zu erlangen. Ende 1992 dann versuchte Niklas Luhmann das einer solchen Situation eigentlich innewohnende rechtstheoretische und moralische Problem aufzuzeigen. Zu dessen Kennzeichnung verwendete er den Begriff des *tragic choice*, worunter er eine Wahl verstand, bei der es wegen des extremen Spannungsverhältnisses zwischen Legalität und Legitimität keine richtige Entscheidung gibt bzw. geben kann, da mit jeder Entscheidung zwangsläufig eine Verletzung tendenziell gleichwertiger, Täter wie Opfer schützender Normen (Würde, Leben, körperliche Unversehrtheit) verbunden ist. Dieses Dilemma findet sich auch in den nach den Anschlägen vom 11. September 2001 häufig konstruierten *Ticking-bomb*-Szenarien, und unter den US-amerikanischen Juristen, Politologen und Philosophen war es vor allem Alan Dershowitz (2002), der dezidiert und gestützt auf eine angeblich umfassende und sichere Empirie (trotz Folterverbots stimmen die Menschen in Extremsituationen gewöhnlich der Folter zu) das Dilemma durch die Institutionalisierung einer richterlich angeordneten und überprüfbaren Folter auflösen wollte. Was ohnehin in einer bestimmten Bedrohungslage praktiziert werde, dann jedoch unter dem Druck des Ereignisses willkürlich und sich leicht politischer und gerichtlicher Kontrolle entziehe, werde in Form eines Verantwortlichkeit zuweisenden und Transparenz sichernden Folterbefehls (*torture warrant*) der bestmöglichen, weil rechtsstaatlichen Lösung zugeführt.

Dershowitz verstand seinen Vorschlag ausdrücklich als eine präzisere Alternative zu in Israel und den USA im Zusammenhang mit terroristischen Bedrohungssituationen diskutierten Praktika und deren Begründung. In Israel hatte 1999 der Oberste Gerichtshof des Landes dem Geheimdienst Shin Bet die Anwendung von Folter zwar mit der bald ins liberale Gemeingut übergegangenen Formulierung untersagt, eine Demokratie müsse oft, und das mache letztlich ihre Überlegenheit aus, *with one hand tied behind its back* kämpfen, doch zugleich den einzelnen Vernehmungsbeamten in Extremfällen die Möglichkeit offen gelassen, sich unter Umständen auf den strafrechtlichen Schuldbefreiungsgrund des Notstands berufen zu können. Und in den USA waren 2002 und 2003 in Memoranden des Justiz- und Verteidigungsministeriums der Foltertatbestand so eng gefasst worden (Vorliegen psychischer Folter nur bei lang anhaltenden Folgeschäden und physischer Folter nur bei einer Schmerzentwicklung, wie sie bei massiven, bis hin zu Organversagen oder Tod reichenden körperlichen Einwirkungen typisch ist), dass viele Handlungen nicht mehr unter das Folterverbot der CAT fielen.

2. Menschenwürde gegen Lockerung des Folterverbots: In den Reaktionen auf diese geforderte bzw. praktizierte Lockerung des absoluten Folterverbots finden sich Parallelen zu der Ende 2002 mit der Diskussion über den Frankfurter Entführungsfall massiv in Deutschland einsetzenden Folterdebatte. Doch darüber hinaus wurden in dieser Debatte auch Positionen präsentiert oder präzisiert, die stärker die deutsche Rechtslage und ihre moralische Basis im Blick hatten.

Auf der einen Seite des sich so ergebenden Meinungsbilds steht der Satz, dass die Folter immer und ausnahmslos verboten ist. Hinter dieser Meinung kann zunächst der von zahlreichen Erscheinungsformen und Rechtfertigungen gespeiste Affekt stehen, der mit Empörung auf die als Zumutung empfundene Diskussion über die Zulässigkeit von Folter reagiert (Ariel Dorfman, in: Levinson 2004; Žižek 2007). Die intrinsische Verwerflichkeit jeder Folterhandlung ist für sie ein Zivilisationsgut, worüber auch nur zu diskutieren einer gefährlichen Aufweichung eines sinnvollen Tabus (Bielefeldt 2006; Schlink, in: Brugger u. a. 2002) bzw. einer »Regression in faschistische Denkmuster« (Jurgen Habermas) gleichkommt. Die dieser Meinung zugrundeliegende deontologische Sichtweise prägt auch – naturgemäß weniger emotional, aber nicht minder eindeutig – die europäische bzw. deutsche Rechtsprechung. Das Folterverbot gilt absolut (EGMR in Chahal vs. United Kingdom, Urteil vom 15.11.1996), der Verstoß gegen die Menschenwürde, den Folter darstellt, ist auch dann als verwerflich anzusehen, wenn dieser – subjektiv – zu dem Zweck erfolgt ist, das Leben eines Menschen zu retten (LG Frankfurt a. M., Urteil vom 20.12.2004 im Fall Daschner, insofern unter Hervorhebung des Folterverbots auch im Falle des staatlichen Notstands bestätigt durch EGMR-Entscheidung vom 30.6.2008). Dass zudem Würde nicht gegen Würde aufgerechnet werden kann, wird vornehmlich in der Literatur herausgestellt (Matthias Hong, in: Brunkhorst/Beestermöller 2006; Bruha/Steiger 2006). Zur Abwehr einer Gefahr für das Opfer ist der Staat aufgrund der begrenzten Schutzpflichtreichweite des Würdegebots nicht verpflichtet, wohl aber ist ihm der Schutz der Menschenwürde seiner Bürger (selbst zum Schutz bedrohter Rechtsgüter Dritter) als negative Unterlassungspflicht unbedingt vorgegeben. Auch darin zeigt sich, dass das Folterverbot das Ergebnis eines komplexen Bewertungsvorgangs ist und nicht einer verkürzten, utilitaristisch orientierten Güterabwägung (Weßlau 2004). In allen denkbaren Szenarien lassen sich keine überwiegenden Gründe für den Einsatz von Folter finden. Insbesondere die Zulässigkeit des ›finalen Rettungsschusses‹ in den Landespolizeigesetzen kann nicht als Gegenargument angeführt werden. Wo der ›finale Rettungsschuss‹ eine unmittelbare, aber abwendbare Bedrohungssituation für Leib und Leben voraussetzt, also ein unmittelbarer Zusammenhang von Handlung und Gegenhandlung besteht, bezieht sich Folter auf mutmaßliche, wahrscheinliche oder tatsächliche Verbrechen und deren mögliche Täter, über die Sicherheit erst durch die (spätere) Zufügung von Gewalt gewonnen werden soll (Lienemann 2005). Durch diese Gewaltzufügung bringt der Staat eine über die Neutralisierung der Gefährdung (infolge des abgegebenen Todesschusses) hinausgehende Missachtung des personalen Anerkennungsanspruchs zum Ausdruck, die den Gefolterten auf ein Objekt bzw. Mittel zur Informationserlangung reduziert (Pollmann 2010). Gegen die menschenwürdeverletzende Instrumentalisierung eines Menschen spricht weiterhin, dass sie, einmal staatlicherseits als legal und legitim akzeptiert, auf ihre Ausweitung über die zunächst definierten Grenzen der Ausnahmesituation hinaus drängt (Richard A. Posner, in: Levinson 2004: Dieter Birnbacher, in: Lenzen 2006) und aus der Foltererlaubnis sogar – eine entsprechende, zur Gleichbehandlung des Opfers verpflichtende Konfliktlage vorausgesetzt – eine Folterpflicht folgen kann (Weßlau 2004). Die Ausweitung, metaphorisch auch als Dammbruch oder *slippery slope* bezeichnet, beruht auf einer methodischen, empirischen und normativen Prämisse. Methodisch, weil der Art der Folter eine Eskalation inhärent ist (Reemtsma 2005; Klaus Günther, in: Brunkhorst/Beestermöller 2006) und die ›foltergeschützten‹ Rechtsgüter sich verändern bzw. zahlenmäßig zunehmen können (Weßlau 2004); empirisch, weil die Aufweichung von Tabus erfahrungsgemäß das Verschieben von Grenzen befördert (Ralf Poscher, in: Lenzen 2006) und die Gefahr des Irrtums erhöht; und normativ, weil das, was zuvor als rechtlich und moralisch richtig und vernünftig erkannt worden ist, vermeintlich höheren Werten weichen muss.

3. Moralische vs. rechtliche Beurteilungen: Dem absoluten, juristisch wie moralisch nicht einschränkbaren Folterverbot steht auf der anderen Seite des Meinungsbilds der Satz gegenüber, dass Folter eine unter Umständen moralisch geforderte Handlung sein kann und entsprechend rechtlich erlaubt bzw. straffrei sein sollte. Dies ergibt sich zunächst daraus, dass das deutsche und das völkerrechtliche Folterverbot eine ›Wertungslücke‹ aufweisen (während der tödliche ›finale Rettungsschuss‹ erlaubt ist, ist die ›lediglich‹ schmerzzufügende Folter zur Rettung einzelner oder vieler Menschen verboten), die durch eine teleologische Reduktion der Verbotsvorschriften mit dem Ergebnis zu schließen ist, dass das Folterverbot aus elementaren Gerechtigkeitsüberlegungen in bestimmten Ausnahmesituationen nicht greift und Würde und Leben des/der Opfer/s höher zu bewerten sind als die Würde des inhaftierten Täters (Brugger 2006). Die Zulässigkeit der Folter wird sogar zu einer staatlichen Folterpflicht (mit ihrem Korrelat des verfassungsrechtlichen Anspruchs), da die Staatsorgane irreparable, in der Entwicklung unbeherrschbare oder vom Betroffenen nicht autonom regulierbare Grundrechtsverletzungen gegen Bedrohungen von dritter Seite schützen müssen, was nach der Schutznormlehre zu einem Anspruch des/der durch die Pflicht begünstigten Bürger/s führt. Zur Vermeidung unlösbarer oder schwer belastender Konflikte der ausführenden Organe sollte diese Pflicht zudem positiv-rechtlich eindeutig geregelt werden (ebd.). Im Kern spiegeln sich in dieser Meinung und ihren Folgerungen gerechtigkeitsutilitaristische Überlegungen, wie sie unüberhörbar in dem Terminus

›selbstverschuldete (finale) Rettungsbefragung‹ (Trapp 2006) anklingen. Was moralisch unter bestimmten Voraussetzungen (z. B. keine andere Möglichkeit der Informationserlangung) verpflichtend ist, ist es auch rechtsethisch und sollte daher legalisiert oder zumindest straffrei gestellt werden. So werden nicht nur die Wertungsinkonsistenz des konsequentialistischen Ansatzes (Legitimität ja, Legalität nein) vermieden, auch die lähmende Starre der zentralen deontologischen Behauptung von den absoluten, ungeachtet jeder gesellschaftlichen Interessenlage unveränderlichen Individualrechten wird durch die realitätsnahe, gerechtigkeitsorientierte Sicht verdrängt, dass diese Rechte je nach Stärke und Anzahl und ihrer jeweiligen Berücksichtigungswürdigkeit variieren (Trapp 2006). Zu demselben Ergebnis, allerdings auf einem anderen Weg, kommt das sogenannte gestufte Würdemodell, das zwischen Eingriffen in den unantastbaren ›Würdekern‹ und solchen in den bedingt antastbaren, von einer bilanzierenden Gesamtbetrachtung abhängigen ›weiteren Schutzbereich‹ der Menschenwürde unterscheidet. Eingriffe in diesen Bereich, wenn sie nicht modal auf die Menschenwürde bezogen, sondern final auf den Schutz von Leib und Leben Dritter gerichtet sind, können nicht kategorisch als Würdeverletzung qualifiziert werden (Herdegen 2005). Eben dies ist auch aus einer sich auf das Strafrecht stützenden Argumentation herzuleiten, die den darin enthaltenen Bestimmungen zur Notwehr/Nothilfe (Volker Erb und Jörn Ipsen, in: Lenzen 2006) und zum entschuldigenden Notstand (Jörn Ipsen, in: Lenzen 2006) die – öffentlich-rechtliche Vorgaben verdrängende – Legitimation entnimmt, den Inhaftierten als den Angreifer mit den Kosten des eigenen Rechtsbruchs zu belasten und zum Objekt von Zwangsanwendungen zu machen.

In der Mitte des Meinungsbilds und einmal mehr der einen, einmal mehr der anderen der dargestellten Seiten zuneigend finden sich Positionen, die an dem grundsätzlichen rechtlichen Verbot der Folter festhalten, sie aber, je nach ethischem Standpunkt, in besonderen Situationen für moralisch erlaubt oder sogar gefordert halten. Dies wird entweder damit begründet, dass der menschlichen Würde, soll sie nicht zu einer Leerformel werden, nicht pauschal der höchste, noch über dem menschlichen Leben stehende Wert zugewiesen werden kann (Wolfgang Lenzen, in: Ders. 2006) oder dass sich, bei der Fülle der möglichen Konstellationen, kein zwingendes Argument für ein absolutes moralisches Verbot der Folter finden lässt (Uwe Steinhoff, in: Lenzen 2006). Die konsequentialistisch ansetzenden Überlegungen führen allerdings rechtsethisch zu einem anderen Schluss. Die Gefahr eines Dammbruchs verbietet es, das ethisch als zulässig Erkannte rechtspolitisch in eine Foltererlaubnisnorm umzusetzen (Dieter Birnbacher und Wolfgang Lenzen, in: Lenzen 2006). Die ›tragische Lösung‹ muss der ›Notstandsfestigkeit‹ des Folterverbots entsprechend hingenommen werden, solange nicht eine hypothetisch extreme Notstandssituation vorliegt, die bedingt, dass das Rechtssystem in letzter Konsequenz nur durch einen Rechtsverstoß gerettet werden kann (Ralf Poscher, in: Lenzen 2006).

Desiderate und Prognosen

In Reaktion auf die terroristische Bedrohung wurde auch das Konzept des ›Feindstrafrechts‹ entwickelt (Jakobs 2004). Es sieht vor, Menschen, die sich in dauerhaft fundamentaler Opposition zur liberalen Rechtsordnung befinden, die rechtliche Qualität von Rechtspersonen zu nehmen, da generell zwischen ihnen und dem Staat keine (rechtliche) Bindung mehr besteht und aufgrund der prinzipiellen Staatsferne des Feindes auch nicht wiederherzustellen ist. Konsequenterweise verliert, wenn die Rechtsbeziehungen zwischen dem Staat und seinen ›Feinden‹ aufgekündigt werden, auch das Folterverbot seinen rechtlich abgesicherten Status. Allerdings geht eine so herleitbare Foltererlaubnis vor dem Hintergrund der hier angesprochenen Fallkonstellationen zu weit, denn sie differenziert nicht zwischen präventiven Folterhandlungen zur Lebensrettung (Rettungsfolter) und allgemeiner anti-terroristischer ›Verteidigungsfolter‹, die in erster Linie auf Informationserlangung im Vorfeld konkreter Gefährdungen abzielt. Eindeutiger auf die Folterproblematik im erstgenannten Sinne übertragen lässt sich die ›Lehre von der Doppelwirkung‹, die in Bezug auf Handlungen deontologische und konsequentialistische Aspekte zu einer insgesamt bewertenden Aussage vereinen möchte (nur die gute Wirkung darf intendiert sein; die schlechte Wirkung darf kein Mittel zur Hervorbringung der guten Wirkung sein; die Zulassung des Übels muss durch einen entsprechenden Grund aufgewogen werden). An diesem Maßstab gemessen ist die gewaltsame Willensbrechung bei der Folter nicht lediglich eine bedauernd in Kauf genommene Begleiterscheinung der primär intendierten Rettungshandlung, sondern die als unabdingbar erachtete Voraussetzung für den Erhalt der gewünschten lebensrettenden Information. Nach der ethischen Maxime ›Der gute Zweck heiligt nicht das schlechte Mittel‹ ist sie somit nicht erlaubt (Lamprecht 2009). Hinzu kommt, dass dort, wo der (Staats-)Zweck die Mittel heiligt, die Folgen für den Wertekonsens einer Gesellschaft über den Einzelfall hinaus unabsehbar sind. Damit gelangt auch diese Lehre an die Grenze des Dammbrucharguments, wie es in der Diskussion über die Zulässigkeit von ›Rettungsfolter‹ mit großer Mehrheit vertreten wird. Vor der Durchbrechung dieser Grenze schützt, wie es scheint, nur die Selbstachtung der Gemeinschaft, in deren Namen gefoltert werden soll (Reemtsma 2005).

Literatur

Bielefeldt, Heiner: »Zur Unvereinbarkeit von Folter und Rechtsstaatlichkeit«. In: *Aus Politik und Zeitgeschichte* 36 (2006), 3–8.
Brugger, Winfried: »Einschränkung des absoluten Folterverbots bei Rettungsfolter?« In: *Aus Politik und Zeitgeschichte* 36 (2006), 9–15.
– /Grimm, Dieter/Schlink, Bernhard: »Darf der Staat foltern? – Eine Podiumsdiskussion« (2002). In: http://www.humboldt-forum-recht.de/media/Druckansicht/pdf/2002-04.pdf (15.2.2012).
Bruha, Thomas/Steiger, Dominik: *Das Folterverbot im Völkerrecht.* Stuttgart 2006.
Brunkhorst, Hauke/Beestermöller, Gerhard (Hg.): *Rückkehr der Folter. Der Rechtsstaat im Zwielicht.* München 2006.
Dershowitz, Alan M.: *Why Terrorism Works: Understanding the Threat, Responding to the Challenge.* New Haven, Conn. 2002.
Greenberg, Karen J.: *The Torture Debate in America.* New York 2006.
Herdegen, Matthias: »Art. 1 Abs. I GG«. In: Günther Dürig/Theodor Maunz (Hg.): *Grundgesetz. Kommentar.* München 2005, 1–58.
Jakobs, Günther: »Bürgerstrafrecht und Feindstrafrecht«. In: http://www.hrr-strafrecht.de/hrr/archiv/04–03/index.php3?sz=6 (15.2.2012).
Lamprecht, Florian: *Darf der Staat foltern, um Leben zu retten? Folter im Rechtsstaat zwischen Recht und Moral.* Paderborn 2009.
Lenzen, Wolfgang (Hg.): *Ist Folter erlaubt? Juristische und philosophische Aspekte.* Paderborn 2006.
Levinson, Sanford (Hg.): *Torture. A Collection.* New York 2004.
Lienemann, Wolfgang: »Gnade an den Grenzen des Rechts. Die Debatte zur Aufweichung des Folterverbots aus ethischer Sicht«. In: http://www.nzz.ch/2005/04/23/zf/articleCOI72.html (15.2.2012).
Pollmann, Arnd: *Unmoral. Ein philosophisches Handbuch.* München 2010.
Reemtsma, Jan Philipp: *Folter im Rechtsstaat?* Hamburg 2005.
Trapp, Rainer: *Folter oder selbstverschuldete Rettungsbefragung?* Paderborn 2006.
Weßlau, Edda: »Die staatliche Pflicht zum Schutz von Verbrechensopfern und das Verbot der Folter.« In: Paech, Norman/Rinken, Alfred/Schefold, Dian/Dies. (Hg.): *Völkerrecht statt Machtpolitik. Beiträge für Gerhard Stuby.* Hamburg 2004, 390–410.
Žižek, Slavoj: »Der Ritter der lebenden Toten«. In: http://derstandard.at/2826624 (15.2.2012).

Gerd Hankel

4.3 Terrorismus und innere Sicherheit

Problemaufriss

Beschäftigt man sich mit der öffentlichen Debatte nach dem 11. September 2001, ist die in Europa wohl meistbenutzte Metapher die der notwendigen Balance zwischen Freiheit und Sicherheit. Maßnahmen der Terrorismusbekämpfung und der Schutz der Menschenrechte sollten sich gegenseitig ergänzen, weil beide Ausdruck der Verpflichtung des Staates zum Schutz von Individuen sind. Der Staat ist nicht nur verpflichtet, die Freiheitsrechte zu schützen, sondern auch, die Sicherheit seiner Bürger zu gewährleisten. Zwischen Freiheit und Sicherheit besteht nicht zwangsweise ein Gegensatz, gleichwohl ist ein gewisses Konfliktpotential nicht zu leugnen. Bereiche, die besonders viel Konfliktpotential aufweisen, sind Nachrichtendienste, Polizei, Militär, Entwicklungs-, Migrations- und Flüchtlingspolitik.

Dem Konzept der Suche nach Balance kann vorgeworfen werden, nahezulegen, dass der Zweck die Mittel heilige und dass somit der individuelle Menschenrechtsschutz zugunsten der Allgemeinheit geopfert werden müsse (Bronitt 2008, 66 f.). Auch impliziert Balance im Sinne einer Waage, dass bei größerem Gewicht auf der einen Seite (sprich Bedrohung, Gefahr), die andere Seite (Menschenrechte, Rechtsstaat) an Gewicht verlieren müsse. Dies kann nur als eine Fehlkonzeption bezeichnet werden.

In der Diskussion werden zum Teil harsche Positionen vertreten. So spricht sich der bekannte kanadische Menschenrechtler Michael Ignatieff in seinem Buch *The Lesser Evil* dafür aus, das Böse mit dem Bösen zu bekämpfen (»Either we fight evil with evil or we succumb«, Ignatieff 2004, 19). Dies geht in die Richtung einer utilitaristischen Betrachtungsweise, die von Jeremy Bentham geprägt wurde. Danach sei das Wohlergehen einer größtmöglichen Anzahl von Mitgliedern der Gesellschaft das Hauptkriterium, an dem sich eine legitime Regierung messen lassen muss.

Menschenrechte sind im Ausnahmezustand einschränkbar, aber nur unter bestimmten Bedingungen und nicht alle Menschenrechte. Art. 4 des *UN-Pakts über bürgerliche und politische Rechte* (Zivilpakt) und Art. 15 der *Europäischen Menschenrechtskonvention* (EMRK) lassen die Verkündung eines Ausnahmezustandes »in dem Umfang, den die Lage unbedingt erfordert« (Zivilpakt) zu, nehmen aber bestimmte Menschenrechte von jeder Einschränkung aus (u. a. darf niemand willkürlich seines Lebens beraubt werden; Folter-, Sklaverei- und Diskriminierungsverbot; Anerkennung der Rechtsfähigkeit der Person). Unter den westlichen Staaten hat nur Großbritannien 2001 eine solche Erklärung gegenüber UN und Europarat abgegeben, um die Verabschiedung eines Gesetzes, dass die Internierung von Ausländer/innen nur auf Grundlage der Beurteilung des Innenministers erlaubt, die Person stelle eine Gefahr für die nationale Sicherheit dar, rechtlich möglich zu machen (›Präventivhaft‹).

In Deutschland ist im *Grundgesetz* zwar die Einschränkung der Grundrechte prinzipiell möglich, aber sie dürfen nicht in ihrem Wesensgehalt eingeschränkt werden (*Grundgesetz* Art. 19 Abs. 2:»In keinem Falle darf ein Grundrecht in seinem Wesensgehalt angetastet werden«).

Die *Europäische Menschenrechtskonvention* lässt z. B. in Art. 8 Abs. 2 für das Recht auf Achtung des Privatlebens einen Eingriff zu, wenn dies in einer demokratischen Gesellschaft für die nationale Sicherheit und Ordnung notwendig ist. Dies stellt eine beispielhafte Struktur für den Aufbau von Freiheitsrechten dar. Die Einschränkungen müssen notwendig, gesetzlich vorgeschrieben und verhältnismäßig sein. Im Zusammenhang mit der Terrorismusbekämpfung stellt sich hier das Problem, dass es an einer allgemeingültigen internationalen Definition des Terrorismus mangelt. Die daraus resultierenden vagen Formulierungen in nationalen Gesetzestexten, so das UN-Hochkommissariat für Menschenrechte, können zu unangemessenen Beschränkungen von Grundrechten wie der Versammlungs- und Meinungsfreiheit sowie von friedlichen Oppositionsaktivitäten führen (OHCHR 2008a, Abs. 20; detailliert zu menschenrechtlichen Anforderungen an Terrorismusbekämpfung OHCHR 2008b).

Streitfragen und Positionen

Im Folgenden sollen die innenpolitische Dimension mit Blick auf den rechtlichen Rahmen, sicherheitspolitische Maßnahmen und zwei besorgniserregende Diskussionsstränge umrissen werden.

Deutschland hat im Unterschied zu Großbritannien keinen Not- oder Ausnahmezustand nach Art. 4 UN-Zivilpakt oder Art. 15 EMRK erklärt. Ein Großteil rechtlicher Veränderungen erfolgte bereits in den 1970er Jahren im Kontext der Bekämpfung der RAF. Neue Straftatbestände wie die Bildung einer terroristischen Vereinigung (§ 129a StGB) wurden eingeführt und die verfassungsfeindliche Befürwortung von Gewalt sowie die Verbreitung und der Bezug von Schriften, die Straftaten befürworten, unter Strafe gestellt. Das Strafprozessrecht wurde geändert; der Ausschluss von Anwälten von einem Strafverfahren konnte erfolgen, wenn ein dringender Verdacht der Strafvereitelung bestand. Die Verteidigung mehrerer Beschuldigter durch einen gemeinschaftlichen Anwalt wurde für unzulässig erklärt. Das Kontaktsperregesetz wurde eingeführt. Nach 2001 zielten die beiden Antiterrorpakete vor allem auf eine verbesserte Zusammenarbeit zwischen Polizeibehörden untereinander und mit den Nachrichtendiensten ab (unter Zurückstellung des Grundsatzes der Trennung von Polizei und Nachrichtendiensten, die auf den ›Polizeibrief‹ der Alliierten zurückgeht). Im Strafrecht wurde der Tatbestand der Gründung, der Mitgliedschaft, des Unterstützens oder Werbens für eine kriminelle oder terroristische Vereinigung, die im Ausland besteht, unter Strafe gestellt (§ 129b) und das Religionsprivileg bei Verbänden abgeschafft (BGBl. I 2001, 3319; zum Recht der inneren Sicherheit vgl. Roggan/Kutscha 2006).

Die Schranken der Grundrechte wurden nicht automatisch respektiert, auch wenn einige politischen Akteure (Bundesinnenministerium, Fraktionen im Bundestag) dies anders sehen mögen. Zwischen 2004 und 2010 erklärte das Bundesverfassungsgericht mehrere mit großer Mehrheit im Bundestag angenommene Gesetze für nichtig, die wesentlich mit der Notwendigkeit der Terrorbekämpfung begründet worden waren: das Gesetz über den Großen Lauschangriff, das Niedersächsische Gesetz über die öffentliche Sicherheit und Ordnung mit Blick auf die Bestimmungen zum Datenschutz und das Europäische Haftbefehlsgesetz. Das Luftsicherheitsgesetz wurde im Februar 2006 für verfassungswidrig und die Gesetze über Vorratsdatenspeicherung und über Online-Durchsuchung von Computern 2008 für teilweise verfassungswidrig erklärt. 2010 entschied das Bundesverfassungsgericht, dass die Einführung der verdachts- und anlasslosen Speicherung aller Kommunikationsverbindungsdaten auf Vorrat in weiten Teilen gegen das *Grundgesetz* verstößt. In der Begründung führt das Gericht aus, dass »es sich bei einer solchen Speicherung um einen besonders schweren Eingriff mit einer Streubreite, wie sie die Rechtsordung bisher nicht kennt« handelt (Zitat nach Website des Bundesjustizministeriums).

Die Diskussion um das Luftsicherheitsgesetz ist von besonderer Bedeutung. Der Bundestag verabschiedete ein Gesetz, das den Abschuss von zivilen Flugzeugen, die zu terroristischen oder anders motivierten Zwecken als Waffe für einen gezielten Absturz missbraucht werden, zuließ. Die Beschwerdeführer wehrten sich und argumentierten, »der Staat dürfe eine Mehrheit seiner Bürger nicht dadurch schützen, dass er eine Minderheit – hier die Besatzung und die Passagiere eines Flugzeugs – vorsätzlich töte« (BVerfG, 1 BvR 357/05 vom 15.2.2006, Rdnr. 38). Das Bundesverfassungsgericht hat sich einer Argumentation, bei der Menschenleben gegeneinander abgewogen werden, entgegengestellt und das Gesetz für verfassungswidrig erklärt. Es hat seine Entscheidung damit begründet, dass die Passagiere »dadurch, dass ihre Tötung als Mittel zur Rettung anderer benutzt wird, verdinglicht und zugleich entrechtlicht [werden]; indem über ihr Leben von Staats wegen einseitig verfügt wird, wird den als Opfern selbst schutzbedürftigen Flugzeuginsassen der Wert abgesprochen, der dem Menschen um seiner selbst willen zukommt« (BVerfG, 1 BvR 357/05 vom 15.2.2006, Rdnr. 124).

Auch wenn die Überprüfung von Gesetzen durch das Bundesverfassungsgericht bisher recht effektiv gewesen ist, kann sie sich nur auf einen Ausschnitt staatlicher Maßnahmen beziehen, die zur Terrorismusbekämpfung ergriffen wurden.

Ein weiterer wichtiger Bereich ist die *politische Kontrolle*, z. B. bei geheimdienstlichem Handeln. Dieses entzieht sich durch seine Zielsetzung, im Geheimen zu operieren, logischerweise einer öffentlichen Überprüfung, kann aber, je nach Ausgestaltung, durch die Verwaltung, Richter oder das Parlament kontrolliert werden. Die deutschen Geheimdiensttätigkeiten werden zwar von einem geheim tagenden Parlamentarischen Kontrollgremium (PKGr) überprüft, dessen reale Kontrollmöglichkeiten werden aber seit Jahren als unzureichend bewertet, auch von früheren und gegenwärtigen PKGr-Mitgliedern (Smidt/Poppe 2009). Darüber hinaus zeigt sich in der aktuellen Entwicklung, dass sich die Befugnisse von Nachrichtendiensten und Polizei immer mehr annähern. Dies ist problematisch, weil es das Gebot der Trennung von Polizei und Nachrichtendiensten, welches aufgrund der Notwendigkeit der Begrenzung und Kontrollierbarkeit staatlicher Machtfülle eingeführt wurde, schwächt.

In einer neuen wissenschaftlichen Debatte wird die Auffassung vertreten, dass Terrorverdächtige nicht mehr als Rechtspersonen anerkannt werden können, sondern angeblich außerhalb der Gesellschaft stehen und sich dementsprechend auch nicht auf die Rechte dieser Gesellschaft berufen können. Schon von der Regierung Bush wurden solche Personen als »feindliche Kombattanten« bezeichnet, was bedeutete, dass diese weder unter die *Genfer Konventionen* (Humanitäres Völkerrecht anwendbar in bewaffneten Konflikten, s. auch Kap. IV.2.4) noch unter nationales US-Strafrecht fallen. Daher konnten sie in Einrichtungen festgehalten werden, die jenseits von rechtsstaatlicher Kontrolle stehen, wie in Guantánamo Bay und an geheimen Haftorten (Mayer 2008; Wax 2009). In Deutschland wurde ein solcher Ansatz in den 1980er Jahren von dem Strafrechtler Günther Jakobs unter dem Begriff des *Feindstrafrechts* propagiert. Es zeichnet sich durch den Abbau prozessualer Garantien (der Anspruch auf Rechtsschutz wird verdünnt) und durch die generelle Vorverlegung der Strafbarkeit auf geplantes Verhalten und Vorbereitungshandeln aus. Ein Feindstrafrecht im Sinne eines Sonderrechts für Personen außerhalb der Rechtsgemeinschaft findet im *Grundgesetz* jedoch keine Stütze (Di Fabio 2008, 423).

In einem zweiten Diskussionsstrang wird das Folterverbot relativiert (s. auch Kap. IV.4.2). Auch in Deutschland sind Bücher erschienen, in denen sich Autoren für die Anwendung der Folter in Ausnahmefällen einsetzen. Ein nicht unwichtiges Element ihrer Argumentation besteht in dem Versuch, den verpönten Begriff der Folter durch einen akzeptableren Begriff zu ersetzen (z. B. ›Rettungsfolter‹, ›fernwirkende Nothilfe‹, ›selbstverschuldete Rettungsbefragung‹). Solche Sprachspiele sind jedoch nicht geeignet, den Charakter des Folterverbots als absolut garantiertes Recht in Frage zu stellen.

Für eine effektive Terrorismusbekämpfung ist die internationale Kooperation von zentraler Bedeutung. Sie wird erschwert durch das Fehlen einer völkerrechtlichen Definition von Terrorismus; seit Jahren kann in den UN kein Konsens über den Entwurf einer umfassenden Konvention gegen den Terrorismus erzielt werden. Jedoch definieren 16 internationale Konventionen und Protokolle spezielle Straftaten und fördern dadurch die Kooperation zwischen Polizei und Justiz.

Auch Deutschland verstärkte nach 2001 erheblich die bilaterale und multilaterale Kooperation von Nachrichtendiensten, Polizei und Justiz. Seit Jahren existieren Meinungsunterschiede zwischen der US-Regierung und europäischen Regierungen über bestimmte fragwürdige Strategien der Terrorbekämpfung und werden informell diskutiert. Dies betrifft z. B. die Entführung von Verdächtigen und ihre Verbringung an von Militär und CIA kontrollierte geheime Haftorte, die zeitweilige Umdefinierung des Begriffs der Folter innerhalb der früheren Regierung Bush (beteiligt waren Weißes Haus, Justiz- und Verteidigungsministerium), die Entführung von Terrorverdächtigen in Drittstaaten und deren Rückführung in ihre arabischen Heimatländer (sog. außergewöhnliche Überstellungen; Council of Europe 2008; Heinz 2009) und die gezielte Tötung von Terrorverdächtigen, *targeted killings* oder außergerichtliche Hinrichtungen (auch eine jahrelange Politik israelischer Regierungen).

Dies führt zu der menschenrechtlich relevanten Frage, wie denn zu verfahren ist, wenn es zwischen kooperierenden Staaten unterschiedliche Rechtsverständnisse gibt und sich die nationalen Gesetze, die Praxis der Staaten und auch ihre Haltung zu völkerrechtlichen Normen unterscheiden. Hat dies Folgen für die Zusammenarbeit, d. h. gibt es Einschränkungen? Darüber ist kaum etwas bekannt. Auch wäre es interessant zu wissen, ob es gegenüber denjenigen Staaten mit Folterpraxis, von denen man gleichzeitig Informationen im Rahmen von Terrorismusbekämpfung erhält und verwendet, eine aktive deutsche Politik gibt, jene Praxis aufzugeben (die Nutzung solcher Informationen ist nach Art. 15 UN-Folterkonvention für Strafverfahren verboten, aber hier geht es um die Abwehr von Gefahren/Prävention) (Heinz 2007, S. 42 ff.).

Eine weitere kontrovers geführte Diskussion in Deutschland befasst sich schließlich mit dem Einsatz der Bundeswehr im Innern. Hierfür setzt sich seit Jahren die CDU/CSU ein. Sie argumentiert damit, dass es Konstellationen geben kann, in denen die Polizei nicht mehr handlungsfähig ist und das Militär verfassungsrechtlich noch nicht zum Einsatz befugt ist. Hierfür ist jedoch eine Änderung des *Grundgesetzes* notwendig, das den Einsatz der Bundeswehr genau definiert. Eine Verfassungsänderung wäre u. a. deshalb problematisch, weil die Wahrung der öffentlichen Sicherheit und Ordnung zu den Länderkompetenzen in einem föderalistischen Bundesstaat zählt. Durch diese Zuordnung wird der Grundsatz der vertikalen Gewaltenteilung umgesetzt und somit eine essentielle Garantie der Begrenzung des staatlichen Handelns abgegeben. Eine Durchbrechung dieser Ordnung könnte zu einer unüberschaubaren und grenzenlosen Ausweitung von Militäreinsätzen führen, die nicht mehr mit den rechtsstaatlichen Mindeststandards zu vereinbaren wäre. Ein Vorstoß der CDU/CSU scheiterte 2008, nachdem die SPD ihre Unterstützung zurückgezogen hatte (vgl. Darnstädt 2008, 78).

standsfester) Anforderungen, in der Regel mit Hinweis auf große, aber eigentlich unspezifizierte terroristische Gefahren. Von Folter, Entführungen, Internierung ohne Anklage oder Urteil sowie außergerichtlichen Hinrichtungen war bereits die Rede. An diesem Punkt wird manchmal eingeworfen, nach dem 11. September habe sich alles geändert, die bestehenden Gesetze reichten nicht aus und man wisse gar nicht genau, ob Kriegs- oder Friedensrecht bei der Terrorismusbekämpfung angemessen sei. Eine so sophistische Argumentation kann aber nicht überzeugen. Es handelt sich dabei offensichtlich um den Versuch, den Staat von seiner strikten Bindung an geltendes Recht zu lösen. Dies kann nicht ohne erheblichen Schaden für den Rechtsstaat und auch die Demokratie geschehen. Nicht akzeptabel ist daher, dass ein Parallel-Regierungshandeln im Schatten von Geheimschutz mit eigenen Regeln Platz greift, während offiziell Menschenrechte weiter hochgehalten werden.

Ein ernstgemeinter, effektiver Menschenrechtsschutz zeigt sich in klaren menschenrechtsorientierten Gesetzen, deren strikte Einhaltung gewährleistet werden muss, und auch in entsprechenden politischen Vorgaben der Regierung an Sicherheitsinstitutionen. Verhindert werden muss die immer präsente Gefahr, dass Gesetze und Verwaltungspraxis (Praxis der Sicherheitsinstitutionen) Menschenrechte aushöhlen und unter dem Deckmantel von Geheimhaltung ein ›Schatten-Regierungshandeln‹ entsteht, das den Rechtsstaat und damit auch die Demokratie unterminiert. Für eine wirkungsvolle politische Kontrolle sind neben dem politischen Willen der Politik zur Kontrolle staatlichen Handelns und neben der ständigen Aufmerksamkeit der Justiz vor allem auch eine informierte, kritische Öffentlichkeit und aktive Zivilgesellschaft erforderlich.

Desiderate und Prognosen

Abschließend ist festzuhalten, dass die bisherigen Erfahrungen mit der Terrorismusbekämpfung in vielen Ländern unzweideutig sind. Die Praxis der Terrorismusbekämpfung begünstigt(e) immer wieder eine Infragestellung oder Zurückstufung klarer menschenrechtlicher (auch not-

Literatur

Bielefeldt, Heiner: *Freiheit und Sicherheit im demokratischen Rechtsstaat*. Berlin 2004.

Bronitt, Simon: »Balancing Security and Liberty. Critical Perspectives on Terrorism Law Reform«. In: Miriam Gani/Penelope Mathew (Hg.): *Fresh Perspectives on the* ›*War on Terror*‹. Canberra 2008, 65–83.

Council of Europe: *CIA Above the Law. Secret Detentions and Unlawful Inter-state Transfers of Detainees in Europe*. Strasbourg 2008.
Darnstädt, Thomas: »Putsch auf leisen Sohlen«. In: *Der Spiegel* 42 (2008), 78.
Di Fabio, Udo 2008: »Sicherheit in Freiheit«. In: *Neue Juristische Wochenschrift* 7 (2008), 421–425.
Heinz, Wolfgang S.: *Terrorismusbekämpfung und Menschenrechtsschutz in Europa. Exemplarische Fragestellungen 2005/2006*. Berlin 2007.
–: »Die europäische Diskussion über CIA-Rendition-Flüge. Erfahrungen mit strafrechtlicher und politischer Aufklärung. Eine Zwischenbilanz«. In: Henning Ernst Mueller/Günther M. Sander/Helena Válková (Hg.): *Festschrift für Ulrich Eisenberg*. München 2009, 35–67.
Ignatieff, Michael: *The Lesser Evil. Political Ethics in an Age of Terror*. Edinburgh 2004.
Mayer, Jane: *The Dark Side. The Inside Story of How the War on Terror Turned into a War on American Ideals*. New York 2008.
OHCHR (Office of the UN High Commissioner on Human Rights): *Report of the United Nations High Commissioner for Human Rights on the Protection of Human Rights and Fundamental Freedoms while Countering Terrorism*. A/HRC/8/13. Genf 2008a.
–: *Human Rights, Terrorism and Counter-terrorism*. Genf 2008b.
Roggan, Fredrik/Kutscha, Martin (Hg.): *Handbuch zum Recht der Inneren Sicherheit*. Berlin 2006.
Smidt, Wolbert K./Ulrike Poppe (Hg.): *Fehlbare Staatsgewalt. Sicherheit im Widerstreit mit Ethik und Bürgerfreiheit*. Münster 2009.
Wax, Steven T.: *Kafka in Amerika. Wie der Krieg gegen den Terror Bürgerrechte bedroht*. Aus dem Engl. von Werner Roller. Hamburg 2009.

Wolfgang S. Heinz/Joanna Ruszkowska

4.4 Migration, Flucht und Staatsbürgerschaft

Problemaufriss

Die Menschenrechte sollen universale Geltung haben, realisiert werden sie jedoch als Grundrechte in partikularen Nationalstaaten, die sich primär ihren eigenen Staatsangehörigen verpflichtet sehen. Das führt immer wieder zu Spannungen und Konflikten. Oft wird in diesem Zusammenhang auf Hannah Arendts Diskussion der Staatenlosigkeit verwiesen (s. Kap. I.3.6). Fragen ergeben sich jedoch auch mit Blick auf die größere Gruppe der Menschen, die zwar eine Staatsangehörigkeit besitzen, aber nicht Bürger desjenigen Staates sind, auf dessen Territorium sie leben: Sie alle sind aufgrund des Territorialitätsprinzips darauf angewiesen, dass Staaten menschenrechtliche Verpflichtungen auch gegenüber Nichtbürgern wahrnehmen.

Im Grundsatz betrifft dieses Problem sämtliche Ausländer/innen, die unter der Jurisdiktion eines Staates stehen, also sowohl Tourist/innen als auch nichteingebürgerte Migrant/innen sowie deren Nachkommen in Staaten, die kein *ius soli* kennen. In der Praxis stellen sich jedoch für verschiedene Gruppen sehr unterschiedliche Fragen, wobei von einem Kontinuum der staatlich gewährleisteten Rechte auszugehen ist: Auf der einen Seite des Spektrums stehen ›illegale‹ Migranten, deren Situation von weitgehender faktischer Rechtlosigkeit geprägt ist. Am anderen Ende der Skala befinden sich Ausländerinnen mit einer Erlaubnis zum unbefristeten Aufenthalt, welche die vollen ›Jedermannsrechte‹ genießen, freien Zugang zum Arbeitsmarkt haben und in den Genuss ähnlicher Sozialleistungen kommen wie Staatsbürger. Auch diese *denizens* bleiben indes von den vollen Bürgerrechten und insbesondere vom aktiven und passiven Wahlrecht auf nationaler Ebene ausgeschlossen, sofern sie nicht eingebürgert werden (für eine demokratietheoretische Kritik: Rubio-Marín 1998).

Im Folgenden soll exemplarisch auf zwei besonders verletzliche Gruppen eingegangen werden, und zwar auf illegal Anwesende und Asylsuchende. Nach einer kurzen Darstellung der Debatten um die menschenrechtlichen Ansprüche dieser beiden Gruppen wird abschließend die allgemeinere Frage nach der Rechtfertigbarkeit eines ›Rechts auf Ausschluss‹ aufgeworfen, wie es den spezifischen Konfliktfeldern wesentlich zugrunde liegt.

Streitfragen und Positionen

1. Irreguläre Migrantinnen und Migranten: Besonders prekär ist der Menschenrechtsschutz zweifellos bei ›illegalen‹, ›illegalisierten‹, ›papierlosen‹ oder ›irregulären‹ Migrantinnen und Migranten, die ohne legalen Aufenthaltsstatus auf dem Territorium eines Staates leben und meist im Verborgenen einer Beschäftigung nachgehen. Ihre genaue Zahl ist kaum festzustellen, aktuelle Studien gehen z. B. für die Europäische Union von 1,9 bis 3,8 Millionen (Vogel u. a. 2011, 89) oder 4,1 bis 7,3 Millionen (Düvell 2006, 146) Menschen aus.

Dass irreguläre Migranten Rechte haben, folgt nicht nur aus dem universellen Anspruch der modernen Moral, sondern ist auch positiv-rechtlich unbestritten. Zwar haben sich Deutschland und andere EU-Staaten bisher geweigert, die *Internationale Konvention zum Schutz der Rechte aller Wanderarbeitnehmer und ihrer Familienangehörigen* (ICRMW) zu ratifizieren, welche einen Kernbestand von Rechten explizit für illegal anwesende Arbeitsmigranten festschreibt (s. Kap. III.9.5). Dennoch können sich irreguläre Migranten auf völkerrechtliches Gewohnheitsrecht sowie auf eine Reihe von Dokumenten berufen, die bestimmte Rechte ausnahmslos allen Menschen qua Menschen zuschreiben (u. a. AEMR, Sozialpakt ICESCR, Zivilpakt ICCPR, ferner EMRK und andere regionale Abkommen).

Die praktische Erfahrung der meisten ›Illegalen‹ ist indes eine der weitgehenden faktischen Rechtlosigkeit. Ihnen bleibt nicht nur der effektive Zugang zu menschenrechtlich relevanten staatlichen Leistungen insbesondere im Gesundheits- und Sozialbereich oft versperrt (Cholewinski 2005), sie haben meist auch keine Möglichkeit, etwa einen Arbeitgeber auf die Auszahlung des vereinbarten Lohns zu verklagen, ohne eine Abschiebung befürchten zu müssen. Rechtsverletzungen gegenüber irregulären Migranten werden deshalb selten zur Anzeige gebracht, die Folge ist eine erhöhte Verletzlichkeit für gefährliche und unwürdige Arbeitsbedingungen sowie für die Vorenthaltung des Arbeitslohns (Cyrus 2010, 319).

Ob in diesem Zusammenhang von einem dem jeweiligen Aufenthaltsland anzulastenden Menschenrechtsdefizit die Rede sein kann, wird kontrovers diskutiert. Michael Bommes (2006) etwa argumentiert, es sei von einem Selbstausschluss auszugehen, wenn irreguläre Migranten aus Furcht vor der Abschiebung darauf verzichten, Straftaten Dritter zur Anzeige zu bringen. Ein »Recht auf Rechtsmissachtung« (ebd., 112) könne es aber nicht geben. Demgegenüber macht Heiner Bielefeldt (2006) einen normativen Vorrang der Menschenrechte geltend und betont, dass die staatliche Verantwortung für die Gewährleistung der Menschenrechte »auch die Schaffung von Bedingungen für ihre faktische Inanspruchnahme« umfasse (ebd., 92). In politischer Hinsicht ist in diesem Zusammenhang insbesondere die Errichtung einer *firewall* (Carens 2008) zwischen menschenrechtlich relevanten Institutionen und den Migrationsbehörden zu erwägen, also eine systematische Einschränkung des Informationsaustauschs. Im Bildungsbereich ist dies in einigen europäischen Staaten bereits Praxis (für einen Überblick: Cholewinski 2005, 35 ff.).

Darüber hinaus wäre ein effektiver Menschenrechtsschutz für die Betroffenen durch eine Legalisierung ihres Aufenthalts zu erreichen. Joseph Carens (2010) hält eine solche Regularisierung deshalb für moralisch gefordert, weil soziale Mitgliedschaft nicht an die staatliche Autorisierung der Anwesenheit gebunden sei. Der staatliche Anspruch, illegal Anwesende des Territoriums zu verweisen, verblasse daher mit den Jahren, und nach einiger Zeit erweise sich eine Abschiebung aufgrund der gewachsenen sozialen Bindungen als unverhältnismäßig. Nach geltendem Recht kann ein menschenrechtlicher Anspruch auf einen legalen Aufenthaltsstatus jedoch höchstens in Einzelfällen unter Berufung auf das Recht auf Achtung des Privat- und Familienlebens (Art. 8 EMRK) geltend gemacht werden (Thym 2008).

Zur Gruppe der irregulären Migranten gehören schließlich auch viele (wenngleich nicht alle) Opfer von Menschenhandel und Zwangsarbeit, deren wirtschaftliche und oft auch sexuelle Ausbeutung durchaus als »neue Form der Sklaverei« (Cyrus 2006, 2) bezeichnet werden kann. Dass Staaten menschenrechtlich in der Pflicht stehen, Menschenhandel zu bekämpfen, ergibt sich unter anderem aus dem UN-Zusatzprotokoll zur Verhütung, Bekämpfung und Bestrafung des Menschenhandels, insbesondere des Frauen- und Kinderhandels (Palermo-Protokoll). Auch hier besteht jedoch das Problem, dass sich die Opfer aus Angst vor der Abschiebung oft nicht an die Behörden wenden (Follmar-Otto/Rabe 2009, 73). Kritisiert wird auch, dass der vorgesehene Opferschutz in der Praxis oft nicht zur Anwendung kommt, weil die Opfer von den Behörden gar nicht als solche erkannt werden (ebd., 28).

2. Asylsuchende und Flüchtlinge: Eine weitere Gruppe von Nichtbürgern, um deren menschenrechtliche Ansprüche sich zahlreiche Kontroversen ranken, sind Asylsuchende und Flüchtlinge. Wichtigster Pfeiler des internationalen Flüchtlingsrechts ist das Prinzip des *non-refoulement*. Nach Art. 33 der *Genfer Flüchtlingskonvention* darf niemand in ein Land ausgewiesen werden, in dem »sein Leben oder seine Freiheit wegen seiner Rasse, Religion, Staatsangehörigkeit, seiner Zugehörigkeit zu einer bestimmten sozialen Gruppe oder wegen seiner politischen Überzeugung bedroht sein würde«. Ein Recht auf Asyl kennt das internationale Recht zwar nicht (s. Kap. III.3.2), das deutsche *Grundgesetz* sieht ein solches jedoch vor (Art. 16a, Abs. 1 GG). Problematisiert werden in diesem Zusammenhang unter anderem Restriktionen beim Zugang zum Asylverfahren, die Rechte von Asylsuchenden mit laufendem Verfahren, der Flüchtlingsbegriff, nach dem Asylgesuche zu beurteilen sind, und der Umgang mit abgewiesenen Asylsuchenden. Auf einige konkrete Konflikte in diesen Bereichen soll hier kurz eingegangen werden.

Mit Blick auf den Zugang zum Asylverfahren sind insbesondere zwei Entwicklungen Gegenstand menschenrechtlich motivierter Kritik geworden. Zum einen gilt seit Inkrafttreten der *Dublin II-Verordnung* der Grundsatz, dass derjenige Mitgliedstaat für das Asylverfahren zuständig ist, über den eine asylsuchende Person nach Europa eingereist ist; alle anderen beteiligten Staaten können die Asylsuchenden dorthin zurückschieben. Als problematisch erweist sich diese Regelung, weil sowohl bezüglich der Qualität des Asylverfahrens als auch hinsichtlich der Gewährleistung grundlegender Rechte während der Dauer des Verfahrens zwischen den europäischen Staaten große Unterschiede bestehen. Der Europäische Gerichtshof für Menschenrechte (EGMR) befand in einem wegweisenden Urteil vom 21. Januar 2011, dass sich im Fall eines Afghanen, der von Belgien nach Griechenland abgeschoben worden war, nicht nur Griechenland der Verletzung von Art. 3 EMRK schuldig gemacht hatte (»Niemand darf der Folter oder unmenschlicher oder erniedrigender Strafe oder Behandlung unterworfen werden«); verurteilt wurde auch der belgische Staat, weil er den afghanischen Flüchtling trotz bekannter Mängel im griechischen Asylwesen dorthin abgeschoben hatte (M.S.S. vs. Belgium and Greece, Nr. 30696/09).

Eine zweite Praxis, die den Zugang zum Asylverfahren faktisch einschränkt, ist die Migrationsabwehr an den EU-Außengrenzen sowie in den internationalen Gewässern des Mittelmeers, die im Rahmen der europäischen Grenzschutzagentur Frontex vermehrt vorangetrieben wird. Während verschiedene europäische Regierungen die Ansicht vertreten, das *non-refoulement*-Prinzip gelte nur für Flüchtlinge, die sich schon auf dem Territorium eines Staates befinden, argumentieren Andreas Fischer-Lescano u. a. (2009), dieses Prinzip sei völkerrechtlich auch extraterritorial anwendbar (s. auch das richtungsweisende Urteil des EGMR vom 23.2.2012, Hirsi Jamaa u. a. vs. Italy, Nr. 27765/09).

Wird ihr Asylgesuch zur Prüfung zugelassen, so genießen Asylsuchende vorläufigen Schutz vor Abschiebung, sind aber rechtlich schlechter gestellt als Bürgerinnen oder Ausländer mit einem gesicherten Aufenthaltsrecht. Kritisch diskutiert werden in diesem Zusammenhang etwa die ›Residenzpflicht‹ oder Arbeitsverbote für Asylsuchende. Es ist jedoch auch grundsätzlich zu fragen, an welchem Punkt das Bestreben der Staaten, für Asylsuchende möglichst unattraktiv zu sein, mit der Menschenwürde in Konflikt gerät. So sieht das deutsche Asylbewerberleistungsgesetz (AsylbLG) einen Betrag zur Sicherung des Existenzminimums vor, der das Arbeitslosengeld II deutlich unterschreitet. Zudem werden vornehmlich Sachleistungen erbracht, was den Betroffenen ein selbstbestimmtes Leben weiter erschwert. Hier stellt sich die Frage, ob von zweierlei Begriffen des menschenwürdigen Existenzminimums ausgegangen wird und ob diese Differenzierung menschenrechtlich vertretbar ist (für eine verfassungsrechtliche Kritik: Classen/Kanalan 2010).

Von zentraler Bedeutung ist schließlich die Frage nach der inhaltlichen Bestimmung des Flüchtlingsbegriffs. Als Flüchtling gilt nach Art. 1 A Nr. 2 der *Genfer Flüchtlingskonvention* eine Person, die

»aus der begründeten Furcht vor Verfolgung wegen ihrer Rasse, Religion, Nationalität, Zugehörigkeit zu einer bestimmten sozialen Gruppe oder wegen ihrer politischen Überzeugung sich außerhalb des Landes befindet, dessen Staatsangehörigkeit sie besitzt, und den Schutz dieses Landes nicht in Anspruch nehmen kann oder wegen dieser Befürchtungen nicht in Anspruch nehmen will«.

Kontrovers diskutiert wird sowohl die rechtliche Interpretation dieser Definition als auch ihre moralische Adäquatheit. In der EU hat sich unterdessen mit der ›Qualifikationsrichtlinie‹ eine Erweiterung des Flüchtlingsbegriffs um geschlechtsspezifische Formen der Verfolgung und um die Verfolgung durch nichtstaatliche Akteure durchgesetzt (Hailbronner 2008, 37). Ferner besteht für manche Personen, die nicht als Flüchtlinge anerkannt werden, ein Abschiebungsverbot. Dieser ›subsidiäre Schutz‹ wird gewährt, wenn einer Person im Herkunftsland Folter, Todesstrafe oder andere unmenschliche oder erniedrigende Behandlung droht bzw. wenn eine erhebliche konkrete Gefahr für Leib, Leben oder Freiheit besteht (ebd., 360 ff.).

Gegenstand von Debatten ist aber auch die Frage, ob die offizielle Unterscheidung zwischen ›richtigen‹ (politischen) Flüchtlingen und ›falschen‹ Wirtschaftsflüchtlingen, denen oft ›Asylmissbrauch‹ vorgeworfen wird, gerechtfertigt ist. Gegen diese folgenschwere Grenzziehung argumentiert etwa Matthew Gibney (2004, 7 f.), dass auch Notlagen wie Naturkatastrophen oder Hungersnöte als Fluchtgründe anzuerkennen seien. Michelle Foster (2007) zeigt aus völkerrechtlicher Sicht, dass die Definition der *Genfer Flüchtlingskonvention* eine nuancierte Betrachtungsweise zulässt, die auch gewisse sozio-ökonomische Fluchtgründe als Verfolgung anerkennt. Noch weiter geht Andrew Shacknoves (1985) Vorschlag, all jenen Personen die Flüchtlingseigenschaft zuzuerkennen, in deren Herkunftsland die Regierung die Befriedigung der Grundbedürfnisse nicht gewährleistet. Diesen Vorstößen gemein ist die Ansicht, dass politische Verfolgung eine hinreichende, jedoch keine notwendige Bedingung für einen Schutzanspruch darstellen sollte. Um einen solchen Flüchtlingsbegriff besser fassen zu können, schlägt Bernd Ladwig (2002, 19 f.) als konzeptionelle Alternative die (idealtypische) Unterscheidung zwischen »unfreiwilliger« und »freiwilliger« Migration vor, wobei Erstere neben Zwang und direkter Gewalt auch Notlagen umfasst.

Desiderate und Prognosen

In vielen der bisher beschriebenen Konfliktfelder erweist sich letztlich dieselbe Frage als zentral, nämlich ob und, wenn ja, wie individuelle menschenrechtliche Ansprüche Migrierender gegen das staatliche Interesse an einer wirksamen Einwanderungskontrolle abzuwägen sind. Dass Staaten überhaupt ein ›Recht auf Ausschluss‹ haben, wird dabei meist stillschweigend vorausgesetzt. Aus Sicht des geltenden Rechts ist diese Annahme unproblematisch; dass sich aus den bestehenden Menschenrechtskonventionen kein Recht auf Einwanderung ableiten lässt, dürfte unstrittig sein. Eine andere Frage ist jedoch, ob es dem universalistischen und anti-diskriminatorischen Geist des Menschenrechtsgedankens entspräche, die bereits etablierten Rechte auf Auswanderung und auf innerstaatliche Bewegungsfreiheit (Art. 13 AEMR) um ein Recht auf zwischenstaatliche Bewegungsfreiheit zu ergänzen. Darüber findet in jüngerer Zeit eine intensivierte Debatte statt (für einen Überblick: Barry/Goodin 1992; Wellman 2010).

Gegen die Standardansicht, der zufolge es den bisherigen Bürgern eines Staates (oder ihren politischen Repräsentanten) anheimgestellt sein soll, nach eigenem Ermessen und im eigenen Interesse über die Zulassung von Immigrantinnen zu entscheiden, werden sowohl prozedurale als auch substantielle Einwände diskutiert. In die erste Kategorie fällt Arash Abizadehs (2008) demokratietheoretisches Argument: Wenn politische Partizipationsrechte ihre Rechtfertigungsgrundlage zumindest teilweise im Zwangscharakter staatlicher Regelungen haben, so dürften potentielle Immigrantinnen, die unter Androhung von Gewalt zur Einhaltung der Einwanderungsgesetze gezwungen werden, nicht von der Entscheidung über diese Gesetze ausgeschlossen bleiben.

Auf der substantiellen Ebene bringt Carens (1987) gleich mehrere Gerechtigkeitstheorien gegen Einwanderungsbeschränkungen in Anschlag: In einem utilitaristischen Nutzenkalkül, das die Interessen potentieller Einwanderer gleichermaßen berücksichtigt wie die Interessen bisheriger Bürger, erweise sich eine Öffnung der Grenzen aufgrund wirtschaftlicher Effizienzgewinne als präferierte Lösung. Auch eine libertaristische Theorie, welche die staatliche Tätigkeit auf den Schutz individueller Eigentumsrechte reduziert, lasse keine Rechtfertigung für staatliche Einwanderungsbeschränkungen zu. Am meisten Beachtung hat aber sein vertragstheoretisches Argument gefunden: In Anlehnung an John Rawls fordert Carens dazu auf, sich eine hypothetische Vertragssituation vorzustellen, in der keine Person weiß, in welchem Land der Welt sie geboren wird und welche Lebenspläne sie verfolgt. In dieser Entscheidungssituation sprächen dieselben Gründe, die sich für das Recht auf innerstaatliche Bewegungsfreiheit anführen lassen, für die Anerkennung der zwischenstaatlichen Bewegungsfreiheit als einer Grundfreiheit. Darüber hinaus führe eine restriktive Migrationspolitik angesichts der globalen Wohlstandsverteilung zu massiven Chancenungleichheiten.

Dagegen sehen die Befürworter der Standardansicht starke Gerechtigkeitsprinzipien wie die Chancengleichheit in ihrer Reichweite auf den innerstaatlichen Kontext beschränkt und machen einen eigenen Anspruch der bisherigen Bürger auf ihr Territorium geltend. Dabei kann grob unterschieden werden zwischen identitätszentrierten Argumentationsstrategien, denen zufolge staatliche Grenzen deshalb und nur dann moralisch relevant sind, weil und wenn sie näherungsweise mit den Grenzen kollektiver Identitäten zusammenfallen, und institutionalistischen Argumentationsstrategien, welche nicht auf eine solche Annahme angewiesen sind.

In den ersten Bereich fällt Michael Walzers (1992) kommunitaristische Behandlung des Mitgliedschaftsproblems. Gerechtigkeitsprinzipien, so der Grundgedanke seiner Theorie, entspringen dem gemeinsamen Verständnis einer kulturellen Gemeinschaft und sind in erster Linie innerhalb dieser Gemeinschaft anwendbar. Das Recht auf Ausschluss habe den Zweck, »Freiheit und Wohlfahrt sowie Politik und Kultur einer Gruppe von Menschen zu bewahren, die sich einander und einem gemeinsamen Leben verpflichtet fühlen« (ebd., 76). In eine ähnliche Richtung weist David Millers (2005) ›liberaler Nationalismus‹, dem zufolge sich das Recht auf Einwanderungskontrolle aus dem Recht auf kulturelle Selbstbestimmung ableitet. Eine institutionalistische Begründung des Rechts auf Exklusion findet sich etwa bei Christopher H. Wellman (2008), der das staatliche Recht auf Ausschluss analog zum Recht privater Vereine, potentielle Neumitglieder abzuweisen, als Teil der Assoziationsfreiheit auffasst. Ryan Pevnick (2011) bestreitet hingegen, dass Staaten als freiwillige Assoziationen zu verstehen sind. Ihm zufolge erwerben bisherige Bürger aber durch ihre (nicht unbedingt freiwillig erbrachten) Beiträge zum Bestehen territorial gebundener Institutionen ein Verfügungsrecht über das Territorium. Ob diese Argumente für ein Recht auf Ausschluss überzeugen oder ob Einwanderungsbeschränkungen vielmehr der Wahrung eines »modernen Äquivalents feudaler Privilegien« (Carens 1987, 252) dienen, bleibt Gegenstand intensiver Debatten.

Literatur

Abizadeh, Arash: »Democratic Theory and Border Coercion. No Right to Unilaterally Control Your Own Borders«. In: *Political Theory* 36. Jg., 1 (2008), 37–65.

Barry, Brian/Goodin, Robert E. (Hg.): *Free Movement. Ethical Issues in the Transnational Migration of People and of Money*. University Park, Penn. 1992.

Bielefeldt, Heiner: »Menschenrechte ›irregulärer‹ Migrantinnen und Migranten«. In: Jörg Alt/Michael Bommes (Hg.): *Illegalität. Grenzen und Möglichkeiten der Migrationspolitik*. Wiesbaden 2006, 81–93.

Bommes, Michael: »Illegale Migration in der modernen

Gesellschaft. Resultat und Problem der Migrationspolitik europäischer Nationalstaaten«. In: Jörg Alt/ Michael Bommes (Hg.): *Illegalität. Grenzen und Möglichkeiten der Migrationspolitik.* Wiesbaden 2006, 95–116.

Carens, Joseph H.: »Aliens and Citizens. The Case for Open Borders«. In: *The Review of Politics* 49. Jg., 2 (1987), 251–273.

–: »The Rights of Irregular Migrants«. In: *Ethics and International Affairs* 22. Jg., 2 (2008), 163–186.

–: *Immigrants and the Right to Stay.* Cambridge, Mass. 2010.

Cholewinski, Ryszard: *Study on Obstacles to Effective Access of Irregular Migrants to Minimum Social Rights.* Strasbourg 2005.

Classen, Georg/Kanalan, Ibrahim: »Verfassungsmäßigkeit des Asylbewerberleistungsgesetzes«. In: *Informationen zum Arbeitslosenrecht und Sozialhilferecht* 28. Jg., 6 (2011), 243–249.

Cyrus, Norbert: *Menschenhandel und Arbeitsausbeutung in Deutschland.* Genf 2006.

–: »Irreguläre Migration. Zum Stand der Diskussion menschenrechtlicher Ansätze in der Bundesrepublik Deutschland«. In: *Zeitschrift für Ausländerrecht und Ausländerpolitik* 30. Jg., 9 (2010), 317–321.

Düvell, Franck: *Europäische und internationale Migration. Einführung in historische, soziologische und politische Analysen.* Hamburg 2006.

Fischer-Lescano, Andreas/Löhr, Tillmann/Tohidipur, Timo: »Border Controls at Sea. Requirements under International Human Rights and Refugee Law«. In: *International Journal of Refugee Law* 21. Jg., 2 (2009), 256–296.

Follmar-Otto, Petra/Rabe, Heike: *Menschenhandel in Deutschland. Die Menschenrechte der Betroffenen stärken.* Berlin 2009.

Foster, Michelle: *International Refugee Law and Socio-Economic Rights. Refuge from Deprivation.* Cambridge 2007.

Gibney, Matthew J.: *The Ethics and Politics of Asylum. Liberal Democracy and the Response to Refugees.* Cambridge 2004.

Hailbronner, Kay: *Asyl- und Ausländerrecht* [2006]. Stuttgart ²2008.

Ladwig, Bernd: »Gibt es ein Recht auf Einwanderung?«. In: Karl Graf Ballestrem/Volker Gerhardt/Henning Ottmann/Martyn P. Thompson (Hg.): *Politisches Denken. Jahrbuch 2002.* Stuttgart/Weimar 2002, 18–40.

Miller, David: »Immigration. The Case for Limits«. In: Andrew Cohen/Christopher Wellman (Hg.): *Contemporary Debates in Applied Ethics.* Malden, Mass. 2005, 193–206.

Pevnick, Ryan: *Immigration and the Constraints of Justice. Between Open Borders and Absolute Sovereignty.* Cambridge 2011.

Rubio-Marín, Ruth: »National Limits to Democratic Citizenship«. In: *Ratio Juris* 11. Jg., 1 (1998), 51–66.

Shacknove, Andrew: »Who Is a Refugee?« In: *Ethics* 95. Jg., 2 (1985), 274–284.

Thym, Daniel: »Respect for Private and Family Life under Article 8 ECHR in Immigration Cases. A Human Right to Regularize Illegal Stay?« In: *The International and Comparative Law Quarterly* 57. Jg. (2008), 87–112.

Vogel, Dita/Kovacheva, Vesela/Prescott, Hannah: »The Size of the Irregular Migrant Population in the European Union. Counting the Uncountable?« In: *International Migration* 49. Jg., 5 (2011), 78–96.

Walzer, Michael: *Sphären der Gerechtigkeit. Ein Plädoyer für Pluralität und Gleichheit.* Frankfurt a. M./New York 1992 (engl. 1983).

Wellman, Christopher Heath: »Immigration and Freedom of Association«. In: *Ethics* 119. Jg., 1 (2008), 109–141.

–: »Immigration«. In: http://plato.stanford.edu/entries/immigration/ (2010).

Jan Brezger/Andreas Cassee

4.5 Armut

Problemaufriss

Tagtäglich sterben weltweit etwa 100.000 Menschen an den Folgen vermeidbarer Armut. Sie verhungern oder erliegen Krankheiten, die recht leicht zu verhindern oder aber zu heilen wären. Kaum jemand wird ernsthaft bestreiten, dass diese Tatsache massive moralische und weltpolitische Probleme aufwirft. Fraglich ist aber, ob und inwiefern Armut eine Frage der *Menschenrechte* ist. Und darüber hinaus: Verstößt Armut gegen die *Menschenwürde*?

Armut kann definiert werden als ein Mangel an fundamentalen Lebensmöglichkeiten; als gravierende Knappheit an Grundgütern, Fähigkeiten, Lebensaussichten oder Sozialbeziehungen. Demnach ist arm, wer nicht genug von dem hat, was man zum Leben braucht: Ressourcen, Bildung, Chancen, Anerkennung. Die sozialwissenschaftliche Armutsforschung unterscheidet gemeinhin zwischen einem ›absoluten‹, d. h. objektiven und physischen Mangel, und einem ›relativen‹, d. h. kontextabhängigen und sozialen Mangel. Wo aber genau die qualitativen und quantitativen Grenzen zwischen absoluter und relativer Armut liegen, ist umstritten (Huster u. a. 2008).

Aus menschenrechtlicher Sicht erscheint es sinnvoll, Armutsprobleme auf den Begriff des ›menschenwürdigen Lebens‹ zu beziehen (z. B. Schaber 2007). Denn dieser Vorschlag kann auf empirische Kalkulationen zunächst verzichten: Absolute Armut bezeichnet dann die Grenze, unterhalb derer menschenwürdiges *Leben* nicht mehr möglich ist. Relative Armut dagegen bezeichnet die Schwelle, unterhalb derer *menschenwürdiges* Leben unmöglich wird. Wer folglich absolut arm ist, hat so wenig, dass sie oder er nicht einmal das hat, was man – langfristig gesehen – zum ›Überleben‹ braucht. Wer dagegen relativ arm ist, hat nicht das, was man benötigt, um im jeweils konkreten kulturellen und sozialen Kontext –, d. h. verglichen mit seinen Mitmenschen vor Ort –, einen menschenwürdigen »Lebensstandard« zu genießen (Sen 2000).

Wenn man aus menschenrechtlicher Sicht Armut derart als objektive *und* kontextuell abhängige Bedrohung der Menschenwürde interpretiert, ergibt sich jedoch das Problem, dass Antworten auf die Frage, was es konkret heißt, ein Leben in Würde, d. h. oberhalb der doppelten Armutsgrenze, zu führen, nicht unabhängig von den ungleichen Lebensumständen vor Ort zu formulieren sind. Wie aber verträgt sich ein derart kontextsensibler Begriff des menschenwürdigen Lebens mit der Idee ›universeller‹ Menschenrechte, die doch für alle das *Gleiche* zu fordern scheinen? Fraglich ist in der derzeitigen Diskussion aber vor allem, wie die konkreten Pflichtrelationen bei der Bekämpfung globaler Armut zu bestimmen sind (s. Kap. IV.2.5).

Streitfragen und Positionen

Angesichts einer eklatanten Ungleichverteilung globalen Reichtums sieht man sich zunächst mit der politischen Frage nach der Verantwortung für die *Verursachung* des Armutsproblems konfrontiert. Denn die Armut in dieser Welt ist – historisch, wirtschaftlich und politisch – überwiegend ›menschengemacht‹: Für den Reichtum in der sogenannten Ersten Welt ist der Mensch ebenso verantwortlich, wie er schuld am massenhaften Sterben in der Dritten Welt ist (Ziegler 2007). Aus Sicht der Menschenrechte jedoch stellt sich die Armutsfrage sogleich etwas anders dar, und zwar primär als Frage nach der moralischen und gegebenenfalls eben auch völkerrechtlichen Verantwortung für deren *Beseitigung* (vgl. Kreide 2008). Denn aus Sicht der Menschenrechte gilt es, die weltweite Armut auch dann zu bekämpfen, wenn diejenigen, die sie verursacht haben mögen, ihrer sich daraus unmittelbar ergebenden Beseitigungsverantwortung selbst nicht nachkommen wollen (oder auch nur nicht nachkommen können). Lösungen dieses Problems der Armutsbeseitigung wiederum setzen Antworten auf folgende vier ›W‹-Fragen voraus: ›Wer‹ überhaupt ist angesichts von Armut ›wem‹ gegenüber und ›warum‹ zu ›was‹ verpflichtet? In der philosophischen Armutsdiskussion zeichnen sich diesbezüglich vier Grundpositionen ab (vgl. Bleisch/Schaber 2007).

1. Globalmoralische Ausdehnung: Angestoßen wurde die philosophische Armutsdebatte im Jahre

1972 durch eine sehr weitreichende und provokante These Peter Singers: Weil Armut etwas Schlechtes ist und jeder Mensch moralisch dazu verpflichtet ist, Schlechtes zu verhindern, solange er dabei selbst keinen gravierenden Schaden nimmt, sind alle wohlhabenden Menschen dieser Welt *unmittelbar* dazu verpflichtet, ihren persönlichen Reichtum umzuverteilen, d. h. ärmeren Menschen zu helfen (Singer 2007). Diese Hilfe ist laut Singer keine bloße ›Nettigkeit‹ oder ›Wohltätigkeit‹, sondern *strenge Hilfspflicht*. Nicht freiwilliges Spenden oder fakultative Entwicklungshilfe sind gefordert, sondern die kategorische Befolgung individueller Pflichten distributiver Gerechtigkeit: Wer kann, ohne dadurch selbst in Armut zu geraten, *muss* geben. Es kommt dabei allein auf diese individuelle Kapazität an und nicht etwa auf die Frage, ob andere Menschen ›näher dran‹ sind oder aber mehr geben könnten. Auch kann diese Verantwortung nicht auf Politiker oder Staaten abgewälzt werden. *Jedes* Mitglied der Menschengemeinschaft ist unmittelbar und über alle Grenzen hinweg zur weltweiten Armutsbekämpfung verpflichtet.

Somit beantwortet Singer die vier W-Fragen wie folgt: Alle Menschen dieser Welt haben gegenüber allen ärmeren Menschen dieser Welt, und zwar allein weil diese hilfsbedürftig und jene zur Hilfe fähig sind, die moralische Pflicht zu geben, solange sich die Gebenden dadurch nicht selbst ernsthaft in Gefahr bringen. Dieser äußerst radikale Vorschlag Singers ist massiv kritisiert worden (dazu die Beiträge in: Bleisch/Schaber 2007): Muss dieser Vorschlag nicht zu einer unzulässigen und auch unrealistischen Überforderung führen, wenn doch jeder Mensch die eigene Pflichterfüllung bis knapp an die Grenze der Selbstschädigung zu treiben hätte? Wäre es nicht ohnehin sinnvoller – bereits aufgrund von Organisations- und Effizienzerwägungen – von ›kollektiven‹, d. h. staatlich sowie überstaatlich zu organisierenden Verantwortlichkeiten auszugehen? Und vor allem: Kann die Frage nach der besonderen Verantwortung aufseiten der *Verursacher* von Armut so einfach ausgeklammert werden?

2. *Sozialstaatliche Begrenzung*: Es mag nicht zuletzt der unter ›Moralin‹-Verdacht stehende Rigorismus Singers gewesen sein, der eine zweite Fraktion in der Armutsdebatte dazu veranlasst hat, eine geradezu entgegengesetzte Position zu beziehen. So wird bestritten, dass es sich bei Phänomenen globaler Armut überhaupt um Probleme der *Gerechtigkeit* handelt. Geleugnet wird zwar nicht, dass Armut etwas Schlechtes ist, geleugnet wird lediglich, dass es sich um ein Problem handelt, das globalmoralische Umverteilungspflichten mit sich bringt. Wolfgang Kersting (1996) ist z. B. der Ansicht, dass von ›Pflichten‹ zur Umverteilung ausschließlich in fest umrissenen, d. h. in sozialstaatlichen Kooperationszusammenhängen die Rede sein kann. Gerechtigkeitsfragen sind demzufolge Fragen nach rechtlichen und solidarischen Ansprüchen auf einen ›fairen Anteil‹ an *gemeinsam* erwirtschafteten Gütern. In solchen Inderdependenzbeziehungen, so Kersting, stehen aber allenfalls die Bürgerinnen und Bürger eines *bestimmten* Staates – nicht schon ›alle‹ Menschen. Daher kann von so etwas wie einer *Kooperation im Weltmaßstab*, aus der sich entsprechend dann auch *globale* Fairness-Fragen ergeben würden, nicht die Rede sein; und so auch nicht von transnationalen Rechten oder Pflichten der Umverteilung.

So fällt die Beantwortung der W-Fragen bei Kersting wie folgt aus: Allein die wohlhabenden Mitglieder politischer Kooperationsgemeinschaften haben Pflichten fairer und solidarischer Umverteilung, und zwar ausschließlich gegenüber ihren hilfsbedürftigen Mitbürgerinnen und -mitbürgern, denn nur zu diesen stehen sie in wechselseitigen Abhängigkeitsverhältnissen. Aus dieser Auffassung ergäbe sich nun freilich die in menschenrechtlicher, aber auch in historischer, ökonomischer und politischer Hinsicht äußerst fragwürdige Konsequenz, dass die armen Länder dieser Welt letztlich selbst für ihre Armut verantwortlich wären; und zwar nicht bloß für deren Beseitigung, sondern auch schon für deren Verursachung. Denn wenn es tatsächlich keine globalen Abhängigkeiten gäbe, dann könnte die herrschende Weltarmut – per definitionem – auch nicht länger das Ergebnis zwischenstaatlicher Interdependenzen sein. Armut ließe sich dann stets nur als ein *soziales* Gerechtigkeitsdefizit fest umrissener politischer Gemeinwesen kritisieren, nicht aber mehr als ein *globales* oder menschenrechtliches Problem. Die beiden übrigen Positionen betrachten eben dies als problematisch, wollen aber doch zugleich den Rigorismus Singers vermeiden.

3. *Internationale Erweiterung:* Der dritte Ansatz thematisiert globale Armut als ein internationales, d. h. als ein dezidiert *zwischenstaatliches* Problem. Demzufolge ergeben sich weltweite Forderungen nach Umverteilung aus dem Umstand, dass nicht nur die Bürgerinnen und Bürger einzelner Staaten, sondern sehr wohl auch diese Staaten selbst vielfältige historische, wirtschaftliche und politische Interdependenzen aufweisen. Wie z. B. John Rawls behauptet hat, resultieren aus diesen wechselseitigen und oft prekären Staatsverflechtungen zuvorderst Notwendigkeiten, aber auch Pflichten internationaler Friedenssicherung. Eine dieser Pflichten, die sich bereits aus Klugheitsgründen ergibt, ist laut Rawls die »Unterstützungspflicht« reicher Nationen zur Besserung der Situation armer, in Not geratener Völker. Denn in aller Regel, so Rawls, sind arme Länder auch politisch instabil und daher ein internationales Sicherheitsrisiko (Rawls 2002, § 16).

Rawls gibt daher folgende Antworten auf die vier W-Fragen: Aufgrund von Stabilitätserwägungen haben wohlhabende Länder gegenüber ärmeren Ländern die Pflicht, so lange zur Verbesserung ihrer Lage beizutragen, bis internationaler Frieden gewährleistet ist. Das offenkundige Problem dieser internationalen Gerechtigkeitskonzeption ist freilich aus menschenrechtlicher Sicht, dass hier allein Völker und Regierungen, nicht aber notleidende *Individuen* als Nutznießer entsprechender Hilfspflichten oder gar als Träger entsprechender Rechte ins Visier kommen. Zahlreiche Bevölkerungen dieser Welt sind arm, obwohl oder besser *weil* deren diktatorische Regime vergleichsweise reich, nur eben korrupt sind. Daher kommen international transferierte Hilfsleistungen oft gar nicht erst bei den eigentlich Bedürftigen an. Diesen muss daher – und zwar bereits auf Theorieebene – anders geholfen werden.

4. *Kosmopolitische Entgrenzung:* Die vierte Fraktion erweitert den Geltungsraum der internationale Gerechtigkeitsauffassung um eine ›kosmopolitische‹ und damit dezidiert *über*staatliche Verpflichtungsdimension. Thomas Pogge (2011), der derzeit prominenteste Vertreter dieser Position, behauptet, erstens, es sei völlig unstrittig, dass die globale Armut vielerorts die historische und wirtschaftliche Folge einer egoistischen Politik reicherer Länder ist; woraus sich für Pogge sowohl strenge Pflichten der »Unterlassung« weiteren Unrechts als auch positive Pflichten der »Kompensation« bereits begangenen Unrechts ergeben. Zweitens müsse bedacht werden, dass bei der Armutsbekämpfung nicht etwa arme *Staaten*, sondern alle unter Armut leidenden *Menschen* anspruchsberechtigt sind. Und sollte deren jeweils eigener Staat bei der Armutsbekämpfung scheitern oder sich gar weigern, etwas zu tun, müsse subsidiär die Staatengemeinschaft einspringen.

Daraus ergibt sich mit Blick auf die vier W-Fragen: Alle Staaten dieser Welt und mithin die Staatengemeinschaft haben, und zwar nicht zuletzt aufgrund der jeweils eigenen Verstrickung in die globale Armutsproduktion, gegenüber allen armen Weltbürgerinnen und Weltbürgern die Pflicht, deren Armut zu beseitigen. Doch auch diese Position ist mit Problemen behaftet: Muss die Staatengemeinschaft nicht damit überfordert sein, die Armut der gesamten Welt zu bekämpfen? Und bedürfte es dazu nicht der Einrichtung einer geradezu übermächtigen Verteilungsinstitution, die all die individuellen Ansprüche Notleidender auch bei fehlender Zahlungsbereitschaft einzelner Mitglieder der Staatengemeinschaft durchzusetzen vermöchte? Ja, und würde aus diesen individuellen Anspruchsrechten nicht sogar eine entsprechende und offenkundig höchst problematische Pflicht der Staatengemeinschaft resultieren, diese Rechtsansprüche – notfalls mit Gewalt – auch gegen den Willen korrupter Militärregime durchzusetzen?

5. *Kritik aus Sicht der Menschenrechte:* Alle vier präsentierten Positionen sind kritikwürdig, doch macht dies nicht schon eine Überprüfung überflüssig, welcher dieser Ansätze aus Sicht der Menschenrechte – und der sogenannten WSK-Rechte im Besonderen (Wirtschaftliche/Soziale/Kulturelle Rechte, s. Kap. III.5–7) – die plausibelste ist. Dabei schießt die erste, Singers globalmoralische

Gerechtigkeitsposition, deutlich über das Ziel hinaus: Zum einen werden hier alle einzelnen Privatmenschen zum direkten Adressaten menschenrechtlicher Verpflichtungen erklärt, während die Menschenrechte doch – per definitionem – Ansprüche an die *öffentliche* Ordnung markieren (Menke/Pollmann 2007, Kap. 1). Zum anderen fordern die WSK-Rechte keineswegs die Umverteilung des gesamten Reichtums dieser Welt, sondern lediglich die Korrektur »unverschuldeter Notlagen« und die Herstellung »minimaler« Bedingungen menschenwürdigen Lebens (Gosepath 2004). Gleichwohl wäre es falsch, daraus den Schluss der zweiten Position zu ziehen, Fragen der Gerechtigkeit seien strikt auf sozialstaatliche Kooperationszusammenhänge zu beschränken. Denn diese Position kommt ganz *ohne* Bezug auf soziale Menschenrechte aus, ja, sie muss derartige menschenrechtliche Ansprüche geradezu verneinen. Auch Konzeptionen internationaler Gerechtigkeit, wie die von Rawls, übersehen ›subjektive‹ Anspruchsrechte auf Armutsbekämpfung, da hier allein arme Staaten und nicht etwa deren Bürgerinnen und Bürger als völkerrechtlich relevante Umverteilungsadressaten fungieren. Daher erscheint aus Sicht der Menschenrechte nur die vierte, die kosmopolitische Alternative aussichtsreich: Wer in Fragen globaler Gerechtigkeit ein ›Kosmopolit‹ ist, vertritt die Überzeugung, dass die WSK-Rechte legitime Ansprüche eines jeden auf dieser Welt lebenden Menschen auf elementare Fürsorgeleistungen seitens des Staates und mithin der Staatengemeinschaft propagieren (vgl. die Beiträge in: Pogge 2007).

Desiderate und Prognosen

Die ganz zu Beginn skizzierte menschenrechtliche Grundthese in Bezug auf das Armutsproblem lässt sich nun präzisieren: Menschenrechtliche Ansprüche auf eine aktive Bekämpfung von Armut sind gerechtfertigt, wenn gezeigt werden kann, dass Staaten – entweder ursächlich oder aber durch unterlassene Hilfeleistung – verantwortlich dafür sind, dass für jene, die unfreiwillig in Not geraten sind, ein Leben in Würde unmöglich wird. Drei Aspekte dieser These dürften derzeit besonders umstritten sein.

Gleichrangige WSK-Rechte? Nach gängiger Auffassung sind ›individuelle Freiheitsrechte‹, ›politische Teilnahmerechte‹ und ›soziale Teilhaberechte‹ zu unterscheiden (s. Kap. II.3.2). Individuelle Freiheitsrechte, so heißt es, generieren ›negative Unterlassungspflichten‹, während der dritten Klasse, den WSK-Rechten, ›positive Hilfspflichten‹ korrespondieren. Diese weisen insofern über das ›Soll‹ negativer, passiver Abwehrleistungen hinaus, als sie all jene Menschen, die unfreiwillig unterprivilegiert sind, *aktiv* in den Stand versetzen sollen, ein menschenwürdiges Leben zu führen. An diesen Pflichten wird häufig kritisiert, sie führten zu einem überhöhten Anspruchsdenken; sie seien ›unvollkommen‹ oder gar ›supererogatorisch‹, jedenfalls *schwächer* begründet und gegenüber negativen Pflichten zweitrangig (dazu die Diskussion in: Bleisch/Schaber 2007).

Doch diese Auffassung, der zufolge einzelnen Menschenrechten *entweder* negative *oder* aber positive Verpflichtungen zuzuordnen sind, ist falsch. Nach Henry Shue weist schlicht *jedes* elementare Recht eine insgesamt dreifache Pflichtendimension auf: »to avoid, protect, and aid« (Shue 1996, 51 ff.). Ein Beispiel: Das klassisch liberale Abwehrrecht auf Meinungsfreiheit generiert keineswegs bloß negative Unterlassungspflichten. Selbstredend muss der Staat die Unterdrückung von Meinungen unterlassen, aber er muss seine Bürgerinnen und Bürger auch davor schützen, dass sie von Dritten unterdrückt werden. Darüber hinaus muss der Staat sogar aktiv zum Aufbau einer meinungsbildenden Öffentlichkeit beitragen; z. B. durch die Bereitstellung öffentlich-rechtlichen Rundfunks. Beispiele wie diese machen deutlich: Sollten sich positive Hilfspflichten *nicht* gleichrangig begründen lassen, so wird sich keines der Menschenrechte hinreichend begründen lassen.

Welche Würde wird verletzt? Wenn man Menschenrechte der Armutsbekämpfung, so wie hier geschehen, auf das ›menschenwürdige Leben‹ bezieht, dann wird ein Begriff der Würde benötigt, der sich menschenrechtlich operationalisieren, d. h. anwenden lässt. Derzeit aber kursiert eine Vielzahl von äußerst divergenten Interpretationen der Würdeidee (Pollmann 2005). Zumeist versteht man darunter eine natürliche oder göttliche ›Mitgift‹, einen ›inhärenten Wert‹, den der

Mensch ›immer schon‹ in sich trägt und nicht verlieren kann. Dann aber wird unverständlich, warum Armut überhaupt eine Bedrohung der Menschenwürde sein soll. Wenn man doch die eigene Würde ohnehin nicht verlieren kann, dann kann sie von Armut auch nicht bedroht sein. Daher erweist es sich aus menschenrechtlicher Sicht als weitaus plausibler, den Würdebegriff – und damit auch das Armutsproblem – auf das menschliche Bedürfnis nach einem Leben in ›Selbstachtung‹ zu beziehen: Da jeder Mensch ein Interesse an sozialen Verhältnissen hat, in denen er seine Selbstachtung deshalb bewahren kann, weil er sich von seinen Mitmenschen als ein gleichwertiger Mensch geachtet weiß, müssen die Menschenrechte derartige Verhältnisse allererst schaffen und schützen (Pollmann 2005; Schaber 2007).

Damit liegt allerdings sogleich auch ein grundsätzlicher Einwand gegen eine zu *enge* Bindung der Armut an den Würdebegriff nahe: Bisweilen wird nämlich die Ansicht vertreten, dass es ›nicht viel braucht‹, um ein Leben in Würde zu führen. Das Beispiel von ›Eremiten‹, ›Bettelmönchen‹ oder ›Fastenkünstlern‹ beweise, dass es sehr wohl möglich sei, in Würde arm zu sein und seine Selbstachtung zu bewahren. Armut führe also keineswegs notwendig zum Würdeverlust. Um diesen Einwand differenziert bewerten zu können, bedarf es der zu Anfang getroffenen Unterscheidung zwischen ›absoluter‹ und ›relativer‹ Armut: Richtig ist, dass man in *relativer* Armut leben kann, ohne seine Würde einbüßen zu *müssen*; auch wenn ein sozial unangemessener Lebensstandard stets eine Bedrohung für die eigene Selbstachtung darstellen mag. Falsch ist jedoch, dass man auch in *absoluten* Sinn arm sein kann, ohne seine Würde zu verlieren. Denn wenn das Leben selbst bedroht ist, wird ein Leben in Selbstachtung bereits in elementar-vitaler Hinsicht unmöglich.

Völkerrechtliche ›responsibility to protect‹? Von einer die Menschenrechte verletzenden Armut kann – entgegen dem ersten Eindruck – nicht allein dort gesprochen werden, wo diese Armut *ursächlich* von Staaten verschuldet ist. Armut, die z. B. durch eine Naturkatastrophe ausgelöst worden ist, mag zwar nicht per se eine Menschenrechtsverletzung sein. Aber sie kann zu einer Menschenrechtsverletzung *werden*, wenn z. B. korrupte Militärregierungen sich weigern, etwas gegen diese plötzlich verursachte Armut im eigenen Land zu unternehmen, obwohl sie die Mittel dazu hätten. Eine Menschenrechtsverletzung liegt mit Blick auf Armut immer dann vor, wenn ein Staat – oder subsidiär die Staatengemeinschaft – zwar helfen könnte, es aber nicht ausreichend tut.

Auf dem UN-Gipfel 2005 und im Jahre 2009 dann auch im Rahmen einer eigenen UN-Resolution (A/RES/63/308) ist es zur Anerkennung einer völkerrechtlichen *responsibility to protect* gekommen. Diese strittige, weil einzelstaatliche Souveränitätsansprüche massiv einschränkende Idee besagt: Kommt es in einem Land zu massiven Menschenrechtsverletzungen, dann ist die Völkergemeinschaft in der menschenrechtlichen Pflicht einzugreifen; und zwar notfalls mit Gewalt (vgl. auch ICISS 2001). Umstritten ist derzeit aber, ob diese völkerrechtliche Verantwortung auch in Armutsfragen gilt. Man kann jedenfalls der Auffassung sein, dass es aus Sicht der Menschenrechte keinen Unterschied macht, ob Tausende Menschen deshalb sterben, weil sie Opfer eines ethnischen Konflikts sind, den ihre Regierung nicht hat verhindern wollen, oder ob diese Menschen an vermeidbarer Armut zugrunde gehen. Die völkerrechtliche *responsibility to protect* wäre demnach auch dann gut begründet, wenn die massenhafte Missachtung von Leben und Würde die Folge staatlich mitverschuldeter Armut ist.

Doch auch hier ist eine wichtige Einschränkung angezeigt: Ein massives Eingreifen seitens der Staatengemeinschaft wäre sicherlich nicht schon dann verhältnismäßig, wenn es sich bloß um *relative* Armut handelt. Nur weil z. B. in manchen deutschen Haushalten ein Fernseher fehlt, der hierzulande zur sozialen Grundsicherung zählt, werden sich daraus nicht schon Forderungen nach einer humanitären Intervention ableiten lassen. Ein solches Eingreifen mag aber sehr wohl angebracht sein, wenn die Bedingungen staatlich mitverursachter *absoluter*, d. h. letztlich tödlicher, Armut vorliegen. Zur Erinnerung: Jeden Tag sterben etwa 100.000 Menschen an den Folgen einer Armut, die vermeidbar wäre.

Literatur

Bleisch, Barbara/Schaber, Peter (Hg.): *Weltarmut und Ethik.* Paderborn 2007.
Gosepath, Stefan: »Menschenrechte als Grundsicherung«. In: Claudia Mahler/Norman Weiß (Hg.): *Menschenrechtsschutz im Spiegel von Wissenschaft und Praxis.* Berlin 2004, 90–109.
Huster, Ernst-Ulrich/Boeckh, Jürgen/Mogge-Grothjahn, Hildegard (Hg.): *Handbuch Armut und soziale Ausgrenzung.* Wiesbaden 2008.
ICISS (International Commission on Intervention and State Sovereignty): *Responsibility to Protect.* Ottawa 2001.
Kersting, Wolfgang: »Globale Rechtsordnung oder weltweite Verteilungsgerechtigkeit?« In: Volker Gerhardt u. a. (Hg.): *Politisches Denken. Jahrbuch 1995/1996.* Stuttgart/Weimar 1996, 197–246.
Kreide, Regina: *Globale Politik und Menschenrechte.* Frankfurt a. M./New York 2008.
Menke, Christoph/Pollmann, Arnd: *Philosophie der Menschenrechte zur Einführung.* Hamburg 2007.
Pogge, Thomas: *Weltarmut und Menschenrechte.* Berlin 2011 (engl. 2002).
– (Hg.): *Freedom from Poverty as a Human Right.* New York 2007.
Pollmann, Arnd: »Würde nach Maß«. In: *Deutsche Zeitschrift für Philosophie* 53. Jg., 4 (2005), 611–619.
Rawls, John: *Das Recht der Völker.* Berlin 2002.
Schaber, Peter: »Globale Hilfspflichten«. In: Bleisch/Schaber 2007, 139–151.
Sen, Amartya: *Der Lebensstandard.* Hamburg 2000.
Shue, Henry: *Basic Rights* [1980]. Princeton ²1996.
Singer, Peter: »Hunger, Wohlstand und Moral«. In: Bleisch/Schaber 2007, 37–51 (engl. 1972).
Ziegler, Jean: *Das Imperium der Schande* [2005]. München 2007.

Arnd Pollmann

4.6 Umweltzerstörung

Problemaufriss

Durch kapitalistisches Wirtschaftswachstum werden Umwelt und Natur zunehmend belastet. Kein Mensch kann jedoch ohne eine für ihn angemessene (natürliche) Umwelt leben, und so erscheint die menschenrechtliche Forderung nach einer sauberen oder angemessenen Umwelt nur zu plausibel und dringend. Auf der anderen Seite geraten Menschenrechtsschutz und Natur- und Umweltschutz auch in Konflikt miteinander. Strittig sind z. B. Fragen, ob es über den Schutz einer angemessenen Umwelt durch das schon bestehende Menschenrechtsregime hinaus auch noch eines eigenen, individuellen Menschenrechts auf Schutz der Umwelt bedarf und ob die komplexen Fragen der Umweltethik (Bestimmung einer angemessenen Umwelt, möglicher Eigenwert der Natur, intra- und intergenerationelle Gerechtigkeit, Nachhaltigkeit) sich im Rahmen eines akzeptablen und funktionierenden Menschenrechtsregimes berücksichtigen lassen (zum Folgenden vgl. Lohmann 2008).

Streitfragen und Positionen

1. Schutz der Menschenrechte und Schutz der Umwelt: Die Menschenrechte schützen den Menschen und nicht die Natur oder die natürliche Umwelt. Wenn man von einem Eigenwert der Natur ausgeht, kann es – zwar nicht notwendigerweise, aber doch möglicherweise – zu Konflikten kommen: Man kann den Menschen, d. h. die Menschheit, als Teil einer umfassenden Natur ansehen und von daher alle Bewertung des Menschlichen von einer Bewertung des Natürlichen abhängig machen. Diese ›naturalistische‹ und holistische Position schützt den Menschen nur insoweit, als er als ›natürlich‹ erscheint. Aus der Perspektive der Menschenrechte aber sind Natur und eine natürliche Umwelt nur insoweit von Belang und Wert, als sie für den Menschen gut sind. Von den Menschenrechten aus gesehen hat die Natur keinen Eigenwert, sondern nur einen abgeleiteten Wert.

Diese unterschiedlichen Wertprämissen führen auch zu Unterschieden in den rechtlichen Schutzbereichen und Schutzabsichten, die man sich an möglichen Konkurrenzverhältnissen deutlich machen kann. Zum Beispiel kann der Schutz eines Sumpfgebietes als erhaltenswertes Naturreservat in Konkurrenz geraten mit menschenrechtlich begründeten Ansprüchen einer in ihm lebenden Bevölkerung auf Leben und Subsistenz, für deren Verwirklichung die Urbarmachung und Verwandlung des Sumpfes in fruchtbares Ackerland möglich und gegebenenfalls nötig wäre.

Diese Konkurrenz zwischen Naturschutz und Menschenrechtsschutz könnte man in zeitlicher Perspektive ›entschärfen‹, in dem man z. B. sagt: *Langfristig* ist es für das Überleben der Menschen besser, wenn eine Sumpflandschaft erhalten wird, da langfristig gesehen hier Potentiale liegen, die für alle Betroffenen (oder die menschliche Gattung überhaupt) von Vorteil sind. Mit dieser Argumentation ›verschiebt‹ man aber implizit die Trägerschaft der Menschenrechte: Nicht mehr jeder Einzelne, sondern eine Gemeinschaft oder die Gattung sollen in ihrem Überleben geschützt werden. Die Zeiträume des Lebens eines Einzelnen und einer Gemeinschaft sind aber typischerweise sehr unterschiedlich, und die individuellen Menschenrechte verlangen ja gerade nicht, dass der Einzelne mit seinen Interessen zurücktritt oder sich gar opfert, damit seine Gemeinschaft oder die Gattung überlebt.

Freilich gibt es in einer wichtigen Hinsicht auch einen direkten Zusammenhang zwischen Umwelt- bzw. Naturschutz auf der einen Seite und dem Menschenrechtsschutz auf der anderen. Immer dann, wenn die Menschenrechte eines Einzelnen, z. B. auf Gesundheit oder Leben, durch Umweltbelastungen etc. gefährdet sind, ergibt sich aus der Sicht der Menschenrechte auch eine staatliche Verpflichtung zum Schutz *seiner* Umwelt. Menschliches Leben geschieht im notwendigen Austausch mit der Natur und bildet bzw. formt so die jeweilige Umwelt, in der der einzelne Mensch in Gemeinschaft mit anderen lebt. Anthropologisch gesehen zeichnet es den Menschen aus, dass er in ganz unterschiedlichen natürlichen Umwelten existieren kann und es insofern keine für ihn als Gattungswesen spezifische oder typische Umwelt gibt. Menschen leben im Eis der Antarktis ebenso wie in den Wüstenlandschaften der Sahara. Diese prinzipielle und durch Kulturleistungen errungene Variabilität des Umweltbezuges ›des‹ Menschen gilt aber nicht notwendig auch für den *einzelnen*, immer auch kulturbesonderen Menschen. Diese einzelnen Menschen können sich zwar an Umweltveränderungen anpassen, aber diese Anpassungsprozesse benötigen Zeit und Ressourcen. Wer über diese nicht hinreichend verfügt, für den kann eine grundlegende Umweltveränderung bisweilen lebensbedrohend sein. Erst *dieser* Aspekt der fragilen Umweltbezogenheit individuellen, menschlichen Lebens ist durch die Menschenrechte geschützt.

2. Ökologischer Menschenrechtsschutz im Rahmen des geltenden Völkerrechts: Die Mehrzahl der mit Umweltfragen befassten Menschenrechtsorganisationen und Umweltaktivisten (z. B. Greenpeace) spricht in entsprechenden Kampagnen wie selbstverständlich von *einem* Menschenrecht auf eine gesunde oder saubere Umwelt (dazu Sachs 2003). Das geltende Völkerrecht kennt aber – jedenfalls bis dato – *kein* individuelles und eigenes Menschenrecht auf saubere Umwelt, sondern es konstruiert aus teilweise recht unterschiedlichen Rechtsansätzen »umweltrelevante Menschenrechte« (dazu und für das Folgende: Peters 2008, 215). Mit Blick auf eine erste Gruppe dieser umweltrelevanten Menschenrechte werden die klassischen liberalen Abwehrrechte (auf Leben, körperliche Unversehrtheit, Schutz des Privat- und Familienlebens u. a.) unmittelbar auf ökologische Fragen angewendet. Menschliches Leben und menschliche Freiheit, so heißt es, seien ohne eine angemessene Umwelt nicht möglich. Deshalb sind alle Staaten verpflichtet, grundlegende Gefährdungen des Lebens, der körperlichen Unversehrtheit und der Freiheit, etwa durch Umweltvergiftungen (durch Mülldeponien, die Ansiedlung von gefährdenden Chemiefabriken, durch giftige Emissionen oder Lärmbelästigungen etc.) zu unterbinden und zunehmend auch präventiv gegen entsprechende Umweltschäden vorzugehen (zu einzelnen Rechtsfällen: Peters 2008, 216 ff.; Schmidt-Radefeldt 2000, 47 ff.). Insbesondere der Europäische Gerichtshof für Menschenrechte (EGMR) hat im Zuge der Anwendung der *Europäischen Menschenrechtskonvention* (EMRK) individuellen Klagen auf Schutz des Privat- und Familienlebens vor Lärmbelästigung oder nahen Umweltvergiftungen recht gegeben (Schmidt-Radefeldt 2000, 66 ff.).

Zur zweiten Gruppe umweltrelevanter Menschenrechte gehören die sozialen Teilhaberechte, wie sie im *Internationalen Pakt über wirtschaftliche, soziale und kulturelle Rechte* (ICESCR) von 1966 grundlegend formuliert und verbindlich kodifiziert worden sind. Besonders das Recht auf Gesundheit, das Recht auf angemessene Arbeitsbedingungen und auch das Recht auf Nahrung sind in ihren ökologischen Aspekten immer stärker ins politische Bewusstsein gedrungen und in der Rechtsprechung zunehmend beachtet worden (Beyerlin 2000; Peters 2008). Weil Umweltschädigungen jene Rechte auf Gesundheit, angemessene Arbeitsbedingungen, Ernährung etc. gefährden, sind die Vertragsstaaten verpflichtet, für eine »gesunde Umwelt« zu sorgen (*General Comment*, Nr. 14). Das hat seit 2002 nicht zuletzt auch zu der expliziten Forderung nach einem Menschenrecht auf Wasser geführt (*General Comment*, Nr. 15), welches durch die UN-Resolution vom 28. Juli 2010 nunmehr auch völkerrechtlich als Menschenrecht anerkannt ist (s. Kap. III.1.5). Freilich besteht noch eine erhebliche Begründungslücke zwischen den *moralischen* Rechtfertigungen eines Rechts auf gesunde Umwelt und dessen inhaltlichen Spezifikationen (vgl. Bleisch 2006) einerseits und den national oder regional einklagbaren rechtlichen Institutionalisierungen andererseits.

Die dritte Gruppe umweltrelevanter Menschenrechte bilden die in einigen *regionalen* Menschenrechtskonventionen (z. B. in Afrika und Lateinamerika) ausdrücklich genannten Rechte auf eine adäquate Umwelt. In Art. 24 der *Banjul-Charta der Menschenrechte und der Rechte der Völker* von 1981 heißt es z. B.: »Alle Völker haben das Recht auf eine Umwelt, die insgesamt zufriedenstellend und ihrer Entwicklung günstig ist.« Der faktische Rechtsschutz ist freilich gering, und die kollektive Trägerschaft dieser Menschenrechte der ›dritten Dimension‹ oder auch ›dritten Generation‹ ist problematisch (Riedel 1989; s. auch Kap. III.8). Zusammen mit der vierten Gruppe umweltrelevanter Menschenrechte, und zwar den sogenannten Minderheitenrechten und Rechten indigener Völker, basieren diese auf Kollektive zugeschnittenen Umweltschutzansätze zumeist auf Annahmen eines in den jeweiligen kollektiven Lebenskulturen und -weisen bereits verankerten schonenden Umgangs mit der Natur. Die beschleunigte Industrialisierung der Entwicklungsländer, aber auch die Ausbeutung natürlicher Bodenschätze durch global agierende Unternehmen macht dabei zunehmend die Konflikte zwischen traditionellen, umweltschonenden Beziehungen der Menschen zur Natur und den Entwicklungsinteressen und ökonomischen Bedürfnissen moderner Gesellschaften deutlich (Peters 2008, 219 ff.).

Von zunehmender Bedeutung für den menschenrechtlichen Umweltschutz ist schließlich auch die fünfte Gruppe, und zwar die sogenannten Verfahrensrechte. Hier geht es um prozedurale Rechte von Einzelnen, aber auch von Nichtregierungsorganisationen (NGOs) auf »Zugang zu Informationen, Öffentlichkeitsbeteiligungen an Entscheidungsverfahren und Zugang zu Gerichten in Umweltangelegenheiten« (Peters 2008, 223 f.). Zwar sind diese Rechte in den europäischen Rechtsstaaten bereits gut etabliert, doch nimmt ihre Wirkung mit den nicht nur lokal, sondern auch weltweit agierenden Umweltaktivisten sowie mit dem wachsenden Bewusstsein für globale Umweltgefährdungen noch zu. Die Notwendigkeit, aus Natur- und Umweltkatastrophen zu lernen, bedeutet dann insbesondere, die politischen Beteiligungsrechte von Anwohnern und unmittelbar Betroffenen zu stärken (für den europäischen Kontext: Schmidt-Radefeldt 2000, 146 ff.).

Allen diesen menschenrechtsbezogenen Umweltschutzansätzen ist gemein, dass sie bislang eher indirekt wirken, dass ihre rechtliche Durchsetzung und Einklagbarkeit oft nur in Ansätzen institutionalisiert sind und die politische Bereitschaft der Staaten, hier eindeutige und rechtlich verbindliche Regelungen zu treffen, noch immer schwach ist. Deshalb sind zusätzliche Argumentationen und Begründungen notwendig, wenn man die Beziehungen zwischen Menschenrechten und Umweltschutz verbessern will.

3. Generationengerechtigkeit und Nachhaltigkeit: Unabhängig von der genauen völkerrechtlichen Situation ist unstrittig, dass die Beachtung, der Schutz und die Gewährleistung von menschenrechtlichen Ansprüchen auf eine gesunde Umwelt immer auch *Gerechtigkeitsfragen* aufwerfen. Denn Umweltschädigungen und die Nutzung der natürlichen Ressourcen können mit teilweise gravierenden Ungerechtigkeiten verbunden sein, die man ebenfalls als Verletzungen eines wie auch immer gefassten Menschenrechts auf Umwelt verstehen kann. Menschenrechte, so heißt es, sind universell, egalitär, kategorisch und individuell. Und daraus folgt: Ein entsprechendes Umweltmenschenrecht müsste für *alle einzelnen* Menschen auf der Welt *in der gleichen Weise* und *ohne Vorbedingungen* gültig sein. Insbesondere der universelle und der egalitäre Anspruch implizieren Standards einer ökologischen Gerechtigkeit, da Lebensverhältnisse nur dann gerecht genannt werden können, wenn darin alle Menschen als Gleichberechtigte behandelt werden. Die gegenwärtig zunehmenden Benachteiligungen jedoch, die darin bestehen, dass den Ärmsten der Welt überlebensnotwendige Lebensmittel, Gesundheitsversorgung, Wohnraum, Bildungschancen oder auch politische Mitwirkungsmöglichkeiten vorenthalten werden und dass diese Ärmsten zugleich auch diejenigen sind, die derzeit am meisten von gravierenden Umweltschädigungen betroffen sind, sind durch nichts zu rechtfertigen und ungerecht (Sachs 2003).

Ökologische Gerechtigkeit ist zunächst ein *intra*generationelles Problem, da nur dort, wo eine Wechselseitigkeit (oder Gemeinschaftlichkeit) besteht bzw. möglich ist, Gerechtigkeitsfragen im engeren Sinne aufkommen (Birnbacher 2011). Da Umweltschädigungen aber häufig auch langfristige und globale Auswirkungen haben, man denke hier etwa an den paradigmatischen Fall der Klimaschädigungen, und die Verursacher von den Geschädigten oftmals nicht nur räumlich weit entfernt, sondern auch zeitlich über Generationen hinweg voneinander getrennt sind, stellt sich die Frage, ob ökologische Gerechtigkeit nicht nur intragenerationell, sondern auch *inter*generationell zu verstehen ist.

Man kann zunächst versuchen, die mit dem Anspruch auf intergenerationelle Gerechtigkeit verknüpfte Intention anhand der Idee der ›Nachhaltigkeit‹ zu rekonstruieren. So formulierte etwa die Weltkommission für Umwelt und Entwicklung (Brundtland-Kommission) im Jahre 1987:

»Nachhaltige Entwicklung ist eine Entwicklung, welche die Bedürfnisse der gegenwärtigen Generationen erfüllt, ohne künftige Generationen der Fähigkeit zu berauben, ihre Bedürfnisse zu befriedigen« (zit. nach Kloepfer 2006, 44). Die Idee der nachhaltigen Entwicklung (*sustainable development*), wie sie seit der UN-Konferenz über Umwelt und Entwicklung in Rio de Janeiro (1992) die internationale Völkergemeinschaft bei der Formulierung von ökologischen Zielen bestimmt, ist aber durch das oben genannte moralische Begründungsprinzip einer ›Wechselseitigkeit‹ von Rechten und Pflichten nur im Falle von gleichzeitig lebenden Generationen gedeckt. Wie aber können moralische oder gar menschenrechtliche Verpflichtungen gegenüber *späteren* Generationen begründet werden, mit denen keine solche Wechselseitigkeit besteht?

Diese philosophische Diskussion ist als weitgehend offen zu betrachten (Birnbacher 1988 u. 2011; Kloepfer 2006; Schlothfeldt 2006; Leist 2007; Ott 2010). Dabei kann die Beachtung von dezidiert menschenrechtsfundierten Gerechtigkeitsfragen zwar eine wichtige Korrektur und Entwicklungsbestimmung des Umweltvölkerrechts darstellen (Epiney 2007). Aber die geforderte Rücksichtnahme auf spätere Generationen kann dabei *nicht* als eine Verpflichtung verstanden werden, die sich aus direkt einklagbaren Menschenrechten ergeben. Sie schöpft ihre Motivation vielmehr aus einem politischen ›Wollen‹, das teilweise recht unterschiedliche, z. B. wirtschaftliche, soziale und eben auch ökologische, Interessen und Wertungen miteinander kombiniert und gegeneinander abwägt. Anders gesagt: Ein etwaiges *Menschenrecht* auf gesunde Umwelt endet an den Grenzen gleichzeitig lebender, ›naher‹ Generationen (Peters 2008, 228), mit denen die jeweils politisch verantwortlichen Generationen noch in direkte Wechselbeziehungen treten können. In Bezug auf spätere oder ›ferne‹ Generationen jedoch ergeben sich entsprechende Verantwortlichkeiten nur dann, wenn sich die potentiell Verantwortlichen gegenüber diesen Generationen als ethisch verantwortlich verstehen *wollen*.

Desiderate und Prognosen

Die derzeit lebende Menschheit verursacht langfristige, über Generationen hinweg wirkende und teilweise erst mit großer zeitlicher Verzögerung eintretende Umweltzerstörungen, die weniger die Verursacher selbst treffen als vielmehr unbeteiligte und in – zeitlich und räumlich – fernen Regionen lebende Menschen. Der normative Geltungsanspruch von Menschenrechten reicht jedoch, sinnvoll verstanden, nicht schon bis in fernste Zeiten. Gleichwohl kann eine an der Idee der Menschenrechte orientierte Umweltpolitik versuchen, schon jetzt präventive Vorkehrungen zu treffen, die einer ethisch gewollten Verantwortung auch gegenüber fernen Generationen nachkommen. Dazu kann auch gehören, den gegenwärtigen, umweltrelevanten Menschenrechtsschutz zu verbessern. Die wachsende Anzahl von Menschen, die in lebensbedrohender Armut leben, ist von den derzeitigen Globalisierungsprozessen und den mit diesen unabwendbar verknüpften Veränderungen ihrer jeweiligen Umwelt besonders betroffen (Santarius 2007). Aus der Perspektive dieser ›Opfer‹ der Globalisierung erscheint daher ein Schutz ihrer *jeweiligen* lebenserhaltenden Umwelten auch aus menschenrechtlicher Sicht besonders dringlich. Was genau aber eine jeweils ›lebenserhaltende‹ Umwelt ist, lässt sich stets nur individuell, d. h. mit Bezug auf den konkreten Lebenskontext der Betroffenen, ihre jeweiligen Lebensauffassungen und Willensentscheidungen feststellen. Damit sie in diesem schwierigen Transformationsprozess, in dem von den Betroffenen durchaus auch Anpassungsleistungen und Veränderungen ihrer persönlichen Lebensweise gefordert werden können, nicht übergangen oder ›ersetzt‹ werden, ist es moralisch gut begründet, zukünftig jedem einzelnen Menschen ein *individuelles* Menschenrecht auf angemessene Umwelt zuzusprechen.

In dieser Hinsicht haben alle Menschen, dem Ethos der Menschenrechte folgend, ein individuelles Recht auf Selbstbestimmung – und zwar selbst noch gegenüber der Gemeinschaft, mit der sie jeweils ihre Umwelt teilen. Da diese Kollektive häufig hierarchisch und diktatorisch strukturiert sind, haben die einzelnen Personen nur dann eine Chance, ihre individuellen Interessen durchzusetzen, wenn sie ein derart *gleiches* Individualrecht besitzen. Würde man hier als Träger des besagten Menschenrechts auf Schutz der Umwelt das *Kollektiv* (den Stamm, die Gemeinde, die Nation etc.) vorsehen, so wie das in der Diskussion um Menschenrechte der ›dritten Dimension‹ zumeist der Fall ist, dann hätten sich die einzelnen Subjekte – in dieser Hinsicht rechtlos – dem gemeinsamen Kollektiv unterzuordnen. Ein gleiches, individuelles Umweltmenschenrecht *für alle* jedoch würde zudem auf der völkerrechtlichen Ebene die notwendigen und unvermeidbaren Abwägungsentscheidungen von Umweltschutzansprüchen, wirtschaftlichen und sozialen Interessen von vornherein an dem universellen und egalitären Anspruch der Menschenrechte orientieren. Einseitige und partikulare Maßnahmen des Umweltschutzes, mit denen reiche Nationen *ihre* Umwelten pflegen und hegen, sind selbstverständlich aus der Perspektive nationaler Souveränität durchaus legitim. Doch solange internationale Verträge in Bezug auf den Umweltschutz lediglich auf der Basis nationaler Souveränität geschlossen werden, ist es kein Wunder, dass die beschlossenen Maßnahmen nur so weit reichen, wie sie jeweils nationale Zustimmung finden. Erst die normativ eindeutige Vorgabe eines gleichen und individuellen Menschenrechts auf Schutz der Umwelt könnte hier einen Maßstab abgeben, an dem sich alle Staaten gleichermaßen orientieren müssten, weil er im unparteilichen Interesse aller Menschen gerechtfertigt werden kann. Ferner kann man annehmen, dass insbesondere die positiven Gewährleistungspflichten, die sich aus diesem Menschenrecht ergeben und die als solche sicherlich am meisten umstritten sind, andere und konkretere Inhalte haben werden als jene Gewährleistungspflichten, die beim derzeitigen Stand aus einzelnen umweltrelevanten ›Hintergrund‹-Rechten abgeleitet werden können (s. o.). Darüber hinaus ist anzunehmen, dass auch der zivilgesellschaftliche Kampf um einen menschenrechtsbasierten Umweltschutz, wie er heute von vielen NGOs geführt wird, mit der Etablierung eines entsprechenden individuellen Menschenrechts eine klarere, weniger partikulare und damit politisch zustimmungsfähigere Ausrichtung erhielte.

Literatur

Beyerlin, Ulrich: *Umweltvölkerrecht*. München 2000.
Birnbacher, Dieter: *Verantwortung für zukünftige Generationen*. Stuttgart 1988.
– (Hg.): *Klimawandel und intergenerationelle Gerechtigkeit* (Jahrbuch für Wissenschaft und Ethik, Bd. 16). Berlin/New York 2011.
Bleisch, Barbara: »The Human Right to Water – Normative Foundations and Ethical Implications«. In: *Ethics and Economy* 4. Jg. (2006), 1–23.
Epiney, Astrid: »›Gerechtigkeit‹ im Umweltvölkerrecht«. In: *Aus Politik und Zeitgeschichte* 24 (2007), 31–38.
Kloepfer, Michael: *Umweltgerechtigkeit*. Berlin 2006.
Leist, Anton: »Ökologische Gerechtigkeit als bessere Nachhaltigkeit«. In: *Aus Politik und Zeitgeschichte* 24 (2007), 3–10.
Lohmann, Georg: »Sollte es ein individuelles Menschenrecht auf eine angemessene Umwelt geben?« In: Peter G. Kirchschläger/Thomas Kirchschläger (Hg.): *Menschenrechte und Umwelt*. 5. Internationales Menschenrechtsforum Luzern (IHRF). Bern 2008, 103–107.
Ott, Konrad: *Umweltethik zur Einführung*. Hamburg 2010.
Peters, Anne: »Menschenrechte und Umweltschutz: Zur Synergie völkerrechtlicher Teilregime«. In: Peter G. Kirchschläger/Thomas Kirchschläger (Hg.): *Menschenrechte und Umwelt*. 5. Internationales Menschenrechtsforum Luzern (IHRF). Bern 2008, 215–229.
Riedel, Eibe: »Menschenrechte der dritten Dimension«. In: *Europäische Grundrechte Zeitschrift* (1989), 9–21.
Sachs, Wolfgang: *Ökologie und Menschenrechte*. Wuppertal 2003.
Santarius, Tilman: »Klimawandel und globale Gerechtigkeit«. In: *Aus Politik und Zeitgeschichte* 24 (2007), 18–24.
Schlothfeldt, Stephan: »Wer trägt die Verantwortung für zukünftige Generationen?« In: Carmen Kaminsky/Oliver Hallich (Hg.): *Verantwortung für die Zukunft. Zum 60. Geburtstag von Dieter Birnbacher*. Münster 2006, 37–48.
Schmidt-Radefeldt, Roman: *Ökologische Menschenrechte*. Baden-Baden 2000.

Georg Lohmann

4.7 Menschenrechtsbildung

Problemaufriss

Der Schutz der Menschenrechte ist auch davon abhängig, dass diejenigen, die durch sie geschützt werden, ihre Rechte kennen und diejenigen, die sie schützen müssen, diese Menschenrechte ebenfalls kennen und achten. Menschenrechte müssen in diesen Hinsichten gelernt werden. Weder natürliche Talente noch alltägliche Orientierungen reichen aus, um sich im immer komplizierter werdenden Menschenrechtsregime zurechtzufinden, um die entsprechenden Verantwortlichkeiten wahrzunehmen bzw. für seine Rechte zu kämpfen. Ohne professionelle Bildungsmaßnahmen auf diesen Gebieten bleiben die Menschen ignorant, inkompetent und verantwortungslos und werden in der Folge nicht selten indifferent oder intolerant. Menschenrechtsbildung (im Folgenden: MRB) ist für die Umsetzung wie für die Entwicklung der Menschenrechte unverzichtbar. So verkündete bereits die Generalversammlung der UN die *Allgemeine Erklärung der Menschenrechte*, »damit jeder einzelne und alle Organe der Gesellschaft sich diese Erklärung stets gegenwärtig halten und sich bemühen, durch Unterricht und Erziehung die Achtung vor diesen Rechten und Freiheiten zu fördern« (AEMR, Präambel). Und diese Forderung hat sich als generelle Einsicht in die Bedeutung einer MRB bei den Vereinten Nationen, bei UNESCO, Europarat und NGOs durchgesetzt. Von dieser sehr allgemeinen Forderung bis zum heutigen Stand der MRB war es ein beschwerlicher Weg mit ungleichzeitigen und ungleichgewichtigen Entwicklungsprozessen. Die Entwicklung der MRB vollzieht sich auf einer programmatisch-normativen und auf einer praktischen Ebene. Auf nationaler Ebene hatte die deutsche Kultusministerkonferenz bereits im Jahr 1980 differenzierte und kritische Empfehlungen zur MRB formuliert (die so auch für Gesamtdeutschland 2000 noch einmal bestätigt wurden). International gelangte die MRB in der Folge der UNESCO-Weltkonferenz 1993 in Montreal ins Bewusstsein einer breiten internationalen Öffentlichkeit. Folgende große Entwicklungslinien – auch einer Praxis der MRB – sind zu erkennen: Profilierung der Inhalte, Internationalisierung ihrer Förderung, Übernahme von Bildungsangeboten durch NGOs, Differenzierung gemäß Adressatengruppen, Professionalisierung der Bildner, Sensibilisierung für unterschiedliche politische und kulturelle Kontexte. MRB ist mittlerweile selbst zu einem anerkannten Menschenrecht geworden. Seine Umsetzung bleibt aber noch weit hinter seinen Normen zurück. MRB kann ihre Aufgaben nur wahrnehmen, wenn sie bildungspolitisch ermöglicht wird, bildungstheoretisch durchdacht ist und praktisch ihre Adressaten erreicht.

Streitfragen und Positionen

1. Inhalte und Lernziel: Wenn man auch nicht alle Menschen zu Experten oder Aktivisten der Menschenrechte machen kann, so müssen sie doch alle eine grundlegende Aufklärung über die Menschenrechte erhalten, damit sie sie für ihr individuelles und für ihr gesellschaftliches Leben nutzen können. Als differenzierendes Strukturprinzip ist anerkannt: MRB vermittelt Wissen, Werte und Handlungskompetenzen (Mahler/Mihr 2004). Das Wissen hat eine historische Dimension: Es wird gelernt, wie Menschenrechte als Reaktionen auf Unrechtserfahrungen entstanden sind, welche Menschenrechte entwickelt wurden und dass der Entwicklungsprozess der Menschenrechte noch gestaltungsoffen ist. Das Wissen hat eine systematische Dimension: Es wird gelernt, wie die Menschenrechte geschützt werden und dass Menschenrechte sowohl subjektive Rechte des Individuums sind als auch eine objektive Rechtsordnung konstituieren, die eingebettet ist in eine bestimmte soziale Ordnung. Menschen haben ein Recht auf eine solche Ordnung, die für die Achtung und den Schutz der Menschenrechte förderlich ist (Art. 28 AEMR). Das Wissen hat eine kritische Dimension: Es wird gelernt, die Verhältnisse, die für die Verwirklichung der Menschenrechte nicht förderlich sind oder sie verletzen, zu erkennen, zu kritisieren und nach Wegen der Veränderung zu suchen. MRB zielt weiterhin auf das Lernen der den Menschenrechten zugrundeliegenden Werte: Im Kern geht es um die individuelle Selbstbestimmung und um die Anerkennung der Gleichwürdigkeit und Gleichwertigkeit aller Menschen. Schließlich geht es um das Lernen von solchen Kompetenzen, die für das Eintreten für die Menschenrechte erforderlich sind, vor allem in der konfliktreichen Auseinandersetzung mit denjenigen, die sie einschränken, ablehnen oder verletzen. Die Lernziele der MRB lassen sich in drei Imperativen ausdrücken: Kenne und verteidige deine Rechte! Anerkenne und achte dieselben Rechte aller anderen! Unterstütze nach deinen Möglichkeiten Opfer von Menschenrechtsverletzungen! MRB ist eine Art Schule des kritischen Denkens und des auf die Umsetzung der Menschenrechte zielenden Handelns.

2. Unterschiedliche Adressaten: MRB richtet sich allgemein an alle Menschen und bezieht sich auf alle Menschenrechte. Da Menschen aber unter ganz unterschiedlichen Bedingungen leben und ihre Menschenrechte in unterschiedlicher Weise geschützt, aber auch bedroht oder verletzt werden, muss MRB sich darauf einstellen und adressatendifferenziert arbeiten (Sommer/Stellmacher 2009). So gilt es für diejenigen Gruppen, die international als ›verletzliche Gruppen‹ anerkannt worden sind (Kinder, Frauen, Flüchtlinge, Arbeitsmigranten, Menschen mit Behinderungen), spezielle Informationen über die verstärkten Schutzmöglichkeiten zu liefern. Sie werden über Protest-, Beschwerde- oder Klagemöglichkeiten aufgeklärt und sie werden informiert, an wen sie sich im Falle einer vermuteten Menschenrechtsverletzung wenden können. MRB zielt auf ein durchaus politisch verstandenes Empowerment der verletzlichen Gruppen. Sie richtet sich auch an die Menschen, die politisch noch um ihre Anerkennung als verletzliche Gruppe ringen, wie z. B. ›die Alten‹.

MRB adressiert sich aber auch an eine ganz andere Gruppe: die Vertreter staatlicher Gewalt, die in der Pflicht stehen, die Menschenrechte derer zu achten, zu schützen und umzusetzen, die sich auf dem jeweiligen Territorium eines Staates befinden. Aus der Verpflichtung dieser Adressaten lässt sich ein entsprechendes Lernziel für die MRB ableiten: Kenne und achte die Menschenrechte deiner ›Klientel‹ und erfülle die sich aus deiner Position und Profession ergebenden menschenrechtlichen Verpflichtungen! Schließlich verläuft der Prozess der MRB nicht nur von den menschenrechtlich schon Gebildeten zu den noch zu Bildenden. MRB ist auch lebenslange Bildung der Bildner, sie ist Weiterbildung und Kompetenzentwicklung all derer, die für die Umsetzung bestehender und an der Entwicklung neuer Menschenrechte arbeiten.

3. *Kinderrechte als ein Einstieg:* Kinder sind für die MRB von besonderer Bedeutung, nicht nur weil sie die verletzlichste Gruppe darstellen, sondern auch weil sie die ersten Träger von Menschenrechten und damit die ersten Adressaten von MRB sind. Wenn bereits Kinder ein Bewusstsein ihrer Menschenrechte entwickeln, können sie frühzeitig und nachhaltig ihre Menschenrechte wahrnehmen. Die *UN-Kinderrechtskonvention* CRC (s. Kap. III.9.4) wird zunehmend zu einem Bezugspunkt und Schlüsseltext für die MRB. Als Anknüpfungspunkt dient oft das Recht auf Bildung. Der Art. 29 der Konvention enthält geradezu eine Zusammenfassung des Rechts auf Bildung und auf MRB. Adressaten der MRB sind hierbei sowohl die Kinder als auch die Erwachsenen, die die Rechte der Kinder zu achten und zu schützen haben.

Das Bemühen, Schulen in ein »Haus der Kinderrechte« zu verwandeln (Amadeu Antonio Stiftung 2007) verfolgt ein weiteres Ziel: So leicht es ist, Menschen zu motivieren, sich für ihre eigenen Menschenrechte einzusetzen, so schwierig gestaltet es sich, wenn es um die Anerkennung der gleichen Menschenrechte der Anderen geht. Diese Anerkennung gleicher Würde und Rechte kann man nicht mit moralischen Appellen verordnen, sondern es bedarf frühzeitig einer anerkennenden Lernkultur, um Menschenrechte erfahrbar zu machen und dadurch die Bereitschaft zu stärken, die gleichen Rechte und die gleiche Würde aller Anderen zu akzeptieren. Eine menschenrechtsbasierte Schulkultur und Schulverfassung können diese Erfahrung ermöglichen. An eine dermaßen fundierte MRB richten sich in der Folge hohe Erwartungen: Es wird erwartet, dass sie eine präventive Wirkung entfaltet und unanfällig für jegliche Ideologie der Ungleichwertigkeit machen kann.

4. *Unrechtserfahrung und Lernprozesse:* Menschenrechte gelangen vorrangig als bedrohte oder verletzte Rechte ins Bewusstsein. Während es unter Bedingungen eingeschränkter, missachteter und verletzter Menschenrechte in der Regel ein hohes Interesse an der MRB gibt, gelten Menschenrechte im Zustand relativer Rechtssicherheit oft als nicht dringlich. Für diejenigen, die sich nicht (mehr) entrechtet, diskriminiert oder bedroht fühlen, sind die Menschenrechte nicht unmittelbar als Lösung eines Problems erfahrbar. Fehlt die Betroffenheit, gilt es mit besonderem Bildungsaufwand die Bedeutsamkeit herauszuarbeiten. Was bedeuten Menschenrechte konkret für das eigene Leben, und was passiert, wenn sie fehlen? Eine politisch-historisch ausgerichtete MRB ist deshalb hilfreich, da sie zeigen kann, was die Menschenrechte bisher zum Schutze der Menschen erreichen konnten, was Menschen widerfahren ist, als die Menschenrechte noch weitgehend machtlos waren, und wie zerbrechlich die jeweils erreichten Formen des Menschenrechtsschutzes bleiben. Es geht dabei auch um die Erinnerung an einen in unserer Gesellschaft teilweise vergessenen Zusammenhang von Unrechtserfahrung und Menschenrechtsschutz (Huhle 2010).

Eine besondere Herausforderung für die MRB liegt dann vor, wenn dem Opferstatus der Adressaten kein Opferbewusstsein entspricht, wenn das Unrecht nicht als Unrecht erfahren wird und deshalb die Menschenrechte auch nicht als Schutz vor dem Unrecht anerkannt werden. Angesichts von weiblicher Genitalverstümmlung (FGM) haben wir es beispielsweise mit einer solchen ›worst-case‹-Situation für die MRB zu tun. Einer Verletzung von Menschenrechten von Frauen (Mädchen) entspricht kein Bewusstsein von Unrecht, vielmehr wird die Verweigerung von FGM mitunter als Verletzung traditionsverwurzelter und kulturgebundener Normen gedeutet.

5. *Akteure und Anbieter:* Zu den Akteuren der MRB gehören auf der Makroebene zunächst einmal die internationalen Institutionen des *standard setting* wie UN, UNESCO, Europarat, dann die nationalen Bildungsbürokratien und die nationalen Menschenrechtsinstitute; auf Mikroebene sind es die Bildner des formalen Bildungsbereichs vom Kindergarten über die Schulen bis zu den Hochschulen. MRB unterscheidet sich nach den Fächern, in denen sie angeboten wird; bestimmte

schulische Fächer wie die politische Bildung, der Ethikunterricht und die Rechtskunde bieten jedoch besonders explizite Anknüpfungspunkte. Auf der Ebene der Zivilgesellschaft bieten vor allem spezialisierte NGOs wie Amnesty oder – noch ausgeprägter – Human Rights Education Associates MRB an. Aber auch Stiftungen zählen zunehmend zu den Anbietern. Insgesamt sind die vielfältigen Angebote zwar komplementär, aber wenig koordiniert, und nicht selten verfolgen sie unterschiedliche Lernziele. Bedingt durch ihr anwaltschaftliches Engagement für Opfergruppen und ihre Strategien der Herstellung von Öffentlichkeit ist die MRB von NGOs deutlich kritischer und politischer als die anderer Akteure. Als ›neue Akteure‹ der MRB werden schließlich zunehmend die (neuen) Medien erkannt, die im Rahmen der informellen Bildung (Overwien 2011) neue Lernchancen eröffnen.

6. *Menschenrechtskultur:* MRB zielt nicht nur auf individuelle Bewusstseinsentwicklung, sondern sie beabsichtigt darüber hinaus die Entwicklung einer gesellschaftlichen Menschenrechtskultur zu befördern. Prominent wurde das Konzept auf der Weltkonferenz der UNESCO 1993 eingeführt und gewinnt seitdem an Bedeutung. Der Begriff bezeichnet eine Dimension kollektiver Verankerung der Menschenrechte »in den Köpfen der Menschen« (Unesco) in Ergänzung zu ihren objektiven Strukturen und Institutionen. Die vorherrschende Verwendung des Begriffs der Menschenrechtskultur ist normativ. Der Begriff bezeichnet erstens ein gesellschaftliches Bewusstsein und eine gesellschaftliche Praxis, die die Institutionen zum Schutz und zur Förderung der Menschenrechte stützen, nutzen und gegebenenfalls kritisieren und verändern sollen. Zweitens ist eine Menschenrechtskultur als Kultur der Anerkennung zu verstehen, in der sich alle wechselseitig in Gleichwürdigkeit und Gleichberechtigung anerkennen. Eine solche Kultur soll durch MRB entwickelt oder zumindest gefördert werden. Der Begriff hat aber auch eine ertragreiche – und bislang vernachlässigte – analytische Dimension: Er ermöglicht die Analyse der real existierenden Menschenrechtskultur(en) und des menschenrechtlichen Alltagsbewusstseins. Gegenstand sind das konfliktreiche gesellschaftliche Ensemble von Akzeptanz, Indifferenz oder Ablehnung, die Koexistenz mit menschenrechtskritischen Traditionen und Kulturen sowie die Konfrontation mit Ideologien der Ungleichwertigkeit. In den Blick genommen werden auch die menschenrechtsorientierten Diskurse und Gegendiskurse, die mit ihren Interpretationen eine Deutungshoheit anstreben. Schließlich ermöglicht das Konzept die Analyse der Bedingungen des Wandels der Menschenrechtskultur, sei es in Zeiten von Krisen- oder von Emanzipationserfahrungen. Es ist diese real existierende Menschenrechtskultur, die zu den Ausgangsbedingungen von MRB gehört. MRB entwickelt sich immer schon im Kontext einer Menschenrechtskultur, und diese kann die MRB in unterschiedlicher Weise fördern oder blockieren.

Desiderate und Kontroversen

Die MRB ist durch unterschiedliche Kontroversen gekennzeichnet. Viele Kontroversen spiegeln nur aktuelle Streitfragen wider (Täter- vs. Opferschutz, Kopftuchdebatte, Armut als Menschenrechtsverletzung, Recht auf Kinderarbeit etc.). Menschenrechtsbildner können jedoch nicht die Probleme und Kontroversen lösen, die die Menschenrechte aufwerfen. Sie können nur kontrovers darstellen, was kontrovers ist. Allerdings bedarf es hierzu auch qualifizierter Bildner, und nicht selten erzeugt die hohe Kontroversität des Gegenstands bei den Bildnern (und Lernern) eher Distanz.

Eine andere Art von Kontroversen entspringt aus Positionierungen der MRB und ist vor allem eine Folge unterschiedlicher disziplinärer Hintergründe der Bildner (Flowers 2004). Die größte Differenz besteht zwischen Bildnern mit juristischem und mit pädagogischem Hintergrund. Während ›die Juristen‹ die Institutionen und die Rechtsfragen thematisieren und die Geltung der Menschenrechte strikt auf das vertikale Verhältnis Bürger – Staat begrenzen, orientieren sich ›die Pädagogen‹, die Bildner der Sozialen Arbeit und auch teilweise die der Sozialwissenschaft stärker an Fragen der Werte, die den Menschenrechten zugrunde liegen, und thematisieren auch das Verhältnis der Bürger untereinander aus menschenrechtlicher Sicht.

Kontroversen gibt es schließlich um die Definition und die Grenzen der MRB: Was gehört alles zur MRB? Kontrovers ist sowohl ein inflationäres Verständnis der MRB als auch ein halbiertes Verständnis der MRB. Beim ersten Ansatz wird der Begriff der MRB so ausgeweitet, dass weitgehend alle benachbarten Ansätze mit eingeschlossen werden und die MRB als eine Art Dach verstanden wird (Unesco 2011). Bestimmte Ansätze wie die Interkulturelle Bildung, die Toleranzerziehung, Globales Lernen oder ›Education for Mutual Understanding‹ können zwar berechtigt als Ausdifferenzierung eines bestimmten Themenbereichs der Menschenrechte angesehen werden, gleichwohl ist oftmals der menschenrechtsbasierte Ansatz nicht mehr zu erkennen. Die Inflationierung ist doppelt riskant: Die Bildner verkennen das Spezifische und die Bildungspolitiker übertreiben die Entwicklungsfortschritte der MRB – wenn alles MRB wird. Riskant ist auch das minimalistische Verständnis der ›impliziten‹ MRB: Auch dort, wo nur menschenrechtsorientierte Werte thematisiert werden, ohne den Zusammenhang zu den expliziten Rechtsnormen und Schutzmechanismen herzustellen, haben wir es schon implizit mit MRB zu tun (Müller 2009). Aus entwicklungspsychologischen Gründen kann das notwendig sein, da universelle Normen noch nicht thematisiert werden können; auch politisch kann es ratsam sein, so vorzugehen, wenn man sonst keinen Zugang zu den Adressaten erhält. Wenn aber die implizite MRB als hinreichend für die gesamte MRB angesehen wird, kommt es eben nur zu seiner halbierten MRB.

Eine besondere Kontroverse gab und gibt es zwischen ›Education for Democratic Citizenship (EDC)‹ und ›Human Rights Education (HRE)‹. Einerseits handelte es sich um die Konkurrenz zweier unterschiedlicher mächtiger Akteure – Europarat und UNESCO –, andererseits handelte es sich um die Spannung zweier konfligierender Konzepte: Während EDC zunächst einen nationalen Staatsbürgerfokus und eine gesellschaftlich stabilisierende Aufgabe hatte, hat HRE alle Menschen im Blick und ist eher auf einen Wandel menschenrechtsverhindernder Verhältnisse ausgerichtet. Unter dem neuen, politisch forcierten Verschmelzungslabel von ›EDC/HRE‹ zeichnet sich jedoch die Ausweitung des Staatsbürgerbegriffs hin zum *global citizen* ab. Der Einfluss von EDC auf HRE ist, dass die Rolle des demokratischen Staates für den Schutz der Menschenrechte stärker in den Blick kommt – und damit die Bedeutung der politisch engagierten Bürger, die auf die Menschenrechtspolitik ihrer Staaten Einfluss nehmen können.

Seit der UNESCO-Weltkonferenz in Montreal 1993 befindet sich die MRB im Aufwind. Folgende Indikatoren sind hierfür zu benennen: Die UN-Dekade der MRB (1995–2004), das anschließende Weltprogramm für MRB und die Entwicklung einer UN-Erklärung zur MRB, eine Flut von wissenschaftlichen Veröffentlichungen zum Thema, die Einrichtung von Master-Studiengängen, in denen Menschenrechte im Mittelpunkt stehen, vielfältige Weiterbildungsangebote für Lehrer/innen und andere Berufsgruppen, Kursangebote im Internet, didaktische Materialien wie die Handbücher KOMPASS und Compasito, die in mehreren Sprachen auch online zugänglich sind. Die MRB bemüht sich um eine theoretische Fundierung ihrer Praxis und bezieht sich schließlich zunehmend auf Ergebnisse einer interdisziplinären Menschenrechts- und Menschenrechtsbildungsforschung (Tibbitts/Kirchschläger 2010). In Ansätzen beginnt auch eine Wirkungsforschung im Bereich der MRB (Howe/Covell 2005), und die Ergebnisse stützen die Annahme: Menschenrechtsbildung zeigt Wirkung.

Literatur

Amadeu Antonio Stiftung: »»Unser Haus der Kinderrechte«. Menschenrechtsbildung an Schulen«. In: Dies. (Hg.): *Menschenrechtsbildung für demokratische Kultur*. Berlin 2007, 23–57.

Flowers, Nancy: »How to Define Human Rights Education«. In: Viola Georgi/Michael Seberich (Hg.): *International Perspectives in Human Rights Education*. Gütersloh 2004, 105–127

Fritzsche, K. Peter: *Menschenrechte*. Paderborn ²2009.

– /Tibbitts, Felisa (Hg.): »International Perspectives of Human Rights Education«. In: *Journal of Social Science Education* 2006 (online).

Howe, Brian R./Covell, Katherine: *Empowering Children. Children's Right Education as a Pathway to Citizenship*. Toronto 2005.

Huhle, Rainer (Hg): *Human Rights and History – A Challenge für Education*. Berlin 2010.

Lohrenscheit, Claudia: *Das Recht auf Menschenrechtsbildung. Grundlagen und Ansätze einer Pädagogik der Menschenrechte*. Frankfurt a. M. 2004.
Mahler, Claudia/Mihr, Anja (Hg.): *Menschenrechtsbildung. Bilanz und Perspektiven*. Wiesbaden 2004.
Müller, Lothar: »Human Rights Education in German Schools and Post-Secondary Institutions – Results of a Study«. In: *Research in Human Rights Education Papers* (Human Rights Education Associates), Nr. 2 (2009) (online).
Overwien, Bernd: »Politische Bildung und informelles Lernen«. In: *Journal für Politische Bildung* 1. Jg., 3 (2011), 10–18.
Sommer, Gert/Stellmacher, Jost: *Menschenrechte und Menschenrechtsbildung. Eine psychologische Bestandsaufnahme*. Wiesbaden 2009.
Tibbitts, Felisa/Kirchschläger, Peter: »Perspectives of Research on Human Rights Edcuation«. In: *Zeitschrift für Menschenrechtsbildung* 2. Jg., 1 (2010), 8–29.
Unesco (Hg.): *Contemporary Issues in Human Rights Education*. Paris 2011.

K. Peter Fritzsche

4.8 Bioethik

Problemaufriss

Die Bioethik befasst sich mit moralischen Problemen im Zusammenhang der Gesundheitsfürsorge, speziell der Biomedizin und der Biotechnologie. Bioethiker streben begründete moralische Urteile an und versuchen häufig auch, Handlungsrichtlinien zu entwerfen. Da die Menschenrechte normative Leitideen darstellen, die eine weite Verbreitung und Akzeptanz genießen, ist ihre Nutzung für die Bioethik möglich und ratsam (Andorno 2008). Doch obwohl das Nachdenken über ethische Fragen gerade in der Medizin parallel zur Entwicklung der Menschenrechte verlief – nämlich im Bewusstsein der Schrecken der nationalsozialistischen Diktatur und des Holocaust –, ist die Verbindung zwischen Menschenrechten und Bioethik erst in den letzten drei Jahrzehnten systematisch erfolgt (Bandman/Bandman 1986; Burley 1999; Klein/Menke 2004). Gleichwohl muss festgehalten werden, dass die bioethische Debatte von Beginn an mit Fragen befasst war, die Menschenrechte betreffen, auch wenn die Diskussion nicht unbedingt in dieser Sprache geführt wurde. Dass die Reflexion auf Menschenrechte in den letzten Jahren in der Bioethik an Bedeutung gewonnen hat, hat seinen Grund insbesondere in der Globalisierung der moralischen Probleme (Knowles 2001) und Folgen der biotechnologischen Entwicklung sowie in einer verstärkten Sensitivität gegenüber der Verantwortung, die jeder Mensch gegenüber anderen in Bezug auf deren Gesundheit und minimales Wohl hat. Ein weiterer Aspekt mag sein, dass in der Bioethik eine Abkehr von Moraltheorien als Ausgangspunkt moralischer Urteile stattgefunden hat und die Menschenrechte nach Meinung vieler einen Ersatz bieten, da sie vermeintlich keine philosophische bzw. metaphysische Rechtfertigung benötigen.

Menschenrechte können also eine Rolle als verbindliche globale Normen in der Bioethik übernehmen und einen Anstoß zum transnationalen Verständnis bioethischer Probleme geben. Dabei haben sie zudem den Vorteil, dass sie sowohl ein zu sicherndes Minimum festsetzen als auch anzustrebende Ziele bestimmen, wie etwa die fortschreitende Verbesserung der Gesundheitsfürsorge. Sie umfassen sowohl negative Rechte wie etwa das Gebot der informierten Zustimmung als auch positive bzw. soziale Rechte wie beispielsweise den Anspruch auf Gesundheitsfürsorge. Zudem lassen sie den Schutz von vulnerablen Gruppen zu, deren besonderen Bedürfnissen entsprochen werden sollte (für eine Sammlung der einschlägigen Konventionen und Deklarationen vgl. Human Rights Library o. J.).

Ein mögliches Problem der Übertragung des Menschrechtsdiskurses auf die Bioethik besteht darin, dass der politische Aspekt von bioethischen Problemen abhandenkommen könnte. Schließlich werden Menschenrechte häufig als Trumpfkarten verstanden, denen unter allen Umständen, ohne Rücksicht auf andere Ziele, zu entsprechen sei. Beispielsweise scheint das Recht auf die bestmögliche Gesundheitsfürsorge, welches sich in manchen Dokumenten findet (s. Kap. III.1.4), die Abwägung der Gesundheitsfürsorge gegenüber anderen erwünschten staatlichen Investitionen zu verhindern. Doch diesem Einwand kann entgegnet werden, dass die in den Menschenrechten festgehaltenen Forderungen eben Spezifizierungen nach Maßgabe der Möglichkeiten vor Ort und unter Berücksichtigung anderer politischer und kultureller Ziele zulassen.

Streitfragen und Positionen

1. Moralische Statusfragen: Eine zentrale Frage der Bioethik ist, welchen Lebewesen ein moralischer Status zukommt. In Bezug auf den normativen Rahmen der Menschenrechte kann auch gefragt werden, wer Träger von derart grundlegenden Rechten ist. Sind beispielsweise Embryonen in den Kreis der Nutznießer von Menschenrechten eingeschlossen? Das Recht auf Leben ist solch ein grundlegendes Recht; es sollte streng geschützt werden. Wenn nun Embryonen Menschenrechte zukommen, dann scheinen nicht nur Schwangerschaftsabbrüche Menschenrechtsverletzungen darzustellen, sondern auch andere Eingriffe an Embryonen wie etwa zur Gewinnung von Stammzellen. Der Frage, welches Kriterium für den moralischen Status entscheidend ist, kommt demnach enorme Bedeutung zu (Damschen/Schönecker 2003).

Es scheint unbezweifelbar, dass bei der Verschmelzung einer menschlichen Ei- und Samenzelle ein menschliches Wesen entsteht. Dieses Lebewesen, ein menschlicher Embryo, scheint daher auch Menschenrechte zu haben. Doch stellt sich zunächst die Frage, ob Embryonen überhaupt als Menschen anzusehen sind. Kein Zweifel, biologisch gesehen gehören sie dieser Spezies an; doch ist das der einzige relevante Gesichtspunkt? Was den Menschen ausmacht, ist eine philosophische Frage mit jahrhundertelanger Tradition, die keineswegs schlichtweg durch einen Verweis auf die genetische Identität eines Lebewesens beantwortet werden kann. Die Tatsache, dass ein Embryo biologisch zur Spezies ›Mensch‹ gehört, ist noch kein hinreichender Grund, einen moralischen Status anzuerkennen; tatsächlich mag also die Rede von Menschenrechten hier zu Missverständnissen führen. Gleichwohl orientiert sich auch die Idee der Menschenrechte nicht an einer biologischen Lesart des Begriffs des Menschen. Insofern ist weiterhin klärungsbedürftig, ob Embryonen Menschenrechtsträger sind. In der bioethischen Diskussion wird bisweilen zur besseren Unterscheidung zwischen Lebewesen, die über einen moralischen Status verfügen, und solchen, denen kein bzw. nur ein abgeschwächter moralischer Status zukommt, der *Personenbegriff* verwendet. Personen sind Träger von moralischen Rechten, insbesondere auch des Rechts auf Leben. Menschenrechte kämen dieser Lesart zufolge nur Personen zu. Es ist allerdings keine ausgemachte Sache, dass nur menschliche Lebewesen Personen sein können (Singer 1994; s. Kap. II.1.2).

Aufgrund welches Kriteriums nun ein Lebewesen den Moralstatus erhält, ist selbst strittig. Manche Bioethiker erklären die Vernunftfähigkeit zum entscheidenden Gesichtspunkt, andere plädieren für die Empfindungsfähigkeit. Andere Kriterien sind denkbar. Zudem wird bisweilen argumentiert, dass bereits das biologisch angelegte Potential zur Entwicklung dieser Fähigkeiten einem Embryo den vollwertigen moralischen Status zuerteilt. Generell gilt es bei dieser Diskussion zu beachten, dass die Entscheidung über die Zuteilung eines moralischen Status eben einen menschlichen Entschluss darstellt, keine Notwendigkeit aufgrund vorliegender Tatsachen.

In Deutschland wird die Debatte stark von grundrechtlichen Gesichtspunkten beeinflusst. Art. 1 Abs. 1 des *Grundgesetzes* legt fest, dass die Würde des Menschen unantastbar ist. Dieser Würdeschutz wird meist in enger Verbindung mit der Anerkennung des moralischen Status gesehen, insbesondere mit der Zuerteilung des Rechts auf Leben und körperliche Unversehrtheit, das in Art. 2 Abs. 2 thematisiert wird. In jüngster Zeit kam es zu einer Diskussion, ob Würde- und Lebensschutz des deutschen *Grundgesetzes* entkoppelt werden können, so dass ein Embryo möglicherweise über eine unantastbare Würde, mithin einen moralischen Status, aber eben kein Lebensrecht verfügte.

2. *Ethik der Forschung:* Medizinische Forschung ist notwendig, um die Gesundheitsfürsorge zu verbessern. Die Forschungsfreiheit ist selbst eine durch Grundrechte geschützte Praxis. Doch auf der anderen Seite können wissenschaftliche Untersuchungen, insbesondere wo sie invasive Eingriffe verlangen oder von unklarem Nutzen für die Beteiligten sind, Rechte von Menschen verletzen. Nicht zuletzt aufgrund der Verbrechen von deutschen Ärzten und medizinischen Wissenschaftlern während des Nationalsozialismus war der Schutz von Patienten und Probanden eines der ersten Anliegen entsprechender Konventionen. Im Nürnberger Kodex (1947) wurden Voraussetzungen legitimer medizinischer Forschung bestimmt. Insbesondere die freiwillige Einwilligung zur Beteiligung an dieser Forschung und der Schutz des Individuums vor gemeinschaftlichen Interessen standen im Mittelpunkt. Weitere Dokumente folgten, die ähnliche Bestimmungen enthalten. Zu nennen ist hier insbesondere die *Deklaration von Helsinki* des Weltärztebundes aus dem Jahr 1964. Sie wurde zuletzt im Jahr 2000 in revidierter Fassung veröffentlicht. Trotz dieser Regelungen drangen immer wieder Informationen über skandalöse Forschungsprojekte ans Tageslicht, etwa die Nichtbehandlung von an Syphilis erkrankten Schwarzen in Tuskegee (USA) Ende der 1960er Jahre, um den Krankheitsverlauf zu studieren.

Die Hauptstreitpunkte bezüglich der Regelung medizinischer Forschung liegen in den Fragen, ob einwilligungsunfähige Probanden daran beteiligt werden dürfen und ob auch Forschung erlaubt sein soll, die keinen direkten Nutzen für die betroffene Person hat. Insbesondere in Deutschland zeigt sich das Problem der Forschung an nichteinwilligungsfähigen Personen aufgrund der historischen Vorbelastung als sensibles Thema. Aus medizinischer Sicht ist festzuhalten, dass einige Erkenntnisse, die therapeutischen Nutzen versprechen, nicht auf anderem Wege erlangt werden können, etwa bei der Erforschung von Krankheiten, die Kleinkinder oder Menschen mit schwersten geistigen Behinderungen betreffen. In vielen neueren Dokumenten, die internationale rechtliche Minimalstandards zu bestimmen versuchen, wie beispielsweise in dem *Übereinkommen zum Schutz der Menschenrechte und der Menschenwürde im Hinblick auf die Anwendung von Biologie und Medizin des Europarats* aus dem Jahr 1997 oder in der *Allgemeinen Erklärung über Bioethik und Menschenrechte* (UNESCO, 2005), wird daher die Forschung an Menschen, die zur Erteilung eines informierten Einverständnisses prinzipiell nicht fähig sind, unter strikten Auflagen erlaubt. Grundsätzlich werden außerdem inzwischen weithin Komitees eingesetzt, um Forschungsanträge ethisch und rechtlich zu prüfen. Gleichwohl haben deutsche Vertreter bezüglich beider Verlautbarungen Bedenken angemeldet.

Ein anderer Aspekt der Forschungsethik ist die moralisch höchst bedenkliche Praxis, Probanden aus Entwicklungsländern zu rekrutieren. Selbst wenn diese ihre Einwilligung erteilen, stellt sich die Frage, ob sie unter den gegebenen Bedingungen freiwillig erfolgt. Erfolgt hier nicht eine wie auch immer unterschwellig wirkende Ausbeutung oder Manipulation? Insofern könnte diese Forschung gegen das Recht auf individuelle Selbstbestimmung und letztlich auch gegen das Recht auf körperliche Unversehrtheit verstoßen. Zudem kommt die vor Ort vorgenommene Forschung in den seltensten Fällen den Menschen in der Dritten Welt selbst zugute und es erscheint daher ungerecht, wenn sie das Risiko tragen.

3. *Menschenrechtliche Gesundheitsaspekte:* Gesundheit ist ein instrumentelles Gut, da ein gesunder Organismus uns ermöglicht, den Aktivitäten nachzugehen, die wir schätzen und die für uns jeweils ein gelingendes Leben ausmachen. Gesundheit ist aber auch ein intrinsisches Gut, ein elementarer Bestandteil des menschlichen Wohls in dem Sinne, dass Krankheiten gewöhnlich mit Leid einhergehen. Dem Schutz der Gesundheit kommt daher enorme Bedeutung zu, der in Sozialstaaten in unterschiedlichem Maße entsprochen wird. Die Signifikanz der Gesundheit wird dann auch in Menschenrechtsvereinbarungen aufgegriffen und in ein Recht auf Gesundheitsfürsorge überführt.

Die Frage, wie viel wir uns gegenseitig in Bezug auf den Schutz der Gesundheit schulden, ist eine Frage der sozialen Gerechtigkeit (Daniels 2008). Verstanden als Menschenrecht, betrifft der Anspruch auf Gesundheitsfürsorge ein Problem der globalen Gerechtigkeit, denn jedem Menschen kommt das gleiche Bedürfnis oder Interesse an zumindest minimaler Gesundheit zu. Verschiedene Dokumente sind hier einschlägig und haben Einfluss genommen auf die bioethische Debatte um ein gerechtes Gesundheitssystem. Zu nennen ist Art. 25 der *Allgemeinen Erklärung der Menschenrechte:* »Jeder Mensch hat Anspruch auf eine Lebenshaltung, die seine und seiner Familie Gesundheit und Wohlbefinden einschließlich Nahrung, Kleidung, Wohnung, ärztlicher Betreuung und der notwendigen Leistungen der sozialen Fürsorge gewährleistet.« In dieser Formulierung wird bereits deutlich, dass individuelle Gesundheit keineswegs nur durch medizinische Leistungen zu sichern ist, sondern andere Gesichtspunkte wie etwa den Schutz vor Umweltgefahren umfasst. Neuere Forschungen zeigen auch, dass starke soziale und finanzielle Ungleichheiten mit ungleichen Gesundheitsdispositionen einhergehen.

In anderen Deklarationen, beispielsweise im Art. 12 des *Internationalen Pakts der UN über wirtschaftliche, soziale und kulturelle Rechte* (ICESCR), ist sogar von einem »Recht auf Gesundheit« die Rede. Dies kann zu Missverständnissen führen, da der Ausbruch einer Krankheit nicht als solcher einen Rechtsverstoß darstellt. Das Recht auf Gesundheit soll stattdessen so verstanden werden, dass es mehr verlangt als nur die Bereitstellung von gesundheitsfürsorglichen Leistungen, beispielsweise auch Erziehung oder eine lebensdienliche Umwelt. Soziale Determinanten der Gesundheit, die in der Public-Health-Forschung thematisiert werden, gewinnen auch in der Bioethik heutzutage zunehmend Aufmerksamkeit. Auseinandersetzungen betreffen etwa das Problem des staatlichen Paternalismus zur Unterstützung gesundheitsdienlichen Verhaltens. Die Verwirklichung des Rechts auf Gesundheitsfürsorge ist dabei abhängig von der Verfügung über Ressourcen. Entsprechend stellen sich Gerechtigkeitsfragen in Bezug auf die Bereitstellung solcher Mittel, sei es durch Steuern oder Versicherungen. Über Staatsgrenzen hinaus gesehen, wirft das genannte Ressourcenproblem Fragen nach globalen Verpflichtungen auf, inwieweit also reichere Nationen gegenüber notleidenden Bürgern anderer Staaten zu Hilfsleistungen verpflichtet sind.

4. *Autonomie:* Freiheit ist ein zentrales Menschenrecht. In der Bioethik wird es meist im Sinne der medizinischen Selbstbestimmung verstanden. Daraus hat sich zunächst die Betonung des ›informierten Einverständnisses‹ ergeben (Beauchamp/Childress 2008). Dieses ist heute eine notwendige und rechtlich gesicherte Voraussetzung eines jeden medizinischen Eingriffs. Doch über die Abwehr unerwünschter Eingriffe in die körperliche Unversehrtheit hinaus ergeben sich weitere Fragen: Verlangt der Schutz der Freiheit beispielsweise das Recht auf den selbstbestimmten Tod? Zwar dürfen Patienten, die eine lebenserhaltende Maßnahme in einer freien und kompetenten Entscheidung ablehnen, dem Tod überlassen werden. Der Tod darf aber nicht aktiv herbeigeführt werden, auch nicht auf den ausdrücklichen Wunsch von Patienten hin. In der bioethischen Literatur wird kontrovers diskutiert, ob dieser Unterschied zwischen Sterbenlassen und Tötung auf Verlangen von moralischer Relevanz ist. Einige insistieren, dass die Ausübung des Freiheitsrechts die notwendigen Hilfsleistungen zur Herbeiführung des Todes mit umfasst (Harris 1995).

Selbstbestimmung gilt auch in Fragen der Fortpflanzung als schützenswertes Recht. Dies hat in den letzten Jahren zu Diskussionen in Verbindung mit der modernen Gen- und Reproduktionstechnologie geführt. Dürfen Eltern beispielsweise nach einer In-vitro-Fertilisation solche Embryonen auswählen, die von ihnen erwünschte genetische Merkmale besitzen, oder soll die Präimplantationsdiagnostik strikt auf die Identifizierung von Embryonen gerichtet sein, die an schwerwiegenden genetischen Krankheiten leiden würden. Liberale Bioethiker sehen das Recht auf reproduktive Freiheit als Berechtigung zur weitgehenden Freigabe von Wahlmöglichkeiten, über die Verhinderung von Krankheiten hinaus. Einige sind sogar der Meinung, dass das Freiheitsrecht die Erlaubnis des reproduktiven Klonens impliziere. Wie auch immer man sich innerhalb dieses Streits um das Recht auf reproduktive Freiheit verortet, es gilt auch, mögliche Ungerechtigkeiten zu beachten, die als Folge einer weitgehenden Freigabe genetischer Auswahlmöglichkeiten drohen: Das Freiheitsrecht sichert in negativem Sinne die Unterlassung von Verboten; die positive Nutzung der erforderlichen Technologien würde aber Kosten mit sich bringen, die wohl privat getragen werden müssten. Daraus könnte sich langfristig eine Situation ergeben, in der sich nur eine kleine Gruppe genetische Verbesserungen leisten kann. Ein weiterer Aspekt der Selbstbestimmung in Verbindung mit der modernen Genetik zeigt sich im Umgang mit genetischen Informationen: Niemand darf ohne Einstimmung der betroffenen Person Zugang zu privaten Daten über genetische Merkmale erhalten. Das ist durch das Recht auf Privatheit impliziert. Hinzu tritt das Recht auf Nichtwissen, wonach Personen es ablehnen können, beispielsweise über genetische Krankheitsdispositionen informiert zu werden.

Desiderate und Prognosen

In den letzten Jahren zeigt sich eine verstärkte Auseinandersetzung von Bioethikern mit der Frage des Schutzes vulnerabler Gruppen. Menschen mit Behinderungen, auch mit psychischen Beeinträchtigungen, sowie Kinder und alte Menschen sollen in ihrer besonderen Bedürftigkeit anerkannt werden. Das bedeutet nicht, dass hier spezielle Gruppenrechte eingeführt werden sollen – eine Maßnahme, die umstritten wäre. Im Sinne der menschenrechtlichen Absicherung solcher Forderungen ist ein Beginn in diese Richtung gemacht worden mit der *UN-Konvention für die Rechte von Menschen mit Behinderungen* (s. Kap. III.9.6), die im Dezember 2006 verabschiedet wurde. Diese Entwicklung beruht nicht zuletzt auf der verstärkten politischen Aktivität verschiedener Bürgerrechtsgruppen. Dabei geht es aber nicht nur um rechtliche Anliegen, sondern auch um die gesellschaftliche Wahrnehmung, etwa von Behinderung. Beispielsweise bestreiten die Vertreter der ›Disability Studies‹ die Konzeption von Behinderung als ›Schaden‹, wie sie in der medizinischen Sichtweise verbreitet ist, und interpretieren Behinderung stattdessen als ein primär soziales Phänomen. So gelangen sie zu der Auffassung, dass Behinderung auf eine ›Differenz‹ – keine Defizienz – verweist (Shakespeare 2006).

Ein weiterer aktueller Konfliktpunkt bleibt das Recht auf Gesundheit bzw. auf Gesundheitsfürsorge. Das Selbstbestimmungsrecht wird bisweilen so verstanden, dass es Ansprüche auf die Nutzung von medizinischen Ressourcen umfasst. Die Idee der medizinischen Selbstbestimmung richtete sich ursprünglich, wie eingangs geschildert, auf den Schutz vor Interventionen ohne Einwilligung; sie war insofern *negativ* konzipiert – als Abwesenheit von Zwang. Selbstbestimmung wird aber in den letzten Jahren vermehrt im Sinne der Wunscherfüllung interpretiert, wozu auch die Bereitstellung von medizinischen Ressourcen gehört. Wie weit unter Bedingungen der Knappheit dieses positiv verstandene Freiheitsrecht gehen soll, ist eine Frage, die unter Gerechtigkeitsgesichtspunkten zu diskutieren ist. Ob beispielsweise Verbesserungen der Leistungsfähigkeit durch medizintechnisches Enhancement erlaubt sein sollte oder ob dieses die Chancengleichheit unterwandert, wird aktuell in der Bioethik diskutiert (Buchanan et al. 2000).

Literatur

Andorno, Roberto: »Warum braucht eine globale Bioethik die Menschenrechte?« In: Nikola Biller-Andorno/Peter Schaber/Annette Schulz-Baldes (Hg.): *Gibt es eine universale Bioethik?* Paderborn 2008, 59–72.
Bandman, Elsie L./Bandman, Bertram (Hg.): *Bioethics*

and Human Rights: A Reader for Health Professionals. Lanham 1986.
Beauchamp, Tom L./Childress, James F.: Principles of Biomedical Ethics. Oxford ⁶2008.
Buchanan, Allen/Brock, Dan W./Daniels, Norman/ Wikler, Daniel: From Chance to Choice: Genetics and Justice. Cambridge 2000.
Burley, Justine (Hg.): The Genetic Revolution and Human Rights. Oxford 1999.
Damschen, Gregor/Schönecker, Dieter (Hg.): Der moralische Status menschlicher Embryonen: Pro und contra Spezies-, Kontinuums-, Identitäts- und Potentialitätsargument. Berlin/New York 2003.
Daniels, Norman: Just Health: Meeting Health Needs Fairly. Cambridge 2008.
Harris, John: Der Wert des Lebens: Eine Einführung in die Medizinethik. Berlin 1995.
Human Rights Library, University of Minnesota: Bioethics and Human Rights Links, http://www1.umn.edu/humanrts/links/bioethics.html (Zugriff 28.1.2012).
Klein, Eckard/Menke, Christoph (Hg.): Menschenrechte und Bioethik. Berlin 2004.
Knowles, Lori P.: »The Lingua Franca of Human Rights and the Rise of a Global Bioethic«. In: Cambridge Quarterly of Healthcare Ethics 10. Jg. (2001), 253–263.
Shakespeare, Tom: Disability Rights and Wrongs. London 2006.
Singer, Peter: Praktische Ethik. Stuttgart ²1994.

Thomas Schramme

4.9 Menschenrechte und Tierrechte

Problemaufriss

Die Beziehung zwischen Mensch und Tier sowie der moralische Status von nicht-menschlichen Tieren sind seit der Antike immer wieder auch Gegenstände philosophischen und ethischen Nachdenkens gewesen; und auch die Frage, ob nicht-menschliche Tiere Rechte haben, wird zumindest seit der Zeit der Aufklärung erörtert. Erst in jüngerer Zeit wird darüber hinaus die Frage diskutiert, ob (zumindest einigen) Tieren Menschenrechte zugesprochen werden können bzw. müssen (Cavalieri/Singer 1994). Eine wesentliche Voraussetzung dafür, dass diese Frage überhaupt sinnvoll gestellt werden kann, besteht in der Abkehr von einer ›naturrechtlich‹ geprägten Begründung der Menschenrechte, der zufolge Menschen als Mitglieder der Spezies *Homo sapiens* besondere Rechte besitzen, die auf ihrem spezifischen ontologischen Status beruhen. Eine naturrechtlich geprägte Begründung der Menschenrechte verzichtet auf die Benennung bestimmter weiterer Zuschreibungsvoraussetzungen: Um Menschenrechte zu haben, muss man lediglich Mensch sein. Menschenrechte kommen dieser Auffassung zufolge allen und nur Menschen zu; nicht-menschliche Lebewesen kommen dagegen als Träger von Menschenrechten grundsätzlich nicht in Betracht.

Diese Auffassung hat weitreichende praktische Folgen für das Verhältnis des Menschen zu nicht-menschlichen Tieren. Zwar folgt aus dieser Auffassung nicht notwendig, dass Tiere keinerlei eigene moralische Schutzwürdigkeit besitzen; allerdings ergibt sich ein systematischer Vorrang menschlicher Rechte, Güter oder Interessen vor etwaigen Rechten, Gütern oder Interessen nicht-menschlicher Lebewesen. Im Hinblick auf die Rechtfertigung von Tierversuchen kommt dieser Vorrang beispielsweise dadurch rechtlich zum Tragen, dass der im *Grundgesetz* der Bundesrepublik Deutschland als Grundrecht nach Art. 5 Abs. 3 verbrieften Freiheit der Wissenschaft in Art. 20a lediglich eine Staatsziel-Bestimmung gegenübersteht, der zufolge der Staat »auch in Verantwortung für die künftigen Generationen die natürlichen Lebensgrundlagen und die Tiere« schützt. Prinzipiell kann das

Menschenrechtsprivileg sogar zu dem Zweck benutzt werden, Formen des Tierverbrauchs unter Bezug auf menschenrechtliche Begründungen zu rechtfertigen. Dies wird beispielsweise für den Fall diskutiert, dass eine staatliche Pflicht zur Aufrechterhaltung eines bestimmten Standards der Gesundheitsversorgung nur unter Inkaufnahme tierexperimenteller Forschung möglich wäre. Aus tierethischer Perspektive ist die naturrechtliche Tradition daher nicht nur wegen ihrer religiösen und/oder metaphysischen Begründung kritisiert worden, sondern insbesondere auch deshalb, weil sie eine Form des *Speziesismus* darstellt. Man versteht darunter die bevorzugende Behandlung von Mitgliedern einer bestimmten Spezies, insbesondere von Menschen, gegenüber den Mitgliedern anderer Spezies aufgrund der bloßen Spezies-Zugehörigkeit.

Einem alternativen Verständnis zufolge handelt es sich bei Menschenrechten um eine besondere, i.e. für besonders wichtig gehaltene, Untergruppe von moralischen Rechten. Mit dem Begriff der Menschenrechte werden laut dieser Auffassung spezielle moralische Rechte zusammengefasst, die für so zentral gehalten werden, dass sie als eine Art von ›Trümpfen‹ konkurrierende Interessen oder Ansprüche unter praktisch allen denkbaren Umständen ›ausstechen‹. Menschenrechte schützen, mit anderen Worten, fundamentale Werte, die in praktisch jeder denkbaren Gesellschaft realisiert sein müssen. Eine Konsequenz dieser Auffassung besteht darin, dass sich damit, je nachdem welche Art von Begründung man mit Bezug auf moralische Ansprüche oder Rechte insgesamt für plausibel hält, prinzipiell die Möglichkeit eröffnet, auch nicht-menschlichen Tieren Menschenrechte (oder jedenfalls ein Pendant zu Menschenrechten) zuzusprechen.

Streitfragen und Positionen

Ob man Tieren bzw. welchen Tieren man moralische Ansprüche, moralische Rechte oder sogar Menschenrechte zuschreiben kann, hängt einerseits davon ab, welche Kriterien man für die Einbeziehung einer Entität in die moralische Gemeinschaft für plausibel hält bzw. welche Eigenschaften und Fähigkeiten man für erforderlich erachtet, damit eine Entität ein Objekt der Moral (*moral patient*) sein kann (Einschlusskriterium). Andererseits ist zu fragen, ob es darüber hinaus Kriterien gibt, die einen Gradualismus im Hinblick auf den moralischen Status der Mitglieder der moralischen Gemeinschaft begründen können bzw. eine gradualistisch differenzierte Zuschreibung von bestimmten moralischen Rechten rechtfertigen können (Vergleichskriterium). Im Zentrum der ethischen Diskussion über den angemessenen Umgang mit nicht-menschlichen Tieren, die insbesondere seit den 1970er Jahren eine beachtliche Ausdifferenzierung erfahren hat, stehen daher die Frage nach dem *moralischen Status* von nicht-menschlichen Wesen bzw. die Frage, welche Entitäten überhaupt moralisch ›zählen‹ und also zur moralischen Gemeinschaft gehören (1), und die Frage, *welche Rechte* nicht-menschlichen Tieren sinnvoller Weise zugesprochen werden können (2).

1. Welchen moralischen Status besitzen Tiere? Die in der ethischen Diskussion üblicherweise vertretenen Positionen in der Statusfrage unterscheiden sich darin, *ob* sie Tiere überhaupt für berücksichtigenswert halten bzw. in ihren Auffassungen darüber, *wie* diese Berücksichtigung aussehen muss.

Positionen der Nichtberücksichtigung: Ein Blick in die Geschichte der Philosophie zeigt, dass eine Reihe bedeutender Philosophen der Auffassung zuneigten, eine Berücksichtigung tierlicher Interessen sei unmöglich, da Tiere keine ›sensitive Seele‹ besäßen und also bloß eine besondere Art von ›natürlichen Automaten‹ seien. Die auf René Descartes zurückgehende *Automatentheorie* wurde noch bis ins 19. Jahrhundert als Rechtfertigung für Vivisektionen herangezogen. Die meisten Ethikerinnen und Ethiker stimmen demgegenüber heute zwar darin überein, dass Tiere rücksichtsvoll behandelt werden sollten. Problematisch ist eine Einbeziehung nicht-menschlicher Tiere in die moralische Gemeinschaft aber für solche Ethiktheorien, die, wie beispielsweise der Kontraktualismus, Moral als eine soziale Institution verstehen, die den Zweck hat, die *Interaktion zwischen Menschen* zu erleichtern bzw. deren Kooperation zu ermöglichen, und die moralische Normen oder Regeln als Ergebnis einer wechselseitigen Übereinkunft ansehen. Aus strukturell ähnlichen Gründen lassen sich auch im Rahmen diskursethischer Ansätze allenfalls »moralanaloge« (Jürgen Habermas) Verpflichtungen gegenüber solchen Tieren begründen, die als soziale Interaktionspartner gelten können. Verschiedentlich unternommene Versuche, kontraktualistische, diskursethische und vergleichbare Ansätze so zu ergänzen oder zu erweitern, dass auch Tiere darin Berücksichtigung finden, sind von dem Bemühen getragen, einer offenbar tief verankerten moralischen Intuition Rechnung zu tragen, der zufolge zumindest empfindungsfähige Tiere einen – wie auch immer begründeten – moralischen Status besitzen (Rippe 2008).

Indirekte Berücksichtigung: Für eine zweite Gruppe von Ethiktheorien sind die Ansprüche oder Interessen von Tieren nur *indirekt* berücksichtigenswert bzw. nur insofern, als sie sich vollends auf menschliche Interessen zurückführen lassen. Tierschutz, so lautet die Kernthese derart indirekter Positionen in der Tierethik, liegt im Interesse des Menschen. Moralische Verpflichtungen lassen sich lediglich *in Bezug auf* Tiere, nicht aber *gegenüber* Tieren begründen. So lautet bereits die unter dem Namen ›Verrohungsargument‹ bekannt gewordene Auffassung Immanuel Kants, dass es sich bei vermeintlichen Pflichten gegenüber Tieren in Wahrheit um Pflichten des Menschen »gegen sich selbst« handele. In jüngerer Zeit ist diese Auffassung, dass sich der Schutz von Tieren letztlich mit Bezug auf menschliche Interessen begründen lässt, von Norbert Hoerster (2004) vertreten worden. Eine moralische Rücksichtnahme auf Tiere lässt sich seiner Auffassung nach allein auf tatsächlich vorhandene »altruistische Interessen« am Wohl der Tiere stützen. Im Unterschied zu egoistischen Interessen zielen altruistische Interessen nicht auf das eigene Wohl des Interessenträgers, sondern auf das Wohl bzw. die Interessen eines anderen. Eine intersubjektive Begründung des Tierschutzes ergibt sich entsprechend dann, wenn hinreichend viele Gesellschaftsmitglieder altruistische Interessen haben, die sie dazu motivieren, bestimmten moralischen Normen für den Tierschutz zuzustimmen.

Direkte hierarchische Berücksichtigung: Hierarchische Ansätze halten eine Einbeziehung von nicht-menschlichen Tieren in die moralische Gemeinschaft für möglich, behaupten aber, dass sich ein grundsätzlicher Vorrang menschlicher Rechte, Güter oder Interessen vor tierlichen Rechten, Gütern oder Interessen begründen lasse. Die verschiedenen Varianten hierarchischer Ansätze in der Tierethik, die den vorhandenen Alltagsüberzeugungen vieler Menschen entgegenkommen dürften, stimmen in der Behauptung überein, dass sich *Vergleichskriterien* angeben lassen, die einen grundsätzlichen Vorrang menschlicher Rechte, Güter oder Interessen vor tierlichen Rechten, Gütern oder Interessen rechtfertigen. Dabei werden recht verschiedene Vergleichskriterien vorgeschlagen: Manche Vertreter tugendethischer oder kommunitaristischer Theorien beispielsweise halten Gemeinschaftsbande oder andere Formen von Nähebeziehungen für moralisch bedeutsam und aus diesem Grund eine milde Form von Speziesismus für verteidigbar. Andere behaupten, dass nur Menschen »moralische Fähigkeiten« bzw. »moralische Autonomie« (Carl Cohen) besitzen, verweisen auf eine »ontologische Differenz« (Otfried Höffe) zwischen Menschen und Tieren oder behaupten, dass menschliche Lebewesen über eine größere Bandbreite an Interessen verfügen als nicht-menschliche Lebewesen, die eine Privilegierung menschlicher Interessen begründen könne.

Direkte egalitaristische Berücksichtigung: Die Vertreter egalitaristischer Positionen in der Tierethik plädieren demgegenüber dafür, dass die Güter, Rechte oder Interessen menschlicher und nicht-menschlicher Lebewesen moralisch in gleicher Weise berücksichtigt werden müssen. Als Einschlusskriterium wird von den Vertretern egalitaristischer Ansätze häufig das Kriterium der *Leidens-* bzw. *Empfindungsfähigkeit* vorgeschlagen. Begründet wird dies beispielsweise damit, dass diese die Basis für Mitleid bzw. die Teilnahme am Leiden anderer Lebewesen, die Voraussetzung für ein auf Erfahrung basierendes Wohlergehen darstelle oder eine Grundvoraussetzung dafür sei, dass ein (menschliches oder nicht-menschliches) Lebewesen Interessen in einem moralisch relevanten Sinn haben könne. Die Vertreter egalitaristischer Ansätze verzichten jedoch üblicherweise auf die Benennung eines Vergleichskriteriums, das einen Gradualismus im Hinblick auf den moralischen Status der Mitglieder der moralischen Gemeinschaft begründen könnte. Das bedeutet nicht unbedingt, dass menschliche und nichtmenschliche Lebewesen strikt gleich behandelt werden müssen oder dass ihnen exakt die gleichen Rechte eingeräumt werden müssen. Gleichberücksichtigung kann durchaus auch nicht-egalitäre Implikationen haben. Gleiche Berücksichtigung heißt vielmehr, jeden von einer Handlung Betroffenen *als einen Gleichen zu achten*, seine jeweiligen Güter, Rechte oder Interessen wie die eines jeden anderen zu berücksichtigen. So gibt es beispielsweise vor dem Hintergrund der präferenzutilitaristischen Moralkonzeption von Peter Singer (1994) keinen (nicht-speziesistischen) Grund, der es rechtfertigen könnte, ähnliche Interessen (empfindungsfähiger) tierlicher und (empfindungsfähiger) menschlicher Lebewesen ungleich zu berücksichtigen.

Die verschiedenen egalitaristischen Ansätze unterscheiden sich unter anderem darin, ob sie Interessen- bzw. Güterabwägungen (*trade offs*) zulassen. Während manche Vertreter egalitaristischer Ansätze der Auffassung sind, dass es keinen Maßstab gebe, der Güterabwägungen sinnvoll erscheinen lasse (theoretische Inkommensurabilität), bzw. dass Interessen- oder Güterabwägungen über Individuen hinweg moralisch unzulässig seien (praktische Inkommensurabilität), halten andere Egalitaristen Interessenabwägungen für sinnvoll und akzeptabel, sofern dabei den *ähnlichen* Interessen, z. B. dem geteilten Interesse an Leidvermeidung, all derer, die von einer Handlung betroffen sind, gleiches Gewicht gegeben wird.

2. *Welche (moralischen) Rechte besitzen Tiere?* Bei den (moralischen) Rechten, die Tieren in der Tierrechtsdebatte zugeschrieben werden, handelt es sich für gewöhnlich um *negative Abwehrrechte*, also um das Recht eines tierlichen Individuums darauf, von etwas Negativem verschont zu bleiben. Im Unterschied zu Erlaubnisrechten, die nur solchen Entitäten sinnvoll zugeschrieben werden können, die (im Prinzip) auch Pflichten haben können, und Freiheitsrechten, die voraussetzen, dass der Rechteträger handlungs- und entscheidungsfähig ist, verlangt die Zuschreibung von Abwehrrechten lediglich, dass der Rechteträger durch die Art und Weise, wie er behandelt wird, subjektiv betroffen sein kann. Um ein Abwehrrecht haben zu können, muss ein Wesen daher nach weithin geteilter Auffassung (zumindest) empfindungsfähig sein (hierzu und zu den nachfolgenden Abschnitten vgl. Birnbacher 2010).

Recht auf Leidensfreiheit: Dass (empfindungsfähige) Tiere ein Recht auf Leidensfreiheit bzw. ein Recht auf Leidensminderung haben, gehört zu den am wenigsten kontroversen Behauptungen in der Tierrechtsdebatte. Der moralische Unwert einer Zufügung von Leiden oder Schmerzen lässt sich offenbar aus den unterschiedlichsten Moralkonzeptionen herleiten. Bemerkenswert ist, dass ein Recht auf Leidensfreiheit von Tieren zum einen fast ausschließlich in dem Sinne eines negativen Abwehrrechts gefordert wird (und nicht auch im Sinne eines ›positiven‹ Rechts auf Bereitstellung wohlfahrtsfördernder Bedingungen) und zum anderen als ein Recht verstanden wird, vor *menschlichen* Leidenszufügungen verschont zu bleiben (und nicht auch im Sinne eines Rechts, vor Leidenszufügungen seitens anderer Tiere oder vor Leiden insgesamt verschont zu bleiben; Birnbacher 2010, 52 f.).

Recht auf Leben: Über die Frage, ob sich auch ein Recht auf Leben begründen lässt, gibt es in der tierethischen Debatte dagegen weit weniger Einigkeit. Unterscheiden lassen sich die in der Diskussion vorgebrachten Argumente für ein Tötungsverbot zum einen nach der Art ihrer Begründung: *Indirekte*, beispielsweise klassisch-utilitaristische Argumente für das Tötungsverbot beziehen sich auf die mittelbaren Auswirkungen der Tötungshandlung auf betroffene Dritte, also zum Beispiel auf den Verlust, den die Tötung für andere bedeutet, die mit dem getöteten Tier in einer sozialen Beziehung stehen, oder auch auf die Angst und Unsicherheit, die die Tötung eines Artgenossen bei anderen Tieren hervorruft. *Direkte* Argumente halten Tötungshandlungen dagegen deshalb für falsch, weil dem Opfer selbst durch die Tötung ein (irreversibler, nicht kompensierbarer) Schaden zugefügt wird. Strittig ist darüber hinaus auch die Frage, auf welche Art von Lebewesen sich das Tötungsverbot anwenden lässt, also seine *Reichweite*. Einige Tierethiker halten ein Recht auf Leben beispielsweise nur im Hinblick auf solche Lebewesen für begründbar, die ›zukunftsbezogene Interessen‹ haben. Manche Lebewesen, so das Argument, besitzen über ihre unmittelbar gegenwartsbezogenen Interessen hinaus auch solche Interessen, die sich auf ihre eigene zukünftige Existenz beziehen. Anders als reinen ›Gegenwartswesen‹, die nur punktuelle oder eben gegenwartsbezogene Interessen haben, geschieht (menschlichen oder nicht-menschlichen) ›Personen‹ durch ihre Tötung daher ein Unrecht. Das sogenannte Beraubungsargument stellt dagegen den Verlust zukünftiger positiver Erfahrungen, den ein vorzeitiger Tod für das getötete Lebewesen bedeutet, ins Zentrum. Tötet man ein Lebewesen, so ›beraubt‹ man es der positiven Erfahrungen, die es zu einem späteren Zeitpunkt hätte machen können. Die bekannteste Formulierung einer ›biozentrischen‹ Ethik, die einen umfassenden Lebensschutz für sämtliche Tiere fordert, stellt die »Ethik der Ehrfurcht vor dem Leben« von Albert Schweitzer (2006) dar.

Recht auf Schutz vor Instrumentalisierung und Recht auf Integrität: Ein Recht auf Schutz vor Instrumentalisierung von nicht-menschlichen Lebewesen wird häufig von Vertretern solcher Positionen behauptet, die (zumindest einigen) Tieren eine eigene Würde bzw. einen ›inhärenten Wert‹ zuschreiben. So ist beispielsweise Tom Regan (1984) der Auffassung, dass alle Lebewesen, sofern sie »empfindende Subjekte eines Lebens« (*experiencing subject of a life*) sind, einen moralischen Anspruch auf Respektierung ihres gleichartigen inhärenten Wertes (*respect principle*) und – daraus abgeleitet – auch ein Recht darauf haben, nicht geschädigt zu werden (*harm principle*). Insbesondere im Hinblick auf die Problematik der Herstellung und Haltung ›transgener‹, d. h. durch gentechnische Verfahren veränderter Tiere wird darüber hinaus von manchen auch ein Recht auf physische Integrität gefordert (*genetic integrity approach*).

Weitere Freiheitsrechte: Ob (zumindest einigen) nicht-menschlichen Tieren auch noch andere Freiheitsrechte sinnvoll zugeschrieben werden können, ist ebenfalls umstritten. In der *Deklaration über die Großen Menschenaffen* (www.greatapeproject.org) beispielsweise wird gefordert, den Großen Menschenaffen (Schimpansen, Gorillas und Orang-Utans) nicht nur ein Recht auf Leben und Schutz vor Folter, sondern auch einen Schutz ihrer individuellen (Bewegungs-)Freiheit zuzugestehen. Die Unterzeichner der Deklaration fordern, »die Gemeinschaft der Gleichen« so zu erweitern, »dass sie alle Großen Menschenaffen miteinschließt«, und die genannten Menschenrechte für alle Großen Menschenaffen durchzusetzen. Derartige Freiheitsrechte setzen voraus, dass der Rechteträger über Akteurs-Eigenschaften verfügt, also handlungs- und entscheidungsfähig ist. Inwieweit zumindest einige Tiere (z. B. Menschenaffen, Delphine) über solche Fähigkeiten verfügen, die es sinnvoll erscheinen lassen, ihnen auch diese Freiheitsrechte zuzuschreiben, ist jedoch Gegenstand einer anhaltenden Diskussion.

Desiderate und Prognosen

Die Debatte über menschenrechtliche Ansprüche auch von nicht-menschlichen Tieren ist vergleichsweise jung. Neben theoretischen, ethischen und metaethischen Aspekten werden insbesondere auch mögliche praktische Konsequenzen und verschiedene politische Implikationen einer Anerkennung menschenrechtlich begründeter Schutzansprüche von nicht-menschlichen Tieren diskutiert.

Ethische und metaethische Kontroversen: Während das Einschlusskriterium der (Schmerz-)Empfindungsfähigkeit in der Tierrechtsdebatte als weithin akzeptiert gelten kann, wird die Frage nach möglichen Vergleichskriterien weiterhin intensiv diskutiert. Im Vordergrund dieser Debatte stehen Fragen nach dem metaethischen Status sowie der theoretischen Begründung der jeweils vorgeschlagenen Kriterien. So wäre beispielsweise weiter zu klären, ob sich akteur-relative Gründe – also solche Gründe, die im Unterschied zu akteur-neutralen Gründen eine essentielle Referenz auf die handelnde Person aufweisen – für eine speziesistische Privilegierung, die eine besondere Verpflichtung gegenüber den Angehörigen der eigenen Art begründen soll, plausibel formulieren lassen. Theoretischer Klärungsbedarf besteht darüber hinaus aber auch im Hinblick auf die Zuschreibungsbedingungen für bestimmte (moralische) Rechte wie beispielsweise ein ›Recht auf Leben‹.

Grenzfälle: Ein gravierendes Problem der Anerkennung von Menschenrechten von nicht-menschlichen Tieren besteht darin, dass es nach Ansicht vieler Ethiker keine Möglichkeit gibt, das Konzept der Menschenrechte, verstanden als eine Untergruppe von moralischen Rechten, auf eine Weise zu explizieren, die – neben einigen nicht-menschlichen Tieren – auch *allen* Angehörigen der Spezies Homo sapiens Menschenrechte einräumen kann. Je nachdem, welches Einschlusskriterium man für plausibel hält, wird man mit der Möglichkeit ›menschlicher Grenzfälle‹ (*marginal cases*) rechnen müssen, die nicht, noch nicht oder nicht mehr über die fraglichen Eigenschaften oder Fähigkeiten (Empfindungsfähigkeit, Selbstbewusstsein, Vernunft, Moralfähigkeit etc.) verfügen und entsprechend aus dem Schutzbereich der Menschenrechte herauszufallen drohen. Die Menschenrechte verlieren damit das von vielen Proponenten für zentral erachtete Charakteristikum, nicht-exklusiv zu sein.

Abwägungsresistenz: Mögliche praktische Probleme, die aus der Zuschreibung von Menschenrechten an nicht-menschliche Tiere resultieren könnten, verdanken sich zunächst dem Umstand, dass es sich bei moralischen ›Rechten‹, einem gängigen Verständnis folgend, um solche moralischen Ansprüche handelt, die nicht durch Zweck- und Nutzenargumente eingeschränkt werden können. Diese kategorische Abwägungsresistenz gilt für Menschenrechte in hervorragender Weise. Nicht-menschlichen Tieren bzw. zumindest einigen nicht-menschlichen Tieren Menschenrechte zuzuschreiben, hat in den Augen der Verfechter einer entsprechenden Auffassung daher insbesondere den Vorteil, bestimmte Handlungen oder Praktiken von vorneherein der Möglichkeit einer Abwägung zu entziehen. Die Zuschreibung von Menschenrechten für zumindest bestimmte Tiere würde daher mit gravierenden praktischen Konsequenzen einhergehen, die beispielsweise darin bestehen könnten, dass nicht nur die Durchführung von Tierversuchen unterbunden werden müsste, sondern möglicherweise auch verschiedene weitere Formen des ›Tierverbrauchs‹ (Haltung von Tieren in zoologischen Gärten, Aufzucht, Haltung und Tötung von Tieren zu Bekleidungs- oder Nahrungszwecken usw.). Nicht wenige Kritiker halten die Annahme, dass nicht-menschliche Tiere Menschenrechte besitzen, bereits aus diesem Grund für zumindest kontraintuitiv oder sogar absurd. Dagegen lässt sich einwenden, dass der Rekurs auf moralische Intuitionen grundsätzlich die Gefahr birgt, eine speziesistische Privilegierung menschlicher Interessen und damit ein ungerechtfertigtes Vorurteil zu transportieren.

Politische Implikationen: Neben ihrer Abwägungsresistenz sind Menschenrechte einem gängigen Verständnis der Bedeutung von Menschenrechten zufolge auch dadurch charakterisiert, dass es sich bei Menschenrechten um *politische Rechte* handelt. Menschenrechtliche Ansprüche sind Ansprüche, die Individuen in erster Instanz gegen den Staat oder politische Institutionen geltend machen können. Diese politische Deutung von Menschenrechten hat im Hinblick auf tierethische Überlegungen zunächst den Vorzug, dass – notorisch schwer auflösbare – interindividuelle Konflikte hinter gesellschaftliche bzw. politische Konflikte zurücktreten und es im Wesentlichen Aufgabe des Staates bzw. politischer Institutionen ist, dafür Sorge zu tragen, dass bestimmte fundamentale Werte vor Verletzung und Vernichtung geschützt werden. Von Kritikern wird allerdings auch hier wieder der Einwand erhoben, dass die aus der Zuschreibung von Menschenrechten für nicht-menschliche Tiere entspringende *politische Interventionspflicht* absurde Konsequenzen hätte, da sie beispielsweise verlangen könnte, Raubtiere staatlicherseits davon abzuhalten, ihren Opfern Schmerzen zuzufügen. Dennoch muss die Anerkennung von Menschenrechten von nicht-menschlichen Tieren nach Ansicht ihrer Verteidiger auch politische Konsequenzen haben. Die Unterzeichner der *Deklaration über die Großen Menschenaffen* fordern entsprechend eine Verankerung grundlegender Menschenrechte für »die Gemeinschaft der Gleichen« in der *Charta der Vereinten Nationen*.

Literatur

Birnbacher, Dieter: »Haben Tiere Rechte?« In: Johann S. Ach/Martina Stephany (Hg.): *Die Frage nach dem Tier*. Berlin 2010, 47–64.

Cavalieri, Paola: *Die Frage nach den Tieren. Für eine er-

weiterte Theorie der Menschenrechte. Erlangen 2002 (ital. 1999).
- /Singer, Peter (Hg.): *Menschenrechte für die großen Menschenaffen. Das Great Ape Project.* München 1994 (engl. 1994).

Hoerster, Norbert: *Haben Tiere eine Würde? Grundfragen der Tierethik.* München 2004.

Regan, Tom: *The Case for Animal Rights.* London/New York 1984.

Rippe, Klaus Peter: *Ethik im außerhumanen Bereich.* Paderborn 2008.

Schweitzer, Albert: *Ehrfurcht vor dem Leben. Ein Lesebuch.* Hg. von Erich Gräßer. München 2006.

Singer, Peter: *Praktische Ethik.* Stuttgart ²1994 (engl. ²1993).

Wolf, Ursula: *Das Tier in der Moral.* Frankfurt a. M. ²2004.

Johann S. Ach

V. Anhang

1. Abkürzungsverzeichnis

ABI	Arbeiter- und Bauerninspektion	CRPD	Convention on the Rights of Persons with Disabilities / Committee on the Rights of Persons with Disabilities
ACHPR	African Charter of Human and Peoples' Rights / African Commission of Human and Peoples' Rights		
		ECCHR	European Center for Constiutional and Human Rights
ACHR	American Convention on Human Rights		
AEMR	Allgemeine Erklärung der Menschenrechte	ECOSOC	United Nations Economic and Social Council (Wirtschafts- und Sozialrat der Vereinten Nationen)
AfrGMR	Afrikanischer Gerichtshof für Menschenrechte	EGMR	Europäischer Gerichtshof für Menschenrechte
AfrMRC	Afrikanische Menschenrechtscharta (Banjul-Charta); s. ACHPR	EMRK	Europäische Menschenrechtskonvention
		ESC	Europäische Sozialcharta
AmGMR	Amerikanischer Gerichtshof für Menschenrechte	FAO	Food and Agriculture Organization of the United Nations
AMRK	Amerikanische Menschenrechtskonvention; s. ACHR	FIAN	FoodFirst Information and Action Network
ArCMR	Arabische Charta der Menschenrechte im Islam	GFK	Genfer Flüchtlingskonvention
AufEnthG	Gesetz über den Aufenthalt, die Erwerbstätigkeit und die Integration von Ausländern im Bundesgebiet	GG	Grundgesetz für die Bundesrepublik Deutschland
		GIZ	Deutsche Gesellschaft für Internationale Zusammenarbeit
AuslG	Gesetz über die Einreise und den Aufenthalt von Ausländern im Bundesgebiet	GRC, GRCh	Charta der Grundrechte der Europäischen Union (auch kurz: Grundrechtecharta)
BGB	Bürgerliches Gesetzbuch		
BGHSt	Amtliche Sammlung der Entscheidungen des Bundesgerichtshofes in Strafsachen	HLKO	Haager Landkriegsordnung
		HLTF	High-Level Task Force
BVerfG	Bundesverfassungsgericht	HRC	Human Rights Council (UN-Menschenrechtsrat)
BVerfGE	Amtliche Sammlung der Entscheidungen des Bundesverfassungsgerichts		
		IACPPT	Inter-American Convention to Prevent and Punish Torture
CAT	Convention Against Torture and other Cruel, Inhuman or Degrading Treatment or Punishment / Committee Against Torture	ICC	International Criminal Court
		ICCPR	International Covenant on Civil and Political Rights (›Zivilpakt‹)
CCPR	Committee on Civil and Political Rights	ICERD	International Convention on the Elimination of All Forms of Racial Discrimination
CEDAW	Convention on the Elimination of All Forms of Discrimination Against Women / Committee on the Elimination of Discrimination Against Women	ICESCR	International Covenant on Economic, Social and Cultural Rights (›Sozialpakt‹)
		ICISS	International Commission on Intervention and State Sovereignty
CERD	Committee on the Elimination of Racial Discrimination	ICJ	International Court of Justice
		ICRMW	International Convention on the Protection of the Rights of All Migrant Workers and Members of Their Families
CESCR	Committee on Economic, Social and Cultural Rights		
CPED	International Convention for the Protection of All Persons from Enforced Disappearance	ICTR	International Criminal Tribunal for Rwanda
		ICTY	International Criminal Tribunal for the Former Yugoslavia
CPT	European Committee for the Prevention of Torture		
CRC	Convention on the Rights of the Child	IGH	Internationaler Gerichtshof (=ICJ)

ILO	International Labour Organization	st. Rspr.	ständige Rechtsprechung
IPWSKR	Internationaler Pakt über wirtschaftliche, soziale und kulturelle Rechte (=ICESCR)	StIGH	Ständiger Internationaler Gerichtshof
		UNDP	United Nations Development Programme
IRG	Gesetz über die internationale Rechtshilfe in Strafsachen	UNEP	United Nations Environment Programme
		UNHCR	United Nations High Commissioner for Refugees
IStGH	Internationaler Strafgerichtshof (=ICC)		
KSZE	Konferenz für Sicherheit und Zusammenarbeit in Europa	USAID	United States Agency for International Development
MDG	Millennium Development Goals	WKV	Wiener Vertragsrechtskonvention
OAU	Organisation of African Unity	WRV	Weimarer Reichsverfassung
OHCHR	Office of the United Nations High Commissioner for Human Rights	ZP EMRK	Zusatzprotokoll zur Europäischen Menschenrechtskonvention
OPCAT	Optional Protocol		

2. Die Autorinnen und Autoren

Johann S. Ach, PD Dr., Geschäftsführer des Centrums für Bioethik und wiss. Koordinator der Kolleg-Forschergruppe »Theoretische Grundfragen der Normenbegründung in Medizinethik und Biopolitik« an der Westfälischen Wilhelms-Universität Münster.

Marcelo de Araujo, Professor für Ethik an der Universidade do Estado do Rio de Janeiro; Professor für Rechtsphilosophie an der Universidade Federal do Rio de Janeiro.

Susanne Baer, Prof. Dr., Richterin des Bundesverfassungsgerichts und Professorin an der Humboldt-Universität zu Berlin.

Heiner Bielefeldt, Professor für Menschenrechte und Menschenrechtspolitik an der Friedrich-Alexander-Universität Erlangen-Nürnberg.

Sidonia Blättler, Dr., Wissenschaftliche Referentin des Instituts für Sozialforschung an der Johann Wolfgang Goethe-Universität, Frankfurt am Main.

Martin Borowski, PD Dr., Reader in Law an der Birmingham Law School, University of Birmingham (Großbritannien).

Reinhard Brandt, Professor em. für Philosophie an der Philipps-Universität Marburg.

Jan Brezger, wissenschaftlicher Mitarbeiter am Arbeitsschwerpunkt Theorie und Ideengeschichte des Otto-Suhr-Instituts für Politikwissenschaft, Freie Universität Berlin.

Hauke Brunkhorst, Professor für Soziologie an der Universität Flensburg.

Andreas Cassee, Assistent am Lehrstuhl für angewandte Ethik der Universität Zürich.

Robin Celikates, Dr., Associate Professor of Political and Social Philosophy an der Universiteit van Amsterdam.

Hendrik Cremer, Dr., Wissenschaftlicher Referent am Deutschen Institut für Menschenrechte mit den Arbeitsbereichen Migration, Rassismus und Kinderrechte.

David Diehl, Doktorand an der Universität Heidelberg, Mitglied der Themenkoordinationsgruppe gegen Straflosigkeit von Amnesty International Deutschland.

Anne Duncker, Dr., Politologin und Projektmanagerin für den Bereich Türkei bei der Stiftung Mercator.

Rainer Forst, Professor für Politische Theorie und Philosophie sowie Sprecher des Exzellenzclusters »Die Herausbildung normativer Ordnungen« an der Goethe-Universität Frankfurt am Main.

K. Peter Fritzsche, Professor für Politikwissenschaft an der Otto von Guericke-Universität Magdeburg, UNESCO-Lehrstuhl für Menschenrechtsbildung.

Anna Goppel, Dr., Oberassistentin am Ethik-Zentrum der Universität Zürich.

Antje Gothe, M.A., Bremen, kulturwissenschaftlich denkende Politologin; freie Lektorin; war wiederholt speziell zu CEDAW tätig, u.a. bei IWRAW (USA).

Gerd Hankel, Dr. jur., M.A., Völkerrechtler am Hamburger Institut für Sozialforschung.

Andreas Haratsch, Prof. Dr., Professor für Deutsches und Europäisches Verfassungs- und Verwaltungsrecht sowie Völkerrecht an der FernUniversität in Hagen, stellvertretender Direktor des Dimitris-Tsatsos-Instituts für Europäische Verfassungswissenschaften an der FernUniversität in Hagen.

Wolfgang S. Heinz, PD Dr., Wissenschaftlicher Mitarbeiter am Deutschen Institut für Menschenrechte, Berlin.

Stefan-Ludwig Hoffmann, Associate Professor Late Modern Europe, Department of History, University of California, Berkeley.

Thomas Hoffmann, Dr., ist wissenschaftlicher Mitarbeiter des Instituts für Philosophie und der Arbeitsstelle Menschenrechte der Otto-von-Guericke-Universität Magdeburg.

Elisabeth Holzleithner, Professorin für Rechtsphilosophie an der Universität Wien.

Ludger Honnefelder, emeritierter Professor der Philosophie an der Rheinischen Friedrich-Wilhelm-Universität Bonn; seit 2009 Otto Warburg Senior Research Professor an der Humboldt-Universität zu Berlin.

Christoph Horn, Professor für Praktische Philosophie und Philosophie der Antike an der Rheinischen Friedrich-Wilhelms-Universität Bonn.

Mattias Iser, Dr., Permanent Research Fellow und Direktoriumsmitglied der DFG-Kollegforschergruppe »Justitia Amplificata: Erweiterte Gerechtigkeit – konkret und global« an der Goethe-Universität Frankfurt am Main.

Dirk Jörke, PD Dr., Heisenbergstipendiat der Deutschen Forschungsgemeinschaft, Institut für Politik- und Kommunikationswissenschaft der Universität Greifswald.

Sara Jötten, Dr., ehemalige wissenschaftliche Mitarbeiterin am Walther-Schücking-Institut für Internationales Recht der Universität Kiel.

Andrea Kämpf, wissenschaftliche Mitarbeiterin am Deutschen Institut für Menschenrechte in Berlin.

Matthias Kaufmann, Prof. Dr., Professor für Philosophie an der Martin-Luther-Universität Halle-Wittenberg.

Eckart Klein, Univ.-Prof. Dr. iur., ehemaliger Lehrstuhlinhaber für Staatsrecht, Völkerrecht und Europarecht und Direktor des Menschenrechtszentrums der Universität Potsdam.

Heiner F. Klemme, Professor für Philosophie an der Johannes-Guttenberg-Universität Mainz.

Matthias Koenig, Prof. Dr., Professor für Soziologie an der Georg-August-Universität Göttingen.

Peter Koller, Dr. Dr., Professor für Rechtsphilosophie, Rechtstheorie und Rechtssoziologie an der Karl-Franzens-Universität Graz.

Markus Kotzur, Professor für Europarecht und Völkerrecht an der Universität Hamburg.

Regina Kreide, Professorin für Politische Theorie an der Liebig-Universität Gießen.

Bernd Ladwig, Professor für politische Theorie an der Freien Universität Berlin (Otto-Suhr-Institut).

Sebastian Laukötter, Wissenschaftlicher Mitarbeiter der Kolleg-Forschergruppe »Theoretische Grundfragen der Normenbegründung in Medizinethik und Biopolitik« an der Westfälischen Wilhelms-Universität Münster.

Marcus Llanque, Professor für Politikwissenschaft/Politische Theorie an der Universität Augsburg.

Georg Lohmann, Professor für Praktische Philosophie an der Otto-von-Guericke-Universität Magdeburg.

Claudia Mahler, Dr., wissenschaftliche Referentin am Deutschen Institut für Menschenrechte, Berlin.

Christoph Menke, Professor für Philosophie mit Schwerpunkt Politische Philosophie und Rechtsphilosophie an der Goethe-Universität Frankfurt am Main.

Jean-Christophe Merle, Professor für Philosophie an der Universität des Saarlandes.

Corinna Mieth, Professorin für Politische Philosophie und Rechtsphilosophie an der Ruhr-Universität Bochum.

Anja Mihr, Prof. Dr., Institut für Menschenrechte, Universität Utrecht, Niederlande.

Georg Mohr, Professor für Philosophie an der Universität Bremen.

Christian Neuhäuser, Dr., Akademischer Rat am Lehrstuhl für Politische Philosophie und Rechtsphilosophie der Ruhr-Universität Bochum.

Gregor Paul, Prof. Dr., Mitglied des Instituts für Philosophie am Karlsruher Institut für Technologie (KIT) bzw. der Universität Karlsruhe. Präsident der Deutschen China-Gesellschaft. Wissenschaftlicher Berater des Hauses der Japanischen Kultur in Düsseldorf.

Arnd Pollmann, PD Dr., Privatdozent für Philosophie an der Otto-von-Guericke-Universität Magdeburg.

Timo Pongrac, Dipl.-Pol., Wissenschaftlicher Mitarbeiter am Otto-Suhr-Institut für Politikwissenschaft, Berlin.

Stefanie Rosenmüller, Dr., forscht derzeit im Projekt »Sinn für Angemessenheit. Gefühle und Normativität« am Lehrstuhl für Philosophie der FU Berlin.

Klaus Roth, Professor für Politische Theorie und Ideengeschichte an der Freien Universität Berlin (Otto-Suhr-Institut).

Joanna Ruszkowska, Rechtsanwältin für Europa- und Wettbewerbsrecht in Brüssel.

Bernhard Schäfer, LL.M. (Essex), Berater der Entwicklungswerke EED und Misereor im Rahmen der Gemeinsamen Initiative Humanitäres Völkerrecht Nahost.

Stefanie Schmahl, Prof. Dr., LL.M. (E), Professorin für deutsches und ausländisches öffentliches Recht, Völkerrecht und Europarecht an der Julius-Maximilians-Universität Würzburg.

Cord Schmelzle, Dipl. Pol., Wissenschaftlicher Mitarbeiter am Sonderforschungsbereich »Governance in Räumen begrenzter Staatlichkeit« (SFB 700) an der Freien Universität Berlin.

Barbara Schmitz, PD Dr., Koordinatorin des Prodoc »Menschliches Leben« am Philosophischen Seminar der Universität Basel.

Thomas Schramme, Professor für Praktische Philosophie an der Universität Hamburg.

Wolfgang M. Schröder, PD Dr., Privatdozent für Philosophie an der Universität Tübingen.

Dorothea E. Schulz, Professorin für Ethnologie an der Universität zu Köln.

Jan Sieckmann, Professor für Öffentliches Recht an der Universität Erlangen-Nürnberg.

Ludwig Siep, Professor em. für Philosophie an der Westfälischen Wilhelms-Universität Münster.

Alexander Somek, Professor of Law an der University of Iowa.

Dominik Steiger, Dr. iur., Wissenschaftlicher Mitarbeiter am Lehrstuhl für Völkerrecht und Öffentliches Recht (Prof. Dr. Heike Krieger), Freie Universität Berlin.

Christian J. Tams, Prof. Dr., Chair of International Law, University of Glasgow.

Tilman Vogt, Lektor und Publizist, Dozent an der Freien Universität Berlin (Otto-Suhr-Institut).

Dietmar von der Pfordten, Professor für Rechts- und Sozialphilosophie an der Georg-August-Universität Göttingen.

Norman Weiß, PD Dr., Senior Researcher im MenschenRechtsZentrum der Universität Potsdam.

Judith Wyttenbach, Prof. Dr., Fürsprecherin am Institut für öffentliches Recht an der Universität Bern.

Rolf Zimmermann, Prof. (apl.) Dr., Fachbereich Philosophie der Universität Konstanz.

3. Personenregister

Abizadeh, Arash 431
Achenwall, Gottfried 17, 46
Adenauer, Konrad 113
Adorno, Theodor W. 113
Agamben, Giorgio 81
Albrecht III. Achilles (Kurfürst) 88
Albrecht, Ernst 418
Alexy, Robert 131, 367
Alfons III. von Aragon (König) 88
Alfons IX. von León (König) 88
Alfons X. von León (König) 88
Alī ibn Abī Tālib 344
al-Jabri, Abed 213
Alkidamas aus Elaia 2
Allen, Jonathan 209
Althusius, Johannes 180
Altman, Andrew 404
Andreas II. (König) 88
An-Na'im, Abdullahi A. 213, 355
Annan, Kofi 392
Antiphon 2
Apel, Karl-Otto 200
Archibugi, Daniele 373
Arendt, Hannah 53, **79–82**, 91–92, 113, 134, 145–146, 160, 185, 201, 257, 358–359, 404, 427
Aristoteles 1–8, 15, 27, 31, 72, 136, 173–174, 179–180
Ashford, Elizabeth 224

Baier, Annette 85
Balibar, Étienne 82
Bartolus von Sassoferrato 17
Beitz, Charles R. 199, 213, 221, 385–386
Benhabib, Seyla 81–82, 201–202, 387
Bentham, Jeremy **68–70**, 74, 194, 358–359, 423
Berger, Peter 147
Bielefeldt, Heiner 131, 212, 214, 344, 428
Birmingham, Peg 82
Bismarck, Otto von 280
Blackstone, William 68
Blickle, Peter 13–14
Blumenberg, Hans 149
Bodin, Jean 90
Bommes, Michael 428
Brugger, Winfried 59
Brunkhorst, Hauke 82, 135
Bucharin, Nikolai 114
Burke, Edmund 42, 52, **60–62**, 81, 358–359
Burnyeat, Myles 2
Butler, Judith 82

Calhoun, John C. 95
Calvin, Johannes 11
Cancik, Hubert 2
Carens, Joseph H. 428, 431
Cassin, René 119
Césaire, Aimé 109
Cicero, Marcus Tullius 1, 147–148, 173, 179
Cohen, Carl 455
Cohen, Joshua 199, 205
Condorcet, Jean Antoine de 63–64
Cromwell, Oliver 88
Cyrus, Norbert 429

Dai Zhen 350
Daschner, Wolfgang 418–419
Davidson, Donald 84
Dershowitz, Alan 419
Descartes, René 454
Dhouib, Sarhan 213
Diner, Dan 112
Dreyfus, Alfred 107
Dunant, Henri 108
Duns Scotus, Johannes 8
Dworkin, Ronald 184, 365–366

Edward I. (König) 87
Eichmann, Adolf 81
Ely, John Hart 365
Empedokles 2
Erasmus von Rotterdam 14
Erman, Eva 365

Fagan, Andrew 365
Feuerbach, Anselm 72
Fichte, Johann Gottlieb **52–54**, 81, 182–183
Fisher, Kirsten 405
Foot, Philippa 187–189
Forst, Rainer 185, 367, 387
Foster, Michelle 430
Fraser, Nancy 387
Frick, Wilhelm 112
Friedländer, Saul 111
Fukuyama, Francis 187–188

Gauthier, David 193–196
Gentili, Alberico 21
Gerson, Jean 14–15
Gewirth, Alan 138, 183, 189
Gibney, Matthew J. 430
Gosepath, Stefan 436
Gouges, Olympe de **63–67**, 308
Griffin, James 207, 212
Grotius, Hugo 8, 15, **21–23**, 27, 100, 180, 193
Günther, Klaus 201

Habermas, Jürgen 78, 81, 84, 133, 184, 188, 200–201, 218, 221–222, 365, 370, 373–375, 387–388, 455
Hart, H.L.A. 152, 369–370
Hastings, Warren 60–61
Hegel, Georg Wilhelm Friedrich 71, 73, 81, 102, 104, 148, 183, 218, 349
Heller, Hermann 96
Herder, Johann Gottfried 182
Herennius Modestinus 17
Hernandez-Truyol, Berta Esperanza 342
Hersch, Jeanne 211
Hilpert, Konrad 10
Hindenburg, Paul von 112
Hitler, Adolf 109, 111, 113
Hobbes, Thomas 3, 14–15, 22, **24–25**, 27, 30–31, 33, 35, 38–39, 48, 82, 90, 133, 181, 370–371
Höffe, Otfried 184, 187, 189–190, 192, 196, 212, 370, 373–375, 385–387, 455
Hoerster, Norbert 193, 197, 455
Hohfeld, Wesley N. 1, 155–156
Holmes, Oliver W. 253
Horkheimer, Max 113
Horn, Christoph 370–371, 374
Huber, Wolfgang 12
Humboldt, Wilhelm von 218
Hume, David 30, 35
Humphrey, John 119

Ignatieff, Michael 78, 81, 199, 334, 423

Jaeggi, Rahel 82
Jakobs, Günther 425
James II. (König) 30
Jaspers, Karl 113
Jefferson, Thomas 92, 95
Jellinek, Georg 58–59, 216–218, 251, 359
Jhering, Rudolf von 152
Joas, Hans 59
Johann Ohneland (König) 87
Johanna von Brabant (Herzogin) 89
Johannes XXIII. (Papst) 9–10
Johannes Paul II. (Papst) 9
Jüngel, Eberhard 176

Kälin, Walter 116
Kant, Immanuel 22, 24–25, 30, 35, 38–39, **44–51**, 52, 71, 74, 81, 92, 94, 104, 135, 138, 173–174, 183–184, 189, 200, 212, 218, 221, 277–278, 364, 369–373, 455
Kao, Grace Y. 212
Karl I. (König) 87–88
Karl II. (König) 88
Karl V. (Kaiser) 15, 89
Kasper, Walter 10, 12
Kelsen, Hans 103, 369, 371–372, 374
Kersting, Wolfgang 207, 386, 434
Khoury, Adel Theodor 346

King, Martin Luther 97
Kogon, Eugen 113
Kohler, Georg 374
Konfuzius 350
Krause, Catarina 277
Kraut, Richard 3
Küng, Hans 211
Kumm, Mattias 366
Kurnaz, Murat 329

Ladwig, Bernd 430
Las Casas, Bartolomé de 8, 14, 16, 18, 180
Lee Kuan Yew 348, 350
Lefort, Claude 81, 365
Leibniz, Gottfried Wilhelm 97, 349
Lenin, Wladimir Iljitsch 114
Leo XIII. (Papst) 9
Lieber, Franz (Francis) 108
Lincoln, Abraham 94–96, 108
Lindholm, Tore 211, 213
Lochman, Jan Milí 11
Locke, John 3, 19, 24–25, 28, **30–36**, 37, 38, 42, 45, 50, 68, 82, 93–94, 97, 137–138, 167, 181–182, 193, 205, 218, 221, 277–278
Luhmann, Niklas 133, 218, 418
Luther, Martin 11, 14

Mackie, John Leslie 193
MacKinnon, Catharine 341
Maihofer, Werner 29
Malcolm X (Malcolm Little) 97
Maria II. (Königin) 88
Marshall, Thomas H. 219–220
Marx, Karl **71–75**, 106, 185, 218, 221, 361, 364
Masters, Roger D. 187, 192
Mégret, Frédéric 323
Meints, Waltraud 81–82
Menke, Christoph 49, 81–82, 185
Menzius 350
Merkel, Reinhard 415
Meyrowitz, Henri 377
Michelet, Jules 66
Michelman, Frank 82
Mill, John Stuart 30, **54–56**, 108, 253, 414
Miller, David 431
Miller, Fred D. 1–3
Moellendorf, Darrell 385
Mohammed 344
Mohrs, Thomas 371
Molina, Luis de 8, 14, 16–19
Moltke, Helmuth James Graf von 113
Moltmann, Jürgen 11
Montesquieu, Charles de Secondat 30, 35, 371
Müller, Friedrich 92

Nagel, Thomas 415
Napoleon Bonaparte 106

Narveson, Jan 412
Neumann, Franz 113
Niederberger, Andreas 370
Nietzsche, Friedrich 162, 186, 367
Nussbaum, Martha C. 4, 184, 187, 190, 192, 340, 386–387

O'Neill, Onora 224, 226
Okin, Susan Moller 340
Orend, Brian 411

Paine, Thomas **42–43**, 61, 182
Paulus 147
Peter III. von Aragon (König) 88
Peters, Anne 440–441
Pevnick, Ryan 431
Pico della Mirandola, Giovanni 180
Pius XII. (Papst) 9
Platon 1–2, 39, 173
Pogge, Thomas 226–227, 370, 383–386, 435
Pollmann, Arnd 185, 387
Protagoras 179
Proudhon, Pierre-Joseph 76
Pütter, Stephan 46
Pufendorf, Samuel von 8, 15, 22, **26–29**, 77, 90, 180
Putnam, Hilary 84

Quinn, Warren 415

Rabossi, Eduardo 84, 197
Radbruch, Gustav 50
Rawls, John 35, 96–97, 183, 199, 205–208, 211, 218, 334, 369–370, 372–373, 383–386, 431, 435–436
Regan, Tom 457
Rendtorff, Trutz 11
Rentelm, Alison Dundes 212
Roosevelt, Eleanor 119
Roosevelt, Franklin D. 97
Rorty, Richard 83, 86, 197, 208–209
Rosenberg, Alfred 112
Rousseau, Jean-Jacques 19, 23, 25, 28, 30, 35, 37, **41–42**, 48, 65, 68, 72–73, 99, 181, 218, 221, 364
Ruggie, John 408
Rykow, Alexei 114

Sachs, Wolfgang 441
Schaber, Peter 415–416
Schelling, Friedrich Wilhelm Joseph 72, 182
Schmidt, Helmut 348
Schmitt, Carl **76–78**, 113
Schumacher, Kurt 113
Schweitzer, Albert 457
Scott, Dred 95
Sen, Amartya 386
Seneca, Lucius Annaeus 173
Sengupta, Arjun 295

Sepúlveda, Juan Ginés de 8, 18
Shacknove, Andrew 430
Shivji, Issa 354, 356
Shue, Henry 224–226, 375, 436
Sieghart, Paul 220
Sieyès, Emmanuel Joseph 64, 102
Singer, Peter 137, 139–142, 383, 434–435, 449, 456
Slaughter, Anne-Marie 197
Sokrates 6
Soto, Domingo de 8, 14–15
Spivak, Gayatri Chakravorty 82
Stalin, Josef 114
Stemmer, Peter 193–194
Stiglitz, Joseph 407–408
Stowe, Harriet Beecher 85
Strauss, Leo 59
Suárez, Francisco 8, 19
Supomo, Raden 349

Tan, Kok-Chor 416
Thomas von Aquin 6–8, 173, 176, 180, 415
Thomasius, Christian 19, 28, 181
Tocqueville, Alexis de 106
Tomuschat, Christian 116
Trauzettel, Rolf 350
Triki, Fathi 213
Tugendhat, Ernst 49, 129, 184, 220, 331–332

Ulpian 2
Ulrich von Württemberg (Herzog) 88

Vasak, Karel 228
Vásquez, Fernando 180
Vásquez, Gabriel 8
Vattel, Emer de 93–94, 97
Verhellen, Eugeen 318
Vitoria, Francisco de 8, 14–16, 180, 184
Vlastos, Gregory 1
Volpp, Leti 341
Voltaire (d. i. François Marie Arouet) 30, 289

Walzer, Michael 212, 412, 414, 431
Weber, Max **57–59**, 106–107, 184
Wellman, Christopher Heath 404, 431
Welzer, Harald 112
Wenzel I. (Herzog) 89
Wesel, Uwe 80
Wilhelm III. von Oranien (König) 88
Williams, Robert F. 97
Wilson, Woodrow 109
Wingert, Lutz 97
Wolff, Christian 28, 38, 181, 349
Wollstonecraft, Mary 62, 64

Xunzi 350

Zimmermann, Rolf 112, 123, 144

If you have any concerns about our products,
you can contact us on
ProductSafety@springernature.com

In case Publisher is established outside the EU,
the EU authorized representative is:
**Springer Nature Customer Service Center GmbH
Europaplatz 3, 69115 Heidelberg, Germany**

Printed by Libri Plureos GmbH
in Hamburg, Germany